MANUAL DE LA RESERVA PARA INVERSIONES EN CANARIAS Y BALEARES 2014-2027

I. LA DOTACIÓN

MANUAL DE LA RESERVA PARA INVERSIONES EN CANARIAS Y BALEARES 2014-2027

I. LA DOTACIÓN

SALVADOR MIRANDA CALDERÍN

tirant lo blanch
Valencia, 2025

EDITA: TIRANT LO BLANCH
C/ Artes Gráficas, 14 - 46010 - Valencia
TELFS.: 96/361 00 48 - 50
FAX: 96/369 41 51
Email: tlb@tirant.com
www.tirant.com
Librería virtual: www.tirant.es
DEPÓSITO LEGAL: V-4779-2024
ISBN: 978-84-1095-420-5

Si tiene alguna queja o sugerencia, envíenos un mail a: *atencioncliente@tirant.com*. En caso de no ser atendida su sugerencia, por favor, lea en *www.tirant.net/index.php/empresa/politicas-de-empresa* nuestro procedimiento de quejas.

Responsabilidad Social Corporativa: http://www.tirant.net/Docs/RSCTirant.pdf

Salvador Miranda Calderín (Las Palmas de Gran Canaria, 1957) es economista, abogado y doctor en Historia.
Ejerce su actividad como profesional liberal desde 1980, especializado en el asesoramiento fiscal de empresas. Auditor oficial de cuentas, miembro de la Asociación Española de Asesores Fiscales (AEDAF) y del Instituto de Censores Jurados de Cuentas de España (ICJCE).
Ha sido Profesor en el Departamento de Economía Financiera y Contabilidad de la Universidad de La Laguna y posteriormente de la Universidad de Las Palmas de Gran Canaria durante más de 25 años, impartiendo además docencia en diversos programas de postgrado. Es conferenciante habitual sobre temas relacionados con el Régimen Económico y Fiscal de Canarias.
Su producción bibliográfica consta de diecinueve libros, numerosos capítulos de libros y más de setenta artículos publicados en materia tributaria (revistas *Hacienda Canaria y Técnica Tributaria*) y en Historia (*Anuario de Estudios Atlánticos, Coloquios de Historia Canario-Americana, Cliocanarias* y otras). En la fiscalidad destacan sus monografías sobre la reserva para inversiones en Canarias (RIC).
Es socio de mérito de la Real Sociedad de Amigos del País de Gran Canaria, miembro del Grupo de investigación «G-9 Historia, Economía y Sociedad» de la ULPGC y director de la prestigiosa Colección Cátedra del REF de la ULPGC, que ha publicado ocho libros desde 2015 a 2024. Fue miembro de la junta de gobierno de El Museo Canario y es director de la Cátedra de Régimen Económico y Fiscal de Canarias de la ULPGC, Premio Bravo Murillo 2024.
Ha sido distinguido como Cooperador distinguido de la ULPGC, 2011; Premio de la Asociación de Asesores Fiscales de Canarias, 2011; Premio Roque Nublo de Plata en el ámbito económico del Cabildo de Gran Canaria, 2012; Insignia de oro y brillantes del Colegio de Titulares Mercantiles de Santa Cruz de Tenerife, 2013; Economista de Honor del Colegio de Economistas de Las Palmas, 2019; Premio a la Colaboración Asociativa de la Asociación Española de Asesores Fiscales, 2020; Medalla de plata de la Cámara de Comercio de Las Palmas, 2021; y Medalla al Mérito en el Servicio Económico del Consejo General de Economistas de España, 2023.

Índice general

Capítulo 3
EL MOMENTO DE LA DOTACIÓN RIC/ RIB Y LA FORMA DE ACREDITARLO

Capítulo 4
EL ESTABLECIMIENTO MERCANTIL QUE COMPLETE CICLO ECONÓMICO EN CANARIAS/BALEARES

Capítulo 5

LA CONTABILIDAD QUE REFLEJE LA IMAGEN FIEL DE LA EMPRESA COMO PRESUPUESTO BÁSICO PARA DOTAR LA RIC/RIB

Capítulo 6

EL BENEFICIO DE LA ACTIVIDAD DE ARRENDAMIENTO DE INMUEBLES COMO PARADIGMA DE LA CONFLICTIVIDAD EN LA DOTACIÓN RIC/RIB

Capítulo 7

LA INTERPRETACIÓN DE LOS TRIBUNALES DE JUSTICIA SOBRE LA ACTIVIDAD DE ARRENDAMIENTO DE INMUEBLES Y LA DOTACIÓN RIC

Capítulo 8

EL RENDIMIENTO GENERADO EN LA VENTA DE UN ACTIVO AFECTO A LA RIC/RIB

Capítulo 9
EL RENDIMIENTO GENERADO EN LA TRANSMISIÓN DE ACTIVOS NO AFECTOS A LA ACTIVIDAD ECONÓMICA TIENE TRATAMIENTO DIFERENTE EN LA RIC Y RIB

Capítulo 10
LOS INGRESOS FINANCIEROS Y LAS PLUSVALÍAS GENERADAS POR ACTIVOS FINANCIEROS ESTÁN EXCLUIDOS DE LA DOTACIÓN RIC/RIB

Capítulo 11
LOS INGRESOS POR AYUDAS Y SUBVENCIONES Y LA DOTACIÓN RIC/RIB

Capítulo 12

LAS SOCIEDADES HOLDINGS, FINANCIERAS Y LOS GRUPOS DE EMPRESAS EN LA RIC/RIB

Capítulo 13
LAS ENTIDADES PATRIMONIALES PUEDEN DOTAR RIC/RIB SOLO POR LA PARTE DEL RESULTADO QUE PROVENGA DE LA ACTIVIDAD ECONÓMICA

Capítulo 14
LAS SOCIEDADES CIVILES PARTICULARES Y LAS DOTACIONES RIC/RIB

Capítulo 15
LAS SOCIEDADES PROFESIONALES Y LA DOTACIÓN RIC/RIB

Capítulo 16

EL ENIGMA DE LAS COMUNIDADES DE BIENES QUE REALIZAN ACTIVIDAD ECONÓMICA, LA FISCALIDAD DE LOS COMUNEROS Y LA DOTACIÓN RIC/RIB

Capítulo 17
LAS AGRUPACIONES DE INTERÉS ECONÓMICO (AIE) Y LAS DOTACIONES RIC/RIB

Capítulo 18
LAS UNIONES TEMPORALES DE EMPRESAS (UTES) Y LAS DOTACIONES RIC/RIB

Capítulo 19
LAS RESERVAS LEGALES SE CONSIDERAN BENEFICIO DISTRIBUIDO A EFECTOS DE LA DOTACIÓN RIC/RIB

Capítulo 20
LA RESERVA DE CAPITALIZACIÓN Y SU INTERACCIÓN CON LA DOTACIÓN RIC/RIB

Capítulo 21
LA RESERVA DE NIVELACIÓN DE BASES IMPONIBLES Y LA DOTACIÓN RIC/RIB

Capítulo 22
LA COMPENSACIÓN CONTABLE DE RESULTADOS NEGATIVOS AFECTA A LA DOTACIÓN RIC/RIB, PERO NO LA COMPENSACIÓN FISCAL DE BASES IMPONIBLES NEGATIVAS

Capítulo 23
EL REPARTO DE DIVIDENDOS Y LA DOTACIÓN RIC/RIB

Capítulo 24
LA DISMINUCIÓN DE LOS FONDOS PROPIOS Y LA DOTACIÓN RIC/RIB

Capítulo 25
EL CÁLCULO DE LA DOTACIÓN RIC/RIB EN ENTIDADES JURÍDICAS

Capítulo 26

EL CÁLCULO DE LA DOTACIÓN RIC/RIB EN EMPRESARIOS INDIVIDUALES Y PROFESIONALES

Capítulo 27

CONSIDERACIONES METODOLÓGICAS PARA LA DOTACIÓN RIC/RIB Y SU CÁLCULO A TRAVÉS DE HERRAMIENTAS INFORMÁTICAS

Capítulo 28
EL REQUISITO DE CREACIÓN CONTABLE E INDISPONIBILIDAD DE LA RESERVA DURANTE EL PLAZO DE MATERIALIZACIÓN Y MANTENIMIENTO DE LAS INVERSIONES RIC/RIB

Capítulo 29
EL REQUISITO DE LA COMUNICACIÓN DE LAS INVERSIONES ANTICIPADAS Y SU SISTEMA DE FINANCIACIÓN ¿ES SUSTANCIAL O FORMAL? LA POLÉMICA CONTINÚA

Capítulo 30
LA PRESCRIPCIÓN DE LA FACULTAD DE LA ADMINISTRACIÓN DE REGULARIZAR LA DOTACIÓN RIC/RIB

Capítulo 31
SÍNTESIS DE LOS PRESUPUESTOS Y REQUISITOS A TENER EN CUENTA PARA LA CORRECTA DOTACIÓN RIC/RIB

Capítulo 32

EL CONTROL DE LA INTENSIDAD DE LA RIC COMO AYUDA DE ESTADO

Capítulo 33
EL CONTROL DE LA INTENSIDAD DE LA RIB COMO AYUDA DE ESTADO

Prólogo

Si puede reunirse en un único calificativo el sentimiento con el que nos correspondemos Salvador Miranda Calderín y yo apuesto que sería el de admiración mutua. Nunca expresado directamente, de palabra, pero sí con hechos incontrovertidos para mí. Salvador fue mi alumno, pero incluso en ese rol, fue capaz de mostrarme su maestría. Y es que Salvador es maestro de maestros. Es el Sainz de Bujanda, el García de Enterría, el Castán Tobeñas de la Reserva para Inversiones en Canarias. Un fiscalista cuyo legado recordarán mucho y leerán con admiración muchísimos más en el futuro.

Conocí a Salvador en mi primer año de profesor en la universidad Abat Oliba CEU, le dirigí su trabajo final de la carrera de Derecho, que acabó de forma meteórica, y le redacté el prólogo a la publicación adaptada de tal trabajo, en la que, casi diez años después, creo que es y será mi obra más acabada (y triste) del panorama tributario español de nuestro tiempo. Si algo dejo para el futuro, digno de lectura, es ese texto a cuya lectura invito al que esté hojeando estas páginas.

Leído ahora ese prólogo las cosas no son mejores. La agresividad de las actuaciones de las administraciones tributarias ha aumentado. La falta de presencialidad impuesta en las relaciones con la Administración, aprovechando la covid-19, ha debilitado todavía más los derechos del contribuyente, y las reformas tributarias siguen en manos de una Dirección General de Tributos desatada en su afán recaudatorio, gracias a unos funcionarios que patrimonializan su puesto como almogávares. Dos cambios se han producido desde entonces, uno positivo y el otro muy negativo. Empezando por los nubarrones, derivan de un uso desaforado de un instrumento recaudatorio llevado en la praxis al absurdo: las derivaciones de responsabilidad, cuya utilización ha aumentado hasta el paroxismo en los últimos años, a pesar de las restricciones que viene imponiendo la jurisprudencia. Y lo seguirán haciendo, como muestran los trabajos prelegislativos en curso y las actuaciones procesales recientes de la Administración. Precisamente el cambio positivo viene de esa jurisprudencia que, gracias a la ya-no-tan-nueva casación, ha asentado algo de seguridad jurídica de la que carecíamos en 2015, si bien la situación actual de nuestro Alto Tribunal es hoy en día un desastre, merced a la descarada voluntad del Poder Legislativo de socavar la separación de poderes de la que hemos disfrutado hasta fechas recientes, en las que nuestra nación camina por una senda que nos dirige hacia la oclocracia.

Empero, esta vez no voy a detenerme en lamentos. Prefiero centrarme en el autor y en su obra. El profesor Miranda es doble licenciado, en económicas y en derecho y doctor en Historia. Su tesis doctoral goza de una peculiaridad, como es su carácter sustancial, material, visual. De hecho, Salvador está siempre dispuesto a enseñártela. A llevarte a las excavaciones que llevan su nombre en lo alto de una sierra que, fruto del saber popular acabó teniendo un nombre etimológicamente distinto del originario: el pico popularmente conocido como "de los pechos" era, en realidad, la cumbre de los pozos de nieve, porque un oficial inglés metió las manos torpemente en una documentación que luego se popularizó y oficializó. No he logrado nunca ver a Salvador tan alegre hablando de tributos como jalonando el camino hacia "su" pico, el que horadó a su costa para conseguir encontrar los pozos de nieve que su intuición pensaba que se encontraban bajo tierra.

En 2015 nombraron al autor director de la cátedra del REF que había creado recientemente la universidad de Las Palmas de Gran Canaria y, desde entonces, está dedicado en cuerpo y alma a escribir una serie histórica, en tomos divididos por centurias, sobre el origen del régimen económico y fiscal del archipiélago canario. Desde la península solo podemos mirar con envidia una obra tan magna y ambiciosa, inexistente en el panorama universal del derecho tributario español. Una muestra del patriotismo del autor que, lejos de exiguas compensaciones que pueda recibir, le dedica largas horas y tediosos viajes al estudio de documentos en archivos y a la redacción de esos volúmenes a cuya lectura remito.

La obra que me honra ahora prologar sigue el estilo secular del autor, con una prosa sencilla, al alcance de cualquiera (incluso no especialistas), y recta, que no deja terreno a palabras inútiles ni a la especulación. Propia de un científico del derecho como es Salvador, que combina sus vastos conocimientos teóricos con el sano ejercicio empírico profesional.

No es preciso justificar la existencia del Régimen Económico y Fiscal de las Canarias. Solo hace falta acercarse a un mapa, que no sea el de los telediarios, para entenderlo. Las Islas Canarias son un orgullo nacional, pues han mantenido su españolidad por los siglos de los siglos, mereciendo los diversos privilegios —debidamente glosados en esta obra— que han dispuesto a lo largo de estos años, merced a su situación ultraperiférica, tanto por su carácter insular como por pertenecer a un continente distinto al de la Península. Esa situación geográfica obliga a un cuidado especial de su economía, sometida a un riesgo de crisis sistémicas continuo que una baja tributación y la obligación de reinvertir en el propio territorio que impone la RIC intentan paliar. Como dice el propio autor en su introducción, "el

REF es, por un lado, la manifestación del sacrificio secular del Estado en sus ingresos, en aras al desarrollo y sostenibilidad de un territorio diferenciado; y por otro, la necesidad de crear nuevos impuestos para financiar las haciendas locales".

No se puede decir lo mismo del sosias creado en mis queridas Baleares en el año 2022, la Reserva para inversiones de las Islas Baleares. Estas islas mediterráneas, no atlánticas ni ultraperiféricas, gozan de un estatus muy distinto al de las Canarias. La renta per cápita es de las más altas de España, el valor de sus inmuebles es astronómico, su financiación está perfectamente saneada y están tan cerca de la costa alicantina que se puede llegar a ellas con un título de patrón de embarcaciones de recreo. Compararlas fiscalmente con el archipiélago canario es, a mi modo de ver, una muestra de insolidaridad del Gobierno de la Nación, como la amnistía o la pretendida financiación "singular" de Cataluña, frente al resto de las comunidades autónomas, fruto del chantaje continuado —la compra de votos— al que se ve sometido para continuar aferrado al poder. El Estado de las Autonomías está eclosionando fruto de un sistema electoral draconiano, que hace que la marcha del país dependa de apoyos tan minoritarios como insolidarios y el establecer un régimen de tributación ventajosa en un territorio como el de las Pitiusas, es un ejemplo de ello.

A pesar de la bonhomía que transmiten las palabras de su autor, reconociendo una singularidad balear, lo cierto es que este territorio no debería tener un privilegio fiscal como este, pues su estatus dentro de la economía patria es ya de por sí privilegiado, por no hablar de su clima y orografía. Si Baleares merece un régimen de bonificaciones fiscales como el que se le otorga, bien lo podrían reclamar innumerables territorios, como los situados en la España vacía o, por qué no decirlo, mi querido valle de Arán, que suma a una situación orográfica más que complicada, el haber defendido su españolidad frente al francés en todas las ocasiones en que pudo elegir el camino inverso y más fácil, como era anexionarse a sus compadres pirenaicos. No lo hizo y, pese a sus anhelos de autonomía, únicamente conserva un ridículo privilegio medieval de los muchos de que gozó.

En cualquier caso, los profesionales y académicos baleares tienen la suerte no solo de contar con este reciente régimen fiscal privilegiado, sino de contar con la experiencia canaria en la aplicación de un régimen gemelar, de la que pueden extraer consecuencias inmediatas que les aportarán una seguridad jurídica que no han tenido, ni muchísimo menos, los colaboradores tributarios canarios. Como se encarga de recordar Salvador, la RIC ha estado sometida a incertidumbre y a vaivenes interpretativos y jurisprudenciales hasta fechas recientes, en que el Tribunal Supremo ha sentado su doctrina casacional en innumerables materias. En este manual se pueden encontrar todos los secretos para la correcta y pacífica dotación de la RIC y de la nueva RIB gracias a la labor de un hombre cercano, familiar y honrado, que ha dedicado su vida a su país a través del estudio de las particularidades fiscales de su tierra.

Esaú Alarcón García
En Vielha e Mijaran, a 20 de octubre de 2024

Introducción

La publicación en 2012 del *Manual de la Reserva para inversiones en Canarias, 2007-2013* supuso un punto de inflexión en mis investigaciones sobre este incentivo fiscal, que continué con la redacción de nuevos trabajos, las crónicas anuales de la RIC publicadas en las revistas *Técnica Tributaria* y *Hacienda Canaria,* y los capítulos en los libros editados por la Colección Cátedra del REF de la ULPGC. En ellos se aprecia la evolución del incentivo desde 2011 hasta la actualidad. Soy consciente que la fragmentación de los artículos y capítulos hace difícil la labor del profesional del asesoramiento fiscal que quiere resolver una materia específica en la aplicación del controvertido incentivo fiscal. Es por ello, que después de doce años decidiera actualizar el *Manual* para que los especialistas en el REF y los que se adentran en sus entresijos por primera vez contemplen en una sola obra la experiencia acumulada en el estudio y aplicación práctica de la RIC. Esa era mi intención inicial. Mientras redactaba cada capítulo me preguntaba si sería capaz de transmitir el conocimiento adquirido y extrapolarlo a la reserva para inversiones balear (RIB) creada en 2022 con efecto 1 de enero de 2023, que comparte con la RIC la filosofía del incentivo y las tres fases en su aplicación. Me refiero al proceso de dotación: quiénes pueden dotar la RIC/RIB, con qué beneficios, con qué límites, con qué requisitos sustanciales, con qué precauciones, etc. La fase de dotación de la reserva para inversiones es la clave para la correcta aplicación del incentivo estrella tanto en el REF de Canarias como en el novísimo Régimen fiscal especial de las *Illes Balears,* y el conocimiento que se tiene de la dotación no deriva precisamente de la literalidad de la norma, sino de la interpretación que han realizado los Tribunales de Justicia durante años y años de continuados litigios que finalizaron en el Tribunal Supremo. Pero con la importante salvedad de que su criterio sobre las materias abordadas no es siempre lo clarificador y contundente que debería ser, por lo que vuelve a reinterpretarse de una forma u otra según los intereses de las partes.

Por eso la importancia y la oportunidad de poner en valor la experiencia y conocimiento adquiridos en Canarias con la RIC y ofrecerla en esta obra a los economistas, abogados, asesores fiscales y empresarios de Baleares; al tiempo que explico y actualizo lo sucedido desde 2012 hasta 2024 en la RIC para que los profesionales en la materia dispongan de un nuevo *Manual* donde se recoja la evolución legislativa e interpretativa del incentivo. Centro la obra en la primera fase de las dos reservas para inversiones, la RIC y la RIB, que se denomina "dotación", cuyos elementos definidores y requisitos sustanciales son comunes. De ahí el título: *Manual de la reserva para inversiones en Canarias y Baleares 2014-2027. I. La dotación.*

El acrónimo de la reserva para inversiones en las *Illes Balears* (RIIB) lo he simplificado en tres letras en RIB, acorde al utilizado en Canarias (RIC), mientras que no me he atrevido a buscar un acrónimo para el Régimen fiscal especial de las Illes Balears, a la espera que sean los baleares quienes lo consoliden. El acrónimo REF identifica al Régimen Económico y Fiscal de Canarias.

I. Evolución legislativa

Muchos han sido los cambios en la normativa RIC, pero a grandes rasgos hay que tener en cuenta la primigenia redacción de la Ley 19/1994 de Modificación del Régimen Económico y Fiscal de Canarias (en adelante, REF) que creó la RIC, las directrices comunitarias que regularon inicialmente las ayudas de Estado de finalidad regional, marco al que se adaptó la normativa RIC a través del RDL 12/2006, de 29 de diciembre, que fue la primera reforma estructural de la Ley REF en general y de este incentivo en particular, el posterior desarrollo reglamentario a través del RDL 1758/2007 de 28 de diciembre, y las reformas estructurales de 2014 y 2018, que comentamos en el capítulo 1.

Menos recorrido ha tenido la RIB, incentivo fiscal del reciente Régimen Fiscal Especial de las *Illes Balears,* previsto inicialmente en la Ley Orgánica 1/2007, de 28 de febrero, de reforma del Estatuto de Autonomía de las *Illes Balears,* concretamente en la disposición adicional sexta, que lleva como título: "Del régimen especial insular de las *Illes Balears*". Después de muchos años de ser una aspiración, el legislador tuvo a bien su puesta en valor con la disposición adicional 70ª de la Ley de PP.GG. de 2023, que creó la RIB y una bonificación fiscal en el rendimiento generado en determinadas actividades industriales, agrícolas, ganaderas y pesqueras. En las fechas que redacto se publicó ya el Reglamento del Régimen fiscal especial balear en junio de 2024, así como en septiembre de 2024 la Orden con el modelo 283 para declarar la intensidad de las ayudas recibidas.

II. Metodología y desarrollo del nuevo Manual con la incorporación de la reserva para inversiones balear (RIB)

En el título de la obra se hace referencia conjunta por primera vez a la reserva para inversiones en Canarias (RIC) y a la reserva para inversiones de las *Illes Balears* (RIB), lo que ha supuesto un esfuerzo adicional notable para quien suscribe, sobre todo en la materia de los límites o intensidad de las respectivas ayudas, pues a pesar de ser ambos incentivos fiscales ayudas de Estado se rigen por conceptos diferentes. Mientras que las ayudas estatales en Canarias abarcan tanto las ayudas regionales a la inversión (inversión inicial) y las ayudas al funcionamiento de las empresas (inversiones de sustitución), exentas ambas de notificación previa y con unos límites de intensidad generosos; la RIB está inmersa en el concepto de ayudas de *minimis*, con un límite de 200.000 € para 2023 y de 300.000 € en 2024 y años siguientes, ambos para periodos conjuntos de tres años. Las dos reservas, atlántica y mediterránea, comparten las premisas que configuran sus tres fases de dotación, materialización y mantenimiento de las inversiones, siendo la más controvertida la primera. Por eso, y dada la extensión de la materia concerniente a las tres fases, dedico este Tomo I exclusivamente a la fase de dotación.

El año inicial del periodo analizado en la obra parte del año final del *Manual de la RIC 2007-2013*, si bien terminé su redacción a mediados de 2011, razón por la que incorporo las interpretaciones en la aplicación de la RIC durante 2012 y 2013. Y finaliza en 2027, año en que concluyen las vigentes directrices comunitarias 2022/2027, si bien la RIB se prorroga hasta el 31 de diciembre de 2028.

La metodología que sigo es la misma que en el *Manual de la RIC 20027-2013*. Incluyo en cada capítulo la normativa que desarrollo y las explicaciones pertinentes en cada materia, con numerosos ejemplos, añado la transcripción de los fundamentos principales de cada sentencia, resolución o consulta analizada, y la ficha resumen al final de cada capítulo. Un simple vistazo a la ficha resumen de cada materia ha de posibilitar una visión clara de los elementos principales a tener en cuenta, en los que el lector podrá profundizar a lo largo del texto de cada capítulo.

Divido el estudio en siete partes conceptuales diferentes, aunque no divididas físicamente en la obra, precedidas del Prólogo y la Introducción. El primero redactado por el profesor Esaú Alarcón García, referente nacional en el asesoramiento fiscal tras sus notables éxitos en los Tribunales sobre los perversos efectos de la declaración informativa de bienes y derechos situados en el extranjero (modelo 720). El prologuista ha preparado con notoriedad numerosos recursos para la Asociación de Asesores Fiscales de España (AEDAF) a la que ambos pertenecemos.

En la Introducción, como está comprobando el lector, hago una referencia general al Régimen Económico y Fiscal de Canarias (REF), a la reserva para inversiones en Canarias (RIC), al más reciente Régimen Fiscal Especial de las *Illes Balears* y su reserva para inversiones balear (RIB), la evolución anual de las dotaciones RIC, y por supuesto, al entramado y objetivos de la obra.

La obra combina planteamientos teóricos, mucha jurisprudencia y doctrina administrativa, y desarrollos prácticos, con 85 ejemplos y 15 pequeños casos. En la parte primera dedico cinco capítulos a los presupuestos básicos que comparten las dotaciones RIC/RIB, iniciándola con una breve explicación sobre las dos reservas (capítulo 1); a la que siguen las explicaciones sobre la actividad económica (capítulo 2); el momento de la dotación (capítulo 3); el establecimiento mercantil situado en Canarias/Baleares (capítulo 4), y la contabilidad como presupuesto básico para adentrase en los dos incentivos (capítulo 5).

En la segunda explico las consideraciones principales sobre el beneficio susceptible de las dos reservas para inversiones, que excluye el beneficio de la actividad de arrendamiento de inmuebles cuando no se dan determinadas circunstancias (capítulos 6 y 7); las limitaciones al rendimiento generado en la venta de bienes afectos a las reservas (capítulo 8); las particularidades a tener en cuenta en el beneficio generado en la venta de elementos no afectos a actividad económica (capítulo 9); la reiterada exclusión de los ingresos financieros (capítulo 10), y lo que ocurre con los ingresos por subvenciones a la hora de calcular la dotación (capítulo 11).

En la tercera parte abordo la parte subjetiva de las reservas, qué contribuyentes pueden dotarlas y cuáles no, en siete capítulos divididos por materias: las sociedades holdings, financieras y grupos de sociedades (capítulo 12); las entidades patrimoniales (capítulo 13); las sociedades civiles (capítulo 14), las sociedades profesionales y los socios profesionales (capítulo 15); la conflictividad existente en las comunidades de bienes y en los comuneros (capítulo 16); las agrupaciones de interés económicos (capítulo 17), y las uniones temporales de empresa (capítulo 18). Algunos de los aspectos contemplados siguen generando gran conflictividad, sirva de paradigma la actividad de las comunidades de bienes y los comuneros y la problemática de los socios profesionales.

En la cuarta, analizo las consideraciones a tener en cuenta acerca del concepto de beneficio distribuido, esto es, del beneficio no susceptible de la dotación. La reserva legal (capítulo 19); la interacción de la reserva de capitalización y de la reserva de nivelación con las dotaciones (capítulos 20 y 21); la compensación de resultados negativos y de bases imponibles negativas (capítulo 22); el reparto de dividendos (capítulo 23) y la cláusula de cierre que existe en el cálculo de la dotación: la disminución de los fondos propios (capítulo 24).

La parte quinta desarrolla íntegramente al cálculo de la dotación en entidades jurídicas y personas físicas, facilitando la aplicación de herramientas informáticas (capítulos 25, 26 y 27).

En la sexta estudio los requisitos sustanciales y formales de la dotación: la creación contable de la reserva y su indisponibilidad (capítulo 28); la comunicación de las inversiones anticipadas (capítulo 29); un tema que sorprenderá a muchos, el de la prescripción del derecho de la Administración a liquidar la regularización de las reservas (capítulo 30), y una recapitulación sobre los presupuestos y requisitos de las reservas detallados en los capítulos anteriores (capítulo 31).

Finalizo en la parte séptima con una materia clave a tener en cuenta antes de afrontar la dotación de las reservas, el control de las ayudas que representan en la normativa europea y española, concretado para la RIC y la RIB (capítulos 32 y 33).

He incorporado a esta redacción las sentencias, resoluciones y consultas imprescindibles para interpretar correctamente la aplicación de las reservas para inversiones publicadas por el Poder Judicial (CENDOJ Centro de Documentación Judicial) hasta el 31 de octubre de 2024.

III. Unas breves notas para explicar la filosofía y el funcionamiento de las dos reservas para inversiones, RIC y RIB

La RIC es un incentivo fiscal encuadrado dentro del REF, previsto en el art. 27 de la Ley 19/1994 y en el RDL 1758/2007. La posibilidad que ofrece a cualquier empresario que desarrolle su actividad en el archipiélago es la de no pagar impuestos por la parte de sus beneficios que reinvierta en Canarias. El beneficio fiscal opera como una dotación con carácter deducible, que disminuye los beneficios obtenidos para delimitar la base imponible gravable en el Impuesto sobre Sociedades (IS), y como una deducción en la cuota en el ámbito del IRPF.

La RIB es un incentivo fiscal enmarcado en el novísimo Régimen Fiscal Especial de las *Illes Balears*, previsto inicialmente en la Ley Orgánica

1/2007, de 28 de febrero, de reforma del Estatuto de Autonomía de las *Illes Balears*, concretamente en la disposición adicional sexta, que lleva como título: *Del régimen especial insular de las Illes Balears*:

> *1. Una ley de Cortes Generales regulará el régimen especial balear que reconocerá el hecho específico y diferencial de su insularidad.*
>
> *2. En el marco de esta ley, y con observancia de las normas y procedimientos estatales y de la Unión Europea que resulten de aplicación, la Administración General del Estado ajustará sus políticas públicas a la realidad pluriinsular de la Comunidad Autónoma de las Illes Balears, especialmente en materia de transportes, infraestructuras, telecomunicaciones, energía, medio ambiente, turismo y pesca.*
>
> *3. Para garantizar lo anterior, en esa ley se regulará un instrumento financiero que, con independencia del sistema de financiación de la Comunidad Autónoma, dote los fondos necesarios para su aplicación.*
>
> *4. La Comisión Mixta de Economía y Hacienda entre el Estado y la Comunidad Autónoma de las Illes Balears prevista en el artículo 125, será la encargada de hacer el seguimiento de la aplicación de la ley reguladora del Régimen Especial de las Illes Balears. Esta Comisión Mixta coordinará las comisiones interadministrativas que se constituyan al amparo de dicha ley.*
>
> *5. El Estado velará para que cualquier mejora relativa al régimen económico o fiscal de los territorios insulares establecida por la Unión Europea, con excepción de las que vengan motivadas exclusivamente por la ultraperificidad sea aplicable a las Illes Balears.*

El régimen fiscal especial permaneció congelado hasta que la Ley de Presupuestos Generales del Estado para 2023 lo activó a través de la disposición adicional septuagésima, Régimen fiscal especial de las *Illes Balears,* como reconocimiento del hecho específico y diferencial de su insularidad. Dos son los incentivos fiscales que crea: la reserva para inversiones en las *Illes Balears* (RIB), que coincide prácticamente con la RIC (excepto en su intensidad), y el régimen especial para empresas industriales, agrícolas, ganaderas y pesqueras. En este *Manual* me ocupo solamente del primer incentivo balear y no en toda su extensión, sino en la dotación. En las fechas en que redacto se ha publicado el Reglamento en junio de 2024, y las empresas baleares tuvieron la opción de acogerse por primera vez a la dotación RIB con los resultados de las explotaciones económicas realizadas en el archipiélago en 2023.

Para acogerse a la RIC/RIB es necesario desarrollar una actividad empresarial o profesional en Canarias/Baleares, sin que sea necesario que la entidad esté domiciliada en alguno de los dos archipiélagos. No sirve cualquier beneficio, sino exclusivamente el señalado en la normativa, dando así lugar a la expresión “beneficio susceptible de la dotación”, que coincide básicamente con el generado en el desarrollo de actividad económica por un establecimiento mercantil situado en uno de los dos archipiélagos.

La cantidad máxima que del beneficio puede destinarse a la RIC/RIB es el 90% de los beneficios no distribuidos después de impuestos (considerando como distribuidos la dotación obligatoria a la reserva legal, a otras reservas específicas sin ser la voluntaria y los dividendos a repartir) y afectan a su cálculo la compensación contable de resultados negativos y las disminuciones de fondos propios realizadas en ese y en el siguiente ejercicio:

RIC/RIB = 0,9 (beneficio susceptible de la dotación - dividendos - dotación reserva legal - dotaciones a otras reservas (excepto las voluntarias) - compensación contable de resultados negativos - disminuciones de los fondos propios).

En empresarios individuales y profesionales, los dos incentivos operan como una deducción en la cuota, con el límite máximo de la dotación del 80% de los beneficios empresariales o profesionales:

Dotación RIC/RIB = 0,8 de los rendimientos económicos obtenidos
Deducción RIC/RIB = tipo impositivo resultante en la declaración IRPF por la dotación efectuada.

Para acogerse a la RIC/RIB hay que reflejar en la contabilidad y en las cuentas anuales la aplicación del resultado del ejercicio con la cantidad que a ellas se destine. A la expresión de esa voluntad se denomina "dotación" y debe manifestarse en los libros de contabilidad y demás documentos (actas, cuentas anuales, etc.) antes de presentar la declaración de impuestos correspondiente con el incentivo. La dotación así realizada se especifica en una cuenta de reservas, con el título de RIC/RIB y el año, y ha de figurar en la contabilidad y en los balances ininterrumpidamente a partir de ese momento, hasta que finalice el plazo en que los activos afectos hayan de permanecer en funcionamiento.

El efecto del beneficio fiscal es inmediato, y en la declaración del año de la dotación se concreta en un ahorro fiscal importante en el IS:

Beneficio antes de impuesto	100,00
Dotación RIC/RIB	- 80,00
Base imponible	20,00
Impuesto sobre beneficios (25%)	5,00

En personas físicas, el ahorro se refleja como una deducción en la cuota:

Base imponible	100,00

Cuota progresiva (por ejemplo, al 29%)	29,00
Dotación máxima RIC (100 x 0,8) =	80
Deducción en la declaración IRPF: 80 x 0,29 =	- 23,2
Cuota a pagar	5,80

El considerable ahorro fiscal, tanto en el IS como en el IRPF, implica el cumplimiento de una serie de obligaciones formales inmediatas y de requisitos futuros, principalmente el de invertir el importe de la dotación en activos necesarios para el desarrollo de actividades económicas, situados y utilizados en Canarias/Baleares. A la inversión a realizar se denomina "materialización". Ha de efectuarse y entrar en funcionamiento dentro del plazo máximo de cuatro años desde el final del ejercicio en que la entidad o el empresario/profesional dotó la RIC/RIB: si en el ejercicio 2024 se dota la RIC con los beneficios de ese año y se presenta la declaración en junio/julio de 2025, hay de plazo para materializar y que entren en funcionamiento las inversiones hasta el 31 de diciembre de 2028. Tres años, como señala la ley, desde la dotación contable (2025), o cuatro años desde la generación del beneficio (2024). Ambos cálculos determinan que el plazo finaliza el 31 de diciembre de 2028. Es así como se interpreta correctamente el precepto legal.

Las inversiones han de permanecer cinco años en funcionamiento en la misma empresa que dotó la RIC/RIB (mediando suelo, diez años), sin enajenarse ni alquilarse ni desafectarse de la actividad económica. Durante ese tiempo la cuenta contable de la RIC/RIB ha de figurar en los balances como reserva indisponible.

Del incentivo siempre he destacado la conflictividad en su aplicación, la permanente inseguridad jurídica, y espero que al menos la experiencia de los profesionales canarios sirva para que en Baleares se aplique correctamente después de muchos años de matizaciones por parte de los Tribunales de Justicia en Canarias.

Cuando me refiero a la RIC/RIB y a la actividad desarrollada en Canarias/Baleares, lo hago por simplificar y buscar nexos en común entre ambas reservas, sin que ello signifique, ni mucho menos, que las dos reservas para inversiones puedan nutrirse de las actividades realizadas en ambos archipiélagos, sino que cada reserva se aplica en exclusiva en su territorio.

IV. Evolución de la normativa interna y de la Unión Europea sobre ayudas de Estado

Entre la creación de la RIC en 1994 y la RIB en 2022, con vigencia 2023, son muchos los cambios en la normativa RIC y en las directrices comunitarias europeas que regulan las ayudas de Estado. Menos evolución normativa existe lógicamente en la RIB.

En el ordenamiento interno, ya mencionamos la Ley 19/1994 que creó la RIC dentro de la Modificación del Régimen Económico y Fiscal de Canarias (REF), el trascendental cambio operado a través del RD ley 12/2006, que recogió el esfuerzo normativo que adaptó el REF a las directrices comunitarias, y las modificaciones estructurales de 2014, con vigencia 2015, y de 2018, sin una clara vigencia en cada una de sus disposiciones. De menor calado fueron los cambios normativos posteriores, incluido el de 2023 respecto a las inversiones anticipadas.

En el ordenamiento europeo hay que tener en cuenta las denominadas directrices de ayudas regionales (DAR) publicadas a partir de 2006. La primera, para el periodo 2007-2013 (2006/C 54/08), que fue la que tuvo que adaptarse el REF en el RD ley 12/2006. La segunda, para el periodo 2014/2020, que por los efectos de la pandemia del coronavirus se prorrogó hasta el 31 de diciembre de 2021 por la Comunicación de la Comisión Europea 2020/C 224/02; y la tercera y vigentes directrices, para el periodo 2022/2027, publicadas por la Comunicación 2021/C 153/01, que preveía una revisión de las ayudas estatales en 2023. Se produjo la actualización, y sirvió para que los estados miembros propusiesen un nuevo Mapa regional de ayudas. El correspondiente a España fue aprobado con el incremento de la intensidad de las ayudas a las inversiones regionales en Canarias, al encuadrarse la región en el nivel del 65% de la media del PIB de la UE, cuando antes estaba en el 75%, hecho que supuso un incremento del 10% en los límites de intensidad a las grandes empresas, medianas y pequeñas que pasó a ser del 60,70 y 80%, respectivamente. Para Baleares supuso su inclusión dentro de las *zonas c no predeterminadas,* con la opción de recibir ayudas regionales con el límite del 15% de la inversión para las grandes empresas (25 y 35% para medianas y pequeñas).

La normativa europea sobre ayudas de Estado se contempla básicamente en el Tratado de Funcionamiento de la Unión Europea (TFUE) de 26 de octubre de 2012, que regula en sus artículos 107 y 108 las ayudas estatales; Reglamento de Exención por Categorías (Reglamento UE 651/2014), que permite que determinadas ayudas estén exentas de notificación previa, como las que disfruta Canarias como región ultraperiférica; Reglamento

UE 1407/2012, relativo a la aplicación de los artículos 107 y 108 del TFUE a las ayudas de *minimis*, que ha sido sustituido por el vigente Reglamento UE 2023/2381 de la Comisión Europea. Reglamento que incrementó para 2024 y siguientes años la intensidad de las ayudas de *minimis* recibidas por la misma empresa de 200.000 a 300.000 € en un periodo conjunto de tres años.

V. La evolución económica y las dotaciones RIC

En 2007 y 2008 se hizo evidente la crisis económica en Canarias, que desplomó las dotaciones RIC, y puso una vez más de manifiesto la incapacidad crónica de la mayor parte de los políticos para predecir, planificar y corregir los efectos de un cambio de ciclo económico. Los que estaban en el poder, negaron hasta última hora lo que era evidente, y los que estaban en la oposición, fueron incapaces de arbitrar, proponer y consensuar medidas eficaces para salir de la crisis.

Históricamente, en Canarias estuvimos siempre acostumbrados a los cambios de ciclos económicos, no por ello entre unos y otros dejó de producirse el consecuente caos y drama social, que se saldaba en el pasado con hambrunas y emigración. Algo parecido sucedió en la primera década del s. XXI, aunque esa vez los que emigraron fueron los propios inmigrantes que llegaron al socaire de la bonanza económica de las Islas.

En la crisis financiera de 2007/2008, las medidas económicas llegaron tarde, y las ayudas e inyección financiera estatal a las entidades crediticias no se trasladaron a las empresas, que asistieron impotentes a un vertiginoso resquebrajamiento de su economía y entorno. En el archipiélago, la crisis financiera se unió a la construcción y turismo —no solo el número de turistas descendió por la mala situación económica de los mercados emisores, sino que los precios se desplomaron día a día: se alquilaron los apartamentos a los tours operadores al mismo precio diario que un coche de alquiler, cuando los primeros costaban diez veces más que los segundos; y se trasladó al resto de sectores: el comercio cerró 2008 y 2009 con un descenso anual entre el 30 y 40% en las ventas respecto al año anterior, el mercado de pasajeros entre las islas se vio mermado considerablemente, así como el resto de los servicios.

En 2010 se apreció una ligera mejoría en el sector turístico y empresas que realizaban su actividad en torno a los puertos: avituallamiento a buques, servicios, etc. La mejora del turismo se acentuó en 2011 con los desvíos de clientes de los mercados emergentes como Egipto y Túnez, que aportaron un leve respiro a las maltrechas cuentas de explotación del sector hotelero. El efecto de la crisis financiera no solo afectó a las empresas, sino a las instituciones públicas, que vieron mermados sus presupuestos de ingresos y realizaron recortes drásticos en sus aplicaciones a la sociedad.

Remontó poco a poco la economía, estabilizándose y mejorando de 2012 a 2019, hasta que la pandemia del coronavirus 2019 nos trasladó a situaciones insospechadas y no vividas desde la II Guerra Mundial. De nuevo el colapso de la economía en general y la de Canarias en particular, con prácticamente un cierre del 100% en el negocio turístico. Afortunadamente no duró mucho y el ansia de vivir y viajar hizo que se batieran récords en el número de turistas en 2022 y 2023. Para compensar las cuantiosas pérdidas de las empresas en 2020 y parte de 2021, las autoridades dieron un trato preferente a Canarias como región ultraperiférica y por su alta dependencia de la actividad turística, razón de que el tejido empresarial recibiese 1.144 millones de euros en subvenciones.

VI. El enfriamiento paulatino de la opción de la materialización indirecta en títulos emitidos por corporaciones públicas

Siempre existió para el empresario canario la opción de materializar el 50% del importe de la dotación en títulos RIC emitidos por las corporaciones locales canarias y la Comunidad Autónoma. Alternativa importante a la hora de decidir dotar la reserva, pues si no pudiera invertirse íntegramente en el propio tejido productivo se completaría el importe con la suscripción de bonos RIC. Sin embargo, en los últimos años, las corporaciones públicas no han emitido instrumentos financieros aptos para la RIC para dedicarlos a inversiones o proyectos específicos. Era y es una buena alternativa de materialización para aquellas empresas que no tuviesen necesidad de invertir en su propia actividad económica.

Sintomático fue que, en 2009, en plena crisis financiera, año en que finalizaba el plazo de materialización de la dotación 2005, las empresas no tuviesen necesidad real de invertir más en sus negocios. La alternativa era la materialización indirecta en deuda pública, pero solo el Cabildo de Gran Canaria la emitió. El resultado de tan escasa oferta fue que de cada 100 títulos emitidos se demandaron casi 300; todo lo contrario de lo que ocurrió en 2008, en el que se ofertaron 100 títulos y solo se demandaron 30. Comportamiento ciertamente atípico de las empresas, que esperaron al último momento para materializar, pero que podrían haber solventado las corporaciones públicas (Comunidad Autónoma y cabildos de Gran Canaria y Tenerife) previendo la demanda con sondeos entre los empresarios. Peor fue lo que sucedió en 2010, año en que la autoridad financiera negó al Cabildo de Gran Canaria la emisión de títulos aptos para la RIC, teniendo que regularizar las empresas parte de sus dotaciones. En 2011 sí emitieron deuda pública que cubrieron las expectativas de los empresarios. Las emisiones de títulos aptos para la RIC prácticamente han desaparecido en el pasado reciente, teniendo relevancia negativa el hecho de que en algún año en específico en que se emitieron bonos RIC, dos grandes empresas, ¡solo dos empresas!, se adjudicaron el 100% de la emisión, dejando fuera de la suscripción a todos los pequeños empresarios interesados. No es esa la filosofía que sirvió para que se aprobara en su día la alternativa de materialización indirecta ni la práctica adecuada a seguir, motivo de que deban estar atentos los responsables de las emisiones para que tal contingencia no vuelva a suceder. Después de muchos años, el Gobierno de la Nación ha aprobado la propuesta del Gobierno de Canarias (julio 2024) de una nueva emisión por la Comunidad Autónoma, 150 millones de euros en títulos RIC para 2024. Veremos si se lleva a cabo o no y si se le da la debida preferencia a las pequeñas y medianas empresas sobre las grandes a la hora de la suscripción de los títulos.

VII. La evolución de las dotaciones RIC

En la evolución de las dotaciones RIC de las empresas se observa que cada vez sus importes anuales son menores. La crisis financiera de 2008/2010 y la posterior de la pandemia covid-19, 2020/2021, tuvieron gran parte de la culpa, pero también la inseguridad jurídica en torno al incentivo ha sido un importante factor desalentador a su aplicación: los empresarios han preferido utilizar alternativas fomentadoras de la inversión, como la deducción por inversiones en Canarias (DIC), con menos aristas en sus requisitos sustanciales.

A través de la información estadística que ofrece la AEAT y gracias a la ayuda del profesor Dorta Velázquez para localizarlas, he confeccionado los siguientes cuadros y gráficas referidos a entidades jurídicas desde 2002 hasta 2022. Los datos se publican con un retraso aproximado de poco más de dos años, de forma que la AEAT publicó las dotaciones de 2022 el 27 de octubre de 2024, cuando terminábamos de redactar el Manual. Las dotaciones por empresarios y profesionales personas físicas no se contemplan en el cuadro, pero son sensiblemente inferiores, sin que afecten a su evolución. En el periodo 1994/2008 suponen solo el 2,3% de las dotaciones globales[1].

Cuadro 1. Dotaciones RIC por entidades jurídicas desde 2002 hasta 2022

Año	Dotaciones RIC (€)
2002	1.949.326.000
2003	2.075.538.000
2004	2.117.949.000
2005	2.166.971.000
2006	**2.451.293.000**
2007	1.640.240.000
2008	947.483.000
2009	631.794.000
2010	643.946.000
2011	530.074.000
2012	544.854.000
2013	697.461.000
2014	748.894.000
2015	867.697.000
2016	1.029.659.000
2017	1.128.044.000
2018	1.057.721.000
2019	996.404.000
2020	**460.636.000**
2021	821.408.000
2022	1.322.497.000

Elaboración propia. Fuente: página web de la AEAT. "Últimas estadísticas publicadas".

1 Miranda Calderín, 2012, p. 48. Se extrae el porcentaje de los datos del cuadro nº 1 confeccionado en ese año.

En el cuadro 1 parto de las dotaciones 2002, al ser las primeras que figuran en la web referida, si bien en el anterior *Manual de la Reserva para inversiones en Canarias* (2012) publiqué sus importes desde 1994 hasta 2000 con otras fuentes. Comenzaron las dotaciones RIC en 1994 con un volumen total de poco más de 500.000 € y fueron incrementándose hasta 1.686.000 € en 1999, 1.828.000 € en 2000 y 1.930.000 € en 2001 (en cifras cerradas y en miles de euros). Por tanto, los importes de 2002 y años siguientes, hasta el comienzo de la crisis financiera, guardan relación con las cifras de 1999/2002. Fue en 2006 cuando las dotaciones alcanzaron un punto de inflexión, su máximo histórico, con 2.451.000 €; pero con carácter inmediato, en 2007, comenzó su vertiginoso descenso. Las causas principales de la disminución las atribuyo a la crisis financiera de 2008, puesto que los empresarios decidieron la dotación de 2007 en mayo/junio de 2008, cuando la percepción de la crisis, a pesar de los comentarios contrarios del Gobierno de la Nación, era ya evidente; y a la inseguridad jurídica en torno al incentivo, incrementada con las interpretaciones sobre la nueva normativa RIC vigente desde 1 de enero de 2007 y el régimen sancionador.

Los efectos de la crisis financiera, de la mano de la inseguridad jurídica, hicieron que las dotaciones disminuyeran año tras año, hasta alcanzar un volumen mínimo en 2011 de 530.000 miles de euros. El turismo y la economía en general en las Islas fue incrementándose a partir de 2012, razón de que también lo hicieran las dotaciones hasta alcanzar un máximo de 1.128.000 € en 2017. Nadie se acordaba de la crisis financiera hasta que llegó la pandemia de covid-19, con prácticamente "un cero turístico" y más de media población recluida en casa. Las dotaciones de 2019, que se decidieron en 2020, en plena pandemia, disminuyeron hasta los 996.000 €, y las de 2020 suponen el mínimo histórico desde que se creó la RIC. Tan solo se dotaron 460.636 €. Por último, las subvenciones recibidas en 2021 y una mejora generalizada en la economía después del caos de la pandemia propició el remonte de las dotaciones hasta 821.000 miles de € en 2021 y el alza considerable en 2022 hasta 1.322.497.000 €, importe que supera las dotaciones efectuadas desde 2007 en adelante.

En la gráfica 1 se aprecia la evolución de las dotaciones con las dos simas propiciadas por la crisis financiera y años después por la pandemia, con el alza importante en 2021 y 2022.

Gráfica 1. Dotaciones RIC 2002-2021 en euros

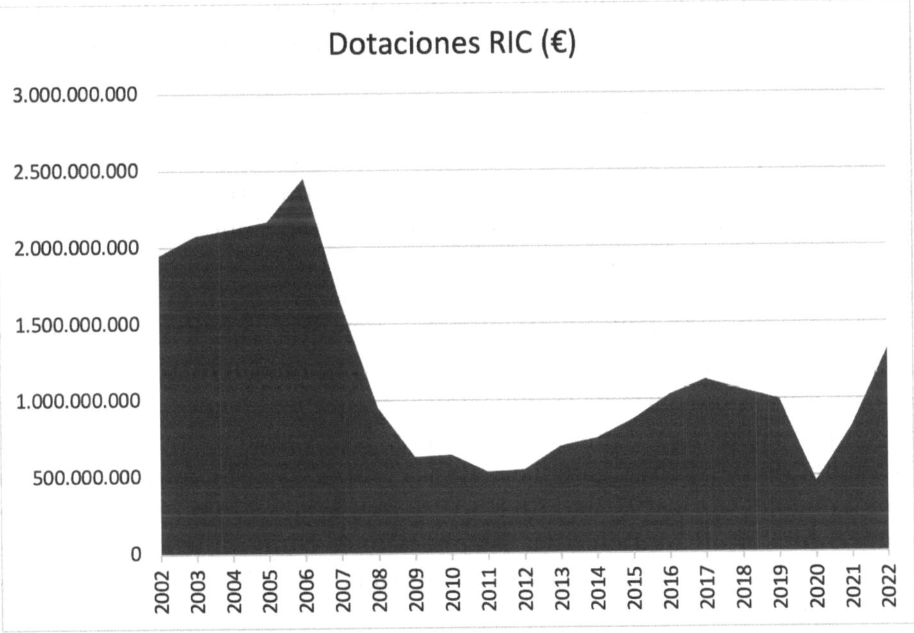

Elaboración propia a partir del cuadro 1.

Las estadísticas de la web de la AEAT sobre los datos consignados en las declaraciones del IS ofrecen otro aspecto interesante de las dotaciones RIC, el importe que cada año deciden las empresas regularizar voluntariamente. Los motivos principales de que los empresarios renuncien al beneficio fiscal generado con la dotación e incrementen la base imponible del ejercicio en que procede la regularización son: (i) la realidad de que no van a realizar las inversiones comprometidas, bien por considerarlas no necesarias para su actividad o por no disponer de la financiación necesaria, y (ii) que puedan compensar en la base imponible el importe de la regularización RIC efectuada con bases imponibles negativas generadas en ese ejercicio o en los anteriores. De esa forma, el aumento de la base imponible por la regularización RIC se anula con las bases imponibles negativas, sin generar cuota tributaria a pagar en el IS, sino los correspondientes intereses de demora sobre el importe no ingresado en su día por el efecto de la dotación.

En el cuadro y la gráfica 2 se reflejan las cifras de lo que denominamos “desdotaciones”, esto es, de las regularizaciones voluntarias de las dotaciones RIC efectuadas. No comprende el efecto de las regularizaciones efectuadas por la Administración tributaria al comprobar el IS, ya que estas no se reflejan en las casillas de aumento de la base imponible en las declaraciones anuales del IS, aunque sí en la contabilidad y en el cálculo del impuesto sobre el beneficio.

Junto al importe de las desdotaciones he añadido una columna con el porcentaje que representan sobre las dotaciones de ese año. Ratio que no es sino una aproximación a la regularización voluntaria, puesto que en el año "n" pueden regularizarse voluntariamente dotaciones de hasta los últimos cuatro años, pero nunca las del propio ejercicio. No puede concluirse, en consecuencia, que el 71,6% de las dotaciones de 2010 se regularizaron por importe de 460 millones de euros; pero sí que, en 2009, 2010, 2011 y 2021 hubo razones poderosas para que los empresarios incrementasen en su base imponible parte de las dotaciones realizadas en años anteriores. La razón principal es evidente, la crisis financiera y sus efectos negativos en la cuenta de pérdidas y ganancias de las empresas, así como la posterior pandemia del Covid-19. Cuando los asesores fiscales comprobaron que los empresarios no iban a efectuar las inversiones comprometidas, aconsejaron la regularización voluntaria con cargo a las bases imponibles negativas generadas.

Tras la crisis financiera de 2008/2010 y la pandemia de 2020 es cuando se incrementa notablemente el número y ratio de regularizaciones voluntarias de las dotaciones RIC. En 2022, sin pandemia, el ratio de desdotaciones baja considerablemente del 40,7% de 2021 al 16,6%.

Así se observa en el cuadro 2 y en la gráfica 2.

Finalizo el análisis de estas estadísticas con una referencia a la deducción por inversiones en Canarias (DIC), que en 2022 alcanzó la cifra de 395.456.000 €[2], incrementando notablemente la de 2021 (273.039.000 €). Si homologamos la cifra de 2022 con las dotaciones RIC, dividiendo su importe entre el 0,25 del tipo del IS, vemos que equivale a 1.581.824.000 €, cifra superior a los 1.322.497.000 € de la dotación RIC 2022. Es una realidad que venía constatándose en los últimos años, que los empresarios canarios cada vez utilizan más la DIC en detrimento de la RIC, cuestión que achaco a la mayor seguridad jurídica respecto a la siempre controvertida RIC.

2 Datos de la web de la AEAT en "Últimas estadísticas publicadas", octubre de 2024.

Cuadro 2. Desdotaciones voluntarias RIC 2002-2021

Año	Desdotaciones RIC (€)	% sobre dotación
2002	63.024.000	3,2%
2003	87.331.000	4,2%
2004	75.478.000	3,6%
2005	120.735.000	5,6%
2006	112.458.000	4,6%
2007	112.664.000	6,9%
2008	245.920.000	26,0%
2009	351.941.000	55,7%
2010	**460.745.000**	**71,6%**
2011	**346.937.000**	**65,5%**
2012	279.697.000	51,3%
2013	161.082.000	23,1%
2014	204.494.000	27,3%
2015	73.600.000	8,5%
2016	122.201.000	11,9%
2017	77.940.000	6,9%
2018	163.220.000	15,4%
2019	138.306.000	13,9%
2020	100.804.000	21,9%
2021	**334.578.000**	**40,7%**
2022	219.230.000	16,6%

Elaboración propia. Fuente: web de la AEAT. "Últimas estadísticas publicadas".

Gráfica 2. Desdotaciones voluntarias RIC 2002-2021 en euros

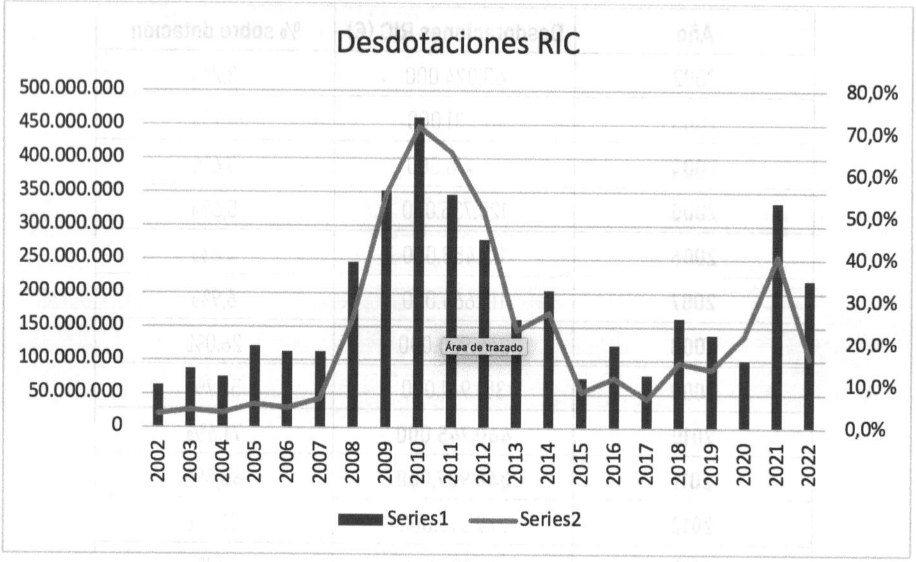

Elaboración propia a partir del cuadro 2.

Espero, finalmente, que el esfuerzo de redactar esta obra sea compensado con la luz que aporte a los compañeros que se acerquen a sus páginas a intentar deshacer los numerosos entuertos a los que lleva la aplicación práctica de la RIC/RIB.

Aprovecho para agradecer a Esaú Alarcón García su afectuoso y a la vez crítico y certero prólogo; a los Colegios de Economistas de Las Palmas, Santa Cruz de Tenerife, Baleares y Titulares Mercantiles y Empresariales de Santa Cruz de Tenerife su colaboración en la promoción y distribución de la obra; a las asociaciones profesionales Asociación Española de Asesores Fiscales (AEDAF) y Asociación de Asesores Fiscales de Canarias (AAFC) por participar en la difusión del *Manual* entre sus miembros; a los altos funcionarios de las Administraciones públicas que aportaron información relevante y comentarios sobre la materia tratada; y a la editorial Tirant Lo Blanch por acoger la obra en su prestigiosa producción bibliográfica. A todos, muchas gracias.

Monte Lentiscal, 11 de noviembre de 2024

Capítulo 1

LA RESERVA PARA INVERSIONES EN CANARIAS (RIC) Y LA RESERVA PARA INVERSIONES EN LAS *ILLES BALEARS* (RIB)

En este primer capítulo explico en qué consisten los dos incentivos fiscales de las homónimas reservas para inversiones. La de Canarias (RIC), creada en 1997, y la de las *Illes Balears* (RIB) en 2022, que entró en vigor en 2023 y prácticamente es una copia de la primera, salvo en el tipo de ayuda de Estado que representa: *ayuda de minimis,* y en la consecuente menor intensidad en su aplicación. La Ley 19/1994 que regula la RIC articula las opciones de inversión (materialización) sobre la base de las ayudas regionales a la inversión (inversiones iniciales) y las ayudas al funcionamiento de las empresas (inversiones de sustitución); mientras que la RIB, en la Ley 31/2022 de Presupuestos Generales de Estado para 2023, no hace distingo alguno debido a que la ayuda de Estado que representa se cataloga como *ayuda de minimis.* No obstante, para las pequeñas y medianas empresas baleares la intensidad de las *ayudas de minimis* es suficiente, pero no para las grandes empresas.

1.1. La reserva para inversiones en Canarias (RIC)

Detallo en primer lugar la normativa vigente y su evolución.

1.1.1. Legislación vigente y su evolución

La RIC está regulada en el art. 27 de la Ley 19/1994 de Modificación del Régimen Económico y Fiscal de Canarias (REF) y en el Reglamento del REF, RD 1758/2007, de 28 de diciembre. En cada uno de los próximos capítulos especifico y trascribo en el primer epígrafe la normativa que regula cada materia.

El art. 27 de la Ley 19/1994 creó la RIC, que no tuvo desarrollo reglamentario hasta trece años después, en 2007. Su aplicación se vio alterada por diversas modificaciones legales, unas veces por deseo del legislador y otras por la obligación de adaptarse a las directrices comunitarias, hasta la reforma estructural de diciembre de 2006, que dio lugar a la que se denominó "la nueva RIC". La evolución legislativa hasta la actualidad ha sido:

– El Real Decreto ley 3/1996, de reforma parcial de la Ley 19/1994, modificó algunos apartados del art. 27, concretamente que no era necesario que las sociedades tuviesen su domicilio en Canarias para que pudiesen dotarla; y que no era posible materializarla en deuda pública del Estado, sino únicamente en títulos de las corporaciones locales o de la Comunidad Autónoma.

– El Real Decreto ley 7/1998, de 19 de junio, de incorporación al ordenamiento interno de los criterios de la Comisión Europea en materia de ayudas de Estado.

– La Ley 23/2001 de PP. GG. del Estado para 2002, que en su disposición adicional vigésima sexta reguló la incidencia de la RIC en el cálculo de los pagos fraccionados del IS.

– La Ley 24/2001, de 27 de diciembre, de Medidas Fiscales, Administrativas y de Orden Social, añadió una disposición adicional a la Ley que regula las sociedades de capital riesgo, permitiendo la materialización de la RIC a través de esas sociedades.

– La Ley 53/2002, de 30 de diciembre, de Medidas Fiscales, Administrativas y de Orden Social, que en su art. 10 y disposición adicional vigésimo sexta reguló las excepciones al plazo de materialización de la RIC, para intentar contrarrestar, sin éxito, los efectos de la moratoria turística en la inversión en hoteles. Permitió las inversiones anticipadas, y estableció la presunción de que la RIC se entendía correctamente dotada si el impuesto con la dotación se presentaba dentro del plazo legal (presunción que desapareció el 1 de enero de 2007).

– La Ley 62/2003, de 30 de diciembre, de Medidas Fiscales, Administrativas y de Orden Social, modificó en el art. 10 los apartados 4 y 5 del art. 27, que limitaron la materialización en deuda pública a las dotaciones realizadas hasta el 31 de diciembre de 2003 (posteriormente volvería a autorizarse esta vía de materialización)[3].

– La Ley 4/2006, de 29 de marzo, de Adaptación del régimen de las entidades navieras... y de modificación del Régimen Económico y Fiscal de Canarias, reintrodujo, con efectos retroactivos a 1 de enero de 2006, la

[3] La cuestión la explicamos pormenorizadamente en Miranda Calderín, 2004. "Crónica de la RIC 2003. *Hacienda canaria* n.º 7.

posibilidad de materializar en deuda pública de la Comunidad Autónoma y corporaciones locales.

– El RD ley 12/2006, de 29 de diciembre, modificó estructuralmente el art. 27 de la Ley 19/1994, y dio lugar a la que se conocería como "nueva RIC", aplicable para el periodo 2007-2013, objeto de estudio en el *Manual de la RIC 2007-2013,* que publiqué en 2012.

– El RD ley 1758/2007, de 28 de diciembre, que desarrolló reglamentariamente por primera vez la Ley 19/1994 y, por tanto, la RIC.

– La evolución legislativa continuó con el RD ley 15/2014, de 19 de diciembre, que incorporó un nuevo concepto en las ayudas de Estado a nivel europeo creado por el Reglamento (UE) 651/2014, conocido como Reglamento General de Exención por Categorías: la exención de notificar con carácter previo las ayudas; al tiempo que adecuó los instrumentos fiscales del REF a las Directrices europeas 2014-2020. En cuanto a la dotación RIC, amplió el beneficio susceptible de la dotación con el correspondiente a la transmisión de elementos no afectos a actividades económicas que hubiesen generado renta en los tres años anteriores.

Los cambios en la materialización directa fueron más numerosos: la eliminación del requisito que las zonas comerciales objeto de rehabilitación estuviesen en un área cuya oferta turística se encuentre en declive; la eliminación de la obligación de que las actividades turísticas objeto de rehabilitación estén en un área cuya oferta turística se encuentra en declive; la eliminación de los límites para considerar que una obra supone la rehabilitación de un inmueble; la eliminación del límite a los elementos de transporte como inversión inicial; la creación de puestos de trabajo desligada del concepto de inversión inicial, con un límite del 50% de la dotación y un máximo de 36.000 euros por trabajador.

En la materialización indirecta dejó de ser necesario que las sociedades participadas invirtieran exclusivamente en inversión inicial, pudiendo hacerlo en inversiones de sustitución y creación de empleo desligado a una inversión inicial; las facilidades en la materialización en entidades ZEC; la opción de materializar en instrumentos financieros emitidos por entidades financieras y destinados a financiar proyectos privados de inversión en Canarias; la inversión en buques con puerto base en Canarias; la sustitución de elementos patrimoniales afectos a la RIC por su valor neto contable en el plazo de seis meses desde su baja en el balance, y la posibilidad de realizar inversiones anticipadas de futuras dotaciones.

En los aspectos formales y régimen sancionador, la reforma de 2014 supuso la desaparición de los planes de inversión en los que se detallaba la materialización prevista; la inclusión en la memoria de las entidades financieras que emiten instrumentos financieros aptos para la RIC de determinados aspectos relacionados con la reserva; y una importante disminución en el importe de las sanciones por infracciones tributarias RIC[4].

– A la reforma legal de 2014 le siguió la modificación del Reglamento REF por el RD 1022/2015, que matizó restrictivamente algunos aspectos que personalmente había interpretado, erróneamente, con mayor flexibilidad en el RD ley de 2014. Con el cambio reglamentario siguió excluido de la dotación el beneficio generado en la venta de acciones y participaciones afectas a la actividad; e incorporó las novedades de las directrices comunitarias en materia de control de las ayudas de Estado, distinguiendo entre ayudas a la inversión y al funcionamiento.

– La siguiente reforma de calado fue la regulada en la Ley 8/2018, que supuso que el beneficio generado en la transmisión de activos afectos parcialmente a la RIC fuese susceptible en la parte proporcional no afecta. En la materialización implicó la exclusión de la inversión en activos usados afectos a las dotaciones RIC 2007 y siguientes (antes desde 1994); la posibilidad de invertir en la parte restante de un activo afecto parcialmente por su vendedor; la opción de sustituir elementos afectos a la RIC antes de los cinco años en funcionamiento; la prohibición de materializar en la compra y reforma de viviendas con fines turísticos; la ampliación de los supuestos de inversión en suelo, concretamente el destinado a las actividades sociosanitarias, centros residenciales de mayores, geriátricos y centros de rehabilitación neurológica y física; el fallo en la redacción que ha excluido a las aplicaciones informáticas de la materialización; y el avance que supuso que la inversión en derechos de propiedad industrial creados en Canarias pueda explotarse en todo el mundo[5].

– Menor relevancia tuvo la reciente prolongación de las inversiones anticipadas por el RD ley 8/2023, de 27 de diciembre, que finalizaban en 2023, y que ya no ha de renovarse la vigencia cada tres años.

En la evolución normativa hay que ser conscientes que los cambios fueron interpretados de una forma u otra según los intereses, generando una constante inseguridad jurídica. Para no entrar en detalles, es suficiente con mencionar la entrada en vigor de cada cambio, que al no especificar-

---

4 Miranda Calderín, 2015. "Crónica de la RIC 2014". *Revista Hacienda Canaria n.º 42.*

5 Miranda Calderín, 2019. "Crónica de la RIC 2018", *Revista Técnica Tributaria n.º 126.*

se o expresarse erróneamente en las respectivas normas, ha sido fuente continua de discrepancias. Sirva como paradigma el RD ley 8/2023, que prorroga las inversiones anticipadas y que entró en vigor el 1 de enero de 2024: ¿qué ocurre con las inversiones anticipadas efectuadas en 2021, 2022 y 2023? Lógicamente, interpreto que sirven para las dotaciones 2024, pero literalmente la entrada en vigor de la norma supone un problema para esa interpretación.

La inseguridad jurídica es una mención constante en la redacción de este trabajo.

1.1.2. Antecedentes históricos de la RIC

No se entiende que una región disfrute de incentivos fiscales específicos sin conocer sus antecedentes y evolución histórica. Es incomprensible para alguien que no resida en el archipiélago que las empresas canarias tributen a un tipo general del 7% en la imposición indirecta —mucho más bajo que el tipo general del IVA nacional y europeo— y que su tipo medio efectivo en la imposición sobre el beneficio sea inferior al 7% si las entidades mercantiles se acogen a los incentivos fiscales del REF: RIC, zona especial canaria (ZEC) y deducción por inversiones en activos fijos (DIC). Tampoco es fácil explicar el desarrollo económico y social experimentado por siete islas (desde junio de 2018, ocho, con la inclusión de La Graciosa) en el Atlántico medio, convertidas en referencia del bienestar económico en el África occidental. La referencia es positiva, mas existen aspectos que muestran la fragilidad del territorio y la Comunidad autónoma para resolver problemas estructurales, como la llegada constante de migrantes a sus costas, sobre todo, menores. Es lo que significa ser la frontera sur no solo de España, sino de la Unión Europea, con su factor determinante en la llegada de menores no acompañados y lo que significa en cuanto a infraestructura y atención social. Apelando a la solidaridad de otras comunidades autónomas no se ha conseguido prácticamente nada en 2024 que remedie la situación actual. Una cuestión más de Estado sin resolver, en la que tampoco parece implicarse de lleno la UE.

Es el largo plazo el que da perspectiva histórica a los fenómenos económicos y sociales y, afortunadamente, Canarias, como región incorporada a la cultura y economía occidental hace más de 500 años, disfruta de antecedentes históricos que no pueden obviarse a la hora de interpretar la razón de ser del REF y el potente incentivo fiscal de la RIC. Por los dos acrónimos se reconocen un determinado estatus económico y fiscal y toda una filosofía arraigada a la propia idiosincrasia del canario, que ha llevado al Estado, en sus distintas manifestaciones, a sacrificar recaudación de impuestos en aras al desarrollo económico del archipiélago. Y aunque los canarios han tenido que luchar en el pasado y presente por la defensa de sus intereses y patrimonio histórico frente a puntuales interpretaciones de organismos y tribunales, en el largo plazo han prosperado las tesis más favorables al sacrificio de la recaudación para lograr el desarrollo económico y social de la región.

Desde la conquista castellana de Gran Canaria, los Reyes Católicos otorgaron en 1487, con carácter provisional por veinte años, una serie de exenciones a las tradicionales figuras impositivas de la época que gravaban el comercio en sus reinos (la principal, la alcabala). Las exenciones pronto se extendieron a las dos islas de realengo también conquistadas, La Palma y Tenerife, y se consolidaron a perpetuidad en 1507. Año que considero el origen del REF, pues se extendió el régimen especial a las tres islas realengas y a perpetuidad (al margen quedaron las islas de señorío: Lanzarote, Fuerteventura, El Hierro y La Gomera). Al mismo tiempo, las necesidades financieras de las Haciendas locales crearon nuevos tributos que gravaron el comercio —que el propio Estado había dejado exento en el intento de poblar las islas y desarrollar su frágil y dependiente economía—. Pasaron los años, y ante el decaimiento general de la economía, sus puertos —con una infraestructura mínima o inexistente en esos momentos— se declararon "francos" en 1852, ratificándose y ampliándose la franquicia aduanera en 1900 con la denominada "franquicia fiscal al consumo".

Llegados a este punto, conviene atender la materia tratada desde enfoques diferentes. Uno histórico y otro de técnica tributaria, planteando dos cuestiones principales: ¿históricamente qué ha sucedido cuando los privilegios del fuero canario se han proyectado a otras regiones españolas?, y ¿las directrices europeas vigentes permiten que regiones, como Baleares, disfruten de los dos incentivos fiscales que el Gobierno de la Nación les ha concedido en 2022? Mi respuesta es que históricamente no sucedió nada a corto plazo cuando se perdieron privilegios igualando el tratamiento singular de Canarias con el de otras regiones, si bien a medio y largo siguieron épocas de penuria económica; y que existe marco jurídico suficiente para que los baleares disfruten de los nuevos instrumentos, según paso a explicar.

Durante los siglos XVI, XVII y XVIII, el privilegio del comercio canario-americano otorgado a Canarias como excepción al monopolio sevillano-gaditano fue el que permitió el desarrollo económico y social. En 1718 se concedió el permiso a perpetuidad para exportar 1.000 toneladas anuales de caldos y otros frutos locales a América; pero en 1765, el privilegio canario de exportación, con importantes mejoras añadidas, se concedió a nueve puertos peninsulares (a ningún puerto canario), con los que fue imposible competir. El resultado: se redujo notablemente la exportación de productos locales y la importación de coloniales, con el grave empobrecimiento de la población. Hasta 1772 no se incluyó a Santa Cruz de Tenerife entre los puertos privilegiados. Siete largos años de incomprensión y penuria al igualarse (y mejorarse) los privilegios canarios en otras regiones españolas. Posteriormente, en 1778, las medidas liberadoras del comercio con América igualaron al archipiélago canario con la mayoría de las provincias españolas, afrontando un periodo inicial de riqueza, pero luego de honda pobreza con la quiebra del estado fiscal-militar en las dos últimas décadas del s. XVIII, que la Corona tuvo que remediar años después, en 1852, con el régimen de puertos francos.

Las necesidades de reconstrucción de la vida económica y social a raíz de la Guerra Civil dejaron en un segundo plano las tradicionales franquicias canarias, hasta que fueron consolidadas en la reforma tributaria de 1964 y recogidas en el primer texto del REF de 1972. La posterior incorporación plena de Canarias a la Comunidad Económica Europea (hoy UE) tras las modificaciones legislativas operadas en 1991, supuso, en principio, una ruptura con las franquicias antes señaladas, pero tras el análisis efectuado a ese periodo en trabajos anteriores soy de la opinión de que más que ruptura puede hablarse de continuidad.

El concepto de "franquicia fiscal al consumo" fue evolucionando por necesidad. Mientras que en el s. XIX la imposición indirecta es la que llenaba las maltrechas arcas estatales, en el s. XX las diferentes reformas tributarias dieron un mayor realce a la imposición directa. La menor presión fiscal que suponía en Canarias la franquicia al consumo se hubiera diluido claramente en el menor peso específico de la imposición indirecta en la Hacienda española. Aun así, y centrándome primero en esta imposición, hay hechos y realidades en nuestro ordenamiento tributario que son una proyección clara de la franquicia original: la propia existencia del Impuesto General Indirecto Canario (IGIC), en vez del IVA europeo, con unos tipos más bajos y exenciones inexistentes en otros territorios (la del comercio minorista, por ejemplo) no se comprenderían sin el antecedente de la "franquicia fiscal al consumo". Para mantener la presión fiscal en Canarias en porcentajes más bajos que el resto de la Unión Europea era necesario actuar en la imposición directa (IRPF e Impuesto sobre Sociedades). El legislador tenía dos modelos bien definidos para actuar: (i) suavizar la tributación de todos los contribuyentes vía bonificación de la cuota tributaria (aplicable en la actualidad a Ceuta y Melilla con una bonificación del 60%)

o (ii) crear incentivos fiscales a las empresas como fomento del desarrollo económico a través de la inversión y creación de empleo.

El segundo modelo fue el aplicado en Canarias y en este contexto hay que entender la consecución de los incentivos a la inversión creados por la Ley 19/1994, que son, en su concepto histórico, la proyección actualizada de los efectos que inspiraron en su día la franquicia fiscal al consumo.

El art. 27 de la Ley 19/1994, de modificación del REF, creó la RIC como heredera del Fondo de Previsión para Inversiones (FPI), con vocación de incentivar la inversión en una región geográfica, económica y socialmente diferenciada del territorio europeo y español. Tanto al legislador nacional como al órgano competente de la UE que autorizó su aplicación, les guiaron las mismas premisas que a los Reyes Católicos en 1507: una fiscalidad diferenciada para un territorio diferente. Filosofía que sigue inmersa en las directrices comunitarias vigentes que regulan las ayudas a la inversión, si bien, amparadas desde hace años en el concepto de "región ultraperiférica".

Por eso afirmamos que los incentivos fiscales del REF, y concretamente la RIC, no pueden entenderse ni analizarse en su aplicación sin atender a su perspectiva histórica[6].

1.1.3. El REF como justificación de la existencia de incentivos fiscales como la RIC

El conjunto de peculiaridades económico fiscales del archipiélago es lo que se recoge en el REF desde 1972. No obstante, el conjunto de especificidades existente desde la conquista castellana y expresamente promulgado por los Reyes Católicos en 1487 y 1507, no siempre fue fácil de concretar, diluyéndose muchas veces en un maremagno de normas fiscales que lo vulneran. Especial mención merece, en este sentido, el período posterior a la Guerra Civil española, donde tanto la Ley 16 de 1940, de Contribución de Usos y Consumos, como la Ley 26 de 1957, del Impuesto General sobre

---

6 En este sentido es elocuente el comentario de Fernández Valverde, 2010, magistrado del TS, en unas Jornadas sobre la RIC, de que el REF, la RIC y todo lo conlleva no es un privilegio por tres motivos: porque históricamente es una consolidación fiscal de las Islas Canarias, porque, en segundo lugar, constitucionalmente tiene respaldo, y en tercer lugar porque tiene grandes posibilidades en el marco de la Unión Europea.

el Gasto, dejaron de lado la tradición de que en Canarias no se gravase el consumo.

El entramado de singularidades tiene un núcleo esencial cuya protección se incorporó a la Constitución Española de 1978 sin la contundencia debida. La disposición adicional tercera de la carta magna solo recoge la prevención de que *[L]a modificación del Régimen Económico-Fiscal del Archipiélago canario requerirá informe previo de la Comunidad Autónoma o, en su caso, el órgano provisional autonómico.*

El REF se contempla con mayor definición y desarrollo en el Estatuto de Autonomía de Canarias, cuya versión original es el art. 45 de la Ley Orgánica 10/1982, y las modificaciones de 1996 y 2018. En la primigenia redacción se preveía su defensa en el caso de entrar en la Comunidad Europea y que el Parlamento canario debía informar favorablemente sobre cualquier cambio en la normativa:

> *1. Canarias goza de un régimen económico-fiscal especial, basado en la libertad comercial de importación y exportación y en franquicias aduaneras y fiscales sobre el consumo.*
> *2. En el caso de una futura vinculación de España a áreas o comunidades económicas supranacionales, en las negociaciones correspondientes se tendrá en cuenta, para su defensa, la peculiaridad que supone dentro de la comunidad nacional el régimen especial de Canarias.*
> *3. El Régimen Económico-Fiscal de Canarias sólo podrá ser modificado de acuerdo con lo establecido en la Disposición Adicional Tercera de la Constitución, previo informe del Parlamento canario, que para ser favorable deberá ser aprobado por las dos terceras partes de sus miembros.*
> *4. El Parlamento canario deberá ser oído en los proyectos de legislación financiera y tributaria que afecten al Régimen Económico-Fiscal de Canarias* [art. 45 de la Ley Orgánica 10/1982].

La redacción del art. 46 (anterior art. 45), dada por Ley Orgánica 4/1996, de 30 de diciembre, modificó los dos primeros apartados, dejando iguales el tercero y cuarto:

> *1. Canarias goza de un régimen económico-fiscal especial, propio de su acervo histórico y constitucionalmente reconocido, basado en la libertad comercial de importación y exportación, no aplicación de monopolios y en franquicias aduaneras y fiscales sobre el consumo.*
> *2. Dicho régimen económico y fiscal incorpora a su contenido los principios y normas aplicables como consecuencia del reconocimiento de Canarias como región ultraperiférica de la Unión Europea, con las modulaciones y derogaciones que permitan paliar las características estructurales permanentes que dificultan su desarrollo.*

De mayor calado fue la reforma del Estatuto de Autonomía operada a través de la Ley Orgánica 1/2018, de 5 de noviembre, que creó el capítulo I del Título VI, dedicado en exclusiva al REF. Los dos aspectos de la reforma que considero principales son, por un lado, el concepto o definición de la institución, que se basa en la libertad comercial de importación y exportación, en la no aplicación de monopolios, en las franquicias fiscales estatales sobre el consumo, y en una política fiscal diferenciada, con una imposición indirecta singular, que se deriva del reconocimiento de Canarias como región ultraperiférica en el TFUE; y por otro, que los recursos del REF son adicionales a los contemplados en la política y normativa vigente en cada momento para la financiación de la comunidad autónoma y sus entidades locales. En otras palabras, los recursos tributarios contemplados en el REF no se integran ni computan en el sistema de financiación autonómica. Cuestión que en la actualidad corre el grave riesgo de que no se respete en el rediseño estatal del sistema de financiación, más a partir del acuerdo del Gobierno de España en 2024 con los independentistas catalanes para un pseudo concierto fiscal.

Trascribo los artículos dedicados al REF en el Estatuto de Autonomía vigentes en la actualidad, remarcando en negrita los aspectos principales:

> ***TÍTULO VI Economía y Hacienda. CAPÍTULO I Del Régimen Económico y Fiscal de Canarias***
>
> ***Artículo 165. Disposiciones generales.***
>
> *1. En el marco del derecho constitucional a la propiedad privada, la riqueza de Canarias está subordinada al interés general.*
>
> *2. Las administraciones públicas canarias promoverán el desarrollo económico y social del Archipiélago, instarán al Estado y a la Unión Europea a adoptar las medidas económicas y sociales necesarias para compensar su carácter ultraperiférico y el hecho insular, y favorecerán el equilibrio y la solidaridad entre las islas.*
>
> *3. La hacienda y el patrimonio de la Comunidad Autónoma de Canarias están vinculados al desarrollo y ejecución de sus competencias.*
>
> ***Artículo 166. Principios básicos.***
>
> *1. Canarias tiene un régimen económico y fiscal especial, propio de su acervo histórico constitucionalmente reconocido y justificado por sus hechos diferenciales.*
>
> ***2. El régimen económico y fiscal de Canarias se basa en la libertad comercial de importación y exportación, en la no aplicación de monopolios, en las franquicias fiscales estatales sobre el consumo, y en una política fiscal diferenciada y con una imposición indirecta singular, que se deriva del reconocimiento de las Islas Canarias como región ultraperiférica en el Tratado de Funcionamiento de la Unión Europea.***
>
> ***3. Los recursos del Régimen Económico y Fiscal son adicionales a los contemplados en la política y normativa vigente en cada momento para la financiación de la Comunidad Autónoma de Canarias y de sus Entidades Locales. En los términos que determine la Ley Orgánica 8/1980, de Financiación de las Comunidades Autónomas y sus normas de desarrollo, estos recursos tributarios no se integrarán, ni computarán, en el Sistema de Financiación Autonómica para respetar el espacio fiscal propio canario y para que su desarrollo no penalice la autonomía financiera de la Comunidad Autónoma de Canarias.***
>
> *4. La Comunidad Autónoma de Canarias tendrá facultades normativas y ejecutivas sobre su régimen especial económico y fiscal en los términos de la normativa estatal.*
>
> ***Artículo 167. Modificación.***

1. El régimen económico-fiscal de Canarias sólo podrá ser modificado de acuerdo con lo establecido en la disposición adicional tercera de la Constitución, previo informe del Parlamento Canario que, para ser favorable, deberá ser aprobado por las dos terceras partes de sus miembros.

2. Si el Informe del Parlamento de Canarias fuera desfavorable, votado así por las dos terceras partes de la Cámara, se procederá según lo siguiente:

a) Se reunirá la Comisión Bilateral de Cooperación entre la Administración General del Estado y la de la Comunidad Autónoma de Canarias, pudiendo solicitar su convocatoria cualquiera de las dos Administraciones.

b) En el seno de la mencionada Comisión Bilateral se adoptará un acuerdo sobre iniciación de negociaciones para resolver las discrepancias pudiendo instar, en su caso, la modificación de la propuesta de texto normativo.

c) El acuerdo de iniciación será puesto en conocimiento de las Cortes Generales. Si transcurridos dos meses desde el acuerdo de iniciación, no se hubiese alcanzado acuerdo sobre la propuesta de texto normativo, continuará el procedimiento y se trasladará al Gobierno estatal o a las Cortes Generales el expediente sustanciado ante la Comisión Bilateral.

d) El proyecto o proposición de ley continuará su tramitación incluyendo las modificaciones y propuestas, en su caso, o de acuerdo con los trámites ordinarios previstos en la normativa de aplicación.

3. El Parlamento de Canarias deberá ser oído en los proyectos de legislación financiera y tributaria que afecten al régimen económico y fiscal de Canarias.

Artículo 168. Principio de solidaridad interterritorial.

1. Para la realización efectiva del principio de solidaridad interterritorial, los proyectos de infraestructuras y las instalaciones de telecomunicación que permitan o faciliten la integración del territorio del Archipiélago o su conexión con el territorio peninsular, así como los de infraestructuras turísticas y energéticas o de actuaciones medioambientales de carácter estratégico para Canarias, tendrán la consideración de interés general, a los efectos de la participación del Estado en su financiación.

2. En cada ejercicio presupuestario y dentro del principio de la solidaridad interterritorial, se ejecutará un programa de inversiones públicas distribuido entre el Estado y la Comunidad Autónoma.

3. El objetivo de estas políticas debe ser la equiparación progresiva de las condiciones socioeconómicas de la población de las islas al promedio estatal. Esto se medirá periódicamente y las desviaciones serán compensadas con políticas de gasto eficientes.

Posterior al Estatuto de Autonomía, en un tercer plano, pero aún con letras mayúsculas, es La Ley Orgánica de Financiación de las Comunidades Autónomas (LOFCA) de 1980, cuya disposición adicional cuarta, modificada por la Ley Orgánica 3/2009, señala que:

La actividad financiera y tributaria del Archipiélago Canario se regulará teniendo en cuenta su peculiar régimen económico-fiscal; y que La Comunidad Autónoma de Canarias, como consecuencia del peculiar régimen económico y fiscal en este territorio, es titular de los rendimientos derivados de este régimen, en los términos establecidos en la Ley 20/1991, de 7 de junio, de modificación de los aspectos fiscales del Régimen Económico Fiscal de Canarias, en la Ley 19/1994, de 6 de julio, de modificación del Régimen Económico y Fiscal de Canarias y demás legislación actualmente en vigor.

Regresando al texto de la Constitución, es recalcable que únicamente se refiera al REF a través de la disposición adicional tercera. La referencia expresa al REF ha sido matizada convenientemente por expertos juristas, entre los que destacamos a Clavijo Hernández y Yanes Herreros (1979), Génova Galván (1983 Y 2023) y Martín Orozco (1997). Siguiendo los comentarios del último, quien a su vez se hace eco de las opiniones de Clavijo Hernández, la Constitución española constata y confirma la existencia de un régimen económico y fiscal en Canarias que no solo se supedita a la legislación en ese momento vigente —la Ley 30/1972 del Régimen Económico y Fiscal de Canarias— sino que se refiere a él como institución o régimen conformado por el acervo histórico.

De esta forma, coincidimos con los autores citados en que el régimen al que se refiere la CE es algo más que una norma legal —que puede evolucionar y modificarse con el paso del tiempo—, y ese "algo más", añado, forma parte de la propia idiosincrasia del canario y va, efectivamente, evolucionando con el paso de tiempo, a medida que la realidad canaria se transforma y la sociedad afronta nuevas problemáticas. Las más significativas en 2024, la constante presión migratoria, con el número desorbitante de menores que hay que atender con la infraestructura y financiación adecuada; y la incertidumbre ante el nuevo sistema de financiación de las comunidades autónomas a raíz del pacto del Gobierno de la Nación con los grupos independentistas catalanes en 2024.

Por su parte, el Estatuto de Autonomía, en su versión de 2018, concreta qué es el REF y especifica que está basado en la libertad comercial de importación y exportación, en franquicias aduaneras y fiscales sobre el consumo, inexistencia de monopolios, imposición indirecta singular, y sobre todo, que sus recursos y ayudas son independientes del sistema de financiación autonómica.

Después de comentar los textos y la opinión de expertos en la materia, reflexionamos brevemente sobre qué es el REF y cuáles son sus elementos definitorios en la actualidad y a lo largo de la historia. El REF es, por un lado, la manifestación del sacrificio secular del Estado en sus ingresos, en aras al desarrollo y sostenibilidad de un territorio diferenciado; y por otro, la necesidad de crear nuevos impuestos para financiar las haciendas locales. La existencia de los entes locales y su imperiosa necesidad de financiación constituyen una de "las miserias seculares" del régimen, pero no debemos olvidar que forman parte del núcleo esencial del mismo, mientras que el sacrificio de ingresos por parte del Estado se ha concretado a lo largo del tiempo en las conocidas franquicias aduaneras y al consumo.

A las características básicas señaladas añadimos una más que iré matizando a lo largo de todo el trabajo y que concretamos en la RIC: la inseguridad jurídica, la perenne y tradicional conflictividad tributaria en torno al REF en general y en especial en la RIC, que irá repitiéndose en todas y cada una de las reformas existentes.

Tras analizar la sentencia del Tribunal Constitucional (TC) de enero de 2003 sobre el REF, podemos ir aún un poco más lejos en su concepto y añadir dos nuevas notas. La primera, que el régimen que contemplamos es un conjunto de normas o derechos históricos, escritos o no, y además lo que en un momento determinado aprecia o siente la sociedad canaria que debe ser. Con el criterio del TC de que la garantía institucional del REF *no asegura un contenido o un ámbito competencial determinado y fijado de una vez por todas, sino la preservación de una institución en términos recognoscibles para la imagen que de la misma tiene la conciencia social en cada tiempo y lugar*, el REF es un cuerpo vivo y en evolución, sometido a la apreciación subjetiva de la sociedad. Y la segunda: que, por el principio de solidaridad, el Estado ha de velar por el equilibrio económico entre las diversas regiones españolas, lo que intenta conseguir a través del REF, pero matizado con la apreciación del TC en el sentido de que invocando el mismo principio de solidaridad puede que Canarias, si alcanza un nivel de desarrollo superior al de otros territorios, sea la que tenga que sacrificarse fiscalmente. Esto es, el principio de solidaridad en la carta magna no tiene una única dirección y puede ser positivo o negativo para Canarias según la situación económica respecto al resto del territorio nacional[7].

Después de muchos años de crecimiento espectacular hasta 2006, parecía que la situación prevista por el TC iba a darse pronto: la economía canaria debía ayudar a otras regiones con crecimiento menor, pero la crisis financiera de 2007/2010 y la pandemia de 2020/2021 pusieron las cosas en su sitio, y el archipiélago quedó en peor posición respecto al resto de comunidades autónomas.

---

7 Comentarios más cualificados sobre esta importante sentencia del Tribunal Constitucional, n.º 16/2003, de 30 de enero, pueden consultarse en el volumen 2 de la revista *Hacienda canaria, n.º 4,* junio de 2003.

1.1.4. La RIC como estímulo en la imposición directa. El antecedente del Fondo de Previsión para Inversiones (FPI)

La importancia relativa de los impuestos directos (los que gravan la renta y el patrimonio de los sujetos pasivos) respecto a la imposición indirecta (la que fiscaliza los bienes y servicios en su circulación, tráfico o consumo) en la historia de la tributación en España hizo que el REF histórico no contemplase durante mucho tiempo medida alguna para suavizar la imposición directa en Canarias. La supremacía de la imposición indirecta sobre la directa, por su facilidad de recaudación, hizo que las reformas fiscales necesarias para gravar la renta de personas físicas y entidades jurídicas se hiciese esperar. A finales del s. XVIII, la crisis del Estado fiscal-militar por las sucesivas guerras contra Francia y Gran Bretaña obligó a implantar las primeras medidas para gravar las rentas, que intentaron con éxito dispar aplicarse en el archipiélago. Desde el s. XIX se gravaban ciertas utilidades de las sociedades; y las reformas de Fernández Villaverde (1900) y Flores de Lemus (1922), texto refundido de la Ley reguladora de la Contribución sobre las Utilidades de la riqueza mobiliaria, sentaron las bases para la tributación de los beneficios de las entidades mercantiles.

Entrando en la segunda mitad del s. XX, la reforma de Navarro Rubio de 1957 terminó con la Contribución sobre Utilidades y nacieron, entre otros, el Impuesto sobre los Rendimientos del Trabajo Personal y el Impuesto de Sociedades, si bien el aún recordado sistema de "evaluación global" (tributación por grupos de contribuyentes sobre bases teóricas del beneficio que podían obtener, y posterior reparto individual entre los componentes del grupo) hizo esperar a la moderna determinación de la base imponible de los impuestos sobre la renta de actividades empresariales a partir del beneficio contable. La reforma de 1957 creó un poderoso incentivo fiscal que permitía diferir el pago de impuestos si se realizaban inversiones con cargo a los fondos propios, a través del Fondo de Previsión para Inversiones (FPI).

Ese año, el REF no contemplaba norma alguna para una menor tributación de la imposición directa en Canarias frente al resto del territorio nacional, ni medidas incentivadoras de la inversión en las Islas.

El FPI, incentivo fiscal a la inversión en la imposición directa, desde su creación por la Ley de 26 de diciembre de 1957 hasta su supresión por la Ley 61/1978, se aplicó en todo el territorio nacional. Podía destinarse al fondo hasta el 50% de los beneficios no distribuidos y las plusvalías obtenidas en la enajenación de elementos del inmovilizado. En Canarias, la Ley del REF de 1972 elevó el porcentaje del 50 al 90% y determinó su vigencia durante 10 años, hasta 1982. De forma que los empresarios canarios pudieron destinar desde 1957 hasta 1972 el 50% de sus beneficios al FPI; y desde esa fecha hasta 1982, el 90% de los beneficios generados en sus actividades en el archipiélago. Desde 1982 hasta 1991, inclusive, a falta de una reforma general del REF, las leyes de presupuestos generales del Estado y las medidas de acompañamiento prorrogaron anualmente su aplicación. El incremento del 50 al 90% y la vigencia del FPI en Canarias cuando desapareció del resto de la Nación fueron las primeras medidas incentivadoras de la inversión en Canarias.

Aunque el FPI era un mero diferimiento del IS o del IRPF, ya que las amortizaciones de los elementos en que se invertían sus dotaciones no se consideraban deducibles fiscalmente, salvo reinversión, muchas fueron las empresas que se acogieron al incentivo y contribuyeron a generar una menor presión fiscal directa en el archipiélago, y el sentimiento de la necesidad de un diferencial canario en cuestiones económicas y tributarias.

La reforma integral del REF llegó en 1991 y 1994. En el primer año se eliminó la posibilidad de dotar el FPI y reguló el periodo transitorio en que había de invertirse las dotaciones realizadas en el último año, más los fondos acumulados en lo que se denominaba la materialización provisional.

La materialización provisional en títulos del Estado o en efectivo en la Caja General de Depósitos tenía que realizarse en el mismo año en que se aprobaba la dotación, sin que, una vez realizada, existiese plazo alguno para la inversión definitiva (muchos fondos aguardaban que el legislador se pronunciara sobre ellos). Por otra parte, los elementos en que podía invertirse definitivamente debían tener relación directa con la actividad de la empresa, quedando excluidos los activos de carácter comercial o administrativo.

La aplicación del FPI en Canarias ocasionó dos grandes problemas. El primero, la posibilidad de que los profesionales se acogieran a ese incentivo después de los cambios operados en la normativa del IRPF (artículo 126 del Reglamento, que ampliaba a los profesionales los incentivos a la inversión del IS), asunto que terminó con su desestimación por los Tribunales de Justicia; y el segundo, más grave, pero que se saldó al final de forma positiva para los intereses empresariales, guardaba relación con la materialización provisional.

El régimen especial del FPI, como señalamos, había sido prorrogado año tras año a partir de 1982, pero el ejercicio 1991 fue el último en que los empresarios pudieron dotarlo. El art. 93 de la Ley 20/1991 establecía el régimen transitorio aplicable, en que la última dotación de 1991 podía invertirse en los siguientes cinco años, así como los fondos provisionalmente materializados con anterioridad. La norma, como repetitivamente viene sucediendo con el REF, fue interpretada de diferente forma por la Administración tributaria y los empresarios y sus asesores, razón de que surgieran importantes dudas. La principal, si la dotación realizada en 1991 había que materializarla provisionalmente para luego invertirla en 5 años, o se podía invertir directamente en ese plazo, sin materializar transitoriamente en títulos valores o en cuenta corriente en el Banco de España. La opinión de los profesionales y de la doctrina científica fue unánime: ni el espíritu de la norma ni la redacción del artículo obligaba a la materialización previa (entre otros, los profesores Clavijo Hernández y Romero Pi se manifestaron por escrito a favor de esa interpretación), pero la Administración tributaria mantenía el criterio contrario[8]. Llegaron las inspecciones tributarias y las actas de disconformidad, generalizándose el problema hasta el punto de llegar a la opinión pública (Canarias 7, siete y nueve de mayo de 1996; y La Provincia, nueve de mayo). No se trataba de una o dos empresas, eran muchas las que habían seguido la misma conducta. Hay que reconocer que los profesionales conocíamos los informes negativos de la Subdirección General de Impuestos sobre las Personas Jurídicas de 11 de marzo y 27 de julio de 1992, pero no los compartíamos. El Tribunal Económico Administrativo Regional (TEARC) asumió el criterio de la Inspección tributaria (septiembre de 1995). Los empresarios estaban a la espera del pronunciamiento del Tribunal Económico Administrativo Central (TEAC) cuando, en enero de 1997, una consulta no vinculante de la Dirección General de Tributos, firmada por la Coordinadora del Área Tributaria, con el visto bueno del Subdirector General de Impuestos sobre las Personas Jurídicas, reconoció que se podía invertir la dotación de 1991 dentro de los cinco años previstos por la Ley, sin necesidad de materializarla provisionalmente (Miranda Calderín, 2002).

El régimen transitorio contemplado en el art. 93 de la Ley 20/1991 añadía una especificación importante: que las amortizaciones de las nuevas inversiones que se hacían con la última dotación y los fondos materializados provisionalmente no tenían que reinvertirse para considerarse fiscalmente

8 Sobre esta discrepancia puede consultarse: Clavijo Hernández, F. "Régimen transitorio del FPI" y "El Régimen transitorio del Fondo de Previsión de Inversiones", artículos publicados en la *Revista Técnica Tributaria* n.º 15 (diciembre 1991) y n.º 22 (septiembre de 1993); y Romero Pi, J. "Discrepancias en relación a la contestación de la Dirección General de Tributos de 11 de marzo de 1992 sobre el FPI", publicado en El Día de Santa Cruz de Tenerife, 27 y 28 de agosto de 1992.

deducibles. El régimen del FPI se convertía al final de su existencia en una completa exención en los impuestos sobre la renta de sociedades e IRPF para actividades empresariales, y no en un mero diferimiento tributario. Un antecedente claro de la RIC.

1.1.5. El marco conceptual de la RIC

Para delimitar el marco conceptual y la naturaleza de la RIC hay que optar entre darle mayor o menor importancia al contexto histórico en que se perfiló y creó el incentivo fiscal en 1994, o a su tratamiento dogmático como un incentivo fiscal más de nuestro ordenamiento tributario. Nos decidimos en el *Manual de la RIC 2007-2013* (2012) por darle mayor importancia al contexto histórico, por formar parte de una institución arraigada en el acervo histórico y cultural de Canarias como es el REF. Institución que se remonta a la conquista castellana del archipiélago en el s. XV y que se ha convertido en el fuero canario.

La primera característica que quiero destacar es que la RIC es la evolución de las diferentes formas con las que el legislador ha pretendido garantizar la supervivencia económica del archipiélago. Unas veces lo consiguió con la exención de todo tipo de pechos y alcabalas en el comercio de las Islas. Otras, considerando francos sus puertos principales. Y en algunas ocasiones, permitiendo todo lo contrario: que se gravase el comercio con tributos especiales (el haber del peso en el s. XV y su evolución en el s. XX como arbitrio de entrada de mercancías, que permitieron la financiación de los cabildos insulares, auténticos gobiernos insulares hasta el nacimiento de la comunidad autónoma). En todas las actuaciones primó el sacrificio del Estado en sus ingresos y distintas manifestaciones en aras al desarrollo económico y social del territorio canario.

Es la idea que impera en la actualización de este *Manual,* en que incardinamos el diseño y la creación de la RIC a través de la Ley 19/1994 como respuesta a la necesidad de la sociedad canaria de fortalecer su economía en general y de las empresas que invierten y crean puestos de trabajo en su territorio.

En su día, el proyecto del incentivo no fue innovación, puesto que tuvo su origen inmediato en el FPI. Se creó como una nueva ayuda a la inversión, no como la continuación de una ayuda preexistente, y como tal —como nueva— hubo de ser convalidada en el entramado comunitario de la hoy UE. En palabras de Clavijo Hernández (1995), la peculiaridad de la RIC se encuentra no tanto en ser una adaptación de los beneficios fiscales existentes en el resto del territorio español, sino en constituir una figura propia y exclusiva del REF.

Partiendo de la base de que la RIC es un beneficio o incentivo fiscal, hay que concretar su lugar en la imposición directa, que afecta tanto a las entidades mercantiles como a las personas físicas, residentes y no residentes, que realicen sus actividades empresariales o profesionales en territorio canario. Actúa en los impuestos directos (IS, IRPF e IRPFNR) como una exención objetiva y parcial. Objetiva, porque no se concede en atención al sujeto, sino por la realización de un hecho al que el legislador otorga tal beneficio. Y parcial, porque no impide el nacimiento de la obligación tributaria, pero sí reduce la cuantía de la imposición sobre el beneficio en los tres impuestos antes citados.

El hecho que produce la exención objetiva y parcial es el compromiso de reinversión en el territorio canario de los beneficios destinados a la dotación RIC.

No obstante, no opera de igual forma en los tres impuestos citados. Mientras que en el IS y el IRPF de los no residentes disminuye los beneficios empresariales obtenidos para hallar la base imponible de la imposición; en el IRPF supone una deducción en la cuota. El efecto práctico en los tres impuestos es el mismo: reducir la imposición sobre el beneficio si se asume el compromiso de reinvertir en Canarias en un plazo determinado parte de los beneficios generados.

A las características de exención objetiva y parcial hay que añadir la de exención condicionada, no solo a futuro, sino además al momento concreto de la dotación. Una serie de aspectos formales, elevados por los Tribunales a requisitos sustanciales, y flexibilizados en la reforma estructural de diciembre de 2006, condicionan la exención. Entre ellos destaca la imperiosa necesidad de que la decisión de acogerse al incentivo a través de la correspondiente dotación se adopte antes de la presentación del impuesto y dentro del plazo mercantil para aprobar las cuentas anuales. Las obligaciones de invertir y mantener las inversiones en funcionamiento son los condicionantes de futuro más notables, pero con carácter general, la exención está supeditada al cumplimiento de requisitos subjetivos, formales, espaciales, objetivos —relacionados con los límites cuantitativos a la dotación— y de intensidad, esto es, de no superar determinados límites señalados por las directrices comunitarias y el ordenamiento interno.

Desde el punto de vista mercantil y estrictamente contable, el nacimiento del incentivo obliga a crear una reserva en el balance con el importe del compromiso asumido con la exención. En otras palabras, con la parte del beneficio generado en una actividad económica desarrollada en Canarias en un ejercicio determinado. Es lo que en la legislación mercantil se conoce como aplicación del resultado del ejercicio, en la que se ha de crear una reserva con título propio que haga alusión al incentivo fiscal (RIC 202X).

La creación de la reserva obliga a su conceptualización como reserva voluntaria o reserva obligatoria. Es una reserva voluntaria especial, que nace por deseo expreso de la junta de socios de las entidades mercantiles o del empresario individual, no por mandato expreso del legislador, como ocurre con la reserva legal y la reserva para el fondo de comercio. Participa de la naturaleza de la reserva de capitalización, con límites cuantitativos y requisitos más amplios. La voluntariedad en su nacimiento exige el cumplimiento con posterioridad de una serie de requisitos, dando lugar a que después de su nacimiento opere más como una reserva obligatoria que voluntaria. El punto intermedio entre un concepto y otro lo tenemos en la expresión "reserva voluntaria especial" que, aplicada a la RIC, recoge tanto la voluntariedad en su creación como la obligatoriedad del cumplimiento de una serie de requisitos iniciales y posteriores.

Desde el punto de vista de las ayudas de Estado previstas en las directrices comunitarias, la RIC forma parte de ellas. El concepto de ultraperificidad aplicado al archipiélago canario hace que no solo las llamadas "inversiones iniciales", sino también las inversiones de sustitución puedan afectarse a la materialización del incentivo fiscal. Es decir, que se primen tanto las ayudas regionales a la inversión como las ayudas al funcionamiento de las empresas.

En el marco estrictamente contable, la exención parcial de la RIC actúa en la imposición sobre el beneficio con la misma naturaleza de las diferencias permanentes. En trabajos anteriores hemos teorizado sobre esta calificación (Dorta Velázquez y Miranda Calderín, 2015), pero con el paso de los años, la posible discusión al respecto es prácticamente estéril. La Resolución de 9 de febrero de 2016 del Instituto de Contabilidad y Auditoría de Cuentas (ICAC), por la que se desarrollan las normas de registro, valoración y elaboración de las cuentas anuales para la contabilización del impuesto sobre beneficios, distingue en el art. 2 las diferencias permanentes de las diferencias temporarias imponibles (aquellas que darán lugar a mayores cantidades a pagar en el futuro) y las diferencias temporales deducibles (aquellas que darán lugar a menores cantidades a pagar en el futuro), y las define como *las diferencias entre el importe neto de los ingresos y gastos totales del ejercicio y la base imponible que no se identifican como diferencias temporarias.* Como se observa, no es una definición conceptual, sino más bien de descarte, pero sirve para avanzar en este planteamiento.

La norma de valoración 16º del derogado PGC de 1990 definía las diferencias permanentes más explícitamente, como "las producidas entre la base imponible y el resultado contable antes de impuestos del ejercicio que no revierten en períodos subsiguientes, excluidas las pérdidas compensadas". Especificaba con claridad que el gasto a registrar por el impuesto sobre sociedades se calculaba sobre el resultado económico antes de impuestos, modificado por las diferencias permanentes.

El ICAC (BOICAC n.º 42, año 2000) no contribuyó a aclarar su tratamiento en la respuesta a una consulta sobre el tratamiento contable de la reducción fiscal por la dotación RIC, puesto que aconsejó actuar de forma similar a las deducciones de la cuota; sin recurrir para nada al concepto de diferencia permanente.

En las normas de registro y valoración del PGC de 2007, concretamente en la 13ª, se recogen los criterios para contabilizar los impuestos sobre el beneficio, que son los que se liquidan a partir del resultado empresarial calculado de acuerdo con las normas fiscales que sean de aplicación. Criterios que, por supuesto, se ven afectados por la resolución del ICAC de 2016, que entró en vigor el 1 de enero de 2015.

Pues bien, para saber qué diferencias se producen entre el resultado contable y la base imponible del IS hay que acudir al TRLIS, en el que se especifican con detalle qué gastos contables no tienen el carácter de deducibles fiscalmente: las liberalidades, las multas, etc. Como la RIC no es un gasto, ni figura expresamente en el TRLIS, el concepto de diferencia permanente no le es estrictamente aplicable, aunque sí la forma de operar: en el ejercicio en que se constituye la dotación RIC actúa como una disminución del beneficio contable para hallar la base imponible, y en el ejercicio en que eventualmente se produce la regularización voluntaria u obligatoria del beneficio disfrutado se incrementa el importe de la dotación al beneficio contable para hallar la base imponible.

Recapitulando, el concepto de diferencia permanente no aparece en la norma de valoración 13º del impuesto sobre beneficios en el PGC 2007. En ella se definen las diferencias temporarias, haciendo remisión expresa al cálculo de la imposición de acuerdo con las normas fiscales de aplicación. En el TRLIS no figura la RIC, pero sí en la Ley 19/1994, como ley especial, que es una de las normas fiscales a tener en cuenta a la hora de calcular la imposición sobre el beneficio en establecimientos que desarrollan su actividad en Canarias. Por último, si bien el PGC 2007 no se refiere a las diferencias permanentes, sí lo hace, y las define, la resolución del ICAC de 2016. Por tanto, a la hora de calcular la base imponible en el IS hay que acudir al concepto de diferencia permanente para darle el tratamiento adecuado a la dotación RIC. De forma que para calcular la imposición sobre el beneficio y contabilizarla, hay que partir de que la dotación RIC es una diferencia permanente, que resta del beneficio antes de impuestos para hallar la base imponible; y que en el futuro, si se produce cualquier tipo de incumplimiento de los requisitos o el empresario decide regularizarla voluntariamente, el importe de la dotación (o la parte correspondiente que incumpla los requisitos) va a incrementar el resultado contable de ese ejercicio para hallar la base imponible.

Además, conviene tener en cuenta que la base de la dotación es el beneficio contable generado en Canarias, que se ve afectado tanto por el impuesto corriente como el impuesto diferido. La generación de un crédito fiscal origina un impuesto diferido negativo, que incrementa el beneficio contable y en consecuencia la dotación RIC; pero a medida que vaya consumiéndose el crédito fiscal, se genera un impuesto diferido positivo, que disminuirá el resultado contable y la dotación RIC. Son las reglas de juego a las que nos enfrentamos, y que sintetizo con dos ejemplos de cálculo de la imposición sobre el beneficio con dotación RIC:

Ejemplo 1.1

Beneficio antes de impuesto (BAI)	240.000
Gastos no deducibles	+10.000
Dotación RIC	-100.000
Dotación reserva capitalización	-12.000
Base imponible (BI)	138.000
Cuota IS 25%	34.500
Deducciones	-1.500
Impuesto corriente	33.000

Durante el ejercicio se ha generado un crédito fiscal de 18.000 € por inversiones acogidas a la deducción por inversiones en Canarias, que se ha contabilizado con abono a la cuenta de impuesto diferido.

- Impuesto sobre beneficio = 33.000 impuesto corriente -18.000 impuesto diferido = 15.000.
- Saldo contable PYG = 240.000-15.000 = 225.000

La base sobre la que se calcula el máximo del 90% de la dotación es 225.000.

El cálculo de la imposición sobre beneficio con la dotación RIC en el año n debe ser ratificado en el año n+1 con la decisión expresa de la junta de socios de aplicar una parte del resultado del ejercicio a la RIC, dentro del plazo mercantil señalado (normalmente antes del 30 de junio), presentar la declaración del IS en plazo con la dotación RIC y depositar las cuentas anuales en el Registro Mercantil, especificando en la memoria la información concerniente a la RIC. Para demostrar que la junta aprobó en plazo la decisión de dotar RIC es aconsejable legitimar la firma de los administradores en la certificación del acta de la junta antes del 30 de junio o que un notario levante acta de la junta. Si no se hace así, se corre el riesgo de no poder acreditar a conveniencia de la Administración tributaria el momento en que se tomó la decisión de dotar la reserva.

El asiento contable con los datos del ejemplo 1.1 es:

225.000	Pérdidas y Ganancias 2024 a	RIC 2024	100.000
		Reserva capitalización	12.000
		Reserva voluntaria	113.000

En caso de que la junta decida el reparto de un dividendo hay que tener en cuenta que su importe influye directa y negativamente en el cálculo de la dotación RIC, por lo que habría que recalcularla.

En personas físicas, el proceso de acreditación es más sencillo, basta con realizar el asiento contable de la dotación antes de presentar la declaración del IRPF (aconsejo hacerlo en abril o mayo) y presentar en plazo (en junio) el IRPF, consignando la RIC en las casillas correspondientes.

Ejemplo 1.2

En el ejercicio siguiente al ejemplo 1.1, la entidad genera un BAI de 150.000 y consume parte del crédito fiscal por 14.500:

Beneficio antes de impuesto (BAI)	150.000	
Gastos no deducibles	+6.000	
Dotación RIC	-65.000	
Dotación reserva capitalización	8.000	
Base imponible (BI)	83.000	
Cuota IS 25%	20.750	impuesto corriente

Tiene 14.500 de impuesto diferido por el consumo del crédito fiscal
Impuesto sobre beneficio = 20.750 + 14.500 = 35.250
Saldo contable PYG = 150.000 - 35.250 = 114.750
La base sobre la que se calcula el máximo del 90% de la dotación es 114.750.
RIC máxima = 0,90 (114.750 - 8.000 reserva capitalización) = 96.075.

Desde el momento en que acuerda la dotación, la entidad jurídica se obliga a invertir su importe en el plazo máximo de tres años desde el ejercicio en que la dotó o cuatro años desde que generó los beneficios. La dotación RIC 2024 se efectúa en junio de 2025, por lo que podrá realizar las inversiones aptas y ponerlas en funcionamiento antes del 31 de diciembre de 2028. Si atendemos al año en que se generaron los beneficios (2024), la entidad tiene de plazo para invertir/poner en funcionamiento las inversiones hasta el 31 de diciembre de 2028.

No ocurre igual en personas físicas, puesto que los Tribunales de Justicia han matizado que el plazo de tres años se cuenta a partir del ejercicio en que se dota contablemente la RIC. Si la persona física la contabiliza en diciembre de 2024, el plazo finaliza el 31 de diciembre de 2027; pero si lo hace en abril/mayo 2025, como antes aconsejé, el plazo termina el 31 de diciembre de 2028 (se alarga el plazo un año y se iguala al de las entidades).

Las inversiones afectas a la RIC han de permanecer afectas a la actividad económica de quien la dotó un mínimo de cinco años que, mediando suelo, se prorroga a diez años.

Hay que destacar otro aspecto importante: el fomento de la autofinanciación empresarial, esto es, que las empresas que constituyen el tejido productivo en el archipiélago sean cada vez más solventes, incrementando sus fondos propios en detrimento del reparto de beneficios. Es el sacrificio que se le exige al empresario, junto al compromiso de reinversión en territorio canario o de creación de puestos de trabajo, para minimizar su imposición sobre el beneficio.

La RIC es un beneficio o incentivo fiscal, pero también cumple otra función: la de herramienta de política económica al servicio del legislador, que puede usarla para conseguir un determinado fin o desalentar determinadas actividades. Paradigma de ello son tres actuaciones específicas: la oportunidad concedida a las corporaciones locales de financiar determinadas obras y servicios con fondos RIC de los contribuyentes, a un tipo de interés más bajo que el de mercado; las limitaciones introducidas en la reforma estructural de diciembre de 2006 en la materialización en suelo y en inmuebles destinados al arrendamiento; y la prohibición en 2018 de la materialización en viviendas con fines turísticos, presten o no servicios de hotelería. Restricciones no previstas en las directrices comunitarias que regulan las ayudas de Estado de finalidad regional, pero que a instancias del Gobierno de Canarias el legislador introdujo en la redacción del art. 27.

La proyección de parte de los beneficios fiscales que Canarias ha disfrutado históricamente como un privilegio a otras regiones españolas debe hacernos reflexionar sobre la esencia del REF, convertido en el auténtico fuero canario, y no distraernos ni dividirnos en debates estériles sobre la aplicación de mayores coeficientes de subvención al transporte y cuestiones menores afines, cuando las prioridades han de ser otras para lograr objetivos de mayor calado. La extensión de privilegios fiscales a más regiones españolas debilita el histórico privilegio del REF, pero al mismo tiempo es una gran oportunidad para entender lo que tenemos y buscar nuevos aliados en la defensa de un tratamiento tributario singular para regiones singulares.

1.1.6. La compatibilidad de la RIC con otros incentivos fiscales

Aunque la compatibilidad de la RIC con la aplicación de otros incentivos fiscales se aprecia y determina mejor en la fase de materialización o inversión, hay que ser conscientes desde el primer momento que una inversión no puede recibir al mismo tiempo la ayuda que representa la RIC junto a otras ayudas como la deducción para inversiones. Cuestión que han matizado adecuadamente los Tribunales de Justicia en el sentido de que más que a la propia inversión hay que atender a su importe, de forma que la inversión X con un coste de 100 puede beneficiarse tanto de la RIC como de la DIC, pero por importes diferenciados. Es válido que la adquisición de un camión por 100.000 € se afecta a la RIC por 70.000 € y que 30.000 € se afecte a la deducción por inversiones.

Es en la fase de materialización donde se nos presentará más esta cuestión.

En la fase de dotación, la RIC es compatible con otros beneficios fiscales, como la reserva de capitalización, la reserva para la nivelación de bases imponibles y la bonificación del 50% sobre la producción, pero cada uno de los posibles incentivos aplicables afecta a la dotación RIC o se ven afectados a su vez por dicha dotación.

Analizamos en profundidad en los capítulos 20 y 21 lo que ocurre con las primeras reservas y me ocupo ahora brevemente de la bonificación del 50% sobre la producción. Ambos incentivos son compatibles en un mismo ejercicio, pero si se dota primero la RIC, la cuota tributaria será menor, motivo de que la bonificación del 50% del otro incentivo se calcule sobre un menor importe, diluyéndose así gran parte de su efecto positivo. Como la bonificación del 50% no exige inversión alguna, es aconsejable utilizar todas sus capacidades, pero si la entidad necesita invertir, vale la pena simultanear ambos incentivos para minimizar la imposición sobre el beneficio.

1.2. La RIB balear como prolongación del REF atlántico al Mediterráneo

El incentivo estrella del nuevo Régimen fiscal especial balear, creado en 2022 y que comenzó a aplicarse en 2023, es la reserva para inversiones balear (RIB). Incentivo homónimo a la RIC, pero con una menor intensidad, puesto que tiene la consideración de *ayuda de minimis* en las directrices comunitarias. La experiencia en la interpretación de los preceptos RIC es aprovechable para la aplicación de la RIB, concretamente para su dotación, puesto que las normativas son prácticamente coincidentes.

1.2.1. Legislación vigente

– Disposición adicional 70ª de la Ley 31/2022, de 23 de diciembre, de PP. GG. para 2023 y Real Decreto 710/2024, de 23 de julio, por el que se aprueba el Reglamento de desarrollo del Régimen fiscal especial de las *Illes Balears*[9].

La Ley de Presupuestos Generales del Estado para 2023 sorprendió a finales de diciembre de 2022 con la concesión por parte del Parlamento nacional a iniciativa del Gobierno de la Nación del Régimen fiscal especial de las *Illes Balears,* tal como se plasma en la disposición adicional septuagésima. Los baleares veían así cumplida su anhelada y justa pretensión de que se les reconociese a nivel estatal el hecho específico y diferencial de la insularidad, previsto desde 2007 en su Estatuto de Autonomía.

Y desde Canarias nos alegramos de que regiones diferentes reciban un tratamiento diferencial, singular en su tributación y financiación, lo que cohesiona y refuerza el REF de Canarias ante los intentos de igualar la fiscalidad nacional y el sistema de financiación de las comunidades autónomas. Muchos funcionarios y políticos siguen sin entender el motivo de que determinadas regiones ultraperiféricas europeas e insulares reciban un trato diferente, más el archipiélago canario, cuyos privilegios fiscales vienen avalados y ratificados desde 1507. En 2024, son muchos los casos que atentan con aplicar tabla rasa en la diferenciación, como sucede con la imparable tributación mínima del 15% a las grandes empresas, y con la posible reforma del sistema de financiación de las comunidades autónomas,

---

9 Finalizando la redacción de la obra he comprobado la publicación de los primeros artículos sobre el reglamento, entre ellos, el de Monzón Sánchez, 2024, en Documentos-Grupo de expertos de la AEDAF.

en la línea de que el efecto de los incentivos y las ayudas REF se computen dentro del sistema y no queden al margen como ha sucedido desde 2018.

Entrando en materia, cabe preguntarse si el denominado hecho diferencial canario se cumple en el archipiélago balear, y si las diferencias existentes justifican o no un parecido tratamiento tributario, que se concreta en 2023 en: (i) la creación en Baleares de una reserva para inversiones casi similar a la canaria y (ii) una bonificación a las empresas industriales, agrícolas, ganaderas y pesqueras baleares, en consonancia con la aplicable en Canarias.

Las ayudas de Estado, en las que se encuadran los flamantes dos nuevos incentivos que disfrutan los empresarios y profesionales baleares, se regulan en las directrices comunitarias, concretamente en la directiva publicada por la Comisión Europea el 29 de abril de 2021: directrices sobre las ayudas estatales de finalidad regional para el periodo 2022-2027 (DAR), que se analizaron en 2023 para conocer si respondían o no a la realidad económica actual. En las directrices se publica en anexo I un mapa con la cobertura de ayuda regional por cada estado miembro, y en su extenso articulado se regula la intensidad máxima de las ayudas. Las regiones dentro de cada país miembro se clasifican en zonas "a" y zonas "c", siendo las primeras las que más ayudas pueden recibir. En España, figura Canarias entre ellas, por ser región ultraperiférica, y regiones que tienen un PIB inferior al 75% de la UE o un porcentaje bajo de la población nacional. Así lucen en el mapa de ayudas Ceuta, Melilla y regiones puntuales de Castilla-La Mancha, Extremadura, Andalucía, Murcia, Teruel y Soria. Son pues Canarias y las regiones señaladas las que, en principio, pueden recibir ayudas de Estado para 2022-2027, sin que en ese grupo privilegiado de "desprivilegiados" figuren las Islas Baleares.

La ubicación del archipiélago balear frente a la costa valenciana y la excelencia de su industria turística hacen que su PIB sea superior al de Canarias, su economía más desarrollada y eficiente, y el nivel de vida en general esté muy por encima del de los canarios. Y ello a pesar de que compartan el hecho insular y la fragmentación de su territorio. Las importantes bonificaciones en el transporte aéreo y marítimo a los residentes en ambos territorios cohesionan a baleares, melillenses, ceutíes y canarios, que disfrutan de las ayudas por su peculiaridad geográfica. No obstante, no comparte lógicamente Baleares con Canarias el tratamiento singular que el TFUE concede a las regiones ultraperiféricas.

Las directrices comunitarias de ayudas de Estado para 2022-2027 fueron actualizadas por la Comisión Europea en 2023, con efectos para 2024-2027. Para Canarias, la revisión supuso pasar de aquellas regiones con el 75% del

PIB medio per cápita de la media de la UE al grupo del 65%. Hecho que se traduce en un incremento significativo de las intensidades máximas aplicables a las ayudas regionales a la inversión (no a las ayudas de funcionamiento), cuyo límite pasó a establecerse en el 60%, 70% y 80% del importe de la inversión para grandes, medianas y pequeñas empresas, respectivamente. Con los generosos límites, un proyecto de inversión inicial en la rehabilitación de un hotel ejecutado por una pequeña empresa puede recibir en Canarias ayudas fiscales y subvenciones hasta el 80% de su coste.

Para las Islas Baleares, la revisión de las DAR en 2023 permitió que el Gobierno de España designase zonas "c" no predeterminadas (punto 174) y las incluyó en el mapa de ayudas. Eso sí, justificando los motivos para su inclusión y garantizando que la concesión de las ayudas no afectará a las condiciones comerciales en medida contraria al interés común. Fórmula de cierre más filosófica que cuantificable, que la ministra de Hacienda no tuvo mayor problema en acreditarlos.

La cuestión a examinar es si una región no predeterminada como zona "c" con anterioridad y que se incluye *ad hoc* por el Gobierno para 2023 en el Mapa de ayudas puede recibir los mismos incentivos fiscales que una región ultraperiférica como Canarias. Mi respuesta es que no, pero con matices. No podrá disfrutar Baleares de la misma intensidad de ayudas, pero sí de ayudas equivalentes con una menor intensidad. En el texto de la disposición adicional 70ª de la Ley de PPGG 2023 no se establece distinción alguna en la reserva para inversiones balear (RIB) entre inversiones iniciales e inversiones de sustitución, esto es, entre ayudas regionales a la inversión y ayudas al funcionamiento a las empresas, como ocurre en el REF y concretamente en la RIC. Y la cuestión no es baladí, sino que tiene que ver con las diferentes reglas de juego en uno y otro incentivo fiscal. Para ello he de comentar que las denominadas ayudas de funcionamiento se aplican a las inversiones de sustitución, mientras que las ayudas regionales a la inversión solo a las inversiones iniciales. Si una empresa tiene dos camiones y compra un tercero, la inversión se considera inicial (incrementa la capacidad productiva o de servicios de la actividad) y es susceptible de recibir las ayudas regionales a la inversión; pero si la misma empresa decide dar de baja un camión y adquirir otro con idénticas características, la inversión se considera de sustitución y solo puede recibir ayudas de funcionamiento.

Ese es el motivo de que la normativa RIC haga constante distingo entre inversiones iniciales e inversiones de sustitución, porque las primeras son susceptibles de recibir ayudas regionales a la inversión y las segundas ayudas de funcionamiento. Las grandes diferencias entre unas y otras son básicamente dos:

(i) Conceptual, puesto que las primeras ayudas implican la creación o ampliación de un establecimiento, la diversificación de la actividad para elaborar nuevos productos o la transformación sustancial en el proceso productivo; mientras que a las segundas solo se les exige que sean inversiones en elementos afectos a las actividades empresariales (amén de aquellas que contribuyan a la mejora y protección del medio ambiente).

(ii) Y de intensidad de la ayuda. En las inversiones iniciales, el límite de ayudas máximo se establece en un porcentaje de la inversión, en función de que el contribuyente sea gran empresa, mediana o pequeña. Los porcentajes en Canarias son el 60, 70 y 80%, respectivamente. Mientras que, en las inversiones de sustitución, susceptibles de recibir ayudas de funcionamiento, el límite se establece en el 30% del volumen de facturación de la empresa.

Al mencionar los límites, hago referencia a la cuantificación de la ayuda que, tratándose de la reserva para inversiones, tanto RIC como RIB, se establece en el ahorro fiscal disfrutado (25% en el IS en la mayoría de los casos). En consecuencia, en Canarias (solo en Canarias) una inversión inicial efectuada por una pequeña empresa puede recibir ayudas de Estado hasta el máximo del 80% de su coste de adquisición (si el coste es 500.000 €, puede beneficiarse de la RIC y de subvenciones hasta el 80% de 500.000 = 400.000; siendo la ayuda por la RIC el 25% de 500.000 = 125.000 €). La intensidad de la ayuda disminuye si es una gran empresa hasta el 60%. Son límites altos y generosos, que se incrementaron en 2023.

No obstante, el límite de las ayudas al funcionamiento de las empresas se determina (solo en Canarias) en el 30% de su volumen de negocios en el año que se aplica. Si la inversión de sustitución es 500.000 €, el ahorro por la RIC se cuantifica en el 25% del tipo más genérico del IS = 125.000 € y se compara con el 30% de la facturación. Si ese año fue 1.500.000 € (matizamos en el capítulo 32 en qué año se computa cada ayuda), el límite a las ayudas es el 30% de 1.500.000 = 450.000 €, que incluye los 125.000 € del ahorro fiscal de la RIC y cualquier otra ayuda o subvención concedida.

En los casos en que se superen los límites, que los hay, procede regularizar las ayudas recibidas y devolver el exceso. El control de los límites se efectúa a través de la declaración del modelo 282/283 que ha de presentarse anualmente a la AEAT por vía telemática y que será objeto de comprobación por la Administración tributaria en un plazo de 10 años. En Canarias aún no ha comenzado el proceso de fiscalización de las ayudas recibidas. Por supuesto, en Baleares tampoco.

Y dos veces he remarcado que los límites de las ayudas en la forma explicada solo afectan a Canarias, **porque el régimen de ayudas de Estado en *Illes Balears* es distinto**. La diferencia fundamental entre el régimen especial atlántico y mediterráneo deriva del hecho geográfico de no ser las *Illes Balears* región ultraperiférica. Las RUP (regiones ultraperiféricas) europeas pueden recibir ayudas al funcionamiento, pero no otras regiones, aunque si se dan circunstancias determinadas, como su insularidad y fragmentación, el TFUE prevé que se apliquen ayudas de Estado específicas.

Un distingo importante entre las variadas ayudas de Estado que regula el TFUE es que tengan que ser notificadas previamente a la UE para que las autorice. Para ello, un reglamento europeo específico, el Reglamento General de Exención por Categorías, desarrolla los artículos 107 y 108 del TFUE, que son los que precisamente admiten las ayudas de Estado para las empresas europeas. Su nombre obedece a que determinadas ayudas no han de notificarse previamente a la UE, están exentas de ello. Son las que se aplican a las regiones ultraperiféricas como Canarias: ayudas a la inversión regional y ayudas de funcionamiento; algunas más específicas; y otras a las que se aplica **la regla de *minimis***, esto es, aquellas ayudas de Estado que por su baja intensidad no distorsionan el mercado y pueden disfrutarse sin notificación previa.

Es el régimen de ayudas que se aplica en 2023 en Baleares, tanto a la RIB como a la bonificación a las empresas industriales, agrícolas, ganaderas y pesqueras, que en Canarias es del 50% (con sectores expresamente excluidos) y en Baleares se modula entre el 10 y el 25% de la cuota tributaria, dependiendo de si la entidad incrementa o no la plantilla de trabajadores.

La regla de *minimis* implica una intensidad de la ayuda relativamente pequeña. Hasta 2023 era 200.000 € en un período de 3 años, pero en la última revisión de las DAR (directrices de ayudas regionales) 2021/2027 efectuada en 2023 se amplió para 2024 y años siguientes a 300.000 € en un periodo de 3 años.

La realidad jurídica de que las ayudas de Estado en Canarias y Baleares van por cauces jurídicos distintos es la que explica el motivo de que en las *Illes Balears* no se distinga entre inversiones iniciales y de sustitución en el texto de la RIB y que solo se mencionen elementos patrimoniales del inmovilizado. En el punto Cuatro.4 de la disposición adicional 70ª de la Ley de PP. GG. 2023, se comprueba que la RIB no distingue entre tipos de inversiones susceptibles de recibir ayudas regionales a la inversión o ayudas de funcionamiento. Se concreta la inversión en la adquisición de elementos patrimoniales del inmovilizado material e intangible, esto es, que estén afectos a la actividad económica, a los que contribuyan a la mejora y protección del medio ambiente y a los gastos de I+D+i:

> *A. La adquisición de elementos patrimoniales del inmovilizado material o intangible, de elementos patrimoniales que contribuyan a la mejora y protección del medio ambiente en el territorio de las Illes Balears, en los términos que reglamentariamente se determinen, así como los gastos de investigación y desarrollo derivados de actividades de investigación, desarrollo e innovación tecnológica a que se refiere el artículo 35.1 y 2 de la Ley 27/2014, de 27 de noviembre, del Impuesto sobre Sociedades.*

El Reglamento del régimen especial balear aprobado en julio de 2024, Real Decreto 710/2024, de 23 de julio, tampoco hace distinción alguna entre inversiones iniciales (aquellas susceptibles de recibir ayudas a la inversión) e inversiones de sustitución (las que solo pueden recibir ayudas de funcionamiento), pero ya conocemos a qué obedece, a que las ayudas incluidas dentro de la regla de *minimis*, como la RIB, tienen una intensidad máxima específica de 300.000 € en tres años, sin que se les aplique otros límites más amplios como ocurre con las ayudas recibidas en las regiones ultraperiféricas.

Con lo expuesto, estamos ya en condiciones de afirmar que cualquier inversión afecta a una actividad empresarial o que mejore/proteja el medio ambiente, que cumpla los requisitos de la D.A. 70ª, con independencia de que sea una inversión inicial (la construcción o rehabilitación de un hotel) o de sustitución (un camión nuevo por otro viejo con las mismas características) es susceptible de afectarse a la RIB y, por tanto, de consolidar el beneficio disfrutado con su dotación. Hay que cumplir con exquisitez los múltiples requisitos del texto legal y reglamentario y comprobar que la ayuda fiscal recibida, junto a otras ayudas y subvenciones, no superen el límite de 300.000 € en tres años.

El límite, comparado con el de Canarias, es escaso, pero en realidad no lo es para las pymes, sí para las grandes empresas. Un ejemplo ayuda a entender esta afirmación. Una pyme balear que factura 1.500.000 € en 2024 y generó un beneficio antes de impuestos de 400.000 € pretende realizar una inversión de 250.000 € en 2025/2026. Sin la alternativa de la RIB, el IS es el 25% de 400.000 = 100.000 €. Si decide dotar la RIB con 250.000, la base imponible se reduce a 400.000 - 250.000 = 150.000, y el IS disminuye hasta el 25% de 150.000 = 37.500. La ayuda de *minimis* que recibe es 100.000 - 37.500 = 62.500 €. El importe de la ayuda no puede superar 300.000 € en tres años (por simplificar, 100.000 € anuales), por lo que cumple sobradamente con la intensidad. Si bien hay que tener en cuenta que el límite comprende otras ayudas y subvenciones recibidas. En el caso de Canarias, la pyme tendría el límite anual del 30% de 1.500.000 = 450.000 € si es inversión de sustitución, y el 80% de 250.000 = 200.000 € si es una inversión inicial (límite también aplicable a otras ayudas y subvenciones). En ambos supuestos, la intensidad de la ayuda a una región ultraperiférica tiene un límite que supera ampliamente a la regla de *minimis* balear en las ayudas de funcionamiento (de 450.000 a 100.000 €, casi se quintuplica) y que se duplica en la inversión inicial (de 200.000 a 100.000 €).

Si se trata de una inversión cuantiosa realizada por una gran empresa, por ejemplo, un hotel con un coste sin suelo de 10.000.000 €, en Canarias el límite de las ayudas es el 60% de 10.000.000 = 6.000.000 €; mientras que en Baleares solo 300.000 € repartidos en tres años. En este caso, la diferencia es abismal.

En mi opinión, el merecido régimen singular y privilegiado que disfruta el archipiélago mediterráneo desde 2023, Régimen fiscal especial de las *Illes Balears*, que abreviamos a Régimen fiscal especial balear, sin utilizar en esta obra acrónimo alguno, a la espera del que decidan los asesores baleares, irá incrementándose cuantitativamente, con reparos puntuales de la Comisión Europea, pero con firmeza en su filosofía de dar un trato fiscal diferente a una región también diferente, aspecto que cohesiona a ambos archipiélagos y les permite una defensa común de sus especialidades. Y ello a pesar de que en Canarias siga sin comprenderse por muchos las singularidades fiscales labradas durante siglos, con planteamientos como que la RIC solo beneficia a los empresarios y a los ricos, cuando en realidad sirve para desarrollar la economía regional, mantener y crear puestos de trabajo y mejorar la sociedad en general, ¿por qué si no la disfrutan ya, con matices importantes, los vascos, navarros y ahora los baleares?

1.2.2. El marco conceptual de la RIB

Me va a permitir el lector la licencia de que prácticamente copie y pegue en este lugar "el marco conceptual de la RIC", pues es el mismo de la RIB **con la única excepción de la intensidad de las ayudas**. Soy consciente de que el profesional balear que se acerque a esta obra irá directamente a este apartado, por lo que no puedo remitirlo a lo que sucede en Canarias, sino comentarle el marco conceptual en el que se sitúa. Haré hincapié en algunas cuestiones que son evidentes para los que llevamos treinta años aplicando la RIC, pero no tanto para los que se aproximan por primera vez a la RIB.

No voy a atender en relación con el marco conceptual y la naturaleza de la RIB al contexto histórico en que se perfiló y creó el incentivo fiscal en 2022 y se reglamentó en 2024, pues prácticamente analizo el presente, sin que me atreva a dar unas pinceladas históricas a las centurias pasadas del archipiélago balear por simple desconocimiento y por no haber dedicado a esa labor miles de horas como ocurre con Canarias.

Qué duda cabe que el legislador ha querido potenciar el hecho insular y la fragmentación del archipiélago balear con un régimen fiscal especial, que ya fue objeto de demanda, como hecho específico y diferencial de la insularidad, en el Estatuto de Autonomía de 2007. No puede hablarse de innovación en el texto de la disposición adicional 70ª de la Ley de PP. GG. para 2023, puesto que la normativa aplicable a la RIB es prácticamente un "copia y pega" de la RIC. Igual ocurre en muchos de los artículos del Reglamento de julio de 2024. La innovación en este caso consiste en la proyección de la RIC atlántica al Mediterráneo, formando parte del régimen fiscal especial anclado desde 2007 en su Estatuto de Autonomía.

Si el antecedente inmediato de la RIC fue el Fondo de Previsión para Inversiones (FPI), en tanto que la RIB se configura a partir de la RIC, puede afirmarse que su antecedente también fue el FPI.

Partiendo de la base de que la RIB es un beneficio o incentivo fiscal, hay que concretar su lugar en la imposición directa, que afecta tanto a las entidades mercantiles como a las personas físicas, residentes y no residentes, que realicen sus actividades empresariales o profesionales en territorio balear, con independencia de que tengan o no su domicilio fiscal en el archipiélago. Actúa en los impuestos directos (IS, IRPF e IRPFNR) como una exención objetiva y parcial. Objetiva, porque no se concede en atención al sujeto, sino por la realización de un hecho al que el legislador otorga tal beneficio. Y parcial, porque no impide el nacimiento de la obligación tributaria, pero sí reduce la cuantía de la imposición sobre el beneficio en los tres impuestos citados.

El hecho que produce la exención objetiva y parcial es el compromiso de reinversión (y creación de empleo) en el territorio balear de los beneficios destinados a la dotación RIB.

No obstante, no opera de igual forma en los tres impuestos. Mientras que en el IS y el IRPF de los no residentes disminuye los beneficios empresariales obtenidos para hallar la base imponible de la imposición, en el IRPF supone una deducción en la cuota. El efecto práctico en los tres impuestos es el mismo: reducir la imposición sobre el beneficio si se asume el compromiso de reinvertir en Baleares parte de los beneficios generados en un plazo determinado y/o generar empleo.

A las características de exención objetiva y parcial hay que añadir la de exención condicionada, no solo a futuro, sino al momento concreto de la dotación. La serie de aspectos formales, elevados por los Tribunales de Justicia a requisitos sustanciales en el caso de la RIC, y en consecuencia también aplicables a la RIB, condicionan la exención. Entre ellos destaca la imperiosa necesidad de que la decisión de acogerse al incentivo a través de la correspondiente dotación se adopte antes de la presentación del impuesto y dentro del plazo mercantil para aprobar las cuentas anuales. La obligación de invertir y mantener las inversiones en funcionamiento son los condicionantes de futuro más notables, pero con carácter general, la exención está supeditada al cumplimiento de requisitos subjetivos, formales, espaciales, objetivos —relacionados con los límites cuantitativos a la dotación— y de intensidad, esto es, de no superar determinados límites señalados por las directrices comunitarias y el ordenamiento interno.

Desde el punto de vista mercantil y estrictamente contable, el nacimiento del incentivo obliga a crear la reserva en el balance con el importe del compromiso asumido con la exención. En otras palabras, con la parte del beneficio generado en la actividad económica desarrollada en Baleares en un ejercicio determinado. Es lo que en la legislación mercantil se conoce como aplicación del resultado del ejercicio, en la que se ha de crear una reserva con título propio que haga alusión al incentivo fiscal (RIB 2023; RIB 2024, ...). La creación de la reserva obliga a su conceptualización como reserva voluntaria o reserva obligatoria. Es una "reserva voluntaria especial", que nace por acuerdo expreso de la junta de socios de las entidades mercantiles o por voluntad del empresario individual, no por mandato expreso del legislador, como ocurre con la reserva legal. Participa la RIB de la naturaleza de la reserva de capitalización, con límites cuantitativos y requisitos más amplios. La voluntariedad en su nacimiento exige el cumplimiento con posterioridad de una serie de requisitos, dando lugar a que opere más como una reserva obligatoria que voluntaria. El punto intermedio entre un concepto y otro lo tenemos en la expresión "reserva voluntaria especial" que, aplicada a la RIB, recoge tanto la voluntariedad en su creación como la obligatoriedad del cumplimiento de una serie de requisitos iniciales y posteriores.

Desde la óptica de las ayudas de Estado previstas en las directrices comunitarias, la RIB forma parte de ellas, concretamente las que se contemplan dentro de la regla de *minimis,* que no pueden superar en 2024 y años siguientes el límite de 300.000 € por empresa en un periodo conjunto de tres años. En este aspecto, la RIB se distingue sustancialmente de la RIC, que tiene límites más amplios dada la ultraperificidad del archipiélago canario.

Desde el punto de vista estrictamente contable, la exención parcial de la RIB actúa en la imposición sobre el beneficio con la misma naturaleza de las diferencias permanentes. La Resolución de 9 de febrero de 2016 del Instituto de Contabilidad y Auditoría de Cuentas (ICAC), por la que se desarrollan las normas de registro, valoración y elaboración de las cuentas anuales para la contabilización del impuesto sobre beneficios, distingue en el art. 2 las diferencias permanentes de las diferencias temporarias imponibles (aquellas que dan lugar a mayores cantidades a pagar en el futuro) y las diferencias temporales deducibles (las que dan lugar a menores cantidades a pagar en el futuro), y las define como *las diferencias entre el importe neto de los ingresos y gastos totales del ejercicio y la base imponible que no se identifican como diferencias temporarias.* Como se observa, no es una definición conceptual, sino más bien de descarte, pero sirve para avanzar en su planteamiento.

En las normas de registro y valoración del PGC de 2007, concretamente en la 13ª, se recogen los criterios para contabilizar los impuestos sobre el beneficio, que son los que se liquidan a partir del resultado empresarial calculado de acuerdo con las normas fiscales que sean de aplicación. Criterios que, por supuesto, se ven afectados por la resolución del ICAC de 2016, que entró en vigor con carácter retroactivo el 1 de enero de 2015.

Para conocer qué diferencias se producen entre el resultado contable y la base imponible del IS hay que acudir al TRLIS, en el que se especifica con detalle qué gastos contables no tienen el carácter de gastos deducibles fiscalmente: las liberalidades, las multas, etc. Como la RIB no es un gasto, ni figura expresamente en el TRLIS, el concepto de diferencia permanente no le es estrictamente aplicable, aunque sí la forma de operar: en el ejercicio en que se constituye la dotación RIB actúa como una disminución del beneficio contable para hallar la base imponible, y en el ejercicio en que eventualmente se produce la regularización voluntaria o por la Administración del beneficio se incrementa el importe de la dotación al beneficio contable para hallar la base imponible.

Recapitulando, el concepto de diferencia permanente no aparece en la norma de valoración 13º del impuesto sobre beneficios en el PGC 2007, pero sí en la Resolución de 9 de febrero de 2016 del ICAC. En el TRLIS no figura la RIB, pero sí en la disposición adicional 70ª de la Ley de PP.GG. para 2023, como ley especial, que es una de las normas fiscales a tener en cuenta a la hora de calcular la imposición sobre el beneficio en establecimientos que desarrollan su actividad en *Illes Balears.* Por tanto, a la hora de calcular la base imponible en el IS hay que acudir al concepto de diferencia permanente para darle el tratamiento adecuado a la dotación RIB. De forma que para calcular la imposición sobre el beneficio y contabilizarla, hay que partir de que la dotación es una diferencia permanente, que resta del beneficio antes de impuestos para hallar la base imponible; y que en el futuro, si se produce cualquier tipo de incumplimiento de los requisitos o el empresario decide regularizarla voluntariamente, el importe de la dotación (o la parte correspondiente que incumpla los requisitos) incrementará el resultado contable del ejercicio para hallar la base imponible.

Conviene tener en cuenta que la base de la dotación es el beneficio contable generado en Baleares, que se ve afectado tanto por el impuesto corriente como el impuesto diferido. La generación de un crédito fiscal origina un impuesto diferido negativo, que incrementa el beneficio contable y en consecuencia la dotación RIB; pero a medida que vaya consumiéndose el crédito fiscal, se generará un impuesto diferido positivo, que disminuirá el resultado contable y la dotación RIB. Son las reglas de juego a las que nos enfrentamos, y que sintetizo con tres ejemplos de cálculo de la imposición sobre el beneficio con dotación RIB:

Ejemplo 1.3

Beneficio antes de impuesto (BAI)	240.000	
Gastos no deducibles	+10.000	
Dotación RIB	-100.000	
Dotación reserva capitalización	-12.000	
Base imponible (BI)	138.000	
Cuota IS 25%	34.500	Impuesto corriente

Durante el ejercicio se ha generado un crédito fiscal de 18.000 € por la deducción por actividades de I+D+i, que no se dedujo. Se ha contabilizado con abono a la cuenta de impuesto diferido. Impuesto diferido = - 18.000.

Impuesto sobre beneficio: 34.500 - 18.000 = 16.500

Saldo contable PYG = 240.000 - 16.500 = 223.500

La base sobre la que se calcula el máximo del 90% de la dotación RIB es 223.500.

El cálculo de la imposición sobre beneficio con la dotación RIB en el año n debe ser ratificado en el año n+1 con la decisión expresa de la junta de socios de aplicar una parte del resultado del ejercicio a la RIB, debiendo hacerlo dentro del plazo mercantil señalado (normalmente antes del 30 de junio), presentar la declaración del IS en plazo con la dotación RIB y depositar las cuentas anuales en el Registro Mercantil, especificando en la memoria la información concerniente a la RIB. Para acreditar que la junta aprobó en plazo la decisión de dotarla es aconsejable legitimar la firma de los administradores en la certificación del acta de la junta antes del 30 de junio o que un notario levante acta de la junta. Si no se hace así, se corre el riesgo de no probar a conveniencia de la Administración tributaria el momento en que se tomó la decisión de dotar la reserva.

El asiento contable en el ejemplo 1.3 es:

223.500	Pérdidas y Ganancias 2024 a	RIB 2024	100.000
		Reserva capitalización	12.000
		Reserva voluntaria	111.500

En caso que la junta decidiera el reparto de un dividendo, hay que tener en cuenta que su importe influye directa y negativamente en el cálculo de la dotación RIB, por lo que habría que recalcularla.

En personas físicas, el proceso de acreditación es más sencillo, basta con realizar el asiento contable de la dotación antes de presentar la declaración del IRPF (aconsejo hacerlo en abril o mayo) y presentar en plazo (en junio) dicha declaración, consignando la RIB en las casillas correspondientes.

Ejemplo 1.4

En el ejercicio siguiente al ejercicio anterior, se genera un BAI de 150.000 y se consume parte del crédito fiscal por 14.500:

Beneficio antes de impuesto (BAI)	150.000	
Gastos no deducibles	+6.000	
Dotación RIB	-65.000	
Dotación reserva capitalización	-8.000	
Base imponible (BI)	83.000	
Cuota IS 25%	20.750	
Deducción aplicada	-14.500	Impuesto diferido
IS a pagar	6.250	Impuesto corriente

Hay un impuesto diferido de 14.500 por el consumo del crédito fiscal

Impuesto sobre beneficio = 6.250 + 14.500 = 20.750

Saldo contable PYG = 150.000 - 20.750 = 129.250

La base sobre la que se calcula el máximo del 90% de la dotación RIB es 129.250

RIB máxima = 0,90 (129.250 - 8.000 reserva capitalización) = 109.125.

Conviene recordar que la dotación RIB no puede hacer que la base imponible resulte negativa.

Como solo se ha dotado 65.000, la RIB es correcta.

Ejemplo 1.5

En 2025 se genera un BAI de 750.000 y se consume parte de un crédito fiscal por 10.000.

Beneficio antes de impuesto (BAI)	750.000	
Gastos no deducibles	+25.000	
Dotación RIB que se pretende	-650.000	que luego vemos que no es posible
Dotación reserva capitalización	-20.000	
Base imponible (BI)	105.000	
Cuota IS 25%	26.250	
Deducciones aplicadas	-10.000	impuesto diferido
IS a pagar	16.250	impuesto corriente

Hay un impuesto diferido de 10.000 por el consumo del crédito fiscal.

Impuesto sobre beneficio = 16.250 + 10.000 = 26.250

Saldo contable PYG = 750.000 - 26.250 = 723.750

La base sobre la que se calcula el máximo del 90% de la dotación RIB es 723.750.

La RIB máxima = 0,90 (723.750 - 20.000 reserva capitalización - RL en su caso) = 633.375.

La dotación RIB que se pretende (650.000) excede del límite legal, por lo que debe disminuirse. De no hacerlo, la Administración tributaria la regularizará. Al mismo tiempo hay que atender a la intensidad de la ayuda, que no podrá superar 300.000 € en tres años.

Desde el momento en que se crea la dotación RIB, la entidad jurídica asume la obligación de invertir su importe en el plazo máximo de tres años desde el ejercicio en que la dotó o cuatro años desde que generó los beneficios. La dotación RIB 2024 se efectúa en junio de 2025, por lo que podrán realizarse las inversiones aptas y ponerlas en funcionamiento antes del 31 de diciembre de 2028. Si atendemos al año en que se generaron los beneficios (2024), la entidad tiene de plazo para invertir/poner en funcionamiento las inversiones hasta el 31 de diciembre de 2028. La finalización del plazo, como se observa, es el mismo.

No ocurre igual en personas físicas, puesto que los Tribunales de Justicia matizaron respecto a la RIC que el plazo de tres años se cuenta a partir del ejercicio en que se dota contablemente. La puntualización afecta también a la RIB. Si la persona física contabiliza la RIB en diciembre de 2024, el plazo finaliza el 31 de diciembre de 2027; pero si lo hace en abril/mayo 2025, como antes aconsejé, el plazo termina el 31 de diciembre de 2028 (se alarga el plazo de inversión y entrada en funcionamiento un año y se iguala con el de las entidades).

Las inversiones RIB han de permanecer afectas a la actividad económica de quien la dotó un mínimo de cinco años. Mediando suelo, se prorroga a diez años.

Hay que destacar otro aspecto importante de la RIB: el fomento de la autofinanciación empresarial, esto es, que las empresas que constituyen el tejido productivo en el archipiélago balear sean cada vez más solventes, incrementando sus fondos propios en detrimento del reparto de beneficios. Es el sacrificio que se le exige al empresario, junto al compromiso de reinversión en *Illes Balears* o de creación de puestos de trabajo, para minimizar su imposición sobre el beneficio.

La RIB es un beneficio o incentivo fiscal, pero también cumple otra función, la de herramienta de política económica al servicio del legislador, que podrá usarla para conseguir un determinado fin o desalentar determinadas actividades.

1.2.3. El límite de las ayudas en Illes Balears

La normativa europea que regula las ayudas de Estado, como las que recibe Baleares, parte del TFUE de 26 de octubre de 2012, que en los artículos 107, 108 y 109 regula las ayudas otorgadas por los estados compatibles con el mercado interior: ayudas de carácter social concedidas individualmente y sin discriminación en cuanto el origen de los productos; las destinadas a reparar desastres naturales; y las concedidas para favorecer determinadas regiones alemanas afectadas por la división. Además de estas, el TFUE considera compatibles tanto las ayudas destinadas a favorecer el desarrollo económico de regiones en las que el nivel de vida sea muy bajo, regiones ultraperiféricas, y las destinadas a facilitar el desarrollo de determinadas actividades o regiones económicas, como las *Illes Balears*, siempre que no alteren el interés común.

La UE adecua el tipo de ayudas de Estado temporalmente a través de las denominadas directrices sobre las ayudas estatales de finalidad regional (DAR), siendo las vigentes la 2021/C 153/01, de 29 de abril de 2021, para el periodo 2022/2027. Y cambio el periodo 2021/2027 por 2022/2027 porque las directrices que regulaban los años 2014/2020 fueron prorrogadas mayoritariamente hasta el 31 de diciembre de 2021 por la Comunicación 2020/C 224/02, Diario Oficial UE, de 8 de julio de 2020.

Sobre la base del art. 107 TFUE, las DAR 2022/2027 consideran compatibles con el mercado interior las ayudas estatales de finalidad regional concedidas a regiones con un PIB muy bajo, regiones ultraperiféricas y aquellas ayudas destinadas a facilitar el desarrollo de determinadas regiones. Respecto a regiones y actividades específicas, la Comisión europea es consciente que con las ayudas anteriores no se compensan los obstáculos existentes, por lo que contempla también la concesión de ayudas regionales de funcionamiento. En el ámbito temporal, y derivado de la pandemia del Covid-19, las DAR previeron una evaluación intermedia de los Mapas de ayudas regionales en 2023.

Los Mapas de ayudas regionales están publicados en el Anexo I de las DAR 2022/2027 y cada estado ha incluido como "zona a" o "zona c" las que en 2021 consideraba que debían recibir las ayudas estatales compatibles con el mercado interior. España incluye como "zona a" (las que pueden recibir las máximas ayudas) no solo a Canarias como región ultraperiférica, sino a Ceuta, Melilla y ciertas regiones de Castilla-La Mancha, Cuenca, Extremadura y Andalucía. De las regiones que nos interesa destacar, Canarias figuraba en 2021 con un PIB per cápita del 75%, mientras que Baleares no estaba entre las regiones a proteger. No obstante, el nuevo Mapa español de ayudas regionales 2022-2027 aprobado por la Comisión prevé el incremento de la intensidad máxima de las ayudas regionales a la inversión en Canarias como región ultraperiférica, y para hacer frente a las disparidades regionales, España designó como zonas denominadas "c", entre otras, a Baleares, con una intensidad máxima de las ayudas regionales a la inversión del 15% de su importe para las grandes empresas, 25% para las medianas y 35% para las pequeñas. Los porcentajes se calculan sobre el coste de las inversiones iniciales y agrupan tanto incentivos fiscales como subvenciones y cualquier otro tipo de ayudas.

Sin ser los dos tipos de ayudas que antes mencionamos, ayudas estatales de finalidad regional y ayudas regionales de funcionamiento, la normativa europea regula las denominadas **ayudas de *minimis***, esto es, aquellas que con una cuantía pequeña prestan los estados miembros a las empresas.

Delimitados los tres tipos de ayuda que configuran los regímenes fiscales específicos de Canarias y Baleares, es necesario entender otro concepto: la exención a la obligación de notificar previamente la ayuda que va a concederse por cada estado. Es decir, la delimitación de aquellas ayudas que no han de ser notificadas previamente a la Comisión. Estaban reguladas en el Reglamento de la Comisión de exención por categorías, Reglamento (UE) 1407/2013, de 18 de diciembre, hasta la publicación del nuevo Reglamento (UE) 2831/2023, de 13 de diciembre (Diario Oficial UE de 15-12-2023). En él se regulan las ayudas previstas en los artículos 107 y 108 del TFUE y las ayudas de *minimis*.

Las innovaciones más importantes que incorpora el Reglamento de diciembre de 2023 de exención por categorías son: (i) el importe de las ayudas de *minimis* que una empresa puede recibir en un periodo de tres años, que de 200.000 € se incrementa hasta 300.000 €. Aumento del 50% del que se benefician las empresas baleares que se acojan al régimen especial a partir de 1 de enero de 2024. Debe tenerse en cuenta que el límite no solo afecta a las ayudas recibidas en forma de incentivos fiscales, como la RIB y la bonificación a la producción en Baleares, sino al conjunto de ayudas concedidas: préstamos en condiciones preferentes, garantías, subvenciones e incentivos fiscales; y (ii) el concepto de **"única empresa"** al que se aplica el límite de la ayuda de *minimis*, que considera a todas las del entorno en que una pueda decidir por las demás (art. 2.2). Es destacable la relevancia del futuro registro central que controle el importe de las ayudas de *minimis* a partir de 1 de enero de 2026.

Con la normativa europea vigente, las empresas que realicen su actividad en Canarias pueden disfrutar de ayudas fiscales como la RIC con una intensidad máxima en las ayudas regionales a la inversión (aplicables solo a las inversiones iniciales) del 60%, 70% y 80% del coste de la inversión, dependiendo de que sea gran empresa, mediana o pequeña, respectivamente. Adicionalmente, las empresas canarias pueden disfrutar de ayudas de funcionamiento, como la RIC invertida en inversiones de sustitución, con una intensidad máxima del 30% del volumen de ingresos en el ejercicio en que entran en funcionamiento.

Las empresas que realicen su actividad en Baleares pueden disfrutar también de las ayudas regionales a la inversión que se concedan a las inversiones iniciales, con una intensidad máxima, en principio, en las ayudas regionales a la inversión (aplicables solo a las inversiones iniciales) del 15% para las grandes empresas, 25% para las medianas y 35% para las pequeñas. Aparte de esa modalidad, las inversiones que no se consideran iniciales, sino de sustitución, son también susceptibles de generar ayudas. La gran diferencia respecto a Canarias es que ambas categorías de inversiones solo podrán disfrutar del concepto de ayudas de *minimis,* con un límite en su intensidad máxima de 300.000 € en tres años (200.000 era el límite en 2023).

La cuestión que cabe plantear es para qué sirven los límites del 15, 25 y 35% previstos para Baleares en el Mapa regional de ayudas aprobado por la Comisión europea en 2023. Y mi respuesta es que serán útiles para el futuro inmediato, pero no para el presente. A pesar de figurar las *Illes Balears* en las zonas "c" no determinadas en el mapa de ayudas, imperó en el legislador —posiblemente para que la UE las permitiera— la realidad del concepto de ayudas de *minimis,* de forma que en la redacción de la disposición adicional 70ª de la Ley de PP.GG. del Estado para 2023, que dio sustancia al Régimen fiscal especial balear, y en concreto a la RIB, no se especifica si las inversiones son iniciales, susceptibles de recibir ayudas regionales a la inversión, o de sustitución, receptoras de ayudas de funcionamiento, como sucede en el REF canario; sino que optó por darle el mismo tratamiento a todas las inversiones que se realizasen en el archipiélago balear y se afectasen a la actividad económica (o mejorasen o protegiesen el medio ambiente). La falta de especificación en el régimen especial hace que las ayudas de Estado que se reciban en las *Illes Balears* estén comprendidas dentro del concepto de ayudas de *minimis* y, en consecuencia, con una intensidad máxima de 300.000 € en tres años para una única empresa.

El criterio se ratifica en la Orden del modelo 283 de declaración de ayudas que ha publicado la AEAT en septiembre de 2024, que no distingue el tipo de inversión realizada y todas las ayudas quedan dentro del límite de los 300.000 € por empresa en tres años. Me imagino que el Gobierno balear irá solicitando al Gobierno de la Nación el incremento del límite, que gestionará con la Comisión europea. La cifra del límite que por ahora pretende alcanzar es 500.000 €.

Tanto en Canarias como en Baleares, el importe de la ayuda recibida a través de la RIC/RIB se establece en el ahorro que experimenta el contribuyente que dota dichas reservas, como regla general el 25% del tipo del IS sobre la cuantía de la dotación o la deducción practicada en el IRPF.

Son ahora dos las regiones que disfrutan del potencial del régimen de sus respectivas reservas para inversiones, cuyas diferencias sustanciales no están en los requisitos, presupuestos básicos e inversiones a realizar, sino en la intensidad de las ayudas. Sensiblemente menor en las *Illes Balears*. No obstante, para las pymes baleares, el límite de 300.000 € en tres años les permite dotar y efectuar inversiones anuales por un importe medio de 400.000 € (300.000/ 3 años/0,25 del tipo del IS = 400.000), que es importante. Son las grandes empresas las que tendrían capacidad para dotar la RIB con importes más elevados, pero por ahora la normativa europea de las ayudas de *minimis* no se los permite.

La gran ventaja que observo de compartir Canarias y Baleares el incentivo fiscal de la reserva para inversiones es la mayor capacidad para disminuir la inseguridad jurídica que ha cercenado buena parte del desarrollo normal del incentivo en Canarias.

1.2.4. La compatibilidad de la RIB con otros incentivos fiscales

Al igual que ocurre con la RIC, la RIB es compatible con otros incentivos fiscales, pero no por el mismo importe del beneficio. Quiere ello decir que puede materializarse la RIB en un activo que a su vez se afecte a otro incentivo, pero no por el mismo importe. Si se dota la RIB con 40.000 € y se adquiere una determinada maquinaria, una parte de su coste podrá afectarse a la dotación, por ejemplo, 30.000 €, siendo susceptible el resto de 10.000 € de cualquier otra deducción por inversiones. Los mismos 40.000 € no se pueden afectar a dos incentivos fiscales. Por eso la normativa indica que la aplicación del beneficio de la reserva para inversiones será incompatible, **para los mismos bienes y gastos**, con las deducciones para incentivar la realización de determinadas actividades.

Tampoco es posible que el mismo beneficio que se genere en Baleares y se pretenda destinar a la dotación RIB se afecte a su vez a otro incentivo, como la reserva de capitalización. Siguiendo con el ejemplo anterior, si se destinan 40.000 € a la RIB, no podrá aplicarse a su vez ese importe a la reserva de capitalización. Sí es posible que el beneficio contable que se genere pueda dedicarse a las dos reservas, pero por importes diferentes. Si el beneficio contable es de 80.000, 40.000 € pueden destinarse a la RIB, 10.000 € a la reserva de capitalización y el resto a reservas voluntarias. Se están utilizando en el mismo ejercicio dos beneficios fiscales: la RIB y la reserva de capitalización, pero con importes diferentes.

En cuanto a la creación de empleo, el último párrafo del apartado 11 de la D.A. 70ª. Cuatro señala expresamente que es compatible con el régimen especial de empresas industriales, agrícolas, ganaderas y pesqueras. Esto es, que la normativa permite que el incremento de la bonificación del 10 al 25% cuando la entidad genera empleo se obtenga con el mismo incremento de la plantilla que sirva como materialización RIB.

Especial precaución ha de tenerse con la materialización de la RIB en bienes usados, que no podrán haberse afectado con anterioridad a la RIB ni a cualquier otra deducción a la inversión.

No obstante, las compatibilidades serán siempre posible entre los incentivos del Régimen fiscal especial balear y cualquier otra ayuda de Estado mientras el conjunto de las ayudas respete los límites señalados para las ayudas de minimis: 300.000 € en tres años:

> *D.A. 70ª. Cuatro 11. La aplicación del beneficio de la reserva para inversiones será incompatible, para los mismos bienes y gastos, con las deducciones para incentivar la realización de determinadas actividades reguladas en el capítulo IV del título VI de la Ley 27/2014, de 27 de noviembre, del Impuesto sobre Sociedades. También será incompatible para los mismos bienes*

> *y gastos con cualquier beneficio fiscal o medida de distinta naturaleza que tenga la condición de ayuda estatal bajo el Derecho de la Unión Europea, si dicha acumulación excediera de los límites establecidos en el Ordenamiento comunitario que, en cada caso, resulten de aplicación.*
>
> *Tratándose de activos usados y de suelo, estos no podrán haberse beneficiado anteriormente del régimen previsto en este apartado, ni de las deducciones para incentivar la realización de determinadas actividades reguladas en el capítulo IV del título VI de la Ley 27/2014, de 27 de noviembre, del Impuesto sobre Sociedades.*
>
> *La aplicación del beneficio de la reserva para inversiones será compatible, en lo que se refiere a la creación de puestos de trabajo, con el régimen especial de empresas industriales, agrícolas, ganaderas y pesqueras.*

Finalizo este capítulo con la extrañeza que me producen algunas de las primeras consultas vinculantes planteadas a la DGT. En concreto, el tratamiento diferente que se hace en la RIB respecto a la RIC en la dotación. La DGT CV 2003-2024, de 18 de septiembre, disminuye del beneficio susceptible de la dotación RIB 2023 el dividendo repartido en 2022, cuando con el texto legal no puede hacerlo. Sí afecta a la dotación 2023 el dividendo repartido en ese año contra reservas de 2022, pero en mi opinión nunca el dividendo repartido con el beneficio de 2022 en 2023.

Lo que faltaba para generar mayor inseguridad jurídica es que la DGT aplique criterios diferentes en la RIB a los consolidados en la RIC cuando la normativa es prácticamente la misma.

Capítulo 2

LA ACTIVIDAD ECONÓMICA COMO ÚNICA GENERADORA DE RENDIMIENTOS RIC/RIB

En este capítulo analizamos los rendimientos de la actividad económica como únicos susceptibles de la dotación, y lo hago por primera vez unificando criterios para la RIC y la RIB. El lector ha de ser consciente que treinta años en la aplicación de la primera reserva han conformado un corpus legislativo e interpretativo que es el que rige en el incentivo fiscal en la actualidad, que a su vez proyecto a la RIB en sus dos cortos años de existencia. Es por ello, que los criterios administrativos y resoluciones judiciales que manejamos se refieren a la RIC. El factor territorial del establecimiento y la complejidad de las actividades relacionadas con inmuebles se tratan monográficamente en los próximos capítulos.

2.1. Legislación vigente y evolución legislativa

– Ley 19/1994, REF

Artículo 27 Reserva para inversiones en Canarias

1. Las entidades sujetas al Impuesto sobre Sociedades tendrán derecho a la reducción en la base imponible de las cantidades que, con relación a sus establecimientos situados en Canarias, destinen de sus beneficios a la reserva para inversiones de acuerdo con lo dispuesto en este artículo.

2. La reducción a que se refiere el apartado anterior se aplicará a las dotaciones que en cada período impositivo se hagan a la reserva para inversiones hasta el límite del noventa por ciento de la parte de beneficio obtenido en el mismo período que no sea objeto de distribución, en cuanto proceda de establecimientos situados en Canarias.

En ningún caso la aplicación de la reducción podrá determinar que la base imponible sea negativa.

A estos efectos, se considerarán beneficios procedentes de establecimientos en Canarias los derivados de actividades económicas, incluidos los procedentes de la transmisión de los elementos patrimoniales afectos a las mismas, así como los derivados de la transmisión de elementos patrimoniales no afectos a actividades económicas, en los términos que reglamentariamente se determinen.

– Reglamento REF, RD 1758/2007

Artículo 5 Determinación del beneficio del establecimiento permanente situado en Canarias

1. Se considerarán beneficios procedentes de establecimientos permanentes situados en Canarias los derivados de las operaciones efectuadas con los medios personales y materiales afectos al mismo que cierren un ciclo mercantil que determine resultados económicos, así como los derivados de la transmisión de elementos patrimoniales no afectos a actividades económicas, siempre que, en este último caso, se trate de elementos del inmovilizado material, inversiones inmobiliarias o activos intangibles que hayan generado rentas al menos un año dentro de los tres anteriores a la fecha de transmisión.

– Disposición adicional 70ª Ley 31/2022, Régimen fiscal especial balear

Cuatro. Reserva para inversiones en las Illes Balears

1. Los contribuyentes del Impuesto sobre Sociedades y del Impuesto sobre la Renta de no Residentes tendrán derecho a la reducción en la base imponible de las cantidades que, con relación a sus establecimientos situados en las Illes Balears, destinen de sus beneficios a la reserva para inversiones de acuerdo con lo dispuesto en este apartado.

2. La reducción a que se refiere el número anterior se aplicará a las dotaciones que en cada período impositivo se hagan a la reserva para inversiones hasta el límite del 90 por ciento de la parte de beneficio obtenido en el mismo período que no sea objeto de distribución, en cuanto proceda de establecimientos situados en las Illes Balears.

En ningún caso la aplicación de la reducción podrá determinar que la base imponible sea negativa.

A estos efectos, se considerarán beneficios procedentes de establecimientos en las Illes Balears los derivados de actividades económicas, incluidos los procedentes de la transmisión de los elementos patrimoniales afectos a las mismas. (…)

– Reglamento Régimen fiscal especial balear, RD 710/2024

Artículo 4. Beneficio atribuible a los establecimientos situados en las Illes Balears.

1. Se considerarán beneficios procedentes de los establecimientos situados en las Illes Balears a que se refieren los apartados 1 y 2 del artículo anterior los derivados de las operaciones efectuadas con los medios personales y materiales afectos al mismo que cierren un ciclo mercantil que determine resultados económicos.

2. No tendrá la consideración de beneficio no distribuido:

a) El destinado a nutrir las reservas de carácter legal.

b) El que derive de la transmisión de elementos patrimoniales cuya adquisición hubiera determinado la materialización de la reserva para inversiones en las Illes Balears.

No obstante, en los casos de transmisión de elementos patrimoniales que solo se hubiesen destinado parcialmente a la materialización de la reserva, se considerará beneficio no distribuido la parte proporcional de dicho beneficio que se corresponda con la parte del valor de adquisición del elemento patrimonial que no hubiera supuesto la materialización de la reserva.

c) El que derive de los valores representativos de la participación en el capital o fondos propios de otras entidades, así como la cesión a terceros de capitales propios.

Hasta la reforma de la RIC operada a través del RD ley 12/2006, de 29 de diciembre, poco o nada aclaraba la normativa sobre el beneficio susceptible de la dotación, si bien la doctrina administrativa fue muy restrictiva respecto a que el beneficio debía proceder del desarrollo de actividad económica en Canarias. El criterio fue ratificado por los Tribunales de Justicia e incorporado a la Ley 19/1994 y Reglamento del REF que se publicó en 2007. Por tanto, con vigencia 1 de enero de 2007, la normativa era ya explícita respecto a que el rendimiento debía provenir de actividad económica y los bienes que lo generaban estar afectos a la actividad.

A pesar de que en relación con la RIC el literal del art. 27 en sus primeros apartados no definía ni acotaba el concepto de beneficio generado en un establecimiento en Canarias, la jurisprudencia matizó, desde que surgieron los primeros conflictos, que el beneficio susceptible de la dotación es el generado en la actividad económica desarrollada en Canarias. El establecimiento en Canarias ha de realizar actividad económica para que el rendimiento que genere pueda destinarse a la reserva. El mero hecho de que una empresa tenga su domicilio social en el archipiélago, o que una empresa domiciliada fuera tenga un establecimiento permanente en Canarias no es suficiente para acogerse a la RIC; es necesario que, además, realice o desarrolle actividad empresarial. Quedan fuera, en consecuencia, aquellas entidades que, a pesar de tener su sede social o contar con cualquier tipo de sucursal en las Islas, no realicen una actividad que a efectos de la normativa se considere económica. También hay que descartar que la norma haga referencia a un establecimiento permanente —como pensamos en los primeros años de aplicación de la Ley 19/1994—, porque la jurisprudencia entiende que se refiere al establecimiento mercantil, el que se conforma con el desarrollo de actividad económica, sin que sea suficiente contar con un establecimiento permanente en el archipiélago.

Los condicionantes de realización de actividad económica y de un establecimiento mercantil en el archipiélago rigen también para la RIB, cuya normativa específica, tanto en la Ley como en el Reglamento del Régimen fiscal especial balear coincide básicamente con la RIC. Por ello, la experiencia generada en la aplicación de la RIC es extrapolable a la RIB.

Sin ser las premisas anteriores, ha de tenerse además en cuenta el ámbito físico, puesto que la noción de establecimiento exige que la actividad se realice en Canarias/Baleares. Es pues la combinación de establecimiento mercantil en uno de los dos archipiélagos y la realización de actividad económica que genere rendimientos la que permite que sus beneficios sean susceptibles de la dotación.

Los dos condicionantes generaron grandes controversias que han tenido que dilucidarse en los Tribunales de Justicia, tanto en el ámbito espacial como en la calificación de la actividad desarrollada como económica o no. Mientras que una explotación industrial, agrícola, turística y comercial ejercida en las Islas pocas dudas ofrece en cuanto a su determinación como actividad económica; otras, sin embargo, generan interrogantes, como las operaciones triangulares de comercio, ciertos servicios en los que es interpretable si se gestionan o no desde Canarias/Baleares, la compraventa de inmuebles y, sobre todo, la actividad de arrendamiento de inmuebles.

2.2. El establecimiento permanente versus establecimiento mercantil

Desde 1994 hasta 2007 surgieron muchas dudas sobre la vinculación del beneficio susceptible de la dotación al establecimiento situado en Canarias que figuraba en la redacción inicial de la Ley:

> *1. Las sociedades y demás entidades jurídicas sujetas al Impuesto sobre Sociedades tendrán derecho a la reducción en la base imponible de este impuesto de las cantidades que, con relación a sus establecimientos situados en Canarias, destinen de sus beneficios a la reserva para inversiones de acuerdo con lo dispuesto en el presente artículo* [redacción 1994].

Al no definir la Ley 19/1994 del REF el concepto "establecimiento" hubo que interpretarlo, siendo dos los planteamientos mayoritarios: a) que la Ley se refería exclusivamente al "establecimiento permanente", esto es, a una base fija de negocio situada en Canarias; y b) que la noción de establecimiento situado en Canarias se refería al "establecimiento mercantil", al que realizaba determinada actividad económica. La discusión se solventó en los Tribunales de Justicia, que poco a poco sentaron el criterio de que se trataba del establecimiento mercantil, del que realizaba actividad económica en el archipiélago, y que no era suficiente contar con un establecimiento permanente.

El criterio se incorporó a la Ley 19/1994 a partir de 1 de enero de 2007. El nuevo texto se consideraba aclaración legal, no innovación, por lo que surtió efectos *ab initio*, desde 1994, y es el que continúa vigente en la actualidad:

> *A estos efectos, se considerarán beneficios procedentes de establecimientos en Canarias los derivados de actividades económicas, incluidos los procedentes de la transmisión de los*

> *elementos patrimoniales afectos a las mismas, en los términos que reglamentariamente se determinen* [redacción 2007].

La evolución de la interpretación judicial sobre este concepto hasta 2011 puede verse con detalle en Miranda Calderín (2012) a través de las sentencias de la AN y del TSJC. En ese año se pronunció el TS, confirmando el criterio que sintetizo en que solo el beneficio generado por un establecimiento que realice actividad económica en Canarias es susceptible de la dotación RIC.

2.3. Síntesis del criterio de los Tribunales de Justicia sobre el establecimiento situado en Canarias en la normativa vigente hasta el 31 de diciembre de 2006

Desde que surgió la problemática sobre a qué tipo de establecimiento se refería la normativa RIC, la Comisión creada en 2000 para resolver los problemas en la aplicación de este incentivo concluyó que la Ley 19/1994 hacía referencia al establecimiento mercantil, criterio que pasó a publicarse en la CV de la DGT de abril de 2001. Y por vías diferentes, el TSJC y la AN llegaron a la misma conclusión. Sirvan de paradigma dos sentencias sobre la materia. La **STSJC, Sala de Las Palmas, n.º 127/2008; y la SAN, Sección 7, de 25 de mayo de 2009.**

La primera resume el criterio que habían expuesto las Salas de Santa Cruz de Tenerife y Las Palmas en varios pronunciamientos que se remontaban a 2004, y confirma con claridad que la Ley 19/1994 se refiere al establecimiento mercantil. Añade al final que el hecho de que se recogiera ese criterio en el RD ley 12/2006 *no significa que se haya modificado tal regulación, sino que, como sucede a menudo, la norma ha convertido en texto positivo una interpretación doctrinal que venían realizando con anterioridad los Tribunales de esta jurisdicción.* Es en el fundamento de derecho tercero donde concluye que el establecimiento ha de realizar actividad económica:

> *TERCERO. Atendiendo a los objetivos que la persigue la figura de la RIC, encuadrada en un bloque de incentivos destinados a "promover actividades generadoras de empleo o que acreciente la competitividad interior y exterior de las empresas..." y destinada a que "los empresarios... puedan acceder a cotas importantes de ahorro fiscal como contrapartida a su esfuerzo inversor", tal y como establece la Exposición de Motivos de la Ley 14/1994,* ***ha de concluirse que la norma se refiere a establecimientos en los que se realicen actividades económicas con capacidad para producir el efecto dinamizador de la economía canaria que se pretende incentivar, es decir, a un conjunto organizado de elementos patrimoniales y personales dispuestos y efectivamente utilizados para la realización, con cierta autonomía de***

gestión, de una explotación económica cuya actividad suponga la colocación de un bien o servicio en el mercado, sin que sea suficiente la mera titularidad o tenencia de elementos patrimoniales aislados.

La RIC constituye un importante estímulo a la realización de actividades económicas que fomenten la creación de riqueza y el desarrollo económico de las Islas, ofreciendo la no tributación de hasta el 90% de los rendimientos obtenidos por ellas. El acomodo del incentivo fiscal a su finalidad exige que exclusivamente se beneficien de su aplicación las ganancias obtenidas en la realización de actividades económicas, empresariales o profesionales, que supongan la ordenación por cuenta propia de factores productivos para colocar un bien o servicio en el mercado.

Aunque en el artículo 27 de la Ley 19/1994 no se define en que consiste la "procedencia del beneficio del establecimiento permanente", cabe acudir a lo que la Ley 41/1998 establece para casos similares, (nueva redacción por el art. 76 de Ley 46/2002 de 18 diciembre 2002. Reforma parcial del IRPF y por la que se modifican las Leyes de los Impuestos sobre Sociedades y sobre la Renta de no Residentes), como criterio orientativo que permita acercarnos al concepto antes señalado.

En este sentido, el artículo 15 de esta última Ley establece:

"1. Componen la renta imputable al establecimiento permanente los siguientes conceptos:

a) Los rendimientos de las actividades o explotaciones económicas desarrolladas por dicho establecimiento permanente.

b) Los rendimientos derivados de elementos patrimoniales afectos al mismo.

c) Las ganancias o pérdidas patrimoniales derivadas de los elementos patrimoniales afectos al establecimiento permanente.

Se consideran elementos patrimoniales afectos al establecimiento permanente los vinculados funcionalmente al desarrollo de la actividad que constituye su objeto. "

De acuerdo con lo trascrito, la cuestión a determinar es si los elementos de activos están vinculados funcionalmente al desarrollo de la actividad que constituye su objeto, esto es si la procedencia, el sentido de la inversión, y la finalidad sitúan estos activos y sus rendimientos y plusvalías necesariamente en la "vinculación funcional" respecto de la actividad o explotación económica de que se trate.

En sentido similar el Tribunal Económico- Administrativo Central se ha pronunciado sobre dicha cuestión al menos desde la resolución de 27 de febrero de 2004 que concluía que "Atendiendo a los objetivos que la persigue la figura de la RIC, encuadrada en un bloque de incentivos destinados a "promover actividades generadoras de empleo o que acreciente la competitividad interior y exterior de las empresas. El acomodo del incentivo fiscal a su finalidad exige que exclusivamente se beneficien de su aplicación las ganancias obtenidas en la realización de actividades económicas, empresariales o profesionales, que suponga la ordenación por cuenta propia de factores productivos para colocar un bien o servicio en el mercado. Por ello, todos los beneficios procedentes de la titularidad de activos que están relacionados con el desarrollo en Canarias de actividades económicas, empresariales o profesionales, deberán beneficiarse de la aplicación de la RIC, incluidos los obtenidos por la colocación temporal de excedentes de tesorería o de recursos que, según las necesidades propias de cada sector, sea adecuado mantener para afrontar inversiones futuras."

Con tal interpretación que hemos reiteradamente compartido, deben quedar fuera de la base de cálculo los beneficios que procedan de la mera titularidad de activos que no están relacionados con el desarrollo de las mencionadas actividades económicas, lo que, por otra parte, redunda en la igualdad de trato ante este incentivo fiscal de personas físicas y jurídicas.

Esta es la interpretación correcta del precepto legal que se refiere al "beneficio obtenido en el mismo período que no sea objeto de distribución, en cuanto proceda de establecimientos situados en Canarias." Ya hemos visto como en la propia definición legal "establecimiento", es sinónimo de actividad o explotación económica y por ello el beneficio es el que procede de tal explotación económica o de los elementos patrimoniales afectos a la misma.

Por agotar la cuestión interpretativa, el hecho de que el art° 27.2 del R.D.L 12/2006, vigente a partir de 1 de enero de 2007 haya recogido de forma expresa la interpretación que acabamos de recoger, no significa que se haya modificado tal regulación, sino que, como sucede a menudo, la norma ha convertido en texto positivo una interpretación doctrinal que venían realizando con anterioridad los Tribunales de esta jurisdicción [FD TERCERO, STSJC, Sala de Las Palmas, n.° 127/2008, la negrita es nuestra].

El segundo pronunciamiento, la **SAN, Sección 7, de 25 de mayo de 2009**, recoge todos los elementos de la controversia, con las alegaciones del contribuyente de que si el legislador hubiese querido referirse al establecimiento mercantil así lo habría especificado en el texto del art. 27, y la mención al criterio que había adoptado el TSJC en sentencias anteriores. La conclusión a la que llega es la misma del TSJC, que el establecimiento que señala la Ley 19/1994 es el establecimiento mercantil, el que realiza actividad económica en el archipiélago. Por la precisión que aporta en la materia, trascribimos pese a su extensión parte de los fundamentos de derecho primero, segundo y tercero:

PRIMERO. Interpuesto recurso contencioso administrativo, la parte actora basa su recurso en que se ha infringido el principio constitucional de seguridad jurídica y de interdicción de la arbitrariedad, al llevarse a cabo la interpretación del artículo 27.1 de la Ley 19/1994: Las sociedades y demás entidades jurídicas sujetas al Impuesto sobre Sociedades tendrán derecho a la reducción en la base imponible de este impuesto de las cantidades que, con relación a sus establecimientos situados en Canarias, destinen de sus beneficios a la reserva para inversiones de acuerdo con lo dispuesto en el presente artículo.

Pues la Inspección interpreta la frase "... de las cantidades que, con relación a sus establecimientos situados en Canarias, destinen de sus beneficios a la reserva para inversiones..." se debe referir no solo a que el establecimiento esté domiciliado en territorio de Canarias, sino además, la palabra "establecimiento", debe entenderse como lugar donde se desarrolla actividad económica, que afirma, la Inspección, no se había iniciado por la empresa recurrente en aquellos años 1997 a 2000, y por tanto los beneficios obtenidos con la venta del solar, no se pueden entender que sean consecuencia de una actividad económica desarrollada por la sociedad recurrente. Otro tanto dice, de los beneficios obtenidos como consecuencia de la inversión hecha en activos financieros, puesto que el capital que se invirtió en su adquisición, provenía también de los beneficios obtenidos con la venta del solar.

Esta interpretación no es admisible, puesto que si este requisito exigido ahora se hubiese querido establecer por el legislador, lo hubiera hecho de forma expresa como así hizo con la reforma introducida por medio del Real Decreto Ley 12/2006 que entró en vigor el día 1 de enero de 2007.

SEGUNDO (...) Este precepto ha dado lugar a una serie de sentencias dictadas por las Salas de lo Contencioso Administrativo de los Tribunales Superiores de Justicia de Canarias, Audiencia Nacional y Tribunal Supremo, llegando a establecer una doctrina unánime a la hora de interpretar el párrafo primero del artículo 27 mencionado y en concreto qué alcance debe darse al término establecimiento situados en Canarias, si hace referencia únicamente a una exi-

gencia de ubicación en territorio canario, o si por el contrario, debe entenderse que el término establecimiento, es emplea en el sentido técnico tributario, llegando a esta última conclusión.

TERCERO: Cierto es que la interpretación que lleva a cabo la Inspección, se hace antes que los Tribunales de Justicia se hayan podido pronunciar sobre la misma, como es natural dada la naturaleza revisora de los actos administrativos, que tienen sus sentencias, pero si hubiesen estimado que dicha interpretación era arbitraria o ilógica o contraria a alguno de los criterios que fija el Código Civil en su artículo 3.1 para lograr la interrelación de las normas jurídicas, así lo habrían declarado.

Pero no ha sido así.

Utilizando los criterios de interpretación literal, lógico, sistemático, presidida por el pensamiento de lo realmente querido por el legislador, los antecedentes históricos legislativos, y la interpretación que la misma aplicación de la norma a lo largo de su vigencia ha producido, interpretación ajustada a la realidad social en que se aplica, la doctrina jurisprudencial llega a la conclusión que para poder obtener la deducción de la base imponible de los beneficios obtenidos en los establecimientos domiciliados en Canarias es necesario que en los mismos se desarrolle una actividad económica.

Para que dicha interpretación no se considere arbitraria, los Tribunales de Justicia han razonado que:

Atendiendo a los objetivos que persigue la figura de la RIC, encuadrada en un bloque de incentivos destinados a "promover actividades generadoras de empleo o que acreciente la competitividad interior y exterior de las empresas..." y destinada a que "los empresarios... puedan acceder a cotas importantes de ahorro fiscal como contrapartida a su esfuerzo inversor", tal y como establece la Exposición de Motivos de la Ley, ha de concluirse que la norma se refiere a establecimientos en los que se realicen actividades económicas con capacidad para producir el efecto dinamizador de la economía canaria que se pretende incentivar, es decir, a un conjunto organizado de elementos patrimoniales y personales dispuestos y efectivamente utilizados para la realización, con cierta autonomía de gestión, de una explotación económica cuya actividad suponga la colocación de un bien o servicio en el mercado, sin que sea suficiente la mera titularidad o tenencia de elementos patrimoniales aislados.

La RIC constituye un importante estímulo a la realización de actividades económicas que fomenten la creación de riqueza y el desarrollo económico de las Islas, ofreciendo la no tributación de hasta el 90% de los rendimientos obtenidos por ellas. El acomodo del incentivo fiscal a su finalidad exige que exclusivamente se beneficien de su aplicación las ganancias obtenidas en la realización de actividades económicas, empresariales o profesionales, que supongan la ordenación por cuenta propia de factores productivos para colocar un bien o servicio en el mercado.

Aunque en el artículo 27 de la Ley 19/1994 no define en que consiste la "procedencia del beneficio del establecimiento permanente", cabe acudir a lo que la Ley 41/1998 establece para casos similares, (nueva redacción por el art. 76 de Ley 46/2002 de 18 diciembre. Reforma parcial del IRPF y por la que se modifican las Leyes de los Impuestos sobre Sociedades y sobre la Renta de no Residentes), como criterio orientativo que permita acercarnos al concepto antes señalado.

En este sentido, el artículo 15 de esta última Ley establece:

"1. Componen la renta imputable al establecimiento permanente los siguientes conceptos:

a) Los rendimientos de las actividades o explotaciones económicas desarrolladas por dicho establecimiento permanente.

b) Los rendimientos derivados de elementos patrimoniales afectos al mismo.

c) Las ganancias o pérdidas patrimoniales derivadas de los elementos patrimoniales afectos al establecimiento permanente.

Se consideran elementos patrimoniales afectos al establecimiento permanente los vinculados funcionalmente al desarrollo de la actividad que constituye su objeto. "

De acuerdo con lo trascrito, la cuestión a determinar es si los elementos de activos están vinculados funcionalmente al desarrollo de la actividad que constituye su objeto, esto es si la procedencia, el sentido de la inversión, y la finalidad sitúan estos activos y sus rendimientos y plusvalías necesariamente en la "vinculación funcional" respecto de la actividad o explotación económica de que se trate.

Esta es la interpretación correcta del precepto legal cuando se refiere al "beneficio obtenido en el mismo período que no sea objeto de distribución, en cuanto proceda de establecimientos situados en Canarias." Ya hemos visto como en la propia definición legal "establecimiento", es sinónimo de actividad o explotación económica y por ello el beneficio es el que procede de tal explotación económica o de los elementos patrimoniales afectos a la misma.

Que el artículo 27.2 del R.D.L 12/2006, vigente a partir de 1 de enero de 2007 haya recogido de forma expresa la interpretación que acabamos de recoger, no significa que se haya modificado tal regulación, sino que, como sucede a menudo, la norma ha convertido en texto positivo una interpretación doctrinal que venían realizando con anterioridad los Tribunales de esta jurisdicción.

Con tal interpretación que hemos reiteradamente compartido, deben quedar fuera de la base de cálculo los beneficios que procedan de la mera titularidad de activos que no están relacionados con el desarrollo de las mencionadas actividades económicas, lo que, por otra parte, redunda en la igualdad de trato ante este incentivo fiscal de personas físicas y jurídicas.

Aplicando esta doctrina al caso que nos ocupa, nos hallamos que la sociedad recurrente cuando lleva a cabo tanto la compra como la venta del solar, como las dotaciones a reservas para inversiones, no tenía todavía actividad alguna, pues así constaba a efectos censales en el IAE.

La única actividad que se le conoce es la compra y la venta del solar, y la compra de un nuevo solar para construir en él un hotel.

Los beneficios obtenidos se producen por el simple hecho de comprar barato y vender caro, sin que los beneficios obtenidos con tales operaciones hayan repercutido en la generación de actividad económica, no se ha producido el incremento de la contratación de personal ni se ha generado riqueza alguna para el interés general, salvo para los propios intervinientes en dichas operaciones, aun cuando tales beneficios e incremento de actividad se puedan producir en un momento posterior.

Así lo entiende la Sentencia de 31 de octubre de 2008 de la Sala de Las Palmas de Gran Canarias, "Mantener otra tesis llevaría consigo el riesgo de transformar la RIC en una medida que favorezca exclusivamente la especulación de los empresarios, con fines estrictamente particulares y, por tanto, ajenos al interés público que en mayor o menor medida tiene que estar presente cuando del establecimiento de beneficios fiscales se trata" [F.D. PRIMERO, SEGUNDO Y TERCERO de la Sentencia AN, Sección 7, de 25 de mayo de 2009].

Con las dos sentencias del TSJC y AN quedó establecido el criterio de que el establecimiento al que se refería la normativa RIC hasta el 31 de diciembre de 2006 era al establecimiento mercantil, esto es, al que ejerce actividad económica en Canarias.

2.4. Puntualizaciones en torno al concepto de beneficio generado en la actividad económica

Una vez delimitado el concepto de establecimiento mercantil en el sentido de que es el único susceptible de generar rendimientos aptos para la dotación, y visto lo ocurrido en el periodo 1994-2006 con el concepto de actividad económica, encontramos que la praxis empresarial genera supuestos de hecho que pueden interpretarse o no como actividad económica. Los que han generado mayor litigiosidad han sido delimitados en los Tribunales de Justicia, incluyendo el TS en aquellos casos que llegaron en casación. Los así conceptuados son los que analizamos en primer lugar en este epígrafe, si bien sintetizamos previamente lo ocurrido hasta 2011.

A partir de la redacción dada al art. 27.1 de la Ley 19/1994 por el RD ley 12/2006, la controversia conceptual desapareció, señalándose expresamente en la normativa que, a estos efectos, se considerarán beneficios procedentes de establecimientos en Canarias los derivados de actividades económicas. Cuestión, por tanto, zanjada en su marco abstracto desde 2007, pero no en cuanto a las muchas singularidades que surgen en la práctica empresarial sobre lo que es o debe ser actividad económica. Las especificaciones en que se dilucidan si hay o no actividad económica son las que estudiamos en los próximos apartados, teniendo en cuenta que los asuntos más conflictivos, como las actividades de compraventa y arrendamiento de inmuebles, se analizan monográficamente en los próximos capítulos. Hago especial hincapié en que el marco conceptual es muy restrictivo respecto a la actividad económica generadora de rendimientos susceptible de la dotación, debiendo siempre acreditarse que en su desarrollo se combinan medios humanos y materiales; y que, en cualquier caso, hay que pormenorizar los hechos caso por caso. Es lo que ocurre en la SAN que señalamos como paradigma de lo explicado, que por muy promotora inmobiliaria que sea la entidad que desarrolle el negocio hay que atender al elemento patrimonial que en concreto genera el rendimiento. En la **SAN de 14 de noviembre de 2017, Sección 2, recurso 85/2016,** se analiza el caso de una sociedad que ya era promotora urbanística y que compra y vende una parcela en cuatro meses, en la que solo invirtió en la licencia, tasación, etc., pero sin urbanizarla. La AN señala que hay que atender a cada operación específica y en la venta de la parcela no entiende que haya realizado actividad económica, aunque la vendedora sea efectivamente una promotora. Entiendo, por tanto, que estamos antes una delimitación o restricción más del concepto de actividad económica, que debe atender, según la AN, a cada una de las operaciones que realiza una entidad con cuyos beneficios se pretende dotar RIC.

2.4.1. La permuta de inmuebles por cosa futura

La forma correcta de contabilizar la permuta de un inmueble por cosa futura tenía un tratamiento diferente en el Plan General de Contabilidad (PGC) de 1990 y en la norma fiscal. Por la normativa contable no se generaba beneficio alguno en las permutas, pero el articulado del IS exigía tributar por la plusvalía generada por diferencia entre el coste contable de lo entregado y el valor de mercado de lo recibido. Cuestión que cambió radicalmente con el PGC de 2007, que reconoce un beneficio contable en la permuta. ¿Con el beneficio real obtenido, pero no recogido en la contabilidad como tal por aplicación del PGC 1990 podía dotarse la RIC? La cuestión, que atravesó sin éxito el desierto de las instancias previas, fue resuelta a favor del contribuyente por el TS en 2016.

La **STS de 20 de diciembre de 2016, Sección 2, recurso 264/2016,** aborda la interesante cuestión del beneficio generado en la permuta de inmueble por cosa futura que, como tal permuta, según el antiguo PGC de 1990, no se incorporaba al saldo de pérdidas y ganancias, sino que el bien recibido se valoraba de conformidad al valor contable del bien entregado, sin producir beneficio alguno. No obstante, fiscalmente, la diferencia de valor entre el inmueble entregado y el recibido era y es un ingreso fiscal. Estando vigente el PGC 1990, con el beneficio fiscal generado una entidad dotó RIC, que fue rechazada por la Administración tributaria, los Tribunales administrativos y la AN. El TS abordó, en síntesis, si puede dotarse RIC con un beneficio que desde el punto de vista contable no existe, aunque tribute en el IS. Las conclusiones a las que llegó son muy interesantes, puesto que afirma un aspecto que defendimos sin éxito durante muchos años: *que el seguimiento estricto de las reglas contables no puede conducir a resultados que contradigan frontalmente las previsiones tributarias; a negar, como ocurre en este caso, la condición de "beneficios" a efectos de la reserva para inversiones en Canarias a rendimientos indiscutiblemente obtenidos en el territorio del archipiélago por un sujeto pasivo establecido en el mismo en el ejercicio de su actividad empresarial.* En el caso concreto de la permuta de inmueble por cosa futura, se produjo un beneficio en Canarias que el legislador ha querido que se beneficie del incentivo de la RIC, por más que la normativa contable anterior impidiese que el beneficio luciera en la contabilidad[10].

---

[10] Esta sentencia fue objeto de comentario en Miranda Calderín, 2018. "Crónica de la RIC 2017".

La fricción entre la norma contable y el art. 27 de la Ley 19/1994 es la que resuelve el TS a favor del contribuyente, criterio con el que estoy de acuerdo y que echábamos en falta en fallos anteriores. El innovador razonamiento llegó tarde para la aplicación racional del incentivo, pero al menos tuvo repercusión en los nuevos conflictos que se plantearon entre la contabilidad y la RIC:

FD CUARTO. Ciertamente, el contenido de este último precepto, cuando alude al «límite del 90 por 100 de la parte del beneficio obtenido en el mismo período que no sea objeto de distribución», y la propia denominación del incentivo fiscal discutido, "reserva" para inversiones en Canarias, implícitamente aluden al beneficio contable, constituyendo reserva como es sabido el beneficio contable no distribuido, pero en este particular caso se manejan parámetros heterogéneos. De un lado, la base imponible del impuesto sobre sociedades, que, con arreglo al artículo 10 de la Ley 43/1995, vigente en el periodo impositivo concernido, se determinaba acudiendo al resultado contable. De otro, la dotación a la reserva para inversiones en Canarias, que debe hacerse con cargo a beneficios procedentes de las actividades económicas realizadas en Canarias por el sujeto pasivo, directamente o a través de establecimientos situados en su territorio. ***Pero ambos parámetros deben ser manejados y aplicados de manera que, allí donde se cumplen materialmente los requisitos exigidos por el legislador, no se frustre el designio marcado por el mismo.***

Se da la circunstancia de que el beneficio obtenido por Jancaro, S.L., durante el ejercicio 2002 como consecuencia de la permuta de cosa futura, procedente de su actividad empresarial en el territorio canario, se integra en la base imponible del impuesto sobre sociedades en cuanto ajuste fiscal al resultado contable.

Sin embargo, como quiera que las reglas de contabilidad vigentes entonces impedían incluirlo en el resultado contable o cuenta de pérdidas y ganancias, no podía dotar con él la reserva para inversiones en Canarias, al no ser reputadas "contablemente" como rendimientos de la actividad empresarial.

A juicio de esta Sala, la interpretación que sigue el Tribunal de instancia, ratificando el criterio de la Administración, se apega en exceso a la letra de las normas que regulan la ventaja fiscal analizada y la contabilidad, dando la espalda al objetivo perseguido por el legislador mediante el establecimiento de esta medida fiscal de fomento*. Las siguientes razones justifican lo que acaba de ser afirmado:*

1ª) El desenlace al que se llega niega la aplicación de la reserva para inversiones en Canarias a una empresa establecida en el archipiélago en relación con unos beneficios obtenidos en el territorio de las islas mediante el ejercicio de su actividad empresarial, desconociendo el mandato legal de que los sujetos del impuesto sobre sociedades puedan reducir la base imponible con las cantidades que de sus beneficios destinen a esa reserva, con la finalidad de materializarlas en inversiones en el archipiélago (las que describe el apartado 4 del repetido artículo 27).

2ª) La normativa contable y su interpretación no puede ofrecer un resultado que frontalmente niegue el incentivo fiscal a un sujeto pasivo que, desde una perspectiva material, satisface los condicionamientos previstos en la Ley*. La finalidad de la contabilidad es reflejar la imagen fiel del patrimonio, de la situación y de los resultados de la empresa, de conformidad con las disposiciones legales. La contabilidad es una herramienta, no un fin en sí misma. Por ello, cuando el cumplimiento de los requisitos, principios y criterios contables sea incompatible con esa imagen fiel, se considera improcedente su aplicación (véanse los artículos 1 de los Planes Generales de Contabilidad de 1990 y de 2007).* ***Quiere con ello decirse que el seguimiento estricto de las reglas contables no puede conducir a resultados que contradigan***

> ***frontalmente las previsiones tributarias; a negar, como ocurre en este caso, la condición de "beneficios" a efectos de la reserva para inversiones en Canarias a rendimientos indiscutiblemente obtenidos en el territorio del archipiélago por un sujeto pasivo establecido en el mismo en el ejercicio de su actividad empresarial.***
>
> *3ª) Las anteriores reflexiones alcanzan mayor peso si se tiene presente que, como el caso analizado evidencia, la estricta aplicación de las reglas contables provoca que la posibilidad de que unos rendimientos obtenidos de una misma operación económica por un sujeto pasivo del impuesto sobre sociedades establecido en las Islas Canarias bajo idéntico marco normativo (el artículo 27 de la Ley 19/1994) dependa del contenido de la auxiliar e instrumental regulación contable y no de la sustancial y material ordenación tributaria. Lleva razón la recurrente cuando se queja de que, si la operación se hubiera llevado a cabo bajo la vigencia del Plan General de Contabilidad de 2007 (Segunda Parte, Normas de registro y valoración, norma 2ª, apartado 1.3), los rendimientos obtenidos por la operación de permuta de terrenos por cosa futura, además de incluirse en la base imponible del impuesto sobre sociedades, al ser considerados producto de una permuta comercial tendrían reflejo contable en la cuenta de pérdidas y ganancias y por, lo tanto, a diferencia de lo que ocurría bajo la vigencia del Plan General de Contabilidad de 1990, formarían parte del resultado contable, pudiendo dotarse con ellos la reserva para inversiones en Canarias. Este resultado pugna con la lógica que preside la ventaja fiscal en cuestión, desconociendo los objetivos a los que aspira la regulación legal.*
>
> *Al no entenderlo así, la sentencia impugnada ha incurrido en las infracciones que se denuncian en el tercer motivo del recurso de casación de Jancaro, S.L., sin que al desenlace al que llegamos se oponga nuestra sentencia de 7 de abril de 2011 (casación 872/2006, FJ 5º), ya citada, en la que se analizaba la adquisición de inmovilizado material entregando como pago parcial otro inmovilizado material, a efectos de su valoración para determinar la base imponible en el impuesto sobre sociedades, sin relación alguna con la aplicación de un beneficio fiscal como el que ahora centra nuestra atención. Allí no se planteó este Tribunal, porque no era la cuestión debatida, la eventual discordancia entre la normativa fiscal y la contable, y su incidencia sobre la ventaja tributaria regulada en el artículo 27 de la Ley 19/1994.*
>
> *Procede, por lo tanto, casar la sentencia de instancia y, resolviendo el debate en los términos suscitados tal y como nos impone el artículo 95.2.d) de la Ley de esta jurisdicción, estimar el recurso contencioso administrativo, anular los actos administrativos recurridos y reconocer a Jancaro, S.L., el derecho a reducir en la base imponible del impuesto sobre sociedades del ejercicio 2002 las cantidades que dotó a la reserva para inversiones en Canarias, con el límite del 90 por 100 señalado en el artículo 27.2 de la Ley 19/1994* [FD CUARTO, STS 20-12-2016. La negrita es nuestra].

El flexible criterio del TS respecto a las permutas en aplicación del PGC 1990 no se tuvo en cuenta ni por la Inspección tributaria ni por el TEAC en un caso muy parecido de permuta de solar por futura entrega de viviendas a construir. Erró contablemente la sociedad al generar un beneficio con la permuta, con el que dotó RIC. Dotación que, aplicando el criterio de la STS de 20 de diciembre de 2016 hubiera sido posible, pero por imposibilidad temporal no se tuvo en cuenta, incluso se sancionó al contribuyente. La sanción es la que se recurrió a la AN, que en **SAN de 4 de diciembre de 2017, Sección 2, recurso 302/2016**, aprecia negligencia por parte de la empresa a la hora de contabilizar incorrectamente la operación de permuta y, en consecuencia, desestima el recurso. En teoría, en esa fecha tenía la

AN conocimiento de la STS de diciembre de 2016, pero parece ser que la obvió:

> *TERCERO. (...) Se imputa la conducta a título de negligencia.*
>
> *Pues bien, la culpa se produce cuando las acciones se realizan sin la diligencia debida o el cuidado necesario y producen un resultado prohibido. Debemos por ello determinar el grado de diligencia exigible para determinar si en el presente caso, como afirma la Administración, concurre negligencia.*
>
> *En la valoración de la negligencia es esencial analizar las circunstancias en las que se produce la conducta y, como señala el Acuerdo sancionador, contabiliza irregularmente el beneficio obtenido en una operación de permuta, cuando la renta derivada de la valoración a valor de mercado de la misma debe integrarse en la base imponible mediante un ajuste extracontable (...) Además, el sujeto infractor incluyó entre los rendimientos aptos para la dotación a RIC los provenientes de la actividad de arrendamiento, que se ha comprobado que no se desarrolla con carácter empresarial, lo que implica un absoluto olvido de las normas fiscales de aplicación, pues ni la renta era apta para dotar la RIC, pues no existía renta, ni los bienes en que se materializó reunían los requisitos al efecto. No puede negarse la negligencia cuando, ante una norma clara, la contribuyente la inaplica.*
>
> *Debemos concluir que se ha cumplido con la motivación del elemento subjetivo de la infracción y que el mismo concurre* [FD. TERCERO, SAN 4 de diciembre de 2017].

Me sorprende que el nuevo pronunciamiento judicial sobre los efectos contables de la permuta, vigente el PGC 1990, no tuviese en cuenta la STS que analizamos de diciembre de 2016. De todas formas, esta queda prácticamente en nada en la actualidad por el cambio normativo del PGC 2007, que ya obliga a contabilizar como beneficio la diferencia de valores en una permuta.

2.4.2. El arrendamiento de industria no presupone per se la realización de actividad económica

Las especiales circunstancias en que ha de basarse el arrendamiento de inmuebles para considerarlo actividad económica y la trascendencia de ello en cuanto a la dotación RIC hizo que muchos contribuyentes pretendiesen, sin éxito, en sus litigios con la Administración tributaria que el arrendamiento de industria supusiera un plus adicional al mero arrendamiento de inmuebles, y por tanto que el tratamiento de sus rendimientos para la dotación fuese diferente. Es cierto que la figura jurídica del arrendamiento de industria es jurídicamente distinta al arrendamiento de inmuebles, pero la cuestión principal que ha de atenderse en relación con la RIC es si se realiza o no actividad económica.

La **resolución TEAC n.º 2571-10, de 16 de febrero de 2012,** concluye que, en el caso de arrendamiento de industria o negocio, la calificación tributaria de las rentas en entidades mercantiles (se trata de un ejercicio anterior a 2007) había de efectuarse de conformidad con la normativa IRPF, que exige la ordenación por cuenta propia de medios productivos y humanos. Como para la gestión del arrendamiento de industria no contaba el contribuyente con una estructura mínima de medios personales y materiales, no realizaba actividad económica. En consecuencia, los rendimientos obtenidos por el arrendamiento no eran susceptibles de la dotación. Florido Caño (2012) destaca de la resolución que ante el silencio de la LIS en aquellos años sobre el desarrollo de una actividad económica, había que acudir al IRPF; que si bien en el caso de arrendamiento de industria no son predicables los requisitos de local (en aquellos años) y empleado, no por ello es una actividad económica *per se*, sino que ha de acreditarse la ordenación de medios de producción y humanos; y que, el momento procesal oportuno para acreditarlo es en el procedimiento de comprobación[11].

La **resolución TEAR n.º 38/02155/09, de 25 de enero de 2013, Sala Santa Cruz de Tenerife**, reconoce que el arrendamiento de negocio es algo más que el arrendamiento de un inmueble, pues recae sobre una actividad mercantil, que incluye aparte del inmueble, el personal, mobiliario, instalaciones, etc. Se trata de la cesión de un complejo hotelero a cambio de una renta fija que se revisa anualmente con el IPC, en que el responsable de la explotación pasa a ser el arrendatario. Según el TEAR, no entraña riesgo empresarial alguno para el arrendador, pues en caso de impago de la renta se prevé un sistema de indemnizaciones. También comparte que al arrendamiento de negocio no resulta aplicable la exigencia de local —en aquellos años, exigible— y empleado; pero sí cierta organización empresarial. Considera que no es suficiente la estructura que mantiene el arrendador de un trabajador que prestó servicios poco más de un año en el propio establecimiento cedido, que pasó a ser de uso exclusivo del arrendatario. En síntesis, que la apariencia de organización es meramente formal para disfrutar del incentivo fiscal, sin que el arrendador realizase actividad económica, sin cuya existencia no puede dotar RIC con los rendimientos obtenidos.

En la **SAN de 16 de junio de 2011, Sección 2, recuso 301/2008**, se cuestiona si el arrendamiento de industria de un complejo hotelero que llevó a cabo la entidad generaba o no en 1997/2000 rendimientos susceptibles de la dotación. La Inspección tributaria y los Tribunales económico-administrativos dijeron que no, que la entidad era de mera tenencia de bienes,

---

11 Florido Caño, 2012. *Revista Hacienda Canaria n.º 37.*

motivo de que el contribuyente recurriese a la AN y alegó que se trataba de un arrendamiento de industria y no de un arrendamiento de inmuebles. No fue suficiente para que se estimaran sus pretensiones, pues según la AN ni en un caso ni otro se acreditaba la realización de actividad económica. Puntualiza que aún en la circunstancia de que se hubiese probado que era arrendamiento de industria no por ello entrañaba la realización de actividad mercantil. En síntesis, que los rendimientos generados por el arrendamiento de industria no son susceptibles de la dotación si la actividad que se realiza no se considera económica:

> *CUARTO. Por las propias razones expresadas en tal sentencia procede rechazar la pretensión ejercitada, pues es claro e inequívoco que los rendimientos con que se dota la RIC deben ser ordinarios y provenir de la actividad empresarial típica (vid. al respecto, la Sentencia del Tribunal Supremo de 20 de diciembre de 2003, clara y rotunda en cuanto a la exigencia de que los rendimientos provengan de una actividad mercantil), además de que, sobre la base de esa premisa, no se ha probado en lo más mínimo esa afección empresarial, pues ni se pidió el recibimiento del recurso a prueba ni se ha acreditado que la empresa posea un local y empleados dedicados con exclusividad a la actividad inmobiliaria ni —caso de aceptarse que, por versar esa actividad sobre el arrendamiento de industria, y no sólo de inmuebles, está excluida la actividad de esa acreditación— que el arrendamiento de la industria hotelera a la entidad vinculada MASPALOMAS EXPLENDID S.A. entrañe una actividad mercantil y no la mera percepción de rendimientos arrendaticios ajenos a toda idea de "...ordenación por cuenta propia de medios de producción y de recursos humanos o de uno de ambos, con la finalidad de intervenir en la producción o distribución de bienes o servicios...", (artículo 25 Ley 40/1998), pues no hay constancia de que haya beneficios diferentes de los procedentes del percibo de ese alquiler, que no entraña actividad alguna de carácter empresarial, sino que es gestión del patrimonio propio mediante su cesión de uso a terceros, en este caso una entidad vinculada, que es la que real y directamente explota el complejo turístico, al margen de los rendimientos financiero, también inidóneos a efectos de la dotación al RIC* [FD CUARTO, SAN 16 de junio de 2011].

La **STS de 25 de junio de 2013, Sección 2, recurso 5414/2010,** desestima el recurso de casación del contribuyente que había dotado RIC en 1998 y 1999 con rendimientos que no derivaban de actividad empresarial, sino del arrendamiento de industria por diez años sobre apartamentos turísticos en Jandía a una cadena hotelera y su posterior venta en 1998, a la finalización del arrendamiento. Alegó que la ley no preguntaba de qué fuente procedían los beneficios empresariales, sino a dónde se dirigen para generar riqueza en Canarias, siempre que se obtengan en las Islas; y que la Administración tributaria había aprobado las dotaciones efectuadas en años anteriores con los mismos rendimientos del arrendamiento de industria, cambiando su criterio años después. El TS rechazó el primer motivo por la doctrina sentada por la Sala de que los beneficios han de proceder de actividad económica y no de la titularidad de bienes no afectos. También el segundo, pues el cambio de criterio de la Administración tributaria a partir del informe de la Comisión de diciembre de 2000 ratificaba el que había asentado la jurisprudencia, por lo que rechazaba la inseguridad jurídica por la imprecisión de la normativa. En fin, y centrándonos en el aspecto que ahora nos ocupa del arrendamiento de industria, el TS no considera que sean suficientes las alegaciones para que los rendimientos obtenidos fuesen susceptibles de la dotación.

Otro asunto relacionado con la no realización de actividad económica y, parcialmente con el arrendamiento de industria de un hotel, llegó en casación al TS. La **STS de 6 de noviembre de 2014, Sección 2, recurso 3265/2012**, desestima las pretensiones del contribuyente de que en 1999 realizaba actividad económica. El motivo principal es que durante todo el largo proceso de Inspección y recursos no había presentado su contabilidad para probar la realización de actividad económica. Alegaba la realización de actividad de promoción inmobiliaria que culminó en la construcción de un hotel que cedió en arrendamiento de industria en 1998 y que posteriormente explotó directamente. No fue suficiente, pues el TS sobre la base de sentencias anteriores concluyó que no resultaba acreditada la realización de actividad económica en 1999 —año exclusivo en que se admitió la casación—, a pesar de que mediara un contrato de arrendamiento de industria. La conclusión que extraemos del pronunciamiento es que no existen diferencias entre el arrendamiento de industria y el arrendamiento de inmuebles en cuanto a que sus rendimientos sean susceptibles de la dotación: en ambos casos se exige la realización de actividad económica con el arrendamiento, sin que el mero hecho de que sea de industria presuponga desarrollar actividad económica.

2.4.3. La cesión de canteras no supone su explotación

Especial complejidad respecto a la dotación ocasionó la explotación y venta de canteras o de concesiones administrativas para extraer piedra y áridos. Es un tema pacífico que la explotación directa de una cantera para la extracción de áridos o piedra constituye una actividad económica cuando se emplean medios materiales y humanos. De ahí que sus rendimientos sean susceptibles de la dotación. No obstante, hay situaciones en que las canteras no llegan a explotarse directamente por el contribuyente, sino que su derecho lo cede a terceros o sencillamente vende la propiedad o el derecho a su uso otorgado mediante concesión administrativa: en esos casos, ¿con el rendimiento generado por la cesión o el obtenido en su transmisión puede dotarse RIC? Anticipo que no, pues dos de estos asuntos llegaron al TS en 2014 y 2015, desestimando las pretensiones de los contribuyentes.

Para no remontarnos a todo el proceso seguido en los Tribunales económico- administrativos, analizamos las sentencias de la AN y del TS sobre dos entidades.

La **SAN de 27 de junio de 2013, Sección 2, recurso 395/2010**, niega que la extracción de áridos que realizaba la entidad Vista Pasitos, S. L. fuese actividad económica, pues en realidad se limitaba a ceder a un tercero la explotación de la cantera, sin que los rendimientos obtenidos fuesen susceptibles de la dotación 2006. En el proceso de comprobación, el contribuyente alegó que en ese año la normativa no distinguía el concepto de establecimiento del de explotación económica, pero aún en el caso de que fuesen similares, los ingresos que obtuvo fueron por la venta de áridos a la entidad Anaga UTE, lo que suponía el ejercicio de actividad económica, en cuanto a preparatoria y dirigida a una actuación urbanística final proyectada por la actora sobre el terreno que iba a resultar de la extracción de áridos. En síntesis, que realizaba una promoción inmobiliaria, siendo el primer paso la extracción de áridos de la montaña hasta convertirla en terreno llano donde edificar; y por tanto no era una sociedad patrimonial. Hay que aclarar que la extracción de áridos no la hizo la propietaria-contribuyente de la cantera, sino un tercero que pagaba dos euros por cada metro cúbico extraído. Con los rendimientos de la cesión y con el pago a cuenta inicial recibido dotó RIC. La AN desestima sus pretensiones, motivándolo en que no hay actividad de venta de áridos, sino cesión del derecho a explotar la cantera, y que dicha cesión no supone la ordenación de la actividad con medios de producción y humanos propios. En consecuencia, es una sociedad patrimonial, que no realiza actividad económica alguna, razón de que no pueda dotar RIC:

> *SEGUNDA. (…) En definitiva, a lo largo de este documento se incide nuevamente en que el objeto del contrato es un derecho de explotación, cuyo precio ya ha sido satisfecho y, ello con independencia de que efectivamente se proceda a la extracción de los áridos. Las dificultades para obtener las preceptivas licencias no sólo no han determinado la rescisión del antiguo contrato, sino que ANAGA UTE abona 1.800.000,00 euros que darán derecho a la extracción de más áridos, renunciando, incluso, a posibles indemnizaciones. No se está procediendo, por tanto, a la venta de los áridos, sino que, a cambio de un precio cierto, se cede a ANAGA UTE la opción de explotar la finca y, en su caso, la propiedad de los materiales extraídos; correspondiendo únicamente a esta última, decidir libremente si procede o no a dicha extracción.*
>
> *No es posible la calificación de estos pagos como "ingresos a cuenta" de VISTAS PASITOS, S.L. y ello, por los siguientes motivos:*
>
> *– El objeto del contrato es un derecho de explotación, cuyo precio se fija por referencia al volumen de áridos que pueden ser extraídos, con independencia de que dicha extracción se lleve a cabo o no.*

– Por todo lo dispuesto anteriormente, la operación descrita no puede ser considerada como una compraventa de áridos lo que justificaría un "Pago a cuenta"; puesto que el contrato es eficaz desde el momento de la firma. Se está retribuyendo un derecho a extraer dichos áridos sin que exista por parte de la entidad cedente impedimento alguno para que dichas actividades se desarrollen; habiendo asumido ANAGA UTE el compromiso de promover las condiciones legales para que esa actividad pueda llevarse a cabo y renunciando expresamente a toda indemnización que pudiera proceder en caso de no lograrlo, asumiendo así el riesgo de no poder hacer efectivo el ejercicio de su derecho y la consiguiente pérdida de los pagos realizados.

Destacar, finalmente, que según el escrito de alegaciones presentado ante la Inspección, no se habían obtenido las oportunas licencias ni se había iniciado trabajo alguno en la finca objeto de explotación.

5.– En cuanto a la calificación de la actividad desarrollada debe tenerse en cuenta lo siguiente:

El obligado tributario, según quedó expuesto, se encuentra dado de alta en dos Epígrafes del Impuesto sobre Actividades Económicas correspondientes a las actividades de Promoción Inmobiliaria de Edificaciones (833.2) y Extracción de Arenas y Gravas (23f.3).

En cuanto a la actividad de "Extracción de arenas y gravas" a pesar de que, al parecer, a tenor del Objeto social reflejado en los Estatutos incorporados a su escritura de constitución de fecha 27 de febrero de 2006, la intención inicial de la sociedad era proceder a la extracción directa de los áridos, VISTAS PASITOS, S.L. opta finalmente por ceder la explotación de la finca a través de un contrato celebrado el 15 de marzo de ese mismo año.

6.– A la vista de los puntos anteriores, sólo resta determinar si ante la falta de actividad económica por parte de la entidad obligada, ésta debe tributar con arreglo a las normas reguladoras del Régimen Especial de Sociedades Patrimoniales o si, por el contrario, debe tributar conforme al Régimen General del Impuesto sobre Sociedades.

El Régimen especial de Sociedades Patrimoniales se regula en el Capítulo VI del Título VII (artículos 61 a 63) del Decreto Legislativo 4/2004, de 5 de marzo, por el que se aprueba el Texto Refundido de la Ley del Impuesto sobre Sociedades.

La actividad desarrollada por la entidad resulta que, sin perjuicio de la intención de iniciar en el futuro una actividad de promoción inmobiliaria, durante el objeto de comprobación los ingresos obtenidos proceden en su totalidad de la constitución de un derecho de explotación sobre el único activo de la sociedad obligada.

Dicha cesión no supone en modo alguno la "ordenación por cuenta propia de medios de producción y de recursos humanos, o de uno de ambos, con la finalidad de intervenir en la producción o distribución de bienes o servicios", (artículo 25.1 del Real Decreto Legislativa 3/2004, de 5 de marzo, por el que se aprueba en su artículo único, el texto refundido de la Ley del Impuesto sobre la Renta de las Personas Físicas) por lo que el activo de la entidad no puede considerarse afecto a actividades económicas.

Dado que todos los partícipes de la entidad son personas físicas, el obligado no está incurso en ninguna de las causas de exclusión del Régimen de Sociedades Patrimoniales a que se refiere el apartado 2, del artículo 61.

Toda vez que concurren los dos requisitos exigidos en el art. 61.1, la entidad tiene, con respecto a su tributación por el Impuesto sobre Sociedades del período impositivo 2006, la consideración de sociedad patrimonial.

7.– En cuanto a la dotación a la Reserva para Inversiones en Canarias, el criterio administrativo establecido con respecto a la dotación a la misma por entidades dedicadas al arrendamiento cuando no concurran las circunstancias para calificar dicha actividad como económica a efectos fiscales, es la improcedencia de la misma [FD. SEGUNDO, SAN de 27 de junio de 2013].

Al año siguiente se publicó la **STS de 2 de octubre de 2014, Sección 2, recurso 1586/2012,** sobre la venta de la concesión administrativa para explotar la cantera de Tindaya (Fuerteventura), con cuya plusvalía la entidad Canteras de Cabo Verde había dotado RIC. El TS entendió que la cantera nunca se explotó, razón de que el beneficio obtenido en la cesión en 1999 no era susceptible de la RIC. No se discute en esta ocasión si el contribuyente realizaba o no actividad económica, puesto que era pacífico que explotaba una cantera en Gran Canaria, sino si el activo sobre el que tenía la concesión estaba o no afecto a actividad económica. Como nunca llegó a explotarla, sino que cedió sus derechos de explotación a un tercero, el activo no se considera bien afecto y, en consecuencia, la plusvalía generada en su enajenación no puede destinarse a la dotación RIC:

> *TERCERO. (...) No se hace cuestión, incluso viene a ser reconocido por la propia sentencia impugnada, que la recurrente desarrolla una actividad económica como era la actividad extractiva.*
>
> *Pero lo transcendente como se deriva de la interpretación jurisprudencial que se ha desarrollado, es si el derecho de explotación transmitido por la entidad recurrente, estuvo o no afecto a su actividad empresarial.*
>
> *Lo cual constituye el presupuesto de hecho necesario para que pueda prosperar la pretensión actora. En el presente caso ya advirtió el TEAC en su resolución que "nunca estuvo afecto a actividad económica alguna, ya que en ningún momento se produjeron los supuestos de hecho precisos para su ejercicio, y por tanto nunca participó en proceso productivo que le habilitara para ser considerado un activo directamente relacionado con el desarrollo en Canarias de actividades económicas, empresariales o profesionales, lo que determinaría que pudiera beneficiarse de la aplicación del RIC". La Sala de instancia, como se ha puesto ut supra de manifiesto al transcribir la misma, añade otros argumentos para denegar la procedencia de la dotación al RIC, pero la idea básica de la que parte, tomando en consideración la doctrina jurisprudencial al efecto, "unánime al exigir que el beneficio no distribuido idóneo para integrar la RIC proceda de la actividad económica hace disipar cualquier duda al respecto", lo que nos conduce a recordar la argumentación del Sr. Abogado del Estado, que ante la alegación recurrente de que el beneficio obtenido procede de la realización de una actividad, señala que respecto de los hechos y a la apreciación de la prueba ha de estarse a lo declarado por la Audiencia Nacional, y como se ha puesto de manifiesto se rechaza en la sentencia que el beneficio controvertido proceda de la realización de la actividad empresarial; resultando insuficiente a los efectos que nos interesa la discrepancia que sostiene la parte recurrente insistiendo en que el beneficio sí procede de la actividad empresarial, puesto que si cabe admitir que la recurrente realizaba la actividad extractiva y continúo durante el ejercicio 1999 llevando a cabo la misma, no existe dato objetivo alguno que indique que el derecho transmitido estuvo afecto a dicha actividad, en los términos que pone de manifiesto el TEAC, sin que la parte siquiera cuestione la correcta apreciación de este hecho base mediante la articulación adecuada de motivo casacional en los casos en los que excepcionalmente se permite la revisión de la apreciación de la prueba en sede casacional* [FD TERCERO, STS 2 de octubre 2014].

La **STS de 28 de octubre de 2015, Sección 2, recurso 2553/2013**, resuelve el recurso de casación presentado a la SAN de 27 de junio de 2013 por

Vista Pasitos, que analizamos anteriormente. El TS desestima las pretensiones del contribuyente, partiendo de la base de que efectivamente no realizó actividad económica alguna en la cantera, extrayendo áridos, ni con la promoción inmobiliaria que pretendía ejercer cuando dispusiese del terreno. Ni tan siquiera motivó que dejara de ser una sociedad patrimonial, por lo que no podía dotar RIC:

> *TERCERO. (...) Por tanto, partiendo de la idea básica de que el beneficio no distribuido idóneo para integrar la RIC proceda de la actividad económica, habiendo llegado la Sala de instancia a la conclusión de que no existió actividad económica alguna, ni de promoción inmobiliaria, ni de extracción de áridos, y dado que respecto de los hechos y a la apreciación de la prueba ha de estarse a lo declarado por la Audiencia Nacional, resulta a todas luces insuficiente a los efectos que nos interesa la discrepancia que sostiene la parte recurrente insistiendo en que el beneficio sí procede de la actividad empresarial, sin que la parte siquiera cuestione la correcta apreciación de este hecho base mediante la articulación adecuada de motivo casacional en los casos en los que excepcionalmente se permite la revisión de la apreciación de la prueba en sede casacional. Y sin que pueda acogerse, conforme a la doctrina jurisprudencial antes transcrita, que la interpretación de actividad económica se modificase tras el Real Decreto Ley 12/2006.*
>
> *Pero es que a más abundamiento, ya se ha comentado la conclusión a la que llegó la Sala de que la entidad recurrente estaba sometida al régimen de sociedad patrimonial, cuestión que es obviada absolutamente por la recurrente. Pues bien, partiendo del citado presupuesto debemos recordar las numerosos pronunciamientos de este Tribunal sobre la cuestión, así sentencia de 12 de Enero de 2012 (RC 4866/2009), que expresamente recoge que los beneficios deben provenir de una actividad empresarial, circunstancia no concurrente, al declarar probado la sentencia que nos encontramos ante una sociedad de mera tenencia de bienes que no desarrolla actividad empresarial ni explotación económica; sentencia de 10 de Enero de 2013 (RC 6250/2011) sobre sociedad patrimonial que no desarrolla actividad empresarial alguna, que expresamente señala que el beneficio susceptible de acogerse a la Reserva para Inversiones en Canarias es aplicable exclusivamente en relación con los beneficios derivados de la actividad empresarial, teniendo en cuenta que el órgano de instancia no considera los requisitos del artículo 25.2 de la Ley 40/1998, como "condictio sine qua non", en orden a acreditar el ejercicio de una actividad empresarial de construcción o promoción inmobiliaria, que posibilitaría el acceso al beneficio fiscal, sino como meros indicios, pudiendo aquella acreditarse a través de otros medios de prueba, extremo no probado por la recurrente, como destacan los jueces a quo. (FJ 3° a 5°), respecto de la necesidad de que se trate de beneficios procedentes de actividades económicas, se remite a STS de 2 de julio de 2012(RC 4464/2009) (FJ 3°); o sentencia de 13 de Febrero de 2014 (RC 4778/2011) que no acoge la dotación al RIC al ser la sociedad de mera tenencia de bienes sometida al régimen de transparencia fiscal, que no ejercía o desarrollaba una actividad económica* [FD TERCERO, STS 28 OCTUBRE 2015].

2.5. Precauciones para dotar por primera vez la RIB: que se realice actividad económica

La consideración básica que hay que tener en cuenta por parte de los empresarios y profesionales baleares que se acerquen por primera vez a la RIB es que solamente podrán dotarla con los beneficios generados en actividades económicas desarrolladas en las *Illes Balears*. Las dos partidas excluyentes que hay que tener siempre presentes son el rendimiento derivado de los valores representativos de la participación en el capital o fondos propios de otras entidades, y la cesión a terceros de capitales propios. Por mucho que quiera interpretarse que las acciones de una entidad en la que se participa para suministrarse *inputs* o para facilitar la venta de *outputs* están afectas a una actividad económica —que lo están—, a efectos de la RIB se considera que dichos rendimientos no son susceptibles de la reserva. Hay que tenerlo muy claro, porque en Canarias lo aprendimos con sentencias judiciales, hasta que el legislador incluyó la limitación en la normativa. Muestra de ello es que el art. 4 del Reglamento balear excluye expresamente dichos rendimientos. Además, hay que atender a que el rendimiento de la actividad económica se genere en un establecimiento mercantil en las *Illes Balears*, pero esa precaución la abordamos monográficamente en el capítulo 4.

2.6. Ficha resumen del presupuesto de que exista actividad económica para que con sus rendimientos se pueda dotar RIC/RIB

1.	La normativa RIC no especificaba inicialmente que los rendimientos susceptibles de la dotación fuesen exclusivamente los derivados de actividades económicas. Fue el criterio administrativo ratificado por los Tribunales de Justicia el que se incorporó al texto legal en la reforma de 2006.
2.	A partir de 1 de enero de 2007, la Ley 19/1994 recoge con claridad que los rendimientos y plusvalías de activos financieros e intereses de cesión de créditos no son susceptibles de la dotación.
3.	La normativa RIB de 2022 y 2024 recoge el mismo criterio de la RIC.
4.	Hay que tener la precaución de analizar la actividad que desarrolla el contribuyente, pues no toda actividad con apariencia de económica es susceptible de generar rendimientos aptos para la RIC/RIB. Quedan fuera aquellas en las que no se ordenen medios humanos y materiales.

5.	El establecimiento al que hace referencia la normativa ha sido interpretado por la jurisprudencia como el establecimiento mercantil, el que realiza actividad económica, y no el establecimiento permanente.
6.	Aunque la operación de permuta no generaba rendimiento contable alguno en el PGC de 1990, la LIS prevé su tributación. El TS concluyó en 2016 que la plusvalía obtenida (a pesar de estar mal contabilizada) era susceptible de la dotación RIC. Fricción entre contabilidad y fiscalidad que no se produce con el vigente PGC 2007.
7.	No existe distinción entre el arrendamiento de inmuebles y el arrendamiento de industria cuando se realizan ambos sin ordenar medios humanos y materiales. Sus rendimientos no son susceptibles de la dotación RIC/RIB.
8.	La cesión de canteras y concesiones administrativas relacionadas con las mismas no generan rendimientos susceptibles de la dotación. Se exige su explotación física como tal.

Capítulo 3

EL MOMENTO DE LA DOTACIÓN RIC/ RIB Y LA FORMA DE ACREDITARLO

El momento en que ha de acordarse la dotación de las reservas para inversiones canaria y balear no figura en el texto legal que las regula. Ha sido el criterio administrativo y su posterior ratificación por los Tribunales de Justicia el que obliga a tomar la decisión de dotar la RIC/RIB en el plazo mercantil que existe para la aplicación del resultado del ejercicio, y siempre antes de la presentación en plazo del correspondiente al IS con la dotación. Es por ello que inmediatamente después de explicar que las reservas se nutren solamente del resultado de la actividad económica abordo el crucial requisito del momento de la dotación y la mejor forma de acreditarlo en la comprobación administrativa.

3.1. Legislación vigente

– Ley 19/1994 REF

Artículo 27 Reserva para inversiones en Canarias

1. Las entidades sujetas al Impuesto sobre Sociedades tendrán derecho a la reducción en la base imponible de las cantidades que, con relación a sus establecimientos situados en Canarias, destinen de sus beneficios a la reserva para inversiones de acuerdo con lo dispuesto en este artículo.

2. La reducción a que se refiere el apartado anterior se aplicará a las dotaciones que en cada período impositivo se hagan a la reserva para inversiones hasta el límite del noventa por ciento de la parte de beneficio obtenido en el mismo período que no sea objeto de distribución, en cuanto proceda de establecimientos situados en Canarias.

3. La reserva para inversiones deberá figurar en los balances con absoluta separación y título apropiado y será indisponible en tanto que los bienes en que se materializó deban permanecer en la empresa.

– Disposición adicional 70ª Ley 31/2022, régimen especial Baleares

1. Los contribuyentes del Impuesto sobre Sociedades y del Impuesto sobre la Renta de no Residentes tendrán derecho a la reducción en la base imponible de las cantidades que, con relación a sus establecimientos situados en las Illes Balears, destinen de sus beneficios a la reserva para inversiones de acuerdo con lo dispuesto en este apartado.

2. La reducción a que se refiere el número anterior se aplicará a las dotaciones que en cada período impositivo se hagan a la reserva para inversiones hasta el límite del 90 por ciento de la parte de beneficio obtenido en el mismo período que no sea objeto de distribución, en cuanto proceda de establecimientos situados en las Illes Balears.

En ningún caso la aplicación de la reducción podrá determinar que la base imponible sea negativa.

La parquedad de los dos textos legales sobre en qué momento ha de realizarse la dotación RIC/RIB y cómo ha de efectuarse la reserva fue matizada en el tiempo, respecto a la RIC, por la doctrina administrativa que, como suele ocurrir, no coincidía con la práctica empresarial que realizaban los contribuyentes acogidos al incentivo. Supuso la regularización de muchas dotaciones por no hacerse de conformidad con los requisitos que exigía la Administración tributaria, quien innovaba constantemente en la materia, dado que nunca llegó a reglamentarse. Lo cierto es que el criterio administrativo fue consolidándose en los Tribunales de Justicia, de forma que en la actualidad el proceso de dotación RIC/RIB es complejo y ha de cumplir una serie de requisitos mercantiles y tributarios que no se desprenden del escueto texto legal. A quien se asome por primera vez al incentivo, como sucede en Baleares con su flamante nueva reserva de inversiones balear, conviene que tenga muy cuenta lo que comento en este capítulo, puesto que los empresarios y asesores fiscales canarios tuvimos que adaptarnos a la interpretación administrativa a través de muchos varapalos en consultas vinculantes, resoluciones económico administrativas y sentencias judiciales.

Con la jurisprudencia, hoy es pacífico que la entidad que desee acogerse al incentivo ha de tomar la decisión de dotar la reserva con cargo a los beneficios del ejercicio en la junta general que se celebra de conformidad con el plazo mercantil (normalmente en el primer semestre del año), aprobar la correspondiente aplicación del beneficio con la dotación, certificar el acuerdo de la junta con la propuesta de aplicación y la aprobación de las cuentas anuales, y depositarlas en el Registro Mercantil. Además, se exige que se presente la declaración del IS, reflejando la dotación en la liquidación para hallar la base imponible y en las casillas correspondientes a la RIC/RIB, dentro del plazo fiscal, normalmente antes del 25 de julio del año siguiente al cierre del ejercicio. Y, en tercer lugar, que la decisión de dotar RIC/RIB se efectúe antes de la presentación del IS con la dotación, con los problemas que supone acreditar este extremo en muchas ocasiones.

En la actualidad, tras treinta años de vigencia del incentivo RIC, todavía se regularizan algunas dotaciones por no acreditarse el momento correcto en que la junta de socios tomó la decisión de dotarla. Y es que el legislador intentó pacificar la cuestión a lo largo del tiempo, introduciendo medidas concretas, pero la realidad fue que no lo consiguió.

Por eso incluyo en esta obra el momento de la dotación como una cuestión a tener en cuenta desde el inicio del estudio del incentivo fiscal, puesto que en trabajos anteriores lo trataba en la última parte de las monografías, al abordar los requisitos sustanciales de la RIC. Aunque explicaré con más detalle lo que ha sucedido con este asunto desde 2011, fecha en que terminé de redactar el *Manual de la RIC 2007-2013*, también hago referencia a lo que sucedió con anterioridad y extrapolaré la experiencia acumulada en la RIC a la RIB.

3.2. El momento de la dotación RIC en el periodo 1994-2006, con la presunción introducida en 2003

Ante la dificultad de acreditar que la decisión de dotar RIC se tomó antes de la presentación del IS, que es lo que la Administración tributaria exigía al contribuyente desde los primeros años para consolidar como correcta la dotación —muy lejos aún de la posterior exigencia de que se decidiera dentro del plazo mercantil para celebrar la junta y aprobar las cuentas anuales con la aplicación del resultado—, el legislador introdujo en 2003 un nuevo párrafo en el art. 27.8 de la Ley 19/1994: *El cumplimiento de los requisitos contemplados en este artículo podrá acreditarse por los medios de prueba admitidos en derecho. A estos efectos, la dotación de la reserva se podrá entender probada cuando el sujeto pasivo haya presentado dentro del plazo legalmente establecido la declaración tributaria en la que aplique el incentivo regulado en este artículo* [redacción 2003]. Con pragmatismo, se introdujo en la Ley REF que se entendía probada la dotación RIC en tiempo cuando el contribuyente presentaba en plazo la declaración del IS con la dotación. Y ello porque los Tribunales de Justicia habían consolidado el criterio que la decisión de dotar RIC debía realizarse antes de la presentación del IS, aunque el texto legal nada dijera al respecto.

¿Es fácil acreditar el hecho de que la junta tomó la decisión de dotar RIC antes de la presentación del IS con la dotación? Pues no, como vemos a continuación, y tal como redacté en 2012.

Como la dotación de la RIC es una aplicación del resultado obtenido en el ejercicio económico, es la junta de socios la única soberana para decidir al respecto, por lo que normalmente se adoptará la decisión en la junta general de socios que apruebe las cuentas anuales y la aplicación del resultado, que mercantilmente ha de celebrarse dentro de los primeros seis meses siguientes al cierre del ejercicio. Tratándose de ejercicios coincidentes con el año natural, el plazo para celebrar la junta y aprobar las cuentas anuales termina el 30 de junio del año siguiente. Contando con esa fecha como punto de partida del proceso de acreditación exigido por los Tribunales de Justicia y la Administración tributaria nos encontramos ante estos hechos:

– 1°. La forma más lógica de acreditar que la junta general de socios reunida en esa fecha tomó el acuerdo de dotar RIC es la certificación del administrador o del secretario de la entidad en la que se haga constar dicho extremo. Esta prueba no es suficiente para la Administración tributaria, que alega una serie de fundamentos que analizamos en el capítulo, principalmente que se trata de un documento privado.

– 2°. La segunda prueba era mostrar el libro de actas en que se transcriben los acuerdos adoptados por la junta general de socios, entre ellos la aprobación de las cuentas anuales y la aplicación del resultado con la dotación RIC. La Administración tributaria tampoco admitía esa prueba, alegando que el libro de actas se legalizaba a priori en el Registro Mercantil, por lo que pudo ser escrito en cualquier momento posterior. Hoy en día, las actas digitales aprobadas y firmadas dan un plus más de acreditación de la fecha, pero en aquellos años no existían.

– 3°. La tercera prueba, la certificación de los administradores de la sociedad con la firma legitimada notarialmente del acuerdo de la junta de la aprobación de las cuentas y aplicación de resultados con la dotación RIC. Si la legitimación notarial se efectuó antes de la presentación del IS es una prueba normalmente aceptada por la Administración tributaria (veremos posteriormente como no siempre es así). Pero, como sucede en la práctica mercantil, si se legitima la firma a final de julio, esto es, después de la presentación del IS, cuyo plazo termina normalmente el 25 de julio, la Administración tributaria no la aceptará como acreditación de que la decisión de dotar RIC se tomó antes de la presentación del impuesto con la dotación.

– 4°. La cuarta eran las cuentas anuales depositadas en el Registro Mercantil, en la que constan la aplicación del resultado y la dotación RIC efectuada, pero hay que tener en cuenta que el depósito en el R. M. suele efectuarse después de la presentación del IS, por lo que la Administración tributaria tampoco la admitía.

– 5º. Como acreditación alternativa siempre podrán presentarse otros documentos o circunstancias como el hecho de que a la junta asista un notario para dar fe de los acuerdos tomados, o que se haya celebrado en sede judicial, pero en la realidad estas situaciones se producen en un porcentaje mínimo de las juntas de socios[12].

Al final, la interpretación de los Tribunales de Justicia de que la decisión de dotar la RIC debía realizarse antes de la presentación del IS con la dotación se convirtió en una prueba diabólica para el contribuyente. Por eso fue bienvenido el cambio de la normativa por la Ley 53/2002 en el art. 27.8 de la Ley REF. Al menos se entendía que las sociedades que habían presentado dentro del plazo fiscal la declaración del IS —la gran mayoría— con la dotación RIC cumplían con el requisito temporal de la dotación, con el momento que se les exigía para tomar la decisión de acogerse a la reserva.

Pero el pragmatismo con el que se había resuelto por el legislador el asunto para poco sirvió, puesto que el **TEAC,** en una primera **resolución n.º 1448/2004, de 18 de mayo de 2006,** consideró que pese a la presunción introducida en el texto legal no era prueba suficiente del momento de la dotación la presentación en plazo del IS, puesto que estimó que no hubo junta de socios ni acuerdo de distribución de resultados hasta varios años después, por lo que la RIC no se dotó, sin que bastase la consignación en la declaración del IS por mucho que se presentase en plazo, al no existir acuerdo alguno al respecto. Llegó el TEAC a la conclusión de que una cosa era que se pudiera probar por cualquier medio admitido en Derecho y que la presentación del IS en plazo probase la dotación, y otra que pueda eliminarse cualquier prueba en contra. La Inspección había comprobado que no se dotó la RIC, motivo de que la mera consignación de la dotación en el IS no podía llevar a entender probada la dotación:

> *TERCERO: La reclamante alega que la Inspección, conociendo la normativa aplicable e incluso citándola, la desfigura intentando crear distorsión en orden a cuales son los requisitos legales que deben ser exigidos. Que todo acuerdo adoptado por la Junta de Accionistas de una sociedad anónima ha de tenerse por válido y eficaz en tanto no sea declarado nulo o anulable a través del correspondiente proceso impugnatorio; el acuerdo de la Junta Universal de 21 de marzo de 2001, no sólo no ha sido impugnado, sino que fue ratificado por todos los accionistas. Por ello, no se puede presumir, como hace la Inspección, que no existe acuerdo social de aplicación de resultado y que, por tanto, no es válida la dotación de la Reserva para Inversiones en Canarias.*
>
> *Además, considera importante señalar la situación extraordinaria en que se ha encontrado la sociedad y la razón de la convocatoria extemporánea. La sociedad ha tenido una situación*

[12] Miranda Calderín, 2012: 950-1. *Manual de la RIC 2007-2013.*

irregular que dio origen a más de 16 procedimientos judiciales hasta la culminación de la Junta Extraordinaria Judicial de 21 de marzo de 2001, que cita.

Hace hincapié en que las declaraciones se presentaron dentro de plazo y la materialización de las Reservas se realizó en plazo.

Que, por otra parte, la falta de legalización o la legalización con retraso no conllevan necesariamente la destrucción de la prueba de la contabilidad.

Por último, hace referencia a la modificación introducida por la Ley 53/2002 de 30 de diciembre, en el artículo 27 de la Ley 19/1994, que introduce el apartado 8, según el cual el cumplimiento de los requisitos contemplados en dicho artículo podrá acreditarse por los medios de prueba admitidos en Derecho. A estos efectos, la dotación se podrá entender probada cuando el sujeto pasivo haya presentado dentro del plazo legalmente establecido la declaración tributaria en la que se aplique el incentivo. Que en la modificación relativa a este artículo no se establece cuándo entra en vigor porque se trata de una aclaración, y no una innovación. Alega que se puede aplicar a este caso lo dispuesto por el Tribunal Supremo en sentencia de 4 de julio de 2003, en relación con los incentivos fiscales regulados en el artículo 26 de la LIS, en el sentido de que si se ha realizado el fin de la norma, no cabe excluir el incentivo por razones formales.

CUARTO: Lo primero que se debe destacar es que el artículo 27 de la Ley 19/1994, ya transcrito, implica una distribución de resultados de la sociedad, en la que se decida la parte de los mismos que se distribuye y la que no, y respecto de esta última, el destino concreto a la Reserva para Inversiones en Canarias. En el presente caso, no hubo Junta General ni acuerdo de distribución de resultados hasta varios años después, por lo que la Reserva para Inversiones en Canarias no se dotó. Es por ello que no basta la consignación en la declaración del Impuesto sobre Sociedades, por mucho que se presente ésta en plazo, ya que no existe realmente el acuerdo de los socios de destinar ninguna cantidad a la Reserva para Inversiones en Canarias. Se trataría, por lo tanto, de un dato consignado en la declaración, que no tiene detrás un apoyo real. No hay que olvidar que la reducción por la dotación de la Reserva para Inversiones en Canarias es un beneficio fiscal, y por ello, es importante el cumplimiento de los presupuestos establecidos en la Ley para su disfrute. Este Tribunal considera que no se trata simplemente de unos requisitos meramente formales, sino que es un presupuesto necesario que los socios acuerden la distribución de resultados, y en ella contemplen la dotación a la Reserva para Inversiones en Canarias. Y todo ello en el plazo que marca la normativa mercantil, porque si no, en el momento de la presentación de la declaración del Impuesto sobre Sociedades, esta declaración no será el reflejo de lo aprobado por los socios, y nada garantiza que con posterioridad los socios ratifiquen lo consignado en la declaración.

Lo anterior enlaza con la alegación de que el acuerdo de la Junta es plenamente válido. Pues bien, en este supuesto, la Junta, varios años después, confirmó lo declarado, pero pudo no haberlo hecho. Nada tiene este Tribunal que decir respecto de la validez de dichos acuerdos. La sociedad puede acordar el destino que sea para sus beneficios. Pero este acuerdo ya no puede beneficiarse del trato fiscal más favorable porque en su momento no se dieron los presupuestos necesarios para ello. Presupuestos que no son unos meros requisitos formales que se puedan subsanar. No hay que olvidar que no se trata, únicamente, de la falta de depósito de las cuentas o la falta de legalización de los libros; además, no hubo acuerdo de la Junta para dotar dicha Reserva. Los motivos por los que no se pudo adoptar dicho acuerdo, no competen a este Tribunal, existiendo otras vías legales para exigir responsabilidad a quien, a juicio de la reclamante, la pudiera tener.

Por último, con relación a la modificación introducida por la Ley 53/2002, que introduce un apartado 8 al artículo 27 de la Ley 19/1994. Este apartado dice lo siguiente: "El cumplimiento de los requisitos contemplados en este artículo podrá acreditarse por los medios de prueba admitidos en derecho. A estos efectos, la dotación de la reserva se podrá entender probada cuando el sujeto pasivo haya presentado dentro del plazo legalmente establecido la declaración tributaria en la que aplique el incentivo regulado en este artículo".

Una cosa es que se pueda probar por cualquier medio admitido en Derecho y que la presentación de la declaración en plazo pueda probar la dotación, y otra que se elimine cualquier prueba en contra. En este caso, la Inspección ha comprobado que no se dotó la Reserva por lo que la mera consignación de la dotación en la declaración del Impuesto sobre Sociedades no puede llevar a entender probada la dotación [TEAC, 18 de mayo de 2006].

Con el criterio del TEAC, posteriormente ratificado por otras resoluciones y consolidado por los Tribunales de Justicia, la presunción de 2003 para poco o nada servía, por lo que fue eliminada del texto legal en 2006. No obstante, veremos cómo continuó como factor decisivo para interpretar que la dotación era correcta, salvo prueba en contrario por parte de la Administración tributaria.

3.3. La presunción introducida en 2003 fue eliminada en la reforma de 2006

La trascendental reforma llevada a cabo en el REF y en la RIC por el R.D.L. 12/2006 entró en vigor el 1 de enero de 2007 y desapareció con ella la presunción que sobre el momento de la dotación existía en el art. 27.8. Fue derivada, en mi opinión, de que la presunción establecida admitía prueba en contrario, razón de que la Administración tributaria podía acreditar que no se había tomado la decisión de dotar RIC antes de la presentación del IS. Por aquellos años, tanto el TEAC como el TSJC habían matizado que se trataba de una presunción *iuris tantum*, que admitía prueba en contrario, tanto para demostrar que la decisión de dotar RIC se tomó antes de la presentación del impuesto, en caso de que se hubiese presentado fuera de plazo, como para demostrar lo contrario, que aun si el impuesto se presentó en plazo, la decisión de dotar RIC no se tomó con anterioridad a la presentación del IS.

Lo cierto fue que a partir de 1 de enero de 2007, sin la presunción legal, la cuestión volvía a generar gran conflictividad, cuando precisamente lo que quería evitar la reforma eran las continuas controversias en la aplicación del incentivo. Para ello se suavizó considerablemente el incumplimiento de algunos requisitos sustanciales, pero haciendo caso omiso al crucial momento de la dotación.

El cambio legal fue interpretado por la Administración tributaria, el TEAC y el TSJC en sentido restrictivo, de forma que el contribuyente había de acreditar que el momento en que tomó la decisión de dotar RIC fue anterior a la presentación del IS. Mientras, tanto el TEAC como el TSJC pronto añadieron nuevos requisitos, como que el momento de la dotación tenía que tomarse dentro del plazo mercantil para la aprobación de las cuentas anuales. El TSJC lo expresó en sentencia de 14 de enero de 2005 de la Sala de Santa Cruz de Tenerife y el TEAC en la RTEAC de 27 de septiembre de 2007, n.º 1594-2006.

En la resolución **TEAC de 29 de junio de 2006, n.º 4414/2004**, se ratifica el criterio anterior y la importancia del momento de la dotación: *este Tribunal considera que no se trata simplemente de unos requisitos meramente formales, sino que es un presupuesto necesario que los socios acuerden la distribución de resultados, y en ella contemplen la dotación a la Reserva para Inversiones en Canarias. Y todo ello en el plazo que marca la normativa mercantil, porque si no, en el momento de la presentación de la declaración del Impuesto sobre Sociedades, esta declaración no será el reflejo de lo aprobado por los socios, y nada garantiza que con posterioridad los socios ratifiquen lo consignado en la declaración.* Criterio que a la postre se consolidaría en los Tribunales de Justicia: no solo hay que acreditar que el momento de tomar la decisión de dotar RIC fue anterior a la presentación del IS, sino que además se hizo dentro del plazo mercantil para la aprobación de las cuentas anuales.

Múltiples resoluciones de las Salas de Las Palmas de Gran Canaria y Santa Cruz de Tenerife compartieron ese doble criterio desde 2007, añadiendo un tercer requisito, que las cuentas anuales con la dotación RIC se depositaran en el Registro Mercantil en el plazo señalado por la normativa mercantil. Citamos como ejemplo la RTEAR de 28 de febrero de 2007, n.º 35/183/06 de la Sala de Las Palmas de Gran Canaria.

3.4. A partir de 2007, sin la presunción de 2003, la prueba del momento de la dotación pasó a ser crucial para el TSJC

No merece la pena insistir en las resoluciones y sentencias que después de 2007, pero referidas a la presunción de 2003, abordaron el momento de la dotación cuando el contribuyente había presentado el IS en plazo o fuera de plazo, ya que continuaron en la misma línea anterior, si bien con pequeños matices que destacamos en pronunciamientos posteriores[13].

---

13 La evolución durante 2007- 2010 puede verse en Miranda Calderín, 2012, capítulo 31. *Manual de la RIC 2007-2013.*

Fue el TSJC quien introdujo un poco cordura en la materia, después de la gran rigidez que mostró inicialmente en cuanto a la prueba del momento de la dotación (sirvan de ejemplo la STSJC de 14 de enero de 2005 y la de 8 de marzo de 2005, ambas de la Sala de Santa Cruz de Tenerife, en las que se reconoce que el hecho de presentar la declaración del impuesto con la dotación fuera de plazo no invalida por sí mismo la dotación RIC, siempre que pueda demostrarse la dotación por otros medios y que se haya hecho antes de la presentación del correspondiente impuesto)[14].

Y una ligera flexibilización sobre estos aspectos la introdujo la Sala de Las Palmas del TSJC a partir de 2008, concretamente con las pruebas que permiten acreditar el momento de la dotación. La **STSJC de 13 de junio de 2008, Sala Las Palmas, n.º 349**, juzga el caso de una sociedad que dota RIC en el ejercicio 2001, pero que presenta la declaración del IS en Hacienda y las cuentas anuales en el Registro Mercantil en 2004 (dos años después), legitimadas notarialmente las firmas del acta también en 2004. Señala el TSJC que nada dice la Ley respecto al requisito temporal en que puede dotarse la RIC y por tanto del régimen aplicable a aquellas dotaciones que se efectúen extemporáneamente en relación con la fecha en que deben aprobarse las cuentas sociales y la presentación de la autodeclaración del impuesto. Analiza la redacción vigente desde 2003 en el art. 27.8, que establece la presunción de que la dotación se entiende probada si la declaración del IS con la dotación se presenta dentro del plazo legal, y extrae tres conclusiones:

– Que la dotación RIC puede realizarse extemporáneamente.

– Que la aplicación del beneficio debe ir precedida de un acuerdo formal de la junta sobre la dotación, y

– Que si la declaración del IS se presenta en plazo, existe una presunción *iuris tantum* de que efectivamente se ha efectuado la dotación y se han observado los requisitos formales contemplados en el precepto. Ello implica que quien niegue la dotación deberá probarla. Obsérvese que la presunción la aplica la Sala respecto a 2001, antes de la reforma de diciembre de 2002 en el texto del art. 27.8, compartiendo el criterio de la Sala de SCT de que ya venían opinando así los Tribunales antes del cambio legal aplicable a partir del 1 de enero de 2003.

La entidad tiene entonces que probar la dotación, pero los documentos privados que la acreditan (certificación de los acuerdos de la junta que

---

14 Ambas en el capítulo 31 del *Manual de la RIC 2007-2013.*

aprueba la aplicación de resultados y las cuentas anuales) fueron presentados en el Registro Mercantil en 2004 (dos años después), por lo que a juicio del Tribunal no tienen valor como prueba, sino a partir de esa fecha, mientras que la presentación fuera de plazo del IS ha invalidado la presunción *iuris tantum* que señala la Ley de que se entiende como probada convenientemente la dotación RIC. ¿Qué hubiese pasado si las cuentas anuales se llegan a depositar en el R.M. en un plazo más razonable, aunque fuera de plazo? Con el texto de la sentencia no tenemos respuesta a la pregunta, pero sí una aproximación en la segunda de las sentencias del TSJC de ese año que paso a comentar.

La **STSJC de 28 de junio de 2008, n.º 396, Sala de Las Palmas de Gran Canaria**, llega a conclusiones diferentes al fallo anterior en un caso muy parecido, pero en que el plazo de presentación de las cuentas en el R.M. no se difiere tanto como en el anterior. Se trata de una sociedad que presenta el 20 de enero de 2005 una declaración complementaria de 2003 con más beneficios y una mayor dotación RIC. Prueba que ha acordado la dotación antes de presentar el IS con el acta de 1 de diciembre de 2004 y legitima la firma de los administradores en la certificación del acta el 24 de enero de 2005 (después de la presentación del IS complementario). La Inspección y el TEARC rechazaron la dotación porque se presentó fuera de plazo (una declaración complementaria se presenta posteriormente a la presentación inicial y casi siempre después del plazo legal) y no se acredita que el acuerdo de la dotación se realizara antes de la presentación de la declaración complementaria del IS.

La entidad intenta probarlo con el acta de la junta de 1 de diciembre de 2004, que acuerda la rectificación del beneficio y la nueva dotación, pero la Administración tributaria dice que no, que los documentos privados surten efectos a partir de su presentación en una oficina pública, y que la presentación de las cuentas anuales con el acuerdo de la dotación se hizo con posterioridad a la declaración complementaria, presentada el 20 de enero de 2005. En síntesis, que según el TEARC hay que probar la dotación con un documento público anterior a la declaración y no con un simple documento privado.

El TSJC no exige tanto, y concluye que no resulta imprescindible la existencia de un documento público, puesto que el art. 27.8 de la Ley 19/1994 establece que puede probarse la validez de la dotación a través de otros medios de prueba admitidos en derecho, siendo claramente admisible el acta de fecha 1 de diciembre de 2004 porque el desfase temporal entre el acta y su acceso al Registro es de poca entidad. Hubiese compartido —continúa argumentando el TSJC— el criterio de la Administración si el acceso al R.M. se prolongase indefinidamente o con un retraso evidente, pero no en este caso, que se hizo con una mayor diligencia (no se especifica cuándo se presentó en el R.M., pero sí que la firma de la certificación del acuerdo de junta se legitimó el 24 de enero de 2005). Siendo asimismo inadecuada la decisión de privar de validez a la dotación RIC realizada por razón de un escaso desfase entre la adopción del acuerdo social dirigido a tal dotación y el acceso del mismo al R.M., por lo que debe reputarse no ajustada a derecho la resolución impugnada, con estimación del presente recurso.

En defensa de su criterio, el TSJC cita la STS de 12 de noviembre de 2002 en relación con el FPI, que estableció *que no puede elevarse al rango de impedimento radicalmente obstativo del beneficio fiscal la ausencia de unas formalidades contables encaminadas a garantizar algo que aparece cumplido por otras vías.*

Con la sentencia TSJC comentada vemos que los documentos privados también sirven para acreditar que el acuerdo de la dotación se adoptó antes de presentar la autoliquidación del impuesto —aspecto reiteradamente negado por la Administración tributaria—, pero siempre que exista un tiempo prudencial para que dichos documentos se incorporen al R.M. Con este racional y más flexible criterio, la que se nos antojaba como "prueba diabólica", por la dificultad de acreditar que el acuerdo de dotar RIC se tomó antes de la presentación del IS si no sirven ni el libro de actas ni la legitimación de firmas posterior a la autoliquidación ni las cuentas anuales presentadas en el R.M. después del impuesto, es ya más factible. Faltaría concretar cuál es el plazo razonable en que estos documentos privados —aun firmándolos fuera de plazo— deben incorporarse al R.M. para que sirvan como acreditación del momento de la dotación ¿un día, una semana, un mes, dos meses, ...? No lo sabemos, porque el TSJC no lo concreta, pero lo cierto es que por primera vez se admiten los documentos privados como prueba válida para mostrar que el momento en que se adoptó el acuerdo de dotar RIC es anterior al de presentación del impuesto fuera del plazo legal[15].

La STSJC de 15 de enero de 2010, Sala Las Palmas de Gran Canaria, n.º 396, compartió el criterio de la STSJC de 28 de junio de 2008 de que los documentos privados sirven como prueba del momento de la dotación, siempre que se incorporen al R.M. en un tiempo razonable, aunque fuese posterior a la presentación del IS con la dotación. Las tres principales conclusiones a las que llegó son:

---

15 Miranda Calderín, 2012. *Manual de la RIC 2007-2013*, capítulo 31. En la obra se trascriben las sentencias citadas.

– Primera, que procede la dotación RIC de una entidad en el ejercicio 2000 habiendo presentado el IS el 14 de agosto de 2001, las cuentas anuales el 21 de agosto de 2001 y habiendo legitimado notarialmente las firmas el 20 de agosto de 2001, basando su criterio en que la exigencia de la Inspección y del TEARC de que tal prueba (refiriéndose a la decisión de dotar RIC con carácter previo a la presentación del impuesto) solo pueda realizarse si las cuentas anuales constan presentadas en el R.M. dentro del plazo *es extraña a la ley*; y que de acuerdo con el art. 326 de la LEC, la fuerza probatoria de los documentos privados es plena siempre que no se haya impugnado su autenticidad. La forma de mostrar la correcta dotación RIC es, por una parte, que se adopte el acuerdo de la junta general en tal sentido y, de otra, que figure contabilizada en cuenta separada. De acuerdo con el art. 326 LEC, la fuerza probatoria de los documentos privados es plena siempre que no se haya impugnado su autenticidad y por ello hemos de considerar probada la dotación RIC de la entidad demandante. Las resoluciones objeto de este recurso sostienen que el incumplimiento del plazo de presentación de las autoliquidaciones no implica la pérdida del beneficio que supone la RIC, pero a continuación hacen un razonamiento que resulta imposible probar eficazmente que se ha dotado correctamente la reserva, por exigir que tal prueba solo pueda realizarse si las cuentas anuales constan presentadas en el R.M. dentro de plazo. Tal exigencia, repite el TSJC, es *extraña a la Ley*.

– Segunda, que hace una especial consideración sobre el aspecto temporal del criterio esgrimido, pues en el fundamento segundo, al referirse al cambio operado en el primer párrafo del art. 27.8 —vigente desde el 1 de enero de 2003 hasta el 31 de diciembre de 2006—, entiende probada la dotación si se efectúa la presentación del impuesto en plazo. La sentencia dice que se entendía aplicable desde antes del cambio legal de diciembre de 2002, ya que ese era el criterio de los Tribunales. No es óbice a tal conclusión la fecha en que la modificación del párrafo 8 del artículo examinado entró en vigor, dado que el que no estuviese explicitado en el texto legal, no supone que el régimen fuera distinto. Tanto la STS de 20 de marzo de 1998 como la SAN de 22 de marzo de 2001 en relación con el antecedente de la RIC, el Fondo de previsión de inversiones, habían recogido la exigencia del cumplimiento de los requisitos formales o condiciones legales.

– Y tercera, que el razonamiento es aplicable si la empresa lleva contabilidad conforme a los preceptos mercantiles, sin tener mayor importancia el hecho de que los libros estén legalizados en una u otra fecha. Esta circunstancia la aprecia la sentencia en el mismo texto del acta incoada por el actuario, que da como válida la contabilidad, es decir, que se han cumplido los deberes contables. El Inspector actuante hizo constar expresamente en el acta de disconformidad que no se habían apreciado anomalías sustanciales en los libros y registros de la sociedad, por lo que hay que entender que su contabilidad es también correcta, lo que corrobora el que no se haya puesto objeción de tal naturaleza[16].

Con el criterio expresado en las dos sentencias del TSJC, los documentos privados son prueba suficiente para acreditar que la dotación RIC se efectuó antes de la autoliquidación del IS, siempre que la entidad lleve contabilidad que exprese la realidad patrimonial de la empresa y sus resultados, y que dichos documentos privados (léase libro de actas, certificación del acta, cuentas anuales, etc.) se incorporen al R.M. en un tiempo razonable, aunque sea fuera del plazo legal. Al menos ese era el criterio hasta 2010. Sigamos su evolución temporal en los siguientes epígrafes.

3.5. La Audiencia Nacional compartió el criterio administrativo sobre el momento de la dotación en sociedades, más restrictivo que el del TSJC

En los años que ahora analizamos, 2007 a 2011, también se pronuncia la Audiencia Nacional sobre el momento de la dotación en sociedades, y a mi entender lo hace con especial dureza sobre la presentación fuera de plazo del IS con la dotación y con la presentación en plazo, pero sin acreditar la dotación por otros medios.

En la **SAN de 2 de junio de 2008, Sección 7**, una sociedad dotó la RIC 2000 con más de dos millones de euros, presentando el IS fuera de plazo el 25 de octubre de 2001. Los argumentos del contribuyente en el recurso fueron: (i) que la presentación extemporánea de la declaración del IS de 2000 no produce el efecto invalidante de la dotación RIC y ello porque existía la dotación por acuerdo de la junta general de socios; (ii) que, en todo caso, el acuerdo de dotación no se anulaba automáticamente sin la previa declaración judicial de nulidad; y (iii) que no existía un requisito temporal en el artículo 27 para dotar la reserva y que se habían cumplido en todo caso los plazos mercantiles. Para poco le sirvieron los hilados fundamentos, ya que la AN compartió el criterio de la Inspección y del TEAC

---

16 Comentarios y texto de la sentencia en *Manual de la RIC 2007-2023*, capítulo 31.

de que la entidad no tenía derecho a la dotación, al no poder probar de otra forma que dotó la RIC antes de presentar la declaración IS, a pesar de que tanto la legitimación de firmas en la certificación del acta con la distribución de la RIC (5 de octubre de 2001) como la presentación de las cuentas anuales en el Registro Mercantil (20 de septiembre) se efectuaron antes de la autoliquidación del IS. Fuera de plazo, cierto, pero antes de la autoliquidación, por lo que no entendemos el criterio de la AN, que incluso confirmó la sanción.

Insisto en que en la sentencia "el pecado mortal" del contribuyente no es que dejara de acreditar que la junta de socios decidiera la dotación RIC antes de la presentación del IS —como hasta ese momento venían exigiendo los Tribunales económico-administrativos y el TSJC—, puesto que el libro de contabilidad se legalizó en el R.M. el 5 de octubre de 2001, antes de la presentación del IS; la junta de socios se celebró el 31 de julio de 2001, también antes de la autoliquidación del IS; y las cuentas anuales se depositaron en el R.M. el 20 de septiembre de 2001, antes de la autoliquidación del IS. Sino el mero hecho de que la dotación se efectuó fuera de plazo. De qué plazo, podemos preguntarnos, pero la sentencia no aclara nada, por lo que parece exigir que la junta se reúna dentro del plazo señalado en la legislación mercantil y no fuera de él, para admitir la dotación, tal como exigía el TEAC. De esa forma, todas las pruebas aportadas, que claramente indican que la decisión de dotar la RIC se tomó antes de presentar el IS, no sirven para la AN. No nos parece suficientemente argumentado el rechazo de la dotación, siendo el criterio expresado en esta sentencia el que más se aparta de los requisitos que venía exigiendo el TSJC: que la dotación se efectuase antes de la autoliquidación, extremo que es acreditado de tres formas distintas por la entidad, sin que le sirviese de nada. Aún menos justificación tiene, a nuestro entender, la aplicación de la sanción[17].

El criterio del TSJC y de la AN expresado en las mismas fechas difería, como comprobamos, en mucho respecto al momento de la dotación por sociedades. Siendo quizás el más notable el papel jurídico que jugaban los documentos privados para probar el momento de la dotación. Para la AN y el TEAC, los documentos privados no eran válidos para demostrar el momento en que se dotó RIC mientras no se incorporasen a un registro público, y que la junta para tomar la decisión de dotar RIC había de reunirse dentro del plazo señalado en la legislación mercantil. Para el TSJC, sí

---

[17] Miranda Calderín, 2012. *Manual de la RIC 2007-2013*, capítulo 31. En él se trascriben los principales fundamentos de derecho de la sentencia comentada.

servían como prueba los documentos privados, siempre que se incorporasen al R.M. en un plazo razonable, aún fuera de plazo, y la entidad llevase contabilidad correcta, sin que influyeran los plazos mercantiles para que la junta adoptase la decisión de dotar RIC.

La **SAN de 5 de febrero de 2009, Sección 2**, desestima las pretensiones del contribuyente, pero con un mejor razonamiento respecto a la sentencia anterior. Lo basa en dos motivos concretos: primero, porque no se acreditó que se había tomado el acuerdo de dotación; y segundo, porque se contabilizó la aplicación del saldo de pérdidas y ganancias a reservas voluntarias y no a la RIC. Aunque los motivos del rechazo exceden de la materia que ahora tratamos, traigo a colación esta sentencia porque en una de las alegaciones del contribuyente se dice que la exigencia del acuerdo formal de la junta general en donde se adopte la decisión de realizar la dotación RIC no está comprendida en la dicción literal del art. 27.1, mientras que sí figura en otros textos legales, como en el art. 36 del Decreto 3359/1967 por el que se aprobó el TRLIS, en relación con el FPI. La AN no compartió el razonamiento, si bien admitió que efectivamente no figuraba en el literal del art. 27. De todas formas, era necesario que se hubiese realizado la dotación RIC de forma efectiva, lo que no resultaba acreditado.

En parecidos términos se desarrolla la **SAN de 9 de marzo de 2009, Sección 7**, en la que el contribuyente invierte de forma adecuada la RIC y crea empleo, pero en su momento la sociedad no la dotó correctamente, al no contabilizarla y aplicar el saldo de pérdidas y ganancias a reservas voluntarias y no a la RIC. En el recurso se alega que debe prevalecer el fondo sobre las formas, ya que se había invertido y creado empleo, pero la AN se muestra intransigente con el cumplimiento de las obligaciones formales del incentivo fiscal. Es esta consideración la que queremos destacar en la materia analizada, puesto que, por el mismo razonamiento, una dotación correctamente materializada sería rechazada si no se prueba que la decisión de dotar RIC se tomó antes de la presentación de la autoliquidación. El fondo no prevalece sobre las formas en los incentivos fiscales, según pregona la AN en la sentencia[18].

---

18 Miranda Calderín, 2012. *Manual de la RIC 2007-2013.*

3.6. El criterio de la DGT sobre el momento de la dotación, 2001-2024

No es que se haya consultado mucho sobre el momento de la dotación, pero cuando se hizo, la DGT se mostró desde la **consulta de 8 de noviembre de 2001** disconforme con que se pudiera dotar o incrementar la dotación con declaraciones complementarias. La interpretación sobre el momento en que debía hacerse la dotación fue labrándose por la Inspección tributaria y consolidándose en las resoluciones posteriores del TEARC y TEAC.

En la **DGT CV 0364-2014 de 13 de febrero**, el consultante manifiesta que en 2011 adquirió unos elementos patrimoniales aptos para materializar la RIC, pero no incluyó la dotación en su autoliquidación del IRPF 2011, habiendo finalizado el plazo reglamentario de declaración correspondiente a dicho ejercicio. Cuestiona si los elementos patrimoniales aptos para materializar la RIC que adquirió en 2011 podrían considerarse como materialización de la RIC que se dote con cargo a beneficios obtenidos en 2011. En caso negativo, si dichos elementos patrimoniales podrían considerarse como materialización RIC que se dote con cargo a beneficios obtenidos posteriormente. La respuesta de la DGT fue que corresponde al interesado decidir si insta o no la rectificación de la autoliquidación, siendo los correspondientes órganos de la AEAT los que determinen si procede o no la misma. Y que en el supuesto de que el consultante no inste la rectificación referida o de no proceder la misma, el importe no deducido en ejercicios anteriores por falta de dotación RIC podría reducir la base imponible de ejercicios futuros:

> *De acuerdo con una interpretación de la norma acorde con su espíritu ha de señalarse que sólo serán aptas para la materialización de la RIC las inversiones que se realicen a partir del momento en que se obtengan los beneficios que quedarán libres de tributación, quedando excluidas aquellas otras que se efectúen anteriormente.*
>
> *No obstante lo anterior, como excepción a la regla general, la norma permite efectuar inversiones anticipadas, con arreglo al apartado 11 del artículo 27 de la Ley 19/1994 según el cual: "Los sujetos pasivos a que se refiere este artículo podrán llevar a cabo inversiones anticipadas, que se considerarán como materialización de la reserva para inversiones que se dote con cargo a beneficios obtenidos en el período impositivo en el que se realiza la inversión o en los tres posteriores, siempre que se cumplan los restantes requisitos exigidos en el mismo.*
>
> *Las citadas dotaciones habrán de realizarse con cargo a beneficios obtenidos hasta el 31 de diciembre de 2013.*
>
> *La citada materialización y su sistema de financiación se comunicarán conjuntamente con la declaración del Impuesto sobre Sociedades, el Impuesto sobre la Renta de no Residentes o el Impuesto sobre la Renta de las Personas Físicas del período impositivo en que se realicen las inversiones anticipadas".*
>
> *El incumplimiento de cualquiera de los requisitos para gozar del régimen implica la integración en la base imponible del ejercicio en que tenga lugar el incumplimiento de las cantidades*

que redujeron la base en su día, con liquidación de intereses de demora y la imposición de las sanciones que resultaran procedentes.

Ahora bien, estas normas no rigen para los incumplimientos consistentes en la falta de contabilización de la RIC, la no presentación del plan de inversiones y los relativos a la información que deba constar en la memoria. En relación con estos, se han establecido una serie de infracciones tributarias. Así lo establece la Ley 19/1994 en su artículo 27 apartados 16 y 17 (...)

Dicho lo anterior, teniendo en cuenta que el consultante adquirió unos elementos patrimoniales aptos para la materialización de dicha reserva y que el Régimen Económico de Canarias permite efectuar inversiones anticipadas a efectos de la materialización de la RIC, se va a analizar la posibilidad de que los elementos patrimoniales aptos para materializar la RIC que el consultante adquirió en el año 2011 puedan considerarse como materialización de la reserva para inversiones que se dote con cargo a beneficios obtenidos en el período impositivo 2011 mediante una rectificación de su autoliquidación del Impuesto sobre la Renta de las Personas Físicas del período impositivo 2011 para incluir la dotación a la reserva para inversiones en Canarias en dicha autoliquidación.

En primer lugar, las autoliquidaciones, están reguladas en el artículo 120 de la Ley 58/2003, de 17 de diciembre, General Tributaria, (BOE de 18 de diciembre), en adelante LGT, el cual establece:

"1. Las autoliquidaciones son declaraciones en las que los obligados tributarios, además de comunicar a la Administración los datos necesarios para la liquidación del tributo y otros de contenido informativo, realizan por sí mismos las operaciones de calificación y cuantificación necesarias para determinar e ingresar el importe de la deuda tributaria o, en su caso, determinar la cantidad que resulte a devolver o a compensar.

2. Las autoliquidaciones presentadas por los obligados tributarios podrán ser objeto de verificación y comprobación por la Administración, que practicará, en su caso, la liquidación que proceda.

3. Cuando un obligado tributario considere que una autoliquidación ha perjudicado de cualquier modo sus intereses legítimos, podrá instar la rectificación de dicha autoliquidación de acuerdo con el procedimiento que se regule reglamentariamente.

Cuando la rectificación de una autoliquidación origine una devolución derivada de la normativa del tributo y hubieran transcurrido seis meses sin que se hubiera ordenado el pago por causa imputable a la Administración tributaria, ésta abonará el interés de demora del artículo 26 de esta ley sobre el importe de la devolución que proceda, sin necesidad de que el obligado lo solicite. A estos efectos, el plazo de seis meses comenzará a contarse a partir de la finalización del plazo para la presentación de la autoliquidación o, si éste hubiese concluido, a partir de la presentación de la solicitud de rectificación.

Cuando la rectificación de una autoliquidación origine la devolución de un ingreso indebido, la Administración tributaria abonará el interés de demora en los términos señalados en el apartado 2 del artículo 32 de esta ley.".

Por tanto procederá la rectificación cuando se den los supuestos del referido artículo 120.3 transcrito.

Dicho lo anterior hay que tener en cuenta que los elementos fácticos del supuesto concreto deberán ser valorados, en su caso, por el correspondiente órgano gestor competente de la Administración tributaria, en el seno del procedimiento de rectificación de la autoliquidación del periodo 2011 que pueda ser eventualmente instado, de acuerdo con lo preceptuado por el artículo 120.3 de la LGT anteriormente transcrito y desarrollado por los artículos 126 a 129 del Reglamento General de las actuaciones y los procedimientos de gestión e inspección tributaria y de desarrollo de las normas comunes de los procedimientos de aplicación de los tributos, aprobado por el Real Decreto 1065/2007, de 27 de julio, (BOE de 5 de septiembre), en adelante RGAT.

Asimismo, es necesario destacar que el artículo 127.1, párrafo primero del RGAT señala que:

"1. En la tramitación del expediente se comprobarán las circunstancias que determinan la procedencia de la rectificación. Cuando junto con la rectificación se solicite la devolución de un ingreso efectuado, indebido o no, se comprobarán las siguientes circunstancias:".

Esta actividad comprobadora queda aun más concretada en el artículo 127.2 del mismo Reglamento, que establece que:

"A efectos de lo previsto en el apartado anterior, la Administración podrá examinar la documentación presentada y contrastarla con los datos y antecedentes que obren en su poder. También podrá realizar requerimientos al propio obligado en relación con la rectificación de su autoliquidación, incluidos los que se refieran a la justificación documental de operaciones financieras que tengan incidencia en la rectificación solicitada. Asimismo, podrá efectuar requerimientos a terceros para que aporten la información que se encuentren obligados a suministrar con carácter general o para que la ratifiquen mediante la presentación de los correspondientes justificantes.".

Conforme a lo anterior, corresponde al interesado decidir instar la rectificación de la autoliquidación, siendo los correspondientes órganos de la Agencia Estatal de Administración Tributaria los que determinen si procede o no la misma.

En el supuesto de el consultante no inste la rectificación referida o de no proceder la misma, respecto de la cuestión relativa a si el importe no deducido en ejercicios anteriores por falta de dotación de la RIC podría también reducir, en su caso, la base imponible de ejercicios futuros, hay que señalar que la respuesta debe ser afirmativa. En efecto, el artículo 27.11 de la Ley 19/1994 establece la posibilidad de llevar a cabo inversiones anticipadas que se considerarán como materialización de la reserva para inversiones que se dote con cargo a beneficios obtenidos en el período impositivo en el que se realiza la inversión o en los tres posteriores, siempre que se realice la dotación a la RIC en una declaración cuyo período reglamentario de declaración no haya finalizado y siempre que se cumplan los restantes requisitos exigidos en el mencionado artículo 27 de la Ley 19/1994, precisándose que las citadas dotaciones habrán de realizarse con cargo a beneficios obtenidos hasta el 31 de diciembre de 2013 [DGT, CV0364-2014].

Alguna consulta posterior de la DGT, como la **CV 2440-2017**, confirmó el criterio de que la dotación ha de acordarse en el momento determinado por la norma mercantil para la aplicación del resultado del ejercicio:

Por su parte, el artículo 273 del texto refundido de la Ley de Sociedades de Capital, aprobado por el Real Decreto Legislativo 1/2010, de 2 de julio (BOE de 3 de julio), establece en su apartado 1 que "la junta general resolverá sobre la aplicación del resultado del ejercicio de acuerdo con el balance aprobado".

En consecuencia, será en el momento determinado por la norma mercantil para la aplicación del resultado del ejercicio cuando deberá dotarse la RIC.

En concreto, en el presente caso la RIC podrá dotarse con los beneficios del ejercicio en el que se realiza la inversión, 2015, o de los tres siguientes, 2016, 2017 y 2018. A estos efectos la dotación de la RIC se efectuará cuando la junta general resuelva sobre la aplicación del resultado del ejercicio correspondiente [CV 2440-2017].

3.7. El criterio del TEAR de Canarias sobre el momento de la dotación, 2011-2024

Muchas son las resoluciones de las dos Salas del TEAR de Canarias sobre el momento de la dotación, con el criterio mayoritario de que ha de acordarse por los socios antes de la presentación del IS, cumpliendo, además, los plazos de la legislación mercantil para aprobar las cuentas anuales y la aplicación del resultado. Son muchas las ocasiones en que han rechazado los documentos privados como prueba suficiente del momento de la dotación, más si se han presentado con retraso de solo días para su depósito en el Registro Mercantil. Sirvan como ejemplo las resoluciones TEAR de 28 de febrero de 2007, Sala de Las Palmas, n.° 35/183/06; 31 de enero de 2008, Sala Las Palmas, n.° 35/118/07; 30 de noviembre de 2009, Sala Las Palmas, n.° 35/0949/2008 (que califica de dudoso que se tenga que acordar la dotación dentro del plazo mercantil); 21 de julio de 2010, Sala Las Palmas, n.° 35/03605/2009; y 29 de enero de 2010, Sala Las Palmas, n.° 35/00150/2009, en la que vuelve a mostrarse más flexible en una presentación extemporánea del IS, pero que en ese mismo día se depositaron las cuentas en el R.M. No me detengo en estas resoluciones porque las analizamos con detalle en obras anteriores[19].

De 2011 hasta la actualidad, el TEAR ha continuado con su criterio restrictivo, salvo alguna excepción, que pasamos a analizar.

La **RTEAR de 25 de enero de 2011, Sala Santa Cruz de Tenerife, n.° 38/2039/2007**, considera incumplido el plazo mercantil para aprobar las cuentas y dotar la RIC. El IS se presentó fuera de plazo el 20 de agosto de 2002, las cuentas anuales se aprobaron el 29 de marzo, pero se depositaron fuera de plazo el 31 de julio y en la memoria no se hacía mención a la dotación. El TEAR desestimó porque el contribuyente no acreditó que tomara la decisión de dotar la RIC antes del IS y porque no lo había hecho dentro de los plazos mercantiles, como señala la RTEAC de 29 de junio de 2006. Es el comienzo de la exigencia por parte del TEAR de que la dotación se efectúe antes de los seis meses que señala la legislación mercantil para la aprobación de las cuentas y la aplicación del resultado. Y el principal problema sigue siendo la presentación extemporánea del IS, que en aquellos años suponía una presunción de dotación en plazo, pero con la posibilidad de que la Administración demostrase lo contrario[20].

---

19 Miranda Calderín, 2012: 960-971.

20 Florido Caño, 2011. *Revista Hacienda Canaria n.° 34.*

La RTEAR de 27 de junio de 2011, Sala Las Palmas, n.º 35/03926/2009, trata los requisitos temporales y las autoliquidaciones extemporáneas, no admitiendo la dotación por varias causas: haber presentado fuera de plazo el IS, no haber depositado las cuentas anuales en plazo y contabilizar la dotación 2003 el 31 de diciembre de 2004. El contribuyente aportó un acta del socio único de 30 de junio de 2004 y un informe de auditoría con la dotación. El TEAR consideró que no eran pruebas suficientes para acreditar que se tomó la decisión antes de presentar el IS y parece asumir, al citar la RTEAC de 26 de junio de 2006, que la decisión de dotar RIC ha de efectuarse dentro del plazo mercantil[21].

La **RTEAR de 26 de enero de 2012, Sala de Santa Cruz de Tenerife, n.º 38/00127/09** aborda la presentación IS fuera de plazo el 7 de agosto de 2007 con una dotación RIC. El contribuyente legitima las firmas en la certificación el 30 de agosto y presenta las cuentas en el R.M. el 7 de noviembre. Al presentar el IS fuera de plazo, el contribuyente ha de acreditar que tomó la decisión antes de la declaración y lo intentó con una certificación del administrador de 7 de julio (se legitimó la firma el 30 de agosto) en que hizo constar que la junta tomó la decisión el 30 de junio, debiéndose, además, tener en cuenta el principio de publicidad que rige en el sistema mercantil. El TEAR desestima sus pretensiones motivándolo en una RTEAC de 16 de abril de 2009 que señala que es al contribuyente a quien le corresponde probar que con antelación a la liquidación del IS se había adoptado el acuerdo[22].

La **RTEAR de 30 de marzo de 2012, Sala Las Palmas, n.º 35/0172/2010**, trata la liquidación extemporánea del IS con la dotación, ¡pero con un solo día de retraso!, el 26 de julio de 2006. Las cuentas se depositaron el 31 de julio y en esa fecha se legitimó la firma en la certificación con la distribución del resultado. La Inspección regularizó la RIC por no acreditarse que se acordó la dotación antes del IS. El TEAR menciona toda la normativa mercantil aplicable a las cuentas anuales y concluye que un solo día de retraso es suficiente para perder la dotación. Al no disponer del texto, trascribo el resumen que hizo Florido Caño (2012):

> *(…) el disfrute del incentivo fiscal recogido en el artículo 27 de la Ley 19/1994 no requiere que la autoliquidación sea presentada dentro de plazo aunque sí, claro está, que se pruebe que se cumplen todos los requisitos establecidos en dicho precepto. La aplicación de la reducción en la base imponible determinada por la dotación de la RIC requiere como presupuesto*

---

[21] Florido Caño, 2011. *Revista Hacienda Canaria n.º 35.*

[22] Florido Caño, 2012. *Revista Hacienda Canaria n.º 36.*

> *necesario que los socios acuerden la distribución de los resultados con carácter previo a su aplicación. El TEAR indica que la adopción de la decisión sobre la parte del beneficio que va a resultar afectada a la reserva con antelación a la correspondiente autoliquidación resulta de la propia naturaleza y finalidad del incentivo fiscal ya que es un compromiso de inversión futura que se contrae creando una partida en el balance de la sociedad de carácter indisponible. La reducción en la base imponible no es más que una fase de un proyecto de inversión a la largo plazo que se ha propuesto realizar la sociedad, entre otros motivos por la fiscalidad favorable, dentro de su estrategia corporativa y en tal sentido la cuantía de los resultados obtenidos por la empresa que va a resultar afecta a la reserva ha de determinarse con carácter previo a la aplicación del incentivo fiscal. Continúa el TEAR diciendo que carecería de justificación alguna la dotación a la reserva sin que previamente se hubiesen aprobado las cuentas anuales, y no sólo por la pendencia a que se vería sometida la debida aplicación de la reducción, dependiente de la aprobación definitiva o no de las cuentas anuales y de la aplicación del resultado, sino adicionalmente porque el importe de la parte de los beneficios que se destinan a la reserva no vendría marcado por ningún tipo de motivación económica persistente en el tiempo, sino únicamente por motivos de oportunidad fiscal. En estas circunstancias- continúa diciendo el Tribunal- aunque la presentación de la autoliquidación fuera de plazo no supone necesariamente la privación del incentivo fiscal, sí que le despoja de la presunción iris tantum que le asistía de tener por probada la dotación a la reserva, obligándole en consecuencia a la prueba de la misma por cualquiera de los medios admitidos en derecho, tal y como establece la doctrina del TEAC en resolución para la unificación de criterio 00/3776/2005, así como el Tribunal Superior de Justicia de Canarias, entre otras, en sentencia de 14 de enero de 2005. En este orden, las actas de la sociedad aprobando las cuentas anuales y la aplicación de resultados tienen la naturaleza de documentos privados, no surtiendo efectos a terceros de buena fe sino desde la fecha en que tienen acceso a registro público, por contener actos sujetos a inscripción, tal y como se desprende del artículo 218 de la LSA y del artículo 9 del Reglamento del Registro Mercantil. De lo anterior resulta evidente que los acuerdos sociales no cobran efectividad frente a terceros, incluida la Hacienda Pública, hasta la fecha de presentación de los documentos en el Registro Mercantil o hasta la fecha de legitimación notarial de la firma de los administradores en la propuesta de distribución de resultados. Incluso el Tribunal, frente a la alegación de que la autoliquidación se presentó fuera de plazo sólo por unas pocas horas, llega a reprochar al reclamante su sorprendente pretensión por cuanto no es la Administración tributaria la que debe arrostrar las consecuencias de tan irresponsable forma de proceder sino que debería ser la propia entidad la que podría exigir responsabilidades a quienes con tan escasa diligencia hubieran actuado.*

El autor de la reseña comenta que la SAN de 3 de mayo de 2012 no comparte esa rigurosidad, siendo lo importante para la AN que no se haya impedido con el retraso que la Inspección verifique todos los extremos de la dotación y materialización, más allá que se haya tomado la decisión días antes o después. Pero a la Inspección le obliga el criterio del TEAC, que es contrario, por lo que conforme a lo que expone, entiende que se regularice en vía de Inspección la RIC aplicada en una autoliquidación extemporánea por un solo día, si la legitimación notarial del certificado sobre la aplicación del resultado y el depósito de cuentas son posteriores a la presentación de dicha declaración. *No puede ser de otro modo por cuanto quien debía hacerlo (el sujeto pasivo) no prueba el cumplimiento de un requisito esencial (la dotación en plazo)*[23].

La **RTEAR de 29 de noviembre de 2013, Sala Las Palmas, n.º 35/03184/2011,** aporta un respiro al contribuyente en la materia, pues el TEAR admite la presentación extemporánea del IS con la dotación porque se habían depositado las cuentas anuales con la firma legitimada con fecha anterior al IS, aunque fuese fuera del plazo mercantil. La fecha de legitimación de la firma fue el 11 de agosto de 2008 y el IS se presentó el 20 de octubre de 2008, por lo que se constata que la decisión de dotar se tomó antes del IS. Salva el incumplimiento del plazo mercantil porque había manifestado en resoluciones anteriores que no debería ser causa de pérdida del incentivo siempre que el acuerdo fuese adoptado antes de la declaración. Y lo que tiene aún mayor importancia, que a pesar de no estar ya en la normativa, la presunción de que la dotación estaba bien efectuada si se presentaba en plazo el IS podía seguir siendo aplicada[24]. Los comentarios que hace el autor de la reseña no son los más favorables para el contribuyente al no compartir muchos de los puntos de vista de la resolución, pero veamos cómo siguió evolucionando esta cuestión en el TEAC y en los Tribunales de Justicia.

La **RTEAR de 26 de junio de 2015, Sala Las Palmas, n.º 35/01541/2012**, analiza una autoliquidación del IS 2006 extemporánea el 28 de marzo de 2008 con dotación RIC, que rechaza porque no se tomó el acuerdo dentro del plazo mercantil. Señala que no se requiere que el IS se presente en plazo, pero sí que se acredite que se cumplen los requisitos establecidos en el art. 27, que los socios acuerden la distribución de resultados con carácter previo a su aplicación. Aunque la presentación del IS fuera de plazo no supone la privación del beneficio, sí le despoja de la presunción que le asistía de tener probada la dotación, obligando a probar el momento en que lo hizo. Muestra una vez más la Sala de Las Palmas sus dudas de que tenga que hacerse dentro del plazo mercantil para la aplicación del resultado, pero hace suyo el criterio de la STS de 9 de marzo de 2012, SAN de 2 de junio de 2018, RTEAC de 29 de junio de 2006 y varias resoluciones del TEAR de la Sala de Santa Cruz de Tenerife de que cuando el IS se ha presentado fuera de plazo es necesario que los socios acuerden la distribución de resultados con la dotación dentro del plazo mercantil[25].

---

23 Florido Caño, 2012. *Revista Hacienda Canaria n.º 37.*

24 Florido Caño, 2014. *Revista Hacienda Canaria n.º 40.*

25 Florido Caño, 2015. *Revista Hacienda Canaria n.º 43.*

3.8. El TEAC ratifica el requisito de que la dotación RIC se efectúe dentro del plazo mercantil de aprobación de las cuentas anuales y la aplicación del resultado, 2012-2024

Antes de entrar en el análisis de las resoluciones del TEAC conviene que recapitulemos qué está sucediendo respecto al momento de la dotación, cuestión que abordamos en 2019 en un artículo publicado en el n.º 5 de la Colección Cátedra del REF, del que reproducimos una pequeña parte[26].

La dotación RIC ha de ser acordada por la junta de socios de la entidad o por el empresario/profesional individual antes de la presentación de la declaración del IS o del IRPF. Si no fuese así, la interpretación jurisprudencial vigente es que se pierde el beneficio fiscal disfrutado con la reserva, incluso si se hubiese invertido correctamente. En ese sentido concluye la STS de 6 de febrero de 2012, recurso de casación 4557/2008, en el caso de una persona física que presentó el IRPF con la dotación días antes de contabilizarla, ocasionando así la pérdida total del incentivo. El TS compartió el criterio administrativo porque la correcta dotación es un requisito sustancial. También llega a la misma conclusión la STS de 8 de abril de 2015, recurso de casación 1076/2012, en la que una sociedad rectificó sus resultados y presentó una declaración complementaria con una dotación RIC, que el TS rechazó porque no se acreditó que la junta la aprobase antes de la declaración complementaria.

Para evitar tan excesivo castigo, ya comenté en el epígrafe 3.2. que el legislador modificó en 2003 la normativa RIC en el sentido de que se entendía dotada correctamente la reserva si se presentaba en plazo la correspondiente declaración del impuesto con la dotación, pero el precepto fue eliminado del art. 27 en la reforma de 2007, puesto que los Tribunales estaban interpretando que en todo caso el precepto constituía una presunción *iuris tantum*, de forma que si la Administración demostraba que no se había tomado la decisión antes de presentar la declaración del impuesto, la dotación no era válida. Aun así, en el caso de personas físicas se sigue entendiendo hoy en día probada la voluntad previa de dotar la reserva cuando se presenta la declaración del IRPF con la dotación dentro del plazo legal.

Cuando no puede probarse que la dotación se hizo antes de la presentación del impuesto (en personas físicas lo que siempre aconsejo es dotar

---

26 Miranda Calderín, 2019. "El incumplimiento de los requisitos sustanciales y formales de la RIC en 2018" en Miranda Calderín *et alii* (2019): *La actualización del REF. La ultraperificidad atlántica: medidas económicas y fiscales.* ULPGC.

contablemente la RIC antes de que se presente la declaración del IRPF, ya que no hay otra forma de demostrarlo) y además, que se efectuó dentro del plazo que establece la normativa mercantil para la aplicación del resultado del ejercicio, se corre el riesgo de que la dotación sea rechazada en una comprobación administrativa y haya que regularizar íntegramente el beneficio disfrutado con la consiguiente liquidación de intereses de demora. Así lo ha manifestado el TS en sentencias de 16 de septiembre de 2015, recurso 2194/2014; 8 de abril de 2015, recurso 1076/2012, y 9 de marzo de 2012, recurso 5630/2008, todas ellas citadas en la SAN de 6 de octubre de 2016, recurso 588/2013, que concluye con la exigencia del acuerdo previo de dotación a pesar de que se presentase en plazo la declaración del IS. En la materia existe reciente innovación jurisprudencial en la STS de 10 de julio de 2017, recurso de casación 1728/2016, sobre una declaración complementaria del IS con una mayor dotación RIC. La conclusión del Alto Tribunal tiene repercusión en la actualidad, ya que el debate se centra no tanto en que la declaración sea o no extemporánea, y en consecuencia haya que acreditar que efectivamente la junta tomó el nuevo acuerdo antes de efectuar la dotación, sino en probar que se produjo un error en la redacción de las primeras cuentas anuales, que tuvo que ser subsanado en la redacción de las segundas con un mayor beneficio y una mayor dotación RIC. El TS entiende que la existencia del error no ha sido combatida, por lo que la nueva dotación RIC en una declaración complementaria era correcta, por más que las nuevas cuentas anuales se hayan depositado fuera de plazo en el Registro Mercantil.

Pero este novedoso matiz del TS no debe hacer olvidar la imperiosa necesidad de probar que, por los órganos adecuados y dentro del plazo mercantil, se manifestó la voluntad de aplicar parte del beneficio generado a la reserva, siempre antes de la presentación del IS. De no hacerlo, y con la salvedad de las personas físicas si han presentado en plazo la declaración del IRPF con la dotación, se corre el importante riesgo de ver regularizado el incentivo disfrutado.

El TEAC confirma en 2013 sus resoluciones respecto a que la dotación RIC ha de efectuarse dentro del plazo mercantil para la aprobación de las cuentas anuales y la aplicación de resultados, criterio que había señalado en RTEAC de 18 de mayo de 2006 y ratificado en RTEAC de 27 de septiembre de 2007[27]. La **RTEAC de 25 de julio de 2013, reclamación RG 78-**

---

27 Los fundamentos de derecho de ambas resoluciones en Miranda Calderín, 2012: 953-960.

2011, analiza la dotación efectuada dentro del plazo tributario por la junta general, pero posteriormente el Juzgado Mercantil anuló dicha junta por ser nula. Basada en la anulación, la Inspección consideró que no se había tomado la decisión de dotar RIC y la regularizó. El contribuyente alegó que figuraba la dotación en el IS presentado en plazo y que se vulneraba el principio de proporcionalidad al eliminar la RIC por un incumplimiento formal. El TEAC opina que la voluntad de la dotación ha de expresarse con antelación al disfrute del beneficio en el IS y que carece de justificación la dotación sin que previamente se aprobasen las cuentas anuales. En el caso concreto es consciente que se presentó en plazo el IS, pero que al haberse anulado la junta y siendo nulos los acuerdos adoptados, no existe acuerdo de los socios de destinar los beneficios a la dotación. Señala expresamente que la decisión ha de tomarse dentro del plazo que marca la normativa mercantil, porque si no, en el momento de la presentación del IS la declaración no será reflejo de lo que aprobaron los socios. El comentario que hace el autor de la reseña de esta resolución es elocuente, en el sentido de que el momento de la dotación no es un mero requisito formal sino algo sustancial al incentivo:

> *Es muy bueno volver a escuchar, sin medias tintas, como así sucede en esta resolución, que la dotación contable, en cuanto mero reflejo de un hecho subyacente, cual es la decisión por parte del órgano depositario de la voluntad social (la junta de socios) de inmovilizar parte del resultado en forma de la reserva para inversiones, es un requisito y presupuesto necesario que responde a la forma en que está configurado el incentivo fiscal, el cual supone el disfrute de un ahorro tributario presente a cambio de la asunción de un compromiso de inversión futura, compromiso este que debe adoptarse dentro del plazo que marca la norma mercantil para la distribución del resultado.*
>
> *No puedo dejar de añadir que la idea anterior presenta importantes implicaciones en el caso de aplicación de la RIC en autoliquidaciones extemporáneas, en contradicción con el criterio que se sostiene en ciertas resoluciones judiciales (jurisprudencia menor) que basan sus conclusiones en que la dotación contable es un mero requisito formal y así debe ser valorado a la hora de analizar si procede o no el acogimiento fuera de plazo al incentivo fiscal*[28].

Cinco años después, el criterio del TEAC sigue siendo el mismo, esta vez respecto a una declaración complementaria. La **RTEAC de 4 de diciembre de 2018** plasma que para que sea admisible la dotación RIC cuando la autoliquidación del IS se haya presentado fuera de plazo es necesario que quede fehacientemente probado que los socios acordaron la distribución de resultados con la dotación dentro del plazo que marca la normativa mercantil. Entrando en el análisis de la resolución, vemos que incide di-

---

28 Florido Caño, 2014. *Revista Hacienda Canaria n.º 41.*

rectamente en uno de los aspectos antes apuntados: que la dotación ha de efectuarse dentro del plazo señalado por la legislación mercantil para aprobar las cuentas anuales y la distribución del resultado. Si no se hace así, la dotación no es válida para aplicar el incentivo fiscal. Lo dice el TEAC con claridad y sobre la base de la SAN de 2 de junio de 2008 y la posterior confirmación del mismo criterio por la STS de 9 de marzo de 2012. Explicamos antes que con posterioridad hay muchas sentencias que afectan directamente al momento de la dotación, pero concretándonos al cumplimiento del plazo mercantil, la resolución señala expresamente que para que sea admisible la dotación en una autoliquidación presentada fuera de plazo es necesario que se haya acordado dentro del plazo mercantil[29]:

> *SEXTO. De acuerdo con la doctrina expuesta, para que sea admisible una dotación a la RIC cuando la autoliquidación del impuesto se haya presentado fuera de plazo, es necesario que esté acreditado que dicha dotación haya sido acordada previamente por el órgano social competente para ello, y que dicho acuerdo (de distribución de resultados) se haya producido dentro del plazo que marca la normativa mercantil (artículos 95 y 218 del Real Decreto Legislativo 1564/1989, de 22 de diciembre, por el que se aprueba el texto refundido de la Ley de Sociedades Anónimas, y 365 del Real Decreto 1784/1996, de 19 de julio, por el que se aprueba el Reglamento del Registro Mercantil.)* [RTEAC 4 de diciembre 2018].

El contribuyente insistió en que lo que indica la jurisprudencia es que la decisión de la dotación se efectuase antes de la presentación de la declaración, pero el TEAC concluye con claridad en que deben darse los dos condicionantes juntos: que se efectúe antes de la declaración y dentro del plazo señalado por la legislación mercantil. Así lo afirma en el fundamento quinto:

> *Pues bien, en el caso que nos ocupa podemos comprobar que no sólo las declaraciones del Impuesto sobre Sociedades tanto del ejercicio 2007 como del ejercicio 2008 fueron presentadas fuera de los plazos establecidos al efecto, sino que la distribución de resultados, y con ello la dotación a la RIC, tuvo lugar fuera del plazo que marca la normativa mercantil, que en el presente caso abarcaba hasta el 30-06-2008 (ejercicio 2007) y hasta el 30-06-2009 (ejercicio 2008), pues según se desprende de los Estatutos de la sociedad el ejercicio social se inicia el 1 de enero y finaliza el 31 de diciembre de cada año, no habiendo sido por tanto correctamente creada la RIC en tiempo y forma.*
>
> *Por todo lo expuesto, debe considerarse ajustada a derecho la regularización inspectora en el sentido de no considerar acreditada la dotación contable a la RIC en plazo, lo que determina el incumplimiento de los requisitos exigidos por la normativa mercantil y, en consecuencia, la improcedencia de la reducción en la base imponible pretendida por este concepto (…)».*

---

[29] Miranda Calderín, 2019. "Crónica de la RIC 2018". *Revista Técnica tributaria n.º 126.*

En consecuencia, no habiéndose acreditado por ningún medio de prueba admitido en derecho que la dotación a la RIC se efectuó en el plazo previsto por la normativa mercantil para aprobar las Cuentas Anuales, y siendo irrelevante a estos efectos que la decisión de dotarla se adoptase antes de la presentación extemporánea de la declaración del Impuesto sobre Sociedades, no puede este Tribunal sino declarar incorrecta la dotación de dicha reserva y confirmar la liquidación girada por el Impuesto sobre Sociedades del ejercicio 2006 [FD 5° RTEAC 4 de diciembre 2018].

3.9. El momento de la dotación para el TSJC, 2011-2024

Apenas he accedido a pronunciamientos del TSJC sobre el momento de la dotación en el periodo 2011-2024, por lo que destaco la **STSJC de 19 de octubre de 2023, Sala de Las Palmas, recurso 633/2022**, que ratifica el criterio administrativo sobre el momento en que ha de acordarse la dotación: antes de presentar el IS. Se trata de una sociedad que acordó en junta de 30 de junio de 2021 dotar RIC, pero por error no la consignó en la declaración del IS. Presentó un nuevo IS con la dotación, pero la Dependencia Regional de Gestión tributaria la inadmitió porque no estaba acreditado que la había dotado en plazo, puesto que presentó las CCAA fuera de plazo en el R.M. El TSJC dio la razón a Gestión, porque no se acreditó la fecha del acuerdo de la dotación.

El contribuyente alegó que con posterioridad a la presentación de la autoliquidación fue consciente de la existencia de un error, consistente en que los balances con los que se confeccionó y determinó la BI del IS no se correspondían con los aprobados por la junta de 30 de junio, que posteriormente fueron auditados. Como consecuencia, no se incluyeron los datos contables aprobados por la junta, entre los que se incluía la dotación RIC. En la junta se aprobaron las cuentas anuales y la propuesta de distribución de resultados de 2020, destinando 590.000 euros a la dotación. Aportaba para acreditarlo el acuerdo con la distribución del resultado del ejercicio y la dotación RIC, de fecha 30 de junio, y los balances de 2020 aprobados. Una vez advertido el error, procedió a la rectificación de los libros de contabilidad, que fueron aportados a la Administración tributaria. Sin embargo, esta sostuvo la imposibilidad de verificar la fecha del acuerdo de la junta. Señalaba finalmente que con independencia de la fecha de la firma electrónica a la que hace referencia, lo trascendente es la fecha del acuerdo de los socios con la distribución del resultado del ejercicio, contemplando la dotación RIC.

Para el TSJC, la cuestión central del expediente parte de la jurisprudencia consolidada en la materia. Para la aceptación de la rectificación de autoliquidación pretendida (la RIC no se recogió en la autoliquidación presentada en plazo, pretendiendo su inclusión, extemporáneamente, mediante la solicitud planteada) hay que tener en cuenta la extemporaneidad del depósito de cuentas anuales. La clave está ligada a la justificación fehaciente, por parte de la entidad, de la dotación en plazo de la misma, a través del correspondiente acuerdo de la junta general.

Y resuelve que no queda acreditado que la dotación RIC se efectuó en junio de 2021, sino cuando se legitimó la firma de la certificación el 20 de enero de 2022, habiéndose presentado la primera declaración del IS sin dotación alguna. El informe de auditoría, como documento privado, tampoco acredita la fecha en que se tomó la decisión de dotar RIC y las cuentas anuales se presentaron fuera de plazo. Por ello desestimó las pretensiones del contribuyente:

> *SEXTO.– Nos detenemos brevemente aquí otra vez para dejar expresa constancia de que, en efecto, compartimos con la recurrente que el nacimiento y disfrute de un determinado incentivo tributario no puede verse arrumbado por, exclusivamente, el incumplimiento de un requisito de naturaleza estrictamente adjetiva, condición que, como se ha visto, atribuye la recurrente a lo que denomina "simple error de transcripción".*
>
> *Ciertamente, de ordinario, las obligaciones formales no actúan como factores conformadores en el nacimiento del derecho a disfrutar del beneficio tributario, y es que, a fin de cuentas, esos deberes no constituyen verdaderos elementos consustanciales al disfrute del beneficio fiscal, de modo que, como regla general, el incumplimiento o cumplimiento tardío de aquellos no pasan de ser meros defectos subsanables en un momento posterior. Recuérdese que las prestaciones formales son meramente auxiliares o instrumentales del deber de contribuir, posibilitando una más ágil y eficaz gestión del tributo, pero sin influir en la configuración de su cuantía, por lo que, en justa reciprocidad, cabría postular idéntica naturaleza cuando su finalidad se dirige a aplicar un determinado beneficio tributario.*
>
> *Por otro lado, tampoco podemos olvidar el tenor literal del art. 108.4 LGT, según el cual "los datos y elementos de hecho consignados en las autoliquidaciones, declaraciones, comunicaciones y demás documentos presentados por los obligados tributarios se presumen ciertos para ellos y sólo podrán rectificarse por los mismos mediante prueba en contrario.".*
>
> *Guardan relación con esta norma las denominadas presunciones homini y las máximas de experiencia.*
>
> *Con ocasión de la valoración de la prueba, es frecuente emplear la presunción homini como técnica de desplazamiento de la carga en aquellas situaciones en las que la demostración de un hecho presenta dificultades.*
>
> *A estas presunciones se refiere el artículo 108.2 LGT cuando se refiere a las presunciones no establecidas por las normas.*
>
> *A través del mecanismo de la presunción homini se alivia la investigación de la Administración, desplazando o invirtiendo la carga hacia el contribuyente. La presunción se concreta mediante la identificación de los elementos que la definen: El hecho base, la relación de causalidad sustentada en un enlace preciso y directo según las reglas del criterio humano y el hecho consecuencia o inferido.*
>
> *Y un elemento sumamente importante a la hora de valorar la presunción homini es la máxima de experiencia, que sirve para potenciar la inferencia del hecho base al hecho consecuencia.*

Se trata, en fin, de una suerte de juicio de contenido general, desligado de los hechos concretos que se juzgan en el proceso, procedente de la experiencia, pero independiente de los casos particulares de cuya observación se ha inducido y que pretende tener validez para otros nuevos. Y, siendo conscientes de que lo que sigue deja entrever el resultado del litigio, vienen al caso las precedentes reflexiones porque si, tal y como proclama la dirección letrada de la actora, las Cuentas fueron aprobadas por la Junta el 30 de junio de 2021, y a tenor de lo prevenido en el art. 279.1 de la Ley de Sociedades de Capital, aprobada por Real Decreto Legislativo 1/2010, de 2 de julio, los administradores sociales disponen de un plazo máximo de 1 mes para depositar las Cuentas en el Registro Mercantil... ¿cómo explica la actora que, habiéndose detectado "el error de transcripción" en octubre de 2021 —eso es lo que dice—, el depósito de las Cuentas no se realizara de inmediato (en unos días o una semana, a lo sumo) sin siquiera agotar ese plazo de un mes legalmente establecido?

SÉPTIMO.- Encaramos ya, sin más digresión, la resolución del presente recurso jurisdiccional. Veamos.

El examen del expediente y la atenta lectura de lo actuado en el proceso permiten extraer las siguientes incontrovertibles —en nuestra opinión— conclusiones:

i) No existe ninguna prueba, por endeble que pudiese ser, de que la Junta General se celebrase el 30 de junio de 2021, lo que explica que en la autoliquidación presentada temporáneamente no se mencionara la dotación a reservas para inversiones en canarias que refiere la actora.

ii) Por el contrario, a tenor de la certificación expedida por el administrador, ha de considerarse que fue en la fecha de su legitimación -20 de enero de 2022- cuando se acordó la dotación en cuestión.

iii) A tenor de lo prevenido en el art. 1227 del Código Civil, el informe del auditor, en cuanto documento privado, carece de virtualidad para acreditar que el acuerdo de distribución de resultados del ejercicio fue aprobado en junio de 2021.

iv) En consecuencia, de conformidad con lo ordenado en el artículo 27 de la Ley 19/1994, no puede considerarse válida la dotación a la RIC que se dice efectuada en 2021 para su aplicación al periodo impositivo anterior, lo que determina la improcedencia de la solicitud certeramente rechazada por la AEAT y brillantemente tratada, tanto por el TEAR como por la Sra. Abogada del Estado, cuyas consideraciones —las de ambos— estas Sala hace explícitamente suyas [FFDD SEXTO Y SÉPTIMO, STSJC de 19 de octubre de 2023, Sala de Las Palmas].

3.10. Los avances y retrocesos de la AN sobre el momento de la dotación, 2012-2024

La **SAN de 13 de febrero de 2012, Sección 2**, estudia la cuestión de las declaraciones extemporáneas y el momento de la dotación. Rechaza la dotación porque la empresa no había acreditado que dotó la RIC con anterioridad a la presentación del IS ni llega a explicar por qué se generó un nuevo resultado y una nueva dotación. En síntesis, la sociedad presentó una primera declaración IS en plazo y otra complementaria fuera de plazo con un mayor rendimiento y una mayor dotación, pero no prueba en qué fecha tomó el acuerdo. El motivo del rechazo de la dotación por la AN es el que conocemos de anteriores sentencias: no acreditarse que la decisión de dotar la RIC se tomara antes de la presentación extemporánea.

A pesar de que el derrotero parece ser el mismo que analicé en el epígrafe 3.5, dos sentencias de la AN de mayo de 2012 dan a entender un cambio de criterio en el hecho de dotar RIC con una declaración extemporánea del IS, concurriendo además la presentación tardía de las cuentas anuales en el R.M. e incluso la legitimación de firmas ante el notario después de la presentación del IS. La AN dice que la presentación fuera de plazo de los documentos no tiene por qué suponer la pérdida del beneficio fiscal, ya que no es proporcional a las faltas cometidas, máxime cuando presentó con posterioridad la documentación y esta sirvió para que la Inspección comprobase con qué beneficios dotó RIC. Por tanto, hay innovación en estas dos sentencias, puesto que, con anterioridad la AN exigía demostrar que la decisión empresarial de dotar RIC se tomó antes de la presentación del IS. Paso a comentarlas.

La **SAN de 3 de mayo de 2012, Sección 2, recurso 236/2009**, trata de una sociedad a la que se le rechaza la dotación por haber presentado fuera de plazo el IS, las cuentas anuales y la legitimación de firmas del acta. La AN concluye que la presentación fuera de plazo de todos los documentos no tiene por qué suponer la pérdida del beneficio, ya que no es proporcional a las faltas cometidas, máxime cuando presentó con posterioridad la documentación. Tampoco el retraso en la presentación extemporánea impidió que la Inspección comprobase con qué beneficios había dotado la RIC, por lo que admitió la dotación y anuló la sanción que se le había impuesto. Las dos importantes conclusiones que aporta la sentencia son: (i) que los incumplimientos temporales o formales en el momento de la dotación solo pueden acarrear la pérdida del beneficio si del mismo resulta materialmente afectado el derecho a su aplicación o si, precisamente como consecuencia de tal omisión, la Inspección no puede ejercer sus funciones de comprobación para constatar si el beneficio tenido en cuenta es o no apto para dotar RIC, y (ii) que no parece conforme con el principio de proporcionalidad declarar la pérdida de un beneficio fiscal por el tardío cumplimiento de un requisito formal cuando, como se ha constatado, la sociedad cumplía materialmente con las exigencias para ser acreedor del beneficio:

> *TERCERO. En cuanto al fondo del asunto, las resoluciones impugnadas rechazan el beneficio derivado de la dotación a la reserva para inversiones en Canarias en el ejercicio 2002 por razones exclusivamente formales. Aunque en la liquidación se detalla que tal omisiones de forma están constituidas por la falta de constancia en el Registro Mercantil de legalización alguna referente a los Libros Diario y de Balance, presentación extemporánea de las cuentas anuales*

correspondientes al ejercicio (se presentaron en el Registro Mercantil el 21 de noviembre de 2003), presentación extemporánea de la declaración del impuesto sobre sociedades (efectuada el 14 de octubre de 2003) y legitimación ante notario de las firmas de los administradores certificando la distribución de resultados con fecha posterior a dicha declaración-liquidación (13 de noviembre de 2003), la atenta lectura de las resoluciones adoptadas por el TEAR de Canarias y por el TEAC **pone de manifiesto que el rechazo al beneficio fiscal deriva de un solo defecto formal: la legitimación notarial de las firmas de los administradores se produjo con posterioridad a la presentación de la declaración del impuesto sobre sociedades del ejercicio 2002.**

Entendemos que esa es la única razón que ha conducido al rechazo del beneficio por cuanto el TEAR de Canarias acoge su aplicación en relación con los ejercicios 2000 y 2001 a pesar de concurrir en tales períodos las mismas circunstancias que en el ejercicio 2002 (sustancialmente la presentación extemporánea de las declaraciones correspondientes), aunque no lo que ha sido considerada esencial por los órganos de revisión: la fecha de legitimación de la firma de los administradores que certificaron la distribución de resultados.

Frente a tales decisiones, aduce el actor (aceptando el incumplimiento de aquellos requisitos formales) que ha acreditado materialmente la procedencia del beneficio por cuanto: a) Ha presentado una declaración jurada de su única socia, ante notario, acreditando que en Junta General de 30 de junio de 2003 se adoptó la distribución de resultados y la dotación a la RIC por la cuantía señalada en la declaración-liquidación del impuesto sobre sociedades del ejercicio 2002; b) Ha aportado copia autenticada ante notario del Libro Diario de enero y junio de los períodos regularizados de la que se desprende la distribución efectiva de la cuenta de pérdidas y ganancias y el mantenimiento e indisponibilidad de las dotaciones efectuadas.

CUARTO. La solución a la cuestión controvertida exige partir del artículo 27 de la Ley 19/1994, de 6 de julio, de Modificación del Régimen Económico y Fiscal de Canarias, que establece lo siguiente:

1. Las sociedades y demás entidades jurídicas sujetas al Impuesto sobre Sociedades tendrán derecho a la reducción en la base imponible de este impuesto de las cantidades que, con relación a sus establecimientos situados en Canarias, destinen de sus beneficios a la reserva para inversiones de acuerdo con lo dispuesto en el presente artículo.

2. La reducción a que se refiere el apartado anterior se aplicará a las dotaciones que en cada período impositivo se hagan a la reserva para inversiones hasta el límite del 90 por 100 de la parte de beneficio obtenido en el mismo periodo que no sea objeto de distribución, en cuanto proceda de establecimientos situados en Canarias.

3. La reserva para inversiones deberá figurar en los balances con absoluta separación y título apropiado y será indisponible en tanto que los bienes en que se materializó deban permanecer en la empresa.

4. Las cantidades destinadas a la reserva para inversiones en Canarias deberán materializarse en el plazo máximo de tres años, contados desde la fecha del devengo del impuesto correspondiente al ejercicio en que se ha dotado la misma, en la realización de alguna de las inversiones que cita (...).

8. La disposición de la reserva para inversiones con anterioridad al plazo de mantenimiento de la inversión o para inversiones diferentes a las previstas, así como el incumplimiento de cualquier otro de los requisitos establecidos en este artículo dará lugar a la integración en la base imponible del ejercicio en que ocurrieran estas circunstancias de las cantidades que en su día dieron lugar a la reducción de la misma".

Como el propio TEAC reconoce en su resolución (v. fundamento de derecho quinto), la presentación de la declaración-liquidación del impuesto fuera de plazo no puede suponer, por sí misma, la pérdida del derecho al beneficio ni puede privar a la RIC de su virtualidad, pues —prima facie— los requisitos establecidos en el precepto pueden acreditarse por cua-

lesquiera medios de prueba admitidos en derecho. A ello cabría añadir, a juicio de la Sala, que tampoco la circunstancia de que la legitimación notarial de la firma de los administradores que figuran en las cuentas anuales se haya producido con posterioridad a la presentación de aquella declaración (en el caso, veintiocho días después) puede constituir obstáculo insalvable para disfrutar del beneficio cuando —como sucede en el supuesto analizado— la Inspección cuenta con todos los datos necesarios para determinar la aptitud (o no) de las cantidades destinadas por el contribuyente para la dotación la reserva.

Dicho de otra forma, el incumplimiento de aquel requisito formal solo puede acarrear la pérdida del beneficio si del mismo resulta materialmente afectado el derecho a su aplicación o si, precisamente como consecuencia de tal omisión, la Inspección no puede ejercer sus funciones de comprobación para constatar si el beneficio tenido en cuenta es o no apto para dotar la reserva en los términos previstos en el parcialmente transcrito artículo 27 de la Ley 19/1994, de 6 de julio.

Desde este punto de vista, resulta relevante que la Administración (Inspección, TEAR de Canarias y TEAC) no haya opuesto tacha u objeción alguna a la procedencia material de la dotación efectuada por el sujeto pasivo en el ejercicio 2003, ni que tampoco haya razonado en qué medida la tardía legitimación de las firmas de los administradores le ha impedido comprobar la procedencia o improcedencia de la reducción aplicada por la actora, a lo que debe añadirse que no puede afirmarse que las repetidas exigencias formales hayan sido absolutamente omitidas por el obligado tributario, sino que —exclusivamente— han sido cumplidas de manera tardía.

Resulta, por lo demás, incontrovertido que la contribuyente adoptó los acuerdos correspondientes para efectuar la dotación, que nada se opone a la aptitud de los beneficios para acogerse al incentivo fiscal ni al mantenimiento e indisponibilidad de las dotaciones efectuadas, que incorporó tal dotación a su declaración (tardía) del impuesto y que se legalizaron (también tardíamente) las firmas de los administradores que certificaron la distribución de resultados, circunstancias (todas ellas) que permitieron a la Inspección comprobar si las exigencias materiales derivadas de la legislación aplicable se cumplían o no en el caso.

Por último, no resulta ocioso recordar que el artículo 3.2 de la vigente Ley General Tributaria dispone que la aplicación del sistema tributario "se basará en los principios de proporcionalidad, eficacia y limitación de costes indirectos derivados del cumplimiento de obligaciones formales". No parece que resulte conforme con tales principios (sobre todo con el de proporcionalidad) declarar la pérdida de un beneficio fiscal por el tardío cumplimiento de un requisito formal cuando, como se ha constatado, la sociedad cumplía materialmente con las exigencias que, para ser acreedor del beneficio, establece la normativa aplicable y cuando la Administración Tributaria cuenta con los datos suficientes como para ejercer sobre el cumplimiento de tales exigencias las funciones de inspección y control que le son propias.

QUINTO. Procede entonces, y sin necesidad de otros razonamientos, estimar el recurso contencioso administrativo y anular, en consecuencia, no solo la regularización relativa al ejercicio 2002, sino también, por falta de tipicidad derivada de la nulidad de la liquidación de la que trae causa, la sanción impuesta por dicho ejercicio (únicos extremos controvertidos en autos) y sin que, a tenor del artículo 139.1 de la Ley Jurisdiccional, se aprecien méritos que determinen la imposición de una especial condena en costas [FD 3º y 4º SAN 3 de mayo de 2012. La negrita es nuestra].

Casi con los mismos argumentos del pronunciamiento anterior, la **SAN de 29 de noviembre de 2012, Sección 2, recurso 451/2009,** admite la dotación RIC en una declaración fuera de plazo, con firmas legitimadas y presentación en el R.M. fuera de plazo y posterior a la declaración. Se basa en la SAN de 3 de mayo de 2012, antes analizada, y el fondo de la cuestión es que con los elementos declarados la Inspección pudo seguir la pista de la dotación y comprobar su materialización. Aprovecha la AN para dar un importante varapalo al TEAC por los comentarios que realizó sobre una STSJC de 29 de junio de 2006, "sobreentendiendo una especie de facultad de los funcionarios integrados en el TEAC para distinguir entre las sentencias que les merecen una opinión favorable de las que se encuentran en la hipótesis contraria":

> *CUARTO. La claridad de la citada sentencia y la práctica coincidencia entre los hechos analizados en ella y los que aquí determinan la procedente aplicación de la RIC nos obligan a seguir el criterio sentado en ella, esto es, a estimar la demanda en los mismos términos, siendo de añadir, por lo demás, que la propia Administración tributaria, al efectuar la comprobación de la autoliquidación por parte de la Dependencia de Gestión, no opuso objeción o reparo alguno a la posibilidad material de dotar la RIC en la autoliquidación del ejercicio, por razones atinentes al cumplimiento de los requisitos de la inversión, pues el examen de dicha declaración se refirió a dos aspectos de ésta que se corregían y que ahora no son objeto de discrepancia.*
>
> *Uno de ellos negaba a la recurrente la condición de empresa de reducida dimensión, dando lugar a una rectificación en el tipo de gravamen; el otro constataba la extemporánea presentación de la declaración, razón por la que se liquidaba el recargo correspondiente.*
>
> *Ello significa que la Administración, pudiendo comprobar, en ejercicio de sus facultades de gestión (arts. 123 y 129 LGT, entre otros concordantes), la regularidad formal o extrínseca de la declaración del Impuesto sobre Sociedades, ejercicio 2003, en tanto que una parte sustancial de su base imponible estaba afectada por una dotación que luego se consideraría inadecuada por extemporánea, no tuvo a bien indagar ese extremo, ni solicitó al respecto aclaración o aportación de documentación complementaria, como por lo demás se hace a menudo, como esta Sala ha tenido ocasión reiterada de constatar, en relación con autoliquidaciones en que se reflejan dotaciones a la Reserva que nos ocupa. Ello refuerza la ilicitud de la comprobación y liquidación posteriores, en tanto suponen volver sobre un extremo que pudo ser fácilmente comprobado en el procedimiento de gestión anteriormente seguido y no se hizo, lo que permite concluir que el Departamento de Gestión —cuya limitación competencial está definida por relación con los medios comprobadores, no por el objeto material sobre el que se proyectan— no consideró defecto alguno que afectase a la regularidad de la RIC, pues pudiendo efectuar la corrección necesaria en la liquidación practicada, no lo hizo. Es de recordar, a tal respecto, que el artículo 129.2 de la LGT dispone que "...a efectos de lo previsto en el apartado anterior, la Administración tributaria podrá utilizar los datos consignados por el obligado tributario en su declaración o cualquier otro que obre en su poder, podrá requerir al obligado para que aclare los datos consignados en su declaración o presente justificante de los mismos y podrá realizar actuaciones de comprobación de valores".*
>
> *Finalmente, resulta claramente innecesario el juicio de valor vertido por el TEAC en relación con la sentencia de la Sala de lo Contencioso-Administrativo del Tribunal Superior de Justicia de Canarias, con sede en Las Palmas de Gran Canaria, de 29 de junio de 2006, citada en la reclamación, causando sorpresa que se apele, como fuente de vinculación, al "criterio tradicional" de la misma Sala, capaz de anteponerse al expresado en sentencias posteriores, siendo inaceptable, a nuestro juicio, la apostilla final deslizada en el último párrafo del fundamento jurídico sexto, en que se dice que "...circunstancia ésta que, independientemente de la opinión que merezca a este Tribunal el criterio expuesto por la sentencia indicada...", sobreentendiendo una especie de facultad de los funcionarios integrados en el TEAC, cuya identidad*

desconocemos, para distinguir entre las sentencias que les merecen una opinión favorable de las que se encuentran en la hipótesis contraria, a efectos de graduar su nivel de vinculación o aplicabilidad al caso, máxime cuando la mencionada sentencia, cuyo criterio esta Sala comparte, se inspira en una previamente dictada por el Tribunal Supremo, de 12 de noviembre de 2002, en relación con el Fondo de Previsión de Inversiones, antecedente inmediato de la RIC [FD 4º SAN 29 de noviembre 2012].

Con las dos sentencias de la AN de mayo y noviembre de 2012, el criterio administrativo de rechazar la dotación cuando no puede acreditarse que se tomó la decisión antes de presentar la declaración complementaria del IS queda muy debilitado. Al menos, cuando la documentación presentada por el contribuyente permita que la Inspección compruebe el cumplimiento de la normativa en cuanto a la dotación y posterior materialización.

En 2014, la AN publicó varias sentencias sobre el momento de la dotación y la necesidad de acreditar que la junta aprobase el reparto del saldo de pérdidas y ganancias con la dotación RIC; y la presentación extemporánea del IS con la dotación, con resultados diferentes para el contribuyente.

La SAN de 13 de febrero de 2014, Sección 2, recurso 185/2011, desestima las pretensiones del demandante porque ni constaba que la junta hubiese tomado la decisión de dotar RIC ni había acreditado ese extremo de cualquier otra forma. Y lo hace recurriendo a sentencias del TS que llegaban a igual conclusión. Confirma la regularización practicada por la Inspección, pues se está ante la aplicación de un beneficio fiscal, en que el cumplimiento de los requisitos legales queda sustraído de la voluntad de la entidad, que no está facultada para ajustar su cumplimiento a los momentos que entienda oportunos, difiriendo ese cumplimiento al margen de los requisitos formales que la norma exige, pues el destino que la entidad pretende dar a los beneficios derivados de su explotación exige el acuerdo previo de la junta de la sociedad, momento a partir del cual se despliegan las obligaciones sociales en relación con la afectación o destino de dichos beneficios:

TERCERO. (...) Nuestro punto de partida para resolver la contienda es el de que con evidencia el beneficio fiscal del que tratamos no es de aplicación automática, toda vez que el ejercicio del derecho a la reducción en la base imponible que reconoce el precepto está sujeto al incumplimiento de los requisitos previstos en el mencionado art. 27.

Recientemente, en sentencia de 7 de julio de 2011 (casación para la unificación de doctrina 235/2007) hemos destacado, por ejemplo, que la Reserva para Inversiones debe figurar en los balances con absoluta separación y título apropiado, de modo que si esto no acontece o si se acredita "el incumplimiento de los requisitos exigidos por el artículo 27 de la Ley 19/94, relativos a la Reserva para Inversiones en Canarias, procede regularizar la situación del obligado tributario de acuerdo con lo previsto en el apartado 8 de dicho artículo, cuya dicción es la siguiente: "8. La disposición de la reserva para inversiones con anterioridad al plazo de manteni-

miento de la inversión o para inversiones deferentes a las previstas, así como el incumplimiento de cualquier otro de los requisitos establecidos en este artículo dará lugar a la integración en la base imponible del ejercicio en que ocurrieran estas circunstancias de las cantidades que en su día dieron lugar a la reducción de la misma".

***Es cierto que la exigencia de acuerdo formal de la Junta General en donde se adopte la decisión de realizar la dotación no está comprendida en la dicción literal del nº 1 del art. 27** y que ello se deduce comparando este precepto con su inmediato anterior, el art. 36.1 del Decreto 3359/1967, de 23 de diciembre, por el que se aprobó el texto refundido de la Ley del Impuesto General sobre la Renta de Sociedades y demás Entidades Jurídicas. Este disponía "a efectos de esta reducción solo se considerarán beneficios no distribuidos los destinados a nutrir las reservas expresas de la entidad, excluidas las de carácter legal, sea durante el ejercicio, sea con cargo a la cuenta de resultados correspondiente, y siempre que exista al respecto, el oportuno acuerdo formal de asignación adoptado por los socios al llevar a cabo la aprobación del balance y cuenta de resultados del ejercicio de que se trate". **Pero también lo es que no tomar en consideración una serie de requisitos, entre ellos los de carácter temporal, significaría tanto como dejar al arbitrio del contribuyente el llevar a cabo una dotación a la reserva, con la consiguiente minoración de la base imponible del Impuesto, en cualquier momento que le pareciese oportuno,** incluso retroactivamente respecto de ejercicios anteriores, sin haber presentado en su momento compromiso de inversión futura ni su reflejo en la base imponible del Impuesto declarado en plazo.*

Pero por encima de todo debemos de destacar que en el caso concreto que nos ocupa, superando las apreciaciones cuya sustantividad se base en rigurosas exigencias formales, la sentencia hace una afirmación de hecho definitiva: la parte, con independencia de las fechas de adopción del acuerdo y de la inclusión de los datos pertinentes en la contabilidad, no pudo "acreditar por otro medio de prueba que se efectuó la dotación a la RIC en plazo". No probada esta circunstancia, la regularización se imponía y por eso ha de considerarse ajustado a derecho el proceder de la autoridad tributaria.". (Sentencia de fecha 9 de marzo de 2012, dictada en el rec. casación nº 5630/2008).

En este mismo sentido, tiene declarado: "Lo reseñado en las Actas de las Juntas Generales en cuanto a la RIC no puede considerarse que constituyan los Acuerdos societarios previos exigidos por la normativa, no existiendo un acuerdo definitivo y concreto sobre la dotación de la Reserva y la cuantía de la misma. No consta la existencia de posterior acuerdo societario modificando la distribución de beneficios acordada que figuraba en las Actas, ni la presentación de declaración complementaria alguna en la que conste minoración de la base imponible en concepto de RIC. De forma que, habiéndose incumplido los requisitos formales exigidos por la normativa, en concreto, el previo acuerdo formal de la Junta General en el que se adopte la decisión de realizar la dotación y la correcta contabilización de la misma, resulta improcedente la minoración de la base imponible en concepto de RIC.

Es incuestionable, efectivamente, que el precepto legal cuya aplicación invoca la actora establece una serie de requisitos para gozar del beneficio fiscal, cuyo incumplimiento priva de la posibilidad de su aplicación. Por otra parte, lo que se reconoce no es una deducción automática de la base imponible sino el derecho a la reducción, derecho cuya aplicación, por tanto, deberá instar la sociedad interesada en su declaración y aunque la entidad recurrente sostiene que ha cumplido los requisitos exigidos para disfrutar del incentivo fiscal, como pone de manifiesto la sentencia recurrida, la previsión de que en caso de no ser aceptada la aplicación de la bonificación, a la que se acogió la recurrente en sus declaraciones liquidaciones, esas reservas se doten como RIC hasta el máximo legal aplicable, no puede considerarse como una efectiva dotación a la RIC puesto que de haberse aceptado la bonificación tal dotación a la RIC no se habría realizado en ningún momento y, rechazada la bonificación, se había de reali-

zar a posteriori, pero, además, tampoco se cumplió esa dotación condicionada en los términos establecidos." (27 de septiembre de 2013, recurso de casación nº 2224/2011).

En consecuencia, aplicando estos criterios se ha de confirmar la regularización practicada, pues estamos ante la aplicación de un beneficio fiscal, en el que el cumplimiento de los requisitos legales queda sustraído de la voluntad de la entidad, que no está facultada para ajustar su cumplimiento a los momentos que entienda oportunos, difiriendo ese cumplimiento al margen de los requisitos formales que la norma exige, pues el destino que la entidad pretender dar a los beneficios derivados de su explotación, sea para reservas, sea para reinversiones, sea para reparto de dividendos, exige el acuerdo previo de la Junta Universal de la sociedad, momento a partir del cual se despliegan las obligaciones sociales en relación con la afectación o destino de dichos beneficios.

En el presente caso, como expusimos anteriormente, la actora ha actuado arbitrariamente a la hora de cumplimentar con la formalización de ambos requisitos, pues los libros contables no pueden suplir, si bien pueden complementar, el cumplimiento de los requisitos exigidos por el citado art. 27, de la Ley 19/94, y más cuando el depósito de las Cuentas Anuales se produjo con posterioridad a la fecha de presentación, fuera de plazo, de la propia declaración del Impuesto (13.10.2004), en fecha 16.11.2004 [FD 3º SAN 13 de febrero 2014. La negrita es nuestra].

La SAN de 5 de junio de 2014, Sección 2, recurso 277/2011, estima una vez más la dotación RIC con la presentación extemporánea del IS. Lo hace partiendo de la cronología de diferentes hechos, que parten de la celebración de la junta el 30 de junio, la presentación fuera de plazo del IS el 20 de octubre, la certificación notarial del acta el 28 de octubre y el depósito de las cuentas anuales el 22 de noviembre. Pero con un plus, que todos los socios aportaron al procedimiento inspector una declaración jurada de que habían tomado la decisión el 30 de junio. La AN confirma su criterio anterior de que lo verdaderamente importante es que la Inspección pudo comprobar la dotación y la materialización, no impidiéndoselo el hecho de que la certificación notarial fuese posterior a la presentación del IS. Apela, además a la proporcionalidad para que la presentación extemporánea no suponga la pérdida del beneficio fiscal:

SEGUNDO. Para una mejor comprensión de las cuestiones litigiosas, es conveniente recordar determinados datos de hecho relevantes en relación con las vicisitudes del procedimiento económico administrativo:

– La Junta General de la Sociedad había aprobado las cuentas del ejercicio 2003 con fecha 30 de Junio de 2004 consignando separadamente las cantidades destinadas a dotación para la Reserva para Inversiones en Canarias. Los libros de Actas estaban oportunamente diligenciados con fecha 30 de Septiembre de 1997.

– Todos los socios de la entidad realizaron declaraciones juradas, presentadas al procedimiento de Inspección, en las que afirmaban que el Acuerdo de la Junta de fecha 30 de Junio de 2004 se había referido a la dotación de la RIC.

– La declaración del impuesto se presentó, de forma extemporánea en fecha 20 de Octubre de 2004.

– Con fecha 28 de Octubre se realizó la formalización notarial de las firmas de los Administradores que certifica la distribución de los resultados.

– Con fecha 22 de Noviembre de 2011 se realizó el deposito ante el Registro Mercantil de las cuentas de la sociedad en las que aparecían la dotación de la RIC.

– El inicio de Actuaciones Inspectoras se produjo en relación al recurrente con fecha 1 de Marzo de 2007.

– El Acuerdo de liquidación correspondiente fue de fecha 18 de Diciembre de 2008.

– La parte recurrente interpuso reclamación económico administrativa ante el TEAR de Canarias que, una vez desestimada, dio lugar a la resolución del TEAC objeto del presente recurso contencioso administrativo.

TERCERO.– **La cuestión que se suscita en el presente recurso se centra en determinar la conformidad o no a Derecho de la resolución ahora impugnada que se concreta, exclusivamente, a la presunta improcedencia de la dotación realizada de la RIC por no haber quedado acreditado la fecha del Acuerdo societario de la entidad; la resolución recurrida entiende que la declaración fue presentada fuera del plazo establecido y que como la dotación a la RIC es un beneficio fiscal, no se trata de un simple incumplimiento formal sino de un presupuesto necesario.**

La parte recurrente entiende que del tenor literal del precepto que regula la RIC no se desprende el efecto que se anuda al incumplimiento del requisito temporal exigido por la Dependencia de Inspección y que no se contempla en la ley la trascendencia que se da al incumplimiento de ese requisito tributario [... cita la normativa]

CUARTO.– **En este caso procede la estimación del recurso contencioso administrativo planteado (siguiendo para ello lo dicho por sentencias de esta Sala en asuntos idénticos al presente en los que solo se oponía a la dotación de la RIC el incumplimiento de los requisitos temporales) y ello pues la circunstancia de que la legitimación notarial de la firma de los administradores que figuran en las cuentas anuales se haya producido con posterioridad a la presentación de aquella declaración no puede constituir obstáculo insalvable para disfrutar del beneficio cuando —como sucede en el supuesto analizado— la Inspección cuenta con todos los datos necesarios para determinar la aptitud (o no) de las cantidades destinadas por el contribuyente para la dotación la reserva.**

Es importante señalar que el incumplimiento de aquel requisito formal solo puede acarrear la pérdida del beneficio si del mismo resulta materialmente afectado el derecho a su aplicación o si, precisamente como consecuencia de tal omisión, la Inspección no puede ejercer sus funciones de comprobación para constatar si el beneficio tenido en cuenta es o no apto para dotar la reserva en los términos previstos en el parcialmente transcrito artículo 27 de la Ley 19/1994, de 6 de julio.

Desde este punto de vista, resulta relevante que la Administración (Inspección, TEAR de Canarias y TEAC) no haya opuesto tacha u objeción alguna a la procedencia material de la dotación efectuada por el sujeto pasivo en el ejercicio 2003, ni que tampoco haya razonado en qué medida la tardía legitimación de las firmas de los administradores le ha impedido comprobar la procedencia o improcedencia de la reducción aplicada por la actora, a lo que debe añadirse que no puede afirmarse que las repetidas exigencias formales hayan sido absolutamente omitidas por el obligado tributario, sino que -—exclusivamente— han sido cumplidas de manera tardía.

Resulta, por lo demás, incontrovertido que la contribuyente adoptó los acuerdos correspondientes para efectuar la dotación (pues así consta afirmado por el recurrente en su escrito de demanda sin que se haya opuesto la Administración demandada en el escrito de contestación), que nada se opone a la aptitud de los beneficios para acogerse al incentivo fiscal ni al mantenimiento e indisponibilidad de las dotaciones efectuadas, que incorporó tal dotación a su declaración (tardía) del impuesto y que se legalizaron (también tardíamente) las firmas de los administradores que certificaron la distribución de resultados, circunstancias (todas ellas) *que permitieron a la Inspección comprobar si las exigencias materiales derivadas de la legislación aplicable se cumplían o no en el caso.*

Por último, no resulta ocioso recordar que el artículo 3.2 de la vigente Ley General Tributaria dispone que la aplicación del sistema tributario "se basará en los principios de proporcionalidad, eficacia y limitación de costes indirectos derivados del cumplimiento de obligaciones formales". No parece que resulte conforme con tales principios (sobre todo con el de proporcionalidad) declarar la pérdida de un beneficio fiscal por el tardío cumplimiento de un requisito formal cuando, como se ha constatado, la sociedad cumplía materialmente con las exigencias que, para ser acreedor del beneficio, establece la normativa aplicable y cuando la Administración Tributaria cuenta con los datos suficientes como para ejercer sobre el cumplimiento de tales exigencias las funciones de inspección y control que le son propias.

Es importante señalar que la única objeción que se ha opuesto por la Administración en relación a la RIC es la que se refiere al incumplimiento de los requisitos formales sin que se haya planteado ningún objeción en cuanto al fondo de la cuestión planteada en cuanto a la obtención de los beneficios o la procedencia de establecimientos situados en Canarias [SAN de 5 de junio de 2014. La negrita es nuestra].

Sin embargo, el flexible criterio que examinamos en las sentencias AN de 2012 y 2014 cambia en 2016. La **SAN de 3 de marzo de 2016, Sección 2, recurso 632/2013,** desestima la demanda de una sociedad que presentó el 24 de julio el IS y el 29 de junio depositó las cuentas en el RM. Advertido un error en las cuentas, celebró nueva junta el 19 de octubre que lo subsanó y el 24 de diciembre presentó una declaración complementaria del IS con una mayor dotación RIC al haberse incrementado el beneficio. Después de citar y comentar varias sentencias del TS (9 de marzo y 26 de abril de 2012) llega a la conclusión de que el momento de la dotación es esencial y la prueba de que se hizo antes de la declaración del IS no se había producido, en cuanto las nuevas cuentas fueron aprobadas con posterioridad al plazo legal de presentación de la declaración IS, en la que se pretendía hacer valer la dotación, por lo que, al tiempo de aplicar el beneficio fiscal, no concurrían los requisitos para ello. Parece no tener en cuenta la AN de que se trata de una declaración complementaria del IS, que se presenta lógicamente después de la originaria dentro del plazo legal. Anticipo que esta sentencia fue recurrida en casación y la STS de 10 de julio de 2017 estimó las pretensiones del contribuyente, como vemos más adelante.

SEGUNDO. (...) De la doctrina expuesta resulta que la dotación solo puede hacerse siempre que la aprobación de la Junta General se realice en plazo para la presentación de la correspondiente declaración liquidación en el Impuesto de Sociedades, así resulta del artículo 27.8 de la Ley 19/1994 al señalar, la dotación de la reserva se podrá entender probada cuando el sujeto pasivo haya presentado dentro del plazo legalmente establecido la declaración tributaria en la que aplique el incentivo regulado en este artículo, lógicamente si la dotación no ha sido aprobada en tal fecha, mal puede aplicarse en la correspondiente declaración tributaria.

A la misma conclusión llegamos interpretando el apartado 2 del artículo 27 de la Ley 19/1994, que establece:

> *"2. La reducción a que se refiere el apartado anterior se aplicará a las dotaciones que en cada período impositivo se hagan a la reserva para inversiones hasta el límite del 90 por 100 de la parte de beneficio obtenido en el mismo período que no sea objeto de distribución, en cuanto proceda de establecimientos situados en Canarias."*
>
> *La jurisprudencia anteriormente recogida, pone de manifiesto la importancia del cumplimiento de los requisitos formales, tanto temporales como documentales, la necesidad de que la dotación a la reserva se haya plasmado correctamente en las cuentas, como que se declare en tiempo oportuno. De ahí que no podemos aceptar las tesis actoras, según las cuales, los requisitos formales temporales no son relevantes en la medida en que la dotación, aun extemporánea, se ha producido.*
>
> *Desde este punto de vista, acierta el TEAC al afirmar que, ya que el incremento de la RIC se plasmó en una declaración liquidación presentada fuera de plazo legalmente previsto, no puede beneficiarse de la presunción del artículo 27.8 de la Ley 29/1994, por ello, es la recurrente la que debe probar que había adoptado válidamente el acuerdo de contabilización de dicha reserva especial, y que tal acuerdo produce efectos frente a terceros.*
>
> *Esta prueba no se ha producido en cuanto las nuevas cuentas fueron aprobadas con posterioridad al plazo legal de presentación de la declaración en concepto IS, en la que se pretendía hacer valer, por lo que, al tiempo de aplicar el beneficio fiscal, no concurrían los requisitos para ello* [SAN 3 de marzo de 2016].

Más ajustada a derecho que la anterior nos parece la **SAN de 6 de octubre de 2016, Sección 2, recurso 588/2013**, que juzga la dotación efectuada en una junta de 30 de junio de 2006, que posteriormente el Juzgado de lo Mercantil de Santa Cruz de Tenerife declaró nula porque la junta universal fue inexistente. Intentó enmendarlo la entidad con una nueva junta celebrada tres años más tarde, pero ya era muy tarde. La SAN confirma la regularización de la dotación por no efectuarse en el momento adecuado:

> *TERCERO. (...) Por lo tanto, desde la lógica del sistema y de la seguridad jurídica, debe exigirse un acuerdo de la junta comprometiéndose a la inversión futura. Ciertamente, las sentencias referidas se refieren al requisito temporal, es decir, a la adopción del acuerdo ex post. Doctrina que, con mayor razón, debe aplicarse a los supuestos de inexistencia de acuerdo.*
>
> *En el caso de autos, no estamos ante un supuesto en el que el acuerdo tuviese algún defecto o irregularidad que con posterioridad fuese susceptible de subsanación. Lejos de ello, estamos ante un supuesto en el que el acuerdo fue inexistente, es decir, se realizó una declaración ante la Administración tributaria que no se correspondía con la realidad. De hecho, la sentencia firme del Juzgado de lo Mercantil hace expresa mención a la posibilidad de ejercitar acciones penales. Consecuencia de lo anterior es que el ulterior acuerdo de la junta de fecha 30 de junio de 2009 no pueda ser interpretado, como pretende la recurrente, como una subsanación, sino como un nuevo acuerdo que, por definición, es extemporáneo.*
>
> *Es cierto que la Sala ha mantenido y mantiene una posición flexible en relación con los requisitos exigidos por la regulación, teniendo siempre en cuenta la finalidad de la institución. Pero como venimos diciendo este es un supuesto de inexistencia de los requisitos exigidos para la viabilidad del instituto. No hay, por lo tanto, infracción del principio de proporcionalidad* [SAN de 6 de octubre de 2016].

La **SAN de 21 de diciembre de 2021, Sección 2, recurso 52/2019,** desestima las pretensiones de una entidad que presentó el 28 de marzo de 2008, fuera de plazo, el IS de 2006 con la dotación RIC. Concluye que los socios han de acordar la distribución de pérdidas y ganancias con carácter previo y que ha de dotarse la reserva cumpliendo los requisitos formales en cada ejercicio, de manera que produzca efectos frente a terceros, siendo Hacienda un tercero. No es suficiente que se acuerde la dotación RIC antes de la declaración IS, sino que además se cumplan los plazos legales y se le de publicidad al acuerdo:

SEGUNDO: Cumplimiento de los requisitos temporales y formales establecidos por la normativa para la correcta dotación de la RIC.

La cuestión debatida se centra, en determinar, por un lado, si la recurrente ha incumplido los requisitos temporales y formales establecidos por la normativa para la correcta dotación de la RIC y, por otro lado, si, en todo caso, el incumplimiento de los plazos mercantiles conlleva la pérdida del referido beneficio fiscal regulado en el artículo 27 de la Ley 19/1994, de 6 de julio, de modificación del Régimen Económico y Fiscal de Canarias.

Regulación legal.

Artículo 27 de la Ley 19/1994, en su redacción aplicable, dada por Ley 4/2006:

"1. Las entidades sujetas al Impuesto sobre Sociedades tendrán derecho a la reducción en la base imponible delas cantidades que, con relación a sus establecimientos situados en Canarias, destinen de sus beneficios a la reserva para inversiones de acuerdo con lo dispuesto en este artículo. (...)

2. La reducción a que se refiere el apartado anterior se aplicará a las dotaciones que en cada período impositivo se hagan a la reserva para inversiones hasta el límite del noventa por ciento de la parte de beneficio obtenido en el mismo período que no sea objeto de distribución, en cuanto proceda de establecimientos situados en Canarias. (...)"

Conclusiones.

Considera la recurrente que, consolidada doctrina y jurisprudencia, declaran que se exige que el contribuyente que haya disfrutado de los efectos de la RIC pruebe que la decisión de dotarla la haya tomado antes de la presentación del impuesto correspondiente.

Debemos advertir desde ahora, que la cuestión planteada no viene referida a la prueba de la dotación para la RIC, sino a la extemporaneidad de la misma.

En este sentido, acierta la Resolución impugnada, cuando señala que la aplicación de la reducción en la base imponible determinada por la dotación de la Reserva para Inversiones en Canarias requiere como presupuesto necesario que los socios acuerden la distribución de los resultados con carácter previo a su aplicación.

Ello resulta claramente del artículo 27 de la Ley 19/1994, cuando afirma que la reducción a que se refiere el apartado anterior se aplicará a las dotaciones que en cada período impositivo se hagan a la reserva para inversiones.

Es claro que las dotaciones han de hacerse en cada periodo impositivo, lo cual implica el cumplimiento de los requisitos formales que recogen la voluntad de la entidad de dotar la RIC, en cada periodo impositivo. E, implica también, que se haga de forma que produzca efectos frente a terceros.

Debemos recordar:

1. A 12-01-2010 los libros de contabilidad del ejercicio 2006 no constaban legalizados, siendo los últimos legalizados los del 2004, si bien con fecha 24-05-2010 fueron legalizados los libros de los ejercicios 2006,2007 y 2008.

2. La entidad aporta una Certificación que señala que el día 30-06-2007 se celebró la Junta General Ordinaria en la que se aprobaron las Cuentas Anuales y la aplicación del resultado del ejercicio 2006, si bien no fue hasta el 19-02-2008 cuando se efectuó la legitimación de la firma de la citada certificación por parte de la Notaria de Arrecife, Dª Carmen Martínez Socias.

3. El 28-03-2008 la sociedad presentó, de forma extemporánea, su declaración del Impuesto sobre Sociedades del ejercicio 2006.

4. El depósito de las Cuentas Anuales de 2006 tuvo lugar el 10-06-2008 y la legalización de los libros contables el 24-05-2010.

La manifestación de voluntad de la entidad de dotar la RIC, se hizo en forma que no producía efectos frente a terceros, respecto del ejercicio de 2006, y la Administración tributaria es un tercero respecto a la entidad, por lo que la manifestación de voluntad de esta, no produce efectos frente a la Administración, en tanto se cumplan las formalidades para ello.

Improcedencia de exigir el cumplimiento de los plazos señalados en la normativa mercantil.

De lo dicho anteriormente resulta que no se trata de exigir el cumplimiento de plazos mercantiles, sino de exigir el cumplimiento de aquellas formalidades por las que los terceros tienen constancia de la decisión adoptada en cada ejercicio, respecto de la atribución de beneficios.

Así, el artículo 95.1 del Real Decreto Legislativo 1564/1989, establece que la junta general ordinaria, se reunirá necesariamente dentro de los seis primeros meses de cada ejercicio, para aprobar, en su caso, las cuentas del ejercicio anterior.

El artículo 218 del mismo Texto Legislativo determina que dentro del mes siguiente a la aprobación de las cuentas anuales, se presentará para su depósito en el Registro Mercantil del domicilio social certificación delos acuerdos de la Junta General de aprobación de las cuentas anuales y de aplicación del resultado. Ese depósito hará posible que los terceros se vean afectados por el contenido de tales cuentas en virtud de la fe pública registral.

Pues bien, la dotación de la RIC debe de hacerse en relación a un ejercicio concreto, como hemos señalado antes, y con las formalidades que den fijeza y efectos frente a terceros de las dotaciones acordadas por la Junta General, por lo que han de cumplirse en plazo (para su eficacia en el correspondiente ejercicio), los requisitos necesarios para la adopción de los acuerdos y su eficacia frente a terceros.

No es suficiente que la dotación se acuerde antes de la presentación de la autoliquidación del ejercicio, es necesario que los acuerdos se adopten en relación con el ejercicio, y por tanto en los plazos señalados, y que la publicidad del acuerdo se cumpla también en relación al ejercicio y dentro de los plazos señalados. Siendo además necesario, que la liquidación se presente de forma temporánea, ya que, en otro caso, la dotación no se habría realizado en relación al concreto ejercicio.

Las sentencias aportadas por la actora no contradicen lo expuesto anteriormente.

De lo expuesto resulta la desestimación del recurso [FD 2º, SAN 21 de diciembre 2021].

En definitiva, es necesario que se presente en plazo la declaración del IS. A pesar de que hay sentencias judiciales que confirman la posibilidad de dotar RIC extemporáneamente (sobre todo cuando por una circunstancia imprevista se incrementa el resultado contable), en la actualidad es cada vez más difícil, si no imposible, que se admita la dotación RIC fuera de los plazos legales: el mercantil para aprobar las cuentas y el fiscal para presentar la declaración del IS:

3.11. El momento de la dotación para el TS, 2011-2024

En la **STS de 8 de abril de 2015, Sección 2, recurso 1076/2012,** la entidad había presentado el IS con un beneficio y dotación RIC, pero con posterioridad presentó una declaración complementaria con menor beneficio y dotación. La segunda dotación la anula el TS por extemporánea, al no haberse acreditado su adopción social antes de presentar la complementaria del IS y porque no llegó a explicar el contribuyente el motivo por el que había variado la cifra del beneficio y optó por presentar una complementaria:

SEXTO. (…) En definitiva, no sólo no hay constancia fehaciente de la adopción del acuerdo societario relativo a la dotación a la RIC, sino que no ha quedado explicada de forma suficiente la existencia de dos declaraciones distintas, una presentada en plazo y otra varios meses más tarde, en las cuales se declaraban bases muy diferentes entre sí y, en lo que al beneficio fiscal ahora objeto de discusión se refiere, dotaciones sensiblemente distintas entre una y otra declaración, sin que esa notoria divergencia cuantitativa entre la autoliquidación de 27 de julio de 1998 y la presentada el 26 de mayo de 1999 esté amparada en modo alguno por acuerdos sociales que les sirvieran de cobertura, ni la parte recurrente ha explicado la razón en virtud de la cual se produjo un descenso tan notable entre la cantidad objeto de dotación a la RIC en la primera liquidación (459.356.206 pesetas, equivalentes a 2.760.784,4 euros) y la que resultó de la segunda y tardía declaración (207.050.024 pesetas, cuyo contravalor es de 1.244.395,71 euros), toda vez que, de una parte, el Libro de Actas había sido extraviado y, por tanto, no podía servir a los fines de acreditar con certeza la fecha de la adopción del oportuno acuerdo; de otra, que la coincidencia con dicha dotación en la declaración tributaria, tal como se alega por la recurrente, afirmando que «…las cuentas anuales —balance, cuenta de pérdidas y ganancias y memoria— aprobadas por la Junta General de Accionistas de la mercantil, celebrada con fecha 30 de junio de 1998, debidamente depositadas en el Registro Mercantil (en que) se recoge el acuerdo de distribución de resultados, en el que figura la dotación a la Reserva para Inversiones en Canarias por importe de 207.050.024 Pts. (1.244.395,71 euros)…», pues es decisivo a este respecto que tales cuentas se depositaron el 13 de septiembre de 1999, fecha posterior a la presentación de la declaración complementaria el 26 de mayo de 1999, de donde cabe deducir claramente que el acuerdo social, no incorporado al Libro de actas, no posee un valor de prueba en cuanto a la fecha de su adopción, pero debe presumirse posterior a la fecha de la autoliquidación complementaria o, al menos, la parte recurrente no ha acreditado otra cosa, siendo de destacar, a este respecto, el silencio de ésta sobre la finalidad y contenido de la autoliquidación presentada el 27 de julio de 1998 en que se reflejaban otras magnitudes completamente diferentes a las que resultaron de esa supuesta Junta General de 30 de junio de 1998, pues no es comprensible que sólo unos días más tarde se presentase una declaración-liquidación, la mencionada de 27 de julio de 1998, en que se contenían unos datos de hecho manifiesta y abiertamente distintos a los que resultaron de ese acuerdo y, en particular, los referidos a la dotación a la RIC.

Por lo demás, la prueba documental aportada no acredita la fecha de adopción del acuerdo, toda vez que se trata de un mero documento privado del acompañado a la demanda referido al acuerdo social de 30 de junio de 1998, pues todo hace pensar que se trata de un documento antedatado, sin que la jurisprudencia invocada en la demanda sea trasladable a los hechos objeto de debate, una cosa es el contenido obligacional de los acuerdos adoptados respecto de los socios, caso en el que la exigencia probatoria debe ser mínima, y otra distinta

> ***es la validez frente a terceros —como lo es la Hacienda Pública— de acuerdos sociales cuya fecha es negada a efectos tributarios, en cuyo caso es preciso acreditar el hecho objeto de polémica, esto es, que el acuerdo social es anterior a la autoliquidación de 26 de mayo de 1999****, sin que el fallecimiento en 2011 del Sr. Luciano y su firma en las actas derivadas de los acuerdos adoptados en junta general y universal altere cuanto se ha dicho, pues lo decisivo es la constancia indubitada de que tal acuerdo, que en cuanto al ejercicio 1997 debió adoptarse antes del 26 de marzo de 1999, hecho que no sólo no consta, sino del que no ha hay intento alguno de acreditación, que no la pueden otorgar ni los documentos privados adjuntos a la demanda, que ponemos en duda en cuanto a su fecha, ni la prueba pericial caligráfica practicada, toda vez que no se pone en duda por la Administración la presencia y firma del Sr. Luciano, sino la fecha del acuerdo, que esa prueba no puede corroborar ni era su finalidad procesal propia* [FD 6ª, STS 8 de abril de 2015].
>
> *Es evidente que la sentencia de instancia hace una valoración de los datos que obran en el expediente, datos que la llevan a la conclusión de que no concurren los presupuestos de hecho que hace aplicable el artículo 27 de la Ley 19/94.*
>
> *No se trata, como se dice en el motivo, de una infracción del artículo 27, sino de una valoración probatoria acerca de la concurrencia de los presupuestos de hecho que hacen aplicable el texto legal invocado. Esta valoración de hechos no puede ser una infracción del texto legal citado sino, en todo caso, de las normas de valoración de la prueba, razón que obliga a desestimar el motivo* [STS 8 de abril de 2015. La negrita es nuestra].

La **STS de 10 de julio de 2017, Sección 2, recurso 1728/2016,** analiza otra de las cuestiones que han ocasionado enfrentamientos con la Administración tributaria: la declaración complementaria del IS con una mayor dotación RIC a la originariamente aprobada. La conclusión del Alto Tribunal tiene repercusión en el presente, ya que el debate se centra no tanto en que la declaración fuese o no extemporánea y por tanto había que acreditar que efectivamente la junta tomó el nuevo acuerdo antes de efectuar la dotación, sino en probar que se produjo un error en la redacción de las primeras cuentas anuales, que tuvo que ser subsanado en la redacción de las segundas con un mayor beneficio y una mayor dotación RIC. El TS entiende que la existencia del error no había sido combatida, por lo que la nueva dotación RIC en una declaración complementaria es correcta, por más que las nuevas cuentas anuales se depositasen fuera de plazo en el R.M. En síntesis, el TS admite que en una declaración complementaria realizada después del plazo legal de presentación del IS se puede incrementar la RIC con el mayor beneficio declarado. La Inspección había rechazado la mayor dotación efectuada por el contribuyente porque la declaración la presentó fuera de plazo y sin acreditar que se acordase la nueva dotación antes de la declaración del nuevo IS, por haber presentado las CCAA en el R.M. con posterioridad y porque no le asistía a la empresa la presunción de que estaba bien dotada. El contribuyente alegó con razón que una declaración complementaria nunca estaba fuera de plazo. El TS resuelve sobre la base de que la presentación de las cuentas anuales no es un requisito esencial, sino que lo importante es el motivo por el que se rectificó el resultado y la dotación RIC, que no había sido cuestionado. Estimó finalmente que la dotación incrementada era correcta:

> *CUARTO.* ***Pues bien, el apartado 8 del referido art. 27 obliga a entender que la presentación-liquidación del impuesto fuera de plazo no puede suponer, por si misma, la pérdida del derecho al beneficio ni puede privar a la RIC de su virtualidad, en cuanto los requisitos establecidos en el precepto pueden acreditarse por cualquier medio de prueba admitidos en derecho.***
>
> ***Siendo todo ello así, la cuestión controvertida no puede girar sobre la posibilidad o no de la presentación de la declaración complementaria y sobre su carácter extemporáneo, sino sobre si quedó probada efectivamente la corrección de las cuentas anuales rectificadas en que se basa la segunda declaración corregida y, por tanto, la causa por la que se presentó la declaración complementaria.***
>
> *En realidad, éste es también el planteamiento que viene a efectuar la Sala de instancia, al considerar que, tratándose de un error cometido en las cuentas que sirvieron a la declaración del Impuesto, atribuyéndose a la misma valor probatorio según el art. 27 de la Ley 19/1994, en la redacción dada por la Ley 53/2002, correspondía a la demandante destruir esa presunción de veracidad probando la comisión del error, aunque al final llega a la conclusión de que la prueba de que se había adoptado válidamente el acuerdo de contabilización de la reserva especial y que tal acuerdo produce efectos frente a terceros no se había producido.*
>
> *Con esta argumentación la Sala de instancia viene a mantener la regularización por el carácter extemporáneo del depósito de las cuentas tras su subsanación en cuanto tuvo lugar el 13 de marzo de 2009, siendo la legitimación notarial de la firma del administrador en relación con los acuerdos de la Junta, de 9 de marzo de 2009. Sin embargo al razonar de esta forma no tiene en cuenta que no puede vincularse al depósito, en este caso, la prueba de la correcta dotación a la reserva para inversiones en Canarias, ya que tal requisito no es una exigencia de carácter sustancial que prive de toda eficacia frente a terceros del contenido que se ha hecho constar en las cuentas, no debiendo en ningún caso ser confundidas las consecuencias de los actos necesariamente inscribibles (regulados en los artículos 94 y 175 y siguientes del Real Decreto 1784/1996, de 19 de julio de 1996, por el que se aprueba el Reglamento del Registro Mercantil) y no inscritos, con los que se derivan de la falta de publicación, por no haberse procedido al depósito o haberse éste hecho extemporáneamente.*
>
> *En el primer caso juega el principio de publicidad material en sentido negativo (inoperabilidad a terceros de buena fe de lo no inscrito), mientras que en el segundo, al no encontrarnos ante un caso de publicidad legal, sino de información genérica que recae sobre la sociedad, instrumentada mediante el sistema de publicidad registral, que no da fe, sino que informa sobre el estado de cuentas, simplemente se generaría una sanción.*
>
> ***En el presente caso lo esencial era la prueba de la razón de ser del error cometido, debiendo reconocerse que sobre este aspecto no existió debate alguno, al no haber puesto objeción la Inspección a la defectuosa contabilización de partidas.***
>
> *Por lo expuesto, la necesidad de estimar el motivo de casación se impone y, por las mismas razones, procede asimismo estimar el recurso contencioso administrativo con anulación de la resolución impugnada, en cuanto mantiene la regularización que afectó al incremento de la RIC que se plasmó en la declaración complementaria presentada, sin costas* [FD 4º STS 10 de julio de 2017. La negrita es nuestra][30].

---

30 Comentamos esta sentencia en Miranda Calderín, 2018. "Crónica de la RIC 2017". *Revista Hacienda Canaria n.º 48.*

3.12. Las especificaciones a tener en cuenta sobre el momento de dotar RIC por las personas físicas, 2007-2024

En los epígrafes anteriores estudiamos la importancia del momento de la dotación por parte de entidades jurídicas y cómo es necesario que se adopte la decisión antes de presentar el IS y dentro del plazo mercantil para aprobar las cuentas anuales y la aplicación del resultado del ejercicio.

Analizamos ahora, más brevemente, qué sucede con las personas físicas. Para ello partimos de la **STSJC de 27 de febrero de 2007, Sala Santa Cruz de Tenerife, n.º 85-2007**, que ratifica el criterio anterior del Tribunal de que también las personas físicas han de dotar RIC antes de la autoliquidación del impuesto, en este caso el IRPF, y rechaza la dotación de una persona física efectuada después de la presentación del IRPF.

La **STSJC de 18 de noviembre de 2008 de la misma Sala, n.º 333-2008,** insiste en el riguroso criterio de que el empresario individual que presenta su declaración IRPF el 19 de junio, antes de dotar RIC el 30 de junio, con el asiento contable correspondiente de "pérdidas y ganancias a RIC" el 30 de junio incumple la normativa. Por si había duda alguna, ratifica igual conclusión en dos sentencias: en la **STSJC de 18 de diciembre de 2008, Sala SCT, n.º 376**, sobre el caso de un empresario individual que dota RIC después de la presentación del IRPF, estimando por ello que no es válida la dotación efectuada; y en la **STSJC de 19 de julio de 2009, Sala SCT, n.º 158**, que desestima el recurso presentado por un empresario individual que dotó RIC el 31 de diciembre y no antes de presentar su declaración del IRPF.

Por aquellos años se había pronunciado la Audiencia Nacional sobre el momento de la dotación. En la **SAN 11 de junio de 2008, Sección 4**, se plantea una cuestión tan simple como la de un empresario individual que dotó contablemente la RIC el 30 de junio, pero presentó el IRPF diez días antes, el 20 de junio. Conocíamos el riguroso criterio de la Sala de SCT del TSJC al respecto, que además admitió sancionar al contribuyente por su conducta —aunque parezca increíble—. Sobre las fechas concretas no se pronuncia la AN en esta ocasión, ya que desestimó el recurso por otras cuestiones, específicamente porque la aplicación del saldo de pérdidas y ganancias se hizo a la cuenta de capital y no a la específica de la reserva RIC. En cualquier caso, rechaza la dotación efectuada por no cumplir los requisitos sustanciales que señala la Ley, si bien, y al menos, anula el régimen sancionador aplicado, puesto que el contribuyente hizo una interpretación razonable y no había ocultado documentación a la Administración.

En la **SAN de 9 de febrero de 2011, Sección 4, recurso 352/2009**, se combinan varios asuntos: persona física que dota RIC con la cuenta de capital no del resultado del ejercicio, que previamente llevó a capital. La AN considera que no puede conocerse el origen de la dotación, por lo que no procede la misma. Realiza el asiento de la dotación después de la presentación del IRPF, por lo que también rechaza la dotación. Sobre la sanción considera que la aplicable es la de un defecto en la contabilidad, que en su cuantía media se establece en 3.000 €, pero no la aplicada por la Administración de dejar de ingresar y por el importe porcentual a la dotación. Considera no aplicable con carácter retroactivo la sanción del 2% de la nueva normativa.

Sobre el tema que ahora nos concierne del momento de la dotación, la AN comprueba que siempre ha presentado el IRPF antes de contabilizar la dotación. Reconoce que el precepto no está en la normativa, pero ha de interpretarse en el sentido de que primero se dota en la contabilidad y luego se refleja la deducción en el IRPF:

> *OCTAVO. En cuanto al momento de efectuarse la dotación a efectos contables, de las actuaciones inspectoras se deduce que, salvo en el ejercicio 1996 en el que se dota la RIC el 31 de enero de 1997 y se presenta la autoliquidación IRPF el 19 de junio de ese año, en el resto siempre se ha dotado con posterioridad a la presentación de la autoliquidación. Como se ha expuesto en los Antecedentes de esta Sentencia, la demandante opone que tal exigencia no se recoja en el artículo 27 Ley 19/1994 y alega la evolución normativa posterior que, a modo de interpretación auténtica, permite entender probada la realidad de la dotación con la declaración en plazo a efectos de obtener la deducción.*
>
> *NOVENO. Si negar lo antes expuesto no es menos cierto que, aun cuando de la letra del artículo 27 y en la redacción aplicable al actor, no se deduzca una exigencia expresa de que la dotación debe ser anterior a la declaración, esto no quita para que tal exigencia se deduzca de la lógica del instituto de la RIC.*
>
> *Si lo que se ventila es una deducción fiscal referida al periodo impositivo en el que se obtiene un beneficio con que se dota tal reserva, va de suyo que si el beneficio se obtiene en un ejercicio fiscal, la deducción en la cuota debe ir referida a una dotación hecha. La secuencia lógica es, por tanto, contabilización de un rendimiento neto y dotación, declaración y deducción, mantenimiento y materialización* [FD SÉPTIMO Y OCTAVO SAN 9 de febrero 2011].

La SAN de 20 de junio de 2012, Sección 4, recurso 324/2011, recoge un caso parecido al anterior. Persona física que dota RIC contra una provisión, y lleva el saldo de pérdidas y ganancias a capital. Sin embargo, lleva la dotación RIC a la cuenta del titular de la explotación, por lo que no permanece en los balances. En ambos casos, la AN concluye que hay incumplimiento de la normativa, pero al menos anula sanción:

> *DÉCIMO. Como vemos el valor probatorio de los libros de contabilidad avala la postura de la Administración, atendida la carencia de prueba para contrarrestarla, y en concreto los*

> *limitados medios de prueba solicitados en este contencioso, no pudiendo admitirse la argumentación de la actora fundada en incorrecciones contables motivada por la premura en presentar la contabilidad de 1999, ya que conforme a la resolución impugnada la contabilidad fue solicitada por la Inspección en el mes de junio de 2000, y los asientos contables fechados el 1 de enero de 1999, mientras que la reserva como reparto de beneficios de 1998 es en junio de 1999, cuando se aplica el incentivo fiscal en la autoliquidación de 1998, con estos datos la justificación basada en errores motivados por razones de urgencia queda desvirtuada.*
>
> *UNDECIMO Resta por analizar la impugnación de la actora a la sanción impuesta y a tal efecto hay que recordar la singularidad del ámbito sancionador, en la que, con matices, son aplicables los principios del ordenamiento penal, de modo que, como mantiene el Tribunal Supremo, la apreciación de la culpabilidad en la conducta del sujeto infractor es una exigencia que surge directamente de los principios constitucionales de la seguridad jurídica y de legalidad en cuanto al ejercicio de potestades sancionadoras de cualquier naturaleza.*
>
> *Así, el principio de culpabilidad constituye un elemento básico a la hora de calificar la conducta de una persona como sancionable, es decir, es un elemento esencial en todo ilícito administrativo, lo que supone analizar las razones expuestas por la recurrente como justificadoras del incumplimiento de sus obligaciones tributarias para descartar las que sean meros pretextos o se basen en criterio de interpretación absolutamente insostenibles.*
>
> *Así las cosas, considera la Sala que la oposición en este caso debe prosperar ya que una materia es la relativa a la liquidación, en la que es aplicable la doctrina que señalábamos en el fundamento tercero y que nos ha llevado a confirmar la resolución administrativa y otra distinta la sanción, en que incumplimientos formales y simples deducciones no son suficientes, y la resolución penal que confirma el auto de sobreseimiento libre y archivo de las actuaciones, acordado en las Diligencias Previas 205/01, seguidas por el Juzgado de Instrucción nº 3 de Santa Cruz de Tenerife, en concreto el auto de la Sección Segunda de la Audiencia Provincial de Santa Cruz de Tenerife, de 12 de julio de 2002, como indica la actora, señala que "Partiendo de tal planteamiento no parece tan evidente, sino al contrario, el delito que pretende imputarse al denunciado, y sí acogible la tesis del mismo de que simplemente se ha producido un error contable, y que dado que los libros de contabilidad no estaban legalizados no puede atribuírsele la eficacia probatoria que se pretende por la parte recurrente"* [FFDD DÉCIMO y UNDÉCIMO, SAN 20 de junio 2012].

Y por fin se pronuncia el Tribunal Supremo en **STS de 6 de febrero de 2012, Sección 2, recurso 4557/2008**, sobre esta polémica cuestión centrada en personas físicas, sin que nada nuevo aporte, puesto que siguió con el restrictivo criterio de la Administración tributaria y la AN. Rechaza la dotación RIC efectuada por una persona física por haberla creado contra capital y no contra pérdidas y ganancias; y por haber contabilizado la dotación el 30 de junio, habiendo presentado el IRPF días antes. Para el TS no se trata de un mero incumplimiento formal, sino que la dotación correcta es un aspecto sustancial, debiéndose acreditar que se hace con los beneficios generados:

> *SEGUNDO. (...) Sobre este particular los recurrentes se limitan a aducir, en síntesis, que se trata de una mera infracción formal y que se cumplieron todos los requisitos materiales, resultando por ello desproporcionado negar la aplicación de la deducción en la cuota íntegra del impuesto sobre la renta de las personas físicas.*

> *Pues bien, el apartado 8 del artículo 27 de la Ley 19/1994 vinculaba, como se ha visto, la pérdida del beneficio fiscal ligado a la dotación de la reserva para inversiones en Canarias —fuera éste la reducción en la base imponible del impuesto sobre sociedades, para sociedades y demás entidades jurídicas (apartado 1), o fuera la deducción en la cuota íntegra del impuesto sobre la renta de las personas físicas, para los sujetos pasivos de este último tributo (apartado 9)— al incumplimiento de cualquiera de los requisitos previstos en el precepto legal. Es indiscutible, además, que el beneficio fiscal del apartado 9, para los sujetos pasivos del impuesto sobre la renta de las personas físicas, se aplicaba, de acuerdo con lo dispuesto en los apartados 3 a 8, en los mismos términos que los exigidos a las sociedades y demás entidades jurídicas, porque así lo ordenaba de forma explícita su último inciso.*
>
> *Dicho lo cual, ha de destacarse en qué consistió el incumplimiento que se produjo en el caso enjuiciado: la dotación a la reserva para inversiones en Canarias fue contabilizada el 30 de junio de 1997 con cargo a la cuenta de capital, en vez de hacerse con cargo a la cuenta de pérdidas y ganancias. No es éste, como sostienen los recurrentes, un simple incumplimiento formal, porque el apartado 9 del artículo 27 de la Ley 19/1994 exigía destinar a la reserva para inversiones los rendimientos netos de explotación del ejercicio provenientes de actividades empresariales realizadas mediante establecimientos situados en Canarias, y la contabilización de dicha reserva con cargo a la cuenta de capital no permite confirmar que los fondos con los que se dotó tuvieran dicho origen, «sin que la actora haya aportado prueba pericial contable de contrario que desvirtúe lo expuesto», tal y como afirma la Sala de instancia en el fundamento de derecho cuarto, in fine, de la sentencia recurrida.*
>
> *Estas reflexiones nos llevan a rechazar el único motivo de casación articulado por los recurrentes* [FD SEGUNDO, STS 6 de febrero 2012].

Después de analizar los estrictos criterios del TS, AN y TSJC, una y otra vez ratificados sobre el momento de la dotación RIC en empresarios individuales y profesionales, mi consejo profesional fue en su día y sigue siendo hoy, que el asiento contable con la aplicación del saldo de pérdidas y ganancias a la dotación RIC y a capital se realice en los libros contables de la persona física en los meses de marzo, abril o mayo siguiente al cierre del ejercicio, y que se presente la declaración del IRPF con posterioridad al asiento (antes del 30 de junio). Si el ejercicio que se cierra es 2024, en marzo, abril o mayo de 2025 ha de realizarse el asiento contable y solo a partir de la fecha del asiento puede presentarse la declaración del IRPF con la dotación RIC y la deducción correspondiente en cuota. La pérdida del beneficio fiscal no me parece castigo proporcional al incumplimiento de un requisito que no tiene mayor importancia si la Administración puede comprobar que se dotó y materializó la RIC. Es uno de los ejemplos más claros de la dureza con la que se ha castigado el cumplimiento de requisitos que siempre pensamos que eran formales, pero que los Tribunales de Justicia elevaron a sustanciales.

3.13. El momento de la dotación RIB

En este epígrafe comento exclusiva y brevemente que, a mi entender, las especificaciones que han realizado los Tribunales de Justicia sobre el momento de la dotación RIC son plenamente extrapolables a la RIB. Ha de dotarse dentro del plazo mercantil para aprobar las cuentas anuales y la aplicación de resultados, siempre antes de presentar la declaración del IS con la dotación. La RIB 2024 ha de aprobarse antes del 30 de junio de 2025 (en el caso más regular) y presentarse el IS antes del 25 de julio de 2025. La forma más fácil de acreditar el momento de la dotación es legitimando (antes de 30 de junio) las firmas de los administradores en el acta de la junta que aprobó la dotación o levantando acta notarial de la junta. Los demás requisitos mercantiles sobre el depósito de cuentas tienen menor relevancia, siempre que se acredite que la junta aprobó la dotación RIB en el plazo mercantil apropiado y se presente con posterioridad el IS, pero dentro del plazo fiscal.

Las excepciones a esta regla general pueden ser muchas, entre ellas las declaraciones extemporáneas y las complementarias con dotaciones RIB, que en relación con la RIC los Tribunales de Justicia han matizado con criterios diferentes y altibajos en sus exigencias.

Respecto a las personas físicas, es fundamental que puedan acreditar con el asiento contable en los meses de marzo, abril y mayo, que han dotado RIB antes de presentar el IRPF con la correspondiente dotación y deducción, y que presenten la declaración IRPF en plazo, pero siempre después de la dotación.

Puede parecer sorprendente que la Inspección tributaria rechace la dotación por el simple desfase de un día en el cumplimiento de los plazos y circunstancias señaladas, pero así lo han ratificado los Tribunales de Justicia en relación con la RIC, como el lector puede observar en los epígrafes precedentes.

Es una cuestión esencial a tener en cuenta por los asesores fiscales de las empresas baleares, ya que los fiscalistas de las empresas canarias hemos visto con estupor cómo lo que parecía un mero requisito formal, que incluso no figura en los textos legales que regulan ambas reservas, se convirtió en un presupuesto básico en la dotación con el beneplácito de los Tribunales de Justicia.

3.14. Ficha resumen del momento de la dotación RIC/RIB

1.	El momento en que ha de dotarse la RIC/RIB es un presupuesto básico para disfrutar del incentivo fiscal, aunque no figura en los textos legales. Ha sido el criterio administrativo, ratificado por los Tribunales de Justicia, el que impera en este asunto y que obliga a que la dotación haya de acordarse antes de la presentación de los impuestos.
2.	El momento de la dotación ha de efectuarse dentro del plazo mercantil para aprobar las cuentas anuales y la aplicación de resultados, según han ratificado los Tribunales de Justicia.
3.	Para acreditar que la dotación RIC/RIB se efectuó en dicho plazo y siempre antes de la declaración de los impuestos con la reserva vale cualquier medio admitido en Derecho. En la práctica es útil legitimar las firmas de los administradores en la certificación de la aprobación de cuentas y aplicación del resultado dentro del plazo mercantil y antes de la presentación de la declaración tributaria.
4.	La declaración extemporánea del impuesto con la dotación es motivo de conflicto que no han sabido resolver adecuadamente los Tribunales de Justicia. Normalmente impide la aplicación del incentivo, pero con matices en pronunciamientos puntuales.
5.	El caso de una declaración complementaria antes o después de la finalización del plazo de presentación del IS, es interpretado de diversas formas por los Tribunales. El TS ha manifestado que lo importante es acreditar el motivo por el que se presenta la declaración con una mayor dotación RIC.
6.	El legislador intentó resolver en 2002 la situación conflictiva que se había creado, introduciendo en el art. 27 de la RIC que se entendía probada la dotación en tiempo si el contribuyente presentaba en plazo la declaración del impuesto.
7.	Pero el TEAC consideró en 2006 que, pese a la presunción legal, no era prueba suficiente del momento de la dotación la presentación en plazo del IS. El criterio se consolidó en los Tribunales de Justicia, por lo que el legislador eliminó del art. 27 en 2006 la presunción.

8.	La DGT ha ido evolucionando en su criterio al respecto y confirma que ha de acordarse la dotación dentro del plazo mercantil para la aplicación del resultado. No se pronuncia con claridad respecto a las declaraciones complementarias o rectificativas con dotación RIC.
9.	El TEARC ha dicho de todo en esta materia, cambiando de criterio, pero manteniendo que la dotación ha de efectuarse antes de la declaración del IS. Muestra sus dudas si ha de dotarse dentro del plazo mercantil, pero hace suyo el criterio del TS de 2012 de que sí.
10.	El TEAC ratificó que la dotación ha de efectuarse antes de la presentación de los impuestos y dentro del plazo mercantil para la aprobación de las cuentas anuales. En el caso que la junta se anule con posterioridad, no servirá la dotación efectuada, criterio que ratificó la AN.
11.	El TSJC comparte que la dotación ha de acordarse antes de presentar el IS y que tal circunstancia ha de acreditarse convenientemente con el acuerdo de la junta general. El informe de auditoría, como documento privado, no acredita la fecha en que se tomó la decisión de dotar RIC, afirma en 2023.
12.	La AN ha cambiado de criterio en este asunto, pero señala que la dotación ha de acordarse antes de presentar los impuestos. Poco a poco ha ido admitiendo unas veces la dotación RIC en una declaración fuera de plazo, siempre que la Inspección pueda seguir la pista de la dotación, y apela a la desproporcionalidad de que la presentación extemporánea suponga la pérdida del incentivo. Y en otras no, como en 2016, cuando argumenta que el momento de la dotación es esencial y la prueba de que se hizo antes de la declaración del IS no se había producido, en cuanto las nuevas cuentas fueron aprobadas con posterioridad al plazo legal de presentación de la declaración IS. En 2021 afirma que no es suficiente que se acuerde la dotación RIC antes de la declaración IS, sino que además se cumplan los plazos legales y se publicite el acuerdo.
13.	El TS sentó en su día que es necesario acordar la dotación antes de la presentación de los impuestos. Respecto a una declaración complementaria con RIC, afirma que el acuerdo ha de tomarse antes de presentarla y acreditar el motivo por el que se presenta. Centra el debate en 2017 no tanto en que la declaración fuese o no extemporánea y por tanto había que acreditar que la junta tomó el nuevo acuerdo antes de efectuar la dotación, sino en probar que se produjo un error en la redacción de las primeras cuentas anuales, que tuvo que ser subsanado en la redacción de las segundas con un mayor beneficio y una mayor dotación RIC.

14. En personas físicas es suficiente acreditar que se tomó la decisión de dotar la RIC antes de presentar el IRPF. La mejor forma de hacerlo es el asiento de aplicación del resultado con la dotación en abril o mayo del año siguiente al que generó el beneficio, siempre antes de la declaración del impuesto. La presentación en plazo del IRPF con la dotación RIC a veces es prueba suficiente, pero insisto en el asiento contable que hay que contabilizar antes de presentar el impuesto. Se ha rechazado la dotación por presentar el IRPF un día antes del asiento contable.

15. Para dotar correctamente RIB hay que seguir los criterios que he señalado respecto a la RIC: que se acuerde la dotación antes de presentar los impuestos y que pueda acreditarse con cualquier medio admitido en Derecho. Entre los que recomiendo la legitimación de las firmas de los administradores antes de la finalización del plazo mercantil para la aplicación del resultado y el asiento contable en marzo, abril o mayo en personas físicas, antes de presentar el IRPF.

Capítulo 4

EL ESTABLECIMIENTO MERCANTIL QUE COMPLETE CICLO ECONÓMICO EN CANARIAS/BALEARES

Una vez explicado en los dos capítulos anteriores los presupuestos básicos para dotar la RIC/RIB, que el beneficio susceptible de ambas reservas ha de provenir necesariamente de la actividad económica, y el momento en que ha de realizarse la dotación, hay que tener en cuenta, además, que el beneficio se genere en un establecimiento situado en uno u otro archipiélago. Por supuesto que no existe la opción de elegir entre uno y otro, sino que el empresario que se acoja a la RIC habrá de generar su beneficio en Canarias y que el pretenda dotar la RIB, en Baleares. La noción de establecimiento hace referencia al establecimiento permanente previsto en la normativa del IS, que debe ser un establecimiento mercantil (que realice actividad económica) y que cierre un ciclo económico. Las matizaciones surgen en actividades que se organizan en un lugar y se desarrollan en otro, que explicamos con detalle en este capítulo en función de la doctrina administrativa y las resoluciones de los Tribunales de Justicia en relación con la RIC.

4.1. Legislación vigente y evolución normativa

– Ley 19/1994, REF

Art. 27.1. Las entidades sujetas al Impuesto sobre Sociedades tendrán derecho a la reducción en la base imponible de las cantidades que, con relación a sus establecimientos situados en Canarias, destinen de sus beneficios a la reserva para inversiones de acuerdo con lo dispuesto en este artículo (redacción 2007 hasta la actualidad).

– Reglamento, RD 1758/2007, REF

Artículo 4 Determinación de establecimiento permanente generador de beneficios en Canarias

2. A los efectos de lo establecido en el artículo 27 de la Ley 19/1994, de 6 de julio, serán establecimientos permanentes los previstos en el artículo 13.1.a) del texto refundido de la Ley del Impuesto sobre la Renta de no Residentes, aprobado por el Real Decreto Legislativo 5/2004, de 5 de marzo (redacción 2007 hasta la actualidad).

Artículo 5 Determinación del beneficio del establecimiento permanente situado en Canarias

1. Se considerarán beneficios procedentes de establecimientos permanentes situados en Canarias los derivados de las operaciones efectuadas con los medios personales y materiales afectos al mismo que cierren un ciclo mercantil que determine resultados económicos, así como los derivados de la transmisión de elementos patrimoniales no afectos a actividades económicas, siempre que, en este último caso, se trate de elementos del inmovilizado material, inversiones inmobiliarias o activos intangibles que hayan generado rentas al menos un año dentro de los tres anteriores a la fecha de transmisión (redacción RD 1022/2015).

– Ley 31/2022, Régimen fiscal especial balear, D.A. 70ª

1. Los contribuyentes del Impuesto sobre Sociedades y del Impuesto sobre la Renta de no Residentes tendrán derecho a la reducción en la base imponible de las cantidades que, con relación a sus establecimientos situados en las Illes Balears, destinen de sus beneficios a la reserva para inversiones de acuerdo con lo dispuesto en este apartado.

2. La reducción a que se refiere el número anterior se aplicará a las dotaciones que en cada período impositivo se hagan a la reserva para inversiones hasta el límite del 90 por ciento de la parte de beneficio obtenido en el mismo período que no sea objeto de distribución, en cuanto proceda de establecimientos situados en las Illes Balears.

– Reglamento RD 710/2024, Régimen fiscal especial balear

Artículo 3. Establecimientos situados en las Illes Balears

1. A los solos efectos de la reserva para inversiones en las Illes Balears, se entenderá por establecimientos, para los contribuyentes del Impuesto sobre Sociedades y del Impuesto sobre la Renta de las Personas Físicas, los que cumplan los requisitos previstos en el artículo 22.3 de la Ley 27/2014, de 27 de noviembre, del Impuesto sobre Sociedades, para el caso en que se encontraran situados en las Illes Balears.

En relación con las personas o entidades a que se refiere el apartado 2 del artículo anterior, se entenderá por establecimiento permanente, a los solos efectos de la reserva por inversiones en las Illes Balears, los previstos en el artículo 13.1.a) del texto refundido de la Ley del Impuesto sobre la Renta de no Residentes, aprobado por el Real Decreto Legislativo 5/2004, de 5 de marzo, para el caso en que se encuentren situados en las Illes Balears, y sin perjuicio de los dispuesto en los convenios para evitar la doble imposición suscritos por España que resulten de aplicación.

2. En todo caso, se entenderá que un establecimiento está situado en el territorio de las Illes Balears cuando esté en sus aguas territoriales hasta el límite exterior del mar territorial, de acuerdo con la Ley 10/1977, de 4 de enero, sobre mar territorial.

Artículo 4. Beneficio atribuible a los establecimientos situados en las Illes Balears.

1. Se considerarán beneficios procedentes de los establecimientos situados en las Illes Balears a que se refieren los apartados 1 y 2 del artículo anterior los derivados de las operaciones efec-

tuadas con los medios personales y materiales afectos al mismo que cierren un ciclo mercantil que determine resultados económicos. (…).

La evolución legislativa en la RIC contempla un pequeño cambio vigente desde el 1 de enero de 2007 respecto a los sujetos pasivos que tienen derecho a la dotación: originariamente eran *las sociedades y demás entidades jurídicas sujetas al Impuesto sobre Sociedades,* y después de esa fecha, *las entidades sujetas al Impuesto sobre Sociedades.*

Mayor trascendencia tuvo la publicación en 2007 del primer Reglamento de la Ley 19/1994 REF, que incorporó al ordenamiento la corriente jurisprudencial que interpretaba que el establecimiento que señala la Ley era el establecimiento mercantil, el que realiza una actividad económica en Canarias. El texto del art. 5.1 del RD 1758/2007 es claro: *Se considerarán beneficios procedentes de establecimientos permanentes situados en Canarias los derivados de las operaciones efectuadas con los medios personales y materiales afectos al mismo que cierren un ciclo mercantil que determine resultados económicos.* Incorporaba el precepto la obligación de que concurrieran en la actividad generadora del beneficio los medios humanos y materiales afectos al establecimiento, más un segundo requisito, que la actividad suponga un ciclo mercantil completo.

Por tanto, fue el Reglamento REF y no la Ley REF el que recogió en la reforma de 2006 (con vigencia 1 de enero de 2007) el criterio que habían establecido los Tribunales de Justicia en relación con el establecimiento situado en Canarias, que no solo debía estar situado en el archipiélago, sino además desarrollar actividad económica.

En cuanto a la RIB, el texto de la D.A. 70ª de la Ley 31/2022 del Régimen fiscal especial balear hace dos referencias al establecimiento situado en las *Illes Balears* como único generador del beneficio susceptible de la dotación, pero sin entrar en consideraciones respecto a si debe ser un establecimiento mercantil. Más específico es el Reglamento, RD 7010/2024, que delimita el concepto de establecimiento en función de la normativa del IS y del IRPF. Establecimiento que debe realizar actividad económica, completar un ciclo económico y estar situado en Baleares.

Las matizaciones efectuadas por los Tribunales de Justicia en relación con la RIC las entiendo extrapolables a la RIB, motivo de que comparta las explicaciones en varios epígrafes comunes y en otros solo me refiera a la RIC en su evolución hasta alcanzar la noción de establecimiento mercantil.

4.2. El concepto de establecimiento en relación con la RIC sirve para la RIB

La parquedad de la Ley 19/1994 respecto al establecimiento, al hacer referencia en el art. 27.1 *a sus establecimientos situados en Canarias* en relación con las entidades y el beneficio susceptible de la dotación, supuso la mayor conflictividad inicial en la aplicación del incentivo. Mientras intuíamos que había que interpretar el precepto como el establecimiento permanente en Canarias, la Administración tributaria fue sentando el criterio de que se trataba del establecimiento mercantil en Canarias. Se limitaba así el rendimiento susceptible de la dotación al que proviniese del desarrollo de actividad económica, y no de la mera tenencia de bienes (ingresos financieros) o del rendimiento de inmuebles no afectos a una explotación (alquileres y plusvalías). Los Tribunales de Justicia le dieron la razón, y el establecimiento situado en Canarias pasó a ser, por la reiterada jurisprudencia, el establecimiento mercantil situado en Canarias. El cambio legal de 2006 hizo que el criterio judicial se añadiera al texto como aclaración legal y no como innovación.

Por tanto, son dos las cuestiones principales a tener en cuenta en relación con el establecimiento en Canarias: que efectivamente se encuentre en el archipiélago, cuestión que no es fácil de concretar cuando se trate de actividades como la pesca, *trading* o la prestación de servicios a empresas no situadas en Canarias; y que desarrollen actividad económica, de forma que solo el rendimiento de la actividad y no el de los activos no afectos a ella, es susceptible de la dotación. En el primero de los casos, la concreción se redujo en la mayoría de las controversias a tener que acreditar que la sede efectiva donde se organizaba y gestionaba el negocio estaba en Canarias, aunque en todo o en parte se ejecutase fuera; y en el segundo, la casuística es tan amplia que la iremos detallando en este y siguientes capítulos.

Estudiamos el concepto de establecimiento en relación con la RIC, las principales controversias que han surgido en la determinación y localización de la actividad cuyos rendimientos son aptos para la dotación y cómo se ha resuelto la amplia litigiosidad. En muchos casos, ocasionada por la nebulosa jurídica que existía en la norma hasta 2007 y en otros, por la picaresca de quien quería disfrutar del incentivo al amparo del mero cumplimiento de ciertas formalidades.

La jurisprudencia dejó suficientemente claro que el establecimiento al que se refiere el art. 27, en su redacción hasta el 31 de diciembre de 2006, era el establecimiento mercantil, o sea, el establecimiento que tuviera su sede efectiva en territorio canario y que además realizase actividad económica en Canarias; y que de la combinación de los conceptos de beneficio y establecimiento que se utilizaba en el art. 27.1, había que interpretar que el único resultado susceptible de la dotación RIC era el proveniente de un establecimiento mercantil situado en Canarias, sin que se considerase a estos efectos como tal el que procediera de la mera tenencia de activos.

Hasta la fecha que redacté el *Manual de la RIC 2007-2013* desconocía qué iba a opinar al respecto el TS, pero en la actualidad conocemos que sentó doctrina en la materia, corroborando que el establecimiento es, además del situado en Canarias, el que realice actividad económica en el archipiélago. En otras palabras, no todo el beneficio es susceptible de la dotación RIC, sino solo el obtenido en una actividad económica situada en Canarias. Este criterio es totalmente válido para la RIB.

El cambio legal, acomodando el criterio de los Tribunales lo llevó a cabo el legislador con el RD ley 12/2006, de 29 de diciembre, en que el art. 27 de la Ley 19/1994 se mantiene con la alusión al establecimiento situado en Canarias como el único que puede dotar RIC, matizando el beneficio procedente de establecimientos en Canarias con la exclusión de los conceptos que la Administración tributaria, el TSJC y la AN hasta esa fecha habían interpretado como no susceptibles de la dotación: *A estos efectos, se considerarán beneficios procedentes de establecimientos en Canarias los derivados de actividades económicas, incluidos los procedentes de la transmisión de los elementos patrimoniales afectos a las mismas, en los términos que reglamentariamente se determinen.*

Con las matizaciones legales que el beneficio debe proceder de un establecimiento y de una actividad económica, quedó suficientemente aclarado que el concepto de establecimiento al que se refiere la Ley 19/1994 es el establecimiento mercantil situado en Canarias, y que no todo el beneficio obtenido en territorio canario es susceptible de la dotación RIC, sino exclusivamente el que proviene de la realización de actividad económica o de la enajenación de un elemento afecto a la actividad económica, sin que se consideren como tal los activos financieros ni los capitales cedidos a terceros.

Al heredar, en buena parte, el Régimen fiscal especial balear de 2022 el texto legal de la RIC, las mismas consideraciones sirven para predicar igual criterio respecto a la RIB. Examinamos en los próximos epígrafes algunas puntualizaciones a la localización de determinadas actividades.

4.3. La actividad de pesca y la localización del establecimiento susceptible de la dotación

Desde hace muchos años, la DGT, TSJC y AN han precisado la localización del establecimiento en Canarias cuyos rendimientos son susceptibles de la RIC, siendo la actividad de pesca una de las que mayor conflictividad territorial supuso. Fue perdiendo importancia el hecho de que los barcos estuviesen matriculados en el Registro de Buques canario, para ganarla el hecho que pudiera acreditarse que la actividad se realizaba en Canarias. Cuestión difícil de concretar cuando se pesca fuera del archipiélago y se vende el producto también fuera, sin que haya que descartar que efectivamente las operaciones y el negocio en sí mismo se organicen desde Canarias, en cuyo caso el rendimiento generado es susceptible de la dotación.

Explicamos brevemente los pronunciamientos que comentamos en el *Manual de la RIC 2007-2013* sobre la pesca, para luego abordar con mayor extensión nuevas sentencias.

El comienzo a la resolución del problema que supuso la localización de ciertas actividades, entre ellas la pesquera, lo fijamos en el Informe de la Comisión de expertos de diciembre de 2000, incorporado parcialmente a la DGT, CV de 25 de abril de 2001, que admitió que tanto las operaciones triangulares de comercio (incluyendo los servicios de intermediación), como las actividades pesqueras de altura realizadas en aguas fuera del archipiélago por entidades cuyos centros de dirección y gestión efectiva estuviesen situados en Canarias, podían destinar sus beneficios a la RIC:

> *5º.- ¿Se consideran actividades localizadas en Canarias, y por tanto aptas para la dotación de la RIC, las actividades pesqueras de altura realizadas en aguas no pertenecientes al archipiélago por entidades cuyos centros de dirección y gestión efectiva, tanto productiva como comercial, estén situados en Canarias?*
>
> *La localización en Canarias de una actividad económica exigirá, como ya se ha expuesto, que se trate de una operación propia de un establecimiento mercantil, es decir, que suponga la colocación en el mercado, mediante contraprestación, de un producto destinado a terceros de forma que se cierre el ciclo mercantil en territorio canario y su realización con medios productivos (materiales, técnicos, organizativos y humanos) afectos al establecimiento localizado en Canarias. Para entender cumplido este requisito en las actividades pesqueras a las que se refiere el texto de la consulta será necesario que la dirección efectiva de la misma, tanto productiva como comercial, esté situada en territorio canario y que haya sido realizada con buques de la flota canaria, es decir, inscritos en el registro permanente de base en puerto canario, o que utilicen los mismos como base habitual de avituallamiento y mantenimiento* [DGT CV 25 de abril 2001].

La **SAN, Sección 2, de 1 de febrero de 2007,** señala que la característica común en la normativa que se refiere al concepto de establecimiento es que debe constituir una verdadera explotación económica con actividad continuada o esporádica que implique una diferenciación clara e inequívoca del centro matriz, tanto en lo relativo a las estructuras de dirección y gestión administrativa propia de los negocios desarrollados por las mismas, como en lo relativo a las estructuras productivas de centros de trabajo, con una cierta independencia en cuanto a medios materiales y humanos, bien para la realización de un ciclo mercantil determinado o bien para la realización de una determinada fase productiva. Son las características que ha de cumplir para la AN el establecimiento que señala el art. 27 de la Ley 19/1994, que exige la realización de una actividad y la sede de una dirección efectiva en él.

Aplicado a la pesca, los requisitos no se cumplen —concreta la sentencia— en una empresa de pesca gallega que faena con un barco matriculado en Marín en el banco sahariano y tiene como puerto base tanto Marín como Las Palmas. Si bien reconoce la AN que el buque físicamente tenía su base en el puerto de Las Palmas, permaneció durante largos periodos en el de Marín como consecuencia del paro de la flota que faenaba en el banco canario-sahariano, y que lógicamente conllevaba que algunas de las operaciones de descarga y de comercialización se realizasen en dicho puerto. No estimó, sin embargo, que la empresa poseyese en Canarias un establecimiento permanente, ya que en él no estaba centralizada la dirección efectiva y la gestión administrativa del negocio, ni se llevaba de modo permanente la contabilidad principal ni estaban domiciliados sus administradores.

El hecho de que el inmovilizado principal —el barco— estuviese en el puerto de Las Palmas no es motivo suficiente para la AN, por tratarse de un bien mueble, que en consecuencia nunca puede tener la consideración de establecimiento mercantil o establecimiento permanente, entendido como conjunto de medios materiales y humanos con la finalidad de intervenir en la producción o distribución de bienes o servicios. El buque es un instrumento para llevar a cabo la actividad pesquera. Es crucial en el caso que las facturas relativas a ingresos y gastos se refiriesen a proveedores de la provincia de Pontevedra, siendo el domicilio de la empresa que se hacía constar el de Marín, y que la gran mayoría de las diferentes cuentas corrientes bancarias de la empresa estaban en sucursales de la provincia de Pontevedra. Todo lo cual evidenciaba la ausencia de una estructura empresarial independiente en Canarias[31].

---

31 Miranda Calderín, 2012: 174-175.

La **STSJC, Sala Las Palmas, n.º 405/2007, de 27 de julio**, atiende otro asunto sobre la pesca. La cuestión debatida en el TSJC se centra en un barco que no estaba matriculado en Canarias ni tenía el puerto base en Canarias, sino en Pasajes, y que la base habitual de aprovisionamiento y mantenimiento tampoco estaba en Canarias. La conclusión final a la que llegó fue que los beneficios obtenidos por un buque de pesca matriculado fuera de Canarias y que utiliza medios y personal que no residen en Canarias no son susceptibles de dotación RIC, añadiendo irónicamente el ponente que para qué si no entra la Ley en detalles sobre la matriculación de los barcos si da lo mismo que estén en Vascongadas o en Canarias.

No obstante, el matiz sobre la obligatoriedad de matricularse en el Registro de Buques canario fue decayendo a medida que se fueron pronunciando la AN y el TS, como vemos más adelante. Lo importante es que se acredite la realización de la actividad en Canarias.

La SAN 12 de mayo de 2011, Sección 2, recurso 241/2008, delimita el ámbito geográfico de la actividad de pesca. A la entidad Pesca Herculina se le incoa acta en 2003 sobre la dotación RIC 1999. La liquidación administrativa se motiva en que la dotación RIC exige que los resultados obtenidos deriven de actividades económicas realizadas con medios productivos (materiales, técnicos organizativos y humanos) afectos a un establecimiento situado en Canarias, no dándose tales requisitos en la entidad porque la totalidad del personal empleado reside en provincias distintas de las canarias (principalmente Galicia); además, los buques con los que ejerce la actividad no aparecen matriculados en Canarias ni existe información relativa a actividad pesquera realizada en el archipiélago, de acuerdo con la información suministrada por la Capitanía Marítima de Las Palmas. Por otro lado, la entidad es sujeto pasivo de IVA, de lo que resulta que es sujeto establecido en la Península, coincidiendo el IVA devengado con la cifra de negocios declarada en el IS, de donde cabe inferir que los resultados no son obtenidos a través de establecimientos sitos en Canarias, sino en territorio peninsular y, por tanto, no aptos legalmente para la dotación RIC. En sus alegaciones, la empresa insistió en que la actividad pesquera tenía su centro de dirección y gestión efectiva en Canarias, dos de los tres barcos tenían su base en Las Palmas, sin que fuera necesario que estuvieran matriculados en el Registro Especial de Buques canario. Sus pretensiones fueron desestimadas en el TEAR y TEAC, recurriendo a la AN.

La AN razona sus fundamentos con la STSJC de 27 de julio de 2007, que había juzgado a la misma entidad en 1998 y que concluyó que la dotación RIC efectuada ese año era improcedente por falta de acreditación de que los beneficios empresariales procedentes de la pesca hubieran sido obtenidos en Canarias. Comparte sus argumentos, excepto que sea necesario que los barcos de pesca que realizan su actividad en Canarias tengan que estar inscritos en el Registro Especial para dotar RIC con sus rendimientos:

> ***CUARTO.*** *En suma, procede mantener el criterio sentado en la transcrita sentencia, siendo de añadir que la Sala no considera completamente decisiva la cuestión acerca de la matriculación de los buques —que no sería otra cosa que un indicio más de la improcedencia del derecho propugnado—, toda vez que lo relevante es que* ***la recurrente no ha acreditado, ni siquiera lo ha intentado seriamente, el presupuesto de hecho en que debería fundar su derecho a la dotación, que es precisamente, en los términos del art. 27 de la Ley 19/1994, que los rendimientos provenientes de su actividad empresarial efectuada en establecimientos radicados en Canarias, donde la matriculación de los buques, cuando la actividad constitutiva del objeto mercantil es pesquera, desempeña un papel presuntivo, pero habría sido conceptualmente admisible que, pese a la falta de matriculación en Canarias de los buques de que dispone, la entidad recurrente hubiera probado, por otros medios distintos, la correlación causal entre la obtención de los rendimientos de las tareas pesqueras y algún punto de conexión con los puertos canarios o la radicación de su establecimiento en Canarias, lo que ha omitido completamente****, habida cuenta que los clamorosos indicios de lo contrario, constatados ampliamente por el TEAC, no han sido rebatidos en lo más mínimo, como lo muestra indefectiblemente que la demandante no ha interesado el recibimiento del recurso a prueba para la acreditación de ese presupuesto fáctico cuya aparición o constancia era imprescindible para reconocer efecto fiscal favorable a la dotación a la RIC intentada y no reconocida por la Dependencia Gestora.*
>
> *Ello, por otra parte, nos permite refutar el motivo de nulidad aducido en la demanda frente al TEAC y que, precisamente por ello, estaba ausente en el proceso seguido ante el la Sala homóloga del Tribunal Superior de Justicia de Canarias, consistente en la supuesta reformatio in peius en que habría incurrido el TEAC, toda vez que la Dependencia Gestora centró su liquidación provisional en la falta de prueba de la radicación en Canarias del establecimiento, valorando distintos indicios, a los que ya se ha hecho referencia, como la falta de matriculación de los buques en Canarias y, además, los referentes a la falta de residencia del personal de la empresa, a la falta de constancia de actividad pesquera, según certificó la Capitanía Marítima y a la consideración de PESCA HERCULINA como sujeto pasivo por el IVA, en cantidades coincidentes con su cifra global de negocio, en tanto que el TEAR limitó su análisis, tan sólo, a la cuestión relativa a la matriculación. (...)* [FD CUARTO, SAN 12 de mayo de 2011].

La Sentencia AN fue recurrida en casación al TS. La **STS de 17 de mayo de 2012, Sección 2, recurso 3751/2011,** volvió a desestimar las pretensiones de la empresa pesquera. Ratifica que no es indispensable la matriculación de los barcos de pesca para que se consideren afectos a la actividad desarrollada en Canarias, pero hay que probar que realiza la actividad en el archipiélago, lo que no hizo en el momento procesal oportuno. Los indicios sobre la facturación con IVA de la pesca desembarcada en la Península y el hecho de que uno de los tres barcos tuviera la base en Pasajes hacen que no sea ilógico o irracional y, por consiguiente, arbitrario, inferir que los beneficios obtenidos en la actividad pesquera no sean imputables al establecimiento localizado en Canarias, aunque se encuentre en territorio insular la residencia del administrador único de la sociedad mercantil, el domicilio fiscal y social de la entidad, la ubicación del centro de trabajo de los empleados a efectos de las cotizaciones a la Seguridad Social, e incluso el puerto base de dos de las tres embarcaciones con las que realiza la actividad pesquera. Es por tanto la falta de prueba de que la actividad realizada u organizada en Canarias es la que generó el rendimiento la que hizo que el TS desestimase el recurso:

> *TERCERO. En el primer motivo, «Pesca Herculina» denuncia la infracción del artículo 27 de la Ley 19/1994, de 6 de julio, de modificación del régimen económico y fiscal de Canarias, «en lo relativo a la determinación de la procedencia del beneficio apto para la dotación de incentivo fiscal, y si es legalmente exigible que éste proceda de embarcaciones matriculadas en Canarias».*
>
> *Considera que para localizar el beneficio de una actividad pesquera en el territorio canario, a los efectos de dotar la reserva para inversiones, no puede ser decisivo el criterio de que los buques estén matriculados en Canarias —criterio que sustentan la Audiencia Nacional y el Tribunal Superior de Justicia de Canarias—, porque con el mismo resultaría que, si una sociedad tiene su centro de dirección y gestión efectiva en Canarias, pero sus barcos están matriculados en puertos no canarios y faenan en aguas del Archipiélago, no podría disfrutar de la reserva para inversiones, en contradicción con la finalidad pretendida por ese incentivo fiscal. Con arreglo a una interpretación finalista del artículo 27 de la Ley 19/1994, lo decisivo es, a su juicio, que la dirección y gestión efectiva de la compañía y su domicilio social y fiscal se encuentren en Canarias.*
>
> *Siendo así, entiende insostenible la afirmación de que haya omitido actividad probatoria, como se lee en la sentencia impugnada, porque acreditó: (a) «que el Administrador Único de la sociedad reside en Canarias»; (b) «que el domicilio fiscal y social de la mercantil se localiza en Canarias»; (c) «que todos los trabajadores de la compañía se encontraban afiliados a la Seguridad Social en un centro ubicado en Canarias»; (d) «que el puerto base de dos de las tres embarcaciones con las que se desarrolla la actividad tenían su sede en Canarias», y (e) «que el valor de las capturas de las embarcaciones que tenían su puerto base en Las Palmas representaban casi el 95% del total de la entidad» (sic).*
>
> *Al amparo del artículo 88.3 de la Ley reguladora de esta jurisdicción, solicita, para el caso de que esta Sala lo considera oportuno, la integración entre los hechos admitidos como probados por el Tribunal a quo aquéllos de los expuestos que, habiéndose omitido por éste, resultan justificados en las actuaciones.*
>
> *Aduce que la realidad de lo expuesto no queda desvirtuada por su consideración como sujeto pasivo del impuesto sobre el valor añadido, dado que dicha circunstancia se vincula únicamente con la entrega de mercancías, sin que se puede vincular a la localización de la obtención del beneficio objeto de gravamen en el impuesto sobre sociedades, porque ningún establecimiento permanente ostenta en territorio peninsular.*
>
> *Tampoco se desvirtúa por la procedencia y residencia del personal con la que se realiza el trabajo, dadas las particularidades de la actividad pesquera, pues resulta más trascendente que los empleados estén afiliados en la Seguridad Social en un centro domiciliado en Canarias, constando con un número de patronal radicado en ese territorio, como es el caso, que cuál sea el lugar censal de su residencia habitual.*
>
> *Pues bien, esta Sala ha manifestado, reiteradamente, que el objetivo pretendido con la reserva para inversiones en Canarias es el fomento de la inversión productiva realizada en esas islas por los empresarios establecidos, de ahí que sólo pueda ser dotada con los beneficios*

derivados de la actividad empresarial realizada en los establecimientos sitos en el Archipiélago [sentencias de 21 de noviembre de 2011 (casación 4897/09, FJ 4º), 16 de abril de 2012 (casación 1255/10, FJ 3º), 17 de septiembre de 2012 (casación 4297/10, FJ 4º) y 19 de noviembre de 2012 (casación 1691/2011, FJ 4º), entre otras muchas].

Persiguiéndose con este incentivo fiscal el fomento de la inversión productiva en el archipiélago canario por los empresarios establecidos, la actividad económica de la que proceden los beneficios con los que se dota la reserva para inversiones en Canarias debe haberse realizado con los medios productivos (materiales, técnicos, organizativos y humanos) afectos al establecimiento localizado en Canarias y, por tanto, si su naturaleza o destino lo permite, habrán de estar allí radicados [véase la sentencia de 15 de julio de 2013 (casación 1483/12, FJ 4º)]. ***Pero establecer una clara vinculación de los medios productivos al establecimiento ubicado en territorio canario puede resultar difícil en algunas actividades económicas, dadas sus peculiares características, como sucede sin duda con la actividad pesquera.***

Consciente de este problema y de la importancia del sector pesquero en la economía insular, la Comisión para el análisis de los problemas de aplicación de la reserva para inversiones en Canarias, creada por resolución del Secretario de Estado de Hacienda de 30 de junio de 2000, en el informe que evacuó en diciembre de ese mismo año, manifestó que «[p]*odrán considerarse actividades localizadas en Canarias las relativas a capturas que, pese a llevarse a cabo en aguas no pertenecientes al Archipiélago y desembarcarse en puertos no canarios, se realicen con buques matriculados en la Islas, por entidades cuyos centros de dirección y gestión efectiva, tanto productiva como comercial, estén allí situados» (página 29).*

Tiene razón la compañía recurrente cuando sostiene que para localizar el beneficio de una actividad pesquera en el territorio canario, a los efectos de dotar la reserva para inversiones, no puede ser decisivo el criterio de que los buques estén matriculados en Canarias, pero es que los jueces a quo no han dicho eso en la sentencia aquí recurrida, se han limitado a considerar que se trata de un indicio más, *reconociendo que el lugar de matriculación de los buques, «cuando la actividad constitutiva del objeto mercantil es pesquera, desempeña un papel presuntivo» (FJ 4º), pero admitiendo que «habría sido conceptualmente admisible que, pese a la falta de matriculación en Canarias de los buques de que dispone, la entidad recurrente hubiera probado, por otros medios distintos, la correlación causal entre la obtención de los rendimientos de las tareas pesqueras y algún punto de conexión con los puertos canarios o la radicación de su establecimiento en Canarias» (FJ 4º). Atinadas reflexiones que esta Sala no puede sino compartir íntegramente.*

Queda así en evidencia que, con su primer motivo de casación, en el que insiste en los indicios de la tesis que patrocina obrantes en el expediente administrativo, tratando de desmontar los contraindicios aportados al mismo por la Dependencia de Gestión Tributaria, «Pesca Herculina» pretende, en realidad, cuestionar las conclusiones fácticas a las que llega la Sala a quo, olvidando que la formación de la convicción sobre los hechos relevantes para resolver las cuestiones objeto del debate procesal está atribuida al Tribunal de instancia, que con inmediación se encuentra en las mejores condiciones para examinar los medios probatorios. No pudiendo ser sustituido en tal cometido por este Tribunal de casación, salvo en aquellos supuestos taxativos que reiteradamente hemos mencionado y a los que después aludiremos.

(...) No estorba añadir que las inferencias fácticas obtenidas por la Sala de instancia no pueden ser calificadas en modo alguno de ilógicas, irracionales o arbitrarias. Si una compañía dedicada a la actividad pesquera no tiene ningún barco matriculado en Canarias; ni empleado alguno con residencia habitual en ese territorio; ni actividad pesquera ejercida en dicho Archipiélago, conforme a la información suministrada por la Capitanía Marítima de Las Palmas, y además consta como sujeto pasivo del impuesto sobre el valor añadido, coincidiendo la cifra total del impuesto sobre el valor añadido devengado con la cifra total de negocio declarada en el impuesto sobre sociedades, ***no es ilógico o irracional y, por consiguiente, arbitrario, inferir***

> ***que los beneficios obtenidos en esa actividad pesquera, con los que se dota la reserva para inversiones en Canarias, no son imputables al establecimiento localizado en Canarias, aunque se encuentre en ese territorio insular la residencia del administrador único de la sociedad mercantil, el domicilio fiscal y social de la misma, la ubicación del centro de trabajo de los empleados, a efectos de las cotizaciones a la Seguridad Social, e incluso el puerto base de dos de las tres embarcaciones con las que realiza la actividad pesquera****, concretamente en Las Palmas a 31 de diciembre de 1999, según certificados de la Subdirección General del Caladero Nacional y Acuicultura, del Ministerio de Agricultura, Pesca y Alimentación, de 7 de marzo de 2003. Porque no significa que estuviera allí durante todo el ejercicio y porque si el puerto base de uno de los barcos con los que desarrolla la actividad pesquera se encontraba en la Península —aunque el valor de las capturas de ese barco representara sólo el 5 por 100 de las totales en ese ejercicio 1999—, concretamente en el puerto de Pasajes en esa misma fecha, según certificado de la Subdirección General del Caladero Nacional y Acuicultura, del Ministerio de Agricultura, de 7 de marzo de 2003, no resulta inverosímil entender que la compañía también estaba establecida en territorio peninsular, por más que ésta lo niegue.*
>
> *Las reflexiones precedentes conducen a la desestimación de este primer motivo de casación y con él del todo el recurso* [STS 17 de mayo de 2012. La negrita es nuestra].

En 2021, una nueva SAN se ocupa de la actividad de pesca en Canarias. La **SAN de 29 de septiembre de 2021, Sección 2, recurso 241/2018**, concluye que una sociedad pesquera con sede en Lepe, y dos barcos matriculados en el Registro de Buques de Las Palmas, no realizan la actividad de pesca en Canarias, sino en Lepe, por lo que con sus rendimientos no podía dotar RIC en 1999-2004. La Inspección tributaria defiende que el establecimiento que encontró en Las Palmas era meramente formal; y el contribuyente lo contrario, haciendo valer la titularidad de dos buques matriculados e inscritos en Las Palmas, donde además tienen su base y es de donde se factura al exterior. La Administración tributaria y el TEAR, al contrario, afirman que los hechos descubiertos a lo largo del procedimiento inspector son abrumadores en el sentido de que apuntan de forma patente y manifiesta a que la actividad del obligado tributario en Canarias es inexistente, y que el domicilio declarado lo es únicamente con la finalidad de lograr ventajas fiscales de forma fraudulenta. Añade que las operaciones realizadas por la entidad en Canarias se limitan a reparaciones, transbordos de mercancías, avituallamiento, repostaje, etc. A partir de 2004, ni siquiera las operaciones se realizan en Canarias, puesto que los barcos de la entidad comienzan a realizarlas en puertos africanos. Todo el pescado adquirido por la empresa desde África se importa directamente a través de aduanas de la Península, principalmente Huelva y Sevilla, salvo un importe residual inferior a 10.000 euros (sobre un total de más de 6 millones de euros) que se vende a un cliente de Tenerife. La AN concluye que el contribuyente no ha desvirtuado los indicios de la Inspección sobre que la actividad de pesca no se realizaba en Canarias, sin que el hecho de estar matriculados los buques en el Registro canario sea decisivo, sino un indicio más. Por ello desestima la demanda:

QUINTO. Sobre la existencia de establecimiento permanente en Canarias. En este punto la demanda discrepa de la resolución impugnada, y por extensión de los Acuerdos de liquidación y sancionador de que traé causa, al entender que la entidad recurrente sí dispone de establecimiento permanente en Canarias y, por ende, cumple los requisitos dispuestos en la normativa de aplicación para disfrutar de este beneficio fiscal.

Así, frente la apreciación de la Inspección, confirmada en vía económico-administrativa, la demanda afirma que para tener un establecimiento permanente en Canarias no es necesario que la sociedad se encuentre domiciliada allí, ni que el administrador de la sociedad tenga su residencia en dicho territorio y resulta igualmente indiferente que las cuentas de la sociedad estén en Lepe (Huelva) o que también se sitúan en esta última localidad los vehículos del administrador —pág. 19 de la demanda—.

Y, a partir de lo anterior, sostiene la existencia de establecimiento permanente en Canarias por parte de la sociedad a partir de la titularidad de los buques GOBER 3 y GOBER 4, los cuales se encuentran matriculados e inscritos en el folio 7/2001 y folio 4/2002 respectivamente, en la lista 3ª del Distrito Marítimo de las Palmas de Gran Canaria. Asimismo, los citados buques tienen su puerto base en Las Palmas de Gran Canaria y, como se desprende de las facturas aportadas, las operaciones comerciales realizadas se han organizado, contratado y facturado en el archipiélago y los representantes (consignatarios) y proveedores tienen su sede y prestan sus servicios en Canarias —páginas 21 a 24 de la demanda—.

A través de esta argumentación se pretende combatir la apreciación administrativa de la Inspección de tributos acerca del incumplimiento por la recurrente del requisito relativo a la disposición de un establecimiento permanente en Canarias, apreciación que ha sido confirmada en vía económico-administrativa y de la que dejaremos constancia a través de la cita de parte de la motivación que se contiene en el Acuerdo de liquidación, concretamente en sus páginas 20 a 22:

"Actividad desarrollada por la entidad comprobada

Como acabamos de señalar, la cuestión nuclear a dilucidar en el presente expediente reside en si existe o no un establecimiento mercantil en Canarias, en el sentido descrito con anterioridad, que cuente con una actividad que merezca la calificación de empresarial y no sólo una existencia aparente.

Podemos afirmar que los hechos descubiertos a lo largo del procedimiento inspector son abrumadores en el sentido de que apuntan de forma patente y manifiesta que la actividad del obligado tributario en Canarias es inexistente, y que el domicilio declarado lo es únicamente con finalidad de lograr ventajas fiscales de forma fraudulenta.

PESQUERAS GOBER SL se dedica a la importación de marisco desde África para su venta en la península y Portugal. En ningún caso, el pescado o marisco se introduce, procesa o distribuye en las Islas Canarias, ya que se importa directamente por aduanas de la península, salvo una mínima cantidad (menos de 10.000 euros sobre un total de más de 6 millones de euros) vendida a una persona física de Tenerife. El caso está estrechamente vinculado a otra entidad del mismo grupo familiar de personas, MARISCOS SALVAJES SL, también residenciada artificialmente en Las Palmas, aunque esta última entidad ya ha desaparecido por absorción por parte de PESQUERAS GOBER SL en 2010.

Ya en la primera visita del actuario al supuesto establecimiento de la entidad PESQUERAS GOBER SL, donde acudió para iniciar el procedimiento por personación, pudo atisbarse la componente de apariencia meramente formal orquestada en torno a tal supuesto establecimiento. El domicilio fiscal resultó ser el despacho profesional de una sociedad de asesoría fiscal, ACOSI ASESORES, a la cual pertenece precisamente el Sr. Leopoldo, que ha tenido parte importante en los hechos descubiertos y, entre otras cosas, se presta a afirmar que ha cedido gratuitamente, sin contrato de arrendamiento, inmuebles suyos o de sociedades de las que es socio al apoderado de PESQUERAS GOBER SL para que pudiera aparentar residir en Las Palmas, cosa que, como se verá, no se ha podido acreditar de manera alguna.

En el lugar no había nada ni nadie relacionado con PESQUERAS GOBER SL.

Las operaciones realizadas por la entidad en Canarias se limitan a reparaciones, transbordos de mercancías, avituallamiento, repostaje, etc. A partir de 2004, ni siquiera estas operaciones se realizan ya en Canarias, puesto que los barcos de la entidad comienzan a realizar dichas operaciones en los puertos africanos. Todo el pescado adquirido por la empresa desde África, se importa directamente a través de aduanas de la península, principalmente Huelva y Sevilla, salvo un importe residual inferior a 10.000 euros (sobre un total de más de 6 millones de euros) que se vende a un cliente persona física de Tenerife.

En lo que respecta al ámbito familiar y residencial, la mujer del apoderado de la entidad, D. Mario, Rocío y su hija, Rosario, con NIF NUM001, residen y han residido siempre en Lepe, según los datos que constan en el padrón, en la base de datos de la Policía Nacional (servicio de verificación de datos de identidad del MAP) y los domicilios fiscales declarados por ambas.

El domicilio fiscal de D. Mario coincide, y coincidía en 2008, con el declarado por su mujer (C/ DIRECCION000, NUM002. Lepe), siendo aquel titular catastral de una vivienda situada igualmente en Lepe, en la C/ DIRECCION001, NUM003 y ostentando además el cargo de administrador de una sociedad domiciliada en Lepe, INVERSIONES JOGONSA SL NIF B21221312.

A estos efectos, el empadronamiento en el Ayuntamiento Las Palmas por parte de D. Mario solo es una formalidad ficticia, que únicamente requiere que algún residente de fe y ponga su domicilio. En este caso sería el asesor fiscal, Leopoldo, administrador único de ACOSI ASESORES. Tampoco los justificantes de alguna consumición, taxis y comidas demuestran la residencia en Las Palmas, pues tales documentos podrían ser aportados por cualquier persona que se desplace a Canarias para pasar un breve tiempo y una residencia fija en Las Palmas debería poder probarse fácil y sobradamente con otras circunstancias y justificantes.

La realidad es que hasta finales de 2012, el domicilio fiscal declarado se encuentra en Lepe Telefónicamente, y después de la actuación de la Inspección, se modifica tal domicilio a la CALLE000 NUM004 de Las Palmas. La comunidad autónoma de residencia declarada resultó ser Andalucía hasta el referido cambio. Incluso se consignaron importes relativos a deducción por adquisición en vivienda habitual desde 2002 hasta 2005, con su cónyuge. Al margen de lo anterior, en diversas escrituras el apoderado figura con domicilio en Lepe, y resulta también harto sorprendente y elocuente que la Junta General de la entidad se celebre supuestamente en Las Palmas, para llevar a renglón seguido los documentos a un notario en Lepe, y volver finalmente con ellos de nuevo a Las Palmas para depositarlos en el Registro Mercantil.

Por lo tanto no puede considerarse probado, sino todo lo contrario, lo alegado acerca de la residencia en Canarias del apoderado de la entidad —recordemos que el administrador D. Alejandro, padre del apoderado, vive en Lepe de forma acreditada—, y mucho menos que sea en viviendas supuestamente cedidas verbalmente por el administrador único de ACOSI ASESORES sin aparente contraprestación, sin contrato de arrendamiento ni justificantes de cualquier índole de dicha cesión.

No puede aceptarse esta afirmación gratuita, por cuanto a todo ello se une otra pretensión también carente de prueba alguna, que es la supuesta cesión verbal hasta 2006 de una mesa y ordenador en las dependencias de la misma asesoría y, a partir de 2006, con un contrato que contempla un "puesto de trabajo que "conlleva una mesa de despacho, una silla ordenador conectado a Internet, teléfono y fax" No existe en Canarias rastro de ningún empleado del obligado tributario ni de la otra entidad creada por el mismo grupo familiar, MARISCOS SALVAJES SL Es más, para esta última entidad se alegó en su momento la cesión, solo verbal, de mesa y ordenador en las dependencias de ACOSI ASESORES, a pesar de que aquella sociedad fue inspeccionada también para 2008 y 2009, además de 2007, todos ellos posteriores al año. 2006 en que ahora, en sede de PESQUERAS GOBER, aparece un contrato escrito ampliando mesa y ordenador con nuevos elementos como silla, conexión a internet, teléfono y fax. Es extraño que tal contrato escrito no existiera en las actuaciones previas con MARISCOS SALVAJES SL, surgiendo quizás ahora para tratar de justificar algo más el desarrollo de una "actividad" que sin internet, teléfono y fax se antojaba difícilmente sostenible de entrada.

En cualquier caso, si estas nuevas prestaciones contractuales fueran reales, habría rastro de tal uso por parte del apoderado que supuestamente gestionaba toda la actividad-de más de 5 millones de cifra negocio generalmente, debemos recordar è sin embargo haya podido aportarse prueba alguna de lo afirmado. Tampoco cabe entender la ausencia de toda documentación en Canarias generada con tanta actividad, y es que toda ella se encuentra en Lepe, donde además trabajan los verdaderos empleados de la entidad y residen, aunque no trabajen, como es lógico, los marineros de los buques de la entidad, Los locales y almacenes del obligado tributario se encuentran en Lepe, al igual que una serie de vehículos tanto de lujo uso personal —como de transporte— posible uso de la empresa —Llama poderosamente la atención el hecho de la existencia de tantos vehículos en Lepe— Peugeot Partner Combiespace, Lexus GXE10-E, Jaguar S-Type 3.0, Renault Trafic, Mercedes Benz CLS 350-y ninguno en Canarias, donde supuestamente reside el apoderado de la entidad.

Además, se ha podido comprobar que los movimientos bancarios asociados a las cuentas abiertas en Las Palmas no requieren personación en la misma por parte de ninguno de sus autorizados. Corresponden a pagos de tributos y domiciliaciones de recibos, como el de la asesoría Acosi, que se cobran de forma automática, mientras que los movimientos bancarios de las cuentas abiertas en Lepe si requieren en algunos casos dicha personación En ellas además se observan movimientos en efectivo, cobro de cheques, pago de determinadas compras, domiciliación de tarjetas de crédito y de establecimientos comerciales (El Corte Inglés).

También las cuentas utilizadas para el pago y cobro ordinario relacionado con los proveedores y clientes de la compañía están domiciliadas en Lepe.

La entidad se publicita en las páginas amarillas y otras webs en Lepe, cerrando el circulo probatorio que sitúa toda la actividad de gestión y dirección en dicha localidad onubense.

La conclusión racional de todo lo expuesto no puede ser más evidente: no se dispone de medios humanos ni materiales en Canarias, ni existe operativa comercial ni directa ni intermediada desde o hacia este archipiélago en ningún momento".

(...) [Hace referencia y copia el FD TERCERO STS 17-2-2014, trascrita anteriormente, por lo que obviamos el texto].

A la luz de esta jurisprudencia hemos de dar respuesta a las diversas alegaciones que se suscitan en la demanda a propósito de esta cuestión litigiosa.

Y lo primero que hemos de señalar a estos efectos es que la demanda efectúa una lectura sesgada de la motivación contenida en el Acuerdo de liquidación a que hemos hecho referencia.

Por una parte, la Inspección de los tributos no dice en ningún momento que para disfrutar de este beneficio fiscal sea una conditio sine qua non que la sociedad o su administrador deban residir en Canarias o que sea dirimente, para dilucidar tal cuestión, el lugar en que se encuentren las cuentas de la entidad recurrente o los vehículos del administrador.

Lo que valora la Administración es la existencia de una prueba indiciaria, "abrumadora" en sus propios términos, que permite concluir que la recurrente "no dispone de medios humanos ni materiales en Canarias, ni existe operativa comercial ni directa ni intermediada desde o hacia este archipiélago en ningún momento".

Conclusión que se alcanza tras valorar la suma de indicios a que se refiere el Acuerdo de liquidación.

Seleccionar solo una parte de dichos indicios, haciendo omisión de los restantes y de la total valoración de la prueba indiciaria que se contiene en la motivación del Acuerdo de liquidación, pretendiendo reducir a aquellos el fundamento de la decisión administrativa responde a una lectura, como decimos, sesgada de la actividad que se somete a revisión en los presentes autos.

Tal interpretación sesgada determina que el procedimiento empleado en la demanda devenga ineficaz para alcanzar el fin impugnatorio pretendido.

Por otra parte, la demanda alude a una serie de contraindicios que, a su juicio, demostrarían la disposición por parte de la recurrente de un establecimiento permanente en Canarias del que procederían los beneficios con que se dotó la correspondiente reserva.

Pues bien, de estos contraindicios, el relativo a la matriculación de los buques, no tiene el valor decisivo que la entidad recurrente le atribuye.

Para justificar esta afirmación basta remitirnos a la sentencia del Tribunal Supremo de 17 de febrero de 2014 (recurso nº 3715/2011), anteriormente citada, en la que expresamente se afirma que "Tiene razón la compañía recurrente cuando sostiene que para localizar el beneficio de una actividad pesquera en el territorio canario, a los efectos de dotar la reserva para inversiones, no puede ser decisivo el criterio de que los buques estén matriculados en Canarias".

La matriculación del buque constituye, por tanto, un indicio más que debe ser valorado en conexión con el resto del material probatorio e indiciario obrante en autos.

Desde esta perspectiva estima la Sala que los contraindicios indicados por la entidad recurrente en la demanda no son suficientes para desvirtuar el valor inequívoco e incontestable que, a los efectos de alcanzar la conclusión declarada por la Inspección de los tributos de inexistencia de establecimiento permanente en Canarias en el asunto aquí enjuiciado, debe atribuirse a los distintos indicios incluidos en la motivación del Acuerdo de liquidación.

Indicios que, ni en su conjunto ni en su individualidad, han sido desvirtuados por la parte recurrente en los presentes autos, pues en la demanda ni siquiera se hace mención a la mayor parte de ellos, razón por la que no profundizaremos en su examen.

La conexión puntual o circunstancial de la actividad de los buques de la recurrente con Canarias o las cuestiones formales atinentes a la matriculación de los buques o a su puerto base, que es todo lo más que cabe predicar de esos contraindicios, no permiten revisar el juicio indiciario ni las conclusiones a que se refiere el Acuerdo de liquidación.

Recordemos, a los efectos de este beneficio fiscal, que la jurisprudencia citada caracteriza nítidamente el concepto de establecimiento permanente del siguiente modo: "la actividad económica de la que proceden los beneficios con los que se dota la reserva para inversiones en Canarias debe haberse realizado con los medios productivos (materiales, técnicos, organizativos y humanos) afectos al establecimiento localizado en Canarias y, por tanto, si su naturaleza o destino lo permite, habrán de estar allí radicados".

No cabe ninguna duda a la Sala, a la luz de los distintos indicios valorados por la Inspección de los tributos que, como dijimos, no han sido desvirtuados por la recurrente en esta instancia, que la actividad empresarial productiva de la que proceden los beneficios con los que aquella dotó la correspondiente reserva para inversiones en Canarias debe estimarse radicada en Lepe (Huelva) y no en el archipiélago canario.

El motivo se desestima [FD QUINTO, SAN 29 de septiembre de 2021].

4.4. La localización de las operaciones comerciales triangulares o *trading*

Otra actividad que ha exigido su conceptuación a efectos del elemento localizador de la actividad ejercida en el archipiélago es el comercio triangular. En el ámbito comercial, las operaciones triangulares son las que se realizan desde un determinado territorio, adquiriendo mercancías en el exterior que se venden directamente en otra área geográfica, sin que lleguen a ser introducidas en el lugar donde se organiza la operación. A la actividad se le conoce con el término anglosajón *trading*, alcanzando gran notabilidad la polémica reciente que en torno a ella se desató en el marco de la zona especial de Canarias (ZEC), después de haber sido pacífico durante muchos años que era uno de los tipos de operaciones amparadas dentro del régimen especial de las entidades ZEC.

Desde el punto de vista de la RIC, hay que analizar qué ocurre cuando una operación de este tipo se organiza y gestiona desde Canarias, adquiriéndose la mercancía en el extranjero y vendiéndose en el exterior, sin que físicamente llegue el género a tocar Canarias, ¿se considera actividad empresarial desarrollada en Canarias para que el beneficio sea susceptible de la RIC? La cuestión fue en su día resuelta positivamente por el Informe de la Comisión de diciembre de 2000, cuyas afirmaciones respecto a las operaciones triangulares quedaron incorporadas a la **DGT, CV de 25 de abril de 2001:**

> *En este contexto, las operaciones comerciales triangulares en las que entidades canarias compran bienes para revenderlos sin que las mercancías pasen materialmente por territorio canario pueden considerarse localizadas en Canarias si han sido efectiva y materialmente realizadas desde establecimientos mercantiles situados en la Islas, lo que habrá tenido lugar si las operaciones comerciales realizadas se han organizado, dirigido, contratado y facturado en el archipiélago.*
>
> *Si la entidad dispone de establecimientos situados fuera del territorio canario en las que se apoye para la realización de dichas operaciones triangulares sólo resultará aplicable la RIC a las operaciones realizadas por el establecimiento canario que hayan puesto fin al ciclo mercantil y, por tanto, hayan generado beneficio en las Islas. Se hará necesario, por tanto, delimitar la parte del beneficio obtenido que procede de la actividad efectiva y materialmente desarrollada en Canarias, para lo que será preciso imputar al establecimiento canario la parte del beneficio que le corresponda según un criterio racional de reparto, como puede ser en proporción al coste total (directo, indirecto y una parte de los generales) incurrido en cada establecimiento* [CV 25 de abril de 2001].

En la **CV 2145-2006, de 25 de octubre**, la DGT ratificó el criterio anterior sobre las operaciones comerciales triangulares, en que entidades canarias compran bienes para revenderlos, sin que las mercancías pasen materialmente por territorio canario. Pueden considerarse localizadas en Canarias si han sido efectiva y materialmente realizadas desde establecimientos mercantiles situados en las Islas, lo que habrá tenido lugar si las operaciones comerciales realizadas se han organizado, dirigido, contratado y facturado en el archipiélago; pero advirtiendo a la empresa que ha de mostrar que no intenta imputar en Canarias rendimientos obtenidos en otros territorios, vía facturación en Canarias, solo para beneficiarse de un mejor trato fiscal. La apertura de una oficina en la Península —a pesar de que constituya un establecimiento permanente a efectos del IVA— no tiene consecuencias negativas en la dotación RIC, siempre que se impute al establecimiento situado en Canarias una parte racional del beneficio generado:

> *En este contexto, las operaciones comerciales triangulares en las que entidades canarias compran bienes para revenderlos sin que las mercancías pasen materialmente por territorio canario pueden considerarse localizadas en Canarias si han sido efectiva y materialmente realizadas desde establecimientos mercantiles situados en las Islas, lo que habrá tenido lugar si las operaciones comerciales realizadas se han organizado, dirigido, contratado y facturado en el archipiélago.*
>
> *Si la entidad dispone de establecimientos situados fuera del territorio canario en las que se apoye para la realización de dichas operaciones triangulares, como sucede en el caso planteado por la consultante, sólo resultará aplicable la RIC a las operaciones realizadas por el establecimiento canario que hayan puesto fin al ciclo mercantil y, por tanto hayan generado beneficio en las Islas. Se hará necesario, por tanto, delimitar la parte del beneficio obtenido que procede de la actividad efectiva y materialmente desarrollada en Canarias, para lo que será preciso imputar al establecimiento canario la parte del beneficio que le corresponda según un criterio racional de reparto, como puede ser en proporción al coste total (directo, indirecto y una parte de los generales) incurrido en cada establecimiento* [CV 2145-2006 de 25 de octubre].

Pasaron años sin consultas vinculantes al respecto, hasta que se publicó la **DGT, CV 2142-2018, de 18 de julio**, sobre las operaciones de *trading* en actividades pesqueras. La entidad consultante estaba domiciliada en Canarias, ejercía la actividad de importación y comercio al por mayor de pescado, y contaba con los medios humanos (un trabajador y un socio que trabajaba en la empresa) y materiales necesarios (una oficina en Las Palmas). Consiste la actividad en la compra de pescado en África y su venta en la Península, donde cuenta con una oficina para subcontratar los servicios de carga y descarga y la logística de distribución. El pescado comprado y vendido no pasa por Canarias. Además, presta servicios a otras empresas del sector (control de calidad, inspección de etiquetaje, confección de la documentación necesaria para exportar el pescado y control de la carga). Las dos cuestiones que plantea a la DGT es si la oficina de Sevilla desvirtúa la dotación RIC y si los beneficios generados en la prestación de servicios externos son válidos para la dotación.

La DGT contesta que es posible dotar RIC en ambas circunstancias, pero que en la medida en que la oficina de Sevilla constituye un establecimiento permanente, la parte de los beneficios que se le atribuyan no podrán ser aptos para dotar RIC. Los beneficios procedentes de la prestación de servicios a otras empresas del sector del comercio de pescado los admite para la dotación, siempre que se presten con los medios afectos al establecimiento permanente situado en Canarias.

En síntesis, el criterio de la DGT es proclive a considerar que se culmina el ciclo de actividad económica organizada desde Canarias con la compra y venta de pescado en el exterior, sin pasar la pesca por el archipiélago, y admite que el rendimiento derivado de la actividad sirva para la dotación, incluido el generado por otras actividades de servicios conexas a la principal. No obstante, la existencia de dos establecimientos, uno en Canarias y otro en Sevilla, exigen la determinación previa del rendimiento que a cada uno de ellos ha de imputarse, no siendo susceptible de la RIC la parte sevillana del beneficio:

> *(...) El beneficio procedente de los establecimientos situados en Canarias a que se refiere la norma será, en coherencia con la finalidad del incentivo fiscal que se les aplicará, el derivado de las operaciones económicas realizadas efectiva y materialmente en ellos, lo que, con carácter general, exige acreditar unas conexiones mínimas con el territorio canario, como son:*
>
> *– La realización de la actividad económica con los medios productivos (materiales, técnicos, organizativos y humanos) afectos al establecimiento localizado en Canarias y, por tanto, si su naturaleza o destino lo permite, que estén situados de forma permanente en el territorio canario.*
>
> *– Que se cierre el ciclo mercantil en territorio canario, es decir, que allí se realice la prestación a terceros mediante contraprestación generadora de beneficios.*
>
> *En este contexto, en la medida en que los beneficios procedentes de la actividad de la consultante son resultado de las operaciones efectuadas con los medios personales y materiales afectos a un establecimiento permanente situado en Canarias que cierran un ciclo mercantil que determina resultados económicos, los mismos podrán destinarse a la reserva para inversiones en Canarias regulada en el artículo 27 de la Ley 19/1994.*
>
> *No obstante, en la medida en que la oficina de Sevilla constituye un establecimiento permanente, la parte de los beneficios que se atribuyan a dicha oficina no podrán ser aptos para dotar la RIC.*
>
> *Por último en relación con los beneficios procedentes de la prestación de servicios a otras empresas del sector del comercio de pescado, consistentes en el control de calidad de la mercancía en origen, inspección de etiquetaje, confección de la documentación necesaria para la exportación del pescado y el control de la carga, en la medida en que se prestan con los medios afectos al establecimiento permanente situado en Canarias, dichos beneficios serán aptos para dotar la RIC* [DGT CV 2142-2018].

4.5. La localización de las actividades de servicio

Si en la localización de las actividades pesqueras y las operaciones comerciales triangulares o *trading* existen serias dudas a la hora de determinar el rendimiento que se genera en Canarias/Baleares y es susceptible de la dotación, aún más volátil y difícil de precisar es en el ámbito de los servicios. Conceptualmente, el rendimiento de un servicio prestado en Canarias/Baleares es apto para la dotación cuando se realiza como actividad empresarial o profesional, pero si se presta fuera de los archipiélagos solo lo será en determinados casos, y siempre que se organice y gestione desde Canarias/Baleares. La casuística es variada y sobre ella, en relación con la RIC, se han pronunciado la DGT, los Tribunales económico-administrativos y los Tribunales de Justicia.

La **SAN de 10 de mayo de 2012, Sección 2, recurso 322/2009**, analiza la labor de mediación o asesoramiento prestada por una sociedad canaria a otra de Bilbao, sin que entienda acreditada ni la realidad del servicio prestado ni que se haya efectuado en Canarias, razones por la que desestima que el beneficio pueda destinarse a la dotación. La Inspección tributaria había considerado que la única factura expedida en 2003, de casi cuatro millones de euros, por los servicios prestados a una sociedad domiciliada en Bilbao en la intervención y planificación del expediente urbanístico de aprobación de un plan de actuación en esa ciudad, era en realidad la facturación de unos servicios de mediación para que el cliente pudiera adquirir un determinado terreno. Cuando solicitó que se especificara en qué había consistido la intervención y planificación, el contribuyente manifestó que no conservaba documentación al respecto. En consecuencia, la empresa no podía dotar RIC por no acreditar la realidad de la operación y porque la posible prestación de servicios se realizó en Bilbao, donde se desarrollaba el plan urbanístico. Con los argumentos de unos y otros, la AN aprecia que se trata en realidad de la facturación de servicios de mediación prestados en Bilbao, donde se había llevado a cabo un concurso de acreedores que finalizó con la venta del terreno a una empresa de Bilbao. La no acreditación de los servicios realizados y su prestación en Bilbao, no en Canarias, hicieron desestimar la pretensión del contribuyente de que fuese correcto dotar RIC con dicho rendimiento:

> *CUARTO. (...) De estas alegaciones se desprende que, la actora, INVERSIONES INSULARES COCK, S.L., realizó una labor de "asesoramiento y colaboración" con el fin de que, por parte de VIZCAINA DE EDIFICACIONES, S.A., se pudieran adquirir los terrenos de la URIBITARTE, S.A, cuya única operación fue la adquisición de un solar en Bilbao. Ambas sociedades están domiciliadas en Bilbao, como lo prueba la competencia de un Juzgado de Bilbao para tramitar el procedimiento concursal al que se sometió URIBITARTE, S.A.; y por el domicilio de VIZCAINA DE EDIFICACIONES, S.A., también en Bilbao. Con ello, se quiere significar que, en todo caso, el servicio prestado por la recurrente lo es en Bilbao.*
>
> *La actora manifiesta que dicha mediación se llevó a cabo por la entidad, debido a las relaciones de su administrador D. Cristóbal con distintos acreedores de la entidad concursada, lo que hacía viable la referida compraventa, para lo cual se llevaron a cabo una serie de acciones como: la compraventa de créditos (46 créditos), preparación de la Junta de elección de síndicos, gestión de venta del inmueble (manteniendo negociaciones Suquia, Inmobiliaria Edarayas; Arco Atlantico; Basañez Construcciones y con Vizcaina de Edificaciones, que fue la*

que finalmente adquirió el inmueble), convenio urbanístico, negociaciones con acreedores, liquidación y pago de acreedores de la sociedad quebrada, así como todo el asesoramiento y colaboración necesarios para la adquisición final del inmueble. Alega que la Inspección no ha intentado constatar todas estas acciones de la actora, dirigiéndose a los socios de Uribitarte o de los acreedores del concurso.

La Sala considera que, desde el punto de vista procedimental seguido por la Inspección, tanto la propuesta de liquidación como el acto de liquidación están motivados, sustentándose en datos constatados por la Inspección, habiendo desplegado una serie de medios probatorios tendentes a averiguar y determinar la realidad del servicio prestado, requiriendo para ello a la actora para que aportara los documentos que acreditaran los servicios prestados, con la emisión de informes, objeto del asesoramiento, etc. Sin embargo, la actora no ha aportado documento alguno que avale esa "actividad de asesoramiento" en relación con el concepto por el que se emitió la referida factura.

En relación con la prueba practicada en vía judicial, la situación es la misma que la acaecida en vía económico-administrativa, dada la remisión a la documental obrante en el expediente administrativo, sin que por parte de la actora se haya traído al procedimiento a los representantes de las empresas con las que llevó a cabo esa labor, con el fin de confirmarlo. Tanto si estamos ante una actividad de asesoramiento como de mediación, la constancia documental de los actos realizados con dicho fin es necesaria para acreditar la realidad de la prestación de ese servicio.

QUINTO. Por otra parte, la Inspección considera que los servicios a los que la factura 1/03 se refiere, no han sido prestado en por un establecimiento sito en Canarias, partiendo de la manifestación realizada por el representante de la actora en fecha 5 de agosto de 2005, según el cual: "... no se repercute IGIC ya que son servicios, que a efectos de su localización se entiende prestados en sede del destinatario (artículo 17 Ley 20/1991). Como INVERSIONES INSULARES COCK, S.L no está establecida en la península sería, en su caso, la entidad VIZCAINA DE EDIFICACIONES, S.A. la que debería haberse practicado la inversión del sujeto pasivo en relación al IVA."

La actora alega, como último de los motivos de impugnación, la aptitud del beneficio para a la RIC, al proceder de ingresos, alegando que, en el supuesto de que se aceptara el argumento de la Administración, de que dichos ingresos no procedían de un establecimiento en Canarias, se debería eliminar de la declaración con la consecuencia de que la base imponible sería negativa. Alega que se han cumplido los requisitos exigidos por el art. 27.1, de la Ley 19/1994, para la deducibilidad de la dotación al RIC, al provenir los beneficios obtenidos de establecimientos sitos en Canarias, pues la actora tiene su residencia fiscal en Canarias, sin tener establecimiento fuera de Canarias.

(...) En el presente caso, dado la inexistencia de un contrato, lo que impide apreciar los requisitos de temporalidad y localidad de su celebración, no puede determinarse, en un principio, el cumplimiento de las circunstancias que provocan que la actividad contratada provenga de operaciones realizadas en el archipiélago canario. Con ello, lógicamente, no se niega la posibilidad de que empresas canarias puedan realizar servicios de intermediación, pero para que los beneficios puedan acogerse a este régimen especial, en lugar de al régimen general, se ha de centrar en operaciones realizadas y facturadas en el archipiélago.

En consecuencia, procede confirmar en todos sus argumentos la resolución impugnada, desestimando el presente recurso [SAN de 10 de mayo de 2012].

En la **SAN de 30 de enero de 2014, Sección 2, recurso 179/2011**, vuelve a dilucidarse la ineptitud para la dotación de unos rendimientos supuestamente generados en Canarias. La AN considera que los servicios no se prestaron en Canarias, que la sociedad tenía su domicilio fiscal en Barcelona y su objeto social era la compraventa y arrendamiento de inmuebles. En 1996 se dio de alta en otros servicios independientes, y en 1999 en el mismo epígrafe en Lanzarote. Durante esos tres ejercicios dotó RIC con los rendimientos obtenidos, que la Inspección tributaria entendió que no era correcto, pues no se había acreditado que los servicios en la gestión de hoteles y en la elaboración y dirección de proyectos de construcción de hoteles se llevaran a cabo desde un establecimiento permanente en Canarias. La AN compartió el criterio de que no podía ni siquiera lejanamente darse por acreditado que los beneficios proviniesen de actividad económica desarrollada en Canarias, dado que la existencia de local y empleado resultaba insuficiente para presumir la concurrencia de actividad empresarial, tanto por las características del local (en el interior de un hotel, sin dato alguno en relación con la recurrente), como las del empleado (contratado el último mes del primer ejercicio con domicilio particular en Tarragona). Además, las facturas eran imprecisas e inconcretas, sobre actividades prestadas a empresas participadas o actividades genéricas que aparecían realizadas por persona o entidad distinta; y la práctica totalidad de los gastos asociados a la obtención de ingresos se localizaban en la Península:

> *TERCERO. Presupuesto, pues, que la normativa vigente exige que los beneficios con los que se dota la reserva procedan de la actividad económica, debe adelantarse que la Sala coincide plenamente con las resoluciones recurridas en punto al incumplimiento por la contribuyente de dicho requisito.*
>
> *Puede constatarse en el expediente que cuando la Inspección requiere a la demandante para que incorpore a las actuaciones documentación acreditativa de su actividad empresarial en Canarias, la actora aporta: a) Un contrato de alquiler de 1 de enero de 1999 suscrito con la entidad PLAYA BLANCA relativo a un local de oficina en el Hotel Timanfaya Palace; b) Un contrato de trabajo eventual de 7 de diciembre de 1999 por el que la sociedad emplea a doña Milagros (domiciliada en Tarragona) como auxiliar administrativo en la urbanización Montaña Roja; c) Un contrato de duración indefinida de 8 de junio de 2000 por el que se emplea a la misma persona, en el mismo puesto e idéntico centro.*
>
> *Además, la Inspección se persona en el local alquilado y comprueba que éste se encuentra dentro de las dependencias de la administración del hotel, sin placa identificativa alguna de su uso por BON GRUP. Se hace constar, además, que el director del hotel señala al actuario que el local se usa de forma esporádica y que la persona que encargada estaba en ese momento de vacaciones.*
>
> *A la hora de intentar acreditar el origen de los beneficios con los que la contribuyente dotó la RIC, aporta cuatro facturas del ejercicio 1999 en concepto de "colaboración en la gestión para la dirección de hoteles en Canarias", constatándose que era una actividad diferente a la que dijo que desarrollaba ("prestación de servicios técnicos de arquitectura"). Tales servicios estarían amparados en los correspondientes contratos privados de "gestión hotelera" y certificados de siete directores de hotel que hacen constar que BON GRUP, por medio de su representante, había realizado de forma habitual los servicios derivados de los contratos, constando en autos que BON GRUP, S.L. participa directamente en todas las sociedades propietarias de los hoteles, salvo en dos de ellas, cuya participación es indirecta.*

> *Y en cuanto a las facturas por "servicios técnicos de arquitectura" relativas a los ejercicios siguientes, existe, ciertamente, una clara imprecisión en la identificación de los servicios ("elaboración de proyecto", "dirección de obras") y se constata, además, que esos mismos servicios son prestados a los hoteles por CORPORACIÓN QUAILAT, S.A., siendo la autoría de los proyectos y la dirección de obra de FREIXAS Y MESTRE, ARQUITECTOS ASOCIADOS. A ello debe añadirse que la práctica totalidad de los gastos asociados a esos ingresos están generados en la península.*
>
> ***Se comprende entonces, a la vista de estos datos, que no puede ni siquiera lejanamente darse por acreditado que los beneficios con los que la demandante dotó la resera provengan, efectivamente, de una actividad económica desarrollada en Canarias, dado que: a) La existencia de local y empleado resulta en este caso insuficiente como para presumir la existencia de actividad empresarial, tanto por las características del local (en el interior de un hotel, sin dato alguno en relación con la recurrente), como las del empleado mismo (contratado el último mes del primer ejercicio con domicilio particular en Tarragona); b) Las facturas son imprecisas e inconcretas, se refieren a actividades prestadas a empresas participadas o constatan actividades genéricas que aparecen realizadas por persona o entidad distinta; c) La práctica totalidad de los gastos asociados a la obtención de ingresos se localizan en la península.***
>
> *Ello determina la desestimación de este motivo impugnatorio, al ser ajustadas a Derecho las resoluciones recurridas y sin que pueda abordarse en esta sede la pretensión subsidiaria (incorporada sorpresivamente en sede judicial) consistente en la aplicación de la deducción por doble imposición para evitar la doble imposición de dividendos, no solo por tratarse de una cuestión nueva (no planteada en sede inspectora o revisora), sino porque ni siquiera se justifica mínimamente su procedencia: en la demanda se limita la actora a interesar la aplicación "de oficio" de la deducción contenida en el artículo 30 de la ley del impuesto y a resaltar el deber de la Administración de efectuar una regularización completa, sin argumentar siquiera el cumplimiento de los requisitos legalmente exigidos para la aplicación de aquel beneficio* [SAN 30 enero 2014].

Dos años después, la AN se pronuncia sobre la localización de los servicios prestados en Canarias. La **SAN de 12 de febrero de 2016, Sección 2, recurso 489/2016**, juzga un asunto muy parecido al anterior (Bon Group), pero con otro contribuyente, Corporación Qualitat, S.L., que prestaba servicios en la gestión de hoteles en Lanzarote y colaboraba en trabajos de arquitectura que le generaron rendimientos desde 1999 a 2003, con los que dotó RIC. La Inspección tributaria y los Tribunales administrativos consideraron que los servicios no se habían llevado a cabo desde un establecimiento permanente situado en Canarias: la entidad tenía el domicilio fiscal en Barcelona, estaba dada de alta en Yaiza y disponía de un local con un rótulo con su nombre en la puerta y una trabajadora (oficial técnico), pero estaba de baja por enfermedad. El administrador era arquitecto, hecho que posibilitaba el asesoramiento prestado a los hoteles, pero el importe de las facturas no guardaba relación con el hecho de que los servicios los prestase una sola persona ni esta acreditó sus estancias en Lanzarote. Frente a los medios mínimos en Canarias, la Inspección prueba que la entidad contaba con una infraestructura importante en Barcelona, con un estudio con

10 empleados y cuantiosos gastos en el desarrollo de la actividad. La AN concluye en consonancia con la resolución del TEAC, que la investigación realizada por la Inspección y la documentación aportada son indicios suficientes para poner en duda la existencia de establecimiento en Canarias para la prestación de servicios de gestión hotelera. Lo mismo ocurre con los servicios de arquitectura prestados y la falta de documentación oficial en la que aparezca el contribuyente (firmas y visados), sin que la entidad aportase pruebas que desvirtuasen esos indicios:

TERCERO. (...) Partiendo de todos los datos objetivos acopiados por la Inspección en el curso de las actuaciones, que acabamos de describir, resulta de todo punto razonable, a juicio de la Sala, la conclusión alcanzada por el TEAC en la resolución impugnada, cuando señala:

"En resumen, podemos concluir que de la comprobación e investigación llevada a cabo por la inspección resulta que los medios personales y materiales con los que la entidad contaba en Canarias, así como los contratos y demás documentación aportada en relación con la realización de las actividades declaradas, constituyen indicios suficientes para poner en duda la existencia de un establecimiento en Canarias, entendiendo como tal un conjunto organizado de elementos materiales y personales efectivamente utilizados localizados en Canarias para la prestación de servicios de gestión hotelera.

Por una parte, los medios con los que cuenta la reclamante en Canarias no resultan suficientes para la prestación de los servicios facturados, tanto en lo que se refiere a la actividad de gestión de hoteles como a los servicios de arquitectura, teniendo en cuenta que la persona empleada para tareas administrativas causó baja durante 17 meses, sin que se haya justificado nada en relación con los trabajadores que supuestamente la sustituyeron. Por otra parte, si las actividades hubieran sido efectivamente realizadas por un establecimiento situado en Canarias, la entidad habría incurrido en la isla en una serie de gastos de alojamiento, estancia, gasolina, etc. que no han sido acreditados.

Pero además, en lo que se refiere a la actividad consistente en la prestación de servicios de gestión hotelera, no ha quedado acreditada la estancia del Sr. Blas en Canarias en las fechas de formalización de los contratos privados de gestión hotelera. Por otra parte, resulta imposible que el Sr. Blas firmara los 37 contratos privados, tal y como ha explicado la inspección.

Continuando con la actividad de gestión hotelera, resulta significativo el hecho de que los destinatarios de estos servicios fueran entidades hoteleras en las que la reclamante poseía una participación significativa y que la retribución por los servicios supuestamente prestados por la reclamante y las otras tres entidades participes en las hoteleras coincida en porcentajes con la participación en el capital de estas sociedades.

Especialmente llamativo resulta el caso de la entidad a la que se facturó por la gestión de un hotel en cuya explotación la mencionada entidad se habla dado de baja.

En cuanto a la actividad de servicios de arquitectura, los indicios encontrados por la inspección, especialmente la falta de documentación oficial en la que figure la entidad reclamante, con las firmas y visados correspondientes a este tipo de actividad, respaldan las conclusiones alcanzadas por la inspección en cuanto a-la falta de acreditación de la prestación efectiva de estos servicios en Canarias.

En conclusión, del análisis de los elementos de prueba obtenidos por la inspección resulta más que razonable cuestionar la existencia de un establecimiento en Canarias desde el que se hayan prestado los servicios facturados. Frente a esta actividad de investigación llevada a cabo por la inspección, la reclamante no ha aportado ningún elemento de prueba que desvirtúe las conclusiones alcanzadas por los actuarios y permita entender acreditada la existencia del mismo."

En definitiva, en línea con lo expuesto por el TEAC en la resolución impugnada, debe tenerse presente que todos esos datos objetivos aportados por la Inspección no han sido desvirtuados por la parte actora. Esta, en esencia, se ha limitado en su demanda a oponerse a la valoración que de los mismos ha efectuado la Administración y a las conclusiones obtenidas a partir de dicha valoración, pero sin combatir la realidad de aquéllos.

A juicio de la Sala, las conclusiones inferidas por la Administración a partir de esos datos objetivos y no controvertidos son irreprochables, pues éstos ponen de manifiesto, con toda evidencia, la falta de prueba de que los beneficios reinvertidos procedan de las actividades empresariales llevadas a cabo en Canarias por la recurrente a través de un "establecimiento permanente" (concepto que no sirve en este caso para definir al local arrendado por la recurrente) [FD TECERO, SAN 12 diciembre 2016].

Las sentencias de la AN en relación con Bon Group y Corporación Qualitat, S. L., de 30 de enero de 2014 y 12 de diciembre de 2016, fueron recurridas en casación ante el TS, pero solo en cuanto a la sanción. La STS de 16 de diciembre de 2015 desestima las pretensiones de la primera entidad y la **STS de 18 de julio de 2017, sección 2, recurso 2875/2016,** las de la segunda. En ambas se estima no haber lugar al recurso de casación para la unificación de doctrina, pues el TSJ de Cataluña había anulado la sanción a otro socio que prestaba servicios en el conglomerado de hoteles en Canarias, pero la falta de concurrencia del requisito de identidad de hechos y pretensiones llevó a la Sala del TS a declarar que no había lugar al recurso.

Finalmente, la **SAN de 18 de mayo de 2022, recurso 804/2019,** incide en el hecho de que los beneficios han de proceder de actividades económicas desarrolladas en Canarias. Una sociedad catalana dotó RIC y defiende en la demanda que realiza actividad económica en Canarias mediante establecimiento permanente, y la materializa en la adquisición de un local en un hotel en Tenerife. Alega que tiene su domicilio fiscal en Canarias, al igual que su administradora, y cuenta con una oficina e intereses económicos en Canarias, aunque también fuertes vínculos económicos en Cataluña. La Inspección mantuvo que había una apariencia formal de actividad económica, pero nada más. La AN se fija en que existe un acta de conformidad previa en que la empresa reconocía que no realizaba actividad y la inexistencia de un establecimiento en Canarias, y concluye que no disponía de establecimiento generador de beneficios susceptibles de acogerse a la RIC:

Sobre la realidad del establecimiento mercantil situado en Canarias

OCTAVO. La recurrente, a este respecto, sostiene que el requisito en cuestión solo resultaría aplicable a la dotación de la RIC, no a su materialización ni a su mantenimiento y que existen una serie de hechos de los que se desprende sin lugar a dudas que la compañía desarrolla una actividad económica cierta y real en las Islas Canarias (así, por ejemplo, tiene allí su domicilio fiscal, al igual que lo tiene su administradora, la entidad cuenta con una oficina en el Hotel Gala en Tenerife y tiene intereses económicos en Canarias).

Aunque reconoce que al mismo tiempo la entidad tiene fuertes vínculos empresariales y económicos con Cataluña, esa vinculación no excluye los que también tiene en las Islas Canarias.

También alude la demanda a distintos medios de pruebas aportados por la recurrente a las actuaciones de los que se desprendería, sin lugar a dudas, la existencia de dicha actividad económica en Canarias, como distintas escrituras notariales en relación a cuestiones societarias, los viajes frecuentes de su personal a Canarias durante los ejercicios 2009 y 2010 o la existencia del citado local en el Hotel Gala (pp. 40 y siguientes de la demanda).

La Administración demandada, por su parte, recuerda la interpretación jurisprudencial sobre el art. 27 de la Ley 19/1994, de 6 de julio, de modificación del Régimen Económico y Fiscal de Canarias (en adelante, Ley 19/1994), en el sentido de exigir clara e inequívocamente el desarrollo de actividad económica en las Islas Canarias, ha y añade que ha quedado suficientemente acreditado en el expediente que la empresa estaba en Cataluña y que en Canarias solo había una apariencia formal de actividad económica pero nada más (pp. 8y siguientes de la contestación).

Pues bien, como señala la Abogacía del Estado, en primer lugar debemos remitirnos a la interpretación jurisprudencial del art. 27 de la Ley 19/1994 en relación al requisito aquí controvertido.

Bastará, a estos efectos, con citar la sentencia del Tribunal Supremo de 3 de febrero de 2014 (ROJ: STS 321/2014), que declara lo siguiente:

"Esta cuestión ya ha sido tratada y zanjada por esta Sala. Hemos afirmado reiteradamente que, configurándosela reserva para inversiones en Canarias como un incentivo fiscal alternativo al diferimiento por reinversión en el impuesto sobre sociedades previsto en el artículo 21.1 de la Ley 43/1995 —que era la norma vigente en el ejercicio 1997— (apartado 7 del artículo 27 de la Ley 19/1994), resulta lógico entender que está pensando en situaciones análogas a las que se aplica ese diferimiento, entre las que no se encuentran las rentas procedentes de elementos patrimoniales no afectos a la actividad económica [véanse, por todas, las sentencias de 24 de noviembre de 2010 (casación 654/07, FFJJ 2° a 4°), 20 de enero de 2011 (casación 4406/07, FJ 4°), 28 de febrero de 2011 (4687/07, FFJJ 2° y 3°), 2 de marzo de 2011 (casación 2152/06, FJ 3°), 14 de marzo de 2011 (casaciones 6787/09, FFJJ 2° y 3°, y 1766/08, FFJJ 2° y 3°), 31 de marzo de 2011 (casación 1637/08, FJ 3°) y 17 de octubre de 2011(2) (casaciones 242/09 y 3273/09, FJ 5° en ambos casos)].

Tampoco es ilógico, sino todo lo contrario, que, siendo el objetivo pretendido con la reserva para inversiones en Canarias el fomento de la inversión productiva realizada en el archipiélago por los empresarios establecidos, sólo pudiera dotarse dicha reserva con los beneficios derivados de la actividad empresarial desenvuelta en sus establecimientos".

La primera vertiente del motivo impugnatorio suscita la aplicación limitada de la exigencia a una parte de los requisitos de la RIC (en concreto, a su dotación).

No cabe acoger la diferenciación que pretende sentar la demanda en torno a la exigencia de este requisito a la dotación pero no a la materialización ni al mantenimiento de la RIC pues se trata de una tesis que resulta prima facie incompatible con la peculiar estructura de este beneficio fiscal que resulta de la normativa de aplicación y de la interpretación jurisprudencial de la misma.

A tal efecto, como recuerda la sentencia del Tribunal Supremo de 16 de marzo de 2015 (ROJ: STS 1037/2015)," esta estructura de la RIC supone que el beneficio, que se refleja en la reducción de la base imponible del ejercicio en que se practica la dotación, no se consolida hasta que se cumplan todos los requisitos a que queda supeditada su operatividad", de modo que "si se incumple alguno de ellos, el legislador ha querido que en el ejercicio que se constate la inobservancia se incremente la base imponible en la suma en que fue reducida enel periodo impositivo en que indebidamente se aplicó la dotación, habida cuenta del posterior desarrollo de los acontecimientos".

Como señala en tal sentido la Abogacía del Estado en su escrito de contestación (p. 7), "la inversión deber esponder a una actividad económica en Canarias en todos los momentos de su existencia. Por lo que en cada momento cabrá examinar si efectivamente se reúne este requisito".

Por lo que se refiere a la segunda vertiente del motivo impugnatorio que se examina, la resolución impugnada se remite principalmente a la Resolución del Tribunal Económico-Administrativo Regional de Canarias de 31 de enero de 2017 que dedica a esta cuestión su fundamento jurídico quinto y que desestima la alegación de la entidad recurrente con fundamento en los hechos aceptados por aquella con la firma del acta de conformidad (fundamento jurídico séptimo de la resolución impugnada).

No apreciamos que la demanda contenga una crítica jurídica de la ratio decidendi en que se basa el Tribunal Económico-Administrativo Regional de Canarias para desestimar la alegación del contribuyente y que, en definitiva, consiste en la aceptación prestada por el contribuyente a los hechos contenidos en el acta de conformidad, su relevancia y alcance a los efectos del art. 144.2 de la LGT y la derivación lógica, a partir detales hechos, de la inexistencia de establecimiento de la recurrente en Canarias que pudiera generar beneficios susceptibles de acogerse a la RIC.

Más bien trata la recurrente de defender autónomamente y ex novo la existencia de actividad económica en Canarias por parte de la misma, como si nunca hubiera firmado un acta de conformidad con el contenido que se acredita en las actuaciones.

El contenido del acta resulta ciertamente significativo a los efectos aquí considerados (según los hechos declarados probados que se recogen en los antecedentes de hecho, p. 4 del acta) y, tal y como señala el Tribunal Económico- Administrativo Regional de Canarias, permite sostener fundadamente la conclusión de que la recurrente no disponía de establecimiento mercantil situado en Canarias generador de beneficios susceptibles de acogerse a la RIC.

En este contexto, estima la Sala que el razonamiento contenido en la resolución impugnada, por remisión a la decisión del Tribunal Económico-Administrativo Regional de Canarias, permanece incólume al no haberse alegado ni acreditado, a los efectos del art. 144.2 de la LGT, la existencia de error de hecho alguno que permita ahora a la entidad recurrente apartarse de una realidad fáctica previamente aceptada por la misma con la suscripción del acta de conformidad. El motivo se desestima [FD OCTAVO, SAN de 18 de mayo de 2022].

4.6. La incidencia en el ámbito geográfico de las actividades que no cierran un ciclo económico

Uno de los aspectos relacionados con el establecimiento con el que es fácil encontrarse en la práctica empresarial es que no cierre un ciclo económico, esto es, que exclusivamente realice en Canarias/Baleares una determinada actividad, pero sin que el servicio o producto que se ofrezca sea el que definitivamente se factura al cliente. Como vimos en la evolución legislativa, la obligación de que la actividad cierre un ciclo económico viene, primero, de la interpretación de los Tribunales judiciales; y segundo, de su incorporación posterior al Reglamento REF de 2007. En el Régimen fiscal especial balear, el art. 4 del Reglamento de 2024 especifica con claridad que el beneficio atribuible a los establecimientos es el derivado de las operaciones efectuadas con los medios personales y materiales afectos al mismo que cierren un ciclo mercantil que determine resultados económicos. Por tanto, nace la RIB con la importante aclaración que tardó muchos años en incorporarse a la RIC (desde 1994 hasta 2006).

Sobre este tipo de establecimiento se ha pronunciado el **TEAC en resolución n.º 459-08 de 6 de noviembre de 2008**, que analiza el caso de una sociedad que se dedicaba a la compraventa de chatarra, pero que no tenía su sede efectiva en Canarias ni cerraba en el archipiélago su ciclo económico. Se limitaba a enviar la chatarra como materia prima a su central en la Península. La conclusión a la que llegó el TEAC, con la que estamos de acuerdo, es que la sociedad no podía dotar RIC, fundamento avalado por el hecho de que más del 90% de las ventas se realizaban en la Península y no en Canarias. Sus argumentos principales se basaron en gran parte en la SAN, Sección 2, de 1 de febrero de 2007.

Hace referencia a esta materia la **resolución TEAR de 30 de abril de 2021, Sala de Santa Cruz de Tenerife, n.º 38/01505/2017,** con la matización de que un depósito no es un establecimiento mercantil. La entidad se dedica al comercio al por menor y dispone de un depósito en la zona franca de Tenerife, donde almacena productos del exterior que a su vez expide y vende fuera de Canarias. La Inspección entiende que no tiene establecimiento en el archipiélago; y el contribuyente que una resolución TEAC de 2006 consideró que los almacenes pueden constituir establecimiento permanente en España, y que la DGT admite las operaciones comerciales triangulares. El TEAR desestimó sus pretensiones y corroboró incluso la sanción, pues los dos casos citados no eran similares y no se acreditaba la realización de un negocio que se ordenara desde Canarias, sino la existencia de un mero depósito que no cierra ciclo mercantil.

4.7. El criterio sobre la localización de servicios e intermediación con inmuebles, franquicias, carga aérea y cuadros vendidos en el exterior

La resolución **TEAR de Canarias, 35/038407/2009, de 31 de mayo de 2011,** desestima la pretensión de una sociedad que primero tuvo su domicilio fiscal en Canarias, luego lo pasó a Cataluña y una vez iniciado el proceso de revisión volvió a tramitar la declaración censal de cambio de domicilio a Canarias. Las pruebas aportadas por la Inspección tributaria consistían en que la web indicaba el domicilio en Cataluña, en las facturas comerciales a clientes y de proveedores figuraba únicamente el domicilio catalán y el personal tenía su centro de trabajo en esa región. En Canarias contaba con un local con un consumo mínimo de agua y electricidad. El TEAR motivó su desistimiento en la consulta CV DGT de 25 de abril de 2001, que hacía suyo el criterio de la Comisión formada en 2020 para resolver los problemas en la aplicación de la RIC, entre ellos los concernientes a la localización de las actividades, siendo patente que no realizaba su actividad en un establecimiento en Canarias sino en Cataluña, y en consecuencia no podía dotar RIC.

Dos resoluciones del TEAR de 2012 tratan el ámbito geográfico de la actividad. La primera es la resolución **TEAR, Sala Las Palmas, 35/02577/2010, de 27 de julio de 2012**, sobre el beneficio imputable a Canarias en servicios relativos a inmuebles. Una entidad consultora prestaba servicios relacionados con inmuebles situados en el archipiélago y en la Península. Para dotar RIC excluyó la parte de los servicios prestados en la Península a inmuebles allí situados, pero no los servicios prestados en Canarias relacionados con inmuebles peninsulares. Concretamente, el servicio realizado en una permuta de un solar por apartamentos en La Coruña, que consistió en analizar la viabilidad de la operación y redactar el documento de la permuta. La Inspección tributaria no admitió el rendimiento que obtuvo en la permuta como apto para la dotación. Se basó en que la localización del inmueble es determinante en el Impuesto sobre Sucesiones y en el IGIC y, a efectos de la RIC, no puede considerarse como obtenido en Canarias. El reclamante alegó que solo disponía de un establecimiento en Canarias, con los medios humanos y materiales necesarios para hacer su labor y prestar el servicio que hizo fuera, que cierra un ciclo mercantil. El TEAR desestima sus pretensiones porque un servicio relacionado con una permuta en La Coruña no fomenta la creación de riqueza en Canarias e incluso admite la sanción impuesta. No estoy de acuerdo con el pronunciamiento, pues parece acreditado que los servicios se realizaron desde Canarias, donde la entidad tenía la sede de gestión efectiva, si bien las operaciones relacionadas con inmuebles se vienen localizando, en el marco de otros tributos, en el lugar donde estén situados.

La segunda es la resolución **TEAR, Sala Santa Cruz de Tenerife, 38/00699/10, de 26 de octubre de 2012.** Una sociedad dedicada al negocio de la moda (ropa) constituye una filial en Canarias, que importa la ropa de la marca propia desde la matriz. El género lo deposita en las tiendas de un tercero, que lo comercializa con la marca original. La filial importadora dispone de un apoderado y de un local a título gratuito facilitado por el depositario. Cuando se vende la mercancía, con periodicidad mensual el depositario paga el importe de la venta al depositante con un descuento del 32%, que es su beneficio, devolviendo la ropa que no haya logrado enajenar. La sociedad filial y depositante dotó RIC con los beneficios generados en la venta de la ropa, pero la Inspección tributaria, sorprendentemente, entendió que la constitución de la filial se hizo con el objetivo de poder acogerse artificiosamente a los beneficios del REF, pues no contaba con elementos suficientes para realizar actividad económica e independiente en Canarias. El TEAR no aceptó el razonamiento, sino el del contribuyente, que desarrolla la actividad de franquicia de una tienda de ropa, género que primero se vendía en Canarias con tiendas propias y luego en tiendas franquiciadas por la sociedad filial, que es la que dota RIC con los rendimientos que obtiene por la franquicia. El Tribunal explica lo que es una franquicia, un sistema de colaboración entre dos empresas distintas y ligadas por un contrato en que una de ellas, el franquiciador, concede a la otra, el franquiciado, el derecho a explotar con unas condiciones preestablecidas un negocio concreto. En este caso, una marca en exclusiva en Canarias. Finalmente, entiende que la filial que dotó RIC como franquiciador ejerce actividad económica con la asunción del riesgo de que no se vendan los productos que ha dejado en depósito, siendo correcta la dotación.

Florido Caño (2013), al comentar esta resolución, incide en que el TEAR parte de la base de que realmente existía un establecimiento permanente en Canarias de la sociedad filial, en cuyo caso comparte una de las alegaciones del contribuyente: que, existiendo un establecimiento permanente, el franquiciador (la sociedad matriz) desde la Península, sin necesidad de la filial en Canarias, podría haber dotado RIC por la parte del beneficio generado en Canarias. Si no llega a considerar el Tribunal la existencia del establecimiento permanente, la situación hubiese sido bien diferente, criticando que el local separado por tabiques de pladur y de uso gratuito pudiera ser el local utilizado en el archipiélago[32].

El TSJC, en **STSJC de 8 de enero de 2013, Sede Santa Cruz de Tenerife, Sección 1, recurso 163/2010,** acota el ámbito geográfico de la actividad realizada por el establecimiento en Canarias en una cuestión que hoy en día parece clara, pero que no lo fue en el pasado. Se trata de una sociedad que realiza su actividad en Canarias y que tenía la propiedad de unos inmuebles en Badajoz, que fueron objeto de expropiación y con la plusvalía generada la entidad dotó RIC. Su argumento principal es que todo el

---

32 Florido Caño (2013). *Revista Hacienda Canaria nº 38.*

expediente de expropiación se había gestionado desde Canarias, donde tenía su sede y domicilio fiscal y donde repercuten todos los beneficios, con independencia del lugar que se obtengan. No le da la razón el TSJC, concluye que por rentas obtenidas mediante establecimiento permanente en Canarias ha de entenderse *mutatis mutandi* las procedentes de las explotaciones económicas realizadas con el mismo; pero al menos le quita la sanción que había impuesto la Inspección y ratificado el TEAR.

La resolución **TEAR, Sala de Santa Cruz de Tenerife, 38-01415-2014, de 31 de mayo de 2018,** resuelve en el sentido que vimos en otras resoluciones un tema de intermediación en la compraventa de inmuebles situados en la Península, en que además concurren las circunstancias de que ninguna de las entidades intervinientes estaba domiciliada en Canarias, el administrador del contribuyente que había dotado RIC con los rendimientos residía en el archipiélago y no tenía personal alguno ese año en Canarias. La inspección regularizó la dotación efectuada por no proceder los rendimientos de actividad en Canarias y el TEAR con esos mimbres desestimó, en mi opinión correctamente, la reclamación efectuada.

La **DGT CV 3134-2013, de 22 de octubre**, responde a un asunto relacionado con vuelos de carga desde a Las Palmas a Madrid en servicio de ida y vuelta, y vuelos internacionales desde Las Palmas. En cada aeropuerto contaría con personal propio y contratado para atender el servicio, prestando las tareas necesarias para el traslado de las tripulaciones y la mecánica de las operaciones de vuelo. El cliente principal está en la Península y de sus relaciones se encargarán el administrador y el director de la entidad, con reuniones semanales en la sede del cliente, motivo de que tendrán que residir en la Península y no en Canarias. La aeronave se utilizará en régimen de arrendamiento con tripulación y mantenimiento, siendo a cargo de la consultante el traslado de la tripulación a sus residencias. Al no atender a los gastos de mantenimiento y emitir solo una factura mensual, las tareas de administración se externalizan en un despacho peninsular. La sociedad pregunta si tiene derecho a la dotación. La DGT contesta que para ello deben darse dos conexiones principales: la primera, que la actividad se realice en Canarias; y la segunda, que la inversión de los rendimientos ha de efectuarse en Canarias. En cuanto a la operativa a desarrollar por la consultante, su criterio es que no permite asegurar que los rendimientos se obtengan en el archipiélago con los medios personales y materiales afectos a un establecimiento situado en Canarias. Además, las decisiones estratégicas van a tomarse en la Península y la gestión contable y administrativa se realizará fuera de Canarias. La única actividad a realizar en el archipiélago es la tarea del personal propio en los aeropuertos de Las Palmas y Tenerife para atender las necesidades de los vuelos. Concluye que al estar en la Península la dirección efectiva de la parte comercial y administrativa, los beneficios que se obtengan no son susceptibles de la dotación.

La **DGT CV 3159-2013, de 24 de octubre**, aporta un criterio innovador en la obra de artistas canarios que se vende en el exterior. La consultante es una sociedad con domicilio fiscal en Canarias, participada mayoritariamente por artistas canarios. Su objeto social es pintar cuadros, labor que realizan los artistas que son contratados como empleados, que reciben un salario y utilizan los medios que costea la entidad. Una vez finalizados, se entregan a diversas galerías de arte en Canarias y Barcelona, que los distribuyen por galerías en países de la Unión Europea y fuera de ella. Una vez vendidos los cuadros, la consultante cobra y emite una factura a la galería por la venta del cuadro al consumidor final; mientras, las obras están en depósito. El establecimiento permanente está en Canarias y dispone de un almacén en la Península, pero todas las gestiones, pagos y cobros se realizan desde Canarias. Consulta si puede destinar los beneficios a la dotación. La DGT entiende que los beneficios que se obtienen proceden de su actividad en Canarias con los medios personales y materiales necesarios, por lo que podrá dotar RIC. El hecho de que sean galerías de arte en el exterior las que tengan en depósito los cuadros y los vendan al consumidor final no impide considerar que la consultante cierra un ciclo mercantil completo en Canarias.

Reconozco que en su día me sorprendió positivamente esta consulta y que no me hubiera atrevido a contestar en el sentido que lo hizo Tributos. La filosofía de la DGT es que el cuadro es un producto de exportación y en consecuencia, siempre que se produzca y gestione en Canarias, los réditos que se obtengan se entienden generados en el archipiélago y son susceptibles de la dotación.

4.8. Ficha resumen del establecimiento mercantil situado en Canarias/Baleares

1. Tanto para dotar RIC como RIB, el beneficio susceptible de la dotación es el generado en un establecimiento que desarrolle su actividad en uno u otro archipiélago.
2. La noción de establecimiento no es tan solo la del establecimiento permanente, sino la del establecimiento mercantil, el que realiza actividad económica.

3.	El establecimiento ha de completar un ciclo económico.
4.	La normativa RIC tuvo que modificarse en 2006 para adaptar el criterio de los Tribunales de Justicia respecto al requisito del establecimiento mercantil, y la realización de actividad que complete un ciclo económico.
5.	La normativa RIB recoge desde su inicio la noción de establecimiento que realice una actividad económica al referirse a la normativa LIS e IRPF. Y el Reglamento de 2024 señala que el establecimiento debe completar un ciclo económico.
6.	Entiendo que las resoluciones judiciales y la doctrina administrativa respecto al establecimiento mercantil en la RIC afectan plenamente a la RIB.
7.	En la actividad de pesca ha perdido importancia el hecho de que los barcos estén o no inscritos en el Registro Especial de Buques canario, siendo relevante que la actividad se realice en Canarias. Para ello hay que acreditar que el negocio se organiza y gestiona desde las Islas, donde deben tener los barcos su puerto base, así como al administrador de la entidad y las personas que lo gestionan. El hecho en sí de que la pesca se realice fuera de aguas territoriales canarias y el producto se venda en el exterior, sin pasar por Canarias, no impide que pueda entenderse que el beneficio se genere en el archipiélago y sea susceptible de la dotación.
8.	Igual ocurre con las operaciones comerciales triangulares o *trading*, en que las mercancías se compran y venden sin tocar el archipiélago. El criterio de la DGT es considerar que se culmina el ciclo de actividad económica organizada desde Canarias con la compra y venta de pescado en el exterior, sin pasar la pesca por el archipiélago, y admite que el rendimiento derivado de la actividad sirva para la dotación.
9.	En relación con el establecimiento que presta servicios han existido de siempre controversias importantes. En la intermediación inmobiliaria, la AN concluye que los servicios prestados a una empresa en Bilbao (y a otra en Barcelona) para vender inmuebles no son susceptibles de generar rendimientos RIC, pues no se ha probado que se realizasen en Canarias.

10.	Los servicios prestados en la gestión de hoteles y proyectos de arquitectura han de prestarse en Canarias, no a través de despachos localizados fuera. Al respecto se ha pronunciado la AN en recientes sentencias en las que no se admitió la casación al TS.
11.	Un negocio de chatarra que se limita a trasladarla a la Península y desde allí se transforma y vende no se interpreta por el TEAC como establecimiento que cierra un ciclo económico. Lo mismo ocurre con la existencia de un depósito aduanero en Canarias, donde entran y salen mercancías que se compran y venden en el exterior.
12.	Con las franquicias, el TEAR admite que el beneficio generado en la actividad en Canarias, aunque sea entregar las mercancías en depósito al franquiciado para que las venda, genera beneficios susceptibles de la dotación. El riesgo lo tiene el franquiciador en que no se venda la mercancía en depósito.
13.	En el negocio de vuelos de carga que operan desde Canarias, la DGT no admite la dotación en tanto en cuanto la dirección efectiva y la gestión de la contabilidad están en la Península, a pesar de que haya personal en el archipiélago que atienda las necesidades de los vuelos.
14.	La obra de artistas canarios vendida por galerías de arte en la Península y UE genera beneficios susceptibles de la dotación porque se pintan los cuadros y se gestiona el negocio de la venta desde Canarias.
15.	El hecho de que la entidad que realiza la actividad a través de un establecimiento en Canarias/Baleares tenga su domicilio fiscal en otros territorios no impide que el beneficio generado sea susceptible de la dotación.

Capítulo 5

LA CONTABILIDAD QUE REFLEJE LA IMAGEN FIEL DE LA EMPRESA COMO PRESUPUESTO BÁSICO PARA DOTAR LA RIC/RIB

La dotación RIC/RIB se determina a partir del beneficio contable generado en la actividad económica que realiza el establecimiento mercantil en los archipiélagos donde se aplica. A su vez, para determinar el beneficio contable hace falta llevar contabilidad que sirva para reflejar la imagen fiel de la empresa en las cuentas anuales. Por ello, y aunque la normativa legal no señale expresamente la obligación, se sobreentiende que es necesaria para la dotación. Para las personas físicas sí se exige expresamente en los reglamentos del REF y del Régimen fiscal especial balear que lleven contabilidad. En consecuencia, la contabilidad que refleje la imagen fiel es un presupuesto básico para la dotación de personas jurídicas y físicas.

5.1. Legislación vigente

– Ley 19/1994 REF

Nada señala sobre la contabilidad, pero el art. 27 está redactado sobre la base que la dotación se efectúa con el beneficio contable que, lógicamente, exige llevar contabilidad.

– RD 1758/2007, Reglamento REF

Artículo 3 Aplicación de la reserva para inversiones por los contribuyentes del Impuesto sobre la Renta de las Personas Físicas

Sin perjuicio del cumplimiento de los requisitos exigidos respecto de los sujetos pasivos del Impuesto sobre Sociedades, los contribuyentes del Impuesto sobre la Renta de las Personas Físicas podrán disfrutar de la reserva para inversiones en Canarias siempre que:

a) Desarrollen actividades económicas, según se definen en el artículo 27 de la Ley 35/2006, de 28 de noviembre.

b) Determinen sus rendimientos netos mediante el método de estimación directa, en cualquiera de sus modalidades.

c) Lleven contabilidad en la forma exigida por el Código de Comercio y su normativa de desarrollo desde el ejercicio en que se han obtenido los beneficios que se destinan a dotar la reserva para inversiones en Canarias hasta aquel en que deban permanecer en funcionamiento los bienes objeto de la materialización de la inversión.

– Disposición adicional 70ª Ley 31/2022, Régimen fiscal especial balear

Nada señala al respecto, pero parte de que la dotación se efectúa con el beneficio contable que, lógicamente, exige llevar contabilidad.

– RD 710/2024, Reglamento Régimen fiscal especial balear

3. Sin perjuicio del cumplimiento de los requisitos exigidos respecto de los contribuyentes del Impuesto sobre Sociedades, los contribuyentes del Impuesto sobre la Renta de las Personas Físicas podrán disfrutar de la reserva para inversiones en las Illes Balears siempre que:

(…)

c) Lleven contabilidad en la forma exigida por el Código de Comercio y su normativa de desarrollo desde el ejercicio en que se han obtenido los beneficios que se destinan a dotar la reserva para inversiones en las Illes Balears hasta aquel en que deban permanecer en funcionamiento los bienes objeto de la materialización de la inversión.

5.2. La contabilidad como presupuesto básico para la dotación RIC/RIB

Siguiendo principalmente la redacción del *Manual de la RIC 2007-2013* nos adentramos en este epígrafe en la contabilidad. Es el primer requisito sustancial que analizamos, que haya una contabilidad que refleje la imagen fiel de la empresa, que si bien no se indica expresamente en el art. 27 de la Ley 19/1994 figura implícitamente en varios apartados del artículo. Me refiero a la obligación de que las entidades jurídicas y los empresarios y profesionales personas físicas lleven contabilidad para acogerse al incentivo fiscal:

– El art. 27, apartado 1 señala que las entidades tendrán derecho a la reducción de las cantidades que destinen de sus beneficios, por lo que exige implícitamente la determinación del beneficio empresarial en un contexto mercantil, que se hace sobre la base de los datos contables.

– El apartado 2 indica que la reducción se aplicará a las dotaciones que se hagan a la reserva hasta el límite del 90% de la parte del beneficio obtenido en el mismo periodo que no sea objeto de distribución. Este párrafo establece una segunda relación directa entre la dotación y el beneficio, al señalar un límite sobre el beneficio que no sea objeto de distribución, lo que exige de nuevo la existencia de contabilidad en la que se plasme con claridad la determinación del beneficio y la cuantía que se distribuye.

– El apartado 2 y los artículos 1 a 5 del Reglamento de 2007 de la Ley 19/1994 discriminan el resultado susceptible de la dotación, que ya no es legalmente el beneficio del ejercicio, sino el que provenga de la actividad económica (cuestión que venían interpretando los Tribunales de Justicia antes del cambio legal de 2006). Se exige, por tanto, la existencia de contabilidad para determinar de qué actividades proceden los beneficios obtenidos. Para personas físicas, el art. 3 del Reglamento obliga a que lleven contabilidad para dotar RIC.

– El apartado 3 demanda que la RIC figure en los balances con absoluta separación y título apropiado, requisito que condiciona el nacimiento del derecho al incentivo a la existencia de contabilidad, puesto que sin ella no podría figurar la RIC en los balances.

– El apartado 13 obliga a hacer constar en la memoria de las cuentas anuales información relativa a la dotación RIC, y qué duda cabe que las cuentas anuales se redactan a partir de la contabilidad del ejercicio. En el caso específico de los contribuyentes que no tengan que redactarlas, se les obliga a llevar un libro registro de bienes de inversión.

– El apartado 15 regula la aplicación del incentivo a las personas físicas y señala la obligación de que determinen sus rendimientos netos mediante el método de estimación directa, que exige, como de sobra conocemos, la existencia de contabilidad. La obligación del método de estimación directa no es específica de las personas físicas, sino también de las entidades jurídicas, motivo de que el texto legal trate de homologar los requisitos aplicables a personas físicas y jurídicas.

Concluyendo, que sin señalarse expresamente en la normativa RIC, salvo para las personas físicas, es presupuesto indispensable para acogerse al incentivo la existencia y mantenimiento de contabilidad correcta. El art. 27.16 indica que el incumplimiento de cualquiera de los requisitos, exceptuando los señalados en los apartados 3 y 13, supone la regularización del incentivo, y no olvidemos que uno de ellos es la contabilidad, expresamente señalado para las personas físicas, sin que pueda darse a estas un trato peor que a las entidades jurídicas.

En el ámbito mercantil, que engloba tanto las entidades jurídicas como las personas físicas que realizan actividad empresarial, el art. 25 del Código de Comercio (C.c.) señala categóricamente que *todo empresario deberá llevar una contabilidad ordenada, adecuada a la actividad de su Empresa que permita un seguimiento cronológico de todas sus operaciones, así como la elaboración periódica de balances e inventarios. Llevará necesariamente, sin perjuicio de lo establecido en las leyes o disposiciones especiales, un libro de Inventarios y Cuentas anuales y otro*

Diario. La obligación genérica para todo empresario ratifica la necesidad de que el beneficio se determine a través de la contabilidad, sin que sirva cualquier contabilidad, sino la que permita el seguimiento cronológico de las operaciones y la elaboración periódica de balances. En síntesis, una contabilidad bien llevada.

Añade el art. 35 del C.c. que, sobre la base de los datos contables, los empresarios han de confeccionar las cuentas anuales exigidas en el art. 34 d): balance, cuenta de pérdidas y ganancias, estado de cambios en el patrimonio neto del ejercicio, estado de flujos de efectivo y la memoria. Documentos que forman una unidad y que han de redactarse con claridad y mostrar la imagen fiel del patrimonio, de la situación financiera y de los resultados de la empresa.

El análisis conjunto de los artículos 25, 34 y 35 del C. c. y del art. 27 de la Ley 19/1994 permite añadir como un requisito más del incentivo la obligación de llevar contabilidad, sin que pueda ser cualquier contabilidad, sino la que permita mostrar la imagen fiel del patrimonio de la empresa, su situación financiera y el resultado económico obtenido. En otras palabras, una contabilidad conforme a la normativa contable.

La "imagen fiel" como filosofía que inspira los principios contables no es un concepto nuevo de la reforma contable que propició el PGC de 2007, sino que ya estaba vigente en el PGC de 1990. El "marco conceptual de la contabilidad", que constituye la primera parte del PGC vigente, se basa en siete puntos. No es en balde que el primero sea precisamente el de las *Cuentas anuales y la imagen fiel*, que señala que la aplicación sistemática y regular de los requisitos, principios y criterios contables incluidos en los apartados siguientes deberá conducir a que las cuentas anuales muestren la imagen fiel del patrimonio de la empresa, ... de conformidad con las disposiciones legales. No obstante, es el propio "marco conceptual", en el primer punto o apartado relativo a las cuentas anuales y la imagen fiel, el que reconoce que no siempre la aplicación de los principios contables es suficiente para mostrar la imagen fiel de la empresa, motivo de que deba suministrarse la información adicional precisa en la memoria para alcanzar ese objetivo.

El reconocimiento expreso de las limitaciones de la contabilidad lo considero positivo, puesto que en ocasiones nos perdemos en la aplicación de uno u otro principio contable, o en la aplicación estricta de los criterios de valoración: el del coste amortizado o del valor razonable, por señalar dos ejemplos concretos, que sea por su complejidad o su vaguedad y sutilidad hacen que no consigamos el objetivo pretendido y nos alejemos de la imagen fiel.

En consecuencia, no es suficiente para acogerse a la dotación RIC llevar contabilidad, sino que esta ha de mostrar la imagen fiel de la empresa. Exactamente lo mismo es aplicable, en mi opinión, a la RIB.

Después de referirnos con reiteración a la imagen fiel, ¿qué es en realidad la imagen fiel? Ni tan siquiera los profesionales dedicados a la auditoría estamos en condiciones de definir el concepto de imagen fiel, aunque convivamos con él y lo tengamos siempre muy presente en la labor diaria. Más que un concepto es una filosofía a la que hemos de recurrir a la hora de redactar o verificar los estados financieros de las empresas. Es aconsejable precisar un poco más el concepto, aunque tengamos que recurrir a ejemplos para que la exposición de la idea quede más clara.

El concepto de imagen fiel proviene del término anglosajón *True and fair view,* que fue incorporado a las directrices comunitarias en materia de contabilidad con la traducción francesa de *image fidèle,* que a su vez se tradujo al español como "imagen fiel". En Gran Bretaña no era un término legal, sino un concepto manejado por la profesión contable, altamente cualificada en ese país, que terminó incorporándose de lleno a la normativa contable comunitaria y por tanto a la española.

Mediante el punto 1° del "marco conceptual de la contabilidad" al que nos hemos referido, sabemos para qué sirve el concepto, aunque no se defina, y en qué dos casos principales se utiliza, o más bien hay que atender a su consecución: el primero, ante la insuficiencia de los requisitos, principios y criterios contables, en otras palabras, que ante la insuficiencia de la ciencia contable para mostrar la imagen fiel habría que proporcionar en la memoria la información adicional necesaria para la consecución del abstracto concepto; el segundo, que si en casos excepcionales la aplicación de determinado principio o criterio contable fuese incompatible con la imagen fiel, puede desecharse su aplicación, motivando en la memoria el proceder.

Como se observa, seguimos sin tener una idea muy precisa de la imagen fiel, pero lo mismo ocurre en los países de nuestro entorno económico y cultural —salvo en Gran Bretaña, donde siempre lo han tenido muy claro— en los que el concepto se desarrolla de dos formas distintas: en la vía estrictamente legal (Francia, por ejemplo) o en la vía estrictamente económica y profesional (Gran Bretaña). Es por ello que he de recurrir a dos ejemplos de circunstancias extremas para hacer más entendible el recurso al concepto o filosofía de la imagen fiel:

– En un primer caso, imaginemos la clásica "empresa-desastre", en que la contabilidad es una copia de su caos organizativo, en la que no se reflejan ni todas las inversiones realizadas ni todos los gastos o ingresos devengados. Indudablemente, los estados financieros dimanantes de la contabilidad no reflejan la realidad de la empresa, en otras palabras, las cuentas anuales no reflejan la imagen fiel de su patrimonio. El motivo es evidente, el caos organizativo y/o el incumplimiento sistemático de los principios contables, criterios de registro o reconocimiento contable de los elementos de las cuentas anuales y/o los criterios de valoración; y el resultado del análisis es sencillo, que para poco o nada sirven los estados financieros y la contabilidad que los sustenta.

– En un segundo caso, nos trasladamos al extremo opuesto a la "empresa-desastre". A la clásica empresa perfecta a primera vista, en la que sus administradores recurren a una extrema sutileza para redactar cualquier párrafo de la memoria o para discernir entre uno u otro principio contable o criterio de valoración, buscando siempre la mejor apreciación del lector de sus cuentas anuales. En este caso, tanto tecnicismo, tanta precisión, está reflejando una imagen de la empresa que no tiene por qué coincidir con el concepto o filosofía de la imagen fiel.

Entre los dos extremos hay que moverse con precaución a la hora de conocer qué contabilidad es la que da sustento a la dotación RIC: la del primer caso hay que tener muy claro que no sirve; pero en determinadas condiciones, y con mayor discusión teórica al respecto, puede llegarse a la conclusión que la del segundo caso tampoco: tanta sutileza hace que la empresa de al lector de las cuentas anuales la imagen que pretende su redactor, pero no la imagen fiel. En materia RIC encontramos más de los primeros casos que de los segundos, en los que sus responsables verán cómo la Administración tributaria y posteriormente los Tribunales terminarán rechazando las dotaciones RIC, pero sirva también el segundo ejemplo como aviso a navegantes para aquellos que, basándose en un exceso de tecnicismo, pretendan desvirtuar la imagen real de su empresa[33].

5.3. La contabilidad que exigen los Tribunales de Justicia para dotar RIC

Una vez matizada la necesidad para dotar RIC de llevar la contabilidad que refleje la imagen fiel de la empresa a través de su incorporación a las cuentas anuales, veamos qué criterios han seguido los Tribunales de Justi-

---

[33] Miranda Calderín, 2012. *Manual de la RIC 2007-2013*, capítulo 32.

cia hasta el presente. En obras anteriores expliqué lo que había sucedido hasta 2011, que extracto en este epígrafe, siguiendo después su evolución desde 2012 hasta 2024. Partimos de la realidad de que tanto la Administración tributaria como los Tribunales económico-administrativos exigen desde hace muchos años la existencia de contabilidad correcta, que refleje la realidad de la empresa y que no tenga grandes omisiones o irregularidades para dar como válida la dotación RIC efectuada[34].

La **STSJC, Sala SCT, n.º 30/2005 de 20 de enero,** concluyó que la llevanza de los libros de contabilidad es un requisito esencial, no meramente accidental, compartiendo el criterio que tenía el TEARC.

Las **SSTSJC, Sala SCT, n.º 142 y n.º 143/2007 de 27 de febrero,** acentúan las características que ha de tener la contabilidad para disfrutar de la RIC. Se trata de la contabilidad de una comunidad de bienes, cuya dotación fue rechazada porque no se acreditó la correcta llevanza de contabilidad en la que se cumplieran las formalidades RIC. Los libros de contabilidad estaban sin legalizar, se habían presentado posteriormente, alegando primero el representante de la entidad que los libros no existían, puesto que la empresa estaba en el régimen simplificado de contabilidad. Ni la Inspección ni el TEARC admitieron los libros contables presentados con posterioridad como prueba de que se había efectuado la dotación y lo mismo hizo el TSJC. Reconoce en las dos sentencias (dos recursos iguales interpuestos por cada uno de los dos comuneros) que existía contabilidad de las operaciones de la comunidad, pero sin cumplir las formalidades necesarias para acreditar que la dotación se efectuó antes de la declaración. No se trata, en síntesis, de llevar las cuentas de cualquier forma, sino que es necesario para disfrutar del incentivo llevar contabilidad en el sentido formal que señala el art. 27.3 de la Ley 19/1994 y lo establecido en el Código de Comercio, lo que define el TSJC como **una contabilidad mercantil formal**. Es en el fundamento tercero de la sentencia TSJC de febrero de 2007 donde se refleja con claridad el criterio[35].

En 2007 se pronunció la AN sobre la contabilidad como requisito sustantivo de la RIC, y lo hizo en el contexto de las comunidades de bienes, en que a los comuneros se les exige llevar contabilidad independiente a la

---

34 Véase al respecto, Miranda Calderín, 2005, capítulo 22; y Miranda Calderín, 2007, capítulo 13.

35 Que trascribimos en su día en Miranda Calderín, 2012. *Manual de la RIC 2007-2013*, capítulo 32.

comunidad para poder dotar RIC[36]. Es la **SAN, Sección 2, de 28 de junio de 2007,** la que aborda la cuestión. El recurrente alegó el cumplimiento del requisito legal de llevanza de contabilidad, pues aparecen debidamente cumplidos por la comunidad de bienes de la que formó parte, que fue la que realizó las inversiones en bienes aptos; y de forma subsidiaria, la irrelevancia del presunto incumplimiento de llevanza de contabilidad individual. El criterio que estableció la AN es duro para el contribuyente, confirma el anterior del TSJC sobre las nefastas consecuencias del incumplimiento de los requisitos sustanciales respecto a la contabilidad y el criterio administrativo de que es necesario contabilidad individualizada para que el comunero de una comunidad de bienes pueda dotar RIC. Lo resumimos en seis puntos:

1°. Dotar la RIC implica la cobertura de todas y cada una de las exigencias establecidas en los apartados del artículo 27, entre los que destaca la constitución en el pasivo del balance de la cuenta de la reserva y su mantenimiento, lo que supone la llevanza de libros de contabilidad.

2°. Para probar el esfuerzo inversor resulta necesario garantizar que las inversiones se han realizado con los fondos procedentes de los beneficios obtenidos en los ejercicios en cuestión, de forma que el requisito de constitución y mantenimiento de la reserva se torna en sustancial y, por tanto, su incumplimiento supone la pérdida del beneficio indebidamente disfrutado.

3°. Dado el carácter sustancial de la constitución y mantenimiento de la reserva, a causa de la ausencia de contabilidad separada del empresario individual, no resulta acreditado que las inversiones realizadas han sido exclusivamente financiadas con fondos procedentes de los beneficios obtenidos por el contribuyente en los referidos ejercicios, incumplimiento del requisito sustancial que determina la pérdida del beneficio.

4°. La RIC ha de figurar en el balance del sujeto pasivo y si no lleva contabilidad alguna de forma individualizada se produce el incumplimiento legal por falta de mantenimiento de las reservas en el balance.

5°. El incumplimiento consistente en la llevanza de la contabilidad individual no es irrelevante, pues la aplicación de los beneficios fiscales derivados de la RIC exige que sus requisitos se cumplan de forma rigurosa, máxime teniendo en cuenta que del texto de la referida normativa se

36 Sobre esta materia puede verse Miranda Calderín, 2005, capítulo 6, y Miranda Calderín, 2007, cap. 3.

desprende el carácter constitutivo, y no meramente formal, de la exigida acreditación singularizada de los beneficios, y

6º. La normativa RIC resulta de aplicación preferente frente a lo dispuesto en el Reglamento del IRPF respecto a los libros registros de la contabilidad simplificada, de forma que los comuneros deben llevar contabilidad individual, resultando insuficiente la que llevaba la propia comunidad para cumplimentar las exigencias formales de la Ley 19/1994[37].

La **STSJC, Sala SCT, n.º 121/2009, de 19 de mayo,** analizó los efectos de la inexistencia de contabilidad, si bien en el caso juzgado se había dicho inicialmente por el representante de la entidad que no existía contabilidad, aportándola posteriormente a la Inspección. Una de las alegaciones efectuadas en el recurso fue que el desconocimiento del error de hecho padecido por el representante del recurrente vulnera la normativa vigente e implica la negación a la rectificación de las manifestaciones formuladas ante la Inspección de tributos, dado que el recurrente llevaba contabilidad y dotaba correctamente la RIC, habiendo presentado dicha contabilidad en el curso de las actuaciones inspectoras; y la otra, que la negativa de la Inspección y del TEAR a dar por buena la contabilidad descansaba en la sospecha, no demostrada, de la autenticidad de los libros. El TSJC resolvió como lo había hecho en un caso anterior con las mismas partes, sin que fuese suficiente para disfrutar del beneficio de la RIC la acreditación de las inversiones efectuadas, ya que la aportación tardía de la contabilidad después de haber advertido la Inspección las graves consecuencias de no llevarla, no es demostrativa de la correcta dotación.

Clarificadora en el sentido que hemos ido explicando es la **STSJC de 11 de diciembre de 2012, Sala SCT, recurso 181/2012**, que concluye que sin contabilidad y sin depósito de cuentas anuales en el R.M. no puede haber dotación RIC. Argumenta dos cuestiones principales: (i) que no queda probada la llevanza de contabilidad en 2001 y de este modo no se cumple el requisito exigido en el art. 27.2 Ley REF, que establece que la RIC debe figurar en los balances con absoluta separación y titulo apropiado; y (ii) que como el recurrente no lleva contabilidad en 2001, no puede saberse si las dotaciones han sido con cargo a beneficios del ejercicio derivados del desarrollo de actividades económicas o por el contrario proceden de la mera titularidad de bienes no afectos a actividades económicas. Hago hincapié en que la sentencia se refiere a la normativa anterior al 31 de diciem-

---

37 Los fundamentos de Derecho tercero y cuarto de la sentencia trascritos en *Manual de la RIC 2007-2013*, capítulo 32.

bre de 2006. Con la nueva podría discutirse el primer razonamiento (la reserva debe figurar en los balances), pero en mi opinión no el segundo:

> *TERCERO. Entrando en el fondo del asunto, la dotación de la RIC en los ejercicios 2000 y 2001, alega el recurrente que la falta de presentación de las cuentas anuales o su presentación fuera de plazo y el diligenciado de los libros de contabilidad o su no diligenciado pueden suponer la comisión de una infracción pero no determinan la perdida de la dotación, añadiendo, en relación con el ejercicio 2000, que la presentación de la liquidación en plazo puede ser prueba suficiente de haber realizado la dotación, que han realizado actividad económica ya que están dados de alta en el Impuesto de Actividades Económicas y han tenido empleados.*
>
> *La entidad recurrente tiene como actividad principal clasificada en el IAE 686 "explotación de apartamentos privados".*
>
> *En relación con la dotación de la RIC en el ejercicio 2000, se realizó una dotación de 16.400.000 pesetas (98.565,99 euros).*
>
> *Según el Registro Mercantil en el acta de aprobación de las cuentas anuales y distribución de resultados, aprobada el día 21 de septiembre de 2001, se acuerda destinar a la RIC la citada cantidad, pero cuando se presenta la declaración-liquidación del Impuesto de Sociedades del ejercicio 2000 el día 25 de julio de 20001 aun no se había tomado el acuerdo sobre la distribución de resultados del 2000.*
>
> *Requerido el Registro Mercantil para que informara sobre las cuentas anuales y acuerdos sociales depositados en el mismo con respecto al ejercicio 2001, resulta que no habían sido presentadas las cuentas anuales ni del año 2001 ni del 2002. No se ha acreditado la dotación contable a la RIC, la cual conforme a la dinámica mercantil y contable debía haberse realismo en el ejercicio 2001 una vez acordada la distribución de resultados y aprobadas las cuentas anuales del ejercicio 2000.*
>
> ***No queda probada la llevanza de contabilidad en el ejercicio 2001 y de este modo no se cumple el requisito exigido en el apartado 3º artículo 27 de la Ley 19/1994, de Modificación del Régimen Económico y Fiscal de Canarias, que establece que la RIC debe figurar en los balance con absoluta separación y titulo apropiado.***
>
> *El incumplimiento de los citados requisitos formales tiene como consecuencia que se aplique la regla prevista en el apartado 8º del citado artículo 27, integrando en la base imponible del ejercicio en que ocurren esas circunstancias las cantidades que dieron lugar a la reducción de la misma, incrementándose la base imponible del Impuesto de Sociedades, ejercicio 2001, en la cantidad de 16.400.000 pesetas (98.565,99 euros), girándose el correspondiente interés de demora.*
>
> *CUARTO.– Por lo que respecta a la dotación de la RIC 2001, efectuado el oportuno requerimiento al Registro Mercantil para que informara sobre las cuentas anuales y acuerdos sociales depositados en aquel registro, consta en nota simple que no se presentaron las cuentas anuales correspondientes a los ejercicios 2001 y 2002.*
>
> *De acuerdo con la Ley 19/1994, la reducción por RIC se aplica a las dotaciones que en cada periodo impositivo se hagan a la reserva de inversiones de la parte del beneficio obtenido en el mismo periodo, en cuanto proceda de establecimientos situados en Canarias, es decir, este estímulo fiscal lo es en realización en Canarias de actividades fomentadoras de riqueza y desarrollo económico beneficiándose únicamente de él las ganancias obtenidas en la realización de actividades económicas.*
>
> ***Como el recurrente no lleva contabilidad en el ejercicio 2001, no puede saberse si las dotaciones han sido con cargo a beneficios del ejercicio derivados del desarrollo de actividades económicas o por el contrario proceden de la mera titularidad de bienes no afectos a actividades económicas.***

> *Correspondiendo al actor en aplicación a lo dispuesto en el artículo 105 LGT la carga de la prueba, esto es, probar que el origen de los beneficios del ejercicio 2001, no ha desplegado la misma actividad probatoria alguna en este sentido.*
>
> *A la vista de todo lo expuesto y razonado, procede desestimar el recurso administrativo interpuesto al ser ajustada a Derecho la resolución impugnada* [STSJC, Sala SCT, de 11 de diciembre de 2012. La negrita es nuestra].

Sin ser el TSJC, la AN y el TS han aportado algo más de luz en la materia, según vemos a continuación.

La **SAN, Sección 4, de 25 de febrero de 2009,** juzga una vez más los efectos en la dotación RIC de que un comunero no lleve contabilidad individualizada de sus operaciones, sino que se sirva de la contabilidad de la propia comunidad de bienes; y lo hace con los mismos efectos negativos para el contribuyente que la SAN de junio de 2007, a pesar de que en una de las alegaciones se decía que el TS había dictado diversas sentencias en relación con el FPI, en que reiteraba que la llevanza de la contabilidad era un requisito meramente formal que debía valorarse de acuerdo con aquella naturaleza; y en otra, que en los supuestos de una actividad empresarial ejercida por una comunidad de bienes, la contabilidad es única y se lleva por la propia comunidad. La AN se basa sustancialmente en su pronunciamiento anterior para exigir que el comunero lleve contabilidad individualizada para disfrutar de la RIC, pero añade nuevas exigencias con las que no estamos de acuerdo, como que la contabilidad individualizada del comunero ha de ser legalizada en el Registro Mercantil, sin que fuera suficiente la aportación de dichas cuentas sin legalizar[38].

Después del análisis de las sentencias anteriores, concluíamos en 2012 que tanto el TSJC como la AN exigían que se llevase una contabilidad ordenada, que cumpliese los requisitos mercantiles, para que el empresario pudiera dotar RIC. La contabilidad, añadíamos, había de mostrar la imagen fiel del patrimonio de la empresa, sin que sirviese la mera llevanza de contabilidad que no reflejase los verdaderos activos o pasivos de la entidad, o que fuese incapaz de determinar el resultado que se obtenía en la actividad. En síntesis, que la llevanza de contabilidad en regla era un requisito sustancial a la hora de acogerse a los beneficios de la dotación RIC.

Hay que ser conscientes que, en los pronunciamientos comentados, la TSJC y la AN se refieren a la normativa vigente hasta el 31 de diciembre de 2006, produciéndose ese año una profunda reforma de la RIC, concre-

---

38 Trascrito el fundamento sexto de Derecho en *Manual de la RIC 2007-2013*, capítulo 32.

tamente, de los requisitos sustanciales, con los que pretendía el legislador suavizarlos para que no supusieran la pérdida del incentivo. Como comprobamos a continuación, con la normativa vigente a partir de 1 de enero de 2007, las consideraciones sobre la contabilidad en los Tribunales de Justicia no cambian, sí lo hacen respecto a hechos contables puntuales, como la creación y contabilización de la reserva.

La **STS de 26 de abril de 2012, Sección 2, recurso 3357/2009,** analiza varias cuestiones relacionadas con la dotación RIC, una de ellas la contabilidad. Es uno de los primeros pronunciamientos que establece la clara diferencia entre el régimen previsto hasta el 31 de diciembre de 2006 y a partir de 1 de enero de 2007. Sobre la contabilidad concluye que es requisito sustancial para acogerse a la dotación RIC *llevar una contabilidad en regla conforme a los requisitos exigidos legalmente*, por lo que su incumplimiento supone la pérdida de los beneficios de la RIC. Y sobre el cambio normativo, sienta que es un requisito sustancial hasta el 31 de diciembre de 2006, que cambia la legislación mediante el Real Decreto Ley 12/2006 y pasa a ser un mero requisito formal *que no va a suponer, cumplido el resto de requisitos no excepcionados por el propio artº 27, más que la imposición de una sanción conforme al nuevo régimen sancionador que respecto de la materia innova el citado texto legal.*

Por tanto, para el TS la contabilidad es un requisito sustancial cuyo incumplimiento supone la pérdida de los beneficios disfrutados con la dotación RIC, pero acotándolo al periodo 1994-2006, puesto que a partir de 2007 supone un incumplimiento formal, que constituye una infracción sancionable, pero no la regularización y pérdida de la dotación.

No obstante, entiendo que el cambio normativo más favorable para el contribuyente que introdujo el legislador a partir de 1 de enero de 2007 afecta a los requisitos relacionados con los aspectos contables de la RIC —que hasta el 31 de diciembre de 2006 su incumplimiento suponía la pérdida del incentivo—, pero no a la contabilidad en sí misma como única fórmula para determinar el rendimiento de la actividad económica susceptible de la dotación. Mi criterio, por tanto, sigue siendo que solo pueden dotar RIC/RIB aquellos contribuyentes que determinen sus rendimientos económicos a través de contabilidad *en regla.* Cuestión diferente es que en esa contabilidad se omita o se realice de forma incorrecta cualquiera de las formalidades que exige la normativa RIC/RIB, como la contabilización de la reserva o su mantenimiento en balances (cuestión más conflictiva), que antes de 2007 conllevaba la pérdida del beneficio disfrutado con la dotación RIC y a partir de ese año solo una sanción por infracción grave o simple.

La STS matiza, en mi opinión, que el incumplimiento de la contabilidad en un año posterior a la dotación no supone desde 2007 la pérdida de la RIC, pero no hace referencia alguna a que a partir de ese año no siga siendo necesario determinar el resultado susceptible de la dotación a través de contabilidad en regla. Trascribo parte del fundamento de Derecho tercero en que se expresa el criterio del TS:

> *TERCERO. (...) Por su parte, el artículo 25 del Código de comercio establece uno de los requisitos fundamentales que ha de cumplir todo empresario, cual es el de la llevanza de contabilidad, estableciendo concretamente la obligación de llevar un Libro de Inventarios y Cuentas Anuales y otro Diario, los cuales además deben estar diligenciados según el artículo 27 del mismo texto legal.*
>
> *Pues bien, en las Cuentas Anuales correspondientes a los ejercicios 1998 y 1999 depositadas en el Registro Mercantil con fecha 17/08/2001, figura en la cuenta de Reservas, sin mayor especificación, todo el beneficio obtenido en los ejercicios 1997 y 1998. Esto se debe a que el obligado tributario formulaba cuentas abreviadas, no existiendo una casilla específica para recoger la Reserva para Inversiones en Canarias.*
>
> *Es por ello que en este caso adquiere especial relevancia el Libro Diario o cualquier otro (Libro Mayor, Libro de Sumas y Saldos, etc.) que permita dar cumplimiento a la exigencia de reflejar contablemente una Reserva indisponible con título apropiado, (ya que de no ser así, la Administración no podría comprobar la indisponibilidad de la misma), el cual es un requisito sustancial y no meramente formal, pues cumple la importante función de ahorro vinculada a este beneficio, que permitirá posteriormente materializar en alguna de las inversiones recogidas en la norma.*
>
> *Pues bien, el obligado tributario carece de la contabilidad correspondiente a los ejercicios 1998 y 1999, pues según manifestaciones de su representante recogidas en la diligencia de 15/01/2002, estos no fueron nunca pasados a papel, mientras que del ordenador se perdieron los datos como consecuencia del "efecto 2000".*
>
> *Lo cual, además de suponer el quebrantamiento absoluto de una obligación de tanta relevancia a efectos fiscales cual es la de llevar contabilidad con arreglo a las disposiciones del Código de Comercio y demás normas mercantiles y fiscales, significa el incumplimiento de lo dispuesto en el apartado 3 del artículo 27 de la Ley 19/1994, anteriormente transcrito, por cuanto supone que la Reserva para Inversiones en Canarias no figura en los balances con absoluta separación y título apropiado.*
>
> *Por tanto, y una vez acreditado el incumplimiento de los requisitos exigidos por el artículo 27 de la Ley 19/94, relativos a la Reserva para Inversiones en Canarias, procede regularizar la situación del obligado tributario de acuerdo con lo previsto en el apartado 8 de dicho artículo, cuya dicción es la siguiente (...)*
>
> *De este modo, dado que el reparto de beneficios se aprueba en el ejercicio siguiente a aquél en que se obtiene, y es entonces cuando debe contabilizarse, ocurre que el incumplimiento de la obligación de destinar una parte de los beneficios a la Reserva para Inversiones en Canarias, haciéndola constar en los balances de la sociedad, se produce en el ejercicio siguiente al de la obtención del beneficio y por tanto, a aquél en que se efectúa la reducción en base imponible.*
>
> *Por ello, las reducciones efectuadas en la base imponible de los ejercicios 1997 y 1998 habrá que regularizarlas en los ejercicios 1998 y 1999, respectivamente.*
>
> *Por tanto, y a tenor de la normativa anterior, procede aumentar la base imponible correspondiente al ejercicio 1998 en el importe de 31.913.852 ptas., y la del ejercicio 1999 en 12.000.000 ptas., por el incumplimiento en dichos ejercicios del requisito de contabilización*

> *de la Reserva para Inversiones en Canarias cuya reducción se practicó en los ejercicios 1997 y 1998 respectivamente, incrementando las cuotas líquidas resultantes con los intereses de demora correspondientes".*
>
> *(...)* ***En definitiva, es requisito sustancial para acogerse a los beneficios de la RIC el llevar una contabilidad en regla conforme a los requisitos exigidos legalmente, en los términos que hemos tenido ocasión de señalar, por lo que su incumplimiento supone la pérdida de los beneficios de la RIC, y ello hasta el 31 de diciembre de 2006, que cambia la legislación mediante Real Decreto Ley 12/2006 y pasa a ser un mero requisito formal que no va a suponer, cumplido el resto de requisitos no excepcionados por el propio artº 27, más que la imposición de una sanción conforme al nuevo régimen sancionador que respecto de la materia innova el citado texto legal*** [FD TERCERO, STS 26 abril 2012. La negrita es nuestra].

En la **STS de 26 de abril de 2012, Sección 2, recurso 89/2010**, el TS inadmite el recurso de casación por no existir la necesaria contradicción en las sentencias aportadas y la recurrida. No obstante, entra en el fondo de la cuestión de los requisitos contables, mencionando las conclusiones a las que había llegado en dos sentencias anteriores. La STS de 7 de julio de 2011, en que el contribuyente carecía de contabilidad en 1998 y 1999 por no haberla pasado a papel y perder los registros informáticos. Hecho que suponía el quebrantamiento absoluto de la obligación a efectos fiscales de llevar contabilidad con arreglo al Código de Comercio, lo que significaba el incumplimiento del art. 27.3 de la Ley 19/1994 al no figurar la RIC en los balances; y la STS de 6 de febrero de 2012, en que la controversia consistió en que el importe de la RIC se consignó en la cuenta de capital y no en una cuenta especial con el nombre de la reserva, lo que suponía en esos años la pérdida del incentivo. Culmina la STS de 26 de abril de 2012 con el mismo criterio sobre la obligación de llevar contabilidad en regla hasta el 31 de diciembre de 2006:

> *En definitiva, es requisito sustancial para acogerse a los beneficios de la RIC el llevar una contabilidad en regla conforme a los requisitos exigidos legalmente, en los términos que hemos tenido ocasión de señalar, por lo que su incumplimiento supone la pérdida de los beneficios de la RIC, y ello hasta el 31 de diciembre de 2006, que cambia la legislación mediante Real Decreto Ley 12/2006 y pasa a ser un mero requisito formal que no va a suponer, cumplido el resto de requisitos no excepcionados por el propio artº 27, más que la imposición de una sanción conforme al nuevo régimen sancionador que respecto de la materia innova el citado texto legal* [FD TERCERO, STS 26 abril 2012, recurso 89/2010].

La importancia de la contabilidad, más bien la imperiosa necesidad de llevar contabilidad para determinar la actividad económica que realiza la empresa y poder dotar RIC, se desprende de la **STS de 6 de noviembre de 2014, Sección 2, recurso 3265/2012**, que se centra en la existencia o no de actividad económica en la promoción y arrendamiento de inmuebles, en la que el contribuyente no aporta contabilidad alguna, lo que fue determinante para la SAN recurrida y para el propio TS. El hecho de no aportarla lo estima como esencial a los efectos perseguidos por el contribuyente para acreditar la realización de actividad económica, suficiente para no atender a más consideraciones. Entiendo que esta STS se ratifica el criterio de que es necesario llevar contabilidad para dotar RIC/RIB y en su caso aportarla a la Administración tributaria para acreditar el desarrollo de actividad económica:

> *SEGUNDO. (...) Como se comprueba del desarrollo argumental del motivo casacional, la recurrente se limita a cuestionar las conclusiones fácticas a las que llega la Sala a quo, y al efecto viene a defender que no hacía falta actividad probatoria alguna puesto que el TEAR admite que la entidad recurrente llevaba a cabo una actividad de promoción inmobiliaria, y se centra en que en mayo de 1996 adquirió la Parcela de Terreno Letra C de 14.244 m2, también adquirió otra en la Parcela 131 de la Urbanización Montaña Roja de 18.743 m2, sobre las cuales desarrollo una promoción inmobiliaria consistente en la ejecución del Hotel Calimera Playa, que fue cedido en 1998 mediante contrato de arrendamiento de industria, posteriormente la explotación se realizó por GRELEMA, S.A.*
>
> *Alegaciones que resultan a todas luces insuficientes a los efectos que pretende la parte recurrente.*
>
> ***Nada alega, menos aún combate, sobre un dato que se antoja esencial a los efectos perseguidos por la recurrente, cual es la falta de aportación de la contabilidad en el que se reflejara las operaciones relativas a su actividad económica. Lo cual es suficiente para no atender a otras consideraciones*** [FD SEGUNDO, STS 6-11-2014].

De conformidad con lo expuesto, mi opinión es que es necesario llevar contabilidad conforme al Código de Comercio y las disposiciones contables, que permita determinar con claridad el rendimiento de la actividad económica susceptible de la dotación RIC/RIB. Sin contabilidad no se da el presupuesto básico exigible para la dotación, pues es difícil, o imposible, acreditar la realización de actividad económica y la generación de beneficios susceptibles de la reserva. Me refiero exclusivamente al año en que se dota la RIC/RIB, pues en los años siguientes es más discutible que la ausencia de contabilidad o las irregularidades que pudieran detectarse sean motivo de pérdida del incentivo, más bien de la correspondiente sanción, siempre que no se acredite la disposición de los fondos RIC a otros menesteres. Y estimo que la situación respecto a la contabilidad en el ejercicio de la dotación se produce tanto antes como después de la reforma de 2006. A partir de 1 de enero de 2007 no se pierde el beneficio disfrutado con la dotación por el incumplimiento de aspectos formales y contables de la RIC, sin que ello sea aplicable, a mi entender, al hecho en sí mismo de llevar contabilidad para establecer el rendimiento susceptible de la dotación.

5.4. La contabilidad y la RIB

Como expuse en el epígrafe 5.1, el Régimen fiscal especial balear creado por la disposición adicional 70ª de la Ley 31/2022 nada dice de la obligación de llevar contabilidad para dotar RIB (como tampoco lo dice la Ley 19/1994 del REF), pero implícitamente se refiere a ella para determinar el beneficio contable que se genera en el establecimiento situado en *Illes Balears*, Más explícito es el Reglamento de 2024 (RD 710/2024) con las personas físicas, a las que se exige que determinen su rendimiento a través de la correspondiente contabilidad, ¿cómo se va a dar peor trato a los empresarios y profesionales personas físicas que a las sociedades? No tiene sentido; pero además existe reiterada jurisprudencia respecto a la RIC que consolida la obligación de llevar "contabilidad en regla" para dotarla.

Las sentencias del TS argumentando que la contabilidad es un requisito sustancial hasta el 31 de diciembre de 2006 (para la RIC) y no a partir de 1 de enero de 2007 no debe entenderse en el sentido de que quien no lleve contabilidad es acreedor solamente a una sanción, pero no a la pérdida del beneficio fiscal.

Mi opinión es clara y contundente al respecto: para dotar tanto la RIC como la RIB, las entidades jurídicas, los empresarios individuales y los profesionales han de llevar contabilidad que les permita mostrar el beneficio que han generado y en qué actividades lo generaron.

5.5. Ficha resumen de la contabilidad como presupuesto básico para dotar RIC/RIB

1.	A pesar de no figurar el requisito de llevar contabilidad en la Ley 19/1994 que regula la RIC, los Tribunales de Justicia interpretaron que era necesaria para dotarla. El criterio judicial se incorporó al Reglamento de 2007 solo para las personas físicas.
2.	En la reforma RIC de 2006 se suavizaron aspectos formales que hasta ese momento suponían la pérdida del incentivo, que a partir de 1 de enero de 2007 pasaron solamente a suponer una sanción.

3.	En varias sentencias del TS se concluye que la contabilidad era un requisito sustancial hasta 2006, pero no a partir de 1 de enero de 2007. Estas sentencias, en mi opinión, se refieren a ciertos incumplimientos contables, pero no a la llevanza de contabilidad en regla, que es una de las exigencias en otros pronunciamientos del TS.
4.	Las personas físicas están obligadas a llevar contabilidad para dotar la RIC/RIB (art. 3 de ambos Reglamentos de 2007 y 2024) y no se pude dar peor trato a las personas físicas que a las jurídicas.
5.	La contabilidad es un presupuesto básico para dotar RIC/RIB y además ha de ser una contabilidad en regla, que cumpla los requisitos del Código de Comercio y la normativa contable para reflejar la imagen fiel del patrimonio de la empresa.
6.	La contabilidad es esencial para probar el beneficio generado, su composición y de qué establecimiento y actividad procede. Aspectos a los que obliga la dotación RIC/RIB.
7.	Mi conclusión final es que sin contabilidad no puede dotarse la RIC/RIB.

Capítulo 6

EL BENEFICIO DE LA ACTIVIDAD DE ARRENDAMIENTO DE INMUEBLES COMO PARADIGMA DE LA CONFLICTIVIDAD EN LA DOTACIÓN RIC/RIB

Con diferencia, la actividad más controvertida a la hora de dotar RIC ha sido y, en algunos aspectos lo sigue siendo, el arrendamiento de inmuebles. La novísima normativa RIB copia prácticamente la de la RIC, por lo que muy atentos han de estar los asesores fiscales baleares en aquellas cuestiones que, sin estar en los textos legales, han sido perfiladas por la Administración tributaria y ratificadas por los Tribunales de Justicia. La última cuestión conflictiva que se ha generalizado es la mutación de los requisitos especiales en la materialización de inmuebles a la dotación, de forma que no puede dotarse RIC/RIB con los beneficios generados en el arrendamiento de inmuebles que no esté debidamente especificado en la normativa de la materialización.

6.1. Legislación vigente

– Ley 19/1994 REF

Artículo 27 Reserva para inversiones en Canarias

1. Las entidades sujetas al Impuesto sobre Sociedades tendrán derecho a la reducción en la base imponible de las cantidades que, con relación a sus establecimientos situados en Canarias, destinen de sus beneficios a la reserva para inversiones de acuerdo con lo dispuesto en este artículo.

2. (…) A estos efectos, se considerarán beneficios procedentes de establecimientos en Canarias los derivados de actividades económicas, incluidos los procedentes de la transmisión de los elementos patrimoniales afectos a las mismas, así como los derivados de la transmisión de elementos patrimoniales no afectos a actividades económicas, en los términos que reglamentariamente se determinen.

8. (…) Los contribuyentes que se dediquen a la actividad económica de arrendamiento o cesión a terceros para su uso de elementos patrimoniales del inmovilizado podrán disfrutar del régimen de la reserva para inversiones, siempre que no exista vinculación, directa o indirecta, con los arrendatarios o cesionarios de dichos bienes, en los términos definidos en el artículo 18, apartado 2, de la Ley 27/2014, de 27 de noviembre, del Impuesto sobre Sociedades, ni se trate de operaciones de arrendamiento financiero. A estos efectos, se entenderá que el arrendamiento de inmuebles se realiza como actividad económica únicamente cuando concurran las circunstancias previstas en el apartado 2 del artículo 27 de la Ley 35/2006.

En los supuestos de arrendamiento de bienes inmuebles, además de las condiciones previstas en el párrafo anterior, el contribuyente deberá tener la consideración de empresa turística de acuerdo con lo previsto en la Ley 7/1995, de 6 de abril, de Ordenación del Turismo de Canarias, tratarse del arrendamiento de viviendas protegidas por la sociedad promotora, de bienes inmuebles afectos al desarrollo de actividades industriales incluidas en las divisiones 1 a 4 de la sección primera de las tarifas del Impuesto sobre Actividades Económicas, aprobadas por el Real Decreto Legislativo 1175/1990, de 28 de septiembre, por el que se aprueban las tarifas y la instrucción del Impuesto sobre Actividades Económicas, o de zonas comerciales situadas en áreas cuya oferta turística se encuentre en declive, por precisar de intervenciones integradas de rehabilitación de áreas urbanas, según los términos en que se define en las directrices de ordenación general de Canarias, aprobadas por la Ley 19/2003, de 14 de abril.

– Reglamento REF, RD 1758/2007

Artículo 21 Condiciones para el arrendamiento de bienes inmuebles

1. A los efectos de lo establecido en el artículo 25.4.f) y en el artículo 27.8, ambos de la Ley 19/1994, de 6 de julio, los bienes inmuebles destinados a arrendamiento deberán afectarse a alguna de las siguientes actividades:

a) Al arrendamientos de vivienda protegida por la entidad promotora de las mismas.

b) A las actividades turísticas a que se refiere la Ley 7/1995, de 6 de abril, de Ordenación del Turismo de Canarias, con independencia del lugar donde se encuentre situado el bien inmueble.

c) Al desarrollo de las actividades industriales incluidas en las divisiones 1 a 4 de la sección primera de las tarifas del Impuesto sobre Actividades Económicas, aprobadas por el Real Decreto Legislativo 1175/1990, de 28 de septiembre.

d) Al desarrollo de actividades en zonas comerciales situadas en áreas cuya oferta turística se encuentre en declive.

2. En el caso de actividades de arrendamiento de viviendas protegidas efectuadas por la entidad promotora de las mismas, las viviendas deberán ser objeto de cesión en arrendamiento durante, al menos, cinco años ininterrumpidos. A estos efectos, no se entenderá interrumpida la cesión cuando se proceda a un nuevo arrendamiento de una misma vivienda en el plazo de seis meses desde su desocupación. No obstante, el plazo de mantenimiento de la inversión afecta a una actividad económica, previsto en el artículo 25.4.e) y en el artículo 27.8, ambos de la Ley 19/1994, de 6 de julio, se ampliará por un período equivalente a aquel durante el cual el inmueble hubiera estado desocupado.

– Disposición adicional 70ª Ley 31/2022, Régimen fiscal especial balear

Cuarto. 2. (—) A estos efectos, se considerarán beneficios procedentes de establecimientos en las Illes Balears los derivados de actividades económicas, incluidos los procedentes de la transmisión de los elementos patrimoniales afectos a las mismas.

Cuarto. 8 (...) Los contribuyentes que se dediquen a la actividad económica de arrendamiento o cesión a terceros para su uso de elementos patrimoniales del inmovilizado podrán disfrutar del régimen de la reserva para inversiones, siempre que no exista vinculación, directa o indirecta, con los arrendatarios o cesionarios de dichos bienes, en los términos definidos en el artículo 18, apartado 2, de la Ley 27/2014, de 27 de noviembre, del Impuesto sobre Sociedades, ni se trate de operaciones de arrendamiento financiero. A estos efectos, se entenderá que el arrendamiento de inmuebles se realiza como actividad económica únicamente cuando concurran las circunstancias previstas en el apartado 2 del artículo 27 de la Ley 35/2006, de 28 de noviembre, del Impuesto sobre la Renta de las Personas Físicas y de modificación parcial de las leyes de los Impuestos sobre Sociedades, sobre la Renta de no Residentes y sobre el Patrimonio.

En los supuestos de arrendamiento de bienes inmuebles, además de las condiciones previstas en el párrafo anterior, el contribuyente deberá tener la consideración de empresa turística de acuerdo con lo previsto en la Ley 8/2012, de 19 de julio, tratarse del arrendamiento de viviendas protegidas por la sociedad promotora, de bienes inmuebles afectos al desarrollo de actividades industriales incluidas en las divisiones 1 a 4 de la sección primera de las tarifas del Impuesto sobre Actividades Económicas, aprobadas por el Real Decreto Legislativo 1175/1990, de 28 de septiembre, de actividades socio-sanitarias, centros residenciales de mayores, geriátricos y centros de rehabilitación neurológica y física o de zonas comerciales situadas en áreas cuya oferta turística se encuentre en declive, por precisar de intervenciones integradas de rehabilitación de áreas urbanas, según los términos en que se define en la Ley 8/2012, de 19 de julio, y el Decreto-ley 1/2013, de 7 de junio, de medidas urgentes de carácter turístico y de impulso de las zonas turísticas maduras.

– Reglamento, R, D. 710/2024, Régimen fiscal especial balear

Artículo 15. Condiciones para el arrendamiento de inmuebles.

1. A los efectos de lo establecido en el número 8 del apartado cuatro de la disposición adicional septuagésima de la Ley 31/2022, de 23 de diciembre, los bienes inmuebles destinados a arrendamiento deberán afectarse a alguna de las siguientes actividades:

a) A los arrendamientos de vivienda protegida por la entidad promotora de las mismas.

b) A las actividades turísticas a que se refiere la Ley 8/2012, de 19 de julio, del Turismo de las Illes Balears.

c) Al desarrollo de las actividades industriales incluidas en las divisiones 1 a 4 de la sección primera de las tarifas del Impuesto sobre Actividades Económicas, aprobadas por el Real Decreto Legislativo 1175/1990, de 28 de septiembre.

d) A las actividades sociosanitarias, centros residenciales de mayores, geriátricos y centros de rehabilitación neurológica y física.

e) Al desarrollo de actividades en zonas comerciales situadas en áreas cuya oferta turística se encuentre en declive.

2. En el caso de actividades de arrendamiento de viviendas protegidas efectuadas por la entidad promotora de las mismas, las viviendas deberán ser objeto de cesión en arrendamiento durante, al menos, cinco años ininterrumpidos.

A estos efectos, no se entenderá interrumpida la cesión cuando se proceda a un nuevo arrendamiento de una misma vivienda en el plazo de seis meses desde su desocupación.

No obstante, el plazo de mantenimiento de la inversión afecta a una actividad económica, previsto en el número 8 del apartado cuatro de la disposición adicional septuagésima citada se ampliará por un período equivalente a aquel durante el cual el inmueble hubiera estado desocupado.

3. A los efectos de la letra d) del apartado 1 de este artículo se entenderá que las oficinas de farmacia constituyen actividades sociosanitarias.

Asimismo, y los efectos de la letra e) del apartado 1 de este artículo se entenderá por área cuya oferta turística se encuentre en declive las zonas turísticas saturadas o maduras así declaradas de acuerdo con la Ley 8/2012, de 19 de julio, del Turismo de las Illes Balears.

4. El mismo régimen previsto en este artículo y en el número 8 del apartado cuatro de la disposición adicional septuagésima de la Ley 31/2022, de 23 de diciembre, respecto del arrendamiento o cesión a terceros para su uso de elementos patrimoniales del inmovilizado material afectos a determinadas actividades será aplicable a la explotación de inmuebles por empresarios turísticos en régimen de multipropiedad.

– Ley 27/2014 IS

Artículo 5 Concepto de actividad económica y entidad patrimonial

1. Se entenderá por actividad económica la ordenación por cuenta propia de los medios de producción y de recursos humanos o de uno de ambos con la finalidad de intervenir en la producción o distribución de bienes o servicios.

En el caso de arrendamiento de inmuebles, se entenderá que existe actividad económica, únicamente cuando para su ordenación se utilice, al menos, una persona empleada con contrato laboral y jornada completa.

– Ley 35/2006 IRPF

Artículo 27 Rendimientos íntegros de actividades económicas

1. Se considerarán rendimientos íntegros de actividades económicas aquellos que, procediendo del trabajo personal y del capital conjuntamente, o de uno solo de estos factores, supongan por parte del contribuyente la ordenación por cuenta propia de medios de producción y de recursos humanos o de uno de ambos, con la finalidad de intervenir en la producción o distribución de bienes o servicios.

En particular, tienen esta consideración los rendimientos de las actividades extractivas, de fabricación, comercio o prestación de servicios, incluidas las de artesanía, agrícolas, forestales, ganaderas, pesqueras, de construcción, mineras, y el ejercicio de profesiones liberales, artísticas y deportivas.

No obstante, tratándose de rendimientos obtenidos por el contribuyente procedentes de una entidad en cuyo capital participe derivados de la realización de actividades incluidas en la Sección Segunda de las Tarifas del Impuesto sobre Actividades Económicas, aprobadas por el Real Decreto Legislativo 1175/1990, de 28 de septiembre, tendrán esta consideración cuando el contribuyente esté incluido, a tal efecto, en el régimen especial de la Seguridad Social de los trabajadores por cuenta propia o autónomos, o en una mutualidad de previsión social que actúe como alternativa al citado régimen especial conforme a lo previsto en la disposición adicional decimoquinta de la Ley 30/1995, de 8 de noviembre, de ordenación y supervisión de los seguros privados.

2. A efectos de lo dispuesto en el apartado anterior, se entenderá que el arrendamiento de inmuebles se realiza como actividad económica, únicamente cuando para la ordenación de esta se utilice, al menos, una persona empleada con contrato laboral y a jornada completa.

Dotar RIC con los rendimientos generados en la actividad de arrendamiento de inmuebles ha comportado tradicionalmente un gran riesgo para el contribuyente. Conocemos de la exposición de los capítulos anteriores que solamente son susceptibles de la dotación los beneficios obtenidos en el desarrollo de actividad económica. Y es precisamente el arrendamiento de inmuebles la actividad más cuestionada por la Administración tributaria a la hora de calificarla como económica. Primero, porque los contribuyentes no cumplían los requisitos de local y empleado a jornada completa exigibles en la gestión del arrendamiento; segundo, porque si se reunían esos requisitos no existía carga de trabajo suficiente para el empleado; tercero, una vez desaparecida la obligación de local para la gestión de los alquileres, algunos Tribunales de Justicia sentaron el criterio de que no era necesario el empleado si la gestión se encomendaba a una empresa especializada en el arrendamiento de inmuebles; y cuarto, más recientemente, que los requisitos cualificados para el arrendamiento de inmuebles del art. 27.8 de la Ley 19/1994, que siempre habíamos interpretado como exclusivos de la fase de materialización, se aplican también a la dotación. Por eso introduje en la legislación vigente los apartados del REF y Régimen fiscal especial balear dedicados a la materialización en inmuebles, porque el debate judicial de si es aplicable a la dotación no ha finalizado. En síntesis, que estamos ante uno de los grandes problemas de interpretación de la normativa RIC y de consolidación de la actividad económica en muchos aspectos tributarios (impuestos de Patrimonio y Sucesiones incluidos). Tal es la complejidad, que en 2015 publiqué una monografía con la materia[39], que actualizo en este y el próximo capítulo desde 2014 hasta 2024.

Le experiencia de lo sucedido con el arrendamiento de inmuebles en los Tribunales de Justicia y la RIC la extrapolamos con generalidad a la

---

[39] Miranda Calderín, 2015. *La actividad de arrendamiento de inmuebles como paradigma de la inseguridad jurídica en el ordenamiento tributario español*, con prólogo del jurista Esaú Alarcón García.

RIB. Mientras que el desenlace sobre la mutación de los requisitos exigibles a la materialización en inmuebles a la dotación la viviremos con expectación tanto en la RIC como en la RIB. Mucha atención y precaución al que se aproxima por primera vez a esta materia, sobre todo los asesores fiscales baleares, porque no es precisamente oro todo lo que reluce para los contribuyentes que ejerciendo la actividad de arrendamiento apliquen exenciones e incentivos fiscales.

6.2. Los antecedentes normativos del arrendamiento de inmuebles en la normativa IRPF e IS

Limitamos los antecedentes normativos del arrendamiento de inmuebles a las tres leyes IRPF anteriores a la actual. La Ley 44/1978, IRPF, no hacía mención alguna a la actividad de alquiler de inmuebles y hay que esperar a la Ley 18/1991, IRPF, para encontrar en el art. 40.1 y 2 la estructura de lo que debe entenderse como rendimientos de actividades empresariales en general, y una primera especificación sobre la actividad de arrendamiento o compraventa de inmuebles, que establecía que se realizaba como actividad empresarial únicamente cuando concurrían las dos circunstancias que se irán repitiendo en la legislación posterior: *a) Que en el desarrollo de la actividad se cuente, al menos, con un local exclusivamente destinado a llevar a cabo la gestión de la misma, y b) Que para el desempeño de aquélla se tenga, al menos, una persona empleada con contrato laboral.*

El art. 25.1 de la Ley 40/1998 modificó la denominación de actividades empresariales o profesionales, adaptando la de "actividades económicas", e introdujo en el apartado 2 el requisito de que el empleado estuviese contratado laboralmente a jornada completa, ya que la Ley 18/1991 nada especificaba al respecto.

El art. 25 del RD Legislativo 3/2004 por el que se aprueba el TRLIRPF, vigente desde el 11 de marzo de 2004 hasta el 31 de diciembre de 2006, dejó prácticamente las cosas como estaban.

Desde la Ley 18/1991 hasta la entrada en vigor de la vigente Ley 35/2006, IRPF, las actividades de arrendamiento y compraventa de inmuebles compartían requisitos en común para considerarse desde el punto de vista tributario actividad económica, mientras que con posterioridad —a partir de 1 de enero de 2007— se separaron, aplicándose a la compraventa el art. 40 apartado primero, el genérico para las actividades económicas; y al arrendamiento el apartado segundo, con los requisitos de local y empleado. En consecuencia, el art. 27.2 de la Ley 35/2006 suprimió la actividad de compraventa de inmuebles del apartado, quedando solamente sometida a los requisitos de local y empleado la de arrendamiento de inmuebles.

Por último, la Ley 26/2014 introdujo un cambio significativo en el art. 27.2, suprimiendo la obligación de local en el que se llevase la gestión de alquileres, y la Ley 27/2014, IS, introdujo que, *en el caso de arrendamiento de inmuebles, se entenderá que existe actividad económica, únicamente cuando para su ordenación se utilice, al menos, una persona empleada con contrato laboral y jornada completa.* Concepto que figuraba en el IRPF, pero no en el IS.

En relación con los grupos de sociedades se estableció en 2014 una precisión importante que sigue vigente. Para determinar si se realiza actividad económica, se tendrá en cuenta la totalidad de las empresas del grupo y no su análisis individualizado como hasta ese año, lo que tiene repercusión directa en la calificación de la actividad de arrendamiento de inmuebles, no exenta de matices, que iremos analizando.

La eliminación del requisito del local exclusivo y la posibilidad de considerar la actividad económica a nivel de grupo empresarial y no de empresas individuales (valdría un empleado en todo el grupo dedicado a la gestión de alquiler de inmuebles para cumplir con la exigencia respecto a todas las sociedades miembros del grupo), flexibiliza los requisitos a cumplir para considerar la actividad de arrendamiento de inmuebles como económica, pero sin ser la panacea para el contribuyente, como comentamos más adelante.

Pocos son pues los cambios normativos en la materia desde 1991 hasta 2024, pero muchos más los problemas de interpretación que han surgido, con innovaciones constantes por parte de la Administración tributaria, algunas santificadas por los Tribunales de Justicia y otras no.

6.3. La consideración de la actividad de arrendamiento como actividad económica en la Ley del IS a partir de 1 de enero de 2015

En el epígrafe anterior vimos que, a partir de 1 de enero de 1992, la LIRPF se ocupaba expresamente de la actividad de arrendamiento de inmuebles, precisando cuándo se entendía que era actividad económica. Para las entidades mercantiles no existió un precepto equivalente en el IS hasta 2015. El legislador hacía referencia a la LIRPF en el caso exclusivo de las antiguas sociedades de mera tenencia de bienes, pero no en las entidades que ejercían actividad económica. Por ello, la discrepancia principal que surgió en la tributación de la actividad de arrendamiento fue si los requisitos de local y empleado exigidos por la LIRPF eran aplicables a las sociedades que no fueran de mera tenencia de bienes, es decir, a las entidades que realizasen actividad económica al margen de los alquileres. La polémica duró hasta 2012, cuando el TS abordó la cuestión y determinó que ambos requisitos eran aplicables a las entidades mercantiles.

Bien es cierto que desde 2000 existió una remisión directa, en materia de alquiler de inmuebles, de la LIS a la LIRPF en aquellas entidades mercantiles en causa de transparencia fiscal por ser sociedades de mera tenencia de bienes y en el "régimen de las sociedades patrimoniales".

Es destacable que la Ley 36/2003, de 11 de noviembre, estableció el régimen de entidades dedicadas al arrendamiento de viviendas, incorporado en la actualidad al TRLIS vigente en los artículos 48 y 49. El singular régimen fiscal establece una importante bonificación del 40% de la cuota que corresponda a las rentas derivadas del arrendamiento de viviendas que cumplan una serie de requisitos: (i) que el número de viviendas arrendadas u ofrecidas en arrendamiento por la entidad sea en todo momento igual o superior a ocho; (ii) que las viviendas permanezcan arrendadas u ofrecidas en arrendamiento durante al menos 3 años; (iii) que las actividades de promoción inmobiliaria y arrendamiento se contabilicen por separado y pueda conocerse el rendimiento de cada inmueble; (iv) que en el caso de entidades que desarrollen actividades complementarias al arrendamiento de viviendas, que al menos el 55 por ciento de las rentas del período impositivo —excluidas las derivadas de la transmisión de los inmuebles arrendados una vez transcurrido el período mínimo de mantenimiento— sean susceptibles de generar rentas que tengan derecho a la bonificación del 40%; y (v) que de no cumplirse el último requisito, que alternativamente al menos el 55 por ciento del valor del activo de la entidad sea susceptible de generar rentas a las que pueda aplicarse la bonificación.

Pero nada decía la Ley 36/2003 sobre el cumplimiento de los requisitos de local y empleado previstos por la LIRPF. La interpretación de la Administración tributaria y después de los Tribunales de Justicia fue que eran aplicables: cuando la entidad arrendadora no cumplía dichos requisitos no podía disfrutar de la bonificación (que inicialmente fue más elevada), ya que no realizaba actividad económica.

Dejando al margen el régimen específico de las entidades dedicadas al arrendamiento de viviendas vigente a partir de 2004, en materia de arrendamiento de inmuebles en el IS, los Tribunales económico-administrativos y de Justicia interpretaron antes de la reforma de 2014 que las entidades mercantiles arrendadoras de inmuebles tenían que cumplir los requisitos de local y empleado señalados en el IRPF. Surgió la duda si se aplicaba a las sociedades mercantiles que realizaban actividad económica al margen del alquiler de inmuebles, por lo que no podían considerarse de mera tenencia de bienes, ¿les eran aplicable los requisitos de local y empleado del IRPF? La Inspección de los tributos y los Tribunales económico-administrativos se decantaron por el criterio de que eran aplicables los requisitos a cualquier entidad mercantil, mientras que los Tribunales de Justicia concluyeron de forma diferente: la Sala de Las Palmas del TSJC mantenía que no (por todas, sentencias TSJC de 14 de julio de 2006 y 13 de junio de 2008, Sala Las Palmas de Gran Canaria, en adelante, LPGC), mientras que la Sala de Santa Cruz de Tenerife (en adelante, SCT) que sí eran aplicables (por todas, sentencia TSJC, 3 de diciembre de 2009, Sala de SCT). La solución, en unificación de doctrina, la dio años más tarde el TS en la STS, Sección 2, de 29 de mayo de 2012, recurso 110/2010, ratificada por otras, entre ellas las de 22 de mayo de 2012, recurso 374/2010 y 5 de julio de 2012, recurso 724/2010, **sentando con claridad el criterio de que los requisitos de local y empleado eran exigibles a todas las sociedades. El IS 2014 confirmó por primera vez en el texto legal ese requisito, si bien como explicamos, los Tribunales ya lo exigían.**

Las sentencias señaladas se refieren a la actividad de alquiler de inmuebles en relación con la dotación RIC, con la paradoja que, desde su creación en 1994 hasta 2012, con la STS, ¡diecisiete años después!, no se solucionó la duda de si las entidades mercantiles tenían que cumplir los requisitos de local y empleado en la actividad de arrendamiento de inmuebles. La obligación se incorporó al texto legal del IS en 2014.

En relación con los requisitos exigibles a las entidades mercantiles que se dediquen al arrendamiento de inmuebles establecemos pues dos largos periodos: a) de 2007-2014 y b) a partir de 1 de enero de 2015. Sobre el primero haremos una síntesis de lo que ocurrió y sobre el segundo profundizamos más, incorporando los últimos pronunciamientos.

En el primer periodo, la remisión expresa a la LIRPF en materia de arrendamiento de inmuebles por entidades mercantiles finalizó con efectos 1 de enero de 2007 (disposición derogatoria segunda de la Ley 35/2006 del IRPF), si bien la jurisprudencia del TS señaló a partir de 2012 que a las sociedades les era aplicable el art. 27.2 LIRPF. La remisión —expresa o tácita— a los requisitos IRPF de local y empleado afectaba a todas las entidades mercantiles para que la actividad de arrendamiento se considerase actividad económica. Ahora bien, las sentencias del TS en la materia se produjeron en el ámbito temporal del IS, en el que estuvo vigente el régimen de sociedades patrimoniales, motivo de que cabría plantearse si una vez desaparecido dicho régimen la interpretación del TS seguía siendo la misma. Entendimos en 2014 que no, que de 2007 a 2014, a pesar del criterio administrativo imperante, la remisión tácita de las entidades mercantiles al art. 27.2 LIRPF no existía, por lo que no tendrían que cumplir los requisitos de local y empleado para que la actividad de arrendamiento se entendiese actividad económica. Así también lo interpretó algún TSJ, como vemos en los próximos epígrafes.

No obstante, y entrando ya en el segundo periodo, a partir de 1 de enero de 2015, el guion cambió sustancialmente. Por una parte, se introdujo en el TRLIS el concepto de entidad patrimonial, conceptualmente equivalente al de sociedad patrimonial, estando en nuestra opinión nuevamente vigente la jurisprudencia del TS de 2012 sobre la remisión de las sociedades al art. 27 LIRPF; y por otra, se produjo una situación más notable: que la propia normativa IS introdujo el concepto de actividad económica en la redacción del art. 5 TRLIS, señalando expresamente que… *En el caso de arrendamiento de inmuebles, se entenderá que existe actividad económica, únicamente cuando para su ordenación se utilice, al menos, una persona empleada con contrato laboral y jornada completa.*

La normativa propia del TRLIS señalaba por primera vez los requisitos que han de cumplir las entidades arrendadoras de inmuebles, desaparecía la obligación de contar con un local exclusivo, y se adaptaba a la práctica empresarial de racionalizar la economía de los grupos de sociedades, de forma que es suficiente que una sociedad del grupo cumpla con el requisito de empleado contratado a jornada completa y en exclusividad a la actividad de arrendamiento, para que se entienda fiscalmente que el resto de las empresas del mismo grupo que realicen la actividad la efectúan como actividad económica. La afirmación, no obstante, conviene matizarla con alguna consulta vinculante de la DGT, que analizamos con posterioridad.

Como resumen de la situación a partir de 2015, hay que tener en cuenta:

– Que en la aplicación del régimen especial de arrendamiento de viviendas nada dice la normativa específica sobre el cumplimiento de los requisitos de local y empleado, aunque los Tribunales de Justicia han señalado que deben cumplirse.

– Que la redacción del art. 5 del TRLIS señala que en el caso de arrendamiento de inmuebles se entenderá que existe actividad económica, únicamente, cuando para su ordenación se utilice al menos una persona empleada con contrato laboral y jornada completa.

– Que se aplica la normativa propia del IS, sin tener que acudir a la LIRPF, aunque ambas coinciden en esta materia; a la vez que desaparece la obligación de contar con un local exclusivo para la actividad de arrendamiento.

– Que se flexibiliza el régimen aplicable al arrendamiento de inmuebles en los grupos de sociedades, siendo suficiente que una empresa del grupo tenga un empleado a jornada completa gestionando la actividad para que se considere que el resto de empresas realiza actividad económica con los alquileres.

6.4. La doctrina administrativa sobre la presunción *iuris tantum* del art. 27 de la LIRPF y art. 5 de la LIS para la determinación de actividad económica

En los epígrafes anteriores vimos que un precepto de la LIRPF condiciona sobremanera que la actividad de arrendamiento de inmuebles se considere o no actividad económica. Es el tanta veces comentado art. 27 de la vigente LIRPF, que es aplicable, bien por deseo expreso del legislador o por interpretación de los Tribunales de Justicia, tanto a los empresarios individuales como a las sociedades. Por su parte, la LIS incorporó en el art. 5 igual precepto a partir de 1 de enero de 2015. Durante cierto tiempo se planteó si la especificación constituía una presunción *iuris et de iure* o *iuris tantum*. Hoy sabemos que es una presunción *iuris tantum*, que admite prueba en contrario, pero en el pasado existieron criterios de todo tipo, con continuos cambios en las resoluciones administrativas, que dificultaron la aplicación de los incentivos fiscales directamente relacionados con la actividad de arrendamiento de inmuebles. Los requisitos de local y empleado en un principio, y luego el exclusivo del empleado en la gestión de la actividad de arrendamiento fueron las cuestiones más debatidas por la doctrina, y sigue siéndolo en aspectos concretos en la actualidad. Sirva como paradigma las sentencias que señalan que no es necesario el trabajador a jornada completa cuando el arrendador recurre a empresas especializadas para que le gestionen el arrendamiento de sus inmuebles.

Recordemos que en el ámbito tributario se contemplan las presunciones *iuris et de iure*, que no admiten prueba en contrario, y las presunciones *iuris tantum*, que sí la admiten. En el ordenamiento tributario español, la Ley General Tributaria (LGT) se refiere a las presunciones en el art. 108, estableciendo otra terminología, pero indicando que pueden destruirse mediante prueba en contrario, salvo en los casos en que una norma de rango de ley expresamente las prohíba. El art. 8.a) LGT, establece a su vez que las presunciones que no admiten prueba en contrario se regularán en todo caso por ley. Las presunciones *iuris et de iure* son conocidas como presunciones legales absolutas, mientras que las *iuris tantum* como presunciones legales relativas. La mayoría de la doctrina se decanta por entender que, en realidad, las primeras no son presunciones, sino disposiciones legales encubiertas bajo una fórmula más o menos aparatosa de presunción[40]. En otras palabras, meras ficciones legales.

Analizamos ahora la presunción tributaria específica contemplada en el art. 27.2 LIRPF y art. 5 LIS. En concreto, el criterio existente en relación con el empleado que obliga a tener la legislación IRPF e IS a los arrendadores de inmuebles para que su actividad se considere económica y puedan así disfrutar de los diferentes incentivos fiscales aplicables, entre ellos la dotación RIC. Comenzamos con la evolución de la doctrina administrativa.

Es necesario hacer una síntesis de los aspectos más significativos en relación con el requisito de empleado que nos ocupa en la actividad de arrendamiento de inmuebles. Con carácter general atendemos a la cuestión de si la Administración tributaria lo ha considerado una presunción *iuris tantum* o *iuris et de iure*. No hay una única respuesta como veremos, la propia Administración tributaria, TEAR y TEAC mantuvieron criterios dispares a lo largo del tiempo, si bien en la actualidad admiten, con ciertos matices, que constituye una presunción *iuris tantum*. No podemos dejar fuera del estudio el requisito del local en los primeros años, aunque dejó de ser exigible a partir del 1 de enero de 2015.

En el primer análisis en el pasado de los apartados del art. 27 de la LIRPF atendemos a dos cuestiones principales: ¿cumpliendo el requisito de empleado, se entiende que la actividad de arrendamiento es actividad económica? y si se arriendan inmuebles, pero no se cumple el requisito, ¿hay que suponer que el legislador pretende excluir expresamente a los arrendamientos del ámbito de la actividad económica, sin que sea posible acreditarlo con otras pruebas?

Inicialmente nos planteábamos cómo era posible que la ley calificase de actividad económica una actividad que posiblemente no lo era (la de arrendamiento en determinados casos), y cómo, en circunstancias contrarias, una verdadera organización empresarial dedicada al arrendamiento

40 Benavente Cuesta, 2013. *Presunciones tributarias. Claves para su correcta aplicación.* Lex Nova-Thomson Reuters.

de inmuebles podía quedar fuera del concepto de actividad económica por el mero hecho de no disponer de un empleado a jornada completa. Desde el punto de vista económico, rechazábamos el argumento de que objetivamente así lo señalaba la Ley y que el carácter económico de la actividad dependía exclusivamente de que se cumpliera el requisito, pero el criterio administrativo, reiterado por la DGT y la propia actuación de la Inspección de los tributos, era otro.

Desde 2001, las consultas vinculantes de la DGT dejaron muy claro que los requisitos del art. 25.2 LIRPF eran mínimos para que la actividad de arrendamiento pudiera entenderse como económica. Sirvan de ejemplo las de marzo y 31 de mayo de 2001. En ese año, suscribíamos la opinión de una compañera de la AEDAF[41] al analizar el precepto y entender que la inclusión del término "únicamente" podía conllevar a que verdaderas actividades económicas no se entendiesen como tales por falta de una de las dos circunstancias señaladas en el art. 25.2, pero si se interpretaba como una presunción, cumpliendo con los requisitos establecidos existiría actividad económica, al margen de cualquier otra consideración; mientras que la falta de su cumplimiento no impediría su calificación como tal cuando existiera la efectiva ordenación de medios para intervenir en el mercado. A la Inspección tributaria le era suficiente en la comprobación de la dotación RIC la concurrencia de los dos requisitos de local y empleado para dar validez a la inversión en bienes inmuebles dedicados al arrendamiento, pero el Informe de la Comisión de diciembre de 2000[42] mostró su preocupación por la proliferación de este tipo de inversiones, insistiendo en que la actividad de arrendamiento había de ser una actividad productiva real. Planteaba de cara al futuro que la adquisición de inmuebles solo podría ser válida en el caso de actividades económicas distintas del mero arrendamiento, salvo que reuniesen características cualificadas. En comprobaciones realizadas en 2000 y 2001, los actuarios comenzaron a cuestionar que el alquiler de un inmueble afecto a la RIC fuese posible, a pesar de que el arrendador contase con un local y una persona contratada, argumentando que no eran medios necesarios para desarrollar tan simple arrendamiento, saltándose los preceptos del art. 25.2 de la LIRPF y cambiando su criterio

---

41 Sala Buchaca, 2001. "El arrendamiento de inmuebles como actividad económica". *Actas del XXIV Congreso de la Asociación Española de Asesores Fiscales*. AEDAF. La Coruña.

42 Secretaría de Estado de Hacienda, 2000. Informe de la Comisión para el análisis de la aplicación de la Reserva para inversiones en Canarias. Ministerio de Economía y Hacienda, diciembre.

anterior. Poco a poco, la nueva pauta administrativa fue prevaleciendo en las actuaciones inspectoras hasta que se consolidó.

El TEAR de Canarias asumió en su día el cambio de criterio. Mientras que en resoluciones de 28 de septiembre de 2001, Sala de LPGC, y 19 de julio de 2001, Sala desconcentrada de SCT, consideraba determinante contar con los dos elementos reiteradamente señalados, sin que fuese necesario nada más; en la resolución de 28 de junio de 2002, Sala LPGC, dio un varapalo no solo al contribuyente, sino también a la Inspección, al decirles que hacían una lectura no adecuada del artículo del IRPF en cuestión: *en cuanto suponen que establece una presunción "iuris et de iure" cuando es "iuris tantum", desvirtuable en ambos sentidos. Esto es, se puede tener a una empleada con contrato laboral, y no realizarse una actividad empresarial, porque este requisito es instrumental y no formal y sirve en tanto en cuanto la persona contratada tiene una carga de trabajo necesaria y suficiente, lo cual debe también acreditarse. Contratar a una persona sin necesidad, entiende el Tribunal no es cumplir con la finalidad y espíritu del precepto, y lo mismo cabe señalar respecto al local.* De forma un tanto confusa, el TEAR de Canarias, en resoluciones de 2003 y 2004, siguió aplicando el criterio de que el art. 25.2 era una presunción *iuris tantum* y no *iuris et de iure*, como mantenía inicialmente la Administración tributaria. Y lo consolidó con mayor claridad en 2007 y 2008, pero siempre con la duda de si los requisitos eran objetivos o no (el TEAC en resolución de 8 de noviembre de 2007 dijo que sí lo eran). Cuando no se cumplían era imposible acreditar la actividad económica, cuestión que años más tarde corregirían los Tribunales de Justicia. Señalamos como ejemplo de la conflictividad en esos años la RTEAR de 31 de octubre de 2008, Sala LPGC, que ratifica el principio anterior con consecuencias positivas para el contribuyente y concluye que los elementos del art. 25.2 son objetivos, por lo que la presunción es *iuris et de iure*, sin que exista la necesidad de demostrar la carga de trabajo en el caso de que se cumplan ambos requisitos.

Dos eran pues los criterios que mantenía la Administración tributaria respecto al art. 25.2 LIRPF en el pasado. Mientras que en 2004, la DGT decía que era una presunción *iuris et de iure*, el TEAR de Canarias mantuvo hasta 2007 que era una presunción *iuris tantum*, que admitía prueba en contrario en ambos sentidos: se podía contar con un local y un empleado y no realizarse actividad empresarial alguna; y a la inversa, no contar con ellos y sí realizarla. Cambió su criterio en 2008, una vez que se pronunció el TEAC sobre la materia, retornando a que los requisitos eran objetivos y la presunción *iuris et de iure.*

En esos polémicos y confusos primeros años, el TEAC aún no se había pronunciado sobre si el art. 25.2 LIRPF era una presunción *iuris tantum* o *iuris et de iure*. Lo hizo en la RTEAC de 12 de julio de 2007, que consideró la presunción del art. 25.2 como *iuris et de iure*, sin admitir que se generasen los alquileres en una actividad económica si el arrendador no contaba con local y empleado. En la RTEAC de 8 de noviembre de 2007, el criterio al que llegó lo calificamos en su día como mixto: por una parte, señalaba que los condicionantes de local y empleado eran requisitos objetivos; y por otra, rechazó la consideración de actividad económica en aquellos casos en que la actividad arrendaticia era meramente residual. Para el TEAC, el local y el empleado no eran requisitos suficientes, sino necesarios, determinando así una presunción *iuris tantum* bastante *sui generis* para el Tribunal.

En diciembre de 2012, a la vista de los pronunciamientos de la AN y el TS en la materia, la RTEAC de 20 de diciembre de 2012 flexibilizó el criterio, en el sentido de que los requisitos de local y empleado exclusivos eran un instrumento para calificar la actividad como empresarial, pero no el único, pudiendo llegarse a igual calificación por otros medios indiciarios; de lo contrario se estaría permitiendo eludir la calificación mediante una mínima ocupación del local y/o empleado en otra actividad. Afirmaba en esa resolución una cuestión que había hecho suya el TEAR de Canarias en alguna resolución aislada: que incluso cabía tal calificación, aunque no se dispusiese siquiera de local y/o empleado, si existía una ordenación de medios para el ejercicio de la actividad.

La posible pacificación de la materia llegó, provisionalmente, de la mano de la AN y el TS, tal como vemos en los próximos epígrafes, que fijaron el criterio de que los requisitos de local y empleado eran una presunción *iuris tantum* en ambos sentidos, como en su día anticipó el TEAR de Canarias, asumiéndolo la Administración tributaria, pero con ciertos “peros”. La importancia de los “peros” y el hecho de haber calificado la pacificación en ese asunto como “provisional”, hacen que sigamos el análisis en un nuevo epígrafe[43].

6.5. La carga de trabajo como innovación administrativa

La **RTEAC de 28 de mayo de 2013** abordó como cuestión de fondo la aportación de una serie de inmuebles arrendados que se acogían al régimen especial de fusiones, y su razonamiento supuso un cambio en relación con lo explicado hasta ahora y el criterio expresado en la RTEAC de 20

[43] Extractado de Miranda Calderín, 2015, capítulo 3.

de diciembre de 2012 al estudiar los requisitos de local y empleado en la actividad de alquiler de inmuebles[44]. La nueva resolución dio un apretón administrativo más a la interpretación de la presunción *iuris tantum* del art. 27.2 de la Ley 35/2006: los requisitos, interpreta el TEAC, son necesarios, pero no suficientes. Es decir, si la actividad de alquiler no cumplía con los requisitos no se consideraba actividad económica, pero aun cumpliéndolos no eran suficientes, si se acreditase, por ejemplo, que no existía carga de trabajo que los justificase.

Suponía el nuevo criterio el cierre del círculo administrativo en la interpretación de los tan discutidos requisitos de local y empleado: **cuando no se cumplen, no hay nada que hacer; y si se cumplen, aún es posible negar la realización de actividad económica sobre la base de que no hay carga de trabajo suficiente que los justifique. Anticipamos que es el criterio que prevalece en la actualidad.**

Se basaba la RTEAC de 2013 en las sentencias del TS sobre la actividad de arrendamiento de inmuebles, reconociendo que no eran nada claras y que un día decía una cosa y al siguiente otra. Evidentemente no lo indicaba con tanta brusquedad como lo expresamos, pero en el fondo era eso. A partir de la resolución, el criterio administrativo cambia sustancialmente, y aunque de las sentencias TS y AN de esa época se desprendía —o al menos así lo interpretamos— que el factor principal era demostrar que se realizaba una efectiva actividad económica con los alquileres; y el secundario, que se cumpliese o no con los requisitos de local y empleado. La resolución es extensa y aborda la cuestión que nos interesa en el fundamento decimotercero, al analizar si la aportación de una serie de inmuebles alquilados (en los que no concurrían los requisitos de local y empleado) era o no una rama de actividad. La Inspección tributaria consideraba que no se explotaban como actividad económica porque los requisitos eran de cumplimiento obligatorio, pero no necesariamente suficientes porque, siguiendo la doctrina del TEAC, cuando no había carga de trabajo real su concurrencia podía calificarse de innecesaria y artificial, sin que hubiese actividad real.

Concretándonos al hecho de si los requisitos de local y empleado son necesarios, pero no suficientes, el TEAC cita tres sentencias del TS para mantener su criterio. Así, en tres casos semejantes, en que se discute si el arrendamiento o compraventa de inmuebles realizado sin contar con local y empleado puede considerarse como actividad económica que permita la

[44] Miranda Calderín, 2014. "Crónica de la RIC 2013". *Hacienda Canaria n.º 40, marzo, y Técnica Tributaria n.º 106, octubre.*

aplicación de la RIC, se considera que la regla a la que nos referimos supone que son requisitos necesarios. Las sentencias TS citadas para defender su criterio son las de 29 de septiembre de 2011, 29 de mayo de 2012 y 9 de julio de 2012, aunque también señala otra que parece decir lo contrario: la STS de 7 de septiembre de 2012. Admitía la RTEAC que no había un juicio único del TS, que la jurisprudencia que analizaba no era concluyente sobre la cuestión, por ser poco concreta y recaer sobre casos en los que el precepto no era de aplicación, o bien se inclinaba mayoritariamente por afirmar que para que el arrendamiento de inmuebles fuese actividad económica era requisito necesario que en su desempeño y organización se utilizase un local y se contara con un empleado en los términos dispuestos por el precepto. Concluía el TEAC en 2013 que ambos requisitos eran necesarios, pero no suficientes para acreditar la realización de actividad económica con los alquileres. Cambiaba así el criterio expresado en la RTEAC de 20 de diciembre de 2012 —en la que admitía que los requisitos de local y empleado constituían una presunción *iuris tantum* en ambos sentidos, pudiéndose probar por el arrendador la actividad económica si no cumplía dichos requisitos— por el de no admitir la prueba en contrario si no cumplía con los denotados requisitos de local y empleado, debiéndose además acreditar la suficiente carga de trabajo.

El nuevo criterio del TEAC de 28 de mayo de 2013 lo hizo suyo la DGT en **CV 2699-2013 de 19 de septiembre**. Se planteaba si en el desarrollo de la actividad arrendaticia es preciso contar con los requisitos previstos en el artículo 27 LIRPF, pese a la reciente jurisprudencia del TS (sentencias de 28 de octubre de 2012 y 8 de noviembre de 2012) y que el propio artículo 53 TRLIS no exigía de forma expresa la realización de actividad empresarial, en los términos previstos en el artículo 27.2 de la LIRPF.

Comenta la DGT, en primer lugar, el tenor de ambas sentencias del TS, que a juicio del contribuyente concluían que no era correcto querer reducir la actividad empresarial a la necesidad de tener empleados y local, ya que la actividad empresarial se define por la actividad que se desarrolla, siendo la existencia de empleados o no un dato a tener en cuenta, pero lo esencial consistía en la ordenación de medios. A continuación, hace referencia a la resolución TEAC de 28 de mayo de 2013, antes comentada, que cuestiona que el TS siente doctrina concreta sobre el alcance de los requisitos de local y empleado, por lo que cambia su criterio anterior. En base a ello, concluye que es necesario que se cumpla con ambos requisitos de local y empleado para que la actividad pueda considerarse económica. Vuelta atrás de la DGT —como por otra parte era y es preceptivo por el art. 239.8 LGT[45]— en el debate sobre el alcance de la presunción del art. 27 LIRPF:

En este punto, el consultante trae a colación la jurisprudencia del Tribunal Supremo, contenida, entre otras, en las Sentencias de fecha 28 de octubre de 2010 y 8 de noviembre de 2012, con arreglo a las cuales afirma que: "Querer reducir la actividad empresarial a la necesidad de tener empleados y local y en base a ello afirmar que como no se tiene no se desarrolla actividad empresarial, no es correcto, ya que la actividad empresarial se define por la actividad que se desarrolla, siendo la existencia de empleados o no un dato a tener en cuenta pero no lo esencial, que consiste en la ordenación de medios para desarrollar una actividad de beneficio".

No obstante lo anterior, en relación con la afirmación previamente transcrita del Alto Tribunal, el Tribunal Económico Administrativo Central, mediante Resolución de fecha 28 de mayo de 2013, dictada por la Sala Primera, en el recurso número 4909/2009, en su Fundamento de Derecho Decimotercero señala, que: "(...) Esta última afirmación que relativiza el valor de la regla del local y el empleado del artículo 40.2 de la Ley 18/1991 (antecedente del artículo 27.2 de la Ley 35/2006), se explica en el contexto de la no aplicación de la misma a actividades que van "más allá "del arrendamiento y la compraventa de inmuebles, como resulta con claridad de las posteriores Sentencias de 15 de septiembre 2011 (Rec. de Casación núm. 1351/2008) y de 2 de febrero 2012 (Rec. de Casación núm. 2318/2010) (...)

En atención a lo expuesto puede afirmarse, a juicio de este TEAC, que en las Sentencias citadas el Alto Tribunal no sienta doctrina concreta sobre el alcance de la regla del local y el empleado, ya que en todas ellas se abordan casos en los que la citada regla no es aplicable por exceder las actividades realizadas por los contribuyentes de su presupuesto de hecho (el mero arrendamiento o compraventa de inmuebles), de modo que las afirmaciones que se realizan sobre la citada regla, además de ser poco concretas, están fuera de la ratio decidendi de los fallos. (...)".

Finalmente, el Fundamento de Derecho Decimoquinto de la mencionada Resolución del TEAC, en sus párrafos segundo y tercero, concluye que:

"La jurisprudencia analizada del Tribunal Supremo, tal y como se ha expuesto más arriba, o bien no es concluyente sobre esta cuestión, por ser poco concreta y recaer sobre casos en los que el precepto al que nos referimos no era de aplicación (aunque en algún caso ha sido recogida por las resoluciones de este TEAC de 20/12/2012, R.G. 1697/2011 y R.G.: 266/11, con análogo valor ya que en ellas tampoco la aplicación de los requisitos del artículo 25.2 era decisoria) o bien se inclina mayoritariamente por afirmar que para que el arrendamiento

---

45 *La doctrina que de modo reiterado establezca el Tribunal Económico-Administrativo Central vinculará a los tribunales económico-administrativos regionales y locales y a los órganos económico-administrativos de las Comunidades Autónomas y de las Ciudades con Estatuto de Autonomía y al resto de la Administración tributaria del Estado y de las Comunidades Autónomas y de las Ciudades con Estatuto de Autonomía. El Tribunal Económico-Administrativo Central recogerá de forma expresa en sus resoluciones y acuerdos que se trata de doctrina reiterada y procederá a publicarlas según lo dispuesto en el apartado 2 del artículo 86 de esta Ley. En cada Tribunal Económico-Administrativo, el criterio sentado por su Pleno vinculará a las Salas y el de ambos a los órganos unipersonales. Las resoluciones y los actos de la Administración tributaria que se fundamenten en la doctrina establecida conforme a este precepto lo harán constar expresamente.*

de inmuebles sea una actividad económica es requisito necesario que para su desempeño y organización se utilizan un local y un empleado en los términos dispuestos por el precepto.

A la vista de lo expuesto, este TEAC considera que debe mantenerse, por resultar así de la Jurisprudencia del Alto Tribunal, el criterio que tradicionalmente ha venido manteniendo, expuesto en Resoluciones como la de 8 de noviembre de 2007 (R.G. 1180/2006), 19 de diciembre de 2007 (R.G. 957/2006) o de 3 de diciembre de 2009 (R.G. 254/2006), a tenor de las cuales se entiende que el precepto de referencia, en su intento por objetivar la calificación del arrendamiento como actividad económica, determina que "únicamente" se califique como tal si concurren las dos circunstancias citadas, como indicativo de presencia de la necesidad de una infraestructura y organización de medios empresariales mínima, sin perjuicio de que si la citada infraestructura se muestra ficticia o artificial no surta efectos."

Con arreglo a lo anterior y dado que la consultante desarrolla única y exclusivamente la actividad de arrendamiento de viviendas, para que la misma tenga la consideración de actividad económica, a efectos de lo dispuesto en el artículo 53 del TRLIS, previamente transcrito, será necesario que se cumplan los dos requisitos establecidos en el artículo 27.2 de la LIRPF, previamente señalados (local y empleado), dado que de lo contrario la actividad arrendaticia desarrollada no tendría la consideración de actividad económica [DGT CV2699-2013. La negrita es nuestra].

No sabemos si en las dos resoluciones del TEAR de Canarias que comentamos a continuación, los miembros de las respectivas Salas analizaron la resolución del TEAC de 28 de mayo de 2013. Creemos que no, porque en ambos pronunciamientos mantienen una postura distinta a la sostenida por el TEAC. Una es favorable y la otra desfavorable al contribuyente, pero las dos parten, en nuestra opinión, del criterio de que los requisitos de local y empleado constituyen una presunción *iuris tantum* con todas sus consecuencias, es decir, pudiéndose probar la realización efectiva de actividad económica aún en el caso de que no se cuente con los requisitos de local y empleado.

La resolución **TEAR de 28 de junio de 2013, Sala de SCT,** analiza el arrendamiento de inmuebles que la Inspección rechaza como actividad económica por no cumplir con el requisito de la persona empleada. No obstante, admite, con la jurisprudencia del TS y AN, que con carácter excepcional y debido al volumen de operaciones, al número de inmuebles y a que se había resuelto otro expediente del mismo contribuyente, la sociedad realizaba una actividad que merecía el calificativo de económica.

La resolución **TEAR de 31 de julio de 2013, Sala de LPGC,** trata la presunción *iuris tantum* en ambos sentidos, atemperando su criterio con las recientes sentencias del TS y AN, si bien desestima las pretensiones del contribuyente, que contaba con local y empleado. Entiende que no existía carga de trabajo suficiente al no haberse arrendado inmueble alguno. Destacamos en las dos resoluciones de junio y julio de 2013, posteriores a la tan comentada RTEAC de 28 de mayo de 2013, que no mantienen el carácter restrictivo respecto a la presunción *iuris tantum.*

Si nos detenemos en 2013 y 2014, y en los diferentes criterios expresados por los Tribunales de Justicia, Tribunales económico-administrativos y DGT, he de destacar que era materialmente imposible que asesor fiscal alguno pudiera aconsejar con certeza en este entramado. Lo mismo le ocurría a la Inspección de los tributos, siendo destacable que, en un acuerdo de liquidación de marzo de 2014, con una cuota superior a los siete millones de euros en la comprobación de los requisitos RIC en la actividad de alquiler de inmuebles de una sociedad, se mostrase partidaria de seguir el criterio del TS y la AN en cuanto a la presunción *iuris tantum* del art. 27.2 de la LIRPF, descartando en principio el sesgado criterio del TEAC en 2013. Ante las dudas, en septiembre de 2014, la Inspección recibió instrucciones de la Subsecretaría correspondiente sobre el criterio a seguir en esta materia, que no era el que mantenía en marzo de 2014, sino el nuevo sentado por el TEAC. Trascribimos por su importancia —y como botón de muestra de los continuos cambios en las pautas a seguir en la propia Administración tributaria— parte del texto del acuerdo de liquidación al que hicimos referencia, remarcando en negrita los aspectos más notables:

> *Repetimos que, recogiendo la doctrina del TEAC en esta materia, los requisitos objetivos que se predican para calificar el arrendamiento de inmuebles como actividad económica* ***representan un mínimo necesario pero no suficiente. Esto significa que constituyen una presunción iuris tantum que cede si, pese a contar con ellos formalmente, se comprueba que, por la carga de trabajo, no se emplean de facto (o no son necesarios) para la gestión de la actividad.*** *Ahora bien, el TEAC entiende que esto no significa que la presunción pueda ceder también en el sentido contrario. La concurrencia de los requisitos objetivos (local exclusivo y persona empleada) configuran, en el arrendamiento de inmuebles, una barrera infranqueable para acceder a la naturaleza económica, cuya ausencia no puede subsanarse por otros medios.*
>
> *(...) No obstante, esta Jefatura es consciente de que, sobre todo en el caso de sujetos pasivos del Impuesto sobre Sociedades, existe una línea jurisprudencial que a veces admite que, pese a la ausencia de la prueba plena de la concurrencia de alguno de los requisitos objetivos (bien del local exclusivo, bien de la persona empleada a jornada completa), se pueda aceptar la naturaleza económica del arrendamiento de inmuebles si la ampara el empleo efectivo de una cierta infraestructura empresarial (es decir, aunque el local no sea exclusivo, por ejemplo).* ***Es decir, que la presunción puede ceder en ambos sentidos. Por tanto, entiende esta Jefatura que es prudente que el criterio que hasta ahora venía manteniendo el TEAC sea atemperado en función de la nueva postura que emana de dicha línea jurisprudencial.***
>
> *Planteada así la cuestión, el análisis de la controversia (según esta línea que entiende que la presunción puede ceder en ambos sentidos) no debería centrarse tanto en la determinación de la existencia de local y empleado como requisitos que determinaran, per se, la existencia de una actividad económica de arrendamiento de inmuebles,* ***como en acreditar la existencia real de dicha actividad, esto es, la existencia de un conjunto organizado de elementos patrimoniales y personales dispuestos y efectivamente utilizados para la realización de una actividad económica cuya actividad suponga la colocación de un bien o servicio en el mercado.***

(Recogiendo ya esta nueva línea podemos en encontrar al TEARC en reciente resolución recaída en reclamación nº 35/06937/2011, de 31 de julio de 2013, el cual cita, a su vez, al Tribunal Supremo en Sentencia de 2 de febrero de 2012, que se remite a la de 28 de octubre de 2010 y a la Audiencia Nacional, en Sentencias de 17 de mayo y 22 de noviembre de 2012 y al Tribunal Superior de Justicia de Canarias, en Sentencias de 28 de febrero y 5 de abril de 2013).

Situados así en la postura atemperada que acabamos de citar, entiende esta Jefatura que la cuestión debe ser abordada teniendo en cuenta las características de la presunción como medio de prueba. A saber:

- Si concurren los requisitos objetivos (local exclusivo y empleado a jornada completa), existirá la presunción del desarrollo de una actividad económica, presunción que podrá ser desvirtuada por la Administración tributaria si acredita que (i) bien tales locales y empleados no se destinan en realidad a gestionar el arrendamiento (o su empleo es residual y accesorio), es decir, que concurren sólo formal o aparentemente o (ii) bien, aunque no llegue acreditarse la falta de destino real, se puede inferir la innecesariedad de los mismos habida cuenta que la carga de trabajo o el volumen de actividad (por el número de inmuebles puestos en el mercado de alquiler o por el número de alquileres vigentes, fundamentalmente) hace notoriamente ociosa y prescindible su presencia.

- Si no concurren los requisitos objetivos (bien no existe local exclusivo, bien no existe empleado a jornada completa), operará la presunción de que la actividad no alberga naturaleza económica. En este caso, deberá ser el beneficiario del incentivo fiscal el que pruebe que destina para la gestión del arrendamiento de inmuebles un conjunto organizado de elementos patrimoniales y personales dispuestos y efectivamente utilizados para la realización de dicha actividad que suponga la colocación de un bien o servicio en el mercado, aportando elementos de juicio y justificantes que permitan desvirtuar la presunción*[46].***

El criterio de la Inspección señalado es el que sigue aplicando en la actualidad: cuando el contribuyente cumple el requisito de empleado se entiende que realiza actividad económica con el arrendamiento de inmuebles, presunción que deberá destruir la Administración tributaria si entiende lo contrario. Si no cumple el arrendador el requisito de empleado es el contribuyente el que ha de acreditar con otros medios que realiza actividad económica[47].

La **RTEAC de 11 de septiembre de 2017, RG 5007/2016**, estudia la cesión de un apartahotel a un tercero para que lo explote en arrendamiento. La Inspección regulariza la dotación RIC del contribuyente por dos motivos diferentes: porque no cumple con los requisitos objetivos establecidos en el artículo 27.2 de la LIRPF, que de concurrir harían presumir —como presunción *iuris tantum*— que la actividad de arrendamiento se realizaba con carácter económico; y por el hecho de la existencia de un contrato aislado de arrendamiento, del que se deriva para el obligado el mero co-

---

46 Acuerdo de liquidación de la Dependencia Regional de Inspección, páginas 42-44. Santa Cruz de Tenerife, 12 de marzo de 2014.

47 Miranda Calderín, 2015, capítulo 3.

bro de las mensualidades por transferencia bancaria, que implica que el arrendador carece de carga de trabajo real, o lo que es lo mismo, una total ausencia de funciones en el arrendamiento que justifique contar con una infraestructura objetiva mínima. El TEAC compartió los razonamientos del actuario, entendiendo que el contribuyente arrendaba un inmueble y no un negocio; no cumplía los requisitos de local y persona empleada, que son necesarios para considerar la actividad como económica; y que aún en el caso de cumplirlos no existía carga ni volumen de trabajo que justificara tenerlos. Incluso ratifica la sanción impuesta. Abordamos en próximos epígrafes los matices entre arrendamiento de industria y de inmuebles a efectos de la dotación RIC.

Más recientemente, la **RTEAC de 28 de junio de 2022, n.º 00-03176-2020,** ratifica el criterio de la carga de trabajo mínima en la actividad de arrendamiento de inmuebles. La Inspección entendió que no era necesario contar con la infraestructura de local y empleado de la que disponía el contribuyente para alquilar una serie de inmuebles, que su cumplimiento era meramente formal. El TEAC entendió igual y aludió a una resolución de 14 de mayo de 2019 (ratificada por SAN de 28 de marzo de 2022) sobre el mismo contribuyente en la que concluyó que los trabajadores eran empleados de la entidad reclamante únicamente a efectos formales, para aparentar el cumplimiento de los requisitos previstos en el artículo 27 de la LIRPF, pero que su presencia no estaba justificada por un pretendido incremento de la carga de trabajo. No concurría una carga y volumen de trabajo que implicara la necesidad de contar con un local y un empleado dedicado exclusivamente a la actividad de arrendamiento[48].

La apreciación de la carga de trabajo suficiente para el trabajador a jornada completa que gestiona la actividad de arrendamiento es un elemento subjetivo que, sin figurar en la normativa, ocasiona una gran conflictividad. De esta forma, si no se cumple el requisito del trabajador, la Administración tributaria rechazará de plano que el contribuyente realiza una actividad económica con el arrendamiento de inmuebles; y de otra, si lo cumple, dirá sencillamente que no hay carga de trabajo suficiente, por lo que el conflicto siempre surgirá. Quedan aparentemente en un campo más pacífico, los grandes arrendadores de inmuebles, que incluso pueden delegar la gestión del negocio en agentes especializados, sin necesidad de tener empleados. El matiz de cuándo existe o no un volumen importante

48 Florido Caño, 2022. *Revista Hacienda Canaria n.º 58*, al comentar la resolución hace unos interesantes comentarios del estado de la cuestión en ese año.

en la actividad de arrendamiento es otro de los asuntos sin definir. Resumiendo, que la actividad de arrendamiento de inmuebles como generadora de rendimientos susceptibles de la RIC/RIB está siempre en el ojo del huracán.

6.6. La doctrina de la DGT sobre la actividad de arrendamiento de inmuebles

Desde 2001, la DGT en la CV de 25 de abril sentó el criterio de que la actividad de arrendamiento de inmuebles se considera empresarial cuando se cuente al menos con un local exclusivamente destinado a la gestión de la actividad y con una persona empleada con contrato laboral. Lo ratificó en las CV 1004-2004 y CV 1005-2004 de 16 de abril y en la CV 1609-2004 de 14 de septiembre. Sin embargo, el TEARC consideró que no era suficiente, sí necesario, pero no suficiente, contar con local y empleado, motivo de que la litigiosidad se incrementase notablemente. Fueron las matizaciones de los Tribunales de Justicia las que con el tiempo clarificaron parte de las controversias. Muchos años después, algunos criterios innovadores forman parte de la doctrina de la DGT, entre ellos la posibilidad de externalizar la gestión de arrendamiento que sustituya la obligación de tener un empleado a jornada completa en esa labor; la opción que el empleado con contrato laboral y a jornada completa pueda ser familiar de los socios o administradores; y un importante matiz sobre la ventaja de un solo empleado en esta actividad que señala el art. 5.1 LIS para los grupos de empresas, que afecta a los grupos de subordinación pero no a los grupos de coordinación. Analizamos las tres casuísticas en los siguientes apartados.

6.6.1. Las entidades dedicadas al arrendamiento con un volumen considerable de inmuebles pueden externalizar la gestión del patrimonio en vez de contar con un empleado

En la **CV 2115-2015, de 10 de julio**, la DGT señala el criterio de que, a efectos del IS, las entidades desarrollan actividad económica de arrendamiento de inmuebles, o de arrendamiento y promoción de inmuebles, cuando lleven a cabo dicha actividad, interviniendo en la producción o distribución de bienes y servicios, y siempre que para su ordenación se utilice, al menos, una persona empleada con contrato laboral y a jornada completa. Y que es irrelevante que las explotaciones se realicen con los medios de los que disponen las propias entidades o que dichos medios estén externalizados con un tercero que se encargue de la gestión y comercialización de los inmuebles adquiridos. Después de citar el art. 5.1 de la Ley 27/2014 LIS, señala:

> *En el supuesto planteado en el escrito de consulta, la actividad de arrendamiento de inmuebles que desarrollarán las entidades A y B, así como la que desarrollará C, consistente no sólo en la gestión del arrendamiento sino también en la promoción de los inmuebles adquiridos, tendrán la consideración de actividad económica, resultando irrelevante que dichas explotaciones se realicen con los medios de los que disponen las propias entidades o, como ocurre en el caso planteado, que estos medios estén externalizados con un tercero que se encargue de la gestión y comercialización de los inmuebles adquiridos. En cualquiera de las dos posibles situaciones, debe entenderse a estos efectos que las entidades consultantes desarrollan una actividad económica de arrendamiento de inmuebles en el caso de A y B, y de arrendamiento y promoción de inmuebles en el caso de C* [DGT CV2115-2015].

En la **CV 3385-2015, de 3 de noviembre**, la entidad consultante desarrolla la actividad de compraventa, arrendamiento y administración de bienes inmuebles o de derechos reales sobre los mismos, incluyendo la disposición y explotación bajo cualquier título, el arrendamiento de parcelas, edificios, locales e inmuebles en general. Es titular de 140 fincas registrales integrantes de un centro comercial, que explota en régimen de arrendamiento. Con el fin de desarrollar la actividad de arrendamiento, la entidad consultante ha formalizado un contrato de gestión integral con una entidad gestora. De acuerdo con el contrato, la gestora administrará y gestionará el inmueble de la consultante, coordinará las obras privativas de los operadores, asesorará y representará a la entidad consultante en la compra o acuerdos con otros propietarios y comercializará los locales. La gestora dispondrá de los medios materiales y humanos necesarios para prestar los servicios mencionados. En concreto, cuenta con más de 20 empleados que se dedican a la gestión de las actividades de la entidad consultante y del resto de sociedades que pertenecen al grupo de sociedades.

Consulta si con esas premisas realiza la actividad económica de arrendamiento de inmuebles, a lo que contesta la DGT que, a pesar de que el art. 5.1 LIS establece la utilización de una persona a jornada completa, la realidad económica exige que en patrimonios inmobiliarios sea más eficiente la gestión por un tercero especializado, en cuyo caso también existe actividad económica.

No hay que olvidar que el punto de partida para que sirva la excepción al empleado es que la entidad cuente con un número considerable de inmuebles, puesto que no serviría el criterio si posee pocos inmuebles arrendados o se tratase de una persona física. El límite entre un número considerable y pocos inmuebles no ha sido matizado ni por la DGT ni por los Tribunales de Justicia.

La **CV 3394-2015, de 4 de noviembre**, concluye con el mismo criterio. El art. 5.1 LIS señala que la actividad de arrendamiento de inmuebles es económica cuando para su ordenación se utilice al menos una persona empleada con contrato laboral y jornada completa. No obstante, la realidad económica pone de manifiesto situaciones empresariales en las que una entidad posee un patrimonio inmobiliario relevante para cuya gestión se requeriría al menos una persona contratada, realizando la entidad, por tanto, actividad económica en los términos del artículo 5 de la LIS. Ese requisito se ve suplido por la subcontratación de la gestión a otras sociedades especializadas, que es la situación que se produce en el caso consultado. En consecuencia, deben entenderse cumplidos los requisitos del artículo 5.1 de la LIS a los efectos de determinar que la entidad desarrolla actividad económica, aun cuando los medios materiales y humanos necesarios para intervenir en el mercado no son propios sino subcontratados a una entidad ajena al grupo mercantil.

En la **CV 3460-2016, de 20 de julio**, mantiene el criterio de que pueden externalizarse los servicios de gestión.

Opinión que ratifica una vez más en la **CV 1794-2017, de 10 de julio**, en que se cuestiona si la actividad de gestión y explotación en régimen de arrendamiento del inmueble que desarrolla la interesada cumple los requisitos señalados en el artículo 5 LIS a los efectos de determinar que dicha entidad desarrolla actividad económica a efectos fiscales, aun cuando los medios materiales y humanos necesarios para intervenir en el mercado no son propios, sino subcontratados a entidades terceras especializadas en la gestión y explotación de activos inmobiliarios. De los datos aportados, la DGT contesta que debe entenderse cumplidos los requisitos señalados en el artículo 5.1 de la LIS a los efectos de determinar que la entidad desarrolla actividad económica, aun cuando los medios materiales y humanos necesarios para intervenir en el mercado no son propios, sino subcontratados a una entidad ajena al grupo mercantil.

Hay que tener en cuenta que se trataba de más de 4.000 metros cuadrados de locales comerciales arrendados y 1.000 de aparcamientos. El contribuyente enumera las cuantiosas labores que ha delegado en la empresa especializada y consulta no un tema de dotación RIC, sino de aplicación del tipo del 15% del régimen especial de empresas de reducida dimensión en su primer año, y si realiza o no actividad económica con el arrendamiento. Sobre la primera cuestión, responde que puede aplicar el tipo del

15% si cumple las circunstancias de facturación para ello; y sobre el segundo asunto, que es el que interesa ahora destacar, responde con el habitual párrafo que vimos en las consultas anteriores: que sí es posible externalizar la gestión del arrendamiento de los locales y plazas de garaje por su considerable volumen:

> *En el caso concreto del arrendamiento de inmuebles, la LIS (LA LEY 18095/2014) establece que dicha actividad tiene la condición de económica cuando para su ordenación se utilice, al menos, una persona empleada con contrato laboral y jornada completa.*
>
> *No obstante, la realidad económica pone de manifiesto situaciones empresariales en las que una entidad posee un patrimonio inmobiliario relevante, para cuya gestión se requeriría al menos una persona contratada, realizando la entidad, por tanto, una actividad económica en los términos establecidos en el artículo 5 de la LIS y, sin embargo, ese requisito se ve suplido por la subcontratación de esa gestión a otras sociedades especializadas.*
>
> *Esta situación es la que se produce en el presente caso, en la medida en que la entidad tiene externalizada su gestión y, en este caso concreto, tal y como se señala en el escrito de consulta, la gestión de la actividad de arrendamiento de inmuebles requiere, dada la dimensión de la actividad a desarrollar por la consultante y el volumen e importancia de sus ingresos, de la disposición de una organización empresarial propia o a través de terceros. En este sentido, el inmueble es un centro comercial que conlleva un elevado número de arrendatarios. Asimismo, la gestión de bienes inmuebles de cierta importancia resulta más eficiente a través de la contratación de profesionales dedicados a la gestión de activos que la contratación de un empleado.*
>
> *En conclusión, de los datos señalados en la consulta planteada, en este supuesto se deben entender cumplidos los requisitos señalados en el artículo 5.1 de la LIS (LA LEY 18095/2014) a los efectos de determinar que la entidad desarrolla una actividad económica, aun cuando los medios materiales y humanos necesarios para intervenir en el mercado no son propios sino subcontratados a una entidad ajena al grupo mercantil* [DGT CV1794-2017].

6.6.2. El empleado puede ser un familiar, siempre que el contrato sea laboral y a jornada completa

La **DGT, CV 5137-2016, de 28 de noviembre**, resuelve que es posible que la persona empleada con contrato laboral y jornada completa sea un familiar del socio y administrador. Es el caso de una sociedad unipersonal constituida en 2013 que contrató como administrativa en 2014 a la esposa del socio y administrador. La respuesta señala el texto del art. 5.1 LIS: *En el caso de arrendamiento de inmuebles, se entenderá que existe actividad económica, únicamente cuando para su ordenación se utilice, al menos, una persona empleada con contrato laboral y jornada completa;* y concluye que si la persona empleada tiene contrato laboral a jornada completa se cumple el requisito, con independencia de que sea familiar del socio y administrador:

> *En el supuesto planteado en el escrito de consulta, la actividad de arrendamiento de inmuebles que desarrollará la entidad consultante, tendrá la consideración de actividad económica, siempre que para su ordenación cuente al menos, con una persona empleada con*

contrato laboral y jornada completa, con independencia de que la persona empleada sea un familiar del socio y administrador [CV 5137-2016].

6.6.3. La ventaja de un único empleado en la actividad de arrendamiento dentro del grupo de empresas solo afecta a los grupos de subordinación, no de coordinación

El vigente art. 5.1 LIS señala que *en el supuesto de entidades que formen parte del mismo grupo de sociedades según los criterios establecidos en el artículo 42 del Código de Comercio, con independencia de la residencia y de la obligación de formular cuentas anuales consolidadas, el concepto de actividad económica se determinará teniendo en cuenta a todas las que formen parte del mismo.* Había entendido el precepto en el sentido de que era suficiente que una de las empresas del grupo tuviera un empleado con contrato laboral y a jornada completa en la actividad de arrendamiento para que el resto de las empresas del grupo cumplieran también tan importante requisito.

No obstante, sobre la aplicación de los requisitos de empleado a las empresas que realizan la actividad de arrendamiento de inmuebles en el marco de un grupo de empresas, tiene relevancia la **CV DGT 647-2022, de 25 de marzo**. Recordemos que el art. 5.1 de la LIS es un concepto heredado de la LIRPF, pero con el importante añadido que en el supuesto de entidades que formen un grupo de empresas, el concepto de actividad económica se determina teniendo en cuenta a todas las empresas que formen parte del grupo. El matiz racionalizaba el requisito de empleado en la actividad, puesto que era suficiente que se cumpliera en el grupo, sin tener que hacerlo cada una de las empresas que se dediquen a la actividad. Ahora bien, la DGT, en la consulta planteada sobre si dos sociedades participadas mayoritariamente por una persona física que, a su vez es el administrador, han de tener cada una un empleado en la actividad de arrendamiento o es suficiente que lo tenga solo una al existir grupo mercantil, decide solicitar un informe del ICAC. Este organismo distingue entre el "**grupo de subordinación**" regulado en el art. 42 del C.c. (sociedad dominante y sus dependientes), y el "**grupo de coordinación**", integrado por empresas controladas por cualquier medio por una o varias personas físicas o jurídicas que actúen conjuntamente o se hallen bajo dirección única por acuerdos o cláusulas estatutarias. Concluye el ICAC que los "**grupos de coordinación**" no están incluidos en el art. 42 C.c. y que no les afecta por tanto la excepción del art. 5.1 de la LIS. En el mismo sentido del ICAC evacúa la DGT la consulta. La contestación tiene relevancia, pues las empresas fuera del concepto de "grupo de subordinación" han de cumplir cada una el requisito de empleado para que la actividad de arrendamiento se considere económica, más probar la carga de trabajo:

> *A este respecto, este Centro Directivo ha solicitado informe al Instituto de Contabilidad y Auditoría de Cuentas (en adelante, ICAC) el cual, en el informe emitido, ha establecido lo siguiente:*
>
> *"La opinión de este Instituto sobre la calificación como empresas del grupo a los efectos del artículo 42 del Código de Comercio (CdC) de sociedades participadas por una persona física y familiares próximos está publicada en la consulta 1 del BOICAC nº 83, de septiembre de 2010, y en la consulta 4 del BOICAC nº 92, de diciembre de 2012. (...)*
>
> *La reforma introducida en nuestro Derecho contable por la Ley 16/2007 define dos conceptos de grupo:*
>
> *1. El regulado en el artículo 42 del CdC, que podría denominarse de subordinación, formado por una sociedad dominante y otra u otras dependientes controladas por la primera, y*
>
> *2. El grupo de coordinación, integrado por empresas controladas por cualquier medio por una o varias personas, físicas o jurídicas, que actúen conjuntamente o se hallen bajo dirección única por acuerdos o cláusulas estatutarias, previsto en la indicación decimoctava del artículo 260 del texto refundido de la Ley de Sociedades de Capital, aprobado por Real Decreto Legislativo 1/2010, de 2 de julio, y en la Norma de elaboración de las cuentas anuales (NECA) nº 13. Empresas del grupo, multigrupo y asociadas del Plan General de Contabilidad, aprobado por el Real Decreto 1514/2007, de 16 de noviembre.*
>
> *En definitiva y como conclusión se informa que los grupos de coordinación (o grupos ampliados que se regulan en la NECA nº 13ª), como el que se describe en la petición de informe, dos sociedades controladas por una persona física, en principio, no forman parte del concepto de grupo de sociedades definido en el artículo 42 del CdC, sino que constituyen un categoría propia cuya identificación origina una serie de consecuencias a los efectos de formular las cuentas anuales individuales de las sociedades que los integran".*
>
> *De los datos que se derivan del escrito de consulta, dado que las sociedades A y B son las únicas existentes en el grupo y, de conformidad con el informe del ICAC, no tienen la consideración de pertenecientes a un grupo en el sentido del artículo 42 del Código de Comercio sino que forman parte de un grupo de coordinación, de acuerdo con la NECA nº 13ª del PGC, el cumplimiento de los requisitos del concepto de actividad económica en el sentido del artículo 5 de la LIS no se determinará teniendo en cuenta a las entidades A y B sino de forma individual en cada una de dichas entidades* [DGT CV647-2022].

6.7. La doctrina científica sobre la actividad de arrendamiento de inmuebles

En el XXIV Congreso de la Asociación Española de Asesores Fiscales celebrado en La Coruña en noviembre de 2001 ya se analizaba el arrendamiento de inmuebles como actividad económica, poniendo de relieve que la inclusión del término "únicamente" en el texto legal podía conllevar a que verdaderas actividades económicas de acuerdo con la definición del art. 25.1. LIRPF no se entendieran como tales por falta de una de las circunstancias señaladas en el apartado 2; y que no se llegaba a tal conclusión en caso de interpretarse el apartado como una presunción, en el sentido de entender que, cumpliendo con los requisitos establecidos existiría "actividad económica" al margen de cualquier otra consideración; mientras que la falta de su cumplimiento no impediría la calificación de "actividad económica" cuando existiera la efectiva ordenación de medios para intervenir en el mercado. Añadiendo la autora de la ponencia que ese no era el criterio de la Administración, que en todo caso consideraba necesaria la concurrencia de los requisitos de persona y local para calificar la renta como "actividad económica"[49]. En ese año, la Administración tributaria mantenía que los requisitos del art. 25.2 constituían una presunción *iuris et de iure*, mientras que la autora del trabajo citado defendía que eran una presunción *iuris tantum*.

Marcos Sánchez (2003) abordaba las cuestiones relacionadas con la actividad de arrendamiento, destacando como notable el problema planteado para la concreción de la existencia de actividad empresarial en las entidades inmobiliarias que arrendasen bienes de su activo, al que era contrario la doctrina tradicional de los órganos directivos del Ministerio de Hacienda, mientras que algunos Tribunales de Justicia (el TSJ de Valencia, como ejemplo) opinaban que toda actividad incluida en el objeto social de una entidad mercantil era por definición actividad típica empresarial. Según este autor, la Ley del IRPF incluye una cláusula de garantía que previene contra inseguridades y discusiones, al disponer la presunción o ficción legal de la existencia de actividad empresarial únicamente cuando se cuente con el local y la persona empleada, e instaura un sistema de presunción de notable seguridad en su aplicación, difícilmente contestable por la Administración si se reúnen las dos circunstancias, pero que tiene el defecto de eliminar, o pretender eliminar, la utilización de otros medios de prueba para acreditar la existencia de actividad empresarial, lo que tiene difícil encaje constitucional. Sobre el carácter objetivo de los dos requisitos, citaba la STS de 26 de junio de 1996: "podrá desde el punto de vista doctrinal criticarse el acierto o desacierto de la fórmula empleada por el reglamento, pero es evidente que la exigencia de este (local y trabajador), son los elementos mínimos necesarios (y, hasta quizás, insuficientes), para que pueda hablarse de actividad empresarial"; y sobre la prueba de la existencia de organización empresarial, la STS de 12 de mayo de 1994 y las resoluciones del TEAC de 25 de enero de 1995 y 12 de mayo de 1997[50].

---

49 Sala Buchaca, 2001. Op. cit.

50 Marcos Sánchez, 2003. "Las sociedades patrimoniales en la Ley 46/2002, de modificación del IRPF. *Revista Temas Tributarios de Actualidad*, AEDAF.

En 2003, quien escribe ya daba a conocer que respecto a la actividad de arrendamiento de bienes inmuebles y dotación RIC, bien fuese porque el contribuyente no contaba con un local independiente y un empleado a jornada completa —a pesar de poder acreditar por otras vías que desarrollaba actividad empresarial— o porque para desarrollar dicha actividad no era necesario, a juicio de la Inspección, tener el empleado contratado o el local independiente, por tener, como ejemplo, pocos inmuebles arrendados, se rechazaban frecuentemente en los procedimientos de comprobación las dotaciones realizadas[51].

A nivel académico, hay que resaltar que la gran mayoría de los manuales de Derecho Tributario dirigidos a la docencia poco decían esos años sobre los requisitos de la LIRPF para considerar la actividad de arrendamiento de inmuebles como económica. Sirvan como ejemplo las sucesivas ediciones del *Curso de Derecho Tributario, Parte especial,* dirigido por el catedrático de Derecho financiero y tributario Fernando Pérez Royo, que se refiere a la materia al analizar los rendimientos íntegros del capital inmobiliario en el IRPF. Califica el art. 27.2 LIRPF como un criterio objetivo para determinar cuándo el arrendamiento de inmuebles se realiza como actividad económica, poniendo especial énfasis en que se cuente a tal fin con una mínima estructura organizativa; pero sin hacer eco de los problemas que han surgido en su interpretación. Lo mismo hace al referirse a los rendimientos de las actividades económicas[52].

Aún más escueto es el *Manual de Derecho tributario, parte especial,* dirigido por Martín Queralt *et alii,* que recalca al referirse al arrendamiento de inmuebles el hecho de *que los rendimientos se califiquen como del capital inmobiliario o como de actividades económicas no es una cuestión baladí,* siendo mayores las posibilidades de deducción de gastos en la segunda calificación. Señala que el art. 27.2 LIRPF es un ejemplo de la práctica legislativa de obviar la formulación de conceptos para acudir a la definición expresa de una determinada actividad, calificando como actividad empresarial el arrendamiento de inmuebles solo cuando concurren las dos circunstancias de local y empleado. Nada dice de cómo se interpretaron los dos requisitos

---

51 Miranda Calderín, 2003. "Nueve años de aplicación de la Reserva para inversiones en Canarias: 1994-2002". *Revista Hacienda Canaria, n.º 3,* páginas 5-55.

52 Pérez Royo *et alii,* 2010. *Curso de Derecho Tributario, parte especial.* Editorial Tecnos, 4ª edición. El capítulo al que nos referimos es el III, redactado por Florián García Berro, páginas 146 y 176.

a lo largo de los últimos años[53]. Y no criticamos la ausencia de la polémica suscitada en torno al art. 27.2 LIRPF en los manuales de Derecho Tributario destinados a la docencia, todo lo contrario, puesto que, si en ellos se abordasen estas cuestiones, tan específicas y complejas en el asesoramiento fiscal, flaco favor haríamos a los estudiantes que se adentran ilusionados en sus nuevos mundos.

Otro tipo de publicaciones en gran formato, dirigido esta vez a profesionales, sí se ocupa de la compleja interpretación al que han sido sometidos los requisitos del art. 27.2 LIRPF. Sirva esta vez como muestra la obra *El Impuesto Sobre la Renta de las Personas Físicas* dirigida por Cordón Ezquerro y Rodríguez Ondarza, que dedica el capítulo 10 a los rendimientos de capital inmobiliario en la Ley 35/2006 del IRPF y su jurisprudencia. Aborda muy someramente la concurrencia de los dos requisitos para que la actividad de arrendamiento de inmuebles se considere económica; pero en el capítulo 13: "rendimientos de actividades económicas en estimación directa", analiza en uno de sus epígrafes el arrendamiento de inmuebles como actividad económica, explicando los reparos de la DGT hasta 2006[54].

Para no hacer largo y tedioso el recorrido por la doctrina científica, hacemos un largo salto temporal para cuestionarnos qué ocurre con esta materia en la actualidad, ¿qué siguen opinando los diversos autores que han tratado la actividad de arrendamiento de inmuebles sobre los requisitos del actual art. 27.2 LIRPF? Lo primero que constatamos es que la opinión de muchos estudiosos del asunto se refleja más en las páginas web accesibles en Internet que en artículos publicados en revistas, lo que facilita el acceso y la difusión. Si entramos en un buscador (*Google*, por ejemplo) y señalamos la actividad de arrendamiento de inmuebles, innumerables son las referencias encontradas. De ellas analizamos las más significativas. Y lo segundo, que la gran mayoría de artículos vertidos en la web, muestran el estupor de sus autores en relación con el importante cambio de criterio del TEAC en la resolución de 28 de mayo de 2013 sobre el alcance de la presunción *iuris tantum* del art. 27.2 de LIRPF que explicamos con detalle en el epígrafe 6.5.

---

53 Martín Queralt *et alii*, 2012. *Manual de derecho tributario, parte especial.* Editorial Thomson Reuter Aranzadi, 9ª edición. Nos referimos al capítulo II, páginas 98 y 115.

54 Cordón Ezquerro *et alii*, 2009. *El Impuesto sobre la Renta de las Personas Físicas.* Editorial Civitas Thomson Reuters. Nos referimos al capítulo 10, redactado por Javier Galán Ruíz, página 374, y al capítulo 13, redactado por Dolores Dizy Menéndez, páginas 494-496.

Ante la emisión masiva de liquidaciones paralelas eliminando la aplicación del tipo reducido a las sociedades calificadas de mera tenencia de bienes que tuvo lugar en 2012, se publica en la Web Fiscalblog el artículo titulado "Las patrimoniales sí pueden ser PYME y aplicar el tipo de gravamen reducido". Su autor calificaba la lucha contra las entidades dedicadas al arrendamiento de bienes que no cumplían con los requisitos de local y empleado como "un capítulo más en nuestra particular lucha quijotesca frente al molino hacendístico que resulta la Agencia Tributaria", recomendando recurrir todas las liquidaciones en base a dos resoluciones de los TEAR de Valencia y Galicia[55].

En el artículo "¿Cuándo puede calificarse de económica la actividad de arrendamiento de inmuebles?", su autor escribe que la respuesta no es sencilla y después de explicar el art. 27.2 LIRPF y los pronunciamientos de la DGT, señala que el criterio del TEAC era aún mucho más restrictivo:

> *(…) ya que ha interpretado en varias ocasiones que la finalidad de la norma antes comentada es establecer unos requisitos mínimos para que el arrendamiento de inmuebles pueda tener la consideración de actividad económica, pero que no son siempre suficientes. (…) El TEAC interpreta, por tanto, que si se acreditase que la carga de trabajo que genera la actividad no justifica tener empleado y local, en dicho caso se entenderían que éstos se tienen sólo para aparentar que hay actividad económica, sin que ésta exista realmente. Y termina comentando que: En consecuencia, para resolver la pregunta de cuándo puede calificarse de económica una actividad inmobiliaria, en primer lugar deberá calificarse el supuesto de hecho, pues puede que la regla del local y empleado no sea de aplicación. Tratándose de una actividad de arrendamiento de inmuebles será necesario contar con un local exclusivamente afecto a la actividad y una persona contratada a jornada completa, pero adicionalmente, y según la interpretación administrativa, se exigirá la existencia de una carga mínima de trabajo y, por tanto, de un volumen mínimo de inmuebles que gestionar*[56].

La Web del despacho Durán-Sindreu señala en sus "Comentarios sobre la consideración del alquiler de inmuebles como actividad económica" que es una de las cuestiones más conflictivas en nuestro ordenamiento jurídico. Analiza la DGT CV 1939-2013, en que respecto a una entidad pública se dice que realiza actividad económica con los alquileres de inmuebles a pesar de que no tiene empleados, sino que subcontrata a todo el personal

---

55 Alarcón García, 2012. "Las patrimoniales sí pueden ser PYME y aplicar el tipo de gravamen reducido". http://www.fiscalblog.es/impuesto-sobre-sociedades/la-dgt-as-sociedades-de-mera-tenencia-de-bienes-no-son-pyme/. 7 de febrero.

56 Rendé Pérez, 2013. "¿Cuándo puede calificarse de económica la actividad de arrendamiento de inmuebles?".http://www.garrigues.com/es/publicaciones/articulos/Paginas/Cuando-puede-calificarse-de-economica-la-actividad-de-arrendamiento-de-inmuebles.aspx, 29 de septiembre.

necesario; y la resolución TEAC tantas veces señalada de 28 de mayo de 2013, en la que se afirma justamente lo contrario:

> *Pues bien, la aparente sencilla redacción del precepto ha sido y es objeto de continua controversia entre la Administración tributaria, los contribuyentes y los órganos jurisdiccionales, ya que parece imposible ponerse de acuerdo en la interpretación del mismo. Una solución sencilla para erradicar el problema pasaría por modificar la redacción del mismo y evitar de raíz el problema, esperemos que la próxima reforma tributaria tenga presente esta cuestión, pero, mientras tanto, la polémica está garantizada y como muestra les resumo brevemente una consulta y una resolución del Tribunal Económico Administrativo Central (en adelante TEAC, totalmente contradictorias) recientes del año 2013.*
>
> *(...) Pues bien, en la Resolución de 2013, el TEAC "se olvida" de todo lo anterior, incluso de sus propias palabras y afirma con rotundidad "...el precepto citado (el que define el alquiler como actividad económica) en su intento por objetivar la calificación del arrendamiento como actividad económica, determina que "únicamente" se califique como tal si concurren las dos circunstancias citadas, como indicativo de presencia de la necesidad de una infraestructura y organización de medios empresariales mínima, sin perjuicio de que si la citada infraestructura se muestra ficticia o artificial no surta efectos."*
>
> *En conclusión, nada claro sobre el conflicto de los arrendamientos de inmuebles; si bien en los últimos tiempos parecía doctrina pacífica que se debía analizar el supuesto de hecho en concreto para verificar la realidad de la actividad económica, existiendo la posibilidad de que se exceptuara la interpretación literal del artículo 27.2, la resolución del TEAC parece dar marcha atrás en dicho criterio, teniendo presente que no se trata de un órgano jurisdiccional sino administrativo ¿Quién dijo que el derecho es aburrido[57]?*

El Centro de Estudios Financieros se pregunta en su web si persona y local son requisitos imprescindibles para calificar la actividad de arrendamiento de viviendas como actividad económica, analizando para ello la consulta vinculante DGT CV de 10 de septiembre de 2013 que recogía el criterio del TEAC expresado en la resolución de 28 de mayo de 2013, con la necesidad de que se cumplan los requisitos de la LIRPF para que la actividad sea económica:

> *A raíz de los criterios expuestos, la DGT concluye que dado que la entidad desarrolla única y exclusivamente la actividad de arrendamiento de viviendas, para que la misma tenga la consideración de actividad económica, a efectos de lo dispuesto en el art. 53 del RDLeg. 4/2004 (TR Ley IS), será necesario que se cumplan los dos requisitos establecidos en el art. 27.2 de la Ley 35/2006 (Ley IRPF) (local y empleado), dado que de lo contrario la actividad arrendaticia desarrollada no tendría la consideración de actividad económica[58].*

---

57 Cenicero, A.M., 2014. "Comentarios sobre la consideración del alquiler de inmuebles como actividad económica". http://www.duransindreu.com/alquiler-de-inmuebles-como-actividad-economica/. 18 de marzo.

58 Centro de Estudios Financieros, CEF, 2013. http://www.fiscal-impuestos.com/persona-local-requisitos-imprescindibles-calificar-actividad-arrendamiento-viviendas-actividad-economica.html. 25 de octubre.

El artículo “El arrendamiento de bienes inmuebles en el IRPF ¿Rendimientos de capital o de actividad económica?” se ocupa de la calificación de la actividad, señalando la controversia existente entre el nuevo criterio del TEAC por un lado y el criterio del TS por otro sobre si los elementos de local y empleado eran necesarios y suficientes. Argumenta su autor que el TS admite que ante la ausencia de dichos elementos se pruebe la realización de actividad económica con otros medios, posibilidad que niega el TEAC:

> *La calificación como uno u otro tipo de rendimientos dependerá de la existencia o no de ordenación por cuenta propia de medios de producción o de recursos humanos, con la finalidad de intervenir en la distribución de bienes o servicios.*
>
> *La Ley del IRPF ha objetivado cuándo se debe entender que el arrendamiento de inmuebles se realiza como actividad económica, disponiendo que ello será así únicamente cuando concurran las siguientes circunstancias simultáneamente:*
>
> *(...) La Audiencia Nacional (AN), el Tribunal Económico Administrativo Central (Teac) y la Dirección General de Tributos (DGT) han entendido que la finalidad de este artículo es establecer unos requisitos mínimos para que la actividad de arrendamiento de inmuebles pueda considerarse como una actividad empresarial.*
>
> *Dichos requisitos inciden en la necesidad de una infraestructura mínima, de una organización de medios empresariales para que esta actividad tenga tal carácter, exigiendo, a partir de esta premisa, la presencia de local exclusivo y empleado a jornada completa, para aceptar que el arrendamiento de inmuebles es una actividad económica, sin dar pie a que se subsane su ausencia por la prueba de otros hechos.*
>
> *Sin embargo, esta posición no es tranquila, puesto que, por el contrario, el Tribunal Supremo ha entendido que la normativa del IRPF facilita un instrumento para delimitar la actividad empresarial de arrendamiento de inmuebles, lo que no impide que, por otros medios distintos de los señalados, se llegue la conclusión de existencia de actividad económica y no mera tenencia de bienes.*
>
> *Es decir, reducir la actividad empresarial a la necesidad de tener empleados y local no es correcto, ya que la actividad empresarial se define por la actividad que se desarrolla, siendo la existencia de empleados o no un dato a tener en cuenta, pero no lo esencial, que consiste en la ordenación de medios para desarrollar una actividad de beneficio. (Sentencia 02/02/2012).*
>
> *Ahora bien, cuestión distinta es que estos requisitos necesarios sean también suficientes; es decir, que su sola presencia equivalga en todo caso a la existencia de actividad económica de arrendamiento, y en este sentido, el Tribunal Económico Administrativo Central, en resoluciones de 07/04/2010 y 28/05/2013, entre otras, ha manifestado que son requisitos mínimos, pero no necesariamente suficientes, ya que si fueran suficientes podría suponer dar cobertura a puras ficciones de actividad, algo que, como es lógico, no puede haber sido querido por la norma legal.*
>
> *Así, el Teac ha considerado que la actividad de arrendamiento de inmuebles no se realiza como actividad económica en aquellos supuestos en que falta la existencia de una carga de trabajo mínima, resultando dichos local y empleado innecesarios a la vista de la actividad mínima a desarrollar, siendo, en consecuencia, la citada infraestructura ficticia o artificial*[59].

---

[59] Segarra Bargues, 2013. “El arrendamiento de bienes inmuebles en el IRPF ¿Rendimientos de capital o de actividad económica?”. Economía 3: http://www.

El artículo "Alquiler de inmuebles: ¿actividad económica o rentas de capital inmobiliario?", publicado antes de la resolución TEAC de 28 de mayo de 2013, estudia la resolución TEAC de 20 de diciembre de 2012 (la que sentaba el criterio en la materia antes del cambio de 28 de mayo de 2013) y la STS de 2 de febrero de 2012, finalizando con un consejo útil que compartimos: hágase con pruebas documentales y hechos que corroboren sus argumentos:

> *En consecuencia, para el caso de que cuente con varios inmuebles alquilados, sepa que puede considerar que ejerce una actividad económica pese a que no cumpla estrictamente los requisitos enumerados en el artículo, aunque también se puede dar el caso de que cumpliendo los requisitos Hacienda considere que dicha estructura formal es excesiva para el número de alquileres que se gestiona, y que igualmente no considere que se trata de actividad económica. Por tanto, hágase con pruebas documentales y hechos que corroboren sus argumentos para poder exponerlos si Hacienda se los reclama alguna vez*[60].

El símil de la actividad de arrendamiento con una veleta es el que recoge un estudioso de este asunto en el artículo "Por dónde sopla el viento en relación con el arrendamiento como actividad económica", y lo hace en su acepción de "comportamiento errático, fluctuante o ambivalente", refiriéndose, como no podía ser de otra forma, al cambio de criterio del TEAC expresado en la resolución de 28 de mayo de 2013, dando una opinión final, en tono jocoso, que compartimos ampliamente: que hágase lo que se haga con la actividad de arrendamiento, la Inspección lo discutirá todo, tanto dirán que los elementos son necesarios como a su vez insuficientes:

> *El TEAC, tras efectuar un repaso a la jurisprudencia del Tribunal Supremo, se sirve afirmar que, la doctrina del Alto Tribunal o bien no es concluyente sobre la cuestión analizada, por ser poco concreta y recaer sobre casos en los que el precepto al que nos referimos no era de aplicación (si bien reconoce que en algún caso ha sido recogida por las Resoluciones del propio TEAC como las de fecha 20 de diciembre de 2012) o bien se inclina mayoritariamente por afirmar que para que el arrendamiento de inmuebles sea una actividad económica es requisito necesario que para su desempeño y organización se utilicen un local y un empleado en los términos definidos en la normativa vigente. Todo un ejercicio de funambulismo doctrinal.*
>
> *Mi conclusión particular: en caso de dedicarse al arrendamiento de bienes inmuebles, sea de forma principal o accesoria, se disponga de local o personal, el contribuyente deberá estar dispuesto a defender que realiza una actividad económica para que, efectivamente, se*

---

economia3.com/2013/10/20/11845-el-arrendamiento-de-bienes-inmuebles-en-el-irpf-rendimiento-de-capital-o-de-actividad-economica/. 20 de octubre.

60 Llamas Rodríguez, 2013. "Alquiler de inmuebles: ¿actividad económica o rentas de capital inmobiliario?". Tribuna Fiscal: http://www.ineaf.es/tribuna/alquiler-de-inmuebles-actividad-economica-o-rentas-de-capital-inmobiliario/. 19 de marzo.

le apliquen los efectos jurídicos correspondientes. Han abierto el melón para discutirlo todo: tanto dirán que es necesario como a su vez insuficiente. Y si queremos defender que no existe actividad económica, incluso me pueden utilizar argumentos como que basta la ordenación de medios y recursos económicos.

O sea, miramos para dónde sopla el viento y la veleta no para de dar vueltas...[61].

En posiciones más cercanas a la Administración tributaria encontramos opiniones que justifican el criterio del TEAC de 28 de mayo de 2013, si bien consideran *que hay que seguir dando otra vuelta de tuerca en la materia.* En el "Resumen de resoluciones de los Tribunales Económicos Administrativos que afectan al Régimen Económico y Fiscal de Canarias en el ámbito de la imposición directa" su autor se refiere, al analizar dos resoluciones TEAR, a que parece que efectivamente la presunción *iuris tantum* del art. 27 admite la prueba en contra en ambos sentidos[62], pero en el mismo resumen de resoluciones en el siguiente número de la *Revista Hacienda Canaria* ya comparte el nuevo planteamiento del TEAC en base a la ambigüedad de las sentencias del TS y una serie de consideraciones que con acierto —aunque no podamos compartirlas todas—, va desgranando después de un exhaustivo análisis de la resolución TEAC y de lo que ha ocurrido en el asunto en el pasado más inmediato y en las distintas instancias interpretativas de las normas tributarias. En el punto 6 de su extenso alegato, sistematiza lo que en su opinión ha de concluirse a partir de los criterios emanados por el TEAC, entre los que destacamos de forma resumida los siguientes aspectos:

a. La regla objetiva del art. 27 LIRPF es aplicable tanto a los contribuyentes del IRPF como a todos los sujetos pasivos del IS (aunque no sean sociedades transparentes o patrimoniales).

b. A la hora de aplicar la regla objetiva ha de partirse de una adecuada calificación de los hechos para saber a qué actividad nos enfrentamos.

c. En el caso de que la actividad vaya más allá del mero arrendamiento de inmuebles (una actividad de mayor ámbito con un componente inmobiliario), la regla objetiva no será aplicable. La concurrencia de los requisitos de local y empleado representará solo uno de los

---

61 Pérez Pombo, 2013. "Por dónde sopla el viento en relación con el arrendamiento como actividad económica". Fiscalblog: http://www.eleconomista.es/blogs/fiscalblog/?p=1573. 30 de junio.

62 Florido Caño, 2013. "Resumen de resoluciones de los Tribunales Económicos Administrativos que afectan al Régimen Económico y Fiscal de Canarias en el ámbito de la imposición directa". *Hacienda Canaria n.º 40.*

elementos de juicio para valorar la actividad, junto a la habitualidad, asunción de riesgo y carga de trabajo. En definitiva, habrá de valorarse las circunstancias en su conjunto para ver si se satisface el concepto jurídico indeterminado de actividad económica del art. 27.1 LIRPF. Como ejemplos de estos casos señala el arrendamiento de industria o negocio y la actividad turística.

d. En cambio, cuando se trate de la actividad de arrendamiento de inmuebles *strictu sensu,* sí será aplicable la regla objetiva del art. 27.2 LIRPF, que no admite prueba en contrario por la expresión "únicamente". Es decir que, si no se cumple con el requisito legal, no podrá probarse por otros medios la realización de una actividad económica con el arrendamiento de inmuebles, siendo además aplicables todas las exigencias interpretadas por la Administración sobre el reducido volumen de actividad, pocos inmuebles, pequeño número de inquilinos, etc. La regla objetiva es un requisito legal necesario, pero no suficiente si se infiere que su presencia es meramente formal y que no se cumple con la definición genérica del art. 27.1 LIRPF.

e. En los casos en que la entidad realice al margen de los alquileres otra actividad principal, lo más seguro es que habrá un local, pero compartido, y empleados, que al mismo tiempo gestionen otras actividades, por lo que no se cumplirían los requisitos establecidos por la norma, debiendo probar el arrendador que esa infraestructura debe generar carga de trabajo suficiente para que no resulte manifiestamente innecesaria[63].

Como adelantamos, no compartimos todas las reflexiones resumidas, pero nos hacemos eco del distinto alcance del art. 27.2 LIRPF que pregona el TEAC y el autor en función de que la actividad de arrendamiento sea solo eso o que incluya algún plus que la pueda calificar de auténtica actividad económica.

Dos artículos más de 2014 cuestionan la complejidad en la denotada actividad. El primero, titulado "Arrendamiento de inmuebles como actividad económica en la Reforma Fiscal", analiza la actividad y se adentra en el texto de la reforma fiscal proyectada por el Gobierno de la Nación ese año en el IRPF e IS en la actividad de arrendamiento para explicar cómo queda la actividad y preguntarse si tales cambios normativos pondrían fin a

---

63 Florido Caño, 2014. "Resumen de resoluciones de los Tribunales Económicos Administrativos que afectan al Régimen Económico y Fiscal de Canarias en el ámbito de la imposición directa". Hacienda Canaria n.º 41.

la polémica y litigiosidad en la práctica. Considera que no, que la polémica seguirá, tal como ha ocurrido con posterioridad:

> *(...) Como puede observarse, de una primera lectura, parece desprenderse, cuanto menos, una "relajación" en cuanto a los requisitos a cumplir, pues se suprime la exigencia del local. Asimismo, y en el ámbito del IS, parece que el análisis de la existencia de actividad económica a nivel de Grupo también favorezca en la práctica a la flexibilización del cumplimiento del requisito del empleado, pues éste podría serlo de cualquier sociedad integrante del Grupo. (Por cierto, esta precisión viene a recuperar una doctrina de la Dirección General de Tributos que mantuvo durante un lapso de tiempo con apoyo a la jurisprudencia laboral y que había abandonado con posterioridad).*
>
> *Ahora bien, nos preguntamos ¿los cambios normativos proyectados pondrán fin a la polémica y litigiosidad en la práctica? Sinceramente, consideramos que no, pues las preguntas de fondo acerca de la necesidad y suficiencia de los medios mínimos (ahora sólo el personal) sigue estando ahí.*
>
> *Y, antes de finalizar, hagámonos otra pregunta ¿por qué se prevé que el cambio en el IRPF entre ya en vigor en 2015 y se demora la modificación en el IS hasta un año más tarde? ¿Qué puede suponer esta cuestión en "situaciones transitorias"?*
>
> *En fin, como reiterábamos, se trata de una cuestión que si finalmente acaba aprobándose en el sentido apuntado, necesariamente, deberá seguirse de cerca por las enormes implicaciones que en los múltiples impuestos implicados supone*[64].

Y el segundo, titulado "Aportaciones de rama de actividad inseguras" sobre la aportación de ramas de actividad cuando existe actividad de arrendamiento de inmuebles, explica cómo la DGT en consulta vinculante de 2013 aportó cierta racionalidad en el asunto, sentando el criterio de que para la configuración de la rama de actividad no era posible aplicar restringidamente el art. 27.2 LIRPF, motivo de que no tuvieran que cumplirse los requisitos de local y empleado; pero que la dicha duró poco, ya que la DGT, CV 1269-2014, dijo que solo existía rama de actividad en los alquileres de inmuebles si se cumplían los requisitos exigidos para que esta actividad se considere económica[65].

Pérez Gardey (2018) estudia con detenimiento en el artículo "El arrendamiento de inmuebles como actividad económica" la casuística a tener en cuenta, de la que destacamos sus comentarios de que en el IS la doctrina administrativa admite la externalización de la gestión de arrendamiento de inmuebles en vez de tener que cumplir el requisito de la persona contrata-

---

64 García R, 2014. "Arrendamiento de inmuebles como actividad económica en la Reforma Fiscal". http://aurisconsultors.com/index.php?option=com_easyblog&view=entry&id=39&Itemid=341. 29 de Julio.

65 Alarcón García, 2014. "Aportaciones de rama de actividad inseguras". Iuris & Lex. El Economista. www.FiscalBlog.es. 10 de octubre.

da, pero no en el IRPF, en cuyo ámbito ha de contarse en todo caso con un empleado que los gestione para que se considere actividad económica. Las características que ha de cumplir el empleado-socio o familiar son también comentadas. Para acabar con el régimen de inseguridad jurídica al que se ha llegado con la calificación de la actividad como económica, propone una serie de medidas. La primera, eliminar la distinción que hace el legislador entre la actividad económica de arrendamiento de inmuebles y el resto de actividades, dejando a voluntad del contribuyente la decisión de si quiere tratar el arrendamiento de inmuebles como actividad económica o no, con las restricciones temporales que se estimen convenientes para evitar fraudes. Con esa medida se eliminaría en su opinión *el trato injustificado que se le dispensa al pequeño empresario; se erradicaría, de raíz, la conflictividad jurídica y procesal actual, con el ahorro en costes que ello supondría; se evitarían los trasvases de contribuyentes entre comunidades autónomas, tan habituales en los últimos años; se favorecería la actividad económica al eliminar una de las principales restricciones que se encuentran los inversores, en particular los pequeños y medianos; y por último, se favorecería las reestructuraciones empresariales de personas físicas arrendadoras de inmuebles*[66].

Resumiendo, la doctrina científica pone de manifiesto desde 2001 hasta 2024 su estupor sobre lo que está ocurriendo en relación con la actividad de arrendamiento de inmuebles, tanto por los continuos cambios de criterio de la Administración tributaria y el TEAC, como por la generalizada situación de conflictividad a la que se ha llegado.

Ante ello, compartimos el criterio mayoritario de que los requisitos exigidos a la actividad de arrendamiento han de ser eliminados de la normativa vigente por la conflictividad que generan, pudiéndose probar la realización de actividad económica con los alquileres con la mera existencia de medios materiales y humanos dedicados a su gestión, como en cualquier otra actividad económica.

Nos falta aún analizar la evolución del criterio de los Tribunales de Justicia en esta materia hasta 2024, que dejamos para el siguiente capítulo dada su densidad y complejidad, si bien anticipamos desde ahora que no han resuelto con claridad el alcance de la presunción que respecto a la actividad de arrendamiento de inmuebles figura en el IRPF e IS, con la consiguiente conflictividad en la dotación RIC. En este sentido es especialmente criticable que el TS se haya pronunciado numerosas veces sobre la materia, pero

---

66 Pérez Gardey, 2018. "El arrendamiento de inmuebles como actividad económica". *Carta Tributaria. Revista de Opinión n.º 40. La Ley.*

sin la necesaria contundencia jurídica en sus resoluciones para resolver los conflictos planteados. Sus pronunciamientos dan pie a interpretaciones en un sentido u otro según los intereses que se defiendan.

Los profesionales y estudiosos de la actividad de arrendamiento de inmuebles y la aplicación de incentivos fiscales como la RIC y ahora la RIB, no podemos ir más allá de mostrar nuestro estupor con lo que está pasando y la incapacidad del TS de sentar un criterio claro que clarifique las controversias surgidas. Aconsejo prudencia, mucha prudencia, en la aplicación de la RIC/RIB en esta actividad, o desalentar su uso entre los empresarios, a no ser que se trate de entidades jurídicas con un volumen considerable de ingresos en el arrendamiento y número de inmuebles.

6.8. Ficha resumen de la doctrina administrativa aplicable a la actividad de arrendamiento de inmuebles

1.	Durante muchos años la Administración tributaria mantuvo un criterio dispar sobre si los requisitos del art. 25 de la LIRPF constituían una presunción *iuris tantum* (que admite prueba en contrario) o *iuris et de iure* (que no admite prueba en contrario).
2.	Hasta 2001, tanto la DGT como el TEAR de Canarias señalaban que eran una presunción *iuris et de iure*, pero en 2002 y hasta 2008, la Sala de LPGC del TEAR estableció que era *iuris tantum*.
3.	La resolución TEAC de 2007 señaló, sin embargo, que eran requisitos objetivos y en consecuencia la presunción era *iuris et de iure*. El TEARC tuvo que cambiar en 2008 su criterio y asumir que el incumplimiento de uno de los requisitos implicaba inevitablemente que no se realizase actividad económica.
4.	El caos en la interpretación administrativa en esos años impedía asesorar correctamente a los contribuyentes, agravándose aún más con la interpretación del TEAC de noviembre de 2007 de que los requisitos de local y empleado eran necesarios, pero no suficientes para probar la actividad económica en el arrendamiento de inmuebles.
5.	La Inspección tributaria, además, comenzó a exigir la existencia de carga de trabajo suficiente para el local y el empleado.

6.	El TEAC, en diciembre de 2012, suavizó su criterio, adaptándolo "transitoriamente" a los pronunciamientos de la AN y TS. Admitió que la presunción era *iuris tantum* y que aun no contando con los requisitos de local y empleado era posible probar que existiese actividad económica en el arrendamiento de inmuebles.
7.	Por tanto, a principios de 2013 la Administración tributaria interpretaba que los requisitos eran una presunción *iuris tantum*, pudiéndose probar por el contribuyente que realizaba actividad económica a pesar de no contar con el local y el empleado; y por la AEAT, lo contrario, que no realizaba actividad, aunque el contribuyente dispusiese de ellos (aplicando la teoría de la carga de trabajo suficiente).
8.	El criterio establecido por el TEAC en resolución de 20 de diciembre de 2012 sobre que la presunción *iuris tantum* admitía prueba en contrario en los dos sentidos: que pudiera probarse la realización de una actividad económica sin cumplir los requisitos de local y empleado; y que la Administración tributaria pudiera probar que no existía carga de trabajo para el local y el empleado, duró poco, escasamente cinco meses.
9.	En resolución de 28 de mayo de 2013, el TEAC cambió de criterio y admitió que la presunción era *iuris tantum*, pero no en ambos sentidos, sino que la Administración podía rechazar que existiese actividad económica por no haber carga de trabajo suficiente para el local y el empleado; mientras que, si el contribuyente no cumplía con los dos requisitos, no podría probar con otros medios la realización de la actividad económica.
10.	Tras cierto desconcierto y poco a poco, la Inspección, DGT y TEAR fueron adaptándose al nuevo criterio del TEAC por imperativo del art. 239.7 LGT.
11.	El TEAC basó su cambio de criterio en la poca claridad de las sentencias TS (con lo que coincido plenamente), que parecen concretarse en las sociedades que realizan la actividad de arrendamiento con un plus adicional (arrendamiento de negocios, explotación hotelera y extrahotelera, etc.). En ese caso, el TEAC admite que aun incumpliendo los requisitos de local y empleado pueda el contribuyente probar la realización de actividad económica con el arrendamiento.

12.	La Inspección tributaria, a partir de septiembre de 2014, recibió instrucciones de la Subsecretaría correspondiente para adoptar ese criterio, aunque hubiese sentencias de la AN y el TS en sentido contrario.
13.	Por tanto, desde finales de 2014 y principios de 2015, la Administración tributaria interpreta de una forma *sui generis* la presunción *iuris tantum*, ya que solo admite prueba en contrario por su parte si el arrendador cumple los requisitos de local y empleado; pero no por parte del contribuyente si no los cumple.

6.9. Ficha resumen de la interpretación de la doctrina científica sobre la presunción del art. 27.2 de la Ley IRPF

1.	Con carácter mayoritario, la doctrina científica opina que los requisitos de local y empleado del art. 27.2 LIRPF constituyen una presunción *iuris tantum*, pudiendo siempre el contribuyente-arrendador probar con otros medios que realiza actividad económica en el arrendamiento de inmuebles.
2.	También con carácter mayoritario se siente sorprendida por el cambio de criterio del TEAC de mayo de 2013, expresando su convencimiento de que lo hace en contra de la corriente jurisprudencial existente.
3.	Expresa sus críticas a la reforma de 2015 en la materia, que elimina la obligación de contar con un local exclusivo para la gestión de los alquileres, en el sentido de que a pesar de esa facilidad no se eliminará la conflictividad tributaria existente.
4.	En posiciones más cercanas a la Administración tributaria, pero autorizadas, se defiende el cambio de criterio del TEAC de mayo de 2013 para las actividades de arrendamiento *strictu sensu*, que si no cuentan con los requisitos de local y empleado no podrá probar el contribuyente con otros medios que realiza actividad económica.
5.	Por tanto, la opinión mayoritaria es que la presunción es iuris tantum, y que aun no contando con local y empleado puede probarse con otros medios la realización de actividad económica con el arrendamiento de inmuebles.

6. La conflictividad hasta 2024 en esta materia ha superado con creces las previsiones del legislador e incluso las expectativas ya altas de la doctrina científica. Un caso más, y acentuado, de la inseguridad jurídica en la aplicación de incentivos fiscales en nuestro ordenamiento tributario.

Capítulo 7

LA INTERPRETACIÓN DE LOS TRIBUNALES DE JUSTICIA SOBRE LA ACTIVIDAD DE ARRENDAMIENTO DE INMUEBLES Y LA DOTACIÓN RIC

Como continuación del capítulo 6, analizamos el criterio de los Tribunales de Justicia en relación con la actividad de arrendamiento de inmuebles, y explico dos nuevas controversias surgidas: la mutación de los requisitos aplicables a la materialización en materia de arrendamientos entre partes vinculadas y los requisitos cualificados en el arrendamiento, que han pasado desde 2007 de la fase de materialización a la de dotación. Al menos, hasta que se pronuncie el TS.

7.1. Legislación vigente

– Ley 19/1994 REF

Artículo 27 Reserva para inversiones en Canarias

1. Las entidades sujetas al Impuesto sobre Sociedades tendrán derecho a la reducción en la base imponible de las cantidades que, con relación a sus establecimientos situados en Canarias, destinen de sus beneficios a la reserva para inversiones de acuerdo con lo dispuesto en este artículo.

2. (…) A estos efectos, se considerarán beneficios procedentes de establecimientos en Canarias los derivados de actividades económicas, incluidos los procedentes de la transmisión de los elementos patrimoniales afectos a las mismas, así como los derivados de la transmisión de elementos patrimoniales no afectos a actividades económicas, en los términos que reglamentariamente se determinen.

8. (…) Los contribuyentes que se dediquen a la actividad económica de arrendamiento o cesión a terceros para su uso de elementos patrimoniales del inmovilizado podrán disfrutar del régimen de la reserva para inversiones, siempre que no exista vinculación, directa o indirecta, con los arrendatarios o cesionarios de dichos bienes, en los términos definidos en el artículo 18, apartado 2, de la Ley 27/2014, de 27 de noviembre, del Impuesto sobre Sociedades, ni se trate de operaciones de arrendamiento financiero. A estos efectos, se entenderá que el arrendamiento de inmuebles se realiza como actividad económica únicamente cuando concurran las circunstancias previstas en el apartado 2 del artículo 27 de la Ley 35/2006.

En los supuestos de arrendamiento de bienes inmuebles, además de las condiciones previstas en el párrafo anterior, el contribuyente deberá tener la consideración de empresa turística de acuerdo con lo previsto en la Ley 7/1995, de 6 de abril, de Ordenación del Turismo de Canarias, tratarse del arrendamiento de viviendas protegidas por la sociedad promotora, de bienes inmuebles afectos al desarrollo de actividades industriales incluidas en las divisiones 1 a 4 de la sección primera de las tarifas del Impuesto sobre Actividades Económicas, aprobadas por el Real Decreto Legislativo 1175/1990, de 28 de septiembre, por el que se aprueban las tarifas y la instrucción del Impuesto sobre Actividades Económicas, o de zonas comerciales situadas en áreas cuya oferta turística se encuentre en declive, por precisar de intervenciones integradas de rehabilitación de áreas urbanas, según los términos en que se define en las directrices de ordenación general de Canarias, aprobadas por la Ley 19/2003, de 14 de abril.

– Ley 27/2014 IS

Artículo 5 Concepto de actividad económica y entidad patrimonial

1. Se entenderá por actividad económica la ordenación por cuenta propia de los medios de producción y de recursos humanos o de uno de ambos con la finalidad de intervenir en la producción o distribución de bienes o servicios.

En el caso de arrendamiento de inmuebles, se entenderá que existe actividad económica, únicamente cuando para su ordenación se utilice, al menos, una persona empleada con contrato laboral y jornada completa.

– Ley 35/2006 IRPF

Artículo 27 Rendimientos íntegros de actividades económicas

1. Se considerarán rendimientos íntegros de actividades económicas aquellos que, procediendo del trabajo personal y del capital conjuntamente, o de uno solo de estos factores, supongan por parte del contribuyente la ordenación por cuenta propia de medios de producción y de recursos humanos o de uno de ambos, con la finalidad de intervenir en la producción o distribución de bienes o servicios.

En particular, tienen esta consideración los rendimientos de las actividades extractivas, de fabricación, comercio o prestación de servicios, incluidas las de artesanía, agrícolas, forestales, ganaderas, pesqueras, de construcción, mineras, y el ejercicio de profesiones liberales, artísticas y deportivas.

No obstante, tratándose de rendimientos obtenidos por el contribuyente procedentes de una entidad en cuyo capital participe derivados de la realización de actividades incluidas en la Sección Segunda de las Tarifas del Impuesto sobre Actividades Económicas, aprobadas por el Real Decreto Legislativo 1175/1990, de 28 de septiembre, tendrán esta consideración cuando el contribuyente esté incluido, a tal efecto, en el régimen especial de la Seguridad Social de los trabajadores por cuenta propia o autónomos, o en una mutualidad de previsión social que actúe como alternativa al citado régimen especial conforme a lo previsto en la disposición adicional decimoquinta de la Ley 30/1995, de 8 de noviembre, de ordenación y supervisión de los seguros privados.

2. A efectos de lo dispuesto en el apartado anterior, se entenderá que el arrendamiento de inmuebles se realiza como actividad económica, únicamente cuando para la ordenación de esta se utilice, al menos, una persona empleada con contrato laboral y a jornada completa.

El hecho de que la interpretación sobre el requisito de empleado que señalan los artículos 27.2 LIRPF y el 5.2 LIS para que la actividad de arrendamiento de inmuebles se considere actividad económica no sea un tema pacífico es consecuencia directa de la poca claridad con la que se han manifestado los Tribunales de Justicia. Las sentencias del TS, AN y TSJC señalan un día un criterio y otro bien diferente en el siguiente fallo. No obstante, entiendo que la línea jurisprudencial avanza en una única dirección: que el requisito de empleado constituye una presunción *iuris tantum* en ambos sentidos: que puede demostrarse que existe actividad económica con los alquileres a pesar de que no se cumpla el requisito (al menos en el IS) y que la Administración tributaria puede probar lo contrario, a pesar de que el arrendador cuente con un empleado en la gestión de alquileres. Jurisprudencia que queda bien lejos del criterio del TEAC expresado en la controvertida resolución de 28 de mayo de 2013 analizada en el capítulo anterior.

Para abordar la temática nos olvidamos ya del requisito de local que estuvo vigente hasta 2014 y me concentro en el condicionante de la persona empleada con contrato laboral a jornada completa, más la problemática inherente a la carga de trabajo para el empleado, la externalización del servicio de gestión del arrendamiento y algún aspecto puntual que han matizado los Tribunales de Justicia.

7.2. Los Tribunales Superiores de Justicia y los requisitos de los artículos 25.2 LIRPF y 5.2. LIS

Un breve resumen, en primer lugar, de lo publicado en obras anteriores sobre las sentencias del TSJC de Canarias y algún pronunciamiento aislado de otros tribunales superiores desde 2004 a 2014 nos permite conocer la evolución en esta materia, para continuar posteriormente el análisis desde 2015 a 2024.

Comenzó el TSJC a dictar sentencias con regularidad sobre la actividad de arrendamiento de inmuebles y la RIC a partir de 2004, sin llegar a precisar el alcance de los requisitos del entonces art. 25.2 de la LIRPF (en la actualidad art. 27.2), que consideraba aplicables, pero ponía especial énfasis en que se realizara la actividad con habitualidad (STSJC de 11 de mayo de 2004, Sala de SCT, n.º 452).

El TSJC compartió el criterio del TEARC de que a las entidades mercantiles les eran aplicables los requisitos del art. 25.2 en la STSJC de 31 de marzo de 2006, Sala LPGC, n.º 319, pero con una importante salvedad, pues admitió que existía actividad económica a pesar de que el empleado no estaba a jornada completa (no era necesario en su criterio, al no tener la sociedad mucho volumen de alquileres). Se apartó la Sala de Las Palmas del criterio del TEARC y de la Sala de SCT del TSJC en tres nuevos pronunciamientos de 2006. En la STSJC de 12 de julio de 2006, Sala LPGC, n.º 820, se refiere al art. 61 del TRLIS para concluir que, si los inmuebles arrendados habían sido adquiridos con beneficios empresariales, la actividad de alquiler debía considerarse como económica, con independencia de los requisitos del art. 25.2 LIRPF. En la STSJC de 14 de julio de 2006, n.º 769, indica que los requisitos del art. 25.2 eran aplicables a las sociedades de mera tenencia de bienes, no a las que realizasen actividad económica (criterio rechazado posteriormente por el TS en unificación de doctrina). Y en la STSJC de 10 de noviembre de 2006, n.º 1027, aborda si los requisitos del art. 25.2 constituían una presunción *iuris tantum* o *iuris et de iure*. Concluyó que los requisitos eran objetivos, por lo que la presunción era *iuris et de iure*, como se entendía en aquellos años a nivel nacional, y no como el TEARC opinaba respecto a la RIC.

A finales de 2006, último año en que las dotaciones RIC podían materializarse en inmuebles para arrendar, la postura del TSJC en las dos Salas de LPGC y SCT era bien distinta. Mantenía la primera que los inmuebles destinados al arrendamiento estaban afectos a actividad económica si habían sido financiados con los beneficios obtenidos en los últimos diez años, con independencia de que la entidad cumpliera o no los requisitos del art. 25.2 LIRPF; que dichos requisitos no eran aplicables a las sociedades que realizasen actividad económica con independencia del arrendamiento de inmuebles; y que los requisitos no eran una presunción *iuris tantum*, sino *iuris et de iure*.

Durante 2007 hay varias sentencias de las dos Salas del TSJC que no admiten que se realizara actividad económica al incumplir el arrendador los requisitos del art. 25.2: Sala LPGC, 22 de junio de 2007, n.º 384, y 26 de octubre de 2007, n.º 553; y Sala SCT de 17 de mayo de 2007, n.º 175; 26 de julio de 2007, n.º 273, y 18 de octubre de 2007, n.º 370; si bien la Sala de LPGC estimó varios recursos a los contribuyentes en los que el TEAR se limitaba a negar la existencia de la actividad: 12 de enero 2007, n.º 39; 2 de marzo de 2007, n.º 150, y 5 de octubre de 2007, n.º 506.

En 2008 hubo menos pronunciamientos relacionados con la actividad de arrendamiento. Admitía la STSJC de 13 de junio de 2008, Sala LPGC, n.º 402, que los empleados de la actividad fuesen autónomos, porque a su vez eran administradores. Por su parte, la STSJC de 14 de febrero 2008, Sala SCT, n.º 59, rechazó que existiera actividad al tener la entidad local, pero no empleado.

Durante 2009, el TSJC, Sala LPGC, confirmó su criterio de que los requisitos del art. 25.2 IRPF no eran aplicables a una sociedad que realizaba actividad económica, solo a las de mera tenencia de bienes, e hizo algunas matizaciones sobre los alquileres. En la sentencia 2 de diciembre de 2009, n.º 638 concluyó que existía actividad económica en el arrendamiento de negocio, sin necesidad de cumplir los requisitos del art. 25.2, al no tratarse del arrendamiento de inmuebles.

En 2010, la sentencia de 22 de junio de 2010, Sala de LPGC, n.º 368, inadmitió la existencia de actividad económica cuando se cedían los inmuebles a un tercero para que los explotase.

En 2011, la STSJC 24 de febrero, Sala de LPGC, reiteró su criterio de que los requisitos de local y empleado no eran aplicables a las sociedades que realizasen actividad económica; pero a finales de ese año, en STSJC de 2 de diciembre de 2011, y posteriormente en la STSJC de 2 de diciembre de 2012, dio marcha atrás, diciendo lo contrario. En la última concluye con claridad que los dos requisitos de la LIRPF son aplicables a las entidades. El mismo criterio lo mantuvo en STSJC de 27 de diciembre 2012.

En 2013, la STSJC de 8 de febrero de 2013, Sala de SCT, confirmó el criterio anterior que era necesario que se cumpliesen los requisitos de local y empleado, aunque la sociedad no fuese de mera tenencia de bienes. ¿Qué ocurrió para que el TSJC cambiase de tesis, después de haberlo reiterado en sentencias anteriores? Sencillamente, en mi opinión, que ya por aquel entonces se habían pronunciado la AN y el TS sobre el extremo, tal como analizamos en el siguiente epígrafe.

Por citar a diferentes Tribunales Superiores de Justicia durante esos años, novedoso fue el criterio al que llegó el TSJ de Cantabria en sentencia de 11 de marzo de 2014, en un caso en que la Inspección y el TEAR negaban la aplicación del tipo reducido del IS a una entidad arrendadora de inmuebles que incumplía los requisitos del art. 27 LIRPF. La conclusión a la que llegó el Tribunal cántabro fue que, con la LIS vigente en ese año y la desaparición de las sociedades patrimoniales, las entidades mercantiles no tenían que cumplir con dichos requisitos, ya que no había norma alguna que las remitiese a la LIRPF. Por ello, las empresas acogidas al régimen del art. 108 TRLIS (empresas de reducida dimensión) no tenían que cumplir con la LIRPF para considerar que la actividad de alquileres que realizaban era económica. El criterio, que compartimos en su día, lo expusieron los autores de algunos de los artículos citados en el epígrafe del análisis de la doctrina científica en el capítulo anterior. La AN y el TS parecían no compartirlo en ese año, pero la mayoría de sus pronunciamientos se realizaba con otras leyes del IS vigentes y no con la de 2014[67].

La **STSJC de 21 de noviembre de 2019, Sala de LPGC, recurso 135/2018**, desestima las pretensiones de la entidad que contaba con empleado y local para alquilar un par de habitaciones en una residencia de estudiantes, porque no eran necesarios para la actividad que realizaba. En fin, que no existía carga de trabajo para el empleado y que en realidad la empresa no realizaba actividad económica con el arrendamiento, por lo que los beneficios derivaban de la tenencia de un patrimonio inmobiliario y, en consecuencia, no eran susceptibles de la dotación RIC:

> *CUARTO. En el caso de autos, como señala el Abogado del Estado, no sólo se constata que el local que la entidad habría destinado al desarrollo de esa actividad no es tal local afecto, pues si bien aparece el mismo en los contratos de arrendamiento de las habitaciones de "El Palmeral" como domicilio de la arrendadora, no figura en contabilidad como activo de la sociedad, ni resulta acreditada la titularidad o el uso en calidad de arrendatario del mismo, sino que, además, el fundamento de la regularización descansa en la confirmación de sólidos indicios que permiten obtener un visionado general de una sociedad que no despliega una verdadera actividad económica de arrendamiento de inmuebles. Y es que, más allá de la mera enumeración de las funciones que el empleado de la entidad desempeñaría para la empresa con el fin de demostrar que sí existía carga de trabajo, no hay ni se ha aportado prueba alguna que acredite el desempeño de tales funciones. Más bien al contrario, tal y como se deduce del acuerdo de liquidación, la única labor de la persona contratada como auxiliar administrativo es la de verificar la recepción de los cobros por transferencia bancaria de las rentas, pues la totalidad de los gastos, obras, seguro de responsabilidad civil de los inmuebles corren a cargo de las entidades arrendatarias, constatándose del contenido de los propios contratos que eran las arrendatarias las encargadas de la explotación de las edificaciones, no interviniendo demandante en nada más que en el cobro de la renta y el pago del IBI, carga de trabajo mínima q no justifica la contratación de una persona a jornada completa. Es claro que con estos antecedentes no se cumplen los presupuestos que permitan considerar la actividad desplegada por CDTE como una actividad económica de arrendamiento de inmuebles que implique la ordenación habitual de medios, por lo que si los rendimientos derivados del arrendamiento de inmuebles no constituyen, a efectos de la RIC, beneficios procedentes del desarrollo efectivo de una actividad empresarial, sino derivados de la tenencia de un patrimonio inmobiliario, las inversiones efectuadas no responden al objeto de la RIC ni son aptas para la materialización* [STSJC de 21 de noviembre de 2019].

---

67 Extractado de Miranda Calderín, 2015: 74-78. *La actividad de arrendamiento de inmuebles como paradigma de la inseguridad jurídica en el ordenamiento tributario.*

En la **STSJC de 1 de septiembre de 2023, Sala Las Palmas, recurso 528/2022,** se cuestiona si los rendimientos generados por un local en Costa Calma y un apartamento en Tarajalejo (Fuerteventura) sirven para dotar RIC. El TSJC centra la controversia en la existencia o no de establecimiento permanente, esto es, un conjunto organizado de medios patrimoniales y humanos en torno al arrendamiento. Concluye que no, porque en la visita que realizó la Inspección en 2018 se desconocía por el personal (afecto a la actividad de *rent a car*) que se realizara la actividad de arrendamiento y, ni tan siquiera, estaban alquilados los inmuebles. Parece claro en este pronunciamiento que no se realizaba actividad económica de arrendamiento de inmuebles, por lo que me parece razonable que no sea apta la inversión para la materialización ni susceptibles los posibles rendimientos para la dotación:

> *PRIMERO. La cuestión a discernir en el presente procedimiento consiste en determinar si la resolución desestimatoria antes indicada del TEAR de Canarias en relación con la pretensión del recurrente asimismo reseñada es o no ajustada a derecho, alegando la actora que la dotación a la RIC efectuada es correcta al ser tanto el local de Costa Calma como el apartamento en Valle de Tarajalejo aptos para acogerse a dicho beneficio ya que por su naturaleza, destino y plazo de inversión resultan adecuados al efecto, sin que la circunstancia de que en un día concreto, el 19 de noviembre de 2018, dos actuarios se personasen en tales bienes inmuebles y supuestamente constataran que en ellos el recurrente no llevaba a cabo actividad económica alguna pueda significar la conclusión a la que llega la administración, siendo de tener en cuenta que el motivo de regularización debiera ser la falta de mantenimiento de la inversión, a tenor de lo previsto en el art. 27,8 de la ley 19/94, pero no que los inmuebles no fueran aptos para la materialización, resultando que aún de admitir el punto de vista de la administración, la liquidación por la que se exigiese el reintegro de la RIC por falta de mantenimiento de los inmuebles debiera ser respecto del ejercicio 2018 del IRPF, y no de los considerados, 2015 y 2016. Asimismo, señaló que la documental aportada acredita que los repetidos inmuebles se encontraban afectos a la actividad empresarial desarrollada. Finalmente, alegó improcedencia de la sanción por falta de acreditación del elemento subjetivo, como igualmente improcedencia de sancionar por los intereses de demora.*
>
> *SEGUNDO. Debe señalarse, en primer lugar, que el art. 27 de la ley 19/94 de 6 de julio, de modificación del REF de Canarias establece que las entidades sujetas al impuesto sobre sociedades tendrán derecho a la reducción en la base imponible de las cantidades que, con relación a sus establecimientos situados en Canarias, destinen de sus beneficios a la reserva para inversiones, reducción que se aplicará a las dotaciones que en cada período impositivo se hagan a la reserva para inversiones hasta el límite del noventa por ciento de la parte de beneficio obtenido en el mismo periodo que no sea objeto de distribución, en cuanto proceda de establecimientos situados en Canarias. Considera la Sala que acierta la administración demandada al indicar en su escrito de contestación que el citado beneficio procedente de los establecimientos situados en Canarias serán en coherencia con la finalidad del incentivo fiscal que se le aplica, el derivado de las operaciones económicas efectivamente realizadas en ellos, por lo que de lo que se trata en el presente caso es de acreditar que los inmuebles litigiosos, a saber, el local de Costa Calma y el apartamento de Valle Tarajalejo, podían válidamente dotar la RIC. Y es que resulta claro que el elemento nuclear de la presente controversia, más allá de interpretaciones más o menos forzadas, lo cual tendrá trascendencia para la valoración de la*

adecuación a derecho de la sanción impuesta, sobre la que más adelante nos pronunciaremos, pero no para la corrección de la liquidación girada, radica precisamente en si concurre en el recurrente el elemento de un establecimiento permanente entendido como un conjunto organizado de elementos patrimoniales y personales dispuestos y utilizados para la realización de una explotación económica, siendo claramente negativa la respuesta a dicha cuestión en tanto en cuanto, en relación con el local de Costa Calma, la inspección comprobó que en el mismo se ejercía una actividad de alquiler de vehículos, con los mismos aparcados en la entrada del establecimiento y con la cartelería adecuada a tal fin, no habiendo el interesado acreditado la pretendida realización de actividades inmobiliarias y de seguros, habiendo manifestado la trabajadora que se encontraba presente en el local en el momento de la inspección desconocer tales pretendidas actividades. Por otra parte, en cuanto al apartamento, se produce la misma falta de acreditación, compartiendo la Sala el punto de vista de la administración en orden a que la declaración de miembros de la Policía local sobre la realidad de las alegadas actividades inmobiliarias del recurrente choca con el hecho de que no existía licencia de apertura ni de la propia actividad, como tampoco elemento externo alguno que indicase la realidad de una actividad económica, siendo de tener en cuenta igualmente que si bien es cierto, como denuncia la demanda, que las visitas de la inspección tuvieron lugar en el año 2018, el resultado de las mismas fue suficiente para constatar la falta de idoneidad de ambas fincas y el hecho de que dentro del plazo de materialización no se prueba tampoco la entrada en funcionamiento de los inmuebles en las actividades pretendidas por el recurrente [STSJC de 1 de septiembre de 2023].

7.3. La AN y los requisitos para la actividad de arrendamiento

La AN ha matizado el criterio del TEAC sobre la actividad de arrendamiento de inmuebles y los requisitos de la LIRPF sobre local y empleado. Su planteamiento no coincide con el que vimos al analizar los pronunciamientos del TSJC en muchos aspectos, pero ha evolucionado a medida que el TS se pronunciaba en casación de las propias sentencias AN, y en unificación de doctrina con el discernimiento de ambas Salas del TSJC. Es a partir de 2007 cuando comienzan a deliberarse en la AN las cuestiones principales sobre los artículos de las respectivas leyes IRPF que configuraban los requisitos para que la actividad de arrendamiento de inmuebles se considerase económica.

En sentencias AN de 15 de marzo de 2007, Sección 2ª, recurso 482/2004, y 26 de noviembre de 2007, Sección 7ª, recurso 420/2006, sienta la AN una de las pautas básicas en la materia: que los requisitos exigidos en el IRPF son aplicables a las sociedades. En la primera se trata de una entidad que realizaba actividad económica al margen de los alquileres; y en la segunda, de una sociedad de mera tenencia de bienes. En ambas, desestima las demandas planteadas porque el contribuyente no había probado la existencia de local y empleado.

Ratifica esta regla en SAN 21 de abril de 2008, Sección 7ª, recurso 518/2006, y en SAN de 29 de septiembre de 2008, Sección 7ª, recurso 288/2007, que abordan la cuestión con el mismo resultado. Una de las conclusiones contradice un aspecto que mantenía el TSJC, que el escaso número de locales alquilados no permitía presumir que existiese actividad económica. El comentario que en su día hicimos sobre este fallo, y a falta de un pronunciamiento claro sobre si los requisitos LIRPF constituían una presunción *iuris tantum* o *iuris et de iure,* sintetizaba las posibilidades interpretativas a principios de 2009: *a) Que además de cumplir los requisitos de local y empleado, el número de inmuebles arrendados ha de ser suficiente para acreditar la realización de una actividad económica, o b) que a pesar de no cumplirse dichos requisitos es posible acreditar la existencia de una actividad económica con el arrendamiento de inmuebles, siempre y cuando su número sea importante*[68].

Cinco años después, en 2014, aún no había un criterio único y pacífico sobre la cuestión. La AN en 2009 continuó con el mismo principio de que si la entidad no cumplía los requisitos de local y empleado no existía actividad económica. Sirvan como ejemplo la SAN de 12 de febrero de 2009, Sección 2ª, recurso 289/2005, y las Sentencias AN de 19 de febrero, 2 de marzo, 28 de mayo, 18 de julio, 8 de octubre y 3 de diciembre de 2009. De ellas destaco la última: la **SAN de 3 de diciembre de 2009, Sección 2ª, recurso 419/2006**, que estima actividad económica porque así lo había razonado en años anteriores la propia Inspección tributaria. Pero con el pronunciamiento se perdió la oportunidad de conocer si a juicio de la AN era suficiente o no contar con los requisitos de local y empleado, ya que así lo habían manifestado tanto la Inspección como el TEAC, calificándolos como presunción *iuris tantum.* En esa ocasión, la arrendadora contaba con local y empleado, pero la Inspección consideró que no se justificaba la contratación de una persona que se limitaba a hacer unos recibos mensuales y contabilizarlos. La AN no entró en la cuestión, motivo de que a finales de 2009 seguíamos sin saber qué tipo de presunción constituía el art. 25.2 LIRPF.

En 2010 no encontramos SAN alguna que alumbre la cuestión planteada. Hay que esperar hasta junio de 2011 para analizar nuevos pronunciamientos AN que aborden la temática del arrendamiento de inmuebles. Alguno ofrece, por fin, la respuesta que buscábamos. Matizamos antes que la SAN de 16 de junio de 2011, Sección 2ª, recurso 301/2008, concluía

---

68 MIRANDA CALDERÍN, S. (2009). "Crónica de la RIC en 2008". *Hacienda Canaria n.º 26, febrero y Técnica Tributaria, enero-marzo 2009.*

que en un determinado arrendamiento de industria hotelera no existía actividad económica; y ratifica que los requisitos de local y empleado eran aplicables a las sociedades, aunque realizasen actividades económicas.

Es en la **SAN de 22 de septiembre de 2011, Sección 2ª, recurso 299/2008,** cuando la AN define por fin si los requisitos de la LIRPF de local y empleado son una presunción *iuris tantum* o *iuris et de iure*, decantándose por la presunción *iuris tantum*. Rechaza que fuese necesario un local destinado en exclusiva a la gestión de alquileres, puesto que es solo un requisito más para probar la actividad económica, que quedó acreditada con otros medios. El criterio fue ratificado por la **SAN de 29 de septiembre de 2011, Sección 2ª, recurso 466/2008**, en que la entidad arrendadora contaba con local y empleado, pero compartido con otras sociedades vinculadas. Afirma que existe actividad económica con los alquileres y que los requisitos de local y empleado no son más que una prueba de que realiza la actividad, pudiéndose demostrar por otros medios.

Por tanto, en mi opinión, el criterio de la AN a partir de septiembre de 2011 era claro respecto a que los requisitos del art. 25.2 LIRPF constituían una presunción *iuris tantum*, que admitía prueba en contrario, tanto para desvirtuar la realización de actividad si se cumplía con ambos requisitos como para demostrar su realización con otros medios, a pesar de no cumplirlos.

Durante 2012 muchas fueron las sentencias AN que se refieren a la actividad de arrendamiento de inmuebles, ratificando criterios como que en el arrendamiento de industria es necesario justificar la existencia de actividad económica, SAN de 29 de marzo 2012, recurso 148/2009; la obligación de cumplir los requisitos del art. 25.2, SAN de 19 de abril de 2012, recurso 193/2009; SAN de 26 de abril, recurso 213/2009, y SAN de 17 de mayo de 2012, recurso 277/2009; y la inexistencia de carga de trabajo suficiente para un local, SAN de 25 de octubre de 2012, recurso 35/2010.

La que considero más destacable ese año es la **SAN de 22 de noviembre de 2012, Sección 2ª, recurso 423/2009**, que admite la realización de actividad económica con los alquileres, a pesar de que solo tuviese un empleado a media jornada. Se había demostrado la realización de actividad económica, por lo que calificaba nuevamente la presunción de los requisitos del art. 27 de la LIRPF como *iuris tantum*, y afirma que el número de inmuebles alquilados no tiene que ver con la realización o no de actividad económica. El planteamiento reafirma lo que hemos mantenido: que el factor importante en la materia es probar que se realiza actividad económica con los alquileres, siendo el resto de requisitos, como los de personal, local y número de inmuebles alquilados, subsidiarios. La afirmación de la AN al respecto es tajante:

> *QUINTO. (...) La Sala no comparte el criterio del Acuerdo de liquidación y del TEAC en este particular, pues lo determinante a los efectos de poder gozar de los beneficios fiscales contenidos en el art. 27, es que la entidad ejerza realmente una actividad empresarial, lo que, a juicio de la Sala, resulta suficientemente acreditado en el presente supuesto, pues con independencia de que el único empleado sea a tiempo parcial, y que la principal actividad de la entidad sea la promoción inmobiliaria, ello no obsta a que también desarrolle una actividad de arrendamiento, lo que parece obvio, atendiendo al volumen de ingresos obtenidos por la citada actividad en el periodo regularizado y que, según se expresa en el Acuerdo de liquidación asciende a 778.113,92 #, incluyendo los arrendamientos de locales y de apartamentos, cifra que aunque es sustancialmente inferior a la procedente de la actividad de promoción inmobiliaria (9.645.000 #), no por ello debe ser rechazada, cuando en efecto la parte ha acreditado que el número de inmuebles en arrendamiento es de 24 unidades en la parcela 98 y de 136 unidades en la parcela 97.*
>
> *No se debe olvidar que aún tratándose de disfrute de un beneficio fiscal, para lo que ha de estarse a una interpretación restrictiva, los objetivos de la ley, según se indica en su Exposición de Motivos, es la creación de "un sistema impulsor a la actividad económica, la creación de empleo, la potenciación de sus distintos espacios insulares, la oferta y regulación de un foco de atracción a la iniciativa empresarial y a la presencia de inversor exterior", por lo que, acreditada la existencia de actividad empresarial, por mínima que ésta sea, no cabe rechazar el disfrute del beneficio. La Inspección simplemente "presume" la inexistencia de actividad por "ausencia de estructura empresarial", y frente a esta afirmación, se alza la prueba desplegada por el sujeto pasivo del tributo, de la que se desprende indubitadamente el efectivo y continuado ejercicio del arrendamiento de los inmuebles y el destino de los beneficios mediante la inversión controvertida, al desarrollo de tal actividad.*
>
> *Cabría señalar, además, que las resoluciones impugnadas no cuestionan la existencia de la actividad de arrendamiento, ni descartan la efectiva percepción por la sociedad de las rentas consignadas en la contabilidad de la empresa como procedentes de tales actividades, sino que fundamentan el rechazo a la aptitud para dotación a la RIC en el escaso volumen de rentas y número de inmuebles arrendados.*
>
> *Como hemos señalado en ocasiones anteriores, no es de recibo establecer apriorísticamente un límite de inmuebles que deben ser arrendados para el reconocimiento de la condición de empresario del sector, ni una cuantía de ingresos más o menos alta, pues eso sería tanto como primar sin cobertura legal alguna las entidades con capacidad suficiente para efectuar grandes inversiones, frente a aquéllas que —más modestamente— contribuyen también a dinamizar la economía mediante el ejercicio de la actividad de que se trata.*
>
> *En atención a lo expuesto, la consecuencia que se extrae, no puede ser otra que la admisión, como dotación a la RIC de los ingresos provenientes de la actividad de arrendamiento de inmuebles* [FD QUINTO, SAN de 22 de noviembre de 2012].

En 2013, la AN recoge la pauta que había expuesto el TS en este asunto. Lo hizo en la **SAN de 31 de enero de 2013, Sección 2, recurso 14/2010,** que desestimó la demanda porque el contribuyente no había probado la realización de actividad económica, lo que le hubiese valido a pesar de no tener empleados.

Y en la **SAN de 28 de noviembre de 2013, Sección 2, recurso 7/2011**, hace referencia a la STS de 5 de julio de 2012, que manifestó con toda claridad que la presunción es *iuris tantum* y, por ende, susceptible de ser destruida mediante prueba en contrario:

> *CUARTO. (...) Es cierto que el Tribunal Supremo, en Sentencia de 5 de julio de 2012 (recurso de casación nº 724/2010), entre otras, admitió que la presunción que crea la reunión de los dos requisitos del artículo 25 de la Ley del IRPF de 1998 es iuris tantum y, por ende, susceptible de ser destruida mediante prueba en contrario, lo que supone, siguiendo el criterio reiteradamente expuesto por esta Sala, que se remite la cuestión a un problema de prueba procesal de la realidad de la actividad empresarial que la parte recurrente debe afrontar de forma exclusiva, pues tal carga que le incumbe está dirigida legalmente a enervar una presunción establecida en la Ley y aplicable al caso, como reiteradamente hemos reconocido. En otras palabras, siendo inequívoco que procede la aplicación de las exigencias de local y empleado a que asocia la Ley del IRPF de 1998 la distinción entre la actividad empresarial o económica y la mera gestión del patrimonio propio —cuando se trata de la actividad de compraventa o arrendamiento de inmuebles—, es preciso acreditar cumplidamente que, pese a no reunirse tales requisitos, la actividad de arrendamiento es propiamente una "actividad empresarial", en cuanto supone la organización de medios humanos y materiales, es decir, la ordenación de factores de producción (art. 25.1 Ley 40/1998, en relación con el artículo 75 LIS de 1995, que se remite a aquélla), prueba a cargo de la parte recurrente que, en el presente supuesto, no ha sido satisfecha. Ello significa, con toda claridad, que la gestión de los arrendamientos, en armonía con el sentido de la presunción legal ex art. 25 de la Ley del IRPF de 1998, debe reputarse en este asunto una actividad de mera tenencia o gestión patrimonial, expresiva de una labor o actividad no económica o empresarial, de la que no se asumen, por lo demás, riesgos empresariales* [FD CUARTO, SAN de 28 de noviembre de 2013].

En 2014, la **SAN de 17 de julio de 2014, Sección 2, recurso 449/2011**, incide una vez más en que los requisitos del art. 27.2 constituyen una presunción *iuris tantum*, y por si existiese duda alguna (como replicando al TEAC por su resolución de mayo de 2013) encabeza el alegato con la expresiva frase "la Sala ha señalado con reiteración..." para explicar que la disposición de un local y la contratación de personal no constituyen requisitos indefectibles de la actividad de arrendamiento de inmuebles, sino que puede acreditarse la realización de actividad económica por cualquier medio de prueba válido:

> *TERCERO. (...) Por lo demás, la Sala ha señalado con reiteración que la disposición de un local y la contratación de personal no constituyen requisitos indefectibles de la actividad económica desplegada —el arrendamiento de inmuebles—, de modo que la efectiva realización de tal actividad empresarial puede acreditarse por cualquier medio de prueba válido. Dicho de otro modo, el artículo 25.2 de la ley 40/1998, de 9 de diciembre —al señalar que "se entenderá" que el arrendamiento se efectúa como actividad económica cuando se disponga al menos de local o empleado— no está imponiendo como "condictio sine qua non" esos dos requisitos, sino que los considera como indicios relevantes para presumir el ejercicio (o no) de aquella actividad. Resulta esencial, por ello, analizar la prueba practicada en autos, de la que forzosamente ha de extraerse la conclusión de que tampoco el interesado cuenta con este fa-*

vorable indicio o presunción a su favor, pues ni se ha probado suficientemente que contara con local destinado a tal actividad, ni que para el desarrollo de la misma se cuente con personal contratado al efecto [FD TERCERO, SAN 17 de julio 2014].

En otras palabras, tal como concluimos anteriormente, para la AN los requisitos de local y empleado constituyen una presunción *iuris tantum*, que admite siempre acreditar la realización de actividad económica por otros medios. Sin olvidar que, aun teniéndolos, la Administración tributaria puede acreditar que no hay carga de trabajo suficiente, tal como reafirma la AN en sentencias de 7 de marzo de 2013 y 14 de julio de 2014, la última más de un año después de que el TEAC cambiase su criterio con la RTEAC de mayo de 2013, tantas veces comentada, y afirmara que los requisitos de local y empleado eran necesarios, pero no suficientes[69].

En la **SAN de 30 de noviembre de 2016, Sección 4, recurso 599/2014**, la demanda la interpuso una persona física que había materializado RIC en el capital social de una entidad que realizaba la actividad de arrendamiento, rechazando la Inspección la inversión porque la sociedad no realizaba actividad económica. La AN desestima sus pretensiones y respecto al arrendamiento de inmuebles que realizaba la participada del contribuyente concluye con el argumento de la STS de 22 de mayo de 2014: que los requisitos de local y empleado eran aplicables a las entidades, aunque no lo señalase la ley. Incide en la obligación de que el local fuese independiente del resto de dependencias dedicadas a otras funciones.

SÉPTIMO. Así, en primer lugar, en cuanto al tema central del litigio se alega, como se ha visto, la improcedencia de exigir, a la actividad de arrendamiento de bienes inmuebles que desempeña la mercantil mencionada, los requisitos establecidos en el artículo 25.2.a) de la LIRPF, por cuanto no se prevén expresamente los mismos en la regulación del Impuesto sobre Sociedades.

Pero tal argumento no puede acogerse pues, y amén de lo ya expuesto respecto al criterio seguido en las sentencias a que se acaba de hacer referencia, sucede que la parte demandante obvia que el artículo 27.4.c) de la LREFC, que es el que ahora es objeto de aplicación, se remite a lo dispuesto en el apartado a) del mismo precepto, éste el cual se refiere a "la adquisición de activos fijos situados o recibidos en el archipiélago canario, utilizados en el mismo y necesarios para el desarrollo de actividades empresariales del sujeto pasivo o que contribuyan a la mejora y protección del medio ambiente en el territorio canario ". Como se ve el tenor de este precepto ya apunta que es en todo caso necesario: el desarrollo de verdaderas actividades empresariales, no bastando con la simple tenencia de un patrimonio que da origen a la percepción de unas rentas como consecuencia de la celebración de determinados contratos de

69 De 2007 a 2014 extractamos de Miranda Calderín, 2015: 78-84. *La actividad de arrendamiento de inmuebles como paradigma de la inseguridad jurídica en el ordenamiento tributario español.*

arrendamiento o compraventa; y también es preciso, por tanto y en base a la doctrina de esta Sala anteriormente expuesta, que aunque se trate de sociedades concurran los presupuestos para que pueda entenderse que existe tal actividad de carácter económico, estimándose aplicable aquel precepto de la LIRPF [FD 7º, SAN 30 de noviembre 2016].

De la actividad investigadora para que la Administración tributaria pruebe que los requisitos exigibles al arrendamiento de inmuebles no se cumplen, sirve de paradigma la **SAN de 12 de abril de 2017, Sección 4, recurso 368/2015**. En la actividad de alquiler de inmuebles que se desarrollaba en un local-garaje, la Inspección visitó años después de finalizar el periodo de mantenimiento las instalaciones y las vio cerradas, sucias y sin actividad. La policía siguió a la empleada de la actividad e informó que acudía al domicilio particular de su jefa, no al local, por lo que la Inspección entendió que no había actividad, a pesar de arrendarse 24 apartamentos. La AN concluyó que lo que había visitado la Inspección no tenía que ser extrapolable al pasado, y que la empleada estaba dada de alta en la Seguridad Social y se pagaban las retenciones del IRPF, por lo que concurrían los dos requisitos de local y empleado. Aunque se trata de un caso de materialización RIC no de dotación, trascribimos parte del fundamento de derecho noveno, que señala los principales motivos por los que la AN estimó la demanda:

NOVENO. Todos esos indicios podrían llevar a deducir que el local y la empleada no estaban afectos de manera exclusiva a la actividad, requisitos necesarios para considerar que el arrendamiento de inmuebles, que no se cuestiona desarrollaba el recurrente, tenía la consideración fiscal de actividad económica apta para materializar la RIC.

Ahora bien, tales indicios tienen el inconveniente de haber sido recabados en el año 2010, cuando los ejercicios objeto de comprobación son el 2005, 2006, 2007 y 2008, y en esa fecha ya habían transcurrido los plazos para el mantenimiento de las inversiones o la materialización de la RIC que en cada caso son regularizados. Por tanto, es preciso determinar si son extrapolables a esos ejercicios o si por el contrario existen elementos para poder afirmar, como sostiene el recurrente, que en los periodos inspeccionados la actividad podía ser calificada como económica al contar con local exclusivamente destinado a llevar a cabo la gestión de la actividad y empleado con contrato laboral y a jornada completa.

A estos efectos, consta en el expediente, en relación con el requisito del local: (...)

Así, en virtud de los datos y circunstancias obrantes en el expediente, es razonable la alegación del recurrente de que se trataba de un almacén y oficina privada donde se gestiona un elevado número de inmuebles que ya estaban alquilados (24 inmuebles alquilados en 2005, 25 inmuebles arrendados durante cada uno de los años 2006 a 2008), y donde se guardaba toda la documentación necesaria para la actividad, y también se almacenan sanitarios, material de construcción, muebles, etc., todos ellos también necesarios para el ejercicio de la actividad.

Al respecto, la apreciación de la Inspección de que no existía rotulo o letrero indicativo de la actividad no es relevante para concluir que el local no destinado a la actividad, pues la normativa no exige que se trate de local abierto al público, sino que esté destinado exclusivamente a la gestión de la actividad, y en la propia visita de Inspección se reconoce que en el local había útiles procedentes de los arrendamientos de los inmuebles, lo que impediría afirmar de manera concluyente que durante los ejercicios comprobados no habría estado afecto a la

> *gestión de la actividad. Por otro lado, según acta notarial aportada, consta que en el buzón del edificio aparecía el referido local a nombre del recurrente con la indicación "oficina-almacén".*
>
> *Y por lo que se refiere a la existencia de una persona empleada, con contrato laboral y jornada completa, consta en las actuaciones:*
>
> *1.– El contrato de trabajo de la empleada Dña. Rosalia, con NIF NUM003 de fecha 5 de febrero de 2003, según el cual que se le emplea a jornada completa, como auxiliar administrativa en la actividad económica de alquiler de bienes urbanos.*
>
> *2.– Alta de dicha trabajadora en la Seguridad Social*
>
> *2.– D. Olegario, como empleador, practicó e ingresó las correspondientes retenciones a cuenta del IRPF sobre los rendimientos del trabajo satisfechos a Dña. Rosalia; y que ésta, a su vez, tributó en el IRPF por las cantidades percibidas por su trabajo.*
>
> *3.– Documentos TC1 de cotización a la Seguridad Social.*
>
> *4.– Nóminas de la citada trabajadora.*
>
> *5.– Libro de matrícula de personal para la actividad de alquiler de viviendas, en el que consta inscrita la misma.*
>
> *Frente a esos elementos objetivos, el hecho de que durante varios días en el año 2010 dicha trabajadora no acudiera al local destinado la actividad sino al domicilio del empleador, no es determinante para considerar que durante los ejercicios objeto de comprobación no se dedicaba a la gestión de la actividad. Por otra parte, no tratándose de un local abierto al público tampoco se estima estrictamente necesario que la empleada acudiera y permaneciera en el mismo de manera permanente durante toda la jornada laboral.*
>
> *Finalmente, se aduce por la Inspección que los alquileres eran gestionados por la "Bolsa de la vivienda joven y vacía", pero la intervención de dicha entidad no comprendía todas las actividades que conlleva la gestión de los alquileres, sólo las relativas a la selección del inquilino y la suscripción de los contratos de arrendamiento, supervisando la firma de los mismos entre arrendador y arrendatario.*
>
> *En consecuencia, frente a los elementos probatorios referenciados, que revelan la existencia de empleado y local efectos a la actividad, los indicios en que se basa la Inspección no tienen entidad suficiente para concluir la inexistencia de los mismos en los ejercicios comprobados, y en consecuencia la negación de la calificación fiscal de la actividad desarrollada por el recurrente como económica, a efectos de ser apta para materializar la RIC.*
>
> *Debe pues estimarse el recurso, anulando las liquidaciones impugnadas, así como las sanciones derivadas de las mismas por inexistencia de conducta infractora* [FD 9°, SAN 12 de abril de 2017].

La SAN de 1 de marzo de 2018, Sección 2, recurso 347/2015, analiza una cuestión interesante, aunque no específicamente de dotación RIC, el de una sociedad que no cumplía los requisitos de local y empleado en 2007, pero que alegó que los cumplía la matriz a la que pertenece, motivo que, de conformidad con el cambio legal de 2015 respecto a los grupos empresariales, debía aceptarse que realizaba actividad económica con los alquileres. Sin embargo, la AN desestima la demanda por varios motivos: porque el cambio legal de 2015 no era aplicable a 2007, no le constaba que la recurrente perteneciera al mismo grupo fiscal ni que tributase en el régimen de grupo fiscal.

En la **SAN de 15 de febrero de 2019, Sección 2, recurso 145/2017**, se estima las pretensiones del contribuyente sobre la base de un informe pericial que acreditaba que la entidad había incrementado los metros cuadrados dedicados al arrendamiento de inmuebles. La sociedad tenía solo cuatro inmuebles y la Inspección entendió que no realizaba actividad económica, porque el arrendamiento era meramente residual, a pesar de que contaba con local y empleado:

> *TERCERO. (...) Las tesis de la Administración son que la actividad de arrendamiento es residual, supone gestión de patrimonio y la inversión en naves para alquiler no pueden considerarse materialización a efectos de la RIC.*
>
> *Compartimos las afirmaciones de la actora en orden a que la Administración parte de una valoración subjetiva de la carga de trabajo del empleado y del local donde realiza su función, porque esta carga de trabajo no se encuentra cuantificada, se basa en apreciaciones abstractas. Frente a ello ha quedado acreditado:*
>
> *1.– Existe una constante actividad de arrendamiento, que, si bien comprende 4 inmuebles en los ejercicios inspeccionados, se ha desarrollado en ejercicios anteriores de forma continuada englobando otros inmuebles.*
>
> *Esta actividad, según la pericial, se incrementó en los ejercicios de 2006 a 2011, con respecto al ejercicio 2005.*
>
> *2.– Se cumplen los requisitos del artículo 25 del Texto Refundido de la Ley del Impuesto sobre la Renta de las Personas Físicas (TRLIRPF), aprobado por Real Decreto Legislativo 3/2004 de 5 de marzo (y el 27 de la Ley 35/2006, de 28 de noviembre, del Impuesto sobre la Renta de las Personas Físicas, LIRPF, respecto a la existencia de persona empleada a tiempo completo y local afecto al ejercicio de la actividad de arrendamiento.*
>
> *3.– La Administración Tributaria Canaria, había comprobado y confirmado que la recurrente desarrollaba la actividad de arrendamiento de inmuebles a través de una explotación económica, según se acredita en las Resoluciones de fecha 17/10/2005, 19/05/2006, 31/05/2006 que pusieron fin a procedimientos de comprobación limitada en relación con la aplicación de la exención del ITP y AJD prevista en el artículo 25 de la Ley 19/1994 con ocasión de la adquisición de la nave industrial de la CALLE000, número NUM001, los cinco apartamentos de Fuerteventura y las naves de Puerto del Rosario (doc 6, 7 y 8 unidos a la demanda). Estas resoluciones, confirman el derecho de la entidad ahora recurrente a aplicar la aludida exención calificando los inmuebles adquiridos, como "bienes de inversión" que han entrado en funcionamiento en la actividad empresarial arrendaticia de AHUMADOS CANARIOS, S.A.*
>
> *Ciertamente tales Resoluciones se dictan en un procedimiento limitado de comprobación y por la Administración del Gobierno de Canarias, pero suponen un indicio que debe tenerse en cuenta.*
>
> *Valorando en conjunto la prueba, debemos concluir: 1.– existe actividad de arrendamiento que aumenta en años sucesivos a 2005, 2.– se cumplen los requisitos de existencia de persona empleada a tiempo completo y local afecto al ejercicio de la actividad de arrendamiento, y 3.– existen Resoluciones de la Consejería de Economía y Hacienda del Gobierno de Canarias en las que se reconoce la actividad empresarial de arrendamiento de la actora.*
>
> *Frente a ello, las afirmaciones de la Administración se fundan en una escasa carga de trabajo que no justificaría la existencia de empleado y local en la actividad de arrendamiento, pero que ni cuantifica ni se basa en parámetros objetivos.*

Resulta, por todo lo anterior, que los bienes en que se materializa la inversión constituyen elementos nuevos del inmovilizado material, y afectos al desarrollo de la explotación económica de la entidad.

Por lo tanto, concurre la afectación de los inmuebles en los que se materialice la inversión, a las actividades económicas de arrendamiento de la entidad [FD3, SAN 15 febrero 2019].

La **SAN de 10 de julio de 2020, Sección 2ª, recurso 240/2017** y la **SAN 27 de julio de 2020, Sección 2ª, recurso 286/2017,** tratan de la actividad de arrendamiento de inmuebles ejercida a través de comunidades de bienes, que analizamos con extensión en el capítulo 16, dedicado a las comunidades de bienes que realizan actividad empresarial.

La **SAN de 23 de junio de 2021, Sección 4, recurso 271/2018**, desestima la demanda del contribuyente persona física que había materializado indirectamente en las participaciones de una sociedad que realizaba la actividad de arrendamiento, pero sin cumplir los requisitos para que fuese actividad económica:

6: Y con ello podemos ya abordar la cuestión central planteada: la existencia de actividad económica en la mercantil OMLA, S.L.

La Inspección consideró que las materializaciones realizadas en dicha entidad, no son aptas para la Reserva de Inversiones en Canarias, por cuanto la sociedad cuenta con una persona empleada y un local afecto a dicha actividad, los cuales constituían unos meros instrumentos dirigidos a crear la apariencia de una organización mínima al servicio de una actividad económica, pero que en realidad son innecesarios para la obtención de los ingresos, ya que no existe la carga de trabajo necesaria para disponer de local y empleado, en conclusión, las operaciones de arrendamiento desarrolladas por la entidad no tienen carácter empresarial, a pesar de que se da un cumplimiento aparente del requisito referente a la persona empleada; y ello a la vista de las funciones del empleado contratado que, según vimos, se describen en el propio Acuerdo de liquidación.

El TEAC confirma dicha conclusión y señala que lo relevante, a los efectos que aquí interesan, en la figura del arrendamiento de inmuebles como actividad económica, es la ordenación por cuenta propia de medios de producción de recursos humanos o de uno de ambos, con la finalidad de intervenir en la producción o distribución de bienes o servicios. Esto es, que haya una efectividad en la ocupación de dichos medios, y no una simple apariencia formal de actividad configurada por la simple presencia de una persona formalmente empleada y la existencia de un inmueble.

Frente a ello se alza la actora que entiende que sí concurren esos elementos objetivos subjetivos y, por ello entiende la parte que la entidad cumple con todos los requisitos establecidos en el artículo 27 de la Ley 19/1994 para el disfrute del beneficio fiscal en cuestión. Discrepa, en definitiva, del criterio de la Inspección quien, a juicio de la actora, simplemente "presume" la inexistencia de actividad porque la carga de trabajo no es suficiente para la persona empleada; y frente a esa afirmación entiende que la prueba aportada al expediente administrativo demuestra el efectivo y continuado ejercicio del arrendamiento de los inmuebles y el destino de los beneficios a las inversiones realizadas por la entidad afectas al desarrollo de su actividad económica.

7. Llegados a este punto, recordemos que presupuesto que la normativa vigente exige que los beneficios con los que dota la RIC procedan de la actividad económica, debemos adelantar que la Sala concede plenamente con la resolución recurrida, que ratifica la conclusión a la que llegó la Inspección actuaria, en punto al incumplimiento por la recurrente de dicho requisito.

Constatamos, en efecto, a la vista de los datos expuestos en el acuerdo de liquidación, que no puede, ni de lejos, darse por acreditado el hecho de que los beneficios con los que la demandante dotó dicha reserva provengan, efectivamente, de una actividad económica desarrolla en Canarias, dado que: la existencia de local y empleado con las características expresadas resulta en este caso insuficiente como para presumir la existencia de actividad empresarial, tanto por las características del local como las del empleado mismo y la concreta actividad desarrollada.

Ello determina la desestimación también de este motivo impugnatorio, al ser ajustada a Derecho la resolución recurrida que incorpora, además, la fundamentación sobre este concreto extremo de la citada Sentencia de 13 de septiembre de 2016 del TSJ de Canarias, relativo a la tributación de la Sra. Estrella en el IRPF de 2009 que sirvió para denegar el pretendido beneficio fiscal a la ahora recurrente, bajo las mismas premisas lógico jurídicas, en el ejercicio 2009.

En definitiva, ratificamos la Resolución del TEAC cuando afirma que "OLMA, S.L. no ejercía una efectiva actividad empresarial, con lo que las adquisiciones de sus participaciones no era una inversión válida para materializar las R.I.C.s de la Sra. Agueda [FD6, SAN 23 de junio 2021].

En la **SAN de 25 de octubre de 2021, Sección 2, recurso 695/2018,** hay una importante innovación en la materia, pues la AN se aparta de su criterio respecto a la necesidad de acreditar la carga de trabajo e introduce uno nuevo, **que es un requisito no contemplado en la normativa RIC**. Antes de abordar el fondo de la cuestión, conviene recordar que la CV DGT 3394-2015 matizó que el requisito de empleado en las entidades jurídicas (por tanto, en el ámbito IS y no IRPF) podía ser sustituido por la externalización de la gestión en profesionales o sociedades especializadas en la labor. Era la primera vez que la propia DGT reconocía que en una sociedad moderna, la gestión de la actividad de arrendamiento de inmuebles requería, dada la dimensión de la actividad a desarrollar y el volumen e importancia de sus ingresos, disponer de organización empresarial propia o a través de terceros; e incluso, que la gestión de inmuebles de cierta importancia resultaba más eficiente a través de la contratación de profesionales dedicados a la gestión de activos que con un empleado.

La AN, entre otras en la SAN de 30 de noviembre de 2016, confirmó que los requisitos de local y empleado eran aplicables a las entidades, aunque en aquel entonces, 2003 y 2004, no se señalaba en la normativa del IS. Con este preámbulo abordamos qué ha ocurrido con la carga de trabajo en los últimos años y qué hay de innovación en la SAN de 25 de octubre de 2021 que comentamos.

– El giro de la AN en la carga de trabajo y la gestión especializada

Al menos desde 2009, las resoluciones TEAC mantenían que los requisitos de empleado y local del art. 25.2 de la LIRPF entraban en juego para determinar la existencia de una actividad económica solo en los casos en que había una carga de trabajo mínima para el local y el empleado (RTEAC de 3 de diciembre de 2009). Y desde años antes, 2006, señalaban que los dos requisitos eran necesarios, pero no suficientes. Sobre la carga de trabajo suficiente se pronuncia en los mismos términos la RTEAC de 7 de abril de 2010, que concluía que faltaba la existencia de carga de trabajo mínima que supusiese la ordenación por cuenta propia de medios materiales y humanos.

Desde 2012, la AN ratificó el criterio del TEAC respecto a la carga de trabajo. En la SAN de 25 de octubre de 2012 entendió que no era necesario contar con local y empleado para cobrar una vez al año la renta de un único inmueble, siendo además todos los gastos por cuenta del arrendatario, y en la SAN de 7 de marzo de 2013 negó que hubiese carga de trabajo para la actividad de alquileres, que consistía en el arrendamiento de un local en Galicia y otro en Las Palmas de Gran Canaria. El contribuyente entendió que el TEAC se extralimitaba al exigir un requisito no contemplado en la norma, como era la existencia de una carga de trabajo mínima, pero la AN no le dio la razón. Afirmó la necesidad de la existencia de una estructura empresarial mínima que hiciera posible el desarrollo de actividad económica, una organización empresarial mínima con la que afrontar el desarrollo de la actividad empresarial.

El TS no se había pronunciado con claridad sobre la carga de trabajo en la actividad de arrendamiento de inmuebles, pero la STS de 27 de septiembre de 2011 parecía compartir la misma opinión que la AN al afirmar que para un solo arrendamiento no se requería la infraestructura prevista en la Ley.

Como explicamos, el criterio del TEAC y AN coincidían respecto a la exigencia de la carga de trabajo para el empleado a jornada completa y para el local. El requisito del local no figura en la Ley desde 2015, pero el trasfondo de la acreditación de la carga de trabajo para el empleado que gestiona la actividad —a pesar de que no figurase en la normativa— ha continuado exigiéndose en las comprobaciones RIC. El criterio del TS no era contundente al respecto, y el del contribuyente de que el TEAC se excedía al exigir algo que no contemplaba la normativa, no lo compartió la AN. Años después, el 25 de octubre de 2021, su criterio cambió[70]. En síntesis, la entidad materializó la RIC en un local y una oficina para arrendar,

---

70 Miranda Calderín, 2022. "Crónica de la RIC 2021". *Revista Hacienda Canaria n.º 57.*

contando con local y empleado. La Inspección consideró que no existía carga de trabajo para el local y el empleado, pero la AN estimó la demanda **porque el requisito de la carga de trabajo no figuraba en la normativa:**

> *SEGUNDO. (...) La Administración no niega la concurrencia de estas circunstancias, lo que señala es que la carga de trabajo no justifica la existencia de estos elementos.*
>
> *No es discutido que RIPELAWI disponía de un local destinado a su actividad de arrendamiento inmobiliario en la calle Presidente Alvear nº 11 de Las Palmas de Gran Canaria (35006), ni que el empleado destinado a la actividad de arrendamiento de inmuebles era D. Evelio, quien venía ejerciendo esta actividad para la entidad RIPELAWI desde el año 2004 hasta el año 2013.*
>
> *Pues bien, no se discute la existencia de los arrendamientos; que estos son de larga duración, lo que implica la afectación de los inmuebles a la actividad arrendaticia de forma permanente; ni tampoco que existe un empleado encargado y local afecto a esta actividad, por lo que se cumplen los requisitos señalados en el precepto examinado.*
>
> *Por otra parte, no olvidemos que la Ley 19/1994, expresamente señala que se considerarán como adquisición de activo fijo las inversiones realizadas por arrendatarios en inmuebles, cuando el arrendamiento tenga una duración mínima de cinco años.*
>
> *La circunstancia de la carga de trabajo a la que se acoge la Administración, no es un elemento que se encuentra amparado por la Ley, que tampoco requiere un número mínimo de arrendamientos, ingresos por tal concepto o volumen de negocio. Ante la falta de tales previsiones legales, no se puede exigir ningún requisito vinculado a estos conceptos, por lo que debemos concluir que la materialización de la RIC es conforme a la Ley.*
>
> *De lo expuesto resulta la estimación del recurso* [FD 2, SAN de 25 de octubre 2021].

Otro de los exiguos casos de éxito en la dotación RIC con los rendimientos obtenidos en la actividad de arrendamiento de inmuebles que llegó a los Tribunales de Justicia es el tratado en la **SAN de 26 de enero de 2022, Sala 2, recurso 522/2019,** que estima la demanda interpuesta por una sociedad peninsular que dotó RIC con los beneficios generados en Canarias con el arrendamiento de inmuebles, sin contar con local ni empleado. Basado en el criterio de la CV DGT 3915-2015, la AN **concluye que realizaba actividad económica, puesto que posee un patrimonio inmobiliario relevante y la gestión de alquileres la realiza a través de una sociedad especializada**. La entidad contaba en ese momento con 30 viviendas en promoción inmobiliaria, 43 apartamentos turísticos, 6 viviendas y 2 locales en alquiler.

En mi opinión, el criterio de la AN es una solución racional a la problemática planteada, pues la presunción del empleado es *iuris tantum*, y el contribuyente pudo acreditar, al margen de la ausencia del trabajador, que la actividad que realiza con el arrendamiento de inmuebles es empresarial, pues exige de la gestión especializada que le presta otra entidad. Estamos, por supuesto, en el análisis de un caso específico, que parte de un considerable volumen de arrendamiento, sin que pueda generalizarse a todos, pero al igual que comenté en su día con la CV señalada, es un argumento de peso y una referencia en la materia:

> *SEGUNDO. Conclusiones. Lo que razona el Alto Tribunal* [refiriéndose a la STS de 2-7-2012] *es que, para obtener el beneficio de la RIC, es necesario el desarrollo de una actividad económica material en Canarias.*
>
> *Y precisamente en torno a este concepto de actividad económica gira la controversia.*
>
> *La Administración considera que, en el caso de arrendamiento de inmuebles, para que exista actividad económica, es necesario, por aplicación artículo 27.2 de la Ley 35/2006, que exista, al menos, un local afecto a la actividad y una persona empleada con contrato laboral y a jornada completa.*
>
> *Sin embargo, no podemos aceptar esta interpretación La DGT en su Resolución Vinculante de Dirección General de Tributos, V3915-15 de 09 de diciembre de 2015, afirma:*
>
> *"En el caso concreto del arrendamiento de inmuebles, la LIS establece que dicha actividad tiene la condición de económica cuando para su ordenación se utilice, al menos, una persona empleada con contrato laboral y jornada completa.*
>
> *No obstante, la realidad económica pone de manifiesto situaciones empresariales en las que una entidad posee un patrimonio inmobiliario relevante, para cuya gestión se requeriría al menos una persona contratada, realizando la entidad, por tanto, una actividad económica en los términos establecidos en el artículo 5 de la LIS y, sin embargo, ese requisito se ve suplido por la subcontratación de esa gestión a otras sociedades especializadas.*
>
> *Esta situación es la que se produce en el presente caso, en la medida en que la entidad tiene externalizada su gestión y tal y como se manifiesta en el escrito de consulta, la actividad de arrendamiento de inmuebles requiere, dada la dimensión de la actividad que desarrolla la consultante y el volumen e importancia de sus ingresos, de la disposición de una organización empresarial, puesto que, en este caso concreto, los inmuebles están compuestos por edificios de oficinas que conllevan un elevado número de arrendatarios. De manera que contratar la gestión de bienes inmuebles de cierta importancia a terceros profesionalmente dedicados a la gestión de activos, resulta más eficiente que la contratación de un empleado.*
>
> *En conclusión, de los datos señalados en la consulta planteada, en este supuesto se deben entender cumplidos los requisitos señalados en el artículo 5.1 de la LIS a los efectos de determinar que la entidad desarrolla una actividad económica, aun cuando los medios materiales y humanos necesarios para intervenir en el mercado no son propios sino subcontratados a una entidad ajena al grupo mercantil."*
>
> **Aunque esta Resolución analiza la Ley 27/2014, la regulación es exactamente igual, en este punto, que la que debemos aplicar al presente supuesto.**
>
> *La propia DGT es consciente de que la ordenación por cuenta propia de los medios de producción y de recursos humanos o de uno de ambos, con la finalidad de intervención en la producción o distribución de bienes o servicio en el mercado, no puede limitarse, en el caso de la actividad económica de arrendamiento de inmuebles, a la existencia de un local y empleado, pues, si bien su concurrencia supone un indicio,* **es evidente que en el momento actual, la ordenación de medios para realizar tal actividad, puede revestir formas más sofisticadas que la señalada. La DGT admite la externalización de la gestión, pero, además, añadimos, no pueden excluirse fórmulas a través de las redes sociales, que hacen innecesaria la presencia física en el espacio geográfico donde se hallan los inmuebles, para su gestión arrendaticia.**
>
> *En ningún momento la Administración ha negado que los inmuebles explotados se encuentren en Canarias, tampoco que la recurrente realice una actividad económica de arrendamiento, bien al contrario.*
>
> *Efectivamente, como se describe en la demanda, la actora ha venido desarrollando las actividades que forman parte de su objeto social (promoción solamente, la promoción del*

EDIFICIO INCA implica la promoción de más de 30 viviendas situadas en las Islas Canarias, arrendamiento de apartamentos turísticos —un total de 43 en Canarias— y arrendamiento de viviendas y plazas de garaje —6 viviendas y 6 plazas de garaje situadas en Canarias— y locales —2 situados en Canarias—), empleando para ello los medios personales y materiales necesarios, según criterios de racionalización y necesidad, considerando el volumen de actividad e ingresos vinculados a la misma.

Durante los primeros años de actividad en Canarias, la actividad desarrollada allí se gestionaba únicamente (prácticamente, hasta el año 2000) en el local arrendado en Las Palmas de Gran Canaria, que el Administrador, Chispas utilizaba como base de sus actividades en sus constantes desplazamientos a las Islas. Adicionalmente, se ha venido utilizando la oficina del complejo APARTAMENTOS CUMANA (explotado hasta el año 2008 por la Sociedad y, desde dicha fecha, por una filial mayoritariamente participada por ésta) para canalizar la gestión del arrendamiento tanto de estos apartamentos como de los restantes bienes inmuebles en Gran Canaria y, cuando se inició la actividad de promoción en las Islas se contó con una caseta de ventas y personal domiciliado en las Islas para dicha actividad. A estos medios se sumó, a partir del año 2000, cuando la actividad en la Península creció y, hasta la fecha, otro local en Madrid.

Respecto de los medios personales, igualmente, la Sociedad ha acreditado que, en el periodo objeto de revisión (2002 a 2010), periodo de materialización y mantenimiento de las inversiones, contaba con medios personales afectos a sus actividades (promoción y arrendamiento).

Estos hechos no han sido ni negados ni siquiera cuestionados por la Administración.

Por lo tanto, existiendo una actividad económica en Canarias de arrendamiento de bienes inmuebles, es evidente que concurren los requisitos para la aplicación de la RIC [FD2, SAN 26 enero 2022. La negrita es nuestra].

Los innovadores criterios expresados por la AN en las dos sentencias anteriores sobre que la carga de trabajo para el empleado no figura en la normativa; y que no es necesario contar con un empleado que lleve la gestión del arrendamiento de inmuebles, sino que alternativamente —para un volumen importante de inmuebles en alquiler—, es válido recurrir a una empresa especializada que haga esa gestión, suponen un alivio para el contribuyente que haya optado por esta actividad de alto riesgo fiscal. No obstante, lo normal en las dotaciones RIC que llegan a la AN sustentadas en los beneficios generados en la actividad de arrendamiento de inmuebles es que se desestimen las pretensiones del contribuyente.

Así ocurre en la **SAN de 25 de enero de 2022, Sección 2, recurso 58/2019**. En 2007, una persona física dotó RIC y la dedica al arrendamiento de inmuebles con un empleado dado de alta desde 2005 en el convenio de transporte. Antes de la Inspección pasó al trabajador a la actividad de alquileres. Para la AN, el contribuyente no acredita que el empleado realizase actividad alguna de gestión y los emails que aportó eran de 2012, no de años anteriores.

Y en la **SAN de 28 de marzo de 2022 (recurso 685/2019)** se cuestiona el alquiler de inmuebles con empleado y local, pero sin que se pruebe la realización de actividad económica. No quedó acreditado para la AN que la persona interviniera en la gestión ni que se usara el local, pues los alquileres los gestionaba una tercera sociedad y no la propietaria de los inmuebles. Se regularizaron los IS de 2008 y 2009 con sanción[71].

En 2023 y 2024 no hemos encontrado más pronunciamientos de la AN en esta materia.

7.4. El TS no termina de resolver el criterio sobre los requisitos del art. 25.2 LIRPF

A partir de 2011 comenzó el TS a matizar la actividad de arrendamiento de inmuebles en relación con la RIC y otros incentivos fiscales, consolidando algunos criterios y dejando otros pendientes de resolver, bien por no haber abordado todas las cuestiones conflictivas relacionadas con la actividad o por no haber sido suficientemente claro en sus pronunciamientos. Aspecto este último que cada año observo que se agudiza más, con el siguiente detrimento en la seguridad jurídica. Años y años esperando una sentencia del TS que clarifique los aspectos más controvertidos en la aplicación de incentivos fiscales a la actividad de arrendamiento de inmuebles, y cuando llega el momento hay que leer y releer las conclusiones del TS sin que se sepa cómo interpretarlas.

Analizo en primer lugar la luz que aporta el TS en los requisitos de la LIRPF de local y empleado para conocer si definitivamente son o no una presunción *iuris tantum,* y si lo fuera, si la presunción admite prueba en contrario en los dos sentidos que he explicado en los dos capítulos. Anticipo que, en mi opinión, el TS sienta el criterio de que la presunción es *iuris tantum* y que admite prueba en contrario en ambos sentidos, pero no lo hace con meridiana claridad, lo que permitió la contradictoria resolución del TEAC de 28 de mayo de 2013, comentada ampliamente en el capítulo 6.

La **STS de 14 de julio de 2011, recurso 6468/2008**, concluyó que la falta de prueba respecto a la utilización de un local en exclusiva para la realización de la actividad es básica para desestimar el recurso, sin que pueda pasar desapercibido que la entidad recurrente se dio de alta en el epígrafe del IAE de alquiler de locales industriales dos días antes de iniciarse la acti-

71 Miranda Calderín, 2023. "Crónica de la RIC 2022". *Revista Hacienda Canaria n.º 59.*

vidad inspectora. Como vemos, centra su razonamiento en la importancia del cumplimiento de los requisitos de local y empleado, una vez que el contribuyente no acreditara la existencia de actividad económica.

La **STS de 27 de septiembre de 2011, recurso 397/2008**, comparte el planteamiento que en su día hizo el TEAR de Canarias en la materia que juzga: para la calificación de los alquileres como actividad económica no basta con que esté recogida en el objeto social, sino que además sea una actividad habitual, no esporádica y que cuente con la infraestructura básica de lo que supone una explotación económica. Rechaza el TS la realización de actividad económica porque ni había local ni persona contratada con la función de realizar la gestión, y que no resultaba aceptable que el arrendamiento de un único inmueble pudiese necesitar de una persona contratada laboralmente en función de esa exclusiva actividad. Concluye que no había sido desmentido por prueba alguna que la actividad arrendaticia tenía por contenido un solo arrendamiento y que por eso no requería de la infraestructura que imponía para su calificación como actividad empresarial el art. 40 de la Ley 18/1991 ni, por otra parte, esta razonable argumentación se haya visto desmentida por una prueba eficaz que acreditara el hecho de la existencia del local y el contratado laboral dedicado al menester. Incide por tanto el TS en la necesidad de que la actividad de alquileres sea una actividad habitual y que cuente con una infraestructura básica para su desarrollo, pero no concreta si esa infraestructura es precisamente el cumplimiento de los requisitos de local y empleado, ni se pronuncia sobre qué tipo de presunción constituyen dichos requisitos.

La **STS de 29 de septiembre de 2011, recurso 2356/2007**, llega a la misma conclusión de que es necesario que se realice actividad económica con el arrendamiento de inmuebles, pero es aún más abstracta, al indicar que los condicionantes de local y empleado no alteran el requisito de actividad económica, conviniendo con la concurrente que el art.º 27 de la Ley 19/1994 no contiene una remisión al precepto comentado, pero las circunstancias que comprende el art.º 40.2 no desenfocan el debate ni altera la *ratio decidendi* de la sentencia. Como se observa, otra sentencia para enmarcar por la poca luz que aporta en la resolución genérica del conflicto planteado.

La **STS de 3 de noviembre de 2011, recurso 1807/2009**, analiza los ingresos generados por el alquiler de apartamentos a través de una sociedad que gestiona la actividad de explotación turística, concluyendo que no son aptos para la dotación, ya que no cuenta ni con empleados ni con local propio para gestionar la actividad. Este criterio, como vemos más adelante, cambió radicalmente años más tarde, permitiendo tanto la DGT como la

AN la externalización de la gestión del arrendamiento de inmuebles que sustituyera al empleado.

Durante 2012, el TS aportó aspectos reseñables en la actividad de arrendamiento de inmuebles. De ellos destacamos la necesidad de acreditar el cumplimiento de los requisitos de local y empleado afectos a la actividad, siempre que no pudiera acreditarse de otra forma la realización de actividad económica con los alquileres o la compraventa de inmuebles. El criterio —ratificando la pauta innovadora que en su día señaló el TEAR de Canarias— fue el que siguió en las sentencias TS de 22, 29 de mayo y 5 de julio de 2012, que paso a comentar.

La **STS de 22 de mayo de 2012, Sección 2, recurso 374/2010**, afirma que, para considerarse actividad económica, la actividad de arrendamiento debe poseer los elementos del art. 25.2. LIRPF, porque de lo contrario sería solo una actividad privada o familiar. Y aplica el mandato del IRPF a las sociedades. La afirmación siembra, una vez más, la duda sobre qué tipo de presunción es la de los requisitos del 25.2 y si incumpliéndolos puede acreditarse con otros medios la realización de actividad económica. Trascribimos los párrafos principales:

> *Partiendo de este dato, no hay duda sobre la aplicación al caso del mencionado precepto, ya que el arrendamiento de inmuebles para que tenga la consideración de actividad económica beneficiaria del RIC, debe poseer los elementos objetivos y subjetivos a que el mismo se refiere, pues sin ellos a lo más que podría llegarse es a la conceptuación de actividad privada o familiar, pero no de actividad económica.*
>
> *(...) De la redacción del precepto se desprende sin lugar a dudas que los beneficios han de proceder de actividades económicas asentadas en establecimientos situados en las islas, entendiéndose por tales, un conjunto organizado de elementos personales y patrimoniales, usados para la realización, con cierta autonomía de gestión, de una explotación económica para la puesta en el mercado de un bien o servicio.*
>
> *Desde esta perspectiva, no resulta ilógico exigir, para el goce del beneficio, que tratándose de actividades de arrendamientos de inmuebles, se cumplan los requisitos que establece el artículo 25.2 a) y b) de la LIRPF, de posesión de local y personal laboral (al menos una persona), pues si no fuera así, lo realizado no sería una actividad económica, sino de una actividad privada o familiar...*
>
> *(...) Entender lo contrario generaría una desigualdad entre los sujetos pasivos del IRPF o de las sociedades de mera tenencia de bienes a las que se exige el doble requisito de personal laboral y local para considerar que desarrolla una actividad económica de arrendamiento de muebles (art. 25.2), y los restantes sujetos pasivos del Impuesto sobre Sociedades que sin necesidad de su cumplimiento podría dotar al RIC* [STS de 22 de mayo de 2012].

En la **STS de 29 de mayo de 2012, Sección 2, recurso 110/2010**, se resuelve el recurso de unificación de doctrina en materia de arrendamiento de inmuebles y la RIC. Plantea una cuestión que analizamos anteriormente en sede del TSJC[72]: si los requisitos de local y empleado son aplicables solo a las sociedades de mera tenencia de bienes o a todas las sociedades, con independencia de que realicen o no actividad económica distinta del arrendamiento. La conclusión a la que llega el TS esta vez es clara y contundente, se aplican con carácter general a todas las entidades mercantiles. Una duda menos en materia tan conflictiva: los requisitos de local y empleado previstos en la LIRPF son también exigibles a las sociedades. Años después, en 2014, el legislador añadiría al art. 5.1 de la LIS esa obligación, tal como lo interpretó el TS en 2012:

> *De la redacción del precepto se desprende sin lugar a dudas que los beneficios han de proceder de actividades económicas asentadas en establecimientos situados en las islas, entendiéndose por tales, un conjunto organizado de elementos personales y patrimoniales, usados para la realización, con cierta autonomía de gestión, de una explotación económica para la puesta en el mercado de un bien o servicio.*
>
> *Desde esta perspectiva, no resulta ilógico exigir, para el goce del beneficio, que tratándose de actividades de arrendamientos de inmuebles, se cumplan los requisitos que establece el artículo 25.2 a) y b) de la LIRPF, de posesión de local y personal laboral (al menos una persona), pues si no fuera así, lo realizado no sería una actividad económica, sino de una actividad privada o familiar* [STS de 29 de mayo de 2012].

Principio que fue ratificado en la **STS de 5 de julio de 2012, Sección 2, recurso 724/2010**, al enjuiciar a una entidad que arrendaba inmuebles sin contar con los requisitos de local y empleado, y que no había probado con otros medios la realización de actividad económica. En la casación, el contribuyente sostuvo que la AN había dado mayor valor a la presunción del art. 25 LIRPF que a la realidad acreditada, alegando que existía actividad económica de alquiler con organización y riesgo empresarial, sin necesidad de que se desempeñara con empleados o por medio de un local. Las cuestiones que resolvió el TS fueron principalmente dos: a) que los requisitos de local y empleado eran aplicables a las entidades mercantiles que desarrollan actividades de arrendamiento, y b) que siempre puede probarse la realización de actividad económica con otros medios, ayudando a resolver el dilema que planteaba la STS de 22 de mayo de 2012. Esto es, en mi opinión, que el aspecto principal para resolver el conflicto es que se acredite la realización de actividad económica, y el aspecto secundario que, si ello no fuera posible, se pruebe el cumplimiento de los requisitos de local y empleado más una carga de trabajo suficiente. Soy consciente que el TS podría haber sido más claro en la *ratio decidendi* de la sentencia, pero

---

72 Recordemos que las Salas de LPGC y SCT del TSJC mantenían un criterio distinto sobre la aplicación del art. 25.2 LIRPF a las sociedades.

todo indicaba desde 2012 que podía acreditarse la existencia de actividad económica con pruebas al margen de los requisitos de local y empleado:

> *En efecto, debe compartirse el criterio de la Sentencia impugnada, pues de tal explicación probatoria y teniendo en cuenta que no quedó acreditada por la recurrente la realización de una actividad económica o empresarial, esto es, la existencia de una organización autónoma de medios materiales y humanos con la finalidad de intervenir en la producción o distribución de bienes o servicios, queda patente el incumplimiento de las exigencias del art. 27 de la Ley 19/1994.*
>
> *Era a la recurrente a quien correspondía acreditar el cumplimiento de la exigencia de una real actividad empresarial pero, frente a su argumentación reivindicativa de tal afirmación, se opone no solo una diligencia de la Inspección acreditativa de la ausencia de un local y de personal asalariado para desempeñar la supuesta actividad de arrendamiento inmobiliario, sino también la presunción del art. 25 de la Ley 40/1998, de 8 de diciembre, del IRPF, que establece:*
>
> *(...) Así pues, no habiendo demostrado la recurrente la necesaria ordenación por cuenta propia de medios de producción para llevar a cabo la actividad que genera los rendimientos obtenidos, resultaba improcedente la dotación a la RIC y, en consecuencia, las consiguientes reducciones en las bases imponibles consignadas en su declaración-liquidación en concepto de Impuesto sobre Sociedades del ejercicio 1998* [STS de 5 de julio de 2012].

En 2013 hubo menos sentencias que se ocupasen de la actividad de arrendamiento de inmuebles respecto a años anteriores. La **STS de 25 de junio de 2013, Sección 2, recurso 5414/2010**, no considera actividad económica el arrendamiento de industria de unos apartamentos, ratificando así el criterio de la AN de que también al arrendamiento de industria con inmuebles se le aplicaba la presunción del art. 25.2 LIRPF.

A partir de 2013, los pronunciamientos del TS sobre la actividad de arrendamiento de inmuebles prácticamente desaparecen, pero del análisis efectuado, sobre todo de la STS de 5 de julio de 2012, se desprendía ya con nitidez en esos años que siempre puede acreditarse por otros medios, al margen de los requisitos de local y empleado (o solo empleado a partir de 2015), la realización de actividad económica con el arrendamiento de inmuebles. Criterio, por tanto, muy alejado del que sentó la RTEAC de 28 de mayo de 2013, cuando condicionó la realización de actividad económica de arrendamiento de inmuebles al previo cumplimiento de las exigencias de local y empleado[73].

Varios años después, en la **STS de 23 de julio de 2020, Sección 2ª, recurso 3334/2018**, la cuestión casacional admitida estaba relacionada con el régimen especial de entidades dedicadas al arrendamiento de viviendas,

---

[73] Miranda Calderín, 2015, pp. 84-89.

concretamente a determinar si le afectan o no los requisitos del art. 27.2 IRPF:

> *Determinar si la aplicación del régimen especial de entidades dedicadas al arrendamiento de viviendas, regulado en los artículos 53 y 54 del texto refundido de la Ley del impuesto sobre sociedades, aprobado por Real Decreto Legislativo 4/2004, de 5 de marzo, se podía condicionar a la realización por el sujeto pasivo de una actividad económica de alquiler de inmuebles que reuniera los requisitos del artículo 27.2 de la Ley 35/2006, de 28 de noviembre, del impuesto sobre la renta de las personas físicas y de modificación parcial de las leyes de los impuestos sobre sociedades, sobre la renta de no residentes y sobre el patrimonio, en su redacción temporalmente aplicable.*

El TS afirma que ni a los incentivos fiscales para empresas de reducida dimensión ni al régimen especial de arrendamiento de viviendas les son aplicables los requisitos del art. 27.2 LIRPF:

> *Pues bien, esta Sala ha dictado numerosas sentencias a partir de la núm. 1114/2019, de 18 de julio, dictada en el recurso de casación núm. 5873/2017 en la que a la luz de la reforma operada en el texto refundido de la Ley del impuesto sobre sociedades, aprobado por Real Decreto Legislativo 4/2004, de 5 de marzo, con la aprobación de la Ley 35/2006, de 28 de noviembre, la aplicación de los incentivos fiscales para empresas de reducida dimensión ya no se puede condicionar a la realización de una verdadera actividad económica por el sujeto pasivo, entendiendo por tal la que reúna los requisitos previstos en el artículo a la luz de la reforma operada en el texto refundido de la Ley del impuesto sobre sociedades, aprobado por Real Decreto Legislativo 4/2004, de 5 de marzo, con la aprobación de la Ley 35/2006, de 28 de noviembre, la aplicación de los incentivos fiscales para empresas de reducida dimensión ya no se puede condicionar a la realización de una verdadera actividad económica por el sujeto pasivo, entendiendo por tal la que reúna los requisitos previstos en el artículo 27 de la citada Ley, del IRPF, cuando se trate de la actividad económica de alquiler de inmuebles, de forma que a partir de entonces sólo se requiere que el importe neto de la cifra de negocios habida en el período impositivo inmediato anterior sea inferior a la establecida por el artículo 108 TRLIS.*

Y finaliza con el criterio que sienta en la casación: que el régimen especial de arrendamiento de viviendas no puede condicionarse al cumplimiento de los requisitos del art. 27.2 LIRPF:

> *La aplicación del régimen especial de entidades dedicadas al arrendamiento de viviendas, regulado en los artículos 53 y 54 del texto refundido de la Ley del impuesto sobre sociedades, aprobado por Real Decreto Legislativo 4/2004, de 5 de marzo, en la redacción vigente "ratione temporis" no se podía condicionar a la realización por el sujeto pasivo de una actividad económica de alquiler de inmuebles que reuniera los requisitos del artículo 27.2 de la Ley 35/2006, de 28 de noviembre, del impuesto sobre la renta de las personas físicas y de modificación parcial de las leyes de los impuestos sobre sociedades, sobre la renta de no residentes y sobre el patrimonio, en su redacción temporalmente aplicable"* [STS 23 de julio de 2020].

7.5. La vinculación entre arrendador y arrendatario y los requisitos cualificados para el arrendamiento de inmuebles como excluyentes de la dotación RIC

Una vez finalizado el análisis de la jurisprudencia sobre la dotación RIC en la actividad de arrendamiento de inmuebles, abordo dos nuevas cuestiones en este y en el próximo epígrafe: la vinculación entre las partes del arrendamiento, y la mutación de los requisitos exigidos a la materialización en la actividad de arrendamiento de inmuebles a la dotación RIC.

La prohibición del arrendamiento entre partes vinculadas figura en el art. 27.8 de la Ley 19/1994: *Los contribuyentes que se dediquen a la actividad económica de arrendamiento o cesión a terceros para su uso de elementos patrimoniales del inmovilizado podrán disfrutar del régimen de la reserva para inversiones, siempre que no exista vinculación, directa o indirecta, con los arrendatarios o cesionarios de dichos bienes, en los términos definidos en el artículo 18, apartado 2, de la Ley 27/2014, de 27 de noviembre, del Impuesto sobre Sociedades....* La había interpretado como concerniente en exclusiva a la fase de materialización (inversión) de la RIC, pero no a la dotación. No obstante, la Inspección tributaria comenzó a aplicar el criterio de que, además, afectaba a la dotación, puesto que el párrafo hace referencia al "régimen de la reserva para inversiones en general", no a la fase de materialización. Lo cierto es que varias resoluciones del TEAR han ratificado el criterio, por lo que hasta que no se pronuncien con claridad los Tribunales de Justicia habrá que ser prudentes en la materia, con la consecuencia directa de que no podrá dotarse RIC con los rendimientos generados en la actividad económica de arrendamiento de inmuebles mediando arrendatarios vinculados. Y en el caso de que la actividad comprenda tanto arrendamientos a terceros como a vinculados, hay que excluir de la dotación la parte proporcional del beneficio generado con personas vinculadas.

Siempre entendí que los requisitos que afectaban a la materialización no influían en la dotación RIC, que se regía por sus propios condicionantes enmarcados en los apartados iniciales del art. 27. Sin embargo, la falta de precisión a la hora de legislar sobre la RIC siempre se ha saldado en detrimento del contribuyente. Uno de los asuntos en que la doctrina administrativa avanza inexorablemente es en la aplicación restrictiva de la actividad de alquiler de inmuebles; concretamente, en los requisitos que se exigen en la materialización en inmuebles afectos a la actividad económica de arrendamiento. Son muchas las limitaciones legales para materializar la RIC a partir de 2007 en inmuebles y comienzan a exigirse a la dotación: ¿puede dotarse RIC con los rendimientos obtenidos en la actividad de arrendamiento de inmuebles que no cumplan los requisitos de materialización?, ¿son aplicables los condicionantes a la materialización a los beneficios susceptibles de la dotación? El caso más palmario lo encontramos en el arrendamiento de activos a personas vinculadas, puesto que expresamente la norma excluye de la materialización a los inmuebles alquilados a vinculadas, pero nada dice sobre la dotación: ¿es posible dotar la RIC con los alquileres generados en el arrendamiento a personas vinculadas?

La primera respuesta a bote pronto debe ser sí, siempre que se realice actividad económica con los alquileres, pero cuando analizamos el texto del art. 27.8 encontramos que su literalidad permite interpretar tanto que sí como que no. Y si atendemos a la filosofía del REF vemos, por un lado, que al dotarse RIC con el beneficio generado por esos alquileres se incrementa el compromiso de inversión en Canarias; pero, por otro, hay que plantearse si esa actividad, sin riesgo empresarial aparente alguno, es merecedora o no de un incentivo fiscal.

Partiendo de esta base podemos además cuestionar si los beneficios generados en el arrendamiento no cualificado de inmuebles, entendiendo por tal el que incumple los requisitos adicionales de ser actividades turísticas, industriales, VPO y comerciales en áreas en declive, pueden ser objeto de la dotación. Mi respuesta, también a bote pronto, es que sí, siempre que los inmuebles estén afectos a actividad económica, pero conviene atender a la normativa y a la corriente administrativa que hace que los requisitos de la materialización en inmuebles vayan mutando a la dotación.

Terminé de redactar en 2011 el *Manual de la Reserva para inversiones en Canarias, 2007-2013,* en que dediqué el apartado 5.3.1 a la dotación con beneficios de la actividad de alquileres, concretamente a si la prohibición del arrendamiento de inmuebles a personas vinculadas traspasaba la esfera de la materialización y afectaba a la dotación. Mi criterio era que no y así lo refrendaba la DGT en dos consultas de 2009. Aun así, terminaba el corto apartado con una afirmación que sembraba las dudas: *En 2011 hemos observado algunos procedimientos de inspección tributaria en que estos recientes criterios de la DGT no se tienen en cuenta.* Y los procedimientos en que los actuarios propugnaban que la vinculación entre las partes afectaba tanto a la materialización como a la dotación fueron aceptados y rechazados, y vueltos a rechazar y aceptar por el TEAR hasta 2019 y el TEAC hasta 2014, sembrando la más absoluta confusión al respecto[74]. Incluso, la DGT en la **CV 3563-**

---

74 Florido Caño, 2023, aborda con rigor y detalle la evolución de los tribunales económico administrativos sobre este asunto en *Hacienda Canaria n.º 59.*

2013 cambió su criterio de 2009 para decir esta vez que: *Por lo tanto, puesto que la entidad consultante se dedica al arrendamiento de hoteles, podrá disfrutar de la reducción siempre que no exista vinculación, directa o indirecta, con los arrendatarios de dichos hoteles, ni se trate de operaciones de arrendamiento financiero.* Y ello a pesar de que la normativa no se había modificado desde 2009 a 2013.

La **RTEARC de 29 de mayo de 2013, Sala Las Palmas, n.º 35/035508/2010**, con la normativa anterior a 2007, concluye como señaló en resoluciones anteriores de 2008 y 2009, que son incompatibles los rendimientos generados en el arrendamiento de inmuebles con personas vinculadas y la dotación RIC[75].

La **RTEAC de 9 de octubre de 2014, RG 00-01432-2013**, también con la normativa anterior a 2007, llega a la conclusión de que el beneficio del arrendamiento entre vinculadas es apto para la dotación, no como había señalado en resoluciones anteriores. Modificó su criterio sobre la base de que el antiguo art. 27.5 excluía la vinculación solo en la fase de materialización, pero no en la dotación. El autor de la reseña sobre esta resolución indicaba que *el tema de la aptitud del beneficio derivado del arrendamiento a partes vinculadas es uno de esos, no extraños en la RIC, que pueden conducir a la fatalidad y al desaliento aun a los menos proclives al desánimo.* Hasta 31 de diciembre de 2006, la DGT, TEAR y TEAC entendían mayoritariamente que la prohibición del arrendamiento entre vinculadas no afectaba a la fase de dotación. A partir del cambio legal se interpretó de una forma y de otra, hasta que fue consolidándose que a partir de 2007 afectaba además a la dotación[76].

La RTEARC de 31 de agosto de 2017, Sala Las Palmas, n.º 35/01807/2014, cambia el criterio anterior de que la prohibición del arrendamiento entre vinculadas (art. 27.8 de la Ley 19/1994) afectaba solo a la materialización y lo extrapola a la dotación. El reclamante alegó que los requisitos del 27.8 hacían referencia a la materialización, pero no a las dotaciones. Sin embargo, la Sala lo rechazó, señalando que, si bien en el marco de la normativa anterior (así como en el de la doctrina que tras la misma trató de clarificar sus aspectos más controvertidos) no quedaba del todo claro si en algunos casos (como la vinculación con los arrendatarios) el incumplimiento afectaba tan solo a la materialización o bien debía predicarse además respecto de la dotación. Con la nueva regulación tal duda se disipa, en tanto en cuanto la norma asocia el concepto de arrendamiento o cesión de bienes

---

75 Florido Caño, 2013. *Revista Hacienda Canaria, n.º 39.*

76 Florido Caño, 2015. *Revista Hacienda Canaria, n.º 43.*

inmuebles al "disfrute del régimen de la reserva para inversiones" lo cual, a su juicio, permite deducir un tratamiento homogéneo de la normativa en lo que se refiere a la aplicación del beneficio fiscal, con independencia de la fase del régimen que se trate. En una interpretación sistemática del precepto completo, se exigen unos requisitos similares en cuanto al disfrute de la RIC en cualquiera de sus fases[77].

La RTEARC de 3 de junio de 2019, Sala SCT, n.º 38/00964/2015, estima que el beneficio derivado del arrendamiento económico a partes vinculadas es susceptible de la dotación 2008. Se trataba de la cesión de la explotación de un hotel, cuyos rendimientos se consideraron por la Inspección como no económicos, y era una cesión entre entidades vinculadas. El contribuyente alegó que la proscripción de la vinculación del art. 27.8 hacía referencia exclusiva a la materialización, no a la dotación. El TEARC estimó sus alegaciones en cuanto que el hotel se cedió antes de que entrase en funcionamiento, por lo que se estaba ante un contrato de arrendamiento de inmuebles y no de negocio; y que, efectivamente, la prohibición de la vinculación entre arrendador y arrendatario se refería en la Ley a la materialización y no a la dotación[78]. Veremos como pocos años después cambió su criterio.

La RTEARC de 31 de julio de 2019, Sala Las Palmas, n.º 35/03682/2016, cuestiona si el beneficio derivado de un contrato de *management* con una sociedad vinculada es susceptible de la dotación. En realidad, la entidad que dotó RIC cedió la gestión de la explotación de inmuebles turísticos a entidades vinculadas y la Inspección tributaria rechazó la dotación. El TEARC ratificó el criterio inspector porque el cedente no asumía riesgo alguno, al percibir una renta fija; porque no se trataba de un servicio (de *management*), sino de la cesión de la explotación; y porque los medios personales y materiales de la explotación los ponían las entidades cesionarias. El autor de la reseña indica que, huyendo del concepto de arrendamiento de inmuebles o de negocios, los contribuyentes buscan fórmulas alternativas, pero si estas implican la cesión de la explotación se está ante el mismo resultado: que con los rendimientos no se puede dotar RIC[79].

La posición del TEAC en 2014 y del TEAR en 2019 era por tanto que la vinculación solo afectaba a la materialización, no a la dotación; mientras que desde 2013 la DGT mantiene lo contrario. Así las cosas, se pronuncia

---

77 Florido Caño, 2018. *Revista Hacienda Canaria n.º 48.*

78 Florido Caño, 2020. *Revista Hacienda Canaria n.º 52.*

79 Florido Caño, 2020. *Revista Hacienda Canaria n.º 52.*

sobre la cesión y vinculación la **RTEAR de 30 de septiembre de 2022, n.º 35/04275/2021**. El asunto es la cesión de la explotación de hoteles por parte de su propietaria a otra empresa que los explote. Se acredita el cumplimiento de los requisitos de local y empleado, así como la carga de trabajo suficiente, pero la Inspección no admitió que pudiera dotarse RIC con los alquileres recibidos por la cesión de los hoteles. El contribuyente alegó que realizaba actividad económica con el arrendamiento de industria, pero así no lo estimó el TEARC, puesto que no es aplicable el criterio sobre el arrendamiento de inmuebles como actividad económica a la cesión de un hotel para que lo explote un tercero. En la resolución se afirma que no solo la ausencia de vinculación, sino también los destinos cualificados que contempla el art. 27.8 de la Ley 19/1994 para el arrendamiento de inmuebles se predican tanto de la materialización-mantenimiento, como de la aptitud del beneficio para dotar la reserva.

Y es en la **RTEAR de 28 de octubre de 2022, Sala Las Palmas, reclamación n.º 35/1197/2022**, donde confirma con mayor contundencia el criterio de la Inspección de que los requisitos cualificados exigidos al arrendamiento de inmuebles en el art. 27.8 se extienden a todas las fases de la RIC: dotación, materialización y mantenimiento. Lo motiva principalmente en que el apartado 8 hace mención al “régimen de la reserva para inversiones en general”, lo que da a entender que se refiere a todas las fases, situaciones y condiciones de la norma, incluida la dotación; y a que fue ese su criterio en una resolución de 2017.

Con el pronunciamiento del TEAR de 28 de octubre 2022, su criterio actual es que los requisitos exigidos a la materialización RIC en inmuebles para arrendar afectan a la dotación, coincidiendo por tanto con la consulta vinculante de la DGT de 2013. Y ya no solo se trata de la prohibición del arrendamiento entre personas vinculadas, sino de las demás especificaciones que exige el art. 27.8 de la Ley 19/1994, que se trasladan, al menos desde el punto de vista administrativo, a la fase de dotación RIC. Razonamiento que obliga a replantearse por prudencia la exclusión del beneficio generado en la actividad de arrendamiento de inmuebles que, a pesar de desarrollarse como actividad económica, queda al margen de los supuestos específicos contemplados en la normativa para la materialización: actividades turísticas, viviendas de VPO, alquileres a empresarios que van a desarrollar actividad industrial en los inmuebles y zonas comerciales en áreas en declive turístico por necesitar de su rehabilitación. Fuera del criterio administrativo podrían quedar también los beneficios generados en la explotación de viviendas vacacionales que se realice como actividad económica, aunque hasta 2018 se admitía la materialización en ellas.

El presupuesto básico debe ser si el rendimiento de estas actividades se realiza o no en el seno de una actividad económica, pero parece no ser suficiente para la Administración tributaria, por lo que habrá que esperar a que la mutación de requisitos de la fase de materialización a la dotación llegue algún día al TS y siente doctrina al respecto (espero que lo haga con contundencia y claridad, no en la línea de muchas sentencias relacionadas con la RIC). Mientras, habrá que actuar con la máxima prudencia a la hora de asesorar sobre la nueva controversia[80].

La **RTEARC de 31 de mayo de 2023, Sala Las Palmas, n.º 35/02952/2022**, ratifica una vez más que los requisitos cualificados del art. 27.8 en la actividad de arrendamiento de inmuebles son aplicables a la dotación. Se trata de nuevo de la cesión de la explotación de un complejo hotelero, con cuyos rendimientos se dota RIC, desestimando el TEARC las pretensiones del contribuyente al no tener la consideración de empresa turística. Tampoco acepta la petición subsidiaria de que se trate como un arrendamiento de una zona comercial situada en un área cuya oferta turística está en declive[81].

La **RTEARC de 28 de septiembre de 2023, Sala Las Palmas, n.º 35/00483/2023/**, mantiene el mismo criterio de que los requisitos cualificados del art. 27.8 son aplicables a la dotación. Cita sentencias de la AN, resoluciones y consultas vinculantes que mantienen esa línea y que sirven de resumen sobre el asunto que abordamos, por lo que trascribo el F.D. segundo:

> *SEGUNDO.– Partiendo de los extensos antecedentes previos, y una vez analizado en su conjunto por esta Sala el expediente remitido por la Administración Tributaria, corresponde valorar la procedencia o no de la regularización efectuada por el órgano administrativo actuante en relación al Impuesto sobre Sociedades de los ejercicios 2018 y 2019, en base a la cual, y en apretada síntesis, se determina la inaptitud a efectos de dotación a la RIC de parte del resultado contable obtenido por la reclamante. Concretamente, del resultado procedente del arrendamiento de determinados inmuebles, al no cumplir dichos arrendamientos con los requisitos establecidos en el apartado 8 del artículo 27 de la Ley 19/1994, de 6 de julio, de Modificación del Régimen Económico y Fiscal de Canarias.*
>
> *En definitiva, usando la terminología de la actora, "la cuestión mollar objeto de la presente litis", se centra en la aplicabilidad o no, a la fase de dotación, de los requisitos establecidos en el artículo 27.8 de la Ley 19/1994, tanto el referido a la inexistencia de vinculación con los arrendatarios (párrafo tercero del artículo 27.8), como los denominados requisitos cualifica-*

[80] Miranda Calderín, 2024. "Crónica de la RIC 2023". *Revista Hacienda Canaria n.º 61.*

[81] Florido Caño, 2023. *Revista Hacienda Canaria n.º 60.*

dos, recogidos en el párrafo cuarto del mismo precepto. Transcribimos lo establecido en dichos párrafos:

"Los contribuyentes que se dediquen a la actividad económica de arrendamiento o cesión a terceros para su uso de elementos patrimoniales del inmovilizado podrán disfrutar del régimen de la reserva para inversiones, siempre que no exista vinculación, directa o indirecta, con los arrendatarios o cesionarios de dichos bienes, en los términos definidos en el artículo 18, apartado 2, de la Ley 27/2014, de 27 de noviembre, del Impuesto sobre Sociedades, ni se trate de operaciones de arrendamiento financiero. A estos efectos, se entenderá que el arrendamiento de inmuebles se realiza como actividad económica únicamente cuando concurran las circunstancias previstas en el apartado 2 del artículo 27 de la Ley 35/2006.

En los supuestos de arrendamiento de bienes inmuebles, además de las condiciones previstas en el párrafo anterior, el contribuyente deberá tener la consideración de empresa turística de acuerdo con lo previsto en la Ley 7/1995, de 6 de abril, de Ordenación del Turismo de Canarias, tratarse del arrendamiento de viviendas protegidas por la sociedad promotora, de bienes inmuebles afectos al desarrollo de actividades industriales incluidas en las divisiones 1 a 4 de la sección primera de las tarifas del Impuesto sobre Actividades Económicas, aprobadas por el Real Decreto Legislativo 1175/1990, de 28 de septiembre, por el que se aprueban las tarifas y la instrucción del Impuesto sobre Actividades Económicas, o de zonas comerciales situadas en áreas cuya oferta turística se encuentre en declive, por precisar de intervenciones integradas de rehabilitación de áreas urbanas, según los términos en que se define en las directrices de ordenación general de Canarias, aprobadas por la Ley 19/2003, de 14 de abril".

Hemos de empezar señalando que la cuestión a resolver es perfectamente compatible con la no negada, pese a la insistencia del contribuyente, realización por el mismo de la actividad de arrendamiento con carácter económico, así como con la admitida deducibilidad por el órgano inspector de los gastos ligados a dicha actividad.

No obstante, la cuestión objeto de debate va mucho más allá del limitado análisis inicial del obligado tributario, al afirmar sin desarrollo argumentativo alguno que dicha deducibilidad fiscal de los gastos, determinante del reconocimiento administrativo del carácter económico de la actividad de arrendamiento de inmuebles, en unión con lo dispuesto en los apartados 2 y 5 del artículo 27, prueba "que todos los beneficios obtenidos en los ejercicios sometidos a comprobación son aptos para la dotación de la RIC".

La inexistencia de pronunciamiento específico y diáfano en la norma sobre la cuestión controvertida, como tradicionalmente ha sucedido en relación a otras muchas cuestiones ligadas a este incentivo fiscal (objeto de múltiples disputas e interpretaciones contradictorias), tampoco permite aceptar la siguiente conclusión de la actora que, según ella, habría de conducir a la aceptación de su posicionamiento: "no existe en la normativa reguladora de la RIC ningún precepto que establezca expresamente que los límites legales para la materialización de la misma sean de aplicación a los beneficios aptos para su dotación".

Y es que la cuestión ciertamente complicada que nos ocupa, no resuelta con claridad por la norma (no se puede compartir que estemos ante una interpretación analógica, en relación a un incentivo fiscal, indebidamente realizada por la Inspección), es precisamente lo que ha dado lugar a planteamientos dispares y contradictorios, acogiéndose las partes litigante (contribuyente e Inspección de los Tributos), como no podía ser de otra manera, a los pronunciamientos que a cada una de ellas le interesa.

Dicho lo cual, un pausado análisis de dichos pronunciamientos, al menos de los que disponemos en estos momentos (Dirección General de Tributos, Tribunal Económico-Administrativo Regional de Canarias, Tribunal Económico-Administrativo Central y Audiencia Nacional), ha de inclinar la balanza, a juicio de esta Sala, del lado de la Inspección de los Tributos.

El argumento base de la actora, la resolución del Tribunal Económico Administrativo Central 1432/2013, de 09/10/2014, viene a contradecir el criterio previo de dicho órgano, deter-

minado en su resolución de 29/01/2009 (RG 2887/2007), que en su página 19, primer párrafo, expresamente señalaba que el beneficio derivado de arrendar inmuebles a vinculadas no es apto para la dotación de la RIC. Esta última resolución del TEAC fue confirmada la Audiencia Nacional en sentencia de 15/12/2011 (recurso 82/2009), considerando que no se puede dotar la RIC con los rendimientos derivados de arrendar inmuebles a vinculadas.

Los pronunciamientos señalados en el párrafo previo (pese a lo señalado por la reclamante, la resolución del Central en que se apoya no constituye doctrina) se hacen con referencia a la redacción previa de la norma, anterior a la reforma operada en la misma por el RDLey 12/2006.

En cuanto a la Dirección General de Tributos, la consulta vinculante de 25/06/2009 (V1541-09), que señalaba que el apartado 8 del artículo 27 de la Ley 19/1994 (tras la nueva redacción por RDLey 12/2006) se refiere sólo a requisitos para la materialización y que los requisitos referentes a las cantidades con las que se puede dotar la RIC vienen fijados en el apartado 2 del artículo 27, es superada por consulta posterior, de 11/12/2013 (V3563-13), que alcanza la solución contraria, exigiendo a una empresa dedicada al arrendamiento de hoteles (como inmuebles, no como negocio) el cumplimiento de los requisitos del apartado 8 del artículo 27 para que el beneficio asociado a esa actividad pueda destinarse a dotar la RIC.

Por último, la resolución de la Sala Desconcentrada de Santa Cruz de Tenerife, del TEAR de Canarias, de 03/06/2019, 38/00964/2015, que recoge la referida resolución del TEAC, es el único pronunciamiento de este Tribunal Regional de Canarias que sigue dicho criterio, existiendo varias resoluciones de esta Sala en sentido contrario, entre ellas tres de 31/08/2017 (35/01782/2014, 35/01807/2014 y 35/01672/2014), así como de la propia Sala Desconcentrada de Santa Cruz de Tenerife: resolución de 31/10/2018 (38/00232/2015), confirmatoria de regularización en la que se excluían del beneficio apto para dotar RIC ingresos derivados del arrendamiento entre partes vinculadas (la entidad reclamante y su administrador).

Es más, en nuestra reciente resolución de 28/10/2022, número 35/01197/2022, claramente nos decantamos con el mantenimiento del criterio de la Inspección de los Tributos respecto de la cuestión que nos ocupa (extractamos el fundamento de derecho Tercero de dicha resolución):

"TERCERO.– En cuanto a la primera de las cuestiones objeto de controversia, empezamos transcribiendo lo establecido en el artículo 27.8 de la Ley 19/1994, el cual establece lo siguiente (la negrita es nuestra):

"Los elementos patrimoniales en que se haya materializado la reserva para inversiones a que se refieren las letras A y C del apartado 4, así como los adquiridos en virtud de lo dispuesto en la letra D de ese mismo apartado, deberán permanecer en funcionamiento en la empresa del adquirente durante cinco años como mínimo, sin ser objeto de transmisión, arrendamiento o cesión a terceros para su uso. Cuando su permanencia fuera inferior a dicho período, no se considerará incumplido este requisito cuando se proceda a la adquisición de otro elemento patrimonial que lo sustituya por su valor neto contable, con anterioridad o en el plazo de 6 meses desde su baja en el balance, que reúna los requisitos exigidos para la aplicación de la reducción prevista en este artículo y que permanezca en funcionamiento durante el tiempo necesario para completar dicho período. No podrá entenderse que esta nueva adquisición supone la materialización de las cantidades destinadas a la reserva para inversiones en Canarias, salvo por el importe de la misma que excede del valor neto contable del elemento patrimonial que se sustituye y que tuvo la consideración de materialización de la reserva regulada en este artículo. En el caso de la adquisición de suelo, el plazo será de diez años.

En los casos de pérdida del elemento patrimonial se deberá proceder a su sustitución en los términos previstos en el párrafo anterior.

Los contribuyentes que se dediquen a la actividad económica de arrendamiento o cesión a terceros para su uso de elementos patrimoniales del inmovilizado podrán disfrutar del régimen de la reserva para inversiones, siempre que no exista vinculación, directa o indirecta, con los arrendatarios o cesionarios de dichos bienes, en los términos definidos en el artículo 18, apartado 2, de la Ley 27/2014, de 27 de noviembre, del Impuesto sobre Sociedades, ni se trate de operaciones de arrendamiento financiero. A estos efectos, se entenderá que el arrendamiento de inmuebles se realiza como actividad económica únicamente cuando concurran las circunstancias previstas en el apartado 2 del artículo 27 de la Ley 35/2006.

En los supuestos de arrendamiento de bienes inmuebles, además de las condiciones previstas en el párrafo anterior, el contribuyente deberá tener la consideración de empresa turística de acuerdo con lo previsto en la Ley 7/1995, de 6 de abril, de Ordenación del Turismo de Canarias, tratarse del arrendamiento de viviendas protegidas por la sociedad promotora, de bienes inmuebles afectos al desarrollo de actividades industriales incluidas en las divisiones 1 a 4 de la sección primera de las tarifas del Impuesto sobre Actividades Económicas, aprobadas por el Real Decreto Legislativo 1175/1990, de 28 de septiembre, por el que se aprueban las tarifas y la instrucción del Impuesto sobre Actividades Económicas, o de zonas comerciales situadas en áreas cuya oferta turística se encuentre en declive, por precisar de intervenciones integradas de rehabilitación de áreas urbanas, según los términos en que se define en las directrices de ordenación general de Canarias, aprobadas por la Ley 19/2003, de 14 de abril.

Cuando se trate de los valores a los que se refiere la letra D del apartado 4, deberán permanecer en el patrimonio del contribuyente durante cinco años ininterrumpidos, sin que los derechos de uso o disfrute asociados a los mismos puedan ser objeto de cesión a terceros".

Pues bien, partiendo de lo estipulado en la norma tributaria de aplicación, y confrontadas las explicaciones dadas por las partes enfrentadas, anteriormente extractadas, esta Sala no puede más que alinearse con el planteamiento de la Inspección de los Tributos, considerando igualmente que los requisitos cualificados exigidos en el párrafo cuarto de apartado 8 del reiterado artículo 27 (requisitos cuyo fin es el de limitar, a supuestos excepcionales, el desarrollo de la actividad de arrendamiento de inmuebles para beneficiarse de la RIC), son aplicables a las distintas fases (dotación, materialización y mantenimiento) ligadas al disfrute de este potente beneficio fiscal.

Esto es, como explica el acuerdo de liquidación, el precepto "habla del "régimen de la reserva para inversiones", lo cual da a entender que se refiere a todas las fases, situaciones y condiciones de la norma, es decir, es aplicable no solo a materialización y mantenimiento de las inversiones a afectas a la actividad, sino también a la dotación, en el sentido de que los rendimientos con que se efectúen las dotaciones provengan, en caso del arrendamiento de inmuebles, de aquellos que cumplan los citados requisitos".

Este posicionamiento ya ha sido adoptado con anterioridad por esta Sala, como bien expone el acuerdo de liquidación citando resoluciones previas de este Tribunal Económico-Administrativo Regional de Canarias. A título de ejemplo, extractamos la resolución número 35/01807/2017 y acumuladas, de 31 de agosto de 2017, en cuyo fundamente Sexto hacíamos constar lo siguiente:

"SEXTO.– Aduce por último la reclamante que los requisitos señalados en el artículo 27.8 de la Ley 19/1994 hacen referencia a la materialización de las inversiones pero no a las dotaciones.

A nuestro juicio, este planteamiento no puede tener cabida en el supuesto examinado dado que el motivo por el que la Inspección excluye la aplicación del beneficio fiscal no es otro que la inexistencia de actividad económica alguna que permita dotar la RIC a partir de beneficios no aptos para tal finalidad.

En cualquier caso no estará de más señalar que si bien en el marco de la normativa anterior (así como en el de la doctrina que tras la misma tuvo que tratar de clarificar sus aspectos más controvertidos) no quedaba del todo claro si en algunos casos (por ejemplo la existencia de vinculación con los arrendatarios) el incumplimiento afectaba tan solo a la materialización o bien debía predicarse también respecto de la dotación, con la nueva regulación entendemos que tal duda se disipa en tanto en cuanto la norma asocia el concepto de arrendamiento o cesión de bienes inmuebles al del "disfrute del régimen de la reserva para inversiones" lo cual, a nuestro juicio, permite deducir un tratamiento homogéneo de la normativa en lo que se refiere a la aplicación del beneficio fiscal con independencia de la fase del régimen de que se trate. Ello resulta a nuestro juicio de una interpretación sistemática del precepto completo exigiendo unos requisitos homogéneos en cuanto al disfrute de la RIC en cualquiera de sus fases".

En definitiva, el desarrollo de la actividad económica de arrendamiento ha de cumplir todos y cada uno de los requisitos establecidos en el artículo 27 para que el mismo pueda beneficiarse del régimen de la RIC en sus distintas fases, esto es, tanto en la fase de dotación (a título de ejemplo, si los ingresos por arrendamiento se correspondiesen con alquileres concertados con entidades vinculadas, el beneficio resultante de dichos alquileres no sería apto para dotar RIC), como en la fase de materialización".

Asimismo, procede señalar que el planteamiento de la Audiencia Nacional en su Sentencia de 28/03/2022, al resolver el recurso 754/2019 (criticado por la actora, que califica la citación del mismo como intrascendente y banal, por no referirse expresamente a la cuestión de la vinculación), deviene sin duda relevante y aplicable al supuesto que nos ocupa, ya que el artículo 27.8 no solo exige como requisito para el disfrute de la RIC, en el caso de arrendamientos de inmuebles, la no existencia de vinculación, sino que igualmente requiere el cumplimiento de los requisitos cualificados previstos en el párrafo siguiente del mismo apartado del artículo 27. Tal y como señala el acuerdo de liquidación:

"La Audiencia Nacional considera aplicable para la dotación el requisito de actividad económica y requisitos cualificados, cuyas condiciones en caso de arrendamientos de inmuebles se concretan precisamente en el artículo 27.8 y su remisión al artículo 27 de la Ley 35/2006 del IRPF:

"Discusión que se concreta, prima facie, en la disposición por parte de la recurrente de local y empleado para el ejercicio de la meritada actividad, todo ello conforme a la normativa aplicable ratione temporis: art. 27.8 de la Ley 19/1994 y, por remisión expresa de esta disposición, art. 27 de la Ley 35/2006, de 28 de noviembre, del Impuesto sobre la Renta de las Personas Físicas y de modificación parcial de las leyes de los Impuestos sobre Sociedades, sobre la Renta de no sobre el Patrimonio."

Es decir, la propia Audiencia Nacional convalida la aplicación de las previsiones del artículo 27.8 a la dotación. La citada sentencia confirma la aplicabilidad del criterio del artículo 27.8 en redacción dada por RDLey 12/2006 cuando, en caso de arrendamientos, se incumplen los requisitos cualificados exigidos a los inmuebles objeto de tal arrendamiento".

A mayor abundamiento, la liquidación que aquí nos ocupa solo invoca la vinculación en relación a uno de los arrendamientos, enervando el incumplimiento de los requisitos cualificados para el resto de los arrendamientos regularizados.

En definitiva, este órgano revisor apoya plenamente el planteamiento del acuerdo liquidatorio, que cabalmente a nuestro entender, en relación a lo analizado en los párrafos previos, concluye lo siguiente:

"Teniendo en cuenta también que la Audiencia Nacional no ha encontrado obstáculo a aplicar las previsiones del artículo 27.8 a la fase de dotación, aunque no se haya referido expresamente a la cuestión de la vinculación sino a las otras disposiciones del citado apartado, y que, como se ha indicado, es pertinente una interpretación restrictiva de los incentivos fiscales, esta Jefatura debe concluir a la vista de la reciente resolución del TEAR transcrita parcialmente que también los beneficios derivados de arrendamientos a entidades vinculadas deben considerarse no aptos a efectos de la dotación a RIC.

Esta cuestión, en el presente expediente, solo afecta en realidad a un solo arrendamiento, que es el efectuado a la entidad QR SLU. Hay que decir, no obstante, que la aptitud del beneficio obtenido con este arrendamiento para dotación a RIC también decae por no tratarse del arrendamiento de un local comercial en un área de declive, por lo que de considerarse que sí es posible la dotación a RIC con cargo a beneficios provenientes del arrendamiento de algún elemento patrimonial a una entidad vinculada, el resultado global de la regularización aquí practicada no se vería afectado".

Por tanto y para finalizar el análisis de la cuestión mollar objeto de debate, partiendo de lo estipulado en la norma tributaria de aplicación, y confrontadas las explicaciones dadas por las partes enfrentadas, reiteramos que esta Sala no puede más que alinearse con el planteamiento de la Inspección de los Tributos, considerando que los requisitos exigidos en los párrafos tercero y cuarto de apartado 8 del reiterado artículo 27 (requisitos cuyo fin es el de limitar, a supuestos excepcionales, el desarrollo de la actividad de arrendamiento de inmuebles para beneficiarse de la RIC), son aplicables a las distintas fases (dotación, materialización y mantenimiento) ligadas al disfrute de este potente beneficio fiscal [TEARC, 28 septiembre 2023. La negrita es nuestra].

Por último, la RTEAC de 30 de octubre de 2023, recurso 00-10537-2022, confirma el criterio que en la actividad de arrendamiento de inmuebles, solo el rendimiento de los arrendamientos cualificados es apto para dotar la RIC. Los requisitos y exigencias señaladas en el apartado 8 del art. 27 de la Ley 19/1994 se disponen para aclarar qué inmuebles son aptos para materializar las cantidades con las que previamente se dotó la RIC y también para fijar los rendimientos a partir de los cuales se puede proceder a la dotación de la RIC[82].

7.6. La mutación de los requisitos exigidos en la materialización a la actividad de arrendamiento de inmuebles a la dotación RIC llega al TSJC

Lo que expliqué en el epígrafe 7.5 es representativo de la mutación que se ha producido de los requisitos en la materialización de inmuebles para arrendar a la fase de dotación, esto es, que con determinados arrendamientos, a pesar de generarse como actividad económica, no puede dotarse la RIC. Con el pronunciamiento del TEAR de 2022, su criterio actual es que los requisitos exigidos a la materialización RIC en inmuebles para arrendar afectan a la dotación, coincidiendo por tanto con el plasmado en la consulta vinculante DGT de 2013. Ya no solo se trata del arrendamiento entre personas vinculadas, sino que las demás especificaciones que exige el art. 27.8 se trasladan, con el criterio administrativo, a la fase de la dotación RIC. El nuevo criterio exige replantearse por prudencia la exclusión del

82 Florido Caño, 2024. *Revista Hacienda Canaria n.º 62.*

beneficio generado en la actividad de arrendamiento de inmuebles que, a pesar de desarrollarse como actividad económica, queda al margen de los únicos supuestos específicos y cualificados que contempla la normativa para la materialización: actividades turísticas, viviendas de VPO, alquileres a empresarios que van a desarrollar actividad industrial en los inmuebles y zonas comerciales en áreas en declive turístico por necesitar de su rehabilitación. Fuera de esas actividades en concreto, el beneficio que genera el arrendamiento de inmuebles, a pesar de considerarse como actividad económica, va a ser excluido de la dotación si se comprueba el incentivo. Dentro del restringido criterio administrativo podrían quedar, además, los beneficios generados en la explotación de viviendas vacacionales que se realice como actividad económica, aunque hasta 2018 se admitía la materialización en ellas.

El presupuesto básico hasta 2022 era si el rendimiento generado por el arrendamiento de inmuebles se realizaba o no en el seno de una actividad económica, pero en la actualidad parece no ser suficiente para la Administración tributaria, por lo que habrá que esperar a que la mutación de los requisitos de la fase de materialización a la dotación llegue algún día al TS y siente doctrina al respecto. En esa espera ya conocemos la opinión del TSJC. La **STSJC de 13 de mayo de 2024, Sede Las Palmas, recurso 337/023,** resuelve la demanda planteada contra la resolución TEARC de 31 de mayo de 2023, que consideró que los requisitos del art. 27.8 respecto a la materialización en inmuebles son aplicables a la dotación, ratificando así el criterio de la Inspección.

Se trata del arrendamiento de un complejo a un operador turístico que lo explota, por lo que para la Inspección y el TEARC queda fuera de los señalados por la normativa a partir de 2007 como susceptibles de generar rendimientos aptos para la dotación. La clave para el TSJC está en la redacción resultante del RD ley 12/2006 que, en su opinión, señala una serie de requisitos que ha de cumplir la actividad de arrendamiento de inmuebles y que son aplicables tanto a la materialización como a la dotación. Ello implica, por un lado, que no se produzca la vulneración por la Administración de sus actos propios, pues se había referido a la materia con la normativa anterior a 2007, que cambió la DGT en 2013, refiriéndose ya a la normativa vigente. Y por otro, que la empresa arrendadora ha perdido la consideración de empresa turística precisamente por arrendar el complejo y dejar de explotarlo, lo que le impide disfrutar del régimen de la RIC en general, no solo en la fase de materialización. Sin condena a costas:

PRIMERO. La cuestión a discernir en el presenten procedimiento consiste en determinar si la resolución antes reseñada del TEAR de Canarias en relación con la reclamación efectuada por la mercantil [] es o no ajustada a derecho, alegando la actora que ha quedado acreditada la realización de una actividad económica por su parte y que los beneficios de la misma provienen íntegramente de establecimientos situados en Canarias, no habiendo sido superado el límite legal del 90%, por lo que debe objetarse a las dotaciones llevadas a cabo en ejercicios inspeccionados, no pudiendo confundirse, como hace la administración, los requisitos para la materialización de la inversión con los requisitos de la dotación, alegando que recientes consultas de la Dirección General de Tributos avalan que la aplicación del apartado 8 del art. 27 de la LREF se refiere únicamente a la materialización, resultando, por otra parte, que por Auto del Tribunal Supremo de fecha 8 de marzo de 2023 se admitió a trámite recurso de casación contra sentencia de la Sala de fecha 28 de abril de 2022, que consideró que los requisitos del párrafo cuarto del art. 27,8 citado son sólo exigibles respecto de los arrendamientos de inmuebles ordinarios, pero no de los realizados en el seno de una actividad económica, como es el caso [] lo cual coincide con el criterio de la inspección de tributos en orden a que en la medida en que el complejo de [] se encuentre arrendado a un operador turístico, el rendimiento pierde la condición de "económico" a los efectos de la exención. Finalmente, alegó vulneración para la administración de la teoría de los actos propios al resultar que en ejercicios anteriores la inspección había admitido expresamente como base de dotación de la RIC el beneficio obtenido por la explotación de los indicados apartamentos, reconociendo en el acta de conformidad [] *que era la propia entidad la que desarrollaba la actividad de arrendamiento de inmuebles.*

SEGUNDO. Debe señalarse, en primer lugar, que, como puso de relieve la administración demandada en su escrito de contestación, el precepto contenido en el art. 27,8 de la ley 19/94 en su redacción resultante del RD ley 12/2006, es claro en orden a que los requisitos aplicables a los contribuyentes que se dedican a la actividad económica de arrendamiento de inmuebles ***se exigen para poder disfrutar del régimen de la reserva para inversiones, no sólo para materializar la inversión, como sostiene la recurrente, sino para acceder al beneficio fiscal de que se trata con la RIC,*** *siendo ello recogido por la Dirección General de Tributos en su consulta de fecha 11 de noviembre de 2013, que alteró previas consultas en el sentido pretendido por la actora,* ***criterio el actual que obedece a la modificación del art. 27 de la ley 19/94 operada por el RD ley 12/06 de 29 de diciembre, lo que afecta a los períodos impositivos iniciados a partir del 1 de enero de 2007****, no siendo acogible, como acertadamente señaló la demandada en su contestación, el argumento de la recurrente en orden a vulnerar la administración la doctrina de los actos propios ya que no se operó un cambio de criterio caprichoso o inmotivado, sino que se adaptó el seguido hasta entonces a la repetida modificación legal, siendo evidente que no se puede pretender que la agencia tributaria siga manteniendo el criterio sostenido respecto* [] en la inspección desarrollada respecto del ejercicio 2001 luego de la reseñada modificación del art. 27, habiendo hecho mención expresa de tal circunstancia la administración en la resolución recurrida. En consecuencia, la pretensión de la mercantil actora no puede prosperar ya que siendo requisito legal tener la consideración de empresa turística, con arreglo a lo previsto en la ley 7/95 de 6 de abril, de ordenación del turismo en Canarias, para disfrutar del régimen de la reserva para inversiones un obligado tributario que se dedique al arrendamiento de inmuebles, no puede pretenderse una interpretación extensiva de la norma, tratándose como es el caso, de un beneficio fiscal, siendo aplicable el art. 14 de la ley general tributaria cuando indica que no se admitirá la analogía para extender más allá de sus términos estrictos el ámbito del hecho imponible, de las exenciones y demás beneficio o incentivos fiscales. Y es que, como afirma la administración, la mercantil recurrente no puede considerarse empresa turística ya que no explota directamente los [] sino que cedió tal explotación a la mercantil [] que sería, en su caso, la que ejercería tal actividad de arrendamiento, por lo que debe decaer la argumentación de la demanda en orden al derecho de la recurrente a disfrutar del beneficio fiscal en cuestión. Finalmente, y para agotar el debate suscitado por la actora, en cuanto al [] *la entidad sostiene que los beneficios resultantes de su arrendamiento no fueron incluidos en*

> *la dotación a la RIC comprobada, pero sin aportar prueba alguna que desvirtúe lo señalado al respecto por la inspección tributaria, por lo que tampoco cabe apreciar la demanda en dicho punto.*
>
> *TERCERO. En definitiva, a tenor de lo expuesto resulta que el acto administrativo impugnado no incurre en las deficiencias apuntadas en la demanda, o al menos la actora no acredita lo contrario, por lo que debe reputarse ajustada a derecho la resolución impugnada, con desestimación del presente recurso económico administrativo* [STSJC de 13 de mayo de 2024. La negrita es nuestra].

Habrá que estar atento a la casación admitida por ATS de 8 de marzo de 2023 sobre una sentencia anterior del TSJC para saber cuál es el criterio del TS, pero con los antecedentes que existen en la actualidad es necesario actuar con la máxima prudencia a la hora de asesorar sobre esta controversia.

7.7. Cómo afecta a la RIB la jurisprudencia sobre la actividad de arrendamiento de inmuebles

Como quiera que la normativa RIB recoge casi tal cual la que está vigente en la RIC, entiendo que la interpretación que por ahora hacen la DGT, la Inspección tributaria, el TEARC, el TSJC, la AN y TS en materia de dotación con los beneficios generados en la actividad económica de arrendamiento de inmuebles es aplicable a las empresas baleares que dotan RIB, esto es, que solo el beneficio generado en las actividades de arrendamiento inmobiliario previstas en la D.A. 70 de la Ley 31/2022, Cuatro, apartado 8, es susceptible de dotación RIB y no el resto de supuestos, como puede ser el resultado obtenido en el arrendamiento de un establecimiento turístico a un tercero para que lo explote:

> *En los supuestos de arrendamiento de bienes inmuebles, además de las condiciones previstas en el párrafo anterior, el contribuyente deberá tener la consideración de empresa turística de acuerdo con lo previsto en la Ley 8/2012, de 19 de julio, tratarse del arrendamiento de viviendas protegidas por la sociedad promotora, de bienes inmuebles afectos al desarrollo de actividades industriales incluidas en las divisiones 1 a 4 de la sección primera de las tarifas del Impuesto sobre Actividades Económicas, aprobadas por el Real Decreto Legislativo 1175/1990, de 28 de septiembre, de actividades socio-sanitarias, centros residenciales de mayores, geriátricos y centros de rehabilitación neurológica y física o de zonas comerciales situadas en áreas cuya oferta turística se encuentre en declive, por precisar de intervenciones integradas de rehabilitación de áreas urbanas, según los términos en que se define en la Ley 8/2012, de 19 de julio, y el Decreto-ley 1/2013, de 7 de junio, de medidas urgentes de carácter turístico y de impulso de las zonas turísticas maduras* [apartado 8 RIB].

Al igual que ha ocurrido en la RIC, y pendientes que el TS siente doctrina al respecto, la dotación RIB se ve condicionada con los múltiples requisitos exigidos a la materialización en inmuebles para arrendar a la hora de destinar sus rendimientos a la dotación. Dicho con otras palabras, que los requisitos cualificados del apartado 8 se exigen tanto a la fase de materialización como dotación, de forma que solo son susceptibles de la RIB aquellos rendimientos generados en la actividad económica de arrendamiento de inmuebles que estén especificados en el apartado.

7.8. Ficha resumen de la interpretación de los Tribunales de Justicia sobre la presunción del art. 27.2 LIRPF y 5.2. LIS en el arrendamiento de inmuebles

1.	El TSJC fijó en 2006 el criterio de que la presunción era *iuris et de iure*, es decir que si los requisitos de local y empleado se cumplían se realizaba actividad económica con el arrendamiento de inmuebles.
2.	De 2006 a 2011 también había fijado el criterio (con discrepancias entre las Salas de LPGC y SCT) de que los requisitos del art. 27 LIRPF no eran aplicables a las entidades mercantiles que realizasen actividad económica al margen del arrendamiento de inmuebles.
3.	En 2012, a la luz de los pronunciamientos de la AN y el TS, cambia de criterio, afirmando que los requisitos son aplicables a todas las sociedades mercantiles, realicen o no otras actividades aparte del arrendamiento de inmuebles.
4.	El TSJ de Cantabria hizo en 2014 un novedoso planteamiento: que una vez desaparecido en 2007 el régimen de las sociedades patrimoniales, los requisitos del art. 27.2 LIRPF no podían ser aplicables a las sociedades.
5.	El TSJC reconoce en 2019 que no existía carga de trabajo para el empleado y local en la actividad de arrendamiento de inmuebles. Se añadía el segundo requisito para acreditar la realización de actividad económica.
6.	Desde 2007 la AN concluye que los requisitos del art. 27 son exigibles a las sociedades

7.	Desde 2011, la AN sentó el criterio de que la presunción es *iuris tantum* y ratificó que los requisitos del art. 27.2 LIRPF son aplicables a todas las sociedades mercantiles que realicen la actividad de arrendamiento de inmuebles.
8.	Por primera vez en 2012, la AN admite actividad económica a pesar de solo tener un empleado a media jornada y que no es fundamental tener un mínimo de inmuebles en alquiler. En 2013 se reafirma en la presunción *iuris tantum*.
9.	Al ser una presunción *iuris tantum*, la AN admite que pueda probarse por cualquier otro medio válido en Derecho la realización de actividad económica, aún en el caso de que no se cuente con local y empleado. Este criterio lo mantiene en sentencia de julio de 2014, es decir, con posterioridad al cambio de criterio del TEAC de mayo de 2013.
10.	Hay innovación en la AN en 2021 al afirmar que la carga de trabajo no es un requisito contemplado en la normativa RIC. Se hace eco de la DGT CV 3394-2015 en el mismo sentido. También en 2022, cuando admite que puede externalizarse el servicio de gestión de los arrendamientos, sin necesidad de un empleado. Es una solución racional al problema creado.
11.	El TS, sin la esperada claridad, se ha pronunciado a partir de 2011 a favor de que la presunción es *iuris tantum* y que las sociedades han de cumplir los requisitos de local y empleado del art. 27.2 LIRPF. Aun no haciéndolo, nuestra opinión es que siguiendo la línea jurisprudencial marcada, puede probarse la realización de actividad económica por otros medios (opinión no admitida por el TEAC).
12.	En 2012 afirma con rotundidad que los requisitos son aplicables con carácter general a todas las entidades mercantiles. Criterio que se incorporó a la LIS en 2014.
13.	En 2022 confirmó que los requisitos no eran exigibles a las entidades dedicadas al arrendamiento de viviendas regulado en el régimen especial de los artículos 53 y 54 LIS.

7.9. Ficha resumen sobre la mutación de los requisitos de la materialización a la dotación

1.	La vinculación entre el arrendador y el arrendatario afectaba únicamente a la materialización, pero la Administración tributaria comenzó a aplicar en 2011 el criterio de que también a la dotación. De forma que con los rendimientos de alquileres a vinculadas no podía dotarse RIC.
2.	La DGT cambió su criterio de 2009 en 2013, haciendo suyo el de la Inspección en materia de arrendamiento entre partes vinculadas.
3.	El TEARC y el TEAC fueron cambiando su opinión al respecto desde 2013. Con la normativa anterior a 2007, el TEAC afirmó en 2014 que el rendimiento del arrendamiento entre vinculadas era susceptible de la dotación. El TEARC dio un giro en su criterio en 2017 y extrapoló la prohibición de la vinculación a la fase de dotación, con diferencias entre las Salas de Las Palmas y Santa Cruz.
4.	Respecto a la mutación de los requisitos cualificados de la materialización en inmuebles para arrendar a la fase de dotación, el TEARC confirma en 2022 y 2023 que no se puede dotar RIC con los arrendamientos diferentes a los señalados en el art. 27.8. Se igualaba el criterio de la DGT de 2013 y el TEARC.
5.	El TSJC en 2024 concluye que los requisitos del art. 27.8 respecto a la materialización en inmuebles son aplicables a la dotación, ratificando así el criterio de la Inspección.
6.	En esta materia, un ATS de 2023 admitió el asunto en casación, por lo que estamos a la espera de que resuelva el TS y comprobar si lo hace con la necesaria claridad.
7.	La mutación de los requisitos de la materialización a la dotación afectan en mi opinión a la RIB.

Capítulo 8

EL RENDIMIENTO GENERADO EN LA VENTA DE UN ACTIVO AFECTO A LA RIC/RIB

El beneficio generado en la venta de un elemento patrimonial afecto a las dotaciones RIC 1997-2006 es susceptible de la dotación RIC, pero no las plusvalías obtenidas en la transmisión de elementos patrimoniales afectos a las dotaciones RIC 2007 y siguientes. En el caso de concurrir en el mismo activo partes afectas y no afectas al incentivo tanto en el coste de adquisición como el de posteriores mejoras, el beneficio susceptible de la dotación se calcula proporcionalmente.

La normativa vigente de la RIC y RIB recoge las mismas matizaciones en los textos legales y reglamentarios, motivo de que el análisis que hago en el capítulo, exceptuando la evolución legislativa, sea común para ambas reservas para inversiones.

8.1. Legislación vigente

– LEY 19/1994 REF

Artículo 27 Reserva para inversiones en Canarias

1. Las entidades sujetas al Impuesto sobre Sociedades tendrán derecho a la reducción en la base imponible de las cantidades que, con relación a sus establecimientos situados en Canarias, destinen de sus beneficios a la reserva para inversiones de acuerdo con lo dispuesto en este artículo. (...)

2. La reducción a que se refiere el apartado anterior se aplicará a las dotaciones que en cada período impositivo se hagan a la reserva para inversiones hasta el límite del noventa por ciento de la parte de beneficio obtenido en el mismo período que no sea objeto de distribución, en cuanto proceda de establecimientos situados en Canarias.

En ningún caso la aplicación de la reducción podrá determinar que la base imponible sea negativa.

A estos efectos, se considerarán beneficios procedentes de establecimientos en Canarias los derivados de actividades económicas, incluidos los procedentes de la transmisión de los elementos patrimoniales afectos a las mismas, así como los derivados de la transmisión de elementos patrimoniales no afectos a actividades económicas, en los términos que reglamentariamente se determinen.

A estos efectos se considerarán beneficios no distribuidos los destinados a nutrir las reservas, excluida la de carácter legal. ***No tendrá la consideración de beneficio no distribuido el que derive de la transmisión de elementos patrimoniales cuya adquisición hubiera determinado la materialización de la reserva para inversiones dotada con beneficios de periodos impositivos a partir de 1 de enero de 2007.***

En caso de elementos patrimoniales que solo parcialmente se hubiesen destinado a la materialización de la reserva a partir de dicha fecha, se considerará beneficio no distribuido la parte proporcional del mismo que corresponda al valor de adquisición que no hubiera supuesto materialización de dicha reserva. (...) [Redacción Ley 8/2018].

– Reglamento REF (RD 1758/2007)

Artículo 5 Reglamento. Determinación del beneficio del establecimiento permanente situado en Canarias

1. Se considerarán beneficios procedentes de establecimientos permanentes situados en Canarias los derivados de las operaciones efectuadas con los medios personales y materiales afectos al mismo que cierren un ciclo mercantil que determine resultados económicos, así como los derivados de la transmisión de elementos patrimoniales no afectos a actividades económicas, siempre que, en este último caso, se trate de elementos del inmovilizado material, inversiones inmobiliarias o activos intangibles que hayan generado rentas al menos un año dentro de los tres anteriores a la fecha de transmisión.

2. No tendrá la consideración de beneficio no distribuido:

a) El destinado a nutrir las reservas de carácter legal.

b) El que derive de la transmisión de elementos patrimoniales cuya adquisición hubiera determinado la materialización de la reserva para inversiones en Canarias. *(...)*

– Ley 31/2022, Régimen fiscal especial balear

D.A. 70ª, Cuatro 2. *La reducción a que se refiere el número anterior se aplicará a las dotaciones que en cada período impositivo se hagan a la reserva para inversiones hasta el límite del 90 por ciento de la parte de beneficio obtenido en el mismo período que no sea objeto de distribución, en cuanto proceda de establecimientos situados en las Illes Balears.*

En ningún caso la aplicación de la reducción podrá determinar que la base imponible sea negativa.

A estos efectos, se considerarán beneficios procedentes de establecimientos en las Illes Balears los derivados de actividades económicas, incluidos los procedentes de la transmisión de los elementos patrimoniales afectos a las mismas.

A estos efectos se considerarán beneficios no distribuidos los destinados a nutrir las reservas, excluida la de carácter legal. ***No tendrá la consideración de beneficio no distribuido el que derive de la transmisión de elementos patrimoniales cuya adquisición hubiera determinado la materialización de la reserva para inversiones regulada en este apartado****, ni el que se derive de los valores representativos de la participación en el capital o fondos propios de otras entidades, así como la cesión a terceros de capitales propios.*

– RD 710/2024, Reglamento régimen especial balear

Artículo 4. Beneficio atribuible a los establecimientos situados en las Illes Balears.

1. Se considerarán beneficios procedentes de los establecimientos situados en las Illes Balears a que se refieren los apartados 1 y 2 del artículo anterior los derivados de las operaciones efectuadas con los medios personales y materiales afectos al mismo que cierren un ciclo mercantil que determine resultados económicos.

2. No tendrá la consideración de beneficio no distribuido:

a) El destinado a nutrir las reservas de carácter legal.

b) El que derive de la transmisión de elementos patrimoniales cuya adquisición hubiera determinado la materialización de la reserva para inversiones en las Illes Balears.

No obstante, en los casos de transmisión de elementos patrimoniales que solo se hubiesen destinado parcialmente a la materialización de la reserva, se considerará beneficio no distribuido la parte proporcional de dicho beneficio que se corresponda con la parte del valor de adquisición del elemento patrimonial que no hubiera supuesto la materialización de la reserva.

c) El que derive de los valores representativos de la participación en el capital o fondos propios de otras entidades, así como la cesión a terceros de capitales propios.

La evolución normativa de esta materia en la RIC señala varios hitos, puesto que hasta el 31 de diciembre de 2006 la Ley no prohibía que el beneficio generado en la venta de un bien afecto al incentivo pudiera destinarse a la dotación RIC. Sí especificaba que en caso de generarse rendimiento negativos en su transmisión tenían la consideración de no deducible fiscalmente. El Reglamento de 2007, vigente a partir de 1 de enero de 2008, introdujo dos cambios notables: primero, que los rendimientos obtenidos en la transmisión de bienes afectos a las dotaciones RIC 2007 y siguientes no son susceptibles de la dotación RIC; y segundo, que las pérdidas generadas en esa transmisión se consideran fiscalmente deducibles.

A partir de esta clarificación, el precepto principal del Reglamento desapareció en 2015 del art. 5.2, sembrando dudas al respecto. Consciente el legislador del lapsus padecido, lo incorporó en 2018 al texto del art. 27.2 como una aclaración legal. Hoy en día es pacífico que los beneficios generados en la transmisión de elementos afectos a las dotaciones RIC 1994-2006 son susceptibles de la dotación, pero no los afectos a las dotaciones RIC 2007 y siguientes.

El Régimen fiscal especial balear creado en 2022 introduce con efectos 1 de enero de 2023 los mismos textos vigentes en el REF, por lo que se considera como beneficio distribuido en la RIB el que derive de la transmisión de elementos patrimoniales cuya adquisición hubiera determinado la materialización de la reserva e, incluso, la especificación de que, en la transmisión de elementos patrimoniales que se hayan destinado parcialmente a la materialización de la RIB, se considera beneficio no distribuido la parte proporcional que se corresponda con la parte del valor de adquisición del elemento no afecto a la RIB. Por tanto, en la RIC y en la RIB rigen los dos mismos principios de que no es susceptible de la dotación el beneficio generado en la venta de un elemento afecto; y que, en caso de tratarse de elementos parcialmente afectos a las reservas, la proporción del rendimiento generado por la parte no afecta sirve para la dotación.

Difieren las normativas específicas de las dos reservas en aquellos párrafos del REF que matizan que es susceptible de la dotación el rendimiento obtenido en un bien afecto a las dotaciones 1994-2006, pero coinciden en el tratamiento dado a las dotaciones RIC 2007 y siguientes, y dotaciones RIB 2023 y posteriores.

8.2. El beneficio generado en la transmisión de activos afectos a la RIC/RIB

A efectos de la dotación RIC, la versión original de la Ley 19/1994 partía del concepto de beneficio no distribuido. Hasta 2007 consideraba como tal el destinado a nutrir las reservas, excepto la legal, y los incrementos de patrimonio afectos a la antigua exención por reinversión de la Ley 61/1978 del IS. No hacía mención en los primeros años al beneficio que pudiera generarse en la venta de activos afectos a la RIC.

En la importante reforma de 2006, con vigencia 1 de enero de 2007, el concepto de beneficio susceptible de la dotación se redujo conceptualmente, pues se considera como beneficio distribuido: art. 27.2. *(...) b) El que derive de la transmisión de elementos patrimoniales cuya adquisición hubiera determinado la materialización de la reserva para inversiones regulada en este artículo* [2007]. En realidad, el texto legal hace una doble negación: "no se considera como beneficio no distribuido". En consecuencia, establece una nueva limitación: el beneficio generado en la venta de un bien afecto a la RIC no es susceptible de la dotación.

La misma calificación la recogió el art. 5.2 del Reglamento de 2007, añadiendo una precisión importante, que solo se aplicaba la restricción a los bienes afectos a las dotaciones RIC 2007 y siguientes, no a las anteriores: *c) El que derive de la transmisión de elementos patrimoniales cuya adquisición hubiera determinado la materialización de la reserva para inversiones en Canarias que se hubiera dotado con beneficios de períodos impositivos iniciados a partir de 1 de enero de 2007. En el caso de mejoras introducidas en elementos patrimoniales, no formará parte del beneficio que se puede destinar a la reserva para inversiones en Canarias la parte proporcional del mismo que corresponda al valor de adquisición que hubiera supuesto la materialización de dicha reserva* [2007].

Precisión respecto a la afección a las dotaciones RIC 2007 y siguientes que desaparece del art. 5.2 en la reforma del Reglamento de noviembre de 2015: *No tendrá la consideración de beneficio no distribuido: (...) b) El que derive de la transmisión de elementos patrimoniales cuya adquisición hubiera determinado la materialización de la reserva para inversiones en Canarias* [2015].

Además, la reforma de 2015 afectó a la Ley y cambió parte de los párrafos del art. 27.2, pero siguió la misma redacción respecto a la transmisión de los activos afectos con anterioridad a la RIC: *A estos efectos se considerarán beneficios no distribuidos los destinados a nutrir las reservas, excluida la de carácter legal. No tendrá la consideración de beneficio no distribuido el que derive de la transmisión de elementos patrimoniales cuya adquisición hubiera determinado la materialización de la reserva para inversiones regulada en este artículo* [2015].

De esa forma, el legislador evitaba que se prolongase *sine die* la cadena de afectación de un activo al incentivo, su posterior venta y la nueva dotación con los beneficios generados en la enajenación del activo RIC. Insisto en que la cuestión no fue siempre así, puesto que hasta la reforma de 2007 la Ley no señalaba nada al respecto, motivo de que pudiera dotarse RIC con las plusvalías obtenidas en la enajenación de activos afectos. Fue a partir de 2007 cuando el art. 27.2, b) de la Ley 19/1994 pasó a indicar que no tenía la consideración de beneficio no distribuido el que derivase de la transmisión de elementos patrimoniales cuya adquisición hubiera determinado la materialización de la RIC. La precisión del art. 5. 2, c) del Reglamento REF (RD 1758/2007) de que la medida solo afectaba a las dotaciones RIC realizadas a partir de 2007 fue importante, por lo que la prohibición se aplicaba exclusivamente a los bienes afectos a las dotaciones RIC 2007 y siguientes. Para terminar de enmarañar la materia, la reforma 2015 (RD 1022/2015) eliminó del art. 5.2 del Reglamento la mención al año 2007, motivo de que, a partir de 2015, por prudencia, interpretamos restrictivamente el precepto, en el sentido de que el beneficio generado en la transmisión de un activo en el que se hubiera materializado la RIC ya no podía destinarse a la dotación RIC, con independencia de que estuviese afecto a una dotación anterior o posterior a 2007.

Afortunadamente, tres años después, en 2018, la cuestión cambió con la modificación de la Ley 19/1994 por la Ley 8/2018, que incorporó a la

Ley REF —no al Reglamento, como en 2007— la mención expresa a las dotaciones a partir de 1 de enero de 2007, de forma que en la actualidad se considera beneficio no distribuido, por tanto, no susceptible de la dotación, únicamente el que proceda de la enajenación de activos afectos a la RIC 2007 y siguientes, pero no a las dotaciones anteriores: *art. 27.2. (…) No tendrá la consideración de beneficio no distribuido el que derive de la transmisión de elementos patrimoniales cuya adquisición hubiera determinado la materialización de la reserva para inversiones dotada con beneficios de periodos impositivos a partir de 1 de enero de 2007* [redacción 2018]. Avance importante que permite que la plusvalía generada por la venta de un activo afecto a las dotaciones RIC 1997-2006 sea susceptible de la dotación RIC.

¿Desde qué momento hay que interpretar la vigencia del nuevo precepto legal? Tratándose de una aclaración legal, entiendo que debe aplicarse al menos desde el 1 de enero de 2015, año en que se eliminó, sin justificación alguna, la especificación reglamentaria a las dotaciones de 2007 en adelante, pero incluso algunos autores cualificados en la materia opinan que es aplicable desde el 1 de enero de 2007[83].

En consecuencia, y partiendo del acostumbrado déficit en la técnica legislativa, una vez más puesto de manifiesto en el punto concreto que analizamos, parece acertado concluir que la plusvalía generada en la transmisión de un bien afecto a la RIC en el periodo 1994-2006 es susceptible de la dotación; mientras que si el activo estuvo afecto a las dotaciones RIC 2007 y siguientes no lo es.

Un aspecto a tener en cuenta es el del activo inicialmente afecto a las dotaciones RIC 2007 y siguientes, pero que se desafecta voluntariamente por el contribuyente, regularizando la dotación, o se regulariza por la Inspección al considerar que no cumple los requisitos de la normativa. Desde que se produzca una de las dos alternativas, entiendo que el activo ha dejado de estar afecto a la RIC, razón de que a la hora de su transmisión, el beneficio que genere es susceptible de la dotación, siempre que cumpla los requisitos adicionales para ello.

Lo explicado hasta ahora, exceptuando la evolución legislativa hasta 2018, que afectó obviamente solo a la RIC, sirve para aplicar a la RIB en 2023 y años posteriores: el beneficio generado en la transmisión de un bien afecto a la RIB no es susceptible de la dotación.

---

83 En este sentido, Luján Mascareño y Sánchez Blázquez, 2019: 161-165. En *La actualización del REF.* Colección Cátedra del REF n.º 5.

8.3. La proporcionalidad del beneficio generado en un bien parcialmente afecto a la RIC/RIB

La versión original del Reglamento REF vigente en 2008 introdujo una importante aclaración respecto al texto legal en el art. 5.2. c) reglamentario, al indicar qué ocurría con las mejoras introducidas en un bien afecto a la RIC. Concretamente, al señalar que no forma parte del beneficio que se puede destinar a la dotación el que derive de activos afectos a las dotaciones 2007 y siguientes, el reglamento añadía: ... *En el caso de mejoras introducidas en elementos patrimoniales, no formará parte del beneficio que se puede destinar a la reserva para inversiones en Canarias la parte proporcional del mismo que corresponda al valor de adquisición que hubiera supuesto la materialización de dicha reserva* [redacción 2008].

El segundo párrafo limitaba, por una parte, el beneficio susceptible de la dotación RIC, pues no solo excluía al derivado de la enajenación del bien originariamente afecto, sino además al que pudiera generarse con las posteriores mejoras realizadas. Pero por otra, facilitaba la comprensión de que era posible que el beneficio en la venta de las mejoras efectuadas en un inmueble, por ejemplo no afectas a la RIC, era susceptible de la dotación. Matiz importante, porque hasta ese momento, podía entenderse que servía todo el beneficio generado en la venta de un activo si no estaba afecto a la RIC; o no servía en absoluto si lo estaba, con independencia de las mejoras afectas o no realizadas con posterioridad.

Fue una aclaración importante la del art. 5.2.b) del Reglamento y está relacionada con un caso que es frecuente en la práctica empresarial: que la RIC se materialice en la adquisición y/o mejora de un elemento patrimonial determinado, siendo más frecuente esta alternativa en bienes inmuebles. Tanto la plusvalía generada en la venta del inmueble como en las mejoras afectas a la RIC 2007 y siguientes no son susceptibles de la dotación; pero sí, la generada en mejoras no afectas a esas dotaciones. Por supuesto, con la dificultad adicional de determinar qué parte proviene de elementos afectos y no afectos. Más fácil es prorratear la plusvalía en los casos que el inmueble en sí mismo no esté afecto a la RIC, solo la mejora efectuada, ¿qué ocurre si se enajena? El Reglamento aclaraba en 2008 que la parte proporcional del beneficio obtenido que provenga de la mejora afecta a la RIC no podía destinarse a una nueva dotación.

La norma reglamentaria se refería literalmente en 2008 a la parte proporcional del beneficio que correspondía a la mejora. Es decir, que parecía excluir que pudiera determinarse con los medios de prueba adecuados que a la mejora le corresponde una parte u otra de la plusvalía obtenida, inclinándose por la simple proporción existente entre los costes de adquisición y los de mejora, por una parte, y los beneficios obtenidos por otra. El planteamiento en la actualidad parece extraño, no teniendo que atenderse a la literalidad del precepto y, por supuesto, admitiendo cualquier prueba que acredite la correcta asignación de la plusvalía a un elemento u otro, pero lo cierto es que el Reglamento en 2008 hacía referencia a la parte proporcional. Insisto, no obstante, en que, si la parte proporcional del beneficio correspondiente a la mejora difiere del que pueda derivarse de otros cálculos más precisos, es solo cuestión de prueba el que se admita el criterio alternativo.

Pongamos un ejemplo que aclare la cuestión.

Ejemplo 8.1

En un inmueble adquirido en 2006 y afecto a la RIC 2005 por importe de 300.000 € se han efectuado mejoras en 2008 por importe de 100.000 €, que han sido afectadas a la dotación RIC de 2007. En 2024 se enajena el inmueble por 900.000 €.

El beneficio obtenido (obviamos las amortizaciones para atender a lo que más interesa destacar) es 500.000 € ¿qué parte del beneficio es susceptible de la dotación de 2024? Si hacemos la correspondiente regla de tres para determinar la proporción que señala el Reglamento, tenemos que:

Si a un coste total de 400.000 € le corresponde un beneficio de 500.000 €

A 100.000 € de la mejora le corresponde X; X = 125.000 €, que sería el beneficio no susceptible de la dotación, ya que la mejora se efectuó con cargo a la RIC 2007, mientras que la nave estaba afecta a RIC anterior a 2007.

El beneficio que podría destinarse a la RIC de 2024 sería 375.000 (500.000 - 125.000), siempre que el inmueble haya estado afecto a actividad económica. Si mediante una tasación pericial resultase que la plusvalía que le corresponde a la mejora en el inmueble es inferior a los 125.000 € del cálculo basado en la parte proporcional, entendemos que el beneficio a excluir de la dotación 2024 sería también inferior. El mismo criterio sirve si la tasación concluye con una plusvalía superior para la mejora, que incrementaría la plusvalía del inmueble en sí mismo y en consecuencia el beneficio susceptible de la dotación.

La precisión que hizo el Reglamento de 2008 desapareció en la reforma de 2015: art. 5 2. No tendrá la consideración de beneficio no distribuido: *(...) b) El que derive de la transmisión de elementos patrimoniales cuya adquisición hubiera determinado la materialización de la reserva para inversiones en Canarias* [2015]. Y sigue así vigente en la actualidad.

El lapsus del legislador se enmendó directamente en la Ley 19/1994 con el cambio previsto en la Ley 8/2018 (con vigencia el 7 de noviembre de 2018) en el art. 27.2*: En caso de elementos patrimoniales que solo parcialmente se hubiesen destinado a la materialización de la reserva a partir de dicha fecha, se* *considerará beneficio no distribuido la parte proporcional del mismo que corresponda al valor de adquisición que no hubiera supuesto materialización de dicha reserva* [2018]. Redacción que sigue vigente en la actualidad y que entiendo aplicable desde 2008 hasta el presente, sin afectarle la omisión reglamentaria de 2015. Se trata en mi opinión de una necesaria aclaración legal a la injustificada desaparición del texto reglamentario en 2015 de los aspectos de la proporcionalidad del beneficio, y por tanto, su aplicación tiene sentido desde 2007. Así también lo señala el texto legal, a partir de esa fecha, refiriéndose al 1 de enero de 2007.

Medida específica que afecta al beneficio generado en la enajenación de un activo afecto a la RIC y que permite discernir entre el rendimiento obtenido por la parte del activo afecto a la RIC y el generado por la parte no afecta del activo. Es el caso de un inmueble que se haya afectado parcialmente a la RIC 2008, pongamos por ejemplo al 60%. El resultado positivo generado en la venta de esa parte no es susceptible de una nueva dotación, pero sí el obtenido en la enajenación del 40% restante, que no estaba afecto. La proporcionalidad a la hora de establecer el beneficio susceptible de una nueva dotación es bienvenida al incorporarse al precepto legal y aportar mayor racionalidad en la aplicación del incentivo.

Al igual que la primera cuestión abordada, la proporcionalidad en cuanto al beneficio generado por un bien parcialmente afecto existía en el Reglamento de 2007, pero su mención en el art. 5.2.c) fue también cercenada por la reforma de 2015. Se recupera en la Ley 8/2018, con la mayor seguridad jurídica que aporta su incorporación al texto legal y no al reglamentario. Y predicamos sus efectos desde 1 de enero de 2007.

No he encontrado consultas de la DGT ni resoluciones de los Tribunales económico-administrativos al respecto. El precepto en principio es claro, si bien la proporcionalidad a la hora de calcular el rendimiento generado con el bien afecto a partir de 2007 y la parte afecta a dotaciones anteriores genera algún problema. Lo mismo ocurre con la determinación del rendimiento obtenido en la enajenación de las mejoras que no se hayan afectado al incentivo. Sobre todo, cuando los datos resultantes de aplicar en puridad la proporcionalidad no se ajustan a la realidad económica. Ponemos algunos ejemplos sobre esta cuestión. Pero antes, recalcar que respecto a las pérdidas que puedan generarse en la enajenación de elementos afectos a la RIC, desde 2007 hasta la actualidad se consideran fiscalmente deducibles.

Ejemplo 8.2

El mismo inmueble del ejemplo anterior, pero adquirido en 2009 y afecto a la RIC 2007 por importe de 300.000 €, en el que se han efectuado mejoras en 2008 por importe de 100.000 € afectas a la dotación RIC 2008. En 2024 se enajena el inmueble por 900.000.
El beneficio obtenido (obviamos las amortizaciones para atender a lo que interesa destacar) es 500.000 € ¿qué parte del beneficio es susceptible de la dotación de 2024? Ninguno, ya que tanto la inversión en el inmueble como la mejora están afectas a dotaciones RIC posteriores a 1 de enero de 2007.

Ejemplo 8.3

En el inmueble anterior, adquirido en 2009 y afecto a la RIC 2007 por 300.000 €, se efectuaron mejoras en 2023 por 100.000 €, que no han sido afectadas a RIC. Las amortizaciones acumuladas de la nave ascienden a 100.000 y 5000 de la mejora. En 2024 se enajena el inmueble por 900.000 €.
El beneficio obtenido es 605.000 € (900.000 - 300.000 - 100.000 + 100.000 AA + 5.000 A.A.), ¿qué parte del beneficio es susceptible de la dotación 2024? Solo el correspondiente a la mejora de 100.000 efectuada en 2008, cuyo valor neto contable es 95.000. Si a un valor neto contable de 295.000 le corresponde un beneficio de 605.000, a 95.000 le corresponde X; X = 194.830 €.
En este caso se aprecia con claridad que la proporcionalidad no se corresponde con la realidad, por lo que sería conveniente pedir una tasación que determine el beneficio que se derive de la mejora.

8.4. Ficha resumen del beneficio susceptible de la dotación con las plusvalías obtenidas en la transmisión de activos afectos a la RIC/RIB

1. Legislación 1994-2006, RIC. **(+)** Posibilidad de dotar RIC con las plusvalías de los bienes afectos a la RIC; **(-)** Las pérdidas obtenidas en la enajenación de bienes afectos a la RIC no se consideran gastos fiscalmente deducibles.

2. Legislación 2007-2015, RIC. **(-)** No existe la posibilidad de dotar RIC con las plusvalías de los bienes afectos a la nueva RIC (2007 y siguientes). **(+)** En caso de materialización en mejoras solo se excluye la parte proporcional del beneficio correspondiente a las mismas. **(+)** Las pérdidas obtenidas en la enajenación de bienes afectos a la nueva RIC se consideran fiscalmente deducibles.

3. Legislación 2015-2018, RIC. **(-)** Desaparece del Reglamento que en caso de materialización en mejoras solo se excluye la parte proporcional del beneficio correspondiente a las mejoras.
4. Legislación 2018- 2024, RIC. **(+)** El texto legal recoge que, en caso de elementos patrimoniales que solo parcialmente se hubiesen destinado a la materialización de la RIC a partir de 2007, se considerará beneficio no distribuido la parte proporcional del mismo que corresponda al valor de adquisición que no hubiera supuesto materialización de dicha reserva. **(+)** Las pérdidas obtenidas en la enajenación de bienes afectos a la RIC siguen considerándose fiscalmente deducibles.
5. Legislación 2023 en adelante, RIB. La normativa del Régimen fiscal especial balear recoge la vigente en el REF para la RIC, motivo de que no sean susceptibles de la dotación RIB los rendimientos generados en la enajenación de elementos afectos a la RIB. Y que, en el caso de elementos patrimoniales afectos parcialmente a la RIB, el rendimiento obtenido en la parte no afecta a la RIB es susceptible de la dotación.

Capítulo 9

EL RENDIMIENTO GENERADO EN LA TRANSMISIÓN DE ACTIVOS NO AFECTOS A LA ACTIVIDAD ECONÓMICA TIENE TRATAMIENTO DIFERENTE EN LA RIC Y RIB

Las plusvalías generadas en la transmisión de activos afectos a actividades económicas son susceptibles de la dotación. No lo eran las plusvalías obtenidas en la enajenación de elementos no afectos, pero en 2015 se incorporó a la normativa RIC la excepción que confirma la regla: las plusvalías generadas por la transmisión de elementos patrimoniales no afectos a actividad económica son susceptibles de la dotación cuando al menos hayan generado renta durante un año en los tres anteriores a su enajenación.

No obstante, esta importante novedad de 2015 en la normativa RIC no se ha incorporado en 2022 a la RIB, de forma que la excepción que introdujo el legislador para calificar como susceptible de la dotación las plusvalías generadas en la enajenación de elementos no afectos a actividades económicas que hayan generado ingresos en los tres últimos años solo se aplica en la RIC. Es una de las pocas diferencias que existen en la normativa que regula la dotación de ambas reservas.

9.1. Legislación vigente

– Ley 19/1994

Art. 27.2. La reducción a que se refiere el apartado anterior se aplicará a las dotaciones que en cada período impositivo se hagan a la reserva para inversiones hasta el límite del noventa por ciento de la parte de beneficio obtenido en el mismo período que no sea objeto de distribución, en cuanto proceda de establecimientos situados en Canarias.

En ningún caso la aplicación de la reducción podrá determinar que la base imponible sea negativa.

A estos efectos, se considerarán beneficios procedentes de establecimientos en Canarias los derivados de actividades económicas, incluidos los procedentes de la transmisión de los elementos patrimoniales afectos a las mismas, ***así como los derivados de la transmisión de elementos patrimoniales no afectos a actividades económicas, en los términos que reglamentariamente se determinen.***

– Reglamento REF, (RD 1758/2007)

Artículo 5 Determinación del beneficio del establecimiento permanente situado en Canarias

1. Se considerarán beneficios procedentes de establecimientos permanentes situados en Canarias los derivados de las operaciones efectuadas con los medios personales y materiales afectos al mismo que cierren un ciclo mercantil que determine resultados económicos, así como ***los derivados de la transmisión de elementos patrimoniales no afectos a actividades económicas, siempre que, en este último caso, se trate de elementos del inmovilizado material, inversiones inmobiliarias o activos intangibles que hayan generado rentas al menos un año dentro de los tres anteriores a la fecha de transmisión*** [desde 2015].

– Ley 31/2022, Régimen fiscal especial balear

D. A. 70ª, Cuatro: 2. La reducción a que se refiere el número anterior se aplicará a las dotaciones que en cada período impositivo se hagan a la reserva para inversiones hasta el límite del 90 por ciento de la parte de beneficio obtenido en el mismo período que no sea objeto de distribución, en cuanto proceda de establecimientos situados en las Illes Balears.

En ningún caso la aplicación de la reducción podrá determinar que la base imponible sea negativa.

A estos efectos, se considerarán beneficios procedentes de establecimientos en las Illes Balears los derivados de actividades económicas, incluidos los procedentes de la transmisión de los elementos patrimoniales afectos a las mismas.

– RD 710/2024, Reglamento Régimen fiscal especial balear

Artículo 4. Beneficio atribuible a los establecimientos situados en las Illes Balears.

1. Se considerarán beneficios procedentes de los establecimientos situados en las Illes Balears a que se refieren los apartados 1 y 2 del artículo anterior los derivados de las operaciones efectuadas con los medios personales y materiales afectos al mismo que cierren un ciclo mercantil que determine resultados económicos.

2. No tendrá la consideración de beneficio no distribuido:

a) El destinado a nutrir las reservas de carácter legal.

b) El que derive de la transmisión de elementos patrimoniales cuya adquisición hubiera determinado la materialización de la reserva para inversiones en las Illes Balears.

No obstante, en los casos de transmisión de elementos patrimoniales que solo se hubiesen destinado parcialmente a la materialización de la reserva, se considerará beneficio no distribuido la parte proporcional de dicho beneficio que se corresponda con la parte del valor de adquisición del elemento patrimonial que no hubiera supuesto la materialización de la reserva.

c) El que derive de los valores representativos de la participación en el capital o fondos propios de otras entidades, así como la cesión a terceros de capitales propios.

Hasta 2015, el beneficio susceptible de la dotación RIC era exclusivamente el que procedía de la actividad económica desarrollada en Canarias y el generado en la transmisión de activos afectos a la actividad económica. La primera premisa sigue vigente en la actualidad, pero la segunda experimentó un cambio notable a través del RD 1022/2015, que introdujo en el art. 27.2 de la Ley REF y art. 5 del Reglamento la posibilidad que la plusvalía generada en la transmisión de elementos no afectos fuera susceptible de la dotación si se daban ciertos requisitos. El texto reglamentario pasó de la negativa radical de 2008: no formará parte del beneficio que se puede destinar a la dotación el procedente de elementos patrimoniales no afectos a la realización de actividades económicas; a que fuera susceptible de la dotación la transmisión de elementos patrimoniales no afectos a actividades económicas que cumplieran dos circunstancias: que se tratase de elementos del inmovilizado material, inversiones inmobiliarias o activos intangibles; y que hayan generado rentas al menos un año dentro de los tres anteriores a la fecha de transmisión.

Cumpliendo los dos requisitos, el rendimiento generado en la venta de elementos no afectos es susceptible de la dotación RIC. Es una importante novedad respecto al anterior *Manual de la RIC 2007-2013*, que analizamos en este capítulo.

Sin embargo, en la normativa RIB no se observa el mismo precepto, motivo de que el beneficio susceptible de la dotación sea únicamente el generado en la actividad económica y la plusvalía obtenida en la enajenación de elementos afectos a la misma. El texto legal balear indica que se considerarán beneficios procedentes de establecimientos en las *Illes Balears* los derivados de actividades económicas, incluidos los procedentes de la transmisión de los elementos patrimoniales afectos a las mismas; mientras que el Reglamento tampoco incluye referencia alguna a la aptitud de las plusvalías generadas en la enajenación de elementos no afectos. Es una de las pocas diferencias que observamos entre las dotaciones RIC-RIB.

Es por ello, que los epígrafes siguientes afectan exclusivamente a la RIC.

9.2. La necesaria reforma del Reglamento del REF a raíz del R.D.L. 15/2014

Concentrándonos solamente en la RIC, con evidente retraso, el Consejo de Ministros aprobó el viernes 13 de noviembre de 2015 la modificación del Reglamento del REF en sus aspectos fiscales, después de que casi un año antes, el R.D.L. 15/2014, de 19 de diciembre, adecuase los incentivos fiscales de la Ley 19/1994 REF a la normativa europea de las ayudas de Estado para el periodo 2015-2020.

El borrador del Reglamento salió a información pública en junio de 2015 y numerosas fueron las instituciones que presentaron sus alegaciones al texto, entre otras, las Confederaciones de empresarios canarias, la Asociación de industriales de Canarias y la Cátedra del REF de la Universidad de Las Palmas de Gran Canaria. El "Informe de Alegaciones de la Cátedra" está a disposición del lector en www.catedraref.ulpgc.es y en él explicamos pormenorizadamente el objetivo que se pretendía lograr con cada una de las sugerencias. Muy pocas de las propuestas efectuadas para racionalizar la norma y dotar de la máxima seguridad jurídica posible a los siempre cuestionados incentivos fiscales tuvieron su acomodo en el texto final.

En la reforma del Reglamento del REF de 2015, los incentivos fiscales que salieron notablemente favorecidos fueron los de la Zona Especial Canaria (ZEC) y la deducción aplicable a las producciones cinematográficas, siendo esta la que más cambios incorporó en el texto respecto al borrador del Reglamento. La gran perjudicada fue la RIC, que entre otras cuestiones técnicas que analizamos, perdió la mayúscula en su título: de Reserva para inversiones en Canarias pasó a "reserva para inversiones en Canarias" por obra del Informe emitido por el Consejo de Estado en octubre de 2015. Cuestión menor, sin lugar a dudas, pero que sirve de paradigma de la negativa evolución de las dotaciones RIC en años de crisis económica y de los graves problemas surgidos en los últimos ejercicios en su interpretación y aplicación. Los vaivenes en el criterio administrativo y alguna sorpresa jurisprudencial (plazo de materialización de las personas físicas, afortunadamente subsanado años después) fueron los causantes. A partir de 2015, la RIC se escribe en minúscula, con todo lo que simbólicamente supone.

El texto reglamentario puntualiza y aclara algunas cuestiones relacionadas con la dotación RIC que en la práctica supuso un retroceso en lo que parecía una ampliación de las opciones de dotación reguladas a través de la reforma introducida por el R.D.L. 15/2014 en materia del beneficio susceptible de dotación. Ahora interesa destacar las plusvalías generadas con elementos patrimoniales no afectos a actividades económicas. El art. 27.2 de la Ley 19/1994, modificado en 2014, señala que a efectos de la dotación RIC se considerarán beneficios procedentes de establecimientos en Canarias los derivados de actividades económicas, incluidos los procedentes de la transmisión de los elementos patrimoniales afectos a las mismas, **así como los derivados de la transmisión de elementos patrimoniales no afectos a actividades económicas, en los términos que reglamentariamente se determinen**. Suponía, en principio, que se ampliaba a partir de ese año el embudo de la dotación con las plusvalías generadas en la venta de activos no afectos a una actividad empresarial y determinados activos financieros (títulos de capital de sociedades participadas). Al menos eso era lo que había interpretado inicialmente, pero la nueva redacción del art. 5 del Reglamento 1758/2007 propiciada en 2015 indicaba que no era así, y lo hacía matizando el texto legal con una sutil precisión:

- Que las plusvalías generadas en la enajenación de elementos patrimoniales no afectos a una actividad económica son solo susceptibles de la dotación RIC si han generado renta al menos en uno de los tres últimos años a su enajenación.

Dejaba fuera, por tanto, las plusvalías generadas en la venta de acciones y participaciones, que seguían y siguen como no susceptibles de la dotación.

En cuanto a los elementos patrimoniales no afectos, el art. 5.1. señala que han de estar encuadrados en el inmovilizado material, inversiones inmobiliarias o activos intangibles, dejando fuera otros elementos patrimoniales, como los activos no corrientes mantenidos para la venta, las inversiones en empresas del grupo y las inversiones financieras. La exclusión más preocupante, desde el punto de vista técnico, es la relativa a los activos no corrientes mantenidos para la venta, que supone que la mera clasificación contable de un activo dentro de esa categoría excluya la posibilidad de que el beneficio que se genere en su venta sea susceptible de la dotación. La DGT no ha matizado convenientemente este sinsentido, que supone una restricción más y un aspecto a tener en cuenta a la hora de reclasificar los activos. Pero no solo se produce la delimitación de los activos no afectos, sino que el último párrafo del art. 5.1 añade una nueva obligación o requisito: ¡que hayan generado rentas al menos un año dentro de los tres anteriores a la fecha de transmisión! Un auténtico nuevo galimatías en materia RIC. Incluso entendiendo el término "renta" en un concepto amplío, no en su acepción más común relacionada con el pago del arrendamiento de bienes, sino en la de contribuir a una determinada actividad, nos encontramos con activos que han dejado de estar afectos a la actividad económica y que por tanto ya no contribuyen a obtener un rendimiento global en la empresa. El resultado práctico de la restricción supondría, en principio, que un activo no afecto a la actividad económica solo generará la plusvalía susceptible de la RIC dentro de los tres años siguientes a su desafectación (porque en el cuarto año no habrá generado renta de tipo alguno, salvo que se arriende o ceda a un tercero). La alternativa más clara es cuando en los tres años anteriores a su enajenación se ha arrendado o cedido a un tercero, generando rentas al menos un año. No es un supuesto imposible de cumplir en la práctica empresarial, por lo que hemos de interpretar el cambio legal como positivo, aunque los preceptos reglamentarios hayan añadido requisitos adicionales a cumplir.

Respecto a las acciones y participaciones, las restricciones del Reglamento son dobles. Por una parte, la participación en el capital de sociedades no se encuentra en la categoría de activos que generan plusvalías susceptibles de la dotación (inmovilizado material, inversiones inmobiliarias o activos intangibles), motivo de que queden excluidas; y por otra, el art. 5.2.c) indica que no tendrá la consideración de beneficio no distribuido el que derive de los valores representativos de la participación en el capital o fondos propios de otras entidades. Dentro de esta exclusión se comprende además los activos financieros en general, sobre la que no habíamos ampliado las expectativas en la lectura de las modificaciones legales como hicimos con los dos asuntos anteriores.

Por tanto, la regla general sigue siendo que las plusvalías generadas en la venta de activos no afectos a actividades económicas, activos financieros en general y acciones y participaciones en sociedades, aunque se adquieran en relación directa con el ejercicio de una actividad económica, no son susceptibles de dotar RIC, tal como ocurría en el periodo 2007-2013; y la regla específica, y difícil de cumplir, es que si los activos materiales e inmateriales no afectos han generado rentas al menos un año dentro de los tres anteriores a su transmisión, la plusvalía generada en su venta es susceptible de la dotación. Demasiados impedimentos reglamentarios a una ampliación establecida por la ley, que en la práctica quedó prácticamente en nada[84]. Y no olvidemos que ha de cumplirse el presupuesto básico de toda dotación, que quién se acoja al incentivo realice actividad económica en Canarias. No serviría por tanto la opción de venta de elementos no afectos a quien no desarrolla actividad empresarial, verbigracia una entidad patrimonial, una persona física no empresario o profesional o una entidad peninsular que no realice actividad en el archipiélago. En todos esos casos, la plusvalía generada no es susceptible de la dotación.

---

[84] Miranda Calderín 2016. "Crónica de la RIC 2015". *Revista Técnica Tributaria n.°* 44.

9.3. La doctrina administrativa sobre el cambio de 2015 en la enajenación de bienes no afectos a una actividad económica

Sobre la posibilidad de dotar RIC con las plusvalías generadas en la venta de bienes no afectos se pronuncia por primera vez la DGT en la **CV 0659-2016 de 17 de febrero.** Un comerciante minorista de joyería enajena un local que tenía alquilado sin contar con los medios suficiente para que se considerara afecto a la actividad económica. Consulta si la plusvalía generada es susceptible de la dotación. La DGT responde que al no estar afecto a la actividad económica de arrendamiento de inmuebles, el beneficio procedente de la enajenación solo será apto para la RIC en la medida que hubiera generado rentas al menos un año dentro de los tres anteriores a su transmisión. Si lo cumple, la plusvalía que generó es susceptible de la dotación:

> *En el supuesto planteado el inmueble transmitido se encontraba destinado al alquiler, sin que para el desarrollo de esta actividad se contara con local y persona empleada con contrato laboral.*
>
> *A los efectos de determinar si el inmueble se encontraba afecto al desarrollo de una actividad económico, el artículo 5.1 de la Ley 27/2014, de 27 de noviembre (BOE de 28 de noviembre), del Impuesto sobre Sociedades (en adelante LIS), establece:*
>
> *"1. Se entenderá por actividad económica la ordenación por cuenta propia de los medios de producción y de recursos humanos o de uno de ambos con la finalidad de intervenir en la producción o distribución de bienes o servicios.*
>
> *En el caso de arrendamiento de inmuebles, se entenderá que existe actividad económica, únicamente cuando para su ordenación se utilice, al menos, una persona empleada con contrato laboral y jornada completa.*
>
> *En el supuesto de entidades que formen parte del mismo grupo de sociedades según los criterios establecidos en el artículo 42 del Código de Comercio, con independencia de la residencia y de la obligación de formular cuentas anuales consolidadas, el concepto de actividad económica se determinará teniendo en cuenta a todas las que formen parte del mismo."*
>
> ***Con arreglo a lo anterior, el inmueble transmitido no se encontraba afecto al desarrollo de una actividad económica, lo que supone que el beneficio procedente de la transmisión de dicho inmueble sólo podrá ser apto para dotar la RIC en la medida en la que el inmueble hubiera generado rentas al menos un año dentro de los tres anteriores a la fecha de su transmisión****. Por tanto, en la medida en que se cumpla este requisito la renta generada en la transmisión del inmueble será apta para aplicar la RIC.*
>
> *A los efectos de contestar a la presente consulta se partirá de la hipótesis de que se cumple este último requisito* [DGT, CV 659-2016. La negrita es nuestra].

La CV 2172-2023 de 21 de julio centra el enfoque en una de las cuestiones que expliqué anteriormente. El hecho de que el activo no afecto genere rentas en alguno de los últimos tres años no es suficiente para que la plusvalía que se genere en su venta sea susceptible de la dotación, sino que además el contribuyente que pretende dotar RIC ha de realizar actividad económica en Canarias. Esto es, la medida está incardinada dentro del contexto general de que se realice actividad económica en Canarias por quien pretende optar al incentivo. No es lo que ocurre en la consulta con una sociedad que enajena inmuebles no afectos en Barcelona, que pretende dotar la RIC con la plusvalía e invertirla en viviendas en Canarias. La DGT es tajante en la negativa, puesto que no realiza actividad económica alguna en Canarias:

> *La consultante es una entidad con domicilio social y fiscal en Canarias, siendo contribuyente del Impuesto sobre Sociedades y cumpliendo las condiciones previstas en el artículo 101 de la ley 27/2014, de 27 de noviembre, del Impuesto sobre Sociedades.*
>
> *Tiene por objeto el arrendamiento de viviendas y en general las actividades inmobiliarias de compraventa, sin disponer de persona contratada con contrato laboral.*
>
> *La consultante poseía directamente unos bienes inmuebles situados en la península, concretamente en la provincia de Barcelona, que formaban parte del Activo no Corriente en el balance de la mercantil.*
>
> *La sociedad ha procedido a la enajenación de dichos activos y esta operación le ha generado unos beneficios procedentes del inmovilizado material.*
>
> *La intención de la consultante es la de destinar sus beneficios a la adquisición de vivienda o viviendas situadas en Canarias para su posterior arrendamiento. Dicha adquisición o adquisiciones se materializarán en un plazo máximo de tres años.*
>
> *Confirmación de que la consultante puede aplicar con cargo a beneficios del ejercicio 2022 una dotación a la Reserva para Inversiones en Canarias hasta un límite del 90% de estos, según lo establecido en la Ley 19/1994. Dicha dotación a la RIC figurará en los balances con absoluta separación y título apropiado y será indisponible en tanto que los bienes en que se materializará permanezcan en la empresa.*
>
> *Confirmación de que la cantidad destinada a la RIC, por parte de la consultante, puede materializarse en la realización de inversiones en inmuebles situados en Canarias para su posterior arrendamiento, en el plazo legalmente establecido.*
>
> *Confirmación de que la consultante tendrá derecho a la reducción en la base imponible del Impuesto sobre Sociedades de las cantidades que destine a la RIC*
>
> *(...)*
>
> *En el supuesto concreto planteado, los inmuebles transmitidos, sitos en Barcelona, se encontraban destinados al alquiler, sin que para el desarrollo de esta actividad la entidad consultante contara con persona empleada con contrato laboral.*
>
> *En este punto, el artículo 5.1 de la Ley 27/2014, de 27 de noviembre, del Impuesto sobre Sociedades, establece:*
>
> *"1. Se entenderá por actividad económica la ordenación por cuenta propia de los medios de producción y de recursos humanos o de uno de ambos con la finalidad de intervenir en la producción o distribución de bienes o servicios.*
>
> *En el caso de arrendamiento de inmuebles, se entenderá que existe actividad económica, únicamente cuando para su ordenación se utilice, al menos, una persona empleada con contrato laboral y jornada completa.*
>
> *En el supuesto de entidades que formen parte del mismo grupo de sociedades según los criterios establecidos en el artículo 42 del Código de Comercio, con independencia de la residencia y de la obligación de formular cuentas anuales consolidadas, el concepto de actividad económica se determinará teniendo en cuenta a todas las que formen parte del mismo."*

Por tanto, los inmuebles transmitidos, sitos en Barcelona, no se encontraban afectos al desarrollo de una actividad económica en el archipiélago canario.

Con carácter general, la reducción en base prevista en el artículo 27.2 de la Ley 19/1994 resulta de aplicación si la dotación a la RIC se efectúa con cargo a beneficios derivados de la realización de actividades económicas en Canarias, a través de un establecimiento, siendo necesario que el importe de los beneficios destinados a dotar la RIC se reinvierta en determinados elementos patrimoniales, siempre que estén situados en Canarias y afectos a actividades económicas desarrolladas en territorio canario.

Sin embargo, tratándose de elementos patrimoniales no afectos a ninguna actividad económica, en Canarias, el legislador prevé la aplicación de la reducción recogida en el citado artículo 27.2, respecto de los beneficios derivados de la transmisión de tales elementos patrimoniales, ***siempre y cuando dichos elementos no afectos hubieran generado rentas durante al menos un año dentro de los tres anteriores a la fecha de transmisión.***

Debe traerse a colación en este punto lo dispuesto en el artículo 12.1 de la Ley 58/2003, de 17 de diciembre, General Tributaria, en virtud del cual:

"1. Las normas tributarias se interpretarán con arreglo a lo dispuesto en el apartado 1 del artículo 3 del Código Civil".

Por su parte, el artículo 3 del Código Civil establece:

"Las normas se interpretarán según el sentido propio de sus palabras, en relación con el contexto, los antecedentes históricos y legislativos, y la realidad social del tiempo en que han de ser aplicadas, atendiendo fundamentalmente al espíritu y finalidad de aquéllas."

Por tanto, atendiendo a una interpretación teleológica de la norma, dado que la finalidad de la Ley 19/1994 no es sino fomentar, la inversión empresarial productiva en las islas y, en todo caso, la inversión privada en Canarias, redundando ambas en el objetivo final de generación de empleo e incremento de la competitividad interior y exterior de Canarias, será necesario que, en el caso transmisión de elementos patrimoniales no afectos a una actividad económica en Canarias, tales elementos patrimoniales estén situados en el archipiélago canario.

En el caso concreto planteado, dado que los elementos patrimoniales que van a ser enajenados no están afectos a una actividad económica en Canarias, ni están sitos en el archipiélago canario (se trata de bienes inmuebles sitos en Barcelona), las rentas derivadas de su transmisión no generarán beneficios aptos para la dotación de la Reserva por Inversiones en Canarias, por lo que no resultará de aplicación la reducción prevista en el artículo 27.2 de la Ley 19/1994.

En consecuencia, no procede analizar el resto de cuestiones planteadas en el escrito de consulta [CV2172-2023 de 21 de julio. La negrita es nuestra].

9.4. Los matices reglamentarios sobre la renta y el año en que ha de generarse

En marzo de 2017, la Cátedra del REF de la ULPGC junto a la AEDAF y la Asociación de Asesores Fiscales de Canarias redactó el Informe "La coherencia y seguridad jurídica en la parte fiscal del Régimen Económico y Fiscal de Canarias", que fue enviado al secretario de Estado del Ministerio de Hacienda y Función Pública. En el punto 2.1 se abordaba la dotación con las plusvalías en la venta de inmovilizados no afectos en estos términos:

"Los beneficios generados en la venta de elementos de inmovilizado no afectos a actividades económicas son susceptibles de la dotación RIC por la Ley, pero el Reglamento exige un nuevo requisito: que dichos elementos hayan generado renta al menos en uno de los tres últimos años. En el caso de que se entienda que la disposición reglamentaria no va contra el precepto legal, ¿qué ha de entenderse por generación de renta?, ¿es suficiente con que haya generado renta en un mes de los tres últimos años o debe generarse renta en un año completo de los últimos tres? Y qué ha de entenderse por renta, ¿la renta empresarial, el arrendamiento o cualquier tipo de renta?".

Años después, el texto reglamentario vigente en estos términos: *así como los derivados de la transmisión de elementos patrimoniales no afectos a actividades económicas, siempre que, en este último caso, se trate de elementos del inmovilizado material, inversiones inmobiliarias o activos intangibles que hayan generado rentas al menos un año dentro de los tres anteriores a la fecha de transmisión,* sigue siendo interpretable, pues la doctrina administrativa no ha confirmado ninguna de las dudas que planteamos. Es cierto que el precepto ha ocasionado poca litigiosidad, al menos así se desprende de la ausencia de resoluciones que aborden la materia. A falta de criterio administrativo expreso, mi opinión es que la expresión "renta" es defendible en su identificación con ingreso, que coincidiría con el alquiler mensual o anual en el arrendamiento o cesión de bienes inmuebles y muebles, que desvinculo del concepto de rendimiento (ingresos menos gastos). De esta forma, sería suficiente que el activo no afecto haya generado ingresos, con independencia que su rendimiento haya sido positivo o negativo. En esta afirmación que hago hay que huir de posturas forzadas o simuladas, en las que se trataría simplemente de justificar algún tipo de ingreso para acogerse a la opción de que la plusvalía generada con la venta del activo no afecto sea susceptible de la dotación. Sería el caso de acreditar que se recibe una renta mínima, fuera de mercado por su escasa cuantía y de un hipotético arrendatario, para justificar la dotación efectuada con la plusvalía del inmueble.

Sobre el límite temporal de que haya generado rentas al menos un año dentro de los tres anteriores a la transmisión, entiendo que hay que ser flexibles con el precepto, sin que haya que entender que el año sea continuado, sino que al menos el activo haya generado rentas durante 12 meses, continuos o salteados, en los 36 meses anteriores a la enajenación. Al final es una cuestión de prueba, pero esperemos que la DGT se pronuncie con claridad sobre la ventajosa opción legal de dotar la RIC con la plusvalía de bienes no afectos que hayan generado rentas durante un año en los tres últimos años de su enajenación.

9.5. Ficha resumen de la dotación RIC con las plusvalías generadas por activos no afectos a una actividad económica

1.	Las plusvalías generadas en la enajenación de elementos patrimoniales no afectos a una actividad económica no eran susceptibles de la dotación hasta 2015.
2.	El RD 1022/2015 introdujo la novedad en el art. 27.2 de la Ley 19/1994 y art. 5 del Reglamento REF, de que fuera susceptible de la dotación la transmisión de elementos patrimoniales no afectos a actividades económicas que cumplieran dos requisitos: que se tratase de elementos del inmovilizado material, inversiones inmobiliarias o activos intangibles; y que hayan generado rentas al menos un año dentro de los tres anteriores a la fecha de transmisión.
3.	La innovación legal de 2015 en la RIC no se ha trasladado a la normativa del Régimen fiscal especial balear creado en 2022, razón de que no es extensible a la RIB. La RIB no puede dotarse con las plusvalías generadas en la enajenación de bienes no afectos a la actividad económica.
4.	El cambio legal de 2015 era más amplio que el posterior incorporado al Reglamento del REF, que añadió dos requisitos adicionales a este tipo de plusvalías. El primero, que el elemento no afecto enajenado haya generado rentas al menos en uno de los tres últimos años a su transmisión.
5.	El segundo requisito, que los elementos no afectos han de estar encuadrados en el inmovilizado material, inversiones inmobiliarias o activos intangibles, dejando fuera otros elementos patrimoniales, como los activos no corrientes mantenidos para la venta, las inversiones en empresas del grupo y las inversiones financieras.
6.	Hay que tener especial precaución en la reclasificación contable de elementos patrimoniales no afectos a la categoría de activos no corrientes mantenidos para la venta, pues las plusvalías generadas en su venta pierden la condición de ser susceptibles para la RIC.
7.	La DGT ha expresado el criterio en 2016 de que el beneficio procedente de la enajenación solo es apto para la RIC en la medida que hubiera generado rentas al menos un año dentro de los tres anteriores a su transmisión. Si cumple ese requisito, la plusvalía que generó es susceptible de la dotación.

8.	En 2023, la DGT manifestó que parte siempre de la base de que el contribuyente que pretenda dotar la RIC con la plusvalía realiza actividad económica en Canarias. Si no es así, no es aplicable el nuevo precepto de 2015.
9.	Sobre la expresión renta y el plazo en que ha de generarse (al menos un año dentro de los tres anteriores a la transmisión) se ha solicitado en 2017, sin éxito, aclaración al Ministerio de Hacienda y Función Pública.

Capítulo 10

LOS INGRESOS FINANCIEROS Y LAS PLUSVALÍAS GENERADAS POR ACTIVOS FINANCIEROS ESTÁN EXCLUIDOS DE LA DOTACIÓN RIC/RIB

El mutismo de la Ley 19/1994 en su versión hasta el 31 de diciembre de 2006 hizo que muchas empresas que generaron ingresos financieros y rendimientos por la venta de activos financieros, principalmente acciones y participaciones, engrosaran el beneficio de la explotación con el beneficio financiero a la hora de aplicar el saldo de pérdidas y ganancias a la dotación RIC. No obstante, la confirmación por la jurisprudencia del criterio administrativo restrictivo fue abrumadora, hasta el punto que a partir de 1 de enero de 2007 el legislador incorporó menciones expresas a estos rendimientos en relación con la RIC. El cambio normativo fue considerado por el TSJC y la AN como aclaración legal, basada en el criterio jurisprudencial, pero ¿qué ocurría entonces con la rentabilidad de las puntas de tesorería que se admitía por los Tribunales hasta el 31 de diciembre de 2006? Si no se trataba de una innovación legal, ¿qué ocurría con la cesión temporal a una entidad financiera de puntas de tesorería por parte de una empresa que obtenía ingresos financieros a cambio?, ¿debían quedar excluidos los ingresos financieros de la dotación RIC por la nueva redacción o había de seguirse la interpretación de los Tribunales de que los ingresos obtenidos por puntas de tesorería eran aptos para la dotación?

A medida que fue evolucionando la Ley 19/1994, las posibilidades de dotación RIC son más restringidas, pero al menos se ha ganado en seguridad jurídica, aunque sea eliminando del texto legal y reglamentario los aspectos que entrañaban controversias importantes con la Administración tributaria. En otras palabras, el criterio a la hora de dotar RIC se ha acomodado al de la Administración tributaria.

10.1. Legislación vigente y evolución legislativa

– Ley 19/1994 REF

Art. 27.2. La reducción a que se refiere el apartado anterior se aplicará a las dotaciones que en cada período impositivo se hagan a la reserva para inversiones hasta el límite del noventa por ciento de la parte de beneficio obtenido en el mismo período que no sea objeto de distribución, en cuanto proceda de establecimientos situados en Canarias.

En ningún caso la aplicación de la reducción podrá determinar que la base imponible sea negativa.

A estos efectos, se considerarán beneficios procedentes de establecimientos en Canarias los derivados de actividades económicas, incluidos los procedentes de la transmisión de los elementos patrimoniales afectos a las mismas, así como los derivados de la transmisión de elementos patrimoniales no afectos a actividades económicas, en los términos que reglamentariamente se determinen.

A estos efectos se considerarán beneficios no distribuidos los destinados a nutrir las reservas, excluida la de carácter legal. No tendrá la consideración de beneficio no distribuido el que derive de la transmisión de elementos patrimoniales cuya adquisición hubiera determinado la materialización de la reserva para inversiones dotada con beneficios de periodos impositivos a partir de 1 de enero de 2007.

En caso de elementos patrimoniales que solo parcialmente se hubiesen destinado a la materialización de la reserva a partir de dicha fecha, se considerará beneficio no distribuido la parte proporcional del mismo que corresponda al valor de adquisición que no hubiera supuesto materialización de dicha reserva.

Las asignaciones a reservas se considerarán disminuidas en el importe que eventualmente se hubiese detraído de los fondos propios, ya en el ejercicio al que la reducción de la base imponible se refiere, ya en el que se adoptara el acuerdo de realizar las mencionadas asignaciones.

– RD 1754/2007, Reglamento REF

Artículo 5 Determinación del beneficio del establecimiento permanente situado en Canarias

1. Se considerarán beneficios procedentes de establecimientos permanentes situados en Canarias los derivados de las operaciones efectuadas con los medios personales y materiales afectos al mismo que cierren un ciclo mercantil que determine resultados económicos, así como los derivados de la transmisión de elementos patrimoniales no afectos a actividades económicas, siempre que, en este último caso, se trate de elementos del inmovilizado material, inversiones inmobiliarias o activos intangibles que hayan generado rentas al menos un año dentro de los tres anteriores a la fecha de transmisión.

2. No tendrá la consideración de beneficio no distribuido:

a) El destinado a nutrir las reservas de carácter legal.

b) El que derive de la transmisión de elementos patrimoniales cuya adquisición hubiera determinado la materialización de la reserva para inversiones en Canarias.

c) El que derive de los valores representativos de la participación en el capital o fondos propios de otras entidades, así como la cesión a terceros de capitales propios, excepto que se trate de entidades que presten servicios financieros.

– Ley 31/2022 Régimen fiscal especial balear

D.A. 70ª, Cuatro: 2. La reducción a que se refiere el número anterior se aplicará a las dotaciones que en cada período impositivo se hagan a la reserva para inversiones hasta el límite del 90 por ciento de la parte de beneficio obtenido en el mismo período que no sea objeto de distribución, en cuanto proceda de establecimientos situados en las Illes Balears.

En ningún caso la aplicación de la reducción podrá determinar que la base imponible sea negativa.

A estos efectos, se considerarán beneficios procedentes de establecimientos en las Illes Balears los derivados de actividades económicas, incluidos los procedentes de la transmisión de los elementos patrimoniales afectos a las mismas.

A estos efectos se considerarán beneficios no distribuidos los destinados a nutrir las reservas, excluida la de carácter legal. No tendrá la consideración de beneficio no distribuido el que derive de la transmisión de elementos patrimoniales cuya adquisición hubiera determinado la materialización de la reserva para inversiones regulada en este apartado, ***ni el que se derive de los valores representativos de la participación en el capital o fondos propios de otras entidades, así como la cesión a terceros de capitales propios.***

Las asignaciones a reservas se considerarán disminuidas en el importe que eventualmente se hubiese detraído de los fondos propios, ya en el ejercicio al que la reducción de la base imponible se refiere, ya en el que se adoptara el acuerdo de realizar las mencionadas asignaciones.

– RD 710/2024, Reglamento Régimen fiscal especial balear

Artículo 4. Beneficio atribuible a los establecimientos situados en las Illes Balears.

1. Se considerarán beneficios procedentes de los establecimientos situados en las Illes Balears a que se refieren los apartados 1 y 2 del artículo anterior los derivados de las operaciones efectuadas con los medios personales y materiales afectos al mismo que cierren un ciclo mercantil que determine resultados económicos.

2. No tendrá la consideración de beneficio no distribuido:

a) El destinado a nutrir las reservas de carácter legal.

b) El que derive de la transmisión de elementos patrimoniales cuya adquisición hubiera determinado la materialización de la reserva para inversiones en las Illes Balears.

No obstante, en los casos de transmisión de elementos patrimoniales que solo se hubiesen destinado parcialmente a la materialización de la reserva, se considerará beneficio no distribuido la parte proporcional de dicho beneficio que se corresponda con la parte del valor de adquisición del elemento patrimonial que no hubiera supuesto la materialización de la reserva.

c) El que derive de los valores representativos de la participación en el capital o fondos propios de otras entidades, así como la cesión a terceros de capitales propios.

La versión original de la Ley 19/1994 nada decía sobre los ingresos financieros a la hora de dotar RIC. El texto legal solo contemplaba en el art. 27.1 una doble exigencia: que la empresa tuviera establecimiento situado en Canarias y destinara parte de los beneficios a la reserva. Sobre la noción de establecimiento ya expliqué en el capítulo 4 que la jurisprudencia había asimilado establecimiento a establecimiento mercantil, esto es, el que desarrolla actividad económica en Canarias. Sobre los ingresos financieros, como nada señalaba la Ley, los empresarios y sus asesores no distinguíamos entre beneficios de la explotación y beneficios financieros a la hora de destinar el rendimiento del ejercicio a la RIC. Comenzaron las comprobaciones por parte de la Administración tributaria y muchas fueron las regularizaciones efectuadas y recurridas en instancias económico-administrativas y judiciales. La doctrina que imperó con claridad fue que los intereses y rendimientos de activos financieros, con la excepción del generado por puntas de tesorería a corto plazo (menos de un año), no eran susceptibles de la dotación.

El legislador se hizo eco de la jurisprudencia y con efectos 1 de enero de 2007 incorporó al art. 27.2 la letra c), que considera como elementos no afectos los activos representativos de la participación en fondos propios de una entidad y de la cesión a terceros de capitales propios. El cambio legal se consideró como una aclaración, fruto de la doctrina jurisprudencial, y no una innovación legal. Nada contempló respecto a las puntas de tesorería, cuyos rendimientos generados a menos de un año consideraba la jurisprudencia que eran susceptibles de la dotación. ¿La mención categórica del cambio legal de 2007 a que los activos que representaban cesiones de capital no se consideraban afectos, presuponía que quedaban fuera de la dotación los intereses de las puntas de tesorería? Así lo entendió la Administración tributaria.

El segundo cambio notable se produjo a través del R.D.L. 15/2014, que supuso la desaparición de la letra c), por lo que entendimos que se abría la puerta a considerar que los rendimientos de acciones y participaciones podían destinarse a la dotación, puesto que dejaban de considerarse elementos patrimoniales no afectos. La matización que hice en 2015[85] fue que la ampliación no era aplicable a las entidades patrimoniales, sino a las que realizaban actividad económica, pero que existían muchos años

85 Miranda Calderín, 2015. "Crónica de la RIC 2014". *Revista Hacienda canaria, n.º 42 y Técnica Tributaria n.º 108.*

de jurisprudencia diciendo lo contrario: que los rendimientos de activos financieros no eran susceptibles de la dotación.

Respecto a los ingresos financieros, a pesar de la eliminación de la letra c), fui más prudente y entendí que seguían exceptuados de engrosar la dotación, salvo los generados a corto plazo.

La duda duró poco, porque la modificación del Reglamento REF operada por el RD 1022/2015, de 13 de noviembre, incluyó el art. 5.2.c), que consideraba beneficio no distribuido *el que derive de los valores representativos de la participación en el capital o fondos propios de otras entidades, así como la cesión a tercero de capitales propios, excepto de que se trate de entidades que presten servicios financieros*. En la versión primigenia del Reglamento de 2007 figuraba la exclusión en el art. 5.2.d), pero el hecho de que permaneciese y pasara a otra letra era señal de que continuaba la limitación, a pesar de que ya no figurase en el texto de la Ley 19/1994.

En consecuencia, en materia de ingresos financieros, la situación después de la reforma de 2014 era exactamente la misma que en 2007, y la operada en 2007 respecto a 1994 restringió los intereses de las puntas de tesorería. La importante reforma de 2018 en la RIC no alteró el tratamiento de los ingresos financieros. Como concepto general, los ingresos financieros no son susceptibles de la dotación, salvo que quien los reciba sea una entidad financiera.

Las restricciones respecto a los ingresos financieros se incorporaron al **Régimen fiscal especial balear**, primero en el texto legal de 2022: no se considera beneficio no distribuido a efectos de la dotación ni el que se derive de los valores representativos de la participación en el capital o fondos propios de otras entidades, así como la cesión a terceros de capitales propios; y posteriormente al Reglamento de 2024: no tendrá la consideración de beneficio no distribuido el que derive de los valores representativos de la participación en el capital o fondos propios de otras entidades, así como la cesión a terceros de capitales propios. Motivo de que la RIB no pueda dotarse con rendimientos financieros y que comparta por tanto los criterios que he señalado respecto a la RIC.

La realidad en 2024 es muy clara: con carácter general, la normativa no permite dotar RIC/RIB con los rendimientos financieros ni con los obtenidos en la venta de activos financieros. Las excepciones se limitan a las entidades financieras y a la enajenación de títulos del grupo por la entidad matriz.

10.2. Delimitación conceptual de los activos e ingresos financieros

La primera aproximación a qué es un ingreso financiero es sencilla: el ingreso o el beneficio derivado de un activo financiero. Con este concepto abarcamos en principio la mayoría de los casos, pero no todos, puesto que también puede derivarse un ingreso financiero de la disminución de un pasivo financiero. Es lo que ocurre con las quitas en el importe de los préstamos y créditos.

Aunque a nivel estadístico el Instituto Nacional de Estadística (INE) considera como ingresos financieros los derivados de participaciones en capital (dividendos), valores de renta fija (intereses), descuentos sobre compras por pronto pago y los beneficios en valores negociables (plusvalías en su venta); en la práctica empresarial hay más operaciones que engloban este concepto. El PGC vigente incluye, además de las que señala el INE, las diferencias positivas de cambio (cuenta 768), los intereses de los créditos y débitos, comerciales o no, la actualización de los valores de los activos financieros a valor de mercado (cuenta 763, beneficios por valoración de instrumentos financieros por su valor razonable), y deja una última cuenta como cajón de sastre para otras derivaciones que vayan surgiendo en el devenir empresarial: otros ingresos financieros (cuenta 769).

Otro tipo de ingresos que tienen el carácter de ingresos financieros son las quitas derivadas de procedimientos concursales y las voluntarias, que surgen del simple acuerdo entre las partes. El beneficio generado por una quita, concursal o voluntaria, es un ingreso financiero.

Atendemos ahora a qué es un activo financiero, concepto que viene ampliamente definido en el PGC:

> *a) Activos financieros: efectivo y otros activos líquidos equivalentes, según se definen en la norma 9ª de elaboración de las cuentas anuales; créditos por operaciones comerciales: clientes y deudores varios; créditos a terceros: tales como los préstamos y créditos financieros concedidos, incluidos los surgidos de la venta de activos no corrientes; valores representativos de deuda de otras empresas adquiridos: tales como las obligaciones, bonos y pagarés; instrumentos de patrimonio de otras empresas adquiridos: acciones, participaciones en instituciones de inversión colectiva y otros instrumentos de patrimonio; derivados con valoración favorable para la empresa: entre ellos, futuros u operaciones a plazo, opciones, permutas financieras y compraventa de moneda extranjera a plazo, y; otros activos financieros: tales como depósitos en entidades de crédito, créditos al personal, fianzas y depósitos constituidos, dividendos a cobrar y desembolsos exigidos sobre instrumentos de patrimonio propio* [PGC, 2ª parte, Normas de Registro y Valoración, 9].

Una vez delimitado qué es un ingreso financiero y qué ha de entenderse como un activo financiero, analizamos en los próximos epígrafes como interactúan con la dotación RIC/RIB, recalcando que ni los ingresos financieros ni las plusvalías generadas en la transmisión de activos financieros son susceptibles de la dotación RIC/RIB.

10.3. El significativo cambio operado en la RIC en 2007 respecto a los activos e ingresos financieros fue interpretado como aclaración legal y marca la pauta a seguir hasta el presente

La vaguedad que existía en la Ley respecto a que los rendimientos y plusvalías obtenidas por la venta de activos financieros fuesen susceptibles de la dotación RIC terminó el 1 de enero de 2007, al incorporarse al texto del art. 27.2 de la Ley 19/1994, REF, una nueva letra c). Matizaba el añadido que a efectos del beneficio susceptible no se consideraban elementos afectos los activos representativos de la participación en fondos propios de una entidad y de la cesión a terceros de capitales propios:

> *A estos efectos se considerarán beneficios no distribuidos los destinados a nutrir las reservas, excluida la de carácter legal. No tendrá la consideración de beneficio no distribuido: (...)*
>
> *c) El que derive de la transmisión de elementos patrimoniales del activo fijo no afectos a la realización de actividades económicas.* ***A estos efectos, no tendrán la consideración de elementos patrimoniales afectos los activos representativos de la participación en fondos propios de una entidad y de la cesión a terceros de capitales propios.***

El art. 5.2 del Reglamento REF publicado en 2007 estableció con claridad que no era susceptible de la dotación el beneficio *que derive de los valores representativos de la participación en el capital o fondos propios de otras entidades, así como la cesión a terceros de capitales propios, excepto que se trate de entidades que presten servicios financieros.*

A partir de 1 de enero de 2007, a tenor de los textos legal y reglamentario, no existía duda alguna de que la plusvalía generada en la enajenación de acciones y participaciones no era susceptible de la dotación, y pocas quedaban acerca de la ineptitud de los ingresos financieros para la reserva.

Faltaba dilucidar si se trataba de una innovación o una aclaración legal, con sus efectos jurídicos en la interpretación de la norma desde 1994 hasta el 31 de diciembre de 2006. Se pronunciaron al respecto el TSJC y la AN, compartiendo el mismo criterio de que no era una modificación legal, sino la mera incorporación a la Ley de la interpretación doctrinal que venían haciendo los Tribunales. Así lo dicen varias sentencias, entre ellas la **STSJC, Sala L. P, n.º 342 de 19 de junio de 2009**:

> *Por agotar la cuestión interpretativa, el hecho de que el art. 27.2 del RDL 12/2006, vigente a partir de 1 de enero de 2007 haya recogido de forma expresa la interpretación que acabamos de recoger, no significa que se haya modificado tal regulación, sino que, como sucede a menudo, la norma ha convertido en texto positivo una interpretación doctrinal que venían realizando con anterioridad los Tribunales de esta jurisdicción* [TSJC, 19 junio 2009].

A igual criterio de que el cambio legal operado en 2007 no era innovación, sino aclaración legal, llegó la AN, entre otras, en la **SAN de 25 de mayo de 2009**:

> *F.D. TERCERO. Que el artículo 27.2 del R.D.L 12/2006, vigente a partir de 1 de enero de 2007 haya recogido de forma expresa la interpretación que acabamos de recoger, no significa que se haya modificado tal regulación, sino que, como sucede a menudo, la norma ha convertido en texto positivo una interpretación doctrinal que venían realizando con anterioridad los Tribunales de esta jurisdicción.*
>
> *Con tal interpretación que hemos reiteradamente compartido, deben quedar fuera de la base de cálculo los beneficios que procedan de la mera titularidad de activos que no están relacionados con el desarrollo de las mencionadas actividades económicas, lo que, por otra parte, redunda en la igualdad de trato ante este incentivo fiscal de personas físicas y jurídicas* [SAN 25 mayo 2009].

La normativa vigente a partir de 1 de enero de 2007 y la opinión de los Tribunales de Justicia que no fue innovación, sino aclaración legal, y que como tal debía aplicarse desde 1994, son los criterios que han imperado hasta la actualidad en materia de ingresos financieros y la dotación. La reforma RIC de 2014, vigente desde 2015, sembró la duda temporalmente al desaparecer del texto legal que no tendrán la consideración de elementos patrimoniales afectos los activos representativos de la participación en fondos propios de una entidad y de la cesión a terceros de capitales propios; pero la reforma del reglamento REF en noviembre de 2015, la despejó. Siguió considerando beneficio no distribuido el que derivase de los valores representativos de la participación en el capital o fondos propios de otras entidades, así como la cesión a tercero de capitales propios, excepto que se tratase de entidades que presten servicios financieros.

En consecuencia, el cambio operado en 2007 es el que con algún matiz sigue vigente en la actualidad, y el que considera que los ingresos financieros, casi con carácter general, no pueden destinarse a la dotación RIC. La evolución normativa fue la que se plasmó en el Régimen fiscal especial balear, motivo de que se aplique igual en la RIB. Es por ello, por lo que resaltaré los principales pronunciamientos que se han producido en la RIC en la materia, focalizándose la gran mayoría en el periodo 1997-2006, que es el que marca la pauta a seguir por el planteamiento casi unánime de la jurisprudencia. Explicando las pocas excepciones al contexto general resolveré más adelante las dudas que puedan plantear los dos "casi" que he utilizado en la redacción.

10.4. Análisis de la ineptitud de los rendimientos financieros para dotar la RIC, salvo alguna excepción

Al publicar en 2012 el *Manual de la RIC 2007-2013,* apenas existían sentencias de los Tribunales de Justicia sobre los rendimientos de los activos financieros, concretamente del TS, pero fueron saliendo pronunciamientos sobre el periodo principal en discordia, 1997-2006, que corroboraron que el rendimiento generado por intereses, venta de acciones, participaciones y otros activos financieros no era susceptible de la dotación. Desde 2012 hasta 2023, la AN concluyó en los mismos términos respecto a los beneficios generados en la venta de acciones y los rendimientos de activos financieros que, salvo una excepción que analizamos, no son susceptibles de la dotación. El motivo que se esgrime en las sentencias es el mismo: solo son susceptibles de la dotación los rendimientos obtenidos en la realización de actividades económicas, pero no en la venta o en los rendimientos de activos financieros, por lo que, desde antes de 2012, la AN entendía que no estaban afectos a la actividad económica. La evolución de la doctrina administrativa que fue consolidándose la estudiamos a través de las resoluciones del TEAR-TEAC y consultas vinculantes de la DGT.

Para su análisis pormenorizado, divido los ingresos financieros y los rendimientos generados en la venta de activos financieros en seis grupos: (i) los intereses e ingresos financieros en general, (ii) los generados en la venta de acciones y participaciones, (iii) los intereses generados por las puntas de tesorería, (iv) los dividendos, (v) el beneficio por quitas concursales y voluntarias, y (vi) la gran excepción de las entidades de servicios financieros. Todos ellos son examinados monográficamente en los siguientes apartados.

10.4.1. Los intereses e ingresos financieros en general no son susceptibles de la dotación

La tónica general que observamos en los pronunciamientos de los Tribunales de Justicia y económico-administrativos es que los ingresos financieros no sirven para dotar la RIC. Fue el criterio de la Administración tributaria en un periodo largo, 1997-2006, en que la Ley 19/1994 nada especificaba, y que quedó consolidado, primero con la interpretación de los Tribunales, y luego con la reforma legal vigente a partir de 1 de enero de 2007. Es por ello, que la inmensa mayoría de las sentencias y resoluciones se refieren a ese período, que examinamos dando continuidad al periodo que abordé en el *Manual de la RIC 2007-2013*, que recoge los pronunciamientos publicados hasta marzo de 2011. Hay que tener en cuenta que la doctrina sentada para un periodo ya pasado (1997-2006) no es baladí, puesto que es la que sigue imperando hoy en día con carácter general, con ciertas especificidades que expondré con detalle.

Comienzo el análisis con dos sentencias del TS que para resolver la cuestión de los ingresos financieros acuden al concepto de establecimiento situado en Canarias y al tratamiento del arrendamiento de inmuebles, consciente de que la norma nada decía al respecto hasta final de 2006.

La **STS de 13 de octubre de 2011, Sección 2, recurso 5475/2007**, se ocupa de si es posible dotar RIC con los ingresos financieros obtenidos por títulos de deuda pública de la Comunidad Autónoma que forman parte del resultado de la explotación. Sobre la base de una sentencia anterior, de 5 de mayo de 2005, cuyo argumento principal trascribimos, concluye que no, si bien ha de motivarlo con referencia a la actividad de arrendamiento, que tampoco se considera actividad económica si no reúne determinados requisitos. Reconoce, al menos, que la Ley en su redacción hasta el 31 de diciembre de 2006 nada señalaba respecto a los ingresos financieros:

> *(...) Ciertamente ha de convenirse con la recurrente que el artº 27 de la Ley 19/1994 no contiene una remisión al precepto que comentamos, pero las circunstancias que comprende el artº 40.2, no desenfoca el debate ni altera la ratio decidendi de la sentencia". Con los citados antecedentes, aplicados al caso que nos ocupa, no puede prosperar el recurso de casación.* ***Delimitado el alcance y extensión de los términos del artº 27.1, los rendimientos obtenidos de la mera tenencia de bienes, en este caso ingresos financieros no procedentes de actividad económica realizada por establecimientos situados en Canarias, no dan derecho a la reducción de la base imponible por dotación a la RIC****. Cierto que dichos rendimientos integran el resultado del ejercicio, con incidencia en el impuesto de sociedades a efectos de determinar la base imponible, mas ello no es óbice para que legalmente se establezca una limitación a los efectos de la dotación de un determinado beneficio, en este caso la RIC, circunscrito por imperativo legal a aquellos beneficios económicos generados por la explotación económica,* ***quedando excluidos los ingresos de carácter financiero que por no estar afectos a la actividad empresarial, por no ser generados por la actividad económica por el propio establecimiento en Canarias, no pueden dotarse al citado beneficio*** [texto de la STS de 5 de mayo de 2005 que copia la STS 13-10-2011 en el FD segundo. La negrita es nuestra].

En la **SAN de 16 de febrero de 2012, Sección 2, recurso 124/2009**, se emplean idénticos argumentos que en la SAN de 26 de enero de 2012 para rechazar que los ingresos financieros derivados de una imposición a plazo fijo fuesen aptos para dotar la RIC.

La **SAN de 10 de mayo de 2012, Sección 2, recurso 167/2009**, puntualiza que los ingresos financieros cuestionados son los derivados de préstamos a empresas vinculadas por una sociedad promotora inmobiliaria. Sostiene el contribuyente que no son rentas pasivas y que el periodo de tiempo de su colocación corresponde con el plazo necesario para realizar la inversión en inmuebles destinados al arrendamiento en los que materializar la RIC dotada, y en promociones inmobiliarias de la compañía objeto de su actividad empresarial. Pero considera la AN que con los ingresos financieros no puede dotarse la RIC al no provenir de puntas de tesorería, sin que el contribuyente acreditase la conexión directa con la actividad empresarial:

> *SÉPTIMO. (...) En suma, se acepta por la jurisprudencia que determinados ingresos de origen financiero sean válidos para integrar la dotación a la reserva, por razón de su directa accesoriedad o vinculación causal con los rendimientos de la actividad mercantil, industrial o empresarial propiamente dicha como sucede con los obtenidos por compensación de aplazamientos de pagos de clientes (donde esa conexión es directa e inequívoca) o también con los rendimientos de capitales propios colocados a corto plazo, bajo las notas de liquidez y disponibilidad inmediata, originarios de excedentes de tesorería, para cuya calificación no sólo ha de estarse a tales factores cronológicos sino también a la importancia de las sumas comprometidas, pues de lo contrario se podría llegar a la conclusión directa que no se trata de un rendimiento procedente de la actividad empresarial y, menos aún, de un establecimiento radicado en Canarias, con el que carecería de la menor conexión.*
>
> *Por lo demás, a partir de la doctrina general, habría incumbido a la recurrente la prueba de que tales ingresos tenían una conexión directa de accesoriedad con los rendimientos puramente empresariales, de suerte que pudiera interpretarse que procedían de la colocación temporal de remanentes de tesorería, lo que no cabe predicar en el supuesto que ahora se enjuicia, al no tratarse de "puntas de tesorería", sino de rendimientos satisfechos por la participación en diversas sociedades vinculadas, por lo que tal y como señala la resolución que se revisa se trata de "beneficios financieros que proceden de la mera titularidad de activos no relacionados con el desarrollo de una actividad económica", extremo éste que, además, no ha sido objeto de prueba alguna por la actora en el presente recurso* [FD SÉPTIMO, SAN de 10 de mayo de 2012].

El criterio jurisprudencial de que los ingresos financieros en general no son susceptibles de la dotación se refiere al periodo controvertido 1997-2006, en que la Ley nada señalaba sobre la limitación de dichos ingresos. La reforma normativa de 2006, aplicable a partir de 1 de enero de 2007, sí determinó expresamente como elementos no afectos los activos representativos de la participación en fondos propios de una entidad y de la cesión a terceros de capitales propios, por lo que con los rendimientos generados en forma de dividendos, intereses y plusvalías en su enajenación no podía dotarse RIC por dos motivos: porque expresamente lo señalaba la Ley y porque era el criterio jurisprudencial. Con el cambio, la Inspección tributaria incluso comenzó a sancionar a los contribuyentes que lo hacían, postura que fue ratificada por los Tribunales económico-administrativos.

Así, la **resolución TEAR de Canarias 35/04241/2009 de 25 de febrero de 2012**, quizá la primera que aborde el periodo RIC 2007-2013 en esta materia, analiza la regularización efectuada por la Inspección del IS 2007, que no admite la dotación con los ingresos derivados de la cesión a terceros de capitales propios y sanciona al contribuyente. La entidad alegó que se trataba de intereses derivados de la colocación de excedentes de tesorería de su actividad económica ordinaria, motivo de que quedaban excluidos con el cambio legal y la publicación del Reglamento. Y que, en todo caso, no concurriría el elemento subjetivo para apreciar infracción, pues había actuado amparado en una interpretación razonable (nada menos, añado, que la señalada por el Alto Tribunal, la AN y la propia doctrina administrativa). El TEAR desestima sus pretensiones y, con sorpresa, confirma la sanción.

El comentario que hizo sobre esta resolución el jefe de la Inspección tributaria de Santa Cruz de Tenerife fue que la normativa aplicable a partir de 1 de enero de 2007 señala ya explícitamente que los beneficios de naturaleza financiera no son aptos, excluyéndolos de forma rotunda, sin ambages ni distingos, y que va más allá de lo que antes decía, por cuanto se admitían los resultados financieros derivados de los excedentes temporales de tesorería, que quedan ahora excluidos al margen de que deriven de inversiones financieras coyunturales o contingentes acometidas para no dejar recursos líquidos ociosos. Sobre la sanción expresa sus dudas, al menos las personales, pero lo cierto es que el TEAR estimó la sanción a juicio de la claridad del nuevo texto[86]. Para mí, la sanción no es justificable, pues en esos años todavía existía la duda razonable de si el criterio jurisprudencial seguía siendo aplicable a la reforma de 2006, más cuando consideró el TS que la nueva redacción del art. 27.2 no se trataba de una innovación, sino de una aclaración legal.

Criticable es la conclusión a la que llega el **TEAR, Sala de Santa Cruz de Tenerife, en la resolución 38/00889/2012 de 29 de enero de 2015**, aún referida a una regularización del periodo 1997-2006, pero que entiendo que tendría igual predicamento en la normativa posterior. La Inspección tributaria excluye de la dotación los intereses generados por la titularidad de deuda pública canaria, pero con razón, el contribuyente alegó que el importe que había de excluir no es el de los intereses brutos, sino el de los

86 Florido Caño, 2012. *Revista Hacienda Canaria, n.º 37.*

intereses menos los gastos financieros asociados al activo financiero y a su financiación. El TEAR admite que tiene razón respecto a los gastos de mantenimiento de la deuda pública, pero no respecto a los intereses que paga por el préstamo que solicitó para su financiación. Criterio que en absoluto comparto, puesto que la dotación se nutre de rendimientos. que comprenden los ingresos y los gastos necesarios para obtenerlos.

Siguiendo el análisis cronológico, la **SAN de 22 de julio de 2022, recurso 347/2020,** afronta la imposibilidad de dotar RIC con ingresos financieros, a no ser que sea una entidad financiera. Es lo que intenta probar sin éxito el demandante: que realiza actividad financiera. La sociedad que recibe ingresos financieros está dada de alta en el epígrafe del Impuesto sobre actividades económicas (IAE) de actividad financiera, pero ni la Inspección ni la AN consideran que realice la actividad, razón de que con los intereses no pueda dotar RIC.

Su actividad principal era la promoción inmobiliaria y se dio de alta en el epígrafe 831.9, otros servicios financieros, en la que generó rendimientos por la venta de valores negociables e intereses de productos financieros. La demanda se centra en justificar que una entidad que se dedique a la tenencia de acciones realiza actividad financiera, pero no a acreditar que la sociedad en particular lo haga. La resolución TEAC recurrida motiva que los beneficios con los que dota la RIC provienen de rendimientos de derivados, *swaps*, deuda pública y productos diferentes a las acciones y participaciones emitidas por entidades financieras, cuestión que para la AN no ha desvirtuado la demandante. Ni siquiera es suficiente contar con un trabajador especializado en estas operaciones en una empresa del grupo para que se considere actividad financiera y, en consecuencia, desestima las pretensiones del contribuyente.

10.4.2. Los rendimientos generados en la venta de acciones y participaciones

Un **Auto del TS de 16 de febrero de 2012** no admitió el recurso de casación contra una SAN de 19 de mayo de 2011, que concluyó que el beneficio generado en la venta de participaciones de Hoteles Maspalomas Dunas, S.L. no era susceptible de la dotación, siendo la causa de la inadmisión que el perito hacía una interpretación jurídica que correspondía hacerla a la Sala. No entró el TS en el fondo de la cuestión.

La **STS de 16 de abril de 2012, Sección 2,** aborda un asunto en que la entidad Betomix, S.L. recurrió varias actuaciones relacionadas con RIC. Una de ellas fue la venta de las acciones de una filial, con la que generó el beneficio destinado a la RIC. Para probar que las acciones estaban afectas a su actividad empresarial había alegado el contribuyente que con la filial mantenía una intensa actividad comercial, adquiriendo sus productos e incluso figuraba en las etiquetas "fabricado por Especo en exclusiva para Betomix", pero de tales documentos no se desprendía para la AN, en la instancia previa, un trato preferente, razón de que no considerase que las acciones enajenadas constituyeran un activo afecto a la actividad empresarial. El TS admitió una parte del recurso y otra no, en la que se encontraba la venta de las acciones. Manifestó en el fundamento de derecho tercero que si hubiese entrado en el fondo desestimaría el recurso por haber sentado doctrina en una sentencia anterior, la **STS de 21 de noviembre de 2011, recurso 4897/2009** —de la que trascribimos parte de los FFDD cuarto y quinto, que analizan el concepto de establecimiento y la imposibilidad de dotar RIC con el beneficio obtenido en la venta de acciones—. De nuevo, acude el TS al planteamiento que hace sobre el establecimiento mercantil, que exige el desarrollo de actividad económica, para razonar que los beneficios para dotar RIC han de provenir del giro propio de su negocio, no siendo válidos ni los alquileres ni los beneficios financieros:

CUARTO. (...) Con los datos que nos suministran el texto del precepto y los objetivos perseguidos por el legislador, procede resolver el debate jurídico suscitado en este asunto. Se trata de precisar el alcance de la siguiente expresión del apartado 1 del artículo 27 de la Ley 19/1994: «cantidades que, con relación a sus establecimientos situados en Canarias, destinen de sus beneficios a la reserva para inversiones», teniendo en cuenta que son dos los puntos controvertidos, aunque estrechamente vinculados entre sí, a saber: (a) si el término «establecimiento situado en Canarias» se emplea para delimitar una ubicación geográfica empresarial, tesis de la sociedad recurrente, o para identificar una explotación económica, posición defendida por la sentencia de instancia y la parte recurrida; y (b) si los beneficios que pueden ser destinados a la reserva para inversiones son todos los obtenidos por el establecimiento sito en Canarias, como mantiene la sociedad recurrente, o sólo los que procedan de su actividad económica, esto es, los derivados de su giro propio.

QUINTO.– En lo que atañe al primer punto objeto de controversia, como la Ley 19/1994 no define el término «establecimiento situado en Canarias», había de ser entendido conforme a su sentido jurídico, técnico o usual, según procediera, en aplicación del artículo 23.2 de la Ley 230/1963, de 28 de diciembre, General 10 Tributaria (BOE de 31 de diciembre), según la redacción de la Ley 25/1995, de 20 de julio, de modificación parcial de la misma (BOE de 22 de julio), que era la regulación vigente en el ejercicio 1997. Sólo el sentido usual de la expresión citada permite sostener que es una alusión geográfica-empresarial, como pretende la parte recurrente, porque su sentido jurídico y técnico conducen a su identificación con una explotación económica realizada en esas islas, tal y como defienden la sentencia de instancia y el abogado del Estado. En efecto, el ordenamiento mercantil define el "establecimiento" como un conjunto organizado de elementos patrimoniales y personales dispuestos y utilizados para la realización de una explotación económica [véase la sentencia de 29 de septiembre de 2011 (casación 2356/07, FJ 3º)], y del ordenamiento tributario se desprende que, habiéndose de dotar la reserva para inversiones en Canarias con los beneficios obtenidos en ese archipiélago, lo que la parte recurrente no discute, no hay obstáculo para identificar «establecimiento» con «establecimiento permanente» —menos aun para el ejercicio 1997, en el que la obligación real de contribuir aparecía regulada en el Título VII de la propia Ley 43/1995, de 27 de diciembre, del Impuesto sobre Sociedades (BOE de 29 de diciembre)—, y de esa primera identificación derivar que por rentas obtenidas mediante establecimiento permanente sito en Canarias ha de entenderse mutatis mutandi las procedentes de las explotaciones económicas realizadas con el mismo [artículo 45.1.a) de la Ley 43/1995]. ***Este desenlace conecta con el segundo punto controvertido, esto es, si los beneficios que pueden ser destinados a la reserva para inversiones son todos los obtenidos por el establecimiento sito en Canarias, como mantiene la sociedad recurrente, o sólo los que procedan de su actividad económica, de su giro propio***, *como defienden la sentencia de instancia y la parte recurrida. Conforme al artículo 48.1 de la Ley 43/1995, en su redacción aplicable al ejercicio 1997, componían la renta imputable al establecimiento permanente: (a) los rendimientos de las explotaciones económicas que desarrollase, (b) los derivados de la cesión de elementos patrimoniales afectos y (c) los incrementos o disminuciones de patrimonio procedentes también de los elementos patrimoniales afectos. Consideraba este mismo precepto afectos al establecimiento permanente los elementos patrimoniales vinculados al desarrollo de la actividad que constituyera su objeto. La aplicación del contenido de esa norma mutatis mutandi en la exégesis del artículo 27.1 de la Ley 19/1994 obliga a concluir que los beneficios del establecimiento sito en Canarias que podían ser destinados a la reserva para inversiones en ese archipiélago eran únicamente los derivados de su actividad económica o de elementos afectos a la misma. Este entendimiento del mencionado precepto legal, al que se llega desde el significado jurídico-tributario del término "establecimiento", viene confirmado por la interpretación sistemática del íntegro contenido del artículo 27 de la Ley 19/1994, como seguidamente se pone de manifiesto. No hay razón, en primer lugar, para legitimar una interpretación distinta de la expresión "establecimientos situados en Canarias" en función de que se utilice para aludir a los pertenecientes a los sujetos pasivos del impuesto sobre la renta de las personas físicas (apartado 9) o del impuesto sobre sociedades (apartado 1). No tendría sentido aclarar, en segundo lugar, que los sujetos pasivos que se dediquen, a través de una explotación económica, al arrendamiento o cesión a terceros para su uso de activos fijos podrán disfrutar del régimen de la reserva para inversiones, siempre que no exista vinculación, directa o indirecta, con los arrendatarios o cesionarios de dichos bienes ni se trate de operaciones de arrendamiento financiero (apartado 5), si no se estuviera pensando en el establecimiento como una explotación económica y en los beneficios procedentes de dicha actividad económica como los únicos que permitirían dotar la reserva. Configurándose la reserva para inversiones en Canarias como un incentivo fiscal alternativo al diferimiento por reinversión en el impuesto sobre sociedades previsto en el artículo 21.1 de la Ley 43/1995 —que era el vigente en el ejercicio 1997— (apartado 7 del artículo 27 de la Ley 19/1994), resulta lógico, en tercer y último lugar, entender que está pensando en situaciones análogas, y esta Sala ha dicho, reiteradamente, que ese diferimiento por reinversión no era aplicable a las rentas procedentes de elementos patrimoniales transmitidos no afectos a la actividad económica* [véanse, por todas, las sentencias de 24 de noviembre de 2010 (casación 654/07, FFJJ 2° a 4°), 20 de enero de 2011 (casación 4406/07, FJ 4°), 28 de febrero de 2011 (4687/07, FFJJ 2° y 3°), 2 de marzo de 2011 (casación 2152/06, FJ 3°), 14 de marzo de 2011 (casaciones 6787/09, FFJJ 2° y 3°, y 1766/08, FFJJ 2° y 3°), 31 de marzo de 2011 (casación 1637/08, FJ 3°) y 17 de octubre de 2011(2) (casaciones 242/09 y 3273/09, FJ 5°)]. Tampoco es ilógico, sino todo lo contrario, que, siendo el objetivo pretendido con la reserva para inversiones en Canarias el fomento de la inversión productiva realizada en esas islas por los empresarios establecidos, sólo pudiera dotarse dicha reserva con los beneficios derivados de la actividad empresarial que realicen esos establecimientos. Así las cosas, el "cambio de criterio" de la Administración tributaria en el año 2000, respecto a cómo debía interpretarse el artículo 27.1 de la Ley 19/1994 no resulta arbitrario ni atenta contra la seguridad jurídica, dado que ese "nuevo criterio" era el correcto en derecho. Lo que si resultaba arbitrario y contrario a la seguridad jurídica, atendido el íntegro contenido del artículo 27 de la Ley 19/1994, era dispensar diferente trato en la dotación a la reserva para inversiones en Canarias a los sujetos pasivos del impuesto sobre la renta de las personas físicas (apartado 9) y a los del impuesto sobre sociedades (apartado 1), pese a exigirles a ambos la actuación mediante "establecimientos situados en Canarias". De ahí que ese "nuevo criterio" fuera aplicado por la Inspección de los Tributos respecto de los ejercicios no prescritos» [STS de 21 de noviembre de 2011, texto extraído de la STS de 16 de abril de 2012. La negrita es nuestra].

Con las tres sentencias comentadas de 13 de octubre, 21 de noviembre de 2011 y 16 de abril de 2012 deseo resaltar que el TS, en referencia a la normativa aplicable hasta el 31 de diciembre de 2006, ha de recurrir al concepto de establecimiento de la Ley 19/1994, interpretado como establecimiento mercantil, es decir, como el que desarrolla actividad económica en Canarias, para rechazar que los ingresos y beneficios financieros puedan destinarse a la dotación RIC.

En la **STS de 19 de noviembre de 2012, Sección 2, recurso 1691/2011**, se cuestionan dos aspectos relacionados con la dotación: la idoneidad de los intereses de la renta fija y los beneficios obtenidos en la venta de participaciones en dos sociedades. Incide el contribuyente en que su actividad es dirigir y gestionar su participación en la otra entidad, como actividad principal, y la actividad hotelera que realizaba de forma indirecta a través de la participación en el capital y órganos de gobierno de la filial. De acuerdo a ello, la conculcación jurídica se produce por la sentencia de instancia cuando interpreta que no tenía carácter empresarial la actividad que realizaba de dirigir y gestionar su participación en Tarajal Properties, S.L. (compañía que explotaba un hotel en el sur de Tenerife), disponiendo a tal efecto de medios materiales y humanos.

El TS concluye que la entidad no realizaba actividad económica alguna y que no tenía sentido que se le aplicaran requisitos diferentes a los exigibles a las personas físicas, por lo que no podía dotar RIC con la plusvalía generada en la venta de las participaciones. Es llamativo que tenga que recurrir esta vez el TS al tratamiento que reciben en el IRPF los ingresos financieros para rechazarlos en el IS en cuanto a la dotación.

La **STS de 28 de enero de 2013, Sección 2, recurso 1079/2011**, inadmite que el beneficio obtenido en la venta de acciones sea un beneficio generado en la actividad económica, por más que la sociedad vendedora se dedique a la explotación turística, al igual que la filial enajenada. Ambas explotaban hoteles y realizaban servicios de *management* turístico, pero el TS consideró que solo era posible dotar RIC con los beneficios de la venta del establecimiento afecto a la explotación turística, pero no con el generado en la venta de acciones, aunque el negocio jurídico figurase en el objeto social de la enajenante. Esta vez los argumentos son más contundentes, sin necesidad de tener que referirlos al concepto de establecimiento, y explica los motivos por lo que el rendimiento de la venta de acciones no es susceptible de la dotación: solo lo es el generado directamente en la actividad empresarial, no por el tenedor de sus participaciones:

> *TERCERO. (...) A la vista de esta posición jurisprudencial, no cabe que consideremos, a efectos del RIC, que el resultado de la venta de unas acciones de una sociedad hotelera pueda integrarse dentro del concepto de rendimiento de una actividad empresarial realizada desde un establecimiento permanente en Canarias, aún cuando en estas islas se ubique el establecimiento de la sociedad cuyas acciones se enajenaron por la recurrente, porque aunque los objetos sociales de una y otra sociedad coincidan, sin embargo solamente la denominada HOTEL MIRADOR DUNAS era la que podía imputar los rendimientos de su establecimiento a la Reserva, al ser ella su titular cuando aquellos se produjeron y que por eso lo era también de la actividad económica que justificaba la posibilidad de acogerse al beneficio legal, posibilidad que no se transmite a quien, —como la recurrente— acredita el rendimiento a través de una operación de venta de la explotación económica mediante la transmisión de las participaciones de la sociedad era titular de aquella, sin que a esta conclusión obste que en los estatutos de la entidad HOTELES LÓPEZ se afirme* ***que la actividad de explotación de hoteles integrante del objeto social podía ejercerla de modo indirecto, mediante la titularidad de acciones o participaciones en sociedades con objeto idéntico o análogo, ya que sin dudar de los efectos que esta declaración pueda tener en el ámbito jurídico privado, lo cierto es que en el público en el que se mueve la disciplina tributaria la posibilidad del beneficio sobre el que se litiga queda reservado a quien sea la sociedad titular de la actividad económica organizada que generó el rendimiento, no el mero tenedor de más participaciones en dicha sociedad, de modo que es directamente el rendimiento y no la venta de la explotación que lo ha generado el que constituye el contenido propio del beneficio fiscal.*** *En resumen, la afirmación de la sentencia recurrida (Fundamento de Derecho Cuarto, página 7 "in fine") "los beneficios han de provenir del ejercicio de una actividad empresarial desarrollada en Canarias ", es plenamente ajustada a nuestra doctrina y debe ser por ello confirmada, desestimando con ello la primera de las argumentaciones del recurso, al ser evidente que la mera enajenación de un inmueble no afecto —cuestión no discutida en el recurso— y la transmisión de acciones de la entidad HOTEL MIRADOR DUNAS, S.L., no puede sin más equivaler al ejercicio de dicha actividad* [FD Tercero, STS de 28 de enero de 2013. La negrita es nuestra].

La imposibilidad de dotar RIC con el rendimiento de la venta de un paquete de acciones del 62,86% del capital social de una filial es la conclusión a la que llega la **STS de 6 de marzo de 2013, Sección 2, recurso 1377/2011**, motivándola en la sentencia de 28 de enero de 2013 antes analizada.

En la **STS de 13 de febrero de 2014, Sección 2, recurso 3479/2011**, se cuestiona igual asunto que en la STS de 28 de enero de 2013 con la venta de los títulos en el capital social de una filial. En este caso, por otro de los socios que vende las participaciones de la misma entidad. El Tribunal señala el caso como idéntico al anterior y en consecuencia falla que no puede dotarse RIC con los beneficios obtenidos en la enajenación de las participaciones.

En relación con la venta de acciones, la **SAN de 2 de febrero de 2012, Sección 2, recurso 152/2009,** de Lopesan Turistik, niega la dotación con la plusvalía obtenida en la enajenación de acciones, aunque la sociedad vendedora haya desarrollado "directamente" la gestión de su cartera de valores, compuesta por acciones en sociedades que realizan la actividad de explotación turística en Canarias y la colocación de los recursos financieros derivados de las actividades descritas; e "Indirectamente", haya ejercido la actividad mediante la participación en el capital social de otras empresas, obteniendo un resultado positivo de la venta de acciones de diversas empresas del grupo, entre ellas, la que supuso la entrada en el accionariado de un importante tour operador. Extractando la resolución impugnada del TEAC de 26 de marzo de 2009, sabemos que confirma el criterio de la Inspección y declara que: *Analizado el expediente se comprueba que, las operaciones efectuadas en el ejercicio 2000 por LOPESAN TOURISTIK, S.A. derivan exclusivamente de la reorganización de las participaciones del grupo empresarial dominado por la entidad HIJOS DE FRANCISCO LÓPEZ SÁNCHEZ, S.A. LOPESAN para dar entrada a la entidad alemana NUR TOURISTIC, GmbH en el capital de CREATIVE HOTEL BUENAVENTURA, S.A. sin pérdida de la posición mayoritaria en ninguna de las entidades del GRUPO LOPESAN, y la colocación financiera de los recursos obtenidos en la venta de dicha participación.* El activo de LOPESAN TOURISTIK estaba constituido exclusivamente por su cartera de control, imposiciones a plazo fijo en entidades bancarias, depósito y préstamos participativos en la entidad dominada CREATIVE HOTEL BUENAVENTURA. Concluye el TEAC que los beneficios obtenidos por LOPESAN TOURISTIK no proceden de la realización de actividad económica, sino de la mera titularidad de elementos patrimoniales.

Finalmente, la AN motiva su sentencia con varios pronunciamientos de la misma Sala y del TS y concluye que con el beneficio generado en la venta de las acciones no puede dotarse RIC.

Lo mismo ocurre con otro importante grupo empresarial en la **SAN de 16 de febrero de 2012, Sección 2, recurso 88/2009, Hoteles Maspalomas Dunas**, en que la plusvalía obtenida en la venta de las acciones de la entidad Don Gregory Dunas, aunque la entidad explotase un hotel, no es susceptible de la dotación porque ello no significa que la entidad propietaria de las acciones realizase actividad económica con las acciones. Motiva su criterio en varias sentencias de la propia AN y la STS de 13 de octubre de 2011, y concluye que los beneficios extraordinarios por la venta de los títulos no provenían de la ordenación de medios de producción, pues la actividad turística la realizaba la entidad cuyos títulos enajena:

> *SEXTO. Pues bien, en el supuesto que ahora se enjuicia, hemos de llegar a la misma conclusión desestimatoria de las pretensiones de la parte, y ello porque los criterios contenidos en las sentencias transcritas, delimitan claramente la extensión de los beneficios contenidos en el art. 27 de la Ley en relación a la reserva para inversiones en Canarias, que en ningún caso es extensiva a los rendimientos que, aun de manera indirecta, como aduce la actora, no provienen de actividad empresarial en los términos establecidos en los criterios expuesto por la Sala en numerosas resoluciones, que han sido ya confirmadas por el Alto Tribunal.*
>
> *Y en el caso presente, resulta acreditado que los beneficios extraordinarios con los que la recurrente dotó la reserva para inversiones, no provenían de una actividad empresarial, en el sentido de "ordenación por cuenta propia de medios de producción y recursos humanos con la finalidad de intervenir en la producción o distribución de bienes o servicios", sino de la mera titularidad de activos financieros, ya que la explotación hotelera del establecimiento propiedad de la entidad participada Don Gregory Dunas es gestionado por esta última, por lo que considera la Sala que los beneficios obtenidos por la hoy recurrente por la venta de acciones de Don Gregory Dunas no son aptos para la dotación de la reserva para inversiones de Canarias ya que dichas participaciones no estaban afectas a ninguna actividad económica ejercida por la entidad recurrente.*
>
> *Y sin que tal afirmación haya sido desvirtuada por la prueba pericial aportada en el presente recurso y ratificada en presencia judicial, ya que en las conclusiones del referido informe, elaborado por D. Argimiro cuya titulación es de Economista y Auditor-Censor Jurado de cuentas, se emite una opinión de índole jurídica sobre la interpretación del concepto de "beneficios" que se contiene en el art. 27 de la ley 19/1994, que no puede ser aceptada por la Sala, en primer término porque como es sobradamente sabido, las cuestiones interpretativas que se susciten en la aplicación de las leyes, son de la exclusiva competencia de la Sala, y de otro, porque con independencia de que la Sala no se sienta vinculada por el mismo, dicho dictamen ha sido emitido por persona que no cuenta con una formación jurídica sino que se trata de un economista y censor jurado de cuentas* [FD Sexto SAN de 16 de febrero de 2012].

La **SAN de 14 de noviembre de 2013, Sección 2, recurso 364/2010**, desestima las pretensiones del contribuyente de que pueda dotarse RIC con los beneficios obtenidos por la titularidad de participaciones en el capital social de empresas (dividendos), intereses de créditos entre entidades del grupo e ingresos derivados de la venta de participaciones. Alega el recurrente que su actividad financiera es accesoria a la actividad principal, pero que el art. 27 de la Ley 19/94 no distingue entre beneficios financieros y beneficios de la actividad financiera a la hora de permitir la aplicación de la RIC. Considera que la interpretación que debe darse al concepto "beneficio" debe ser la de incluir cualquier beneficio contable.

La AN motiva su conclusión en la doctrina del TS y sus propias sentencias anteriores. Confirma el rechazo de que pueda dotarse RIC con ingresos por dividendos percibidos por la participación en empresas del grupo; con intereses de créditos concedidos a empresas del grupo; y por la venta de acciones, con independencia de que una y otra empresa tengan actividad en Canarias, se dediquen a la explotación turística y que el porcentaje enajenado fuese una participación de gestión y no especulativa.

La **SAN de 29 de mayo de 2014, Sección 2, recurso 269/2011,** trata del beneficio generado en la venta de participaciones, con el añadido de que la entidad enajenante participaba en el consejo de administración de las participadas, dos sociedades industriales: EIDETESA y DONUTS. La suma del rendimiento es estimable, seis millones de euros, con el que dotó RIC. Durante el procedimiento de comprobación, el contribuyente solicitó que en el caso de que se le rechazara la RIC se le aplicara la deducción por reinversión de beneficios extraordinarios. Cuestión que no prosperó al haberse realizado las inversiones en años diferentes.

Sobre el asunto principal, la AN concluye que no es suficiente con pertenecer al consejo de administración, no se ha acreditado que las participaciones se correlacionen con los ingresos ordinarios de la entidad, y la sola posesión de los títulos no permite considerarlos como activos afectos a su actividad y por tanto el beneficio obtenido en su enajenación no es apto para la RIC.

Parece dejar la AN las puertas abiertas a que si los títulos pertenecieran a sociedades cuyo control o participación permite la venta de sus productos o la compra de sus *inputs*, estarían afectos a su actividad económica, en cuyo caso, el rendimiento generado en la venta de los títulos sería susceptible de la dotación. Pero mucho me temo que sea siempre una cuestión de prueba en cada caso concreto y no sirva como concepto para extrapolarlo a un contexto general:

> ***TERCERO****. Presupuesto, pues, que la normativa vigente exige que los beneficios con los que se dota la reserva procedan de la actividad económica, debe adelantarse que la Sala coincide plenamente con las resoluciones recurridas en punto al incumplimiento por la contribuyente de dicho requisito.*
>
> *Puede constatarse en el expediente que la actividad de la compañía ha sido la explotación de inmuebles en régimen de alquiler, actividad claramente alejada, prima facie, de su participación en los activos financieros representativos de su participación en el capital de EIDETESA y DONUTS.*
>
> ***Señala acertadamente el TEAC que la participación en el capital social de ambas entidades no puede calificarse como actividad empresarial, por más que el interesado defienda —en sede económico-administrativa y en vía jurisdiccional— que la familia Acosta está en el Consejo de Administración de ambas compañías desde su constitución y que tal participación constituye, según se afirma, "una clara implicación de medios materiales y humanos en el avance, control y gestión de las actividades de esas empresas líderes en Canarias en su sector".***
>
> *Como señalamos en el fundamento anterior, el correcto entendimiento de la reserva para inversiones en Canarias exige inexorablemente que los beneficios que dan lugar a la dotación procedan de la actividad económica realizada por el sujeto pasivo, actividad que aparece*

> *absolutamente desvinculada, en el caso que nos ocupa, con las participaciones que poseía en esas dos entidades,* ***pues no se ha acreditado en modo alguno que tales participaciones estén correlacionadas con la generación de ingresos ordinarios de HERMANOS ACOSTA, S.L., cuya actividad empresarial, insistimos, no es otra que la explotación de bienes inmuebles en régimen de alquiler.***
>
> *De aceptarse la tesis de la parte actora, se desnaturalizaría claramente el beneficio fiscal que nos ocupa, pues bastaría con ser titular de ciertas participaciones sociales en otras compañías para considerar que el propietario de las mismas ejerce, propiamente, la actividad económica de éstas, al menos de forma indirecta.* ***Dicho de otro modo, la sola posesión de esos títulos no permite considerarlos como activos afectos a la actividad de la compañía y, por tanto, el beneficio obtenido por su enajenación no puede calificarse como apto para dotar la Reserva de Inversiones en Canarias.***
>
> *Tal conclusión no puede enervarse, a juicio de la Sala, por la sola circunstancia de que la participación de HERMANOS ACOSTA, S.L. en esas dos compañías haya tenido como finalidad "incidir sensiblemente en la gestión de operaciones sociales del contribuyente" o, como se dice en la demanda, "la implicación en sus actividades". Lo relevante sigue siendo que el giro o tráfico empresarial de la demandante es el que consta en autos (explotar bienes inmuebles en régimen de alquiler) y que nada se ha acreditado, ni siquiera presunta o indiciariamente, sobre la conexión de aquellas participaciones sociales con esta actividad económica* [FD TERCERO SAN de 29 de mayo de 2014].

La SAN de 14 de julio de 2017, Sección 2, recurso 348/2014, recoge un complejo asunto relacionado con la tributación de los grupos de sociedades y la dotación RIC. Recordemos, antes de entrar en materia, que la dotación RIC se efectúa por cada entidad del grupo con el beneficio que ha generado, no por el grupo con la suma de los beneficios de sus integradas; y que en el sistema de tributación conjunta del grupo se eliminan los beneficios intragrupo generados, esto es, los rendimientos que se producen entre las empresas del grupo sin trascender al exterior. Ello supone eliminar los intereses y gastos financieros que se facturen entre las empresas y los dividendos repartidos entre ellas. Pues bien, la cuestión que se plantea en la sentencia es un caso muy específico: la entidad DOMINGO ALONSO, S.A. destina los dividendos recibidos de empresas del grupo a la dotación RIC y, además, elimina del beneficio del grupo el importe de los dividendos. Se produce así una doble reducción: por una parte, se rebaja del beneficio contable la dotación RIC efectuada con los dividendos para hallar la base imponible; y por otra, en la tributación conjunta del grupo se eliminan los dividendos.

La Inspección y el TEAC admitieron que pudiera dotarse RIC con los dividendos intragrupo sobre la base de la DGT, CV 1634/2003, de 14 de octubre, que señaló que los dividendos percibidos por una empresa son aptos para la RIC cuando se trate de la dominante de grupos que tributen por el régimen especial de consolidación fiscal y perciba dividendos de sus dominadas. Motivo de que el asunto que debía resolver la AN no era en cuanto a la dotación RIC, sino sobre si además de detraerse el importe de los dividendos aplicados a la dotación, y que por tanto minoraron la base imponible, era posible eliminar los dividendos para hallar la base imponible del grupo fiscal. La conclusión es que no, que la entidad puede dotar la RIC con los dividendos recibidos de sus participadas, al ser la dominante del grupo de empresas, pero no pueden eliminarse los dividendos para hallar la base imponible del grupo, pues no existe doble imposición, ya que no tributaron al destinarse a la RIC.

No obstante, la desestimación del recurso y el reconocimiento de la dotación con dividendos por la sociedad dominante supone un avance en la negativa general a la dotación RIC con dividendos de las sociedades del grupo, sin que hubiese controversia alguna al haber aceptado la Inspección y el TEAC, como era su obligación, el criterio de la DGT en la CV de 2003. En el último párrafo del fundamento de derecho décimo segundo es donde la AN expresa didácticamente su criterio:

> *DÉCIMO SEGUNDO. 3.- En suma:*
>
> *– La RIC parte del resultado contable de una entidad y tiene como límite el 90% de dicho resultado que no sea objeto de distribución. Una vez se calcula la RIC, ésta reduce la base imponible del contribuyente en la cantidad dotada. Lo que implica que cuando los dividendos percibidos por la matriz del grupo de consolidación fiscal forman parte de la RIC, esta renta —al menos en parte— ya no se integra en la base imponible.*
>
> *– En el régimen de consolidación fiscal, a tales efectos, el grupo es considerado como una unidad económica, siendo las rentas obtenidas por el grupo las que provienen de las operaciones realizadas con terceros. Lo que implica que los resultados de las operaciones efectuadas entre sociedades del grupo en el periodo impositivo deben ser eliminados al tiempo de determinar la base imponible consolidada.*
>
> *– La razón de la eliminación de los dividendos radica en que de no procederse de dicho modo, resultaría que si el resultado formó parte de la base imponible como beneficio de la empresa que lo distribuye a la matriz, éste volvería a tributar como beneficio de la perceptora. Por lo tanto, esta técnica fiscal, que tiene regulación propia, tiene como finalidad evitar la doble imposición.*
>
> ***– Precisamente por ello, no procederá aplicar dicha técnica cuando resulte que los beneficios con cargo a los cuales se distribuyen dividendos no han sido grabados, en nuestro caso, en la sociedad matriz, pues no existe doble imposición que eliminar.***
>
> ***– Por ello hay que concluir, que cuando los dividendos percibidos por una entidad del grupo, distribuidos por otra, no se han integrado en la base imponible al haber servido para dotar a la RIC, reduciendo la base imponible de la perceptora de los mismos, no procede aplicar la técnica de la eliminación.***
>
> *La Sala, por lo tanto, considera correcta la premisa jurídica de la que parte la Administración* [FD DÉCIMO SEGUNDO, SAN de 14 de julio de 2017].

10.4.3. Los intereses generados por puntas de tesorería

La **STS de 23 de enero de 2014, Sección 2, recurso 5172/2011,** aborda una cuestión de importancia en torno a la rentabilidad generada por las inversiones en activos financieros con las puntas de tesorería de la empresa, pero sin que para el TS se acreditase correctamente que eran inversiones financieras temporales con destino a una inversión inmobiliaria posterior de 220 apartamentos. Los hechos se remontan a un fondo de inversión en el que se invierte en 1996, que genera rendimientos en 1999 y con cuyos capitales se financia una promoción inmobiliaria que comenzó en 2003. La sentencia concluye que se trata de una inversión financiera a largo plazo y que en consecuencia sus rendimientos no son susceptibles de la dotación. De su motivación parece que hubiera admitido los intereses de una inversión financiera temporal acotada a doce meses, pero no si era a un plazo superior:

> *TERCERO. Procede, pues, conforme a los términos en los que se planteó el debate, teniendo en consideración las acotaciones realizadas por el auto de esta Sala inadmitiendo los motivos de casación antes referidos, resolver el fondo del asunto. Respecto del ejercicio de 1999, único que por las razones dichas puede ser objeto de enjuiciamiento, del importe dotado de RIC ascendente a 92 millones de pesetas, sólo se consideró procedente la dotación de 16.894.233 pesetas, constando ingresos por intereses de acciones y obligaciones, Letras del Tesoro **y beneficio por venta de valores negociables, en concreto por venta del denominado fondo de inversión, "Fondo IBEX BK FIM", cuya fecha de imposición fue el 24 de abril de 1996 y de reembolso el 17 de mayo de 1999.** La cuestión en litigio quedó claramente delimitada en sede económico administrativa, resolviendo el TEAC en el sentido de que "Respecto de los beneficios financieros, la doctrina de la Dirección General de Tributos y el Informe de la Comisión de la Reserva para Inversiones en Canarias, se refieren a la posibilidad de que una parte de los beneficios financieros formen parte de la dotación misma, al disponer que <>. Es decir, se admite la posibilidad de que la rentabilidad obtenida como consecuencia de la colocación de <> procedentes de una actividad empresarial, se acoja a la RIC, dado que dicha rentabilidad tendrá la consideración de empresarial». Otro supuesto sería el hecho de que la entidad, ante la obtención de unos recursos extraordinarios, por no necesitarlos en el marco de su actividad, los invierta en activos financieros para obtener rentabilidad, en cuyo caso, tal y como ocurre en el presente, esos rendimientos financieros no tendrían la consideración de beneficios de la actividad". Este Tribunal se ha pronunciado abundantemente sobre la cuestión en disputa, con carácter general se ha dicho que "el alcance y extensión de los términos del artº 27.1, los rendimientos obtenidos de la mera tenencia de bienes, en este caso ingresos financieros no procedentes de actividad económica realizada por establecimientos situados en Canarias, no dan derecho a la reducción de la base imponible por dotación a la RIC. Cierto que dichos rendimientos integran el resultado del ejercicio, con incidencia en el impuesto de sociedades a efectos de determinar la base imponible, mas ello no es óbice para que legalmente se establezca una limitación a los efectos de la dotación de un determinado beneficio, en este caso la RIC, circunscrito por imperativo legal a aquellos beneficios económicos generados por la explotación económica, quedando excluidos los ingresos de carácter financiero que por no estar afectos a la actividad empresarial, por no ser generados por la actividad económica por el propio establecimiento en Canarias, no pueden dotarse al citado beneficio", añadiendo en otras oca-*

siones que "configurándose la RIC como un incentivo fiscal alternativo al diferimiento por reinversión en el impuesto sobre sociedades previsto en el artículo 21.1 de la Ley 43/1995-que era el vigente en el ejercicio 1997- (apartado 7 del artículo 27 de la Ley 19/1994), resulta lógico entender que está pensado para situaciones análogas a las que se aplica ese diferimiento, entre las que no se encuentran las rentas procedentes de elementos patrimoniales no afectos a la actividad económica... Tampoco es ilógico, sino todo lo contrario, que, siendo el objetivo pretendido con la RIC, el fomento de la inversión productiva realizada en el archipiélago Canario por los empresarios establecidos, sólo pudiera dotarse dicha reserva con los beneficios derivados de la actividad empresarial que realicen esos establecimientos". El criterio general sentado por la doctrina jurisprudencial es bien claro, en el sentido de que los ingresos financieros no procedentes de actividad económica de los establecimientos situados en Canarias, no pueden dotar la RIC, y por ende, no dan derecho a su deducción. ***Ahora bien, a dicha regla general, como se ha acogido por este Tribunal, se admite una excepción, la procedencia de la deducción por dotación a la RIC de ingresos financieros obtenidos por la colocación temporal de excedentes de tesorería o de recursos, en el normal desenvolvimiento de la actividad económica cuyos beneficios pueden dar lugar a la dotación de la RIC. Esto es, se incluiría dentro de la excepción aquellos beneficios derivados de la colocación de excedentes de tesorería en productos financieros en la gestión ordinaria de la actividad empresarial, y que como tales se caracterizan por ser esporádicos y temporales, a corto plazo.*** *Constituyendo una excepción, la prueba de que los beneficios con los que se dotó la RIC procedentes de ingresos financieros reúne estas características a los efectos que ahora interesan, corresponde a la parte recurrente, que aspira a la deducción de dichos beneficios, artº 105 de la LGT. Pues bien, nos encontramos que la parte demandante, se limita a afirmar que dedicándose a la actividad económica de construcción, promoción y explotación de inmuebles, transitoriamente colocó los excedentes de tesorería provenientes del normal desarrollo de su actividad en inversiones financieras temporales a la espera de acometer las importantes inversiones proyectadas y mientras se posibilitaba la obtención de las licencias y permisos pertinentes para llevar a cabo la construcción de 220 apartamentos y locales en Lanzarote, y al efecto presenta documentación en la que efectivamente se acredita que a partir de 2003 se llevó a cabo la construcción referida.* ***A nuestro entender resulta insuficiente la prueba documental traída a los efectos de acreditar que se trata de excedentes de tesorería derivado de la actividad económica de la empresa, puesto que el hecho de que en 2003 se llevara a cabo la construcción, a los efectos que nos interesa, nada dice,*** *ni siquiera indiciariamente, puesto que lo procedente hubiese sido acompañar los estados contables anuales de los que poder derivar la situación empresarial y con ella hacer la lectura e interpretación de las inversiones financieras llevadas a cabo; por el contrario, de los datos que constan, hechos, por demás, que resultan conteste, la conclusión categórica a la que se llega es justamente la contraria a la preconizada por la parte demandante, esto es, que los rendimientos obtenidos por inversiones financieras en el ejercicio de 1999 no proceden de la inversión de excedentes ordinarios de tesorería.* ***Así es, para tenerlos como tales debería identificarse con el activo circulante, lo que exige una vinculación causal en la realización de la actividad empresarial, caracterizado por su constante movimiento y atentos al tráfico normal de la empresa por lo que precisan una liquidez inmediata, lo que impide que su duración en la empresa sea superior a doce meses;*** *y cuando se trata de inversiones financieras, como es el caso, cabe distinguir aquellas que conforman el activo no corriente, son inversiones en productos financieros a largo plazo, esto es, a más de doce meses, lo que constituye el inmovilizado financiero, de aquellas que conforman el activo circulante o corriente, que son inversiones financieras temporales, inferior a doce meses; encontrándonos que conforme consta y no se discute, el beneficio procedente de inversiones financieras más importante con notable diferencia en el ejercicio de 1999, fue el de la liquidación del referido Fondo de Inversión, cuya inversión ascendió a la suma de 400.000.000 pesetas y que fue suscrito en 24 de abril de 1996,*

> *esto es, más de tres años a la fecha en que fue reembolsado, con un beneficio de 91.475.725 pesetas, su elevada cuantía, su proyección temporal y resto de circunstancias, entre las que cabe destacar que ni siquiera haya acompañado la demandante la Memoria y su Cuadro de Financiación con la que aclarar la obtención y aplicación en inmovilizado o circulante, o que no se justifique que una inversión realizada en el año 1996 se deshaga en 1999 cuando se dice que tiene por objetivo el llevar a cabo unas construcciones que se realizan en 2003, llevan razonablemente a considerar que estamos ante un inmovilizado financiero; respecto de las otras dos partidas, las mismas carecen de relevancia comparadas con esta inversión, pero en todo caso, tampoco ha hecho la parte demandante esfuerzo probatorio suficiente para su consideración de beneficios obtenidos de excedentes de tesorería, como era su obligación, sin que la documental presentada resulte suficiente como ha quedado dicho, teniendo en cuenta por demás que sólo se computó en 1999 un exceso de dotación de RIC de 75.105.767 pesetas. Lo cual ha de llevarnos a desestimar la demanda de la parte actora, sin que quepa entrar en otras consideraciones, puesto que lo dicho también es suficiente para desestimar el sexto de los motivos de casación, dejando señalado que este motivo formulado por infracción de los arts. 10 de la Ley 43/1995, en relación con los arts. 189 del Real Decreto Legislativo 1564/1989 y 84 de la Ley 2/1995, y Real Decreto 1643/1990 y Orden Ministerial de 28 de diciembre de 1984, en tanto que el legislador incluye los ingresos financieros dentro del resultado de las actividades ordinarias, los trata como ingresos vinculados a la explotación económica de toda sociedad, por lo que deben tener un tratamiento de beneficios económicos derivados de la actividad económica, no fue objeto de atención en la demanda de la parte actora, introduciéndose en sede casacional como cuestión nueva que, por ende, no fue examinada por la Sala de instancia, ni cabe ahora entrar sobre la misma en atención a los términos en que se formuló la demanda* [FD Tercero STS de 23 de enero de 2014].

Llamo la atención del lector que esta sentencia se dicta en el contexto de la normativa vigente hasta el 31 de diciembre de 2006, razón de que admita el rendimiento de las puntas de tesorería por haberlo establecido así la jurisprudencia. El criterio, como anunciamos, cambió con la reforma normativa de 1 de enero de 2007, que excluía, y sigue excluyendo en la actualidad, los ingresos financieros de la dotación de las empresas que no se dediquen a la actividad financiera.

Numerosas son las **sentencias AN** que excluyen de la dotación RIC los ingresos financieros en general, casi todas tienen el nexo común de que los ingresos cuestionados no provienen de los intereses de la colocación de excedentes de tesorería a corto plazo, y concluyen que no son susceptibles de la dotación. No obstante, se produjo una excepción importante en una sentencia de finales de 2012, que dimos a conocer en su día como la de Loro Park, en que las puntas de tesorería que generaba el negocio se invirtieron provisionalmente en activos financieros que dieron su rentabilidad. Con esos rendimientos, la AN estimó que sí podía dotarse la RIC.

Analizamos primero las sentencias AN que determinaron la exclusión de los ingresos financieros a partir de 2012, consolidando así la doctrina administrativa.

La **SAN de 26 de enero de 2012, Sección 2, recurso 39/2009**, es significativa en el asunto, pues divide los ingresos financieros entre los generados por excedentes de tesorería depositados en cuentas corrientes, libretas de ahorro, etc.; y los obtenidos por la colocación de activos en productos financieros a largo plazo o de cualquier modo desconectados de la idea de inmediatez causal con la tesorería de la empresa. Los primeros los considera activos afectos a la explotación y por tanto susceptibles de la dotación, mientras que los segundos no. Trascribimos parte del texto, destacando en negrita los párrafos de mayor trascendencia:

> *CUARTO. (...) La cuestión, por tanto, no es otra que la de determinar qué debe entenderse a estos efectos por "excedentes de tesorería" (idóneos para dotar la RIC, como se ha dicho), cualidad que niega la Inspección a los que nos ocupan (ingresos derivados de imposiciones a plazo) teniendo en cuenta la cuantía de los mismos y, sobre todo, la inmovilización del efectivo que los mismos suponen (recordemos que se trata de imposiciones a plazo fijo).*
>
> *Para resolver dicha cuestión no resulta ocioso recordar que el concepto de "tesorería" se caracteriza por las notas de liquidez y disponibilidad de fondos, siendo necesario, además y en los términos expuestos, que dichos fondos estén vinculados a las operaciones que constituyen el tráfico habitual de la entidad.* ***Desde esta perspectiva, la Sala considera que los depósitos realizados por la entidad en bancos, cuentas corrientes bancarias, libretas de ahorro, etc., en cuanto se incardinan dentro de la mecánica ordinaria de plasmación de los ingresos derivados de las operaciones habituales de la entidad, suponen un ingreso financiero que ha de calificarse como "empresarial o afecto a la actividad", al reflejar los resultados derivados de la habitualidad operativa y ordinaria de la entidad en el desarrollo de su actividad*** *económica. Así ha sido entendido, por lo demás, por la misma Administración Tributaria en las resoluciones recurridas.*
>
> *Sin embargo, los resultados derivados de las operaciones ajenas al desarrollo de la actividad social no pueden incluirse dentro del cumplimiento de los fines reales de la entidad, ni pueden considerarse como accesorios de dicha actividad, al responder a inversiones ajenas al desarrollo de la actividad la misma (aunque no cabe duda de su repercusión económica y fuente de ingresos para la sociedad) máxime teniendo en cuenta los importes invertidos y los rendimientos obtenidos. Coincidimos en este punto con el TEAC en cuanto a que la inmovilización de los fondos que se deriva de la imposición a plazo no permite entender que los ingresos derivados de tal colocación estén causalmente vinculados con la actividad empresarial, pues no se corresponden con la dinámica habitual u ordinaria de funcionamiento de la empresa, extremo esencial para entender que tales ingresos constituyen excedentes de tesorería idóneos para efectuar la dotación a la reserva".*
>
> *(...)*
>
> *La doctrina del Tribunal Supremo es, por tanto, clara e inequívoca y lleva a la conclusión de que la RIC únicamente puede ser dotada, en los términos de la Ley 19/1994, con beneficios procedentes de la actividad empresarial, no con cualesquiera otros,* ***sin que por tales pueda entenderse los obtenidos por la colocación de activos en productos financieros a largo plazo o de cualquier modo desconectados de la idea de inmediatez causal con la tesorería de la empresa. En suma, se acepta por la jurisprudencia que determinados ingresos de origen financiero sean válidos para integrar la dotación a la reserva, por razón de su directa accesoriedad o vinculación causal con los rendimientos de la actividad mercantil,*** *industrial o empresarial propiamente dicha como sucede con los obtenidos por compensación de aplazamientos de pagos de clientes (donde esa conexión es directa e inequívoca) o también con los rendimien-*

tos de capitales propios colocados a corto plazo, bajo las notas de liquidez y disponibilidad inmediata, originarios de excedentes de tesorería, para cuya calificación no sólo ha de estarse a tales factores cronológicos sino también a la importancia de las sumas comprometidas, pues de lo contrario se podría llegar a la conclusión directa que no se trata de un rendimiento procedente de la actividad empresarial y, menos aún, de un establecimiento radicado en Canarias, con el que carecería de la menor conexión.

Por lo demás, a partir de la doctrina general, habría incumbido a la recurrente la prueba de que tales ingresos —de extraordinaria cuantía en el caso debatido— tenían una conexión directa de accesoriedad con los rendimientos puramente empresariales, de suerte que pudiera interpretarse que procedían de la colocación temporal de remanentes de tesorería, lo que desde luego no cabe entender como acreditado por el actor, que se ha limitado en su demanda a negar que el tantas veces citado artículo 27 de la Ley 19/1994 permita distinguir "categorías de beneficios", rechazando de esta forma el ajuste cuestionado exclusivamente por tal motivo [FD CUARTO SAN de 26 de enero de 2012. La negrita es nuestra].

La **SAN de 9 de abril de 2012, Sección 2, recurso 241/2009**, es interesante. El TEAC manda a la Inspección diferenciar los ingresos financieros obtenidos por la entidad Casino Playa de las Américas, S. A. en: (i) excedentes de tesorería y (ii) de fondos a largo plazo, con el objeto de que excluya solo a los segundos de la dotación RIC y admita los primeros. Alega el contribuyente que la actividad económica desarrollada es la de casinos de juego, en que gran parte de sus ingresos se reciben al contado, motivo por el que dispone de un gran volumen de recursos financieros, necesarios para atender la demanda constante de tesorería que tiene un casino, tanto para el pago de un premio como para mantener diariamente un importe mínimo en las mesas de juego.

La Inspección separa los ingresos y anula la liquidación, pero vuelve a girar una nueva, con la que no está de acuerdo la empresa y recurre de nuevo al TEAC. Este considera correcta la liquidación, por lo que recurre a la AN, que ve anómalo el procedimiento seguido por la Inspección, estima el recurso y anula la liquidación practicada.

La **SAN de 17 de mayo de 2012, Sección 2, recurso 268/2009**, analiza varias cuestiones sobre la regularización RIC efectuada por la Administración tributaria a la entidad INMOBILIARIA BETANCOR, que había absorbido varias sociedades. El asunto que nos interesa es el relativo a los ingresos financieros en todas ellas, en que la Inspección admitió los intereses procedentes de excedentes temporales de tesorería, pero no los derivados de inversiones a plazo que sobrepasasen la simple colocación de excedentes. Concretamente, de los préstamos concedidos a empresas del grupo. La AN hace mención a lo que acordó en varias sentencias anteriores, entre ellas la de 29 de septiembre de 2011 y la STS de 13 de octubre de 2011, para desestimar el recurso, sin aportar nuevos motivos, sino los señalados en pronunciamientos anteriores.

La **SAN de 21 de junio de 2012, Sección 2, recurso 143/2009**, resuelve una cuestión relacionada con la rentabilidad de las puntas de tesorería que la promotora inmobiliaria INVERDIX generó en los ejercicios en que declaraba el IS como sociedad inactiva. Entre los ingresos cuestionados para la dotación RIC se encuentran los procedentes de valores de renta fija de empresas del grupo, beneficios de participaciones en capital a largo plazo e ingresos por participación en capital. Si bien el tema principal no es los ingresos financieros, sino los ingresos procedentes de la enajenación de activos. La AN desestima el recurso en cuanto a los ingresos financieros, amparándose en la doctrina señalada en anteriores sentencias por la propia AN y el TS.

La importante excepción del pasado que comentamos ahora con detenimiento es la **SAN de 5 de diciembre de 2012, Sección 2, recurso 418/2009,** interpuesto por Loro Parque, S. A., en la que la AN estima la demanda y admite que los ingresos financieros obtenidos por inversiones financieras que van renovándose durante varios años son aptos para la dotación. Lo motiva en que obedecen a puntas de tesorería obtenidas en la actividad principal, que se invierten provisionalmente en activos financieros y se destinan finalmente a financiar las inversiones necesarias para la actividad. Las empresas no tienen por qué invertir sus excedentes en cuentas corrientes, sino que es lícito que obtengan la mayor remuneración que puedan en activos financieros que van renovando sucesivamente.

La Inspección admitió los intereses de las cuentas corrientes, pero no de las inversiones financieras permanentes no relacionadas con la actividad. Habían llegado a 3.098 millones de pesetas a 31 de diciembre de 2000, por lo que no podía considerarse como excedente temporal de tesorería a la espera de invertir en el ciclo productivo, sino como inversiones estructurales. Sin embargo, el TEAC estimó que en este tipo de empresas no era extraño contar con un elevado volumen de tesorería dado que los ingresos se recibían de contado, y anuló la liquidación. Se incoó una nueva acta para admitir solo los ingresos financieros de excedentes que no pasaran del plazo de un año, recurriendo para ello al cálculo de los saldos medios. El acta fue recurrida nuevamente, pero en este segundo caso la reclamación fue desestimada por el TEAC. En la demanda a la AN, el contribuyente alegó (i) que las inversiones financieras estaban vinculadas a su propia actividad económica de carácter permanente, por lo que tenían la naturaleza de colocación temporal de excedentes de tesorería; (ii) que nunca habían invertido en valores mobiliarios, sino en el mercado monetario a corto plazo, puesto que el administrador único de la empresa para obtener un mayor rendimiento a los activos financieros, en vez de tener el dinero en cuentas corrientes, con nula o escasa productividad, lo fue colocando en el mercado monetario a corto plazo, de disponibilidad inmediata, hasta tanto pasasen a formar parte del ciclo productivo de la empresa al afrontar nuevas inversiones.

La AN concluyó que los elevados saldos de tesorería eran normales en este tipo de empresas y que no podía exigirse a sus administradores que los dejasen en cuenta corriente con una mínima rentabilidad, sino que obtuviesen la máxima posible hasta que llegase el momento de la inversión definitiva. Parece dar a entender que admite esa vía siempre que la empresa invierta provisionalmente a corto plazo (menos de un año), que no era el caso, pero al final estima las pretensiones del contribuyente. Fue la primera vez que admitía que los ingresos financieros eran susceptibles de la dotación, pero en un contexto muy específico en cuanto a la actividad, y concreto en cuanto a los fondos en los que se invierte. Ha de quedar claro al lector que este no es el caso genérico que establece el criterio judicial, sino el criterio peculiar para un caso, repito, específico. Trascribimos el fundamento de derecho quinto, que es el que supone innovación en la materia:

> ***QUINTO.*** *Partiendo del expresado criterio, aplicado al supuesto que ahora nos ocupa, considera la Sala, que en el caso presente, han de tenerse en cuenta las especiales características de la actividad empresarial desarrollada por la entidad recurrente, explotación del núcleo zoológico LORO PARQUE, que obtiene un porcentaje importante de sus ingresos (51,53%) de la venta en taquilla de entradas al contado, lo que le origina un elevado volumen de tesorería, cuestión fáctica que no discute la Inspección ni el TEAC.*
>
> *El punto de discrepancia se centra en el concepto de "puntas de tesorería", ya que según el criterio acogido por la Inspección y ratificado por el TEAC debe excluirse, según el cálculo que se contiene en el acuerdo de liquidación, "el saldo mínimo ponderado diario, que permanece en el activo más de un año, y por tanto no puede considerarse como colocación temporal en fondos sino como inversión permanente".*
>
> *La Sala, sin embargo no puede compartir dicho criterio. Es cierto que al tratarse de un beneficio fiscal, ha de hacerse una interpretación restrictiva de la norma, pero ello no puede llevar, como en el caso presente, y con fundamento a unas razones meramente formales y a través de unos complicados cálculos matemáticos, a impedir el disfrute de un beneficio, por otro lado perfectamente licito, a una empresa que ha acreditado que todos los ingresos que destina a la dotación provienen de sus rendimientos empresariales, y que todos ellos se han destinado a la mejora y ampliación de sus instalaciones.*
>
> *Este importante dato, también aparece reconocido por la resolución del TEAC de 15 de marzo de 2007, en la que literalmente se recoge que "la Inspección determina que el incremento de tales activos financieros se debe a beneficios de explotación del ejercicio, beneficios que siendo propios de la actividad, han podido venir acompañados de un exceso o puntas de tesorería, o a recursos derivados de la recuperación de créditos concedidos".*

> ***Por ello, considera la Sala que no se le puede obligar a una empresa que, en principio, siguiendo su propia política económica, opta por no repartir beneficios y destinar sus rendimientos a la mejora de sus instalaciones, y así se encuentra acreditado en el expediente, a tener que colocar todos los ingresos que percibe al contado, ya que el flujo de caja es elevado, en cuentas corrientes obteniendo una rentabilidad mínima, pudiendo obtener una mejor rentabilidad mediante la colocación a corto plazo de dicho excedente, cuando, como es el caso enjuiciado, la actora acredita que todos los rendimientos obtenidos se han destinado a inversiones futuras, que, a juicio de la Sala, es el factor determinante a la hora de admitir la procedencia y la aptitud de los mismos para la dotación a la RIC.***
>
> *Ese parece ser, de otro lado, el criterio sostenido por el propio TEAC en sus resoluciones, y el que se contiene en el Informe de la Comisión de la Reserva para Inversiones en Canarias cuando declara que "todos los beneficios procedentes de la titularidad de activos relacionados con el desarrollo en Canarias de actividades profesionales, deben beneficiarse de la aplicación de la RIC, incluidos los obtenidos por la colocación temporal de excedentes de tesorería o de recursos, que según las necesidades propias de cada sector, sea adecuado mantener para afrontar inversiones futuras".*
>
> *En este sentido, entiende la Sala que no se puede obligar a una entidad, por el hecho de tener fuertes sumas de tesorería, a colocarlas en el sistema bancario de la forma menos rentable, porque es tanto como exigir a sus administradores una conducta perjudicial para los intereses de la empresa y en consecuencia antieconómica, cuando resulta que todos los rendimientos obtenidos de la colocación de la tesorería, han sido destinados a sus propias inversiones, siendo justamente ésta la finalidad y el objetivo de la RIC* [FD QUINTO, SAN de 5 de diciembre de 2012. La negrita es nuestra].

Conviene tener en cuenta que el pronunciamiento de la AN sobre la rentabilidad de las puntas de tesorería es singular y en el contexto de la normativa vigente hasta el 31 de diciembre de 2006. Singular, porque fue la primera vez que un Tribunal de Justicia avalaba que los rendimientos generados por activos financieros que van renovándose cada año eran susceptibles de la dotación, a pesar de que el criterio casi general en otras instancias e incluso en la propia AN era el contrario.

Con el cambio de la normativa a partir de 1 de enero de 2007, que incluyó expresamente como elementos no afectos los activos representativos de la participación en fondos propios de una entidad y de la cesión a terceros de capitales propios, la rentabilidad de las puntas de tesorería perdió su aptitud para la dotación. El posterior cambio legislativo vigente a partir de 1 de enero de 2015 eliminó esa consideración del texto legal, pero la reforma del Reglamento REF operada en noviembre de 2015 incluyó el art. 5.2.c), que considera hasta la actualidad beneficio no distribuido el que derive de los valores representativos de la participación en el capital o fondos propios de otras entidades, así como la cesión a tercero de capitales propios, excepto de que se trate de entidades que presten servicios financieros.

La **SAN de 10 de mayo de 2013, Sección 2, recurso 216/2010**, ratifica la doctrina de que los únicos ingresos financieros que sirven para dotar RIC en 2001 son los que derivan de la colocación temporal de excedentes de tesorería, motivándolo en sentencias anteriores. Añade que poco o nada había hecho el recurrente por acreditar que se trataba de excedentes de tesorería invertidos provisionalmente:

> *SEXTO. (...) Por lo demás, a partir de la doctrina general, habría incumbido a la recurrente la prueba de que tales ingresos tenían una conexión directa de accesoriedad con los rendimientos puramente empresariales, de suerte que pudiera interpretarse que procedían de la colocación temporal de remanentes de tesorería, lo que desde luego no cabe entender como acreditado por el actor, que se ha limitado en su demanda a señalar, apodícticamente y sin soporte probatorio alguno, que nos hallamos ante "picos de tesorería" procedentes de una actividad empresarial, sin acreditar mínimamente esa circunstancia.* [FD SEXTO, párrafo final, SAN de 10 de mayo de 2013].

La **SAN de 28 de noviembre de 2013, Sección 2, recurso 391/2010**, aborda una cuestión parecida a la de Loro Park, esta vez tratándose de la entidad Supermercados Bolaños, dedicada a la explotación de supermercados, que mantenía saldos en sus cuentas corrientes a la vista y, excepcionalmente, de ahorro, para afrontar el pago de proveedores y la realización de inversiones futuras. No obstante, el criterio se aparta de la SAN de 5 de diciembre de 2012 de Loro Parque. Lo motiva en que ya se había pronunciado negativamente en sentencias anteriores en el sentido de que estos rendimientos no son aptos para la dotación, al no derivar de la explotación económica de la empresa en el desarrollo de su objeto social. Concluye que aplicando los criterios del TS *procede la desestimación de este motivo, al tratarse de saldos en cuentas bancarias que constituyen, más bien, dada su entidad, inversiones a corto plazo, y no de rendimientos derivados de la actividad económica desarrollada por la entidad.* Para nada menciona la SAN de 5 de diciembre de 2012 (Loro Parque), razón de que ratifique la opinión que antes expuse, que el pronunciamiento sobre Loro Parque en 2012 era una excepción en la doctrina general.

La **resolución TEAR de 30 de septiembre de 2016, Sala Santa Cruz de Tenerife, n.º 38/01650/2016,** analiza el tratamiento de los rendimientos de puntas de tesorería después de la reforma de 1 de enero de 2007. La controversia se centraba en determinar si los ingresos financieros debían considerarse incluidos en el beneficio sobre el que procedía calcular la dotación RIC. El contribuyente alegó el criterio del TS de que eran computables cuando se demostrase su procedencia de picos o puntas de tesorería, pero el TEAR desestima sus pretensiones porque no resultaba de aplicación al caso, pues la referencia de origen era la normativa vigente hasta el 1 de enero de 2007. La actual, tanto la Ley como el art. 5.2, d) del Reglamento, señalan expresamente que no puede dotarse RIC con el beneficio procedente de valores o de la cesión a terceros de capitales propios, excepto que se trate de entidades financieras.

A modo de síntesis de este apartado, el rendimiento que generan las puntas de tesorería a corto plazo, entendiendo por corto plazo menos de un año, fue admitido por la doctrina administrativa y los Tribunales de Justicia en la etapa RIC 1994-2006, pero no a partir de la reforma de 1 de enero de 2007, inadmisión que sigue vigente, y que excluyó expresamente del beneficio susceptible de la dotación el generado por la cesión a terceros de capitales propios. La aclaración legal decayó en la posterior reforma de 2014, aplicable a partir de 1 de enero de 2015, pero no del Reglamento. La excepción respecto a los rendimientos financieros obtenidos por puntas de tesorería de Loro Parque, que iban engrosando activos financieros que se renovaban año a año, quedó en eso, en la excepción que confirmaba en el pasado la regla, sin que sea aplicable en la actualidad.

10.4.4. Los beneficios generados por quitas concursales y voluntarias

La **SAN de 18 de octubre de 2012, Sección 2, recurso 411/2009**, inadmite que el beneficio procedente de la condonación de deudas de empresas vinculadas sea susceptible de la dotación. Es una variante más de los ingresos financieros que se producen por quitas concursales y voluntarias y condonaciones de préstamos o saldos. La AN considera que no forman parte del giro normal de la empresa, como sí lo forma el descuento comercial, razón de que no sean susceptibles de la dotación:

> *QUINTO. Por lo que se refiere, en primer lugar, a la condonación de deudas, obviamente no constituyen rendimientos o beneficios derivados de un establecimiento radicado en Canarias, con la interpretación jurídica de tales conceptos previstos en la Ley 19/1994 a que se ha hecho mención extensa, puesto que, como se señala por la Inspección y corrobora el TEAC, no provienen de actividad mercantil alguna —esa ganancia—, siendo completamente indiferente la relación más o menos directa con el giro o tráfico de la empresa que tuviera el contrato o la relación comercial determinante de las deudas ahora perdonadas por entidades vinculadas, pues la recurrente, sin prueba directa alguna —toda vez que la proposición de prueba documental se ha limitado a una remisión documental al expediente, que ya fue objeto de valoración negativa en la vía administrativa—, parece conectar la necesidad de vinculación de la parte de la base imponible con que la RIC debe dotarse, con el origen de las deudas de que se trata por razón de relaciones comerciales habidas en ejercicios anteriores al 2002 que ahora es objeto de análisis y que dieron lugar a esas deudas, lo que es completamente ajeno a la cuestión debatida, pues tales relaciones —de las que, por cierto, la demanda ni siquiera identifica con la debida claridad y concreción en qué habrían consistido— dieron lugar, en su día a gastos o partidas negativas en el resultado contable, en el ejercicio en que pretendida-*

mente se produjeron, ***en tanto que el beneficio de que ahora se trata proviene de un negocio jurídico posterior, el de perdón o liberación de la deuda por parte de Promociones Charco Valle Chavasa, S.A., que determina no un aumento de los rendimientos o beneficios, sino una disminución del pasivo que nada tiene que ver con explotación, negocio o actividad de clase alguna que realice*** *INVERSIONES TAHODIO, pues no es concebible que una empresa tenga por objeto social la condonación de deudas de otros o que le sean perdonadas las deudas por terceros, vinculados o no.*

Por lo demás, no es pertinente la comparación que se lleva a cabo con el descuento mercantil, que sí es actividad empresarial propiamente dicha y que, a diferencia de las actuaciones que examinamos, entraña un negocio jurídico oneroso y por tanto retribuido, a diferencia del perdón puro y simple de las cantidades debidas por parte del acreedor, sin que hayamos conocido la causa para ello [FD QUINTO, SAN de 18 de octubre de 2012].

La **resolución TEAC de 25 de febrero de 2022 (reclamación 00-01657-2020)** concluye que los ingresos derivados de la quita de una deuda son ingresos financieros y no susceptibles de la dotación RIC en 2016. Lo argumenta, muy didácticamente, a tenor del PGC, que señala que este tipo de quitas son ingresos financieros y no beneficios extraordinarios; y con el texto del art. 5.2 del Reglamento REF, que considera como beneficio distribuido (la doble negación en la letra del apartado 2, afirma) el que derive de la cesión a terceros de capitales propios, excepto que se trate de entidades que presten servicios financieros. Concluye que debido al tratamiento contable de las quitas y que el rendimiento generado por un instrumento financiero (en este caso, un pasivo financiero) se considera ingreso financiero, el beneficio no puede destinarse a la RIC. La entidad reclamante había alegado que el préstamo se pidió para financiar un complejo turístico, motivo de que estaba afecto a la actividad económica en Canarias y que el rendimiento obtenido con la quita era susceptible de la dotación. El TEAC razona que no debe olvidarse que fue el inmueble y no el préstamo el que contribuyó a dinamizar la economía canaria, concluyendo que el ingreso financiero generado por una quita no es susceptible de la dotación, salvo en el caso de entidades financieras. Comparto el razonamiento y entiendo que la quita de todo o parte de un pasivo financiero debe considerarse como resultado financiero, no susceptible de la dotación:

Cuarto. (...) En conclusión, este TEAC afirma que el ingreso derivado de la quita de un pasivo tiene naturaleza de ingreso financiero y cuya inclusión en la base de la RIC no encaja en la motivación última perseguida por el legislador estatal en la creación del citado incentivo fiscal. Y es, precisamente porque no encaja en el fin último del incentivo fiscal, donde este TEAC encuentra fundamento jurídico para entender que si el legislador estatal ha excluido de la base de la dotación los ingresos generados por activos financieros también deben entenderse excluidos, por coherencia normativa, los ingresos generados por un pasivo financiero que, por definición, son anómalos en tanto que la incidencia que en pérdidas y ganancias tienen los pasivos financieros son ordinariamente de gasto y no de ingreso.

Cualquier otra interpretación que de la regulación positiva de la RIC se extrajera contravendría la obligación normativa que el artículo 6 del Código Civil establece de interpretar las normas atendiendo a un criterio teleológico y sistemático, esto es, atendiendo a la voluntad del legislador bajo la premisa de que las normas conforman un ordenamiento jurídico completo y sin contradicciones. Así, habiendo regulado expresamente el legislador que los ingresos procedentes de un activo financiero no pueden conformar la base con cargo a la cual se dota la RIC (salvo para las empresas que su actividad habitual es la prestación de servicios financieros), igualmente tampoco podrán estarlo los ingresos excepcionales que surjan a consecuencia de la cancelación de un pasivo financiero que no es más que la contrapartida de todo activo financiero en tanto manifestación de una doble naturaleza: derecho (activo) para el acreedor y obligación (pasivo) para el deudor.

(…) En consecuencia, al tener el ingreso derivado de la quita del préstamo con CAIXABANK naturaleza financiera, el mismo no debe incluirse en la base del límite máximo que puede dotarse de RIC que es, en definitiva, el 90% del beneficio del ejercicio no distribuido y considerarse un beneficio distribuido todo aquel que tenga naturaleza financiera.

Por ende, en la medida en que la base del cálculo de la RIC sería el beneficio obtenido en 2016 (…) minorado en los beneficios no distribuidos como es el ingreso de la quita (…) la base sería negativa y, en consecuencia, el límite máximo de dotación a la RIC del ejercicio 2016 sería 0: esto es, no existiría basa para poder dotar la RIC siendo improcedente la aplicación que realizó el obligado tributario de la misma en 2016 por valor de un millón de euros.

Por ello, este TEAC comparte la fundamentación jurídica del acuerdo de liquidación impugnado en el sentido de afirmar que los ingresos contables y fiscales generados como consecuencia de una operación de pasivo financiero no constituyen un ingreso con cargo al cual pueda dotarse la RIC. Esta conclusión no estriba únicamente de entender que si la norma prohíbe la dotación de la RIC con cargo a ingresos financieros procedentes del activo, también estaría prohibiendo los demás tipos de ingresos financieros (aunque procedieran del pasivo y no del activo); sino también del hecho de que los resultados financieros no forman parte del resultado de explotación sino que se catalogan en una parida distinta de la cuenta de pérdidas y ganancias. En concreto, el legislador estatal ha buscado establecer la RIC para los beneficios derivados de la actividad ordinaria y, por ello, tiene sentido que prevea que se dote la RIC de los beneficios de ingresos financieros para las empresas destinadas a la prestación de servicios financieros porque, para estas, los ingresos financieros sí serían su actividad ordinaria y habitual y no un resultado colateral a la misma.

En conclusión, este TEAC concluye que el ingreso derivado de la quita de un préstamo hipotecario es un ingreso financiero que por congruencia normativa debe excluirse de la dotación RIC, máxime cuando no es un resultado derivado de la actividad habitual del obligado tributario y haberse previsto por Ley que los ingresos financieros solo computaran para aquellas entidades cuya actividad habitual es la prestación de servicios financieros [FD CUARTO, Resolución TEAC 25 de febrero 2022].

10.5. La excepción de las entidades financieras

En la **SAN de 22 de julio de 2022, Sección 2, recurso 374/2020**, la sociedad URBACAN dota RIC con ingresos financieros porque considera que realiza actividad financiera, dada de alta en el IAE como tal, pero la Administración tributaria opinó que no la efectuaba y, en consecuencia, regulariza la dotación. Recurre al TEAC, que desestima sus pretensiones, y a la AN, que no estimó la demanda.

La cuestión principal que aborda la sentencia es la existencia o no de actividad económica de prestación de servicios financieros a los efectos de la dotación RIC. La empresa estaba dada de alta en la actividad de promoción inmobiliaria y en el epígrafe 831.9 del IAE: otros servicios financieros NCOP; obtuvo rendimientos por la venta de valores negociables, ingresos derivados de productos financieros e intereses de un préstamo concedido a una sociedad vinculada. Basó sus argumentos en que una empresa del grupo había contratado una persona cualificada procedente del sector financiero para el estudio, gestión y ejecución de las operaciones financieras, y que en 2007 generó ingresos de más de cuatro millones en operaciones financieras, hechos que avalan que ejerció actividad financiera. A pesar de ello, la AN no estimó la demanda, por entender que no realizaba tal actividad, puesto que los hechos no resultaban suficientemente indicativos de la actividad financiera. El alta en el IAE era un asunto estrictamente formal, y el trabajador contratado por otra empresa del grupo no suponía ordenación por cuenta propia de factores productivos:

> *QUINTO. (...) "Así, del análisis conjunto de los datos anteriores se concluye que la recurrente no tiene como actividad principal la tenencia de acciones o participaciones emitidas por entidades financieras pues el importe de los rendimientos implícitos y explícitos generados por todas las acciones señaladas (46.121,51 euros) resulta insignificante en comparación con el total de beneficios e ingresos financieros obtenidos por la entidad según la propia documentación por ella aportada a la AEAT en fecha 05/07/2012 (4.298.671,38 euros). Y es que, según motiva la Inspección, y no discute por la interesada en su recurso, la mayor parte de los beneficios destinados a dotar la RIC provienen de derivados, swaps, títulos de deuda pública y otros productos financieros distintos de acciones o participaciones emitidas por entidades financieras. Cabe señalar, asimismo, que las 16,191 acciones de Criteria Caixa Corp. se compraron en el último trimestre del 2007 y las 100.000 acciones de Banco Santander se vendieron antes de que acabara el primer semestre del año, por lo que las únicas acciones emitidas por entidades financieras que han permanecido todo el ejercicio en el patrimonio de la entidad son las 72.000 acciones de BBVA".*
>
> *Decimos que no se ha desvirtuado todo lo anterior, por una parte, en la medida en que la sociedad recurrente asume que el parámetro para concretar el requisito relativo a que "la actividad principal sea la tenencia de acciones o participaciones emitidas por entidades financieras" es el de la efectiva titularidad de acciones o participaciones de dichas entidades financieras (por ejemplo, p. 20 de la demanda).*
>
> *A partir de ahí, por otra parte, tampoco resultan controvertidos los datos sobre las acciones o participaciones en entidades financieras de que la recurrente era titular en 2007, que la rentabilidad derivada de esa titularidad ascendiera en 2007 a la cifra de 46.121,51 euros, que los beneficios e ingresos financieros obtenidos por la entidad sumaran 4.298.671,38 euros y que la mayor parte de estos procedieran de "de derivados, swaps, títulos de deuda pública y otros productos financieros distintos de acciones o participaciones emitidas por entidades financieras".*

Siendo así las cosas, no podemos concluir que el criterio administrativo aplicado sea incorrecto.

La Administración ha asimilado "actividad principal" a aquella de la que proceden la mayor parte de los beneficios de la sociedad recurrente y, asumiendo esta premisa (que, por lo demás, tampoco se combate directamente en la demanda) y no desvirtuados los datos anteriormente considerados, ningún reparo cabe efectuar a la resolución impugnada.

Pero es que, aunque estimáramos que lo que cualifica la "actividad principal" son otros parámetros distintos del empleado por el Tribunal Económico-Administrativo Central, nos encontraríamos con un óbice fundamental y es que la parte actora tampoco nos ha ilustrado suficientemente acerca de cuál pudiera ser este y acerca de cuáles serían los datos concretos que deberían nutrir la correlativa ponderación. Por lo que, también desde esta segunda perspectiva, seguimos sin advertir razones suficientes para estimar la demanda en relación a esta cuestión.

Lo hasta aquí razonado sería suficiente para desestimar el motivo dado que no se habría acreditado un requisito esencial de la categoría de actividad de servicios financieros en que se enmarca el alegato de la propia recurrente (por ejemplo, p. 20 de la demanda).

A mayor abundamiento, como se indicó anteriormente, los restantes indicios que se alegan en la demanda y que pretenden sustentar la existencia de una efectiva y real actividad de servicios financieros desarrollada por la sociedad recurrente se muestran insuficientes a tal fin.

En resumen, porque considera la Sala que no resultan suficientemente indicativos de esa actividad.

En unos casos, por su carácter formal, como el alta en un determinado epígrafe del IAE.

En otros, porque no suponen ordenación por cuenta propia de factores productivos, como en el caso del trabajador contratado por otra empresa del grupo.

Debiendo recordar en este punto lo declarado por sentencia del Tribunal Supremo de 13 de julio de 2017 (ROJ:STS 2985/2017, FJ 2), antes citada, cuando afirma que: "Si el incentivo fiscal requiere que se beneficien de su aplicación tan sólo las ganancias obtenidas en la realización de actividades económicas que supongan la ordenación por cuenta propia de factores productivos la norma excluye el beneficio, el generado por la mera titularidad o tenencia de elementos patrimoniales aislados, no ligados directamente a la actividad de un establecimiento mercantil queda fuera de él".

Y en todos los demás casos, porque por sí solos o conjuntamente considerados (como, por ejemplo, la existencia de un local o una determinada cifra de beneficios) se trata de indicios que carecen per se de la consistencia necesaria para permitir la inferencia que se postula por la recurrente en orden a declarar la existencia de actividad económica de servicios financieros.

Además, existen relevantes contraindicios como el que se apunta en la p. 10 del acuerdo de liquidación en relación a la contradicción existente entre el hecho de que la recurrente defienda ahora que su actividad principal en el ejercicio 2007 fuera la de servicios financieros, por una parte, y que el tratamiento contable dado por aquella a los ingresos financieros obtenidos en dicho ejercicio no respondiera a dicha caracterización, por otra.

El motivo se desestima [FD QUINTO, SAN 22 de julio de 2022].

El criterio de la SAN de 22 de julio de 2022 era el que ya tenía años antes el TEAR de Canarias. En la resolución **TEAR, Sala las Palmas, 35/01609/2013 de 27 de mayo de 2016**, referida a la normativa aplicable a partir de 2007, se aborda la regularización efectuada por la Inspección de la dotación con beneficios procedentes de valores negociables e intereses por instrumentos financieros y un préstamo. El contribuyente alegó que su principal actividad era invertir en bolsa y en productos estructurados, estando dada de alta en otros servicios financieros; pero sin poder acreditar que emplease medios personales en dicha gestión. El criterio de la Inspección era que la realización de servicios financieros consiste en tomar fondos a préstamo y prestarlos a otros agentes económicos, en la compra de activos financieros y su posterior transformación para venderlos, y canalizar fondos desde los ahorradores hasta los inversionistas. Labores que no realizaba el contribuyente. El TEAR corrobora que no puede considerarse que la entidad reclamante realiza actividad financiera, pues no está calificada administrativamente como tal, no desarrolla producto financiero propio alguno, no tiene clientes para los que compra o vende productos financieros como intermediario, contabiliza sus operaciones de ingresos como beneficios en valores negociables y otros ingresos financieros, no como ingresos ordinarios, y no contrata trabajador alguno para esa actividad en 2007. En definitiva, que es una sociedad que gestiona un patrimonio familiar, no una entidad que presta servicios financieros, por lo que no puede dotar RIC con los rendimientos generados.

La controversia no finalizó en el TEAR, sino que fue recurrida. Tres años más tarde, **la resolución TEAC 00-05692-2016, de 12 de noviembre de 2019**, estudió la problemática y confirmó la liquidación administrativa, argumentando que en todo caso el contribuyente estaría encuadrado dentro de las entidades de tenencia de acciones y participaciones, sin que llegase a ser una entidad de crédito o de inversión colectiva, y que la normativa aplicable exigía en esa modalidad de tenencia de acciones que fuese la actividad principal, que no lo era en el contribuyente, en que los ingresos generados en la actividad eran accesorios. Enfatiza el Tribunal en que el hecho de que se diera de alta en 2007 en otros servicios financieros, cuando solo lo estaba en promoción inmobiliaria, suponía utilizar una mera formalidad para eludir las restricciones de la normativa RIC.

10.6. La RIB, los ingresos financieros y las plusvalías generadas en activos financieros

Durante todo el capítulo he enfatizado en que después de la reforma normativa RIC de 2006 es un asunto pacífico que con los ingresos financieros y las plusvalías generadas en la transmisión de activos financieros no se puede dotar la RIC. La RIB, en la Ley de 2022 y el Reglamento de 2024, incorporan el mismo criterio, por lo que no es posible dotarla con intereses, rendimientos financieros, dividendos y quitas concursales o voluntarias. Incluso en los casos que los intereses de la cesión de capitales a terceros obedezcan a inversiones transitorias de puntas de tesorería. La única excepción son los dividendos que recibe la sociedad matriz de grupos de consolidación fiscal. La experiencia acumulada en la RIC sirve para despejar el camino correcto para evitar dotar RIB con cualquiera de estos rendimientos.

10.7. Ficha resumen de la ineptitud de los ingresos financieros para la dotación RIC/RIB

1.	Pese a que la normativa que creó la RIC en 1994 no decía nada al respecto, la doctrina administrativa que señalaba que los resultados financieros no eran susceptibles de la dotación se consolidó en los Tribunales de Justicia.
2.	En la reforma RIC de 2006, el legislador introdujo con claridad que los rendimientos financieros solo eran aptos para dotar RIC en las entidades financieras. El criterio jurisprudencial se había incorporado a la normativa con efectos 1 de enero de 2007.
3.	Desde 2007 hasta la actualidad, la prohibición se ha mantenido; y en 2022 se incorporó al Régimen fiscal especial balear, por lo que tanto en la RIC como en la RIB los rendimientos de activos financieros y las plusvalías que se obtengan en su enajenación no son susceptibles de la dotación.
4.	El concepto de ingreso financiero abarca cualquier rendimiento generado por activos o pasivos financieros.
5.	En puridad, lo que no es susceptible de la dotación es el rendimiento financiero (diferencia entre los ingresos financieros y los gastos necesarios para obtenerlos), aunque alguna resolución TEARC (2015) diga lo contrario.
6.	Con la normativa RIC del periodo 1994-2006, los Tribunales de Justicia sentaron el criterio de que los intereses e ingresos financieros en general no eran susceptibles de la dotación: ni los intereses de los bonos de corporaciones públicas afectos a la RIC ni los derivados de préstamos a personas vinculadas ni por excedentes de tesorería.

7. La excepción fue una SAN de 2012 en relación con Loro Park, que admitió que los ingresos financieros generados por activos financieros que iban renovándose anualmente hasta realizar la inversión eran susceptibles de la dotación.

8. En ese periodo 1994-2006 se desestimaron las pretensiones de los contribuyentes de que eran entidad financiera, cuando en realidad, según los Tribunales, realizaban alguna actividad financiera accesoria a su actividad principal.

9. Las plusvalías generadas en la venta de acciones y participaciones no son susceptibles de la dotación, por mucho que la participación se adquiriese para influir en la política de *inputs/outputs* de la propia entidad.

10. Se considera ingreso financiero el importe de las quitas concursales y voluntarias obtenidas, motivo de que no sean susceptibles de la dotación.

11. Solo las entidades financieras pueden dotar las reservas con los ingresos financieros, pues son sus ingresos de explotación.

12. A partir de 1 de enero de 2007, la normativa RIC incluye la prohibición de dotarla con rendimientos financieros, excepto entidades financieras. Normativa que se incorporó al texto legal del Régimen fiscal especial balear en 2022, razón de que no sean susceptibles de la RIC/RIB los rendimientos financieros.

13. La única excepción en esta materia son los dividendos que recibe la sociedad matriz de grupos de consolidación fiscal, que son susceptibles de la dotación.

Capítulo 11

LOS INGRESOS POR AYUDAS Y SUBVENCIONES Y LA DOTACIÓN RIC/RIB

Las subvenciones corrientes que se conceden a las empresas para compensar sus costes o reducir los precios de venta han estado tradicionalmente reñidas con los incentivos fiscales del REF, entre ellos la bonificación del 50% a la producción de bienes en las Islas (art. 26 de la Ley 19/1994) y la reserva para inversiones en Canarias. Al menos para la Administración tributaria, hasta que la propia DGT y los Tribunales de Justicia fueron matizando poco a poco su compatibilidad. En 2024, las subvenciones corrientes que reciben las empresas se consideran en su mayoría ingresos afectos a la explotación y, en consecuencia, susceptibles de la dotación RIC/RIB.

Las subvenciones de capital financian la adquisición de activos, computándose inicialmente en cuentas del neto patrimonial, que se traspasan cada año a la cuenta de pérdidas y ganancias a medida que se amortizan los bienes que financian. Al compensarse el ingreso con el gasto por amortización, que ambos forman parte del resultado del ejercicio, no tendría que haber mayor problema en que la diferencia sea susceptible de la dotación. No obstante, la Administración tributaria y algún pronunciamiento de los Tribunales de Justicia mantienen el criterio contrario.

En este capítulo analizamos el efecto de las subvenciones en la dotación RIC/RIB.

11.1. Legislación vigente

– Art. 27 Ley 19/1994 REF

Artículo 27 Reserva para inversiones en Canarias

1. Las entidades sujetas al Impuesto sobre Sociedades tendrán derecho a la reducción en la base imponible de las cantidades que, con relación a sus establecimientos situados en Canarias, destinen de sus beneficios a la reserva para inversiones de acuerdo con lo dispuesto en este artículo.

Las entidades que tengan por actividad principal la prestación de servicios financieros o la prestación de servicios a entidades que pertenezcan al mismo grupo de sociedades en el sentido del apartado 3 del artículo 16 del texto refundido de la Ley del Impuesto sobre Sociedades, únicamente podrán disfrutar de la reducción prevista en el párrafo anterior cuando materia-

licen los importes destinados a la reserva en las inversiones previstas en las letras A, B y, en su caso, en las condiciones que puedan establecerse reglamentariamente, en el número 1.º de la letra D del apartado 4 de este artículo.

2. La reducción a que se refiere el apartado anterior se aplicará a las dotaciones que en cada período impositivo se hagan a la reserva para inversiones hasta el límite del noventa por ciento de la parte de beneficio obtenido en el mismo período que no sea objeto de distribución, en cuanto proceda de establecimientos situados en Canarias.

En ningún caso la aplicación de la reducción podrá determinar que la base imponible sea negativa.

A estos efectos, se considerarán beneficios procedentes de establecimientos en Canarias los derivados de actividades económicas, incluidos los procedentes de la transmisión de los elementos patrimoniales afectos a las mismas, así como los derivados de la transmisión de elementos patrimoniales no afectos a actividades económicas, en los términos que reglamentariamente se determinen.

A estos efectos se considerarán beneficios no distribuidos los destinados a nutrir las reservas, excluida la de carácter legal. No tendrá la consideración de beneficio no distribuido el que derive de la transmisión de elementos patrimoniales cuya adquisición hubiera determinado la materialización de la reserva para inversiones dotada con beneficios de periodos impositivos a partir de 1 de enero de 2007.

– Reglamento REF

Artículo 4 Determinación de establecimiento permanente generador de beneficios en Canarias

1. A los efectos de lo establecido en el artículo 25 de la Ley 19/1994, de 6 de julio, el concepto de establecimiento permanente será el establecido en el artículo 17.1.2.º de la Ley 20/1991, de 7 de junio, de modificación de los aspectos fiscales del Régimen Económico Fiscal de Canarias.

2. A los efectos de lo establecido en el artículo 27 de la Ley 19/1994, de 6 de julio, serán establecimientos permanentes los previstos en el artículo 13.1.a) del texto refundido de la Ley del Impuesto sobre la Renta de no Residentes, aprobado por el Real Decreto Legislativo 5/2004, de 5 de marzo.

Artículo 5 Determinación del beneficio del establecimiento permanente situado en Canarias

1. Se considerarán beneficios procedentes de establecimientos permanentes situados en Canarias los derivados de las operaciones efectuadas con los medios personales y materiales afectos al mismo que cierren un ciclo mercantil que determine resultados económicos, así como los derivados de la transmisión de elementos patrimoniales no afectos a actividades económicas, siempre que, en este último caso, se trate de elementos del inmovilizado material, inversiones inmobiliarias o activos intangibles que hayan generado rentas al menos un año dentro de los tres anteriores a la fecha de transmisión.

2. No tendrá la consideración de beneficio no distribuido:
a) El destinado a nutrir las reservas de carácter legal.

b) El que derive de la transmisión de elementos patrimoniales cuya adquisición hubiera determinado la materialización de la reserva para inversiones en Canarias.

c) El que derive de los valores representativos de la participación en el capital o fondos propios de otras entidades, así como la cesión a terceros de capitales propios, excepto que se trate de entidades que presten servicios financieros.

– Ley 31/2022 Régimen fiscal especial balear

D.A. 70ª. Cuatro 2. La reducción a que se refiere el número anterior se aplicará a las dotaciones que en cada período impositivo se hagan a la reserva para inversiones hasta el límite del 90 por ciento de la parte de beneficio obtenido en el mismo período que no sea objeto de distribución, en cuanto proceda de establecimientos situados en las Illes Balears.

En ningún caso la aplicación de la reducción podrá determinar que la base imponible sea negativa.

A estos efectos, se considerarán beneficios procedentes de establecimientos en las Illes Balears los derivados de actividades económicas, incluidos los procedentes de la transmisión de los elementos patrimoniales afectos a las mismas.

A estos efectos se considerarán beneficios no distribuidos los destinados a nutrir las reservas, excluida la de carácter legal. No tendrá la consideración de beneficio no distribuido el que derive de la transmisión de elementos patrimoniales cuya adquisición hubiera determinado la materialización de la reserva para inversiones regulada en este apartado, ni el que se derive de los valores representativos de la participación en el capital o fondos propios de otras entidades, así como la cesión a terceros de capitales propios.

– RD 710/2024, Reglamento del Régimen fiscal especial balear

Artículo 4. Beneficio atribuible a los establecimientos situados en las Illes Balears.

1. Se considerarán beneficios procedentes de los establecimientos situados en las Illes Balears a que se refieren los apartados 1 y 2 del artículo anterior los derivados de las operaciones efectuadas con los medios personales y materiales afectos al mismo que cierren un ciclo mercantil que determine resultados económicos.

2. No tendrá la consideración de beneficio no distribuido:

a) El destinado a nutrir las reservas de carácter legal.

b) El que derive de la transmisión de elementos patrimoniales cuya adquisición hubiera determinado la materialización de la reserva para inversiones en las Illes Balears.

No obstante, en los casos de transmisión de elementos patrimoniales que solo se hubiesen destinado parcialmente a la materialización de la reserva, se considerará beneficio no distribuido la parte proporcional de dicho beneficio que se corresponda con la parte del valor de adquisición del elemento patrimonial que no hubiera supuesto la materialización de la reserva.

c) El que derive de los valores representativos de la participación en el capital o fondos propios de otras entidades, así como la cesión a terceros de capitales propios.

*3. **Para la determinación del beneficio no distribuido y para la aplicación del límite porcentual del mismo susceptible de destinarse a la reserva para inversiones en las Illes Balears, a los que se refiere el número 2 del apartado cuatro de la disposición adicional septuagésima de la Ley 31/2022, de 23 de diciembre, se considerará el resultado contable.***

De la lectura de la normativa RIC en la Ley y Reglamento REF se determina con facilidad que las únicas referencias a las subvenciones afectan a la fase de materialización y no a la dotación. A la materialización, en tanto que hay que restar las subvenciones del coste de las inversiones que financian para hallar el importe neto o susceptible de la inversión afecta al incentivo (RIC y DIC); a la obligación de informar en la memoria de las cuentas anuales sobre el importe de las subvenciones concedidas; y al control de intensidad de las ayudas, entre las que se encuentran la dotación RIC y las subvenciones. Nada más señala la normativa, por lo que la parte que trata de la dotación y define el beneficio susceptible sencillamente no menciona las subvenciones.

Casi lo mismo ocurre con la normativa que regula el Régimen fiscal especial balear, que no contempla en la fase de dotación referencia alguna a las subvenciones. Sí establece una diferencia respecto al Reglamento REF, puesto que el art. 4.3 del RD 710/2024 introduce la precisión de que la dotación parte del resultado contable. Respecto a las subvenciones, el texto podría amparar la interpretación de que las subvenciones que por la normativa contable han de contabilizarse dentro del resultado contable son susceptibles de la dotación RIB, pero vemos más adelante qué dice la DGT.

A partir de la realidad que la normativa RIC/RIB nada dice al respecto de las subvenciones en la dotación, hay que interpretar para discernir si son o no susceptibles de la dotación como componentes del saldo de pérdidas y ganancias.

Subvenciones que, como explicamos con detenimiento, son de dos tipos: de capital, que subvencionan inversiones; y corrientes, que financian determinados costes, gastos o situaciones específicas a las que puedan verse abocadas las empresas.

Las subvenciones de capital se incorporan al saldo de pérdidas y ganancias a medida que se amortizan los bienes de capital, puesto que en el momento inicial se contabilizan en una cuenta de neto patrimonial, de la que se irán dando de baja contra cuentas de ingresos del grupo 7, esto es, se incorporan año a año al resultado de la empresa.

Las subvenciones corrientes se contabilizan directamente en el grupo 7 de ingresos, formando parte del resultado de la explotación.

Las dos cuestiones principales que se analizan en este capítulo son: si el traspaso anual de las subvenciones de capital a la cuenta de pérdidas y ganancias, y el traspaso directo de las subvenciones corrientes a la cuenta de pérdidas y ganancias, interfieren o no en la dotación RIC/RIB.

Anticipo mi criterio de que en tanto en cuanto los dos tipos de subvenciones se relacionen directamente con la actividad económica desarrollada en Canarias/Baleares no tienen por qué interferir negativamente en la dotación. No obstante, con las subvenciones Covid-19 se suscitó cierta polémica que analizamos a fondo. En 2022 publiqué un artículo que estudiaba la problemática de las ayudas Covid-19, que servirá de base a este capítulo[87].

11.2. La doctrina administrativa sobre las ayudas directas y la RIC

A través de las consultas vinculantes de la DGT y resoluciones TEAC y TEAR de Canarias se vislumbran dos posiciones contrapuestas en la materia: mientras la DGT, después de ciertos titubeos iniciales, mantiene que las subvenciones o ayudas directas son susceptibles de dotación RIC; el TEAR de Canarias mantiene la postura contraria.

La **consulta DGT CV 4725-2016, de 8 de noviembre**, trata de un ganadero que se dedica a la producción y venta de quesos, que determina sus rendimientos en estimación directa, y recibió dos subvenciones: la primera, de ayuda del Programa Comunitario de Apoyo a las Producciones Agrarias de Canarias, que establecía una prima a las hembras de caprino que hayan parido; y la segunda, de ayuda al consumo humano de productos derivados de la leche de cabra. Cuestiona si dichas subvenciones se incluyen como beneficios aptos para la dotación RIC y si la inversión en compra e instalación de placas fotovoltaicas en la granja agrícola propiedad del consultante para la electrificación de explotaciones ganaderas, se considera como inversión apta para materializar RIC.

La primera consideración que hizo la DGT fue recordar lo que ocurrió con el art. 26 de la Ley 19/1994 (bonificación del 50% a la producción) y las ayudas del régimen específico de abastecimiento (REA) a raíz de la

87 Miranda Calderín, 2022. "Las ayudas Covid-19 y la dotación RIC 2021". *Revista Hacienda Canaria n.º 57.*

STS de 2011, aludiendo a la DGT CV 3117-2016, en que una determinada ayuda REA conllevaba la obligación de repercutir la ventaja en el precio del producto, por lo que no se daban las premisas contenidas en la STS de 2011 para que esas ayudas dejaran de incluirse en la bonificación a la producción del art. 26. La segunda consideración, ya relativa a la RIC, fue que los rendimientos susceptibles de la dotación habían de provenir de actividades económicas realizadas mediante establecimientos situados en Canarias, y que dentro de los rendimientos netos de explotación se incluyen las subvenciones corrientes, como son las percibidas por el consultante:

> *Por tanto, se trata de una deducción en la cuota íntegra del IRPF por los rendimientos netos de explotación destinados a la RIC, que provengan de actividades económicas realizadas mediante establecimientos situados en Canarias. Dentro de los rendimientos netos de explotación del ejercicio se incluyen las subvenciones corrientes como, según la información aportada en el escrito de consulta, serían las percibidas por el consultante* [CV 4725-2016].

A raíz de la consulta, la DGT estableció el criterio de que las subvenciones corrientes se incluyen dentro de los rendimientos netos de explotación y, en consecuencia, son susceptibles de dotación RIC. Soy consciente de que la consulta se refiere a una ayuda del programa comunitario de apoyo a las producciones agrarias en Canarias y a una ayuda al consumo humano de leche, y no a las ayudas en general o en particular, como fueron años más tarde las ayudas Covid-19, pero ambos tipos de ayudas comparten la naturaleza de ser subvenciones o ayudas directas, esto es, ingresos corrientes para los receptores, y en consecuencia con el criterio expresado, susceptibles de dotación RIC. El principio de confianza legítima debe imperar en la cuestión que planteo, pues a partir de 2016 la consulta vinculante interpreta que se puede dotar RIC con el rendimiento económico, que incluye este tipo de ayudas directas.

Cuatro años después se publica la **DGT CV 2130-2020, de 25 de junio,** en que el consultante pretende dotar RIC con el importe de una subvención para la creación de empresas por jóvenes agricultores o ganaderos en Canarias y materializarla en una serie de activos. La primera afirmación que hace la DGT es que las subvenciones concedidas a agricultores para el desarrollo de su actividad económica, con independencia del concepto que financien (gastos de la actividad corriente, gastos de establecimiento, adquisición de activos destinados a la actividad económica, etc.), se consideran a efectos del IRPF como rendimientos de la actividad económica, por tener su origen en la actividad económica desarrollada. Con este razonamiento ratifica el criterio expresado en 2016.

La segunda consideración que hizo la consulta fue diferenciar entre subvenciones corrientes y de capital. Si las ayudas se aplican a compensar gastos del ejercicio o la pérdida de ingresos, tendrán el tratamiento de subvenciones corrientes y son ingresos del ejercicio. Por el contrario, las destinadas a favorecer inversiones se tratan como subvenciones de capital, imputándose en la misma medida en que se amorticen las inversiones (salvo que los activos no sean susceptibles de amortización y las subvenciones tengan que imputarse íntegramente en el año en que se enajenen o den da baja los activos). En el caso de las ayudas a jóvenes ganaderos, la DGT considera con razón que no se trata de una subvención de capital, al no vincularse a la adquisición de activos fijos o al pago de gastos plurianuales, sino que es una subvención corriente. Se imputará en el año en que se conceda, y los rendimientos netos de la actividad económica se determinarán según las normas del IS. A partir de estas afirmaciones plantea cuestiones que afectan a la materialización y que no son de interés en el asunto principal. Soy conocedor de que la DGT no resuelve expresamente en la consulta cómo interactúan las subvenciones directas y la dotación RIC, cuestión que da por hecho al considerar la ayuda como directa y, en consecuencia, integrante del rendimiento económico susceptible de la dotación. La DGT no niega —que es el aspecto que interesa destacar— que el ganadero pueda destinar la subvención a la dotación RIC, que es el primer aspecto que cuestiona el contribuyente con claridad en su consulta.

Entiendo por tanto que a las ayudas Covid-19, al ser ayudas directas, les son aplicables el mismo criterio expresado por la DGT en las dos consultas de 2016 y 2020: que forman parte del rendimiento económico de la actividad y son susceptibles de la dotación RIC.

Sin embargo, las resoluciones del TEAR de Canarias que conocemos se muestran contrarias a las opciones de dotar RIC con las subvenciones, si bien alguna de ellas se refiere exclusivamente a las subvenciones de capital. Recordemos que las subvenciones de capital no suponen un ingreso del ejercicio para la empresa beneficiaria, sino un abono en una cuenta de patrimonio neto por el importe concedido. A su vez, dicho importe se traspasa anualmente a ingresos del ejercicio a medida que se amortizan los activos subvencionados. Cuando una empresa contabiliza directamente una subvención de capital como ingreso del ejercicio está incumpliendo la normativa contable y no podrá dotar RIC con ese importe. Cuestión aparte es que contabilice correctamente la subvención en cuentas del patrimonio neto y cada año traspase a ingresos una parte en función de la amortización del activo. En ese caso, mi opinión es que el traspaso anual es apto para la dotación, aunque el TEARC no comparte el criterio.

En la **RTEARC de 3 de junio de 2019, Sala de Santa Cruz de Tenerife, n.º 38-00964-2015**, se abordan varias cuestiones, una de ellas el traspaso a resultados de subvenciones de capital. Señala que si bien es verdad que el art. 27 no excluye expresamente las subvenciones de capital de la base de cálculo de la RIC, "resulta indubitado que dicha base se limita a los beneficios obtenidos por la realización de actividades económicas". El razonamiento no me convence, puesto que el beneficio al que se refiere la normativa RIC abarca las dos caras de la misma moneda, tanto el ingreso (la imputación de la subvención de capital a los ingresos del ejercicio) como el gasto (la amortización del activo subvencionado), razón de que no sea posible excluir de la dotación solo uno de los dos componentes (el ingreso), sino que en el peor de los casos para el contribuyente habría que tener en cuenta el importe traspasado a ingresos del ejercicio menos la amortización del activo subvencionado. Más si consideramos que cuando se conceden las subvenciones de capital se obliga el beneficiario a realizar una inversión afecta a su actividad económica y mantener tanto la inversión como la actividad en funcionamiento.

La resolución **TEARC de 30 de septiembre de 2020, Sala de SCT, reclamación n.º 38-01650-2016**, va aún más lejos en la interdicción establecida anteriormente, puesto que sienta el criterio de que ni tan siquiera las subvenciones corrientes son válidas para dotar RIC. Lo motiva en que el art. 5 del RD 1758/2007 (Reglamento REF) considera beneficios los derivados de las operaciones efectuadas con los medios personales y materiales afectos al establecimiento que cierre un ciclo mercantil que determine resultados económicos. Esto es, no atiende la Sala a la interpretación del precepto por parte de la DGT en 2016 y 2020, y continúa con el restrictivo enfoque de que una subvención directa no forma parte de la actividad económica de la empresa. A mi entender sucede precisamente lo contrario: un empresario recibe la subvención en tanto en cuanto realiza actividad económica y se obliga a destinar el ingreso recibido a la actividad que desarrolla y a mantenerla además en funcionamiento.

Insiste el TEARC en la negativa a pesar de que conoce la STSJC de 27 de septiembre de 2019, que entiende que la modificación del art. 26 (bonificación del 50% a la producción) tiene carácter aclaratorio y que por ello las subvenciones al plátano forman parte de la bonificación; pero manifiesta que ese criterio es de aplicación exclusiva al beneficio fiscal de la bonificación, sin que pueda extenderse a la RIC. En la reseña de la resolución, Florido Caño (2020) señala que la DGT dice lo contrario en CV 4725-2016 y que el TEARC manifestó su negativa a que las ayudas formen parte de la dotación en resolución de 3 de junio de 2019, Sala de Santa Cruz de Tenerife.

Vemos que son al menos dos las resoluciones del TEARC que se oponen a la inclusión de las ayudas o subvenciones directas en la base de la dotación RIC.

11.3. Las ayudas al plátano y la bonificación del 50% del art. 26 de la Ley 19/1994

Lo sucedido con las diferentes ayudas otorgadas a la producción platanera en una década y en diferentes instancias administrativas y judiciales hizo que el poder legislativo modificara la normativa REF en 2018, para señalar expresamente que las ayudas al plátano formaban parte de la base de la bonificación del 50% a la producción.

Este incentivo REF, conocido como bonificación a la producción, es muy utilizado por los productores canarios. Los que se acogen tributan solo por el 50% de sus rendimientos, pudiendo aplicar también la dotación RIC. No vamos a entrar en el detalle de la bonificación del 50% del art. 26 de la Ley 19/1994, pero sí a recalcar la realidad que cuando de la cuenta de pérdidas y ganancias de las empresas agrícolas eliminamos las ayudas, el saldo será casi siempre negativo, motivo de que no cabría la aplicación de incentivo fiscal alguno. No obstante, el asunto a nivel conceptual tuvo un gran recorrido en torno a si las subvenciones recibidas podían ser objeto de la bonificación del 50% a la hora de tributar el agricultor, ganadero o el resiliente productor de algún artículo o género isleño.

Específicamente sobre las ayudas en el sector platanero, la **STS de 3 de noviembre de 2011** pareció pontificar que las ayudas al plátano (concretamente una determinada subvención en el año que se planteó la controversia tributaria, cuya tipología como ayuda fue mutando a medida que pasó el tiempo) eran incompatibles con la bonificación, puesto que el art. 26 únicamente se aplicaba a los rendimientos empresariales, entendiendo que las ayudas no lo eran. La no admisión de la subvención en la base de la bonificación no cuestionaba que procediera del ejercicio de una actividad económica, sino del hecho de que era un ingreso, que podría ser de naturaleza empresarial, pero que no constituía en sentido estricto un rendimiento derivado de la venta de bienes corporales.

A pesar de la STS de 2011, la DGT en varias consultas vinculantes continuó aplicando el criterio de que las ayudas al plátano formaban parte de la base de la bonificación del 50%. A nivel de Tribunales de Justicia, el TSJC mantuvo tanto ese criterio como el contrario, hasta que el poder legislativo, harto de tantas disquisiciones, modificó la normativa mediante la Ley 8/2018, de 5 de noviembre. Uno de los párrafos del art. 26 de la Ley 19/1994 quedó redactado así:

> *3. A los efectos del cálculo de los rendimientos derivados de la venta de bienes corporales producidos en Canarias, formarán parte de los mismos:*
>
> *a) Los importes de las ayudas derivadas del régimen específico de abastecimiento, establecido en virtud del artículo 3.1.a) del Reglamento (UE) n.º 228/2013 del Parlamento Europeo y del Consejo, b) Los importes de las ayudas a los productores derivadas del Programa Comunitario de Apoyo a las Producciones Agrarias de Canarias, establecido en virtud del artículo 3.1.b) del Reglamento (UE) n.º 228/2013 del Parlamento Europeo y del Consejo.*

La contundencia del texto no permite duda alguna: las ayudas del Régimen Especial de Abastecimiento (REA) forman parte de la base de la bonificación del 50% de los rendimientos de la producción, pero quedaba otra cuestión por dilucidar: ¿se trataba de una aclaración o de una innovación legal? Y es en ese contexto cuando se publica la brillante **STSJC de 11 de febrero de 2019**, que aporta luz en este asunto en un recurso a una resolución del TEAR de Canarias que había denegado la inclusión de la ayuda en la base de la bonificación. Su lectura es aconsejable, pues hace un extenso resumen de las opiniones favorables y desfavorables de la DGT, TSJC y AN a raíz de la STS de 2011, y llega a la conclusión de que el cambio normativo de 2018 es una aclaración legal y por tanto aplicable a los años anteriores. Cambia así el TSJC su propio criterio expresado en sentencias anteriores y vuelve a su doctrina inicial (STSJC de 7 de diciembre de 2016), en que considera que no es aplicable la STS de 2011, porque recoge una serie de pronunciamientos que no han sido reiterados y pueden considerarse *obiter dicta*; y porque las ayudas o ventajas REA han ido cambiando, no coincidiendo con las en su día analizadas por el TS. Añade como poderosas razones de su conclusión: el marco de inseguridad jurídica provocado por las oscilaciones doctrinales y jurisprudenciales, que no pueden perjudicar al administrado; la modificación legislativa de noviembre de 2018, que pretendió dar estabilidad al último criterio favorable de la DGT sobre que las ayudas formaban parte de la base de la bonificación; y que el propio legislador ha interpretado y aclarado la norma para dar seguridad jurídica, razón de que entiende que los efectos deben retrotraerse.

De esta forma, se ha pacificado (por ahora) el asunto de las ayudas al plátano y otras subvenciones a la hora de aplicar la bonificación del 50% a los rendimientos de la producción en Canarias. Casi los mismos ingredientes se dan en las ayudas directas recibidas por las empresas y la dotación

RIC, pudiendo aplicarse en mi opinión el mismo razonamiento. No obstante, soy consciente de que se trata de incentivos fiscales diferentes, como pronto lo hizo constar el TEAR en una de sus recientes resoluciones sobre la RIC. Las espadas siguen en alto, pero el recorrido de las ayudas y la RIC espero que no sea tan largo y abrupto como lo fue en su día la bonificación a la producción.

11.4. Las subvenciones a los ganaderos personas físicas y la dotación RIC

La DGT, en **CV 4725-2016, de 8 de noviembre**, da respuesta a las subvenciones concedidas a una persona física y su doble interacción con la bonificación a la producción del 50% (art. 26) y la dotación RIC. Se trataba de un ganadero que recibió una ayuda del programa comunitario de apoyo a las producciones agrarias de Canarias (apoyo a las cabras) y otra de ayuda al consumo humano de leche de cabra, que consultó:

1°. ¿Si en relación con la bonificación a la producción esas subvenciones forman parte del beneficio de la producción? La respuesta de la DGT hizo referencia a la STS de 3 de noviembre de 2011, que dice que las subvenciones recibidas y vinculadas al precio de la fruta vendida no forman parte del rendimiento de la producción, y a la CV 3117-2016, que indica que las ayudas REA (régimen específico de abastecimiento) no coinciden con las subvenciones excluidas por la STS, por cuanto existe la obligación de repercutir la ventaja al precio final. Motivo de que la ayuda forme parte del precio de venta y por tanto del rendimiento. Concluye que, *salvo la existencia de dicha obligación de repercutir la ventaja obtenida al usuario final, las subvenciones objeto de consulta no podrán formar parte de la base de la bonificación.* Conclusión que interpretamos en el sentido de que es precisamente la obligación de repercutir la subvención en la baja del precio final la que hace posible que esta forme parte de la bonificación del 50%.

2°. ¿En relación con la RIC, forman parte del beneficio de la actividad ganadera? La respuesta, clara y nítida, es que sí, porque son subvenciones corrientes (a la explotación):

> *Por tanto, se trata de una deducción en la cuota íntegra del IRPF por los rendimientos netos de explotación destinados a la RIC, que provengan de actividades económicas realizadas mediante establecimientos situados en Canarias. Dentro de los rendimientos netos de explotación del ejercicio se incluyen las subvenciones corrientes como, según la información aportada en el escrito de consulta, serían las percibidas por el consultante.*

3ª (se refiere a un tema que no viene al caso).

4º. ¿Hay que declarar las subvenciones en el modelo 282, hay que incrementarlas en el volumen de ventas? No contesta, sino que se remite a Gestión Tributaria de la AEAT, privándonos de la posibilidad de tener una visión completa en este asunto[88].

Vemos, por tanto, que el criterio de la DGT es que las subvenciones corrientes son susceptibles de la dotación RIC.

11.5. Los pronunciamientos de los Tribunales de Justicia sobre las ayudas directas y la RIC

En relación con las ayudas directas y la dotación RIC no he encontrado pronunciamientos del TS, pero sí el hito que supuso en su momento la STS de 3 de noviembre 2011 en casación de una resolución del TSJC sobre las ayudas al plátano y la bonificación del 50% a la producción, comentada antes. Su criterio fue que las subvenciones no pueden formar parte de la base de la bonificación, pues solo lo hacen los rendimientos generados en actividades económicas. Es como si ese año los magistrados interpretaran que la ayuda se concedía al margen del desarrollo de actividad económica, concretamente agrícola, cuando sucede todo lo contrario: precisamente para hacer posible el desarrollo de la producción platanera en una región ultraperiférica es necesario la concesión de ayudas que contribuyan a su mantenimiento, a que pueda ser rentable la explotación o que al menos cubra los costes. El incentivo fiscal al que se pretendía aplicar la ayuda no era la RIC, sino la bonificación del 50% de la producción (art. 26 de la Ley 19/1994). No obstante, y a mi entender, lo que predica el Alto Tribunal respecto a las ayudas directas y la bonificación tiene su repercusión en la RIC, si bien los cambios producidos en las diferentes modalidades que fueron aplicándose a las ayudas al plátano, y su consideración casi residual en una sentencia en la que el asunto que trata con mayor profundidad es la caducidad del expediente administrativo —no la naturaleza de las ayudas en su conexión con la bonificación del 50%— hicieron que perdiera fuerza como doctrina. Incluso el TSJC, en sentencia de 2019, considera que el pronunciamiento del TS no había sido reiterado y además puede considerarse como *obiter dicta*, sin que forme parte de la *ratio decidendi* del fallo jurisdiccional. Trascribo la con-

88 Miranda Calderín, 2018. Crónica de la RIC 2017. *Revista Hacienda Canaria n.º 48.*

sideración final de la STS que se ocupa de la bonificación del 50% a la producción y las ayudas, en la que afirma que la subvención no tiene el tratamiento de rendimiento:

> *Estimado el recurso de casación, procede, conforme al artículo 98.2 de la Ley Jurisdiccional, examinar el fondo del asunto, que la parte recurrida concreta en su escrito de oposición al recurso en si las subvenciones recibidas y vinculadas directamente al precio de la fruta vendida, forman parte o no de la base sobre la que se aplica la bonificación establecida en el art. 26 de la Ley 19/1994, de 6 de julio, por el que se modifica el Régimen Económico y Fiscal de Canarias.*
>
> *La solución que propugna es contraria al mismo sentido literal del precepto. En efecto el mencionado artículo establece que:*
>
> *Artículo 26. Régimen especial de las empresas productoras de bienes corporales.*
>
> *1. Los sujetos pasivos del Impuesto sobre Sociedades aplicarán una bonificación del cincuenta por ciento de la cuota íntegra correspondiente a los rendimientos derivados de la venta de bienes corporales producidos en Canarias por ellos mismos, propios de actividades agrícolas, ganaderas, industriales y pesqueras, siempre que, en este último caso, la pesca de altura se desembarque en los puertos canarios y se manipule o transforme en el archipiélago. Se podrán beneficiar de esta bonificación las personas o entidades domiciliadas en Canarias o en otros territorios que se dediquen a la producción de tales bienes en el archipiélago, mediante sucursal o establecimiento permanente.*
>
> *2. La bonificación anterior también será aplicable a los contribuyentes del Impuesto sobre la Renta de las Personas Físicas que ejerzan las mismas actividades y con los mismos requisitos exigidos a los sujetos pasivos del Impuesto sobre Sociedades, siempre y cuando determinen los rendimientos por el método de estimación directa.*
>
> *La bonificación se aplicará sobre la parte de la cuota íntegra que proporcionalmente corresponda a los rendimientos derivados de las actividades de producción señaladas.*
>
> *Se trata, por tanto, de una bonificación sobre los rendimientos derivados de la venta de bienes corporales,* ***por lo que ni estamos en presencia de una ganancia derivada de la venta, aunque se calcule en función de la misma, ni se trata de un propio rendimiento, carácter que en ningún caso pueda darse a la subvención****. Entender lo contrario sería tanto como extender más allá de sus propios términos estrictos el ámbito de las bonificaciones tributarias, lo que está prohibido por el artículo 23.3 de la ley General Tributaria, por lo que frente a ello no puede darse una solución contraria, aunque ésta derive de interpretaciones realizadas por órganos administrativos. Los Reglamentos Comunitarios que se citan, así como las disposiciones que se mencionan se limitan a regular el régimen de ayudas, pero en ningún caso señalan que la bonificación deba extenderse también a las mismas, sin que por otra parte, la circunstancia de que en situaciones anteriores se haya actuado por la Administración tributaria de diferente forma, vincule para los sucesivos ejercicios* [STS de 3 de noviembre 2011, la negrita es mía].

Alguna sentencia de la AN había dicho justo lo contrario que el TS en relación con las ayudas y la bonificación a la producción. Concretamente, la **SAN de 16 de marzo de 2011**. El contribuyente argumentó que recibió ayudas por pérdidas de ingreso en la comercialización en el sector del plátano que, dado su carácter, consideró como rendimientos derivados de la venta de sus productos e integró los importes en la base para el cálculo de la bonificación. Situación que rechazó la Inspección tributaria al considerar que las subvenciones no derivaban de la venta de plátanos, y por haber sido ratificado el criterio negativo por el TEAR. A fin de defender su postura, la empresa aportó varias consultas de la DGT (vinculantes y no vinculantes) que concluían que las ayudas formaban parte de la base para la bonificación, y que incluso en un ejercicio pasado la propia Inspección había dado su conformidad a la bonificación con las ayudas incluidas. Motivado en el principio de confianza legítima y que en la expresión rendimientos de la venta de bienes corporales debe entenderse incluidas las ayudas, la AN estimó la demanda del contribuyente:

> *QUINTO. En cuanto al fondo del asunto, aduce la parte la improcedente regularización por la aplicación de la bonificación sobre la producción de bienes corporales.*
>
> *(…) La Sala considera, en este punto, que la sociedad recurrente lleva razón, por los siguientes motivos. En primer término, porque como acertadamente se señala en la demanda, en la expresión "rendimientos derivados de la venta de bienes corporales producidos en Canarias" deben entenderse incluidos, en la base para el cálculo de la bonificación, las ayudas concedidas en el ámbito de la normativa comunitaria de carácter compensatorio, siendo esa la posición de la Administración Tributaria que queda perfectamente reflejada en la Consulta vinculante número V1101-08, de 4 de junio de 2008, cuya copia aporta la recurrente con su escrito de demanda, de la que se desprende sin dificultad que, tanto con la nueva normativa comunitaria para el sector del plátano, como bajo la vigencia del Reglamento de la CEE nº 404/1993 por el que se percibían las ayudas compensatorias declaradas por la recurrente en los ejercicios 1998 y 1999 comprobados, tales ayudas deben incluirse en la base de cálculo de la bonificación examinada* [FD QUINTO, SAN de 16 de marzo de 2011].

El TSJC, sobre el mismo asunto, cambió varias veces su posicionamiento, siendo la última vez con relevancia en la STSJC de 11 de febrero de 2019, a la que hice referencia en el epígrafe 11.3. Su doctrina actual es que el cambio legal de noviembre de 2018, que incluye las ayudas en la base de la bonificación a la producción, se aplica como una aclaración legal, con efectos en los ejercicios anteriores a 2018.

Cada vez son menos los casos RIC que llegan al TS por la reforma en la normativa relativa a la casación. En 2022 hay dos sentencias sobre subvenciones. Una primera sobre los límites aplicables a las ayudas e incentivos y otra sobre la incidencia de las subvenciones de capital en la dotación RIC.

La **STS de 12 de julio de 2022, Sección 3, recurso 374/2021**, estudia las subvenciones y la materialización RIC, siendo consciente de que no es aplicable a la dotación, pero no deja de tener conexión jurídica con lo que tratamos. Es una sociedad que construye un hotel de 5 estrellas en Mogán en que materializó sus dotaciones RIC y, a su vez, se le concedió una cuantiosa subvención. La Dirección General de Incentivos Regionales modificó a la baja la subvención porque superaba los límites legales con la aplicación de la RIC. En la demanda, la entidad afectada defiende que las dotaciones RIC 2012-2014 han de computarse aparte de las de 2015 a 2017 porque las ayudas de Estado fueron concedidas bajo el Reglamento comunitario 800/2008, mientras que las siguientes por el Reglamento comunitario 615/2014. El TS no comparte el criterio y concluye que todas las dotaciones han de computarse conjuntamente.

La segunda pretensión también fue desestimada. Alegó la demandante que parte de la subvención recibida se afectó a otras inversiones diferentes al hotel, pero no lo acredita correctamente, razón de que el TS comparta los argumentos de la Abogacía del Estado de que todas las inversiones realizadas en el plazo de tres años forman parte del mismo proyecto de inversión a efectos de las ayudas de Estado:

> *TERCERO. (...) La sociedad actora confunde dos cuestiones distintas, cual son el que haya elementos o costes de la inversión (la construcción del hotel) no subvencionados con el cómputo del exceso de ayudas. Es evidente que no todas las actuaciones han sido consideradas subvencionables de conformidad con la normativa de incentivos regionales; como ya se ha indicado, se han considerado subvencionables 55.746.217 de un total de 61.658.796 euros. Pero nada tiene que ver tal hecho con que habiendo una sola inversión en el período considerado en virtud de lo dispuesto en el referido Reglamento comunitario (el hotel más las otras actuaciones a las que se hayan dedicado parte de los fondos RIC), las ayudas recibidas son la totalidad de las dotaciones RIC más las ayudas recibidas por incentivos regionales. Y es ese total de ayudas, sea cual sea su destino, el que ha de computarse para los efectos del límite de subvenciones, en relación con la inversión subvencionada, tal como ha hecho la Administración.*
>
> *La sociedad Lomoquiebre afirmaba primero en su demanda que la cantidad no aplicada a la inversión hotelera en 2015 más el exceso de inversiones no podían computarse. Al admitir en conclusiones que toda inversión en el período afectado debía computarse como única, pone énfasis en que tales cantidades se habrían dedicado a costes no subvencionables. Pero lo cierto es que tal destino no es relevante para el cómputo de que se trata, que en definitiva se circunscribe al hecho de que se ha recibido en dicho período una cantidad de subvenciones imputables a una sola inversión y que supera los límites establecidos* [F. D. TERCERO b, STS 12 julio 2022].

Analiza la sentencia una tercera cuestión: si antes de 2014, la RIC como ayuda se computaba en el momento de la dotación o de la entrada en funcionamiento de las inversiones, compartiendo el TS el criterio de la Administración tributaria de que antes de la disposición adicional del RD ley 15/2014, de 19 de diciembre, se computaba en el año de la dotación.

La complejidad de los asuntos cuestionados sirve como paradigma de lo que sucederá cuando la Inspección tributaria comience a revisar los límites de las ayudas RIC junto con otros incentivos y las subvenciones recibidas. Más cuando los contribuyentes con sus asesores las declararon con los elementos conceptuales que tenían disponibles en cada año al firmar el modelo 282 de ayudas[89].

La **STS de 30 de marzo de 2022, Sección 2ª, recurso 8193/2020**, es más precisa en cuanto a la materia estudiada. Se trata de sentar doctrina sobre el momento de imputar la subvención de capital en pérdidas y ganancias cuando el contribuyente, persona física, se hubiese acogido al criterio de caja y no al de devengo. La Administración tributaria mantenía la postura contraria, pero la sentencia de referencia falló que era correcto imputarla a medida que se amortizara el activo subvencionado, con independencia del criterio de caja o devengo. Tampoco tiene que ver con la RIC, pero resuelve una cuestión a favor del contribuyente. La doctrina que sienta el TS se basa en una sentencia anterior en la que se había analizado el mismo asunto. Reafirma el TS que en caso de que las subvenciones de capital se hayan concedido para adquirir activos o cancelar pasivos, se imputarán como ingresos del ejercicio en proporción a la amortización efectuada en ese período. La cuestión, en realidad, no tiene que ver con la dotación RIC (sí en parte, como analizamos con las ayudas Covid-2019), pues el interés casacional era determinar cómo han de imputarse temporalmente las subvenciones de capital percibidas por los sujetos pasivos del IRPF cuando hayan optado previamente por el criterio de imputación temporal de cobros y pagos (criterio de caja):

> *PRIMERO. La controversia jurídica*
>
> *El debate casacional se centra en determinar el ejercicio fiscal al que habrán de imputarse las subvenciones de capital, percibidas por los sujetos pasivos de IRPF, cuando se haya optado, previamente, por el criterio de imputación temporal de cobros y pagos o criterio de caja.*
>
> *En otras palabras, se hace preciso esclarecer si la norma especial contable, referida concretamente a las subvenciones de capital, es de aplicación preferente a las derivadas de los criterios generales sobre imputación que recoge la Ley del IRPF aplicable al caso.*
>
> *Dado que la controversia ha sido resuelta en nuestra sentencia núm. 392/2022, de 29 de marzo, que desestima el recurso de casación núm. 3679/2020, deliberado en la misma fecha que el presente recurso de casación y que fue también interpuesto por el abogado del Estado contra una sentencia de la misma Sala de Valladolid, razones de unidad de doctrina y de seguridad jurídica exigen una remisión a la referida sentencia. (...)*
>
> *TERCERO. Contenido interpretativo de esta sentencia y resolución de las pretensiones deducidas en el proceso.*
>
> *Con arreglo a lo que establece el artículo 93.1 LJCA, procede, remitiéndonos al Fundamento de Derecho Quinto de nuestra sentencia núm. 392/2022, de 29 de marzo, rca 3679/2020, declarar lo siguiente:*

---

[89] Miranda Calderín, 2023. “Crónica de la RIC 2022”. *Revista Hacienda Canaria n.º 59.*

1.- Las subvenciones, donaciones y legados que tengan el carácter de no reintegrables se imputarán atendiendo a su finalidad, conforme a las normas contables, aplicables a las sociedades y, por reenvío de las normas de éstas, a los empresarios individuales que deben tributar por el IRPF.

2.- En caso de que las subvenciones de capital se hayan concedido para adquirir activos o cancelar pasivos, se aplica la regla prevista en relación con los activos del inmovilizado intangible, material e inversiones inmobiliarias, esto es, se imputarán como ingresos del ejercicio en proporción a la dotación a la amortización efectuada en ese periodo para los citados elementos o, en su caso, cuando se produzca su enajenación, corrección valorativa por deterioro o baja en balance.

3.- La opción tributaria que el contribuyente haya ejercitado por el criterio de caja no impide la aplicación de la regla anterior, dada su especialidad y la remisión que la Ley del IRPF de 2006, aplicable al caso, efectúa a la normativa específica del impuesto sobre sociedades y ésta, a su vez, al resultado contable.

4.- No hay infracción del artículo 119.3 de la LGT por el hecho de que, quien haya optado por el criterio de cobro o caja aplique la regla especial contenida en la Norma de valoración núm. 18 del PGC, pues tal decisión no supone una revocación de la opción, sino la selección preferente de una lex specialis.

La sentencia impugnada resulta conforme con la doctrina que se acaba de exponer, circunstancia que fundamenta la desestimación del recurso de casación [FFDD PRIMERO Y TERCERO, STS de 30 de marzo 2022. La negrita es nuestra].

11.6. Las ayudas Covid-19 como paradigma de la relación de las subvenciones con la dotación RIC

Los 1.144 millones de euros recibidos durante 2021 por las empresas canarias perjudicadas por la pandemia en 2020 se fraguaron en la normativa de la Unión Europea (UE) a través del denominado Marco Nacional Temporal, se adaptó a la normativa española por medio de dos reales decretos-leyes y se flexibilizó para las Islas Canarias a través de un meditado y efectivo decreto-ley. Todo ello hizo posible que desde agosto a diciembre de aquel duro año fueran llegando las ayudas al tejido empresarial, constituyendo tanto las formas como la cuantía un hito en el archipiélago. No fue esta vez el REF o la ultraperificidad de las Islas el núcleo que sirvió como principal catalizador de las ayudas, sino el desastroso efecto de la pandemia en la economía de las regiones turísticas. Por ello, tanto Canarias como Baleares tuvieron un tratamiento diferenciado en la normativa. Afectaba al REF la estrecha convivencia de estas ayudas puntuales y extraordinarias con los tradicionales incentivos fiscales, concretamente con la RIC y con el régimen especial de las empresas productoras de bienes corporales (bonificación del 50% de sus rendimientos).

En los próximos apartados analizo las ayudas recibidas, la normativa europea, española y canaria; y la interpretación administrativa sobre la combinación de las ayudas directas con los incentivos fiscales del REF, principalmente con la RIC, partiendo del antecedente que existe en la bonificación a la producción del art. 26 de la Ley 19/1994, ya estudiado. Extraigo finalmente las principales conclusiones a las que llegué en 2021, en una cuestión que calificaba como polémica y exigía la máxima prudencia en su aplicación[90].

11.6.1. El Decreto-ley 6/2021 mejoró sustancialmente la norma estatal de ayudas a las empresas por la pandemia

El sábado 5 de junio de 2021 se publicó la norma que regulaba el reparto de más de mil millones al tejido empresarial canario afectado por la pandemia. Todo un hito en la historia del REF, cualitativamente a la altura de las grandes reformas y mejoras históricas, y cuantitativamente sin parangón hasta ese momento. Si después de la epidemia y mortandad por el cólera morbo en 1851 vino el real decreto de 1852 con la creación de los puertos francos, con la pandemia Covid-19 llegó la normativa que regulaba la millonaria y selectiva distribución de ayudas a las empresas canarias afectadas.

El Decreto ley 6/2021 del Gobierno canario fue el retoque final, después de más de quince borradores, que adaptó al REF, por tanto, a las necesidades que la sociedad canaria sentía que debían cubrirse, una serie de medidas que comenzaron en la UE y se hicieron tangibles en el Real Decreto-ley 5/2021, de 12 de marzo, del Gobierno de la Nación. Con las disposiciones se pretendió proteger el tejido productivo y el empleo, y evitar un impacto negativo aún mayor sobre las finanzas públicas por los efectos de la pandemia. Norma estatal que confirió a las comunidades autónomas las correspondientes convocatorias para la concesión de las ayudas directas en sus territorios, otorgando a Canarias y Baleares un mayor nivel de autonomía en la determinación de las ayudas, y lo que fue aún más importante, una dotación cualificada de fondos respecto a territorios peninsulares. De ahí la cuantificación en orden estatal posterior de los 1.144 millones de euros para el archipiélago canario.

Si las mejoras respecto al resto de territorios no se hubiesen compartido con Baleares hablaríamos de "efecto REF", pero se concedieron por la mayor incidencia en ambos archipiélagos de la pandemia en el sector turístico, principal industria en los territorios insulares, y por ende, en su

---

90 Miranda Calderín, 2021. "Las ayudas Covid 2019 y la dotación RIC 2021". *Revista Hacienda Canaria n.º 57.*

mercado de trabajo. Aun así, podemos contemplar las singularidades del RD ley en relación con el fuero canario, y como muestra dos detalles. El primero, el martes 16 de marzo de 2021, después de la publicación el fin de semana de la norma, trasladé por email a un destacado miembro del Gobierno canario que la norma estatal no contemplaba el efecto de la rehabilitación de establecimientos turísticos en la cuenta de resultados de 2019 (el real decreto exigía no tener pérdidas en ese año para recibir las ayudas, y si se habían cerrado las instalaciones para su reforma lo normal era la generación de resultados negativos), ni el efecto de la quiebra del tour operador Thomas Cook en las empresas turísticas. Cuestiones regionales y excepcionales que, rápidamente, y con el apoyo de los sectores empresariales afectados, quedaron resueltas en el Decreto-ley 6/2021 de 20 de abril. El segundo, las facilidades que se otorgaron a las comunidades autónomas para señalar a las empresas beneficiarias de las ayudas, fuera del sector financiero y de seguros; que en Canarias se aprovecharon al máximo, brindándolas a todos los sectores económicos no excluidos, sin el estrecho corsé del anexo de actividades del Real-Decreto ley 5/2021.

Las ayudas a recibir se justificaban en la extensa y bien hilvanada exposición de motivos del Decreto-ley canario: en la condición de región ultraperiférica de las Islas (RUP), que es lo mismo que sustentarlas en el REF, pues es la forma en que la UE contempla el fuero canario en el Tratado de Funcionamiento de la Unión Europea (TFUE) de 2007.

En síntesis, la norma analizada culminó el camino emprendido por la UE y el Gobierno de la Nación para hacer llegar más de mil millones de euros al tejido empresarial canario afectado por la pandemia, y complementaba otras ayudas menores arbitradas por el Gobierno regional (Decreto-ley 2/2021 de 1 de marzo con 84 millones y compensación del IBI 2021 para empresas turísticas), y cabildos (2.500 euros por empresa).

La demora en la publicación de la norma canaria (desde el 12 de marzo hasta el 6 de mayo pasaron 85 largos días) fue resarcida con creces por las grandes mejoras arbitradas en los sucesivos borradores, que hizo que el retraso fuese más justificable y llevadero. La ostensible alza en la cuantía de las ayudas, sesgadas en el Real Decreto 5/2021 al 40% del exceso sobre la obligatoria disminución en la cifra de facturación del 30%, y la no aplicación en Canarias del restringido anexo de actividades, sino su ampliación a todas las actividades, excepto las financieras, avalaron y justificaron el retraso.

En la parte dispositiva del Decreto-ley regional que reguló el reparto de ayudas, llamó la atención su complejidad, pues había que atender no solo a la normativa estatal que las regulaba (Reales Decretos-leyes 5 y 6), sino además a la europea (Marco Nacional Temporal); y por supuesto, a la función principal de tratar de determinar qué empresas podían recibir las ayudas. Dificultad acentuada por la coincidencia en la numeración de los reales decretos y el decreto regional.

11.6.2. Los entresijos del Decreto-ley 6/2021

Para recordar cómo se tramitaron las solicitudes de ayudas amparadas en la norma canaria, dedico los próximos párrafos a explicar los principales pasos que hubo que dar, y la interpretación de los conceptos esenciales del texto a la hora de determinar las ayudas y cumplir sus múltiples requisitos.

1º) Las ayudas que se solicitaban y posteriormente se concedieron en agosto y en la segunda quincena de diciembre de 2021 había que justificarlas con posterioridad, razón de que debía atenderse tanto al monto individual que correspondía en el reparto por empresas como, al mismo tiempo, cuánto podríamos acreditar por solicitante en febrero de 2022. Las ayudas hasta 100.000 euros se justificaban directamente por el perceptor, pero a partir de ese importe era necesaria la verificación por un auditor de cuentas independiente y su opinión de que las ayudas aplicadas cumplían efectivamente la normativa. Razón suficiente para que aconsejase aquel año que, desde el principio, la determinación de la ayuda y el cumplimiento de los variados límites existentes se hiciesen de la mano de un profesional especializado y del auditor que fuera a contratarse. Era la forma de actuar con más prudencia y de rentabilizar los honorarios de los profesionales desde el momento cero.

2º) La cuantificación de las ayudas se determinó en el art. 7, un porcentaje de la disminución de las ventas de 2020 respecto a 2019. El Gobierno de Canarias amplió significativamente los tantos por cientos en el Decreto-ley 6/2021 respecto al Real Decreto-ley 5/2021, de forma que una empresa de menos de 10 trabajadores podía recibir una ayuda equivalente a la disminución de ingresos que superase el 30%. Si, por ejemplo, facturó 2.000.000 euros en 2019 y 900.000 en 2020, el diferencial de ingresos por la pandemia era 1.100.000, de los que se descontaba el 30% de la cifra de 2019 como franquicia, esto es, 600.000, para cuantificar la diferencia en 500.000 del derecho inicial a la ayuda (1.100.000 menos 600.000). Si la empresa tenía más de 10 trabajadores de media en 2020, la ayuda era del 90% de la diferencia; en el ejemplo anterior, 450.000, y si operaba con más de 50 trabajadores se reducía al 80%, 400.000 euros. Porcentajes, repito, muy superiores a los previstos en la norma estatal.

3º) La cantidad así determinada tenía que ceñirse a varios límites. El primero, generoso, de 500.000, 1.800.000 y 5.000.000 euros, en función de que las empresas beneficiarias tuviesen menos de 10 trabajadores, más de 10 o más de 50. El segundo, más confuso, en función del resto de ayudas de estado recibidas, incluyendo subvenciones adicionales y beneficios fiscales, que no podía exceder de 10.000.000 €. El tercero, en función de los sectores afectados, concretamente el sector primario tuvo reducciones importantes en el límite de las ayudas, disminuidas a poco más de 200.000 euros. Existía, finalmente, un cuarto límite en función del uso que debía hacerse de la ayuda monetaria recibida, del que me ocupo a continuación.

4º) El cuarto límite era el más complicado de determinar, pero a la postre el más eficiente. Lo explico con detalle.

Las ayudas tenían carácter finalista, debían aplicarse a la satisfacción de la deuda y pago a proveedores y acreedores, financieros y no financieros, así como a **los costes fijos incurridos no cubiertos**. No a cualquier deuda, sino a la generada en el periodo comprendido entre el 1 de marzo de 2020 y 31 de mayo de 2021.

En borradores previos, la deuda a satisfacer era, por un lado, la de proveedores y acreedores; y por otro, la deuda bancaria, pero afortunadamente se llegó a tiempo de que el último concepto se rectificase en el decreto por el más genérico de "deuda financiera", noción que abarcaba no solo la bancaria, sino también cualquier fuente de financiación a la que hubiese recurrido la empresa para resolver sus problemas financieros durante la pandemia: préstamos familiares, de empresas del grupo, socios, administradores, etc. Así lo avalaban las consultas evacuadas por la UE.

Las deudas con proveedores y acreedores debían cumplir un doble requisito: que se devengasen durante el periodo de la pandemia (marzo 2020 a mayo de 2021) y que permanecieran sin pagarse antes de la concesión de la ayuda (luego se cambió a antes de la solicitud de la ayuda). Todo un grave problema para las empresas que habían sido diligentes y estaban al día o casi al día con proveedores y acreedores.

El límite se completó con un segundo y más complejo concepto, el de **los costes fijos no cubiertos** (diferencia negativa entre los ingresos y costes variables), o lo que era lo mismo, los resultados negativos generados durante la pandemia. Resultados negativos que comprendían las amortizaciones, motivo de que el límite se determinara sumando conceptos financieros y no financieros. La intensidad de la ayuda por los costes fijos no cubiertos no podía superar el 70% de su importe, ampliable al 90% en las empresas con menos de 50 trabajadores y que facturasen menos de 10 millones. El último sumando (costes fijos no cubiertos) para determinar el importe de la subvención atemperaba bastante el efecto de que no contasen las deudas satisfechas antes de recibir/solicitar la ayuda.

En consecuencia, la ayuda máxima (o costes subvencionables) venía determinada por la suma de los pagos pendientes a proveedores y acreedores (no servían los satisfechos antes de solicitar la ayuda), la cancelación de las deudas financieras (no contaban las abonadas con anterioridad) y el 90 o 70% (dependiendo del tamaño de la empresa) de los costes fijos no incurridos no cubiertos. Si una empresa de más de 10 y menos de 50 trabajadores cuantificaba su ayuda en los 500.000 € que determinamos en el punto 2º, debía al mismo tiempo calcular cuál sería su límite final. Si le faltaba por pagar proveedores por 80.000, deuda financiera por 125.000 y había tenido pérdidas desde marzo de 2020 a mayo 2021 por 100.000, el límite de la ayuda Covid-19 era 80.000 + 125.000 + 90% de 100.000, o sea, 295.000 euros. Cuando solicitase 500.000 euros, los organismos que controlaban las ayudas rebajarían el importe a 295.000 euros para evitar que las empresas solicitantes tuviesen a posteriori que devolver la diferencia.

Había más requisitos, de los que destaco la obligación de mantener en funcionamiento la empresa hasta al menos junio 2022, no repartir dividendos en 2021 y 2022 y no incrementar la remuneración de la alta dirección durante esos dos años.

Cálculos engorrosos, por supuesto, más si atendemos a las variadas circunstancias que había que cumplir, la documentación a aportar y los diez años en que podrá revisarse la ayuda recibida, pero aun así mereció la pena optar a las ayudas. En su día felicité en el artículo a los responsables de la redacción de la norma y a los que contribuyeron a las mejoras sustanciales respecto al Real Decreto 5/2021. Y tres años después me ratifico en las felicitaciones.

La espera para recibir las ayudas fue corta para muchas empresas con menos de 10 trabajadores, a las que se transfirieron los fondos con sorpresa y agrado en agosto de 2021. Tardaron más las ayudas al resto de empresas, que las recibieron en la segunda quincena de diciembre de 2021, cuando ya se temía que el Estado tuviese que devolver los fondos a la UE. Se perjudicaron muchas empresas por no haber proporcionado desde el principio la información y documentación exigible, pues los fondos se agotaron y se abrió una lista de reservas a expensas de que hubiese devoluciones o se consiguieran más fondos. En 2023 contemplamos en la prensa que el Gobierno de Canarias había cubierto unos cien millones de ayudas adicionales para las empresas que acreditaron con retraso el cumplimiento de las obligaciones. Aunque en 2024 todavía eran muchas las empresas que habiendo recibido las subvenciones no las habían acreditado correctamente, motivo de que la regularización o pérdida parcial o total en parte de ellas siga siendo una amenaza para los menos diligentes. A finales de julio de 2024 se publicó un requerimiento a una larga lista de empresas para que aportaran los justificantes de los pagos realizados, a pesar de haber sido previamente verificados los pagos por auditores de cuentas.

11.7. La ayuda Covid-19 es, con algún matiz, un ingreso susceptible de la dotación RIC y de la bonificación del 50% de los rendimientos de la producción

La cuestión más importante de las ayudas recibidas en mi campo de especialización profesional era cómo interactuaban con la dotación RIC. En otras palabras, ¿era posible dotar la RIC 2021 con el importe de las ayudas o era necesario eliminarlas del beneficio para el cálculo de la dotación? Antes de entrar en el fondo de la materia, conviene tener una visión del REF en general y, en específico, y recordar lo que sucedió con las ayudas al plátano y la bonificación del 50% a la producción del art. 26 de la Ley 19/1994, que analizamos en epígrafes anteriores.

La doctrina jurisprudencial fue perfilando muchos de los conceptos en que se basaba la correcta aplicación de importantes incentivos económicos (el reparto de las ayudas europeas era uno de ellos) y fiscales a las empresas canarias. Entre ellos, el de "establecimiento permanente", que se interpretó como la realización de una actividad económica o empresarial en Canarias, quedando al margen de las ayudas REF aquellas empresas que no la desarrollan, cuestión que ha tenido especial incidencia en la denotada actividad de arrendamiento de inmuebles. Por eso hemos de partir de una realidad que servirá a la postre para resolver las cuestiones planteadas: las ayudas Covid-19 solo se concedieron a empresas que realizaron su actividad en Canarias y siempre que la actividad tuviese la calificación de económica. Quedaron así al margen los empresarios o entidades que se limitaban al arrendamiento de inmuebles sin desarrollar una auténtica actividad económica.

El marco teórico llevaba a plantear que si las ayudas solo se dieron en el contexto de una actividad económica, los ingresos que generaron en las empresas respondían al concepto de ingresos económicos y, por tanto, no debían excluirse de la dotación RIC o de la bonificación a la producción si se destinaban al mantenimiento o al desarrollo de la actividad. No obstante, mi primera aproximación a esta temática fue que era difícilmente justificable que las ayudas Covid-19 se destinaran a la dotación RIC, pero la realidad de lo que ocurría con los fondos me llevó a sondear otros razonamientos.

Básicamente eran tres los escenarios empresariales que se planteaban en 2021:

– 1º. Que a pesar de los ingresos por las ayudas Covid-19, las empresas siguiesen generando pérdidas en 2021, motivo de que no podrían dotar RIC. Las ayudas servirían para mitigar el nivel de las pérdidas soportadas por los efectos de la pandemia, que no eran pocos.

– 2º. Que las ayudas, junto a repuntes económicos en sectores determinados (octubre, noviembre y parte de diciembre 2021 fueron meses buenos en el turismo, hostelería y más sectores), contribuyeran a que las empresas beneficiarias generasen resultados positivos ese año. Parte o la totalidad de los beneficios podían compensarse con las bases imponibles negativas generadas en 2020, que estrechaban la posible base para la dotación.

– 3º. Que las empresas hubiesen enajenado con plusvalías parte de sus activos para subsistir a la crisis que, junto a las ayudas, les permitieron generar beneficios en 2021.

Con el paso del tiempo observamos que incluso durante la pandemia hubo muchas empresas que generaron beneficios, que se incrementaron aún más con las ayudas recibidas, y que dotaron RIC con ellos.

Conociendo pues que en ciertos casos la imposición sobre beneficios podía ser positiva ¿qué sentido tenía pagar altos impuestos si se adoptaba el compromiso de dedicar los beneficios a nuevas inversiones o a la creación de empleo a través de la RIC? A mi entender, ninguno. Como en todas las cuestiones de la RIC —y de los incentivos del REF en general— conviene ser lo más prudente posible, previamente examiné qué había ocurrido con otras subvenciones e incentivos fiscales (bonificación a la producción), la normativa europea, la jurisprudencia y las consultas vinculantes de la DGT por si aportaban alguna luz al respecto. Analizo en el siguiente apartado la normativa europea específica aplicable a este tipo de ayudas.

11.7.1. La normativa europea sobre las diferentes ayudas: directrices de ayudas regionales y Marco Temporal

La normativa UE regula dos grandes bloques de ayudas. Por una parte, las ayudas horizontales (ayudas a todos los sectores en lugar de a uno en concreto), entre las que se encuentran las ayudas de Estado de finalidad regional, que sustentan los incentivos fiscales del REF de Canarias como región ultraperiférica; y por otra, las ayudas sectoriales, esto es, las que se aplican a un sector en específico, como las ayudas al transporte, agrícolas, obras audiovisuales, etc.

Entre las ayudas horizontales se hallaban en 2021 las previstas en el art. 107.2 a) del TFUE: ayudas por desastres naturales o acontecimientos de carácter excepcional, y las del art. 107.3 b): ayudas destinadas a poner remedio a una grave perturbación en la economía de un estado miembro. Es en el marco de las segundas donde se sitúan las ayudas Covid-19, que tienen pocos nexos en común con las ayudas de finalidad regional, pero sí los suficientes para adelantar desde ahora que los especialistas en la materia entienden que ambos tipos de ayuda, ya en el marco del Reglamento de mínimos o el de Exención por Categorías, son compatibles entre sí.

Las Directrices sobre las ayudas estatales de finalidad regional (DAR) vigentes hasta el 31 de diciembre de 2021 eran las del periodo 2014-2020, puesto que la pandemia retrasó la aprobación y publicación de las nuevas DAR para 2022-2027 hasta el 1 de enero de 2022. Estaban ya en vigor, si bien aún no se había aprobado el mapa de ayudas regionales de España por parte de la Comisión. Son las ayudas que hay que estudiar para avanzar en la materia. La primera cuestión que se desprende de su lectura es que las Directrices se refieren únicamente a las ayudas para apoyar la inversión y la creación de empleo en las regiones europeas desfavorecidas, dividiéndolas en ayudas regionales a la inversión (inversión inicial) y ayudas de funcionamiento a las empresas. En ninguna de esas categorías se encuentran las ayudas Covid-19, situación que tendrá su relevancia en el control a posteriori de las subvenciones y ayudas, sin que los límites a la RIC, como ayuda de Estado, interfieran con los límites de otras ayudas, como las del Covid-19. Cada tipo de ayudas sigue su propio camino a la hora de comprobarse si su intensidad está dentro de los límites legales.

Las ayudas Covid-19 están reguladas en la versión consolidada del "Marco Nacional Temporal relativo a las medidas de ayuda destinadas a respaldar la economía en el contexto del actual brote de Covid-19", de conformidad con la Decisión de la Comisión Europea S.A. 56851 (2020/N), de 2 de abril de 2020 y sus modificaciones. La versión del "Marco" que analizo es de 16 de junio de 2021 (las vigentes en la publicación de las ayudas) y se encuentra en internet, así como la posterior de 31 de diciembre de 2021. Con carácter general, las ayudas que se conceden tienen el objetivo de facilitar *el acceso a la liquidez y la protección frente a otro tipo de perjuicios económicos significativos que hayan surgido a raíz del brote de Covid-19* (punto 3.1.a).

Se dividen en varias categorías específicas, entre las que resalto las ayudas agrupadas en los puntos 4 y 9. En el 4 se encuentra la concesión de ayudas en forma de subvenciones directas, y en el 9, las ayudas en forma de apoyo por **"costes fijos no cubiertos"**. Concepto que se identifica —como ya señalé— con la cuenta de pérdidas y ganancias del periodo subvencionable, y que tiene como objetivo que las empresas puedan resarcirse de parte de los costes por la suspensión o reducción de la actividad empresarial por el Covid-19. Ambas ayudas tienen el denominador común de ser subvenciones directas, con el objetivo de facilitar liquidez, protección y compensar las pérdidas por la suspensión o reducción de la actividad. Parten de la realización de una actividad económica que se ha visto perjudicada o truncada por la pandemia.

En cuanto a la intensidad, las ayudas no pueden rebasar ciertos límites que se han tenido en cuenta en nuestro ordenamiento interno en los Reales Decretos 5 y 6/2021; y en cuanto a las reglas de acumulación, el punto 15.1 señala que, con carácter general, todas las ayudas contempladas en el "Marco" pueden acumularse entre sí, siempre que se respeten los importes máximos y los umbrales de intensidad establecidos para cada tipo de ayuda. Las excepciones no afectan a las ayudas de los puntos 4 y 9, salvo específicamente en la letra 15.1.c), que indica que las ayudas recogidas en el punto 9 (**costes fijos no cubiertos**) *no podrán acumularse con otras ayudas para los mismos costes subvencionables*; y genéricamente, en el punto 15.5, que determina que estas ayudas pueden acumularse con las ayudas exentas (exentas de tener que justificarse a priori) en virtud del Reglamento General de Exención por Categorías, siempre que las reglas de acumulación previstas sean respetadas.

Conviene recordar en este momento que entre las ayudas exentas de notificación a priori están las ayudas de Estado con finalidad regional, es decir, los incentivos fiscales del REF. Por ello hay que atender con carácter general a si las ayudas de Estado con finalidad regional (la RIC es una de ellas) contemplan algún límite respecto a otro tipo de ayudas, como las del Covid-19. Entiendo que no, ya que están en categorías diferentes. Y con carácter específico, hay que precisar si la ayuda Covid-19 concedida sobre la base de los **costes fijos no cubiertos** es compatible o no con otro tipo de ayudas, como la RIC. Entiendo que sí, puesto que en disposición alguna se excluyen mutuamente. En opinión cualificada de uno de los responsables en Canarias del reparto de las ayudas Covid-19, "la filosofía implícita en el Marco Temporal es la de suponer un paréntesis excepcional en el régimen de ayudas de Estado, dadas las circunstancias dramáticas que estamos viviendo. De ahí que se permita su disfrute en paralelo o en acumulación con las ayudas *de minimis* o las del Reglamento de Exención". Criterio que comparto y que iré razonando a medida que avance en el análisis.

11.7.2. La incorporación de la normativa del Marco Temporal al ordenamiento interno

Los Reales Decretos-ley 5 y 6/2021 regularon en España las ayudas Covid-19 a partir del Marco Temporal, sin mención expresa alguna a la compatibilidad de estas ayudas con otras, pero es significativo el objetivo del primer R.D-ley: *proteger el tejido productivo hasta que se logre un porcentaje de vacunación que permita recuperar la confianza y la actividad económica en los sectores que todavía tienen restricciones; evitar un impacto negativo estructural que lastre la recuperación de la economía española; proteger el empleo... y actuar de forma preventiva para evitar un impacto negativo superior sobre las finanzas públicas.* Insiste el legislador en el preámbulo del R.D-ley 5/2021 en que la norma otorga un marco de protección reforzado que, más allá de las medidas de carácter horizontal ya desplegadas, concentre un importante volumen de recursos en proteger y apoyar a las empresas, con el fin de reforzar la liquidez y solvencia, preservando así el tejido productivo y el empleo, impulsando la inversión y evitando una improductiva destrucción del valor de la actividad económica en España. Es remarcable la llamada expresa al impulso de la inversión en la ayuda Covid-19, que como sabemos es la nota característica de la RIC.

Sobre las ayudas Covid-19 en general, señala el preámbulo del primer R.D-ley que son ayudas directas a autónomos y empresas para reducir el endeudamiento suscrito a partir de marzo de 2020 en las empresas que se han visto más afectadas por la pandemia. Destaco de su texto dos ideas más, aun siendo redundante: (i) que las ayudas son directas, con carácter finalista, empleándose para satisfacer la deuda y realizar pagos a proveedores, acreedores, así como los costes fijos no cubiertos; y (ii) que están sujetas en todo caso al compromiso de mantenimiento de la actividad de las empresas y al no reparto de dividendos, con el fin de garantizar que conllevan efectivamente a un refuerzo de la solvencia y a una mayor capacidad de producción y empleo en el contexto de la recuperación económica.

En la parte dispositiva del R.D-ley 5/2021 se alude expresamente a la mayor parte de los textos antes seleccionados. Del análisis de la norma remarco que la ayuda Covid-19 se cataloga como ayuda horizontal —que no tiene nada que ver con las ayudas regionales a la inversión previstas en el REF, que son también horizontales—; su carácter finalista para satisfacer deuda y costes fijos no cubiertos de las empresas perjudicadas por la pandemia, que permite preservar el tejido empresarial, impulsando la inversión y el empleo; y que se entrega con el compromiso de mantener la actividad de las empresas y no repartir dividendos. Predicamentos todos que sirven para definir los objetivos de la RIC. En las características de las ayudas Covid-19 son destacables el mantenimiento de la actividad, el fomento de la inversión y el empleo, y la obligación de no repartir dividendos. En ellas encontramos notas consustanciales y características de la RIC, por lo que en cuanto a la filosofía de las ayudas Covid-19 y la RIC existen más puntos en común que en contra.

11.8. Conclusiones sobre la susceptibilidad de las ayudas para dotar RIC

A falta de pronunciamientos judiciales sobre la posibilidad de que las ayudas directas sean susceptibles de formar parte de la dotación RIC, no debemos olvidar que en relación con otro incentivo REF, creado con filosofía parecida a la RIC, el TS, con mayor o menor acierto y profundidad, se pronunció en 2011 en el sentido de que determinadas ayudas al plátano que tenían la consideración de ayudas directas no formaban parte de la base para aplicar la bonificación del 50% a la producción (art. 26 de la Ley 19/1994), ya que solo podían incluirse los rendimientos económicos generados en la actividad. Ese marco interpretativo fue pronto perdiendo valor como doctrina por dos circunstancias concretas: no se reiteró por el TS, y las condiciones específicas de las ayudas concedidas se modificaron. En la evolución interpretativa, centrándome en la RIC, lo cierto es que la DGT a través de dos consultas vinculantes de 2016 y 2020 sentó y reiteró el criterio de que las ayudas directas son susceptibles de la dotación RIC. Criterio que debe ser seguido por los diferentes órganos implicados, y que por el principio de confianza legítima no puede perjudicar al administrado.

La STSJC de 2019 supuso un hito en la materia de las ayudas directas y la bonificación a la producción, al interpretar el cambio legislativo de 2018 como aclaración legal y por tanto aplicable a años anteriores. Con la sentencia se consolida el criterio de que las ayudas directas forman parte de la bonificación, dejando atrás el pronunciamiento de 2011 del TS al respecto. Pocas diferencias existen entre el incentivo a la bonificación del rendimiento de la producción y la RIC en cuanto a qué beneficios nutren sus respectivas bases, participando ambos en la realización de actividad económica, en la que se centran y concretan las ayudas. Aun así, el TEARC estima que el pronunciamiento del TSJC no es aplicable a la RIC, al ser incentivos diferentes. Cuestión debatible, en la que puede matizarse que los dos incentivos comparten la misma filosofía a la hora de aplicar su base o dotación: la de promover el crecimiento y desarrollo económico de una región ultraperiférica, compensando parte de los costes adicionales por su situación y fragmentación territorial.

Refiriéndome ya en concreto a las ayudas Covid-19, tanto por su singularidad como por su excepcionalidad para afrontar un fenómeno concreto: los efectos económicos negativos de la pandemia; así como el marco legal en que se desarrollan, tanto a nivel de la UE como del ordenamiento interno, hacen que mi opinión sea favorable a que son susceptibles de la dotación RIC, a pesar de las resoluciones del TEARC sobre las ayudas directas en general y la RIC. Por supuesto, cumpliendo las normas aplicables sobre los límites máximos de intensidad, materia que no es fácil de concretar por la aridez y dificultad en la lectura de los textos europeos, pero que entiendo que no afectan sustancialmente a que las ayudas Covid-19 se destinen a la dotación RIC.

No obstante, conviene matizar el caso de las ayudas Covid-19 que se destinaron a la cancelación parcial o total de préstamos, que por su importancia y complejidad analizamos en el siguiente epígrafe.

11.9. El conflictivo caso de las ayudas Covid-19 destinadas a la amortización de préstamos

El Decreto-ley 6/2021 contempla como uno de los componentes de la ayuda Covid-19 el importe destinado a la amortización parcial o total de préstamos financieros, teniendo prevalencia los préstamos ICO concedidos a las empresas. El componente financiero de esta parte de la subvención o ayuda concedida es la que ha suscitado una importante controversia jurídica con la Inspección tributaria, que sigue el criterio de que la parte de la ayuda destinada a cancelar los préstamos no puede ser considerada como ingreso de explotación, sino como ingreso financiero y, en consecuencia, no susceptible de la dotación RIC. La cuestión es discutible y tendrán que resolverla los Tribunales de Justicia. Recuerdo que el día que expresaba mi opinión de que las ayudas Covid-19 eran susceptibles de la dotación RIC (Meloneras, Jornadas de estudio de la AEDAF, marzo 2022) surgió el comentario sobre la resolución del ICAC de pocos días antes, de 1 de marzo de 2022, que matizaba algunos aspectos de las ayudas, pero sin ser categórica, ni mucho menos, respecto a las destinadas a la amortización de préstamos. La resolución las trata como un ingreso por subvención más, sin aportar nada sobre su carácter financiero o no. Lo que sí delimita es que ha de imputarse en el año en que se amortiza el préstamo, no en el año que se concede. Aun así, y dado el posible carácter financiero, aconsejé que era preferible excluir de la dotación RIC el importe de la ayuda destinada a la amortización de préstamos, conclusión a la que llegaban también por prudencia los componentes de la mesa que compartía, entre ellos Florido Caño, jefe de la Inspección tributaria de la AEAT en Santa Cruz de Tenerife.

En 2023 y 2024, la Inspección ha comenzado a incoar las correspondientes actas de regularización de las dotaciones RIC efectuadas con las ayudas destinadas a la amortización de préstamos, admitiendo como válidas el resto de conceptos de las ayudas corrientes Covid-19, razón de que sea conveniente profundizar en la materia.

Lo primero a tener en cuenta es que la resolución del ICAC publicada en el BOICAC n.º 129 de marzo de 2022 da respuesta a la pregunta de si la subvención debe llevarse a ingresos en el ejercicio en que se recibe o en el que se amortiza el préstamo. Para ello parte de la norma de registro y valoración (NRV) 18ª del Plan General de Contabilidad (PGC), que distingue entre subvenciones reintegrables y no reintegrables, como la que nos ocupa, que deben llevarse al patrimonio neto libres de impuestos (netas), y en el caso de que se concedan para cancelar pasivos se imputarán como ingresos del ejercicio en que se produzca la cancelación. Nada, absolutamente nada, dice sobre el carácter financiero o no de la subvención, debiendo contabilizarse la ayuda destinada a la cancelación de un préstamo como una subvención corriente más, sin distingo alguno entre ellas. Trascribo el texto de la consulta:

> ***BOICAC N.º 129/2022 Consulta 1***
> ***Sobre el tratamiento contable de una subvención para cancelar parcialmente un préstamo ICO.***
> *Respuesta:*
> *La consulta versa sobre la contabilización de una subvención recibida para cancelar parcialmente un préstamo ICO concedido con motivo de la pandemia derivada de la COVID-19. Se cuestiona si se debe llevar a ingresos el importe de la ayuda en el ejercicio que se recibe o si se podría diferir el ingreso durante los años que dure el préstamo.*
> *Las subvenciones, donaciones y legados otorgados por terceros, quedan reguladas en la norma de registro y valoración (NRV) 18ª del Plan General de Contabilidad (PGC), aprobado por el Real Decreto 1514/2007, de 16 de noviembre, (NRV 18ª del Plan General de Contabilidad de Pequeñas y Medianas Empresas y los criterios contables específicos para microempresas (PGCPYMES), aprobado por el Real Decreto 1515/2007, de 16 de noviembre) que en el apartado 1.1 establece lo siguiente en relación con su reconocimiento:*

"Las subvenciones, donaciones y legados no reintegrables se contabilizarán inicialmente, con carácter general, como ingresos directamente imputados al patrimonio neto y se reconocerán en la cuenta de pérdidas y ganancias como ingresos sobre una base sistemática y racional de forma correlacionada con los gastos derivados de la subvención, donación o legado, de acuerdo con los criterios que se detallan en el apartado 1.3 de esta norma.

Las subvenciones, donaciones y legados que tengan carácter de reintegrables se registrarán como pasivos de la empresa hasta que adquieran la condición de no reintegrables. A estos efectos, se considerará no reintegrable cuando exista un acuerdo individualizado de concesión de la subvención, donación o legado a favor de la empresa, se hayan cumplido las condiciones establecidas para su concesión y no existan dudas razonables sobre la recepción de la subvención, donación o legado."

De acuerdo con lo indicado, en la medida que la subvención cumpla los requisitos para ser considerada no reintegrable deberá registrarse en el patrimonio neto de la empresa, neta del efecto impositivo. En caso contrario, tal y como establece la norma mencionada, deberá registrarse como un pasivo hasta que adquiera la condición de no reintegrable.

A estos efectos, cabe indicar que la disposición adicional única de la Orden EHA/733/2010, de 25 de marzo, por la que se aprueban aspectos contables de empresas públicas que operan en determinadas circunstancias, ha regulado con un alcance general, aplicable a todo tipo de empresa, los criterios para calificar una subvención como no reintegrable.

Una vez que la subvención pasa a ser no reintegrable y, por tanto, a contabilizarse directamente en el patrimonio neto, la imputación a la cuenta de pérdidas y ganancias se realizará en función de la finalidad para la que fue concedida aplicando los criterios establecidos en el apartado 1.3 de la citada NRV 18ª del PGC (apartado 1.3. de la NRV 18ª del PGCPYMES), que indica:

"La imputación a resultados de las subvenciones, donaciones y legados que tengan el carácter de no reintegrables se efectuará atendiendo a su finalidad.

En este sentido, el criterio de imputación a resultados de una subvención, donación o legado de carácter monetario deberá ser el mismo que el aplicado a otra subvención, donación o legado recibido en especie, cuando se refieran a la adquisición del mismo tipo de activo o a la cancelación del mismo tipo de pasivo.

A efectos de su imputación en la cuenta de pérdidas y ganancias, habrá que distinguir entre los siguientes tipos de subvenciones, donaciones y legados:

a) Cuando se concedan para asegurar una rentabilidad mínima o compensar los déficit de explotación: se imputarán como ingresos del ejercicio en el que se concedan, salvo si se destinan a financiar déficit de explotación de ejercicios futuros, en cuyo caso se imputarán en dichos ejercicios.

b) Cuando se concedan para financiar gastos específicos: se imputarán como ingresos en el mismo ejercicio en el que se devenguen los gastos que estén financiando.

c) Cuando se concedan para adquirir activos o cancelar pasivos, se pueden distinguir los siguientes casos: (...)

– Cancelación de deudas: se imputarán como ingresos del ejercicio en que se produzca dicha cancelación, salvo cuando se otorguen en relación con una financiación específica, en cuyo caso la imputación se realizará en función del elemento financiado.

d) Los importes monetarios que se reciban sin asignación a una finalidad específica se imputarán como ingresos del ejercicio en que se reconozcan.

Se considerarán en todo caso de naturaleza irreversible las correcciones valorativas por deterioro de los elementos en la parte en que éstos hayan sido financiados gratuitamente."

En base a la normativa anterior, en la medida que la subvención se reciba para cancelar deudas, en este caso relacionadas con la pandemia, y no se otorgue en relación con una financiación específica de un elemento, circunstancia que deberá valorarse atendiendo a las características de la ayuda concedida, se imputará como ingreso en la cuenta de pérdidas y ganancias del ejercicio o ejercicios en los que se efectúe la cancelación de la deuda [RICAC marzo 2022].

El matiz en el texto de la consulta ICAC sobre el devengo y la contabilización de la subvención destinada a la amortización de un préstamo es importante: deberá imputarse como ingreso en el año en que se efectúe la amortización, no cuando se concede o reciba. Y es aprovechado por la Inspección tributaria para eliminar la dotación RIC efectuada, o parte de ella, si el beneficiario la contabilizó como ingreso en el año en que se concedió o la recibió. Al cuantificar menos ingresos, disminuyen los resultados y en consecuencia la dotación. Imputa la Inspección tributaria la subvención en el año en que se amortiza el préstamo, pero claro ese año el contribuyente dotaría o no RIC.

El otro elemento de la regularización RIC a tener en cuenta **es que la Inspección tributaria no admite el importe de la subvención Covid-19 destinado a la amortización de préstamos por su reconocible carácter financiero**, que asimila a los rendimientos financieros en general y, a falta de reconocimiento expreso en consulta vinculante alguna, a las quitas financieras en particular, que sí han sido excluidas por la DGT de la dotación RIC. En realidad, observo que el concepto no es tan reconocible como parece en su categoría de rendimiento financiero, aunque claramente sirva la ayuda para cancelar un pasivo financiero. Es la cuestión que deberán dilucidar los Tribunales económico-administrativos primero y luego los Tribunales de Justicia: si las ayudas recibidas para amortizar préstamos tienen la consideración general de ingresos por subvenciones o la particular de ingresos financieros, en cuyo caso no serían susceptibles de la dotación. La resolución del ICAC de marzo de 2022 no hace distingo alguno respecto a la finalidad de la ayuda, salvo al ejercicio en que ha de contabilizarse.

En las actas en disconformidad que se están firmando, las pautas y argumentos que sigue el órgano comprobador son los siguientes:

- Distingue en la ayuda entre la parte destinada a subvencionar los pagos pendientes a proveedores y acreedores corrientes y el 90 o 70% (dependiendo del tamaño de la empresa) de los costes fijos no incurridos no cubiertos, que considera susceptibles de la dotación; y la destinada a la cancelación de las deudas financieras, que es la que no admite para destinar a la dotación.
- Separa las ayudas entre las que han de contabilizarse en el ejercicio en que se concedió o recibió la ayuda y las que se refieren a la cancelación de deudas financieras, que imputa, siguiendo la normativa

contable y la resolución del ICAC, al ejercicio en que se cancelaron. Por tanto, existe una primera discrepancia con el contribuyente sobre la que poco podemos añadir y combatir a tenor de la normativa contable.

- Matiza que la subvención es concedida con motivo del Covid-19, destinada como indica la citada norma, en general, a amortizar deudas de proveedores y acreedores no financieros, de acreedores financieros (primando la reducción de la deuda con aval público) y cubrir costes fijos incurridos no cubiertos. Incide, creo que correctamente, en que la subvención, por tanto, tiene un marcado carácter finalista, con varios tipos de destino y un orden preferencial establecido en la norma.
- Resalta que préstamos, avales y líneas de crédito concedidas por entidades de crédito tienen una evidente componente financiera. *Y es que el propio Plan General Contable considera estos instrumentos como financieros.*
- Precisa que la calificación o naturaleza del ingreso destinado a la cancelación de préstamos hace que no sea apto a efectos de la dotación RIC. Afirmación que motiva en que el art. 5, c) del Reglamento REF hace referencia a ingresos de naturaleza financiera: dividendos y otro tipo de rentas derivadas de la titularidad de acciones o participaciones, así como intereses y similares, que son excluidos de la dotación. Los ingresos financieros no se consideran beneficio apto para el cálculo del límite máximo de la dotación RIC.
- La segunda motivación la establece sobre la base de la interpretación de la norma de conformidad con el artículo 3 del Código Civil, en la que tampoco sería apta para este fin una subvención destinada a amortizar un préstamo de naturaleza financiera. La propia subvención adquiere por su finalidad el carácter de ingreso financiero. En consecuencia, no puede entenderse que deriva de la ordenación por cuenta propia de medios personales y materiales, esto es, de la actividad económica desarrollada por la obligada. Opinión interpretable, pero sigamos con sus argumentos.
- Pierde contundencia en su motivación al hacer referencia a una consulta de la DGT y una resolución TEAC que tratan sobre las quitas financieras, que declara como no susceptibles de la dotación. Pero, añado, una quita acordada con un acreedor no guarda relación alguna con la ayuda para amortizar un préstamo después de la crisis económica y social ocasionada por la pandemia.

– Afirma que con lo expresado puede argumentarse que la subvención, en tanto que es destinada por el obligado tributario a amortizar un préstamo financiero, genera sin lugar a dudas una minoración del coste de la financiación de la entidad desde un punto de vista económico. Adquiere por tanto el ingreso generado por la subvención un carácter claramente financiero, debiendo estar excluido de la base de cálculo del límite máximo del beneficio fiscal RIC por cuanto no deriva del desarrollo de la actividad económica (ordenación de medios productivos, resultado de explotación).

– La obtención de la subvención no se desprende de un esfuerzo generado por el contribuyente y relativo al desarrollo de la propia actividad económica. Es decir, se trata de un ingreso extraordinario, no ligado a la ordenación por cuenta propia de los medios de producción. Escapa a la intención del legislador a la hora de configurar el incentivo fiscal de la RIC, que busca precisamente el citado "efecto dinamizador de la economía canaria y de la generación de empleo".

– Concluye, finalmente, que la parte de la subvención destinada a cancelar préstamos en el ejercicio no puede ser considerada beneficio apto a los efectos del cálculo del límite máximo de dotación RIC del periodo comprobado, mientras que la parte relativa a los pagos pendientes a proveedores y acreedores no financieros, dado que son gastos de la actividad económica, sí forman parte del beneficio apto a los efectos del cálculo del límite máximo de dotación RIC.

– Al menos, interpreta que no existen indicios de la comisión de infracciones tributarias tipificadas en el artículo 183 de la LGT, en la medida de la complejidad de la materia tratada en el caso en cuestión. Considera que el obligado tributario ha actuado de acuerdo con una interpretación razonable de la norma.

Estos son los argumentos de la Inspección tributaria con los que van a encontrarse los contribuyentes que dotaron RIC con la parte de las ayudas Covid-19 destinadas a la amortización de préstamos. Algunos argumentos del órgano comprobador son consistentes, otros no, pero a la hora de motivarlos con consultas o resoluciones no encuentra referencias a la materia concreta que trata. Ha de recurrir al tratamiento de las quitas financieras, que poco o nada tienen que ver con las subvenciones Covid-19 destinadas a la amortización de pasivos financieros. Por tanto, nos encontramos ante una nueva controversia que tendrán que matizar los Tribunales económico-administrativos y los Tribunales de Justicia, en un vía crucis al que desgraciadamente estamos acostumbrados los que lidiamos con este incentivo fiscal.

La parte positiva de las actuaciones inspectoras en 2023 y 2024 es que consideran que el resto de los componentes de la ayuda Covid-19 (los importes destinados al pago a proveedores y acreedores y a cubrir las pérdidas generadas durante la pandemia) son susceptibles de la dotación RIC.

11.10. Ficha resumen de las subvenciones susceptibles de la dotación RIC

1. Las subvenciones que financian el desarrollo de actividades económicas en Canarias o elementos del inmovilizado afectos a dichas actividades son en mi opinión susceptibles de la dotación RIC.
2. Las primeras ayudas se denominan subvenciones corrientes y se imputan en el ejercicio que se conceden como ingresos por subvenciones en la cuenta 740 del PGC, formando parte del resultado de explotación, por tanto, del que puede destinarse a la dotación RIC.
3. Aunque la regla general es la anterior, determinadas subvenciones corrientes para amortizar pasivos financieros deben contabilizarse en el ejercicio en que se cancelan las deudas, no cuando se conceden o reciben las ayudas.
4. Las segundas ayudas se denominan subvenciones de capital. Se llevan transitoriamente a la cuenta 940 del PGC (Ingresos de subvenciones oficiales de capital). Al cierre del ejercicio se carga esta cuenta, neta del impuesto sobre el beneficio, con abono a la cuenta 130 (Subvenciones oficiales de capital), que figura en el patrimonio neto. Al final de cada año se imputará un porcentaje a la cuenta 746 (Subvenciones, donaciones y legados transferidos al resultado del ejercicio) con cargo a la cuenta 840 (Transferencia de subvenciones oficiales de Capital) en la misma proporción que se amortizan los bienes que financian. La cuenta 840 se salda contra la 130. Hay que tener en consideración que la cuenta 746 se integra en el resultado de la explotación, por lo que entiendo que es susceptible de la dotación.

5.	Sin embargo, la Administración tributaria no siempre ha considerado que las subvenciones corrientes o de capital traspasadas a la cuenta de explotación (en la misma proporción de las amortizaciones del activo financiado) son susceptibles de la dotación RIC.
6.	Poco a poco, la DGT ha ido cambiando el criterio y en la actualidad admite que determinadas subvenciones corrientes son susceptibles de la dotación RIC.
7.	Respecto a las subvenciones o ayudas Covid-19, la Inspección tributaria admite que las ayudas percibidas para pagar proveedores y acreedores corrientes y compensar los denominados costes fijos no cubiertos (diferencia negativa entre los ingresos y costes variables) son susceptibles de la dotación RIC.
8.	Sin embargo, el criterio de la Inspección tributaria es que las ayudas Covid-19 recibidas para amortizar préstamos no son susceptibles de la dotación por su carácter financiero. Es decir, las asimila a ingresos financieros, que forman parte del resultado financiero y no del resultado de la explotación. No es una cuestión pacífica y las controversias que están surgiendo durante 2023 y 2024 por las regularizaciones practicadas en la materia deberán ser resueltas por los Tribunales económico-administrativos y posteriormente por los Tribunales de Justicia.
9.	Mi criterio en 2021 y 2022, años en que se imputaron este tipo de ayudas, era que por prudencia no debían llevarse junto al rendimiento de esos años a la dotación RIC. No obstante, en 2024 hay argumentos a favor de que sean susceptibles de la dotación, ya que forman parte del resultado de la explotación, no del resultado financiero; y en contra, como su posible carácter financiero al ser una ayuda finalista concedida para amortizar un pasivo financiero.
10.	La RIB se salvó de la polémica respecto a la dotación de las ayudas Covid-19 porque entró en vigor en 2023, cuando las ayudas se concedieron en 2021. No obstante, los criterios generales sobre las subvenciones corrientes y la imputación anual en pérdidas y ganancias de las subvenciones de capital, estimo que son aplicables al Régimen fiscal especial balear en los mismos términos que en el REF.

Capítulo 12

LAS SOCIEDADES HOLDINGS, FINANCIERAS Y LOS GRUPOS DE EMPRESAS EN LA RIC/RIB

Comenzamos la parte tercera de este Manual, dedicada al aspecto subjetivo de la dotación, analizando en este capítulo tres tipos de entes jurídicos. Por una parte, las sociedades holdings y las entidades financieras, y por otra, los grupos de empresas. Dada la diferente configuración del REF y el Régimen fiscal especial balear, solo el primero se refiere en su normativa a las sociedades holdings (o prestadoras de servicios a sus filiales) y a las entidades financieras a la hora de dotar RIC. La especificación que efectúa el texto legal no afecta a la dotación RIC en sí misma, sino a que su importe hay que materializarlo obligatoriamente en inversión inicial. Al no existir distingo alguno en el Régimen fiscal especial balear entre inversiones iniciales y de sustitución, su normativa no establece peculiaridad alguna para estos dos tipos de entidades.

Para los grupos fiscales de consolidación sí hay que interpretar en común para la RIC/RIB que quienes pueden dotarlas son las empresas individuales que los componen, no el grupo como tal. Y quien tiene que materializarlas son, a su vez, las empresas que dotaron las reservas, no cualquier empresa del grupo.

12.1. Legislación vigente

– Art. 27.1 Ley 19/1994 (RIC)

Las entidades que tengan por actividad principal la prestación de servicios financieros o la prestación de servicios a entidades que pertenezcan al mismo grupo de sociedades en el sentido del apartado 3 del artículo 16 del texto refundido de la Ley del Impuesto sobre Sociedades, únicamente podrán disfrutar de la reducción prevista en el párrafo anterior cuando materialicen los importes destinados a la reserva en las inversiones previstas en las letras A, B y, en su caso, en las condiciones que puedan establecerse reglamentariamente, en el número 1.º de la letra D del apartado 4 de este artículo.

– Art. 2 Reglamento REF, RD 1758/2007, de 28 de diciembre

– Artículo 2 Entidades prestadoras de servicios financieros o de servicios intragrupo

1. Las entidades que tengan por actividad principal la prestación de servicios financieros o la prestación de servicios a entidades que pertenezcan al mismo grupo de sociedades en el sentido del artículo 16.3 del texto refundido de la Ley del Impuesto sobre Sociedades, aprobado por el Real Decreto Legislativo 4/2004, de 5 de marzo, únicamente podrán disfrutar de la reducción por la dotación a la reserva para inversiones en Canarias regulada en el artículo 27 de la Ley 19/1994, de 6 de julio, cuando la materialicen en alguna de las inversiones iniciales a que se refiere el artículo 6 de este reglamento.

2. Se considerará que tienen como actividad principal la prestación de servicios financieros las entidades de crédito, las empresas de servicios de inversión, las entidades aseguradoras, las sociedades y fondos de inversión colectiva, financieras o no financieras, los fondos de pensiones, los fondos de titulización, las sociedades gestoras de instituciones de inversión colectiva, de fondos de pensiones o de fondos de titulización, las sociedades y fondos de capital-riesgo y sociedades gestoras de entidades de capital-riesgo, las entidades cuya actividad principal sea la tenencia de acciones o participaciones, emitidas por entidades financieras, las sociedades de garantía recíproca y las entidades extranjeras, cualquiera que sea su denominación o estatuto, que, de acuerdo con la normativa que les resulte aplicable, ejerzan las actividades típicas de las anteriores.

3. Sólo se considerará que una entidad tiene como actividad principal la prestación de servicios intragrupo cuando, en el período impositivo en el que obtiene las rentas con cargo a las cuales efectúa la dotación a la reserva por inversiones, más del cincuenta por ciento de su cifra de negocio proceda de servicios prestados a otras sociedades del mismo grupo.

– Artículo 7 Inversiones iniciales a que se refiere el artículo 27.4.D.1.º de la Ley 19/1994, de 6 de julio, efectuadas por entidades financieras o de prestación de servicios intragrupo. Los sujetos pasivos a que se refiere el artículo 2 de este reglamento podrán materializar las dotaciones que hubieran efectuado a la reserva en la adquisición de acciones o participaciones en el capital emitidas por una sociedad, con ocasión de su constitución o su ampliación de capital, a que se refiere el artículo 27.4.D.1.º de la Ley 19/1994, de 6 de julio, siempre que se cumplan todas las condiciones establecidas en dicho artículo.

En el caso de incumplimiento de cualquiera de los requisitos o condiciones allí establecidos, los sujetos pasivos perderán el derecho a la reducción de la base imponible por la dotación a la reserva que hubiera financiado las correspondientes inversiones y procederán a la integración, en la base imponible del Impuesto sobre Sociedades o del Impuesto sobre la Renta de no Residentes del ejercicio en que ocurriera esta circunstancia, de las cantidades que en su día dieron lugar a la reducción de aquélla, con liquidación de intereses de demora en los términos previstos en la Ley 58/2003, de 17 de diciembre, General Tributaria y en su normativa de desarrollo y sin perjuicio de las sanciones que resulten procedentes.

– Disposición adicional 70ª Ley 31/2022 y Reglamento Régimen fiscal especial balear, RD 710/2024 (RIB)

No señala nada respecto a las sociedades holdings, financieras y grupos de empresas.

La evolución de la normativa RIC introdujo cambios significativos en las sociedades holdings y entidades financieras. Antes de 2007 no podían dotar la reserva, y a partir de 1 de enero de 2007 pueden hacerlo con los beneficios generados en Canarias, pero condicionadas en la fase de materialización a que las inversiones sean iniciales. Los grupos fiscales de empresas pasaron a ser considerados contribuyentes del IS por el art. 56 del TRLIS en su versión de 2014, cuestionándose si a partir de ese año podían o no dotar RIC. El criterio administrativo, ratificado por los Tribunales de Justicia es que no, que solo pueden hacerlo a nivel individual las empresas que lo componen.

La normativa RIB no especifica nada respecto a la dotación por parte de las sociedades holdings y financieras. El motivo no es otro que en el Régimen fiscal especial balear no se distinguen las inversiones en que se materializa la RIB entre iniciales y de sustitución, esto es, entre las que pueden recibir ayudas regionales a la inversión y las que solo pueden generar ayudas al funcionamiento de las empresas. Al no existir el distingo, no tiene razón de ser que se especifique, como en la RIC, qué tipos de inversiones han de realizar obligatoriamente las sociedades holdings y financieras. Podrán afectar a la RIB las mismas inversiones que el resto de entidades, situadas en Baleares y afectas a sus actividades económicas o a la mejora y protección del medio ambiente.

Nada señala la normativa RIB respecto a los grupos de empresas, motivo de que entienda que el criterio administrativo y jurisprudencial respecto a la RIC es el que se aplica: que no pueden dotar RIB, sino que han de hacerlo a nivel individual las empresas del grupo fiscal, a pesar de que este tiene la consideración de contribuyente en el TRLIS de 2014.

12.2. Las entidades prestadoras de servicios financieros o de servicios intragrupo en la RIC

Tanto el art. 27.1 de la Ley 19/1994 como el art. 2 del Reglamento contemplan una casuística diferenciadora respecto al régimen general RIC para dos tipos de empresas: las que prestan servicios financieros y las que prestan servicios a entidades que pertenezcan a su mismo grupo de empresas.

El concepto de empresa que presta servicios financieros es el que comúnmente nos viene a todos a la cabeza: las entidades bancarias y cajas de ahorro; pero siendo consciente el legislador de la complejidad del mercado financiero y sus distintos operadores, el art. 2.2 del Reglamento señala una larga lista de entidades que se considera que tienen como actividad principal la prestación de servicios financieros:

- las entidades de crédito,
- las empresas de servicios de inversión,
- las entidades aseguradoras,
- las sociedades y fondos de inversión colectiva, financieras o no financieras,
- los fondos de pensiones,
- los fondos de titulización,
- las sociedades gestoras de instituciones de inversión colectiva, de fondos de pensiones o de fondos de titulización,
- las sociedades y fondos de capital-riesgo y sociedades gestoras de entidades de capital-riesgo,
- las entidades cuya actividad principal sea la tenencia de acciones o participaciones emitidas por entidades financieras,
- las sociedades de garantía recíproca, y
- las entidades extranjeras, cualquiera que sea su denominación o estatuto, que, de acuerdo con la normativa que les resulte aplicable, ejerzan las actividades típicas de las anteriores.

El concepto de empresas que prestan servicios a entidades que pertenezcan a su grupo de empresas —al que nos referimos como empresas que prestan *servicios intragrupo o holdings*— hay que contemplarlo dentro del ámbito de "grupo" que señala el art. 18.2 del TRLIS vigente (Ley 27/2014) al referirse a las operaciones vinculadas. En el último párrafo del apartado dice que: *Existe grupo cuando una entidad ostente o pueda ostentar el control de otra u otras según los criterios establecidos en el artículo 42 del Código de Comercio, con independencia de su residencia y de la obligación de formular cuentas anuales consolidadas*. Es por tanto la definición de grupo del Código de Comercio la que afecta para delimitar a las empresas de servicios intragrupo.

El art. 42 del Código de Comercio hace referencia a la formulación de cuentas anuales por toda sociedad dominante de un grupo de sociedades, y define lo que se entiende por grupo de sociedades: con carácter general existe grupo cuando una sociedad ostente o pueda ostentar, directa o indirectamente, el control de otra u otras; y con carácter específico señala una extensa lista de casos en que se presume que existe control por parte de la sociedad dominante de otras sociedades o sociedades dominadas:

> *Art. 42 del Código de Comercio (redacción vigente desde el 1-1-2008):*
> *Existe un grupo cuando una sociedad ostente o pueda ostentar, directa o indirectamente, el control de otra u otras. En particular, se presumirá que existe control cuando una sociedad,*

que se calificará como dominante, se encuentre en relación con otra sociedad, que se calificará como dependiente, en alguna de las siguientes situaciones:

a) Posea la mayoría de los derechos de voto.

b) Tenga la facultad de nombrar o destituir a la mayoría de los miembros del órgano de administración.

c) Pueda disponer, en virtud de acuerdos celebrados con terceros, de la mayoría de los derechos de voto.

d) Haya designado con sus votos a la mayoría de los miembros del órgano de administración, que desempeñen su cargo en el momento en que deban formularse las cuentas consolidadas y durante los dos ejercicios inmediatamente anteriores. En particular, se presumirá esta circunstancia cuando la mayoría de los miembros del órgano de administración de la sociedad dominada sean miembros del órgano de administración o altos directivos de la sociedad dominante o de otra dominada por ésta. Este supuesto no dará lugar a la consolidación si la sociedad cuyos administradores han sido nombrados, está vinculada a otra en alguno de los casos previstos en las dos primeras letras de este apartado.

El art. 3 del Reglamento de la Ley 19/1994 aclara una cuestión relacionada con las empresas de servicios intragrupo: que solo se considerará que tienen como actividad principal estos servicios cuando, en el período impositivo en el que obtiene las rentas con cargo a las cuales efectúa la dotación RIC, más del cincuenta por ciento de su cifra de negocio proceda de servicios prestados a las sociedades del mismo grupo.

Si tenemos en cuenta el porcentaje del 50% de la cifra de negocio de la empresa de servicios intragrupo llegamos a dos situaciones distintas respecto a la obligación de invertir:

i) Que la facturación de los servicios intragrupo supere el 50% de la cifra de negocios. En este caso, la dotación RIC ha de ser materializada en "inversión inicial".

ii) Que dicha facturación no exceda del 50% de la cifra de negocios. En ese caso, a pesar de ser una entidad que presta servicios intragrupo, no tiene porqué materializar la RIC exclusivamente en "inversión inicial".

Los dos tipos de empresas, financieras y de servicios intragrupo, pueden dotar RIC a partir de 1 de enero de 2007, pero con una importante matización: que solo podrán materializarla en "inversión inicial", esto es, en las inversiones señaladas en el art. 27.4.A), en la creación de empleo prevista en el art. 27.4 B) y en la denominada materialización indirecta (en el capital de sociedades que vayan a realizar inversiones iniciales) regulada en el art. 27.4.D.1. En la materialización indirecta, el art. 7 del Reglamento REF parte del supuesto que las inversiones que efectúen las sociedades participadas han de ser consideradas como "inversión inicial" para ser válidas para la RIC.

Hasta 2007, los dos tipos de entidades fueron privadas expresamente de la aplicación del incentivo. Para recordar lo que sucedió en esos años en el ordenamiento interno y comunitario me remito a Miranda Calderín (2012, capítulo 1). En síntesis, que la presión realizada por las entidades financieras que realizaban su actividad en Canarias —principalmente las cajas de ahorro— dio su fruto para que la imposibilidad técnica de dotar RIC por los compromisos asumidos por el Gobierno español con Bruselas desapareciera en la nueva normativa, y fue por ello que tanto el art. 27.1 de la Ley 19/1994, aplicable a partir de 1 de enero de 2007, como el art. 3 del Reglamento, no excluyen de la dotación a las entidades prestadoras de servicios financieros y servicios intragrupo, sino que sencillamente condicionan su dotación a que se materialice en "inversión inicial".

12.3. Las entidades prestadoras de servicios financieros o de servicios intragrupo en la RIB no se diferencian del resto de entidades

No existe la obligación de materializar la RIB en inversiones iniciales por parte de las sociedades holdings y financieras que operen en las *Illes Balears*. Como comenté en el epígrafe 12.1, el Régimen fiscal especial balear no hace distinción alguna entre este tipo y el resto de entidades a la hora de materializar las dotaciones RIB. El motivo es que la normativa que lo regula no diferencia entre ayudas a la inversión y ayudas al funcionamiento de las empresas, sino que configura las ayudas que pueden recibir las empresas baleares dentro del concepto de ayudas de *minimis*. Las ayudas de *minimis* no exigen diferenciar entre ayudas regionales a la inversión y ayudas al funcionamiento de las empresas, razón de que, a su vez, no sea necesario especificar que las inversiones sean iniciales o de sustitución.

Al igual que ocurre con la RIC, y por no existir restricción alguna al respecto en el Régimen fiscal especial balear, entiendo que las entidades financieras y las sociedades que prestan servicios intragrupo en las *Illes Balears* pueden dotar RIB.

12.4. Los grupos de sociedades no pueden dotar la RIC/ RIB, sino cada una de las sociedades del grupo

El art. 27.1 de la Ley 19/1994 (RIC) y la disposición adicional 70ª de la Ley 31/2022 (RIB) y sus respectivos reglamentos delimitan quiénes pueden acogerse a la RIC/RIB: las entidades sujetas al IS (en el caso de la RIC) o los contribuyentes del IS (en la RIB). El concepto es el mismo, adaptándose el Régimen fiscal especial balear a la redacción del art. 7 del TRLIS de 2014, que utiliza el término de contribuyentes: *Serán contribuyentes del Impuesto, cuando tengan su residencia en territorio español...*, la serie de entidades enumeradas. A este concepto hay que añadir la obligación de realizar actividad económica mediante establecimiento situado en Canarias/Baleares, pero el aspecto que nos interesa destacar en este epígrafe es exclusivamente la sujeción al IS.

La primera matización al art. 7 del TRLIS es que los grupos de empresas no se incluyen como contribuyentes del IS, motivo de que no podrán dotar RIC/RIB, sino que tienen el derecho a hacerlo las empresas individuales que los componen.

No obstante, el TRLIS se refiere al régimen de consolidación fiscal en los artículos 55 y siguientes. Es un régimen tributario opcional, que supone que las entidades que lo integran no tributan en régimen individual. En el caso de optar por la tributación consolidada, el art. 56 señala que el grupo fiscal tendrá la consideración de contribuyente. Aun así, el grupo fiscal no tiene personalidad jurídica propia, razón de que la representación del grupo y el cumplimiento de las obligaciones tributarias materiales y formales los asume la sociedad dominante. Cada una de las sociedades del grupo fiscal sigue sujeta al cumplimiento de las obligaciones del régimen de tributación individual, a excepción del pago de la deuda tributaria.

El art. 62 TRLIS indica que la base imponible del grupo fiscal se determina sumando las bases imponibles individuales de todas las empresas del grupo. Nada establece respecto a la RIC/RIB, pero sí a la reserva de capitalización: *d) Las cantidades correspondientes a la reserva de capitalización prevista en el artículo 25 de esta Ley, que se referirá al grupo fiscal. No obstante, la dotación de la reserva se realizará por cualquiera de las entidades del grupo.* La poca claridad del párrafo se subsana en el art. 63, que especifica que no se incluirán en las bases imponibles individuales la reserva de capitalización.

El art. 71 del TRLIS permite que de la cuota íntegra del grupo fiscal se minore el importe de las deducciones y bonificaciones, incluyendo las que las empresas tuvieran pendiente de deducir antes de la creación del grupo fiscal.

El hecho de que el grupo fiscal tenga la consideración de sujeto pasivo o contribuyente del IS, y las consideraciones que realiza el TRLIS respecto a la reserva de capitalización, podrían hacernos interpretar que el grupo fiscal puede disfrutar del incentivo RIC/RIB y que, dando un paso más, cualquier sociedad del grupo fiscal podría asumir la obligación de invertir que implica la dotación RIC/RIB.

Por su parte, los respectivos reglamentos del REF (RD 1758/2007) y el más reciente del Régimen fiscal especial balear (RD 710/2024) nada dicen al respecto, razón de que haya que discernir si el grupo de consolidación fiscal, al ser contribuyente del IS, es susceptible o no de dotar la RIC/RIB.

Sistemáticamente, la Administración tributaria ha negado la posibilidad de que el grupo de empresas o el grupo de consolidación fiscal pueda dotar RIC, criterio que extrapolo a la RIB. Por un lado, no admite que el grupo fiscal pueda dotar RIC; y por otro, inadmite que las obligaciones de materialización las cumpla cualquiera de las sociedades del grupo fiscal. Su criterio es el que ha imperado en el pasado y en la actualidad: son las sociedades del grupo de empresas o del grupo de consolidación fiscal las que a nivel individual pueden dotar RIC y las que han de cumplir en exclusividad las obligaciones derivadas de la dotación. Conociendo esa línea argumental se ha reducido la conflictividad, aunque haya sido aceptando que solo las entidades a nivel individual pueden dotar RIC.

La DGT, en **CV de 11 de noviembre de 1999**, opinaba que el grupo de sociedades no podía dotar RIC, ya que no tenía personalidad jurídica y solo se consideraba sujeto pasivo del IS por una ficción legal. La dotación debía ser realizada por cada empresa integrante del grupo, sin perjuicio que todo él se beneficiase de la reducción de la base imponible. En cuanto a la materialización, también opinaba que cada empresa era la que debía cumplir con sus obligaciones respecto al art. 27:

> *El grupo de sociedades no tiene personalidad jurídica y su consideración como sujeto pasivo responde a una ficción legal. En el mismo se integran los resultados derivados de la actividad de las entidades que formen parte del mismo, quienes siguen sujetas a las obligaciones tributarias que se deriven del régimen individual de tributación, con excepción del pago de la deuda tributaria (LIS, artículo 79.3).* ***Por tanto, la dotación a la reserva deberá ser efectuada por cualquiera de las sociedades que formen parte del mismo, en los términos y condiciones exigidos por el artículo 27 de la Ley 19/1994 y sin perjuicio de que el disfrute de la reducción en la base imponible por la dotación a la reserva se materialice con ocasión de la tributación del grupo consolidado.***
>
> *En cuanto a la obligación de invertir en determinados activos, en la medida en que dicha inversión debe ser resultado de aplicar la reserva para inversiones constituida por cada sociedad, deberá ser ésta en particular la que cumpla dicho requisito adquiriendo los activos correspondientes* [DGT, CV 11 noviembre 1999].

Tras la publicación de la consulta, los grupos de sociedades que habían dotado RIC se vieron con una seria contingencia fiscal, que aún se agravó más con la **CV DGT de 26 de abril de 2000**, que insistía en que el beneficio fiscal de la RIC resultaba aplicable tan solo en el ámbito individual de cada sociedad y no en el grupo de sociedades, siendo además individual el compromiso de inversión. La razón principal esgrimida por la DGT era que la magnitud sobre la que se calculaba la dotación era el beneficio no distribuido, y este se generaba en cada entidad, y no en un ente sin autonomía jurídica para decidir la aplicación de beneficios:

> ***Así configurado el beneficio fiscal, resultará de aplicación tan sólo en el ámbito individual de cada sociedad, no en el de un grupo de sociedades, siendo también individual el compromiso de inversión que conlleva.***
>
> *Será de aplicación sólo en el ámbito de cada sociedad individual por calcularse sobre el beneficio no distribuido, magnitud que, como es obvio, no puede encontrarse en un ente, el grupo, sin autonomía jurídica para decidir la aplicación de los beneficios, y por articularse como reducción en la base imponible, ya que en el régimen de tributación de grupos de sociedades que establece la Ley 43/1995, de 27 de diciembre, del Impuesto sobre Sociedades (en adelante LIS, publicada en el BOE de 28 de diciembre de 1995), ésta se determina de manera independiente en cada sociedad, procediéndose después a su agregación (artículo 85), a efectos de determinar la base imponible del grupo* [DGT, 26 abril 2000].

Tras las dos consultas, la Comisión creada dentro del Ministerio de Hacienda para intentar reducir la conflictividad de la RIC, llegó a la conclusión en su Informe de diciembre de 2000 que: *en los casos de tributación consolidada es cada sociedad individual, y no el grupo en su conjunto, la que, partiendo de su beneficio independiente, puede dotar la RIC, siendo ella quien, en consecuencia, debe contabilizar la reserva dotada y quien queda obligada a materializarla.*

En otoño de 2002, Coalición Canaria presentó sin éxito en el Senado una enmienda que añadía un último párrafo al art. 27.4, en el sentido de que los grupos de sociedades podían dotar RIC, y que la materialización podía realizarse por cualquier entidad del grupo: *las sociedades de un grupo en régimen de consolidación fiscal podrán aplicar la reserva para inversiones en Canarias, pudiendo efectuar la materialización a la que se refieren los apartados anteriores la propia sociedad que dotó la reserva, u otra perteneciente al grupo fiscal.* La enmienda fue rechazada, y la última propuesta consensuada con el Ministerio de Hacienda dejaba las cosas como estaban: con el criterio de la Comisión de que los grupos no pueden dotar RIC.

Dada la imposibilidad de dotar RIC por el grupo de sociedades, la otra cuestión conflictiva, la de materializar la dotación en cualquier otra empresa del grupo, se vio afectada por el criterio restrictivo adoptado, y así lo expresaba la DGT en **CV de 4 de octubre de 2000**, en la que negó la posibilidad de que la materialización se realizase en cualquier empresa del grupo, debiendo hacerlo exclusivamente la que dotó RIC, a la vez que consideró incumplimiento del periodo de permanencia la transmisión de un elemento afecto a una empresa del grupo:

> *En consecuencia, la transmisión de los elementos en que se materialice la reserva para inversiones en Canarias antes del plazo señalado en el artículo transcrito a entidades integrantes del mismo Grupo de Sociedades, supone el incumplimiento del requisito de permanencia, debiendo regularizar el beneficio fiscal en la forma establecida en el apartado 8 del artículo 27 de la Ley 19/1994, siendo indiferente a estos efectos que la materialización se efectuara con anterioridad a la tributación en régimen de grupo de sociedad o en un ejercicio en el que tributó en dicho régimen* [DGT, CV 4 octubre 2000].

Con el Informe de diciembre de 2000 y las consultas de la DGT comentadas, los grupos de sociedades optaron por no dotar RIC, haciéndolo individualmente a través de cada una de las sociedades del grupo. Por ello, la litigiosidad en la materia ha sido muy escasa.

Después de veintiún años, se consultaba idéntico asunto a la DGT a la luz del nuevo TRLIS de 2014, por si suponía cambios en la dotación por grupos fiscales. Respondió a través de la **CV 2020-2021, de 7 de julio**, en los mismos términos que he explicado: en grupos de sociedades es cada sociedad la que puede dotar RIC, debiendo invertirla en su propia empresa, sin que pueda transmitirse la inversión a otra empresa de grupo. Siguen siendo derechos y obligaciones individuales de las empresas, no del grupo. El texto del art. 56.1 LIS al decir que "el grupo fiscal tendrá la consideración de contribuyente", no significa para la DGT una anulación completa de su individualidad ni la subrogación total de sus derechos y obligaciones tributarias en el grupo:

> *Confirmar si en atención a los cambios normativos introducidos en la determinación de la base imponible del grupo fiscal por la Ley 27/2014, de 27 de noviembre, del Impuesto sobre Sociedades, la determinación de la RIC se podría efectuar a nivel de grupo y si el compromiso de materialización asumido por una sociedad del grupo podría hacerse efectivo por cualquier otra entidad perteneciente al mismo grupo.*
>
> *Confirmar si, de acuerdo con lo anterior y dada la configuración del grupo fiscal, la cesión o transmisión de los activos en los que se materializa la RIC a otras sociedades que forman parte del mismo grupo fiscal, supone o no el incumplimiento del requisito de mantenimiento a que se refiere el artículo 27.8 de la Ley 19/1994.*
>
> *(...) Por tanto, el beneficio fiscal se articula mediante la reducción en la base imponible de un máximo del 90% del beneficio del ejercicio que no haya sido distribuido, asumiendo a cambio el compromiso de su inversión, en el plazo máximo de tres años, en alguno de los activos enumerados en el apartado 4 del artículo 27 de la Ley 19/1994, compromiso que se exterioriza mediante la dotación en su balance de la RIC.*
>
> ***Así configurado el beneficio fiscal, resultará de aplicación tan solo en el ámbito individual de cada sociedad, no en el de un grupo de sociedades, siendo también individual el compromiso de inversión que conlleva.***
>
> *Será de aplicación sólo en el ámbito de cada sociedad individual por calcularse sobre el beneficio no distribuido al que se refiere el artículo 27.2 de la Ley 19/1994, magnitud que,*

como es obvio, no puede encontrarse en un ente, el grupo, sin autonomía jurídica para decidir la aplicación de los beneficios, y por articularse como reducción en la base imponible, ya que en el régimen de consolidación fiscal que establece la Ley 27/2014, de 27 de noviembre, del Impuesto sobre Sociedades (en adelante LIS), ésta se determina de manera independiente en cada sociedad, procediéndose después a su agregación, tal y como establece el artículo 62.1.a) LIS, a efectos de determinar la base imponible del grupo: (...)

Asimismo, es individual también el compromiso de inversión que conlleva, de manera que cada sociedad que haya dotado en su balance la reserva y haya practicado la reducción en su base imponible será la obligada a realizar la inversión que justifica el beneficio fiscal*, ya que su opción por la tributación en el régimen de grupo de sociedades y la condición de sujeto pasivo de éste, afirmada en el artículo 56.1 de la LIS al decir que "el grupo fiscal tendrá la consideración de contribuyente", no significa una anulación completa de su individualidad ni la subrogación total de sus derechos y obligaciones tributarias en el grupo.*

Bien al contrario, coexisten como sujetos de obligaciones y de derechos tributarios el grupo y las sociedades que lo integran, siendo la norma la encargada de marcar cuando corresponden a uno y cuando a los otros. Así, resulta con claridad de lo dispuesto en el apartado 3 del citado artículo 56 de la LIS, que con alcance de regla general establece que:

"3. Las entidades que integren el grupo fiscal estarán igualmente sujetas a las obligaciones tributarias que se derivan del régimen de tributación individual, excepción hecha del pago de la deuda tributaria."

Por su parte, el apartado 2 del artículo 55 de la LIS establece:

"2. Se entenderá por régimen individual de tributación el que correspondería a cada entidad en caso de no ser de aplicación el régimen de consolidación fiscal."

A este respecto, dentro de las obligaciones tributarias que se derivan del régimen individual de tributación, se encuentra la obligación de materialización en inversiones aptas de las dotaciones realizadas a la RIC. Por tanto, habida cuenta lo dispuesto en dicho precepto, y ante la inexistencia de norma alguna que permita que, excepcionalmente, sea el grupo y no cada una de sus sociedades integrantes quién se responsabilice del compromiso de inversión asumido, éste permanecerá en la esfera individual, en la sociedad concreta que se aplicó el beneficio fiscal del que deriva.

Respecto a la segunda de las cuestiones, referente a si la transmisión de los activos en los que se materializó la RIC a otras sociedades que forman parte del mismo grupo de sociedades, supone o no el incumplimiento del requisito de permanencia en la empresa del mismo sujeto pasivo a que se refiere el apartado 8 del artículo 27 de la Ley 19/1994, hay que considerar que las dotaciones a la RIC son efectuadas por las entidades aisladamente consideradas y no por el grupo fiscal: (...)

Por lo tanto, y de acuerdo con lo anteriormente expuesto, ni en el artículo 27 de la Ley 19/1994, ni en el Capítulo VI del Título VII de la LIS se prevé que el requisito de permanencia de la materialización de la RIC pueda ser cumplido por otra entidad integrante del grupo de sociedades de la entidad que efectuó la dotación y la materializó en activos aptos.

En consecuencia, la transmisión de los elementos en que se materialice la RIC antes del plazo señalado en el artículo transcrito a entidades integrantes del mismo Grupo de Sociedades, supone el incumplimiento del requisito de permanencia, debiendo regularizar el beneficio fiscal en la forma establecida en el apartado 16 del artículo 27 de la Ley 19/1994.

Lo que comunico a Vd. con efectos vinculantes, conforme a lo dispuesto en el apartado 1 del artículo 89 de la Ley 58/2003, de 17 de diciembre, General Tributaria [DGT, CV 2020-2021].

En los Tribunales de Justicia, la **SAN de 14 de julio de 2017, Sección 2, recurso 34/2014, y la STS de 12 de mayo de 2021, Sección 2, recurso 7753/2019,** abordan cuestiones relacionadas con los grupos fiscales, dividendos, dotaciones RIC y eliminaciones en la base imponible del grupo fiscal consolidado, que no llegan a desvirtuar el criterio de la DGT, pues en las demandas se planteaban otras cuestiones. Las señalo por si el lector está interesado en profundizar en el tratamiento de los grupos fiscales en los que existen dotaciones RIC.

Resumiendo, a pesar que desde el punto de visto teórico hay argumentos para defender la dotación RIC por el grupo consolidado, desde 2000 hasta la actualidad, la Administración tributaria no admite esa posibilidad, exigiendo que sean exclusivamente las sociedades del grupo, a nivel individual, quienes puedan dotar RIC y materializarla.

En esta materia, la normativa RIB no difiere de la que sustenta la RIC, motivo de que la interpretación de que cada empresa a nivel individual es la que puede dotar la RIB y materializarla es la que, en mi opinión, prevalece.

12.5. Ficha resumen de las sociedades holdings y entidades financieras en relación con la dotación RIC/RIB

1.	Las sociedades holdings son las que prestan servicios a sus entidades dependientes. El Reglamento REF especifica que solo se considera que tienen como actividad principal estos servicios cuando, en el período impositivo en el que obtiene las rentas con cargo a las cuales efectúa la dotación RIC, más del cincuenta por ciento de su cifra de negocio proceda de servicios prestados a las sociedades del mismo grupo.
2.	Las entidades financieras son las que realizan de forma habitual actividades financieras.
3.	Hasta el 31 de diciembre de 2006, la normativa señalaba que ambas entidades no podían dotar RIC, pero el cambio estructural en el art. 27 de la Ley 19/1994 señaló que pueden dotarla a partir de 1 de enero de 2007, si bien condicionando la materialización exclusivamente a inversiones iniciales.

4.	Si una sociedad holding no obtiene rentas por sus servicios a las empresas del grupo superiores al 50% de su facturación, entiendo que queda relegada de su obligación de materializar en inversiones iniciales.
5.	La normativa RIB no especifica nada respecto a las sociedades holdings y entidades financieras, por lo que podrán dotar RIB e invertirla en activos afectos a una actividad económica, creación de empleo y elementos patrimoniales que contribuyan a la mejora y protección del medio ambiente, sin necesidad de que se sean inversiones iniciales.

12.6. Ficha resumen de los grupos fiscales consolidados y la dotación RIC/RIB

1.	En relación con la RIC, la doctrina administrativa matizó que la dotación había de efectuarla individualmente cada empresa del grupo fiscal, y no el grupo fiscal. En el mismo sentido, aclararon que la materialización tenía que hacerse en la empresa individual que dotó RIC, sin que sirviera que invirtiese otra empresa del grupo.
2.	El cambio legal de 2014 en el IS introdujo que el grupo fiscal era contribuyente del IS, por lo que se cuestionó si a partir de ese año era posible que dotara RIC. La respuesta administrativa en 1999 y 2000 fue que no. Desde Canarias se intentó sin éxito que la posibilidad se incorporara al texto legal en 2002. El criterio negativo fue ratificado por la DGT en 2021.
3.	En esta materia, en que la normativa específica no señala nada, entiendo que en la RIB hay que seguir el criterio impuesto en la RIC.

Capítulo 13

LAS ENTIDADES PATRIMONIALES PUEDEN DOTAR RIC/RIB SOLO POR LA PARTE DEL RESULTADO QUE PROVENGA DE LA ACTIVIDAD ECONÓMICA

Como entidades patrimoniales se identifican las sociedades que no realizan actividad económica y que más del 50% de su activo no está afecto a una actividad económica. Aparecen y desaparecen con regularidad en el ordenamiento tributario español, y están nuevamente reguladas en el TRLIS de 2014.

El presupuesto para dotar RIC/RIB es que se genere rendimientos en el desarrollo de actividad económica, motivo de que, en principio, las entidades patrimoniales queden fuera de su ámbito de aplicación. No obstante, no es descartable que una entidad calificada por el texto legal como patrimonial realice algún tipo de actividad económica, con cuyos rendimientos es posible dotar RIC/RIB.

En este capítulo analizamos la doctrina que existe al respecto en la RIC, que proyectamos a la RIB, y concluimos que el rendimiento generado en la actividad económica que desarrolle este tipo de entidades, a pesar de que se les califique como patrimoniales, es susceptible de ambas reservas.

13.1. Legislación vigente y evolución legislativa

– Ley 19/1994

Artículo 27 Reserva para inversiones en Canarias

1. Las entidades sujetas al Impuesto sobre Sociedades tendrán derecho a la reducción en la base imponible de las cantidades que, con relación a sus establecimientos situados en Canarias, destinen de sus beneficios a la reserva para inversiones de acuerdo con lo dispuesto en este artículo. (…)

2. La reducción a que se refiere el apartado anterior se aplicará a las dotaciones que en cada período impositivo se hagan a la reserva para inversiones hasta el límite del noventa por ciento de la parte de beneficio obtenido en el mismo período que no sea objeto de distribución, en cuanto proceda de establecimientos situados en Canarias.

– Reglamento REF de 2007

Artículo 1 Determinación de los sujetos pasivos y contribuyentes destinatarios de los incentivos fiscales

1. Los incentivos fiscales regulados en el artículo 25 de la Ley 19/1994, de 6 de julio, de modificación del Régimen Económico y Fiscal de Canarias, serán de aplicación por:

a) Los sujetos pasivos del Impuesto sobre Sociedades, determinados en el artículo 7 del texto

29/12/2023 refundido de la Ley del Impuesto sobre Sociedades, aprobado por el Real Decreto Legislativo 4/2004, de 5 de marzo, que, de acuerdo con lo dispuesto en el artículo 8.2 de dicho texto refundido, tengan su domicilio fiscal en Canarias.

b) Los sujetos pasivos del Impuesto sobre Sociedades, determinados en el artículo 7 del texto refundido de la Ley del Impuesto sobre Sociedades, aprobado por el Real Decreto Legislativo 4/2004, de 5 de marzo, que, sin tener domicilio fiscal en Canarias, operen en dicho territorio mediante establecimiento permanente.

c) Las entidades no residentes en territorio español de acuerdo con lo dispuesto en el artículo 8.1 del texto refundido de la Ley del Impuesto sobre Sociedades, aprobado por el Real Decreto Legislativo 4/2004, de 5 de marzo, cuando operen en Canarias mediante establecimiento permanente.

2. Los incentivos fiscales del artículo 27 de la Ley 19/1994, de 6 de julio, serán de aplicación respecto de las rentas obtenidas mediante establecimiento permanente situado en las Islas Canarias por las entidades a que se refiere el apartado anterior y por las personas físicas, contribuyentes del Impuesto sobre la Renta de las Personas Físicas, con domicilio fiscal en Canarias así como por quienes no lo tienen, cuando en ambos casos desarrollen allí actividades económicas mediante establecimiento permanente.

– Ley 31/2022 Régimen fiscal especial balear

1. Los contribuyentes del Impuesto sobre Sociedades y del Impuesto sobre la Renta de no Residentes tendrán derecho a la reducción en la base imponible de las cantidades que, con relación a sus establecimientos situados en las Illes Balears, destinen de sus beneficios a la reserva para inversiones de acuerdo con lo dispuesto en este apartado.

2. La reducción a que se refiere el número anterior se aplicará a las dotaciones que en cada período impositivo se hagan a la reserva para inversiones hasta el límite del 90 por ciento de la parte de beneficio obtenido en el mismo período que no sea objeto de distribución, en cuanto proceda de establecimientos situados en las Illes Balears.

En ningún caso la aplicación de la reducción podrá determinar que la base imponible sea negativa.

A estos efectos, se considerarán beneficios procedentes de establecimientos en las Illes Balears los derivados de actividades económicas, incluidos los procedentes de la transmisión de los elementos patrimoniales afectos a las mismas.

– RD 710/2024, Régimen fiscal especial balear

Artículo 4. Beneficio atribuible a los establecimientos situados en las Illes Balears.

1. Se considerarán beneficios procedentes de los establecimientos situados en las Illes Balears a que se refieren los apartados 1 y 2 del artículo anterior los derivados de las operaciones efectuadas con los medios personales y materiales afectos al mismo que cierren un ciclo mercantil que determine resultados económicos.

2. No tendrá la consideración de beneficio no distribuido:

a) El destinado a nutrir las reservas de carácter legal.

b) El que derive de la transmisión de elementos patrimoniales cuya adquisición hubiera determinado la materialización de la reserva para inversiones en las Illes Balears.

No obstante, en los casos de transmisión de elementos patrimoniales que solo se hubiesen destinado parcialmente a la materialización de la reserva, se considerará beneficio no distribuido la parte proporcional de dicho beneficio que se corresponda con la parte del valor de adquisición del elemento patrimonial que no hubiera supuesto la materialización de la reserva.

c) El que derive de los valores representativos de la participación en el capital o fondos propios de otras entidades, así como la cesión a terceros de capitales propios.

3. Para la determinación del beneficio no distribuido y para la aplicación del límite porcentual del mismo susceptible de destinarse a la reserva para inversiones en las Illes Balears, a los que se refiere el número 2 del apartado cuatro de la disposición adicional septuagésima de la Ley 31/2022, de 23 de diciembre, se considerará el resultado contable.

– Ley 27/2014 del Impuesto sobre Sociedades

Artículo 5. Concepto de actividad económica y entidad patrimonial

2. A los efectos de lo previsto en esta Ley, se entenderá por entidad patrimonial y que, por tanto, no realiza una actividad económica, aquella en la que más de la mitad de su activo esté constituido por valores o no esté afecto, en los términos del apartado anterior, a una actividad económica.

El valor del activo, de los valores y de los elementos patrimoniales no afectos a una actividad económica será el que se deduzca de la media de los balances trimestrales del ejercicio de la entidad o, en caso de que sea dominante de un grupo según los criterios establecidos en el artículo 42 del Código de Comercio, con independencia de la residencia y de la obligación de formular cuentas anuales consolidadas, de los balances consolidados. A estos efectos no se computarán, en su caso, el dinero o derechos de crédito procedentes de la transmisión de elementos patrimoniales afectos a actividades económicas o valores a los que se refiere el párrafo siguiente, que se haya realizado en el período impositivo o en los dos períodos impositivos anteriores.

A estos efectos, no se computarán como valores:

a) Los poseídos para dar cumplimiento a obligaciones legales y reglamentarias.

b) Los que incorporen derechos de crédito nacidos de relaciones contractuales establecidas como consecuencia del desarrollo de actividades económicas.

c) Los poseídos por sociedades de valores como consecuencia del ejercicio de la actividad constitutiva de su objeto.

d) Los que otorguen, al menos, el 5 por ciento del capital de una entidad y se posean durante un plazo mínimo de un año, con la finalidad de dirigir y gestionar la participación, siempre que se disponga de la correspondiente organización de medios materiales y personales, y la entidad participada no esté comprendida en este apartado. Esta condición se determinará teniendo en cuenta a todas las sociedades que formen parte de un grupo de sociedades según los criterios establecidos en el artículo 42 del Código de Comercio, con independencia de la residencia y de la obligación de formular cuentas anuales consolidadas.

Las ahora denominadas entidades patrimoniales, antes sociedades patrimoniales y sociedades de mera tenencia de bienes, han tenido una azarosa vida a lo largo de los últimos años, en los que aplicaron diversas formas de tributación: el régimen de transparencia fiscal; un sistema de liquidación de bases imponibles a un tipo más alto que el general del IS; el régimen general del IS y, desde 2014, el sistema diseñado por la Ley 27/2014 del IS.

En 1994, año que se creó la RIC, estaba vigente la Ley 61/1978 del IS, que confería un régimen especial a las sociedades de mera tenencia de bienes, esto es, a las entidades en que más de la mitad de su activo no estaba afecto a actividades empresariales y que más del 50% del capital social perteneciera a 10 o menos socios o a un grupo familiar. Se basaba en la transparencia fiscal, tributando los beneficios en el IRPF de los socios. Un año después, fue derogada por la Ley 43/1995.

En la Ley 43/1995 del IS se denominaban sociedades de mera tenencia de bienes aquellas en que más de la mitad de su activo no estuviese afecto a actividades empresariales y más del 50% del capital social perteneciera a un grupo familiar o a 10 o menos socios. No se computaban como valores aquellos que otorgaban al menos el 5% de los derechos de voto, siempre que se poseyeran con la finalidad de dirigir y gestionar la participación y se contara con la correspondiente organización de medios materiales y humanos. Respecto a los activos no afectos, dejaban de computarse como tales los adquiridos con beneficios de actividades empresariales de los 10 últimos años. Se les aplicaba el régimen de transparencia fiscal, de forma que no tributaban por el IS, sino que las bases imponibles positivas resultantes se imputaban a las personas físicas (no las negativas, que se compensaban en la sociedad), que las liquidaban en sus correspondientes declaraciones de IRPF.

La Ley 46/2002, de 19 de diciembre, justificó por razones de neutralidad fiscal la desaparición del régimen de transparencia fiscal para las entidades que desarrollasen actividades profesionales, artísticas o deportivas, mientras que a las sociedades de mera tenencia de bienes se les aplicó el

nuevo régimen de sociedades patrimoniales, en que comenzaron a tributar en el IS, pero con la singularidad de dividir en dos su base imponible: la parte general y la parte especial, que se liquidaban a los tipos del 40% y 15%, respectivamente. Por tanto, dejaron de imputar las bases imponibles positivas a sus socios.

En 2004, el art. 61 del TRLIS las define como en el pasado, pero acotando el plazo en que debían cumplir determinados requisitos: aquellas sociedades en que durante más de 90 días de un ejercicio social concurriesen dos circunstancias, que más de la mitad de su activo estuviese constituido por valores o por activos no afectos a actividad económica, y que más del 50% del capital social perteneciese, directa o indirectamente, a diez o menos socios o a un grupo familiar. El régimen fiscal se aplicó hasta el 31 de diciembre de 2006: tributación en el IS, pero dividiendo la base imponible en dos partes: la general, que se liquidaba al tipo del 40%, y la especial, al tipo del 15%. La cuota resultante se disminuía con alguna deducción y con las retenciones y pagos a cuenta efectuados. Se pretendía de esa forma, que tributasen como lo hubiese hecho una persona física en caso de no haber intermediado la sociedad.

A partir de 1 de enero de 2007, se derogó el régimen de sociedades patrimoniales expuesto, y se aplicó un régimen transitorio asimilado al régimen general con algunas especialidades en cuanto a los dividendos distribuidos con cargo a reservas de ejercicios en que se aplicó el régimen anterior. Básicamente, la no tributación en IRPF si el socio era persona física, y una deducción del 50% en la cuota del IS por la parte correspondiente a los dividendos en las entidades socios.

La Ley 27/2014 del IS recuperó a partir de 1 de enero de 2015 el concepto de entidad patrimonial, si bien diferenciándolo de las versiones anteriores. La nota principal que las caracteriza es que no realizan actividad económica, y se consideran como tales las que la mitad de su activo esté constituido por valores o no está afecto a actividad económica. No obstante, a estos efectos, no se computa el dinero o créditos procedentes de la enajenación de elementos patrimoniales afectos a actividades económicas que hayan realizado ese año o los dos anteriores (con la Ley 43/1995 eran diez años), ni los valores que otorguen al menos el 5% del capital social de la participada con la finalidad de dirigir y gestionar la participación mediante una organización de medios materiales y personales[91]. Desaparecie-

91 Hay otros valores excluidos del cómputo, pero señalo solo el de mayor trascendencia en la materia que analizo.

ron en 2014 los condicionantes que existía en el accionariado de este tipo de entidades: 50% de un grupo familiar o menos de diez socios.

El régimen fiscal en la actualidad de las entidades patrimoniales es el general de las sociedades con algunas matizaciones, como que no pueden compensar bases imponibles negativas, aplicar el tipo reducido del 15% para entidades de nueva creación, ciertas exclusiones en la exención de dividendos prevista en el art. 21 LIS, y la imposibilidad de acogerse a los incentivos fiscales de las empresas de reducida dimensión. Es remarcable que los condicionantes para conceptuar una entidad como patrimonial no coinciden con el Impuesto sobre el Patrimonio (IP), sirva como ejemplo que el IP señala para la patrimonialidad sobrevenida 10 años, como lo hacía antes el IS, esto es, que la tesorería proveniente de la venta de elementos afectos enajenados en los últimos 10 años no computa como elemento no afecto. Si bien, la DGT en varias consultas vinculantes, CV 3440-2015 y CV 1013-2016, ha matizado que la tesorería generada por el desarrollo ordinario de actividad económica se considera activo afecto, sin tener que atender a los últimos dos años.

Nada dice el régimen de las entidades patrimoniales en el IS respecto a la dotación RIC, solo las excluye de aplicar los incentivos fiscales de las empresas de reducida dimensión, pero no otros beneficios tributarios. Los incentivos a estas empresas se refieren al mero diferimiento del impuesto, lo que no se paga en este ejercicio se pagará en los próximos; y no promueven ciertas actividades, como las deducciones aplicables a la I+D+i, la producción cinematográfica y la creación de empleo. Recuerdo que los incentivos a las pymes se reducen a la libertad de amortización del inmovilizado afecto a actividades económicas, la amortización acelerada (multiplicando por 2 los coeficientes aplicables) del inmovilizado afecto, deterioro de los créditos por el 1% de los saldos deudores, y la reserva de nivelación (reducción del 10% de la base imponible con la dotación a esa reserva, que se compensará en los cinco futuros ejercicios con bases imponibles negativas).

Por su parte, la normativa RIC exige que quien realiza la dotación sea contribuyente del IS (estudiamos aparte la regulación de las personas físicas) y que realice actividad económica en Canarias. Nada impide, en consecuencia, que una entidad patrimonial realice actividad económica con la parte de elementos patrimoniales que estén afectos al negocio que desarrolle, aunque sean minoritarios en el conjunto de los activos. Afirmación que analizamos con detalle en el siguiente epígrafe.

Lo mismo ocurre, en mi opinión, en el Régimen fiscal especial balear. La RIB parte siempre del rendimiento de la actividad económica del establecimiento en *Illes Balears*, sin excluir a las entidades patrimoniales. En consecuencia, con la parte del rendimiento generado en la actividad económica por la entidad patrimonial balear podrá dotarse RIB. Se exigirá, por supuesto, que se acredite que la entidad patrimonial realice actividad económica parcial y que el rendimiento proceda exclusivamente de dicha actividad.

Por tanto, el tratamiento de las entidades patrimoniales en relación con la RIC/RIB es el mismo.

13.2. La cuestión nuclear: las entidades patrimoniales no pueden dotar RIC cuando no realicen actividad económica. Criterio que avalan los Tribunales económico-administrativos y de Justicia.

Después de estudiar someramente en el epígrafe anterior el régimen fiscal aplicable a las entidades patrimoniales en sus diferentes menciones y modalidades, y en el capítulo 2 que únicamente el rendimiento generado en la actividad económica es susceptible de la dotación, se llega a la conclusión genérica que las entidades patrimoniales no pueden dotar RIC, en tanto que no realizan actividades empresariales. Ni el rendimiento generado por sus activos ni la plusvalía obtenida en la enajenación de sus elementos patrimoniales pueden aplicarse, en principio, a la reserva.

Hace 20 años, en 2005, titulaba un capítulo del libro publicado como "El vía crucis de las sociedades de mera tenencia de bienes con la RIC lo heredan las sociedades patrimoniales", y en la actualidad poco ha cambiado respecto a lo que escribía, cuyo resumen servirá para introducirnos en la materia.

La imposibilidad que pregonaba la Administración tributaria de que las sociedades de mera tenencia pudieran dotar RIC no procedía del año de la creación del incentivo, sino de años posteriores. El argumento principal de la Inspección tributaria, TEAR y DGT era que sólo el beneficio generado en el desarrollo de actividades económicas podía beneficiarse de la RIC, y que las sociedades de mera tenencia de bienes no ejercían esas actividades, por lo que no podían dotarla. Mi planteamiento en ese año era otro, aunque el cambio normativo de 2007 pasó a exigir efectivamente que el resultado susceptible de la RIC procediera de actividad económica. Aun así, manteníamos —y mantengo tantos años después— que una sociedad de mera tenencia de bienes, que realiza alguna actividad económica, aunque fuese residual, y obtiene beneficios en ella, podría dotar RIC. Con el planteamiento restrictivo de la Administración tributaria incorporado a la Ley 19/1994 a partir de 2007, entendemos que podría hacerlo, puesto que la normativa pretende delimitar el ejercicio de actividades económicas frente a la mera tenencia de bienes, y es posible que una entidad patrimonial desarrolle, además, actividad empresarial, aunque sea marginal.

Repasando la historia de estas sociedades, que han tributado en diversos regímenes entre ellos el de transparencia, en relación con la RIC encontramos varios hitos. Hasta el 31 de enero de 2002 podían acogerse a la reserva, reduciendo la base imponible con las dotaciones. Así lo reconocía la DGT en la contestación a varias consultas vinculantes realizadas (27 de enero y 16 de octubre de 1997, 14 de julio de 1999 y 10 de marzo de 2000): *Como cuestión de partida, cabe señalar que las sociedades sujetas al régimen de transparencia fiscal, al ser sujetos pasivos del Impuesto sobre Sociedades, pueden acogerse a la reserva para inversiones en Canarias, siendo el límite máximo de la reducción en la base imponible igual al 90 por 100 del beneficio obtenido en Canarias que no sea objeto de distribución*[92]. Hay que reconocer que en las consultas se matizaba adecuadamente que se beneficiaban del incentivo en la medida en que la actividad desarrollada dentro de su objeto social pudiera considerarse actividad empresarial (27 de enero de 1997 y 14 de julio de 1999), queriendo distinguir entre sociedades transparentes por estar constituidas por profesionales, sociedades de mera tenencia de bienes, y dentro de estas, entre actividades que podían ser consideradas empresariales y que no.

Hasta la interpretación de la noción "establecimiento" del art. 27.1 y 2 realizada por la Comisión en su informe de diciembre de 2000, la posibilidad de que las sociedades de mera tenencia de bienes —hoy entidades patrimoniales— pudiesen aplicar los beneficios de la RIC a sus resultados era admitida por un sector importante y cualificado de los profesionales del asesoramiento fiscal y de la Administración tributaria, sin que apenas existiera conflictividad al respecto. El criterio de la DGT expresado en las consultas anteriores era que las sociedades en régimen de transparencia fiscal podían dotar RIC. La duda principal no se planteaba en la dotación, sino en qué bienes iba a materializarse, porque el art. 27, 4, a) señala que los activos fijos tienen que ser utilizados en Canarias y ser necesarios para el desarrollo de actividades empresariales. Ello obligaba a que las sociedades de mera tenencia de bienes tuviesen que comenzar a realizar actividad

92 DGT, 14 de julio de 1999.

económica si no la efectuaban antes, que al fin y al cabo es precisamente uno de los objetivos del REF y concretamente de la RIC: que los recursos se inviertan en el desarrollo económico y social de Canarias. Parte de los recursos —o si se prefiere, parte de los resultados que generan este tipo de sociedades— se incorporaba al tejido productivo gracias a la dotación RIC: el Estado perdía una recaudación mínima, pero a cambio, nuevos capitales engrosaban la parte productiva de la economía canaria.

Sin embargo, la Comisión de 2000 entendió por establecimiento al "establecimiento mercantil", el *conjunto organizado de elementos patrimoniales y personales dispuestos y efectivamente utilizados para la realización, con cierta autonomía de gestión, de una explotación económica...*, manifestando en el punto 2.1.7 de su Informe que tan solo los beneficios procedentes de actividades empresariales sirven para dotar RIC, ya que la reserva debe nacer del beneficio generado por un conjunto de elementos patrimoniales y personales utilizados en la realización de una explotación económica. Ese criterio, analizado 24 años después, sirve tanto para rechazar la aplicación del incentivo a los resultados de entidades patrimoniales como para admitir que la parte del resultado proveniente de actividad económica que se desarrolle en el seno de la entidad patrimonial sea susceptible de la dotación. Después del informe de la Comisión y de varias consultas DGT, entre ellas las de 25 de abril y 17 de septiembre de 2001, la cuestión parecía zanjada por la Administración tributaria en tanto que no era suficiente la mera titularidad o tenencia de elementos patrimoniales aislados para dotar RIC, pero sin profundizar en la casuística de que una entidad patrimonial puede realizar actividad económica secundaria o residual, con cuyos rendimientos podría dotar la reserva.

En la CV de 25 de abril de 2001, la DGT hace suyo el criterio de la Comisión:

> *Atendiendo a los objetivos que persigue la figura de la reserva para inversiones en Canarias (en adelante, RIC), encuadrada en un bloque de incentivos destinados a "promover actividades generadoras de empleo o que acrecienten la competitividad interior y exterior de las empresas canarias" y destinada a que "los empresarios canarios puedan acceder a cotas importantes de ahorro fiscal como contrapartida a su esfuerzo inversor" (Exposición de Motivos de la Ley 19/1994), ha de concluirse que la norma se refiere a establecimientos en los que se realicen actividades económicas con capacidad para producir el efecto dinamizador de la economía canaria que se pretende incentivar, es decir, a un conjunto organizado de elementos patrimoniales y personales dispuestos y efectivamente utilizados para la realización, con cierta autonomía de gestión, de una explotación económica cuya actividad suponga la colocación de un bien o servicio en el mercado, sin que sea suficiente la mera titularidad o tenencia de elementos patrimoniales aislados* [DGT, CV 25 abril 2001].

Y en la segunda, de 17 de septiembre de 2001, la DGT es aún más categórica, pero con carácter general, sin entrar en el hecho de que una entidad puede ser patrimonial a pesar de realizar actividad económica y con los resultados que genere dotar RIC: *¿Puede una sociedad de mera tenencia de bienes sujeta al régimen de transparencia fiscal acogerse al beneficio fiscal de la RIC?, ¿y una sociedad de cartera?* No, es la tajante respuesta de la DGT, tan solo los beneficios procedentes de actividades empresariales o profesionales sirven para dotar RIC. Por el mismo motivo, una sociedad de cartera sujeta al régimen de transparencia fiscal tampoco puede acogerse a este beneficio fiscal. Del texto de la consulta se desprende que la parte del resultado de la entidad patrimonial que provenga de actividad económica es susceptible de la dotación.

A partir del Informe de 2000 de la Comisión y de las dos consultas vinculantes de la DGT de 2001, era una temeridad dotar RIC en sociedades de mera tenencia de bienes, aunque defendamos que sí puedan hacerlo con la parte del rendimiento generado en la actividad empresarial que, en su caso, desarrolle este tipo de entidad.

A raíz del parecer de la Comisión, la AEAT quiso encontrar en 2002 una nueva fuente de recursos, llevando a extremos antes insospechados la interpretación de que únicamente los resultados de las actividades económicas pueden beneficiarse del incentivo. Nos referimos a las liquidaciones paralelas efectuadas por la Dependencia de Gestión tributaria a sociedades que habían dotado RIC, pero que aparentemente no desarrollaban actividad económica y no tenían empleados. Se efectuaron, sobre todo, en el campo de la promoción inmobiliaria y compraventa de inmuebles, regularizando aquellos casos en que el modelo 190 de declaración de retenciones de trabajo personal y profesionales indicaba que no había empleados. El argumento legal de las liquidaciones paralelas era que el art. 25 de la Ley del IRPF, al que remitía en aquellos años la regulación de las sociedades de mera tenencia, exigía acreditar un local independiente y una persona contratada a jornada completa para calificar como empresarial la actividad de compraventa y arrendamiento de inmuebles. Gestión tributaria calificaba que la actividad ejercida no era económica y que, por tanto, con el criterio de la Comisión, no podía acogerse a los beneficios de la RIC, dando lugar a una situación rocambolesca y especialmente grave para el contribuyente: ¡la entidad perdía los beneficios de la RIC, y la base imponible resultante se imputaba a los socios en el régimen de transparencia fiscal!, motivo de que muchas actas de disconformidad llegasen al TEAR. En 2002 se calificaron por la Administración tributaria como sociedades de mera tenencia de bienes aquellas que habían realizado promociones con subcontratas (sin empleados) o que habiendo conseguido la reclasificación del suelo (de rústico a urbano), a través de los interminables planes parciales de urbanización, no habían comenzado las obras de transformación física de las parcelas afectadas. Las reclamaciones se vieron en el TEAR, que reiteró, por ejemplo, en la **resolución TEAR de 25 de febrero de 2001, Sala de Las Palmas, reclamación 35/1277/01,** que las sociedades de mera tenencia de bienes no podían dotar RIC, en la medida que los beneficios no procedían de la realización de actividades económicas, conclusión que en mi opinión sirve también para que puedan dotarla con la parte del resultado proveniente de la actividad empresarial que, en su caso, puedan desarrollar. En la reclamación resultaba acreditado que la entidad no realizaba actividad económica alguna, motivo de que, si hubiese desarrollado alguna con mayor o menor importancia, el criterio hubiese sido diferente:

> *TERCERO. En el presente caso, admitido sin polémica que la entidad reclamante es una sociedad de las denominadas de mera tenencia de bienes que no realiza actividad económica alguna, tributando en régimen de transparencia fiscal, se plantea la cuestión de si los beneficios que ha obtenido son aptos para dotar la Reserva para Inversiones en Canarias (RIC).*
>
> *Respecto a dicha controversia, el Tribunal entiende que los beneficios obtenidos por las entidades en régimen de transparencia fiscal en la medida que no procedan de la realización de actividades económicas, como sucede en el presente caso en el que los beneficios provienen de la venta de participaciones sociales, no son aptas a efectos de dotar la RIC y ello por las siguientes razones:*
>
> *Para los sujetos pasivos del Impuesto sobre la Renta de las Personas Físicas, expresamente se establece que los rendimientos aptos para dotar la RIC necesariamente deben provenir de "actividades empresariales realizadas mediante establecimientos situados en Canarias", aplicándose el incentivo fiscal en los mismos términos que a las Sociedades (apartado 9 artículo 27 Ley 19/1994).*
>
> *Así se deduce de la combinación de los términos "beneficio" y "establecimiento", que figuran en los apartados 1 y 2 del artículo 27.*
>
> *Respecto al término "establecimiento" el mismo es típico de la normativa fiscal y su concepto lo encontramos en el artículo 45.1ª) de la Ley 43/1995 del Impuesto sobre Sociedades del siguiente tenor:*
>
> *"Se entenderá que una entidad opera mediante establecimiento permanente en territorio español, cuando por cualquier título disponga en el mismo, de forma continuada o habitual, de instalaciones o lugares de trabajo de cualquier índole, en los que realice toda o parte de su actividad, o actúe en él por medio de un agente autorizado para contratar, en nombre y por cuenta de la entidad no residente, que ejerza con habitualidad dichos poderes.*
>
> *En particular, se entenderá que constituyen establecimiento permanente las sedes de dirección, las sucursales, las oficinas, las fábricas, los talleres, los almacenes, tiendas u otros establecimientos, las minas, los pozos de petróleo o de gas, las canteras, las explotaciones agrícolas, forestales o pecuarias o cualquier otro lugar de exploración o de extracción de recursos naturales, y las obras de construcción, instalación o montaje cuya duración exceda de doce meses".*
>
> *De esta definición se extrae la consecuencia de que el "establecimiento" supone una ordenación de capital y recursos humanos.*
>
> *El término "beneficio" modula el de "establecimientos" acotándolo, de tal forma que deja fuera del ámbito operativo del incentivo a aquellos establecimientos que no cierren ciclo mer-*

cantil, esto es cuando las operaciones que realicen no determinen por si solas rentas. Si a ambos términos se añade la idea de riesgo o sea que la ordenación sea por cuenta propia, que la aporta la sociedad, que es la que tiene personalidad, el establecimiento no, nos encontramos con la definición de actividad económica, tan reiterada en nuestras leyes fiscales (artículos 5.dos LIVA, 25.1 LIRPF y 81 LHL) "ordenación por cuenta propia de medios de producción y recursos humanos, o de uno de ambos, con la finalidad de intervenir en la producción o distribución de bienes y servicios".

La exigencia de que el beneficio proceda del ejercicio de una actividad económica también se desprende de la finalidad del incentivo fiscal, que se recoge en la Exposición de Motivos de la Ley en la cual se indica que mediante la RIC se posibilita que "los empresarios canarios puedan acceder a cotas importantes de ahorro fiscal como contrapartida a su esfuerzo inversor con cargo a sus propios recursos" [TEAR 25 de febrero de 2001].

La resolución **TEAR de 31 de enero de 2003, Sala Las Palmas, reclamación n.º 35/11618/01, 35/02080/02 y 35/02085/02**, resuelve sobre una sociedad de mera tenencia de bienes que no realizaba actividad alguna ni estaba dada de alta en el IAE ni tenía trabajadores, siendo calificada de mera tenencia de bienes por la Inspección, quien, en consecuencia, rechazó la dotación RIC 1998. El TEAR ratificó la regularización efectuada y esgrime los mismos argumentos de la resolución de 25 de febrero de 2001, puesto que el contribuyente no desarrollaba actividad alguna.

La resolución **TEAR de 28 de abril de 2002, Sala de Santa Cruz de Tenerife, reclamación 38/1758/01**, analiza la posibilidad de que puedan acogerse a la dotación este tipo de entidades en la medida que realicen una verdadera actividad económica, pero no resuelve el caso que nos ocupa:

La cuestión se centra no en la consideración de sociedad transparente y la posibilidad, supuesta tal condición, de dotar a la Reserva para Inversiones en Canarias, sino en si se ha ejercido una actividad económica, esto es, si se ha producido la necesaria ordenación por cuenta propia de medios de producción para llevar a cabo la actividad que genera los rendimientos obtenidos, ordenación que, razonablemente, ha de llevarse a cabo con anterioridad a la obtención de dichos rendimientos [TEAR 28 abril 2002].

Durante 2003 y 2004, las resoluciones de las Salas de Las Palmas y Santa Cruz de Tenerife del TEARC ratifican que las sociedades consideradas de mera tenencia de bienes no pueden dotar RIC con los rendimientos y plusvalías generadas en la venta de elementos no afectos, pero lo afirman en el contexto de que no realizan actividad alguna. Sirva de ejemplo la resolución **TEAR de 30 de abril de 2004, Sala Las Palmas, reclamaciones n.º 35/03389/02 y acumuladas 35/01167/03; 35/01168/03 y desde la 35/01267/03 hasta la 35/01270/03)**, en que una entidad se dedica al alquiler de locales industriales, pero se le deniega la dotación RIC realizada porque no ejercía actividad económica alguna y debía ser calificada como sociedad de mera tenencia de bienes[93].

En 2005 y 2006 se repiten los mismos argumentos en el TEAR, sin llegar a precisar que una sociedad transparente de aquellos años pudiese dotar la RIC con el resultado que obtuviese en la realización de actividad económica; pero fueron en 2006 el TSJC y el TEAC quienes por fin dieron respuesta a esta cuestión, como analizamos en el siguiente epígrafe.

La **SAN de 26 de mayo de 2011, Sección 2, recurso 285/2008**, llega a la conclusión de que el beneficio generado en 2001 en la venta de una finca rústica y un local no es susceptible de la dotación porque la entidad vendedora no ejercía actividad económica alguna. La Inspección tributaria calificó que era una sociedad en régimen de transparencia fiscal, lo que impedía la dotación RIC. En 2001, la legislación vigente era la Ley 43/1995 del IS, que consideraba sociedades transparentes aquellas en que más de la mitad de su activo estuviese constituido por valores, y las sociedades de mera tenencia de bienes cuando concurriese cualquiera de las siguientes dos circunstancias: que más del 50% del capital social perteneciera a un grupo familiar y que más del 50% del capital social perteneciese a 10 o menos socios. Se consideraban de mera tenencia aquellas entidades en que más de la mitad de su activo no estuviese afecto a actividades empresariales, siendo la LIRPF la que regulaba si un elemento patrimonial estaba o no afecto a una actividad empresarial. La AN coincide con la Inspección en que la sociedad ha de ser calificada como de mera tenencia de bienes, sometida al régimen de transparencia fiscal, y entiende que la recurrente no ejercía o desarrollaba actividad económica alguna. Respecto a la RIC, indica que en su aplicación subyace la necesidad de explotación económica, lo que a su vez, implica la concurrencia de aquellos elementos definidores, tanto desde la perspectiva fiscal como mercantil, de la organización empresarial; y señala el criterio de la Comisión para el análisis de los problemas de la aplicación de la RIC evacuado en diciembre de 2000, que indicó que las actividades de mera tenencia de patrimonio quedaban excluidas del incentivo fiscal, por lo que al no haber acreditado el contribuyente la necesaria ordenación por cuenta propia de medios para llevar a cabo la actividad que generó el beneficio, resulta improcedente la dotación efectuada.

El mismo criterio se aplicó en la **SAN de 4 de julio de 2011, Sección 7, recurso 209/2008**, en un caso más complejo, en que dos entidades explotaban máquinas recreativas en locales comerciales de su propiedad. Una

---

93 Extractado y actualizado de Miranda Calderín, 2005: 55-64.

era la propietaria de los locales y la otra explotaba las máquinas, repartiéndose la recaudación al 50%. En el Gobierno de Canarias figuraba que los locales estaban arrendados a la entidad que explotaba las máquinas, pero el contribuyente alegó que era una formalidad obligatoria, siendo la realidad que ambas entidades explotaban conjuntamente el negocio y se repartían la recaudación a la mitad. Sin embargo, la Inspección consideró que la propietaria de los locales no ejercía actividad alguna, motivo de que fuese entidad de mera tenencia de bienes, como el propio contribuyente reconoció al aplicar el régimen de transparencia fiscal en las declaraciones del IS de 1997 a 1999. La AN concluyó que la entidad propietaria de los locales no ejercía actividad económica, ya que carecía de local donde desarrollarla (en aquellos años era obligatorio el local) ni personal contratado, y en consecuencia no podía dotar RIC:

OCTAVO. En cuanto al fondo, la actora en su demanda manifiesta que se considera a la entidad Automáticos AC Aleman Casimiro SL (extinguida en la actualidad y absorbida por Automáticos Canarios SA) como una entidad de transparencia fiscal que realiza una actividad de arriendo de locales comerciales y se calcula un precio del arrendamiento durante un año por todos los inmuebles propiedad de la deudora. Que existe un informe pericial de valoración de rentas de todos los inmuebles y suponiendo que siempre han estado arrendados, y ese importe total e hipotético es inferior al declarado en los tres ejercicios objeto de inspección.

La Administración en el acuerdo de liquidación expone que la entidad deudora Automáticos AC Alemán Casimiro SL es una sociedad sometida al régimen de transparencia fiscal siendo sus socios D. Enrique, en un 20%, D. Norberto en un 20%, D. Luis Pedro en un 5%, D. Constancio en un 5% y la entidad Automáticos Canarios SA en un 50%. La entidad Automáticos Canarios SA tiene como socios a D. Enrique y D. Norberto (ambos cuñados). La entidad deudora Automáticos AC Alemán Casimiro SL carece de medios materiales para el desarrollo de una actividad económica a pesar de su gran patrimonio inmobiliario. No tiene un local independiente para desarrollar su actividad, no tiene más ingresos que los de la cesión de su patrimonio inmobiliario. Y es un patrimonio no afecto a actividades económicas. Su domicilio fiscal y social está en Las Rubieras, Telde, donde se encuentra el domicilio social y fiscal de Automáticos Canarios SA, y no tiene gastos relacionados con un establecimiento. Carece de medios materiales y humanos pues no tiene personal asalariado y sus administradores son D. Adrián y D. Eulogio que no perciben retribución por esas funciones pero a su vez son administradores de Automáticos Canarios. Además la entidad presentó las declaraciones del Impuesto de Sociedades 1997, 1998 y 1999 aplicando el régimen de transparencia fiscal. Además ante la Consejería de Economía y Hacienda del Gobierno de Canarias no ha presentado liquidaciones por la tasa del juego de suerte, envite o azar no teniendo la condición de empresa operadora de máquinas recreativas. Lo contrario de Automáticos Canarios SA que es una empresa operadora de máquinas recreativas.

La actora, por su parte, expone en la demanda que estaba dada de alta en el IAE de máquinas recreativas. Que las dos entidades Automáticos AC Alemán Casimiro y Automáticos Canarios realizaban una actividad de explotación conjunta de máquinas recreativas, aportando la deudora los locales en donde se desarrollaba esa actividad y Automáticos Canarios las licencias y máquinas recreativas, y se repartían a partes iguales la recaudación. Que si es cierto que esos locales aparecían como arrendados y obran los contratos en la Consejería de la Presidencia del Gobierno de Canarias pero era imperativo hacerlo ya que la empresa con licencia para operar con máquinas recreativas debía de aportar y acreditar la disponibilidad de los locales. Discrepa de que la entidad deudora Automáticos AC Alemán Casimiro SL careciera de medios materiales para el desarrollo de una actividad económica a pesar de su gran patrimonio inmobiliario, de que no tuviera un local independiente para desarrollar su actividad, no tuviera más ingresos que los de la cesión de su patrimonio inmobiliario, careciera de personal y gastos de los inmuebles. Que existe una estructura empresarial entre las dos empresas.

El art. 75 de la Ley 43/1995, de 27 de diciembre, del Impuesto sobre Sociedades, dispone que "1. Tendrán la consideración de sociedades transparentes:

a) Las sociedades en que más de la mitad de su activo esté constituido por valores y las sociedades de mera tenencia de bienes, cuando en ellas se dé cualquiera de las circunstancias siguientes:

a) Que más del 50 por 100 del capital social pertenezca a un grupo familiar, entendiéndose a estos efectos, que éste está constituido por personas unidas por vínculos de parentesco en línea directa o colateral, consanguíneas o por afinidad hasta el cuarto grado, inclusive;

b) Que más del 50 por 100 del capital social pertenezca a 10 o menos socios.

A los efectos de este precepto, serán sociedades de mera tenencia de bienes aquellas en que más de la mitad de su activo no esté afecto a actividades empresariales o profesionales, tal y como se definen en el artículo 40 de la Ley 18/1991, de 6 de junio, del Impuesto sobre la Renta de las Personas Físicas.

Para determinar si un elemento patrimonial se encuentra o no afecto a actividades empresariales o profesionales se estará a lo dispuesto en el artículo 6º de la Ley 18/1991, de 6 de junio, del Impuesto sobre la Renta de las Personas Físicas".

Para determinar el concepto fiscal de actividades económicas, el citado art. 40, de la Ley 18/1991, establece que las actividades empresariales o profesionales implican por parte del sujeto pasivo la ordenación por cuenta propia de medios de producción y de recursos humanos o de uno de ambos con la finalidad de intervenir en la producción o distribución de bienes o servicios, especificando que "se entenderá que el arrendamiento o compraventa de inmuebles se realiza como actividad empresarial, únicamente cuando concurran las siguientes circunstancias:

a) Que en el desarrollo de la actividad se cuente, al menos, con un local exclusivamente destinado a llevar a cabo la gestión de la misma;

b) Que para el desempeño de aquélla se tenga, al menos, una persona empleada con contrato laboral".

La Inspección ha constatado que la sociedad deudora se calificaba como sociedad de mera tenencia de bienes, sometida, en principio, al régimen de transparencia fiscal. La recurrente no ejercía o desarrollaba una actividad económica, como así consta en el expediente administrativo. La sociedad carecía de actividad económica, carecía de personal laboral para el desarrollo de dicha actividad, al menos una persona empleada con contrato laboral como dice el precepto anteriormente citado, y a pesar de la titularidad que ostentaba sobre bienes inmuebles, carecía de un local que se emplease para el desempeño de una actividad económica. Por ello, como bien dice la Administración no desarrollaba una actividad económica, sin que destruya esta aseveración la posible existencia de una estructura empresarial entre las dos entidades. Las actuaciones inspectoras se referían a una sola de las empresas, precisamente se refería a aquella que no desarrollaba actividad alguna de ahí que no pueda entenderse que existiera una estructura empresarial. Ya se ha dicho que la deudora no solo carecía de un local para desempeñar su actividad, ni siquiera acredita el personal contratado para ello, los gastos por los suministros del local en el que desempeña actividad, esa ausencia de prueba conduce de manera inexorable a considerar que no existía ningún tipo de actividad económica y desde luego que toda la actividad era realizada por Automáticos Canarios SA [FD TERCERO, SAN 4 de julio 2011].

Uno de los asuntos relacionados con sociedades en régimen de transparencia por ser consideradas de mera tenencia de bienes llegó en casación al TS. **La STS de 12 de enero de 2012, Sección 2, recurso 4866/2009**, recoge el caso complejo en que quien insta la casación no fue la entidad considerada de mera tenencia que dotó la RIC en 1998, Automáticos Canarios, sino la socia persona física a la que se le imputa el rendimiento en su IRPF. El TS concluye que no hay vía legal para que un socio pueda alegar en contra de la liquidación que se le practica a la sociedad en que participa, y que el contribuyente combatía la conclusión de la Inspección, pero no la SAN recurrida, por lo que desestimó el primer motivo del recurso. El segundo motivo cuestionaba la calificación como transparente de la sociedad y defendía que la RIC protegía todos los beneficios obtenidos en Canarias, no solo aquellos que proviniesen de determinadas fuentes de riqueza. El TS reitera que quien tiene que impugnar la base imponible de la sociedad transparente es la propia sociedad y si esta no lo hace deviene inatacable para los socios. Sobre el fondo de la cuestión, recurre a una STS que señalaba "que los beneficios deben provenir de una actividad empresarial, circunstancia no concurrente en el presente caso, al declarar probado la sentencia que nos encontramos ante una sociedad de mera tenencia de bienes que no desarrolla actividad empresarial ni explotación económica", concluyendo que *de acuerdo con la doctrina mencionada, al tener que proceder los beneficios del ejercicio de una actividad empresarial, lo que no sucede en el presente caso al encontrarnos en presencia de sociedades consideradas como transparentes, que no ejercen actividad empresarial ni explotación económica alguna, el motivo de casación aducido por doña Valentina ha de ser desestimado* [STS de 12 de enero de 2012].

El asunto de las dos entidades que explotaban máquinas recreativas que analizamos en la SAN de 4 de julio de 2011 fue admitido en casación. **La STS de 13 de febrero de 2014, Sección 2, recurso 4778/2011**, analiza el recurso interpuesto por Automáticos Canarios con varios motivos, siendo el tercero el que nos interesa: "3º) Infracción del artículo 75 de la Ley 43/1995, de 27 de diciembre, del Impuesto de Sociedades, en lo relativo a la consideración de sociedades patrimoniales y en régimen de transparencia fiscal, en relación con el artículo 41 de la Ley 18/1991, del Impuesto sobre la Renta de las Personas Físicas y a su vez, en relación con el artículo 27 de la Ley 19/1994, de Modificación del Régimen Económico y Fiscal de Canarias, así como de las normas reguladoras de la apreciación de la prueba y jurisprudencia citada a lo largo de la exposición del motivo". El contribuyente alegó que realizaba una actividad conjunta con la otra sociedad para la explotación de máquinas de juego, que la SAN recurrida afirmó apodícticamente que la tributación en transparencia fiscal excluye la dotación RIC, que en esos años no se exigía local y empleado si la actividad ejercida era económica. Por su parte, el Abogado del Estado alegó que la sentencia no afirmaba que la sociedad patrimonial no pudiera acogerse a la RIC, sino que se limitaba a examinar si existía sociedad patrimonial de bienes, como una forma de valorar si la sociedad llevaba a cabo o no actividad económica. El TS desestimó las pretensiones del contribuyente por dos motivos principales: (i) que de haber llevado una actividad conjunta con la otra entidad, tendrían que haber presentado una declaración como entidad del artículo 33 de la LGT de 1963 y sin embargo, la entidad inspeccionada presentó declaraciones por IS en régimen de transparencia fiscal, y no presentó ante la Consejería liquidaciones de la tasa que grava los juegos de suerte, envite o azar y, además, según certificación de la Consejería no ostentaba la condición de empresa operadora de máquinas recreativas; (ii) que la Sala había rechazado en sentencias anteriores la posibilidad de aducir el ejercicio de actividad económica a través de la participación en otra entidad. Por tanto, desestima el recurso porque el contribuyente no podía dotar RIC al no realizar actividad económica:

> *CUARTO. Pues bien, en el tercer motivo se alega, por un lado, infracción de los artículos 75 de la Ley 43/1995, 41 de la Ley 18/1993, del IRPF, y 27 de la Ley 19/1994, de Modificación del Régimen Económico y Fiscal de Canarias y, por otro, infracción de las normas reguladoras de la apreciación de la prueba.*
>
> ***Aduce primeramente la entidad recurrente que la sentencia impugnada concluye apodícticamente que la tributación en régimen de transparencia fiscal excluye, en modo absoluto, la aplicación del régimen de la RIC, cuando la interpretación que inicialmente realizaba la Administración era la de admisión también del beneficio a las sociedades que tributaban en régimen de transparencia fiscal.***
>
> ***Por otro lado, y para justificar la infracción del artículo 27.5 de la Ley 19/1994, se argumenta que en los ejercicios objeto de comprobación, el referido precepto no exigía local y persona contratada, porque en atención a la finalidad de la norma, si materialmente la explotación de los inmuebles podía caracterizarse como actividad económica**, resultaba procedente la aplicación e RIC, salvo que existiesen relaciones de vinculación entre arrendador y arrendatario. Por ello, se sostiene igualmente que el artículo 27.5 de la Ley 19/1994 no contiene reenvío alguno al artículo 75 de la Ley 43/1995 de 27 de diciembre, del Impuesto de Sociedades.*
>
> ***Tras ello, se insiste en la idea de la existencia de una estructura societaria constituida por la hoy recurrente y AUTOMÁTICOS A.C. ALEMAN CASIMIRO SL, que permitía la realización conjunta de la actividad de explotación de máquinas recreativas** y al no apreciar la sentencia dicha situación, se alega que es porque lleva a cabo una valoración irracional y arbitraria de la prueba, no habiendo tenido en cuenta los informes periciales que demuestran un flujo de ingresos y una asunción de riesgos ajenos a cualquier calificación de la actividad como de mero arrendamiento de bienes.*
>
> *Finalmente, y de forma subsidiaria, se alega que la sentencia reconoce la existencia de vinculación entre AUTOMATICOS AC ALEMAN CASIMIRO, S.L. y AUTOMATICOS CANARIOS, S.A., por lo que teniendo en cuenta que ésta participaba en un 50% del capital de la primera,*

debe aplicarse el criterio de la Resolución de la Dirección General de Tributos CV- 1610-08, de 30 de julio, en la que en respuesta a una sociedad, titular de unos inmuebles, que había recibido por la cesión de terreno de su propiedad, que pretendía alquilar, y que se calificaba de carácter patrimonial, por no tener local propio ni empleado, se señala que dicha conclusión podría verse alterada por la existencia de indicios de ejercicio de actividad económica como era la vinculación con la sociedad que en el supuesto de referencia había procedido a la urbanización de los terrenos y a la transmisión de los inmuebles. En última instancia, se citan igualmente dos precedentes en los que la Inspección había admitido la existencia de actividad económica conjunta en casos de vinculación.

Por su parte, el Abogado del Estado se opone al motivo, poniendo de relieve que en el escrito de preparación se invocaba la infracción de los artículos 75 de la Ley 43/1995 y 27 de la Ley 14/1994, mientras que en el escrito de interposición, al desarrollar el motivo anunciado, se refiere a que la sentencia ha considerado que las sociedades de mera tenencia de bienes no pueden acogerse a la RIC, para posteriormente dar por supuesto que aquella se centra en la prueba de que existe una sociedad patrimonial.

***Para el Abogado del Estado, la sentencia no afirma que la sociedad patrimonial no pueda acogerse a la RIC, sino que se limita a examinar si existía sociedad patrimonial de bienes, como una forma de valorar, entro otras, si la sociedad llevaba a cabo o no actividad económica**. Tras ello, el Defensor de la Administración expone las serias dudas que supone que, aun admitiendo que la entidad en su día inspeccionada participara en los ingresos, supusiera ello una prueba del ejercicio de actividad económica y no "una mera forma de fijar el precio del alquiler o una mera fórmula de inversión". Por ello, y siempre a juicio del Abogado del Estado, no puede calificarse de arbitraria o irracional una apreciación como la que lleva a cabo la sentencia, teniendo en cuenta la existencia de los diversos indicios tenidos en cuenta.*

Pues bien, son varias las razones que justifican la desestimación del motivo.

En primer lugar, y como se recoge en el Fundamento de Derecho Octavo de la sentencia impugnada, antes transcrita, la Sala de instancia acepta que la Inspección constató que la sociedad AUTOMATICOS A.C. ALEMAN CASIMIRO, S. L. era una sociedad de mera tenencia de bienes sometida al régimen de transparencia fiscal, que no ejercía o desarrollaba una actividad económica, como así consta en el expediente administrativo.

***Y es que en efecto, como se recoge en el Acta y acuerdo de liquidación, de haber llevado AUTOMATICOS A.C. ALEMAN CASIMIRO, S.L. una actividad conjunta con AUTOMATICOS CANARIOS, S.A. tendrían que haber presentado una declaración como entidad del artículo 33 de la Ley General Tributaria de 1963 y sin embargo, la entidad inspeccionada presentó declaraciones por Impuesto de Sociedades en régimen de transparencia fiscal, y en cambio, no presentó ante la Consejería de Economía y Hacienda del Gobierno de Canarias, liquidaciones de la tasa que grava los juegos de suerte, envite o azar y además, según certificación de la misma, no ostentaba la condición de empresa operadora de máquinas recreativas.** Por ello, tras hacer referencia a las particularidades de los contratos de arrendamiento concertados entre AUTOMATICOS A.C. ALEMAN CASIMIRO, S.L. y la hoy recurrente, y ante la falta de organización empresarial alguna, llega a la conclusión de que aquella es "una sociedad patrimonialista, es decir lo que la Ley del Impuesto de Sociedades, artículos 75 y siguientes, considera una entidad de mera tenencia de bienes, por cuanto la totalidad del patrimonio no se encuentra afecto a la realización de actividades económicas, sin necesidad de que esta tenga que interpretarse en los términos del artículo 40 de la Ley 18/1991, como el artículo 25 de la Ley 48/1998, contemplan para el caso de la actividad de arrendamiento o compraventa de inmuebles (circunstancia ésta que tampoco cumple el interesado), sino que con carácter absoluto el obligado tributario no lleva a cabo la ordenación por cuenta propia de medios de producción ni de recursos humanos alguno. Por tanto, cabe concluir la inexistencia de actividad económica".*

Debe tenerse en cuenta que según doctrina jurisprudencial de esta Sala (por toda ella, Sentencia de julio de 2010, que resuelve el recurso de casación número 2973/2005), "no es preciso que contengan (las sentencias) una declaración de hechos probados ni que contengan un pronunciamiento expreso sobre todas y cada una de las pruebas practicadas en el proceso, dado que la Sala puede apreciar en conjunto las pruebas practicadas en el proceso y no precisa concretar en qué medio de prueba se ha basado para llegar a la conclusión definitiva que establece, bastando que la sentencia constituya una resolución fundada en derecho razonable y no arbitraria y motivada lógicamente".

Es verdad que la sentencia juega con la aplicación del artículo 75 de la Ley 43/1995, y por consiguiente su remisión al artículo 40 de la Ley 18/1991, del IRPF, pero más allá de incurrir en redundancia respecto de la conclusión a la que llega la Inspección y que la Sala acepta, no existe en ello infracción del ordenamiento jurídico, porque la redacción del artículo 27.5 de la Ley 19/1994, en los ejercicios objeto de comprobación —"Los sujetos pasivos que se dediquen, a través de una explotación económica, al arrendamiento o cesión a terceros para su uso de activos fijos podrán disfrutar del régimen de la reserva para inversiones, siempre que no exista vinculación, directa o indirecta, con los arrendatarios o cesionarios de dichos bienes ni se trate de operaciones de arrendamiento financiero—" pone de relieve la exigencia de que la actividad de arrendamiento supusiera "explotación económica", lo que no impedía la prueba de la ausencia de la misma en términos absolutos —como es el caso— o de que la aplicación del artículo 75 de la Ley 45/1996 permitiera llegar al mismo resultado, pues dicho precepto, que forma parte de la normativa general del Impuesto de Sociedades no necesitaba para su aplicación, de remisión alguna de la Ley 19/1994. Por ello, la Sentencia de esta Sala y Sección, de 9 de julio de 2012 (recurso de casación número 2560/2010), resolviendo también un supuesto relacionado con la RIC, referido a los ejercicios 1997 a 2000, aplica los artículos 40. Dos, de la Ley 18/1991, de 6 de junio y 25.2, de la Ley 40/1998, de 9 de diciembre, éste último texto legal sucesor del primero en la regulación del I.R.P.F.

Por tanto, la sentencia, por un lado, no incurre en infracción del ordenamiento jurídico y, por otro, aprecia la prueba ofrecida por la Inspección y acepta sus conclusiones, las cuales deben ser mantenidas, pues es al Tribunal de instancia a quien corresponde la formación de la convicción sobre los hechos en presencia para resolver las cuestiones objeto del debate procesal (por toda la jurisprudencia, Sentencia de esta Sala y Sección de 28 de junio de 2013, recurso de casación número 1186/2011, y las que en ella se citan), sin que en el presente caso, en el que no se acepta la tesis de la entidad recurrente, pueda afirmarse que la decisión de la Sala de instancia sea producto de una apreciación de la prueba, ilógica, irracional o arbitraria.

***Por otra parte, esta Sala ha rechazado la posibilidad de aducir el ejercicio de actividad económica a través de participación en otra entidad**. Así, ha ocurrido en la Sentencia 28 de enero de 2013 (recurso de casación número 1079/2011) en el que la regularización inspectora consideró excesiva la dotación practicada a la Reserva para Inversiones en Canarias, excluyendo de ella los beneficios procedentes de la enajenación de un inmueble, así como los derivados de la transmisión de las participaciones en Hotel Mirador las Dunas S.L., en la medida en que no tenían su origen en una actividad empresarial, sino en la mera titularidad de activos, por lo que no podían servir de base para la dotación a la RIC de acuerdo con el art. 27 de la Ley 19/94.*

En efecto, la Sentencia de referencia desestima el recurso de casación interpuesto por la entidad obligada y, en lo que interesa, argumenta en el Fundamento de Derecho Tercero: (...)

Lo expuesto nos conduce a considerar la solución adoptada por la sentencia es la que resulta conforme a la legalidad vigente, lo que impide oponer que la Inspección pueda haber admitido otra solución en casos análogos. El motivo no prospera [FD CUARTO, STS 13 febrero 2014. La negrita es nuestra].

La resolución **TEAR de 30 de septiembre de 2014, n.º 38/01491/2011, Sala de Santa Cruz de Tenerife**, da la razón a la Inspección en la regularización de varias dotaciones RIC en los ejercicios 1999 a 2001 por no haber efectuado una correcta materialización. El asunto que recalcamos no es la regularización en sí, sino la forma de llevarla a cabo. Como a la entidad le era aplicable el régimen de transparencia fiscal en aquellos años, regulariza la dotación con una mayor cuota al tipo del 40% aplicable en ese régimen; mientras que el contribuyente alegó que la regularización debía hacerse incrementando la base imponible que, a su vez, podía compensarse con las bases imponibles negativas existentes. Ese es también mi criterio, pero el TEAR dio por buena la regularización en cuota.

13.3. Las entidades patrimoniales pueden dotar la RIC con el rendimiento que generen en la actividad económica

El principio básico que analizamos en el epígrafe anterior es que las entidades patrimoniales, en tanto que no realizan actividades económicas, no pueden dotar RIC. A pesar de la rotunda afirmación avalada por la AN y el TS, ¿qué ocurre con los rendimientos que pueda generar el porcentaje minoritario de elementos patrimoniales que están afectos a actividad económica? Mi respuesta sigue siendo la misma de años precedentes: que es posible dotar RIC. Lo mismo ocurre con la plusvalía que genere la venta de un elemento afecto a actividad empresarial, que con ella puede nutrirse la dotación. Ahora bien, la delimitación del rendimiento dentro de una entidad no siempre es fácil, más si se trata de dividirlo entre el afecto a una actividad económica y el no afecto. Menos problemas hay en la delimitación de los ingresos, que unos procederán de una actividad o de la otra, y en las plusvalías, en las que solo hay que atender a si el elemento enajenado estaba o no afecto a la actividad empresarial. Pero más ardua es la labor de delimitar los gastos que disminuyan los ingresos diferenciados en las dos categorías, pues todos habrán servido para generar los rendimientos. Piénsese en un local donde se gestionan alquileres de inmuebles no afectos a actividad económica y un pequeño negocio de quinielas y venta de loterías; en los costes laborales de la persona que gestione las quinielas y a su vez se encarga del arrendamiento; en los costes de suministros de electricidad del local; en el alquiler que se paga al arrendador, etc. Solo un ejercicio muy racional y analítico en la división quirúrgica de los gastos y, en última instancia, de los rendimientos, servirá para hallar el rendimiento de la explotación económica que se realiza en el seno de la entidad patrimonial, que es susceptible de la dotación.

Recomiendo olvidarse de esta opción en pequeños rendimientos económicos generados por entidades patrimoniales, pero qué duda cabe que determinadas entidades patrimoniales con un volumen alto de activos e ingresos pueden generar importantes beneficios con la parte de los activos que realizan actividad empresarial. Entre mayor sea el rendimiento más valdrá la pena realizar el esfuerzo de delimitar escrupulosamente la parte que proviene de la actividad económica, para con ella acogerse a los incentivos fiscales, entre ellos la RIC.

¿Es pacífica la dotación con la parte del rendimiento así delimitada? Desde el punto de vista conceptual opino que sí; en la doctrina administrativa no observo desde hace años manifestación alguna al respecto, y en los pronunciamientos de los Tribunales de Justicia tampoco. Y que no se hayan pronunciado los Tribunales en general es buena señal, pues los contribuyentes no han recurrido en amparo de posibles regularizaciones de la RIC efectuadas por la Inspección tributaria por este concepto. Sí se observa, como veremos a continuación, una negativa unánime de los Tribunales a que las entidades patrimoniales puedan aplicar la RIC, pero siempre en el contexto general de que no realizan actividad económica alguna, no en el específico de que puedan dotarla con el rendimiento que provenga de una actividad empresarial.

No tiene sentido alguno que un determinado negocio permita la adquisición de activos que dejan de estar afectos a una actividad empresarial, por dedicarse por ejemplo al arrendamiento sin empleado alguno, que en un momento determinado los inmuebles representen más del 50% del activo, y que la entidad no pueda disfrutar del incentivo con el otro negocio que realiza. La clave está en acreditar que la entidad patrimonial ha dotado RIC con la parte del rendimiento proveniente de la actividad económica, con la dificultad sobrevenida de determinar con precisión esa parte.

Termina el TEAC el año 2006 con una interesante afirmación que ya había realizado el TSJC ese año, que el mero hecho de que una sociedad sea transparente no significa que no pueda dotar RIC, sino que puede hacerlo con los beneficios generados por los elementos que están afectos a la actividad económica. Es la **resolución TEAC n.º 2627/2004, de 23 de noviembre de 2006.** En esa ocasión fue la Dependencia de Gestión la que giró una "paralela" a la entidad, excluyéndola de la dotación RIC por ser una sociedad transparente. El Tribunal dijo que habría que examinar la contabilidad de la empresa para comprobar de dónde procedían los beneficios, cuestión que evidentemente no podía realizar Gestión, sin que pueda excluirse directamente por el hecho de ser una sociedad transparente. Trascribimos parte del fundamento tercero:

> *(...) La motivación que justifica la liquidación provisional girada por la Dependencia de gestión Tributaria no es, a juicio de este Tribunal, conforme a Derecho, por cuanto, el hecho de que la entidad tribute en régimen de transparencia fiscal no es causa que imposibilite poder acogerse al beneficio de la RIC, por cuanto es posible que, aún dándose los requisitos de la transparencia fiscal, la entidad esté desarrollando una actividad empresarial y, por tanto, pueda acogerse a lo previsto en el artículo 27 de la Ley 19/1994.*
>
> *En consecuencia, resulta obligado anular la liquidación provisional impugnada, sin perjuicio de lo que resultase de una posterior comprobación inspectora. Este criterio ya ha sido mantenido por este Tribunal Central, entre otras, en Resoluciones de fecha 20 de diciembre de 2004 (RG: 7287/2001), de 11 de octubre de 2001 (RG: 3912/1998) y de fecha 8 de octubre de 1999 (RG: 55/1996)* [FD TERCERO, RTEAC de 23 noviembre 2006].

Los intereses generados por el préstamo de una entidad de mera tenencia de bienes a otra son objeto del recurso que se resuelve **en la STSJC, Sala Las Palmas, n.º 1036/2006, de 17 de noviembre de 2006**. El TEAR había considerado que los intereses devengados por dicho préstamo no eran susceptibles de la dotación RIC, alegando la empresa que la Ley no hacía distingos al respecto. En la sentencia se pone de manifiesto que no existe impedimento legal alguno a que las sociedades en régimen de transparencia fiscal doten la RIC en determinados supuestos, pero que la Ley exige que el beneficio proceda de un establecimiento, sin que el recurrente haya probado que los ingresos financieros obtenidos deriven de la actividad económica. Así pues, concluye que los beneficios proceden de la mera titularidad de activos, sin que puedan dotar RIC. Trascribimos los fundamentos primero, segundo y tercero:

> *PRIMERO. La cuestión a discernir en el presente procedimiento consiste en determinar si la resolución desestimatoria antes indicada del TEAR de Canarias en relación con la pretensión de la recurrente asimismo reseñada es o no ajustada a derecho, alegando la actora que dicho Tribunal va más allá que la Agencia Tributaria al afirmar que las sociedades en régimen de transparencia fiscal no pueden acogerse a la Reserva para Inversiones en Canarias, ya que la propia Dirección General de Tributos ha establecido que las sociedades sujetas al régimen de transparencia fiscal, al ser sujetos pasivos del impuesto sobre sociedades, pueden acogerse a la RIC, alegando asimismo que la ley 19/94 no incluye los beneficios financieros entre los que no pueden ser utilizados para la repetida Reserva, careciendo por tanto de base la administración tributaria para, sin justificación alguna, llevar a cabo tal exclusión, por lo que los intereses generados a su favor por un préstamo realizado por la actora a otra empresa residente en Canarias constituyen un beneficio apto para dotar la RIC, siendo de tener en cuenta, por otra parte, que la recurrente materializó la RIC adquiriendo bienes inmuebles para ser arrendados, realizando así una actividad que fomenta la riqueza y desarrollo para Canarias.*
>
> *SEGUNDO.– Debe señalarse, en primer lugar, que el art. 27,1 de la ley 19/94, de modificación del régimen económico y fiscal de Canarias, establece que las sociedades y demás*

entidades jurídicas sujetas al impuesto sobre sociedades tendrán derecho a la reducción en la base imponible de este impuesto de las cantidades que, con relación a sus establecimientos situados en Canarias, destinen de sus beneficios a la reserva para inversiones de acuerdo con lo dispuesto en el presente artículo, añadiendo en su párrafo segundo que la reducción a que se refiere el apartado anterior se aplicará a las dotaciones que en cada periodo impositivo se hagan a la reserva para inversiones hasta el límite del noventa por ciento de la parte de beneficio obtenido en el mismo periodo que no sea objeto de distribución, en cuanto proceda de establecimientos situados en Canarias.

***Del citado precepto resulta que si bien no existe impedimento legal a la posibilidad de que una sociedad en régimen de transparencia fiscal, como es el caso de la actora, dote la RIC en determinados supuestos,** pudiendo citarse al efecto la sentencia de esta Sala de 14 de julio de 2006, con toda claridad se está exigiendo por la ley que el beneficio en cuestión proceda de establecimientos situados en Canarias, lo que no ocurre en el caso de la actora ya que el beneficio litigioso es un ingreso financiero que la misma no acredita en absoluto que derive de una actividad económica, que es justamente la clave para resolver el caso que nos ocupa, entendiendo por actividad económica la ordenación por cuenta propia de medios de producción y recursos humanos, o de uno de ambos, con la finalidad de intervenir en la producción o distribución de bienes y servicios, siendo igualmente acogible la argumentación del TEAR en el fallo objeto del presente contencioso en el sentido de que la exigencia de que el beneficio proceda del ejercicio de una actividad económica también se desprende de la finalidad del incentivo fiscal, recogido en la exposición de motivos de la ley 19/94, a saber, que los empresarios canarios puedan acceder a cotas importantes de ahorro fiscal como contrapartida a su esfuerzo inversor con cargo a sus propios recursos. En consecuencia, debe concluirse que el incentivo fiscal de que se trata lo es a la realización en Canarias de actividades fomentadoras de riqueza y desarrollo económico, por lo que deben beneficiarse de él las ganancias obtenidas de tales actividades, pero no los beneficios que procedan de la mera titularidad de activos no relacionados con el desarrollo de las mismas, como sucede en el presente caso.*

Finalmente, debe asimismo acogerse la argumentación ofrecida por la administración demandada en su escrito de contestación en el sentido de que no cabe alegar que con la dotación realizada se adquirieron bienes inmuebles para su arrendamiento, lo cual sí constituye actividad económica generadora de riqueza, ya que una cosa es la dotación y sus requisitos y otra la materialización.

TERCERO.– En definitiva, a tenor de lo expuesto resulta que el acto administrativo impugnado desestima correctamente la reclamación que nos ocupa en tanto en cuanto la actora no aprueba que la dotación a la RIC se hiciera con beneficios procedentes de una actividad económica, por lo que debe reputarse ajustada a derecho la resolución impugnada, con desestimación del presente recurso contencioso administrativo [STSJC, Sala Las Palmas, nº 1036/2006 de 17 de noviembre de 2006].

El mismo criterio que las sociedades de mera tenencia de bienes pueden dotar RIC es compartido en la **STSJC, Sala Las Palmas, n.º 1188/2006, de 24 de noviembre.** Llega nuevamente a la conclusión de que sí pueden dotarla, pero que tal posibilidad viene anudada a la existencia de actividad económica. Es decir, que si el beneficio obtenido por la sociedad de mera tenencia de bienes procede de la parte de los activos afectos a actividad económica es posible dotar la RIC. Trascribimos el fundamento tercero:

> *Tercero. Lo anteriormente expuesto, —que por otro lado ha sido reiterado en anteriores sentencias de esta misma Sala, (por todas la de 17 de febrero de 2005)— debe ser completado precisando el texto de la resolución impugnada en el sentido de que no se niega a las sociedades transparentes la posibilidad de acogerse al beneficio, sino que la posibilidad de dotar la reserva para inversiones viene anudada a la existencia de una actividad económica que genere los beneficios gravables y dado que según reconoce la propia demanda los beneficios o rentas en los ejercicios a los que se refiere la liquidación combatida no provenían de actividades económicas sino de la mera titularidad de bienes, la liquidación objeto de recurso que excluyó la aplicación de la deducción por la dotación a la RIC es en todo conforme a Derecho, lo que conlleva la desestimación del recurso, en este particular* [STSJC, Sala Las Palmas, 24 de noviembre 2006].

Cuatro años después, en dos **sentencias del TSJC de 30 de junio de 2010, Sede de Santa Cruz de Tenerife, números 151 y 153, recursos 311/2008 y 313/2008**, se juzga la dotación RIC realizada en varios ejercicios por la entidad Almoke, S. L., que realizaba actividades de arrendamiento y promoción de inmuebles, pero sin cumplir la primera los requisitos de empleado y local, y en la segunda realizarse actuaciones en esos años. El TSJC ratificaba el criterio de la Administración tributaria y del TEAR de que era una sociedad de mera tenencia de bienes por tener más del 50% de su activo compuesto por inmuebles no afectos, y al no realizar actividad económica no podía dotar RIC. No obstante, el comentario o afirmación que interesa destacar es que según el TSJC ni la Inspección ni el TEAR ni el Abogado del Estado cuestionaron que las sociedades en régimen de transparencia fiscal pudieran dotar RIC, sino que no podían hacerlo con los beneficios obtenidos:

> *SEGUNDO. Como señala la demanda al analizar los hechos, la resolución a dictar en estos autos ha de versar sobre la consideración de Almoke S.L. como sociedad transparente, el tipo de gravamen aplicable y la existencia de una actividad económica por parte de la entidad mencionada, siendo en buena medida ésta la cuestión central. No se discute ni por la Administración Tributaria, ni por el TEARC, ni por el Abogado del Estado que las sociedades en régimen de transparencia fiscal pueden dotar a la RIC, lo que si se discute es en qué condiciones pueden hacerlo o materializar la RIC, más concretamente, si en el presente caso se incumplieron los requisitos de materialización de la dotación realizada en el ejercicio de 1998 y si en el ejercicio de 2002 la entidad podía o no dotar a la RIC con los beneficios obtenidos* [FD SEGUNDO TSJC de 30 de junio 2010, dos sentencias].

En todos los pronunciamientos analizados en el epígrafe 13.2 se deniega la posibilidad de que una entidad patrimonial pueda dotar RIC en tanto en cuanto no realiza actividad económica alguna, pero en este epígrafe 13.3 hemos analizado nuevos pronunciamientos que parten del presupuesto básico y racional de que las entidades patrimoniales pueden dotar RIC, pero exclusivamente con la parte del resultado que provenga del desarrollo efectivo de actividad económica. Criterio que coincide con mi reiterada opinión de que pueden dotar la reserva, siempre y cuando delimiten correctamente la parte del beneficio que procede de tal actividad.

13.4. Las entidades patrimoniales y la RIB

La casuística que hemos analizado en los epígrafes anteriores respecto a la RIC entiendo que es aplicable a las entidades patrimoniales y la RIB.

Partiendo del concepto de entidad patrimonial de 2014 en el IS y que el Régimen fiscal especial balear, ni en la Ley de 2022 ni en el Reglamento de 2024, indican aspecto alguno relacionado con estas entidades, hay que interpretar que el presupuesto básico de la dotación RIB es la obtención de rendimientos derivados de actividad económica por un establecimiento en las *Illes Balears*. Y dicho presupuesto se cumple cuando una entidad patrimonial balear realiza la actividad económica con los bienes afectos a la misma, aunque sean minoritarios frente a los no afectos y que el TRLIS las considere entidad patrimonial. Cumpliendo la premisa de que la entidad patrimonial realiza actividad económica, mi opinión es que con los rendimientos que genere exclusivamente esa actividad puede dotar la RIB.

13.5. Ficha resumen de las entidades patrimoniales y la RIC/RIB

1.	Las entidades patrimoniales, con diversas denominaciones y condicionantes en el pasado, han aparecido y desaparecido del ordenamiento tributario español. En la actualidad, están reguladas en el art. 5 del TRLIS desde 2015.
2.	Entiende la LIS por entidad patrimonial y que, por tanto, no realiza una actividad económica, aquella en que más de la mitad de su activo esté constituido por valores o no esté afecto a una actividad económica.
3.	La LIS excluye de los elementos no afectos una serie de valores poseídos para dar cumplimiento a obligaciones legales, nacidos por obligaciones contractuales en el desarrollo de actividades económicas, y los que otorguen al menos el 5% del capital de una entidad, poseídos durante al menos un año, con la finalidad de dirigir y gestionar la participación.

4.	La RIC y la RIB parten del beneficio generado en el desarrollo de actividad económica en sus respectivos archipiélagos de aplicación. Por tanto, y en principio, las entidades patrimoniales quedan fuera del ámbito de ambas reservas.
5.	No obstante, no puede descartarse que una entidad patrimonial realice actividad económica con la parte de los activos afectos a la misma, aunque sea minoritaria en su volumen de ingresos o en el coeficiente de afección de los activos. En ese caso, entiendo que el rendimiento generado es susceptible de la RIC/RIB.
6.	En relación con la RIC, la doctrina administrativa y los Tribunales de Justicia han sentado el criterio de que las entidades patrimoniales, en tanto que no realizan actividad económica, no pueden dotarla con sus rendimientos.
7.	Al mismo tiempo, la doctrina administrativa y los Tribunales económico-administrativos y de Justicia (TEAC y TSJC) han matizado que, efectivamente, las entidades patrimoniales pueden dotar RIC con la parte del rendimiento que provenga en exclusiva de la realización de actividad económica.
8.	Recomiendo olvidarse de esta opción a las entidades patrimoniales que generen un pequeño rendimiento en su actividad económica residual; pero es posible en las que realicen actividad económica con cierto volumen. El que haga el distingo entre unas y otras obedece a la dificultad de acreditar que el rendimiento provenga exclusivamente de la actividad económica, que exige el necesario prorrateo de una serie de gastos comunes, con la clásica generación de controversias tributarias.
9.	La creación del Régimen fiscal especial balear en 2022, sin especificación alguna a este tipo de entidades ni en la Ley ni en el Reglamento de 2024, conlleva que haya que aplicar el presupuesto básico de que el rendimiento susceptible de la RIB provenga de la realización de actividad económica por un establecimiento balear. Premisa que se cumple si una entidad patrimonial balear la realiza, aunque sea residualmente con los activos afectos a la actividad económica. Por tanto, en mi opinión, la casuística RIC que han sentado el criterio administrativo y jurisprudencial sobre las entidades patrimoniales es aplicable a la RIB.

Capítulo 14

LAS SOCIEDADES CIVILES PARTICULARES Y LAS DOTACIONES RIC/RIB

Hay dos tipos de sociedades civiles particulares a efectos tributarios, las que son contribuyentes del IS por tener objeto mercantil, que tributan en ese impuesto; y las que no los son, que quedan sujetas al régimen de atribución de rendimientos, sistema por el que no tributa la sociedad civil, sino los socios en sus respectivos impuestos.

No hay que confundir las sociedades civiles profesionales, que son una de las ahora analizadas, con las sociedades mercantiles profesionales.

En el capítulo analizamos la problemática generada en torno a las dotaciones RIC efectuadas por las sociedades civiles sujetas al IS, que son las únicas que pueden acogerse al incentivo fiscal, y su casuística la proyecto sobre la nueva RIB. Para ello es necesario conocer antes su regulación en el Código Civil, Código de Comercio y en el IS, y ser conscientes de que muchas de estas sociedades civiles tributan o no en el régimen de atribución de rendimientos por el criterio de la Administración tributaria, no por la regulación que estableció el legislador en 2015.

14.1. Legislación vigente

– Ley 19/1994 REF

Artículo 27 Reserva para inversiones en Canarias

1. Las entidades sujetas al Impuesto sobre Sociedades tendrán derecho a la reducción en la base imponible de las cantidades que, con relación a sus establecimientos situados en Canarias, destinen de sus beneficios a la reserva para inversiones de acuerdo con lo dispuesto en este artículo.

– Ley 31/2022 Régimen fiscal especial balear

D.A. 70ª. Cuatro, 1. Los contribuyentes del Impuesto sobre Sociedades y del Impuesto sobre la Renta de no Residentes tendrán derecho a la reducción en la base imponible de las cantidades que, con relación a sus establecimientos situados en las Illes Balears, destinen de sus beneficios a la reserva para inversiones de acuerdo con lo dispuesto en este apartado.

– Ley 27/2014 del Impuesto sobre Sociedades

Artículo 6 Atribución de rentas

1. Las rentas correspondientes a las sociedades civiles que no tengan la consideración de contribuyentes de este Impuesto, herencias yacentes, comunidades de bienes y demás entidades a que se refiere el artículo 35.4 de la Ley 58/2003, de 17 de diciembre, General Tributaria, así como las retenciones e ingresos a cuenta que hayan soportado, se atribuirán a los socios, herederos, comuneros o partícipes, respectivamente, de acuerdo con lo establecido en la Sección 2.ª del Título X de la Ley 35/2006, de 28 de noviembre, del Impuesto sobre la Renta de las Personas Físicas y de modificación parcial de las leyes de los Impuestos sobre Sociedades, sobre la Renta de no Residentes y sobre el Patrimonio.

2. Las entidades en régimen de atribución de rentas no tributarán por el Impuesto sobre Sociedades, a excepción de lo dispuesto en el apartado 12 del artículo 15 bis de esta Ley.

Artículo 7 Contribuyentes

1. Serán contribuyentes del Impuesto, cuando tengan su residencia en territorio español:

a) Las personas jurídicas, excluidas las sociedades civiles que no tengan objeto mercantil.
(...)

Disposición transitoria trigésima segunda Sociedades civiles sujetas a este Impuesto

1. Lo previsto en esta disposición será de aplicación a las sociedades civiles y a sus socios a los que hubiese resultado de aplicación el régimen de atribución de rentas, de acuerdo con lo establecido en la Sección 2.ª del Título X de la Ley 35/2006, de 28 de noviembre, del Impuesto sobre la Renta de las Personas Físicas y de modificación parcial de las leyes de los Impuestos sobre Sociedades, sobre la Renta de no Residentes y sobre el Patrimonio, en períodos impositivos iniciados con anterioridad a 1 de enero de 2016 y tengan la consideración de contribuyentes del Impuesto sobre Sociedades a partir de dicha fecha.

2. La integración de las rentas devengadas y no integradas en la base imponible de los períodos impositivos en los que la entidad tributó en el régimen de atribución de rentas se realizará en la base imponible del Impuesto sobre Sociedades correspondiente al primer período impositivo que se inicie a partir de 1 de enero de 2016. Las rentas que se hayan integrado en la base imponible del contribuyente en aplicación del régimen de atribución de rentas no se integrarán nuevamente con ocasión de su devengo.

En ningún caso, los cambios de criterio de imputación temporal consecuencia de la consideración de las sociedades civiles como contribuyentes del Impuesto sobre Sociedades a partir de 1 de enero de 2016 comportarán que algún gasto o ingreso quede sin computar o que se impute nuevamente en otro período impositivo.

3. Cuando la sociedad civil hubiese tenido la obligación de llevar contabilidad ajustada a lo dispuesto en el Código de Comercio en los ejercicios 2014 y 2015 conforme a lo dispuesto en el artículo 68 del Reglamento del Impuesto sobre la Renta de las Personas Físicas, aprobado por el Real Decreto 439/2007, de 30 de marzo, se aplicarán las siguientes reglas:

a) La distribución de beneficios obtenidos en períodos impositivos en los que haya sido de aplicación el régimen de atribución de rentas, cualquiera que sea la entidad que reparta los bene-

ficios obtenidos por las sociedades civiles, el momento en el que el reparto se realice y el régimen fiscal especial aplicable a las entidades en ese momento, recibirá el siguiente tratamiento:

1.º Cuando el perceptor sea contribuyente del Impuesto sobre la Renta de las Personas Físicas, los beneficios a que se refiere las letras a) y b) del apartado 1 del artículo 25 de la Ley 35/2006, de 28 de noviembre, del Impuesto sobre la Renta de las Personas Físicas y de modificación parcial de las leyes de los Impuestos sobre Sociedades, sobre la Renta de no Residentes y sobre el Patrimonio, no se integrarán en la base imponible. La distribución de dichos beneficios no estará sujeta a retención o ingreso a cuenta.

2.º Cuando el perceptor sea un contribuyente del Impuesto sobre Sociedades o del Impuesto sobre la Renta de no Residentes con establecimiento permanente, los beneficios percibidos no se integrarán en la base imponible. La distribución de dichos beneficios no estará sujeta a retención o ingreso a cuenta.

3.º Cuando el perceptor sea un contribuyente del Impuesto sobre la Renta de no Residentes sin establecimiento permanente, los beneficios percibidos tendrán el tratamiento que les corresponda de acuerdo con lo establecido en el Texto Refundido de la Ley del Impuesto sobre no Residentes para estos contribuyentes.

b) Las rentas obtenidas en la transmisión de la participación en las sociedades civiles que se correspondan con reservas procedentes de beneficios no distribuidos obtenidos en ejercicios en los que haya sido de aplicación el régimen de atribución de rentas, cualquiera que sea la entidad cuyas participaciones se transmiten, el momento en el que se realiza la transmisión y el régimen fiscal especial aplicable a las entidades en ese momento, recibirán el siguiente tratamiento:

1.º Cuando el transmitente sea contribuyente del Impuesto sobre la Renta de las Personas Físicas, se computará por la diferencia entre el valor de adquisición y de titularidad y el valor de transmisión de aquéllas.

A tal efecto, el valor de adquisición y de titularidad se estimará integrado:

Primero. Por el precio o cantidad desembolsada para su adquisición.

Segundo. Por el importe de los beneficios sociales, que, sin efectiva distribución, hubiesen sido obtenidos por la sociedad durante los períodos impositivos en los que resultó de aplicación el régimen de atribución de rentas en el período de tiempo comprendido entre su adquisición y enajenación.

Tercero. Tratándose de socios que adquieran la participación con posterioridad a la obtención de los beneficios sociales, se disminuirá el valor de adquisición en el importe de los beneficios que procedan de períodos impositivos en los que haya sido de aplicación el régimen de atribución de rentas.

2.º Cuando el transmitente sea un contribuyente del Impuesto sobre Sociedades o del Impuesto sobre la Renta de no Residentes con establecimiento permanente, se aplicará lo dispuesto en esta Ley.

3.º Cuando el transmitente sea un contribuyente del Impuesto sobre la Renta de no Residentes sin establecimiento permanente tendrá el tratamiento que le corresponda de acuerdo con lo establecido para estos contribuyentes en el Texto Refundido de la Ley del Impuesto sobre la Renta de no Residentes.

4. En el caso de sociedades civiles distintas de las previstas en el apartado 3 anterior, se entenderá que a 1 de enero de 2016, a efectos fiscales, la totalidad de sus fondos propios están formados por aportaciones de los socios, con el límite de la diferencia entre el valor del inmovilizado material e inversiones inmobiliarias, reflejados en los correspondientes libros registros, y el pasivo exigible, salvo que se pruebe la existencia de otros elementos patrimoniales.

Las participaciones a 1 de enero de 2016 en la sociedad civil adquiridas con anterioridad a dicha fecha, tendrán como valor de adquisición el que derive de lo dispuesto en el párrafo anterior.

– Código Civil

TÍTULO VIII De la sociedad CAPÍTULO I Disposiciones generales

Artículo 1665. La sociedad es un contrato por el cual dos o más personas se obligan a poner en común dinero, bienes o industria, con ánimo de partir entre sí las ganancias.

Artículo 1666. La sociedad debe tener un objeto lícito y establecerse en interés común de los socios. Cuando se declare la disolución de una sociedad ilícita, las ganancias se destinarán a los establecimientos de beneficencia del domicilio de la sociedad, y, en su defecto, a los de la provincia.

Artículo 1667. La sociedad civil se podrá constituir en cualquier forma, salvo que se aportaren a ella bienes inmuebles o derechos reales, en cuyo caso será necesaria la escritura pública.

Artículo 1668. Es nulo el contrato de sociedad, siempre que se aporten bienes inmuebles, si no se hace un inventario de ellos, firmado por las partes, que deberá unirse a la escritura.

Artículo 1669. No tendrán personalidad jurídica las sociedades cuyos pactos se mantengan secretos entre los socios, y en que cada uno de éstos contrate en su propio nombre con los terceros. Esta clase de sociedades se regirá por las disposiciones relativas a la comunidad de bienes.

Artículo 1670. Las sociedades civiles, por el objeto a que se consagren, pueden revestir todas las formas reconocidas por el Código de Comercio. En tal caso, les serán aplicables sus disposiciones en cuanto no se opongan a las del presente Código.

Artículo 1671. La sociedad es universal o particular.

Artículo 1678. La sociedad particular tiene únicamente por objeto cosas determinadas, su uso, o sus frutos, o una empresa señalada, o el ejercicio de una profesión o arte.

– Código de Comercio

LIBRO SEGUNDO De los contratos especiales del comercio. TÍTULO PRIMERO De las compañías mercantiles. Sección primera. De la constitución de las compañías y de sus clases

Artículo 116. El contrato de compañía, por el cual dos o más personas se obligan a poner en fondo común bienes, industria o alguna de estas cosas, para obtener lucro, será mercantil, cualquiera que fuese su clase, siempre que se haya constituido con arreglo a las disposiciones de este Código.

Una vez constituida la compañía mercantil, tendrá personalidad jurídica en todos sus actos y contratos.

Artículo 117. El contrato de compañía mercantil celebrado con los requisitos esenciales del Derecho será válido y obligatorio entre los que lo celebren, cualesquiera que sean la forma, condiciones y combinaciones lícitas y honestas con que lo constituyan, siempre que no estén expresamente prohibidas en este Código.

Artículo 118. Serán igualmente válidos y eficaces los contratos entre las compañías mercantiles y cualesquiera personas capaces de obligarse, siempre que fueren lícitos y honestos y aparecieren cumplidos los requisitos que expresa el artículo siguiente.

Artículo 119. Toda compañía de comercio, antes de dar principio a sus operaciones, deberá hacer constar su constitución, pactos y condiciones, en escritura pública que se presentará para su inscripción en el Registro Mercantil, conforme a lo dispuesto en el artículo 17.

A las mismas formalidades quedarán sujetas, con arreglo a lo dispuesto en el artículo 25, las escrituras adicionales que, de cualquier manera, modifiquen o alteren el contrato primitivo de la compañía.

Los socios no podrán hacer pactos reservados, sino que todos deberán constar en la escritura social.

Tanto la normativa RIC como RIB parten del presupuesto de que los contribuyentes sujetos al IS pueden dotar las respectivas reservas si realizan actividad económica. Es lo que ocurre con algunas de las sociedades civiles particulares que tienen objeto mercantil, que al ser contribuyentes del IS pueden dotar las reservas para inversiones. A su vez, los socios efectúan actividad económica con los servicios profesionales que realizan a la sociedad civil, motivo de que también puedan dotar RIC/RIB. Sin embargo, las sociedades civiles que no tienen objeto mercantil (actividades agrícolas, ganaderas, forestales, mineras y algunas profesionales) están comprendidas dentro del régimen de atribución de rendimientos, siendo sus socios los que tributan por el beneficio generado. Este tipo de entes es regulado en el Código Civil y Código de Comercio.

El cambio fundamental en el ámbito tributario de este tipo de sociedades se produjo en 2015, con efectos 1 de enero de 2016, siendo el criterio administrativo el que prevaleció pragmáticamente a la hora de interpretar la modificación normativa.

14.2. El cambio normativo de 2015 que afectó a la tributación de las sociedades civiles fue explicado con carácter previo por la DGT, pero sin gran consistencia jurídica

El cambio normativo que afectó a la fiscalidad de las sociedades civiles fue convenientemente anunciado y explicado por la Administración tributaria, de forma que antes de su entrada en vigor el 1 de enero de 2016, la DGT había expresado en numerosas consultas vinculantes evacuadas durante 2015 el alcance de la reforma y a qué sociedades afectaba: las que tenían objeto mercantil, quedando fuera las que realizaban actividades agrícolas, ganaderas, forestales, mineras y profesionales. Respecto a las profesionales, el criterio que ratificó fue que solo quedaban fuera de la sujeción al IS las que hubiesen sido o se constituyesen de conformidad con **la Ley de Sociedades Profesionales (LSP).** El resto de sociedades civiles con objeto mercantil pasaban a ser consideradas contribuyentes del IS.

Las consultas vinculantes prescindieron de consideraciones doctrinales sobre qué actividades podían realizar las sociedades civiles y de criterios sustantivos de diferenciación. Atendieron a un criterio puramente nominalista, esto es, a la voluntad de los partícipes a la hora de crearlas y darlas de alta en la AEAT. Distinguieron así las sociedades civiles de las que se constituyeran como comunidades de bienes, aunque tuviesen objeto mercantil, que seguirían tributando en el régimen de atribución de rentas.

Los dos asuntos que generan cierta fricción con la realidad mercantil son, por un parte, el diferente tratamiento tributario de las sociedades civiles y las comunidades de bienes; y por otra, la calificación de las sociedades que prestan servicios profesionales sin estar constituidas conforme a la LSP, que pasan a ser consideradas con objeto mercantil y contribuyentes del IS.

Es también significativo que el maremágnum que ocasionó el cambio normativo en las sociedades civiles fuese reconducido por la propia Administración tributaria y un Informe de la Abogacía del Estado. Incluso se llegó a cuestionar si la nueva sujeción al IS significaba vulneración de la reserva de ley en materia tributaria (art. 31.3 CE) y, por supuesto, que fuera la propia Administración tributaria la que considerase si tipologías específicas dentro de ellas eran o no contribuyentes del IS. Es lo que sucede con: (i) las sociedades con objeto mercantil, que según el Código de Comercio han de constituirse en escritura pública, mientras que la AEAT no exige más formalidad que un contrato privado presentado a efectos de obtención del NIF; (ii) con las sociedades profesionales acogidas a la LSP, que son excluidas por la DGT del IS, pero sin mayor amparo legal; y (iii) con las sociedades civiles de farmacia y notarías, que con el cambio legal deberían considerarse contribuyentes del IS, pero que el criterio administrativo sigue aplicándoles el régimen de atribución de rendimientos[94].

En realidad, la tributación de las sociedades civiles obedece más al criterio de la Administración tributaria que a la literalidad de la Ley, lo que conlleva la simple aplicación de ciertas prácticas, como la de solicitar el NIF con una figura jurídica u otra (sociedad civil o comunidad de bienes), que se expide sin pega alguna. Situación que funciona en la práctica, siempre que se constriña al ámbito administrativo o económico-administrativo, pero que en mi opinión tendrá difícil futuro si se cuestiona en el ámbito judicial.

14.3. Las sociedades civiles con objeto mercantil pueden dotar RIC al ser contribuyentes del IS

Las sociedades civiles, reguladas principalmente en el Código Civil, venían tradicionalmente tributando en el régimen de transparencia fiscal, junto a las comunidades de bienes, herencias yacentes y demás entidades carentes de personalidad jurídica que constituyan una unidad económica o un patrimonio separado susceptibles de imposición (art. 35.4 LGT). No eran sujetos pasivos del IS, sino que atribuían sus rentas a sus miembros. La situación cambió a partir de 1 de enero de 2016 con la Ley 27/2014 del IS para un determinado y específico tipo de sociedad civil, la que realiza actividad económica, la que tiene objeto mercantil, que de conformidad con el art. 7 LIS pasa a considerarse contribuyente del IS. En realidad, dicho artículo determina como contribuyente a cualquier persona jurídica, excluyendo a la sociedad civil que no tenga objeto mercantil.

Por tanto, las sociedades civiles particulares que tienen objeto mercantil están sujetas al IS a partir de 1 de enero de 2016 y, en consecuencia, pueden dotar RIC al cumplir los requisitos del art. 27.1 de la Ley REF: las entidades sujetas al IS tendrán derecho a la reducción en la base imponible de las cantidades que, con relación a sus establecimientos situados en Canarias, destinen de sus beneficios a la reserva..., siempre que realicen actividad económica.

El cambio legal afectó a muchas sociedades civiles que estaban dadas de alta como tales y tributaban en el régimen de atribución de rendimientos,

---

94 García Diez, C., 2018, en *R. C. y T. CEF, n.º. 424.*

que pasaron a contribuyentes del IS y quedaron obligadas a presentar y liquidar el IS. Por desconocimiento o por no querer aceptar la nueva fiscalidad, fueron requeridas por la Dependencia de Gestión tributaria, que llegó a dar de baja sus NIF con el consiguiente quebranto en su operativa.

Las principales controversias surgieron en las actividades de servicios profesionales prestados por sociedades civiles que no se habían acogido a la Ley de Sociedades Profesionales (LSP), que pasaron a tributar en el IS, siendo pacífico que las que realizan actividades agrarias, ganaderas, forestales o mineras continúan en el régimen de atribución de rendimientos.

La doctrina administrativa de la DGT fue clarificadora y contundente. La **CV 3406-2020, de 24 de noviembre**, sirve de muestra, al ratificar el criterio de que las actividades agrícolas, ganaderas, forestales y mineras están excluidas del ámbito mercantil, por lo que las sociedades civiles que las ejercen no son contribuyentes del IS y continúan en el régimen de atribución de rentas:

> *El consultante y su cónyuge se están planteando constituir una sociedad civil para ejercer una actividad agrícola.*
>
> *Si la sociedad civil tributaría en el Impuesto sobre la Renta de las Personas Físicas como entidad en régimen de atribución de rentas y si estaría obligado a presentar el modelo 184.*
>
> *CONTESTACIÓN*
>
> *En primer lugar, se debe señalar que de acuerdo con el criterio manifestado por este Centro Directivo en anteriores contestaciones a consultas tributarias (entre otras V3229-16 o V1503-16), la sociedad civil que se pretende constituir no tendría la consideración de contribuyente del Impuesto sobre Sociedades por no cumplir los requisitos establecidos en el artículo 7.1.a) de la Ley 27/2014, de 27 de noviembre, del Impuesto sobre Sociedades (BOE de 28 de noviembre), al estar excluidas del ámbito mercantil las actividades agrícolas.*
>
> *Por su parte, las comunidades de bienes y sociedades civiles no comprendidas en el mencionado artículo 7.1.a) de la Ley 27/2014, no constituyen contribuyentes del Impuesto sobre la Renta de las Personas Físicas sino que se configuran como una agrupación de los mismos que se atribuyen las rentas generadas en la entidad, tal como establece el artículo 86 de la Ley 35/2006, de 28 de noviembre, del Impuesto sobre la Renta de las Personas Físicas y de modificación parcial de las leyes de los Impuestos sobre Sociedades, sobre la Renta de los no Residentes y sobre el Patrimonio (BOE de 29 de noviembre). Añade el artículo 88 del mismo texto legal que las rentas atribuidas tendrán la naturaleza derivada de la actividad o fuente de donde procedan, para cada uno de los socios o comuneros. En definitiva, a la sociedad civil que se pretende constituir por el consultante le será de aplicación el régimen de atribución de rentas regulado en los artículos 86 a 90 de la LIRPF.*
>
> *Por último, en relación a la presentación del modelo 184 se debe señalar que, en desarrollo del artículo 90 de la LIRPF, el artículo 70 del Reglamento del Impuesto sobre la Renta de las Personas Físicas, aprobado por el Real Decreto 439/2007, de 30 de marzo (BOE de 31 de marzo), regula las obligaciones de información de las entidades en régimen de atribución de rentas de la forma siguiente:*
>
> *"1. Las entidades en régimen de atribución de rentas mediante las que se ejerza una actividad económica, o cuyas rentas excedan de 3.000 euros anuales, deberán presentar anualmen-*

te una declaración informativa en la que, además de sus datos identificativos y, en su caso, los de su representante, deberá constar la siguiente información:

a) Identificación, domicilio fiscal y número de identificación fiscal de sus socios, herederos, comuneros o partícipes, residentes o no en territorio español, incluyéndose las variaciones en la composición de la entidad a lo largo de cada período impositivo. (...).

b) Importe total de las rentas obtenidas por la entidad y de la renta atribuible a cada uno de sus miembros, especificándose, en su caso:

1º Ingresos íntegros y gastos deducibles por cada fuente de renta. (...).

c) Base de las deducciones

d) Importe de las retenciones e ingresos a cuenta soportados por la entidad y los atribuibles a cada uno de sus miembros.

e) Importe neto de la cifra de negocios de acuerdo con el artículo 191 del texto refundido de la Ley de Sociedades Anónimas, aprobado por el Real Decreto Legislativo 1564/1989, de 22 de diciembre.

2. Las entidades en régimen de atribución de rentas deberán notificar por escrito a sus miembros la información a que se refieren los párrafos b), c) y d) del apartado anterior. La notificación deberá ponerse a disposición de los miembros de la entidad en el plazo de un mes desde la finalización del plazo de presentación de la declaración a que se refiere el apartado 1 anterior.

3. El Ministro de Economía y Hacienda establecerá el modelo, el plazo, el lugar y la forma de presentación de la declaración informativa a que se refiere este artículo."

Dado que la sociedad civil que se pretende constituir va a desarrollar una actividad económica, se deberá presentar la declaración informativa modelo 184 aprobado por la Orden HAP/2250/2015, de 23 de octubre (BOE de 29 de octubre), en los términos apuntados [CV 3406-2020, de 24 de noviembre].

Mayor controversia tributaria generaron las sociedades civiles que prestaban servicios profesionales, que quedaron en 2016 divididas en dos grupos: las que se acogieron a la LSP, que continúan tributando por el régimen de atribución de rentas, y las que no lo hicieron, a las que se califica dentro del ámbito mercantil y quedan sujetas al IS.

Sirva de referencia la **DGT CV 0171-2023, de 7 de febrero**, que explica con detalle el cambio normativo y la fiscalidad de cada grupo. Con carácter general, la consulta señala que en el ámbito tributario para ser contribuyente del IS es necesario que la sociedad civil se haya manifestado como tal frente a la Administración tributaria. Por tal motivo, a efectos de su consideración como contribuyentes del IS, las sociedades civiles habrán de constituirse en escritura pública o en documento privado, siempre que, en este caso, dicho documento se haya aportado a los efectos de asignar el número de identificación fiscal de las personas jurídicas y entidades sin personalidad. La consideración de contribuyente del IS requiere que la sociedad civil con personalidad jurídica tenga objeto mercantil. A estos efectos, se entiende por objeto mercantil la realización de una actividad económica de producción, intercambio o prestación de servicios para el mercado en un sector no excluido del ámbito mercantil. Quedan, por tanto, excluidas de ser contribuyentes del IS las entidades que se dediquen a actividades agrícolas, ganaderas, forestales, mineras y de carácter profesional, pues dichas actividades son ajenas al ámbito mercantil y no están reguladas en el Código de Comercio (artículos 325 y 326). En principio, las sociedades civiles que realizan actividades profesionales, agrícolas, ganaderas o artísticas no se verán afectadas por el artículo 7.1.a) de la LIS, pues dichas actividades están reguladas por las normas del Código Civil.

Con carácter específico, alude la consulta a la sociedad civil que presta servicios profesionales de arquitectura y se constituyó de conformidad con la LSP de 2007, que considera fuera del ámbito mercantil, y en consecuencia no está sujeta a la LIS, sino al régimen de atribución de rentas del IRPF (recuérdese que se trata de una sociedad civil profesional, no de una sociedad mercantil profesional). Pero hago hincapié en que, si no llega a constituirse de conformidad con la LSP, la sociedad civil de servicios profesionales de arquitectura estaría dentro del ámbito mercantil y sujeta al IS:

> *Sociedad civil profesional constituida al amparo de la Ley 2/2007, de 15 de marzo, de Sociedades Profesionales, y dedicada a la prestación de servicios profesionales de arquitectura.*
>
> *Si la sociedad civil es contribuyente del Impuesto sobre Sociedades o debe tributar conforme al régimen de atribución de rentas en el Impuesto sobre la Renta de las Personas Físicas.*
>
> *El artículo 7.1.a) de la Ley 27/2014, de 27 de noviembre, del Impuesto sobre Sociedades, en adelante LIS, establece lo siguiente:*
>
> *"1. Serán contribuyentes del Impuesto, cuando tengan su residencia en territorio español:*
>
> *a) Las personas jurídicas, excepto las sociedades civiles que no tengan objeto mercantil."*
>
> *De esta forma se incorporan unos nuevos contribuyentes al Impuesto sobre Sociedades, las sociedades civiles con objeto mercantil, a diferencia de lo que ocurría antes del 1 de enero de 2016, en que todas las sociedades civiles tributaban según el régimen de atribución de rentas.*
>
> *Al margen de la discusión doctrinal que pueda plantear esta cuestión, lo cierto es que en el tráfico jurídico existen sociedades civiles que actúan como tales frente a terceros y también frente a la Hacienda Pública, no siendo pocos los casos en que la jurisprudencia ha admitido esta realidad en diferentes ámbitos jurídicos. El artículo 7.1.a) de la LIS, al considerar la figura del contribuyente del Impuesto sobre Sociedades, alude a esta realidad y se aparta de las teorías doctrinales acerca de la personalidad jurídica de este tipo de entidades.*
>
> *En el Impuesto sobre Sociedades se admite la existencia de sociedades civiles con objeto mercantil y con personalidad jurídica, pues de otra manera no cabría hablar de "persona jurídica". La inclusión de las sociedades civiles con personalidad jurídica y objeto mercantil como contribuyentes del Impuesto sobre Sociedades se justifica por la necesidad de homogeneizar la tributación de todas las figuras jurídicas, cualquiera que sea la forma societaria elegida. Por ello es preciso determinar, en primer lugar, en qué casos se considera que la sociedad civil adquiere, desde el punto de vista del Impuesto sobre Sociedades, personalidad jurídica y, en segundo lugar, establecer qué ha de entenderse por objeto mercantil.*
>
> *De conformidad con lo dispuesto en el artículo 1669 del Código Civil, la sociedad civil tiene personalidad jurídica siempre que los pactos entre sus socios no sean secretos. La sociedad civil requiere, por tanto, una voluntad de sus socios de actuar frente a terceros como una entidad. Para su constitución no se requiere una solemnidad determinada, pero resulta necesario que los pactos no sean secretos. En el ámbito tributario, para ser contribuyente del Impuesto*

sobre Sociedades, es necesario que la sociedad civil se haya manifestado como tal frente a la Administración tributaria. Por tal motivo, a efectos de su consideración como contribuyentes del Impuesto sobre Sociedades, las sociedades civiles habrán de constituirse en escritura pública o en documento privado, siempre que, en este último caso, dicho documento se haya aportado ante la Administración tributaria a los efectos de asignar el número de identificación fiscal de las personas jurídicas y entidades sin personalidad, de acuerdo con el artículo 24.2 del Reglamento General de las actuaciones y los procedimientos de gestión e inspección tributaria y de desarrollo de las normas comunes de los procedimientos de aplicación de los tributos, aprobado por el Real Decreto 1065/2007, de 27 de julio. Sólo en estos casos se considerará que la entidad tiene personalidad jurídica a efectos fiscales.

La consideración de contribuyente del Impuesto sobre Sociedades requiere que la sociedad civil con personalidad jurídica tenga un objeto mercantil. A estos efectos, se entenderá por objeto mercantil la realización de una actividad económica de producción, intercambio o prestación de servicios para el mercado en un sector no excluido del ámbito mercantil. Quedarán, por tanto, excluidas de ser contribuyentes del Impuesto sobre Sociedades las entidades que se dediquen a actividades agrícolas, ganaderas, forestales, mineras y de carácter profesional, pues dichas actividades son ajenas al ámbito mercantil, no están reguladas en el Código de Comercio (artículos 325 y 326 del Código de Comercio).En principio, las sociedades civiles que realizan actividades profesionales, agrícolas, ganaderas o artísticas no se verán afectadas por el artículo 7.1.a) de la LIS, pues dichas actividades están reguladas por las normas del Código Civil.

Por otro lado, el artículo 6 de la LIS establece lo siguiente:

"1. Las rentas correspondientes a las sociedades civiles que no tengan la consideración de contribuyentes de este Impuesto, herencias yacentes, comunidades de bienes y demás entidades a que se refiere el artículo 35.4 de la Ley 58/2003, de 17 de diciembre, General Tributaria, así como las retenciones e ingresos a cuenta que hayan soportado, se atribuirán a los socios, herederos, comuneros o partícipes, respectivamente, de acuerdo con lo establecido en la Sección 2ª del Título X de la Ley 35/2006, de 28 de noviembre, del Impuesto sobre la Renta de las Personas Físicas y de modificación parcial de las leyes de los Impuestos sobre Sociedades, sobre la Renta de no Residentes y sobre el Patrimonio.

2. Las entidades en régimen de atribución de rentas no tributarán por el Impuesto sobre Sociedades."

En el escrito de consulta se pone de manifiesto que la entidad consultante es una sociedad civil constituida de acuerdo con la Ley 2/2007, de Sociedades Profesionales, está inscrita en el Registro Mercantil y sus socios son todos titulados universitarios en arquitectura. Es por ello que en la medida en que la entidad está constituida de acuerdo con la Ley 2/2007, de Sociedades Profesionales, queda excluida del ámbito mercantil y no tendrá la consideración de contribuyente del Impuesto sobre Sociedades por no cumplir los requisitos establecidos en el artículo 7.1.a) de la LIS. Si es así deberá tributar como entidad en atribución de rentas conforme al régimen especial establecido en la sección segunda del título X de la Ley 35/2006, de 28 de noviembre, del Impuesto sobre la Renta de las Personas Físicas y de modificación parcial de las leyes de los Impuestos sobre Sociedades, sobre la Renta de no Residentes y sobre el Patrimonio, en adelante LIRPF.

Al respecto, debe tenerse en cuenta que las entidades en régimen de atribución de rentas (concepto que incluye las comunidades de bienes y sociedades civiles, entre otras) no constituyen contribuyentes del Impuesto sobre la Renta de las Personas Físicas sino que se configuran como una agrupación de los mismos que se atribuyen las rentas generadas en la entidad, tal como establece el artículo 8.3 de la Ley del Impuesto. Por su parte, el artículo 88 de la Ley del Impuesto establece que las rentas de las entidades en régimen de atribución de rentas atribuidas a los socios, herederos, comuneros o partícipes tendrán la naturaleza derivada de la actividad o fuente de donde procedan para cada uno de ellos.

Lo anterior supone que en el supuesto de una entidad en régimen de atribución de rentas que desarrolle una actividad económica los rendimientos atribuidos mantendrán ese mismo carácter de rendimientos de actividades económicas. Ahora bien, para que lo hasta aquí expuesto resulte operativo es necesario que la actividad económica se desarrolle como tal por la entidad, es decir, que la ordenación por cuenta propia de medios de producción y (o) de recursos humanos con la finalidad de intervenir en la producción o distribución de bienes o servicios —elementos definitorios de una actividad económica— corresponda a la entidad en régimen de atribución de rentas. Con ello se quiere decir que todos los comuneros o socios deben asumir el riesgo del ejercicio empresarial, esto es, que los efectos jurídicos y económicos de la actividad recaigan sobre todos ellos.

Este desarrollo de la actividad por la entidad procede acotarlo con otra matización: la aplicación del régimen de atribución de rentas exige que en el supuesto de existencia de normas específicas que regulen el ejercicio de determinada actividad, tales normas permitan su ejercicio por la entidad.

De cumplirse dichos requisitos, los rendimientos de actividades económicas se entenderán obtenidos directamente por la entidad en régimen de atribución de rentas, atribuyéndose a los socios, comuneros o partícipes según las normas o pactos aplicables y si éstos no constaran a la Administración tributaria en forma fehaciente, se atribuirán por partes iguales (artículo 89.3 de la Ley del Impuesto).

Si, conforme con lo anterior, la actividad se desarrolla en el caso consultado por la sociedad civil, los rendimientos que un socio pueda percibir por su trabajo en la sociedad no se integran en el IRPF como rendimientos del trabajo, sino que su integración se realiza por la vía del régimen de atribución de rentas, constituyendo para el socio una parte del rendimiento de la actividad económica obtenido por la sociedad que le resulta atribuible, ya que se trata de una mayor participación de ese socio en el rendimiento de la entidad.

Consecuencia de la calificación anterior es que las cantidades percibidas por el socio por su trabajo en la sociedad no constituyen para la entidad gasto deducible para la determinación del rendimiento neto, precisamente, por constituir una mayor participación de ese socio en el rendimiento neto de la sociedad.

Por tanto, el socio o los socios que trabajan en la actividad percibirán una retribución, determinada contractualmente, por la aportación de su trabajo. Además, se atribuirán el porcentaje que les corresponda, según los pactos establecidos, del rendimiento neto restante, es decir, una vez deducidas dichas retribuciones.

En conclusión, a los efectos del IRPF, en virtud de la aplicación del régimen de atribución de rentas, los rendimientos que un socio pueda percibir por su trabajo en la sociedad constituyen para el socio una parte del rendimiento de la actividad económica obtenido por la sociedad que le resulta atribuible, al tratarse de una mayor participación de ese socio en el rendimiento de la entidad, y no una retribución satisfecha por la sociedad al socio, lo que excluye la aplicación a los socios de la sociedad civil de lo previsto en el del tercer párrafo del apartado 1 del artículo 27 de la Ley del Impuesto [DGT CV 0171-2023, de 7 de febrero].

Con las consultas analizadas, es pacífico que las sociedades civiles con objeto mercantil pasaron a tributar a partir de 1 de enero de 2016 por el IS, mientras que antes lo hacían por el régimen de atribución de rendimientos. Quedan fuera de la tributación en el IS las sociedades civiles que desarrollen actividades agrícolas, ganaderas, forestales, mineras, artísticas y profesionales, pero en el último caso, siempre que se hayan acogido a la LSP. Si no lo hicieron, son contribuyentes del IS.

14.4. Las sociedades civiles sin objeto mercantil y las que se hayan constituido al amparo de la LSP no pueden dotar RIC, pero sí sus socios

Por mandato legal, a partir de 1 de enero de 2016 no son contribuyentes del IS las sociedades civiles sin objeto mercantil, al quedar excluidas del art. 7.1. LIS; y por criterio de la DGT, las sociedades civiles profesionales constituidas de conformidad con la LSP tampoco lo son. Como el art. 27.1 de la Ley REF permite que solo las entidades contribuyentes del IS puedan dotar RIC, las que no lo son, quedan excluidas del incentivo fiscal.

No obstante, los socios o partícipes a quienes se atribuye el rendimiento que generan las actividades agrarias y los servicios profesionales desarrollados por sociedades civiles acogidas a la LSP podrán dotar RIC en sus respectivos IRPF, acogiéndose a una cuantiosa deducción en cuota que como máximo llega al 80% del rendimiento imputado multiplicado por el tipo medio de la declaración del IRPF.

Ejemplo 14.1

La sociedad civil El Monte tiene tres partícipes al 33,33% cada uno y realiza una actividad agraria que generó un beneficio de 100.000 € en 2024. Como no tiene objeto mercantil, no le afecta el cambio normativo que operó a partir de 1 de enero de 2016 y consideró que las sociedades civiles con objeto mercantil pasaban a ser contribuyentes del IS. En consecuencia, ha de seguir tributando en el régimen de atribución de rendimientos. Declarará en el modelo 184 el nombre de sus partícipes y los 33.333 € que le corresponde a cada uno. Con esa imputación presentarán los partícipes su IRPF en 2025.

Ejemplo 14.2

La sociedad civil El Despacho realiza la actividad profesional de asesoramiento económico y jurídico, sin estar acogida a la LSP. Desde 1 de enero de 2016, al tener objeto mercantil y no estar constituida como sociedad civil profesional, se convirtió en contribuyente del IS. Declara en el IS, sin que puedan tributar los partícipes en el régimen de atribución de rendimientos.

Ejemplo 14.3

La sociedad civil El Estudio realiza la actividad profesional de asesoramiento económico y jurídico, estando constituida como sociedad civil profesional de conformidad con la LSP. A partir de 1 de enero de 2016, continuará aplicando el régimen de atribución de rendimientos a sus partícipes, sin convertirse en contribuyente del IS por criterio reiterado de la DGT.

14.5. Las resoluciones TEAC sobre las sociedades civiles profesionales no acogidas a la Ley de Sociedades Profesionales confirman el criterio de la DGT

Comenté en epígrafes anteriores que el criterio de la DGT es que las sociedades civiles profesionales no constituidas al amparo de la LSP de 2007 tributan a partir de 1 de enero de 2016 como contribuyentes del IS. La interpretación que hace la DGT es al menos discutible, puesto que de la lectura de los preceptos legales no se desprende con claridad que sea así. No obstante, el TEAC la ha ratificado en **RTEAC de 25 de febrero de 2022, recurso 7385/2020,** que llega a la conclusión de que toda entidad civil que no esté sometida a lo dispuesto en la LSP, ha de entenderse como contribuyente del IS. En el caso concreto, hasta la propia sociedad en sus alegaciones, admite que no cumple lo fijado en la Ley 2/2007, y que no se adaptó a la norma. Concluye que tratándose de una sociedad civil con objeto mercantil debe tributar como contribuyente del IS. El contribuyente alegó que a pesar de no regirse por la LSP ejercía una actividad profesional, concretamente de representación o agente comercial, que seguía siendo profesional a pesar de no estar acogido a dicha ley.

Lo curioso es que el TEAC no motiva su resolución con un argumento de peso, solo en que ese era el criterio de la DGT expresado, entre otras, en la CV 0850-19 de 19 de marzo de 2019, por lo que concluye que toda entidad que no esté sometida a la LSP ha de entenderse contribuyente del IS:

> *Por lo tanto, se deja claro que toda entidad que si no esté sometida a lo dispuesto en la Ley de Sociedades Profesionales, ha de entenderse como contribuyente del Impuesto sobre Sociedades. En este caso, hasta la propia sociedad, en sus alegaciones, admite que no cumple lo fijado en la Ley 2/2007, que no se adaptó a esa norma, lo que ha de llevar a la conclusión de que se trata de una sociedad civil con objeto mercantil y, por tanto, que debería tributar como contribuyente del Impuesto sobre Sociedades* [TEAC 25 de febrero de 2022].

Iguales planteamiento y conclusión se repiten en la **RTEAC de 20 de julio de 2022, recurso 7670/2020**, que parte de la notificación de

Gestión tributaria a una sociedad civil que debía comenzar a tributar por el IS:

> *A partir del 1 de enero de 2016, el artículo 7.1 de la Ley 27/2014, de 27 de noviembre, del Impuesto sobre Sociedades, ha modificado la tributación de las sociedades civiles con objeto mercantil que han pasado a ser contribuyentes y tributar por el Impuesto sobre Sociedades. Las sociedades civiles tendrán objeto mercantil si realizan una actividad económica, salvo que se trate de actividades agrícolas, ganaderas, forestales, mineras, pesqueras o de carácter profesional acogidas a la Ley 2/2007, de 15 de marzo, de Sociedades Profesionales. Según los datos que obran en poder de la Administración, tiene actividades económicas de las consideradas con objeto mercantil de alta en el censo y sin embargo no consta en el mismo la obligación de presentar declaración por el Impuesto sobre Sociedades* [RTEAC de 20 de julio de 2022].

La actividad que desarrollaba la sociedad civil era la prestación de servicios jurídicos, que alegó que no se estaba en presencia de una sociedad civil sin personalidad jurídica, o subsidiariamente, sin objeto mercantil, sino profesional, y en cualquier caso no sujeta al IS, por lo que la modificación censal pretendida por la AEAT no era ajustada a los hechos ni a derecho. El TEAC argumenta que la obligación de las sociedades profesionales era constituirse de conformidad a la LSP y, al no estarlo, el contribuyente pasaba a tributar por el IS en 2016:

> *Pues bien, a este respecto procede traer a colación el artículo 1 de la Ley 2/2007, de 15 de marzo, de Sociedades Profesionales, que regula la definición de las sociedades profesionales, disponiendo lo siguiente:*
>
> *"1. Las sociedades que tengan por objeto social el ejercicio en común de una actividad profesional deberán constituirse como sociedades profesionales en los términos de la presente Ley.*
>
> *A los efectos de esta Ley, es actividad profesional aquélla para cuyo desempeño se requiere titulación universitaria oficial, o titulación profesional para cuyo ejercicio sea necesario acreditar una titulación universitaria oficial, e inscripción en el correspondiente Colegio Profesional.*
>
> *A los efectos de esta Ley se entiende que hay ejercicio en común de una actividad profesional cuando los actos propios de la misma sean ejecutados directamente bajo la razón o denominación social y le sean atribuidos a la sociedad los derechos y obligaciones inherentes al ejercicio de la actividad profesional como titular de la relación jurídica establecida con el cliente.*
>
> *(...)*
>
> *A la vista de lo expuesto resulta que las actividades ajenas al ámbito mercantil son las actividades agrícolas, ganaderas, forestales, mineras, pesqueras y las actividades desarrolladas por las sociedades civiles profesionales constituidas al amparo de la Ley 2/2007, de 15 de marzo de Sociedades Profesionales.*
>
> *Pues bien, en el caso que nos ocupa, no consta que la entidad en cuestión se haya constituido al amparo de la Ley 2/2007, de 15 de marzo, por lo que, a la vista de las circunstancias concretas que se dan en el presente caso, entiende este Tribunal que procede confirmar la resolución impugnada, teniendo la entidad la consideración de contribuyente del Impuesto sobre Sociedades con efectos para los periodos impositivos iniciados a partir del 01-01-2016.*
>
> *En el mismo sentido se ha pronunciado este Tribunal Central en su resolución de 25-02-2022 (RG 7385/20)* [TEAC de 20 de julio de 2022].

La **RTEAC de 22 septiembre 2022, recurso 6450/2021,** sobre la tributación de sociedades civiles con objeto mercantil, concluye de la misma forma que la anterior, con lo que el criterio es reiterado. No consta en el texto a qué actividad se dedicaba, pero sí que tuvo problemas en la inscripción en el R.M. El TEAC determinó que las sociedades civiles que por la naturaleza de su actividad, forma de organización, o por voluntad de las partes, no estuviesen acogidas a la Ley 2/2007, de Sociedades Profesionales, se consideran contribuyentes del IS.

El contribuyente había alegado que no procedía la baja en el Índice de Sociedades al haberse acreditado mediante las certificaciones registrales la presentación de la escritura pública de constitución de la sociedad civil en el R.M. y, en consecuencia, debía exonerársele de la obligación de presentar las autoliquidaciones del IS por no tener la consideración de contribuyente del citado impuesto. Entendía que había adquirido personalidad jurídica, aunque no estuviese inscrita en el R.M., actuando como una sociedad profesional irregular que poseía personalidad jurídica básica, y que debía tributar atribuyendo las rentas al no tener carácter mercantil. De nada le sirvió, pues el TEAC concluyó que si no se había acogido a la LSP debía tributar en el IS:

> *Por lo tanto, entiende este tribunal que la entidad no ha cumplido los requisitos previstos en la Ley de Sociedades Profesionales, no quedando sometida la misma, y por ello, siendo de aplicación la resolución del presente TEAC de fecha 25/02/2022 (RC 7385/20) en la que se dispone que las sociedades civiles que por la naturaleza de su actividad, forma de organización, o por voluntad de las partes, no estuviesen acogidas a la Ley 2/2007, de Sociedades Profesionales, se consideran contribuyentes del Impuesto sobre Sociedades.*
>
> *La Dirección General de Tributos se ha manifestado múltiples veces de acuerdo con este criterio a través de consultas vinculantes, entre otras, la V0580-19 de 19 de marzo de 2019* [TEAC 22 septiembre 2022].

Resumiendo, el criterio administrativo expresado por la DGT, Gestión tributaria, TEAR y TEAC es que las sociedades profesionales no acogidas a la LSP tributan a partir de 1 de enero de 2016 en el IS.

En relación con una sociedad civil que realizaba dos actividades diferentes, la administración colegiada de fincas y la de seguros, la **RTEAC de 24 mayo 2022, recurso 8505/2021**, desestima la pretensión del contribuyente de quedar fuera del ámbito del IS y lo motiva en que realizaba la actividad de seguros con regularidad, debiendo tributar en el IS:

> *Argumenta la sociedad que su actividad principal (administración colegiada de fincas) tiene objeto profesional y que la actividad relativa a la venta de seguros inmobiliarios es secundaria y accesoria.*

En opinión del obligado tributario, la Administración troceó la actividad profesional, de forma interesada, para su beneficio. Considera que como la Administración ya calificó a una de las actividades como de carácter profesional, ésto debería servir para estimar el recurso por la aplicación del principio de los actos propios. Además alega que la Administración debería actuar con proporcionalidad.

(...) No es justificación suficiente que la actividad relacionada con los seguros sea accesoria para no calificarla como incluida en el ámbito mercantil como también dispone la Dirección General de Tributos en la consulta de 3 de junio de 2016 (V2424-16) (...)

Pero es que, además, existe constancia de que, durante los ejercicios 2016 y 2017, la entidad solo realizó esta actividad, la relativa a la venta de seguros inmobiliarios, con lo que tampoco parece cierta la afirmación del contribuyente de que se tratase de una actividad accesoria.

En todo caso, como se ha analizado, realiza una actividad mercantil (accesoria o no) y, en consecuencia, es contribuyente del Impuesto sobre Sociedades con la obligación de presentar las declaraciones correspondientes, deber incumplido en los ejercicios 2016, 2017 y 2018. Por lo tanto, concurre una de las circunstancias del art. 119.1 RIS para poder dar de baja a la sociedad civil del Índice de Entidades [TEAC 24 mayo 2022].

14.6. La diferencia entre la fiscalidad de las sociedades civiles y las comunidades de bienes

Las sociedades civiles y las comunidades de bienes compartían el sistema de atribución de rendimientos a sus socios o comuneros hasta el 31 de diciembre de 2015. Sin embargo, como examinamos en los epígrafes precedentes, el cambio operado a partir de 1 de enero de 2016 hizo que determinadas sociedades civiles, las que tenían objeto mercantil, quedasen fuera del régimen de atribución y pasasen a tributar como contribuyentes del IS. Aunque el texto legal no lo determina, la DGT sentó el criterio de que las sociedades civiles que realizaban actividades agrícolas o profesionales quedaban fuera del ámbito mercantil, pero con una precisión notable: que únicamente a las sociedades profesionales acogidas a la LSP se les seguiría aplicando el sistema de atribución de rendimientos, mientras que las no acogidas a esa Ley eran contribuyentes del IS.

El mismo argumento o parecido pudo emplear la DGT para dejar fuera a las comunidades de bienes que realizan explotaciones económicas, que en tanto efectúan actividad económica quedan dentro del ámbito mercantil y podrían considerarse contribuyentes del IS. Pero no lo hizo, al contrario, dejó prácticamente a voluntad de dichas comunidades continuar con el régimen de atribución de rendimientos, lo que supuso establecer diferencias respecto a las sociedades civiles.

La complejidad de la fiscalidad de las comunidades de bienes en relación con la RIC hace necesario que la analicemos monográficamente en el capítulo 16, pero en este epígrafe explicamos a qué se debió que continuaran ajenas al IS.

La **CV 2299-2020, de 7 de julio**, estudia la cuestión de si con el cambio normativo aplicable en 2016, las comunidades de bienes con carácter empresarial deben tributar por el IS o por el régimen de atribución de rentas. La respuesta que dio fue que el único contribuyente que se incorpora al IS son las sociedades civiles con objeto mercantil, razón de que la comunidad de bienes en cuestión debe tributar como entidad en atribución de rentas conforme al régimen especial regulado en la Sección 2ª del Título X de la LIRPF. La consulta, en primer lugar, alude a la CV 2388-15, en que la DGT explicó su criterio respecto a las sociedades civiles; y, en segundo lugar, muy sucintamente, que las comunidades de bienes con carácter empresarial continúan tributando en el régimen de atribución de rendimientos:

> *Adicionalmente la consideración de contribuyente del Impuesto sobre Sociedades requiere que la sociedad civil tenga un objeto mercantil. A estos efectos, se entenderá por objeto mercantil la realización de una actividad económica de producción, intercambio o prestación de servicios para el mercado en un sector no excluido del ámbito mercantil. Quedarán, así, excluidas de ser contribuyentes del Impuesto sobre Sociedades las entidades que se dediquen a actividades agrícolas, ganaderas, forestales, mineras y de carácter profesional, por cuanto dichas actividades son ajenas al ámbito mercantil.*
>
> *Por otro lado, el artículo 8.3 de la Ley 35/2006, de 28 de noviembre, del Impuesto sobre la Renta de las Personas Físicas y de modificación parcial de las leyes de los Impuestos sobre Sociedades, sobre la Renta de no Residentes y sobre el Patrimonio (LIRPF) indica, con efectos 1 de enero de 2016, que "No tendrán la consideración de contribuyente las sociedades civiles no sujetas al Impuesto sobre Sociedades, herencias yacentes, comunidades de bienes y demás entidades a que se refiere el artículo 35.4 de la Ley 58/2003, de 17 de diciembre, General Tributaria. Las rentas correspondientes a las mismas se atribuirán a los socios, herederos, comuneros o partícipes, respectivamente, de acuerdo con lo establecido en la Sección 2.ª del Título X de esta Ley".*
>
> *Por tanto, puesto que el único contribuyente que se incorpora al Impuesto sobre Sociedades son las sociedades civiles con objeto mercantil, la comunidad de bienes objeto de consulta deberá tributar como entidad en atribución de rentas conforme al régimen especial regulado en la Sección 2ª del Título X de la LIRPF* [CV 2299-2020, de 7 de julio].

En la **CV 0479-2021, de 4 de marzo,** ratifica el criterio de que las comunidades de bienes tributan conforme al régimen de atribución de rentas en el IRPF. En ese caso, la comunidad desarrollaba la actividad de alquiler de locales industriales y comenzaba a fabricar muebles. Afirma que las sociedades civiles con objeto mercantil son sujeto pasivo del impuesto, pero no así las comunidades de bienes, que siguen tributando por el régimen de atribución de rentas del IRPF, sin que sea impedimento que comience una nueva actividad mercantil:

Por tanto, puesto que el único contribuyente que se incorpora al Impuesto sobre Sociedades son las sociedades civiles con objeto mercantil, la comunidad de bienes objeto de consulta, seguirá tributando como entidad en atribución de rentas conforme al régimen especial regulado en la Sección 2ª del Título X de la LIRPF, aunque inicie el desarrollo de una nueva actividad [CV 0479-2021].

La **CV 1855-2021, de 14 de junio**, incide una vez más en que las comunidades de bienes no son contribuyentes por el IS y deben seguir tributando como entidad en atribución de rentas, conforme al régimen especial previsto en el IRPF. Se trata de una comunidad dedicada al arrendamiento de inmuebles, en que los fondos aportados por los partícipes fueron destinados a la adquisición de bienes inmuebles, realizando la actividad mercantil de arrendamiento de bienes muebles, con una persona contratada a jornada laboral en los términos del artículo 5.1 de la LIS. La entidad consultante se pregunta si por su naturaleza jurídica, actividad mercantil y contenido jurídico no estaría indebidamente encuadrada como comunidad de bienes, y por el contrario encajaría más bien en la figura de sociedad civil y/o sociedad colectiva, debiendo tributar por el IS desde 1 de enero de 2016, con independencia de que haya declarado hasta la fecha ante los órganos de gestión de la AEAT como comunidad de bienes, y disponga de un NIE encabezado con la letra "E". La DGT contesta mencionando un Informe de la Abogacía del Estado de diciembre de 2015, que confirma que, aunque la comunidad se haya constituido en escritura pública, carece de personalidad jurídica, que los únicos entes que pasan a tributar por el IS después del cambio legal son las sociedades civiles con objeto mercantil y que, en consecuencia, la comunidad seguirá tributando en el régimen de atribución de rendimientos:

Por otro lado, a efectos meramente informativos, el informe, de fecha 21 de diciembre de 2015, de la Abogacía del Estado de la Secretaría de Estado de Hacienda, con la conformidad de la Abogacía General del Estado, en relación con la calificación jurídica de determinados sujetos de cara a su sujeción al Impuesto sobre Sociedades, señala que "en aquellos casos en que los partícipes, pese a la existencia de una auténtica affectio societatis, deciden configurar formalmente una comunidad de bienes, están dejando oculta frente a los terceros la propia existencia de la sociedad, al optar por el uso de una forma jurídica que carece de personalidad. Y si la existencia de la sociedad queda oculta, como antes se ha dicho, por más que los pactos societarios se encuentren a la vista, incluso constando en escritura pública, el ente así constituido carecerá de personalidad jurídica. (...)

Dado que los únicos contribuyentes que se incorporan al Impuesto sobre Sociedades son las sociedades civiles con personalidad jurídica y objeto mercantil, la entidad consultante mantendrá su condición de comunidad de bienes, salvo voluntad expresa por parte de los comuneros de cambiar en cualquier momento su naturaleza y, en tanto no cambie la legislación vigente, después del 1 de enero de 2016 continuará tributando como entidad en atribución de rentas conforme al régimen especial establecido en la sección segunda del título X de la LIRPF y no tributará por el Impuesto sobre Sociedades.

2. Como se ha referido en la primera cuestión, no procede la regularización de la tributación efectuada respecto a las rentas obtenidas en ejercicios pasados, de acuerdo con la información que consta en el escrito de consulta [CV1855-2021, de 14 de junio].

Con las tres consultas de la DGT se pone de relieve que las comunidades de bienes que ejercen actividad empresarial/profesional continúan en el régimen de atribución de rendimientos a sus comuneros; mientras que a partir de 1 de enero de 2016, las sociedades civiles con objeto mercantil pasaron a ser contribuyentes del IS, con la única excepción de las que se constituyen al amparo de la Ley de Sociedades Profesionales.

Ejemplo 14.4

La comunidad de bienes Advisers, constituida en escritura pública por tres economistas a partes iguales, generó un rendimiento en 2024 de 120.000 €. A pesar de que realice una actividad profesional al margen de la LSP deberá continuar tributando en el régimen de atribución de rendimientos, imputando 40.000 € a sus partícipes para que lo declaren en el IRPF de 2024. A partir de 1 de enero de 2016 no se convirtió en contribuyente del IS porque no tiene personalidad jurídica y el criterio reiterado de la DGT a partir de un Informe de la Abogacía del Estado de 2015.

14.7. Las sociedades civiles y la RIB

Las sociedades civiles que sean contribuyentes del IS por tener objeto mercantil y estar dadas de alta como tales en la AEAT pueden dotar la RIB con los beneficios que generen en la actividad económica que realicen en un establecimiento en Baleares. Como el Régimen fiscal especial balear no hace referencia alguna a las sociedades civiles, como tampoco lo hace el REF de Canarias, la experiencia acumulada en la RIC es extensible a la RIB.

14.8. Ficha resumen de las sociedades civiles y la RIC/RIB

1. La sociedad civil está regulada en el Código Civil y es el contrato por el que dos o más personas se obligan a poner en común elementos materiales para compartir ganancias. Solo es obligatorio protocolizarla en escritura pública cuando hay inmuebles en los elementos puestos en común.

2.	Las sociedades civiles con objeto mercantil se regulan además en el Código de Comercio, y una vez constituidas tienen personalidad jurídica.
3.	Desde el punto de vista tributario, las rentas correspondientes a las sociedades civiles que no sean contribuyentes del IS se atribuyen a sus socios (régimen de atribución de rendimientos), mientras que las que son contribuyentes del IS tributan en ese impuesto.
4.	La normativa RIC/RIB no especifica nada respecto a las sociedades civiles, motivo de que las que sean contribuyentes del IS y desarrollen actividad económica, podrán destinar parte de sus beneficios a las reservas para inversiones. No así las que no sean contribuyentes del IS, que atribuirán sus rendimientos a sus socios y, por tanto, no podrán dotar RIC/RIB.
5.	El cambio normativo de 2015 en el IS hizo que las sociedades civiles con objeto mercantil pasaran a ser contribuyentes del IS, pudiendo en consecuencia dotar las reservas. Quedaron fuera del IS las que realizaban actividades agrícolas, ganaderas, forestales, mineras y profesionales, a las que siguió aplicándose el régimen de atribución de rentas, sin poder por tanto dotar RIC/RIB.
6.	No obstante, a las sociedades profesionales se les exigió un plus adicional para no tributar en el IS, que se constituyesen de conformidad con la Ley de Sociedades Profesionales (LSP). Las que no se formalizaron al amparo de la LSP pasaron a tributar en el IS.
7.	El criterio pragmático de la DGT atendió a la voluntad de las partes en su constitución y alta en la AEAT para determinar si tributaban como comunidades de bienes en el régimen de atribución de rendimientos o como sociedades civiles, incluso en el caso de que tuviesen objeto mercantil. Todo depende de la forma jurídica elegida por el contribuyente.
8.	Las que han generado mayor conflictividad son las sociedades civiles formadas por profesionales que si no se constituyeron conforme a la LSP, se convirtieron en contribuyentes del IS, muchas veces sin saberlo. La Administración tributaria dejó fuera de la polémica a las sociedades civiles de farmacias y notarías, que continúan tributando en atribución de rendimientos.

9.	Las sociedades civiles que sean contribuyentes del IS pueden dotar RIC/RIB; mientras que las que no lo son y continúan en el régimen de atribución de rendimientos no pueden. No obstante, en determinadas circunstancias y llevando contabilidad, los socios pueden dotar RIC/RIB con los rendimientos económicos atribuidos.
10.	La diferencia entre una comunidad de bienes y una sociedad civil es tan sutil que podría aplicarse la teoría del objeto mercantil para determinar que la primera fuese también contribuyente del IS. No obstante, el criterio de la DGT ha sido no entrar en más polémicas, dejando a la voluntad de las partes el que se constituyan como una u otra figura jurídica. En el caso de optar por la comunidad de bienes, tributará en el régimen de atribución de rendimientos, tal como señala la DGT en tres consultas de 2020 y 2021.

Capítulo 15

LAS SOCIEDADES PROFESIONALES Y LA DOTACIÓN RIC/RIB

La problemática de las sociedades profesionales y los socios que les prestan servicios profesionales deriva de la regulación en el IS de las operaciones vinculadas. Aunque el deseo del legislador haya sido establecer un puerto seguro en el art. 18 TRLIS, lo cierto es que los requisitos son de difícil cumplimiento en la práctica empresarial. Es por ello que las sociedades profesionales a la hora de dotar RIC/RIB pueden ver modificado su rendimiento en una comprobación administrativa, alterándose la base sobre la que efectuaron la dotación. Lo mismo ocurre con los socios profesionales que les prestan servicios, que pueden dotar RIC/RIB con el rendimiento generado en su actividad de prestación de servicios, pero que la Inspección tributaria puede incrementar o disminuir la facturación realizada, con el consiguiente desfase en la base de la dotación. Es, por tanto, una regulación que implica conflictividad tributaria. En la práctica, la opción más utilizada es que el socio dota la RIC, no la sociedad profesional.

15.1. Legislación vigente

– Ley 2/2007, de 15 de marzo, de sociedades profesionales

– Ley 27/2014, de 27 de noviembre, del Impuesto sobre Sociedades

Artículo 18 Operaciones vinculadas

1. Las operaciones efectuadas entre personas o entidades vinculadas se valorarán por su valor de mercado. Se entenderá por valor de mercado aquel que se habría acordado por personas o entidades independientes en condiciones que respeten el principio de libre competencia.

2. Se considerarán personas o entidades vinculadas las siguientes:

a) *Una entidad y sus socios o partícipes.*

b) *Una entidad y sus consejeros o administradores, salvo en lo correspondiente a la retribución por el ejercicio de sus funciones.*

c) *Una entidad y los cónyuges o personas unidas por relaciones de parentesco, en línea directa o colateral, por consanguinidad o afinidad hasta el tercer grado de los socios o partícipes, consejeros o administradores.*

d) *Dos entidades que pertenezcan a un grupo.*

e) Una entidad y los consejeros o administradores de otra entidad, cuando ambas entidades pertenezcan a un grupo.

f) Una entidad y otra entidad participada por la primera indirectamente en, al menos, el 25 por ciento del capital social o de los fondos propios.

g) Dos entidades en las cuales los mismos socios, partícipes o sus cónyuges, o personas unidas por relaciones de parentesco, en línea directa o colateral, por consanguinidad o afinidad hasta el tercer grado, participen, directa o indirectamente en, al menos, el 25 por ciento del capital social o los fondos propios.

h) Una entidad residente en territorio español y sus establecimientos permanentes en el extranjero.

En los supuestos en los que la vinculación se defina en función de la relación de los socios o partícipes con la entidad, la participación deberá ser igual o superior al 25 por ciento. La mención a los administradores incluirá a los de derecho y a los de hecho.

Existe grupo cuando una entidad ostente o pueda ostentar el control de otra u otras según los criterios establecidos en el artículo 42 del Código de Comercio, con independencia de su residencia y de la obligación de formular cuentas anuales consolidadas.

3. Las personas o entidades vinculadas, con objeto de justificar que las operaciones efectuadas se han valorado por su valor de mercado, deberán mantener a disposición de la Administración tributaria, de acuerdo con principios de proporcionalidad y suficiencia, la documentación específica que se establezca reglamentariamente.

Dicha documentación tendrá un contenido simplificado en relación con las personas o entidades vinculadas cuyo importe neto de la cifra de negocios, definido en los términos establecidos en el artículo 101 de esta Ley, sea inferior a 45 millones de euros.

En ningún caso, el contenido simplificado de la documentación resultará de aplicación a las siguientes operaciones:

1.º Las realizadas por contribuyentes del Impuesto sobre la Renta de las Personas Físicas, en el desarrollo de una actividad económica, a la que resulte de aplicación el método de estimación objetiva con entidades en las que aquellos o sus cónyuges, ascendientes o descendientes, de forma individual o conjuntamente entre todos ellos, tengan un porcentaje igual o superior al 25 por ciento del capital social o de los fondos propios.

2.º Las operaciones de transmisión de negocios.

3.º Las operaciones de transmisión de valores o participaciones representativos de la participación en los fondos propios de cualquier tipo de entidades no admitidas a negociación en alguno de los mercados regulados de valores, o que estén admitidos a negociación en mercados regulados situados en países o territorios calificados como paraísos fiscales.

4.º Las operaciones sobre inmuebles.

5.º Las operaciones sobre activos intangibles.

La documentación específica no será exigible:

a) A las operaciones realizadas entre entidades que se integren en un mismo grupo de consolidación fiscal, sin perjuicio de lo previsto en el artículo 65.2 de esta Ley.

b) A las operaciones realizadas con sus miembros o con otras entidades integrantes del mismo grupo de consolidación fiscal por las agrupaciones de interés económico, de acuerdo con lo previsto en la Ley 12/1991, de 29 de abril, de Agrupaciones de interés Económico, y las uniones temporales de empresas, reguladas en la Ley 18/1982, de 26 de mayo, sobre régimen fiscal de agrupaciones y uniones temporales de Empresas y de Sociedades de desarrollo industrial regional, e inscritas en el registro especial del Ministerio de Hacienda y Administraciones Públicas. No obstante, la documentación específica será exigible en el caso de uniones temporales de empresas o fórmulas de colaboración análogas a las uniones temporales, que se acojan al régimen establecido en el artículo 22 de esta Ley.

c) Las operaciones realizadas en el ámbito de ofertas públicas de venta o de ofertas públicas de adquisición de valores.

d) A las operaciones realizadas con la misma persona o entidad vinculada, siempre que el importe de la contraprestación del conjunto de operaciones no supere los 250.000 euros, de acuerdo con el valor de mercado.

4. Para la determinación del valor de mercado se aplicará cualquiera de los siguientes métodos:

a) Método del precio libre comparable, por el que se compara el precio del bien o servicio en una operación entre personas o entidades vinculadas con el precio de un bien o servicio idéntico o de características similares en una operación entre personas o entidades independientes en circunstancias equiparables, efectuando, si fuera preciso, las correcciones necesarias para obtener la equivalencia y considerar las particularidades de la operación.

b) Método del coste incrementado, por el que se añade al valor de adquisición o coste de producción del bien o servicio el margen habitual en operaciones idénticas o similares con personas o entidades independientes o, en su defecto, el margen que personas o entidades independientes aplican a operaciones equiparables, efectuando, si fuera preciso, las correcciones necesarias para obtener la equivalencia y considerar las particularidades de la operación.

c) Método del precio de reventa, por el que se sustrae del precio de venta de un bien o servicio el margen que aplica el propio revendedor en operaciones idénticas o similares con personas o entidades independientes o, en su defecto, el margen que personas o entidades independientes aplican a operaciones equiparables, efectuando, si fuera preciso, las correcciones necesarias para obtener la equivalencia y considerar las particularidades de la operación.

d) Método de la distribución del resultado, por el que se asigna a cada persona o entidad vinculada que realice de forma conjunta una o varias operaciones la parte del resultado común derivado de dicha operación u operaciones, en función de un criterio que refleje adecuadamente las condiciones que habrían suscrito personas o entidades independientes en circunstancias similares.

e) Método del margen neto operacional, por el que se atribuye a las operaciones realizadas con una persona o entidad vinculada el resultado neto, calculado sobre costes, ventas o la magnitud que resulte más adecuada en función de las características de las operaciones idénticas o similares realizadas entre partes independientes, efectuando, cuando sea preciso, las correcciones necesarias para obtener la equivalencia y considerar las particularidades de las operaciones.

La elección del método de valoración tendrá en cuenta, entre otras circunstancias, la naturaleza de la operación vinculada, la disponibilidad de información fiable y el grado de comparabilidad entre las operaciones vinculadas y no vinculadas.

Cuando no resulte posible aplicar los métodos anteriores, se podrán utilizar otros métodos y técnicas de valoración generalmente aceptados que respeten el principio de libre competencia.

5. En el supuesto de prestaciones de servicios entre personas o entidades vinculadas, valorados de acuerdo con lo establecido en el apartado 4, se requerirá que los servicios prestados produzcan o puedan producir una ventaja o utilidad a su destinatario.

Cuando se trate de servicios prestados conjuntamente en favor de varias personas o entidades vinculadas, y siempre que no fuera posible la individualización del servicio recibido o la cuantificación de los elementos determinantes de su remuneración, será posible distribuir la contraprestación total entre las personas o entidades beneficiarias de acuerdo con unas reglas de reparto que atiendan a criterios de racionalidad. Se entenderá cumplido este criterio cuando el método aplicado tenga en cuenta, además de la naturaleza del servicio y las circunstancias en que éste se preste, los beneficios obtenidos o susceptibles de ser obtenidos por las personas o entidades destinatarias.

6. A los efectos de lo previsto en el apartado 4 anterior, el contribuyente podrá considerar que el valor convenido coincide con el valor de mercado en el caso de una prestación de servicios por un socio profesional, persona física, a una entidad vinculada y se cumplan los siguientes requisitos:

a) Que más del 75 por ciento de los ingresos de la entidad procedan del ejercicio de actividades profesionales y cuente con los medios materiales y humanos adecuados para el desarrollo de la actividad.

b) Que la cuantía de las retribuciones correspondientes a la totalidad de los socios-profesionales por la prestación de servicios a la entidad no sea inferior al 75 por ciento del resultado previo a la deducción de las retribuciones correspondientes a la totalidad de los socios-profesionales por la prestación de sus servicios.

c) Que la cuantía de las retribuciones correspondientes a cada uno de los socios-profesionales cumplan los siguientes requisitos:

1.º Se determine en función de la contribución efectuada por estos a la buena marcha de la entidad, siendo necesario que consten por escrito los criterios cualitativos y/o cuantitativos aplicables.

2.º No sea inferior a 1,5 veces el salario medio de los asalariados de la entidad que cumplan funciones análogas a las de los socios profesionales de la entidad. En ausencia de estos últimos, la cuantía de las citadas retribuciones no podrá ser inferior a 5 veces el Indicador Público de Renta de Efectos Múltiples.

El incumplimiento del requisito establecido en este número 2.º en relación con alguno de los socios-profesionales, no impedirá la aplicación de lo previsto en este apartado a los restantes socios-profesionales.

7. En el supuesto de acuerdos de reparto de costes de bienes o servicios suscritos entre personas o entidades vinculadas, deberán cumplirse los siguientes requisitos:

a) Las personas o entidades participantes que suscriban el acuerdo deberán acceder a la propiedad u otro derecho que tenga similares consecuencias económicas sobre los activos o derechos que en su caso sean objeto de adquisición, producción o desarrollo como resultado del acuerdo.

b) La aportación de cada persona o entidad participante deberá tener en cuenta la previsión de utilidades o ventajas que cada uno de ellos espere obtener del acuerdo en atención a criterios de racionalidad.

c) El acuerdo deberá contemplar la variación de sus circunstancias o personas o entidades participantes, estableciendo los pagos compensatorios y ajustes que se estimen necesarios.

El acuerdo suscrito entre personas o entidades vinculadas deberá cumplir los requisitos que reglamentariamente se fijen.

8. En el caso de contribuyentes que posean un establecimiento permanente en el extranjero, en aquellos supuestos en que así esté establecido en un convenio para evitar la doble imposición internacional que les resulte de aplicación, se incluirán en la base imponible de aquellos las rentas estimadas por operaciones internas realizadas con el establecimiento permanente, valoradas por su valor de mercado.

9. Los contribuyentes podrán solicitar a la Administración tributaria que determine la valoración de las operaciones efectuadas entre personas o entidades vinculadas con carácter previo a la realización de éstas. Dicha solicitud se acompañará de una propuesta que se fundamentará en el principio de libre competencia. La Administración tributaria podrá formalizar acuerdos con otras Administraciones a los efectos de determinar conjuntamente el valor de mercado de las operaciones.

El acuerdo de valoración surtirá efectos respecto de las operaciones realizadas con posterioridad a la fecha en que se apruebe, y tendrá validez durante los períodos impositivos que se concreten en el propio acuerdo, sin que pueda exceder de los 4 períodos impositivos siguientes al de la fecha en que se apruebe. Asimismo, podrá determinarse que sus efectos alcancen a las operaciones de períodos impositivos anteriores siempre que no hubiese prescrito el derecho de la Administración a determinar la deuda tributaria mediante la oportuna liquidación ni hubiese liquidación firme que recaiga sobre las operaciones objeto de solicitud.

En el supuesto de variación significativa de las circunstancias económicas existentes en el momento de la aprobación del acuerdo de la Administración tributaria, éste podrá ser modificado para adecuarlo a las nuevas circunstancias económicas.

Las propuestas a que se refiere este apartado podrán entenderse desestimadas una vez transcurrido el plazo de resolución.

Reglamentariamente se fijará el procedimiento para la resolución de los acuerdos de valoración de operaciones vinculadas, así como el de sus posibles prórrogas.

10. La Administración tributaria podrá comprobar las operaciones realizadas entre personas o entidades vinculadas y efectuará, en su caso, las correcciones que procedan en los términos que se hubieran acordado entre partes independientes de acuerdo con el principio de libre competencia, respecto de las operaciones sujetas a este Impuesto, al Impuesto sobre la Renta de las Personas Físicas o al Impuesto sobre la Renta de no Residentes, con la documentación aportada por el contribuyente y los datos e información de que disponga. La Administración tributaria quedará vinculada por dicha corrección en relación con el resto de personas o entidades vinculadas.

La corrección practicada no determinará la tributación por este Impuesto ni, en su caso, por el Impuesto sobre la Renta de las Personas Físicas o por el Impuesto sobre la Renta de no Residentes de una renta superior a la efectivamente derivada de la operación para el conjunto de las personas o entidades que la hubieran realizado. Para efectuar la comparación se tendrá en cuenta aquella parte de la renta que no se integre en la base imponible por resultar de aplicación algún método de estimación objetiva.

***11.** En aquellas operaciones en las que se determine que el valor convenido es distinto del valor de mercado, la diferencia entre ambos valores tendrá, para las personas o entidades vinculadas, el tratamiento fiscal que corresponda a la naturaleza de las rentas puestas de manifiesto como consecuencia de la existencia de dicha diferencia.*

En particular, en los supuestos en los que la vinculación se defina en función de la relación socios o partícipes-entidad, la diferencia tendrá, con carácter general, el siguiente tratamiento:

***a)** Cuando la diferencia fuese a favor del socio o partícipe, la parte de la misma que se corresponda con el porcentaje de participación en la entidad se considerará como retribución de fondos propios para la entidad y como participación en beneficios para el socio. La parte de la diferencia que no se corresponda con aquel porcentaje, tendrá para la entidad la consideración de retribución de fondos propios y para el socio o partícipe de utilidad percibida de una entidad por la condición de socio, accionista, asociado o partícipe de acuerdo con lo previsto en el artículo 25.1.d) de la Ley 35/2006, de 28 de noviembre, del Impuesto sobre la Renta de las Personas Físicas y de modificación parcial de las leyes de los Impuestos sobre Sociedades, sobre la Renta de no Residentes y sobre el Patrimonio.*

***b)** Cuando la diferencia fuese a favor de la entidad, la parte de la diferencia que se corresponda con el porcentaje de participación en la misma tendrá la consideración de aportación del socio o partícipe a los fondos propios de la entidad, y aumentará el valor de adquisición de la participación del socio o partícipe. La parte de la diferencia que no se corresponda con el porcentaje de participación en la entidad, tendrá la consideración de renta para la entidad, y de liberalidad para el socio o partícipe. Cuando se trate de contribuyentes del Impuesto sobre la Renta de no Residentes sin establecimiento permanente, la renta se considerará como ganancia patrimonial de acuerdo con lo previsto en el artículo 13.1.i).4.º del texto refundido de la Ley del Impuesto sobre la Renta de no Residentes, aprobado por el Real Decreto Legislativo 5/2004, de 5 de marzo.*

No se aplicará lo dispuesto en este apartado cuando se proceda a la restitución patrimonial entre las personas o entidades vinculadas en los términos que reglamentariamente se establezcan. Esta restitución no determinará la existencia de renta en las partes afectadas.

***12.** Reglamentariamente se regulará la comprobación de las operaciones vinculadas, con arreglo a las siguientes normas:*

1.º La comprobación de las operaciones vinculadas se llevará a cabo en el seno del procedimiento iniciado respecto del obligado tributario cuya situación tributaria sea objeto de comprobación. Sin perjuicio de lo dispuesto en el siguiente párrafo, estas actuaciones se entenderán exclusivamente con dicho obligado tributario.

2.º Si contra la liquidación provisional practicada a dicho obligado tributario como consecuencia de la comprobación, éste interpusiera el correspondiente recurso o reclamación, se notificará dicha circunstancia a las demás personas o entidades vinculadas afectadas, al objeto de que puedan personarse en el correspondiente procedimiento y presentar las oportunas alegaciones.

Transcurridos los plazos oportunos sin que el obligado tributario haya interpuesto recurso o reclamación, se notificará la liquidación practicada a las demás personas o entidades vinculadas afectadas, para que aquellos que lo deseen puedan optar de forma conjunta por interponer el oportuno recurso o reclamación. La interposición de recurso o reclamación interrumpirá el plazo de prescripción del derecho de la Administración tributaria a efectuar las oportunas liquidaciones al obligado tributario y a las demás personas o entidades afectadas, a quienes se comunicará dicha interrupción, iniciándose de nuevo el cómputo de dicho plazo cuando la liquidación practicada por la Administración haya adquirido firmeza.

3.º La firmeza de la liquidación determinará su eficacia y firmeza frente a las demás personas o entidades vinculadas. La Administración tributaria efectuará las regularizaciones que correspondan, salvo que dichas regularizaciones se hayan efectuado por la propia persona o entidad vinculada afectada, en los términos que reglamentariamente se establezcan.

4.º Lo dispuesto en este apartado será aplicable respecto de las personas o entidades vinculadas afectadas por la corrección que sean contribuyentes del Impuesto sobre Sociedades, del Impuesto sobre la Renta de las Personas Físicas o del Impuesto sobre la Renta de no Residentes.

5.º Lo dispuesto en este apartado se entenderá sin perjuicio de lo previsto en los tratados y convenios internacionales que hayan pasado a formar parte del ordenamiento interno.

6.º Cuando en el seno de la comprobación a que se refiere este apartado se efectuase la comprobación del valor de la operación, no resultará de aplicación lo dispuesto en el apartado 2 del artículo 57 y en el artículo 135 de la Ley 58/2003, de 17 de diciembre, General Tributaria.

– Ley 19/1994 del REF

***Artículo** 27 Reserva para inversiones en Canarias*

1. Las entidades sujetas al Impuesto sobre Sociedades tendrán derecho a la reducción en la base imponible de las cantidades que, con relación a sus establecimientos situados en Canarias, destinen de sus beneficios a la reserva para inversiones de acuerdo con lo dispuesto en este artículo. (…)

2. La reducción a que se refiere el apartado anterior se aplicará a las dotaciones que en cada período impositivo se hagan a la reserva para inversiones hasta el límite del noventa por ciento de la parte de beneficio obtenido en el mismo período que no sea objeto de distribución, en cuanto proceda de establecimientos situados en Canarias.

En ningún caso la aplicación de la reducción podrá determinar que la base imponible sea negativa.

A estos efectos, se considerarán beneficios procedentes de establecimientos en Canarias los derivados de actividades económicas, incluidos los procedentes de la transmisión de los elementos patrimoniales afectos a las mismas, así como los derivados de la transmisión de elementos patrimoniales no afectos a actividades económicas, en los términos que reglamentariamente se determinen.

– Ley 31/2022, Régimen fiscal especial balear

– D.A. 70ª. Cuatro

1. Los contribuyentes del Impuesto sobre Sociedades y del Impuesto sobre la Renta de no Residentes tendrán derecho a la reducción en la base imponible de las cantidades que, con relación a sus establecimientos situados en las Illes Balears, destinen de sus beneficios a la reserva para inversiones de acuerdo con lo dispuesto en este apartado.

2. La reducción a que se refiere el número anterior se aplicará a las dotaciones que en cada período impositivo se hagan a la reserva para inversiones hasta el límite del 90 por ciento de la parte de beneficio obtenido en el mismo período que no sea objeto de distribución, en cuanto proceda de establecimientos situados en las Illes Balears.

En ningún caso la aplicación de la reducción podrá determinar que la base imponible sea negativa.

A estos efectos, se considerarán beneficios procedentes de establecimientos en las Illes Balears los derivados de actividades económicas, incluidos los procedentes de la transmisión de los elementos patrimoniales afectos a las mismas.

Las sociedades profesionales se crearon en 2007 y alcanzaron un notable grado de desarrollo, pues aportaban cierto plus o caché a este tipo de sociedades frente a las sociedades mercantiles en general. No obstante, muchas han sido las dificultades que ha planteado la regulación del puerto seguro previsto en el art. 18 del TRLIS en las operaciones vinculadas. Precisamente de esa normativa se deriva la especial complejidad en la dotación de las reservas para inversiones.

La legislación específica sobre la RIC/RIB no señala aspecto alguno sobre las sociedades profesionales, al estar incluidas dentro del presupuesto genérico de los contribuyentes del IS que realicen actividad económica en un establecimiento situado en los respectivos archipiélagos. La casuística que ha existido en relación con la dotación RIC proviene del tratamiento de las operaciones vinculadas reguladas en el vigente TRLIS, que ha sido interpretada por la doctrina y los Tribunales de Justicia. La interpretación efectuada es extrapolable a la RIB, por lo que la analizamos conjuntamente.

15.2. Las sociedades profesionales son condicionadas por el especial tratamiento de las operaciones vinculadas

Las sociedades profesionales fueron creadas por la Ley 2/2007, de 15 de marzo. El art. 1 las define como *las sociedades que tengan por objeto el ejercicio en común de una actividad profesional*, entendiendo como tal *aquélla para cuyo desempeño se requiere titulación universitaria oficial, e inscripción en el correspondiente colegio profesional.*

El objetivo de la Ley, según su exposición de motivos, es posibilitar la aparición de una nueva clase de profesional colegiado, que es la propia sociedad profesional, mediante su constitución con arreglo a la Ley e inscripción en un Registro de sociedades profesionales del colegio profesional correspondiente. La Ley se publica debido a que los servicios profesionales se ofrecen cada vez más a través de organizaciones colectivas que han ido adquiriendo creciente difusión, escala y complejidad.

Estas sociedades se identifican con las siglas "SP", que pretenden generar un mayor valor añadido en los servicios que ofrecen a su clientela, que son ejecutados o desarrollados directamente por la entidad. El valor añadido se genera a través de una serie de formalismos en su constitución y registro, y de garantías adicionales a la hora de responder ante terceros (responsabilidad de la sociedad y de los profesionales, socios o no, que hayan intervenido en la prestación del servicio). Quedan diferenciadas de las sociedades de medios, entendiéndose por tales las que comparten infraestructura y distribuyen sus costes; y de las sociedades de intermediación, que canalizan la relación del cliente, a quien facturan, con un determinado profesional, que es el que realiza el trabajo, bien como asalariado, socio o profesional independiente. En el caso de las "SP", el trabajo profesional lo ejecuta la propia sociedad, aunque a través de los profesionales socios o de otros profesionales que trabajen para ella.

Desde el punto de vista mercantil operan con cualquiera de las formas societarias existentes, añadiendo al nombre de la sociedad su carácter de sociedad anónima, limitada e incluso de sociedad civil y el calificativo de profesional.

Desde el punto de vista fiscal es una sociedad más, en cuanto que es sujeto pasivo del IS y queda sometida a las obligaciones que señala el Código de Comercio y el TRLIS. No obstante, su punto débil está en la valoración de las operaciones vinculadas que realizan los socios a la entidad y esta con los socios, que se consideran a valor de mercado, con la dificultad adicional que conlleva su determinación.

Desde el punto de vista de la dotación RIC, al ser una entidad sujeta al IS, siempre que realice su actividad económica en Canarias podrá disfrutar del incentivo fiscal, pero siendo conscientes que supone una dificultad adicional el tratamiento de las operaciones vinculadas.

Es por tanto el tratamiento especial de las operaciones vinculadas previsto en la actualidad en el art. 18 de la LIS: *Las operaciones efectuadas entre personas o entidades vinculadas se valorarán por su valor de mercado. Se entenderá por valor de mercado aquel que se habría acordado por personas o entidades independientes en condiciones que respeten el principio de libre competencia,* el que dificulta la dotación RIC, si bien en las operaciones socio-sociedad profesional-socio está previsto un "puerto seguro" (art. 18.6) en el que las retribuciones convenidas se consideran a valor de mercado: *A los efectos de lo previsto en el apartado 4 anterior, el contribuyente podrá considerar que el valor convenido coincide con el valor de mercado en el caso de una prestación de servicios por un socio profesional, persona física, a una entidad vinculada y se cumplan los siguientes requisitos …*

La Administración tributaria podrá comprobar que se cumplen los requisitos del "puerto seguro" y en el caso de haber optado el contribuyente por otras fórmulas para establecer la retribución, cotejará si es distinta del valor de mercado. En cuyo caso, la diferencia entre ambos valores tendrá para las personas o entidades vinculadas el tratamiento fiscal que corresponda a la naturaleza de las rentas puestas de manifiesto como consecuencia de la diferencia (art. 18.10 y 11 LIS), si bien no determinará una renta superior a la efectivamente derivada de la operación para el conjunto de los socios y sociedad.

Si la diferencia fuese a favor del socio, la parte de la misma que se corresponda con el porcentaje de participación en la entidad se considera retribución de fondos propios para la entidad y como participación en beneficios para el socio. La parte que no se corresponda con el porcentaje de participación, se considera para la entidad retribución de fondos propios, y para el profesional, de beneficio percibido de la sociedad por su condición de socio.

Cuando la diferencia es a favor de la entidad, la parte que se corresponda con el porcentaje de participación tendrá la consideración de aportación del profesional socio a la sociedad profesional, que incrementará el coste de adquisición de su participación. La parte de la diferencia que no se corresponda con el tanto por ciento de la participación tendrá la consideración de renta para la entidad y de liberalidad para el socio profesional.

En la sociedad profesional nos encontramos que la entidad es la que factura a sus clientes servicios profesionales, que a su vez son realizados a través de profesionales. Pueden darse al menos tres variantes:

– Que el servicio profesional lo realice un profesional socio de la entidad con una participación igual o superior al 25% (antes de 2015 era del 5%).

– Que el servicio profesional lo realice un profesional de la entidad que no sea socio, pero que sea administrador de la entidad, y

– Que el servicio profesional lo realice un profesional asalariado o externo, que no sea ni socio ni administrador, o que siendo socio no supere la participación del 25%.

En la última variable no es aplicable el régimen de operaciones vinculadas, al no cumplirse el presupuesto básico de vinculación que señala el artículo (siempre que no exista una relación de cónyuges, ascendientes o descendientes), pero sí en los dos primeros casos.

Cuando el servicio profesional lo realice un socio o administrador de la entidad, puede que exista diferencia entre la retribución que recibió el socio/administrador por el servicio y su "valor de mercado", con la dificultad adicional de saber cuál es el valor de mercado, por lo que siempre se originará una discrepancia entre la Administración tributaria y el contribuyente. Una vez determinada la diferencia o cuantificada por la Administración (mecanismo conocido como ajuste secundario) nos encontramos con dos posibilidades, teniendo cada una de ellas sus correspondientes efectos fiscales, siempre a la luz de la vigente regulación de las operaciones vinculadas (art. 18.11 LIS:

– Que la retribución del socio haya sido superior al valor de mercado. En ese caso, la diferencia se considera fiscalmente como participación en beneficios para el socio, es decir, como dividendo. Si la retribución no fuera proporcional al porcentaje del socio-profesional en el capital social, la parte que exceda no podrá considerarse en puridad conceptual dividendo, pero si utilidad o beneficio recibido de la entidad en su condición de socio. La expresión está incluida en el art. 25 de la LIRPF, al enumerar los rendimientos íntegros del capital mobiliario provenientes de la participación en los fondos propios de una entidad. Listado que parte, por supuesto, de los dividendos (letra a), y se cierra con cualquier otra utilidad distinta de las anteriores procedente de una entidad por la condición de socio (letra d):

- En la sociedad, sea la retribución proporcional o no al porcentaje en el capital social, la diferencia se considera como una mayor retribución de fondos propios.

– Que la retribución del socio haya sido inferior al valor de mercado, o sea, que la sociedad se haya beneficiado en la operación, en cuyo caso, la diferencia se considera fiscalmente como mayor importe de la participación del socio-profesional en la sociedad, incrementándose su coste de adquisición. Si no fuera proporcional al capital social, se considera una liberalidad (un gasto no deducible) para el socio:

- En la sociedad, se consideraría en el primer caso como una aportación del profesional a los fondos propios. Y en el segundo, como una renta para la entidad en la parte que exceda del porcentaje en el capital social.

Menos frecuente es que la SP facture determinados servicios al socio profesional, operación vinculada en la que encontramos de nuevo dos supuestos:

– Que la facturación de la SP al socio haya sido superior al valor de mercado. En ese caso, la diferencia se considera fiscalmente en el socio como un mayor importe de su participación en la sociedad; y en la sociedad como una aportación del socio profesional a los fondos propios.

– Que la facturación de la SP al socio haya sido inferior al valor de mercado, o sea, que es el socio el que ha salido beneficiado en la operación vinculada. En cuyo caso, la diferencia en el socio se considera fiscalmente como dividendo repartido por la sociedad. Y en la sociedad como retribución de fondos propios.

La compleja situación que resulta del posible ajuste secundario la sintetizamos en el siguiente cuadro en los casos más corrientes, en los que las remuneraciones guarden proporción con los porcentajes de los socios-profesionales en el capital social:

Cuadro 15.1. Consecuencias del ajuste secundario en las operaciones socio-sociedad

A) El socio factura servicios profesionales a la SP por 100:
A.1) El valor de mercado es 80
La diferencia de 20 es participación en el beneficio para el socio; y para la
sociedad, retribución de los fondos propios
A.2.) El valor de mercado es 130

La diferencia de 30 incrementa el valor de adquisición del socio; y para la
SP es aportación del socio a los fondos propios de la sociedad
B) SP factura servicios al socio por 100
B.1) El valor de mercado es 80
La diferencia de 20 incrementa el valor de adquisición del socio; y para la
sociedad es una mayor aportación del socio a los fondos propios
B.2.) El valor de mercado es 130
La diferencia de 30 es participación en el beneficio para el socio; y para la
sociedad, retribución de los fondos propios

Elaboración propia.

En los casos en que la retribución del socio-profesional haya sido superior al valor de mercado, es decir, que la diferencia entre el valor convenido y el de mercado es favorable al socio; y/o que la facturación de la SP al socio-profesional sea inferior al valor de mercado, el importe de las diferencias tiene la consideración de participación en el beneficio del socio (A1 y B2).

Y en las circunstancias en que el servicio retribuido al socio sea inferior al de mercado, esto es, que la diferencia detectada por la Administración tributaria sea favorable a la sociedad; y/o que la facturación de la SP al socio sea superior al valor de mercado, las diferencias detectadas incrementan en el socio el valor de adquisición que tiene en la participación. Y en la sociedad son una aportación del socio a los fondos propios (A2 y B1), motivo de que su importe no tenga el carácter de gasto fiscalmente deducible.

15.3. La incidencia del posible ajuste secundario en la dotación RIC/RIB

El efecto del ajuste secundario tiene consecuencias fiscales tanto en la sociedad profesional como en el socio, como analizamos en el epígrafe anterior, pero también, y de forma muy especial en la dotación RIC/RIB, por lo que es necesario analizar tanto en la sociedad profesional como en el socio-profesional cómo le afecta.

Para ello conviene recordar que el presupuesto básico para dotar RIC/RIB es la obtención de beneficio en la actividad económica desarrollada en Canarias/Baleares, actividad que se realiza tanto por la sociedad profesional como por los socios profesionales, puesto que las retribuciones recibidas de la SP se consideran rendimientos de actividades económicas, con la salvedad en su caso de que reciban retribuciones como administradores, que se califican como rendimientos de trabajo personal.

Existiendo pues las dos opciones de que tanto la SP como los socios-profesionales pueden dotar RIC/RIB, siempre que no sea con el mismo beneficio, y al margen de que posteriormente recomendemos que sean los socios-profesionales quienes las doten, como sucede en la práctica, estudiamos la incidencia del ajuste secundario.

15.3.1. El ajuste secundario en la dotación RIC/RIB de la sociedad profesional

El beneficio generado por la sociedad profesional en cuanto procede de la actividad económica desarrollada en Canarias/Baleares por un sujeto pasivo del IS es susceptible de la dotación RIC/RIB con el máximo del 90% del beneficio no distribuido. El resultado, como el de cualquier entidad, viene determinado por la diferencia entre los ingresos y los gastos necesarios para obtenerlos, entre los que se encuentran los servicios prestados por los socios profesionales. Como operaciones vinculadas que son, la Administración tributaria podrá comprobar que el precio al que se facturan los servicios sea el de mercado, siendo probable que existan discrepancias al respecto, que afectarán a la determinación del resultado contable y a la base imponible del IS.

No debe olvidarse que, si bien la valoración fiscal de las operaciones vinculadas a precio de mercado es potestad de la Administración cuando el socio ostenta al menos el 25% del capital social de la sociedad profesional, la norma contable exige que las operaciones se contabilicen a valor razonable, motivo de que un cambio evidente y lógico en la apreciación de un determinado valor conllevará un ajuste contable. Pero concretándonos al ámbito tributario y dotación RIC/RIB, las situaciones que de hecho podemos encontrar son:

– *Que el beneficio de la SP se haya calculado con un importe determinado de las retribuciones a los socios-profesionales y el ajuste secundario de la Inspección considere que están por debajo del valor de mercado.*

En esas circunstancias se dotó RIC/RIB con un mayor beneficio de la sociedad profesional, que al ser corregido por la Inspección con un mayor importe de las retribuciones de los socios disminuye, con la consecuencia directa de que la dotación RIC/RIB exceda del máximo del 90% del beneficio no distribuido, y la correspondiente regularización. La Inspección disminuirá la dotación RIC/RIB efectuada por la SP con el consiguiente efecto en la cuota tributaria a pagar y los intereses de demora a liquidar.

- *Que el ajuste secundario considere que las retribuciones a los socios-profesionales están por encima del valor de mercado.*

En ese caso, se disminuirá el importe de las retribuciones y se incrementará el beneficio de la sociedad profesional, pero sin que sea posible dotar RIC/RIB con un mayor importe, pues la dotación exige el cumplimiento de formalidades y atender a determinados momentos para acordar la dotación y plazos mercantiles y fiscales.

La segunda incidencia que se produce cuando el socio factura los servicios a la SP por un importe mayor al valor de mercado (A.1 en el cuadro anterior) es que una parte de las retribuciones al socio profesional no tiene el carácter de gasto fiscalmente deducible, por lo que la base imponible de la SP se incrementa por el ajuste secundario.

- *Que el ajuste secundario considere que la facturación de servicios de la SP a los socios no se ajusta al valor de mercado.*

Cuando es la sociedad la que factura al socio y lo hace por un importe inferior al de mercado (B.2) nos encontramos con la misma situación anterior: el ajuste secundario incrementará la BI de la SP en la diferencia, incrementándose la cuota a pagar, sin que sea posible dotar RIC/RIB con un mayor importe. Y si el ajuste se produce de forma contraria, pues considera la Administración que el servicio lo ha facturado a un importe mayor al valor del mercado, se reducirá el beneficio y con dicha reducción resultará que la dotación RIC/RIB excede del importe máximo legal, con la consecuente regularización, pagos en cuota e intereses de liquidación.

15.3.2. El ajuste secundario en la dotación RIC/RIB efectuada por el socio-profesional

El efecto negativo del ajuste secundario se produce, además, en la fiscalidad del socio-profesional, puesto que de ser superior el importe del servicio al valor de mercado, solo una parte de la retribución recibida tiene la consideración de servicios profesionales y el resto de dividendos. ¿Qué sucede si con el importe de la retribución inicial dotó la RIC/RIB como profesional? Que posiblemente la dotación sobrepase el límite legal, al no ser susceptible de las reservas el importe que se considere como dividendo (la diferencia entre el valor de mercado y la retribución pactada).

Lo mismo ocurre con los servicios que ha podido facturar la SP al socio-profesional, que si han sido inferiores a los de mercado (B.2), la diferencia se considera dividendos y no gastos fiscalmente deducibles.

15.3.3. Ejemplos con los efectos del ajuste secundario en las dotaciones RIC/RIB

Algunos supuestos ayudarán a clarificar las cuestiones planteadas:

Ejemplo 15.1

Una SP retribuye a uno de sus socios, que tiene una participación del 30%, un determinado servicio profesional por importe de 30.000 €. El beneficio contable de la SP antes de impuestos fue 100.000 €, dotando RIC/RIB con 75.000 € y liquidando un impuesto de 6.250 €.
Al comprobar la Inspección tributaria las operaciones vinculadas, determina que el valor de mercado de la retribución satisfecha al socio es solo de 10.000 €, por lo que realiza un ajuste secundario de 20.000 €.
El primer efecto del ajuste es que la retribución del socio de 30.000 € solo se considera fiscalmente deducible por importe de 10.000 €, siendo la nueva base imponible de la SP 100.000 + 20.000 = 120.000 €, por lo que deberá tributar por un diferencial de (120.000 - 100.000) x 0,25 = 5.000 €. No podrá alegar que con ese mayor beneficio dota una mayor RIC/RIB, porque la dotación exige determinadas formalidades y que se realice dentro de los plazos mercantiles para la aprobación de cuentas.
El segundo efecto del ajuste secundario es para el socio, que supongamos que con los 30.000 € recibidos ha dotado RIC/RIB como profesional y ve ahora cómo fiscalmente se considera que ha recibido solo 10.000 € como servicios profesionales y 20.000 € como dividendos. Como con los dividendos no puede dotar RIC/RIB, la dotación que en su momento efectuó es incorrecta y será regularizada por la Inspección con la correspondiente liquidación de cuota e intereses.

Ejemplo 15.2

Una SP factura a uno de sus socios, que tiene una participación del 35%, un determinado servicio profesional por importe de 30.000 €, cuando su valor de mercado es 20.000 €.
La Inspección tributaria, comprobando las operaciones vinculadas, determina que el valor de mercado de la facturación de la SP al socio es 20.000 €, por lo que realiza un ajuste secundario de 10.000 €.

El efecto de dicho ajuste es que el socio experimentará un incremento en su base imponible del IRPF de 10.000 €, al disminuirse el importe del servicio que le ha facturado la SP. El exceso pagado a la SP se considera incremento de su aportación a los fondos propios, que tendrá efectos cuando enajene su participación. Con el incremento de la base imponible, el socio-profesional no podrá dotar RIC/RIB o incrementar la dotación que efectuó; y la SP no podrá reducir su base imponible en los 10.000 € del ajuste.

Ejemplo 15.3

SP factura a uno de sus socios, que tiene una participación del 40%, un determinado servicio profesional por importe de 30.000 €. La Inspección tributaria determina que el valor de mercado de la facturación al socio es 55.000 €, por lo que realiza un ajuste secundario de 25.000 €.

El efecto del ajuste en la SP es el incremento de su base imponible en 25.000 €, sin que pueda incrementar la dotación RIC/RIB por impedimentos temporales y sustanciales.

El efecto del ajuste en el socio es que habrá recibido un dividendo por 25.000 €, que incrementa su base imponible, sin que pueda aumentar la dotación RIC/RIB que en su día efectuó (o intentar dotarla en ese momento) por dos motivos: por impedimentos temporales y sustanciales, y por no ser susceptibles los dividendos de la dotación.

15.4. Los efectos contables del ajuste secundario

La contingencia que supone el ajuste secundario por valoración a valor de mercado de las operaciones vinculadas entre sociedad y socio no solo tiene repercusiones fiscales, sino que, además, y bajo determinadas circunstancias, puede tener incidencias contables, puesto que la mayoría de las operaciones de este tipo han de contabilizarse por su valor razonable en el PGC de 2007.

Las normas de registro y valoración de la segunda parte del PGC comprenden la n.º 21, dedicada a las operaciones entre empresas del grupo, que después de indicar que la norma será de aplicación a las operaciones realizadas entre empresas del mismo grupo, tal como están definidas en la norma 13ª de elaboración de las cuentas anuales, señala que se contabilizarán de acuerdo a las normas generales, precisando más adelante que *los elementos de objeto de la transacción se contabilizarán en el momento inicial por su valor razonable. Si el precio acordado en una operación difiriese de su valor razonable, la diferencia deberá registrarse atendiendo a la realidad económica de la operación*. El ajuste posterior que ha de realizar la propia empresa cuando se percate de que no está contabilizando las operaciones vinculadas a valor razonable es, básicamente, el mismo que efectuará la Administración tributaria en el ámbito fiscal. Y es aquí donde creemos que el ajuste fiscal —de no haber efectuado la empresa la corrección contable con anterioridad— implicará un doble ajuste, en el ámbito estrictamente tributario, y en el ámbito contable.

Si identificamos, como no puede ser de otra forma, valor de mercado con valor razonable, encontramos que el tratamiento fiscal de las operaciones vinculadas y el posterior ajuste secundario es el mismo tratamiento contable al que obliga el PGC de 2007. Siendo así, puede ocurrir que también el beneficio contable disminuya al reflejar, por ejemplo, el servicio retribuido al socio por un mayor importe, razón de que la dotación RIC/RIB que haya efectuado la sociedad quede forzosamente disminuida, al ser inferior la base sobre la que se determinó, esto es, el beneficio contable, siendo procedente la regularización de la dotación RIC/RIB.

En otras palabras, que el tratamiento fiscal de las operaciones vinculadas y el ajuste secundario tiene efectos tributarios y contables. Cuestión aparte es que al actuario le interese o no que el ajuste secundario se refleje en la contabilidad de conformidad con la norma de valoración 21ª, es decir, con un menor o mayor beneficio contable. Pero con toda seguridad hará constar en el acta que el resultado contable ha disminuido por el ajuste secundario del valor de mercado, regularizando la dotación RIC/RIB efectuada en el caso de que su importe fuese superior al máximo posible.

En las discrepancias nos encontramos ante una forzada situación que tendrían que resolver los Tribunales de Justicia, puesto que ambos criterios, contable y fiscal, han de coincidir. Y están resolviendo con el criterio más lógico, que el valor de mercado y el valor razonable es el mismo, por lo que una vez probado que el valor de mercado es diferente al valor con el que se contabilizaron las operaciones vinculadas, el ajuste secundario tiene efectos fiscales y contables.

15.5. El criterio administrativo de la dotación RIC en sociedades profesionales

Reflejamos en este epígrafe el criterio administrativo respecto a la dotación RIC en las sociedades profesionales. Por ahora no he encontrado doctrina administrativa respecto a la RIB.

Con la dotación RIC hay que tener siempre en cuenta que se nutre con el beneficio contable, no con el beneficio fiscal representado por la base imponible, razón de que un ajuste solamente de tipo fiscal no tendría por qué alterar directamente la dotación, pero sí una disminución del beneficio contable. Y vemos que el decremento se produce como consecuencia del ajuste secundario. Por ello hay que ser conscientes de la importancia de la correcta valoración de las operaciones vinculadas entre los socios-profesionales y la sociedad profesional, y en los posibles servicios que la entidad facture a aquellos. Campo especialmente abonado para convertirse en el epicentro de la conflictividad tributaria al comprobar la dotación RIC efectuada por la sociedad profesional o por los socios-profesionales.

La **consulta DGT CV 1729-2008, de 24 de septiembre,** es la que confirma que las sociedades profesionales, como cualquier otra sociedad que realiza actividad económica en Canarias, puede acogerse a los incentivos fiscales, entre ellos la RIC. Pero al mismo tiempo esboza las cautelas a tener en cuenta al analizar la situación de una sociedad de servicios profesionales que obtiene la mayoría de sus ingresos por la actuación del socio profesional único. La DGT contesta al contribuyente que no ve impedimentos para que pueda dotar RIC con los beneficios obtenidos, a pesar de que no tenga personal asalariado. Hasta aquí todo perfecto, pero hace una advertencia previa: que las operaciones entre el socio y la sociedad han de valorarse a valor de mercado, por lo que en aplicación de este "etéreo" concepto podemos encontrarnos que la sociedad vea disminuida la dotación por el ajuste de la Administración tributaria; y que el profesional vea incrementada su base imponible por el ajuste secundario sin posibilidad de dotar RIC por extemporaneidad:

> *Una sociedad de profesionales radicada en Canarias obtiene buena parte de sus ingresos de la actividad del socio profesional.*
>
> *En qué medida puede la sociedad acogerse a los beneficios fiscales de la Reserva para Inversiones en Canarias y deducción por inversiones en Canarias con independencia de que cuente o no con personal asalariado.*
>
> *El artículo 16 del texto refundido de la Ley del Impuesto sobre Sociedades (en adelante TRLIS), aprobado por Real Decreto Legislativo 4/2004, de 5 de marzo, según redacción dada al mismo por el artículo primero, dos de la Ley 36/2006, de 30 de noviembre, de medidas para la prevención del fraude fiscal, establece, para períodos impositivos iniciados a partir de 1 de diciembre de 2006, que:*
>
> *"1. 1° Las operaciones efectuadas entre personas o entidades vinculadas se valorarán por su valor normal de mercado. Se entenderá por su valor normal de mercado aquel que se habría acordado por persona o entidades independientes en condiciones de libre competencia..."*
>
> *Por tanto, conforme a la nueva regulación de las operaciones vinculadas del artículo 16 del TRLIS, las operaciones realizadas entre los socios de una sociedad profesional y ésta cuando la participación del socio en la sociedad sea, al menos, del 5%* [en la actualidad del 25%] *se valorarán por su valor normal de mercado, con independencia de si la sociedad profesional*

dispone de medios personales y materiales para el desarrollo de estas actividades, y de personal asalariado.

Por otra parte, hay que señalar que la modificación señalada del artículo 16 del TRLIS no tiene efecto jurídico directo alguno en la regulación de los beneficios fiscales recogidos en el artículo 27 de la Ley 19/1994, como en el previsto en el artículo 94 de la Ley 20/1991, por lo que esta sociedad, como cualquier otro sujeto pasivo del Impuesto, podrán aplicar las deducciones en base imponible y en cuota que correspondan, una vez determinada dicha base de acuerdo con las normas establecidas en el TRLIS con carácter general y, en particular, las establecidas para las operaciones vinculadas [DGT, CV 1729-2008, de 24 de septiembre].

15.6. Los casos que no generan ajuste secundario en las relaciones sociedad profesional/socios-profesionales

Después de explicar que tanto la sociedad profesional como los socios profesionales pueden dotar RIC/RIB en un sistema diseñado por el legislador que parte de la base de la realización de actividad económica en Canarias/Baleares; que con el mismo beneficio dos o más contribuyentes no pueden dotar RIC/RIB, pero sí con la parte del beneficio que genera cada uno; y cómo el ajuste secundario que la Administración tributaria puede hacer en las operaciones vinculadas condiciona negativamente las dotaciones RIC/RIB realizadas; estamos en condiciones de abordar dos situaciones en las que no se aplica el temido ajuste secundario:

- Las operaciones socios-profesionales/sociedad profesional no se consideran vinculadas por no superar un determinado porcentaje en el capital social, y
- El puerto seguro del art. 18.6 de la LIS.

Hasta 2015, el porcentaje de participación del socio-profesional debía ser igual o superior al 5% del capital social para que se aplicasen las normas de operaciones vinculadas y fuese posible regularizarlas con el ajuste secundario. Conllevaba que prácticamente a todas las sociedades profesionales les afectase el posible ajuste secundario practicado por la Administración tributaria. Con el nuevo IS, a partir de 1 de enero de 2015, el porcentaje subió al 25%, reduciendo el perímetro de la vinculación y con ello la inseguridad que supone el ajuste secundario en la cuantificación de las retribuciones y servicios a valor de mercado. Aunque no toda la vinculación se genera con el porcentaje en el capital social, qué duda cabe que el primer supuesto para quedar al margen del ajuste es precisamente que la operación no se considere vinculada y, en consecuencia, no se aplique el art. 18 LIS. En ese caso, se aplicaría la norma contable, que prevé en la norma de registro y valoración 21ª,1 del PGC de 2007 que las operaciones se valoren a valor razonable. El valor de mercado de la norma tributaria y el valor razonable de la normativa contable son conceptualmente similares, por lo que estaríamos en el mismo punto de partida. No obstante, la norma de registro y valoración 14ª,3 señala que, salvo evidencia en contrario, el valor razonable coincide con el precio neto acordado para los bienes y servicios, lo que obligaría a la Administración tributaria a aportar evidencia en contrario.

En consecuencia, la opción más clara y segura para los socios-profesionales es que no opere el régimen fiscal de las operaciones vinculadas, que en principio se consigue cuando no se llega al 25% del capital social. Se aplicaría la norma contable a valor razonable, que se entiende como el valor acordado, salvo evidencia en contrario. Evidencia que tendría que acreditar la Administración tributaria[95].

Para porcentajes iguales o superiores al 25% del capital social, y en los demás casos sujetos al régimen fiscal de las operaciones vinculadas, la segunda opción para evitar la inseguridad jurídica que supone el ajuste secundario es acogerse al "puerto seguro" previsto en el art. 18.6 LIS, procedimiento que de cumplirse en la totalidad de requisitos y especificidades sería suficiente para evitar el ajuste administrativo. Y no es fácil su estricto cumplimiento, como paso a explicar, pues el sistema parte de la base de una pseudo-transparencia fiscal, en que el 75% del beneficio de la sociedad profesional se atribuye por la norma a los socios-profesionales vía retribución de sus servicios profesionales a la entidad. La gran ventaja es que considera que el valor convenido entre las partes coincide con el valor de mercado, siempre que se trate de servicios de un socio profesional persona física a la sociedad profesional. Es el primer requisito que ha de cumplirse, que se trate de socios profesionales personas físicas que presten servicios a la sociedad profesional.

El segundo requisito es que más del 75% de los ingresos de la sociedad profesional proceda del ejercicio de una actividad profesional. Y es una cuestión que parece obvia, pero no lo es tanto, pues se incumple la condición cuando se producen ingresos extraordinarios de cualquier tipo o ingresos financieros que impidan cumplir el 75%. En este sentido es clarificador el criterio de la DGT expresado en **CV 1873-2022, de 8 de agosto,** que no permite acceder al puerto seguro en el caso de que en un ejercicio se venda una rama de actividad de la sociedad profesional y se

---

95 Argente Álvarez, 2017, hace un acertado análisis en esta materia en la *revista Carta Tributaria n.º 33.*

generen ingresos superiores al 75% en la actividad exclusivamente profesional. También recuerda la consulta que el beneficio del que se parte es el beneficio contable antes de la remuneración a los socios-profesionales y antes de impuestos:

> *De conformidad con lo anterior, el artículo 18.6 de la LIS señala que la valoración de mercado en los casos de prestaciones de servicios por un socio profesional persona física a una entidad vinculada, en la medida en que se cumplan los requisitos que establece, podrá ser el valor convenido por las partes.*
>
> *A este respecto, de acuerdo con la letra a) del apartado 6 del mencionado artículo, para poder aplicar lo previsto en dicho apartado será necesario que "más del 75 por ciento de los ingresos de la entidad procedan del ejercicio de actividades profesionales y cuente con los medios materiales y humanos adecuados para el desarrollo de la actividad".* ***Esta condición no se cumpliría en el supuesto planteado en el escrito de consulta consistente en que el producto de la venta de la unidad de negocio suponga más del 25% de los ingresos de la entidad, dado que resultaría en la existencia de un porcentaje inferior al 75% de ingresos procedentes del ejercicio de actividades profesionales, no resultando, en consecuencia, de aplicación en consecuencia lo previsto en el artículo 18.6 de la LIS en dicho supuesto****.*
>
> *Por otra parte, de acuerdo con la letra b) del apartado 6 del artículo 18 de la LIS, es necesario para que el contribuyente pueda aplicar lo previsto en dicho apartado que "la cuantía de las retribuciones correspondientes a la totalidad de los socios-profesionales por la prestación de servicios a la entidad no sea inferior al 75 por ciento del resultado previo a la deducción de las retribuciones correspondientes a la totalidad de los socios-profesionales por la prestación de sus servicios". A este respecto, y tal y como se ha pronunciado este Centro Directivo en contestación a consulta vinculante de 25 de enero de 2010, número V0106-10 (LA LEY 197/2010), la expresión "... el resultado del ejercicio previo a la deducción de las retribuciones correspondientes a la totalidad de los socios profesionales por la prestación de sus servicios ...", se refiere al resultado contable, a partir del cual se determina la base imponible del Impuesto sobre Sociedades, de acuerdo con lo establecido en el artículo 10.3 de la LIS.*
>
> *En caso de no cumplirse los requisitos establecidos en el artículo 18.6 de la LIS, las operaciones efectuadas entre personas o entidades vinculadas se valorarán por su valor de mercado, tal y como establece el artículo 18.1 de la LIS aplicando, a tal efecto, cualquiera de los métodos recogidos en el apartado 4 del artículo 18 de la LIS, en los términos señalados en dicho apartado* [CV 1873-2022. La negrita es nuestra].

El tercer requisito es el que encontramos con asiduidad en la dotación RIC, que la sociedad profesional realice actividad económica con los medios humanos y productivos adecuados. Quedarían por tanto excluidas del puerto seguro las sociedades profesionales que facturen servicios de sus socios sin una infraestructura mínima.

El cuarto requisito afecta a los socios-profesionales, concretamente a las retribuciones que reciben de la sociedad profesional por sus servicios, que como mínimo ha de ser el 75% del beneficio contable antes de la retribución a los socios. Si hay un solo socio, la retribución debe ser el 75% del beneficio antes de la retribución; y si hay varios, el conjunto de las retribuciones percibidas ha de llegar como mínimo a ese porcentaje. En relación con el porcentaje podríamos considerar que se refiere al ejercicio profesional durante una jornada de 8 horas diarias durante cinco días, por lo que de ser inferior el tiempo que le dedica el profesional podría calcularse la parte proporcional. Pero ese criterio no es el de la DGT. En la **CV 3558-2016, de 3 de agosto**, llega justo a la conclusión contraria: la retribución para el puerto seguro no puede prorratearse en función del tiempo que le dedica el socio, ha de ser el 75% del beneficio:

> *PF está en posesión del título universitario que le acredita para desarrollar dicha actividad, y presta sus servicios a la entidad consultante de acuerdo a dicha titulación. PF figura dado de alta en el RETA y desarrolla una actividad profesional incluida en la sección segunda de las tarifas del Impuesto sobre Actividades Económicas. Por la prestación de estos servicios profesionales, el socio percibe una retribución, con la correspondiente retención a cuenta del Impuesto sobre la Renta de las Personas Físicas, como rendimientos de actividades económicas. PF emplea aproximadamente el 50% de su tiempo para el desarrollo de esta actividad.*
>
> *En el resto de su jornada laboral, PF desarrolla otra actividad profesional de agente de seguros, como persona física, para la que nunca ha tenido contratado a ningún trabajador por cuenta ajena.*
>
> *CUESTIÓN*
>
> *1. Valor de mercado que debe atribuirse a la retribución correspondiente a los servicios profesionales que PF presta a X, cuando la dedicación del socio al desarrollo de la actividad es a tiempo parcial de la jornada. En concreto:*
>
> *1a) Si sería imprescindible el cumplimiento de la condición expuesta en el artículo 18.6.b) de la Ley del Impuesto sobre Sociedades, o si el porcentaje del 75% se puede reducir en la misma medida en que se fundamenta la dedicación parcial de PF a la actividad.*
>
> *1b) Si de igual modo podría aplicarse la misma proporcionalidad al cumplimiento de lo dispuesto en el punto 2º de la letra c) del artículo 18.6 de la Ley del Impuesto sobre Sociedades.*
>
> *De conformidad con lo anterior, el artículo 18.6 de la LIS se limita a señalar que la valoración de mercado en los casos de prestaciones de servicios por un socio profesional persona física a una entidad vinculada, en la medida en la que se cumplan determinados requisitos, será el valor convenido por las partes. Dentro de estos requisitos se encuentran, entre otros, los dispuestos en las letras b) y c) del artículo 18.6 de la LIS, los cuales se deben de cumplir en sus propios términos, sin que sea posible prorratearlos en función del tiempo de dedicación del socio a la actividad de la entidad.*
>
> *No cumpliéndose los requisitos establecidos en el artículo 18.6 de la LIS, "Las operaciones efectuadas entre personas o entidades vinculadas se valorarán por su valor de mercado", tal y como establece el artículo 18.1 de la LIS. Entre estas operaciones vinculadas se encuentran las realizadas entre una entidad y sus socios, siempre que tengan una participación igual o superior al 25%. En tal caso, para la determinación del valor de mercado se aplicará cualquiera de los métodos recogidos en el apartado 4 del artículo 18 de la LIS* [CV 3558-2016].

Y el quinto requisito es tanto cualitativo como cuantitativo. Cualitativo, porque exige que las retribuciones a los socios-profesionales se determinen en función de su contribución a la buena marcha de la entidad. Criterio subjetivo que, además ha de constar por escrito con antelación. Y cuantitativo, en función de que haya o no asalariados que realicen una labor análoga a los socios-profesionales, en cuyo caso, la retribución debe ser como mínimo 1,5 veces el salario medio de los empleados. Si no hay asalariados, la retribución a los socios-profesionales ha de ser igual o superior a 5 veces el Indicador Público de Renta de Efectos Múltiples (IPREM). Para 2024, el IPREM anual es 7.200 €, razón de que la retribución del socio ha de ser como mínimo 36.000 € anuales. El hecho de que los requisitos cualitativos y cuantitativos no se cumplan en algún socio no afecta a los demás, que estarán acogidos al puerto seguro siempre que los cumplan.

Después de examinar los cinco requisitos que deben cumplirse conjuntamente, surgen muchas dudas para la aplicación del puerto seguro: ¿qué ocurre si el beneficio de la sociedad profesional no es suficiente para que al socio se le retribuya como mínimo los 36.000 € anuales (del IPREM multiplicado por cinco)?, ¿qué ocurre cuando sencillamente la sociedad-profesional no genera beneficios?, ¿qué ocurre en el caso de que la sociedad-profesional genere otros rendimientos al margen de la actividad profesional? Interrogantes que, en determinadas consultas, la DGT ha concluido que no es de aplicación el puerto seguro y que deberán matizar los Tribunales de Justicia. Mientras, como es fácil observar, el "puerto seguro" no es la panacea para el contribuyente socio-profesional, pero no descarto que su seguridad jurídica beneficie a determinadas sociedades profesionales consolidadas en el mercado. Las que no lo estén tanto tendrán que retribuir a sus socios-profesionales con remuneraciones que sean lógicas a su trabajo y servicios y en función del beneficio que genere la sociedad profesional. Retribuciones que podrán, por supuesto, ser revisadas por la Administración tributaria y corregidas, en su caso, con el ajuste secundario.

15.7. El TSJC impone cierta cordura en la regularización que efectúa la Administración tributaria en las sociedades profesionales y la RIC

La **STSJC, Sala Las Palmas, de 17 de diciembre de 2019, recurso 389/2017**, estudia la demanda interpuesta contra la resolución TEARC, Sala Las Palmas, de 28 de marzo de 2019, en la que se desestima las pretensiones de la entidad Ortigosa Villen Abogados, S.L. que tenía como objeto social las actividades de abogado especializadas en la asesoría jurídica, fiscal y mercantil, que prestaba a través de su socio único y administrador todos los servicios en 2009, mientras que en 2010 contaba con los servicios laborales de un auxiliar. La Inspección constata que los servicios de la sociedad se confunden con los servicios del socio único, aunque consta la retribución que percibe el administrador como gasto en la sociedad e ingreso del socio. Aplica ajustes por operaciones vinculadas y regulariza la RIC dotada entre 2008 y 2010 por la sociedad, imponiéndole una sanción. El criterio de la Inspección fue ratificado por la RTEARC, que fue recurrida ante el TSJC.

El TSJC constata que la Inspección y TEARC rechazan el valor convenido entre la sociedad y su socio como valor de mercado y aplican el método del precio libre comparable de un bien o servicio idéntico o similar entre personas independientes en circunstancias equiparables, puesto que en el expediente no se daban las circunstancias del puerto seguro del 85% del resultado antes de las retribuciones (en aquellos años, en vez del 75% se aplicaba el 85%). Y considera como precio libre el que facturó la sociedad a los clientes, incrementando por tanto la retribución del socio único. Como consecuencia de ello, regulariza la dotación RIC efectuada por la entidad, al carecer de beneficios por el ajuste secundario, e incrementa la retribución del socio único.

El TSJC anticipa que va a estimar el recurso y se muestra muy crítico con el TEARC. Concluye que no tiene lógica alguna que se le impute al socio el cien por cien de lo que ha facturado la sociedad, sin tener en cuenta los gastos necesarios para obtenerlos. Anula la sanción e impone las costas a la Administración, mandándole devolver lo ingresado mientras liquida de nuevo con un criterio más ajustado a Derecho:

> *SEGUNDO. En lo que a la deuda concierne, el resultado de las actuaciones inspectoras ha de ser inexorablemente invalidado, pues el proceso al efecto seguido esconde un trascendental error, cuya existencia, por otro lado, ha denunciado la actora desde el primer momento.*
>
> *Consiste tal yerro —y haremos uso aquí de los términos utilizados por la dirección letrada de la parte demandante, simplemente porque este Tribunal no podría explicar mejor la cuestión— "en* ***que Hacienda ha partido de que la retribución del socio profesional (el fallecido Sr. Ricardo) durante los años inspeccionados fue el 100% de los rendimientos obtenidos por la sociedad, pese a admitir que la sociedad tuvo gastos,*** *entre ellos, la contratación de un auxiliar al menos durante el año 2010. No obstante ello, parte de la base de que no hubo gastos de ningún tipo. Todo lo ingresado lo convierte la Inspección en retribución del socio profesional. A este respecto —continúa la representación de la Sra. Estrella— dijimos en la citada pág. 13, y hemos de repetir ahora que "Estimamos manifiesto el error de la Inspección y consideramos de sentido común que, aparte de que durante un año hubo una empleada, es inevitable que haya siempre costes en la actividad, por lo que al elevar la Administración hasta el 100% del resultado señalado la retribución del socio profesional, impide la aplicación de margen alguno por tales costes que la Administración lleva a recaer sobre la propia retribución del socio profesional y se aparta del criterio establecido por el 16.6 del Reglamento del Impuesto sobre Sociedades que toma como referencia de la retribución el 85% del resultado contable antes de impuestos sin computar la propia retribución del socio. Asimismo, no puede olvidarse que el legislador ha rebajado desde el 1 de enero de 2015 la referencia del 85% al 75% al entender que la primera era excesiva".*
>
> *Obrando de esa manera —seguimos copiando a la letra el pasaje correspondiente de la demanda—, la Administración llega al absurdo de que absolutamente todos los ingresos fueron*

rendimientos para la sociedad, sin reconocer margen alguno para la retribución del socio profesional, por lo que los ingresos personales de éste, que lógicamente existieron, se han integrado también en la base del IS, y tributan a la vez por este impuesto y por el que le corresponde propiamente de IRPF, contrasentido y absurdo que hemos denunciado reiteradamente en la demanda, al ser evidente la existencia de una doble imposición. Por lo mismo —concluye así la dirección letrada de doña Estrella— se ha devengado IS a la entidad y además IRPF al socio profesional.".

En las circunstancias expuestas, como ya dijimos, la deuda ha de ser anulada, debiendo la Administración —si el transcurso del tiempo lo permitiese— girar otra, en la cuantía que proceda. Pero, sobre todo, con arreglo a Derecho. Mientras tanto y por lo pronto, deberá devolver la suma ingresada.

Especialmente crítico se muestra el TSJC con el expediente sancionador incoado después de cuatro años de fallecido el socio único, opinando que no reúne el estándar mínimo para apreciar culpabilidad:

TERCERO. La sanción, por su parte, ha de ser igualmente anulada. Pero no porque fuese antinómico mantener la validez de una sanción dimanante de una deuda eventualmente improcedente (a la fecha, se ha anulado la que sirve de sustento a las multas impugnadas en los cauces del presente proceso), sino porque, contrariamente a la tesis que sostiene la Administración —y que el Tear, por cierto, se ha limitado a rubricar— no alcanza el acuerdo sancionador el estándar mínimo jurisprudencialmente establecido para apreciar en el caso la existencia de culpabilidad.

Al tratarse de varios herederos a quienes se les reclama la fiscalidad de la entidad, los mismos argumentos se repiten en la **STSJC de 17 de diciembre de 2019, recurso 390/2017:**

SÉPTIMO. Rechazada la causa de inadmisibilidad esgrimida por la representación de la demandada, encaramos directamente el enjuiciamiento de la cuestión de fondo.

Empezamos por el impuesto sobre la renta de las personas físicas que, al parecer, en lo que respecta a los periodos impositivos 2009, 2010 y 2011 no pagó —o no pagó lo suficiente— el sujeto pasivo de dicho tributo, esto es, don Mariano, y cuyo importe —resultante de un procedimiento inspector iniciado casi 4 años después del fallecimiento de don Mariano— la AEAT exige sea abonado por sus hijos, a título de sucesores, cuya representación ostenta la actora (en su día casada con el Sr. Mariano, si bien el matrimonio se había disuelto antes del deceso), tanto en virtud de apoderamiento expreso, caso de los que son mayores de edad, como, respecto al que no lo es, por mandato legal, en su condición de madre.

Pues bien, también aquí adelantamos, sin riesgo de error alguno, que la deuda será anulada. Ello, además de por las razones que enseguida expondremos, por resultar de una claridad cegadora la existencia de la doble imposición que denuncia la demandante. En efecto, las rentas que aquí se sujetan a tributación son exactamente las mismas que las gravadas por el Impuesto sobre Sociedades a la entidad "José Miguel Ortigosa Villén, S.L.", *cuya regularización tributaria también impugnó doña Milagros en el seno del recurso contencioso-administrativo nº 389/2017, en el que recayó sentencia, de igual fecha que la presente, anulando la liquidación en tal proceso recurrida.*

OCTAVO. Bajo la rúbrica "Obligados Tributarios", establece el artículo 35 LGT, apartado 1, que "Son obligados tributarios las personas físicas o jurídicas y las entidades a las que la normativa tributaria impone el cumplimiento de obligaciones tributarias.". Y en el apartado 2 de ese mismo artículo se indica que "Entre otros, son obligados tributarios: [...] j) Los sucesores.

Tenemos pues que, entre los obligados tributarios, incluye la LGT —como desde antiguo hacía el anterior Reglamento de Recaudación— a los sucesores en la titularidad de deudas tributarias.

Evidentemente, tal disposición está en consonancia con nuestro Derecho de Sucesiones, según el cual, a la muerte de una persona, sus sucesores a título universal se subrogan en la titularidad de las situaciones jurídicas de contenido patrimonial; naturaleza que ostentan las deudas tributarias.

Por su lado, el artículo 39 LGT, intitulado "Sucesores de personas físicas", preceptúa en su apartado 1, y en lo que ahora importa, que "A la muerte de los obligados tributarios, las obligaciones tributarias pendientes se transmitirán a los herederos, sin perjuicio de lo que establece la legislación civil en cuanto a la adquisición de la herencia. [...]."

Agregando el ap. 2 del art. 39 citado que "No impedirá la transmisión a los sucesores de las obligaciones tributarias devengadas el hecho de que a la fecha de la muerte del causante la deuda tributaria no estuviera liquidada, en cuyo caso las actuaciones se entenderán con cualquiera de ellos, debiéndose notificar la liquidación que resulte de dichas actuaciones a todos los interesados que consten en el expediente.".

Finalmente, en lo que hace al procedimiento de recaudación, señala el párrafo primero del artículo 177.1 de la Ley General Tributaria que, fallecido cualquier obligado al pago de la deuda tributaria, tal procedimiento continuará con sus herederos y, en su caso, legatarios.

NOVENO. Pues bien, del marco normativo que acabamos de exponer no se deduce otra cosa que la invalidez de la obligación económica a que específicamente nos estamos refiriendo ahora, pues en la fecha del fallecimiento del contribuyente no existía deuda ni procedimiento pendiente algunos.

Conclusión, la expuesta, expresiva de la tesis abiertamente dominante en nuestra doctrina científica, según la cual el tenor literal de los preceptos antes citados muestra bien a las claras que la transmisión por sucesión se refiere a situaciones consolidadas, lo cual, naturalmente, no impide que puedan ser objeto de sucesión las obligaciones pendientes e, incluso, el propio procedimiento, siempre y cuando, en este último caso, que se trate de un procedimiento iniciado antes del fallecimiento del sujeto pasivo, pues de otra manera no estaríamos en presencia de un procedimiento "pendiente".

Tesis que refuerza aún más, si cabe, el inciso final del referido art. 39.2, pues al ordenar que se notifique "la liquidación que resulte de dichas actuaciones a todos los interesados que consten en el expediente", es axiomático que está contemplando únicamente la hipótesis de un procedimiento iniciado antes de la muerte del contribuyente, ya que, si no fuera así, ese deber de notificación que en tal precepto se recoge no quedaría constreñido solo al acto de liquidación, sino que, lógicamente, se extendería a todos los actos integrantes del procedimiento.

DÉCIMO. Finalmente, y en lo que a la sanción concierne, esta Sala confiesa su absoluta incapacidad para intentar entender tan desafortunada decisión administrativa.

Pero dado que este veredicto lo ha hecho suyo el Tear (con la subsiguiente inquietud que produce pensar en una eventual generalización de tal infeliz solución), nos vemos en la obligación de alargar la presente resolución con el único objetivo —impropio de la genuina función que la Constitución y la leyes encomiendan a Jueces y Tribunales— de explicar, en términos fáciles y comprensibles, porqué en nuestro Derecho —y en el de todos los Estados de nuestro entorno cultural— no se puede iniciar un procedimiento sancionador contra una persona que está muerta. Y una vez se entienda esta premisa básica, resultará mucho mas sencillo comprender que, a efectos legales, en realidad nunca ha existido la sanción impuesta a don Mariano, y que, consecuentemente, ya desde un principio venía desprovista de objeto la resolución en virtud de la cual se declara a los sucesores del Sr. Mariano responsables del

> *cumplimiento de la "sanción" (mantendremos esta denominación porque es la que usa la Administración; y también para que se nos entienda mejor) (…)* [STSJC de 17 de diciembre de 2019, recurso 390/2017].

Después de este duro varapalo a la Inspección y al TEARC, al menos sabemos que algo de lógica ha de imperar en la regularización que se efectúe a las sociedades profesionales en las que existe un socio principal que prácticamente realiza todo el trabajo.

No obstante, el criterio del TSJC sobre este tipo de sociedades profesionales en las que el socio profesional es quien principalmente genera los ingresos coincide esencialmente con el de la Inspección tributaria, como se observa en dos sentencias.

En la **STSJC de 21 de septiembre de 2023, Sede Las Palmas de Gran Canaria, recurso 479/2022**, da la razón al TEARC y la Inspección en el ajuste por operaciones vinculadas que realizó en las retribuciones de la sociedad profesional al socio principal porque se trata de una mera sociedad de intermediación que no genera un valor añadido apreciable dado y el carácter personalísimo de los servicios médicos prestados:

> *Compartimos los razonamientos de la Inspección Tributaria, la entidad FERNÁNDEZ VELÁZQUEZ SLP no genera un valor añadido relevante a los servicios que pone en el mercado D. Juan Pablo. La contratación de los servicios tenía en cuenta la especialidad, es la titulación, los conocimientos y/o el prestigio del profesional, cualidades que ostenta el doctor Juan Pablo y no la entidad intermediaria.*
>
> *(…) En la sociedad Fernández Velázquez s.l.p. se pretende que su socio don Juan Pablo —que ostenta el 50% de la mercantil, ostentando el restante su cónyuge—, y es que este último presta de forma exclusiva servicios médicos a los clientes de la actora, consistiendo la relación jurídica que une a tal socio con la demandante, una relación en régimen de dependencia laboral, percibiendo tan solo 72.000 euros al año, que es muy inferior al beneficio declarado por la mercantil recurrente. Sin que haya explicación alguna, al hecho de que los servicios y la remuneración pactada con relación al médico fuera inferior a los beneficios de la sociedad, que incluso realizaba dotaciones a la RIC.*
>
> *Por lo que consideramos la regularización practicada conforme a derecho* [STSJC, 21 septiembre 2023].

Al menos, el TSJC anuló la sanción impuesta.

El criterio se reafirma en este tipo de sociedades profesionales en la reciente **STSJC de 5 de enero de 2024, Sede Santa Cruz de Tenerife, recurso 3/2022**, que analiza la sociedad profesional que constituye un neurocirujano de Tenerife en la que es socio y administrador único, por la que comienza a facturar los servicios que antes cobraba como persona física, principalmente a Hospitales Quirón. La Inspección y el TEARC consideraron que existía simulación relativa, ya que con la apariencia de una sociedad se seguían prestando los mismos servicios por la persona física, sin que la entidad como tal tuviese infraestructura o medios diferentes al servicio que generaba el propio y único socio. Es decir, que no existía motivo económico para pasar a desempeñar los servicios como entidad, sino que el único objetivo perseguido era lograr una tributación menor. Los elementos fácticos que encontró la Inspección para rechazar la tributación a través de la sociedad y las dotaciones RIC efectuadas por la misma fueron:

1º. Control total, absoluto y exclusivo de la sociedad por parte del obligado tributario.

2º. Localización física común de ambos sujetos.

3º. Encauzamiento de la facturación de los servicios médicos profesionales del obligado tributario hacia la sociedad.

4º. Ausencia de medios materiales y humanos distintos del profesional persona física capaces de generar flujos de renta y valor añadido al servicio.

5º. Inexistencia de contratos formalizados entre y los centros médicos proveedores del servicio hasta la fecha de inicio del procedimiento de inspección.

6º. Ausencia de método retributivo en función de los servicios prestados por la persona física a la sociedad.

7º. Exclusividad en la prestación de servicios profesionales de la persona física a su sociedad.

8º. Corriente monetaria entre la persona física y la sociedad discordante con la facturación por los servicios profesionales.

9º. Publicidad directa de los servicios del profesional y no de la sociedad.

10º. Aplicación de incentivos fiscales en sede de la sociedad que amortiguan sensiblemente la deuda tributaria.

11º. Situación estructural.

Con el último punto quería expresar la Inspección que años después continuaba la entidad con la misma infraestructura y *modus operandi.* Es interesante recalcar que no cuestionó, en modo alguno, el ejercicio de la actividad profesional a través de una sociedad que se constituye como forma colectiva para el ejercicio profesional de la medicina, sino su probada instrumentalización para el ahorro tributario sin fin ni razón económica adicional. *Esto es, la sociedad es un mero ente creado al efecto para minorar la carga fiscal de su administrador y socio único, no apreciándose motivación económica u otra fuera del ámbito fiscal que anime la societarización de los servicios que se venían prestando exclusivamente como persona física.* Su criterio fue ratificado por el TEARC.

El TSJC encuentra un antecedente en la materia en la **STS de 17 de diciembre de 2020** que dijo que es necesario que la utilización de un sociedad para facturar responda a razones económicas validas, por lo que, a sensu contrario, no podrá ampararse esa utilización cuando se fundamente en motivos que en la práctica sean exclusiva o fundamentalmente fiscales, provocando un diferimiento o una menor tributación. Dicha STS manifiesta en su F.D. Tercero que:

> *Como sostiene el Abogado del Estado, la simulación es ocultación y carencia de causa y, en el supuesto que nos ocupa, la ocultación consiste en que los servicios los presta una persona física pero los factura una sociedad mercantil, participada al 99,97% por la persona física que, a su vez, es contratada de su sociedad personal. La carencia de causa es la innecesaridad absoluta de que la persona física constituya una sociedad profesional para facturar a la sociedad cliente (prácticamente único) servicios que presta como persona física(en este caso: Don Adolfo), máxime cuando (aspecto probatorio) las investigaciones de la Inspección Tributaria han detectado que los documentos contables de esta sociedad de persona física no recoge ni subcontrataciones ni gastos de gestión de lo que sería una sociedad con empleados o con infraestructura de trabajo, ni siquiera de lo que podría ser (potencialmente e in abstracto) una sociedad profesional que prestara servicios de asesoramiento jurídico tipo free-lance (profesional libre) a diversos Clientes* [STS 17 diciembre 2020].

La conclusión a la que llega la STSJC es que existía simulación relativa en el ejercicio profesional de la actividad a través de la sociedad, por lo que desestima esa parte del recurso:

> *A la vista de los extremos que obran en el expediente administrativo, del análisis de los hitos comprobados por los Inspectores de la Agencia Tributaria, y de los términos de la Doctrina en este FD, procede la desestimación de la causa de impugnación. No cabe acoger el planteamiento y justificación que introduce el actor, pues ante los indicios con los que contó la Administración tributaria, resulta fundada la conclusión a la que llega en la liquidación analizada en este FD. Como se deduce la Sentencia de la Sala Tercera analizada, la simulación es ocultación y carencia de causa. De lo que se trata es de probar si estas sociedades responden a una realidad jurídico material sustancial con una causa negocial lícita, o por el contrario, si son meros artificios jurídico-formales que no persiguen otra finalidad que la de minorar la carga fiscal que por imperativo legal debe soportar el obligado tributario. Frente a dicha deducción llevada a cabo por la Administración Tributaria, el actor se opone justificando la existencia de la sociedad se debe a una causa legítima. Expone en su escrito de recurso, y consta en la documental aportada por la actora; que dicha entidad se constituyó por escritura otorgada ante el notario de La Orotava, doña Pilar García Hernández el día 28 de julio de 2014 con el número 797 de protocolo. Su objeto social es la actividad propia de los profesionales de la medicina.*
>
> *(...) En este caso, a la vista de lo razonado en el anterior FD, no cabe acoger el criterio que alega el recurrente, pues el fundamento de la actuación se basa en la simulación de la actividad de la sociedad mercantil. Los hechos recogidos en el anterior FD, en base a los cuales se analiza y declara la simulación, no tienen encaje en el concepto de operaciones vinculadas que se regulan en el artículo 18 de la LIS, pues la amplia fundamentación de las actuaciones inspectoras, determinan que los servicios profesionales médicos prestados por el Sr. Jose Manuel y facturados por la entidad mercantil DIRECCION001, carecían de la necesaria cobertura contractual con las terceras entidades que requirieron y arrendaron los servicios profesionales del Sr. Jose Manuel. Los indicios anteriormente analizados conllevan a considerar la existencia de una simulación del artículo 16 de la LGT. Consecuencia de la anterior, es la exclusión del criterio de operación vinculada que se integra en el artículo 18 de la LIS, pues el criterio fundamental para determinar la existencia de una operación vinculada a los efectos de la norma que se insta, es el vínculo entre la sociedad y el socio o partícipe, vinculo que decae cuando se declara la simulación de la entidad.*

Lo sorprendente es que partiendo de que existe simulación relativa en la actividad ejercida por la sociedad, porque en realidad no tiene infraestructura suficiente para realizarla y depende en todo del socio/administrador, la Inspección con el beneplácito del TEARC imputa todo el beneficio al socio/administrador, anulando la dotación RIC efectuada en varios ejercicios por la entidad y negando que pueda dotar la RIC el profesional porque no lo había hecho en tiempo y forma. Y es este aspecto el que recurre también el contribuyente, alegando **que no se ha practicado una regularización íntegra a la sociedad y socio, con los ajustes negativos y positivos que les corresponda.** Y en este aspecto, el TSJC le da la razón y manda anular la liquidación porque no se le reconoce al socio el derecho de disfrutar de la dotación que se había eliminado a la entidad. Por supuesto que no había dotado el profesional la RIC antes, porque precisamente quien lo había hecho fue la entidad. La estimación parcial de este aspecto da un poco más de cordura a lo que está sucediendo con la regularización de las sociedades profesionales y la regularización íntegra. Así se motiva en el F.D. Sexto:

SEXTO. NULIDAD DEL ACUERDO DE LIQUIDACIÓN POR FALTA DE MOTIVACIÓN EN LA ELIMINACIÓN DE LOS INCENTIVOS FISCALES APLICADOS POR LA SOCIEDAD A LA RESERVA DE INVERSIONES DE CANARIAS (RIC).

Sobre este particular expone el recurrente lo que sigue; "Falta absoluta de motivación tanto en el acuerdo de liquidación como en la resolución del TEAR, a resultas de la no inclusión de la dotación a la RESERVA DE INVERSIONES DE CANARIAS (RIC) por DIRECCION001 y que no ha sido incluida en el acuerdo de liquidación a favor del obligado tributario, don Jose Manuel.

...Manifiesta la resolución objeto de esta demanda y confirma el TEAR sin motivar y en contra de la documental obrante en el expediente, que no hay vulneración del principio de regularización íntegra con respecto a la RIC y que no aplica la regularización de la misma en la persona física, porque no le consta la previa dotación contable en plazo con el correlativo reflejo en la autoliquidación presentada.

Sin embargo sí que están reflejadas las deducciones por la inversiones en Canarias, como quedó acreditado con la documental aportada (véase documentos SEIS, SIETE, NUEVE y DIEZ de la demanda) y sin que se haya esbozado causa alguna jurídicamente razonable para su no inclusión.

Es por ello que el acuerdo de inspección adolece de nulidad por no contemplar esta concreta partida, en vulneración del principio de regularización íntegra sobre las cantidades dotadas a la RIC, exclusivamente en perjuicio de mi representado".

El TEAR se pronuncia sobre dicha cuestión al señalar; "Respecto a la última alegación, donde el reclamante manifiesta su desacuerdo en la no inclusión del beneficio fiscal en sede de la actividad profesional de D. Jose Manuel, este Tribunal comprueba que tanto en el acta, como en el acuerdo de liquidación, la Inspección valora la posible atribución de los beneficios fiscales declarados por la sociedad en la persona física, motivando porqué no se le aplica la RIC sin la previa dotación contable en plazo con el correlativo reflejo en la autoliquidación presentada, y sí en cambio, se admite en sede de Inspección, la DIC de la entidad en el médico, por unos determinados importes, coincidiendo este Tribunal en dicha motivación, a la cual nos remitimos, íntegramente, a fin de evitar reiteraciones innecesarias, debiendo precisarse, además, que no se aprecia por esta Sala, en la actuación de la Inspección, ninguna vulneración del principio de regularización íntegra".

La Administración Tributaria motiva las razones por las que no procede imputar los beneficios fiscales a la persona física. La liquidación se produce en fecha 9 de octubre de 2020. En la misma, responde a dicho planteamiento en los siguientes términos;

"No existe ni la dotación contable ni en la declaración-liquidación por el IRPF de los ejercicios 2015 y 2016 la opción del sujeto pasivo de acogerse a la RIC por los importes en cuestión. Hecho evidente toda vez que la dotación y disfrute se realizó por la sociedad. La ausencia de la dotación en plazo de la RIC supone un obstáculo insalvable para la aplicación del incentivo al configurarse como requisito constituyente por el artículo 27, en sus apartados 1 y 2 de la Ley 19/1994 (según redacción vigente en los periodos de inspección): (...)

No tiene cabida, en la presente propuesta, la aplicación de la RIC sin la previa dotación contable en plazo con el correlativo reflejo en la correspondiente autoliquidación presentada. La esencia de la RIC es el compromiso entre la sociedad en general y un contribuyente concreto por el cual éste asume una serie de compromisos pro futuro (inmovilizar beneficios/materializar/mantener para fomentar el empleo y la riqueza en Canarias) a cambio de los cuales aquélla (la sociedad representada por la Hacienda Pública) renuncia a una parte importante de sus recursos y concede un ahorro fiscal. La asunción de este compromiso es la dotación contable en plazo. No tomar en consideración que la normativa aplicable, dado el carácter tan especial dela RIC que exige una serie de requisitos, entre ellos los de carácter temporal, significaría tanto como dejar al arbitrio del contribuyente el llevar a cabo una dotación a la reserva, con la consiguiente minoración de la base imponible —en el supuesto de personas jurídicas— y de la cuota —en el supuesto de persona físicas—, en cualquier momento que le pareciese oportuno, retroactivamente respecto de ejercicios anteriores. Hemos de negar, en definitiva, el ahora disfrute en sede de Inspección de una RIC sin la previa dotación contable en plazo y su exteriorización en la autoliquidación correspondiente".

NO es controvertido entre las partes ni ha sido objeto de prueba, que no se ha producido la dotación contable. Tampoco es controvertido la opción en los IRPF correspondientes, de la persona física que reclama su aplicación.

En cuanto a los requisitos que prevé el artículo 27 de la 19/1994 para el régimen jurídico de la Reservade Inversiones de Canarias, (RIC), se determinan de forma esquemática en los siguientes; Dotación, materialización y mantenimiento. A los anteriores se habrá de añadir los requisitos exigidos por la norma para entender debidamente aplicado el beneficio fiscal.

Tal y como nos pronunciamos en nuestra sentencia de 31/07/2020, Rec; 140/2019:

"Sobre el régimen de las inversiones anticipadas se ha pronunciado esta Sala y Sección en la sentencia de 27de abril de 2016, procedimiento ordinario 402/2014, señalando (fundamento de derecho tercero):

El mencionado régimen supone, ni más ni menos, la alteración de la secuencia de aplicación del beneficio fiscal de la RIC, ya que, en lo que podría considerarse el régimen ordinario, primero se dota la RIC —es decir, se aplica el beneficio— y después, dentro del plazo de los tres años, a contar desde el período en que se efectúa la dotación, debe materializarse la misma; en cambio, en el régimen —especial— de las inversiones anticipadas, primero se realiza la inversión y después, en el plazo comprendido entre el año de la inversión y los tres posteriores, el contribuyente puede acogerse a este incentivo fiscal en la autoliquidación del impuesto de dichos períodos subsiguientes, mediante la dotación de la RIC con cargo a los beneficios obtenidos en los mismos".

Es decir, las fases/requisitos para la aplicación del beneficio fiscal, requieren la secuencia ordenada delos trámites, aunque no con carácter absoluto, pues en el supuesto analizado por esta Sala, la norma permite, cumpliendo los requisitos y dentro del plazo preestablecido, las inversiones anticipadas, es decir, la materialización previa a la dotación.

La parte actora insta la aplicación del principio de regularización íntegra. Como ha declarado el Tribunal Supremo a propósito de este principio en la reciente sentencia de 20 de abril de 2022 (ROJ: STS 1615/2022):

"nuestra jurisprudencia sobre el principio de íntegra regularización impone que la Administración tributaria deba regularizar tanto los aspectos que perjudican como los que favorecen al obligado tributario, evitando quela invocación de la estanqueidad de los periodos o conceptos impositivos objeto de la actuación administrativa, hagan posible que un gasto deducible no se deduzca en ningún periodo impositivo, que una cuota soportada no se deduzca en el ejercicio correspondiente y tampoco sea devuelta o sea deducida en otro distinto, o que se someta a tributación una operación por un tributo sin realizar simultáneamente la devolución de otro "incompatible" por el que se haya tributado, o el ajuste correspondiente en el periodo impositivo del mismo tributo".

Recordando además la citada resolución que el principio de íntegra regularización es derivación de otros principios ya consolidados, sosteniendo al efecto el Tribunal Supremo que:

"el principio de regularización íntegra o completa bien puede considerarse como la derivación de un conjunto de otros ya consolidados en el tiempo y reconocidos legalmente, como son, además del de proscripción del enriquecimiento injusto, los principios de seguridad jurídica, de economía procedimental, de eficacia de la actuación administrativa y de proporcionalidad en la aplicación del sistema tributario".

Como se expuso más atrás, la Administración no reconoce los beneficios derivados de la RIC para los ejercicios 2015 y 2016 de la entidad DIRECCION001 por entender la falta de dotación de dicho beneficio fiscal por parte del recurrente, cuestión esta, como también se expuso, que no ha resultado controvertida.

Resta entonces por determinar si la falta de dotación se ha de establecer como un requisito estructural o en su caso formal del incentivo tributario. Esta Sala ya ha tenido oportunidad de pronunciarse sobre dicho extremo. En nuestra Sentencia de 14/06/2021, REC 92/2020, nos pronunciamos en los siguientes términos; "

III. En la demanda se cita la sentencia de la Sala de lo Contencioso-Administrativo de este Tribunal Superior de Justicia de Canarias con sede en Las Palmas de Gran Canaria (recurso 359/2018), cuya fundamentación se subrayaba que la Administración reconocía la aptitud de la inversión realizada para dotar la RIC.

En su momento se planteó a las partes la posibilidad de dejar en suspenso el trámite hasta que se pronunciara el Tribunal Supremo sobre el recurso de casación admitido frente a esta sentencia, pero al no haber acuerdo quedó el recurso finalmente pendiente de deliberación votación y fallo, no obstante lo cual, se ha comprobado que la Sala 3ª del Tribunal Supremo, Sección 2ª, dictó sentencia en el recurso de casación aludido (7966/2019)el pasado día 10-05-2021, sentencia de la que procede extraer las siguientes consideraciones:

La jurisprudencia en relación a la Reserva para Inversiones en Canarias, en general, asociaba el incumplimiento de requisitos formales y la consecuencia de la pérdida del beneficio, a los efectos sustantivos de dicho incumplimiento, en tanto "no limitado al mero ámbito adjetivo o probatorio, sino que su falta impide a la Administración conocer y comprobar la sustantividad del Derecho";

Concluyendo: "Para establecer la relevancia sustantiva del incumplimiento formal ha de atenderse, motivadamente, a las consecuencias que representa para la Administración liquidadora la falta de conocimiento acerca de la realización de la inversión, en este caso anticipada. También se ha de valorar si se trata de una vulneración total o parcial o tardía".

Trasladada la anterior doctrina al caso actual, en el que no se cuestiona la correcta realización de la inversión anticipada, incluso aceptada en el acta que fue luego rectificada por órgano liquidador por incumplimiento delos requisitos formales de comunicar la materialización anticipada de la RIC y su sistema de financiación con ocasión de la presentación de las declaraciones del IRPF de los ejercicios 2009 y 2010, rechazando incluso la aportación, por extemporánea, del plan de inversiones en las circunstancias que se dejaron expuestas; resulta la estimación de la demanda".

Esta Sala, a la luz de la doctrina que se ha expuesto en este FD y especialmente del principio de regulación íntegra, decide estimar el motivo de impugnación planteado por el recurrente, debiéndose por parte de la Administración proceder a practicar una nueva liquidación en la que se reconozcan a favor del recurrente, los beneficios procedentes de la RIC dotada en los ejercicios 2015 y 2016 por la entidad DIRECCION001.

NO es controvertido ni cuestionada la dotación RIC en el modelo 200, efectuada por parte de la entidad DIRECCION001 durante los ejercicios 2015 y 2016. Que dicha dotación se materializó en el ejercicio 2017 respecto de un inmueble que es adquirido por mitades indivisas entre la sociedad DIRECCION001 y el propio señor Jose Manuel. NO se cuestiona en el acta de liquidación del IRPF objeto de recurso el cumplimiento de los requisitos establecidos para la dotación, materialización y mantenimiento del inmueble, posteriormente destinado a la actividad económica como también consta en el expediente administrativo. Asiste razón a la Administración tributaria cuando desconoce la falta de dotación por parte del Sr. Jose Manuel como persona física que ejerce una actividad económica, del beneficio fiscal. Sin embargo, no desconoce la adecuación a derecho de la dotación llevada a cabo por la entidad DIRECCION001 en la declaración del IS de los ejercicios 2015 y 2016. Así las cosas, la dotación que pretende del Sr. Jose Manuel poco recorrido podría tener, pues la actividad económica durante los ejercicios comprobados fue imputada a la sociedad y no al profesional de la medicina. ***Esta es la principal razón para considerar que el principio de regulación íntegra ha de desplegar sus efectos a la totalidad de los actos objeto de comprobación. Constando la dotación por una entidad que durante esos ejercicios se entiende simulado a efectos fiscales. Debiéndose imputar los rendimientos de dicha actividad empresarial a la persona física. No cuestionado por la Administración el ejercicio de dicha actividad y la concurrencia en el Sr. Jose Manuel de los presupuestos para, una vez cumplidos los requisitos previstos en la norma, le sea reconocido el beneficio fiscal que en su caso se debió imputar a la entidad cuya actividad se declara simulada*** [STSJC 5 enero 2024].

Con las tres sentencias del TSJC en materia de sociedades profesionales, el ajuste secundario y la regularización íntegra del socio y la sociedad, al menos conocemos que no sirve todo lo que pretende aplicar la Administración tributaria cuando comprueba a las sociedades de esta tipología.

15.8. Ficha resumen de las sociedades profesionales, los socios profesionales y la dotación RIC/RIB

1. Las sociedades profesionales, esto es, las sociedades que tengan por objeto el ejercicio en común de una actividad profesional, nacieron en 2007 para regular la prestación de servicios profesionales a través de entidades jurídicas, a la vez que aportar un plus diferencial de prestigio o caché entre los profesionales.

2. Desde el punto de vista tributario, se ven afectadas por el tratamiento de las operaciones vinculadas en el art. 18 LIS. Hecho que dificulta notablemente su relación con los socios-profesionales, a pesar de establecerse un puerto seguro, siempre que las retribuciones de todos los socios profesionales no sean inferiores al 75% del resultado previo a las mismas.

3. No es fácil cumplir los requisitos del puerto seguro para una sociedad profesional pequeña, aunque las grandes y acreditadas se han adaptado bien al mecanismo previsto.

4. Pueden operar con cualquier forma societaria e incluso como sociedad civil, añadiéndole el acrónimo S.P.

5. Al ser contribuyentes del IS, las sociedades profesionales pueden dotar RIC/RIB, pero teniendo en cuenta el tratamiento de las operaciones vinculadas, que será el que determine el correcto beneficio de la sociedad y el de los socios-profesionales que le prestan servicios. Además, la entidad ha de tener la infraestructura adecuada para realizar su labor.

6. También podrán dotar RIC/RIB los socios profesionales con los rendimientos que perciban de la sociedad, afectándoles el tratamiento de las operaciones vinculadas si su participación es igual o supera el 25% del capital social.

7. De las dos opciones, la que más se utiliza en la realidad es que sean los socios profesionales los que doten RIC/RIB.

8. El ajuste secundario que realice la Administración tributaria puede dar al traste tanto con la dotación RIC/RIB de la sociedad profesional como la de los socios profesionales, al suponer un mayor o menor beneficio que el inicialmente previsto para las dotaciones.

9. La consulta DGT CV 1729/2008 confirma el planteamiento anterior, al tiempo que esboza las cautelas que hay que tener para dotar RIC. Y la CV 1873/2022 suaviza el criterio del 75% de los ingresos de la sociedad profesional si en un año se vende una rama de actividad.

10.	El TSJC no acepta en 2024 la forma en que efectúa la Inspección la regularización íntegra, regularizando la dotación RIC de las entidades por existir simulación relativa y la actividad ejercerla en realidad el socio, y no admitiéndola en el socio por estar fuera de plazo y sin las formalidades previstas a la dotación.
11.	Tampoco aceptó en 2019 que se regularizara la tributación de la sociedad imputando el cien por cien de los ingresos al socio y administrador único que ejercía la profesión de abogado, ni que fuera sancionable su conducta cuatro años después de su fallecimiento.

Capítulo 16

EL ENIGMA DE LAS COMUNIDADES DE BIENES QUE REALIZAN ACTIVIDAD ECONÓMICA, LA FISCALIDAD DE LOS COMUNEROS Y LA DOTACIÓN RIC/RIB

Las comunidades de bienes al no ser contribuyentes del IS no pueden dotar la RIC/RIB, pero sí los comuneros con los rendimientos atribuidos, siempre que provengan de la realización de actividad económica por parte de la comunidad en Canarias/Baleares y cumplan, a nivel individual, las exigencias de la normativa RIC/RIB (una de ellas, llevar contabilidad independiente a la comunidad). La Administración tributaria obliga desde los últimos años el cumplimiento de un requisito adicional, no contemplado en la normativa, que el comunero participe activamente en la gestión de la comunidad. Condicionamiento que se ha consolidado con el tiempo. Después de muchos años de controversia, llegó el asunto en casación al TS, pero la STS de febrero de 2024 no resuelve el conflicto, ya que adolece de la claridad y contundencia jurídica suficiente para poner luz en la cuestión.

Quizá por eso, en el Reglamento de junio de 2024 del Régimen fiscal especial balear, el legislador introdujo en el art. 21 el régimen aplicable a las entidades en régimen de atribución de rentas, del que adolece la normativa RIC. En el nuevo régimen no se señala que el comunero tenga que participar en la gestión de la comunidad para aplicar la RIB con los rendimientos que se le atribuyan. Es uno de los primeros asuntos relacionados con la dotación que observo que se resuelve de mejor forma en la RIB que en la RIC, y traza el camino a seguir para superar la inseguridad jurídica que envuelve al REF en la controvertida atribución de rendimientos a los comuneros.

16.1. Legislación vigente

– Ley 19/1994 REF

Artículo 27 Reserva para inversiones en Canarias

1. Las entidades sujetas al Impuesto sobre Sociedades tendrán derecho a la reducción en la base imponible de las cantidades que, con relación a sus establecimientos situados en Cana-

rias, destinen de sus beneficios a la reserva para inversiones de acuerdo con lo dispuesto en este artículo.

– RD 1758/2007, Reglamento REF

Nada señala respecto a las comunidades de bienes y el régimen de atribución de rendimientos.

– Ley 31/2022, Régimen fiscal especial balear

– D.A. 70ª.Cuatro, 13. Los contribuyentes del Impuesto sobre la Renta de las Personas Físicas que determinen sus rendimientos netos mediante el método de estimación directa, tendrán derecho a una deducción en la cuota íntegra por los rendimientos netos de explotación que se destinen a la reserva para inversiones, siempre y cuando estos provengan de actividades económicas realizadas mediante establecimientos situados en las Illes Balears.

Para poder disfrutar de la reserva para inversiones en las Illes Balears, las personas físicas deberán llevar la contabilidad en la forma exigida por el Código de Comercio y su normativa de desarrollo desde el ejercicio en que se han obtenido los beneficios que se destinan a dotar la reserva para inversiones en las Illes Balears hasta aquel en que deban permanecer en funcionamiento los bienes objeto de la materialización de la inversión.

La deducción se calculará aplicando el tipo medio de gravamen a las dotaciones anuales a la reserva y tendrá como límite el 80 por ciento de la parte de la cuota íntegra que proporcionalmente corresponda a la cuantía de los rendimientos netos de explotación que provengan de establecimientos situados en las Illes Balears, siempre que no se superen los límites establecidos en el Ordenamiento comunitario que, en cada caso, resulten de aplicación.

Este beneficio fiscal se aplicará de acuerdo con lo dispuesto en los números 3 a 12 de este apartado, en los mismos términos que los exigidos a las sociedades y demás entidades jurídicas.

– RD 710/2024. Reglamento fiscal especial balear

Artículo 21. Entidades en régimen de atribución de rentas.

1. En el caso de los contribuyentes del Impuesto sobre la Renta de las Personas Físicas a que se refiere el apartado 3 del artículo 8 de la Ley 35/2006, de 28 de noviembre, del Impuesto sobre la Renta de las Personas Físicas y de modificación parcial de las leyes de los Impuestos sobre Sociedades, sobre la Renta de no Residentes y sobre el Patrimonio, todas las normas legales y reglamentarias relativas a la reserva para inversiones en las Illes Balears ***se predicarán de cada uno de los socios, herederos, comuneros o partícipes, individualmente considerados, que tributen por dicho Impuesto en régimen de atribución de rentas,*** *en todo lo que no se oponga a lo dispuesto en el número 13 del apartado cuatro de la disposición adicional septuagésima de la Ley 31/2022, de 23 de diciembre.*

En todo caso, los derechos y las obligaciones derivados de la dotación a la reserva para inversiones en las Illes Balears se atribuirán a los socios, a los comuneros o a los partícipes en la misma proporción en la que estos se atribuyan los rendimientos netos de la entidad.

Respecto de la materialización de la inversión, cada socio, comunero o partícipe podrá realizarla a través de la respectiva entidad y también en el ámbito de otras actividades económicas que, en su caso, pueda desarrollar al margen de aquella entidad.

– Ley 27/2014 del Impuesto sobre Sociedades

Artículo 6 Atribución de rentas

1. Las rentas correspondientes a las sociedades civiles que no tengan la consideración de contribuyentes de este Impuesto, herencias yacentes, ***comunidades de bienes*** *y demás entidades a que se refiere el artículo 35.4 de la Ley 58/2003, de 17 de diciembre, General Tributaria, así como las retenciones e ingresos a cuenta que hayan soportado, se atribuirán a los socios, herederos, comuneros o partícipes, respectivamente, de acuerdo con lo establecido en la Sección 2.ª del Título X de la Ley 35/2006, de 28 de noviembre, del Impuesto sobre la Renta de las Personas Físicas y de modificación parcial de las leyes de los Impuestos sobre Sociedades, sobre la Renta de no Residentes y sobre el Patrimonio.*

2. Las entidades en régimen de atribución de rentas no tributarán por el Impuesto sobre Sociedades, a excepción de lo dispuesto en el apartado 12 del artículo 15 bis de esta Ley.

– Ley 35/2006 IRPF

Artículo 8 Contribuyentes

1. Son contribuyentes por este impuesto:

a) Las personas físicas que tengan su residencia habitual en territorio español.

b) Las personas físicas que tuviesen su residencia habitual en el extranjero por alguna de las circunstancias previstas en el artículo 10 de esta Ley.

2. No perderán la condición de contribuyentes por este impuesto las personas físicas de nacionalidad española que acrediten su nueva residencia fiscal en un país o territorio considerado como paraíso fiscal. Esta regla se aplicará en el período impositivo en que se efectúe el cambio de residencia y durante los cuatro períodos impositivos siguientes.

3. No tendrán la consideración de contribuyente las sociedades civiles no sujetas al Impuesto sobre Sociedades, herencias yacentes, comunidades de bienes y demás entidades a que se refiere el artículo 35.4 de la Ley 58/2003, de 17 de diciembre, General Tributaria. Las rentas correspondientes a las mismas se atribuirán a los socios, herederos, comuneros o partícipes, respectivamente, de acuerdo con lo establecido en la Sección 2.ª del Título X de esta Ley.

RÉGIMEN DE ATRIBUCIÓN DE RENTAS

Artículo 86 Régimen de atribución de rentas

Las rentas correspondientes a las entidades en régimen de atribución de rentas se atribuirán a los socios, herederos, comuneros o partícipes, respectivamente, de acuerdo con lo establecido en esta sección 2.ª

Artículo 87 Entidades en régimen de atribución de rentas

1. Tendrán la consideración de entidades en régimen de atribución de rentas aquellas a las que se refiere el artículo 8.3 de esta Ley y, en particular, las entidades constituidas en el ex-

tranjero cuya naturaleza jurídica sea idéntica o análoga a la de las entidades en atribución de rentas constituidas de acuerdo con las leyes españolas.

2. El régimen de atribución de rentas no será aplicable a las sociedades agrarias de transformación que tributarán por el Impuesto sobre Sociedades.

3. Las entidades en régimen de atribución de rentas no estarán sujetas al Impuesto sobre Sociedades, a excepción de lo dispuesto en el apartado 12 del artículo 15 bis de la Ley del Impuesto sobre Sociedades.

Artículo 88 Calificación de la renta atribuida

Las rentas de las entidades en régimen de atribución de rentas atribuidas a los socios, herederos, comuneros o partícipes tendrán la naturaleza derivada de la actividad o fuente de donde procedan para cada uno de ellos.

Artículo 89 Cálculo de la renta atribuible y pagos a cuenta

1. Para el cálculo de las rentas a atribuir a cada uno de los socios, herederos, comuneros o partícipes, se aplicarán las siguientes reglas:

1.ª Las rentas se determinarán con arreglo a las normas de este Impuesto, y no serán aplicables las reducciones previstas en los artículos 23.2, 23.3, 26.2 y 32 de esta Ley, con las siguientes especialidades:

a) La renta atribuible se determinará de acuerdo con lo previsto en la normativa del Impuesto sobre Sociedades cuando todos los miembros de la entidad en régimen de atribución de rentas sean sujetos pasivos de dicho Impuesto o contribuyentes por el Impuesto sobre la Renta de no Residentes con establecimiento permanente.

b) La determinación de la renta atribuible a los contribuyentes del Impuesto sobre la Renta de no Residentes sin establecimiento permanente se efectuará de acuerdo con lo previsto en el capítulo IV del texto refundido de la Ley del Impuesto sobre la Renta de no Residentes, aprobado por el Real Decreto Legislativo 5/2004, de 5 de marzo.

c) Para el cálculo de la renta atribuible a los miembros de la entidad en régimen de atribución de rentas, que sean sujetos pasivos del Impuesto sobre Sociedades o contribuyentes por el Impuesto sobre la Renta de no Residentes con establecimiento permanente o sin establecimiento permanente que no sean personas físicas, procedente de ganancias patrimoniales derivadas de la transmisión de elementos no afectos al desarrollo de actividades económicas, no resultará de aplicación lo establecido en la disposición transitoria novena de esta Ley.

2.ª La parte de renta atribuible a los socios, herederos, comuneros o partícipes, contribuyentes por este Impuesto o por el Impuesto sobre Sociedades, que formen parte de una entidad en régimen de atribución de rentas constituida en el extranjero, se determinará de acuerdo con lo señalado en la regla 1.ª anterior.

3.ª Cuando la entidad en régimen de atribución de rentas obtenga rentas de fuente extranjera que procedan de un país con el que España no tenga suscrito un convenio para evitar la doble imposición con cláusula de intercambio de información, no se computarán las rentas negativas que excedan de las positivas obtenidas en el mismo país y procedan de la misma fuente. El exceso se computará en los cuatro años siguientes de acuerdo con lo señalado en esta regla 3.ª

2. Estarán sujetas a retención o ingreso a cuenta, con arreglo a las normas de este Impuesto, las rentas que se satisfagan o abonen a las entidades en régimen de atribución de rentas, con independencia de que todos o alguno de sus miembros sea contribuyente por este Impuesto, sujeto pasivo del Impuesto sobre Sociedades o contribuyente por el Impuesto sobre la Renta de no Residentes. Dicha retención o ingreso a cuenta se deducirá en la imposición personal del socio, heredero, comunero o partícipe, en la misma proporción en que se atribuyan las rentas.

3. Las rentas se atribuirán a los socios, herederos, comuneros o partícipes según las normas o pactos aplicables en cada caso y, si éstos no constaran a la Administración tributaria en forma fehaciente, se atribuirán por partes iguales.

4. Los miembros de la entidad en régimen de atribución de rentas que sean contribuyentes por este Impuesto podrán practicar en su declaración las reducciones previstas en los artículos 23.2, 23.3, 26.2 y 32.1 de esta Ley.

5. Los sujetos pasivos del Impuesto sobre Sociedades y los contribuyentes por el Impuesto sobre la Renta de no Residentes con establecimiento permanente, que sean miembros de una entidad en régimen de atribución de rentas que adquiera acciones o participaciones en instituciones de inversión colectiva, integrarán en su base imponible el importe de las rentas contabilizadas o que deban contabilizarse procedentes de las citadas acciones o participaciones. Asimismo, integrarán en su base imponible el importe de los rendimientos del capital mobiliario derivados de la cesión a terceros de capitales propios que se hubieran devengado a favor de la entidad en régimen de atribución de rentas.

Artículo 90 Obligaciones de información de las entidades en régimen de atribución de rentas

1. Las entidades en régimen de atribución de rentas deberán presentar una declaración informativa, con el contenido que reglamentariamente se establezca, relativa a las rentas a atribuir a sus socios, herederos, comuneros o partícipes, residentes o no en territorio español.

2. La obligación de información a que se refiere el apartado anterior deberá ser cumplida por quien tenga la consideración de representante de la entidad en régimen de atribución de rentas, de acuerdo con lo previsto en el artículo 45.3 de la Ley 58/2003, de 17 de diciembre, General Tributaria, o por sus miembros contribuyentes por este Impuesto o sujetos pasivos por el Impuesto sobre Sociedades en el caso de las entidades constituidas en el extranjero.

3. Las entidades en régimen de atribución de rentas deberán notificar a sus socios, herederos, comuneros o partícipes, la renta total de la entidad y la renta atribuible a cada uno de ellos en los términos que reglamentariamente se establezcan.

4. El Ministro de Economía y Hacienda establecerá el modelo, así como el plazo, lugar y forma de presentación de la declaración informativa a que se refiere este artículo.

5. No estarán obligadas a presentar la declaración informativa a que se refiere el apartado 1 de este artículo, las entidades en régimen de atribución de rentas que no ejerzan actividades económicas y cuyas rentas no excedan de 3.000 euros anuales.

– Reglamento 439/2007 IRPF

Artículo 31 Entidades en régimen de atribución

1. La modalidad simplificada del método de estimación directa será aplicable para la determinación del rendimiento neto de las actividades económicas desarrolladas por las entidades a que se refiere el artículo 87 de la Ley del Impuesto, siempre que:

1.º Todos sus socios, herederos, comuneros o partícipes sean personas físicas contribuyentes por este Impuesto.

2.º La entidad cumpla los requisitos definidos en el artículo 28 de este Reglamento.

2. La renuncia a la modalidad deberá efectuarse por todos los socios, herederos, comuneros o partícipes, conforme a lo dispuesto en el artículo 29 de este Reglamento.

3. La aplicación de esta modalidad se efectuará con independencia de las circunstancias que concurran individualmente en los socios, herederos, comuneros o partícipes.

4. El rendimiento neto se atribuirá a los socios, herederos, comuneros o partícipes, según las normas o pactos aplicables en cada caso y, si éstos no constaran a la Administración en forma fehaciente, se atribuirá por partes iguales.

Artículo 70 Obligaciones de información de las entidades en régimen de atribución de rentas

1. Las entidades en régimen de atribución de rentas mediante las que se ejerza una actividad económica, o cuyas rentas excedan de 3.000 euros anuales, deberán presentar anualmente una declaración informativa en la que, además de sus datos identificativos y, en su caso, los de su representante, deberá constar la siguiente información:

a) Identificación, domicilio fiscal y número de identificación fiscal de sus socios, herederos, comuneros o partícipes, residentes o no en territorio español, incluyéndose las variaciones en la composición de la entidad a lo largo de cada período impositivo.

En el caso de que alguno de los miembros de la entidad no sea residente en territorio español, identificación de quien ostente la representación fiscal del mismo de acuerdo con lo establecido en el artículo 10 del texto refundido de la Ley del Impuesto sobre la Renta de no Residentes, aprobado por el Real Decreto Legislativo 5/2004, de 5 de marzo.

Tratándose de entidades en régimen de atribución de rentas constituidas en el extranjero, se deberá identificar, en los términos señalados en este artículo, a los miembros de la entidad contribuyentes por este Impuesto o sujetos pasivos del Impuesto sobre Sociedades, así como a los miembros de la entidad contribuyentes por el Impuesto sobre la Renta de no Residentes respecto de las rentas obtenidas por la entidad sujetas a dicho Impuesto.

b) Importe total de las rentas obtenidas por la entidad y de la renta atribuible a cada uno de sus miembros, especificándose, en su caso:

1.º Ingresos íntegros y gastos deducibles por cada fuente de renta.

2.º Importe de las rentas de fuente extranjera, señalando el país de procedencia, con indicación de los rendimientos íntegros y gastos.

3.º En el supuesto a que se refiere el apartado 5 del artículo 89 de la Ley del Impuesto, identificación de la institución de inversión colectiva cuyas acciones o participaciones se han adquirido o suscrito, fecha de adquisición o suscripción y valor de adquisición de las acciones o participaciones, así como identificación de la persona o entidad, residente o no residente, cesionaria de los capitales propios.

c) Bases de las deducciones.

d) Importe de las retenciones e ingresos a cuenta soportados por la entidad y los atribuibles a cada uno de sus miembros.

e) Importe neto de la cifra de negocios de acuerdo con el artículo 191 del texto refundido de la Ley de Sociedades Anónimas, aprobado por el Real Decreto Legislativo 1564/1989, de 22 de diciembre.

2. Las entidades en régimen de atribución de rentas deberán notificar por escrito a sus miembros la información a que se refieren los párrafos b), c) y d) del apartado anterior. La notificación deberá ponerse a disposición de los miembros de la entidad en el plazo de un mes desde la finalización del plazo de presentación de la declaración a que se refiere el apartado 1 anterior.

3. El Ministro de Economía y Hacienda establecerá el modelo, el plazo, el lugar y la forma de presentación de la declaración informativa a que se refiere este artículo.

Artículo 112 Entidades en régimen de atribución de rentas

El pago fraccionado correspondiente a los rendimientos de actividades económicas obtenidos por entidades en régimen de atribución de rentas se efectuará por cada uno de los socios, comuneros o partícipes, en proporción a su participación en el beneficio de la entidad.

En el ámbito tributario, la figura jurídica de las comunidades de bienes no está sujeta al Impuesto sobre Sociedades (IS), sino al régimen de atribución de rentas previsto en la Ley del IRPF, en que la comunidad no tributa, sino que atribuye sus rendimientos a los comuneros en proporción al porcentaje de participación de cada uno en la comunidad. Los comuneros sí tributan en el IRPF o en el IS por los rendimientos atribuidos. Hasta 2013, la explotación económica que efectuaban las comunidades de bienes era una cuestión pacífica a efectos de la RIC y la deducción por inversiones en Canarias (DIC): si la comunidad realizaba actividad económica en el archipiélago, los comuneros se atribuían el rendimiento económico, con el que podían dotar RIC o beneficiarse de la DIC. Igual de pacífico era cuando se materializaba la RIC en un inmueble o parte de él que se explotaba económicamente a través de una comunidad de bienes. Si la comunidad realizaba actividad económica con los inmuebles, se entendía que la inversión era correcta a efectos de la materialización RIC. No obstante, a partir de ese año, la Administración tributaria aplicó un nuevo criterio en sus diferentes órganos, que ha convertido la materia en una de las de mayor litigiosidad en la aplicación del incentivo fiscal, en un auténtico enigma[96].

El TS introdujo en febrero de 2024 cierta cordura en el elemento principal de la controversia, en la necesidad de que el comunero intervenga directamente o no en la gestión de la comunidad para que los rendimientos que perciba se consideren procedentes de la actividad económica, presupuesto básico para la dotación RIC. No obstante, no la resuelve con la necesaria contundencia jurídica, motivo de que aún no sepamos con nitidez si es necesario que el comunero intervenga en la gestión o no y en qué grado debe ser la participación para dotar RIC con los rendimientos atribuidos.

La gran novedad ha sido la publicación en junio de 2024 del Reglamento del Régimen fiscal especial de *Illes Balears,* cuyo art. 21 se dedica en exclusiva a las entidades en régimen de atribución de rentas. Regula con claridad que ... *En todo caso, los derechos y las obligaciones derivados de la dotación a la reserva para inversiones en las Illes Balears se atribuirán a los socios, a los comuneros o a los partícipes en la misma proporción en la que estos se atribuyan los rendimientos netos de la entidad.* Posiblemente, el legislador, a la vista de la STS de febrero de 2024, haya querido resolver en Baleares el conflicto surgido en la RIC con los rendimientos atribuidos a los comuneros, señalando el camino de su posible resolución en el REF.

El hilo conductor del capítulo gira en torno a que la comunidad de bienes, al no ser contribuyente del IS, no puede dotar RIC/RIB, pero sí el comunero con el rendimiento que se le atribuya, siempre que tenga la consideración de rendimiento económico, cuestión que con cada vez más frecuencia niega la Administración tributaria cuando el comunero no interviene directamente en la gestión de la comunidad o no cumple una serie de requisitos que iré explicando.

16.2. Un esbozo de la figura jurídica de la comunidad de bienes y su fiscalidad

La comunidad de bienes como forma jurídica de explotación de cualquier tipo de negocio legal ha convivido pacíficamente con modelos más

96 En Miranda Calderín, S. (2021). "Crónica de la RIC 2020". *Revista Hacienda Canaria nº 55 y Técnica Tributaria n.º 133,* redacté sobre esta materia, que actualizo ahora hasta 2024.

convencionales como la gestión directa de medios humanos y de capital por su titular persona física o entidad jurídica. Existe comunidad de bienes en general cuando la propiedad de una cosa o derecho pertenece pro indiviso a varias personas, art. 392 del Código Civil, (C.C.), siendo los beneficios y las cargas proporcionales a sus respectivas cuotas de participación. En ningún caso, el C.C. otorga personalidad jurídica propia a las comunidades[97], sino que operan con la correspondiente a sus miembros o comuneros. El caso más extendido es la comunidad de propietarios de un edificio de viviendas. Esta versión estática de la comunidad es la que está expresamente regulada en el C.C., si bien en muchos casos ha evolucionado hacia conceptos más mercantilistas, previstos implícitamente en el Código de Comercio (C.c.). No se regulan las comunidades de bienes en la norma marco mercantil, por lo que se previó una normativa específica en el anteproyecto de Código Mercantil de 2014, que hasta la fecha no ha avanzado. Mientras el nuevo Código Mercantil no sustituya al viejo C.c., las comunidades de bienes que titularizan la explotación de un negocio están en el limbo, entre las comunidades del C.C. y las sociedades mercantiles, identificadas por parte de la doctrina como "sociedades irregulares", aquellas constituidas como sociedades, pero sin haberse inscrito en el Registro Mercantil. En este sentido, se ha escrito sobre su importancia lo siguiente:

> La mención en el anteproyecto de Código Mercantil de 2014 a la "comunidad de empresa" supone un avance en su regulación, pero no sabemos en qué sentido se legislará finalmente. Mientras, las comunidades de bienes de explotación continúan su marcha, siendo después de la titularidad individual del negocio y de la sociedad de responsabilidad limitada la tercera forma más extendida de gestión de empresas en España[98].

La mínima previsión en el C.C y en el C. c. sobre estos entes no ha impedido el acentuado desarrollo de las comunidades de bienes en la actividad económica, razón que desde el punto de vista tributario y laboral hayan sido reguladas. Ambos ordenamientos prevén la figura de la comunidad como titular de un negocio, otorgándole un número de identificación fiscal y señalando las obligaciones como empleador, obligado tributario a realizar retenciones fiscales, cumplir determinadas formalidades, etc.

La regulación fiscal es la que interesa destacar. El art. 35 de la Ley General Tributaria (LGT) señala que tendrán la consideración de obligados tributarios *las herencias yacentes, comunidades de bienes y demás entidades, que*

---

97 Las leyes especiales sí lo hacen, como sucede con las comunidades o heredades de aguas, que tienen personalidad jurídica propia.

98 Directorio Central de Empresas (DIRCE). Cita de Muñoz Delgado (2016).

carentes de personalidad jurídica, constituyan una unidad económica o un patrimonio separado susceptibles de imposición.

La Ley del IRPF no conceptúa las comunidades de bienes como contribuyentes (art. 8.3), pero indica que *las rentas correspondientes a las mismas se atribuirán a los… comuneros o partícipes, respectivamente, de acuerdo a lo establecido en la Sección 2ª del Título X de esta Ley.* Es precisamente en el régimen especial previsto en esa sección donde se regula el denominado régimen de atribución de rentas (artículos 86 a 90), aplicable, entre otras, a las comunidades de bienes, cuyas rentas se atribuirán a los comuneros, quedando no sujetas al IS (art. 87.3). Indica el art. 88 una cuestión de importancia en la materia que abordamos: que las rentas atribuidas a los comuneros tendrán la naturaleza derivada de la actividad o fuente de donde procedan. Si la comunidad realiza una actividad agraria o una actividad empresarial, los rendimientos atribuidos a los comuneros tendrán la naturaleza de rentas agrarias o empresariales; si realiza una mera actividad de arrendamiento de inmuebles, los rendimientos tendrán la naturaleza de capital inmobiliario, y si gestiona una cartera de valores, los rendimientos atribuidos tienen la consideración de rendimientos de capital mobiliario. No obstante, y como veremos, la claridad del precepto no es la que se utiliza en la actualidad en numerosas ocasiones, debido a la restrictiva interpretación de la Administración tributaria, que ha sido ratificada por los Tribunales económico-administrativos e incluso por los Tribunales de Justicia. Entendía que el criterio fijado por la reciente STS de febrero de 2024 respecto a que la participación en la gestión del comunero en la comunidad *no está prevista en la norma* para que su rendimiento se considere procedente de una actividad económica se aplicaría con prontitud por la Administración tributaria, pero no ha sido así, posiblemente por su falta de contundencia jurídica. El hecho cierto es que la Inspección tributaria sigue exigiendo el cumplimiento de los mismos requisitos que antes de la publicación de la STS: que el comunero participe activamente en la gestión de la comunidad para poder dotar RIC con los rendimientos atribuidos.

El hecho de que las comunidades de bienes no tributen en la imposición directa, sino que atribuyan a sus comuneros la renta generada, no impide que los terceros que le satisfagan algún tipo de rendimiento deban cumplir con sus obligaciones de retenedor o de ingreso a cuenta (art. 89.2). Así ocurre, por ejemplo, con el arrendatario que satisface la renta a una comunidad de explotación, que está obligado a retener e ingresar el 19% del importe. Y ello con independencia de que sus miembros sean personas físicas o jurídicas, sujetos por tanto al IRPF o al IS en cuanto a los rendimientos atribuidos. La retención o ingreso a cuenta se deducirá posteriormente en la imposición personal del comunero en igual proporción en que se le atribuye las rentas.

Las comunidades de bienes han de cumplir las obligaciones tributarias en los impuestos respectivos, desde soportar y repercutir el IVA o el IGIC en sus relaciones con proveedores y clientes hasta retener en sus pagos a trabajadores, profesionales y arrendadores. Las comunidades de explotación tienen, además, que cumplir determinadas obligaciones de información a la AEAT, entre ellas, la presentación del modelo 284 en el que se relacionan e identifican los comuneros y se les atribuye a cada uno el porcentaje de la renta generada que les corresponde, y la presentación del modelo 347 de operaciones con terceros.

En el IS, las comunidades de bienes que realizan actividades empresariales no se consideran contribuyentes, pero el art. 6 regula la atribución de rentas, señalando que las rentas correspondientes a las comunidades de bienes y demás entes regulados en el art. 35.4 de la LGT, así como las retenciones e ingresos a cuenta que hayan soportado, se atribuirán a los comuneros de acuerdo con lo establecido en la Ley del IRPF, no tributando por tanto en el IS la comunidad, pero sí el comunero entidad mercantil.

En síntesis, las comunidades de bienes que realizan actividades económicas no están suficiente ni debidamente reguladas en el C.C. y en el C.c. Dicho déficit de reglamentación no les impide ser la tercera forma elegida en España para desarrollar actividades empresariales, después de los empresarios individuales y sociedades de responsabilidad limitada. El ordenamiento laboral las reconoce como empleadores, y el tributario, a pesar de no tener personalidad jurídica, o quizá por ello, les señala determinadas obligaciones sustanciales y formales, y un sistema especial de atribución de rendimientos generados a sus comuneros, en proporción a su porcentaje en la comunidad. No son contribuyentes en el IS ni en el IRPF, pero ambos impuestos prevén el concepto de imputación de renta en el art. 6 (IS) y en los artículos 2 y 6.2.e). Señala el IRPF que sus rentas se atribuirán a los comuneros (art. 8.3) y regula específicamente el régimen de atribución en los artículos 86 a 90.

Durante años, la forma en que tributaban los comuneros de las comunidades de bienes que realizaban actividades empresariales fue pacífica —lejos de lo que ocurrió con las comunidades o heredades de aguas en Canarias, que fueron sometidas a un tortuoso peregrinaje hasta que el legislador decidió regular en la Ley 8/2018 la vía en que debía aplicarse la exención contemplada en la Ley especial y en la normativa tributaria—. Y ambos tipos de comunidades sufrieron un importante varapalo en cuanto a la interpretación de cómo debía aplicarse su normativa específica al ser objeto de comprobación administrativa, más específicamente cuando la Administración tributaria cuestionó los beneficios fiscales que podían disfrutar las comunidades y sus comuneros: si era la comunidad/heredad de aguas o el comunero quien podía disfrutarlos, qué naturaleza tenían las rentas que recibían los comuneros, etc. Y todo ello con especial virulencia respecto a la RIC. El mismo proceso ocurrió años después con las comunidades de bienes que realizan actividad económica —si bien tributan en sede de sus comuneros por el régimen de atribución de rendimientos—, disputando nuevamente la Administración tributaria la naturaleza de las rentas que perciben los comuneros y si son aptas o no de dotar RIC con ellas los comuneros, además de controvertir adicionalmente si los bienes de los comuneros aportados a la explotación económica se entienden o no afectos a una actividad económica. Y lo que podría ser obvio no lo fue tanto, desde el momento en que la Inspección y Gestión tributaria, con el apoyo doctrinal de la DGT, empezaron a distinguir entre comuneros que efectivamente participaban en la gestión de la comunidad y los que no lo hacían. A los primeros se les permitía dotar RIC con los rendimientos empresariales que se le atribuyen y considerar a efectos de la materialización que sus bienes están afectos a una actividad económica, mientras que a los segundos ni una cosa ni otra; y lo que es más grave, calificando las rentas que reciben de la comunidad como rendimientos de capital mobiliario.

Paradigma de que la innovación constante de la Administración tributaria en la interpretación más restrictiva posible en la aplicación de los incentivos perjudica notablemente el desarrollo de los incentivos REF es que en el extenso Informe de diciembre de 2000 de la Comisión que estudió los problemas surgidos en la aplicación de la RIC (incluido en la DGT, CV de 25-4-2001) se aborda extensamente la dotación con los rendimientos imputados a los comuneros por las comunidades. No hay una sola palabra que limite la naturaleza de los rendimientos empresariales en función de que intervengan los comuneros con mayor o menor intensidad en la gestión de la comunidad[99].

Cada vez son más las inspecciones que terminan en actas de disconformidad por rechazar las dotaciones y materializaciones RIC efectuadas por los comuneros, y muchas las consultas vinculantes evacuadas por la DGT, las resoluciones del TEAR y TEAC en el mismo sentido. Existen pronuncia-

---

[99] Al respecto, véase Miranda Calderín, 2012. *Manual de la Reserva para inversiones en Canarias 2007-2013*, pp. 117-126.

mientos del TSJ de Canarias y la AN con igual tenor, y alguna STSJC que con mayor lucidez dice lo contrario, pero ha sido en 2024 cuando el TS se ha pronunciado sobre un aspecto crucial en la materia: si la normativa exige o no que el comunero intervenga en la gestión de la comunidad para que el rendimiento imputado se considere procedente de una actividad económica. No lo hace con contundencia, pero sí al menos, concluye que ese requisito no está previsto en la norma. Las consecuencias las observaremos a medio plazo, porque en otoño de 2024 sigue todo exactamente igual.

A nivel estatal, al no existir RIC, la cuestión no ha sido analizada por la doctrina científica, si bien se ha hecho eco de la nueva circunstancia de tener que probar si los comuneros participan o no directamente en la gestión de la comunidad a la hora de calificar la naturaleza de los rendimientos que reciben[100].

Por todo ello analizamos en los siguientes epígrafes los pronunciamientos más recientes de la doctrina administrativa (DGT, TEAR y TEAC), las sentencias de la AN, TSJC y la jurisprudencia del TS.

16.3. La doctrina administrativa de la DGT respecto a las comunidades que realizan actividades empresariales

Por orden cronológico examinamos la evolución del criterio de la DGT respecto a la fiscalidad de los miembros de las comunidades de bienes, centrándome en el aspecto que más interesa: la forma de tributación de las comunidades y los comuneros en la imposición directa —dejando de lado las diferencias con las sociedades civiles y la doctrina que generó ese asunto a raíz del cambio legislativo de 2014 en el IS, y la imposición indirecta—.

El espacio temporal abarcado en el análisis comienza en 2007 y finaliza en 2024, diecisiete años en que la DGT aborda varias cuestiones que metodológicamente agrupo en dos tipos de actividades desarrolladas por las comunidades: por un lado, las que realizan actividades industriales, comerciales o de servicios; y por otro, las que explotan o gestionan inmuebles en arrendamiento. Llamo la atención de que la doctrina administrativa en esta materia se fue gestando al margen de la RIC, incorporándose pos-

100 Sirva como ejemplo la ponencia de Durán-Sindreu Buxadé en las Jornadas de Estudio de la AEDAF celebradas en Gijón en septiembre de 2019.

teriormente a ella. En las primeras, desde 2007, el criterio de la DGT fue distinguir entre comuneros que realizan con habitualidad su labor en la comunidad y los que no. Sobre los que sí la ejercen, considera que los rendimientos que fiscalmente les atribuye la comunidad tienen la naturaleza de actividad económica; mientras que los que no, perciben rendimientos de capital. Todo un auténtico galimatías a la hora de afrontar la gestión tributaria de una comunidad de bienes, más aún a la hora de tributar cada comunero. Piénsese en el presidente o administrador de una comunidad de bienes investigando si la renta que atribuye tiene una u otra consideración en función de la labor que efectúa cada uno de los comuneros, con la posible relevancia a la hora de saber si ha de retener o no a cuenta del IRPF. Y no digamos de la importancia tributaria (y de responsabilidad civil) que pueda tener en las comprobaciones al comunero si al final decidió distinguir entre un tipo u otro de comuneros en función de su mayor o menor participación en la gestión de la comunidad.

El mismo criterio de 2007 sigue la DGT en la actualidad respecto a las segundas, las comunidades que explotan inmuebles, en que distingue entre comuneros que intervienen o no en la gestión de la comunidad. La dificultad que conlleva seguir este razonamiento y las sorpresas negativas que con seguridad acarreará al contribuyente son aún mayores en este tipo de comunidades, pues ya no estamos hablando de dos o tres comuneros que trabajan físicamente o no en un taller, comercio o despacho profesional, sino de muchos comuneros que con uno, dos o más inmuebles participan en la explotación de un edificio de viviendas, locales comerciales, hotel o establecimiento extra hotelero a través de una comunidad de explotación. La comunidad gestiona el edificio como un todo y lo lógico es que la aportación principal de cada comunero al negocio en común sea precisamente la utilización de su inmueble. Sin embargo, la DGT exige un plus adicional: que el comunero intervenga en la gestión del negocio en la comunidad de explotación para que las rentas atribuidas participen en la naturaleza de rendimiento de actividades empresariales. Plus que no está en la normativa legal, pero sí en la interpretación sesgada que hace la DGT que iremos examinando, con consecuencias funestas en la aplicación de los incentivos fiscales del REF a los comuneros. Es precisamente en este aspecto en el que más incido, pero primero exponemos los diversos pronunciamientos que sobre las comunidades de bienes ha efectuado la DGT:

- **DGT CV 0814-2007. Comunidad de bienes con comuneros que trabajan mientras otros están jubilados**

Es el caso de tres hermanos y sus respectivas esposas que realizan la actividad económica a través de una comunidad de bienes en la que todos ellos trabajaron. Con el paso del tiempo algunos se jubilaron, por lo que plantean cuál es la naturaleza tributaria de los rendimientos que reciben. La DGT contesta que para que los comuneros reciban rendimientos de la actividad económica deben todos intervenir en la ordenación de los factores de producción. Si solo dos desarrollan la actividad, estos deberán imputarse todo el rendimiento, deduciendo lo que la comunidad paga a los demás, que recibirán rendimientos de capital mobiliario sujetos a retención:

> *Con ello se quiere decir que todos los comuneros deben intervenir en la ordenación de los factores de producción, y los efectos jurídicos y económicos de la actividad deben recaer sobre todos ellos.*
>
> *En el caso de que la actividad sea desarrollada exclusivamente por dos de los comuneros de los seis que forman parte de la comunidad de bienes, limitándose los otros a realizar aportaciones de capital, el rendimiento de la actividad económica deberá ser atribuido únicamente a los comuneros que ejercen la actividad, obteniendo los no ejercientes rendimientos del capital mobiliario sujetos a retención...*

- **DGT CV 1738-2008. Comunidad de bienes que explota una farmacia**

Farmacéutica que pasa a compartir la farmacia que gestiona su marido en régimen de gananciales consulta si puede determinar el rendimiento en estimación directa simplificada. Con carácter previo a esa cuestión, la DGT señala que en el supuesto de una comunidad de bienes, los rendimientos atribuidos a los comuneros mantendrán la naturaleza de la actividad, siempre que asuman el riesgo del ejercicio empresarial. La misma frase se repite en 2007 y 2008 y se incorpora de una u otra forma a las consultas siguientes: *Con ello se quiere decir que todos los comuneros deben asumir el riesgo del ejercicio empresarial, esto es, que los efectos jurídicos y económicos de la actividad recaigan sobre todos ellos.*

- **DGT CV 3400-2013. Comunidad de bienes que realiza la actividad económica de arrendamiento de inmuebles**

Insiste la DGT en el aspecto indicado en las dos consultas de 2007 y 2008. Cinco años más tarde, recuerda a quienes operan a través de comunidades de bienes que realizan actividad económica que la gestión económica de la comunidad la han de efectuar todos los comuneros. En caso contrario, entiende que solo los que realizan la gestión económica reciben rendimientos de la actividad económica de arrendamiento de inmuebles, y el resto obtiene rendimientos del capital. La cuestión planteada en la consulta es la de dos socios al 50% en una sociedad civil, habiéndose jubilado uno de ellos, motivo de que no realizase actividad alguna, pero sí percibía el 50% del beneficio generado, ¿debía tributar como rendimientos del capital mobiliario?

El primer argumento de la DGT lo compartimos: *que todos los comuneros o socios deben asumir el riesgo del ejercicio empresarial, esto es, que los efectos jurídicos y económicos de la actividad recaigan sobre todos ellos.* Entendemos que aunque se ceda la gestión del inmueble a la comunidad, el riesgo empresarial sigue asumiéndolo cada uno de los propietarios-comuneros. El segundo argumento es más delicado, pero también lo compartimos: *la aplicación del régimen de atribución de rentas exige que en el supuesto de existencia de normas específicas que regulen el ejercicio de determinada actividad, tales normas permitan su ejercicio por la entidad.* Esto es, que no pueden realizarse actividades prohibidas por cualquier normativa aplicable. Tanto la explotación por parte de la comunidad como el arrendamiento específico de cada inmueble ha de cumplir la normativa local y estatal, que a su vez permita la explotación conjunta de inmuebles (unidad de explotación en Canarias, añado). Y el tercer razonamiento es más difícil de compartir:

> *Por tanto, si sólo algunos de los comuneros o socios desarrollaran la actividad económica, éstos deberán imputarse la totalidad de los rendimientos derivados de la actividad económica desarrollada. Por lo que respecta al socio que no desarrolla las funciones inherentes a la titularidad de la actividad económica, las cantidades satisfechas a éste no tendrían la naturaleza de rendimientos procedentes de la actividad económica, al no derivarse de una actividad económica desarrollada por él, sino de rendimientos del capital.*

El primer matiz a tener en cuenta en la lectura del texto trascrito es que parte de la cesión de la explotación de los inmuebles a la comunidad, por lo que quien realiza la actividad económica es la comunidad de bienes, cuyos rendimientos, al ser una entidad en régimen de atribución, se imputan a los comuneros con la misma naturaleza de la actividad desarrollada. Pero la DGT parte de la premisa de que el comunero que no intervenga en la gestión ¿diaria, semanal, mensual, anual? de la comunidad en realidad no realiza actividad económica. Ahí está la novedad de la consulta de 2013, que interpreta por primera vez, que sepamos, en el ámbito específico de la explotación de inmuebles, que los comuneros no gestores reciben rendimientos de capital, incluso los califica de rendimientos de capital mobiliario, no de rendimientos de capital inmobiliario.

Todo un nuevo frente respecto a la materialización en inmuebles y en cuanto a la dotación, porque si los rendimientos que se atribuyen son de capital no servirán para dotar RIC (lo prohíbe la Ley 19/1994):

> *Lo anterior supone que en el supuesto de una comunidad de bienes o sociedad civil que desarrolle una actividad económica, los rendimientos atribuidos mantendrán ese mismo carácter de rendimientos de actividades económicas. Ahora bien, para que lo hasta aquí expuesto resulte operativo es necesario que la actividad económica se desarrolle como tal por la entidad, es decir, que la ordenación por cuenta propia de medios de producción y (o) de recursos*

> *humanos con la finalidad de intervenir en la producción o distribución de bienes o servicios —elementos definitorios de una actividad económica— corresponda a la entidad en régimen de atribución de rentas.* ***Con ello se quiere decir que todos los comuneros o socios deben asumir el riesgo del ejercicio empresarial, esto es, que los efectos jurídicos y económicos de la actividad recaigan sobre todos ellos.***
>
> ***(...) Por tanto, si sólo algunos de los comuneros o socios desarrollaran la actividad económica, éstos deberán imputarse la totalidad de los rendimientos derivados de la actividad económica desarrollada.***
>
> ***Por lo que respecta al socio que no desarrolla las funciones inherentes a la titularidad de la actividad económica, las cantidades satisfechas a éste no tendrían la naturaleza de rendimientos procedentes de la actividad económica, al no derivarse de una actividad económica desarrollada por él, sino de rendimientos del capital.*** *Teniendo en cuenta que lo que cede el socio es su parte correspondiente al negocio, las cantidades efectivamente satisfechas tendrán a efectos del Impuesto sobre la renta de las personas físicas la calificación de rendimientos del capital mobiliario de los previstos en el artículo 25.4.c) de la LIRPF: Rendimientos derivados del arrendamiento de negocios, a integrar en la base imponible general por aplicación del artículo 48 de la LIRPF.*
>
> ***Correlativamente y por lo que respecta a la socia que desarrolla la actividad económica imputándose la totalidad de los rendimientos de la actividad, las cantidades efectivamente satisfechas al otro socio tendrán, en caso de que el rendimiento de la actividad económica se determine mediante el método de estimación directa, lo que es el caso, el carácter de gastos deducibles*** *para la obtención de los ingresos de la actividad económica realizada, estando sometidos dichos pagos a retención en los términos establecidos en el artículo 75 del Reglamento del Impuesto* [DGT CV 3400-2013. La negrita es nuestra].

Ya en la "Crónica de la RIC 2016" traía a colación esta consulta de 2013 porque en 2015 la había aplicado la Inspección tributaria, incoando actas de disconformidad a los inversores en locales de centros comerciales que habían cedido la explotación a una comunidad de bienes regida por el propio promotor del centro. La motivación principal de la regularización fiscal fue que los comuneros no habían intervenido en el negocio de arrendamiento, limitándose a ceder su explotación a la comunidad y a recibir las rentas. Las actas fueron recurridas al TEAR, y hasta que no se produjera la resolución recomendaba ser precavidos en esta actividad y aconsejaba a los arrendadores de inmuebles la participación directa en la gestión de la comunidad de bienes que explotase el centro comercial. De no hacerlo así, el peligro era evidente: en una futura comprobación se corría el riesgo de que ni se considerasen los locales afectos a una actividad económica a efectos de la RIC/DIC ni se permitiese que con sus rendimientos se dotase RIC[101]. Tres años después, en 2019, conocimos el resultado de las reclamaciones interpuestas en el TEAR y TEAC e incluso alguna SAN en la materia.

---

[101] Miranda Calderín, 2017. "Crónica de la RIC 2016". *Revistas Técnica Tributaria n.º 116 y Hacienda Canaria n.º 46.*

El resultado lo analizamos en los próximos epígrafes, pero adelanto que en buena parte confirmaron el criterio restrictivo de la Inspección y DGT.

- **DGT CV 1396-2015. Comunidad de bienes que va a prestar servicios relativos a la propiedad inmobiliaria**

Dos personas físicas que pretenden constituir una sociedad civil para prestar servicios relativos a la propiedad inmobiliaria consultan sobre las retenciones en las facturas que realicen. No es el asunto que tratamos, pero la DGT en su contestación hace referencia a las entidades en régimen de atribución de rentas y a la misma naturaleza que tiene la actividad desarrollada y las rentas atribuidas. Para que ello sea posible, añade el mismo párrafo que hemos destacado desde la consulta de 2007: *Con ello se quiere decir que todos los comuneros deben asumir el riesgo del ejercicio empresarial, esto es, que los efectos jurídicos y económicos de la actividad recaigan sobre todos ellos.*

- **DGT CV 2768-2015. Comunidad de bienes que va a prestar el servicio de agentes comerciales y venta de semillas**

Dos personas físicas quieren constituir una comunidad de bienes para realizar la labor de agentes comerciales y vender semillas y productos fitosanitarios, consultando si queda sujeta la comunidad al IS en 2016 después del cambio normativo operado. La DGT responde que a partir de 1 de enero de 2016 las comunidades continúan sin tener la consideración de contribuyentes del IS, atribuyéndose las rentas a sus comuneros de conformidad con el título X, sección 2ª de la LIRPF. Las rentas atribuidas tendrán la misma naturaleza de la actividad realizada, pero es necesario que la comunidad realice actividad económica. Repite el párrafo anterior: *Con ello se quiere decir que todos los comuneros deben asumir el riesgo del ejercicio empresarial, esto es, que los efectos jurídicos y económicos de la actividad recaigan sobre todos ellos.*

- **DGT CV 1839-2016. Comunero que participa en varias comunidades con partes proindivisas de inmuebles que se arriendan**

La consulta nada dice sobre la naturaleza de las rentas que recibe el comunero, pero es interesante incluirla en el guion por el detalle que aporta sobre el cumplimiento de los requisitos en cada comunidad en la que participa el comunero.

La consultante es propietaria en proindiviso de varios inmuebles arrendados que forman parte de comunidades de bienes integradas por diferentes comuneros, no coincidentes en unas y otras. La DGT contesta que los requisitos para que exista actividad económica en el arrendamiento han de darse en sede de cada comunidad, individualmente considerada, sin que sea aplicable la novedad del 5.1 del IS referente a que en los grupos de sociedades es suficiente que una de las entidades cumpla los requisitos de empleado.

- **DGT CV 4211-2016. Comunidad en que uno de los comuneros deja de trabajar por incapacidad permanente**

Comunidad de bienes que desarrolla actividad económica con dos socios, uno de los cuales deja de aportar su trabajo por incapacidad permanente. La DGT repite el razonamiento de las últimas consultas y el habitual párrafo de... *Con ello se quiere decir que todos los comuneros deben asumir el riesgo del ejercicio empresarial, esto es, que los efectos jurídicos y económicos de la actividad recaigan sobre todos ellos.* Pero realiza una matización más: que, si solo algunos comuneros desarrollan la actividad económica, deberán imputarse la totalidad de los rendimientos de la actividad desarrollada. Enlaza pues con el razonamiento de la **DGT CV 0814-2007** antes analizada y califica las rentas recibidas por el socio incapacitado para trabajar como rendimiento del capital, concretamente como rendimiento derivado del arrendamiento de negocios. El comunero trabajador tendrá que imputarse toda la renta empresarial generada, pero podrá deducir las cantidades percibidas por el otro. Los pagos que recibe el comunero incapacitado han de ser objeto de retención:

> *Por tanto, si sólo algunos de los comuneros o socios desarrollaran la actividad económica, éstos deberán imputarse la totalidad de los rendimientos derivados de la actividad económica desarrollada.*
>
> *Por lo que respecta al socio al que la Seguridad Social le ha concedido la incapacidad permanente, en la medida que dicha incapacidad le imposibilite el desarrollo de las funciones inherentes a la titularidad de la actividad económica, las cantidades satisfechas a éste no tendrían la naturaleza de rendimientos procedentes de la actividad económica, al no derivarse de una actividad económica desarrollada por él, sino de rendimientos del capital. Teniendo en cuenta que lo que cede el socio es su parte correspondiente al negocio, las cantidades efectivamente satisfechas tendrán a efectos del Impuesto sobre la renta de las personas físicas la calificación de rendimientos del capital mobiliario de los previstos en el artículo 25.4.c) de la LIRPF: Rendimientos derivados del arrendamiento de negocios, a integrar en la base imponible general por aplicación del artículo 48 de la LIRPF.*
>
> *Correlativamente y por lo que respecta al socio que desarrolla la actividad económica imputándose la totalidad de los rendimientos de la actividad, las cantidades efectivamente satisfechas al otro socio tendrán, en caso de que el rendimiento de la actividad económica se determine mediante el método de estimación directa, el carácter de gastos deducibles para la obtención de los ingresos de la actividad económica realizada, estando sometidos dichos pagos a retención en los términos establecidos en el artículo 75 del Reglamento del Impuesto.*

- **DGT 0167-2017. Comunidad dedicada al alquiler de inmuebles propiedad de sus comuneros**

Comunidad de bienes dedicada al alquiler de inmuebles propiedad de los comuneros y a la explotación de placas solares instaladas en un edificio ajeno, consulta si está sujeta al IS. La DGT, explica primero lo que ocurre después de la reforma de 2014 con las sociedades civiles con personalidad jurídica y cuyo objeto sea mercantil, que quedan sujetas al IS si así lo manifestaron a la Administración tributaria al solicitar el NIF y desarrollan actividad económica que no sea agrícola, ganadera, forestal, minera o profesional. En segundo lugar, menciona a las comunidades de bienes y sobre ellas puntualiza que en los casos en que los partícipes deciden configurar formalmente una comunidad están optando por una forma jurídica que carece de personalidad jurídica, por lo que no están sujetas al IS, sino al régimen de atribución de rentas regulado en la LIRPF.

- **DGT 0546-2020. Comunidad que realiza actividad económica con dos comuneros, uno de ellos jubilado y que no trabaja. Innovación**

En la consulta se observa un importante cambio de criterio respecto a las anteriores, puesto que la DGT admite que la comunidad pueda contratar a quien haga las labores de gerencia o encargado, sin que ello implique que el titular o titulares de la actividad dejen de ordenar por cuenta propia el negocio. En otras palabras, que el comunero jubilado que no trabaja se considera titular del negocio y por tanto recibe rentas empresariales. Obsérvese el cambio radical de criterio respecto a la DGT CV 4211-2016 y DGT CV 0814-2007. Es una consulta con relevancia en la materia:

> *Al respecto, debe tenerse en cuenta que, en actividades de carácter empresarial o no profesional como es supuestamente la realizada, el empresario puede desarrollar por sí mismo las tareas propias de la gerencia y las de producción o comercialización en que consiste la actividad empresarial desarrollada, pero también puede contratar a terceros, bajo una relación laboral o de otro tipo, para que actúen como encargados del negocio, con facultades gerenciales o administrativas, o a otros empleados o auxiliares para la ejecución material de las tareas en que consiste el negocio, sin que la contratación de terceros implique que el titular de la actividad económica deje de desarrollar las tareas de ordenación propias de dicha titularidad.*
>
> *Es decir, el hecho de que parte de los comuneros desarrollen dichas actividades, no implica que el resto no ejerza las funciones de ordenación que son propias a su condición de empresarios, por lo que, a falta de otros datos, debe concluirse que los dos comuneros de la entidad son titulares de la actividad económica desarrollada, atribuyéndose los rendimientos de la actividad económica a cada uno de ellos en la proporción que les corresponda y sin que en consecuencia dichos rendimientos tengan la naturaleza de rendimientos de capital ni de gasto deducible para el cálculo del rendimiento de la actividad económica desarrollada por la entidad.*

Al hilo del criterio de la DGT en las consultas vinculantes analizadas, sintetizamos que desde la perspectiva tributaria existen dos tipos diferentes de comunidades de bienes: a) las que no realizan actividad económica y b) las que sí la realizan. Entre las primeras señalamos como paradigma a las agrícolas y las que se limitan a arrendar inmuebles sin organización económica. Los rendimientos que atribuyen estas comunidades a sus comuneros tendrán la misma naturaleza de la actividad que realizan: agraria en el primer caso y renta de capital inmobiliario (alquileres) en el segundo. Sin embargo, en las que realizan actividad económica (comunidades de explotación, comunidades que ejercen actividades empresariales o económicas) la situación es más compleja, pues ha de atenderse, desde el punto de vista tributario, a la cuestión fáctica de si el comunero participa activamente o no en la gestión de la actividad que desarrolla la comunidad. Si lo hace, el rendimiento atribuido tiene, para la Administración tributaria, la naturaleza fiscal de actividad empresarial; mientras que si no participa en la gestión, la renta que percibe tiene la naturaleza de rendimiento de capital mobiliario. Solo en la CV de 2020 se observa un cambio de criterio, que distingue entre trabajo efectivo y titularidad del negocio, admitiendo por primera vez que un comunero jubilado, que no trabaja en la comunidad, sigue ejerciendo la titularidad y participa en la gestión cuando se contrata un gerente o encargado. Conclusión lógica y acorde con la realidad actual de gestionar negocios y de hacerlo de la forma más profesional y eficiente posible, contratando para ello a un gerente o a una empresa especializada en la actividad.

La doctrina administrativa, a pesar de mantenerse en el tiempo, no es fácil de cumplir ni de identificar en el ordenamiento civil y tributario. La acreditación o no de la efectiva participación en la gestión comunitaria es una cuestión subjetiva, no contemplada en el ordenamiento jurídico, y sometida a prueba, entrañando aún más dificultad cuando se explotan inmuebles. No obstante, ya adelantamos que este es el criterio que está siguiendo la Inspección tributaria y el que mayoritariamente han ratificado los Tribunales económico-administrativos.

16.4. Las resoluciones del TEAR sobre las comunidades de bienes que ejercen actividad económica

Varias son las resoluciones del TEAR de Canarias (TEARC) que tratan sobre las comunidades de bienes que realizan actividad empresarial y los incentivos fiscales del REF aplicados por los comuneros. Nos centramos en la RIC, tanto en la dotación con los beneficios que les imputa la comunidad a los comuneros, para saber si son aptos o no para nutrir esa dotación, como en la materialización RIC en activos (normalmente inmuebles), que siguen siendo propiedad de los comuneros, pero pasan a ser explotados por la comunidad de bienes.

– **RTEARC de 31 de enero de 2020, Sala de Las Palmas**

Reitera su postura de que en el caso de inmuebles destinados a la explotación empresarial a través de una comunidad de bienes no son válidos para materializar la RIC si el propietario no participa activamente en la gestión empresarial que lleva a cabo la comunidad, limitándose a ceder el inmueble[102].

– **RTEAR de 31 de agosto de 2022, reclamación 35-01615-2019, Sala de Las Palmas**

La resolución es importante porque sistematiza las dos posturas existentes en aquel momento: la del contribuyente, que defiende que en el régimen de atribución de rendimientos no es necesario que el comunero participe en la gestión de la comunidad para que las rentas que se le atribuyan se califiquen procedentes de actividad económica con la que poder dotar RIC. Se apoya, además, en la RTEAC de 15 de octubre de 2018, que analizamos en el siguiente epígrafe, que concluye justo lo que argumenta el contribuyente; y la de la AEAT, que considera que es necesario tanto que la comunidad realice actividad económica como que el comunero participe en su gestión para que la renta que se le atribuya provenga de una actividad económica.

El TEAR señala que el TEAC cambió rápidamente su criterio, citando la resolución TEAC de 10 de septiembre de 2019, que analizamos en el siguiente epígrafe, y mantuvo el de la DGT, con la necesidad de que hubiese actividad económica en el comunero a través de su gestión en la comunidad. No puede obviarse que la RIC se vincula con el ejercicio de actividad económica, tanto en cuanto a los rendimientos que pueden acogerse al incentivo como en relación con las inversiones a realizar. En esta tesitura, no basta la adquisición de un bien y su explotación a través de una comunidad de bienes que realice actividad económica, sino que es necesario que tal actividad se ejerza por el contribuyente. Refuerza su motivación el TEAR con la interpretación del art. 88 de la LIRPF (naturaleza de las rentas atribuidas), en el sentido de que hay que estar a la situación de cada comunero, sin que exista inconveniente alguno en el hecho de que lo que para unos comuneros pueda ser considerado como renta procedente de una actividad económica (cuando el comunero ejerza la misma a través de la comunidad) para otros pueda ser otro tipo de rendimiento (de capital mobiliario o inmobiliario, según el caso). En el asunto específico de la

---

102 Florido Caño, 2020: 168-9. *Revista Hacienda Canaria n.º 54.*

reclamación, el TEAR da la razón al contribuyente porque la Inspección había demostrado insuficientemente que el comunero no realizaba actividad alguna en la comunidad[103].

- **RTEARC de 31 de marzo de 2022, reclamación n.º 35-09918-2018, Sala de Las Palmas**

Trata inicialmente de una cuestión muy específica, la obligación de que los comuneros lleven contabilidad para dotar RIC con la atribución de rendimientos de una comunidad, que analizamos monográficamente en otro epígrafe, reiterando además su criterio de que es necesario que no se limiten a percibir rentas pasivas, sino que participen activamente en su gestión[104].

- **RTEARC de 31 de enero de 2023, reclamación 35-2268-2020, Sala de Las Palmas**

Reitera una vez más que es necesario que la comunidad realice actividad económica y que el comunero, además, la efectúe interviniendo en la gestión de la comunidad[105].

- **RTEARC de 22 de marzo de 2024, reclamación 35-00474-2023, Sala Las Palmas**

Es la primera que hace referencia a la participación de los comuneros en la gestión de la comunidad después de la STS de 26 de febrero de 2024 que analizamos en este capítulo. Distingue entre la gestión diaria de la comunidad que explota apartamentos turísticos y la gestión superior, reconociendo que el comunero participa en esta última al formar parte de la gerencia de la comunidad. El TEAR considera que hay que distinguir entre gestión o dcspacho ordinario, diario o habitual, y la gestión superior o cualificada, relativa a la supervisión de la correcta marcha del negocio. El TEAR señala que el reclamante (el contribuyente que materializa la RIC) no participa en la gestión ordinaria, pero sí en la gestión superior, habida cuenta que forma parte de la Gerencia de la Comunidad. Por lo anterior, el Tribunal concluye que el comunero sí desarrolla una actividad económica a través de la comunidad y que los bienes afectos a la misma podrían ser aptos para materializar su RIC[106].

---

103 Florido Caño, 2022:315-7. *Revista Hacienda Canaria n.º 58.*

104 Florido Caño, 2022: 365-8. *Revista Hacienda Canaria n.º 58.*

105 Florido Caño, 2023: 207. *Revista Hacienda Canaria n.º 60.*

106 Florido Caño, 2024. *Revista Hacienda Canaria n.º 62.*

Es importante la matización del TEARC en un doble sentido. Primero, que si admite la materialización efectuada en los inmuebles afectos a la actividad también admitirá que la atribución de rendimientos que percibe de la comunidad tiene la naturaleza de rendimientos de la actividad económica y podrá acogerse con ellos a los incentivos REF. Y segundo, que especifica qué actividad mínima ha de desarrollar el comunero en la comunidad, admitiendo labores de gerencia.

16.5. Las resoluciones del TEAC sobre las comunidades de bienes

Desde 2017 hasta la actualidad, y con una excepción que confirma la regla el 15 de octubre de 2018, el TEAC ha compartido el criterio de la Inspección y de la DGT de que solo al comunero que participe en la gestión de una comunidad que realice actividad económica se le atribuyen correctamente rendimientos de la actividad económica, con los que podrá dotar RIC. A los que no participan en la gestión, se les atribuye rendimientos del capital, y por tanto no pueden dotar RIC. La salvedad es la resolución de 15 de octubre de 2018, que concluye que no es necesario que el comunero participe en la gestión para que las rentas atribuidas procedan de actividad económica y sean, por tanto, susceptibles de la dotación.

– **RTEAC de 12 de enero de 2017 (reclamación 5146713)**

Gravita sobre la dotación efectuada por una sociedad-comunero que no participa en la gestión de un centro comercial. Los locales son cedidos obligatoriamente a la comunidad de explotación, que es la que figura como arrendadora en los contratos de alquiler, la que decide con quién contratar y la renta. Una vez cedido el local, la entidad comunera propietaria no desarrolla función alguna, sin que acredite que se realicen juntas generales ni reuniones de la comunidad. Con las rentas percibidas, dotó RIC, que fue regularizada por la Inspección, sin discutir que la comunidad realizase actividad económica, pero siguiendo el criterio de la DGT de que únicamente a los comuneros que participen en el ejercicio de la actividad se les atribuye rendimientos de actividad económica. El TEAC confirma la liquidación practicada, incluso la sanción impuesta, al entender que es la comunidad la que realiza todas las gestiones y que el comunero no participa en ordenación alguna del negocio, sin asumir riesgos y percibiendo pasivamente las rentas[107].

---

107 Florido Caño, 2017. *Revista Hacienda Canaria n.º 47.*

- **RTEAC de 10 de septiembre de 2018 (n.º 72/2018)**

Se refiere a apartamentos destinados a la explotación turística a través de la constitución de una comunidad de bienes integrada por varios propietarios. La Inspección rechazó la materialización RIC en ellos porque la actividad económica la realizaba la comunidad y el contribuyente no participó en la ordenación por cuenta propia de los factores de producción. El TEAC asume el razonamiento del actuario, pero matizándolo en el sentido de que, si el comunero se limita a la aportación de capital sin intervenir en la toma de decisiones ni gestionar la actividad, las rentas obtenidas tienen la naturaleza de rendimientos de capital mobiliario:

> *Con ello, para que las rentas procedentes de la explotación de los apartamentos turísticos tengan para el comunero (en este caso, la sociedad In) la calificación de económicas, se precisa que el partícipe tome parte efectiva en la ordenación por cuenta propia de los factores de producción. De esta forma, en aquellos casos como el que nos ocupa, en los que la actuación del comunero se limita a una mera aportación de capital, sin intervenir en la toma de decisiones ni gestionar la actividad, las rentas obtenidas tendrán la naturaleza de rendimientos de capital mobiliario.*
>
> *Por lo tanto, la inversión consistente en inmuebles destinados al arrendamiento, requiere que dicha actividad de arrendamiento tenga carácter económico para la entidad obligada a invertir en activos afectos, aptos a efectos de materializar la RIC, circunstancia que, como se ha expuesto, no sucede en relación con los Apartamentos B.G. y la sociedad In.*

El comentario del autor al que hacemos referencia sobre esta resolución es que, *en el caso de explotaciones económicas ejercidas a través de una comunidad de bienes, la naturaleza económica no alcanzará a las rentas y a las inversiones de quienes no participan en la ordenación de medios productivos*[108].

- **RTEAC de 15 de octubre de 2018 (RG 8862-2015). Cambio fugaz de criterio**

Importante resolución que, puntual y fugazmente, mantiene el criterio contrario a las anteriores. Como vemos en las posteriores resoluciones, el TEAC volvió con rapidez al criterio contrario un año después.

Durante el periodo comprobado, el contribuyente no desarrolló actividad económica en su condición de partícipe de una comunidad de bienes, que realizaba actividad económica, concretamente de arrendamiento de inmuebles. La Inspección reconoció que los rendimientos, en general, de actividades económicas obtenidos por las comunidades sirven de base para la dotación, de forma que la materialización de la reserva debe realizarla cada comunero, pudiendo invertirla tanto en la actividad económica rea-

---

[108] Florido Caño, 2020. *Revista Hacienda Canaria n.º 54.*

lizada a través de la comunidad de bienes como en otras que desarrolle a título individual. No obstante, y también con carácter general, la Inspección indica *que los comuneros que no intervienen directamente en la ordenación de los factores de producción, adoptando una actitud pasiva limitada a recibir los rendimientos obtenidos en cuanto inversor, no ejercen una verdadera actividad económica.* Razón de que las rentas atribuidas por la comunidad de bienes a estos comuneros no tienen la calificación de rendimientos de actividad económica, sino de capital mobiliario, no aptos para la dotación. En consecuencia, al no realizar el comunero actividad económica alguna distinta de la ejercida por la comunidad, no dispone de un centro de actividad económica en Canarias, razón de que los requisitos de materialización y mantenimiento asociados a la consolidación de cualquier RIC que hubiera dotado en el pasado devienen de imposible cumplimiento y, por tanto, dichas reservan han de ser regularizadas. Por su parte, el contribuyente se opuso a que fuese preciso que el comunero interviniese directamente en la ordenación de los factores de producción para que recayesen sobre él los efectos jurídicos y económicos de la actividad y para que las rentas atribuidas por la comunidad de bienes puedan calificarse como rendimientos de actividad económica.

El TEAC recuerda cómo es la naturaleza jurídica y tributaria de la comunidad de bienes, incidiendo en el régimen de atribución de rendimientos que les caracteriza sobre la base del art. 88 LIRPF: *las rentas de las entidades en régimen de atribución de rentas atribuidas a los socios, herederos, comuneros o partícipes tendrán la naturaleza derivada de la actividad o fuente de donde procedan para cada uno de ellos.* A su juicio, y a diferencia de la Inspección, que exige la participación directa del comunero en la gestión, el mandato de la Ley es claro cuando señala que la atribución de rentas realizada a los comuneros mantendrá la naturaleza de la fuente de que procedan, sin establecer ningún tipo de condición (artículo 88 Ley 35/206). Y añade como motivo adicional, que el TS, en sentencia de 4 de abril de 2014, se pronuncia en el mismo sentido: *Además, en este mismo sentido, sin exigir intervención directa en la gestión de la actividad desarrollada por la comunidad de bienes, se ha pronunciado el TS:*

> *Pues bien, del examen de las actuaciones se desprende que la actividad desarrollada por la comunidad de bienes, de la que formaba parte la recurrente, tiene carácter empresarial ya que participa de las notas referidas en el artículo 18 anterior de la Ley 44/1978, pues se produjo una aportación capital, en este caso, constituida por terrenos, concurriendo la ordenación por cuenta propia de medios de producción, con la finalidad de intervenir en la producción o distribución de bienes, en este caso, la promoción inmobiliaria, que consiste en la construcción de naves industriales, para su posterior venta, de forma que, partiendo de dicha premisa, ni el hecho de que en el documento de constitución de la comunidad en cuestión no constase que*

> *la recurrente asumiese la realización de las actividades tendentes a la consecución de su fin, ni el hecho de que no conste la realización efectiva de tales actividades, influye en la calificación de los citados rendimientos imputados a la recurrente como de carácter empresarial. Por lo que, consecuentemente, los rendimientos a imputar a los comuneros participan de la naturaleza empresarial de las rentas imputadas, con independencia de la actividad desarrollada por los mismos dentro de la comunidad o de que no desarrollen ninguna actividad, es decir, incluso, aunque, la gestión efectiva se delegue en terceros* [FD CUARTO, STS 4 de abril de 2014, trascrito en la RTEAC].

En consecuencia, según el criterio claramente expresado por el TS, y siendo indiscutido el ejercicio de actividad económica por parte de la comunidad de bienes, el TEAC entiende que no puede negarse la aptitud del beneficio que recibe el comunero para la dotación ni materialización RIC[109].

– **RTEAC de 14 de febrero de 2019 (RG 00-04383-2015)**

Sociedad que participa en una comunidad de explotación a la que cede sus locales comerciales recurre ante el TEAC que con las rentas recibidas de la comunidad de bienes puede dotar RIC y a la vez materializarla en más locales que cederá a la comunidad. El Tribunal desestima sus pretensiones, concluye que solo las rentas atribuidas y los bienes cedidos por aquellos comuneros que participan activamente en la gestión de la comunidad pueden entenderse derivadas o afectos a actividad económica.

No había aportado el contribuyente a la Inspección prueba alguna de la existencia de convocatorias de juntas generales de la comunidad ni de su celebración ni, en definitiva, cualquier otra prueba de su participación en la dirección de la comunidad, por lo que el TEAC entendió que no existían elementos que permitiesen entender el ejercicio de actividad económica por parte de la entidad reclamante. Los rendimientos obtenidos no proceden de actividad económica, sino que han de calificarse como rendimientos de capital, razón de que ni el beneficio atribuido por la comunidad ni la inversión en los locales cedidos sean válidos para la dotación o materialización RIC (ni para la DIC)[110].

– **RTEAC de 14 de mayo de 2019 (RG 00-06694-2016)**

Confirma el criterio antes expresado que el comunero que cede bienes a una comunidad en la que participa y desarrolla actividad económica, únicamente podrá considerar los bienes afectos a la materialización RIC

---

[109] Florido Caño, 2019. *Revista Hacienda Canaria n.º 51, pp. 239-242.*

[110] Florido Caño, 2019. *Revista Hacienda Canaria n.º 51, pp. 239-242.*

si participa en la actividad en el seno de la comunidad. Al no disponer del texto de la resolución, he extractado la conclusión de Florido Caño (2020), quien extrapola su razonamiento a la dotación: no podría dotarse RIC con el rendimiento obtenido por un bien cedido a la comunidad si no se participa activamente en ella. Destaca que la **RTEAC de 15 de octubre de 2018 (RG 8862-2015)** corrigió a la Inspección, TEARC y DGT en el sentido de que *las rentas atribuidas a los comuneros que no participan en la gestión no pierden su naturaleza empresarial y, en consecuencia, tanto las rentas como los elementos de su titularidad afectos a la actividad desarrollada a través de la comunidad son válidos para la RIC*. Basaba el TEAC su criterio en la TS de 4 de abril de 2014, pero, como bien explica el autor citado, en resoluciones posteriores —entre ellas la ahora comentada— volvió a mantener lo contrario[111].

- **La RTEAC de 8 de octubre de 2019 (procedimiento 18-2016)**

Analiza varias cuestiones relativas al IRPF 2010. Una de ellas (fundamento cuarto) es la que interesa destacar, pues aborda la materialización RIC de una farmacéutica en dos inmuebles que aporta a la C.B. Residencia Comunitaria Universitaria Tafira. Los beneficios proceden de su farmacia, por lo que son indiscutidos por la Inspección como aptos para la RIC, pero sí cuestiona la materialización efectuada, pues entiende que se trata de una mera adquisición-inversión inmobiliaria de la que obtiene rentas de capital inmobiliario y no rendimientos de actividad empresarial. Del resumen que hace la Sala se desprende que el actuario incluso calificó la actuación del contribuyente de "ingeniería fiscal" ideada y diseñada para aprovecharse de la RIC:

> *Y ello porque, según ha razonado la Inspección, para la reclamante se trata de una mera adquisición-inversión inmobiliaria, de la que cabe obtener desde un punto de vista fiscal rentas de capital inmobiliario y no rendimientos de actividad empresarial (nos encontraríamos así ante un supuesto de "ingeniería fiscal" ideado y diseñado con la intención práctica de aprovecharse irregularmente del beneficio fiscal de la RIC), ya que según la Inspección la reclamante como comunera-partícipe no organiza en sede de la CB medios productivos materiales y personales para la prestación empresarial de servicios en el mercado, tampoco participa en los actos normales de gestión de la CB, ni como es esencial en cualquier actividad empresarial asume el riesgo de pérdida total de la inversión realizada en dichos inmuebles urbanos como consecuencia de los resultados adversos de una explotación económica propia distinta de la actividad empresarial de la CB, dedicada a la explotación mediante el arriendo o alquiler de los inmuebles aportados por los comuneros (en el caso de la actora, el 50% de sendos dúplex con garaje ubicados en el complejo urbanístico Residencia Comunitaria Universitaria de T) (F.D. cuarto de la resolución).*

---

[111] Florido Caño, R. (2020). *Revista Hacienda Canaria n.º 52, pp. 262-4.*

La cuestión que plantea al TEAC es si para una adecuada materialización RIC en inmuebles es suficiente su aportación a la comunidad de bienes que los explota a través de una actividad económica o al contrario es necesario que los aportantes participen en la gestión de la actividad. La Sala hace referencia a tres resoluciones suyas de 14-2-2019 (RG 00-04383-2015), 10-9-2018 (n.º 72/2018) y 12-1-2017 (RG 00-05146-2013), algunas de las cuales luego analizamos, así como al criterio de la DGT. Parte de la base de que quien realiza la actividad es la comunidad de bienes, entidad sin personalidad jurídica que tributa en el régimen de atribución de rentas, por lo que los comuneros tendrán derecho a disfrutar de la RIC únicamente si realizan de forma personal, habitual y directa la ordenación de los factores de producción:

> *En consecuencia, como señala la Inspección según doctrina reiterada de la Dirección General de Tributos, los comuneros de una entidad en régimen de atribución de rentas que realiza una actividad económica tendrían derecho a disfrutar del beneficio fiscal de la RIC si dichos comuneros realizan de forma personal, habitual y directa la ordenación de los factores de producción recayendo los efectos jurídicos y económicos de la actividad sobre ellos. En caso contrario, si los comuneros no participaran en dicha ordenación de los factores de producción, si no ejercen de forma personal y directa la explotación, las rentas obtenidas tendrían para ellos la consideración de un mero rendimiento del capital mobiliario (F.D. cuarto de la resolución).*

El razonamiento final reitera el de la resolución de 10 de septiembre de 2018, en el sentido de que el requisito de que los activos sean necesarios para el desarrollo de actividades empresariales del sujeto pasivo solo se cumple si este se implica directamente en la gestión realizada por la comunidad:

> *Lo que sólo cumple quien cede sus activos a una comunidad de bienes si puede afirmarse que el propio comunero desarrolla una actividad económica en el seno de la CB, lo que al menos requeriría de una implicación activa de los comuneros en la gestión de la actividad realizada por dicha comunidad, circunstancia que no se da en este caso, como exponen la Inspección y el TEAR, al ser claro que el comunero realiza la actividad económica de farmacéutico, pero ningún contacto tiene con la actividad de arrendamiento de inmuebles, que es realizada (con más o menos disposición de medios) por la comunidad de bienes a la que la reclamante cedió su inmueble, como afirma la Inspección (F.D. cuarto de la resolución).*

Se da la paradoja de que en anteriores comprobaciones fiscales a miembros de la misma comunidad, la Inspección tributaria había dado como buena la materialización RIC en los inmuebles aportados, pero al respecto el TEAC es concluyente: ... *no es posible impedir que un acto administrativo posterior, como consecuencia de la naturaleza dinámica y no rígida de la actividad de interpretación de las normas que exige la ciencia jurídica y evidencia su progreso en el tiempo (carácter que informa la actuación diaria de los operadores jurídicos, de los tribunales y de la doctrina administrativa), se pronuncie en otro sentido siempre que aparezca sólidamente fundamentado* (F.D. cuarto de la resolución).

Sintetizando, tanto respecto a las comunidades que ejercen actividad industrial, comercial o de servicios como las que arriendan inmuebles, el TEAC comparte el criterio de la DGT de que la naturaleza de las rentas atribuidas será la misma de la actividad empresarial de la comunidad, únicamente en aquellos comuneros que participen de forma activa en la gestión de la comunidad. Dadas esas premisas, los comuneros pueden dotar RIC con las rentas atribuidas por la comunidad. En caso contrario, reciben rendimientos de capital mobiliario, con los que no pueden dotarla. Con carácter puntual, manifiesta lo contrario el TEAC en la resolución de 15 de octubre de 2018.

16.6. Las sentencias del TSJC sobre las comunidades: del negro al blanco para los comuneros

La materialización de la RIC en los inmuebles explotados por la comunidad de bienes que gestiona una de las residencias universitarias de Tafira (campus de la ULPGC) es la que sirve de referencia para se den dos hitos en los pronunciamientos del TSJC en la materia. El primero se produce por partida doble en septiembre y octubre de 2019, con dos sentencias demoledoras para las pretensiones de los contribuyentes e incluso, en la segunda, para la figura de su asesor; y el segundo, en 2022, con un cambio radical en el criterio sobre la comunidad y el comunero, que estima sus pretensiones y que a la postre es la sentencia que posibilita que en casación se pronuncie el TS por primera vez en este conflictivo asunto de la "necesidad de la participación del comunero en la gestión de la comunidad".

La **STSJC de 24 de septiembre de 2019, procedimiento 483/2018, Sala de Las Palmas,** desestima la pretensión de una sociedad sobre que la inversión en inmuebles de la comunidad de bienes fuese una materialización válida RIC. Y lo hace por un doble motivo: (i) porque la participación de la entidad en dicha comunidad se había limitado a cobrar las rentas y (ii) porque dicha residencia no era más que un conjunto de viviendas que se alquilan, sin que ofreciera servicios habituales de residencia y colegio mayor como alimentación, lavandería, etc. Incluso cuestiona que la propia comunidad realizase actividad económica:

> *En efecto, tras un detenido análisis del expediente no puede sino concluirse que la función que tiene la recurrente en la "Comunidad de Bienes Residencia Universitaria de Ta" no es,*

precisamente, un ejemplo académico de lo que la norma fiscal denomina "actividad económica", pues su participación en la misma se limita a cobrar los frutos de la compra en su día efectuada, por lo que los rendimientos percibidos de la referida Comunidad no provienen de una verdadera actividad económica.

Como atinadamente observa el Sr. Abogado del Estado, la Inspectora de Hacienda actuaria señaló en el Acta de Disconformidad que ni si quiera la Comunidad de Bienes desarrollaba actividad económica", agregando que "en cuanto a la posibilidad de materializar la RIC en la denominada "Comunidad de Bienes Residencia Universitaria de T" conviene recordar que la actuaría realizó una exposición en cascada, analizando todas las posibilidades en cuanto a la validez de la materialización de la RIC, incorporando argumentos subsidiarios, y llegando siempre a la misma conclusión, la necesidad de regularizar la RIC. El acuerdo de liquidación, una vez que considera que la recurrente no realiza la actividad de arrendamiento de inmuebles, analiza si pudiera realizar otra actividad económica a través de una comunidad de bienes. Para ello investiga las circunstancias que concurren en dicha comunidad de bienes, llegando a la conclusión de que no realiza ninguna actividad económica. Pero la Inspección no se queda ahí, sino que pone de manifiesto que, aún cuando la comunidad de bienes realizara actividad económica, el contribuyente —comunero— no la realizaría". En suma, la denominada "Residencia Comunitaria Universitaria de T" no es más que un conjunto de viviendas que son ofrecidas en alquiler al público en general, sin que se ofrezcan los servicios habituales en las residencias y colegios mayores, tales como alimentación, lavandería, etc, pero el hecho —a todas luces lógico— de que parte de sus moradores sean universitarios no tiene la virtud taumatúrgica de transformar un edificio normal y corriente en una verdadera residencia universitaria.

En suma, la denominada "RESIDENCIA000" no es más que un conjunto de viviendas que son ofrecidas en alquiler al público en general, sin que se ofrezcan los servicios habituales en las residencias y colegios mayores, tales como alimentación, lavandería, etc., pero el hecho —a todas luces lógico— de que parte de sus moradores sean universitarios no tiene la virtud taumatúrgica de transformar un edificio normal y corriente en una verdadera residencia universitaria [TSJC de 24 de septiembre de 2019].

Los mismos argumentos se repiten en la **STSJC de 8 de octubre de 2019 (recurso n.º 521/2018, Sala de Las Palmas)** para rechazar la materialización RIC efectuada por un anestesista en inmuebles de la misma residencia universitaria de Tafira. Y lo hace sobre la base de la STSJC de 24 de septiembre antes analizada. Confirma la sanción, puesto que aprecia falta de buena fe por el contribuyente, pretendiendo crear una apariencia equívoca destinada a enmascarar la realidad de que la comunidad solo realizaba un arrendamiento de viviendas, y además embarcándose en un proyecto ideado por su asesor fiscal para crear una apariencia que no responde a la realidad:

No podemos decir lo mismo en relación con el otro motivo de regularización por falta de materialización de la RIC. En este caso, lo que aprecia este Tribunal es, precisamente, falta de buena fe puesto que lo que se pretende crear es una apariencia equívoca destinada a enmascarar la auténtica realidad subyacente que no es más que la materialización de la RIC en inmuebles destinados al arrendamiento sin desarrollar éste como actividad económica, lo cual supone el incumplimiento frontal de los requisitos de materialización recogidos en la norma, que ya desde el ejercicio 2007 se muestra enormemente restrictiva acerca de la posibilidad de materializar en inmuebles destinados al alquiler.

El contribuyente, para sortear esas restricciones, se embarca en un proyecto diseñado por su asesor fiscal para crear una apariencia que no responde a la realidad. Este hecho es el que, a juicio de este Tribunal, evidencia la concurrencia de un comportamiento culpable y voluntario. Tal y como indica la Inspección: "Más grave es la situación cuando hablamos de la segunda parte de la aplicación del incentivo fiscal referida a la materialización de dotaciones de ejercicios anteriores y que han adquirido firmeza en virtud de la prescripción. Esta materialización ha sido instrumentada de forma indirecta a través de compras de inmuebles que, inmediatamente, se han aportado a la constitución de dos Comunidades de Bienes de iniciativa particular, que no de la Universidad da Las Palmas de Gran Canaria (ULPGC), que se arriendan supuestamente a estudiantes pues forman parte de lo que se denomina RESIDENCIA000 y RESIDENCIA001. Las inversiones en bienes inmuebles destinados al arrendamiento, sin embargo, solo son válidas al efecto del cumplimiento del requisito de materialización si cumplen una serie de condiciones denominadas "requisitos cualificados" que la Ley 19/1994, en su redacción aplicable ratione temporis, establece con absoluta claridad en su apartado 8. Estas condiciones no se dan en ningún caso en las residencias de estudiantes citadas, incumpliendo abiertamente la Ley." (…) "En cualquier caso, el Incumplimiento de los requisitos cualificados para el arrendamiento de inmuebles no puede achacarse dolosamente al sujeto infractor: como sugería el actuario, pues toda la operación de inversión y materialización le ha sido ofrecida como un paquete a través de la asesoría fiscal que realmente ha concebido el producto terminado de la inversión y su utilidad fiscal de forma especializada. Sí concurre, por el contrario —concluye así el Tear—, una evidente negligencia por parte del sujeto infractor, pues la delegación en la asesoría fiscal de sus obligaciones fiscales no lo exime de la responsabilidad muy evidente radicada en el incumplimiento de condiciones que estén expresamente incluidas en la norma y que no presentan ninguna oscuridad o complejidad de interpretación" [STSJC de 8 de octubre de 2019].

La **STSJC de 15 de octubre de 2019 (recurso n.º 522/2018, Sala de Las Palmas)**, incide otra vez en la materialización en inmuebles en la misma comunidad de bienes que gestiona la residencia universitaria. En esta ocasión, efectuada por una entidad que prestaba servicios de anestesistas. Los argumentos son iguales respecto a la comunidad:

SEGUNDO.- Hemos visto en los antecedentes que, contrariamente a la tesis sostenida por la Inspección, la representación procesal de la entidad recurrente, tras proclamar el derecho de su patrocinada a cambiar la actividad que constituía su objeto social inicial (incluso si dicho cambio comporta una autentica transformación, como es el caso), asegura que la nueva ocupación social, ejercida a través de la comunidad de bienes "RESIDENCIA000", cumple las condiciones legales (Ley 19/1994) para ser conceptuada como actividad económica susceptible de disfrutar del beneficio fiscal de repetida cita.

Anticipamos que no tiene razón la actora.

TERCERO. A propósito de esta misma Comunidad de Bienes "RESIDENCIA000", y también a propósito del propietario de la empresa, esta Sala se pronunció (en relación con el IRPF) en su recientísima sentencia de 8 de octubre de 2019 (recaída en el recurso jurisdiccional 521/2018), de la cual pasamos a reproducir sus fundamentos jurídicos cuarto y quinto (…) [STSJC de 15 de octubre de 2019].

A los argumentos tradicionales, añade la sentencia uno nuevo: que una vez que la entidad ha cesado en la actividad en Canarias, no es válida la materialización en inmuebles explotados por comunidades de bienes. La última cuestión por su importancia la abordamos monográficamente en otro epígrafe.

La STSJC de 28 de abril de 2022, recurso 123/2021, Sede Las Palmas de Gran Canaria, es la sentencia que conforma el segundo hito en la materia analizada, pues el TSJC cambia de criterio respecto a sus anteriores sentencias sobre la dotación RIC de los comuneros de comunidades de bienes que realizan actividad económica. Y lo argumenta, principalmente, haciendo suyos los fundamentos jurídicos del letrado del contribuyente, que califica de impecables en todos los órdenes. La controversia a dirimir es si en una comunidad de bienes que realiza actividad económica es necesario que el comunero participe en la ordenación de los medios de producción de la comunidad. La Inspección mantiene que sí y el contribuyente que no, a quién el TSJC da la razón, motivándola en los siguientes puntos:

- La Inspección prescinde de comprobar si efectivamente la comunidad de bienes realiza actividad económica, centrándose únicamente en si el socio participa o no en la gestión de la comunidad.
- Porque la STS de 4 de abril de 2014 concluyó que "los rendimientos a imputar a los comuneros participan de la naturaleza empresarial de las rentas imputadas, con independencia de la actividad desarrollada por los mismos dentro de la comunidad o que no desarrollen ninguna actividad, es decir, incluso aunque la gestión efectiva se delegue en terceros".
- ¿Qué sentido tiene que si un comunero en un año determinado pertenece a la junta directiva sus rendimientos sean calificados como de actividad económica para pasar a ser de otra naturaleza —de capital inmobiliario, por ejemplo— por las circunstancias de que, por las razones que sea al año siguiente tal comunero abandone la junta directiva? Es un absurdo al que nos conduce la interpretación del precepto que realiza la Administración tributaria y que no se encuentra ni en el espíritu ni en el texto de la Ley, y es negada por el TS, como antes hemos acreditado.
- En los pronunciamientos contradictorios de la Administración tributaria sobre otros partícipes de la misma comunidad, que la Inspección relativiza en aras de un supuesto "progreso de la ciencia jurídica", en los que estima el TSJC que tal progreso no puede realizarse nunca sobre la base de la infracción de principios constitucionales

como son los de prohibición de la arbitrariedad, seguridad jurídica y, sobre todo, de igualdad en la aplicación de la Ley.

- En que la parte contraria nada aporta sobre la razón o fundamento de que, ante la claridad con que se expresa el artículo 88 de la LIRPF y las declaraciones de la STS de 4 de abril de 2014, sea más acertada la tesis de la Administración exigiendo al comunero una actividad gestora en la comunidad para que los rendimientos obtenidos puedan tener naturaleza empresarial.

Con estos argumentos, el TSJC estima las pretensiones del contribuyente y señala que cuando la comunidad de bienes realiza actividad económica, la naturaleza de los rendimientos que se le atribuyen al comunero son también procedentes de actividad económica, con independencia de que participe o no en la gestión de la comunidad. Volvemos a esta sentencia en el epígrafe del Tribunal Supremo, pues fue recurrida en casación por la Abogacía de Estado. El texto que trascribimos es largo, pero vale la pena tenerlo como referencia en este asunto, a la vez que felicito al ponente por la claridad de los argumentos jurídicos esgrimidos y por la valentía de rectificar sus consideraciones en pronunciamientos pasados:

> *CUARTO. Analizamos, ahora sí, los motivos de impugnación de la deuda tributaria.*
>
> *Pues bien, detenidamente examinados, así el expediente y documentos aportados a los autos, como los escritos procesales de ambas partes, esta Sala anticipa su plena conformidad con el planteamiento impugnatorio adoptado por la dirección letrada del actor —impecable en todos los órdenes, en cuanto explicación notable rigor jurídico porqué se ajustan a Derecho todas y cada una de las conclusiones a que llega sobre los diversos aspectos que el tema suscita, siendo, por eso mismo, imposible cuestionarlo—, hasta el punto de que nos valdremos de las alegaciones que constituyen tal planteamiento para, con base en ello, estimar también el recurso formalizado contra las liquidaciones originariamente impugnadas. Ello, advertimos, implica modificar la tesis que la Sala tenía adoptada recientemente en torno a la virtualidad de las inversiones en ciertas Comunidades de Bienes para dotar la RIC, pero cuando se lea el argumento —de todo punto incontestable— que nos mueve a efectuar la mudanza de que hablamos se comprenderá muy fácilmente la razón de nuestra decisión.*
>
> *Dicho esto, pasamos ya, sin más digresión, a reproducir las líneas de la demanda concernientes a la deuda tributaria.*
>
> *(…) Nos centraremos a continuación a responder a lo manifestado en el Acuerdo de Liquidación, dentro del mismo F° derecho VI sobre la materialización y en mantenimiento de las dotaciones RIC, en las Comunidades de Bienes.*
>
> *a) La posición de la Inspección.*
>
> *La Inspección sostiene, en definitiva, que la materialización de la dotación de la RIC en activos inmuebles que luego se ceden a la Comunidad de Bienes para que esta los explote en régimen de atribución de rentas no es válida para la materialización de la RIC, **ya que en el presente caso el recurrente y comunero no interviene en la gestión de la Comunidad de Bienes, de lo que se desprende que, aunque esta pueda realizar actividad económica, el comunero en sí mismo no la realiza, por no participar en la ordenación de los medios de producción.***

A tal fin, reconoce, eso sí, que el reclamante realiza una actividad económica en su profesión de estomatólogo (pág. 4 de 54), por lo que no se discute la procedencia de la dotación a la RIC con los beneficios originados en tal actividad, ***sino lo que se discute y rechaza es la materialización de la RIC mediante su participación en la Comunidad de Bienes y no porque esta última no realice actividad económica, sino porque no la realiza el propio comunero, participando activamente en la gestión de aquella.***

Interesa resaltar a este respecto que la Inspección asume plenamente la tesis de la irrelevancia de la circunstancia de la que Comunidad de Bienes realice o no actividad económica, reproduciendo su afirmación de que "siendo irrelevante la posible actividad económica desarrollada por las Comunidades de Bienes... (Págs. 38 de 54).

Mantiene la Inspección (Pag. 39 de 54), que los ingresos de los comuneros tendrán carácter de procedentes de una actividad económica únicamente si, a su vez, ellos desarrollan una actividad económica en el seno dela CB, lo que al menos requeriría de una implicación activa de los comuneros en la gestión, circunstancia que no se da (...).

Continúa el Acuerdo de Liquidación (Pag. 40 de 54) "partiendo del supuesto de que la CB desarrolle actividades económicas, siendo el arrendamiento una de las actividades no reguladas (...)", (Pag. 42 de 54) "En cualquier caso, se ha podido comprobar que el obligado tributario no participa en la gestión de la Comunidad de Bienes..."

b) El error de prescindir de la circunstancia de si la Comunidad de Bienes realiza o no actividad económica.

Sin embargo, debe ponerse de manifiesto que por aplicación del art. 88 de la Ley del Impuesto sobre la Renta de las Personas Físicas (LIRPF) que dispone: "Las rentas de las entidades en régimen de atribución de rentas atribuidas a los socios, herederos, comuneros o participes tendrán la naturaleza derivada de la actividad fuente de donde procedan para cada uno de ellos", no puede prescindirse, como hace la Administración Tributaria de la circunstancia o el dato de IS naturaleza económica de la actividad desarrollada por la Comunidad de Bienes, y ello, por varias razones:

1°.- Por el tenor literal del precepto de la LIRPF.

El mismo texto legal que se acaba de reproducir (art. 88 de la LIRPF) se remite, para determinar la naturaleza de los rendimientos obtenidos por los comuneros, "a la actividad o fuente de donde procedan", lo que es una clara referencia a la naturaleza de la actividad realizada por los entes sin personalidad jurídica del artículo 34 de la LGT de donde proceden los rendimientos, en este caso, de la CBRUT y de la CBRCLC.

2°.- Por el consecuente pronunciamiento al respecto de los Tribunales de Justicia.

Pronunciamientos entre los que destaca el de STS, Sala Tercera, de 4 de abril de 2014, Rec. 6398/2011, *y de la que son muestra asimismo las Sentencias del Tribunal Supremo, Sala Tercera, de 8-9-2011, Rec. 5538/2009 (F°4°, penúltimo párrafo); la Sentencia del Tribunal Superior de Justicia de Aragón, Sala de lo Contencioso-Administrativo, de 26-10- 2016, Rec. 267/2015 (F°4o, segundo párrafo); y la Sentencia del Tribunal Superior de Justicia de Extremadura, Sala de lo Contencioso-Administrativo, de 17-3-2004, Rec. 1550/2001 (F° 3°), que, al interpretar el art. 88 de la Ley del Impuesto sobre la Renta de las Personas Físicas (LIRPF), y siguiendo el texto legal de que "Las rentas de las entidades en régimen de atribución de rentas atribuidas a los socios, herederos, comuneros o partícipes tendrán la naturaleza derivada de la actividad o fuente de donde procedan para cada uno de ellos", ha efectuado la relevante precisión (F° 4°, penúltimo párrafo) de* ***"que, consecuentemente, los rendimientos a imputar a los comuneros participan de la naturaleza empresarial de las rentas imputadas, con independencia de la actividad desarrollada por los mismos dentro de la comunidad o de que no desarrollen ninguna actividad, es decir, incluso aunque la gestión efectiva se delegue en terceros". Ha de destacarse, por tanto, esta referencia expresa que hace el TS, ya que constituye, a juicio de esta parte, la clave de bóveda en esta cuestión, frente a la interpretación que hace***

la Administración tributaria del citado precepto de la LIRPF, al añadir, en la aplicación de este, exigencias que no se contemplan en su texto, como muy bien aclara la citada STS.

Hemos de resaltar, finalmente en este punto, como el Acuerdo de liquidación, deja de lado, en definitiva, la circunstancia de si la CBRUT realiza o no actividad económica, para poner el acento, en cambio, en la actividad de gestión que puede realizar el comunero al frente de la misma, lo cual, a juicio de esta parte, es un grave error que vicia totalmente el Acuerdo, porque, además del criterio al respecto del TS antes referido, ¿Qué sentido tiene que si un comunero en un año determinado pertenece a la Junta Directiva sus rendimientos sean calificados como de actividad económica para pasar a ser de otra naturaleza —de capital inmobiliario, por ejemplo— por la circunstancia de que al año siguiente, por las razones que sean, tal comunero abandone la Junta Directiva?

La misma pregunta se la puede formular su sustituto, de manera que, en esa perspectiva, el comunero que puede pasar a desempeñar un cargo directivo de la Comunidad por un tiempo determinado habrá de estudiar muy detenidamente las consecuencias fiscales que ello le comporta durante ese tiempo al variar entonces la naturaleza de los rendimientos obtenidos por él en el IRPF. Es un absurdo al que nos conduce la interpretación del precepto que realiza la Administración y que no se encuentra ni en el espíritu ni en el texto de la Ley y es negada por el TS, como antes hemos acreditado.

Pero es más, al prescindir de ese dato fundamental de si la CBRUT realiza o no actividad económica, se pone de manifiesto la incongruencia en que incurre el Acuerdo de Liquidación, cuando señala (Pag 46 de 54) que a partir de la reforma en la normativa reguladora de la RIC, vigente a partir de 2007, el arrendamiento de bienes inmuebles quedó limitado a determinados arrendamientos entre los que no se encuentra los efectuados por la CBRUT, pero sin tener en cuenta que ello es así tan solo para los arrendamientos que podríamos denominar ordinarios, no cuando la explotación arrendaticia se realice en forma económica o empresarial, como aquí sucede. Por ello decíamos que es un grave error prescindir de si la CBRUT realiza o no una actividad económica (Pág. 53 del Acuerdo de liquidación), porque si la realiza, como así resulta de las pruebas aportadas, es una total incongruencia entonces esgrimir la reforma de la RIC que entró en vigor en 2007, relativa a los arrendamientos ordinarios porque no afecta en absoluto a la CBRUT, al realizar dichos arrendamientos en forma económica o empresarial.

c) Por la postura contradictoria de la Administración tributaria al respecto.

En lo que respecta a los pronunciamientos contradictorios de la Administración tributaria, sobre otros partícipes de la misma CBRUT de los que son muestra, entre otros, las actas de conformidad con otros dos comuneros de la CBRUT, *(Muebles Atlántico Norte SL e Iniciativas Reto SL) de los que se acompaña copias como documentos números UNO y DOS,* ***y que la Inspección relativiza en aras de un supuesto "progreso de la ciencia jurídica", estimamos que tal progreso no puede realizarse nunca a base de la infracción de principios constitucionales como son los de prohibición de la arbitrariedad, seguridad jurídica (Art. 9. 3 CE) y sobre todo, el de igualdad en la aplicación de la Ley*** *(Art. 14 CE), principios que, recogidos en nuestra Constitución, han de ser respetados por la propia Administración, cuyo actuar, dice el artículo 103 de la Constitución, se encuentra plenamente sometida a la Ley y al Derecho.*

Así mismo, el TEAC, para otro comunero de la misma CBRUT, don Pio., el que en su Resolución números 8862/2015 y 8864/2015, de 15 de octubre de 2018, de la que se acompaña copia como documento número TRES, así lo ha declarado expresamente, afirmando al respecto:

(F° 5°, pág. 30): "Por lo que, consecuentemente, los rendimientos a imputar a los comuneros participan de la naturaleza empresarial de las rentas imputadas, con independencia de la actividad desarrollada por los mismos dentro de la comunidad o de que no desarrollen ninguna actividad, es decir, incluso, la gestión efectiva se delegue en terceros. En consecuencia, según el criterio claramente expresado por el Alto Tribunal, y siendo indiscutido el ejercicio de

una actividad económica por parte de la Comunidad de Bienes, no se podría negarla materialización de las dotaciones a la RIC cuyo plazo vence en el periodo comprobado, al amparo de que el contribuyente no ejerce actividad económica derivada de su condición de comunero". (La negrita es nuestra).

***Ante los contradictorios pronunciamientos de la Administración Tributaria, la citada resolución del TEAC y a la vista del art. 14 de la Constitución de la que se desprende el principio constitucional de igualdad en la aplicación de la Ley, estimamos que en este caso no se ha respetado el referido principio, al aplicar la Ley distintamente para unos comuneros y para otros respecto de la misma cuestión** y ello conlleva que, en aplicación del artículo 62, 1, a) de la ley 30/1992, 26 de noviembre, de Régimen Jurídico de las Administraciones Públicas y del Procedimiento Administrativo Común y, del artículo 217,1, b) de la Ley General Tributaria (LGT), el acto aquí impugnado sea nulo de pleno derecho por violar el derecho fundamental del recurrente a la igualdad en la aplicación de la Ley, situación que se ha producido en el presente caso con una acuerdos posteriores que contradicen lo acordado anteriormente por el mismo órgano administrativo sobre la misma cuestión.*

d) Por la postura, del Tribunal Superior de Justicia de Canarias (Sala Las Palmas).

El referido órgano judicial emitió con fecha 19 de marzo de 2013 sentencia firme, Procedimiento Ordinario número 1106/2010, y de la que se acompaña copia como documento número CUATRO, reconoce abiertamente en sus fundamentos la realización, tanto por la CBRUT, como por el comunero (Don Santiago.) de actividad económica, más allá de centrarse en determinados aspectos de los gastos deducibles, lo que no desluce su reconocimiento claro y paladino de la existencia de tal actividad en la entidad y en el comunero.".

Y en su escrito de conclusiones agrega la actora:

"[...] la pretensión deducida por esta parte no es anulatoria, sino de nulidad de pleno derecho en los términos deducidos en el Suplico de la demanda, por haberse cometido la violación de determinados derechos fundamentales, derechos cuya infracción, sin embargo, no ha merecido ni un solo comentario de la parte demandada.

[...] A la cuestión de la materialización de la RIC en la Comunidad de Bienes RESIDENCIA000) no dedica la contestación a la demanda ni una mención, por lo que se ratifica en la tesis de la Inspección que aquí se cuestiona, y por tanto no se añade nada nuevo a lo que ya consta en el expediente administrativo.

***Por lo tanto, la parte contraria nada aporta, en definitiva, sobre la razón o fundamento de que, ante la claridad con que se expresa el artículo 88 de la LIRPF y las declaraciones al respecto, tanto de la STS de 4 de abril de 2014, Rec. 6398/2011, como la RTEAC de 15 de octubre de 2018, sea más acertada la tesis de la Administración exigiendo al comunero una actividad gestora en la Comunidad para que los rendimientos obtenidos puedan tener naturaleza empresarial** que la defendida por esta parte y corroborada por las referidas resoluciones judicial y administrativa de que tal naturaleza es independiente y al margen de la actividad desarrollada por el comunero en la Comunidad (STS 4-4-2014). Es decir, no encontramos ningún razonamiento que, en definitiva, refuerce la posición de la Administración al interpretar el art. 88 LIRPF con esa exigencia adicional de actividad gestora no prevista legalmente.*

Al igual sucede con la ausencia de toda referencia en la contestación a la violación del principio constitucional de igualdad en la aplicación de la Ley, tanto por el TEAR como por la Administración tributaria, que ante supuestos iguales y con ocasión de la comprobación inspectora, de un lado, y de los recursos de comuneros, de otro, de la misma Comunidad de Bienes, adoptan resoluciones contradictorias, admitiendo en unos casos la materialización de la RIC y en otros no de los miembros de la misma Comunidad que se encuentran en idénticas circunstancias. En la demanda se expuso (F° 4°) dicho trato desigual en la aplicación de la Ley y se dejó acreditado el indebido comportamiento administrativo al respecto." [FD CUARTO, STSJC de 28 de abril de 2022].

Resumiendo, el TSJC inicialmente comparte el criterio de la Administración tributaria cuando rechaza por varios motivos la materialización efectuada en inmuebles cedidos a una comunidad de bienes para que los explote. El motivo principal es que las personas físicas y jurídicas-comuneros no participaban en la gestión de la comunidad, se limitaban a cobrar las rentas de los inmuebles. El segundo, que la comunidad no realizaba actividad económica, pues no prestaba servicios a los inquilinos de los colegios mayores y residencias universitarias, tratando de enmascarar la realidad; y el tercero, que no se sostiene la validez de una materialización en inmuebles cedidos a una comunidad si se ha cesado previamente en el desarrollo de una actividad económica en Canarias. No obstante, en abril de 2022 cambió radicalmente su postura, motivándolo en la STS de 4 de abril de 2014, que desvincula la naturaleza del rendimiento atribuido del hecho que el comunero desarrolle actividad en la comunidad, y qué sentido tiene que un comunero que participe en la junta directiva se le atribuyan rendimientos económicos y cuando deje de hacerlo, rendimientos de capital mobiliario. O sea, que no es necesario que el comunero participe en la gestión de la comunidad, pero siempre partiendo de la premisa de que la comunidad realice actividad económica. En conclusión, con el rendimiento atribuido por la comunidad el comunero puede dotar RIC.

16.7. Las sentencias de la AN sobre los incentivos aplicables a los comuneros

Dos sentencias de la AN de julio de 2020 relacionadas con comunidades de bienes que explotan inmuebles y comuneros que dotaron RIC resuelven con distinto resultado para el contribuyente algunas de las cuestiones planteadas en la actividad de arrendamiento de locales comerciales.

La primera, **SAN de 10 de julio de 2020, Sección 2ª, recurso 240/2017**, resuelve la demanda de una sociedad de inversión que dota RIC con el beneficio obtenido en el arrendamiento de locales comerciales gestionados a través de una comunidad de propietarios. La comunidad tiene local y empleados, pero la Inspección, TEAR y TEAC manifiestan que ese incuestionado hecho no sirve para acreditar que la sociedad-comunero cumpla por sí misma los requisitos de local y empleado. La AN manifiesta, sin embargo, que con independencia a que los cumpla o no, el desarrollo de actividad económica puede acreditarse con otros medios, que es lo que sucede, pues el contribuyente ha demostrado que realiza actividad económica con el arrendamiento, al disponer de 40.000 m² de locales en un centro comercial no gestionado por ella, pero sí por su matriz, a través de la comunidad de la que forma parte y es, además, mayoritaria. En consecuencia, se dan las dos notas que viene exigiendo la AN para calificar de económica la actividad: la ordenación de factores de producción y la asunción del riesgo empresarial:

> *QUINTO. Resolución del recurso.*
>
> *Vistas las alegaciones de las partes el recurso debe ser estimado. Y no tanto, porque no son de aplicación lo dispuesto en el art. 27.2 de la LIRPF, pues como se indicó en sentencia de fecha 11.7.2019, recurso 260/2016:*
>
> *(...) Sin embargo, y sin dar mayor relevancia al acta de manifestaciones aprobadas, también es cierto, como se ha dicho, que la remisión a dicho precepto, art. 25.2 del RDL 3/2004, no es esencial, de modo que es posible hablar de actividad económica de arrendamiento sin existencia de local exclusivo y trabajador con contrato en supuestos, como en el presente caso, en el que la actora desarrolla una actividad de explotación de un centro de negocio de 40.000 m.c, —conforme a su objeto social y alta en el IAE, epígrafe 861.2—, encomendando su gestión, además de a otra sociedad vinculada, a la sociedad vinculada Sociedad General Inmobiliaria de Canarias 2000, titular de la misma, y que forma parte de una Junta de Propietarios que sí dispone de empleado y local, como reconoce la Administración demandada en la diligencia de 24.10.2008, y con una participación mayoritaria próxima al 60%, como admite el acuerdo de liquidación. Todo ello, por tanto, permite concluir que existe una ordenación de factores de producción conforme prevé el art. 25.1 del RDL 3/2004, y la asunción del riesgo empresarial al que esta Sala se ha referido como factor determinante de la existencia de dicha actividad empresarial (SAN de fecha 31.1.2013, recurso 14/2010, 3.5.2013, recurso 164/2010, o 1.4.2013, recurso 104/2010, por todas).*
>
> *En consecuencia, conforme a lo expuesto, procede estimar el recurso, anular la resolución del TEAC y liquidación impugnadas* [FD QUINTO, SAN de 10 de julio de 2020].

En la segunda, **SAN 27 de julio de 2020, Sección 2ª, recurso 286/2017**, se resuelve el caso de una sociedad-comunero que dota RIC con los alquileres que recibe de tres locales a través de la comunidad de bienes que explota el centro comercial. La AN considera que no realiza actividad económica alguna, por lo que recibe rendimientos de capital mobiliario y, en consecuencia, no puede dotar RIC. Además, añade una cuestión controvertida, que los arrendatarios eran empresas vinculadas a la arrendadora[112], desestimando la demanda del contribuyente e imponiéndole sanción y costas. El motivo principal es que los beneficios procedían de tres locales no explotados por el propietario comunero, sino por la comunidad de explotación,

---

112 Mientras que siempre había interpretado que el requisito de no vinculación entre las partes arrendadora y arrendataria afecta solamente a la materialización de la RIC, la Inspección tiene el criterio de que también afecta a la dotación, rechazando las dotaciones efectuadas provenientes de alquileres entre personas vinculadas. Los Tribunales de Justicia le han dado por ahora la razón.

que es la que aportaba la organización necesaria, local y empleado, para la gestión del centro comercial, limitándose el propietario a obtener la renta, en cuya obtención no aportaba elemento alguno, ni siquiera la decisión de arrendarlos, ni las condiciones del arrendamiento, sin aportar organización ni gestión alguna, razón de que tales rendimientos han de considerarse de capital mobiliario. El segundo motivo fue que se habían alquilado los locales a personas vinculadas, que está expresamente prohibido en la normativa RIC:

CUARTO. Sobre el carácter de beneficio empresarial de las cantidades percibidas por el alquiler de los locales.

La cuestión a resolver es si los ingresos obtenidos por el obligado tributario, procedentes del arrendamiento de estos locales, pueden ser considerados como derivados de una actividad económica, o, visto desde otro ángulo, si la actividad económica consistente en el arrendamiento de los tres locales la realiza el propietario de los mismos, la entidad actora, constituyendo, por ende, una actividad empresarial de la misma, o bien la realiza la Comunidad de Explotación del centro comercial Las Rotondas, en cuyo caso los beneficios obtenidos por el propietario tendrían la consideración de rendimientos de capital mobiliario, y no serían aptos para la materialización de la RIC mediante la adquisición de estos locales.

En cuanto a la dotación realizada en los ejercicios 2007, 2008 y 2009 fueron rechazados porque los beneficios declarados en estos tres ejercicios no eran beneficios empresariales, sino rendimientos patrimoniales, incumpliendo la primera y principal condición para admitir la reserva, esto es la prevista en el número 1 del artículo 27, que la reserva se dote con beneficios procedentes de establecimientos en Canarias. Dice el mencionado precepto: 1. las sociedades y demás entidades jurídicas sujetas al impuesto sobre sociedades tendrán derecho a la reducción en la base imponible de este impuesto de las cantidades que, con relación a sus establecimientos situados en Canarias, destinen de sus beneficios a la reserva para inversiones de acuerdo con lo dispuesto en el presente artículo.

Este precepto, rectamente interpretado, considera que la reserva puede realizarse sobre los beneficios empresariales obtenidos en establecimientos situados en Canarias, de tal manera que no serán aptos para dotar la reserva otros ingresos que no tengan la consideración de beneficios empresariales obtenidos en establecimientos sitos en Canarias.

La liquidación procedió a la regularización de las tres cantidades dotadas en estos ejercicios, al considerar que derivaban no de beneficios empresariales, sino que tenían la consideración de rendimientos de capital mobiliario, concretamente del producto (renta) de los contratos de arrendamiento de los locales, gestionados por la Comunidad de Explotación, en definitiva de rendimientos patrimoniales y no de beneficios empresariales, derivados de una actividad empresarial.

La demanda centra todo su esfuerzo en sostener que las cantidades dotadas lo fueron sobre beneficios empresariales, haciendo un relato de su actividad empresarial, casi coincidente con el de la Administración, que, sin embargo, no es útil a estos fines, porque no ha rebatido la principal afirmación de la liquidación, cual es que la ordenación de los medios personales y materiales para la gestión y obtención de la renta no la efectúa la parte actora, el comunero propietario de los locales, sino la Comunidad de Explotación, sin que, dadas las normas que regulan la Comunidad, el propietario tenga participación alguna en la gestión, ni corra con riesgo alguno.

Lo relevante, pues, es si dotó la RIC de los ejercicios 2007, 2008 y 2009, cumpliendo con los requisitos previstos en el artículo 27.1 de la ley, es decir, con beneficios obtenidos de una

actividad empresarial desarrollada en Canarias, y la liquidación afirma, y no es rebatido de contrario, que los beneficios fueron los procedentes de los contratos de arrendamiento de los tres locales no explotados por el propietario comunero sino por la Comunidad de explotación, que es la que aportaba la organización necesaria para la gestión del centro comercial Las Rotondas (local y empleado), limitándose el propietario a obtener la renta derivada, en cuya obtención no aportó ningún elemento, ni siquiera la decisión de arrendarlos, ni las condiciones del arrendamiento, tras deducir los gastos necesarios, sin aportar organización, ni gestión alguna, por lo que acertadamente tales rendimientos han de considerarse como rendimientos de capital mobiliario.

Resultan inocuas, porque no constituyen la esencia de la regularización que fiscalizamos, aquellas cuestiones colacionadas por la demanda, tales como las afirmaciones de la Inspección sobre un pretendido control de un determinado comerciante sobre la libre competencia en este y otros centros comerciales, etc. Este argumento sirvió, como mucho, como corolario a las razones esenciales dadas por la Inspección para afirmar, con los argumentos ya mencionados, que no se realizó actividad económico empresarial. Lo relevante fueron tales argumentos, que ya hemos comentado y considerado ajustados a derecho.

Como también actúa como corolario de la tesis principal de la Inspección la consulta referida al IGIC, pero no constituye la argumentación principal de la liquidación.

En fin, la vinculación de los arrendatarios, introducida por la Inspección como un elemento añadido a la razón principal, no es tampoco desdeñable, y, más bien al contrario, la argumentación de la demanda supone una contradicción para la tesis principal de la misma, *que por una parte sostiene que hubo ordenación de medios para obtener los rendimientos, en definitiva que realizó los arrendamientos como actividad empresarial, y, por otra parte, rechaza la vinculación, al interponer entre el dueño del local (la entidad recurrente) y el arrendatario a la Comunidad de Explotación, que es justamente lo que justifica la regularización, porque la Inspección entendió que esta interposición descartaba la realización de una actividad económico empresarial por parte de la recurrente. Se desestima* [FD CUARTO, SAN 27 de julio de 2020, la negrita es nuestra].

En las dos sentencias analizadas de julio de 2020, la propia Sección 2ª de la AN resuelve con diferente signo la posibilidad de dotar RIC con los alquileres generados a través de comunidades de bienes, estimando o desestimando las pretensiones de los contribuyentes, señal evidente de que la cuestión no es tan clara como argumentan las partes ni como con reiteración expresan la DGT y los Tribunales económico-administrativos. Intentaré explicar los matices.

En la primera sentencia, las posiciones de la Inspección, TEAR y TEAC eran que la entidad-comunero incumplía los requisitos de local y empleado; el contribuyente admite que los compartía con la comunidad de bienes, pero que no realizaba una percepción pasiva de rentas, porque explotaba íntegramente un centro comercial y cumplía los requisitos de local y empleado a través de la comunidad. Resuelve la AN a favor del contribuyente porque realizaba actividad económica con el arrendamiento de los locales (40.000 m^2 de locales, alta en el IAE, objeto social, etc.), al margen de que quien dote RIC cumpla o no los requisitos de empleado y local, y de que la explotación no la realice directamente, sino a través de la comunidad de bienes gestionada por la sociedad matriz. Cuestión de matices.

En la segunda sentencia, opera también una comunidad de bienes que explota un centro comercial en que la demandante es propietaria de tres locales. Parece que no participa en la gestión de la comunidad, sino que compró los inmuebles que ya estaban alquilados, sin que interviniese en la toma de decisiones. La AN en esta ocasión, desestima las pretensiones del contribuyente y concluye que con los alquileres percibidos no puede dotar RIC porque no provienen del desarrollo de actividad económica.

En los dos pronunciamientos de la AN sobre la explotación de locales comerciales por comunidades de bienes, observo un nexo común: la necesidad de acreditar que se realiza actividad económica por parte del arrendador. Admite dicha actividad aún en el caso de que sea a través de una comunidad de bienes, siempre que intervenga en la gestión, aunque sea mediante la sociedad matriz; mientras que no lo admite cuando se adquiere locales que van a ser explotados o están siendo explotados por una comunidad en la que el arrendador no puede intervenir en la gestión por las cláusulas del contrato de anexión. Cuestión adicional es la vinculación de las partes, que influye en la segunda sentencia, pero que tampoco creo que alteraría el rechazo del Tribunal si no existiese. La gestión o cogestión en la comunidad de bienes que explota los inmuebles es por ahora la clave, a falta de lo que dijese el TS y cómo concluía.

La SAN de 24 de abril de 2024, Sección 4, recurso 1048 /2020 y la de la misma fecha y Sección, recurso 1045/2020, son las dos primeras sentencias que cuestionan la participación de los comuneros en las comunidades que realizan actividades económicas después de la STS de 26 de febrero de 2024.

En la primera, la Inspección rechazó la materialización en inmuebles que se había aportado por una persona física a una comunidad para que los explotase como residencia universitaria, puesto que el sujeto pasivo no participaba en actividad económica alguna al respecto, actuando como mero inversor. En palabras de la AN, se produce la cesión de los derechos de explotación de los distintos inmuebles a la propia comunidad de bienes constituida por los propietarios, sin que el obligado tributario participe directamente en la explotación de los inmuebles, ya que no participa en la gestión de la comunidad. El contribuyente no forma ni ha formado nunca parte de la junta directiva ni tampoco es el gerente, de acuerdo con la información facilitada por la comunidad en contestación al requerimiento de información. Simplemente cede inmuebles para que se los exploten, sin ordenar ni medios de producción ni recursos humanos. Sin embargo, el recurrente alega que no puede prescindirse del hecho de que la comunidad de bienes realiza actividad económica, lo que implica que, de conformidad con lo dispuesto en el artículo 88 LIRPF, los rendimientos obtenidos por los comuneros tienen la misma naturaleza que "la actividad o fuente de donde procedan".

La AN desestima la demanda apoyándose en la reciente STS de 26 de febrero de 2024, que interpreta en el sentido de que es conforme a la norma distinguir entre los comuneros capitalistas (es decir, que solo aportan dinero, en este caso, inmuebles), de aquellos otros que intervienen en la gestión activa de la comunidad de bienes, siendo así que los rendimientos obtenidos por los primeros tendrían la consideración de rendimientos de capital, mientras que en el caso de los segundos su calificación sería de rendimientos de actividades económicas. La STS consideró que el comunero en cuestión no había permanecido ajeno a la actividad desarrollada por la comunidad de bienes, como aseguraba la Administración tributaria, de modo que entendió que, en esas circunstancias, el contribuyente del IRPF desarrolla la actividad económica de arrendamiento de bienes inmuebles a través de la comunidad de bienes. Y además que no está expresamente previsto que, cuando una entidad en régimen de atribución de rentas, en este caso sendas comunidades de bienes, desarrolle actividad económica, los rendimientos correspondientes a dicha actividad únicamente tendrán esa misma naturaleza para los comuneros que intervengan de forma habitual, personal y directa en la ordenación por cuenta propia de los medios de producción y recursos humanos afectos a la actividad. A ello se acoge la sentencia recurrida, de manera que, considerando probado que el obligado tributario no se ha limitado a la mera aportación de capital, los rendimientos atribuidos a él no los califica de rendimientos del capital, conclusión que compartimos.

En el caso específico que trata la SAN, no quedó justificado que el contribuyente realizara laborares de gestión en la CB que le permitiera afirmar que desarrollaba ordenación de medios de producción constitutivos de actividad económica, y, en consecuencia, confirma el criterio contenido en la resolución impugnada y avalado por la doctrina fijada por el Tribunal Supremo, desestimando la demanda:

> *SÉPTIMO. Pues bien, la misma cuestión que aquí se plantea ha sido resuelta recientemente por la STS de 26 de febrero de 2024 (rec. 6089/2022) en el supuesto de otro comunero que también materializó la RIC en inversiones consistentes en inmuebles cedidos a la Comunidad de Bienes DIRECCION000.*

El Tribunal Supremo en esta sentencia considera que es conforme a la norma distinguir entre los comuneros capitalistas (es decir, que solo aportan dinero, en este caso, inmuebles), de aquellos otros que intervienen en la gestión activa de la comunidad de bienes, siendo así que los rendimientos obtenidos por los primeros tendrían la consideración de rendimientos de capital, mientras que en el caso de los segundos su calificación sería la de rendimientos de actividades económicas.

En ese caso, el comunero, según se infería de la sentencia de instancia, no había permanecido ajeno a la actividad desarrollada por la comunidad de bienes, como aseguraba la Administración, de modo que se entendió que, en esas circunstancias, el contribuyente del IRPF desarrolla una actividad económica de arrendamiento de bienes inmuebles, a través de una comunidad de bienes, a efectos del artículo 27, apartados 5 y 8 de la Ley 19/1994, de 6 de julio, de modificación del Régimen Económico y Fiscal de Canarias, puesto en relación con el artículo 88 de la LIRPF, cuando no se limita a aportar los inmuebles, como es el caso, sino que se considera que realiza una actividad económica.

Pero, a continuación, afirma que, sin embargo:

«No sería correcto considerar que un contribuyente del IRPF desarrolla una actividad económica de arrendamiento de bienes inmuebles, a efectos del artículo 27, apartados 5 y 8 de la Ley 19/1994, en relación con el artículo 88 de la LIRPF, cuando entre dicho contribuyente y la actividad económica del arrendamiento de inmuebles desarrollada, media una comunidad de bienes de la que aquel contribuyente es comunero, en la que ha permanecido completamente ajeno a las labores de gestión, pues, a fin de cuentas, no habría ido más allá de haber aportado los inmuebles en los que materializó las dotaciones a la reserva para inversiones en Canarias.

Ahora bien, no está expresamente previsto que, cuando una entidad en régimen de atribución de rentas, en este caso, sendas comunidades de bienes desarrollen una actividad económica, los rendimientos correspondientes a dicha actividad únicamente tendrán esta misma naturaleza para los comuneros que intervengan de forma habitual, personal y directa en la ordenación por cuenta propia de los medios de producción y recursos humanos afectos a la actividad. A ello se acoge la sentencia recurrida, de manera que, considerando probado que el obligado tributario no se ha limitado a la mera aportación de capital, los rendimientos atribuidos a él no los califica de rendimientos del capital, conclusión que compartimos».

En el supuesto que estamos examinando, no ha quedado justificado que el Sr. Guillermo realizara laborares de gestión en la CB que nos permita afirmar que desarrollaba ordenación de medios de producción constitutivos de una actividad económica, y, en consecuencia, hemos de confirmar el criterio contenido en la resolución impugnada y avalado por la doctrina fijada por el Tribunal Supremo, debiendo desestimarse, pues, este motivo de impugnación.

A ello cabe añadir que, en esa misma Sentencia, entiende el Tribunal Supremo que el hecho que pueda considerarse que el participe realiza una actividad económica no es suficiente para entender materializadas tales dotaciones, puesto que no se cumple, además, con que « el sujeto pasivo deberá tener la consideración de empresa turística de acuerdo con lo previsto en la Ley 7/1995, de 6 de abril, de Ordenación del Turismo de Canarias, tratarse del arrendamiento de viviendas protegidas por la sociedad promotora, de bienes inmuebles afectos al desarrollo de actividades industriales incluidas en las divisiones 1 a 4 de la sección primera de las tarifas del Impuesto sobre Actividades Económicas, aprobadas por el Real Decreto Legislativo 1175/1990, de 28 de septiembre, por el que se aprueban las tarifas y la instrucción del Impuesto sobre Actividades Económicas, o de zonas comerciales situadas en áreas cuya oferta turística se encuentre en declive, por precisar de intervenciones integradas de rehabilitación de áreas urbanas, según los términos en que se define en las directrices de ordenación general de Canarias, aprobadas por la Ley 19/2003, de 14 de abril». En definitiva, los requisitos que, en relación con el arrendamiento de bienes inmuebles, contempla el artículo 27.8, párrafo 4º de la Ley 19/1994, son exigibles a toda actividad de arrendamiento de inmuebles que pretende disfrutar del beneficio fiscal.

Y concluye que "Es evidente que unas residencias privadas de estudiantes no cumplen ninguno de los requisitos añadidos en el artículo 27.8 Ley 19/1994, con efectos a partir de enero de 2007, por lo que es incuestionable la procedencia de la regularización relativa a la materialización de la dotación correspondiente a los ejercicios 2007, 2008 y 2009".

Criterio que sería también aplicable, en nuestro caso, al ejercicio 2007, según se apreció en el acuerdo de liquidación y en la resolución del TEAC impugnada [SAN 24 abril 2024].

La segunda **SAN de 24 de abril de 2024** llega a la misma conclusión en otro ejercicio objeto de inspección y recurso, por lo que vemos con claridad cómo la AN interpreta la STS de febrero de 2024 en el sentido de que si el comunero no realiza actividad en la comunidad, la materialización en inmuebles que hizo no es válida. No es exactamente lo que yo interpreto de esa STS, pero ya comenté que la falta de contundencia en los planteamientos jurídicos conlleva a que pueda interpretarse el fallo de diferentes formas, y la AN lo hace ratificando el criterio administrativo.

16.8. El criterio del TS con las comunidades de bienes y la dotación RIC

No han sido muchos los casos que han llegado en casación al TS sobre comunidades de bienes que realizan actividad económica, su tributación y el régimen de atribución de rentas, pero hemos encontrado algunas, que analizamos en este epígrafe. Sirven como preámbulo a lo que sucedió en 2023 con un auto del TS que admitió el recurso de casación sobre la materia clave explicada: si es preciso que el comunero participe o no en la gestión de la comunidad para que el rendimiento atribuido se considere procedente de una actividad económica, y su posterior pronunciamiento en sentencia de febrero de 2024. He accedido a dos sentencias del TS sobre esta materia. Una antigua de 1996 y otra más reciente de 2014, que sirvió para la RTEAC de 15 de octubre de 2018 y para la STSJC de 28 de abril de 2022, que estudiamos, respectivamente en los epígrafes 16.5 y 16.6.

La **STS de 20 de abril de 1996, recurso 2864/1993,** estima las pretensiones de la Abogacía dc Estado y casa una sentencia del TSJC, Sala de Santa Cruz de Tenerife, de 1993, que señaló que los rendimientos obtenidos en la venta al por mayor de artículos deportivos debían ser imputados al 50% en el IRPF de cada cónyuge de la sociedad de gananciales. Y lo hizo concluyendo que han de imputarse los rendimientos al cónyuge que realiza la actividad y figura dado de alta en el IAE, no a los dos que forman la sociedad de gananciales. Se trata pues de la versión más sencilla de la comunidad de bienes, la que se identifica con la sociedad de gananciales. En la actualidad es una cuestión pacífica que los rendimientos generados por uno de los cónyuges se imputan fiscalmente en exclusiva a él, a pesar de que civilmente sean frutos de la sociedad de gananciales. La diferencia entre el tratamiento civil y tributario —nunca bien matizada—, es la que aborda el TS en el recurso de casación en interés de ley, fijando como doctrina legal que tributariamente se consideran los rendimientos obtenidos por quienes realicen la actividad, sin que puedan atribuirse al cónyuge no titular, cualquiera que fuese el régimen económico del matrimonio:

> *Por esta razón, procede fijar como doctrina legal que "en el régimen de aplicación del artículo 9 de la Ley 20/1989, de 28 de julio, la determinación de los rendimientos procedentes de actividades empresariales tendrá en cuenta la fuente u origen de tales rendimientos, y se considerarán obtenidos por quienes realicen de forma habitual la ordenación de los medios de producción para su obtención, sin que puedan atribuirse dichos rendimientos al cónyuge no titular de la actividad empresarial, cualquiera que sea el régimen económico del matrimonio"; doctrina que se establece en este recurso y respetando la situación jurídica particular derivada de la sentencia impugnada en los presente autos* [FD NOVENO, STS 20 de abril de 1996].

El argumento de la Inspección y del TEAR fue que el art. 9 de la Ley 20/1989 del IRPF (apartado c de la regla 1ª) indicaba que los rendimientos de actividades empresariales, profesionales y artísticas se consideraban obtenidos por quienes realizasen de forma habitual, personal y directa la ordenación por cuenta propia de la actividad que, salvo prueba en contrario, recaía en quienes figurasen como titulares. No obstante, el TSJC puso mayor énfasis en el art. 1.344 del C.C., y que la sociedad de gananciales tenga la consideración de comunidad de bienes. Concluyó que los rendimientos debían imputarse al 50% a cada miembro de la comunidad. La Abogacía del Estado distinguió entre los efectos civiles y tributarios, separando el hecho de que fuesen rendimientos gananciales de la obligación de la imputación fiscal a solo uno de ellos: el que ejerciese la actividad. Así lo estimó el TS: *A efectos tributarios, pues, la imputación de rendimiento se vinculan tan sólo al cónyuge que realiza de forma "habitual, personal y directa" la explotación del negocio, sin tener para nada en cuenta que, una vez obtenidos los mismos, sean susceptibles de considerarse gananciales a efectos civiles* [F.D. quinto], apoyándose en la sentencia del Tribunal Constitucional de 20 de febrero de 1989, que declaró que *la legislación tributaria... no está obligada a acomodarse estrechamente a la legislación civil* [F.D. sexto]. No existía duda para el TS de que la regla antes señalada opera cualquiera que sea el régimen económico del matrimonio:

> *... lo cual, por otra parte, es el que mejor se acomoda al nuevo sistema instaurado por dicha Ley* [la 20/1989], ya que renunciar a la tributación conjunta y acogerse a la individual

para, a continuación, imputar los rendimientos obtenidos en una actividad realizada personalmente a un tercero, no parece compadecerse con el nuevo sistema, dado que pugna con la idea misma de la tributación individual que se tengan en cuenta como ingresos del sujeto pasivo los que no ha generado personalmente [F.D. OCTAVO, STS 20 ABRIL 1996].

Hoy en día, el criterio del TS es aceptado por todos, pero no debemos perder la perspectiva de que se refiere en específico a un tipo de comunidad de bienes, la formada por los cónyuges en régimen de sociedad de gananciales, y que por tanto son muchos otros los matices que habría que tener en cuenta para extrapolar la doctrina legal a la gran mayoría de las comunidades que ejercen actividades empresariales.

La **STS de 4 de abril de 2014, recurso 6398/2011,** resuelve la controversia suscitada en torno a una comunidad de bienes que ejerce actividad empresarial, en que una comunera con el 25% de participación no declaró en su IRPF la atribución de rendimientos. En su peregrinaje contra la liquidación tributaria llegó al TS, siendo el cuarto motivo de casación el que interesa destacar, ya que alegó que no tenía la condición de empresaria y, en consecuencia, no se le podían imputar los rendimientos empresariales de la comunidad de bienes. La Sala destaca que es plenamente aplicable la atribución de rentas a los comuneros sobre la base del art. 12.1 de la Ley 44/1978 del IRPF (redacción dada por la Ley 48/1985). No se trata propiamente del ejercicio de forma directa de una actividad empresarial, sino simplemente de la atribución de rentas. La SAN recurrida decía que, si la actividad de la comunidad es empresarial, de esa misma naturaleza participan los rendimientos que, procedentes de una simple comunidad de bienes, se imputan a su socios o comuneros, *sin que sea requisito necesario que la comunera ostente, por ella misma, condición empresarial alguna, pues basta con que tal actividad sea desplegada por la comunidad de que forma parte y cuyos rendimientos, por carecer de personalidad jurídica, son objeto de atribución.*

A la misma conclusión de la AN llegó el TS en 2014: siendo empresarial la actividad desplegada por la comunidad de bienes (promoción y venta de naves industriales), aunque la recurrente no asumiese la realización de actividades en la comunidad, los rendimientos debían imputarse a todos los comuneros, con independencia de la actividad desarrollada por cada uno e, incluso, de que la gestión efectiva se delegase en terceros. Más claro imposible:

Pues bien, del examen de las actuaciones se desprende que la actividad desarrollada por la comunidad de bienes, de la que formaba parte la recurrente, tiene carácter empresarial ya que participa de las notas referidas en el artículo 18 anterior de la Ley 44/1978, pues se produjo una aportación capital, en este caso, constituida por terrenos, concurriendo la ordenación por cuenta propia de medios de producción, con la finalidad de intervenir en la producción o distribución de bienes, en este caso, la promoción inmobiliaria, que consiste en la construcción de naves industriales, para su posterior venta, de forma que, partiendo de dicha premisa, ni el hecho de que en el documento de constitución de la comunidad en cuestión no constase que la recurrente asumiese la realización de las actividades tendentes a la consecución de su fin, ni el hecho de que no conste la realización efectiva de tales actividades, influye en la calificación de los citados rendimientos imputados a la recurrente como de carácter empresaria. Por lo que, consecuentemente, los rendimientos a imputar a los comuneros participan de la naturaleza empresarial de las rentas imputadas, con independencia de la actividad desarrollada por los mismos dentro de la comunidad o de que no desarrollen ninguna actividad, es decir, incluso, aunque, la gestión efectiva se delegue en terceros.

La sentencia recurrida considera que concurren, efectivamente, los elementos exigidos en el artículo 18 de la Ley 44/1978 para la calificación de los rendimientos como empresariales, dado que se está en presencia de una actividad de promoción inmobiliaria. Por tanto, los rendimientos obtenidos por la venta de terrenos se ha de calificar como rendimientos de la actividad empresarial [STS 4 de abril 2014].

En el auto **ATS de 8 de marzo de 2023 de la Sección primera** se estima la casación interpuesta por la Administración General del Estado contra la brillante STSJC de 28 de abril de 2022 analizada en el epígrafe 16.6, que estimó el recurso interpuesto por un estomatólogo contra una resolución TEARC sobre la RIC en el IRPF de los ejercicios 2010 a 2012 (dotaciones 2007 a 2009). Concretamente, en la controvertida actividad de arrendamiento de inmuebles llevada a cabo a través de una comunidad de bienes. Dos son las cuestiones que solicita el abogado del Estado: que siente doctrina sobre si los requisitos adicionales que se exigen en la actividad de arrendamiento afectan o no a todos los arrendamientos; y si el comunero meramente inversor desarrolla o no una actividad económica.

La primera cuestión en que el TS entiende interés casacional es esclarecer si los requisitos que, en relación con el arrendamiento de inmuebles, contempla el artículo 27.8, párrafo 4º de la Ley 19/1994, son exigibles a toda actividad de arrendamiento de inmuebles o si quedan excluidos del mismo los arrendamientos de inmuebles que se realicen en el seno de una actividad económica. Recordemos que el art. 27.8 señala las condiciones para la materialización en elementos patrimoniales del inmovilizado afectos a la actividad económica de arrendamiento, que exigen la no vinculación entre arrendador/arrendatario, y que no se trate de arrendamientos financieros. También han de concurrir las circunstancias previstas en la Ley del IRPF (trabajador a jornada completa en la gestión, a la que la doctrina administrativa y la jurisprudencia ha añadido la controvertida "carga de trabajo suficiente"). En punto y aparte, el apartado 8 exige, además, que el contribuyente tenga la consideración de empresa turística —el Reglamento matiza que afecte los inmuebles a actividades turísticas—, que se destinen al arrendamiento de viviendas de VPO por su promotor, a actividades industriales por parte del arrendatario, y que los inmuebles estén en zonas comerciales situadas en áreas en declive.

Estos requisitos adicionales, considera la STSJC recurrida, solo son exigibles a los que denomina arrendamientos ordinarios, pero no a los que se realizan como actividad económica. Cuestión con la que en principio no estoy de acuerdo, porque el presupuesto básico para la dotación/materialización RIC es el desarrollo de actividad económica, que podría no darse en algún arrendamiento ordinario y que, por tanto, estaría excluido de la normativa RIC. No obstante, era aconsejable que se pronunciase al respecto el Alto Tribunal, sobre todo, que entrara a matizar la obligación de que el arrendador sea una empresa turística, puesto que muchos son los casos en que empresas propietarias de inmuebles delegan en sociedades especializadas la gestión de sus activos para realizar actividades turísticas: ¿qué sentido tiene exigirles a estas entidades que estén consideradas como empresas turísticas?, más existiendo sentencias que reconocen la validez de la materialización cuando no se realiza directamente la actividad, sino a través de un gestor especializado.

En la segunda cuestión, que es la que ahora interesa destacar, el órgano comprobador regularizó las dotaciones RIC por considerar que los beneficios destinados a la reserva dimanaban de bienes muebles e inmuebles cedidos a dos comunidades de bienes. A su entender, no procedían de la actividad económica, puesto que el propietario se limitaba a la mera cesión de los inmuebles a las comunidades de bienes. De la cesión se derivaba la percepción de rentas pasivas, sin que el obligado tributario participara directamente en la explotación. La temática abarca, por tanto, la materialización y dotación: a la primera, al no aceptar la Inspección tributaria la inversión en inmuebles que se aportan a una comunidad de bienes para que los explote; y a la dotación, al efectuarse con beneficios generados a través de comunidades de bienes en que el contribuyente no participa en la gestión. Y en ambos casos, sin que el órgano revisor prestase mayor o menor importancia a si la comunidad ejercía efectivamente actividad económica con los alquileres.

En su recurso al TSJC, el contribuyente alega con razón que el régimen de atribución de rentas (art. 88 LIRPF) señala con claridad que las rentas atribuidas a los comuneros tendrán la naturaleza derivada de la actividad o fuente de donde procedan, y que el criterio ha sido avalado por la STS de 4 de abril de 2014. La obligación de que el comunero participe en la gestión de la comunidad no figura en precepto alguno. Y sus argumentos son compartidos por la STSJC recurrida, que cambia el criterio que en la materia mantenía en sentencias anteriores.

Respecto a las dos temáticas, el TS acuerda admitir el recurso de casación interpuesto por el abogado del Estado y señala las dos cuestiones que presentan interés casacional objetivo para la formación de la jurisprudencia:

> *2.1. Determinar si cabe considerar que un contribuyente del IRPF desarrolla una actividad económica de arrendamiento de bienes inmuebles a efectos del artículo 27, apartados 5 y 8 de la Ley 19/1994, de 6 de julio, de modificación del Régimen Económico y Fiscal de Canarias, en relación con el artículo 88 de la LIRPF, cuando entre dicho contribuyente y la actividad económica del arrendamiento de inmuebles* ***media una comunidad de bienes de la que aquel contribuyente es comunero, en la que no realiza labores de gestión y a la que ha aportado los inmuebles en los que materializó las dotaciones a la reserva para inversiones en Canarias****.*
>
> *2.2. Esclarecer si los requisitos que, en relación con el arrendamiento de bienes inmuebles, contempla el artículo 27.8, párrafo 4º de la Ley 19/1994, de 6 de julio, de modificación del Régimen Económico y Fiscal de Canarias* ***son exigibles a toda actividad de arrendamiento de inmuebles o si quedan excluidos del mismo los arrendamientos de inmuebles que se realicen en el seno de una actividad económica.***

En 2023 observé un mayor interés en la primera controversia planteada —como así pareció también que lo apreciaba la Sección del TS, al colocar en primer lugar del auto la materia que se examinó en segundo lugar—, puesto que en la actualidad los asesores fiscales no sabemos qué aconsejar en la polémica materia del arrendamiento de inmuebles que cumple los requisitos cualificados del art. 27.8, se realiza mediante la preceptiva actividad económica, y la actividad se ejerce a través de una comunidad de bienes que atribuye sus rendimientos conforme a la normativa vigente. La irrupción del concepto de "gestión efectiva" de la actividad por parte del comunero, que introdujo en su día la Administración tributaria, desvirtúa el raciocinio que venimos aplicando de conformidad a una interpretación lógica de la Ley 19/1994 y las exigencias de colaboración empresarial y dinamismo en una sociedad moderna[113].

Y el pronunciamiento del TS no se hizo esperar, pues poco menos de un año después, la **STS de 26 de febrero de 2024, Sección 2, recurso 6089/2022**, concluye que el requisito de que el comunero participe en la gestión de la comunidad no está previsto en la legislación. No está expresamente dispuesto, manifiesta, que cuando una entidad en régimen de atribución de rentas, en este caso, comunidad de bienes, desarrolle una actividad económica, los rendimientos correspondientes únicamente tengan la misma naturaleza para los comuneros que intervengan de forma habitual,

---

113 Miranda Calderín, 2024. "Crónica de la RIC 2023". *Revista Hacienda Canaria n.º 61.*

personal y directa en la ordenación por cuenta propia de los medios de producción y recursos humanos afectos a la actividad. Ese era el criterio de la STSJC de 28 de abril de 2022 recurrida, que comparte el TS en la sentencia de casación, de manera que, considerando probado que el obligado tributario no se ha limitado a la mera aportación de capital, los rendimientos atribuidos no se califican de rendimientos del capital. No obstante, anula la STSJC recurrida por otro motivo: que el arrendamiento de inmuebles que hacía el contribuyente a través de la comunidad de bienes no cumplía los requisitos cualificados exigidos en la normativa. Nos concentramos en el primer aspecto, que es el que supone innovación en la materia, para lo que trascribimos las partes más relevantes de los fundamentos de derecho:

> *PRIMERO.- Objeto del presente recurso de casación*
>
> *El presente recurso trata de si son válidas, a efectos de la materialización de las dotaciones de la reserva para inversiones en Canarias (RIC) las inversiones consistentes en bienes muebles e inmuebles cedidos a sendas comunidades de bienes* ["Comunidad de Bienes RESIDENCIA000" y de la "Comunidad de Bienes RESIDENCIA001], *en la medida en la que se consideró que los beneficios obtenidos por el obligado tributario no procedían de una actividad económica, puesto que se limitaba a la mera cesión de los inmuebles a las comunidades de bienes de las que se deriva la percepción de rentas pasivas, sin que el obligado tributario participara directamente en su explotación; existiendo, además, controversia acerca de si el contribuyente cumplía, o no, los requisitos establecidos para que la actividad de arrendamiento de inmuebles fuera apta para disfrutar del régimen de la RIC.*
>
> *SEGUNDO (...) Por su parte, las alegaciones del obligado tributario se inician abordando la presunta vulneración del artículo 14 CE, manifestando que la administración da por sentada la existencia de igualdad en la ilegalidad, concluyendo con el rechazo de la alegada vulneración por la sentencia impugnada del artículo 217. 1. a) LGT en relación con el artículo 14 CE, declaración de violación del principio de igualdad ante la ley que aparece, según él, plenamente justificada, con independencia de las cuestiones de legalidad ordinaria a las que se refiere.*
>
> *A continuación, discrepa de la afirmación de la Abogacía del Estado cuando afirma que el comunero que no participa en la gestión ni en la dirección de la comunidad, no ejerce actividad económica, afirmando que el obligado tributario sí participa en las decisiones relevantes y significativas de la comunidad de que se trate a través de la junta general y, además de ello, en numerosas ocasiones y ello sucede en este caso, la gestión diaria de la misma está encomendada a un gerente o administrador, por lo que la pertenencia o no a la junta directiva no es un dato o circunstancia relevante frente a la clara condición de responsable de los beneficios y cargas comunitarias, en palabras del Código Civil, y, asimismo, de su participación en la vida comunitaria a través del órgano que toma en la vida real las decisiones importantes para la comunidad como es la junta general.*
>
> *Señala que debe ponerse de relieve asimismo la falta de sostenibilidad de la tesis de la Abogacía del Estado confrontándola con lo previsto en el artículo 27. 4. D) de la Ley 19/1994.*
>
> *De suerte que, advierte, según ese precepto, el empresario o profesional establecido en Canarias podrá materializar las dotaciones a la RIC con el beneficio obtenido en su propia actividad económica, no solo en comunidades de bienes que realicen asimismo actividad económica, participen o no en la gestión y dirección de la misma, tal como defiende, sino que podrán materializar, también, la RIC suscribiendo acciones o participaciones en el capital de sociedades que lleven a cabo la materialización de la inversión que corresponde realizar al empresario o profesional individual, figura que se conoce como la de materialización indirecta*

de la RIC por dichos empresarios o profesionales al realizar la inversión a través de sociedades de capital interpuestas.

Estando ello consagrado en el artículo 27, 4, D de la Ley 19/1994, sería absurdo que el legislador permita realizar la materialización de la RIC a través de sociedades en las que el empresario o profesional individuales un mero accionista, es decir, ocupa, en este caso sí, la posición de un mero inversor pasivo, sin exigencia alguna de participar en la gestión y en la dirección de las sociedades de capital inversoras, no respondiendo de las deudas sociales, mientras que, si se atiende a la pretensión de la Abogacía del Estado, si dicho empresario o profesional individual utiliza la figura de la comunidad de bienes que realiza una actividad económica y en la que, al contrario que en las sociedades de capital, responde con todo su patrimonio de las cargas comunitarias, siendo por tanto empresario a parte alícuota, ha de ocupar, además, un puesto en la junta directiva para que se considere que realiza actividad económica.

Estima que la diferencia en el tratamiento fiscal entre ambas figuras de la comunidad de bienes y de las sociedades de capital, a la hora de materializar el mismo beneficio fiscal, el de la RIC, resultarían injustificadas y carentes de lógica jurídica.

Finalmente, y en el plano del criterio administrativo, resalta que, frente al intento de la parte recurrente de aislar el pronunciamiento del TEAC de 15 de octubre de 2018, favorable a la tesis del obligado tributario, considerándolo algo excepcional y único, y poniendo de relieve el posterior pronunciamiento del mismo órgano económico-administrativo, de 8 de octubre de 2019, haciendo notar, sin embargo, que la Administración Tributaria vuelve a sostener el criterio contrario a esa última la resolución TEAC de 2 de octubre de 2019, de manera que su criterio coincide con lo manifestado previamente por la STS de 4 de abril de 2014 (Rec. 6398/2011) y por la sentencia a quo.

Partiendo, pues, de todo lo expuesto con anterioridad y significativamente de esa asunción, en su parte alícuota, del riesgo empresarial por el comunero que participa en una comunidad de bienes que realiza la actividad económica de arrendamiento de inmuebles, entiende que, de encontrarse la conexión entre la declaración de nulidad de pleno derecho efectuada a quo y la procedencia de utilizar comunidades de bienes que realizan actividad económica para materializar la RIC, no cabría más que responder a la cuestión planteada por el auto de admisión en el sentido de que, efectivamente, en ese supuesto el contribuyente del IRPF cumple las exigencias de desarrollar una actividad económica, a parte alícuota, a los efectos de la RIC.

Asimismo, señala, sobre los requisitos cualificados exigidos en la actividad de arrendamiento de inmuebles, que dicha consideración "constituye en la sentencia de instancia un auténtico obiter dicta que no afecta en absoluto a la ratio decidendi de la misma (...) ya que esta otra cuestión —la de los requisitos cualificados exigidos en la actividad de arrendamiento de inmuebles— es una cuestión absolutamente marginal en el texto de la sentencia, en el que, por consiguiente, no hay posibilidad de encontrar conexión alguna con la ratio decidendi de la misma".

TERCERO. Criterio de la Sala.

Como señala la STC 164/2013, de 26 de septiembre (FJ 3), "el régimen económico y fiscal canario es finalista, y, por ello mismo, tiene un contenido heterogéneo". Su contenido tributario tiene, "como núcleo central, un particular sistema de imposición indirecta, además de determinados beneficios fiscales". Estos últimos son los que ahora importan, "como han puesto de manifiesto las exposiciones de motivos de las Leyes 20/1991, de 7 de junio, de modificación de los aspectos fiscales del régimen económico y fiscal de Canarias, y 19/1994, de 6 de julio, de modificación del régimen económico y fiscal de Canarias, la característica fundamental de este régimen ha sido la de mantener 'una presión fiscal indirecta, diferenciada y menor que en el resto del Estado' (Ley 20/1991), y hoy también de la Unión Europea (Ley 19/1994), mediante una estructura impositiva con tributos equivalentes o similares a los existentes en el resto del territorio nacional" (FJ 4; en el mismo sentido, SSTC 137/2003, de 3 de julio, FJ 8; 108/2004, de 30 de junio, FJ 9; y 100/2012, de 8 de mayo, FJ 3)".

(...) Por su parte, el artículo 88 LIRPF, dispone:

"Las rentas de las entidades en régimen de atribución de rentas atribuidas a los socios, herederos, comuneros o partícipes tendrán la naturaleza derivada de la actividad o fuente de donde procedan para cada uno de ellos".

En el caso que nos ocupa, la Inspección señala que el sujeto pasivo comunero no ejerce actividad económica derivada de su participación en una comunidad de bienes que se dedica al arrendamiento, ya que no intervino directamente en la ordenación de los factores de producción. Esto es, considera al obligado tributario como un comunero capitalista (en tanto en cuanto se limita a aportar capital, en este caso, bienes inmuebles).Consecuentemente, puesto que únicamente aporta inversión, pero no trabajo, las rentas que le atribuyen no son rendimientos derivados de actividades económicos, sino de capital mobiliario.

Señala la inspección que el régimen tributario que rige la calificación de los rendimientos obtenidos por los comuneros, determina que, en el presente caso, el obligado tributario no obtenga rendimientos derivados de una actividad económica, pues los ingresos de los comuneros procederán de una actividad económica si, a su vez, ellos desarrollan una actividad económica en el seno de las comunidades de bienes, lo que al menos requeriría de una implicación activa de los comuneros en la gestión, circunstancia que no concurre en la presente ocasión. El obligado tributario es un mero inversor a la búsqueda de una rentabilidad para su patrimonio, perspectiva que no convierte al obligado tributario en perceptor de rendimientos de actividades económicas.

En el presente caso, nos encontramos con que se realiza una actividad económica por parte de las comunidades de bienes, entidades sin personalidad jurídica de las referidas en el artículo 35.4 LGT, que no tributan por el impuesto sobre sociedades, tal como establece el artículo 87.3 Ley 35/2006, de 28 de noviembre, sino por el impuesto sobre la renta de las personas físicas, de manera que las rentas atribuidas a los comuneros, así como las retenciones e ingresos a cuenta que hayan soportado, tributan de acuerdo con lo establecido en dicha la Ley.

Mantiene la inspección que, partiendo del hecho de que la comunidad de bienes desarrolle actividades económicas, para calificar como rendimientos de actividades económicas las rentas atribuidas por una entidad en régimen de atribución de rentas, es condición necesaria que los comuneros intervengan en la ordenación de los factores de producción o distribución —elementos definitorios de una actividad económica— en cuyo caso, los efectos jurídicos y económicos recaen sobre ellos. Ahora bien, si alguno no lo hace, sus percepciones se califican como rendimientos de capital mobiliario, sujetos a retención.

Es admisible, afirma, que la propia comunidad de bienes "externalice" su actividad, vgr, contratando a terceros para que actúen como encargados del negocio, con facultades gerenciales o administrativas, sin que ello implique que el titular de la actividad económica, la comunidad de bienes, deje de desarrollar las tares de ordenación propias de la actividad económica de que se trate, pero no es admisible, a los presentes efectos, que sea el comunero en sí mismo, quien no participe en esa gestión, limitándose a ceder el uso, que no la propiedad, de unos inmuebles. Una vez constituida la entidad sin personalidad jurídica, se ha limitado a percibir cada año rentas obtenidas en la actividad económica de las dos comunidades de bienes, pero la actividad en ambas se ha desarrollado de forma efectiva por un tercero, que se ocupa de la ordenación de medios y de producción y de recursos humanos, de la gestión empresarial, en suma.

No niega que si quedara demostrado que el Sr. Santos interviene en la gestión activa de la comunidad de bienes (lo que rechaza), podría predicarse que existe una ordenación de medios, al menos humanos, por su parte, en sede de la comunidad de bienes, por lo que también podría pregonarse que el obligado tributario tiene una actividad económica de arrendamiento en lo que atañe a los inmuebles cedidos a la comunidad de bienes.

Sucede en este caso que, según se desprende de la sentencia de instancia, no nos hallamos ante un comunero capitalista exclusivamente (es decir, que solo aporta dinero, en este caso, más exactamente, inmuebles) y, por tanto, se le han atribuido los rendimientos de la actividad económica del ente sin personalidad en la proporción que le corresponde, sin que, en consecuencia, dichos rendimientos tengan la naturaleza de rendimientos de capital.

Ese comunero, según se infiere de la sentencia recurrida, no ha permanecido ajeno a la actividad desarrollada por la comunidad de bienes, como asegura la administración, de manera que habrá que responder que, en las circunstancias del caso enjuiciado, según la sentencia de instancia, el contribuyente del IRPF desarrolla una actividad económica de arrendamiento de bienes inmuebles, a través de una comunidad de bienes, a efectos del artículo 27, apartados 5 y 8 de la Ley 19/1994, de 6 de julio, de modificación del Régimen Económico y Fiscal de Canarias, puesto en relación con el artículo 88 de la LIRPF, cuando no se limita a aportar los inmuebles, como es el caso, sino que se considera que realiza una actividad económica.

No sería correcto considerar que un contribuyente del IRPF desarrolla una actividad económica de arrendamiento de bienes inmuebles, a efectos del artículo 27, apartados 5 y 8 de la Ley 19/1994, en relación con el artículo 88 de la LIRPF, cuando entre dicho contribuyente y la actividad económica del arrendamiento de inmuebles desarrollada, media una comunidad de bienes de la que aquel contribuyente es comunero, en la que ha permanecido completamente ajeno a las labores de gestión, pues, a fin de cuentas, no habría ido más allá de haber aportado los inmuebles en los que materializó las dotaciones a la reserva para inversiones en Canarias.

Ahora bien, no está expresamente previsto que, cuando una entidad en régimen de atribución de rentas, en este caso, sendas comunidades de bienes, desarrollen una actividad económica, los rendimientos correspondientes a dicha actividad únicamente tendrán esta misma naturaleza para los comuneros que intervengan de forma habitual, personal y directa en la ordenación por cuenta propia de los medios de producción y recursos humanos afectos a la actividad. A ello se acoge la sentencia recurrida, de manera que, considerando probado que el obligado tributario no se ha limitado a la mera aportación de capital, los rendimientos atribuidos a él no los califica de rendimientos del capital, conclusión que compartimos.

Después del análisis de las sentencias del TS sintetizamos el criterio del Alto Tribunal en relación con la atribución fiscal de rendimientos a los comuneros. En el caso de la sociedad de gananciales, se imputa el rendimiento en exclusiva al comunero (cónyuge) que realice efectivamente la actividad (STS 20-4-1996), con independencia de que civilmente las rentas sean comunes. No obstante, en el caso de una comunidad de bienes que ejerza actividad empresarial fuera del ámbito estricto de la sociedad de gananciales, los rendimientos fiscales se atribuyen a todos los comuneros, con independencia de que hayan desarrollado o no actividad en la comunidad (STS de 4 de abril de 2014). Es decir, justo lo contrario de lo que analizamos con detalle en la doctrina administrativa y en la SAN de 27 de julio de 2020. Finalmente, sienta doctrina en la materia en reciente STS de 26 de febrero de 2024, en la que compartiendo el criterio del TSJC, concluye que no está expresamente previsto que, cuando una comunidad de bienes desarrolle una actividad económica, los rendimientos correspondientes a dicha actividad únicamente tengan esta misma naturaleza para los comuneros que intervengan de forma habitual, personal y directa en la ordenación por cuenta propia de los medios de producción y recursos humanos afectos a la actividad.

La doctrina sentada, a pesar de su importancia, no clarifica en qué medida debe participar el comunero en la gestión de la comunidad, ya que parte de la base de que la STSJC reconocía que el comunero no se limitaba a ceder su inmueble a la comunidad. ¿Es el plus de participación que se exige la mera asistencia a las juntas generales de la comunidad para considerar que el comunero no se limita a aportar el inmueble y se desentiende de la posterior gestión?, ¿ha de participar activamente en la junta o es suficiente su mera comparecencia?, ¿es suficiente que acuda representado por un tercero o es necesario que asista personalmente? Las cuestiones por ahora no tienen respuesta, si bien hemos de esperar a que la DGT y la Administración tributaria adecúen su criterio a la STS de 26 de febrero de 2024 y que, en aras a la seguridad jurídica, lo hagan cuanto antes y con la solvencia suficiente. En otoño de 2024, la Inspección tributaria continúa aplicando el criterio de que si el comunero no despliega mayor actividad en la comunidad que la mera actuación que efectúa un socio en una entidad mercantil, la dotación RIC que ha efectuado con los rendimientos atribuidos no es válida. Razonamiento que parece no adecuarse a la doctrina señalada por la STS, motivo de que sigamos inmersos en la neblina habitual en esta materia.

La AN, por su parte, admite que la gestión de la comunidad se realice por la matriz de la sociedad-comunero, no directamente por este. Tendrá ahora que incluir en sus fallos el razonamiento del TS de que no es necesario que el comunero participe en la gestión de la comunidad, modificando así su criterio de desechar la dotación y materialización RIC en los casos de inversión en locales que se ceden a una comunidad en la que no cabe intervenir en los arrendamientos por así figurar en los estatutos. Prueba de ello son las **dos sentencias SAN de 24 de abril de 2024**, que motivan su fallo en la STS de 26 de febrero de 2024, pero no en el sentido que esperaba, sino en que si el comunero no participa activamente en la gestión de la comunidad no le sirve la materialización en inmuebles que cede a dicha comunidad, por mucho que esta sí realice actividad económica. Parece obviar la AN el razonamiento del TS de que la normativa no señala que el comunero haya de participar en la gestión de la comunidad para que se le atribuyan los rendimientos con la calificación de procedentes de actividad económica, lo que me parece preocupante y supone un escollo a clarificar la cuestión.

Mientras los cambios no se produzcan, conviene ser cauteloso, más después de las dos sentencias de la AN de abril de 2024, y tener presente la batería de consultas DGT y resoluciones TEAR y TEAC que utiliza la Inspección tributaria en la comprobación de las liquidaciones de los comuneros, sobre todo, si han aplicado algún incentivo del REF como la RIC o la DIC. Y por supuesto, tener siempre a mano la STS de 26 de febrero de 2024 cuando se regularicen los incentivos fiscales porque el comunero no participe activamente en la gestión de la comunidad. Para ayudar en la toma de decisiones, sintetizo los aspectos principales analizados en los dos cuadros siguientes. En el primero, resumo la doctrina administrativa y judicial sobre la materia expuesta; y en el segundo, las cuestiones a tener en cuenta, algunas de ellas sin solución en la práctica.

16.9. Cuadro resumen con los criterios para que el comunero pueda dotar la RIC con las rentas atribuidas por las comunidades que realicen actividad económica

	DGT	TEAC Y TEAR	TSJC	AN	TS
Comunidades que realizan actividad económica	Los rendimientos atribuidos a los comuneros tienen la naturaleza de la actividad ejercida. Califica los rendimientos atribuidos en función de que los comuneros participen o no en la gestión de la comunidad.	Distinguen entre comuneros que participan o no en la gestión.	Coincide en que el presupuesto básico es que realice una actividad económica	Distingue entre comuneros que participan o no en la gestión. Necesidad de acreditar la realización de una actividad económica. Se ratifica en dos sentencias de 24 de abril de 2024	Admite el tratamiento desigual en el ámbito civil y tributario. La atribución se realiza al comunero, aunque no efectúe actividad.
Comuneros que no participan en la gestión empresarial	Se les imputa fiscalmente rendimientos de capital mobiliario.	Reciben rendimientos de capital mobiliario.	Cambia su criterio en 2022: la naturaleza del rendimiento atribuido no depende de que el comunero desarrolle actividad en la comunidad.	Reciben rendimientos de capital mobiliario.	Los rendimientos de la actividad se imputan fiscalmente al cónyuge que la realiza. La normativa no señala que el comunero tenga que participar en la gestión de la comunidad. (2024).

	DGT	TEAC Y TEAR	TSJC	AN	TS
Aplicación incentivos fiscales REF	-	Rechazan tanto la dotación como la materialización RIC si los comuneros no participan activamente en la gestión.	Rechaza la materialización RIC al comunero que se limita a cobrar las rentas, sin participar en gestión de la comunidad.	Admite la dotación RIC con alquileres recibidos de una comunidad gestionada por su matriz. No admite la dotación ni la materialización en inmuebles cedidos a una comunidad en la que el comunero no interviene.	-
Excepciones al criterio mayoritario	-	TEAC 15-10-2018	TSJC 28-4-2022, Sala Las Palmas	-	TS 4-4-2014 y TS 26-2-2024 sin la debida contundencia jurídica.

16.10. Cuadro resumen de las cuestiones a tener en cuenta en las comunidades de bienes

	Normativa	Criterio administrativo	Dificultades que plantea
Comunidades de bienes que realicen actividades industriales, comerciales y de servicios	Imputación fiscal de rendimientos con la misma naturaleza de la actividad ejercida por la comunidad.	Imputación fiscal de rendimientos en función de si los comuneros intervienen directamente o no en la actividad desarrollada por la comunidad. Si no intervienen, reciben rendimientos de capital mobiliario, con la obligación de la comunidad de retener.	Determinar si el comunero interviene o no en la actividad es una cuestión de prueba. La Administración tendrá que probar que no interviene. En ese caso, la renta que percibe se considera rendimientos de capital mobiliario. ¿Qué ocurre con las posibles retenciones si ya los comuneros han satisfecho sus cuotas tributarias?

	Normativa	Criterio administrativo	Dificultades que plantea
Comunidades de bienes de explotación de inmuebles	Imputación fiscal de rendimientos con la misma naturaleza de la actividad ejercida por la comunidad.	Aplica el mismo criterio, asimilando estas comunidades a las anteriores. Para que las rentas del comunero tengan naturaleza empresarial se exige su implicación directa en la gestión de la comunidad. Si no intervienen, las rentas se califican de rendimientos de capital mobiliario (retenciones) no de capital inmobiliario.	La dotación RIC con rendimientos obtenidos por las comunidades y la materialización en inmuebles cedidos a las mismas es muy cuestionada si el comunero no interviene en la gestión, sin que se sepa dónde está el límite.
Gestión de la comunidad	Disparidad entre el ordenamiento civil y tributario admitida por los Tribunales.		Los gestores de la Comunidad no saben de antemano qué criterio han de seguir respecto a los rendimientos satisfechos a los comuneros.
Comuneros e incentivos fiscales	La normativa aplica los incentivos REF a los rendimientos generados en actividades económicas en Canarias.	No admite que el comunero realiza una actividad económica a través de la comunidad si no interviene en su gestión. Si no lo hace, niega la aplicación de la RIC.	No se sabe dónde está el límite de la intervención en la gestión para poder aplicar incentivos fiscales.

16.11. Los requisitos adicionales que han de cumplir los comuneros para dotar la RIC

Como estudiamos con reiteración, la atribución de rendimientos que permite al comunero dotar RIC es la que procede de una comunidad que realiza actividad económica. Sin actividad económica por parte de la comunidad no es posible que el rendimiento que se le atribuye al comunero tenga la naturaleza fiscal de resultado generado en una actividad económica desarrollada en Canarias, presupuesto básico para disfrutar del incentivo fiscal. No obstante, se le exige al comunero el cumplimiento de requisitos adicionales:

- Llevar contabilidad individual de conformidad con el Código de Comercio y el PGC de 2007 y determinar el rendimiento en estimación directa.
- Dotar formalmente la RIC en tiempo y forma.

- Mantener las inversiones afectas a la RIC al menos cinco años en funcionamiento (mediando suelo, diez años).
- Mantener durante esos plazos el establecimiento permanente en Canarias.

De estos requisitos, analizamos en este epígrafe los concernientes a la dotación, dejando los de la materialización para el segundo tomo de esta obra.

16.11.1. La obligación de llevar contabilidad y determinar el rendimiento en estimación directa

La obligación del comunero-entidad jurídica, como de cualquier sociedad, de llevar contabilidad con la que determinar su rendimiento es incuestionable en la normativa mercantil, contable y tributaria. No ocurre lo mismo en las personas físicas, a las que el ordenamiento tributario les permite determinar la base imponible de su actividad en diferentes regímenes, como la estimación objetiva, en que no es necesario llevar la contabilidad que exige el vigente PGC. No obstante, si la persona física realiza actividad económica o recibe, mediante el régimen de atribución de rendimientos, rentas de una comunidad de bienes, está obligado a llevar contabilidad individualizada si quiere dotar RIC con los rendimientos generados en su actividad económica y/o con los rendimientos atribuidos por la comunidad.

La obligación a cumplir por el comunero es por tanto crucial si quiere acogerse al régimen de la reserva. En primer lugar, que obtenga rendimientos procedentes de actividad económica en Canarias y, en segundo lugar, que determine los rendimientos a través de la contabilidad, conforme al PGC.

A las dos obligaciones principales del comunero, ha de añadirse una tercera, la constitución en sus balances a través del oportuno asiento contable de la RIC (si es persona física, recomiendo hacerlo en el mes de abril/mayo, antes de presentar la declaración del IRPF con la deducción RIC correspondiente):

100	Pérdidas y Ganancias 2024	a	RIC 2024 (máximo 80% del rendimiento)	60
		a	Capital	30

Si se opta por realizar el asiento contable en personas físicas el 31 de diciembre de 2024 también sería correcto, pero se pierde un año en el plazo de materialización, pues los tres años empezarían a correr desde esa fecha y no desde el año siguiente.

De tratarse de un comunero que fuese persona jurídica, constituirá la RIC en la fecha que lo apruebe la junta de socios, siempre que sea dentro del plazo mercantil y tributario para hacerlo, o sea, dentro de los primeros seis meses del año siguiente al que se generó el beneficio y antes de presentar la declaración del IS:

100	Pérdidas y Ganancias 2024	a	RIC 2024 (máximo 90% de beneficio no distribuido)	60
		a	Reserva legal	10
		a	Reservas voluntarias	30

La cuarta obligación del comunero es que la reserva así creada permanezca en la contabilidad y en los balances durante el plazo de 4 años de materialización y los 5 años adicionales en que las inversiones han de estar en funcionamiento (10 si hay suelo).

El comunero-sociedad deberá cumplir una quinta obligación, la de reflejar en las cuentas anuales depositadas cada año en el Registro Mercantil el hecho de que ha dotado RIC y que la ha materializado parcial o totalmente, indicando la cantidad pendiente de invertir. Si es persona física, es suficiente que lo consigne en uno de los libros registro o que lleve su control en una simple hoja de Excel.

Las obligaciones se contemplan en La Ley 19/1994 y en su Reglamento, pudiendo algunos requisitos suponer la regularización y pérdida del incentivo y otros la imposición de una sanción. Señalo la normativa específica aplicable:

Art. 27.3. *La reserva para inversiones deberá figurar en los balances con absoluta separación y título apropiado y será indisponible en tanto que los bienes en que se materializó deban permanecer en la empresa.*

Art. 27.13. *Mientras no se cumpla el plazo de mantenimiento a que se refiere el apartado 8 de este artículo, los contribuyentes harán constar en la memoria de las cuentas anuales la siguiente información:*

a) El importe de las dotaciones efectuadas a la reserva con indicación del ejercicio en que se efectuaron.

b) El importe de la reserva pendiente de materialización, con indicación del ejercicio en que se hubiera dotado.

c) El importe y la fecha de las inversiones, con indicación del ejercicio en que se produjo la dotación de la reserva, así como la identificación de los elementos patrimoniales en que se materializa.

d) El importe y la fecha de las inversiones anticipadas a la dotación, previstas en el apartado 11 de este artículo, lo que se hará constar a partir de la memoria correspondiente al ejercicio en que las mismas se materializaron.

e) El importe correspondiente a cualquier otro beneficio fiscal devengado con ocasión de cada inversión realizada como consecuencia de la materialización de la reserva regulada en este artículo.

f) El importe de las subvenciones solicitadas o concedidas por cualquier Administración pública con ocasión de cada inversión realizada como consecuencia de la materialización de la reserva regulada en este artículo.

Los contribuyentes que no tengan obligación de llevar cuentas anuales llevarán un libro registro de bienes de inversión, en el que figurará la información requerida en las letras a) a e) anteriores.

Art. 27.15. *Los contribuyentes del Impuesto sobre la Renta de las Personas Físicas que determinen sus rendimientos netos mediante el método de estimación directa tendrán derecho a una deducción en la cuota íntegra por los rendimientos netos de explotación que se destinen a la reserva para inversiones, siempre y cuando éstos provengan de actividades económicas realizadas mediante establecimientos situados en Canarias.*

Art. 27.16. *La disposición de la reserva para inversiones con anterioridad a la finalización del plazo de mantenimiento de la inversión o para inversiones diferentes a las previstas en el apartado 4 de este artículo, así como el incumplimiento de cualquier otro de los requisitos establecidos en este artículo, salvo los contenidos en sus apartados 3 y 13, dará lugar a que el contribuyente proceda a la integración, en la base imponible del Impuesto sobre Sociedades o del Impuesto sobre la Renta de no Residentes o en la cuota íntegra del Impuesto sobre la Renta de las Personas Físicas del ejercicio en que ocurrieran estas circunstancias, de las cantidades que en su día dieron lugar a la reducción de aquélla o a la deducción de ésta, sin perjuicio de las sanciones que resulten procedentes.*

Artículo 3 del Reglamento. Aplicación de la reserva para inversiones por los contribuyentes del Impuesto sobre la Renta de las Personas Físicas

Sin perjuicio del cumplimiento de los requisitos exigidos respecto de los sujetos pasivos del Impuesto sobre Sociedades, los contribuyentes del Impuesto sobre la Renta de las Personas Físicas podrán disfrutar de la reserva para inversiones en Canarias siempre que:

a) Desarrollen actividades económicas, según se definen en el artículo 27 de la Ley 35/2006, de 28 de noviembre.

b) Determinen sus rendimientos netos mediante el método de estimación directa, en cualquiera de sus modalidades.

c) Lleven contabilidad en la forma exigida por el Código de Comercio y su normativa de desarrollo desde el ejercicio en que se han obtenido los beneficios que se destinan a dotar la reserva para inversiones en Canarias hasta aquel en que deban permanecer en funcionamiento los bienes objeto de la materialización de la inversión.

El incumplimiento de los requisitos contables y de información han sido muy cuestionados, si bien la normativa vigente a partir de 1 de enero de 2007 suavizó algunos aspectos que con anterioridad suponían la pérdida del incentivo. Sirva como paradigma de la situación actual la resolución **TEAR de Canarias, 31 de marzo de 2022, reclamación n.º 35-09918-2018, Sala de Las Palmas,** que trata inicialmente de una cuestión muy específica, la obligación de que los comuneros lleven contabilidad para dotar RIC con la atribución de rendimientos de una comunidad, reiterando al final su criterio de que, además, es necesario que no se limiten a percibir rentas pasivas, sino que participen activamente en su gestión. En el caso de actividad económica desarrollada por una comunidad de bienes, el TEARC recuerda que los partícipes han de consignar en su contabilidad individual las dotaciones RIC, al margen de la contabilidad que lleve la comunidad.

A continuación, el TEARC pasa a analizar si, a raíz de la reforma operada por el Real Decreto-ley 12/2006, dicho incumplimiento supone la obligación de reintegrar el incentivo o solo daría lugar a una sanción por infracción formal. El apartado 16 del art. 27 de la Ley 19/1994, en su redacción vigente a partir de 1 de enero de 2007, recoge lo siguiente:

> *16. La disposición de la reserva para inversiones con anterioridad a la finalización del plazo de mantenimiento de la inversión o para inversiones diferentes a las previstas en el apartado 4 de este artículo, así como el incumplimiento de cualquier otro de los requisitos establecidos en este artículo, salvo los contenidos en sus apartados 3, 10 y 13, dará lugar a que el contribuyente proceda a la integración, en la base imponible del Impuesto sobre Sociedades o del Impuesto sobre la Renta de no Residentes o en la cuota íntegra del Impuesto sobre la Renta de las Personas Físicas del ejercicio en que ocurrieran estas circunstancias, de las cantidades que en su día dieron lugar a la reducción de aquélla o a la deducción de ésta, sin perjuicio de las sanciones que resulten procedentes.*

Por su parte, el apartado 3, al que se refiere el precepto trascrito, indica que:

> *3. La reserva para inversiones deberá figurar en los balances con absoluta separación y título apropiado y será indisponible en tanto que los bienes en que se materializó deban permanecer en la empresa.*

En el acuerdo de liquidación, la Inspección defendía que la dotación contable de la reserva no puede entenderse sino como la manifestación de la voluntad del empresario de retener parte del beneficio de forma indisponible en el seno de la actividad desarrollada, para que con cargo a dichos recursos puedan financiarse posteriormente las inversiones fijadas por la normativa reguladora de la RIC. Se trata, por tanto, de un compromiso de inversión, que se plasma, primero, en la creación de la reserva, y después, en el mantenimiento en el balance contable de la empresa en forma de reserva indisponible, de modo que asegure la autofinanciación empresarial, tal y como señaló la STSJC de 14 de enero de 2005.

Pues bien, el TEARC, partiendo de las consideraciones efectuadas por la Inspección y en relación al requisito de contabilización de la RIC, señala que han de distinguirse dos situaciones distintas:

– Por una parte, la de aquellos contribuyentes que no han contabilizado en absoluto las cuentas RIC, lo que lleva a entender que falta la manifestación de voluntad exteriorizada del empresario de retener parte del beneficio. La falta de creación de las cuentas de reserva supone un incumplimiento frontal de la norma, lo que conlleva la inexistencia de la dotación, que determinará, en consecuencia, la necesaria integración de la RIC, tal y como dispone el apartado 16 transcrito.

– Junto a la situación anterior, nos encontramos con otros tipos de incumplimientos contables, por referencia al apartado 3, en los que ya no se duda de la existencia de la reserva, pero se dan determinadas deficiencias, puesto que la reserva no figura en los balances con absoluta separación y título apropiado.

El TEARC concluye que, en el caso concreto que analiza, lo cierto es que en la contabilidad individual del partícipe no se han recogido ni los resultados de las actividades desarrolladas por las comunidades de bienes ni las cuentas de RIC y que ello supone que no se ha llevado la contabilidad de forma correcta, reflejando la totalidad de las actividades desarrolladas, y que tampoco se ha contabilizado resultado alguno procedente de las mismas ni, en consecuencia, figura compromiso alguno derivado de la RIC, puesto que ni siquiera figura su dotación. En este sentido, entiende que el incumplimiento no es formal sino esencial, y que, por tanto, no estamos ante un supuesto de aplicación del nuevo régimen sancionador específico, previsto para incumplimientos formales, sino ante la ausencia misma de dotación, lo que conlleva la necesaria regularización de las reservas.

Finalmente, el TEARC reitera su criterio en orden a que, por mucho que la comunidad desarrolle actividad económica, solo pueden acogerse a la RIC aquellos miembros de la misma que no se limiten a percibir rentas pasivas, sino que participen activamente en su gestión, tal como señaló el TEAC en resolución de 08/10/2019 (RG 00/00018/2016)[114]. Admite, sin embargo, en marzo de 2024, que el comunero puede realizar labores de gestión superior en la explotación, diferentes a la gestión o despacho diario. Criterio, que como explicamos en el análisis de la STS de 26 de febrero de 2024, debe ser convenientemente matizado a partir de esa fecha, en el sentido de que la participación activa en la gestión de la comunidad parece que no es presupuesto básico para el TS.

---

114 Florido Caño, 2022: 365-8. *Revista Hacienda Canaria n.º 58.*

16.12. Ficha resumen de la dotación RIC/RIB con los rendimientos atribuidos a los comuneros por comunidades que desarrollen actividad económica

1. Las comunidades de bienes que realizan actividades económicas son empresas que ocupan un lugar de relevancia en la economía española, después de las sociedades limitadas y los empresarios individuales.
2. Su forma jurídica se contempla en el Código Civil y algunos aspectos específicos en el Código de Comercio. No tienen personalidad jurídica, aunque desde el punto de vista tributario figuran dadas de alta como empresas que realizan actividad económica y son sujetos pasivos del IVA, IGIC, IAE. Están obligadas a retener sobre los rendimientos que satisfacen y a su vez los pagadores de servicios le han de retener.
3. Las comunidades de bienes tributan en el régimen de atribución de rendimientos, imputando la renta generada a cada uno de sus comuneros en función de su participación. Los comuneros, personas físicas o sociedades, incluyen los rendimientos imputados en su contabilidad y tributan por ellos en el IRPF/IS, deduciéndose de la cuota las retenciones efectuadas a la comunidad y aplicando las deducciones por inversiones efectuadas. Todo ello en proporción de su porcentaje en la comunidad.
4. Ejemplos de comunidades de explotación son los agricultores que se agrupan para sacar mejor rendimiento a su actividad, los mecánicos que deciden abrir un taller a medias, los profesionales que ponen en común sus medios y conocimientos para compartir su saber y sus medios (notarios, farmacéuticos), los propietarios de inmuebles que deciden explotarlos conjuntamente, y las explotaciones turísticas en Canarias y Baleares, en que los propietarios de inmuebles los explotan conjuntamente.

5. En la atribución de rendimientos que se efectúa a los comuneros en el modelo 284 de la AEAT, cada comunero participa de la naturaleza empresarial de la actividad que realiza la comunidad: si es agrícola, los rendimientos serán agrícolas; si es una actividad de servicios, los rendimientos provienen de la actividad económica de servicios que realiza la comunidad; si explota un establecimiento turístico, los rendimientos provienen de la actividad turística; si explota inmuebles sin actividad económica, los rendimientos que se imputan a los comuneros son rendimientos de capital inmobiliario; y si realiza una actividad de arrendamiento de inmuebles como actividad económica, los rendimientos son económicos.
6. Todo suficientemente razonable hasta que la DGT comenzó en 2007 a establecer una doctrina administrativa muy peculiar y con poco sentido de la realidad empresarial, que ha convertido la materia en un auténtico galimatías. La DGT ha querido calificar el rendimiento atribuido por la comunidad en función de la actividad que realiza cada comunero, de forma que si dos agricultores han puesto en común sus campos de cultivos para cosechar hortalizas, los rendimientos agrícolas que reciben se imputan al 50% con la misma naturaleza, pero si uno enferma y deja de trabajar en el campo (teniendo que contratar un trabajador), el comunero que trabaja es el único que recibe rendimientos agrícolas por el cien por cien, calificándose lo que pueda recibir el enfermo o jubilado de ¡rendimiento de capital mobiliario! (CV 2007). Criterio que ratifica en 2016 y que afortunadamente enmienda la plana en 2020.
7. Es por tanto en 2020 cuando se observa un cambio de criterio más racional, que distingue entre trabajo efectivo y titularidad del negocio, admitiendo por primera vez que un comunero jubilado, que no trabaja en la comunidad, sigue ejerciendo la titularidad y participa en la gestión cuando se contrata un gerente o encargado. Una conclusión lógica con la realidad actual de gestionar negocios de la forma más profesional y eficiente posible, contratando para ello a un gerente o a una empresa especializada en la actividad.
8. En 2013, la DGT sentó el criterio de que en la explotación de inmuebles por una comunidad de bienes solo el comunero que participe activamente en la gestión de la comunidad recibe rentas calificadas como actividad económica, pero el que no participa, recibe ¡rendimientos de capital mobiliario derivados del arrendamiento de negocios!

9.	Con estos ingredientes, era lógico que la Inspección tributaria en las comprobaciones de las dotaciones RIC de los comuneros comenzara a aplicar dichos criterios. Lo hizo a partir de 2015, sembrando estupor entre contribuyentes y asesores fiscales.
10.	El TEARC se reafirmó en 2020, 2022 y 2023 en su criterio de que solo el comunero que participe en la gestión de la comunidad puede dotar RIC con los rendimientos atribuidos, pero no el que no participa.
11.	El TEAC ha dado un par de bandazos en la materia, pero en general ha compartido el criterio de la Inspección y de la DGT de que solo al comunero que participe en la gestión de una comunidad que realice actividad económica se le atribuyen rendimientos de actividad económica, con los que podrá dotar RIC. A los que no participan en la gestión, se les atribuye rendimientos del capital, y por tanto no pueden dotar RIC. Sin embargo, en octubre de 2018 tuvo un repentino y fugaz cambio de criterio y dijo lo contrario, que rectificó en 2019.
12.	El TSJC comenzó en 2019 a ratificar el criterio de la Inspección que en la explotación de inmuebles a través de comunidades de bienes no se daban las circunstancias necesarias para que los rendimientos atribuidos a los comuneros fueran susceptibles de la RIC. No obstante, en 2022 cambió radicalmente su opinión, argumentando que la STS de 4 de abril de 2014 concluye que "los rendimientos a imputar a los comuneros participan de la naturaleza empresarial de las rentas imputadas, con independencia de la actividad desarrollada por los mismos dentro de la comunidad o que no desarrollen ninguna actividad, es decir, incluso aunque la gestión efectiva se delegue en terceros", ¿qué sentido tiene que si un comunero en un año determinado pertenece a la junta directiva sus rendimientos sean calificados de actividad económica para pasar a ser de otra naturaleza —de capital inmobiliario, por ejemplo— porque al año siguiente el comunero abandone la junta directiva? El requisito de que el comunero participe en la gestión de la comunidad no se encuentra ni en el espíritu ni en el texto de la Ley. La sentencia fue recurrida en casación.
13.	La AN en 2020 admite que una organización empresarial que se dedica al arrendamiento de inmuebles no necesita empleado en la actividad si subcontrata la gestión a una empresa especializada (parte de un volumen importante de activos dedicados al alquiler). Ese mismo año inadmite que los arrendadores de locales que gestiona la comunidad de bienes puedan dotar RIC con los rendimientos recibidos, pues no participan en la gestión.

14.	El TS en 1996 estableció que en la comunidad de bienes más sencilla, la sociedad de gananciales, los rendimientos se atribuyen fiscalmente al cónyuge que realiza la actividad, con independencia de que los rendimientos sean gananciales.
15.	En 2014, que siendo empresarial la actividad de la comunidad de bienes dedicada a la promoción y venta de naves industriales, aunque la recurrente no asumiese la realización de actividades en la comunidad, los rendimientos debían imputarse a todos los comuneros, con independencia de la actividad desarrollada por cada uno e, incluso, de que la gestión efectiva se delegase en terceros. En esa sentencia se apoyó el TSJC en 2022.
16.	En 2023, un auto del TS admitió a casación la STSJC de 2022 para determinar si a efectos de la dotación RIC y el régimen de atribución de rendimientos, un contribuyente del IRPF desarrolla la actividad económica de arrendamiento de bienes inmuebles cuando entre dicho contribuyente y la actividad media una comunidad de bienes en la que no realiza labores de gestión y a la que ha aportado los inmuebles en los que materializó las dotaciones RIC.
17.	En 2024, la STS de 26 de febrero concluye que el requisito de que el comunero participe en la gestión de la comunidad no está previsto en la legislación. No está expresamente dispuesto que cuando una entidad en régimen de atribución de rentas desarrolle actividad económica, los rendimientos correspondientes únicamente tengan la misma naturaleza para los comuneros que intervengan de forma habitual, personal y directa en la ordenación por cuenta propia de los medios de producción y recursos humanos afectos a la actividad.
18.	La doctrina sentada, a pesar de su importancia, no clarifica en qué medida debe participar el comunero en la gestión de la comunidad, ya que parte de la base de que la STSJC reconocía que el comunero no se limitaba a ceder su inmueble a la comunidad. ¿Es el plus de participación que se exige la mera asistencia a las juntas generales de la comunidad para considerar que el comunero no se limita a aportar el inmueble y se desentiende de la posterior gestión?, ¿ha de participar activamente en la junta o es suficiente su mera comparecencia?, ¿es suficiente que acuda representado por un tercero o es necesario que asista personalmente?

19.	Mientras todas estas cuestiones no se clarifiquen, la Inspección tributaria continúa aplicando el criterio de que si el comunero no despliega mayor actividad en la comunidad que la mera actuación que efectúa un socio en una entidad mercantil, la dotación RIC que ha efectuado con los rendimientos atribuidos no es válida.
20.	Razonamiento que parece no adecuarse a la doctrina señalada por la STS, motivo de que sigamos inmersos en la neblina habitual en esta materia.
21.	El Régimen fiscal especial balear parece haber puesto una cortapisa legal a tanto desatino en el art. 21 del Reglamento de 2024: todas las normas legales y reglamentarias relativas a la RIB se predicarán de cada uno de los socios, herederos, comuneros o partícipes, individualmente considerados, que tributen por dicho Impuesto en régimen de atribución de rentas, en todo lo que no se oponga a lo dispuesto en el número 13 del apartado cuatro de la disposición adicional septuagésima de la Ley 31/2022, de 23 de diciembre. En todo caso, los derechos y las obligaciones derivados de la RIB se atribuirán a los socios, a los comuneros o a los partícipes en la misma proporción en la que estos se atribuyan los rendimientos netos de la entidad.
22.	No sé si será suficiente el texto reglamentario balear para contrarrestar la teoría de que el comunero ha de participar en la gestión de la comunidad, pero al menos es un intento, pues el Reglamento no hace referencia alguna a esa demandada participación.

Capítulo 17

LAS AGRUPACIONES DE INTERÉS ECONÓMICO (AIE) Y LAS DOTACIONES RIC/RIB

Las Agrupaciones de Interés Económico (AIE) son entidades con personalidad jurídica y contribuyentes del IS que realizan actividades auxiliares y de apoyo a sus socios o miembros. Están reguladas en la Ley 12/1991 y sujetas en el ámbito tributario a un régimen especial previsto en el TRLIS de 2014 y Reglamento del IS de 2015, el denominado de atribución de rendimientos con especificaciones en una serie de gastos. En el caso de la RIC, el TS ha señalado que las AIE pueden dotarla con el beneficio generado en la actividad económica, pero no los socios. El criterio administrativo y la jurisprudencia respecto a la RIC entiendo que es plenamente aplicable a la RIB, razón de que aborde conjuntamente su análisis en este capítulo.

17.1. Legislación vigente

– Ley 12/1991, de 29 de abril, de Agrupaciones de Interés Económico

RÉGIMEN SUSTANTIVO DE LAS AGRUPACIONES DE INTERÉS ECONÓMICO

Artículo 1. Normativa aplicable. Las Agrupaciones de Interés Económico tendrán personalidad jurídica y carácter mercantil y se regirán por lo dispuesto en la presente Ley y, supletoriamente, por las normas de la sociedad colectiva que resulten compatibles con su específica naturaleza.

Artículo 2 Finalidad. 1. La finalidad de la Agrupación de Interés Económico es facilitar el desarrollo o mejorar los resultados de la actividad de sus socios. 2. La Agrupación de Interés Económico no tiene ánimo de lucro para sí misma.

Artículo 3 Objeto. 1. El objeto de la Agrupación de Interés Económico se limitará exclusivamente a una actividad económica auxiliar de la que desarrollen sus socios. 2. La Agrupación no podrá poseer directa o indirectamente participaciones en sociedades que sean miembros suyos, ni dirigir o controlar directa o indirectamente las actividades de sus socios o de terceros.

Artículo 4. Sujetos. Las Agrupaciones de Interés Económico sólo podrán constituirse por personas físicas o jurídicas que desempeñen actividades empresariales, agrícolas o artesanales, por entidades no lucrativas dedicadas a la investigación y por quienes ejerzan profesiones liberales.

Artículo 5 Responsabilidad de los socios. 1. Los socios de la Agrupación de Interés Económico responderán personal y solidariamente entre sí por las deudas de aquélla. 2. La responsabilidad de los socios es subsidiaria de la de la Agrupación de Interés Económico.

Artículo 6 Denominación. 1. En la denominación de la Agrupación deberá figurar necesariamente la expresión «Agrupación de Interés Económico» o las siglas A.I.E., que serán exclusivas de esta clase de sociedades. 2. No podrá adoptarse una denominación idéntica a la de otra Agrupación o sociedad preexistente. 3. Habrán de observarse además las normas establecidas en el Reglamento del Registro Mercantil sobre composición de la denominación.

Artículo 7 Inscripción en el Registro Mercantil. 1. La Agrupación de Interés Económico deberá inscribirse en el Registro Mercantil. 2. Los administradores responderán solidariamente con la Agrupación por los actos y contratos que hubieran celebrado en nombre de ella antes de su inscripción. (...) [redacción Ley 3/2009, de 3 de abril].

– Ley 27/2014, de 27 de noviembre, del Impuesto sobre Sociedades
Artículo 43 Agrupaciones de interés económico españolas

1. A las agrupaciones de interés económico reguladas por la Ley 12/1991, de 29 de abril, de Agrupaciones de Interés Económico, se aplicarán las normas generales de este Impuesto con las siguientes especialidades:

a) Estarán sujetas a las obligaciones tributarias derivadas de la aplicación de esta Ley, a excepción del pago de la deuda tributaria por la parte de base imponible imputable a los socios residentes en territorio español.

En el supuesto de que la entidad aplique la modalidad de pagos fraccionados regulada en el apartado 3 del artículo 40 de esta Ley, la base de cálculo no incluirá la parte de la base imponible atribuible a los socios que deban soportar la imputación de la base imponible. En ningún caso procederá la devolución a que se refiere el artículo 41 de esta Ley en relación con esa misma parte.

b) Se imputarán a sus socios residentes en territorio español o no residentes con establecimiento permanente en el mismo:

1.º Los gastos financieros netos que, de acuerdo con el artículo 16 de esta Ley, no hayan sido objeto de deducción en estas entidades en el período impositivo. Los gastos financieros netos que se imputen a sus socios no serán deducibles por la entidad.

2.º La reserva de capitalización que, de acuerdo con lo dispuesto en el artículo 25 de esta Ley, no haya sido aplicada por estas entidades en el período impositivo. La reserva de capitalización que se impute a sus socios no podrá ser aplicada por la entidad, salvo que el socio sea contribuyente del Impuesto sobre la Renta de las Personas Físicas.

3.º Las bases imponibles positivas, minoradas o incrementadas, en su caso, en la reserva de nivelación a que se refiere el artículo 105 de esta Ley, o negativas, obtenidas por estas entidades. Las bases imponibles negativas que imputen a sus socios no serán compensables por la entidad que las obtuvo.

4.º Las bases de las deducciones y de las bonificaciones en la cuota a las que tenga derecho la entidad. Las bases de las deducciones y bonificaciones se integrarán en la liquidación de los socios, minorando la cuota según corresponda por aplicación de las normas de este Impuesto o del Impuesto sobre la Renta de las Personas Físicas.

5.º Las retenciones e ingresos a cuenta correspondientes a la entidad.

La reserva de nivelación de bases imponibles a que se refiere el artículo 105 de esta Ley se adicionará, en su caso, a la base imponible de la agrupación de interés económico.

2. Los dividendos y participaciones en beneficios que correspondan a socios no residentes en territorio español tributarán en tal concepto, de conformidad con las normas establecidas en el Texto Refundido de Ley del Impuesto sobre la Renta de no Residentes, aprobado por el Real Decreto Legislativo 5/2004, de 5 de marzo, y los convenios para evitar la doble imposición suscritos por España.

3. Los dividendos y participaciones en beneficios que correspondan a socios que deban soportar la imputación de la base imponible y procedan de períodos impositivos durante los cuales la entidad se hallase en el presente régimen, no tributarán por este Impuesto ni por el Impuesto sobre la Renta de las Personas Físicas.

El importe de estos dividendos o participaciones en beneficios no se integrará en el valor de adquisición de las participaciones de los socios a quienes hubiesen sido imputadas. Tratándose de los socios que adquieran las participaciones con posterioridad a la imputación, se disminuirá su valor de adquisición en dicho importe.

4. En la transmisión de participaciones en el capital, fondos propios o resultados de entidades acogidas al presente régimen, el valor de adquisición se incrementará en el importe de los beneficios sociales que, sin efectiva distribución, hubiesen sido imputados a los socios como rentas de sus participaciones en el período de tiempo comprendido entre su adquisición y transmisión.

Igualmente, el valor de adquisición se minorará en el importe de las pérdidas sociales que hayan sido imputadas a los socios. No obstante, cuando así lo establezcan los criterios contables, el valor de adquisición se minorará en el importe de los gastos financieros, las bases imponibles negativas, la reserva de capitalización, y las deducciones y bonificaciones, que hayan sido imputadas a los socios en el período de tiempo comprendido entre su adquisición y transmisión, hasta que se anule el referido valor, integrándose en la base imponible igualmente el correspondiente ingreso financiero.

5. Este régimen fiscal no será aplicable en aquellos períodos impositivos en que se realicen actividades distintas de las adecuadas a su objeto o se posean, directa o indirectamente, participaciones en sociedades que sean socios suyos, o dirijan o controlen, directa o indirectamente, las actividades de sus socios o de terceros.

Artículo 44 Agrupaciones europeas de interés económico

1. A las agrupaciones europeas de interés económico reguladas por el Reglamento (CEE) n.o 2137/1985 del Consejo, de 25 de julio de 1985, y sus socios, se aplicarán lo establecido en el artículo anterior, con las siguientes especialidades:

a) Estarán sujetas a las obligaciones tributarias derivadas de la aplicación de esta Ley, a excepción del pago de la deuda tributaria.

Estas entidades no efectuarán los pagos fraccionados a los que se refiere el artículo 40 de esta Ley, ni tampoco procederá para ellas la devolución que recoge el artículo 41 de la misma Ley.

b) Si la entidad no es residente en territorio español, sus socios residentes en España integrarán en la base imponible del Impuesto sobre Sociedades o del Impuesto sobre la Renta de las Personas Físicas, según proceda, la parte correspondiente de los beneficios o pérdidas determinadas en la agrupación, corregidas por la aplicación de las normas para determinar la base imponible establecidas en esta Ley.

Cuando la actividad realizada por los socios a través de la agrupación hubiere dado lugar a la existencia de un establecimiento permanente en el extranjero, serán de aplicación las normas previstas en esta Ley o en el respectivo convenio para evitar la doble imposición internacional suscrito por España.

c) Los socios no residentes en territorio español, con independencia de que la entidad resida en España o fuera de ella, estarán sujetos por el Impuesto sobre la Renta de no Residentes únicamente si, de acuerdo con lo establecido en el artículo 13 del texto refundido de Ley del Impuesto sobre la Renta de no Residentes, aprobado por el Real Decreto Legislativo 5/2004, de 5 de marzo, o en el respectivo convenio de doble imposición internacional, resultase que la actividad realizada por aquéllos a través de la agrupación da lugar a la existencia de un establecimiento permanente en dicho territorio.

d) Los beneficios imputados a los socios no residentes en territorio español que hayan sido sometidos a tributación en virtud de normas del Impuesto sobre Rentas de no Residentes no estarán sujetos a tributación por razón de su distribución.

2. El régimen previsto en los apartados anteriores no será de aplicación en el período impositivo en que la agrupación europea de interés económico realice actividades distintas a las propias de su objeto o las prohibidas en el apartado 2 del artículo 3 del Reglamento CEE 2137/1985, de 25 de julio.

– RD 635/2015 del Reglamento del Impuesto sobre Sociedades

Artículo 46. Obligaciones de las agrupaciones de interés económico, españolas y europeas, y de las uniones temporales de empresas

1. Las agrupaciones de interés económico, españolas y europeas, a las que resulte de aplicación el régimen especial previsto en el capítulo II del título VII de la Ley del Impuesto, deberán presentar, conjuntamente con su declaración por dicho Impuesto, una relación de las personas o entidades que ostenten los derechos inherentes o la cualidad de socio o empresa miembro el último día del período impositivo, con los siguientes datos:

a) Identificación, domicilio fiscal y porcentaje de participación de los socios o de las personas o entidades que ostenten los derechos económicos inherentes a la cualidad de socio.

b) Importe total de las cantidades a imputar a las personas o entidades que ostenten los derechos inherentes o la cualidad de socio o empresa miembro que sean residentes en territorio español o no residentes con establecimiento permanente en el mismo, relativas a los siguientes conceptos:

1.º Resultado contable.

2.º Gastos financieros netos no deducidos por la entidad.

3.º Reserva de capitalización no aplicada por la entidad.

4.º Base imponible, minorada o incrementada, en su caso, en las cantidades derivadas de la aplicación de la reserva de nivelación.

5.º Base de las deducciones para evitar la doble imposición internacional y, en su caso, porcentaje de participación en la entidad de la que procede la renta.

6.º Base de las bonificaciones.

7.º Base de las deducciones para incentivar la realización de determinadas actividades, así como, en su caso, la base de la deducción por inversiones en elementos del inmovilizado material nuevos.

8.º Retenciones e ingresos a cuenta correspondientes a la agrupación de interés económico.

c) Dividendos y participaciones en beneficios distribuidos con cargo a reservas, distinguiendo los que correspondan a ejercicios en que a la entidad no le hubiese sido aplicable el régimen especial.

2. Las agrupaciones de interés económico deberán notificar a las personas o entidades que ostenten los derechos económicos inherentes o la cualidad de socio o empresa miembro las cantidades totales a imputar y la imputación individual realizada con los conceptos previstos en la letra b) del apartado anterior, en cuanto fueran imputables de acuerdo con las normas de este Impuesto o del Impuesto sobre la Renta de las Personas Físicas.

3. A los efectos de la no tributación de los dividendos y participaciones en beneficios establecida en el párrafo primero del apartado 3 del artículo 43 de la Ley del Impuesto, las agrupaciones deberán incluir en la memoria de las cuentas anuales la siguiente información:

a) Beneficios aplicados a reservas que correspondan a períodos impositivos en los que tributaron en régimen general.

b) Beneficios aplicados a reservas que correspondan a períodos impositivos en los que tributaron en el régimen especial, distinguiendo entre los que correspondieron a socios residentes en territorio español de aquellos que correspondieron a socios no residentes en territorio español.

c) En caso de distribución de dividendos y participaciones en beneficios con cargo a reservas, designación de la reserva aplicada de entre las tres a las que, por la clase de beneficios de los que procedan, se refieren las letras a) y b) anteriores.

4. Las menciones en la memoria anual a que se refiere el apartado anterior deberán ser efectuadas mientras existan reservas de las referidas en la letra b) de dicho apartado, aun cuando la entidad no tribute en el régimen especial.

5. Las obligaciones de información establecidas en los apartados 3 y 4 de este artículo serán también exigibles respecto de las sucesivas entidades que ostenten la titularidad de las reservas referidas en la letra b) del apartado 3.

6. Lo dispuesto en los apartados anteriores de este artículo, en la medida en que resulte de aplicación, obligará a las uniones temporales de empresas sujetas al régimen especial previsto en el capítulo II del título VII de la Ley del Impuesto, en relación con sus empresas miembros residentes en territorio español el último día del período impositivo.

El REF y el Régimen fiscal especial balear no mencionan a las AIE en la normativa específica de la RIC/RIB, motivo de que se incluyan entre las entidades que pueden dotar ambas reservas al ser contribuyentes del IS, siempre que desarrollen actividad económica en los respectivos archipiélagos. La propia legislación que regula las AIE y el régimen especial tributario previsto en el TRLIS son las normas a tener en cuenta en su análisis. Los Tribunales de Justicia han ratificado el criterio administrativo imperante en la materia: las AIE pueden dotar RIC/RIB con los rendimientos generados, pero no sus socios con los rendimientos que se les atribuyen.

17.2. Evolución legislativa y utilización de la AIE en la actividad empresarial

El preámbulo de la Ley 12/1991 explica que la AIE constituye una figura asociativa creada con el fin de facilitar o desarrollar la actividad económica de sus miembros. El contenido auxiliar de la AIE sigue el criterio amplio que esta figura ha tenido en la U.E. y consiste en la imposibilidad de sustituir la actividad de sus miembros. Sí permite cualquier actividad vinculada a los socios que no se oponga a la limitación. Se trata, por tanto, de un instrumento de los socios agrupados, con toda la amplitud que sea necesaria para sus fines, pero que nunca podrá alcanzar las facultades o actividades de uno de sus miembros. Antes de la Ley ya existía este sistema de colaboración entre empresas, bajo la antigua figura de las Agrupaciones de Empresas reguladas en 1963, *cuyo régimen sustantivo, parco y estrecho, no estaba ya en condiciones de encauzar la creciente necesidad de cooperación interempresarial que imponen las nuevas circunstancias del mercado, especialmente ante la perspectiva de la integración europea,* que fueron sustituidas en 1991 por las actuales AIE (Preámbulo Ley 12/1991).

Están a su vez relacionadas con la figura de la Agrupación Europea de Interés Económico, regulada por el Reglamento (CEE) 2137/1985 del Consejo, de 25 de julio.

La Ley 12/1991, de 29 de abril, de Agrupaciones de Interés Económico (AIE), sustituyó las antiguas fórmulas de colaboración entre empresas por la de las AIE, dotándolas de personalidad jurídica al objeto de que se desenvolvieran mejor en el tráfico mercantil. El objetivo fue facilitar el desarrollo y mejorar los resultados de la actividad de sus empresas miembros, esto es, su labor se limita exclusivamente a una actividad económica concreta y, además, auxiliar a la que realizan los socios.

El régimen fiscal de las AIE está previsto en la Ley 12/1991, pero hace remisión a la Ley del IS vigente en aquel año; mientras que, en la actualidad, la LIS señala un régimen especial para las AIE en los artículos 43 y 44, que se regulan en el art. 46 del RD 635/2015 del RIS. En síntesis, están sujetas al IS, pero imputan a sus socios la base imponible positiva o negativa resultante de sus operaciones, las bases de las deducciones a las que se hayan acogido y las retenciones e ingresos a cuenta. En consecuencia, no pagan cuota tributaria alguna en el IS, siempre que imputen la base imponible correspondiente a socios residentes. Tienen ánimo de lucro, pero los resultados que generan y sus correspondientes bases imponibles se imputan a sus socios.

A este régimen fiscal se pueden acoger las AIE que realicen cualquier tipo de actividad auxiliar para sus socios en el ámbito del sector primario, industrial o de servicios, siempre que se haya concretado previamente, pues no es aplicable a cualquier actividad eventual que pueda realizar. No obstante, con el paso del tiempo, el máximo desarrollo de las AIE ha tenido lugar en un ámbito nuevo relacionado con los incentivos fiscales aplicables a actividades relacionadas con la I+D+i, la industria del cine, los espectáculos y eventos culturales. Esto es, con las complejas y estratégicas deducciones para incentivar la realización de determinadas actividades previstas en los artículos 35 de la LIS: Deducción por actividades de investigación y desarrollo e innovación tecnológica; y 36: Deducción por inversiones en producciones cinematográficas, series audiovisuales y espectáculos en vivo de artes escénicas y musicales. El Gobierno español, consciente del potencial de estas actividades y de su regulación en países cercanos, incorporó a la normativa las deducciones e incentivó su uso con un procedimiento de difícil comprensión: las deducciones que no pudieran aplicar las empresas que realizasen las actividades promocionadas fiscalmente las aprovechan las entidades que financiaran las labores de I+D+i, las películas, series y espectáculos en vivo. Con esta finalidad se crearon AIE en que participan inversores que financian las actividades susceptibles de las deducciones de los artículos 35 y 36, con la pretensión principal de beneficiarse de las bases imponibles negativas que generen y, sobre todo, de las deducciones que las AIE no hayan podido aplicar en sus cuotas tributarias. Y es que el sistema parte de la base de que la actividad en sí misma poca o nula rentabilidad va a generar, salvo excepciones.

En síntesis, los miembros de la AIE invierten en la actividad que vaya a realizar la agrupación y se remuneran con las bases imponibles que van a imputarse y con el derecho a aplicar las deducciones: invierten 100 en un espectáculo, se deducen 120[115] de la cuota del IS y rebajan su base imponible con la parte proporcional que les toca de la base imponible negativa de la AIE. En el extraño caso que la AIE genere rentabilidad, las deducciones serán menores ya que una parte o toda las aplicará la propia AIE; no habría base imponible negativa que imputar; pero a cambio, participarían los socios de la rentabilidad obtenida en la actividad.

Todo ello es sutil y complejo, pero bendecido por la DGT en numerosas consultas vinculantes publicadas a partir de 2015. La mayoría relativas a películas y espectáculos, pero también a otras actividades que consignamos entre paréntesis al lado de la fecha: CV 2770-2015, de 25 de septiembre; CV 2811-2015, de 28 de septiembre; CV 2928-2015, de 7 de octubre; CV 3208-2015, de 21 de octubre; CV 3259-2015, de 23 de octubre (entidad de crédito que promueve películas); CV 3528-2015, de 17 de noviembre (arquitecto que desea invertir en I+D+i); CV 0260-2016, de 25 de enero (planta termo-solar); CV 2079-2016, de 13 de mayo; CV 4490-2016, de 18 de octubre (entrega de premios con espectáculo); CV 4897-2016, de 11 de noviembre (investigación en el ámbito de la salud y energía); CV 0018-2017, de 3 de enero; CV 1480-2018, de 30 de mayo; CV 1910-2018, de 28 de junio; CV 1927-2018, de 29 de diciembre y CV 2178-2021, de 30 de julio (base imponible negativa a imputar a los socios).

Destacamos entre las consultas enumeradas, la **DGT, CV 1927-2018, de 29 de diciembre**, que ratifica que las bases negativas generadas y las deducciones que les corresponde a una IAE se imputarán a los socios residentes, con independencia de que estos desarrollen o no actividades directamente relacionadas con las de la AIE:

> *Por tanto, a efectos tributarios, el régimen fiscal establecido en el artículo 43 de la LIS será de aplicación a la agrupación de interés económico constituida de conformidad con la Ley 12/1991, de 29 de abril, en la medida en que realice efectivamente las actividades adecuadas a su objeto social que, en el supuesto concreto planteado, consiste promoción y realización de espectáculos en vivo, aunque sus socios no desarrollen actividades directamente relacionadas con las de la AIE.*
>
> *Por tanto, las bases imponibles, la bases de deducciones y los gastos financieros que no hayan sido objeto de deducción por la AIE en aplicación de lo dispuesto en el artículo 16 de la LIS, se imputarán a quienes ostenten los derechos económicos inherentes a la condición de socio el día de la conclusión del período impositivo de la AIE, siempre que sean residentes en territorio español; imputación que deberá realizarse a tenor de la proporción que resulte de los estatutos de la agrupación* [DGT CV 1927-2018, de 29 de diciembre].

---

115 Máxima rentabilidad que permite la norma en el importe de la deducción: el 120% del capital invertido.

Los socios, como vemos en el próximo capítulo que igual ocurre con las UTES, pueden ser personas físicas o jurídicas, siempre que realicen actividades económicas, pudiendo hacerlo también las entidades no lucrativas dedicadas a la investigación.

La AIE es por tanto una entidad mercantil con personalidad jurídica propia, sujeta al IS (art. 7 del TRLIS), pero en la medida en que estas entidades sirven exclusivamente para completar las actividades de sus socios (realizan una actividad auxiliar), su régimen fiscal es especial. Está previsto en los artículos 43 y siguientes del TRLIS y consiste en que sus resultados se imputan a los socios a modo de transparencia fiscal con algunas especificidades. El caso más genérico es que sus socios sean residentes en territorio español, aplicándose el régimen de transparencia fiscal a las bases imponibles negativas o positivas que generen e imputándose igualmente a los socios las deducciones, bonificaciones y retenciones en la cuota a las que las AIE tengan derecho.

Como ocurre con las UTES, puede optarse fiscal e inicialmente a que la imputación de la base imponible se realice en el mismo ejercicio en que se genera o en el año en que se aprueba el resultado, es decir, en el año siguiente, con la salvedad que el nuevo PGC 2007 obliga a contabilizar sus rendimientos en sede de las empresas miembros en el mismo año en que se generan. Por tanto, hay que efectuar la imputación en el mismo año en que se genera el resultado atribuible.

La casuística fiscal de las AIE es similar a las UTES, con la diferencia que las primeras tienen personalidad jurídica propia, mientras que las segundas no. Disimilitud que supone que la AIE pueda dotar RIC, pero no sus socios con los rendimientos que se les imputen.

17.3. Las AIE pueden dotar RIC/RIB, pero no sus socios con los rendimientos imputados

La casuística de las AIE en relación con la dotación RIC/RIB viene determinada por dos circunstancias concretas: que tienen personalidad jurídica y son sujetos pasivos del IS, si bien sus bases imponibles se imputan a los socios. Para hallar la base imponible se suman y restan del beneficio contable antes de impuestos una serie de conceptos, entre ellos las dotaciones que la AIE pueda hacer a la reserva de capitalización, reserva de nivelación y RIC/RIB. La base imponible que resulta se imputa a los socios, partiendo siempre de la base de que quien puede dotar la RIC/RIB es la

AIE y no sus socios con los resultados que se les imputan. La que realiza la actividad económica es la AIE y a los socios les corresponde imputarse la base imponible y disfrutar de los repartos de beneficios que se acuerden (que a su vez no son susceptibles de la dotación por su carácter financiero).

Sin embargo, las afirmaciones que realizo son fruto de años en la aplicación del incentivo fiscal, puesto que no se desprenden del literal de la Ley 19/1994. La Ley del REF no menciona a las AIE, pero sí concreta el beneficio susceptible al realizado en una actividad económica desarrollada en Canarias. Cuando la AIE realiza actividad económica en Canarias puede dotar RIC si generase rendimientos. Pero, en el caso de que pudiera dotar y no lo hace: ¿podrían dotar la RIC sus socios con los rendimientos imputados? A esta cuestión han respondido los Tribunales administrativos, la AN y el TS en el caso específico de la entidad mercantil Cerro del Sur, que participaba en la AIE Golf El Salobre en la década de los noventa y que dotó RIC con parte de los rendimientos imputados por la AIE. Además lo había hecho otro de sus socios, a quien la Inspección dio conformidad, pero un posterior cambio de criterio hizo que se le negara la dotación RIC a Cerro del Sur, que recurrió al TEAR, TEAC, AN y TS. El resultado de tan largo peregrinaje es el que contamos en este capítulo, pero anticipo desde ahora que fue desfavorable a los intereses del contribuyente, estableciéndose en consecuencia la doctrina de que la propia AIE es la que puede dotar RIC con el rendimiento generado y no sus socios con el rendimiento imputado.

El criterio fue el expresado por la **resolución TEAC n.º 2265-06, de 3 de abril de 2008,** que analiza el caso de Cerro del Sur, que recibió entre otros rendimientos, imputaciones procedentes de una AIE, que son rechazadas por la Inspección a efectos de la dotación RIC. Su argumento es que los ingresos derivan de la mera tenencia de un patrimonio financiero, motivo de que deben excluirse de la dotación.

El TEAC analiza la fiscalidad de las AIE, reguladas en la Ley 12/1991, que tienen personalidad jurídica y su régimen fiscal estaba señalado en los artículos 7.1 y 66 de la LIS (actualmente en los artículos 43 y 44 de la Ley 27/2014 del IS). El primero indicaba que son sujetos pasivos del IS las personas jurídicas, y el segundo que a las AIE era de aplicación el régimen de transparencia fiscal, con las siguientes excepciones:

> *a) Las citadas entidades no tributarán por el Impuesto sobre Sociedades por la parte de base imponible correspondiente a los socios residentes en territorio español, que imputarán a dichos socios.*
>
> *b) No se aplicarán limitaciones respecto de la imputación de bases imponibles negativas.*

Llegó el TEAC a la conclusión de que al estar las AIE sujetas al IS, son las que pueden dotar RIC con sus rendimientos y no los socios. La cantidad que imputarán a estos es la base imponible después de restar del beneficio fiscal la dotación RIC, mientras que para el socio el beneficio imputado es un ingreso derivado de la mera tenencia de activos, no susceptible de RIC.

En uno de los fundamentos de derecho de la resolución se aborda la cuestión que nos interesa analizar: la aptitud o no de los beneficios repartidos por una AIE a efectos de dotar RIC por parte de sus miembros. No es posible, concluye, exclusivamente es la AIE la que puede dotar RIC, puesto que sus miembros solo reciben ingresos derivados de la mera tenencia de activos, concretamente de sus participaciones en la AIE.

La gran diferencia entre la UTE y la AIE con la RIC es el hecho de que la AIE tenga personalidad jurídica propia y no la UTE. La AIE es la que exclusivamente puede dotar la RIC, no sus socios; mientras que en la segunda modalidad empresarial se da una dualidad admitida por la DGT: tanto la UTE como sus miembros pueden optar a la dotación RIC, eso sí, sin simultanear los mismos rendimientos.

Trascribimos el fundamento tercero de la resolución TEAC de 3 de abril de 2008:

> *TERCERO. Entrando ya en las cuestiones de fondo debemos referirnos a la primera de ellas, la relativa a la minoración de la base computable a efectos de la dotación de la reserva para inversiones en la parte correspondiente a beneficios imputados por una AIE en la que participa el interesado.*
>
> *A estos efectos hay que comenzar señalando que el artículo 27.1 de la Ley 19/1994, de 6 de julio, de modificación del Régimen Económico y Fiscal de Canarias dispone que: "1. Las sociedades y demás entidades jurídicas sujetas al Impuesto sobre Sociedades tendrán derecho a la reducción en la base imponible de este impuesto de las cantidades que, con relación a sus establecimientos situados en Canarias, destinen de sus beneficios a la reserva para inversiones de acuerdo con lo dispuesto en el presente artículo".*
>
> *Las Agrupaciones de Interés Económico (AIE) están reguladas por la Ley 12/1991 en cuyo artículo 1 se dice que dichas entidades "... tendrán personalidad jurídica y carácter mercantil".*
>
> *Su régimen fiscal se encuentra contenido en los artículos 7.1 y 66 de la Ley 43/1995, del Impuesto sobre Sociedades. En aplicación de primero son sujetos pasivos del impuesto ("Serán sujetos pasivos del impuesto: a) Las personas jurídicas") y, en virtud del segundo:*
>
> *"Las agrupaciones de interés económico reguladas por la Ley 12/1991, de 29 de abril, de Agrupaciones de Interés Económico, tributarán en régimen de transparencia fiscal con las siguientes excepciones:*
>
> *c) Las citadas entidades no tributarán por el Impuesto sobre Sociedades por la parte de base imponible correspondiente a los socios residentes en territorio español, que imputarán a dichos socios.*
>
> *d) No se aplicarán limitaciones respecto de la imputación de bases imponibles negativas".*
>
> *Siendo por tanto las AIE unas entidades con personalidad jurídica sujetas al impuesto sobre sociedades, subjetivamente se encuentran dentro de los sujetos que pueden acogerse a la RIC según lo dicho por el anteriormente trascrito artículo 27.1 de la Ley 19/1994, sin que sea incon-*

veniente para ello el que, fiscalmente, dichas entidades tributen en régimen de transparencia fiscal, por cuanto que tiene dicho reiteradamente este Tribunal... las sociedades que tienen la consideración de transparentes pueden acogerse a este beneficio fiscal de cumplir los requisitos que en la norma especial se establecen, en concreto, que los beneficios acogidos a la RIC deriven de una actividad que tenga la consideración fiscal de actividad económica realizada en Canarias, criterio también compartido por la DGT (CV 8/97).

Por lo anterior, y como dice el acuerdo de liquidación, "debe ser la AIE, que es la que obtiene el beneficio procedente de la actividad (...) la que puede acordar la dotación a la RIC, efectuando la reducción correspondiente en su base imponible, para posteriormente imputar dicha base imponible reducida a los socios".

Para el obligado tributario los beneficios imputados por la AIE no son sino ingresos derivados de la mera tenencia de activos (sus participaciones en la AIE) por lo que, según criterio de este Tribunal (RG 2639/03 y RG 844/04), no pueden los mismos servir de base a efectos de RIC.

Finalmente, como señala el acuerdo de liquidación "De lo contrario, lo que se produciría sería una transmisión de una persona jurídica a otra de la posibilidad de acogerse a la Reserva para Inversiones en Canarias, circunstancia ésta no contemplada en la norma. (...) Lo que además supondría diferir en un año por cada transmisión del beneficio (...) el momento de la dotación, y por consiguiente el plazo máximo para realizar las inversiones."

Procede, por tanto, confirmar la regularización practicada por la Inspección por la causa aquí objeto de análisis desestimando las pretensiones actoras al respecto [TEAC de 3 de abril de 2008. La negrita es nuestra].

El criterio de que la AIE puede dotar RIC, pero no sus socios con los rendimientos que reciban de este tipo de entidades, fue ratificado por la Audiencia Nacional en la **SAN, Sección 2, de 2 de febrero de 2011**. Pronunciamiento complejo que motiva en varios razonamientos: 1°, que la personalidad jurídica y carácter mercantil de la AIE le permite ser titular de derechos y obligaciones y del beneficio de la RIC, sin perjuicio de que una vez aplicada esta para hallar la base imponible, la impute a sus socios una vez efectuada la correspondiente reducción; 2°, los beneficios a los que pretende aplicar la RIC el contribuyente son ingresos derivados de su participación en la AIE, es decir, de la tenencia de activos, actividad que no supone el ejercicio de actividad empresarial; y 3°, que no es posible que la AIE y la recurrente gocen simultáneamente de dicho beneficio, pues se produciría una transmisión de una persona jurídica a otra de la posibilidad de acogerse a la RIC, circunstancia no contemplada en la norma:

QUINTO.- La siguiente cuestión versa sobre la efectiva dotación a la RIC de los rendimientos obtenidos a través de la Agrupación de Interés Económico "Golf El Salobre" y destinados a sus miembros, *en cumplimiento de sus obligaciones legales y Estatutarias a cuya observancia queda vinculada dicha Agrupación como rendimientos propios de la actividad empresarial de tales miembros y no como dividendos (según calificación de la Inspección) y mucho menos, indica la parte, como rentas positivas (según el TEAR).*

Según figura en el expediente el sujeto obtiene los siguientes importes, calificados como dividendos por la Inspección procedentes de "Golf El Salobre": Ejercicio 1997/1998, 13.879,67 euros, ejercicio 1998/99, 9.515,27 euros, ejercicio 1999/00, 0 euros, ejercicio 2000/01, 976.870,43 euros.

Constan en el informe ampliatorio los siguientes hechos relevantes para la resolución del presente litigio:

"… 8. "Cerro del Sur, S.A." (en adelante "Cesursa") es propietaria desde el momento de su constitución de un terreno rústico situado en "El Salobre" (San Bartolomé de Tirajana).

9. Mediante escritura de fecha 7/11/1991, se constituye una Agrupación de Interés Económico denominada "Golf el Salobre A.I.E.", siendo socios al 50%, "Cesursa" y "Satocan", mediante aportación de 1.000.000 ptas. cada uno.

A. El objeto social de esta A.I.E. consiste, según el artículo 2 de sus estatutos (no aportados en su integridad en el presente recurso), "en el desarrollo, gestión y ejecución del Plan Parcial El Salobre (Campos de Golf), y para dicho fin primordial la redacción y tramitación del Proyecto de Compensación, la redacción, tramitación y ejecución del Proyecto de Urbanización, y en caso de que se exigiese, del estudio detallado de Impacto ecológico, cumpliendo todas las obligaciones que les afectan en virtud de lo anterior, sufragando todos los costes y cargas, en los términos y con los límites que se expresarán, con posibilidad, a tales efectos, de promover, comercializar o enajenar conjuntamente parcelas, solares edificables o libres, o cualquier aprovechamiento resultante de la realización del indicado planeamiento por las aportaciones de los miembros."

B. Las Obligaciones de los miembros según el artículo 6 de los Estatutos consisten, para cada uno de ellos en:

a. SATOCAN: se compromete a la afectación del tanto necesario de aprovechamiento urbanístico que resulte de parte de la finca mencionada anteriormente (reservándose aquella parte de la misma que está afecta a la actividad de agricultura "el almacén de empaquetados, la presa, el pozo y la porción de terreno destinada a explotación agrícola"). La afectación no supone cambio en la titularidad dominical de las fincas obligando únicamente a "Cerro del Sur" a no realizar acto dispositivo o de administración de las mismas.

Se compromete asimismo a "realizar los trámites de reparcelación o compensación… sin que en lo demás pueda en forma alguna imposibilitar, limitar o condicionar el cumplimiento del objeto de la agrupación". Pero a continuación se dice que: "Cesursa" (Cerro del Sur) otorgará para su representación en los referidos trámites el apoderamiento y facultades necesarias para ser ejercitadas mancomunadamente por las personas que designe La Agrupación, no obstante todos los gastos que los referidos trámites comporten serán de cuenta de la Agrupación". Es decir, que delega el ejercicio de sus funciones en la A.I.E., que además será quien soporte la totalidad de los gastos.

10. A lo largo de los ejercicios objeto de comprobación, encontramos diversas escrituras públicas de venta de las parcelas en que se agrega el terreno mencionado en el anterior punto 8. En ellas figura como vendedor "Cesursa" y como comprador, un tercero, interviniendo también la A.I.E. como perceptora del precio y encargada de llevar a cabo la urbanización de las parcelas. El precio, que es percibido por la A.I.E., incluye la urbanización, y según se dispone en las escrituras, se distribuirá conforme se establece en los Estatutos. Según estos, "Cesursa" percibirá una cantidad de dinero fija en función de los metros cuadrados de edificabilidad que tenga la finca enajenada, en concepto de coste del suelo por lo que tras la venta de cada una de las parcelas la A.I.E. emite una factura a "Cesursa" por el importe de dicha cantidad más el IGIC correspondiente.

11. El desglose de los beneficios de cada uno de los ejercicios objeto de comprobaciones, según se recoge en la Cuenta de Pérdidas y Ganancias del obligado tributario.

Los ingresos y beneficios recogidos en su Cuenta de Pérdidas y Ganancias engloban principalmente los siguientes conceptos:

– Los Ingresos de Explotación corresponden a su actividad de agricultura y de arrendamiento de inmuebles. También se recogen en este apartado, durante los ejercicios 1997/98 y 1998/99, los dividendos procedentes de la A.I.E.

– Los Ingresos Financieros engloban los intereses de bancos, de la compraventa de deuda pública, de intereses de bonos del Estado y Obligaciones de la Comunidad Autónoma Canaria y descuentos sobre compras por pronto pago.

– Los Beneficios de la Enajenación de Inmovilizado, proceden de la venta de las parcelas en que se segrega el terreno situado en El Salobre.

– Los Ingresos extraordinarios, en los ejercicios 1997/98, 1998/99 y 1999/00 de la v venta de aguas, mientras que en el ejercicio 2000/01, también de los dividendos que perciben de la A.I.E."

Por su parte, la resolución del TEAR de Canarias, con sede en Las Palmas, de 28 de abril de 2006, en sus fundamentos séptimo, octavo y noveno, señala:

"SEPTIMO: En relación con la siguiente cuestión, de determinar la L o no de una actividad económica en la entidad cabe señalar que en la normativa del Impuesto sobre sociedades y del Impuesto sobre la Renta de las Personas Físicas: "Se consideran rendimientos íntegros de actividades empresariales aquellos que, procediendo del trabajo personal y del capital conjuntamente, o de uno solo de estos factores, supongan por parte del sujeto pasivo la ordenación por cuenta propia de medios de producción y de recursos humanos o de uno de ambos con la finalidad de intervenir en la producción o distribución de bienes o servicios". Por tanto y como ha manifestado el Tribunal Económico- Administrativo Central en Resoluciones de 12 de diciembre de 1989 y 19 de mayo de 2005, los requisitos conceptuales de la "explotación económica" son los siguientes: 1.– Utilización del capital y del trabajo personal conjuntamente o de uno solo de estos factores en una actividad productiva; 2.– Actuación por cuenta propia (es decir, que su titularidad asuma los riesgos derivados de ella, incertidumbre sobre la obtención o no del beneficio y sobre su cuantía); y 3.– Realización de una actividad productiva. Sin olvidar entre ellos, y a considerar en este supuesto, la nota de habitualidad, cualidad o característica que ha de tener la actividad y que dependerá de las circunstancias objetivas que concurren en el desarrollo de la misma.

A tal respecto la Inspección manifiesta que CERRO DEL SUR SA (en adelante "Cesursa" es propietaria desde el momento de su constitución de un terreno turístico situado en "El Salobre" (San Bartolomé de Tirajana).

Mediante escritura de fecha 7 de noviembre de 1991, se constituye una Agrupación de Interés Económico denominada "Golf el Salobre AIE, siendo socios del 50% "Cesursa" y "Satocan", mediante aportación de 1.000.000 ptas. (6.010,12 E) cada uno, a la que otorga la Inspección e desarrollo de la actividad económica.

Por su parte la entidad alega que cuando se constituye la Agrupación de Interés Económico "Golf El Salobre AIE" mediante escritura pública otorgada en Maspalomas el 7 de noviembre de 1991, lo que se afecta a los fines auxiliares de la misma por Cerro del Sur SA., no es como parece afirmar la Inspección tributaria como fundamento del acto reclamado un terreno rústico, sino un sector de suelo clasificado como apto para urbanizar después de un arduo proceso de modificación del planeamiento general del municipio, logrado a través de negociaciones, y compromisos y contraprestaciones forma/izadas en convenios urbanísticos con la entidad local y con el Gobierno de Canarias (se acompañan copia de dichos convenios), y dotado de ordenación urbanística pormenorizada a través de la aprobación definitiva del correspondiente Plan Parcial, empleándose en ello más de cinco años de gestión, trabajo y "actividad económica" y empresarial de Cerro del Sur, SA

Es absolutamente incierta y por tanto se niega la afirmación contenida en el considerando segundo del acto administrativo reclamado en el sentido de que las segregaciones de fincas que realiza Cerro del Sur, las hace en las mismas escrituras de compraventa. Aportándose ese

Tribunal junto con el presente escrito copia de multitud de escrituras de segregación de las parcelas, contratos de reserva, facturas escrituras de hipotecas, licencias de obras, facturas. Acuerdo de la Consejería de Económica y Hacienda en la que se reconoce a la entidad la modalidad de promotor inmobiliario, siendo indiscutible que en ello ha empleado una organización, un local o establecimiento, medios materiales, personal y asesores, constituyendo todo ello una actividad económica de promoción urbanística e inmobiliaria y venta de terrenos de la Urbanización Salobre Golf, en las que concurre la característica de la habitualidad que no es discutida en el Acuerdo de Liquidación, al igual que el régimen de liquidación que le corresponde en el Impuesto sobre Sociedades.

El Tribunal a la vista del expediente considera que la entidad reclamante ha realizado cuando menos una actividad económica como urbanizadora, y amén de las ventas que se hayan podido producir de parcelas conviene destacar que la actividad desarrollada por la Agrupación de Interés Económico no debe conducir a la negación de actividad económica a la reclamante ya que ambas son compatibles, como sucede, por ejemplo, en la dualidad Junta de Compensación- miembros, figura urbanística no aplicada en el presente caso al ser terreno a urbanizar de la entidad.

***OCTAVO: En cuanto a si deben incluirse o no en la base de cálculo de la dotación a la Reserva para Inversiones en Canarias los dividendos según calificación de la Inspección**, en el primer párrafo del apartado 2 de transcrito artículo 27 de la Ley 19/1994 se dispone que el incentivo fiscal se aplicará "a la parte del beneficio obtenido en el mismo período que no sea objeto de distribución, en cuanto proceda de establecimientos situados en Canarias.*

Ello quiere decir que este estímulo fiscal lo es a la realización en Canarias de actividades Fomentadoras de riqueza y desarrollo económico, por lo que deben beneficiarse de él las ganancias obtenidas en la realización de actividades empresariales, no así los beneficios que procedan de la simple titularidad de activos no relacionados con el desarrollo de dichas actividades, habiéndose pronunciado el Tribunal Económico-Administrativo Central sobre dicha cuestión en resolución de 27 de febrero de 2004 en los términos siguientes:

"Por ello, todos los beneficios procedentes de la titularidad de activos que estén relacionados con el desarrollo en Canarias de actividades económicas, empresariales o profesionales, deberán beneficiarse de la aplicación de la RIC, incluidos los obtenidos por la colocación temporal de excedentes de tesorería o de recursos que, según las necesidades propias do cada sector, sea adecuado mantener para afrontar inversiones futuras. Sin embargo, deben quedar fuera de la base de cálculo de la RIC los beneficios que procedan de la mera titularidad de activos que no estén relacionados con el desarrollo de las mencionadas actividades económicas, lo que, por otra parte, redunda en la igualdad de trato ante este incentivo fiscal de personas físicas y jurídicas.

Para efectuar el cálculo de la dotación máxima admitida fiscalmente a la RIC, hay que tener en cuenta que de conformidad con la interpretación del artículo 27 de la Ley 19/1994, los rendimientos derivados de la mera tenencia de un patrimonio, en el presente caso los ingresos financieros (participaciones y acciones) no dan derecho a reducción en la base imponible del IS por dotación a la RIC por tratarse de rentas pasivas que no proceden de ninguna "actividad económica" realizada por la entidad; por otra parte, son mantenidos por el contribuyente, durante un período de tiempo que sobrepasa la simple colocación de excedentes de tesorería, que por su naturaleza, constituye una inversión a corto plazo y coyuntural, asemejándose las inversiones realizadas a la adquisición de activos financieros de carácter estructural. Por lo tanto, la entidad comprobada sólo puede reducir su base imponible por dotación a la RIC, hasta el 90% de los beneficios derivados de sus actividades económicas no exentas, que no sean objeto de distribución."

En el mismo sentido también se ha pronunciado la Sala de lo Contencioso Administrativo de Santa Cruz de Tenerife en sentencia de 9 de noviembre de 2004 en cuyo fundamento de Derecho Cuarto se explicita que:

"CUARTO: En lo referente a los ejercicios de 1996 a 1999, como hemos visto, se trata de beneficios declarados y obtenidos de ingresos de valores de renta fija y de beneficios igualmente de valores negociables. En este sentido, se hace preciso acudir a la Ley reguladora y en su espíritu y fin teleológico, la interpretación que cabe es la de que los aludidos beneficios y ganancias deben de provenir de la realización de actividades empresariales no de una mera titularidad de activos. En efecto, el beneficio fiscal está encaminado a premiar el impulso que por medio de la RIC se debe a dar a la actividad económica y a que ganancias obtenidas en actividades empresariales a su vez se reinviertan. La parte defiende su pretensión en base a la actividad hermenéutica que efectúa del articulo 27-1 de la Ley 19/94. Y de la Ley 19/94. Y de la que se desprende que la Ley sólo habla de beneficios sin establecer límites ni origen. Pues bien, si acudimos a tal precepto, dispone que la reducción en la base imponible deberá provenir... «de las cantidades que, con relación a sus establecimientos situados en Canarias, destinen de sus beneficios a la Reserva para Inversiones» Tal articulo sólo admite, a través de cualquiera de los métodos de interpretación, de que no se trata, como dice la parte, de beneficios, sin límites, sino, como señala la administración de los que procedan de sus establecimientos situados en Canarias. Por ser ello así, esos beneficios provenientes de la mera titularidad de activos, no encajan en el precepto al que hemos aludido."

NOVENO: Sentado lo que antecede el Tribunal considera que lo percibido son rentas pasivas y por lo tanto no aptas para dotar la RIC.

La entidad alega en síntesis que ha quedado justificado que la distribución de resultados que en todo caso obligadamente por ley y por estatutos ha de realizar entre sus miembros el "negocio colectivo, instrumento de colaboración empresarial, agrupación organizativa" en que consiste la Agrupación de Interés Económico "Golf El Salobre AIE", en el caso de que se trate de beneficios, no pueden tener la consideración de dividendos derivados de la mera titularidad de acciones, de la tenencia de activos, ni de lo que lo que para las personas físicas sería rendimiento de capital mobiliario, puesto que dichos rendimientos se generan en el seno de las funciones administrativas y organizativas que realiza la Agrupación respecto de las actividades económicas particulares y conjuntas de sus miembros, en razón de todo lo cual tales rendimientos distribuidos se han de imputar a estos últimos según su participación en la organización, y, por supuesto, por su procedencia, son aptos para lo dotación de la Reserva para Inversiones en Canarias.

Dicha alegación carece de fundamentación jurídica. Simplemente basta repasar la norma fiscal para ver que las Agrupaciones de Interés Económico distribuyen beneficios y reparten dividendos: dice el Texto Refundido del Impuesto sobre Sociedades "Los dividendos y participaciones en beneficios que corresponden a los socios que deban soportar la imputación de la base imponible... etc. (artículo 48.3)

Además, de paso, está negando la entidad la posibilidad de dotar la RIC a las Agrupaciones de Interés Económico ya que habrá de convenirse que el beneficio puede ser apto para dotar la RIC en una u otra entidad pero no en los dos, sin que quepa alternativa."

La recurrente cita el artículo 21 de la Ley 12/1991, de 29 de abril, de Agrupaciones de Interés Económico y señala que si Cerro del Sur puede destinar sus beneficios a la dotación de la RIC y si de la citada norma resulta que los beneficios de "Golf El Salobre, AIE" serían considerados fiscalmente como beneficios de sus miembros, entre ellos, Cerro del Sur, es claro que esta Sociedad puede destinar a la dotación de la RIC los beneficios que se le imputan de la AIE, de la que es partícipe.

La Ley 12/1991, de 29 de abril de 1991, de Agrupaciones de Interés Económico, señala en su Exposición de Motivos:

"La Agrupación de Interés Económico constituye una nueva figura asociativa creada con el fin de facilitar o desarrollar la actividad económica de sus miembros. El contenido auxiliar de la Agrupación sigue el criterio amplio que esta figura ha tenido en la Europa Comunitaria, y consiste en la imposibilidad de sustituir la actividad de sus miembros permitiendo cualquier actividad vinculada a la de aquéllos que no se oponga a esa limitación. Se trata, por tanto, de un instrumento de los socios agrupados, con toda la amplitud que sea necesaria para sus fines, pero que nunca podrá alcanzar las facultades o actividades de uno de sus miembros. Dada su finalidad, la Agrupación de Interés Económico viene a sustituir a la vieja figura de las Agrupaciones de Empresas reguladas primero por la Ley 196/1963, de 28 de diciembre, y más recientemente por la Ley 18/1982, de 26 de mayo, cuyo régimen sustantivo, parco y estrecho, no estaba ya en condiciones de encauzar la creciente necesidad de cooperación interempresarial que imponen las nuevas circunstancias del mercado, especialmente ante la perspectiva de la integración europea."

(...) [Señala determinados artículos de la Ley 12/91].

(...) Se trata pues de entidades con personalidad jurídica diferenciada de la de sus empresas miembros que tienen carácter mercantil y cuya finalidad es la de facilitar el desarrollo o mejorar los resultados de la actividad de sus socios.

Dado que su objeto social ha de limitarse exclusivamente a una actividad económica auxiliar de la desarrollada por sus socios carecen de ánimo de lucro propio, tal como señala el artículo 2,2 de la Ley 12/91. Como tienen personalidad jurídica ostentan la condición de sujetos pasivos del Impuesto sobre Sociedades, no tributando por el régimen general sino por un régimen especial (LIS, artículo 48 y 66, a del RDL 4/2004, de 5 de marzo).

En definitiva, no tributan por Impuesto sobre Sociedades. Pero imputan a sus socios residentes, como es el caso, tanto las bases imponibles positivas como las negativas obtenidas por la Agrupación. Igualmente imputan a sus socios residentes las bases de deducciones y bonificaciones en la cuota íntegra a la que tenga derecho la Agrupación, según las normas del Impuesto sobre Sociedades.

Dado que la base imponible correspondiente al beneficio obtenido es imputada a los socios de la AIE y, por tanto, tributó a nivel de la misma cuando se percibe este mismo beneficio en forma de dividendo no debe tributar.

Pues bien, la petición de la parte ha de ser rechazada, partiendo de las siguientes consideraciones:

1) La personalidad jurídica y carácter mercantil de la AIE le permite, tal como las resoluciones administrativas le reconocen, ser titular de derechos y obligaciones y poder acogerse al beneficio de la RIC, sin perjuicio de que una vez aplicada ésta, impute a sus socios las bases imponibles correspondientes, una vez efectuada la correspondiente reducción.

2) El hecho de que la AIE no tenga ánimo de lucro, no es obstáculo para que se pueda aplicar dicho beneficio, pues como se ha señalado anteriormente y en esto no discrepa la demanda, tiene una evidente función instrumental, obtener beneficios para aquellos y no para ella misma.

Aplicada la RIC, ese beneficio repercutiría en los socios a través de la correspondiente imputación.

3) Aunque el TEAR reconozca a la actora el ejercicio de una actividad económica, en su fundamento jurídico, 7, lo cierto es que los beneficios a los que pretende aplicar la RIC no son sino ingresos derivados de su participación en la AIE, es decir, de la tenencia de unos activos, actividad que en sí misma considerada, no supone el ejercicio de una actividad empresarial.

y 4) No es posible que la AIE y la recurrente gocen simultáneamente de dicho beneficio, pues como señala el Acuerdo de liquidación "De lo contrario, lo que se produciría sería una transmisión de una persona jurídica a otra de la posibilidad de acogerse a la Reserva para Inversiones en Canarias, circunstancia ésta no contemplada en la norma... Lo que además supon-

> *dría diferir en un año por cada transmisión el beneficio (reparto de dividendos), el momento de la dotación y por consiguiente el plazo máximo para realizar las inversiones..."*
>
> *Por todo ello, procede desestimar el motivo* [SAN de 2 de febrero de 2011].

La comentada y trascrita en parte SAN de 2 de febrero de 2011 fue recurrida en casación al TS, quien a final del año siguiente dictó sentencia, ratificando el criterio de la AN de que la recurrente no podía dotar RIC con los rendimientos imputados por la AIE.

Es la **STS de 10 de diciembre de 2012, Sección 2, recurso 1254/2011,** que por ahora sienta el criterio en la materia. La entidad recurrente arma su recurso sobre la base de que: a) las AIE no pueden efectuar en la determinación de su base imponible dotaciones RIC, sino que son las entidades participantes las que pueden hacerlo; b) que es incorrecto hablar de percepción de dividendos por los socios, sino de rendimientos obtenidos en el ejercicio de una actividad empresarial, pues la AIE lleva a cabo una actividad de promoción inmobiliaria; y c) que la interpretación que propone casa mejor con el espíritu y la finalidad del incentivo fiscal.

La primera conclusión a la que llega el TS es que en el régimen de transparencia fiscal que se aplicaba en esos años, no aprecia restricción alguna para que las AIE aplicaran en la determinación de su base imponible la dotación RIC; sin que tampoco la apreciara cuando concurren los requisitos del art. 27 de la Ley 19/1994, pues se trata de sujetos pasivos del IS con personalidad propia. En consecuencia, reconocido el derecho de la AIE, afirma que la dotación no puede ser admitida por el mismo concepto para la entidad partícipe, como una suerte de transferencia o transmisión del derecho.

La segunda conclusión, sin llegar a entrar en si son o no dividendos los rendimientos imputados, que indudablemente no lo son, se centra en que los rendimientos procedían de la participación en la AIE, que no tenían origen directo en ningún tipo de actividad empresarial o económica que no fuera la mera tenencia de esos derechos de participación, por lo que no son aptos para la dotación. Con ello, los motivos de casación fueron desestimados:

> *CUARTO. El segundo motivo de casación coincide con los argumentos de fondo que Cerro del Sur, S.A., adujo en la instancia y que, a los efectos de este recurso, por su parcial admisión, afectan exclusivamente al periodo impositivo 2000/2001.*
>
> *La queja gira en torno a cuatro argumentos, siendo los dos primeros los desarrollados con mayor extensión. Podemos sintetizar los siguientes puntos de relevancia para su resolución: (i) niega que las agrupaciones de interés económico puedan efectuar en la determinación de su base imponible dotaciones por la reserva para las inversiones en Canarias; (ii) quienes pueden practicar las dotaciones correspondientes son la entidades participantes en las mismas; (iii) es*

incorrecto hablar de imputación de bases imponibles del resultado de la agrupación en cada ejercicio, pues las sumas que se imputan los partícipes constituyen el resultado contable de la agrupación, estableciendo una suerte de base imponible y de base liquidable; (iv) no es correcto hablar de percepción de dividendos, sino de rendimientos obtenidos en el ejercicio de una actividad empresarial, pues la agrupación lleva a cabo una actividad de promoción inmobiliaria; (v) el diferimiento de un año en la dotación por los miembros de la agrupación no puede impedir la aplicación del régimen; y, (vi) la interpretación que propone casa mejor con el espíritu y la finalidad del incentivo fiscal.

Como primera cuestión debemos analizar si existe alguna cortapisa o restricción legal que impida a una agrupación de intereses económicos beneficiarse del régimen de dotación para la reserva de inversiones en Canarias.

El régimen de las agrupaciones de interés económico se recoge en la Ley 12/1991, que les reconoce carácter mercantil y personalidad jurídica (artículo 1), siendo su objeto principal la labor asistencial a sus socios (artículo 2). La Ley 43/1995, del impuesto sobre sociedades, contempló las agrupaciones de interés económico dentro de los llamados regímenes especiales, equiparándolas en su artículo 66, en la redacción vigente para el ejercicio 2000-2001, a las sociedades en régimen de transparencia fiscal, con las siguientes excepciones:

« [...] a) Las citadas entidades no tributarán por el Impuesto sobre Sociedades por la parte de base imponible correspondiente a los socios residentes en territorio español, que imputarán a dichos socios.

b) No se aplicarán limitaciones respecto de la imputación de bases imponibles negativas. [...]»

El citado régimen, en cuanto atañía al su criterio de imputación, se prolongó hasta que fue modificado por la Ley 46/2002, de 18 de diciembre (BOE de 19 de diciembre), en vigor a partir de enero de 2003, que supuso, entre otras modificaciones, la supresión de la transparencia fiscal interna.

Por lo tanto, para el ejercicio objeto del presente recurso, debemos acudir al artículo 75 de la Ley 43/1995, cuyo apartado 2 establecía que las bases imponibles positivas obtenidas por las sociedades transparentes se imputarían a los socios que fueran sujetos pasivos por obligación personal de contribuir, en el caso de las sociedades en virtud de la propia Ley 43/1995, añadiendo el apartado 3 que la base imponible imputable a los socios también se determinaría con arreglo a las normas de ese impuesto.

Teniendo en cuenta esta remisión que la Ley hace para las agrupaciones a la transparencia fiscal y fijándose la base imponible en estos supuestos con arreglo a las normas del impuesto sobre sociedades, no se aprecia ninguna restricción para que las agrupaciones de interés económico se aplicaran en la determinación de su base imponible la deducción de la dotación para la reserva de inversiones en Canarias.

Efectivamente, el artículo 27.1 de la Ley 19/1994 contemplaba el régimen como un «derecho a la reducción en la base imponible» para sociedades y demás entidades jurídicas sujetas al impuesto sobre sociedades de las cantidades que, con relación a sus establecimientos situados en Canarias, destinasen a la reserva para inversiones de acuerdo con lo dispuesto en el citado artículo.

No se desprende prohibición ni restricción alguna, en los términos instados por la recurrente, para que las agrupaciones de intereses económico, como entidades jurídicas con personalidad propia, sujetas al impuesto sobre las sociedades, se pudieran aplicar esta reducción en la determinación de su base imponible, siempre y cuando concurrieran el resto de los requisitos contemplados en el citado artículo 27 de la Ley 19/1994.

Lo dicho también sirve para desvirtuar la afirmación de que a los socios de la agrupación se les imputaba el resultado contable o una suerte de base imponible, que no liquidable, por lo que la dotación debía hacerse, en todo caso, en sede de la sociedad partícipe.

El régimen de transparencia fiscal por el que debía tributar la agrupación en el ejercicio litigioso suponía la imputación de «base imponible», lo que exigía que esta entidad la determinara con arreglo a las reglas contempladas en el impuesto sobre sociedades o, lo que es los mismo, tal y como se desprende del artículo 10.3 de la Ley 43/1995, aplicando al resultado contable los ajustes extracontables y demás criterios establecidos por las normas fiscales.

***Reconocido ese derecho de la agrupación de intereses económicos, podemos afirmar que la deducción por dotación por la reserva para inversiones en Canarias no puede ser admitida por el mismo concepto para la entidad partícipe, como una suerte de transferencia o transmisión del derecho**. Ello supondría, (i) de un lado, admitir la aplicación de la dotación dos veces, por la agrupación primero y por la partícipe después, y, (ii) de otro, habida cuenta del modo en que ha de imputarse la base imponible de las sociedades transparentes por la que tributaría la agrupación, indicado en el artículo 76.2.b) de la Ley 43/1995, se produciría un desfase temporal entre la determinación de la base imponible de la sociedad transparente y su imputación al partícipe, provocando en la aplicación de la reserva un diferimiento de un año entre la "transmisión" del beneficio y el momento para practicar la dotación, de modo que se alteraría en la práctica el plazo máximo para efectuar las inversiones exigidas por el artículo 27.4 de la Ley 19/1994.*

***QUINTO.** Sólo nos falta añadir que la calificación de la participación de Cerro del Sur, S.A., en la agrupación «Golf el Salobre» como dividendos o rendimientos de la participación en nada altera la resolución de la contienda.*

Hemos de recordar que esta Sala y Sección ha dicho reiteradamente que los beneficios del establecimiento para dotar la reserva de inversiones en Canarias han de proceder de la actividad económica de la empresa "dotante", no pudiéndose practicar con los beneficios que tienen su origen en la titularidad de bienes no afectos a dicha actividad [véanse, entre otras, las sentencias de 5 de mayo de 2011 (casación 4938/09, FJ 5º), 30 de junio de 2011 (casación 3140/09, FJ 4º), 14 de julio de 2011 (casación 6468/08, FJ 3º), 13 de octubre de 2011 (casación 5475/07, FJ 2º) y 21 de noviembre de 2011 (casación 4897/09, FJ 3º)].

La Administración partió de un hecho que no ha resultado desvirtuado, consistente en que los rendimientos obtenidos por la compañía recurrente, sobre los que aplicó la dotación de la reserva para inversiones en Canarias, **procedían de la participación en la agrupación de interés económico. Es decir, no tenían origen directo en ningún tipo de actividad empresarial o económica, que no fuera la mera tenencia de esos derechos de participación**. *Esta circunstancia impide, con arreglo a la doctrina de esta Sala, que la entidad recurrente pudiera aplicarse la dotación de la reserva para inversiones en Canarias. Persiguiéndose con esta ventaja fiscal el fomento de la inversión productiva realizada en el archipiélago canario por los empresarios establecidos, sólo puede dotarse dicha reserva con los beneficios derivados de la efectiva actividad empresarial realizada con activos residenciados en las islas.*

Lo dicho nos conduce a confirmar el criterio de las administraciones tributaria y revisora, que no admitieron la reducción por la dotación a la reserva para inversiones en Canarias, rechazando las pretensiones formuladas por Cerro del Sur, S.A.

SEXTO. En resumen, los dos motivos de casación deben ser desestimados [STS de 10 de diciembre de 2012].

Como lo referido hasta ahora se centraba en un determinado ejercicio y la Inspección incoó nueva acta en el siguiente ejercicio, el contribuyente siguió el proceso en varios recursos que finalizaron en la **SAN 17 de julio de 2014, Sección 2, recurso 449/2011,** que desestima de nuevo sus pretensiones, puesto que la SAN de 2 de febrero de 2011 y la STS de 10 de diciembre de 2012 habían llegado a la misma conclusión de que no podía dotar RIC en un ejercicio anterior, por lo que tampoco podía hacerlo en el nuevo ejercicio.

17.4. Las AIE y la dotación RIB

El criterio señalado por el TS en sentencias de 2012 y 2014 respecto a las AIE y la dotación RIC es aplicable a la RIB: las AIE pueden dotar RIB con el rendimiento generado en su actividad económica, aunque sea auxiliar o de apoyo a sus socios, pero no sus socios, porque el rendimiento que se les atribuye procede, a juicio de la Administración tributaria y del TS, de la inversión financiera en la AIE. Incluso en el caso de que la AIE decida no dotar RIB, los socios no tienen derecho a hacerlo. En esta ocasión, la experiencia en la RIC marca el paso a seguir en la RIB.

17.5. Ficha resumen de las AIE y la dotación RIC/RIB

1.	Las Agrupaciones de Interés Económico (AIE) realizan determinadas labores auxiliares para sus socios. Tienen personalidad jurídica, son contribuyentes del IS y se les aplica un régimen especial previsto en el TRLIS.
2.	Como tales contribuyentes, pueden dotar RIC/RIB y disminuir su beneficio contable con la dotación, sin que tengan que liquidar el IS por la diferencia, sino que atribuyen la base imponible a sus socios.
3.	Aunque la filosofía de las AIE es prestar servicios a sus socios y no la de generar beneficios, en caso de que los obtengan pueden dotar RIC/RIB. Este derecho impide que puedan dotar las reservas sus socios con el resultado que se les impute.
4.	El resultado atribuido a los socios es calificado por la Inspección tributaria y los Tribunales de Justicia como procedente de la mera tenencia de los derechos que ostentan en la participación de la AIE y no como proveniente de una actividad económica. Calificación que puede ser criticable, pero que ha sido ratificada por el TS en dos sentencias.

5.	En el caso de que la AIE pueda dotar RIC/RIB y no lo haga, los socios no tienen derecho a dotarla con el beneficio generado por la AIE.
6.	En conclusión, que son las AIE las que pueden dotar RIC/RIB y no sus socios con el rendimiento que generen las primeras y el resultado que se les impute a los segundos.

Capítulo 18

LAS UNIONES TEMPORALES DE EMPRESAS (UTES) Y LAS DOTACIONES RIC/RIB

La UTE es una fórmula de éxito de colaboración empresarial, en que la entidad realiza una determinada obra o servicio a sus empresas miembros. No tiene personalidad jurídica, pero es contribuyente del IS. Su régimen fiscal consiste en declarar el rendimiento generado en el IS, pero sin liquidar cuota alguna, puesto que lo atribuye a sus socios.

En relación con la dotación RIC, la doctrina científica y jurisprudencia han sentado el criterio que tanto la UTE como sus miembros pueden dotarla, pero sin simultanear el mismo beneficio para hacerlo. El modelo más convencional es que la UTE no dota RIC y sí sus socios con el rendimiento atribuido. La experiencia obtenida en la RIC es plenamente proyectable a la RIB.

18.1. Legislación vigente

– Ley 18/1982, de 26 de mayo, sobre Régimen Fiscal de UTES

TÍTULO PRIMERO Normas generales

Artículo primero. Régimen jurídico

Las Uniones Temporales de Empresas que cumplan las condiciones y requisitos que se establecen en la presente Ley, podrán acogerse al régimen tributario previsto en la misma.

Artículo segundo. Vigilancia

Las actividades y repercusiones económicas de las Uniones Temporales de Empresas serán objeto de especial vigilancia por el Ministerio de Hacienda, para constatar si su actividad se ha dedicado exclusivamente al cumplimiento del objeto para el que fueran constituidas. El cumplimiento de esta función se realizará por la Inspección Financiera Tributaria, sin perjuicio, y con independencia de la aplicación por los Organismos o Tribunales correspondientes de las medidas ordinarias o especiales establecidas o que se establezcan para evitar actividades monopolísticas o prácticas restrictivas de la competencia.

Artículo tercero. Aplicación del régimen

El régimen tributario que se establece en la presente Ley quedará condicionado al cumplimiento de los requisitos específicos previstos en cada caso para las Uniones mencionadas y a su inscripción en el Registro Especial que al efecto llevará el Ministerio de Hacienda [desde 2001 lo lleva la AEAT].

TÍTULO III De las Uniones Temporales de Empresas

Artículo séptimo. Concepto

Uno. Tendrán la consideración de Unión Temporal de Empresas el sistema de colaboración entre empresarios por tiempo cierto, determinado o indeterminado para el desarrollo o ejecución de una obra, servicio o suministro.

Dos. La Unión Temporal de Empresas no tendrá personalidad jurídica propia.

Artículo octavo. Requisitos

Para la aplicación del régimen tributario establecido en esta Ley deberán cumplir los siguientes requisitos:

a) Las Empresas miembros podrán ser personas físicas o jurídicas residentes en España o en el extranjero. Los rendimientos empresariales de las personas naturales que formen parte de una Unión serán determinados en régimen de estimación directa a efectos de su gravamen en el Impuesto sobre la Renta de las Personas Físicas.

b) El objeto de las Uniones Temporales de Empresas será desarrollar o ejecutar exclusivamente una obra, servicio o suministro concreto, dentro o fuera de España.

También podrán desarrollar o ejecutar obra y servicios complementarios y accesorios del objeto principal.

c) Las uniones temporales de empresas tendrán una duración idéntica a la de la obra, servicio o suministro que constituya su objeto. La duración máxima no podrá exceder de veinticinco años, salvo que se trate de contratos que comprendan la ejecución de obras y explotación de servicios públicos, en cuyo caso, la duración máxima será de cincuenta años.

d) Existirá una Gerente único de la Unión Temporal, con poderes suficientes de todos y cada año de sus miembros para ejercitar los derechos y contraer las obligaciones correspondientes.

Las actuaciones de la Unión Temporal se realizarán precisamente a través del Gerente, nombrado al efecto, haciéndolo éste constar así en cuantos actos y contratos suscriba en nombre de la Unión.

e) Las Uniones Temporales de Empresas se formalizarán en escritura pública, que expresará el nombre, apellidos, razón social de los otorgantes, su nacionalidad y su domicilio; la voluntad de los otorgantes de constituir la Unión y los estatutos o pactos que han de regir el funcionamiento de la Unión, en los que se hará constar:

Uno. La denominación o razón, que será la de una, varias o todas las Empresas miembros, seguida de la expresión. Unión Temporal de Empresas, Ley.../..., número...»

Dos. El objeto de la Unión, expresado mediante una Memoria o programa, con determinación de las actividades y medios para su realización.

Tres. La duración y la fecha en que darán comienzo las operaciones.

Cuatro. El domicilio fiscal, situado en territorio nacional, que será el propio de la persona física o jurídica que lleve la gerencia común.

Cinco. Las aportaciones, si existiesen, al fondo operativo común que cada Empresa comprometa en su caso, así como los modos de financiar o sufragar las actividades comunes.

Seis. El nombre del Gerente y su domicilio.

Siete. La proporción o método para determinar la participación de las distintas Empresas miembros en la distribución de los resultados o, en su caso, en los ingresos o gastos de la Unión.

Ocho. La responsabilidad frente a terceros por los actos y operaciones en beneficio del común, que será en todo caso solidaria e ilimitada para sus miembros.

Nueve. El criterio temporal de imputación de resultados o, en su caso, ingresos o gastos.

Diez. Los demás pactos lícitos y condiciones especiales que los otorgantes consideren conveniente establecer.

Artículo noveno. Responsabilidad frente a la Administración Tributaria

Las Empresas miembros de la Unión Temporal quedarán solidariamente obligadas frente a la Administración Tributaria por las retenciones en la fuente a cuenta de los Impuestos sobre la Renta de las Personas Físicas o sobre Sociedades, que la Unión venga obligada a realizar así como por los tributos indirectos que corresponde satisfacer a dicha Unión como consecuencia del ejercicio de la actividad que realice, idéntica responsabilidad existirá respecto a la Cuota de Licencia del Impuesto Industrial prevista en el artículo once y en general de dos tributos que afectan a la Unión como sujeto pasivo.

Artículo diez. Régimen fiscal de las Uniones Temporales de Empresas

3. En el Impuesto sobre Transmisiones Patrimoniales y Actos Jurídicos Documentados gozarán de exención las operaciones de constitución, ampliación, reducción, disolución y liquidación, así como los contratos preparatorios y demás documentos cuya formalización constituya legalmente presupuesto necesario para la constitución.

4. En el Impuesto sobre la Producción, los Servicios y la Importación en las Ciudades de Ceuta y Melilla, gozarán de una bonificación del 99 por 100 sobre las operaciones sujetas al mismo que se realicen entre las empresas miembros y las uniones temporales respectivas, siempre que las mencionadas operaciones sean estricta consecuencia del cumplimiento de los fines para los que se constituyó la unión temporal.

Cuando se trate de operaciones realizadas entre las empresas miembros a través de la unión temporal, la aplicación de la bonificación no podrá originar una cuota tributaria menor a la que se habría devengado si aquellas empresas hubiesen actuado directamente.

Salvo lo dispuesto en el párrafo anterior, la bonificación no se extenderá a las operaciones sujetas al impuesto que directa o indirectamente se produzcan entre las empresas miembros o entre éstas y terceros.

TÍTULO IV Normas fiscales comunes a las Agrupaciones de Empresas y Uniones Temporales de Empresas

Artículo once. Licencia Fiscal del Impuesto Industrial

Las Uniones Temporales de Empresas tributarán por Licencia Fiscal del Impuesto Industrial cualquiera que sea la actividad que desarrollen según cuota de un epígrafe específico que a tal efecto aprobará el Ministerio de Hacienda, y que tendrá carácter eminentemente censal.

Cada una de las Empresas miembros satisfará, si procediese, la cuota de Licencia Fiscal que le corresponda con arreglo a sus propias actividades.

– Ley 27/2014 del Impuesto sobre Sociedades

Artículo 7. Contribuyentes

1. Serán contribuyentes del Impuesto, cuando tengan su residencia en territorio español:

d) Las uniones temporales de empresas, reguladas en la Ley 18/1982, de 26 de mayo, sobre régimen fiscal de las agrupaciones y uniones temporales de Empresas y de las Sociedades de desarrollo industrial regional.

***Artículo 43. Agrupaciones de interés económico españolas* [Régimen también aplicable a las UTES]**

1. A las agrupaciones de interés económico reguladas por la Ley 12/1991, de 29 de abril, de Agrupaciones de Interés Económico, se aplicarán las normas generales de este Impuesto con las siguientes especialidades:

a) Estarán sujetas a las obligaciones tributarias derivadas de la aplicación de esta Ley, a excepción del pago de la deuda tributaria por la parte de base imponible imputable a los socios residentes en territorio español.

En el supuesto de que la entidad aplique la modalidad de pagos fraccionados regulada en el apartado 3 del artículo 40 de esta Ley, la base de cálculo no incluirá la parte de la base imponible atribuible a los socios que deban soportar la imputación de la base imponible. En ningún caso procederá la devolución a que se refiere el artículo 41 de esta Ley en relación con esa misma parte.

b) Se imputarán a sus socios residentes en territorio español o no residentes con establecimiento permanente en el mismo:

1.º Los gastos financieros netos que, de acuerdo con el artículo 16 de esta Ley, no hayan sido objeto de deducción en estas entidades en el período impositivo. Los gastos financieros netos que se imputen a sus socios no serán deducibles por la entidad.

2.º La reserva de capitalización que, de acuerdo con lo dispuesto en el artículo 25 de esta Ley, no haya sido aplicada por estas entidades en el período impositivo. La reserva de capitalización que se impute a sus socios no podrá ser aplicada por la entidad, salvo que el socio sea contribuyente del Impuesto sobre la Renta de las Personas Físicas.

3.º Las bases imponibles positivas, minoradas o incrementadas, en su caso, en la reserva de nivelación a que se refiere el artículo 105 de esta Ley, o negativas, obtenidas por estas entidades. Las bases imponibles negativas que imputen a sus socios no serán compensables por la entidad que las obtuvo.

4.º Las bases de las deducciones y de las bonificaciones en la cuota a las que tenga derecho la entidad. Las bases de las deducciones y bonificaciones se integrarán en la liquidación de los socios, minorando la cuota según corresponda por aplicación de las normas de este Impuesto o del Impuesto sobre la Renta de las Personas Físicas.

5.º Las retenciones e ingresos a cuenta correspondientes a la entidad.

La reserva de nivelación de bases imponibles a que se refiere el artículo 105 de esta Ley se adicionará, en su caso, a la base imponible de la agrupación de interés económico.

2. Los dividendos y participaciones en beneficios que correspondan a socios no residentes en territorio español tributarán en tal concepto, de conformidad con las normas establecidas en el Texto Refundido de Ley del Impuesto sobre la Renta de no Residentes, aprobado por el Real Decreto Legislativo 5/2004, de 5 de marzo, y los convenios para evitar la doble imposición suscritos por España.

3. Los dividendos y participaciones en beneficios que correspondan a socios que deban soportar la imputación de la base imponible y procedan de períodos impositivos durante los cuales la entidad se hallase en el presente régimen, no tributarán por este Impuesto ni por el Impuesto sobre la Renta de las Personas Físicas.

El importe de estos dividendos o participaciones en beneficios no se integrará en el valor de adquisición de las participaciones de los socios a quienes hubiesen sido imputadas. Tratándose de los socios que adquieran las participaciones con posterioridad a la imputación, se disminuirá su valor de adquisición en dicho importe.

4. En la transmisión de participaciones en el capital, fondos propios o resultados de entidades acogidas al presente régimen, el valor de adquisición se incrementará en el importe de los beneficios sociales que, sin efectiva distribución, hubiesen sido imputados a los socios como rentas de sus participaciones en el período de tiempo comprendido entre su adquisición y transmisión.

5. Este régimen fiscal no será aplicable en aquellos períodos impositivos en que se realicen actividades distintas de las adecuadas a su objeto o se posean, directa o indirectamente, participaciones en sociedades que sean socios suyos, o dirijan o controlen, directa o indirectamente, las actividades de sus socios o de terceros.

Artículo 45. Uniones temporales de empresas

1. Las uniones temporales de empresas reguladas en la Ley 18/1982, de 26 de mayo, sobre régimen fiscal de agrupaciones y uniones temporales de Empresas y de Sociedades de desarrollo industrial regional, e inscritas en el registro especial del Ministerio de Hacienda y Administraciones Públicas, así como sus empresas miembros, ***tributarán con arreglo a lo establecido en el artículo 43 de esta Ley, excepto en relación con la regla de valoración establecida en el segundo párrafo del apartado 4 del citado artículo.***

En el caso de participaciones en uniones temporales de empresas, el valor de adquisición se minorará en el importe de las pérdidas sociales que hayan sido imputadas a los socios.

2. Las empresas miembros de una unión temporal de empresas que opere en el extranjero, así como las entidades que participen en obras, servicios o suministros que realicen o presten en el extranjero mediante fórmulas de colaboración análogas a las uniones temporales, podrán acogerse por las rentas procedentes del extranjero a la exención prevista en el artículo 22 o a la deducción por doble imposición prevista en el artículo 31 de esta Ley, siempre que se cumplan los requisitos allí establecidos.

3. Lo previsto en el presente artículo no será aplicable en aquellos períodos impositivos en los que el contribuyente realice actividades distintas a aquéllas en que debe consistir su objeto social.

Artículo 46. Criterios de imputación

1. Las imputaciones a que se refiere el presente capítulo se efectuarán a las personas o entidades que ostenten los derechos económicos inherentes a la cualidad de socio o de empresa miembro el día de la conclusión del período impositivo de la entidad sometida al presente régimen, en la proporción que resulte de los estatutos de la entidad.

2. La imputación se efectuará:

a) Cuando los socios o empresas miembros sean entidades sometidas a este régimen, en la fecha de finalización del período impositivo de la entidad sometida a este régimen.

b) En los demás supuestos, en el siguiente período impositivo, salvo que se decida hacerlo de manera continuada en la misma fecha de finalización del período impositivo de la entidad sometida a este régimen.

La opción se manifestará en la primera declaración del impuesto en que haya de surtir efecto y deberá mantenerse durante tres años.

Artículo 47. Identificación de socios o empresas miembros

Las entidades a las que sea de aplicación lo dispuesto en este capítulo deberán presentar, conjuntamente con su declaración del Impuesto sobre Sociedades, una relación de las personas que ostenten los derechos inherentes o la cualidad de socio o empresa miembro el último día de su período impositivo, así como la proporción en la que cada una de ellas participe en los resultados de dichas entidades.

– Reglamento del IS, RD 634/2015

Artículo 46. Obligaciones de las agrupaciones de interés económico, españolas y europeas, y de las uniones temporales de empresas

1. Las agrupaciones de interés económico, españolas y europeas, a las que resulte de aplicación el régimen especial previsto en el capítulo II del título VII de la Ley del Impuesto, deberán presentar, conjuntamente con su declaración por dicho Impuesto, una relación de las personas o entidades que ostenten los derechos inherentes o la cualidad de socio o empresa miembro el último día del período impositivo, con los siguientes datos:

a) Identificación, domicilio fiscal y porcentaje de participación de los socios o de las personas o entidades que ostenten los derechos económicos inherentes a la cualidad de socio.

b) Importe total de las cantidades a imputar a las personas o entidades que ostenten los derechos inherentes o la cualidad de socio o empresa miembro que sean residentes en territorio español o no residentes con establecimiento permanente en el mismo, relativas a los siguientes conceptos:

1.º Resultado contable.

2.º Gastos financieros netos no deducidos por la entidad.

3.º Reserva de capitalización no aplicada por la entidad.

4.º Base imponible, minorada o incrementada, en su caso, en las cantidades derivadas de la aplicación de la reserva de nivelación.

5.º Base de las deducciones para evitar la doble imposición internacional y, en su caso, porcentaje de participación en la entidad de la que procede la renta.

6.º Base de las bonificaciones.

7.º Base de las deducciones para incentivar la realización de determinadas actividades, así como, en su caso, la base de la deducción por inversiones en elementos del inmovilizado material nuevos.

8.º Retenciones e ingresos a cuenta correspondientes a la agrupación de interés económico.

c) Dividendos y participaciones en beneficios distribuidos con cargo a reservas, distinguiendo los que correspondan a ejercicios en que a la entidad no le hubiese sido aplicable el régimen especial.

2. Las agrupaciones de interés económico deberán notificar a las personas o entidades que ostenten los derechos económicos inherentes o la cualidad de socio o empresa miembro las cantidades totales a imputar y la imputación individual realizada con los conceptos previstos en la letra b) del apartado anterior, en cuanto fueran imputables de acuerdo con las normas de este Impuesto o del Impuesto sobre la Renta de las Personas Físicas.

3. A los efectos de la no tributación de los dividendos y participaciones en beneficios establecida en el párrafo primero del apartado 3 del artículo 43 de la Ley del Impuesto, las agrupaciones deberán incluir en la memoria de las cuentas anuales la siguiente información:

a) Beneficios aplicados a reservas que correspondan a períodos impositivos en los que tributaron en régimen general.

b) Beneficios aplicados a reservas que correspondan a períodos impositivos en los que tributaron en el régimen especial, distinguiendo entre los que correspondieron a socios residentes en territorio español de aquellos que correspondieron a socios no residentes en territorio español.

c) En caso de distribución de dividendos y participaciones en beneficios con cargo a reservas, designación de la reserva aplicada de entre las tres a las que, por la clase de beneficios de los que procedan, se refieren las letras a) y b) anteriores.

4. Las menciones en la memoria anual a que se refiere el apartado anterior deberán ser efectuadas mientras existan reservas de las referidas en la letra b) de dicho apartado, aun cuando la entidad no tribute en el régimen especial.

5. Las obligaciones de información establecidas en los apartados 3 y 4 de este artículo serán también exigibles respecto de las sucesivas entidades que ostenten la titularidad de las reservas referidas en la letra b) del apartado 3.

6. Lo dispuesto en los apartados anteriores de este artículo, en la medida en que resulte de aplicación, obligará a las uniones temporales de empresas sujetas al régimen especial previsto en el capítulo II del título VII de la Ley del Impuesto, en relación con sus empresas miembros residentes en territorio español el último día del período impositivo.

Al igual que ocurre con las AIE, el REF y el Régimen fiscal especial balear no mencionan a las UTES a la hora de dotar la RIC/RIB. El criterio respecto a la RIC se ha ido forjando a partir de la doctrina administrativa y las resoluciones de los Tribunales de Justicia, razón de que entienda aplicable a la RIB.

La evolución normativa, como se comprueba en los textos legales trascritos, incide más en el tratamiento mercantil específico de las UTES y en su régimen fiscal especial que en materia de RIC/RIB, pero es esencial su conocimiento para abordar posteriormente la cuestión singular si las UTES y sus miembros pueden dotar RIC/RIB. Anticipo desde ahora que sí pueden hacerlo.

18.2. El marco tributario-contable de las UTES

Las Uniones Temporales de Empresas (UTES) tienen un régimen tributario específico desde la publicación de la Ley 18/1982, de 26 de mayo, sobre régimen fiscal de Agrupaciones y Uniones Temporales de Empresas y Sociedades de desarrollo industrial regional, sin que se haya publicado reglamento alguno. De esa ley se derogaron los artículos correspondientes a las AIE, que pasaron a regularse por la Ley 12/1991.

Las UTES no tienen personalidad jurídica propia, pero son contribuyentes del IS. Son definidas como un sistema de colaboración entre empresarios por tiempo cierto, determinado o indeterminado, para el desarrollo o ejecución de una obra, servicio o suministro. Su objeto es desarrollar o ejecutar exclusivamente una obra, servicio o suministro concreto, pudiendo también desarrollar o ejecutar obras y servicios complementarios o accesorios de su objeto principal (art. 7).

Las obras y servicios pueden ejecutarse tanto dentro como fuera de España, si bien nuestro análisis lo concretamos a las actividades desarrolladas en Canarias/Baleares con un establecimiento susceptible de generar rendimientos para la dotación RIC/RIB. La ejecución de las obras o servicios ha de ser determinada y específica, sin que una UTE pueda realizar simultáneamente varias obras o servicios. Construir una determinada autopista o explotar la concesión administrativa de un parking público son objeto de una UTE, pero no la construcción en general de autopistas o la explotación de aparcamientos públicos. Cada servicio o ejecución de obra determinados se efectua con una UTE diferente.

Su ámbito temporal no puede exceder de 25 años, salvo cuando se trate de la ejecución de una obra y de la explotación de servicios públicos, que pueden tener una duración máxima de 50 años, como sería el caso de la construcción y explotación de autopistas de peaje.

Forman parte de las UTES tanto personas físicas empresarias como jurídicas. Las primeras han de determinar sus rendimientos en régimen de estimación directa y las segundas de conformidad con la normativa mercantil-contable. No obstante, y por razones prácticas debido al régimen de responsabilidad solidaria entre los socios, la mayoría de las uniones temporales se constituyen por personas jurídicas.

El régimen tributario especial aplicable no es en la actualidad el que escuetamente esboza la Ley 18/1982, sino el que señalan los artículos 43, 45, 46 y 47 de la Ley 27/2014 del IS y el art. 46 del RIS. En realidad, el art. 43 se refiere a las agrupaciones de empresas, pero es al que remite el art. 45, por lo que básicamente, el régimen tributario de las UTES coincide con el de las AIE. Hay que tener en cuenta que no a todas las UTES se les aplica el régimen especial, ya que para ello han de cumplir una serie de requisitos. A las que no los cumplan se les aplica el régimen general del IS, puesto que las UTES, según señala el art. 7 de la LIS, son contribuyentes de este impuesto. En consecuencia, el régimen tributario es doble. Por una parte, el régimen general del IS, que se aplica a aquellas UTES que no estén inscritas en el régimen administrativo especial que existe en el Ministerio de Economía y Hacienda, y por otra, el régimen especial previsto en los artículos 43, 45, 46 y 47 LIS más el art. 46 RIS de 2015, que es el que analizamos brevemente y circunscrito al ámbito geográfico de Canarias/Baleares.

Las inscritas en el registro especial están sujetas a las obligaciones tributarias del IS, pero sin tener que pagar la deuda tributaria correspondiente a la base imponible, ya que es imputable a sus socios residentes en España. Es la imputación de la base imponible a los socios la nota más característica del régimen, a la que se une la imputación de las bases de deducciones, bonificaciones, pagos a cuenta y retenciones.

Los criterios se especifican con claridad en el RIS, partiendo de que la imputación corresponde a los socios al cierre del ejercicio fiscal y que se hará a esa fecha cuando estén sujetos al IS. Si se trata de socios personas físicas, la imputación se efectúa en el siguiente periodo impositivo, salvo que decida hacerlo en el mismo año. Decisión que hay que mantener durante un mínimo de tres años. Al tiempo de la imputación hay que identificar correctamente a los socios o empresas miembros, cada uno con su porcentaje de participación, y las magnitudes que se les imputa: desde el resultado contable a la base imponible, pasando por la base de las deducciones, bonificaciones y retenciones.

En el ámbito temporal hay que tener en cuenta que si la UTE cierra su ejercicio al 31-12-2024, imputará a esa fecha la base imponible positiva o negativa a sus socios personas jurídicas, que las incorporarán en la contabilidad de 2024 y en la declaración del IS de 2024 a presentar en julio de 2025.

Mediando socios personas físicas, podrán imputarse las bases imponibles en 2024 o en 2025, pero por períodos continuados de tres años. La opción se comunicará en la primera declaración y durará al menos tres años.

En el pasado, y a partir de 2003, esta opción era también aplicable a los socios personas jurídicas, por lo que la Ley 46/2002 permitía diferir un año la tributación de los rendimientos, pero también había que esperar un año para la compensación por el socio de los resultados negativos obtenidos en la UTE. Desde la publicación del PGC de 2007, el criterio contable y tributario que se sigue es el que señalamos de imputar los rendimientos en el mismo año del cierre de las cuentas.

18.2.1. La contabilidad de las UTES

El PGC de 2007 obliga a todas las empresas, cualquiera que sea su forma jurídica, individual o societaria. Además, desde el punto de vista tributario, las UTES están obligadas a determinar su resultado contable para hallar a través de ajustes obligatorios la base imponible que imputarán a sus socios miembros. En consecuencia, es necesario que lleven una correcta contabilidad, de acuerdo al Código de Comercio y normas complementarias que lo regulan. Es lo primero que exigirá la AEAT para que puedan aplicar el régimen fiscal especial previsto en el art. 43 LIS.

La contabilidad recoge alguna particularidad respecto a otras entidades, como la **cuenta del fondo operativo**, que sustituye al capital social para recoger las aportaciones iniciales y sucesivas de los partícipes. En sus balances y cuentas de pérdidas y ganancias se refleja la realidad de su devenir empresarial, desde las inversiones, medios de financiación, compras, gastos, ventas, hasta las relaciones financieras con sus miembros.

Al carecer de personalidad jurídica, no tienen la obligación de formular cuentas anuales a efectos mercantiles y, por tanto, a priori no se depositan en el Registro Mercantil ni se auditan al no formularse. Sobre esta cuestión, en la práctica hay UTES que optan por formular cuentas anuales, auditarlas y depositarlas en el R.M. En función de cada R.M., la mecánica para el depósito es diferente, siendo lo habitual el depósito en un libro específico para este tipo de entidades sin personalidad jurídica.

Como los datos del activo y pasivo y de la cuenta de pérdidas y ganancias de la UTE van a integrarse al final del ejercicio en la contabilidad de los partícipes, es conveniente utilizar las menos cuentas posibles y que recojan con claridad la relación con las entidades miembros para no dificultar el proceso de integración y desintegración de esas cuentas, con las posibles eliminaciones.

18.2.2. La contabilidad de los miembros de la UTE

El PGC 2007 señala que las imputaciones de los rendimientos de las UTES a sus empresas miembros han de contabilizarse en el mismo ejercicio en que se obtienen, situación que coincide con el mandato tributario. No sucedía así en el pasado, por lo que hubo un año en que para compatibilizar los cambios normativos contable y tributario, se imputó en el mismo ejercicio los resultados de dos años.

De esa forma, en el resultado contable de las entidades miembros se recoge el rendimiento positivo o negativo de la UTE en que participa, en el porcentaje que ostenta en el fondo operativo.

Además, la norma obliga a incorporar en sus cuentas anuales la parte proporcional del activo y pasivo de la UTE, que se incorpora mediante un asiento contable que se realiza al menos a final del ejercicio. Antes de efectuar el asiento se elimina el realizado el año anterior. La incorporación del activo y pasivo no está exenta de complejidad en el sistema de eliminaciones para evitar duplicidades en algunos activos y pasivos.

18.2.3. Formalidades en la declaración de la UTE en el IS

En el impreso de la declaración del IS hay una casilla inicial en la que marcar con una “x” que se trata de una UTE, consignándose el activo, el pasivo y la cuenta de pérdidas y ganancias como en otras entidades. En la determinación de la base imponible a partir del beneficio contable se efectúan los ajustes correspondientes hasta llegar a las casillas 550 y 552, proceso que culminará en la casilla 555 destinada a los socios residentes y no residentes con establecimiento permanente de las UTES y AIE. De esa forma, no se continúa con la determinación de la cuota, puesto que la base imponible de la casilla es la que se imputa a los socios.

En el caso, no frecuente, que la UTE decida dotar RIC/RIB, consignará dentro de la hoja de ajustes el importe en la casilla 404 como disminución al beneficio contable y las casillas específicas de la RIC/RIB en páginas posteriores.

En la aplicación de resultados, el importe de la casilla 650 se destinará a remanente y otros (casilla 664) y en el impreso hay una página posterior para las UTES en que se indica el saldo de pérdidas y ganancias que se imputa a los socios, los porcentajes de cada uno y el importe individualizado.

18.2.4. Formalidades en la declaración individual del IS de cada miembro de la UTE

El beneficio contable de la entidad miembro de la UTE recoge el resultado que le ha imputado la UTE en el mismo ejercicio, por lo que procederá a declararlo en el impreso del IS.

La forma que señala el impreso del IS para integrar los rendimientos de las UTES en las casillas correspondientes de la declaración puede llamar a engaño, ya que lo normal es que la imputación del rendimiento de la UTE forme parte del resultado del ejercicio de sus socios miembros, que se realiza en el mismo año en que genera el resultado (no como en el pasado, que existía la opción de imputarlo ese año o siguiente). Por ello no es necesario rellenar las casillas 1018 y 1019 de la página 13. No obstante, en el caso ocasional que algún tipo de entidad pudiera elegir entre un año u otro, sí deberá hacer uso de esas dos casillas.

Cuando la entidad miembro decida dotar RIC/RIB, podrá hacerlo con el beneficio no distribuido, que incluye la imputación correspondiente a la UTE.

18.3. Las UTES y la dotación RIC

En relación con la RIC, la Ley 19/1994 señala en su art. 1. 1 que las entidades sujetas al IS tendrán derecho a la reducción en la base imponible de las cantidades que, con relación a sus establecimientos situados en Canarias, destinen de sus beneficios a la reserva para inversiones de acuerdo con lo dispuesto en este artículo. Ya mencionamos que las UTES son contribuyentes del IS por el art. 7 de la LIS. En consecuencia, las que realicen sus actividades en Canarias pueden dotar RIC con los beneficios generados en su territorio. Afirmación que no siempre fue pacífica y que en la práctica para poco sirve, dada la idiosincrasia del negocio que realizan, en el que son los miembros de las UTES los que en la mayoría de las ocasiones se acogen al incentivo fiscal.

Una vez explicada la operativa fiscal y contable de las UTES abordamos la casuística que se da en estas entidades en relación con la RIC. El criterio administrativo ha ido evolucionando con el tiempo y si, inicialmente, no admitía el hecho de que una UTE pudiera dotar RIC, con el paso del tiempo lo admitió.

Expresé en 2005 que si los miembros de la UTE decidían invertir el resultado obtenido en inversiones necesarias que fuesen a mantener cinco años en funcionamiento, podían dotar RIC en sede de la UTE e imputarse contablemente el beneficio total en la contabilidad; y el beneficio menos la dotación RIC en la base imponible del IS. El comentario lo hicimos en relación con la **resolución TEAR, Sala Las Palmas, de 24 de septiembre de 2003 (reclamación n.º 35/02230/01),** que llegaba a la conclusión —que no comparto— de que la UTE no podía dotar RIC, sino sus empresas miembros. El argumento principal del TEAR era que, si bien la UTE debía formalizar sus propias cuentas anuales, determinando un beneficio o pérdida, no cabía hablar de una distribución del resultado, ya que este se integraba en cada una de las contabilidades de sus miembros. Pero hacía esa afirmación el TEARC en un contexto de duda, ya que apostillaba la resolución con el comentario de que si finalmente *se admite que la UTE pueda dotar la RIC se está obligando indirectamente a todas las empresas miembros, cuando parece más razonable que cada una de ellas sea dueña de sus propias decisiones en esta materia, porque está claro que ambas a la vez, UTE y empresa no pueden dotar la RIC; tiene que ser una o la otra.*

Como en aquellos años, el criterio del TEARC coincidía con la práctica empresarial no llegó a ser materia conflictiva, pues efectivamente los empresarios se decantaban porque fuesen las empresas miembros las que, a nivel individual, dotasen RIC con los resultados imputados por las UTES. La práctica no significaba que conceptualmente no pudiera dotarse la reserva por la UTE, como lo afirmaban la Inspección y el TEAR en aquellos años. El motivo principal que esgrimían era doble: por una parte, la carencia de personalidad jurídica de la UTE; y por otra, que la integración contable en los miembros hacía que no pudiera hablarse de una distribución de resultado propiamente dicha, y en consecuencia, la dotación debían hacerla las empresas miembros y no la UTE. Como paradigma de esa doctrina fugaz trascribimos el fundamento noveno de la resolución TEARC de 24 de septiembre de 2003:

NOVENO. Según el trascrito precepto, al límite máximo de dotación a la Reserva para Inversiones en Canarias, en adelante RIC, es el 90 por 100 del beneficio del ejercicio que no sea objeto de distribución; el beneficio al que se refiere la norma es el mercantil o resultado contable, magnitud que es objeto de distribución o reparto por las empresas, y no la base imponible del impuesto, que es otra magnitud diferente.

Se entiende como beneficio no distribuido el destinado a nutrir las reservas, excluida la legal.

Para su adecuada aplicación a las Uniones Temporales de Empresas es preciso hacer una breve referencia al marco jurídico en que se desenvuelven.

Las Uniones Temporales de Empresas, sin personalidad jurídica, junto con las sociedades anónimas de empresas, se regularon por Ley 196/1963, de 28 de diciembre, modificada por Real Decreto- Ley 11/1967, de 26 de julio (artículo 4º).

La Ley 18/1982, de 26 de mayo, sobre régimen fiscal de agrupaciones y uniones temporales de Empresas y de las Sociedades de desarrollo industrial regional, regula de nuevo las Uniones Temporales de Empresas, así como las Agrupaciones de Empresas, derogando la Ley 196/1963 en la tocante a las primeras y recoge la posibilidad de opción por el régimen de transparencia en determinadas condiciones, por lo que aun que carentes de personalidad jurídica son sujetos pasivos del Impuesto sobre Sociedades.

La Ley 12/1991, de 29 de abril, de Agrupaciones de Interés Económico deroga la 18/1982 en lo referente a las Agrupaciones de Empresas y a los Contratos de cesión de unidades de obra, y da nueva redacción a sus artículos 10 y 12, referentes a las Uniones Temporales de Empresas, para las que mantiene el régimen opcional de transparencia.

El objeto de las Uniones Temporales de Empresas es desarrollar o ejecutar exclusivamente una obra, servicio o suministro concreto, dentro o fuera de España, aunque también pueden desarrollar o ejecutar obras y servicios complementarios y accesorios del objeto principal.

Al tratarse de un sujeto pasivo del Impuesto sobre Sociedades, las UTE están obligadas a llevar una contabilidad propia de acuerdo con las normas del Código de Comercio pero el hecho de que la UTE sea una entidad sin personalidad jurídica implica que los miembros deben mantener integradas en su contabilidad todas las operaciones que realicen a través de la misma, incluido el registro de ingresos y gastos correspondientes.

Por tanto, si bien la UTE debe formalizar sus propias cuentas anuales con obtención de un determinado beneficio o pérdida, no cabe hablar de una distribución de este resultado, puesto que ya se encontrará integrado en las proporciones que correspondan en la contabilidad de sus miembros.

Ello supone que la empresa miembro debe excluir mediante ajuste extracontable en su declaración del Impuesto de Sociedades la parte de su resultado contable atribuible a la UTE y, por otra parte, incluir en su declaración la imputación de base imponible que proceda.

La carencia de personalidad jurídica de la UTE y la integración contable en los miembros hace que no pueda hablarse de una distribución de resultado propiamente dicha, y que en consecuencia la dotación a la RIC la deban hacer las empresas miembros y no la UTE.

Por lo demás, esta solución, en general, es la lógica y conveniente para las empresas pues, en lo que respecta a la extinción de la UTE, cabe señalar que el caso normal será que se produzca con la finalización de la obra, suministro o servicios que sea su objeto. La Ley contempla que en todo caso operará un límite máximo de diez años, susceptible de ser prorrogado durante un año, previa solicitud, a discreción del Ministerio de Hacienda. Transcurrido el plazo de duración de la UTE, deberá procederse a su liquidación con arreglo a las normas generales del Derecho Mercantil y si bien es cierto que los requisitos de la RIC son temporalmente limitados, no lo es menos que siempre serán de más fácilmente cumplimiento en las empresas que no en la UTE, sin que puedan trasladarse los derechos y obligaciones fiscales de la primera a las segundas, ya que la UTE y sus empresas miembros son sujetos pasivos autónomos. Esto es, el tiempo que pueda faltar para cumplir por ejemplo, el requisito de permanencia de la inversión no puede trasladarse de la UTE a la empresa miembro.

Finalmente, si se admite que la UTE pueda dotar la RIC se está obligando indirectamente a todas las empresas miembros, cuando parece más razonable que cada una de ellas sea dueña de sus propias decisiones en esta materia, porque está claro que ambas a la vez, UTE y empresa no pueden dotar la RIC; tiene que ser una o la otra [RTEARC 24 de septiembre de 2003].

Dos años después, la **DGT en consulta n.º 0098-2005** se refería a la posibilidad de materializar la RIC en el capital (fondo operativo) de una UTE, opción con la que estamos de acuerdo, y que ha de encuadrarse dentro de la modalidad de materialización indirecta que contempla el art. 27.4, es decir, la materialización en el capital social de una entidad que va a realizar las inversiones necesarias para el cumplimiento de las obligaciones de la RIC. La operativa es la siguiente:

1º. Las empresas-socios a nivel individual dotan RIC

2º. La UTE amplía el fondo operativo y las empresas miembros materializan sus dotaciones en la suscripción y desembolso de los nuevos títulos.

3º. La UTE realiza las inversiones necesarias para su actividad empresarial y las mantiene en funcionamiento durante cinco años.

De esa forma, las obligaciones de las empresas miembros respecto a la RIC han sido cumplidas, debiendo mantener los títulos suscritos y desembolsados al menos durante cinco años.

En la consulta no se plantea la problemática de que las UTES puedan o no dotar la RIC, sino exclusivamente que las empresas miembros pueden materializar su RIC en las inversiones que realice la UTE. Metodológicamente, lo correcto sería comentar esta consulta en el próximo Tomo sobre la materialización, pero son tan pocos los pronunciamientos que existen en relación con las UTES y la RIC que he preferido reflejarla ahora:

La entidad consultante integra, junto a otra, una Unión Temporal de Empresas constituida de acuerdo con la Ley 18/1982. La U.T.E. es cesionaria de una parcela en régimen de concesión administrativa para la construcción y explotación de un hospital. La construcción la realiza una empresa ajena, y las certificaciones de obra se están financiando con dinero propio de la entidad consultante. Previamente la consultante ha realizado una ampliación de capital, suscribiéndose la misma por personas físicas y jurídicas, con la intención de materializar con esta inversión la Reserva para Inversiones en Canarias.

Si se consideraría válida para materializar la RIC la suscripción de esa ampliación de capital de la entidad consultante por parte de personas físicas y jurídicas, cuyo destino es financiar la construcción citada.

En base a este precepto (art. 27 de la Ley 19/1994), la entidad consultante deberá invertir, para materializar la RIC dotada por las personas suscriptoras de sus acciones, en la adquisición de activos fijos situados o recibidos en el archipiélago canario, utilizados en el mismo, y necesarios para el desarrollo de actividades empresariales del sujeto pasivo, lo que exige, además de su localización en las islas, que antes de finalizar el plazo temporal de tres años desde la fecha del devengo del Impuesto en que se hubiese dotado la RIC, sean efectivamente utilizados al servicio de una actividad económica del sujeto pasivo para la que resulten necesarios.

Dado que según parece desprenderse de los hechos manifestados en la consulta, la inversión la efectúa la entidad consultante, aún cuando se realice en terrenos cedidos en régimen de concesión administrativa a la UTE de la que forma parte, la cual está inscrita en el registro administrativo correspondiente y por tanto, tributa en el Impuesto sobre Sociedades según el régimen de transparencia fiscal, dicha inversión tiene la naturaleza de activo material fijo y, en consecuencia, esta inversión será apta para materializar la RIC por parte de los suscriptores de las acciones de la entidad consultante*, en la medida en que se cumplan los demás requisitos establecidos en el artículo 27 de la Ley 19/1994* [DGT, consulta 0098-2005. La negrita es nuestra].

Con la normativa vigente a partir de 1 de enero de 2007, la DGT vuelve a pronunciarse sobre el régimen de las UTES y la RIC en **la consulta DGT CV 0798-2009 de 16 de abril.** Es cuando por primera vez afirma que las UTES pueden dotar RIC y lo hace en un contexto en que la consulta no era precisamente esa, sino que estaba relacionada con la posibilidad de que las empresas miembros pudieran materializar sus dotaciones RIC a través de las inversiones que va a desarrollar la UTE en la que participan. Las dos afirmaciones de la CV que nos interesa destacar son:

1º. Que efectivamente las UTES pueden dotar RIC, al ser sujetos pasivos del IS, y

2º. Que es válida la materialización de las dotaciones de las empresas miembros en las inversiones que efectúe la UTE, pero que antes han de incrementar el fondo operativo para que los socios puedan suscribir y desembolsar los nuevos títulos:

Cabe señalar con carácter previo que las uniones temporales de empresas reguladas en la Ley 18/1982, son sujetos pasivos del Impuesto sobre Sociedades de acuerdo con lo establecido en la letra c) del apartado 1 del artículo 7 del texto refundido de la Ley del Impuesto sobre Sociedades (TRLIS), aprobado por el Real Decreto Legislativo 4/2004, de 5 de marzo. ***Como tales entidades sujetas al Impuesto sobre Sociedades tendrán derecho a la aplicación de la reducción en la base imponible por las dotaciones a la reserva para inversiones en Canarias siempre que cumplan todos los requisitos contemplados en la normativa, en especial el de inversión.***

Sin embargo, en el caso planteado es el consultante y no la UTE en que participa el que ha dotado la reserva para inversiones en Canarias con los beneficios que genera su actividad habitual y que pretende materializarla con las inversiones que realiza a través de su inversión en una unión temporal de Empresas.

El capítulo II del título VII del TRLIS regula el régimen especial de las agrupaciones de interés económico, españolas y europeas, y de uniones temporales de empresas (UTE).

El artículo 50.1 del TRLIS establece que:

"1. Las uniones temporales de empresas reguladas en la Ley 18/1982, de 26 de mayo, sobre régimen fiscal de agrupaciones y uniones temporales de empresas y de sociedades de desarrollo industrial regional, e inscritas en el registro especial del Ministerio de Hacienda, así

como sus empresas miembros, tributarán con arreglo a lo establecido en el artículo 48 de esta ley. (...)"

El apartado 1 del mencionado artículo 48 dispone que:

"1. A las agrupaciones de interés económico reguladas por la Ley 12/1991, de 29 de abril, de agrupaciones de interés económico, se aplicarán las normas generales de este impuesto con las siguientes especialidades:

No tributarán por el Impuesto sobre Sociedades por la parte de base imponible imputable a los socios residentes en territorio español.

(...) b) Se imputarán a sus socios residentes en territorio español:

1.° Las bases imponibles, positivas o negativas, obtenidas por estas entidades. Las bases imponibles negativas que imputen a sus socios no serán compensables por la entidad que las obtuvo.

2.° Las deducciones y bonificaciones en la cuota a las que tenga derecho la entidad. Las bases de las deducciones y bonificaciones se integrarán en la liquidación de los socios, minorando la cuota según las normas de este impuesto o del Impuesto sobre la Renta de las Personas Físicas.

3.° Las retenciones e ingresos a cuenta correspondientes a la entidad."

Por su parte, la letra d) del artículo octavo de la Ley 18/1982 mencionada, incluye entre los requisitos que ha de contener la escritura pública de constitución de una UTE: "5. Las aportaciones, si existiesen, al fondo operativo común que cada Empresa comprometa en su caso, así como los modos de financiar o sufragar las actividades comunes. (...) 7. La proporción o método para determinar la participación de las distintas Empresas miembros en la distribución de los resultados o, en su caso, en los ingresos o gastos de la Unión."

De acuerdo con la normativa transcrita las cantidades destinadas a la reserva para inversiones en Canarias, podrán materializarse en la suscripción de acciones o participaciones en el capital de sociedades que desarrollen en el archipiélago canario su actividad, requiriéndose que estas sociedades realicen las inversiones previstas en el apartado a) del artículo 27.4 de la Ley 19/1994, y cumplan con el resto de las condiciones exigidas por la norma. **En este sentido, cabe entender que las aportaciones al fondo operativo de la UTE realizadas por cada empresa miembro podrán considerarse como materialización de la RIC de cada empresa, siempre que la UTE realice las inversiones aptas a estos efectos y se cumplan los demás requisitos establecidos en el artículo 27 de la Ley 19/1994, en especial que las inversiones efectuadas por la UTE no den lugar a la aplicación de ningún otro beneficio fiscal por tal concepto.**

Con efectos para los períodos impositivos que se inicien a partir de 1 de enero de 2007, el Real Decreto ley 12/2006, de 29 de diciembre, por el que se modifican la Ley 19/1994, de 6 de julio, de Modificación del Régimen Económico y Fiscal de Canarias, y el Real Decreto-ley 2/2000, de 23 de junio, da nueva redacción al artículo 27 de dicha Ley 19/1994.

«Artículo 27. Reserva para inversiones en Canarias.

(...) D. La suscripción de:

1.° Acciones o participaciones en el capital emitidas por sociedades como consecuencia de su constitución o ampliación de capital que desarrollen en el archipiélago su actividad, siempre que se cumplan los siguientes requisitos:

Estas sociedades realizarán las inversiones previstas en las letras A y B anteriores, en las condiciones reguladas en este artículo. Siempre que tanto la entidad suscriptora del capital como la que efectúa la inversión cumplan las condiciones del artículo 108 del texto refundido de la Ley del Impuesto sobre Sociedades, en el período impositivo en el que se obtiene el beneficio con cargo al cual se dota la reserva, será posible efectuar las inversiones de las citadas letras A y B en los términos y condiciones previstos para este tipo de sujetos pasivos.

Estas sociedades deberán efectuar estas inversiones en el plazo de tres años a contar desde la fecha del devengo del impuesto correspondiente al ejercicio en el que el sujeto pasivo que *adquiere las acciones o las participaciones en su capital hubiera dotado la reserva regulada en este artículo.*

Los activos así adquiridos deberán mantenerse en funcionamiento en Canarias en los términos previstos en este artículo.

El importe del valor de adquisición de las inversiones realizadas por la sociedad participada deberá alcanzar, como mínimo, el importe desembolsado de las acciones o participaciones adquiridas por el sujeto pasivo.

Las inversiones realizadas por la sociedad participada no darán lugar a la aplicación de ningún otro beneficio fiscal, salvo los previstos en el artículo 25 de esta Ley.

(...) ***Lo comentado anteriormente es trasladable a las dotaciones realizadas en períodos impositivos iniciados a partir de 1 de enero de 2007*** [DGT CV 0798-2009. La negrita es nuestra].

Con el texto de la consulta de 2009, la DGT reconoció que las UTES pueden dotar RIC, aunque lo hizo en el marco de la normativa vigente a partir de 1 de enero de 2007. Entendemos que con la legislación anterior era igual de posible que las UTES pudieran dotarla, pero concentrándonos en el período 2014-2027, que abarca la nueva LIS (2014) y su Reglamento, es evidente que pueden hacerlo.

El criterio de que con los rendimientos de la UTE las empresas miembros pueden dotar RIC fue ratificado en 2011 por la AN. Si bien desestima la demanda del contribuyente porque la UTE no realizaba actividad económica alguna. La **SAN 24 de junio de 2011, Sección 2, recurso 196/2008**, se ocupa de la demanda interpuesta por Olinda, S. L., entidad que participaba en una UTE que explotaba apartamentos turísticos, con cuyos rendimientos dotó RIC. La Inspección regulariza la dotación efectuada porque la UTE no realizaba actividad económica con los apartamentos, sino que se limitaba a su cesión a terceros, sin admitir tampoco la plusvalía que generó la venta de los apartamentos. El contribuyente recurre a los Tribunales económico-administrativos sin éxito y a la AN. Alega que la Ley 19/1994 no distinguía qué beneficio era el susceptible de la dotación —cuestión que ya analizamos en el capítulo 2 de la actividad económica y por ello no es necesario explicar—, y que a otro miembro de la UTE se le había admitido la dotación con los rendimientos de la UTE, al haberlos calificado como procedentes de actividad económica. En la cuestión que ahora nos interesa, tanto la Inspección como los Tribunales económico-administrativos y la AN parten de la premisa de que efectivamente con los resultados imputados por la UTE puede dotarse RIC; pero no cuando la UTE no realiza actividad económica, que es el caso que sucede. Tampoco le da mayor importancia la AN al hecho de que el TEAR hubiese admitido la dotación a otro de los miembros de la UTE:

SEXTO. En este asunto, la demanda trata de resaltar la paradoja de que el TEAR de Canarias hubiera admitido, como rendimientos susceptibles de integrar la dotación a la RIC, la imputación de los resultados de la UTE Gestión Inmobiliaria Turística, S.L., de la que OLINDA formaba parte en los ejercicios examinados, mientras que no parece haber motivo para negar al tiempo que los mismos inmuebles generadores de beneficios afectos a actividad empresarial, cuando se trata de su arrendamiento, no tengan la misma consideración respecto a los beneficios obtenidos mediante su venta.

A juicio de la Sala, no hay contradicción entre una posición y otra que no hubiera podido ser salvada mediante la oportuna prueba de la recurrente, que aquí ni se ha intentado. A tal efecto, puede afirmarse, de una parte, que con pleno respeto al principio de interdicción de la reformatio in peius, la estimación parcial de la reclamación por parte del TEAR no parte inequívocamente de la consideración como rendimientos empresariales de los generados por la UTE en el ejercicio de la pretendida actividad arrendaticia, basada en una prueba real y positiva sobre tal actividad, sino que se admite esa imputación y la correspondiente capacidad para dotar la RIC a partir de la constancia de que, si la Inspección hubiera apreciado la inexistencia de actividad concordante con el objeto social de la citada UTE, tendría que haber procedido en consonancia con lo que ordena el art. 68.5 de la LIS de 1995, a cuyo tenor "5. El régimen fiscal previsto en el presente artículo no será aplicable en aquellos períodos impositivos en los que el sujeto pasivo realice actividades distintas a aquellas en que debe consistir su objeto social".

Siendo ello así, la razón para otorgar el derecho a la dotación y subsiguiente deducción se basa, no tanto en la apreciación directa del desarrollo de una actividad por parte de la mencionada UTE, siendo así que tal mención al objeto social y su efectiva realización sí era relevante —a diferencia de lo que la demandante opina— en la resolución del TEAR de Canarias, pues la eventual regularización a la UTE habría afectado a las empresas que la integraban, ya que al ser procedente la imposición por el régimen general, no cabría la imputación de rentas a los socios, que es justamente el concepto respecto al cual se concede su aptitud para dotar la RIC.

Al margen de tal consideración, las rentas procedentes de las ventas de apartamentos, que es el otro concepto del cual se niega su idoneidad para constituir beneficios idóneos para constituir la reserva, no pueden beneficiarse, extensivamente, del criterio sentado por el TEAR en relación con la actividad arrendaticia, entre otras razones porque, como la Administración señala insistentemente y el recurrente no ha negado, las ventas no las efectuó la UTE —siendo de compartir el criterio de que esa actividad habría desnaturalizado propiamente el sentido mismo de tal UTE— sino la actora de forma directa, por lo que es a ésta a la que deben referirse los requisitos de actividad empresarial y correlativa afección de los inmuebles y, para justificar su efectiva presencia, el cumplimiento de los requisitos de local y empleado reiteradamente exigidos y a los que ni siquiera hace alusión la demanda.

Por lo demás, el hecho de que se hubiera alegado, en la vía económico-administrativa, que se dictó en favor de otra mercantil distinta, JANDIAPART, también integrante de la UTE, acta de conformidad en que se reconocía, para idéntica actividad, el derecho a la dotación, no es sino señal de la escasa consistencia que la propia recurrente atribuye a esa invocación de la doctrina de los actos propios, puesto que ese trata igual ante situaciones idénticas que se reclamaba, de tener un fundamento claro y sólido, habría dado lugar a la exposición del consiguiente motivo en el escrito de demanda, alegato al que por el contrario se renuncia, siendo de añadir que para que pudiera regir en este punto la doctrina de los actos propios habría sido precisa la acreditación cumplida, a cargo de la recurrente, de la identidad entre la situación con que JANDIAPART se vio favorecida y aquélla en la que se encuentra la entidad aquí recurrente. [FD SEXTO, SAN 24 de junio de 2011].

18.4. Los diferentes modelos para dotar RIC/ RIB con el rendimiento de las UTES

Esbozamos ahora cuatro modelos para disfrutar de la dotación RIC/ RIB con los rendimientos generados por las UTES o con los rendimientos imputados a sus miembros:

– El primer modelo es que la propia UTE dote RIC/RIB y que, por tanto, la base imponible que imputa a sus empresas miembros se haya disminuido con la dotación.

– El segundo, que la UTE no dota RIC/RIB, sino que imputa su rendimiento a las empresas miembros, que son las que dotan individualmente RIC/RIB. Es el modelo más habitual.

– El tercero, que tanto la UTE como sus miembros doten RIC/RIB, con la precaución que no puede ser sobre el mismo beneficio.

– El cuarto, que las empresas miembros materialicen sus dotaciones RIC en las inversiones que va a efectuar la UTE.

Analizamos cada uno de los cuatro modelos:

– Primer modelo: la propia UTE es la que dota RIC/RIB

Aunque la UTE puede dotar RIC/RIB, no aconsejamos la aplicación de este primer modelo en la mayoría de los casos, ya que la normativa RIC/ RIB obliga a que las inversiones hayan de permanecer en funcionamiento al menos cinco años (diez en el caso de suelo) y muchas de las uniones temporales tienen una vida menor. De todas formas, en aquellas situaciones en las que se explota una determinada concesión administrativa o se realiza un servicio a largo plazo no debe descartarse conceptualmente que a las empresas miembros les interese que sea la propia UTE la que dote RIC y la materialice, de forma que la base imponible que se imputen los socios en sus declaraciones IS sea inferior al beneficio que se traslade a sus libros contables.

El mecanismo de la dotación y materialización sería:

1º. La UTE cierra su ejercicio económico de 2024 con un beneficio de 100 unidades monetarias, imputándose las empresas miembros el rendimiento en su contabilidad en función del porcentaje que ostenten en el fondo operativo.

2º. En 2025 los representantes de las empresas miembros se reúnen para aprobar las cuentas de la UTE y deciden ratificar que una parte del saldo de pérdidas y ganancias de la unión temporal se destine a la dotación RIC/

RIB (60 u. m.), por lo que los partícipes se imputan una base imponible de 40 (100-60) en el ejercicio 2024.

3º. La UTE invierte dentro del plazo de 4 años que señala la normativa RIC, esto es, antes del 31 de diciembre de 2028, y la inversión permanece en funcionamiento al menos cinco años en la UTE.

Con este sencillo esquema es factible la dotación y materialización RIC/ RIB, siempre que la UTE tenga una duración temporal que permita cumplir los plazos de materialización y permanencia en funcionamiento de las inversiones.

– Segundo modelo: las empresas miembros son las que dotan RIC/RIB

En este segundo modelo, la UTE genera el rendimiento que las empresas miembros incluyen en su contabilidad y respectivas bases imponibles. Con carácter previo, la UTE ha determinado su propia base imponible en la declaración IS, corrigiendo el beneficio contable con los ajustes necesarios que señala la normativa fiscal: gastos no deducibles, etc., pero sin calcular cuota alguna, ya que la base imponible será gravada en sede de los socios.

Siguiendo el ejemplo anterior, en 2024 la contabilidad de las empresas miembros incluye la parte proporcional de los ingresos y gastos de la UTE, en función de sus porcentajes en el fondo operativo. El beneficio contable de la UTE se une al resultado que hayan generado los miembros en su propia actividad, pudiendo optar por destinar una parte a la dotación RIC/ RIB. Si así lo decidieran individualmente, en la junta a celebrar en 2025 por cada una de las entidades, aprobarán sus cuentas y aplicarán el saldo de pérdidas y ganancias dotando RIC/RIB.

En este modelo, la decisión respecto a la RIC/RIB de un miembro de la UTE es completamente independiente a la del resto, pudiendo unos decidir dotar individualmente RIC/RIB con sus beneficios y otros no. Es el modelo más aconsejable, el que permite que la materialización se efectúe por cada empresa miembro en la forma que estime conveniente, y que cada uno controle el plazo en que han de permanecer en funcionamiento las inversiones.

– Tercer modelo, tanto la UTE como sus miembros dotan RIC/RIB

En esta tercera opción, tanto la UTE como las empresas miembros dotan RIC/RIB. La UTE, con una parte de los rendimientos generados; y los socios, con la parte de los rendimientos imputados. La precaución que hay que tener en este modelo es que con un mismo beneficio no puede dotarse RIC/RIB por dos contribuyentes diferentes. El beneficio susceptible de la dotación RIC/RIB es el beneficio contable, mientras que la dotación afecta al cálculo de la base imponible. Si la UTE obtiene un beneficio de 100 y dota RIC/RIB por 60, el beneficio que han de imputar en su contabilidad las empresas miembros es la parte alícuota 100, y en la base imponible la parte alícuota de 40 (100-60). Si con esos 100 las empresas miembros de la UTE volvieran a dotar RIC/RIB, nos encontramos que un mismo beneficio ha servido para la dotación de dos sujetos pasivos del IS diferentes, lo que no es legalmente posible. Lo máximo que podrían dotar a nivel individual con los rendimientos de la UTE sería la parte alícuota de 40, teniendo además en cuenta los ajustes que procedan. Es un modelo complicado de aplicar, pero no descartable a nivel teórico.

– Cuarto modelo, las empresas miembros invierten sus dotaciones RIC/RIB en las inversiones que va a efectuar la UTE.

En el cuarto modelo analizamos una hipótesis que no tiene que ver con la dotación RIC/RIB por parte de la UTE, sino con la materialización de las dotaciones efectuadas por las empresas miembros. Conceptualmente, este capítulo no es el lugar adecuado para analizar la inversión, pero no quiero dejar de referirme a esta vía para dar una idea de conjunto de la problemática.

A través de la denominada materialización indirecta, una empresa puede materializar la dotación RIC/RIB en el capital social de una sociedad que vaya a realizar inversiones. La figura está contemplada en el art. 27.4.D.1 de la Ley 19/1994, REF, y en la D.A. 70ª, Cuatro, 4 C) del Régimen fiscal especial balear. En la práctica, respecto a la RIC, se ha hecho uso intenso de ella, si bien en la actualidad los empresarios prefieren la figura del préstamo financiero prevista a partir de 1 de enero de 2015. El mecanismo de la materialización indirecta consiste en constituir una nueva sociedad o ampliar el capital social de una entidad existente, que va a capitalizarse con fondos RIC/RIB de sus nuevos o antiguos socios. Los socios materializan la RIC/RIB en la suscripción y desembolso de las nuevas participaciones, y la entidad participada invierte los fondos RIC/RIB en las inversiones permitidas en la normativa específica: en la RIC, si son grandes empresas, solo en inversiones iniciales (básicamente, las que crean y amplían un establecimiento) y las pymes tanto en inversiones iniciales como de sustitución, más creación de empleo y bienes que mejoran o protejan el medio ambiente. En la RIB, en activos afectos a la actividad económica, creación de empleo e inversiones que protejan o mejoren el medio ambiente.

Las UTES, en vez de capital social utilizan las aportaciones al fondo operativo, de forma que las realizadas por cada empresa miembro podrán considerarse como materialización de la RIC/RIB de cada empresa, tal como confirma la DGT en la **CV 0798-2009 de 16 de abril**, que analizamos y trascribimos anteriormente, siempre que la UTE realice las inversiones aptas a estos efectos y se cumplan los demás requisitos establecidos en el artículo 27 de la Ley 19/1994. En especial que las inversiones efectuadas por la UTE no den lugar a la aplicación de algún otro beneficio fiscal por tal concepto. Entiendo que el criterio es plenamente aplicable a la RIB.

Con la explicación de los cuatro modelos de desarrollo de la dotación y la materialización de la RIC/RIN no creo haber agotado la teoría del asunto y el 100% de los casos que puedan darse en la práctica, pero sí un elevado porcentaje. Al menos facilitamos la aplicación de las reservas para inversiones a través de esta exitosa fórmula de colaboración empresarial.

18.5. Ficha resumen de las UTES y la dotación RIC/RIB

1.	Las UTES son un modelo de éxito en la colaboración entre empresas. Están reguladas en su propia normativa de 1982 y, en el ámbito tributario, por un régimen fiscal especial previsto en la LIS y su Reglamento.
2.	Las UTES realizan una obra o servicio determinado a sus empresas miembros. No tienen personalidad jurídica, por lo que los miembros responden subsidiariamente de las deudas de las UTES. En el ordenamiento fiscal, la responsabilidad es solidaria por parte de todos sus miembros.
3.	El régimen fiscal especial consiste en que las UTES declaran el IS, calculando su propia base imponible, pero sin liquidar cuota alguna, pues el rendimiento lo imputan a las empresas miembros en función de su participación.
4.	Al ser contribuyentes del IS, las UTES pueden dotar RIC/RIB, en un modelo híbrido o mixto en que tanto la UTE como sus miembros pueden aplicar la reserva para inversiones, pero sin que el mismo beneficio sirva para dotaciones por diferentes sujetos pasivos. El modelo ha sido ratificado por la doctrina administrativa y los Tribunales de Justicia.
5.	El modelo más convencional y utilizado es que la UTE no dota RIC/RIB, atribuye todo el rendimiento a sus miembros y son estos los que dotan la reserva para inversiones con sus propios beneficios y los atribuidos por la UTE.

6.	Es posible materializar la RIC en las inversiones a efectuar por la UTE, siempre que permanezcan al menos 5 años en funcionamiento. Para ello, se constituiría la UTE con el fondo operativo en el que invierten la RIC/RIB sus empresas miembros o se amplía el fondo operativo con nuevas aportaciones en que se materializa la RIC/RIB.
7.	La experiencia obtenida en la aplicación de la RIC, la doctrina administrativa y los pronunciamientos de los Tribunales de Justicia sobre las UTES y la dotación RIC son extrapolables a la RIB.

Capítulo 19

LAS RESERVAS LEGALES SE CONSIDERAN BENEFICIO DISTRIBUIDO A EFECTOS DE LA DOTACIÓN RIC/RIB

Cualquier reserva que una entidad haya de dotar por imperativo legal prevalece a las dotaciones RIC/RIB. Significa que en el cálculo de la dotación de las reservas para inversiones hay que restar del beneficio contable el importe que se lleve a otras reservas por mandato legal o que se debería haber llevado. Incluso cuando las entidades no las hayan dotado contablemente, infringiendo la normativa mercantil o cualquiera específica que obligue a crear reservas, la Administración tributaria podrá regularizar el exceso de dotación de las reservas para inversiones.

La reserva legal por antonomasia es la que así se denomina en el art. 274 de la Ley de Sociedades de capital, pero hay que tener en cuenta que existen más reservas legales, y que todas ellas afectan negativamente al cálculo de la dotación RIC/RIB, como explicamos con detalle en el capítulo. Ejemplo de lo que sucedió en esta materia fue el tratamiento de la reserva para acciones propias en relación con la RIC.

19.1. Legislación vigente

– Ley 19/1994

Art. 27.2. La reducción a que se refiere el apartado anterior se aplicará a las dotaciones que en cada período impositivo se hagan a la reserva para inversiones hasta el límite del noventa por ciento de la parte de beneficio obtenido en el mismo período que no sea objeto de distribución, en cuanto proceda de establecimientos situados en Canarias.

En ningún caso la aplicación de la reducción podrá determinar que la base imponible sea negativa.

(...) ***A estos efectos se considerarán beneficios no distribuidos los destinados a nutrir las reservas, excluida la de carácter legal.*** *No tendrá la consideración de beneficio no distribuido el que derive de la transmisión de elementos patrimoniales cuya adquisición hubiera determinado la materialización de la reserva para inversiones dotada con beneficios de periodos impositivos a partir de 1 de enero de 2007. (...)*

– Reglamento REF, RD 1758/2007

Artículo 5 Determinación del beneficio del establecimiento permanente situado en Canarias

1. Se considerarán beneficios procedentes de establecimientos permanentes situados en Canarias los derivados de las operaciones efectuadas con los medios personales y materiales afectos al mismo que cierren un ciclo mercantil que determine resultados económicos, así como los derivados de la transmisión de elementos patrimoniales no afectos a actividades económicas, siempre que, en este último caso, se trate de elementos del inmovilizado material, inversiones inmobiliarias o activos intangibles que hayan generado rentas al menos un año dentro de los tres anteriores a la fecha de transmisión.

2. No tendrá la consideración de beneficio no distribuido:

***a) El destinado a nutrir las reservas de carácter legal.** (…)*

– Ley 31/2022, Régimen fiscal especial balear

– D.A. 70ª. Cuatro.2 *(…) A estos efectos se considerarán beneficios no distribuidos los destinados a nutrir las reservas, **excluida la de carácter legal**. No tendrá la consideración de beneficio no distribuido el que derive de la transmisión de elementos patrimoniales cuya adquisición hubiera determinado la materialización de la reserva para inversiones regulada en este apartado, ni el que se derive de los valores representativos de la participación en el capital o fondos propios de otras entidades, así como la cesión a terceros de capitales propios.*

– RD 710/2024, Reglamento Régimen fiscal especial balear

Artículo 4. Beneficio atribuible a los establecimientos situados en las Illes Balears.

1. Se considerarán beneficios procedentes de los establecimientos situados en las Illes Balears a que se refieren los apartados 1 y 2 del artículo anterior los derivados de las operaciones efectuadas con los medios personales y materiales afectos al mismo que cierren un ciclo mercantil que determine resultados económicos.

2. No tendrá la consideración de beneficio no distribuido:

***a) El destinado a nutrir las reservas de carácter legal.** (…)*

– RDL 1/2010, TR Ley de Sociedades de Capital

Artículo 4 Capital social mínimo

1. El capital de la sociedad de responsabilidad limitada no podrá ser inferior a un euro y se expresará precisamente en esa moneda.

Mientras el capital de las sociedades de responsabilidad limitada no alcance la cifra de tres mil euros, se aplicarán las siguientes reglas:

Deberá destinarse a la reserva legal una cifra al menos igual al 20 por ciento del beneficio hasta que dicha reserva junto con el capital social alcance el importe de tres mil euros.

En caso de liquidación, voluntaria o forzosa, si el patrimonio de la sociedad fuera insuficiente para atender el pago de las obligaciones sociales, los socios responderán solidariamente de la diferencia entre el importe de tres mil euros y la cifra del capital suscrito.

2. El capital social de la sociedad anónima no podrá ser inferior a sesenta mil euros y se expresará precisamente en esa moneda.

Artículo 218 Remuneración mediante participación en beneficios

1. Cuando el sistema de retribución incluya una participación en los beneficios, los estatutos sociales determinarán concretamente la participación o el porcentaje máximo de la misma. En este último caso, la junta general determinará el porcentaje aplicable dentro del máximo establecido en los estatutos sociales.

2. En la sociedad de responsabilidad limitada, el porcentaje máximo de participación en ningún caso podrá ser superior al diez por ciento de los beneficios repartibles entre los socios.

3. En la sociedad anónima, la participación solo podrá ser detraída de los beneficios líquidos y ***después de estar cubiertas las atenciones de la reserva legal*** *y de la estatutaria y de haberse reconocido a los accionistas un dividendo del cuatro por ciento del valor nominal de las acciones o el tipo más alto que los estatutos hayan establecido.*

Artículo 274 Reserva legal

1. En todo caso, una cifra igual al diez por ciento del beneficio del ejercicio se destinará a la reserva legal hasta que esta alcance, al menos, el veinte por ciento del capital social.

2. La reserva legal, mientras no supere el límite indicado, solo podrá destinarse a la compensación de pérdidas en el caso de que no existan otras reservas disponibles suficientes para este fin.

Artículo 303 Aumento con cargo a reservas

1. Cuando el aumento del capital se haga con cargo a reservas, podrán utilizarse para tal fin las reservas disponibles, las reservas por prima de asunción de participaciones sociales o de emisión de acciones y la reserva legal en su totalidad, si la sociedad fuera de responsabilidad limitada, o en la parte que exceda del diez por ciento del capital ya aumentado, si la sociedad fuera anónima.

2. A la operación deberá servir de base un balance aprobado por la junta general referido a una fecha comprendida dentro de los seis meses inmediatamente anteriores al acuerdo de aumento del capital, verificado por el auditor de cuentas de la sociedad, o por un auditor nombrado por el Registro Mercantil a solicitud de los administradores, si la sociedad no estuviera obligada a verificación contable.

Artículo 317 Modalidades de la reducción

1. La reducción del capital puede tener por finalidad el restablecimiento del equilibrio entre el capital y el patrimonio neto de la sociedad disminuido por consecuencia de pérdidas, la constitución o el incremento de la reserva legal o de las reservas voluntarias o la devolución del valor de las aportaciones. En las sociedades anónimas, la reducción del capital puede tener también por finalidad la condonación de la obligación de realizar las aportaciones pendientes.

2. La reducción podrá realizarse mediante la disminución del valor nominal de las participaciones sociales o de las acciones, su amortización o su agrupación.

Artículo 322 Presupuesto de la reducción del capital social

1. En las sociedades de responsabilidad limitada no se podrá reducir el capital por pérdidas en tanto la sociedad cuente con cualquier clase de reservas.

2. En las sociedades anónimas no se podrá reducir el capital por pérdidas en tanto la sociedad cuente con cualquier clase de reservas voluntarias o cuando la reserva legal, una vez efectuada la reducción, exceda del diez por ciento del capital.

Artículo 325 Destino del excedente

En las sociedades anónimas, el excedente del activo sobre el pasivo que deba resultar de la reducción del capital por pérdidas deberá atribuirse a la reserva legal sin que ésta pueda llegar a superar a tales efectos la décima parte de la nueva cifra de capital.

Artículo 326 Condición para el reparto de dividendos

Para que la sociedad pueda repartir dividendos una vez reducido el capital será preciso que la reserva legal alcance el diez por ciento del nuevo capital.

Artículo 328 Reducción para dotar la reserva legal

A la reducción del capital para la constitución o el incremento de la reserva legal será de aplicación lo establecido en los artículos 322 a 326.

La Ley 19/1994 REF considera beneficios no distribuidos los destinados a nutrir las reservas, excluida la de carácter legal. La redacción parecía referirse en exclusiva a la reserva legal, pero pronto la doctrina administrativa especificó que cualquier reserva que hubiese que dotarla por imperativo legal tenía preferencia sobre la dotación RIC. En otras palabras, que había que disminuirlas del beneficio contable para calcular la dotación máxima. El Reglamento REF de 2007 introdujo el plural en el art. 5 para referirse a las reservas de carácter legal: *a) El destinado a nutrir las reservas de carácter legal*, aclaración que evitó muchas discrepancias. Lo mismo hizo el Reglamento del Régimen fiscal balear de 2024, que introdujo el plural en las reservas de carácter legal, puesto que la Ley 31/2022 había copiado literalmente la redacción de la Ley del REF.

Con la especificación del plural en ambos Reglamentos, no hay lugar para la duda: para calcular la dotación RIC/RIB hay que restar el importe que se destine a cualquier reserva que haya de dotarse por imperativo legal. Respecto a la RIC, ya lo sabíamos después de los reiterados pronunciamientos de los Tribunales de Justicia, que son aplicables a la RIB.

La Ley de Sociedades de capital señala con claridad varios preceptos relacionados con la reserva legal, pero no debemos olvidar que en la normativa mercantil existen más reservas que han de dotarse por imperativo legal. Todas ellas disminuyen la dotación RIC/RIB, como analizamos en los próximos epígrafes.

19.2. La dotación obligatoria a la reserva legal se considera beneficio distribuido a efectos de la RIC

El art. 27.2 de la Ley 19/1994 señala que a efectos de la dotación se considerarán beneficios no distribuidos los destinados a nutrir las reservas, excluida la de carácter legal; y el art. 5.2 del Reglamento, que no formarán parte del beneficio que se puede destinar a dotar la RIC el destinado a nutrir las reservas de carácter legal. Prácticamente ambos textos dicen lo mismo, aunque en el Reglamento, la reserva legal pasa de singular a plural: las reservas de carácter legal.

El cambio de singular a plural parece adecuado, aunque como reserva legal la legislación mercantil solo reconoce una, la que así se denomina. Los Tribunales económico-administrativos y los de Justicia han matizado sistemáticamente que las reservas mercantiles obligatorias tienen prioridad a la RIC, que no deja de ser una reserva voluntaria, motivo de que la matización implica que a la hora de aplicar el saldo de pérdidas y ganancias hay que tener en cuenta no solo el art. 274, reserva legal, del Texto Refundido de la Ley de Sociedades de Capital (en adelante TRLSC), publicado por el RD ley 1/2010, de 2 de julio, sino además aquellas otras reservas obligadas a dotar por razones mercantiles, fiscales y de otra índole.

Como paradigma de la combinación entre las leyes mercantiles y fiscales traemos a colación la reserva indisponible del fondo de comercio (suprimida por la Ley 22/2015 de Auditoría de Cuentas), que estaba prevista en el art. 273.4 del TRLSC, obligando a destinar del beneficio una cifra que representase al menos un 5% del fondo de comercio que figurara en el balance. Con la publicación del nuevo PGC 2007, el fondo de comercio ya no se amortiza, por lo que existe una discrepancia entre el criterio contable y el criterio fiscal, que sigue considerando como gasto deducible la depreciación sistemática del fondo de comercio en su día adquirido. El art. 12.2 del TRLIS señala que la amortización del fondo de comercio será deducible con el límite anual máximo de la veinteava parte de su importe, lo que obligaba hasta 2015 a dotar la reserva mercantil indisponible equivalente al fondo de comercio que figurase en el activo del balance, destinándose al menos un 5% del citado fondo de comercio. Si no existían beneficios o fueran insuficientes, había que dotarlo con reservas de libre disposición. En la actualidad, y desde 2015, no es necesaria esta reserva, pero hubo que tenerla en cuenta para la dotación RIC. La deducibilidad fiscal del 5% del fondo de comercio ya no se condiciona a la creación de tal específica reserva.

Lo mismo ocurre, por citar dos reservas más, con la reserva de capitalización y la reserva de nivelación, que suponen un beneficio o un diferimiento tributario, respectivamente, y que obligan al cumplimiento exquisito de la norma mercantil.

Pues bien, en este epígrafe nos centramos principalmente en la reserva legal a la hora de dotar RIC/RIB, que interactúa disminuyendo las dotaciones máximas, tanto en el caso de que se dote correctamente desde el marco mercantil, como en las situaciones en que existiendo la obligación no se dote o se haga por importe inferior al que indica el TRLSC.

La normativa mercantil es categórica respecto a la obligación de destinar a la reserva legal al menos el 10% de los beneficios del ejercicio, hasta que alcance el 20% del capital social (art. 274 TRLSC). La obligación conlleva que el importe de la dotación obligatoria a la reserva legal haya que disminuirla de los beneficios del ejercicio a la hora de calcular la dotación máxima RIC/RIB; e incluso, insisto, si contablemente la dotación obligatoria a la reserva legal no se ha efectuado, habría igualmente que restarla a efectos del cálculo de la dotación RIC/RIB. En otras palabras, si una sociedad no dota la reserva legal estando obligado a ello o lo hace por menor importe al obligatorio y dota RIC/RIB, la Administración tributaria regularizará la dotación, considerando beneficio distribuido la reserva legal no efectuada o el importe complementario por el que tendría que haberse efectuado.

El criterio, en relación con la RIC, fue en su día expresado por la **resolución TEAC n.º 717/2004, de 2 de febrero de 2006**, que concluyó que la exclusión de la reserva legal del límite de la reducción en la base imponible en concepto de RIC tenía su causa en la legislación mercantil, por lo que la parte del beneficio que debía destinarse a la reserva legal no podía ser objeto de libre disposición por el contribuyente. No se admite la dotación RIC con beneficios comprometidos legalmente. En su día expresamos la conformidad no solo con la resolución, sino también con el argumento empleado, ya que, si la legislación mercantil obliga a dotar la reserva legal, para qué iba la legislación fiscal a ocuparse nuevamente de ella. La reserva legal se considera a efectos de la RIC/RIB beneficio distribuido, no porque en realidad lo sea, sino porque ya la normativa mercantil obliga a su dotación con cargo a los resultados del ejercicio.

19.2.1. Consideraciones especiales sobre la reserva legal

Una vez analizado con carácter general cómo afecta la reserva legal y otras reservas mercantiles a la dotación RIC, conviene entrar en situaciones más específicas y actualizar hasta 2024 los pronunciamientos de los Tribunales de Justicia y la doctrina administrativa, estudiándolos por materias. Abordamos como asunto principal la dotación a la reserva legal con beneficios y con otras reservas.

En los apartados finales reflexionamos sobre dos casos muy específicos:

- Cómo afecta a la dotación RIC y a la reserva legal que haya beneficios obtenidos en Canarias y fuera de Canarias.
- Cómo afectan a la dotación RIC y a la reserva legal que existan rendimientos no susceptibles de la dotación RIC, como son los ingresos y plusvalías financieras, y otros que señalamos expresamente.

En capítulos anteriores pusimos de manifiesto que no todos los beneficios son susceptibles de dotar RIC/RIB, sino que hay que excluir determinados componentes/resultados del beneficio contable. No obstante, a la hora de aplicar una parte del resultado del ejercicio a la reserva legal, el vigente art. 274 TRLSC no hace distingo alguno, siendo obligatorio dotarla con el 10% del saldo contable de pérdidas y ganancias. Pero si a la hora de calcular la dotación RIC hay que eliminar determinados resultados y restar a su vez la dotación obligatoria a la reserva legal, qué duda cabe que se duplican las exclusiones: por un lado, el beneficio excluido por no ser apto para la dotación; y por otro, la parte correspondiente del beneficio que ha de destinarse a la reserva legal.

Un supuesto en el ámbito de la normativa vigente ayuda a clarificar esta idea.

Ejemplo 19.1

Si del saldo de pérdidas y ganancias de 100 eliminamos 30 de ingresos financieros y dotamos la reserva legal por el 10% de 100 = 10, estamos excluyendo para la dotación RIC/RIB los importes de 30 y 10, pero dentro de las 10, está el 10% de 30 = 3, que hemos llevado a la reserva legal de los ingresos financieros, por lo que estamos disminuyendo dos veces ese importe.

La solución técnica es restar para el cálculo de la dotación RIC/RIB solamente el 90% de los ingresos financieros (30) = 27, ya que el otro 10% se lleva obligatoriamente a la reserva legal, y las 10 de la dotación de la reserva legal, en total 37; o restar la totalidad de los ingresos financieros, 30, y solamente el 10% de (100-30) =7 de la reserva legal. En ambos casos, la cantidad que hay que excluir de la dotación RIC/RIB es 37 y no 40.

En 2005, **la resolución TEARC de 25 de noviembre de 2005, Sala LP, n.º 35/540/03,** abordó esta cuestión. La Inspección tributaria había excluido del cálculo de la dotación RIC los ingresos financieros obtenidos por la entidad y, además, la dotación obligatoria a la reserva legal, que no había sido tenida en cuenta por la empresa. Sus representantes alegaron que la liquidación administrativa era errónea, pues no tuvo en cuenta que la parte del beneficio que pretendía eliminar podía aplicarse a la dotación de la reserva legal. Esa apreciación fue considerada por el TEARC. Afirmó que ciertamente se producía una duplicidad en el cálculo efectuado por la Inspección, sin que tampoco fuese correcta la solución que proponía el contribuyente, sino que habría que emplear un sistema de ecuaciones para determinar las cantidades a excluir. El TEARC estimó el recurso, sin señalar cuál era la compleja solución del caso, pero sí que la Inspección debía realizar los cálculos proporcionales.

En 2006 se recogió expresamente el prorrateo a efectuar entre los ingresos financieros excluidos, las dotaciones obligatorias a la reserva y los dividendos en la **resolución TEARC de 28 de abril de 2006, Sala LP, n.º 35/1204/03.** La entidad había recibido ingresos financieros que la Administración no había considerado como aptos para la dotación RIC, y al mismo tiempo había repartido dividendos y dotado la reserva legal. Concluyó con acierto que no pueden excluirse al mismo tiempo los ingresos financieros, los dividendos y la dotación a la reserva legal, porque con los primeros también se reparten o dotan los segundos.

En 2007, el TEARC volvió a pronunciarse sobre la reserva legal en la **resolución TEARC de 29 de junio de 2007, Sala LP, n.º 35/2759/05,** en que se plantea la dotación de la reserva legal con la prima de emisión, llegando a la conclusión de que afecta al cálculo de la RIC la dotación de la reserva legal con la prima de emisión. En los epígrafes posteriores veremos que también afecta a la dotación RIC que la reserva legal se nutra de cualquier otra reserva.

La complejidad de los cálculos a realizar para evitar que se dupliquen las exclusiones del beneficio con la dotación de la reserva legal y la dotación RIC no fue abordada por el TEARC, pero sí se pronunció sobre ella la **resolución TEAC de 27 de septiembre de 2007**. Plantea un interesante sistema de ecuaciones diseñado por el actuario que levantó el acta recurrida y que recoge la matización que explicamos: si hay que excluir ciertos ingresos para el cálculo de la dotación, por ejemplo, los ingresos financieros, además hay que contemplar el efecto positivo del menor impuesto de sociedades y la menor reserva legal que se deriva de dicha exclusión.

En su día comentamos que los cálculos técnicos que manejábamos iban más allá y aportaban nuevas soluciones que contemplamos en obras anteriores. Sin embargo, respecto a la reserva legal, la técnica empleada por el actuario me parece correcta, ya que al menos la parte proporcional de la reserva legal que se engrosa con los beneficios excluidos de la RIC no afecta negativamente a la dotación, siendo esta forma de proceder la que santifica el TEAC en la resolución comentada.

El TEAC se pronuncia ese año sobre la reserva legal. En la **resolución TEAC n.º 97-05 de 4 de mayo de 2007** se aborda una cuestión más obvia que la anterior, la reserva legal y las sociedades limitadas, señalando que la dotación obligatoria a la reserva legal es aplicable a las sociedades limitadas, por lo que ha de tenerse en cuenta para el cálculo de la RIC. Es una cuestión que ya venía interpretándose así con anterioridad y que compartía.

El TSJC abordó la cuestión de la reserva legal y la dotación RIC en 2007. Lo hizo por primera vez en la **STSJC de 27 de julio de 2007, Sala LP, n.º 432,** sobre la reserva legal y los ingresos financieros excluidos, pero me dio la impresión de que la Sala no llegó a entender el tema que se le planteaba: que los ingresos financieros excluidos para el cálculo de la RIC podían destinarse a la dotación de la R.L., por lo que no podían excluirse dos veces del cálculo de la RIC, como ingresos financieros no aptos y como dotación de la reserva legal. No se pronuncia al respecto, pero a cambio hizo un alegato interesante sobre los pasos a seguir en el cálculo de la dotación.

Concreta el asunto un año después. En la **STSJC de 18 de enero de 2008, Sala LP, n.º 81,** se analiza la dotación obligatoria a la reserva legal y el cálculo de la RIC. La sociedad no dotó la R.L., aunque en sus balances figuraba que no existía y alegó que no lo hizo porque en su día estaba completamente dotada, pero que por un error contable se traspasó a reservas voluntarias. El TSJC dice que no es suficiente apelar a los errores contables cometidos, ni a la finalidad de la RIC, sino que al imputar a reservas voluntarias la dotación de la reserva legal se amplió indebidamente el porcentaje del 90% de la dotación, desestimando el recurso[116].

La **SAN de 27 de julio de 2011, Sección 2, recurso 431/2008**, abordó la cuestión de una entidad que dotó la reserva legal con cargo a reservas voluntarias, lo que según la Inspección y los Tribunales económico-administrativos afectaba a la dotación RIC. La dotación a la R.L. había sido im-

---

116 Extractado de Miranda Calderín, 2012: 235-239. *Manual de la RIC 2007-2013.*

portante, más de 200.000 € en cada uno de los tres años afectados (1998 a 2000) y el contribuyente alegó que los traspasos de reservas voluntarias a la reserva legal no habían de considerarse beneficio distribuido, y por tanto no tenían que disminuir la dotación RIC. No estimó la demanda la AN, puesto que la dotación de la R.L. era una obligación legal que hacía indisponible el importe destinado, que la normativa RIC excluía de la dotación:

QUINTO. (...) El TEAC acierta cuando excluye de la parte de los beneficios susceptibles de servir de base económica a la dotación a la RIC la dotación a la reserva legal, tal como esta Sala ha declarado repetidamente, con fundamento en que dicha reserva constituye una obligación ex lege que hace indisponible para la sociedad anónima la cantidad correspondiente que se debe destinar a nutrir dicha reserva, en los términos cuantitativos que el transcrito precepto contiene, de suerte que, como con toda evidencia se deduce del artículo 27.2 de la Ley 19/1994, la reserva legal queda excluida del cómputo de la cantidad máxima con que se puede dotar la RIC, precisamente por razón de esa indisponibilidad, siendo indiferente a tal efecto la procedencia de origen de las cantidades con que se dota o nutre dicha reserva legal, pues el hecho mismo de la dotación y de la naturaleza de ese concepto a que van destinadas las hace indisponibles, del mismo modo que es irrelevante que los ejercicios de obtención de los beneficios no puedan ser comprobados por razón de la prescripción sobrevenida, pues no es preciso efectuar esa comprobación.

Del mencionado artículo 216 del TRLSA se deducen las condiciones mínimas que configuran la reserva legal:

1.– La dotación o destino alcanza el 10 por 100 de los beneficios.

2.– A su vez, debe nutrirse con beneficios propios del ejercicio, lo que excluye que se dote con cargo a beneficios procedentes de otros ejercicios.

3.– Debe aspirar a alcanzar, en beneficio de terceros, el 20 por 100 del capital social.

4.– Entre tanto se alcanza el anterior porcentaje del 20 por 100, existe una limitación en cuanto al destino de la dotación, que no afecta a la RIC puesto que la norma fiscal configuradora de este beneficio excluye expresamente la reserva legal como base de los beneficios no distribuidos que puede incluirse en dicha dotación.

Por lo demás, no es obstáculo para esta consideración el hecho de que, erróneamente, la Inspección haya considerado que la reserva legal constituye beneficios distribuidos, incurriendo así en una calificación jurídica defectuosa, en que también incurre el TEAC, pues el sentido fácilmente comprensible de esa declaración no es que la reserva legal sea objeto, real o potencial, de distribución, sino que es indisponible, por hallarse en la situación opuesta a la de la magnitud que se ha de tomar en consideración a los efectos de dotar la RIC, esto es, la de beneficios del ejercicio no distribuidos, con diversos límites estructurales, como el porcentaje máximo del 90 por 100 y la exclusión de la reserva legal y de los beneficios no distribuidos que correspondan a los incrementos de patrimonio afectos a la exención por reinversión del art. 15.8 de la Ley 61/1978, de 27 de diciembre, del Impuesto sobre Sociedades.

***En suma, el hecho de que las cantidades excluidas por la Inspección de la base de cálculo de la RIC fueran las objeto de dotación a la reserva legal es considerado acertado por esta Sala, pues no sólo la norma societaria y la contable coinciden en cuanto a la naturaleza e indisponibilidad de la reserva legal, sino que el propio artículo 27.2 de la Ley 19/1994 es taxativo a la hora de excluir tales cantidades de la base a partir de la cual se extrae el 90 por 100 de los beneficios no distribuidos con que cabe dotar la RIC,** y todo ello con independencia de la procedencia de los beneficios con que dicha reserva legal se dote y del ejercicio de esa procedencia, así como, en cualquier caso, de si tal operación contable deja inalterado o no el conjunto de los fondos propios de la entidad —que es cuestión en la que insiste la demanda,* *obviando que lo esencial es que las cantidades excluidas por la Inspección son las destinadas por la propia voluntad de la sociedad recurrente a la reserva legal— siendo así que, por lo demás, el propio artículo 27.2 de la Ley 19/1994 exige que la dotación a la Reserva para inversiones se efectúe con cargo a los beneficios no distribuidos del propio ejercicio de dotación, no de los anteriores* [FD QUINTO, SAN 27 de octubre 2011. La negrita es nuestra].

Y poco más de dos años después, la **STS de 28 de marzo de 2014, Sección 2, recurso 395/2012,** no admitió el recurso de casación para la unificación de doctrina contra la SAN antes comentada, pero con independencia a ello, considera correcto el criterio de la SAN casada, esto es, que cualquier detracción que se haga de los resultados o de reservas voluntarias a la reserva legal se considera un beneficio distribuido y, en consecuencia, su importe interfiere negativamente en la dotación RIC:

TERCERO. (...) Las cuestiones planteadas, en principio, en la presente litis, tal como las formula el TEAC, se centran en determinar: 1) Si las dotaciones practicadas por la recurrente a la Reserva Legal deben considerarse o no beneficio distribuido a efectos de la "Reserva para inversiones en Canarias" (RIC). 2) Procedencia de la petición de reordenación en la asignación de las inversiones entre la RIC y la deducción por inversiones.

1. La cuestión objeto de las actuaciones de la Inspección fue la comprobación de la dotación a la Reserva para inversiones en Canarias efectuada por el obligado Tributario en los ejercicios 1998, 1999 y 2000 por considerar que éste no había tenido en cuenta a la hora de efectuar tales dotaciones los importes destinados a la reserva legal en cada ejercicio.

La sentencia recurrida considera que el TEAC acertó al excluir de la parte de los beneficios susceptibles de servir de base económica a la dotación a la RIC la dotación a la reserva legal, con fundamento en que dicha reserva constituye una obligación ex lege que hace indisponible para la sociedad anónima la cantidad correspondiente que se debe destinar a nutrir dicha reserva, en los términos cuantitativos que el transcrito precepto contiene, de suerte que, como con toda evidencia se deduce del artículo 27.2 de la Ley 19/1994, la reserva legal queda excluida del cómputo de la cantidad máxima con que se puede dotar la RIC, precisamente por razón de esa indisponibilidad, siendo indiferente a tal efecto la procedencia de origen de las cantidades con que se dota o nutre dicha reserva legal, pues el hecho mismo de la dotación y de la naturaleza de ese concepto a que van destinadas las hace indisponibles.

Como decía el TEAC en su resolución de 23 de octubre de 2008, el artículo 27 de la Ley 19/1994 excluye la Reserva Legal del límite de la reducción en la base imponible en concepto de Reserva para Inversiones en Canaria. La exclusión tiene su causa en que la legislación mercantil exige la constitución de la reserva legal con el fin de reforzar la garantía frente a terceros, de forma que no quede limitada exclusivamente al capital social. Por tanto, la parte de beneficio que debe destinarse a cumplir con la obligación legal de dotación de la reserva legal no puede ser objeto de disposición libre por parte del contribuyente, y por tanto, no puede admitirse la dotación de la RIC con beneficios comprometidos legalmente.

El hecho de que las cantidades excluidas por la Inspección de la base de cálculo de la RIC fueran las objeto de dotación a la reserva legal es considerado acertado por la Sala de instancia, pues no solo la norma societaria y la contable coinciden en cuanto a la naturaleza e indisponibilidad de la reserva legal, sino que el propio artículo 27.2 de la Ley 19/1994 es taxativo a la hora de excluir tales cantidades de la base a partir de la cual se extrae el 90 por 100 de los beneficios no distribuidos con que cabe dotar la RIC y todo ello con independencia de la procedencia de los beneficios con Que dicha reserva legal se dote y del ejercicio de esa procedencia.

De toda esta problemática el recurso de casación para la unificación de doctrina objeto de análisis no ha hecho siquiera mención alguna, lo que no deja de llamar la atención por cuanto que, como pone de relieve la Abogacía del Estado, la sentencia recurrida lo que resuelve es la interpretación y alcance del artículo 27 de la Ley 19/1994, de 6 de julio, de modificación del Régimen Económico y Fiscal de Canarias, con la rúbrica "Reserva para inversiones en Canarias", señalando que el límite de las dotaciones que se hagan en cada ejercicio a la reserva para inversiones es el 90 por 100 de los beneficios obtenidos en el mismo período que no sean objeto de distribución. Y a estos efectos, se considerarán beneficios no distribuidos los destinados a nutrir las reservas, excluida la reserva legal. Esto es lo que dice y resuelve la sentencia, que para determinar ese límite del 90% de los beneficios no distribuidos se computan las reservas, pero no la reserva legal, porque ésta es indisponible si no es para cubrir el saldo deudor de la cuenta de pérdidas y ganancias (art. 216 del TR de la Ley del Impuesto de Sociedades de 22 de julio de 1989 [sic] vigente en la fecha de los hechos, y artículo correspondiente ahora de la Ley de Sociedades de Capital). En tanto que la sentencia de contraste no trata esa cuestión, por lo que bien podría decirse que no concurren las identidades exigidas por el artículo 96 LJCA en este punto central de la regularización practicada [FD TERCERO, STS 28 de marzo 2014. La negrita es nuestra].

Se resolvía así el asunto principal de que cualquier detracción que se haga de los resultados del ejercicio a la reserva legal e, incluso, de otras reservas a la reserva legal afecta negativamente a la dotación RIC. El motivo principal es que se considera beneficio distribuido y por tanto hay que disminuir su importe en el cálculo de la dotación. Sin ser esta cuestión, hay otra respecto al aspecto territorial, puesto que el importe de la reserva legal a excluir de la dotación RIC ha de ser, lógicamente, el que provenga de beneficios obtenidos en Canarias, no los que puedan generarse en otros territorios, que no son susceptibles de la dotación. Estudio esta especificación en el siguiente apartado.

19.2.2. La dotación a la reserva legal a excluir de la dotación RIC es la proveniente de los beneficios obtenidos en Canarias

Una de las cuestiones interesantes que se plantea con la dotación de la reserva legal es cómo le afecta que las actividades de la empresa se desarrollen fuera y dentro de Canarias. En tal caso, el importe destinado a la reserva legal que ha de considerarse como beneficio distribuido a efectos del cálculo de la dotación RIC es solamente la que se nutre con los beneficios susceptibles de la dotación, esto es, los obtenidos en Canarias y no en el resto de territorios.

Se abordó en su día este tema en la **DGT CV 0155-2006, de 25 de enero.** Si en las sociedades que realizan su actividad en Canarias y en el resto del territorio nacional, la dotación a la reserva legal que hay que restar de los beneficios obtenidos en Canarias es la total a la que está obligada la entidad o solo la parte proporcional correspondiente al beneficio obtenido en Canarias. La DGT respondió con lógica, concluyendo que solo hay que restar la parte de la reserva legal dotada con los beneficios obtenidos en Canarias.

Los cálculos a realizar para prever estas situaciones en el cálculo de la dotación los detallo ampliamente en los capítulos 25 y 27.

19.2.3. La dotación a la reserva legal con beneficios no susceptibles de la dotación RIC

Igual tratamiento a los dos asuntos anteriores entiendo aplicable cuando dentro del resultado obtenido en Canarias se hayan generado rendimientos susceptibles de la dotación y otros no susceptibles, como los ingresos financieros, los alquileres sin actividad económica, las plusvalías de elementos no afectos que no hayan generado ingresos y los múltiples casos que hemos analizado en capítulos anteriores. Si se excluye ese tipo de resultados de la dotación RIC no tiene lógica alguna que cuando se dote la reserva legal con el 10% del rendimiento total (susceptible y no susceptible de la dotación RIC) haya que restar en el cálculo de la dotación máxima RIC el importe llevado a la reserva legal. El motivo es claro, se estaría restando dos veces el mismo concepto: por un lado, el beneficio no susceptible de la dotación; y por otro, la parte proporcional del 10% que se lleva a la reserva legal.

No es que recomiende atender a estas sutilezas en el cálculo de la dotación para que salgan unos euros más en su importe, pero sí es una motivación adicional en el caso de que la Administración tributaria pretenda regularizar una dotación y pueda acreditarse la triple exclusión que supone que haya rendimientos generados fuera de Canarias (y por tanto, al margen de la dotación), rendimientos que la ley excluye de la dotación, como los ingresos financieros, y el importe del rendimiento total que se destina a la reserva legal.

Ejemplo 19.2

La entidad El Guirre obtuvo en 2024 un beneficio antes de impuestos de 1.250.000 € en Canarias y 750.000 € fuera de Canarias. Está obligada a destinar un 10% del rendimiento a la reserva legal y desea dotar RIC.

La dotación máxima es el 90% del resultado contable generado en Canarias no distribuido. Se considera beneficio distribuido el 10% que se destina obligatoriamente a la reserva legal.
RIC = 0,9 (1.250.000 € menos el IS de ese importe menos el 10% de la reserva legal resultante de 1.250.000 menos el IS).
Como se observa, no detraigo ni el impuesto ni la reserva legal correspondiente al beneficio generado fuera de Canarias.

Ejemplo 19.3

La entidad El Bus obtuvo un beneficio en 2024 en Canarias antes de impuestos de 1.250.000 €, en el que se incluye 250.000 de una plusvalía financiera. La reserva legal aún no ha llegado al 20% del capital social. Desea dotar RIC.
La dotación máxima es el 90% del resultado contable generado en Canarias susceptible de la RIC. No lo es la plusvalía financiera; y se considera beneficio distribuido el 10% que se destina obligatoriamente a la reserva legal.
RIC = 0,9 (1.250.000 € - 250.000 € de la plusvalía, menos el IS de 1.000.000 menos el 10% de la reserva legal resultante de 1.000.000 menos el IS).
Como se observa, no detraigo ni el impuesto ni la reserva legal correspondiente a la plusvalía financiera, al no ser susceptible de la dotación RIC.

19.3. La reserva para acciones propias

Si bien la reserva legal es por antonomasia la reserva obligatoria de la normativa de las sociedades de capital, no por ello dejan de existir más reservas de obligado cumplimiento en determinadas circunstancias por las que atraviesa una entidad. Una de ellas es la reserva para acciones propias prevista en el art. 148 del TRLSC:

Artículo 148. Régimen de las acciones propias y de las participaciones o acciones de la sociedad dominante

Cuando una sociedad hubiere adquirido acciones propias o participaciones o acciones de su sociedad dominante se aplicarán las siguientes normas:

a) Quedará en suspenso el ejercicio del derecho de voto y de los demás derechos políticos incorporados a las acciones propias y a las participaciones o acciones de la sociedad dominante.

Los derechos económicos inherentes a las acciones propias, excepción hecha del derecho a la asignación gratuita de nuevas acciones, serán atribuidos proporcionalmente al resto de las acciones.

b) Las acciones propias se computarán en el capital a efectos de calcular las cuotas necesarias para la constitución y adopción de acuerdos en la junta.

c) Se establecerá en el patrimonio neto una reserva indisponible equivalente al importe de las participaciones o acciones de la sociedad dominante computado en el activo. Esta reserva deberá mantenerse en tanto las participaciones o acciones no sean enajenadas.

d) El informe de gestión de la sociedad adquirente y, en su caso, el de la sociedad dominante, deberán mencionar como mínimo:

1.º Los motivos de las adquisiciones y enajenaciones realizadas durante el ejercicio.

2.º El número y valor nominal de las participaciones o acciones adquiridas y enajenadas durante el ejercicio y la fracción del capital social que representan.

3.º En caso de adquisición o enajenación a título oneroso, la contraprestación por las participaciones o acciones.

4.º El número y valor nominal del total de las participaciones o acciones adquiridas y conservadas en cartera por la propia sociedad o por persona interpuesta y la fracción del capital social que representan.

Los negocios de las entidades sobre sus propios títulos en el capital social vienen regulados en los artículos 134 y siguientes del TRLSC. Parten de una prohibición absoluta, que nunca podrán suscribirlos, incluyendo la interdicción a los títulos de la sociedad dominante. La adquisición originaria es nula de pleno derecho en las sociedades de responsabilidad limitada, mientras que es posible en las anónimas cumpliendo una serie de requisitos, pero deberán ser enajenadas en el plazo máximo de un año desde su adquisición (art. 139.1) o amortizadas con la consiguiente reducción de capital (139.2).

La adquisición derivativa sí se permite, tanto para las sociedades anónimas como las de responsabilidad limitada.

Las de responsabilidad limitada tienen tasadas las opciones de adquisición en el art. 140 TRLSC, que de cumplirlas habrán de enajenarlas o amortizarlas dentro del plazo de tres años, y lo que es importante en nuestra materia, dotar en el momento de la adquisición una reserva indisponible por su coste hasta que sean enajenadas (art. 142.2) y otra reserva, también en el patrimonio neto, en el momento de su amortización por el importe del valor nominal de las participaciones amortizadas, que será indisponible hasta que transcurran cinco años a partir de la publicación en el BORM de la reducción del capital social (art. 141).

Las sociedades anónimas pueden adquirir derivativamente sus títulos, pero solo en los casos previstos en el art. 144. Están obligadas a enajenarlos en el plazo máximo de tres años y a dotar la reserva prevista en el art. 148.

Lo que interesa destacar es que esta reserva es obligatoria e indisponible para sociedades anónimas y de responsabilidad limitada. Se establece en el patrimonio neto, se mantiene en el balance mientras las participaciones o acciones no sean enajenadas y se informa sobre ellas en el informe de gestión y la memoria de las cuentas anuales. Son previsiones mercantiles lógicas ante un hecho ocasional en el devenir de las empresas y que pretenden reforzar el derecho de los acreedores. Además, existe otra reserva especial cuando las sociedades limitadas amortizan sus títulos adquiridos.

Pues bien, ante la aplicación del resultado del ejercicio, qué interrelación tienen los dos tipos de reserva para acciones propias con la dotación RIC. Es la cuestión que explicamos en este epígrafe, anticipando desde ahora que tienen prelación sobre la RIC, que es una reserva especial, pero voluntaria, y en consecuencia, el importe de las reservas para acciones propias ha de restarse para el cálculo de la dotación.

La **SAN de 7 de julio de 2011, sección 2, recurso 362/2008**, es una de las primeras que concluye que la obligación de dotar la reserva para acciones propias es preferente a la dotación RIC. Si no hay reservas de libre disposición hay que dotar la reserva con el saldo de pérdidas y ganancias, motivo de que no se puede dotar RIC. Tanto el texto refundido de la Ley de sociedades anónimas (sic) como el PGC no son los vigentes en la actualidad, pero los preceptos en la materia que abordamos son los mismos, por lo que el criterio de la AN sigue teniendo vigencia:

CUARTO: Por otra parte, se cuestiona si la entidad recurrente tenía la obligación de destinar parte del beneficio obtenido a la dotación de la Reserva para Acciones Propias o, como sostiene la recurrente, podía destinarlo a la dotación del RIC.

En principio, las reservas son beneficios obtenidos por la empresa y que no han sido distribuidos entre sus propietarios. El art. 74 y siguientes del Real Decreto Legislativo 1564/1989 1564/1989, de 22 de diciembre, por el que se aprueba el texto refundido de la Ley de Sociedades Anónimas, regulan el tratamiento de las acciones propias o autocartera de las sociedades.

El art. 79, de rúbrica "Régimen de las acciones propias", dispone: "Cuando una sociedad hubiere adquirido acciones propias o de su sociedad dominante se aplicarán las siguientes normas:

1. Quedará en suspenso el ejercicio del derecho de voto y de los demás derechos políticos incorporados a las acciones propias y a las de la sociedad dominante.

Los derechos económicos inherentes a las acciones propias, excepción hecha del derecho a la asignación gratuita de nuevas acciones, serán atribuidos proporcionalmente al resto de las acciones.

2. Las acciones propias se computarán en el capital a efectos de calcular las cuotas necesarias para la constitución y adopción de acuerdos en la junta.

3. Se establecerá en el patrimonio neto una reserva indisponible equivalente al importe de las acciones de la sociedad dominante computado en el activo.

Esta reserva deberá mantenerse en tanto las acciones no sean enajenadas.

4. El informe de gestión de la sociedad adquirente y, en su caso, el de la sociedad dominante, deberán mencionar como mínimo:

a. Los motivos de las adquisiciones y enajenaciones realizadas durante el ejercicio.

b. El número y valor nominal de las acciones adquiridas y enajenadas durante el ejercicio y la fracción del capital social que representan.

c. En caso de adquisición o enajenación a título oneroso, la contraprestación por las acciones.

d. El número y valor nominal del total de las acciones adquiridas y conservadas en cartera por la propia sociedad o por persona interpuesta y la fracción del capital social que representan."

Como se desprende de este precepto, la adquisición de acciones propias es una operación amparada por la normativa mercantil, y cuando se realiza, como se produce una disminución efectiva de la cifra de capital social, la norma mercantil intenta paliarla con la dotación de una reserva de carácter indisponible por el importe de las acciones propias adquiridas; reserva que permanecerá en el balance en tanto no se produzca la enajenación de las mismas. Desde la perspectiva contable, la cuenta 198, «Acciones propias en situaciones especiales», aparece ubicada en el activo de balance en el modelo propuesto por el Plan General de Contabilidad, aprobado por el Real Decreto 1643/1990, de 20 de diciembre, que establece:

"Son las que obligatoriamente deben ser constituidas en caso de adquisición de acciones propias y en tanto no sean enajenadas o amortizadas (art. 79.3 del TRLSA). Esta cuenta también recogerá, con el debido desglose en cuentas de cuatro cifras, las reservas que deban ser constituidas en caso de aceptación de acciones propias en garantía (art. 80.1 del TRLSA). Mientras duren estas situaciones dichas reservas serán indisponibles".

Estas normas imponen la obligación contable y mercantil de dotar la reserva en el supuesto de adquisición de acciones propias; dotación que se hace con cargo a los beneficios obtenidos y no repartidos.

Esta obligación contable se ha de cumplir con anterioridad a la dotación del RIC, deducible fiscalmente, de forma que, en el supuesto de que en el Balance del ejercicio dicha dotación contable y mercantil no pudiera hacerse efectiva por inexistencia de otras reservas, se ha de tener en cuenta el momento en el que la sociedad decida sobre la distribución del beneficio, pero lo que no puede hacerse es obviar dicha obligación dotando directamente el RIC.

Por otra parte, la entidad estaba obligada contable y fiscalmente al cumplimiento de dichos deberes contables y fiscales mientras permaneciera su personalidad jurídica, es decir, hasta su fusión, momento en el cual se extingue como tal; de forma que las consecuencias de aquel incumplimiento se extienden a la regularización fiscal y contable de la recurrente.

Así nos hemos pronunciado en el citado Rec. nº 355/2007, en Sentencia de fecha 26 de abril de 2010 [FD CUARTO, SAN 7 julio 2011. La negrita es nuestra].

La **SAN de 1 de diciembre de 2011, Sección 2, recurso 24/2009**, resuelve el recurso presentado por una entidad que adquiere participaciones propias y dota RIC, pero no hizo la obligatoria disminución de capital hasta años después. Comparte el argumento del TEAC de que la mera adquisición de acciones propias descapitaliza a la empresa, por lo que su importe ha de restarse a la hora de calcular la dotación RIC, con independencia de que la reducción de capital se haga en ese momento o posteriormente. La propia reducción de capital posterior, detrayendo las reservas existentes, entre ellas la RIC, es otro elemento que afecta negativamente en el cálculo de la dotación:

QUINTO.– Procede señalar, en cuanto a la regularización de los ejercicios 1998-99 y 2002-03, acerca de los cuales algo sí se señala en la demanda, que la cuestión decisiva no radica, como pretende la actora, en determinar la fecha de eficacia de una inscripción registral, la de reducción de capital, pues esta misma Sala ha señalado repetidamente, a efectos fiscales, respecto de operaciones societarias en que la inscripción es constitutiva, como la expresada,

> *que ha de estarse a la inscripción registral y, por efecto directo legal suyo, a la fecha de presentación en el Registro, si luego resulta satisfactoriamente inscrita la escritura en que la operación se documenta.*
>
> *Ello no significa, en modo alguno, que despejada dicha incógnita jurídica asista la razón a la recurrente, pues no se trata aquí de dilucidar esa cuestión de Derecho mercantil, sino de algo cualitativamente distinto, como es determinar el derecho de HORMIGONES Y CONSTRUCCIONES ARRECIFE a disfrutar del beneficio fiscal comprendido en el artículo 27 de la Ley 19/1994 y cuyo disfrute está supeditado al cumplimiento de determinadas condiciones legales que en el caso enjuiciado han sido claramente infringidas, sin que la demanda se pronuncie en lo más mínimo sobre la procedencia de la dotación efectuada a la RIC y la improcedencia, por tanto, del ajuste efectuado al efecto, a la que no se refiere.*
>
> *Así, partiendo de los hechos probados en el proceso la petición del recibimiento a prueba se efectuó sin indicar los puntos de hecho sobre los que la prueba se pretendía (art. 60.1 LJCA) y, cuando tal cuestión quiso ser aclarada al impugnar el auto que denegó el recibimiento a prueba, se sitúa el objeto probatorio, a lo largo de 36 folios, en lo relativo a la inscripción registral como fecha determinante de los efectos de la reducción de capital, cuestión que, además de ser jurídica y no fáctica, no es capital para la resolución del litigio y para poner en tela de juicio las afirmaciones de la Inspección en que se fundamenta la regularización:* ***a) que en los ejercicios comprobados la sociedad adquirió autocartera por grandes importes dinerarios, hecho que no ha sido desmentido; b) que esas operaciones de adquisición —y los correspondientes pagos a los socios por la venta de esa cartera— fueron contabilizadas y llevadas al balance que se tuvo en cuenta a la hora de efectuar las autoliquidaciones y las respectivas dotaciones a la RIC; c) que tales adquisiciones de acciones propias suponen una descapitalización de la sociedad y así lo señaló el TEAC, en reflexión que esta Sala comparte plenamente:*** *"Con la adquisición de participaciones propias la empresa pierde recursos, se descapitaliza, lo que supone una disminución real de los fondos propios, una detracción de los mismos, se haya o no contabilizado dicha operación. Las participaciones propias son compensadoras de los fondos propios, por lo que su adquisición reduce el valor real del patrimonio de la sociedad. Y así se expresa el anterior artículo 40 de forma tajante al establecer la obligación de la inmediata amortización de las participaciones propias adquiridas, debiéndose proceder a la reducción del capital y asimismo de las reservas, como consecuencia de dicha amortización, reducción que supondrá por ende una reducción a su vez de la base de cálculo de la dotación a la RIC, en definitiva, una reducción de la asignación a la dotación de la RIC, de acuerdo con lo establecido en el apartado 2 del reseñado artículo 27 de la Ley 19/1994, ya en su redacción primera como en la posterior de la Ley 53/2002 ";* ***c) esa descapitalización afecta, obviamente, a la necesidad de detraer de los beneficios de ambos ejercicios, a efectos de la RIC, las cantidades precisas para dotar la reserva obligatoria a que se refiere la Ley reguladora de las sociedades de responsabilidad limitada;*** *d) que las respectivas reducciones de capital no se hicieran inmediatamente, sino años más tarde, es un claro incumplimiento legal de la LSRL de la que no puede obtener ventaja alguna la recurrente, pues se haría de peor condición a las entidades que hubieran actuando con observancia de los mandatos de ius cogens comprendidos en el art. 40.1 de la cita Ley, respecto de aquéllas que los hubieran incumplido* [FD SÉPTIMO, SAN 1 diciembre 2011. La negrita es nuestra].

La DGT se manifestó sobre la adquisición de acciones propias y la dotación RIC en la **CV 1815-2021, de 9 de junio**, que sigue el criterio de la AN: en la adquisición de acciones propias para amortizar, se imputará la disminución de fondos propios en el momento de la adquisición, con independencia a cuándo se amortice el capital social:

> *Por tanto, en cuanto al concepto de fondos propios a que se refiere este apartado habrá que remitirse al ámbito contable. Así, en la tercera parte del Plan General de Contabilidad aprobado por Real Decreto 1514/2007, de 16 de noviembre, dedicada a las cuentas anuales, se recoge entre los componentes de la agrupación A-1) denominada "Fondos propios" del Patrimonio Neto y Pasivo del balance, en el punto IV del mismo "Acciones y participaciones en patrimonio propias", figurando por tanto en el Patrimonio Neto con signo negativo.*
>
> *Por lo tanto, la adquisición de acciones propias en el ejercicio 2018 deberá ser tomada en consideración por la entidad consultante a los efectos previstos en el último párrafo del apartado 2 del artículo 27 de la Ley 19/1994, respecto al periodo 2018, con independencia del ejercicio en que efectivamente se produzca la reducción de capital por la amortización de las acciones propias, ya que es en aquél ejercicio en el que, desde un punto de vista contable y, por ende, fiscal, se ven disminuidos los fondos propios de la entidad consultante como consecuencia de la adquisición delas acciones propias.*
>
> *En conclusión, en la medida en que la reducción de la base imponible por aplicación de la RIC se refiera al Impuesto sobre Sociedades de 2018, la disminución de fondos propios que se produzca por la adquisición de acciones propias durante ese periodo minorará el importe de la asignación a reservas en los términos previstos en el artículo 27.2 de la Ley 19/1994* [DGT CV 1815-2021].

El recurso de casación contra la SAN de 1 de diciembre de 2011, analizada en este epígrafe, se resolvió en la **STS de 26 de junio de 2014, Sección 2, recurso 186/2012**. La demanda planteaba que si se había disminuido la dotación como consecuencia de la amortización de acciones, que disminuían el conjunto de las reservas (antes de 2003), las inversiones afectas a la RIC se destinaran a la deducción por inversiones (DIC). El TS desestimó la pretensión porque no hubo indefensión y el contribuyente tenía que haber defendido la cuestión en instancias anteriores.

19.4. Las dotaciones obligatorias a las reservas legales y la RIB

La D.A. 70ª. Cuatro.2 de la Ley 31/2022, que regula el Régimen fiscal especial balear, copia el mismo texto que existe en la Ley 19/1994, REF: *A estos efectos se considerarán beneficios no distribuidos los destinados a nutrir las reservas, excluida la de carácter legal.* Y el Reglamento balear de 2024 incorpora igual texto que el Reglamento REF en referencia a las reservas legales: *2. No tendrá la consideración de beneficio no distribuido: a) El destinado a nutrir las reservas de carácter legal.*

Mientras que del texto legal puede interpretarse que para la dotación RIB exclusivamente es necesario detraer el importe que del saldo de pérdidas y ganancias se lleve a la reserva legal, la disposición reglamentaria utiliza el plural, motivo de que haya que restar la parte del beneficio destinado a la reserva legal y a cualquier otra reserva de carácter legal que pueda existir. En Canarias lo sabíamos por la doctrina administrativa y los pronunciamientos de los Tribunales, experiencia que es extrapolable a la RIB.

A la hora de calcular la dotación RIB hay que disminuir del beneficio del ejercicio el importe que se destine a reservas obligatorias en aplicación de alguna normativa específica. Así lo han señalado los Tribunales de Justicia para la RIC, criterio que entiendo aplicable a la RIB.

Por último, hay que tener en cuenta que no se dupliquen las detracciones del beneficio contable que se lleven a reservas legales para calcular la dotación RIB. Me refiero a que parte del beneficio no es susceptible de la dotación RIB (los generados fuera de *Illes Balears*, los ingresos financieros, las plusvalías obtenidas en la venta de elementos no afectos, ...etc.), pero sí de la dotación a la reserva legal. Si los excluimos para la dotación RIB, como es correcto hacerlo, y a su vez excluimos la parte que se destine a la reserva legal, qué duda cabe que se están duplicando las exclusiones. Para su correcto tratamiento me remito a los epígrafes anteriores, en los que analicé con detalle esta cuestión.

19.5. Ficha resumen sobre el efecto de la dotación de las reservas legales en la RIC/RIB

1.	La reserva legal es la más conocida de las reservas legales y la normativa de las sociedades de capital obliga a dotarla con el 10% de los beneficios del ejercicio hasta que alcance el importe del 20% del capital social.
2.	Sin ser la reserva legal hay otras en el ordenamiento mercantil y leyes especiales que obligan a dotarlas en determinadas circunstancias.
3.	Los textos legales de la RIC/RIB señalan que se considera beneficio no distribuido el destinado a nutrir las reservas, excluida la de carácter legal; pero los respectivos textos reglamentarios indican que no tendrá la consideración de beneficio no distribuido el destinado a nutrir las reservas de carácter legal. Esto es, amplían del singular al plural la referencia a las reservas de carácter legal.

4.	La ampliación del concepto en el Reglamento del REF de 2007 obedeció a la interpretación de los Tribunales de Justicia, que habían ratificado el criterio administrativo de que cualquier detracción del beneficio contable destinado por imperativo legal a una reserva había que disminuirla en el cálculo de la dotación RIC.
5.	Los Tribunales de Justicia ratificaron, además, que cualquier detracción de una reserva voluntaria a la reserva legal disminuía el cálculo de la dotación RIC.
6.	Como regla general, a la hora de dotar RIC/RIB hay que disminuir del beneficio contable del ejercicio el importe que se haya aplicado a las reservas obligatorias, más el importe traspasado de una reserva voluntaria a las reservas legales. A la reserva legal y a otras reservas obligatorias.
7.	Incluso en el caso de que no se hayan dotado las reservas legales por el contribuyente, el importe que se tendría que haber destinado a ellas disminuye la dotación RIC/RIB.
8.	Hay que evitar que se produzcan duplicidades en el beneficio del ejercicio que se detrae a efectos de la dotación RIC/RIB. Se producen cuando existen rendimientos generados dentro y fuera de los respectivos archipiélagos, o ingresos y plusvalías financieras, que no son susceptibles de la dotación RIC/RIB, pero sí de las reservas legales obligatorias. Si para el cálculo de las reservas para inversiones se excluye la dotación a la reserva legal y, a su vez, las partidas no susceptibles de la dotación RIC/RIB, están duplicándose las detracciones.
9.	Los cálculos para evitar la duplicidad en las detracciones no son sencillos. Merece la pena efectuarlos cuando se está ante importes elevados, pero no si son pequeños.
10.	Como paradigma de algunas reservas legales, los Tribunales de Justicia se han ocupado en relación con la RIC de la reserva para acciones propias, importe que debe ser detraído del beneficio contable para hallar la dotación RIC. Incluso, cuando el contribuyente no dotó la reserva especial debiendo hacerlo.
11.	La experiencia acumulada en la RIC a través de la doctrina y administrativa y el criterio de los Tribunales es proyectable a la RIB.

Capítulo 20

LA RESERVA DE CAPITALIZACIÓN Y SU INTERACCIÓN CON LA DOTACIÓN RIC/RIB

La interacción de la RIC/RIB con las reservas mercantiles guarda cierta complejidad, porque la dotación se nutre del beneficio contable, que a su vez ha de destinarse al cumplimiento de la normativa mercantil en materia de reservas obligatorias (la más remarcable, la reserva legal) y de las obligaciones estatutarias en forma de reservas previstas por los socios. Al nutrirse la RIC/RIB de los beneficios no distribuidos, en su dotación hay que detraer sistemáticamente las reservas mercantiles obligatorias (por la Ley de sociedades de capital o por los propios estatutos), más aquellas partidas del beneficio que sin destinarse expresamente a una reserva se aplican de forma singular. Sirva como ejemplo la compensación contable de resultados negativos.

Para dotar RIC/RIB hay que disminuir primero el beneficio contable con cualquier aplicación que se haga de su saldo, y solo sobre la diferencia puede aplicarse el porcentaje máximo legal del 90% del beneficio no distribuido. La aparición de nuevas reservas de índole tributario, como la reserva de capitalización del art. 25 de la LIS y la reserva de nivelación de bases imponibles del art. 105 LIS, introdujeron en 2014 un cambio notable y una nueva filosofía a la hora de determinar la base imponible del impuesto, que afecta al cálculo de la dotación RIC/RIB de forma diferente a cómo interactúan las reservas mercantiles. La experiencia vivida con la RIC y la reserva de capitalización la proyecto sobre la RIB porque comparten los mismos criterios.

20.1. Legislación vigente

– Ley 27/2014 del Impuesto sobre Sociedades

Artículo 25 Reserva de capitalización

1. Los contribuyentes que tributen al tipo de gravamen previsto en los apartados 1 o 6 del artículo 29 de esta Ley tendrán derecho a ***una reducción en la base imponible del 15 por ciento*** **[hasta el 1 de enero de 2024 del 10%]** *del importe del incremento de sus fondos propios, siempre que se cumplan los siguientes requisitos:*

a) Que el importe del incremento de los fondos propios de la entidad se mantenga ***durante un plazo de 3 años*** **[hasta el 1 de enero de 2024 de 5 años]** *desde el cierre del período impositivo al que corresponda esta reducción, salvo por la existencia de pérdidas contables en la entidad.*

b) Que se dote una reserva por el importe de la reducción, que deberá figurar en el balance con absoluta separación y título apropiado y será indisponible durante el plazo previsto en la letra anterior.

A estos efectos, no se entenderá que se ha dispuesto de la referida reserva, en los siguientes casos:

a) Cuando el socio o accionista ejerza su derecho a separarse de la entidad.

b) Cuando la reserva se elimine, total o parcialmente, como consecuencia de operaciones a las que resulte de aplicación el régimen fiscal especial establecido en el Capítulo VII del Título VII de esta Ley.

c) Cuando la entidad deba aplicar la referida reserva en virtud de una obligación de carácter legal.

En ningún caso, el derecho a la reducción prevista en este apartado podrá superar el importe del 10 por ciento de la base imponible positiva del período impositivo previa a esta reducción*, a la integración a que se refiere el apartado 12 del artículo 11 de esta Ley y a la compensación de bases imponibles negativas.*

No obstante, en caso de insuficiente base imponible para aplicar la reducción, las cantidades pendientes podrán ser objeto de aplicación en los períodos impositivos que finalicen en los 2 años inmediatos y sucesivos al cierre del período impositivo en que se haya generado el derecho a la reducción, conjuntamente con la reducción que pudiera corresponder, en su caso, por aplicación de lo dispuesto en este artículo en el período impositivo correspondiente, y con el límite previsto en el párrafo anterior.

2. El incremento de fondos propios vendrá determinado por la diferencia positiva entre los fondos propios existentes al cierre del ejercicio sin incluir los resultados del mismo, y los fondos propios existentes al inicio del mismo, sin incluir los resultados del ejercicio anterior.

No obstante, a los efectos de determinar el referido incremento, no se tendrán en cuenta como fondos propios al inicio y al final del período impositivo:

a) Las aportaciones de los socios.

b) Las ampliaciones de capital o fondos propios por compensación de créditos.

c) Las ampliaciones de fondos propios por operaciones con acciones propias o de reestructuración.

d) Las reservas de carácter legal o estatutario.

e) Las reservas indisponibles que se doten por aplicación de lo dispuesto en el artículo 105 de esta Ley y en el artículo 27 de la Ley 19/1994, de 6 de julio, de modificación del Régimen Económico y Fiscal de Canarias.

f) Los fondos propios que correspondan a una emisión de instrumentos financieros compuestos.

g) Los fondos propios que se correspondan con variaciones en activos por impuesto diferido derivadas de una disminución o aumento del tipo de gravamen de este Impuesto.

Estas partidas tampoco se tendrán en cuenta para determinar el mantenimiento del incremento de fondos propios en cada período impositivo en que resulte exigible.

3. La reducción correspondiente a la reserva prevista en este artículo será incompatible en el mismo período impositivo con la reducción en base imponible en concepto de factor de agotamiento prevista en los artículos 91 y 95 de esta Ley.

4. El incumplimiento de los requisitos previstos en este artículo dará lugar a la regularización de las cantidades indebidamente reducidas, así como de los correspondientes intereses de demora, en los términos establecidos en el artículo 125.3 de esta Ley [Redacción artículo 4 del RD-ley 4/2024, de 26 de junio, con vigencia 1 de enero 2024].

En los textos legales y evolución normativa no consignamos en el capítulo la normativa específica de la RIC/RIB porque ya lo hicimos en el capítulo anterior al referirnos a las reservas legales en general y las dotaciones de las reservas para inversiones. Si conviene recordar que los Reglamentos REF de 2007 y del Régimen fiscal especial balear se refieren en plural a las reservas legales que se consideran beneficio distribuido, entre ellas la reserva de capitalización. Sí trascribo el texto del art. 25 LSC que regula desde 2014 dicha reserva, que ha sido modificado en 2024 en aras a una mayor utilización por los contribuyentes, siendo los cambios más significativos el incremento del 10 al 15% en la disminución de la base imponible y el recorte de los años en que no pueden disminuirse los fondos propios de 5 a 3 años. Al análisis de las cuestiones que afectan a la reserva de capitalización y su interacción con la RIC/RIB dedicamos este capítulo[117].

[117] Para ello me baso en el trabajo de Miranda y Dorta, 2015. "La interacción de las reservas de capitalización y nivelación de bases imponibles con la reserva para inversiones en Canarias". En Miranda, Dorta y Déniz, coordinadores, 2015. *La Encrucijada del REF. Origen y actualidad de sus incentivos fiscales.* Mi reconocimiento al profesor José Andrés Dorta Velázquez por el artículo que redactamos en 2015, cuando apenas se sabía de esta reserva. Algunas cuestiones he tenido que actuializar después de casi diez años.

20.2. La especial incidencia de las reservas mercantiles en la dotación RIC

Abordamos en trabajos anteriores la conexión existente entre las reservas mercantiles y la dotación RIC, por lo que no es necesario profundizar en ella, aunque sí es conveniente una breve mención al estado de la cuestión. La Ley de sociedades de capital (2010, en adelante LSC) contempla una variada gama de reservas que interfieren directamente en la dotación RIC y que podrían hacerlo con la dotación de la reserva fiscal de capitalización, por lo que conviene que brevemente nos refiramos a ellas.

Las reservas en general pueden clasificarse en función de su origen, entre las que se encuentran la reserva legal, las reservas voluntarias y las reservas especiales que se nutren del beneficio no distribuido; la prima de emisión o asunción, que se generan con operaciones de capital; y las reservas especiales, que se establezcan por mandato legal, entre las que se encuentran las reservas por revalorización de activos, y un amplio elenco de reservas fiscales señaladas en la LIS.

Además, pueden clasificarse en función de su disponibilidad (prima de emisión o asunción, reservas voluntarias, remanentes y reservas estatutarias que permitan disponer de ellas) o indisponibilidad (RIC, reserva de capitalización, reserva de nivelación, entre otras).

De este tipo de reservas lo que queremos remarcar es que la reserva de capitalización y la RIC participan del concepto de reservas especiales, que se nutren de los beneficios no distribuidos y que a su vez se establecen por mandato u opción legal, concretamente en el ámbito tributario y, finalmente, que son indisponibles hasta que no se cumplan los requisitos que señale la ley que las ampara.

Sin ser las reservas de uso más genérico (reserva legal, reservas voluntarias y remanentes), la LSC señala un número importante de reservas especiales. Concretamente, en los artículos 141, 142, 148 c), las reservas obligatorias por la adquisición de participaciones o acciones; artículos 149 y 150, la reserva por asistencia financiera para la adquisición de acciones de la sociedad dominante; art. 153, la reserva por participaciones recíprocas; art. 273.4, la reserva indisponible del fondo de comercio (suprimida el 1 de enero de 2016); art. 303, las reservas por prima de asunción de participaciones sociales o de emisión de acciones; art. 332, la reserva para mitigar la responsabilidad de los socios en las reducciones de capital con restitución; y art. 335 c), la reserva para la exclusión del derecho de oposición de los acreedores en la disminución de capital.

A estas reservas de carácter mercantil hay que añadir las señaladas expresamente en el Plan General de Contabilidad de 2007 como desarrollo de la norma mercantil, y las que son objeto de nuestro análisis, las reservas especiales creadas por una norma de ámbito tributario, entre las que se encuentran la RIC/RIB, la reserva de capitalización y algunas otras que van desapareciendo por la evolución de la normativa fiscal, pero que aún en la actualidad podemos contemplarlas en los balances de muchas empresas en cumplimiento de los requisitos en su día establecidos.

20.3. Las implicaciones de la reforma de la Ley 27/2014 del IS en la dotación RIC. El análisis de la reserva de capitalización

Fue 2014 un año de reformas de gran calado, ya que además del REF, se modificaron las normativas del IS y otros impuestos: IRPF, IVA e IGIC. Alguno de los cambios, como el caso de la LIS, fue notable, pero solo me ocupo en este capítulo de la reserva de capitalización. Comparte con la RIC varios aspectos y una filosofía, ya que en ambas el legislador ha pretendido incentivar la capitalización de las empresas, el que sus fondos propios sean más robustos mediante la aplicación de una parte del beneficio contable a reservas voluntarias especiales e indisponibles. La forma de aplicar el incentivo es la misma, mediante una detracción del beneficio contable para hallar la base imponible, pero con intensidad desigual, que permite que una parte del beneficio no tribute a cambio de la indisponibilidad de la reserva y ciertas cuestiones formales. Difieren ambos regímenes en cuanto al compromiso que se adquiere, puesto que la RIC exige invertir el importe de la reserva creada, mientras que en la reserva de capitalización no existe tal compromiso.

La reserva de capitalización contemplada en el art. 25 de la LIS y vigente desde el 1 de enero de 2015 participa, al igual que la RIC, en el fomento de la capitalización de las empresas, pero no en su destino final de financiación de inversiones. De esta forma, la constitución de la reserva en el balance de las entidades se prima fiscalmente con una reducción en la base imponible del IS del ejercicio, sin necesidad de destinarla a un fin concreto. Es suficiente con dejarla indisponible en los fondos propios de la entidad durante cinco años (tres a partir de 2024)[118].

---

[118] Miranda Calderín, 2015. "Crónica de la RIC 2014. La nueva RIC 2015-2020". *Revista Técnica Tributaria* n.º 108, enero-marzo 2015.

Es una reducción de la base imponible primada específicamente por el legislador para fomentar el incremento de los fondos propios que, salvo en el régimen específico de la RIC/RIB que opera en las empresas que realizan su actividad en Canarias/Baleares, dejó de aplicarse a nivel nacional desde la desaparición el 1 de enero de 1979 del Fondo de Previsión para inversiones (FPI). A partir de ese año, el endeudamiento de las empresas a nivel nacional recibe con carácter general un tratamiento fiscal más atractivo que la autofinanciación, ya que permite la deducción fiscal de los intereses devengados, mientras que ya sabemos que no ocurre lo mismo con la retribución de los fondos propios.

20.3.1. Limitaciones subjetivas y cuantitativas de la reserva de capitalización

La reserva de capitalización no afecta en la actualidad a todas las entidades, sino a aquellas que tributen al tipo general del 25%, al 23% de las entidades de reducida dimensión, al 15% de las de nueva creación durante el primer año y siguiente en que generen bases imponibles positivas; y al tipo del 30% en el caso de entidades financieras y las dedicadas a la explotación de hidrocarburos.

Respecto a las entidades que pueden aplicar el tipo del 15% en el IS conviene tener en cuenta que en el primer ejercicio en que generen beneficios no podrán aplicar el régimen de la reserva de capitalización ya que, como veremos, la reserva no se nutre del beneficio del ejercicio, sino de la aplicación del resultado del ejercicio anterior.

El art. 25 LIS en sus apartados 1 y 2 regula el importe de la reducción y el límite con el que opera. El importe máximo de la reducción en la base imponible es el 10% (15% a partir de 1 de enero de 2024) del incremento de los fondos propios, pero con el límite con carácter general del 10% de la base imponible positiva previa a la reducción. No obstante, el límite no solo opera en la base imponible previa a la reducción por la reserva de capitalización, sino también en tres casos específicos adicionales, contemplados en el penúltimo párrafo del art. 25.1: ... *En ningún caso, el derecho a la reducción prevista en este apartado podrá superar el importe del 10 por ciento de la base imponible positiva del período impositivo previa a esta reducción, a la integración a que se refiere el apartado 12 del artículo 11 de esta Ley y a la compensación de bases imponibles negativas.* Los casos contemplados por la normativa se producen cuando:

a) Se integren en la base imponible las dotaciones por deterioro de créditos por insolvencias de deudores.

b) Se integren las dotaciones o aportaciones a sistemas de previsión social y prejubilación, contempladas en el art. 11.12 de la LIS, y

c) Se compensen bases imponibles negativas.

Entendemos que las dos primeras integraciones pueden ser positivas o negativas, incrementando o disminuyendo la base imponible y, por tanto, la base de la reserva de capitalización, mientras que en el último caso supondrá siempre una disminución de la base imponible del ejercicio hasta su anulación.

Ejemplo 20.1

La sociedad Bellavista tiene un beneficio contable antes de impuestos de 100 en 2023, gastos no deducibles por 15 y una base imponible negativa (BIN) de -30 que quiere compensar.
Base Imponible Previa (BIP) = 100 + 15 = 115
BIN = - 30
Reducción RC = 10% incremento fondos propios*
Límite de la reducción máxima por la reserva de capitalización = (115 - 30 BIN) x 0,10 = 8,5
Impuesto directo = 0,25 (115 - 30 - 8,5) = 19,125 (1)
Impuesto diferido por el consumo del activo fiscal creado en su día con la base imponible negativa = 0,25 x 30 = 7,50 (2)
Impuesto beneficios = 26,625 (1) + (2)
Resultado del Ejercicio (BC) = 100 - 26,625 = 73,375
Se observa que, con independencia al incremento de los fondos propios que propicia la dotación de la reserva de capitalización, existe un límite del 10% de la base imponible menos ciertas reducciones, entre ellas, la compensación de bases imponibles negativas.

**Téngase en cuenta que a partir de 1-1-2024 se incrementa al 15%.*

Por otra parte, la LIS contempla para los límites de la reducción una casuística específica para el caso en que se dote una reserva de capitalización superior al importe que sea posible reducir de la base imponible, permitiendo que las cantidades pendientes de reducción puedan aplicarse en los dos años inmediatos y sucesivos, pero guardando siempre el límite anual del 10% de la base imponible de cada ejercicio, tal como figura en el último párrafo del art. 25.1: *No obstante, en caso de insuficiente base imponible para aplicar la reducción, las cantidades pendientes podrán ser objeto de aplicación en los períodos impositivos que finalicen en los 2 años inmediatos y sucesivos al cierre del período impositivo en que se haya generado el derecho a la reducción, conjuntamente con la reducción que pudiera corresponder, en su caso, por aplicación de lo dispuesto en este artículo en el período impositivo correspondiente, y con el límite previsto en el párrafo anterior.*

Para entender mejor esta opción hay de explicar que el incremento de los fondos propios es el presupuesto que da lugar a la opción de que se dote la reserva de capitalización, pero a la hora de reducirla fiscalmente actúa el límite del 10% de la base imponible, por lo que hemos de cuestionarnos ¿qué ocurre si se incrementan los fondos propios, se dota la reserva por el 10% de dicho incremento (15% en 2024) y luego la base imponible no permite reducir toda la dotación por la existencia del límite del 10%? El legislador señala que la parte de la dotación de la reserva no reducida puede disminuir la base imponible de los siguientes dos años (no más años, solo dos e inmediatos), pero respetando siempre el límite del 10% de la base imponible en cada uno de los años. Es una buena opción para que el incremento de los fondos propios de un año pueda afectar positivamente al contribuyente en los dos siguientes, pero condicionada al cumplimiento del límite específico del 10% de la base imponible año por año.

La posibilidad de compensación se limita a los dos años siguientes e inmediatos, no a los ejercicios fiscales que pueda tener el contribuyente, por lo que en el caso de que no coincidan con el año natural habría que tener en cuenta que la opción se pierde una vez transcurridos dos años a contar desde el cierre del periodo impositivo en el que se haya generado el derecho a la reducción. Si el ejercicio finaliza el 31 de marzo del año n, la opción termina el 31 de marzo del año n+2.

Desde el punto de vista estrictamente contable, hemos de ser conscientes que si se dota la reserva y no se puede reducir de la base imponible de ese ejercicio se está generando un crédito fiscal que habría que activarlo en el balance con abono a impuestos diferidos. Opción que es posible solo en el caso de que se prevean bases imponibles positivas en el futuro que permitan aplicar las cantidades pendientes en los límites establecidos, tanto cuantitativos como temporales. Si no pueden registrarse estos activos fiscales en virtud del principio de prudencia, es suficiente con informar sobre el crédito fiscal en la memoria, en aras a favorecer la rendición de cuentas a terceros.

Ejemplo 20.2

En 2023 se han incrementado los fondos propios en 220.000 euros, motivo de que se dotase una reserva de capitalización de 22.000*, pero al calcular la base imponible se decide compensar bases imponibles negativas, quedando una base imponible final de 40.000 euros.
El límite de la reducción es 0,10 x 40.000 = 4.000, aunque se haya dotado la reserva por importe de 22.000. La diferencia de 18.000 puede ser compensada en 2024 y 2025. Si es razonable su recuperación en los dos próximos años deberá activarse el correspondiente crédito fiscal (18.000 x 0,25 = 4.500) con abono a impuestos diferidos.
4.500 (474X) Crédito por reserva de capitalización pendiente de aplicar
a (6301) Impuestos diferidos 4.500
En 2024 se genera una base imponible de 100.000, pero no se incrementan los fondos propios y no se dota la reserva de capitalización. No obstante, se puede reducir en 2024 la diferencia pendiente de 2023, pero con el límite de 0,10 x 100.000 = 10.000, quedando a su vez pendiente 8.000 para 2025. Se da de baja parte del activo contabilizado por el crédito fiscal (10.000 x 0,25 = 2.500).
2.500 (6301) Impuestos diferidos
a (474X) Crédito por reserva de capitalización pendiente de aplicar 2.500
En 2025 se genera una base imponible de 50.000 y se incrementan los fondos propios en 90.000, dotándose la reserva de capitalización por 9.000 (el máximo con el cambio legal de 2024 podría ser del 15% de 90.000 = 13.500).
A la hora de reducir la base imponible 2025 tenemos 8.000 pendientes de 2024 y 9.000 generados por la reserva en 2025, pero el límite es solo 0,10 x 50.000 = 5.000, por lo que reduciremos ese importe de las 8.000 de 2024, perdiendo el resto de 3.000. A su vez, los 9.000 de 2025 se podrán reducir en 2026 y 2027.
Por el crédito fiscal de ejercicios anteriores, parcialmente aplicado (5.000 x 0,25 = 1.250) y definitivamente perdido (3.000 x 0,25 = 750), contabilizamos:
1.250 (6301) Impuestos diferidos
750 (633) Ajustes negativos en la imposición sobre beneficios
a (474X) Crédito por reserva de capitalización pendiente de aplicar 2.000
Por el crédito fiscal generado en el ejercicio corriente, asumiendo que se prevé su aplicación futura (9.000 x 0,25 = 2.250):
2.250 (474X) Crédito por reserva de capitalización pendiente de aplicar
a (6301) Impuestos diferidos 2.250[119].

** En 2024 sería del 15% = 33.000.*

La importancia de los supuestos requisitos formales a la hora de aplicar un incentivo fiscal ha sido matizada por los Tribunales de Justicia, de forma que muchos de ellos son en realidad requisitos sustanciales. Por eso hay que prestar especial atención al cumplimiento de las condiciones o requi-

119 Ejemplo elaborado por Dorta Velázquez, 2015.

sitos que exige el legislador para aplicar la reducción por la dotación de la reserva de capitalización, porque cualquier incumplimiento va a suponer la pérdida del beneficio fiscal aplicado. Los requisitos figuran en el art. 25.1 LIS: a) Que el importe del incremento de los fondos propios de la entidad se mantenga durante un plazo de 5 años (3 años a partir de 2024) desde el cierre del período impositivo al que corresponda la reducción, salvo por la existencia de pérdidas contables en la entidad; y b) Que se dote una reserva por el importe de la reducción, que deberá figurar en el balance con absoluta separación y título apropiado y será indisponible durante el plazo previsto en la letra anterior.

Respecto al primero, la norma exige que el importe del incremento de los fondos propios se mantenga durante los siguientes cinco años (a partir de 1 de enero de 2024 se rebaja a 3 años). Obligación que entendemos aplicable no solo al conjunto de los cinco años, sino también a cada año en particular. La obligación es continuada y si, por ejemplo, en el año 3 se incumple el requisito, es causa de pérdida del beneficio disfrutado, aunque se compense la reducción operada en el año siguiente y se mantenga hasta el final del año 5 (en 2024, del año 3). Optamos pues por la interpretación más prudente del precepto.

El *die a quo* del plazo de cinco años (tres años a partir de 2024) admite distintas interpretaciones, siendo la nuestra en 2015, que a diferencia de la opción de compensar la reducción no practicada en los dos años siguientes, que se cuenta a partir del cierre del periodo impositivo en el que se haya generado el derecho a la reducción; en este caso, la literalidad del precepto: *se mantenga durante un plazo de 5 años (3 años a partir de 2024) desde el cierre del período impositivo al que corresponda esta reducción,* obligaba a que se constituyese la reserva en el mismo año en que se reducía la base imponible y se mantuviese en los siguientes cinco/tres años[120]. Es decir, la reserva tendrá que figurar en los balances en el año n de su constitución y en los siguientes cinco años (n+1 a n+5). A partir de 2024, tres años, n+1 a n+3. Lo más habitual será que el año n en el que se constituye sea también el año n en que se reduce, pero conviene recordar la opción de reducir en los siguientes dos años (n+1 y n+2) la reserva constituida y que no se ha podido reducir de la base imponible del ejercicio n.

---

120 Sin embargo, con posterioridad la DGT concluyó que hay que dotar la reserva al año siguiente del ejercicio en que se disminuye la base imponible. Si se liquida el impuesto de 2024, la reserva de capitalización se crea en junio de 2025.

Ejemplo 20.3

En 2025 se incrementan los fondos propios por aplicación del saldo de pérdidas y ganancias de 2024, por lo que podrá crearse en la contabilidad de 2026 la reserva de capitalización, que se deducirá de la base imponible de 2025 a presentar en la declaración del IS de julio de 2026, y que habrá de mantener en los balances desde 2026 hasta el 31 de diciembre de 2029 (tres años con la reforma de junio 2024).
Si en este ejemplo llama la atención el hecho de que el beneficio susceptible de la reserva de capitalización sea el de 2024 y no el de 2025, remitimos al lector al posterior apartado del cálculo del incremento de los fondos propios.

a) Momento y forma de dotar la reserva de capitalización

El segundo requisito del art. 25 LIS obliga a que se dote una reserva en el balance por el importe de la reducción, que debe figurar con absoluta separación y título apropiado, y será indisponible durante los cinco años siguientes (tres a partir de 2024).

Desde el punto de vista contable, ocurre al igual que la dotación RIC, que la reserva de capitalización se nutre del saldo de pérdidas y ganancias del ejercicio en que su importe se disminuye en la base imponible y se contabiliza en la aplicación del resultado al año siguiente, según criterio consolidado de la DGT[121].

En cualquiera de los casos, la reserva ha de dotarse como máximo con el 10% del incremento de los fondos propios (15% a partir de 2024), sin que ello signifique, al menos en el primer ejercicio, que coincida con la reserva efectivamente reducida de la base imponible. Pero si no lo hacemos así, estamos perdiendo la posibilidad de reducción, bien en ese ejercicio o en los dos años siguientes. La reserva de capitalización no dotada y no reducida después del segundo año en su totalidad podrá llevarse a reservas voluntarias por la diferencia entre la dotación y la reducción efectivamente practicada en el ejercicio n o n+1 y n+2.

Hay que definir el "**momento**" en que contablemente ha de dotarse la reserva de capitalización. Por la literalidad del precepto: *Que se dote una reserva por el importe de la reducción, que deberá figurar en el balance con absoluta separación y título apropiado y será indisponible durante el plazo previsto en la letra*

---

[121] En 2015 pensamos que no era así, y que había que dotarla con cargo a reservas voluntarias o remanentes en el mismo ejercicio en que se restaba del resultado contable para hallar la base imponible.

anterior; y por lo que ocurre con la dotación RIC, entendíamos en 2015 que eran dos las opciones existentes:

- Que la reserva de capitalización del año n hubiese de dotarse en el propio año n, ya que se nutre de los beneficios no distribuidos del año n-1.
- Que la reserva de capitalización del año n haya de dotarse en el año en que se liquida la base imponible de ese ejercicio y se aplica el saldo de pérdidas y ganancias. Es decir, en el año n+1, tal como sucede en el régimen de la RIC.

De las dos opciones nos decantamos en 2015 por la primera, ya que respondía no solo a la literalidad del precepto, sino también al proceso que el legislador ha definido para el cálculo del incremento de los fondos propios a efectos de la reserva de capitalización, que se nutre específicamente del reparto efectuado a reservas voluntarias o remanentes del saldo de pérdidas y ganancias del ejercicio anterior.

Sin embargo, la DGT precisó con prontitud que el asiento contable de dotación de la reserva de capitalización había de efectuarse dentro del plazo mercantil de la aplicación del resultado del ejercicio, esto es, cuando la junta de socios la aprobase dentro de los seis meses siguientes al cierre del ejercicio. La reserva de capitalización que disminuye la base imponible de 2024 ha de contabilizarse en el primer semestre de 2025.

Actualizando nuestra opinión de 2015, conviene tener claro que el asiento de constitución de la reserva de capitalización que se disminuye en la base imponible del año n hay que efectuarlo en la contabilidad del primer semestre del año n+1, tal como sucede con la dotación RIC:

Pérdidas y ganancias 2024
a Reserva de capitalización 2024
Reserva legal
Reservas voluntarias,...
(30 de junio de 2025)

Ejemplo 20.4

En 2025 se constata el incremento de los fondos propios respecto a 2024, por lo que se decide crear la reserva de capitalización por importe de 20.000 euros para reducir la base imponible de 2025 por ese importe. Límite del 10% de la base imponible.

El asiento de constitución ha de efectuarse contra el saldo de pérdidas y ganancias 2025, una vez lo apruebe la junta de accionistas durante el primer semestre de 2026:

225.000	Pérdidas y Ganancias 2025	a	Reserva Legal	12.000
			Reserva de capitalización 2025	20.000
			Reserva voluntarias/Dividendos, etc.	

La reserva de capitalización 2025 será indisponible hasta el 31-12-2028.

Criterio avalado por al menos tres consultas de la DGT, la **CV 4127-2015, de 22 de diciembre, la CV 4349-2016, de 10 de octubre**, y la más reciente **CV 2506-2022, de 2 de diciembre**, que por tanto permanece en la actualidad. La primera concluyó que como solo a la finalización del período impositivo es posible conocer el incremento de fondos propios que se haya realizado, el cumplimiento formal de registrar en balance una reserva indisponible con absoluta separación y título separado se entenderá cumplido siempre que la dotación formal se produzca en el plazo legalmente previsto en la normativa mercantil para la aprobación de las cuentas anuales del ejercicio correspondiente al período impositivo en que se aplique la reducción:

> *(...) Se plantea en el escrito de consulta cuál es el momento en que la referida reserva debe ser objeto de registro. En relación con el mismo, la LIS exige (i) un incremento de fondos propios, mantenido durante un plazo de 5 años, con las salvedades recogidas en el artículo 25 de la LIS, y (ii) la dotación de una reserva indisponible.*
>
> *Teniendo en cuenta que solo a la finalización del período impositivo es posible conocer el incremento de fondos propios que se haya realizado en dicho período, habiéndose por tanto generado un incremento en las reservas de la entidad, el cumplimiento formal relativo a registrar en balance una reserva calificada como indisponible con absoluta separación y título separado se entenderá cumplido siempre que la dotación formal de dicha reserva de capitalización se produzca en el plazo legalmente previsto en la normativa mercantil para la aprobación de las cuentas anuales del ejercicio correspondiente al período impositivo en que se aplique la reducción.*
>
> *En concreto, a efectos de aplicar una reducción en la base imponible del periodo impositivo 2015 (supuesto, como se ha planteado en el escrito de consulta, que el ejercicio económico de la entidad coincida con el año natural), en la medida en que a 31 de diciembre de 2015 se haya producido un incremento de los fondos propios respecto a los existentes a 1 de enero de 2015 en los términos definidos en el artículo 25 de la LIS, y se haya producido un incremento de reservas, con independencia de que no esté formalmente registrada la reserva de capitalización, podrá aplicarse la reducción prevista en dicho artículo en la base imponible del período impositivo 2015, disponiéndose del plazo previsto en la norma mercantil para la aprobación de las cuentas anuales del ejercicio 2015 para reclasificar la reserva correspondiente a la reserva*

de capitalización, con objeto de que la misma figure en el balance con absoluta separación y título apropiado, aunque dicho cumplimiento formal se realice en el balance de las cuentas anuales del ejercicio 2016 y no en el de 2015. Esta reserva será indisponible durante el plazo de 5 años desde el 31 de diciembre de 2015 [DGT, CV 4127-2015].

b) Causas tasadas que no se consideran incumplimiento de los requisitos

Hasta ahora hemos abordado los dos requisitos de forma genérica y categórica, pero de forma pragmática, el legislador ha establecido posibles causas de incumplimiento que no generan en sí mismo la regularización del beneficio disfrutado con la reducción de la reserva de capitalización o que no deben considerarse como tal incumplimiento. No afectan estas causas a los dos requisitos en común, sino a cada uno de ellos por separado.

En primer lugar, y respecto a la obligación de mantener el incremento de los fondos propios durante 5 años (3 años a partir de 2024), el legislador excluye del incumplimiento el hecho de que se produzcan resultados contables negativos en cualquiera de los cincos/tres ejercicios siguientes, es decir, que se generen pérdidas contables. Circunstancia que no depende de la voluntad del empresario y que el legislador, coherentemente con su objetivo de fomentar la capitalización de las empresas, considera que no debe afectar al beneficio fiscal disfrutado con la reserva de capitalización. Por tanto, aunque los fondos propios disminuyan en el plazo de 5/3 años por pérdidas contables, no se incumple el art. 25 LIS.

Consecuencia directa de este planteamiento es que nos cuestionemos qué ocurre cuando se disminuyen las reservas por **errores contables**. Si bien dichos errores contables —en caso de ser negativos— podrían tener la misma consideración que las pérdidas contables, la experiencia adquirida respecto a la RIC aconseja ser cautelosos en esta materia. Si acudimos a la norma, su literalidad solo incluye a las pérdidas contables: *salvo por la existencia de pérdidas contables en la entidad,* por lo que en 2015 aconsejábamos que hasta que no se pronunciase con total claridad la DGT, convenía ser prudentes y solo excluir del posible incumplimiento por reducción de los fondos propios la causa tasada por pérdidas contables.

El criterio de la Administración tributaria desde 2015 a 2024 coincide con el que seguimos en la práctica profesional: los cargos en reservas voluntarias por errores contables han de tenerse en cuenta en el ejercicio de la dotación de la reserva de capitalización, restando en el cálculo del 10% del incremento de los fondos propios, y a su vez es un elemento a tener en cuenta en el mantenimiento de dichos fondos durante 5/3 años. Si bien, hay que considerar esta contingencia de forma global y no aislada, de forma que solo afecta negativamente a los requisitos de la reserva si disminuye el volumen de los fondos propios.

En segundo lugar, y respecto exclusivamente a la obligación de mantener la reserva en los balances e indisponible, el legislador flexibiliza el requisito inicial con una serie de supuestos lógicos, que echamos de menos que no puedan aplicarse también a la reducción de los fondos propios, ya que la problemática subyacente es exactamente la misma y se refieren también a causas ajenas al empresario. Si se producen no se entienden como incumplimientos. Son tres los supuestos tasados:

- Cuando se produzca la separación de un socio de la entidad.
- Cuando haya de eliminarse la reserva total o parcialmente por aplicación del régimen especial de fusiones y escisiones, y
- Cuando la entidad deba aplicar la reserva en virtud de una obligación legal.

En todos ellos no existe la voluntad del empresario de eliminar la reserva de capitalización, pero por imperativo legal o derecho de terceros (el socio que opta por ejercer su derecho de separación) se produce la disminución de los fondos propios o incluso la eliminación parcial o total de la reserva de capitalización. En el caso concreto de las operaciones de reestructuración empresarial muchas fueron las ocasiones en que la Inspección tributaria regularizó las dotaciones RIC por desaparecer de los balances, aunque afortunadamente los Tribunales de Justicia introdujeron cierta racionalidad en la materia. Por eso nos parece afortunado que el legislador haya previstos estos tres casos tasados para la reserva de capitalización, cntrc los que se incluye el régimen especial de fusiones y escisiones.

c) El efecto del incumplimiento de los requisitos formales

El hecho de que los fondos propios disminuyan respecto a la cifra que sirvió para determinar la reducción por la reserva de capitalización (salvo que se produzca por pérdidas contables) y que la reserva deje de figurar en los balances en los siguientes cinco/tres años a partir de que fue dotada (salvo los tres casos tasados) supone la regularización del beneficio disfrutado y la liquidación de los respectivos intereses de demora. Así lo señala expresamente el art. 25.4 LIS, remitiéndose a su vez al art. 125.3 LIS, que regula con carácter general los efectos de la pérdida de beneficios fiscales disfrutados.

El art. 25.4 señala que: El incumplimiento de los requisitos previstos en este artículo dará lugar a la regularización de las cantidades indebidamente reducidas, así como de los correspondientes intereses de demora, en los términos establecidos en el artículo 125.3 de esta Ley.

Y el art. 125.3 LIS: El derecho a la aplicación de exenciones, deducciones o cualquier incentivo fiscal en la base imponible o en la cuota íntegra estará condicionado al cumplimiento de los requisitos exigidos en la normativa aplicable.

Salvo que específicamente se establezca otra cosa, cuando con posterioridad a la aplicación de la exención, deducción o incentivo fiscal se produzca la pérdida del derecho a disfrutar de este, el contribuyente deberá ingresar junto con la cuota del período impositivo en que tenga lugar el incumplimiento de los requisitos o condiciones la cuota íntegra o cantidad deducida correspondiente a la exención, deducción o incentivo aplicado en períodos anteriores, además de los intereses de demora.

Por tanto, estamos ante el caso genérico de regularización de los incentivos fiscales disfrutados, que implican ingreso obligatorio del importe que en su momento supuso un ahorro del IS más los intereses de demora devengados desde ese día hasta la regularización del mismo.

Conviene recordar por último que el incumplimiento de cualquiera de los dos requisitos señalados para la reducción de los fondos propios, que no sea debido a pérdidas contables, o los tres supuestos tasados para el no mantenimiento de la reserva en balances, supone la regularización de la reducción en su día practicada, por más que pueda parecer solo un incumplimiento formal.

d) Incompatibilidades y exclusiones

El art. 25.3 no señala más incompatibilidad para la reserva de capitalización que la aplicación simultánea de la reducción en la base imponible del llamado factor de agotamiento en el régimen especial de minería y de la investigación y explotación de hidrocarburos previsto en los artículos 91 y 95 LIS: La reducción correspondiente a la reserva prevista en este artículo será incompatible en el mismo período impositivo con la reducción en base imponible en concepto de factor de agotamiento prevista en los artículos 91 y 95 de esta Ley.

No obstante, conviene tener en cuenta que la aplicación de la reducción de la reserva de capitalización en la base imponible del IS tiene efectos negativos en el cálculo de otros incentivos fiscales, como la RIC; y a su vez, la aplicación de otros incentivos, la RIC nuevamente, minimiza la dotación de dicha reserva. Es precisamente este efecto el que es analizado monográficamente en el siguiente epígrafe.

e) Cálculo del incremento de fondos propios

Hemos querido dejar para el final la cuestión más farragosa y menos jurídica de la reserva de capitalización. La reserva, como comentamos, se dota a partir del incremento de los fondos propios que se produce en el ejercicio en que se disminuye de la base imponible (n), con independencia de que contablemente se cree en el ejercicio siguiente (n+1). Sin incremento de los fondos propios en (n) respecto a (n-1) no es posible, sencillamente, dotarla.

El concepto de fondos propios es singular de la legislación mercantil, regulándose en profundidad desde el punto de vista contable. En principio responde a la idea de la diferencia entre el activo y el pasivo exigible, es decir, la parte del activo que es financiada con recursos aportados por los socios o generados por los beneficios empresariales no distribuidos (acumulados en las reservas y remanentes) y los ajustes por cambios de valor. Existe otra expresión casi equivalente, la de patrimonio neto, pero este concepto desde la reforma mercantil española engloba los fondos propios, las subvenciones y donaciones recibidas por la empresa.

Una vez señalado qué son los fondos propios, lo que hemos de establecer es su incremento en dos momentos diferentes: en el inicio y final del ejercicio en que se dota la reserva de capitalización. Y para determinar ese incremento el legislador, en el art. 25.2 LIS, establece una serie de reglas específicas que trascribimos en el epígrafe 20.1. La primera regla tiene especial importancia, puesto que al contrario de lo que sucede en la norma mercantil y su desarrollo contable, para la determinación del incremento de los fondos propios no se tendrá en cuenta el beneficio contable obtenido en el ejercicio en que se quiere dotar la reserva de capitalización, y para homogeneizarlo con el ejercicio anterior que se compara, tampoco se tendrá en cuenta el resultado contable de ese ejercicio. Por eso hemos dicho con anterioridad que la reserva de capitalización no se nutre del beneficio del ejercicio, sino de la no distribución del beneficio del ejercicio anterior.

Ejemplo 20.5

La sociedad en su primer año de constitución tiene al 31-12-2024 un capital social de 100.000 y ha generado un beneficio de 120.000. En la junta de aprobación de cuentas ha decidido:
A. destinar ese importe total a reservas
B. destinar ese importe a la RIC por 80.000 y el resto a reservas
Durante el ejercicio 2025 ha obtenido un beneficio antes de impuesto de 75.000
– Los fondos propios al 1-1-2025 a efectos de la reserva de capitalización = 100.000.

- Los fondos propios al 31-12-2025 a efectos de la reserva de capitalización en la alternativa A son = 100.000 del capital social + 108.000 de la reserva voluntaria = 208.000 (12.000 se tuvieron que destinar obligatoriamente a la reserva legal).
- Los fondos propios al 31-12-2025 a efectos de la reserva de capitalización en la alternativa B son = 100.000 del capital social + 28.000 de las reservas voluntarias = 128.000 (no se tienen en cuenta ni los 12.000 de la reserva legal ni 80.000 de la RIC).

Como se aprecia en el ejemplo, no se computan los saldos de pérdidas y ganancias del ejercicio ni la reserva legal ni la RIC. Solo el capital social y la parte del beneficio del ejercicio anterior destinada a reservas voluntarias.

La segunda regla se subdivide en siete casos concretos, que tienen como denominador común las magnitudes que no hay que tener en cuenta como fondos propios tanto al inicio como al final del período impositivo.

Un primer grupo engloba las operaciones realizadas por aportaciones de socios en sus distintas modalidades, que comprende: a) las aportaciones de los socios, b) las ampliaciones de capital o fondos propios por compensación de créditos y c) las ampliaciones de fondos propios por operaciones con acciones propias o de reestructuración. Poco hay que decir sobre las aportaciones genéricas de los socios, bien en efectivo o en aportación *in natura*, que no se tendrán en cuenta tanto en el final como al inicio del ejercicio para determinar el incremento de los fondos propios, de forma que si se ha incrementado el capital social en el ejercicio con nuevas aportaciones de los socios, se han incrementado también los fondos propios, pero dicha adición no se tendrá en cuenta a efectos del incremento necesario para que se dote la reserva de capitalización. El mismo razonamiento sirve para las ampliaciones de capital por compensación de créditos, en que una parte del pasivo se capitaliza incrementando la cifra del capital social y disminuyendo el pasivo exigible, de forma que aumentan los fondos propios. El aumento no se tendrá en cuenta para determinar el necesario incremento de los fondos propios para dotar la reserva de capitalización.

Tampoco se computarán las aportaciones de socios que se concreten en la prima de emisión o para compensar pérdidas, exigencia de desembolsos pendientes sobre acciones contabilizadas como fondos propios. El incremento de los fondos propios de estas operaciones no procede de la distribución de beneficios y, por tanto, no corresponde su cómputo a efectos de la reserva por capitalización.

Por último, los incrementos de fondos propios producidos por operaciones con acciones propias (en el PGC cuando se enajenan con pérdidas o beneficios las acciones propias previamente adquiridas, el resultado se traspasa directamente a una cuenta de reservas, sin pasar por el saldo de pérdidas y ganancias. Lo mismo ocurre en los casos de amortización de acciones propias adquiridas) y de reestructuración empresarial (régimen especial aplicable a las operaciones de reestructuración empresarial, también conocido por régimen especial de diferimiento y FEAC) tampoco se computan como tales a efectos de la dotación de la reserva[122].

El segundo grupo comprende dos precisiones sobre las reservas, que comparten la filosofía de que si una norma legal obliga a constituirlas u otro incentivo fiscal prima su utilización no tienen por qué servir de base para el incentivo fiscal que representa la reserva de capitalización. De esta forma, las reservas de carácter legal que se hayan dotado no servirán para computar el incremento necesario de los fondos propios para dotar la reserva de capitalización. Lo mismo ocurre con dos tipos de reservas voluntarias, pero indisponibles, que dan derecho a la aplicación de incentivos fiscales distintos. Por una parte, la reserva de nivelación de bases imponibles (art. 105 LIS); y por otro, la RIC/RIB. En ambos casos es indudable que la dotación de este tipo de reservas incrementa los fondos propios, pero a efectos de la dotación de la reserva de capitalización no se computa como tal incremento.

Nos queda por estudiar dos casos más que no podemos agrupar como los anteriores. Por un lado, f) los fondos propios que correspondan a una emisión de instrumentos financieros compuestos, como ocurre con las obligaciones convertibles en acciones a voluntad del tenedor, que se reflejan en parte en la cuenta 111 de patrimonio neto; y por otro, g) los fondos propios que se correspondan con variaciones en activos por impuesto diferido derivadas de una disminución o aumento del tipo de gravamen del IS, que en el caso de tener que reflejarse en cuentas de reservas (no de pérdidas y ganancias) tampoco se tendrán en cuenta para hallar el incremento de los fondos propios.

En síntesis, se trata de incentivar que las sociedades destinen parte o la totalidad del resultado que sea de libre disposición a incrementar los fondos propios para mejorar su capitalización. El incremento de los fondos propios apto para la reserva de capitalización vendrá determinado por el

---

122 Mayores dudas pueden generar las ampliaciones de capital realizadas con cargo a beneficios del ejercicio anterior. Malvárez y Martín (2015) consideran que pueden computarse para la determinación del incremento de los fondos propios, asumiendo que no constituyen una aportación de los socios. Ahora bien, la reserva de capitalización promueve incrementar los fondos propios a partir de reservas de libre disposición, lo que no acontece en una ampliación de capital liberada.

aumento de las reservas voluntarias, remanentes y saneamiento voluntario de pérdidas contables. La casuística puede complicarse en exceso, pero nos interesa analizar las cuestiones más genéricas.

Ejemplo 20.6

Al 1-1-2025 figuran en el balance el capital social por 100.000, la reserva legal por 5.000, la reserva voluntaria por 7.000, la RIC 2023 por 10.000 y el saldo de pérdidas y ganancias de 2024 por 80.000.

Al 30-6-2025 se ha aplicado el saldo de pérdidas y ganancias 2024 a la reserva legal por 8.000, a la RIC 2024 por 50.000 y a las reservas voluntarias 22.000. En 2025 se ha generado un beneficio antes de impuestos de 95.000.

– Los fondos propios al 1-1-2025 son 100.000 del capital social + 5.000 de la reserva legal + 7.000 de las reservas voluntarias + 10.000 de la RIC 2023 + 80.000 del saldo de pérdidas y ganancias 2024 = 202.000.

Sin embargo, a efectos de la reserva de capitalización no se computan la reserva legal por 5.000, la RIC 2023 por 10.000 ni el saldo de pérdidas y ganancias por 80.000, por lo que son = 107.000.

– Los fondos propios al 31-12-2025 son 100.000 del capital social + 5.000 y 8.000 de la reserva legal + 7.000 y 22.000 de las reservas voluntarias + 10.000 RIC 2023 + 50.000 RIC 2024 + 95.000 del saldo de pérdidas y ganancias 2025 antes de impuestos = 297.000.

No obstante, a efectos de la reserva de capitalización no se computan 13.000 de la reserva legal, 60.000 de la RIC y 95.000 del saldo de pérdidas y ganancias 2025 = 129.000.

– Mientras que el incremento de los fondos propios ha sido en 2025 de 297.000 - 202.000 = 95.000; el que computa efectos de la reserva de capitalización es 129.000 - 107.000 = 22.000.

Como puede observarse, en el ejercicio solo se computa a efectos de la reserva de capitalización la parte del beneficio 2024 que se ha destinado en 2025 a reservas voluntarias (22.000).

20.3.2. El avance en la materia a través de las consultas vinculantes de la DGT

Desde 2015, año en que con el profesor Dorta Velázquez redactamos el trabajo que sirve de sustrato al capítulo, hasta 2024, algunos aspectos de la reserva de capitalización han evolucionado de conformidad con las consultas vinculantes de la DGT. Mi apreciación general es que la evolución ha sido positiva, matizándose cuestiones que se habían contestado genéricamente en sentido contrario, respondiendo a nuevos asuntos que iban surgiendo en la práctica y puntualizándose requisitos formales. Ya abordamos en el apartado anterior el momento y la forma de dotar la reserva de capitalización a la luz de dos consultas vinculantes de 2015 y 2016, y ahora analizamos algunas de las precisiones más importantes que ha efectuado la DGT en la materia.

La más significativa en mi opinión es la que precisa una cuestión objeto de debate: la aplicación del beneficio a la compensación de resultados negativos. El criterio de la mayor parte de la doctrina científica era que incrementaba los fondos propios, motivo de que no debía restarse para hallar la base del 10% del incremento de los fondos propios susceptibles de la reserva de capitalización. La DGT había contestado primero, **CV 1572-19**, que al no destinarse a una reserva voluntaria no podía computarse como incremento de los fondos propios, pero en 2022 la DGT, **CV 2506-22** matizó su criterio: la compensación mercantilmente obligatoria de resultados negativos no debe tenerse en cuenta en el cálculo de los fondos propios a efectos de la reserva de capitalización, pero sí la que se efectúa de forma voluntaria. El efecto práctico es que la parte del beneficio del año n-1 que se destinó a la compensación voluntaria de resultados negativos cuenta como incremento de los fondos propios a la hora de calcular la reserva de capitalización del año n:

> *Según se manifiesta en el escrito de consulta, en el ejercicio cerrado a 31 de diciembre de 2021, la entidad consultante ha experimentado un incremento de fondos propios respecto del ejercicio anterior que trae causa en el beneficio obtenido en 2020 y que se habría destinado voluntariamente a la compensación de pérdidas acumuladas de ejercicios anteriores.*
>
> *Tal y como establece el apartado 2 del artículo 25 de la LIS, "El incremento de fondos propios vendrá determinado por la diferencia positiva entre los fondos propios existentes al cierre del ejercicio sin incluir los resultados del mismo, y los fondos propios existentes al inicio del mismo, sin incluir los resultados del ejercicio anterior."*
>
> *De acuerdo con ello, para determinar el incremento de fondos propios del ejercicio 2021, se calculará la diferencia positiva entre los fondos propios al cierre del ejercicio 2021, sin incluir los resultados de dicho ejercicio, y los fondos propios al inicio del ejercicio 2021, sin incluir los resultados del ejercicio 2020.*
>
> *En la medida en que, tal y como se indica en el escrito de consulta, el beneficio obtenido por la entidad consultante en el ejercicio 2020 se habría destinado voluntariamente, y no por obligación legal, a la compensación de todas las pérdidas acumuladas de ejercicios anteriores, no resulta de aplicación el criterio manifestado por este Centro Directivo, entre otras, en su consulta V1572-19, de 25 de junio de 2019 (LA LEY 1672/2019), según el cual la parte del beneficio del año que no puede distribuirse libremente por tener que aplicarse a la compensación de pérdidas de ejercicios anteriores, en virtud de lo previsto en el artículo 273 del texto refundido de la Ley de Sociedades de Capital, aprobado por el Real Decreto Legislativo 1/2010, de 2 de julio, deberá tener la consideración de una reserva de carácter legal de las previstas en el artículo 25.2.d) de la LIS.*
>
> *En consecuencia, en la medida en que, tal y como se indica en el escrito de consulta, el beneficio obtenido por la entidad consultante en el ejercicio 2020 se habría destinado voluntariamente a la compensación de las pérdidas acumuladas de ejercicios anteriores, se consideraría que se ha producido un incremento de los fondos propios en el ejercicio 2021* [DGT, CV 2506-2022].

La más sorprendente, pero que tiene toda su lógica en el complejo entramado que creó el legislador para dotar la reserva de capitalización, es la que considera que los dividendos repartidos a cuenta del resultado del ejercicio no detraen los fondos propios. El motivo es contundente: si no se tiene en cuenta en el cálculo de los fondos propios (a efectos de la reserva) el saldo de pérdidas y ganancias del ejercicio como sumatorio, tampoco ha de tenerse en cuenta como minuendo los dividendos a cuenta repartidos. En esta **CV 2490-2022** también recuerda la DGT que la disminución de alguna partida de los fondos propios en el año en que se produce el incremento (o durante los cinco/tres años del plazo de mantenimiento) no supone un menoscabo en el régimen de la reserva, siempre que no rebaje el total de fondos propios:

> *De conformidad con la literalidad del artículo, el requisito de mantenimiento se refiere al importe del incremento de los fondos propios y no a cada una de las partidas de los fondos propios que se hayan visto incrementadas. Consecuentemente, la disposición de cualquiera de los conceptos que forman parte de los fondos propios en la fecha de cierre del ejercicio en el que se produce el incremento no supondría el incumplimiento del requisito de mantenimiento siempre que el importe del incremento de fondos propios se mantenga en términos globales, por parte de la entidad que los generó, durante el plazo de mantenimiento.*
>
> ***En el caso planteado, la entidad consultante señala que ha tenido una disminución en sus fondos propios con posterioridad a la aplicación de la reducción por la reserva de capitalización en una cuantía inferior a la totalidad del aumento de los fondos propios por los que se aplicó la misma.***
>
> *En caso de que dicha disminución suponga el incumplimiento del requisito de mantenimiento de los fondos propios regulado en el artículo 25.1.a) de la LIS hay que recordar que el apartado 4 del artículo 25 de la LIS establece que "el incumplimiento de los requisitos previstos en este artículo dará lugar a la regularización de las cantidades indebidamente deducidas, así como de los correspondientes intereses de demora, en los términos establecidos en el artículo 125.3 de esta Ley.*
>
> *Al respecto, el artículo 125.3 de la LIS dispone lo siguiente:*
>
> *"3. El derecho a la aplicación de exenciones, deducciones o cualquier incentivo fiscal en la base imponible o en la cuota íntegra estará condicionado al cumplimiento de los requisitos exigidos en la normativa aplicable.*
>
> *Salvo que específicamente se establezca otra cosa, cuando con posterioridad a la aplicación de la exención, deducción o incentivo fiscal se produzca la pérdida del derecho a disfrutar de éste, el contribuyente deberá ingresar junto con la cuota del período impositivo en que tenga lugar el incumplimiento de los requisitos o condiciones la cuota íntegra o cantidad deducida correspondiente a la exención, deducción o incentivo aplicado en períodos anteriores, además de los intereses de demora."*
>
> *De acuerdo con lo anterior, el incumplimiento con posterioridad de los requisitos exigidos para aplicar un determinado beneficio fiscal, en este caso, la aplicación de la reserva de capitalización, implicará ingresar junto con la cuota del período impositivo en que tenga lugar el incumplimiento de los requisitos o condiciones, la cuota íntegra correspondiente al beneficio fiscal aplicado en períodos anteriores, además de los intereses de demora.*
>
> *En el caso objeto de consulta, si la entidad incumpliese el requisito previsto en el artículo 25.1.a) de la LIS deberá efectuar la regularización de las cantidades indebidamente reducidas*

en los términos expuestos. A estos efectos, se entiende por cantidad indebidamente reducida el importe de la reserva de capitalización aplicada que se corresponda con la cuantía del incremento de los fondos propios respecto de los que se ha incumplido el requisito de mantenimiento.

Plantea asimismo el consultante si la distribución de un dividendo a cuenta del resultado del ejercicio se entiende como una disminución de fondos propios que daría lugar a la regularización de las cantidades reducidas. A los efectos de la presente contestación, se entenderá que el ejercicio en el que se distribuye el dividendo a cuenta se encuentra dentro del plazo de 5 años a que hace referencia el artículo 25.1.a) de la LIS, respecto de una reserva aplicada con anterioridad [DGT, CV2490-2022. La negrita es nuestra].

Es además destacable la **CV 2475-2022, de 30 de noviembre**, en que se evalúan los efectos de un reparto extraordinario de dividendos contra reservas de años anteriores en un ejercicio con pérdidas. Con lógica responde la DGT que a efectos del mantenimiento de la reserva, el reparto del dividendo supone un menor importe de los fondos propios, por lo que deberá ajustarse las cantidades que la entidad tenía pendientes de reducir. Y añado, que de no existir cantidades pendientes de reducir que puedan regularizarse, habría que regularizar las dotaciones a la reserva de capitalización efectuadas por incumplimiento del requisito de que no disminuyesen los fondos propios en cinco años:

Tal y como establece el artículo 25.1.a) de la LIS, el importe del incremento de los fondos propios se debe mantener durante un plazo de 5 años desde el cierre del período impositivo al que corresponda la reducción, salvo en el supuesto en el que haya pérdidas contables.

De conformidad con la literalidad del artículo, el requisito de mantenimiento se refiere al importe del incremento de los fondos propios y no a cada una de las partidas de los fondos propios que se hayan visto incrementadas. Consecuentemente, la disposición de cualquiera de los conceptos que forman parte de los fondos propios en la fecha de cierre del ejercicio en el que se produce el incremento no supondría el incumplimiento del requisito de mantenimiento siempre que el importe del incremento de fondos propios se mantenga en términos globales, por parte de la entidad que los generó, durante el plazo de mantenimiento exigido por el precepto legal.

En el presente caso, según se manifiesta en el escrito de consulta, se ha producido una disminución del patrimonio en el ejercicio 2021 respecto de 2020, como consecuencia de que en el ejercicio 2020 existen pérdidas contables y de que en el ejercicio 2021 se ha repartido un dividendo extraordinario.

Por tanto, partiendo de la hipótesis de que el dividendo extraordinario se ha repartido con cargo a reservas de años anteriores, el referido reparto supondrá un menor importe de los fondos propios al cierre del ejercicio 2021, a efectos de determinar si se ha cumplido el requisito del mantenimiento del incremento de los fondos propios respecto de las reducciones correspondientes en los ejercicios 2020 y 2019.

En cuanto al cumplimiento del requisito de mantenimiento del incremento de fondos propios, una interpretación razonable de la norma lleva a precisar que, en cada uno de los 5 años de plazo, la diferencia entre los fondos propios al cierre del ejercicio, sin incluir los resultados del mismo, y los del inicio del ejercicio inicial, sin incluir los resultados del ejercicio anterior, ha de ser igual o superior al incremento de fondos propios por el que se originó la reducción.

Igualmente, una interpretación razonable de la norma llevaría a concluir que la existencia de pérdidas contables en el ejercicio 2020 no supondrá un menor importe de los fondos propios al cierre del ejercicio 2021 a efectos de determinar si se ha cumplido el requisito de mantenimiento de los fondos propios respecto de las reducciones correspondientes en los ejercicios 2020 y 2019.

Por tanto, en el caso planteado, la reducción pendiente de aplicar deberá ajustarse en la cuantía necesaria para cumplir el requisito de mantenimiento del incremento de fondos propios determinado en los términos señalados anteriormente [DGT, CV 2475-2022].

Y por último, **la CV 2489-2022, de 1 de diciembre**, en que una entidad procedió en 2018 a regularizar contra reservas voluntarias el saldo de la caja que no era correcto desde 2013 (un error contable) y preguntó si afectaba a la reserva de capitalización. La DGT contestó que sí afectaba el cargo a reservas efectuado por la entidad consultante motivado por la aplicación de lo dispuesto para los errores contables en la NRV 22ª PGC, puesto que supondrá un menor importe de los fondos propios al cierre del ejercicio 2018 a efectos de determinar el cumplimiento del requisito de mantenimiento del incremento de los fondos propios:

El artículo 25.1.a) de la LIS requiere que el importe del incremento de los fondos propios de la entidad se mantenga durante un plazo de 5 años desde el cierre del período impositivo al que corresponda esta reducción, salvo por la existencia de pérdidas contables en la entidad. De conformidad con la literalidad del artículo el requisito de mantenimiento se refiere al importe del incremento de los fondos propios y no a cada una de las partidas de los fondos propios que se hayan visto incrementadas. Consecuentemente, la disposición de cualquiera de los conceptos que forman parte de los fondos propios en la fecha de cierre del ejercicio en el que se produce el incremento no supondría el incumplimiento del requisito de mantenimiento siempre que el importe del incremento de fondos propios se mantenga en términos globales, por parte de la entidad que los generó, durante el plazo de mantenimiento.

De acuerdo con lo anterior, en cuanto a la segunda cuestión planteada, el cargo a reservas efectuado por la entidad consultante motivado por la aplicación de lo dispuesto para los errores contables en la NRV 22ª PGC, supondrá un menor importe de los fondos propios al cierre del ejercicio 2018 a efectos de determinar el cumplimiento del requisito de mantenimiento del incremento de los fondos propios [DGT CV 2489-2022].

20.4. Ficha resumen la reserva de capitalización (art. 25 TRLIS)

1. Aplicable a todas las entidades que tributen al tipo del 25% o inferior (23%) si son de reducida dimensión o de nueva creación (15%) y a las entidades de crédito y explotación de hidrocarburos que tributan al 30%.

2.	Supone una reducción del 10% (a partir de 2024 del 15%) en la BI del incremento de los fondos propios, siempre que se mantenga el incremento de los fondos propios durante 5 años (3 años a partir de 2024), salvo que existan pérdidas contables; y se dote una reserva indisponible por el importe de la reducción y se mantenga expresamente durante 5 años (3 años a partir de 2024) y de forma separada en el balance.
3.	Se ha de dotar contablemente en el ejercicio siguiente en que se reduce la base imponible para calcular la imposición (la reserva capitalización 2024 normalmente en el periodo 1-1 al 30-6-2025, ejercicio en que se aplica el saldo de pérdidas y ganancias 2024).
4.	Admite algunas excepciones tasadas a los requisitos anteriores: separación de socios, régimen especial de fusiones y aplicación obligatoria de la reserva por ley.
5.	La reducción no podrá superar el 10% de la base imponible positiva menos la compensación de BIN (y la integración de determinados créditos fiscales por insolvencias y sistemas de previsión social previstos en el art. 11, apartado 12 LIS).
6.	En caso de insuficiente BI para aplicar la reducción de la reserva dotada, las cantidades pendientes podrán aplicarse en los 2 años inmediatos y sucesivos, pero con el límite del 10% en cada año.
7.	La forma de calcular los fondos propios al final y al inicio del ejercicio para determinar su incremento es *sui generis*, ya que no incluye en ambos casos los resultados del ejercicio, las reservas legales y otras que expresamente señala la ley: no se tienen en cuenta las aportaciones de los socios ni las ampliaciones de capital o fondos propios por compensaciones ni las reservas de carácter legal ni la RIC (se dice expresamente) ni la reserva de nivelación de bases imponibles ni los fondos propios generados por variaciones de activos por impuestos diferidos.
8.	La compensación voluntaria de resultados negativos no afecta al cálculo de la reserva, pero sí la compensación obligatoria, que lo disminuye.

9.	El reparto de un dividendo a cuenta del ejercicio no afecta negativamente a la dotación de la reserva, ya que tampoco se tiene en cuenta el resultado del ejercicio.
10.	Los dividendos extraordinarios contra reservas de años anteriores afectan tanto a la dotación de la reserva como a su mantenimiento durante cinco/tres años, pues disminuyen los fondos propios.
11.	Los cargos que se hagan durante el ejercicio en reservas voluntarias afectan negativamente al cálculo de la dotación, como disminución de los fondos propios, salvo que puedan considerarse como pérdidas contables del ejercicio.
12.	En fin, el incremento de los fondos propios debe suponer una aplicación extra a la autofinanciación o solvencia patrimonial.

20.5. La interacción entre la reserva de capitalización y la dotación RIC/RIB

Falta referirnos a la cuestión nuclear del capítulo y que le da título, que en síntesis consiste en analizar cómo afecta la reserva de capitalización a la RIC/RIB y en qué se ve afectada si se dota RIC/RIB.

Antes de comenzar su análisis hemos de ser conscientes que el régimen general en el IS es el de la reserva de capitalización, y el régimen especial en función del territorio en que se realiza la actividad económica es el de la RIC/RIB. Conviene tener en cuenta este aspecto para no incurrir en errores de bulto a la hora de combinar los tres tipos de reservas.

Recordemos que el art. 25 LIS que regula la reserva de capitalización excluye expresamente la RIC de los fondos propios a la hora de determinar el necesario incremento de fondos propios que posibilita su dotación. No menciona la RIB sencillamente porque en 2014 no existía el Régimen fiscal especial balear. Hay que precisar que a la hora de dotar RIC/RIB cualquier aplicación del beneficio contable que se haga a reservas que no sean las voluntarias, se considera beneficio distribuido y, por tanto, disminuye el cálculo de su dotación máxima. Entre estas reservas se encuentran a partir de 1 de enero de 2015 la reserva de capitalización y la de nivelación de bases imponibles.

Sobre su bondad tributaria hay que tener en cuenta que la reserva de capitalización es más atractiva que la RIC/RIB, pues permite reducir la base imponible solo por capitalizar la entidad, sin compromiso de inversión alguno. Pero lo hace por un importe muy inferior al que permite la RIC/RIB (el 10% o 15% a partir de 2024 del incremento de los fondos propios frente al 90% del beneficio no distribuido en las reservas para inversiones). Por eso, aunque entendamos que la dotación de la reserva de capitalización ha de ser prioritaria a la RIC/RIB en las entidades mercantiles, somos conscientes que muchas empresas que realicen actividades económicas en Canarias/Baleares optarán por dotar primero la RIC/RIB (especialmente cuando tengan expectativas de crecimiento con activos aptos para la materialización o creación de empleo), por lo que exponemos la forma correcta de hacerlo desde el punto de vista mercantil y tributario.

Con estas premisas desarrollamos los mecanismos que entendemos más correctos, aunque al tratarse de reservas voluntarias (pero indisponibles), no hemos de descartar que otros supuestos de aplicación sean también correctos desde el punto de vista estrictamente legal, aunque resten eficiencia tributaria a quienes lo apliquen. Y nos expresamos en plural porque partimos de dos modelos diferentes: el que aplica primero la reserva de capitalización, que es el más rentable fiscalmente hablando, y luego la RIC/RIB; frente al que aplica en primer lugar la RIC/RIB y luego la reserva de capitalización. La diferencia está en decantarse primero por la reserva de capitalización o la RIC/RIB, aunque aboguemos por eficiencia tributaria hacerlo siempre por la primera y luego con las reservas para inversiones.

20.5.1. El modelo aconsejado: dotación de la reserva de capitalización previa a la dotación RIC/RIB

Anticipamos que la forma que mejor racionaliza el uso de las tres reservas para minimizar la imposición sobre el beneficio es la de dotar primero la reserva de capitalización y, si hay previsión de hacer inversiones en el futuro, dotar además la RIC/RIB. Eso sí, descontando del beneficio contable el importe de la reserva de capitalización que se va a dotar y comprobando que con la dotación RIC/RIB se incrementan efectivamente los fondos propios que posibilitan la existencia de la primera. En segundo término dejamos la dotación de la reserva de nivelación, al tratarse de un mero diferimiento fiscal. Régimen en que si observamos la más mínima colisión con las tres reservas anteriores es el primero que aconsejamos descartar. Lo analizamos en el capítulo 21.

Empecemos pues dotando, como proponemos, la reserva de capitalización. Para ello sabemos que el beneficio contable del ejercicio al final y al principio del mismo no se tiene en cuenta para el cálculo de los fondos propios, y por tanto del necesario incremento que ha de darse para su dotación por el 10% (15% a partir de 2024) del aumento. En otras palabras, que lo que va a posibilitar el incremento de los fondos propios a efectos de la dotación de la reserva de capitalización es la parte del saldo de pérdidas y ganancias del ejercicio anterior (que luce como tal al inicio del ejercicio, hasta que se aplique en la junta general de socios) que se destina a reservas voluntarias, remanentes o a incrementar el capital social.

En este aspecto encontramos una diferencia importante para tratar de homogeneizar los regímenes de la reserva de capitalización y la RIC/RIB, puesto que las últimas se nutren del beneficio no distribuido del propio ejercicio; mientras que la primera, de la parte del beneficio del ejercicio anterior que incrementó las reservas voluntarias, el remanente o el capital social. Si estamos liquidando el ejercicio 2025, la reserva de capitalización se nutrirá de la parte del beneficio 2024 que se considere incremento de fondos propios, mientras que la RIC/RIB lo hacen del beneficio 2025 que no se distribuya. Las magnitudes en que se basan son diferentes.

La primera cuestión que planteamos es si la dotación de la reserva de capitalización 2025 se ve afectada por la dotación RIC/RIB 2024 o por la dotación RIC/RIB 2025. El legislador no la resuelve, ya que el art. 25 LIS indica: *No obstante, a los efectos de determinar el referido incremento, no se tendrán en cuenta como fondos propios al inicio y al final del período impositivo: … e) Las reservas indisponibles que se doten por aplicación de lo dispuesto en el artículo 105 de esta Ley y en el artículo 27 de la Ley 19/1994, de 6 de julio, de modificación del Régimen Económico y Fiscal de Canarias.* Solo menciona expresamente que hay que excluir la dotación RIC de los fondos propios para hallar su incremento, pero no especifica si la del año anterior (2024) o la del año que se liquida fiscalmente (2025). Cuestión eminentemente técnica que hemos de resolver.

Nos inclinamos por que la dotación RIC/RIB que hay que excluir para el cálculo de la dotación de la reserva de capitalización 2025 es la efectuada con el saldo de pérdidas y ganancias 2024, es decir, la que conocemos como dotación RIC/RIB 2024, y ello por el motivo principal de que el incremento de los fondos propios a efectos de la dotación de la reserva de capitalización se basa precisamente en la parte del beneficio contable 2024 que se ha destinado a reservas voluntarias o al capital social. Si una parte del beneficio se destinó a la RIC/RIB opera la restricción del art. 25.2.e) y no se considera como incremento de los fondos propios.

Ejemplo 20.7. Dotando primero el máximo de la R. C. y luego una parte de la RIC/RIB

En el ejercicio 2025 se obtuvo un beneficio antes de impuestos de 500.000 euros y se quiere dotar la reserva de capitalización por el máximo y la RIC por 100.000. En 2024 se generó un beneficio contable de 200.000 euros, se dotó la reserva legal por el 10%, la RIC por 80.000 euros, se repartió un dividendo de 40.000 y el resto se llevó a reservas voluntarias. El capital social es 100.000 euros y a 31-12-2024 no se había dotado reserva alguna.

a) Incremento de los fondos propios:

Fondos propios al 1-1-2025 = 100.000 capital social + 200.000 pérdidas y ganancias 2024 = 300.000.

Fondos propios al 31-12-2025 = 100.000 capital social + 20.000 reserva legal + 80.000 RIC 2024 + 60.000 reservas voluntarias + 500.000 pérdidas y ganancias 2025 (previa al impuesto) = 760.000.

Incremento contable de los fondos propios = 760.000 - 300.000 = 460.000 (sin considerar el gasto por impuesto de 2025).

b) Incremento de los fondos propios a efectos de la reserva de capitalización:

Fondos propios al 31-12-2025 = 100.000 capital social + 60.000 reservas voluntarias = 160.000

Fondos propios 1-1-2025 = 100.000 capital social

Incremento fondos propios 2025 = 160.000 - 100.000 = 60.000

Dotación máxima a la reserva de capitalización 2025 = 60.000 x 0,15 = 9.000

Límite máximo de la reducción 2025 = 10% de la BI previa a la reducción, por lo que hemos de calcularla:

	IS 2025	Solución propuesta
BAI	500.000	500.000
Reserva capitalización	¿?	9.000
RIC	¿?	100.000
BI	=	391.000
Imposición x 0,25	=	97.750
Beneficio contable	=	402.250

Como explicamos, la reserva de capitalización exige que haya existido un incremento de los fondos propios en 2025, pero sin contar ni al final ni al inicio del ejercicio con el beneficio contable generado. Supone que el incremento tiene que venir determinado por la parte del saldo de pérdidas y ganancias 2024 que se destinó a los fondos propios:

1°) Incremento fondos propios 2025 = 200.000 - 40.000 dividendos = 160.000

2°) Incremento fondos propios 2025 a efectos de la reserva de capitalización = 200.000 - 40.000 dividendos - 20.000 reserva legal - 80.000 RIC 2024 = 60.000.

3°) Reserva de capitalización máxima = 15% de 60.000 = 9.000; y que a su vez sea inferior al 10% de la base imponible (500.000 - 100.000 RIC 2025) = 40.000.

4°) RIC 2025 = 100.000; que ha de ser inferior a 0,9 (500.000 - 98.500 impuesto- 9.000 reserva capitalización - 0 reserva legal) = 353.250.

En la solución propuesta en el ejercicio se observa que para el cálculo del incremento de los fondos propios a efectos de la reserva de capitalización, la dotación RIC afectada es la de 2024 (año n-1); mientras que a efectos del límite del 10% de la base imponible de 2025 la que entendemos que hay que considerar es la RIC 2025 (año n). Complejo, sí, pero seguro que el legislador no previó esta problemática en la interacción reserva de capitalización-RIC/RIB, aunque excluyese expresamente a la RIC en el cálculo de los fondos propios del art. 25 LIS.

¿Qué ocurre si en vez de querer destinar en el ejercicio anterior a la RIC/RIB la cantidad fija de 100.000 se quiere destinar el máximo legal posible? Entendemos que respecto al cálculo del incremento de los fondos propios en 2025 a efectos de la reserva de capitalización 2015 no afecta la decisión; pero sí al límite del 10% de la base imponible, ya que en tanto mayor sea la dotación RIC/RIB menor será la base imponible y, en consecuencia, inferior será el importe del límite del 10%.

20.5.2. El otro modelo posible: la dotación de la RIC/RIB previa a la dotación a la reserva de capitalización

El otro modelo que hay que analizar, aunque hayamos afirmado que no es el más eficaz en tanto que supone un menor ahorro fiscal, es dotar el máximo posible de la RIC/RIB y posteriormente analizar si se puede o no dotar la reserva de capitalización. En este caso el objetivo es priorizar la dotación RIC/RIB, asumiendo que pueden ser materializadas en plazo y forma.

En el cálculo de la dotación RIC/RIB debe excluirse la reserva de capitalización, cuyo importe se desconoce y tiene un doble límite a partir de 2024: el 15% del incremento de los fondos propios calculado conforme al art. 25 LIS y el 10% de la base imponible una vez hechas las reducciones, excepto la propia de la reserva de capitalización. Lógicamente, entre mayor sea la dotación RIC/RIB menor será la base imponible y el límite del 10% a efectos de la reducción de la reserva de capitalización, por lo que esta debería ser mínima. Sin embargo, no es así, ya que como explicamos, el mayor condicionante de la reserva de capitalización viene dado por el cálculo del 15% del incremento de los fondos propios, que no se ve afectado por la dotación RIC/RIB 2025 sino por la dotación RIC/RIB 2024. Ello conlleva a que una dotación RIC/RIB 2025 máxima apenas afecte a la reserva de capitalización 2025, aunque sí afectará plenamente a la reserva de capitalización 2026.

Ejemplo 20.8. Dotando primero la RIC/RIB máxima y luego la R. C.

En el ejercicio 2025 se obtuvo un beneficio antes de impuestos de 500.000 euros y se quiere dotar la RIC/RIB al máximo legal y luego la reserva de capitalización. En 2024 se obtuvo un beneficio contable de 200.000 euros, se dotó la reserva legal por el 10%, la RIC/RIB por 80.000 euros, se repartió un dividendo de 40.000 y el resto se llevó a reservas voluntarias. El capital social es 100.000 euros y a 31-12-2024 no se había dotado reserva alguna.

Partimos primero de una dotación RIC/RIB estimada importante, 400.000 euros, que luego comprobaremos si se ajusta o no al máximo legal, dotando posteriormente la reserva de capitalización por el máximo legal.

Dotación RIC/RIB 2025 = 400.000

Dotación reserva de capitalización 2025

Incremento contable de los fondos propios:

Fondos propios al 1-1-2025 = 100.000 capital social + 200.000 pérdidas y ganancias 2024 = 300.000.

Fondos propios al 31-12-2025 = 100.000 capital social + 20.000 reserva legal + 80.000 RIC/RIB 2024 + 51.000 reservas voluntarias (200.000 - 20.000 RL - 80.000 RIC - 40.000 DIV - 9.000 RC) + 9.000 reserva capitalización 2025* + 500.000 pérdidas y ganancias 2025 (previa al registro del gasto por impuesto sobre sociedades) = 760.000.

Incremento contable fondos propios = 760.000 - 300.000 = 460.000 (sin el impuesto 2015).

Incremento fondos propios a efectos de la reserva de capitalización:

Fondos propios 31-12-2025 = 100.000 capital social + 60.000 reservas voluntarias = 160.000

Fondos propios 1-1-2025 = 100.000 capital social

Incremento fondos propios 2025 = 160.000 - 100.000 = 60.000

*Dotación máxima a la reserva de capitalización 2025 = 60.000 x 0,15 = 9.000

Como se observa, una dotación RIC 2025 máxima no afecta a la constitución de la reserva de capitalización, pero sí afecta al límite máximo sobre la base imponible:

Límite máximo de la reducción 2025 = 10% de la BI previa a la reducción, por lo que hemos de calcular la base imponible:

	IS 2025	Solución propuesta
BAI	500.000	500.000
Reserva de capitalización	¿?	-9.000
RIC 2025	¿?	-400.000 (estimación)
BI	=	91.000
Imposición x 0,25	=	22.750
BENEFICIO CONTABLE	=	477.250

Hay que comprobar que la dotación RIC 2025 estimada (400.000) cumple los requisitos legales:

RIC máxima = 0,9 (500.000 - 22.750 impuesto - 9.000 reserva capitalización - 0 reserva legal porque ha llegado a 1/5 capital social) = 421.425.

Sí los cumple, por lo que el segundo paso será hallar el límite del 10% de la base imponible de la reserva de capitalización.

Antes señalamos que su dotación máxima era 9.000; y ahora que la base imponible previa a la R. C. es 100.000 euros (500.000 - 400.000 RIC), por lo que el límite del 10% es 10.000 euros. Por tanto, la reducción efectuada de 9.000 euros es correcta y la reserva de capitalización 2025 no se ha visto afectada por una dotación RIC 2025 máxima.

Ejemplo 20.9. De cómo afecta una RIC/RIB máxima en la R. C. del siguiente ejercicio

Veamos el efecto de una dotación RIC 2025/RIB máxima en la reserva de capitalización 2026, que no llega a anularse.

Siguiendo el ejercicio 20.8, en 2026 se obtiene un beneficio antes de impuestos de 600.000 euros y se quiere dotar la máxima RIC/RIB y luego la reserva de capitalización. En 2025 se obtuvo un beneficio contable de 477.250 euros que se destinó a la RIC por 400.000 euros, y se constituyó la reserva de capitalización por 9.000 euros. El resto se llevó a reservas voluntarias. El capital social es de 100.000 euros y la reserva legal ya ha alcanzado el 20% del capital social.

Dotación RIC 2026 estimada = 450.000

Dotación reserva de capitalización 2026

– Incremento contable de los fondos propios:

Fondos propios al 1-1-2026 = 31-12-2025 = 100.000 capital social + 20.000 reserva legal + 80.000 RIC/RIB 2024 + 51.000 reservas voluntarias (200.000 - 20.000 RL - 80.000 RIC - 40.000 DIV - 9.000 RC) + 9.000 reserva capitalización 2025* + 477.250 pérdidas y ganancias 2025 = 737.250.

Fondos propios al 31-12-2026 = 100.000 capital social + 20.000 reserva legal + 80.000 RIC 2024 + 400.000 RIC 2025 + (51.000 + 68.250 de reservas voluntarias 2024 y 2025) + 9.000 reserva capitalización 2025 + 600.000 pérdidas y ganancias 2026 (previa al impuesto) = 1.328.250

Incremento contable fondos propios = 1.328.250- 737.250 = 591.000 (sin el impuesto 2016)

– Incremento fondos propios a efectos de la reserva de capitalización:

Fondos propios 31-12-2026 = 100.000 capital social + 119.250 reservas voluntarias = 219.250

Fondos propios 1-1-2026 = 100.000 capital social + 51.000 reservas voluntarias = 151.000.

Incremento fondos propios 2026 = 219.250 - 151.000 = 68.250 (de las reservas voluntarias 2025).

– Dotación máxima a la reserva de capitalización 2026 = 68.250 x 0,15 = 10.237,50, que a su vez tendrá como límite el 10% de la base imponible menos la dotación RIC 2026.

Si no se llega a haber dotado la RIC 2025 por importe de 400.000, las reservas voluntarias hubiesen sido superiores a 31-12-2026 y por tanto mayor el incremento de los fondos propios, pudiéndose constituir una reserva de capitalización 2026 por mayor importe (pero también el impuesto de beneficios hubiese sido muy superior).

Finalmente, resaltar que en la solución propuesta observamos cómo una dotación RIC máxima del año "n" apenas afecta al cálculo de la dotación de la reserva de capitalización del propio año "n", ya que solo interactúa con ella para el cálculo del límite del 10% de la base imponible del año "n", pero no para el incremento de los fondos propios. Este solo se ve afectado por la dotación RIC "n-1" (no con la dotación RIC año "n"). A su vez, la dotación RIC máxima del año "n" tendrá efecto negativo en el cálculo de la dotación de la reserva de capitalización del año "n+1".

20.5.3. El criterio de la DGT en relación con la reserva de capitalización y la RIC

No he observado más consultas de la DGT relacionadas con la reserva de capitalización y la RIC que la **CV 1907-2018, de 28 de junio**, que aborda dos cuestiones principales: en el caso de que la RIC dejara de ser indisponible por cumplimiento del plazo de mantenimiento, si el importe que pasa a ser disponible puede computar a los efectos del incremento de fondos propios para la reserva de capitalización; y si en el supuesto de que dicho importe no pudiera computarse a los efectos de la reserva de capitalización, si el reparto de la RIC que ha pasado a ser disponible vía dividendos penalizaría en el cálculo de la reserva de capitalización.

Antes de comentar la respuesta hay que recordar que las reservas voluntarias especiales y las obligatorias no computan como incremento de los fondos propios para el cálculo de la reserva de capitalización. Por ello es razonable la pregunta de qué ocurre con la reserva de capitalización cuando la RIC se traspase a reservas voluntarias al finalizar su plazo de mantenimiento, ¿puede llevarse ese incremento específico de fondos propios a la reserva de capitalización? La DGT responde afirmativamente, que cuando la RIC deje de ser indisponible, su importe computará en el cálculo de la reserva de capitalización:

De acuerdo con la letra e) del artículo 25.2 de la LIS no se computarán dentro de los fondos propios las reservas indisponibles resultantes de la aplicación del artículo 27 de la Ley 19/1994, de 6 de julio. Por tanto, en la medida en que estas reservas dejen de tener la consideración de indisponibles, en los términos previstos en el artículo 27.3 de la Ley 19/1994, de 6 de julio, deberán computarse a los efectos de calcular el incremento de fondos propios que genera el derecho al incentivo fiscal del artículo 25 de la LIS [DGT, CV 1907-2018].

20.6. Ficha resumen de la reserva de capitalización y las dotaciones RIC/RIB

1. La reserva de capitalización es el régimen cualitativamente más beneficioso desde el punto de vista tributario, ya que disminuye la imposición sobre el beneficio en un porcentaje de la base imponible sin suponer contraprestación alguna a la hora de invertir o generar empleo. Es la primera opción que hay que elegir a la hora de liquidar un ejercicio.
2. No obstante, su potencialidad respecto a otros incentivos fiscales, como la RIC/RIB, es menor, ya que se nutre a partir de 2024 del 15% (antes del 10%) del incremento de fondos propios específicamente señalado en la normativa y tiene un límite del 10% de la base imponible previa a la reducción por la reserva de capitalización.
3. La reserva de capitalización que se deduce en la base imponible del año n ha de constituirse obligatoriamente en el siguiente año que se liquida, en el asiento de aplicación del saldo de pérdidas y ganancias a realizar durante el primer semestre del año n+1.
4. La dotación RIC/RIB que interactúa con la reserva de capitalización del año n es la del año n-1, no la del propio año n, y se debe a que la reserva de capitalización no se nutre del beneficio del ejercicio, sino del beneficio del ejercicio anterior que se aplicó a reservas voluntarias, remanentes o capital social.
5. A su vez, la dotación RIC/RIB del año n tendrá sus efectos en la reserva de capitalización n+1, disminuyendo el incremento de los fondos propios y por tanto la cuantía de la reserva de capitalización. Sin embargo, el límite del 10% de la base imponible sí se ve afectado por la dotación RIC/RIB realizada en el mismo año n en que se constituye la reserva de capitalización.
6. Muchas de las empresas que realizan su actividad económica en Canarias siguen maximizando la dotación RIC por encima de otras opciones como la reserva de capitalización, pero su régimen es compatible, por lo que la mejor forma de rentabilizar los incentivos fiscales es la utilización conjunta de ambos incentivos. En la aplicación conjunta hay que tener en cuenta que a la reserva de capitalización del año n le afecta la dotación RIC n-1; y a su vez, la dotación RIC del año n se ve afectada por la reserva de capitalización dotada en el propio año n.

7.	No siempre la minimización de la imposición sobre el beneficio en el año que se liquida supone lo mismo a medio y largo plazo, especialmente cuando las empresas priorizan la liquidez inmediata mediante la reducción de los impuestos del ejercicio corriente. Por ello creemos que el uso de la RIC será en la práctica empresarial preferente al de la reserva de capitalización, aunque defendamos que no es el modelo más eficaz en la planificación fiscal a largo plazo, en tanto que el ahorro fiscal conlleva aparejado su correlativa obligación de reinvertir o crear empleo.
8.	Lo mismo creo que ocurrirá con los empresarios baleares que están dotando RIB, pero el incremento del 10 al 15% del porcentaje de aumento de los fondos propios hace cada vez más atractiva la reserva de capitalización al no existir compromiso de inversión alguno. Pueden combinar la RIB y la reserva de capitalización, pero aconsejo que lo hagan maximizando la última.

Capítulo 21

LA RESERVA DE NIVELACIÓN DE BASES IMPONIBLES Y LA DOTACIÓN RIC/RIB

En la reforma de la Ley 27/2014 del Impuesto sobre Sociedades se crearon con efectos 1 de enero de 2015 la reserva de capitalización, objeto de estudio monográfico en el capítulo anterior, y la de nivelación de bases imponibles, que es la que analizamos ahora. No constituye una exención parcial como son los casos de la RIC/RIB y la reserva de capitalización, sino un mero diferimiento del IS sobre la cantidad que se destine contablemente a dicha reserva. Exclusivamente se benefician de la reserva de nivelación las entidades jurídicas que se consideren empresas de reducida dimensión (que el año anterior su volumen de ingresos sea menor de diez millones de euros) y tiene un límite cuantitativo anual de un millón de euros. Profesionalmente, apenas utilizo esta reserva en las empresas que asesoro y, en general, se aplica mucho menos que las tres anteriores.

21.1. Legislación vigente

– Ley 31/2022, Régimen fiscal especial balear

D. A. 70ª. Cuatro3. La reserva para inversiones deberá figurar en los balances con absoluta separación y título apropiado y será indisponible en tanto que los bienes en que se materializó deban permanecer en la empresa.

La dotación de esta reserva no tendrá la consideración de incremento de fondos propios a los efectos de lo previsto en el apartado 2 del artículo 25 de la Ley 27/2014, de 27 de noviembre, del Impuesto sobre Sociedades, ni servirá para cumplir el requisito previsto en la letra b) del apartado 1 del citado artículo 25, ni el requisito previsto en el apartado 3 del artículo 105 de la misma Ley.

– Ley 27/2014 del IS

Artículo 105 Reserva de nivelación de bases imponibles

1. Las entidades que cumplan las condiciones establecidas en el artículo 101 de esta Ley en el período impositivo y apliquen el tipo de gravamen previsto en el primer párrafo del apartado 1 del artículo 29 de esta Ley, podrán minorar su base imponible positiva hasta el 10 por ciento de su importe.

En todo caso, la minoración no podrá superar el importe de 1 millón de euros. Si el período impositivo tuviera una duración inferior a un año, el importe de la minoración no podrá superar el resultado de multiplicar 1 millón de euros por la proporción existente entre la duración del período impositivo respecto del año.

2. Las cantidades a que se refiere el apartado anterior se adicionarán a la base imponible de los períodos impositivos que concluyan en los 5 años inmediatos y sucesivos a la finalización del período impositivo en que se realice dicha minoración, siempre que el contribuyente tenga una base imponible negativa, y hasta el importe de la misma.

El importe restante se adicionará a la base imponible del período impositivo correspondiente a la fecha de conclusión del referido plazo.

3. El contribuyente deberá dotar una reserva por el importe de la minoración a que se refiere el apartado 1 de este artículo, que será indisponible hasta el período impositivo en que se produzca la adición a la base imponible de la entidad de las cantidades a que se refiere el apartado anterior.

La reserva deberá dotarse con cargo a los resultados positivos del ejercicio en que se realice la minoración en base imponible. En caso de no poderse dotar esta reserva, la minoración estará condicionada a que la misma se dote con cargo a los primeros resultados positivos de ejercicios siguientes respecto de los que resulte posible realizar esa dotación.

A estos efectos, no se entenderá que se ha dispuesto de la referida reserva, en los siguientes casos:

a) Cuando el socio o accionista ejerza su derecho a separarse de la entidad.

b) Cuando la reserva se elimine, total o parcialmente, como consecuencia de operaciones a las que resulte de aplicación el régimen fiscal especial establecido en el Capítulo VII del Título VII de esta Ley.

c) Cuando la entidad deba aplicar la referida reserva en virtud de una obligación de carácter legal.

4. La minoración prevista en este artículo se tendrá en cuenta a los efectos de determinar los pagos fraccionados a que se refiere el apartado 3 del artículo 40 de esta Ley.

5. Las cantidades destinadas a la dotación de la reserva prevista en este artículo no podrán aplicarse, simultáneamente, al cumplimiento de la reserva de capitalización establecida en el artículo 25 de esta Ley ni de la Reserva para Inversiones en Canarias prevista en el artículo 27 de la Ley 19/1994, de 6 de julio, de modificación del Régimen Económico y Fiscal de Canarias.

6. El incumplimiento de lo dispuesto en este artículo determinará la integración en la cuota íntegra del período impositivo en que tenga lugar el incumplimiento, la cuota íntegra correspondiente a las cantidades que han sido objeto de minoración, incrementadas en un 5 por ciento, además de los intereses de demora.

La incorporación de la reserva de nivelación en 2014 al ordenamiento tributario, a pesar de ser un mero diferimiento del IS, tiene un importante nexo en común con la RIC/RIB: que las tres reservas permiten compensar en el momento inicial bases imponibles negativas que se generen en el futuro. La RIC/RIB, mediante la dotación en el ejercicio inicial en que se generan los beneficios que permite un ahorro fiscal inmediato y la posterior regularización de la dotación en los cuatro años siguientes si se producen bases imponibles negativas. Hay obligación de liquidar los intereses de demora correspondientes, pero es un mecanismo de la normativa RIC no contemplado expresamente en el art. 27, pero que ha surgido en la práctica de su aplicación. Lo mismo ocurrirá con la RIB. Y en la reserva de nivelación, la opción se manifiesta por mandato expreso del legislador en la reforma de 2014, que crea esta figura impositiva como medida *carry-back* que permite deducir un 10% de la base imponible del ejercicio en que se genera el beneficio para compensarlo con hipotéticas bases imponibles negativas que se generen en los próximos cinco años, o cuando no se generan, que se regularice voluntariamente la reserva al quinto año sin liquidación de intereses de demora.

Desde el punto de vista estrictamente profesional, comento desde ahora que poco o nulo uso hago en mi despacho de esta figura impositiva, primando otras como la RIC y la reserva de capitalización, pues la reserva de nivelación de bases imponibles es un mero diferimiento del IS: lo que deja el contribuyente de pagar en impuestos hoy lo paga en los próximos cinco años o lo compensa con créditos fiscales por la existencia de bases imponibles negativas.

No por ello, dejo de considerar que es una herramienta positiva para determinados contribuyentes de reducida dimensión y situaciones específicas, motivo que analice primero su operativa y después su interacción con la dotación RIC/RIB[123].

21.2. Análisis de la reserva de nivelación de bases imponibles

Mientras que el mecanismo creado con la reserva de capitalización constituye un incentivo fiscal orientado a la capitalización de las empresas, que proporciona un ahorro real en la imposición sobre el beneficio, el de la reserva de nivelación de bases imponibles supone un mero diferimiento

---

123 La base del capítulo es el trabajo de Miranda y Dorta, 2015. "La interacción de las reservas de capitalización y nivelación de bases imponibles con la reserva para inversiones en Canarias". En Miranda, Dorta y Déniz, coordinadores, 2015. *La Encrucijada del REF. Origen y actualidad de sus incentivos fiscales. Colección Cátedra del REF n.º 3.*

de la imposición. La finalidad, pues, a la hora de aplicar una u otra es diferente, aparte de que la primera es de uso casi generalizado en todas las entidades, mientras que la segunda solo pueden utilizarla las empresas de reducida dimensión.

A pesar de ser distintas entre sí y compartir diferentes objetivos, tanto una como otra comparten similitudes con la RIC/RIB. Ciñéndonos ahora a la reserva de nivelación de bases imponibles vemos que participa de un efecto derivado de la aplicación de la RIC/RIB, que no estaba inicialmente previsto en el articulado de la Ley 19/1994, pero que en su devenir se ha evidenciado: su utilización como medida *carry-back*, es decir, como mecanismo que permite compensar en el ejercicio fiscal que se liquida parte de las bases imponibles negativas que se generen en el futuro (se dota la RIC/RIB en el año "n" y se regulariza voluntaria y posteriormente en los ejercicios "n+1" a "n+4", cuando se hayan generado bases imponibles negativas). Es precisamente el concepto de nivelación de bases imponibles positivas y negativas el que ha inspirado al legislador en la creación de esta reserva en 2014, participando así en las medidas vigentes en países de nuestro entorno. En síntesis, el mecanismo de la reserva de nivelación consiste en poder deducir fiscalmente en el año en que se generan beneficios una parte de las posibles pérdidas (fiscalmente deducibles) que se obtengan en el futuro. Todo ello trasladado, por supuesto, a la base imponible del IS a través de disminuciones al beneficio contable y posteriores incrementos en el año que se compensen con bases imponibles negativas o finalice el plazo de cinco años para su compensación.

La minoración máxima en cada ejercicio que permite la normativa es el 10% de la base imponible, que se compensará obligatoriamente en los ejercicios siguientes en que se produzca una base imponible negativa o, en su defecto, se integrará en la base imponible del quinto año. Podría suceder que la reserva solo se compense parcialmente con las bases imponibles negativas que se generen, pero la diferencia que quede pendiente deberá integrarse en la base imponible del quinto año.

a) Ámbito subjetivo

No pueden aplicar la reserva de nivelación las entidades jurídicas en general, sino las de reducida dimensión que estén sujetas al tipo normal del IS, tal como señala el art. 105.1 LIS: *Las entidades que cumplan las condiciones establecidas en el artículo 101 de esta Ley en el período impositivo…* No pueden aplicarla los empresarios o profesionales personas físicas. Criterio ratificado por la **DGT en CV 2868-2016, de 22 de junio**:

En consecuencia, en ningún caso la consultante [persona física] podría aplicarse en su declaración del Impuesto ninguna de las reducciones de base imponible establecidas en la normativa del Impuesto sobre Sociedades, y en concreto, las consultadas correspondientes a la reserva de capitalización y de nivelación [DGT, CV 2868-2016].

Recordemos que las empresas de reducida dimensión se determinan en función de la cifra de negocios que señala el art. 101.1 LIS, que en la actualidad ha de ser inferior a 10 millones de euros en el periodo impositivo inmediato anterior. En el caso de querer dotar la reserva de nivelación de bases imponibles en 2025, la entidad deberá tener una cifra de negocios en 2024 menor de 10 millones de euros. Si no fuese así, no podrá dotarla.

El segundo requisito que han de cumplir las entidades se centra ya en el propio ejercicio en que quiere dotarse la reserva, en que ha de poder aplicar el tipo de gravamen previsto en el primer párrafo del apartado 1 del artículo 29 de esta Ley: el tipo general del 25% (o del 23% para las de volumen de ingresos inferior a un millón de euros), quedando por tanto excluidas, a diferencia de la reserva de capitalización, las entidades de nueva creación que tributan al tipo del 15% en los dos primeros ejercicios en que obtengan una base imponible positiva, las entidades financieras y las dedicadas a la explotación de hidrocarburos, y todo el amplio elenco de entidades que tributan a tipos más bajos del general.

Sobre la imposibilidad de que las entidades de nueva creación puedan acogerse a la reserva de nivelación hemos de añadir que, aun siendo posible, que no lo es, no sería de interés a la nueva sociedad, ya que dejaría de tributar una parte de la base imponible al 15%, para tener que compensarla con posibles bases imponibles negativas posteriores que generarían un crédito fiscal al 25% o 23% o tener que reintegrar el ahorro a ese tipo en el quinto año, cuando se generó al 15%. No es una opción eficaz en una planificación que busca el ahorro tributario a largo plazo.

La DGT ha expresado que las entidades que tributan al 15% no pueden acogerse a la reserva de nivelación en la **CV 4068-2016, de 23 de septiembre, y CV 3495-2019, de 20 de diciembre:**

En consecuencia, en la medida en que la entidad consultante no ha tributado al tipo de gravamen previsto en el primer párrafo del apartado 1 del artículo 29 de la LIS (25%), sino al tipo de gravamen del 15 por ciento que se encuentra regulado en el segundo párrafo y siguientes de dicho apartado, no podrá reducir su base imponible en los términos establecidos en el artículo 105 de la LIS [DGT, CV 395-2019].

Consideración especial hacemos de las entidades patrimoniales, creadas por la Ley 27/2014 y relegadas a un segundo plano en cuanto a la aplicación de tipos impositivos reducidos e incentivos fiscales (el art. 29.1, último párrafo, no les permite aplicar el tipo reducido del 15% de las entidades de nueva creación, y el art. 101.1, *in fine*, los incentivos para las entidades de reducida dimensión), pero sin embargo el texto del art. 105 no las excluye expresamente de la reserva de nivelación.

Sin embargo, la reserva de nivelación es un incentivo (aunque solo suponga un mero diferimiento a la imposición) comprendido dentro del título genérico de "Incentivos fiscales para las entidades de reducida dimensión" y si bien el art. 105 no señala nada respecto de las entidades patrimoniales, sí lo hace el art. 101, que excluye expresamente a dichas entidades: *No obstante, dichos incentivos no resultarán de aplicación cuando la entidad tenga la consideración de entidad patrimonial en los términos establecidos en el apartado 2 del artículo 5 de esta Ley*. Por tanto, entendemos que las entidades patrimoniales no podrán dotar la reserva de nivelación. La DGT no se ha pronunciado al respecto hasta 2024.

Ejemplo 21.1

La sociedad C ha facturado en 2024 9.800.000 euros y presenta subvenciones de explotación por importe de 400.000 euros. Ha obtenido un beneficio antes de impuestos de 350.000 euros, teniendo gastos no deducibles por importe de 20.000 euros: ¿en 2025 puede dotar la reserva de nivelación? No, porque en 2024 superó el límite de 10 M señalado en el art. 101 LIS para las empresas de reducida dimensión.

b) Límite cuantitativo

Aparte de las limitaciones en el ámbito subjetivo, hay que tener en cuenta el doble límite cuantitativo que señala el art. 105.1: ... *podrán minorar su base imponible positiva hasta el 10 por ciento de su importe. En todo caso, la minoración no podrá superar el importe de 1 millón de euros. Si el período impositivo tuviera una duración inferior a un año, el importe de la minoración no podrá superar el resultado de multiplicar 1 millón de euros por la proporción existente entre la duración del período impositivo respecto del año.*

De su lectura extraemos que, por un lado, la minoración de la base imponible por la dotación de la reserva de nivelación no podrá rebasar el límite del 10% de la base imponible, y por otro, que la minoración no podrá superar un millón de euros. Límite cuantitativo más que generoso para entidades que no pueden facturar más de 10 millones de euros en el ejercicio inmediato anterior. El límite cuantitativo de un millón de euros se refiere a un ejercicio completo, por lo que de darse la circunstancia de que sea inferior al año, se prorratearía en función de su duración.

c) Requisitos formales y momento de la dotación

Los requisitos formales de la reserva de nivelación —con la precisión que realizamos en la reserva de capitalización de que en realidad se trata de requisitos sustanciales, ya que su incumplimiento ocasiona la pérdida del beneficio disfrutado— se señalan en el art. 105.3 LIS:

a) La dotación de una reserva específica por el importe de la reducción practicada en la base imponible del año "n".

b) La indisponibilidad de dicha reserva hasta que se adicione en la base imponible de los ejercicios "n+1" a "n+5".

– El primer requisito se refiere a dotar contablemente una reserva específica con el nombre de reserva de nivelación 202X y ha de efectuarse con cargo a resultados positivos. Si ese año el saldo de pérdidas y ganancias no es positivo, aunque la base imponible sí lo sea, por ejemplo, por adición de gastos fiscalmente no deducibles, no puede dotarse la reserva de nivelación. Alternativamente, el art. 105 señala la opción de que, ante la ausencia de resultado positivo, se dote con cargo a los primeros resultados positivos de ejercicios siguientes respecto de los que resulte posible realizar la dotación.

Por tanto, el legislador permite que se aplique la reducción en la base imponible aun sin dotarse contablemente la reserva, pero obliga a hacerlo en el ejercicio en que se genere beneficio contable. La causa de incumplimiento es, en su caso, no dotar la reserva de nivelación pudiendo hacerlo, ya sea en el propio ejercicio en que se reduce la base imponible o en el inmediato siguiente en que se obtenga un beneficio contable.

Queda determinar en qué **momento** hay que efectuar el asiento contable de la constitución de la reserva, en que observamos una importante diferencia respecto al literal de la reserva de capitalización, puesto que el art. 105.3 especifica que *La reserva deberá dotarse con cargo a los resultados positivos del ejercicio en que se realice la minoración en base imponible.* Es decir, como ocurre en la dotación RIC/RIB y como aclaró la DGT que debe hacerse con la reserva de capitalización. En síntesis, en la reserva de nivelación, la dotación se realiza con la aplicación del saldo de pérdidas y ganancias del ejercicio "n", que se efectúa en el ejercicio "n+1", el día de la aprobación en junta ordinaria de las cuentas anuales y aplicación del resultado: 30 de junio del año "n+1" (o día anterior en que se aprueben las cuentas anuales). Mediante el asiento contable: Pérdidas y Ganancias año "n" a Reserva de nivelación año "n" y resto de aplicaciones

– El segundo requisito obliga a que la reserva sea indisponible hasta que se haya incrementado en la base imponible de los ejercicios que generen bases imponibles negativas o en su defecto, en el ejercicio "n+5". Admite tres excepciones tasadas, las mismas que analizamos en la reserva de capitalización: los casos de separación de socios (que tienen derecho a su parte proporcional de la reserva); el régimen especial de reestructuración empresarial, en que se elimina total o parcialmente la reserva; y cuando haya que aplicarla por mandato legal (básicamente para incrementar el capital social o compensar resultados negativos).

En todos los casos de incumplimiento ajenos a las excepciones anteriores deberá regularizarse el beneficio fiscal disfrutado, como indicamos en el próximo epígrafe.

21.3. Modo en que opera el mecanismo de la reserva de nivelación

Ya comentamos que la reserva de nivelación de bases imponibles no supone un ahorro en la imposición sobre beneficios, sino un mero diferimiento. Por tanto, desde el punto de vista contable, debe considerarse la existencia de un pasivo por diferencia temporaria asociado a la dotación de la reserva de nivelación. Pasivo que se crea en el ejercicio en que se dota la reserva, con cargo a la cuenta de impuestos diferidos. El pasivo fiscal se cancelará a medida que se compense la reducción practicada con bases imponibles negativas futuras o, en el caso de no haberlas o ser insuficientes para su compensación, se integre total o parcialmente en la base imponible del quinto año.

Los asientos a practicar son básicamente dos[124]:

– En el año "n" que se constituya la reserva y se reduzca la base imponible, se cargará la cuenta de impuestos diferidos (6301) con abono a la cuenta de pasivo por el tipo impositivo que se prevé su reversión (25% o

---

[124] De acuerdo al método del efecto impositivo basado en el balance del PGC de 2007, pudieran existir diferentes interpretaciones sobre cuál debe ser la cuenta de cargo y abono en el registro del pasivo por diferencias temporarias. Se ha optado, como otros autores (Labatut, 2015b), por la cuenta "(6301) Impuesto diferido", asumiendo que se trata de una diferencia temporal. Otra opción sería cargar la propia cuenta de Reserva por Nivelación en el momento de su constitución que sería abonada en los siguientes ejercicios a medida que se disminuye el pasivo fiscal. Esta alternativa estaría en similitud al tratamiento que se ofrece a otras rúbricas del patrimonio neto, como es el caso de las subvenciones de capital.

23%) aplicado sobre el importe que se ha reducido en la base imponible del ejercicio que se liquida:

(6301) Impuestos diferidos a (479) Pasivo por Diferencias Temporarias imponibles

– En los años (n+1 a n+5) en que se compense total o parcialmente la reducción efectuada en la base imponible del año “n”, se dará de baja la cuenta “Pasivo por Diferencias Temporarias Imponibles” con abono a la cuenta de impuestos diferidos:

(479) Pasivo por Diferencias Temporarias Imponibles a (6301) Impuestos diferidos

La dotación de la reserva de nivelación y su reducción en la base imponible supone la minoración de la cuota del IS a pagar en el ejercicio. Genera por tanto un menor impuesto directo que, a su vez, se compensa con el impuesto diferido creado contablemente, de forma que el beneficio contable del ejercicio no experimenta alteración alguna.

Ejemplo 21.2

En 2025 se genera un beneficio contable de 250.000 y existen gastos fiscalmente no deducibles por 50.000. Se quiere dotar la reserva de nivelación y reducir la base imponible del ejercicio.

La reducción máxima es el 10% de la base imponible, 30.000 euros [0,10 (250.000 + 50.000)]; y por el importe hay que dotar la reserva de nivelación con cargo al saldo de pérdidas y ganancias del ejercicio. La imposición sobre beneficios y los asientos contables que genera son los siguientes:

IS 2025

BAI	250.000
GND	+ 50.000
RESERVA NIVELACIÓN	- 30.000
BI	= 270.000
x 0,25	= 67.500

– Por el impuesto corriente:

67.500 (6300) Impuesto corriente	a	(4752) H. P., acreedora por impuesto sobre sociedades 67.500

– Por el impuesto diferido determinado por el tipo impositivo que se prevé revertir (25%) = (30.000 x 0,25):

7.500 (479) (6301) Impuestos diferidos	a	Pasivo por Diferencias Temporarias imponibles 7.500

Por tanto, el saldo final de Pérdidas y Ganancias es 175.000 euros (250.000 - 67.500 - 7.500).

BENEFICIO CONTABLE = 175.000

Una parte del saldo deberá llevarse obligatoriamente a la reserva de nivelación 2025 por importe de 30.000 en el asiento de aplicación del saldo de pérdidas de ganancias en junio de 2026.

Al 30 de junio de 2026 (o día en que se aprueben las cuentas anuales):

175.000 (129) Pérdidas y ganancias 2025	a	Reserva de nivelación 2015	30.000
	a	Otras aplicaciones	145.000

Aparte del mecanismo de cómo opera en el año en que se constituye la reserva de nivelación y cómo afecta al impuesto sobre el beneficio, hemos de comprobar la afirmación anterior de que la utilización de la reserva de nivelación no afecta al beneficio contable del ejercicio. Si liquidamos el IS sin la reserva de nivelación, el beneficio contable es exactamente igual al anterior:

IS 2025

BAI	250.000
GND	+50.000
BI	= 300.000
X 0,25	= 75.000

Bfo. Contable = 250.000 - 75.000 = 175.000

Y ello es debido a que la imposición sobre el beneficio (75.000) es la misma en uno u otro caso, ya que en el primero, el menor impuesto directo (67.500) se incrementa con el impuesto diferido (7.500) que genera la diferencia temporaria.

Desde el punto de vista tributario, el diferimiento de impuestos que se produce en el año “n” en que se dota la reserva y se reduce del beneficio para hallar la base imponible ha de compensarse en dos momentos diferentes:

i) A medida que se generen bases imponibles negativas, en cuyos ejercicios n+1 a n+5 se reintegrará la reducción practicada en el año “n”. Si las bases imponibles negativas generadas son inferiores al importe reducido, se irá reintegrando parcialmente hasta su compensación final en el plazo de 5 años;

ii) Obligatoriamente en el año n+5 cuando no se hayan generado bases imponibles negativas o por importe insuficiente para compensar la reducción practicada en el año “n”. En la base imponible del año n+5 se reintegrará el importe total de la reducción practicada, o en su caso, el importe parcial que no haya podido ser compensado en los ejercicios anteriores.

Ejemplo 21.3

La sociedad D ha facturado 9.100.000 euros en 2024 y ha obtenido un beneficio antes de impuestos de 350.000 euros, teniendo gastos no deducibles por importe de 20.000 euros:
En 2025 puede dotar la reserva de nivelación, ya que en 2024 tuvo una facturación inferior a 10 millones de euros. El máximo de la reserva es el 10% de la base imponible, esto es, 37.000 euros [10% (350.000 + 20.000)].
Siendo su BI = 350.000 + 20.000 - 37.000 = 333.000
En 2026, 2027 y 2028 obtiene de nuevo beneficios y vuelve a dotar la reserva de nivelación. Como no se generan bases imponibles negativas no hay que compensar la reducción de 37.000 euros practicada en 2025.
En 2029 genera una BIN de -20.000, que ha de incrementar con +20.000 de parte del importe de la reserva de nivelación de 2025:

IS 2029

BAI	- 20.000
RESERVA NIVELACIÓN 2025	+ 20.000
BI	0

En 2030 (ejercicio n+5) genera beneficios por 50.000. En ese año debe incrementar la BI del ejercicio con la reserva de nivelación de 2025 no adicionada anteriormente (37.000 - 20.000 = 17.000). En 2030, por tanto, ha de tributar por la parte que se ahorró en 2025 no compensada anteriormente:

IS 2030

BAI	+ 50.000
RESERVA NIVELACIÓN 2025	+ 17.000
BI	= 67.000
X 0,25	

En 2031 vuelve a generar beneficios, por lo que integrará en la BI el importe de la reserva de nivelación de 2026, y así sucesivamente.
Como se observa en el ejemplo, se crea una cadena de reducciones y adiciones que permite sistemáticamente diferir la imposición de una parte de la base imponible, con sus efectos positivos en la planificación financiera de la entidad.

– Pagos fraccionados

El art. 105.4 señala que la *minoración prevista en este artículo se tendrá en cuenta a los efectos de determinar los pagos fraccionados,* motivo de que en los pagos a cuenta del ejercicio “n” en que piensa dotarse la reserva de nivelación y reducirla de la base imponible se deducirá del importe del beneficio contable la cuantía prevista para la reserva de nivelación. El texto hace referencia únicamente a la “minoración prevista”, no a los posteriores incrementos por compensación de la reducción, motivo de que en el año n+5 o anteriores dichos incrementos no se tendrán en cuenta para el cálculo del pago fraccionado. No obstante, es otra de las materias en las que no se ha pronunciado la DGT, al menos que sepamos. Literalmente parece claro, aunque las interpretaciones no tienen por qué ser literales.

– Compatibilidades y exclusiones

El régimen de incompatibilidades y exclusiones de la reserva de nivelación figura en el art. 105.5. LIS: *Las cantidades destinadas a la dotación de la reserva prevista en este artículo no podrán aplicarse, simultáneamente, al cumplimiento de la reserva de capitalización establecida en el artículo 25 de esta Ley ni de la Reserva para Inversiones en Canarias prevista en el artículo 27 de la Ley 19/1994, de 6 de julio, de modificación del Régimen Económico y Fiscal de Canarias.*

De su lectura interpretamos que el legislador ha querido que sea compatible con los incentivos fiscales que apliquen las entidades en general y las de reducida dimensión en particular, pero respecto a la reserva de capitalización y la RIC señala que no podrán aplicarse simultáneamente con la reserva de nivelación, es decir, que el mismo importe de la reserva de nivelación no podrá a su vez aplicarse a la reserva de capitalización o a la RIC. Medida que nos parece coherente con el fomento de la capitalización de las empresas.

Es posible aplicar en un mismo ejercicio la RIC, la reserva de capitalización y la reserva de nivelación de bases imponibles (compatibilidad), pero sin que el mismo importe sirva para más de uno de tres los incentivos anunciados (no simultaneidad).

– Incumplimiento de la normativa

En el caso de la reserva de nivelación, el incumplimiento de la normativa exige la regularización del beneficio disfrutado, aunque se trate de un simple diferimiento de la imposición sobre el beneficio. El mecanismo singular de regularización se señala en el art. 105.6: *El incumplimiento de lo dispuesto en este artículo determinará la integración en la cuota íntegra del período impositivo en que tenga lugar el incumplimiento, la cuota íntegra correspondiente a las cantidades que han sido objeto de minoración, incrementadas en un 5 por ciento, además de los intereses de demora.*

Y decimos singular porque difiere del mecanismo de regularización de la reserva de capitalización y la RIC e incluso del genérico del art. 125.3 LIS, pero hay que dejar constancia que son dos los tipos de incumplimiento que pueden producirse: i) por los requisitos formales y ii) por la no integración de la reducción practicada en el año "n" en los posteriores que generen bases imponibles negativas o en el ejercicio n+5. Ambos darán lugar a la integración en la cuota íntegra del período impositivo en que tenga lugar el incumplimiento de la cuota en su día ahorrada, incrementada en un 5% más los correspondientes intereses de demora.

Ejemplo 21.4

En 2025 se reduce de la base imponible 4.000 euros en concepto de reserva de nivelación, pero en 2026 no se aplica correctamente el saldo de pérdidas y ganancias de 2025 y no se dota dicha reserva.

Se produce el incumplimiento formal de no dotar correctamente la reserva de nivelación 2025 en 2026, por lo que en la liquidación del IS de 2026 hay que reintegrar el ajuste negativo realizado en 2025 e incrementar en la cuota el 5% del ahorro en su día disfrutado (4.000 x tipo IS aplicado 2025 x 0,05) y los intereses de demora sobre 4.000 x 0,25 = 1.000 euros durante un año.

Ejemplo 21.5

En 2025 se reduce la base imponible con 10.000 euros de la reserva de nivelación que se dota correctamente en junio de 2026 contra el saldo de pérdidas y ganancias 2025.

En 2026 se genera una base imponible positiva y en 2027 una negativa de 6.000, sin que la sociedad la haya compensado con parte de la reducción de 2025.

En 2027 se produce el incumplimiento de la normativa, pues no se reintegra en la base imponible negativa de 6.000 parte de la reducción efectuada en 2025. En la liquidación de 2027, a efectuar en 2028, hay que incrementar la base imponible en ese importe e ingresar el 5% del ahorro en su día disfrutado (6.000 x tipo IS aplicado 2025 x 0,05) y los intereses de demora calculados sobre 6.000 euros desde el 25 de julio de 2026 hasta el 25 de julio de 2028.

La regularización supone a su vez el traspaso de la reserva de nivelación por 6.000 a reservas voluntarias.

– Consideración final

Si comparamos la reserva de capitalización, la RIC/RIB y la reserva de nivelación, vemos que las dos primeras constituyen una diferencia permanente, mientras que la última tan solo una diferencia temporaria, esto es, lo que no tributa en el momento de su constitución tributará en los próximos cinco años. De los tres regímenes previstos, el que supone un mayor beneficio fiscal cualitativo es la reserva de capitalización, porque no obliga a invertir, y la que menos la reserva de nivelación, que es un mero diferimiento de la imposición sobre el beneficio. En medio están la RIC/RIB, que son compatibles con ambas, pero que su dotación ha de disminuirse con las anteriores y, a su vez, minoran sus respectivas dotaciones. Por eso, después de analizar ambos regímenes nos falta estudiar la interacción que se produce entre ellas.

21.4. La interacción entre la reserva de capitalización, la reserva de nivelación y la RIC/RIB

Falta referirnos a la interacción de la reserva de nivelación de bases imponibles con la dotación RIC/RIB, siendo conscientes que la primera es aplicable solo a las empresas de reducida dimensión y las segundas constituyen un régimen especial en función del territorio en que se realiza la actividad económica. Recordemos que el art. 25 LIS, que regula la reserva de capitalización, excluye expresamente a la reserva de nivelación y a la RIC de los fondos propios a la hora de determinar el incremento de fondos propios que posibilita su dotación; y que, a su vez, el art. 105 LIS, que regula la reserva de nivelación, señala que las cantidades destinadas a su dotación no podrán aplicarse simultáneamente a la reserva de capitalización ni a la RIC. Por último, hay que precisar que a la hora de dotar RIC/RIB cualquier aplicación del beneficio contable que se haga a otras reservas, que no sean las voluntarias, se considera beneficio distribuido y, por tanto, disminuye el cálculo de su dotación. Entre estas reservas se encuentran la reserva de capitalización y la de nivelación de bases imponibles. Veamos cómo interactúan unas y otras, centrándonos en la reserva de nivelación de bases imponibles.

La normativa vigente ya lo conocemos, pero conviene tenerla presente una vez más:

– El art. 25 LIS regula la reserva de capitalización. Por una parte, excluye expresamente de su cálculo a la reserva de nivelación, y por otra a la RIC como componente de los fondos propios a la hora de determinar el incremento que posibilita su dotación.

– El art. 105 LIS regula la reserva de nivelación y señala que las cantidades destinadas a su dotación no podrán aplicarse simultáneamente a la reserva de capitalización ni a la RIC.

– El art. 27 de la Ley 19/1994 del REF regula la RIC y considera que cualquier dotación que se haga a otras reservas (entre ellas las dos anteriores) se considera beneficio distribuido y, por tanto, disminuye el cálculo de su dotación máxima.

– La D.A. 70ª de la Ley 31/2022 crea el Régimen fiscal especial balear y hace la misma mención que el REF a otras reservas a la hora de dotar RIB. Añade que la RIB no servirá para cumplir el requisito de dotación de la reserva de nivelación (suple así que en la creación de la reserva de nivelación en 2014 no se mencione a la RIB).

La reserva de nivelación es un mero diferimiento de la tributación, que comparte con la RIC/RIB la posibilidad de deducir en el ejercicio "n" que se liquida fiscalmente posibles bases imponibles negativas de los próximos cinco años. Esta opción figura por expreso mandato legal en la reserva de nivelación, con un límite del 10% de la base imponible; mientras que en la RIC/RIB no existe mandato legal expreso, como explicamos anteriormente, de forma que en su aplicación se produce de forma automática esta circunstancia, al poder regularizarse voluntariamente las dotaciones efectuadas en el año "n" dentro del plazo de materialización que finaliza en el n+4. La posibilidad hace que al menos en Canarias, la reserva de nivelación sea menos atractiva que en el resto del territorio nacional, al menos para las entidades que suelen dotar RIC. Sí lo es para las que no la utilizan, siempre que sean empresas de reducida dimensión, ya que permite compensar hoy una parte de las futuras pérdidas fiscales que puedan generarse mañana.

La naturaleza de la reserva de nivelación como diferencia temporaria, es decir, de mero diferimiento de la imposición sobre el beneficio, no altera la dotación RIC/RIB, puesto que las diferencias temporarias no repercuten en la dotación RIC/RIB, al no afectar al beneficio contable. Una diferencia temporaria supone un menor (o mayor, según su signo positivo o negativo) impuesto corriente, que a su vez se compensa con el mayor o menor impuesto diferido. Sobre esta materia pusimos algunos ejemplos en los epígrafes anteriores, por lo que no insistimos más. Conviene, no obstante, tener en cuenta el criterio de algunos Tribunales de Justicia que consideran que cualquier detracción del beneficio contable a reservas (por ejemplo, a la reserva de nivelación) afecta negativamente al cálculo de la dotación RIC, por lo que a pesar de lo que hemos explicado sobre las diferencias temporarias, tenemos ya un primer efecto entre la reserva de nivelación y la RIC:

– El pasivo por diferencias temporarias que surge por la dotación de la reserva de nivelación no afecta a la dotación RIC. Sin embargo, la cuantía de la dotación de dicha reserva de nivelación sí debe ser detraída de la base de cálculo de la RIC, en tanto que constituye una aplicación específica del resultado del ejercicio.

En relación con la reserva de capitalización, el hecho de dotar la reserva de nivelación tiene dos efectos directos: (i) en el cálculo del incremento de los fondos propios, que no se tendrá en cuenta la reserva de nivelación como tal y, por ende, disminuirá el cálculo de la reserva de capitalización máxima; y (ii) en el cálculo del límite del 10% de la base imponible, que al detraerse la reserva de nivelación, afectará de forma negativa a la reserva de capitalización, por lo que podemos afirmar que:

– La reserva de nivelación disminuye tanto la dotación de la reserva de capitalización como el límite de su reducción en la base imponible.

Sin embargo, conviene recordar que ambas reservas no son incompatibles, sino que por mandato expreso del art. 105 LIS no pueden utilizarse simultáneamente con el mismo importe del beneficio contable: *Las cantidades destinadas a la dotación de la reserva prevista en este artículo no podrán aplicarse, simultáneamente, al cumplimiento de la reserva de capitalización establecida en el artículo 25 de esta Ley ni de la Reserva para Inversiones en Canarias…*, razón de que la dotación RIC/RIB y la reserva de capitalización no afectan a la reserva de nivelación.

21.5. Ficha resumen de la reserva de nivelación de bases imponibles y su interacción con la reserva de capitalización y RIC/RIB

1.	La reserva de nivelación es un incentivo de diferimiento del IS creado en 2014 que solo pueden utilizar las entidades de reducida dimensión que apliquen el tipo normal del IS. No es aplicable a las personas físicas, entidades patrimoniales y de nueva creación.
2.	Permite la minoración anual de la BI del ejercicio en un 10% de la reserva que se dote por ese importe, con un máximo de un millón de euros, que ha de compensarse con las posibles BIN que se generen en los próximos cinco años.
3.	Cuando no se generan BIN o sean inferiores a la dotación de la reserva de nivelación minorada en la base imponible, al quinto año se adicionará en la base imponible el importe que quede sin compensar.
4.	Deberá dotarse contablemente la reserva en la aplicación del saldo de pérdidas y ganancias del año n (a realizar en el año n+1), que permanecerá indisponible hasta el momento de su adición en la BI.
5.	El importe de la reserva es el 10% efectuado en la BI, sin que pueda superar la minoración el millón de euros. En caso de un ejercicio inferior al año, se prorrateará el importe máximo.
6.	La reserva es compatible con la reserva de capitalización y la RIC/RIB, pero sin que sirva el mismo importe del beneficio para las cuatro reservas. A su vez, unas dotaciones minoran a las otras.

7.	La reserva es una medida *carry-back,* que permite compensar en un año parte de las pérdidas que se generen en el futuro.
8.	La reserva de nivelación de bases imponibles tiene una utilización muy inferior a la reserva de capitalización y a la RIC/RIB, no porque solo sea aplicable a las empresas de reducida dimensión, sino especialmente por ser un régimen de diferimiento del impuesto, que no implica un ahorro impositivo a largo plazo. De hecho, el mismo régimen de compensación de bases imponibles negativas en el ejercicio que se liquida se consigue en la práctica dotando la RIC/RIB y luego regularizándola en el ejercicio n+4 o anterior en que se generen bases imponibles negativas. La ventaja de la reserva de nivelación sobre la RIC/RIB es que en la regularización de la primera no se exige la liquidación de intereses de demora, que es preceptivo en la regularización de las dotaciones RIC/RIB que voluntariamente se efectúen.
9.	Respecto a la RIC, y a pesar de tratarse la reserva de nivelación de una diferencia temporaria, que no afecta al beneficio contable y por tanto a la dotación RIC, los Tribunales de Justicia han sentado el criterio de que una disposición del saldo de pérdidas ganancias a cualquier reserva específica (como la de nivelación, añadimos) afecta a su dotación.
10.	De no operarse como se indica en los puntos anteriores se produce el incumplimiento de la normativa, lo que determinará la integración en la cuota íntegra del período impositivo en que tenga lugar el incumplimiento del importe que fue objeto de minoración en el año n, incrementado en un 5 por ciento y los correspondientes intereses de demora.

Capítulo 22

LA COMPENSACIÓN CONTABLE DE RESULTADOS NEGATIVOS AFECTA A LA DOTACIÓN RIC/RIB, PERO NO LA COMPENSACIÓN FISCAL DE BASES IMPONIBLES NEGATIVAS

Analizamos en capítulos anteriores la incidencia de las reservas legales en la dotación RIC/RIB y ahora estudiamos cómo afecta la compensación contable de resultados negativos, que tiene efectos negativos en la dotación RIC/RIB cuando la compensación es obligatoria por la normativa mercantil, incluso si el contribuyente no la efectuó debiendo hacerlo. En 2012 tuve que reconocer que era así por los reiterados pronunciamientos de los Tribunales de Justicia, que ratificaron el criterio de los Tribunales económico-administrativos y la Administración tributaria. La segunda cuestión que abordo en el capítulo es complementaria a la anterior, pues se refiere a la compensación contable de resultados negativos con reservas, que en determinadas situaciones puede afectar negativamente a la dotación RIC/RIB; y la tercera, el efecto de la compensación fiscal de bases imponibles negativas en la dotación, que mantengo el criterio de que no le afecta.

22.1. Legislación vigente

– Ley 19/1994 REF

2. La reducción a que se refiere el apartado anterior se aplicará a las dotaciones que en cada período impositivo se hagan a la reserva para inversiones hasta el límite del noventa por ciento de la parte de beneficio obtenido en el mismo período que no sea objeto de distribución, en cuanto proceda de establecimientos situados en Canarias.

En ningún caso la aplicación de la reducción podrá determinar que la base imponible sea negativa.

A estos efectos, se considerarán beneficios procedentes de establecimientos en Canarias los derivados de actividades económicas, incluidos los procedentes de la transmisión de los elementos patrimoniales afectos a las mismas, así como los derivados de la transmisión de elementos patrimoniales no afectos a actividades económicas, en los términos que reglamentariamente se determinen.

A estos efectos se considerarán beneficios no distribuidos los destinados a nutrir las reservas, excluida la de carácter legal. No tendrá la consideración de beneficio no distribuido el que derive de la transmisión de elementos patrimoniales cuya adquisición hubiera determinado la materialización de la reserva para inversiones dotada con beneficios de periodos impositivos a partir de 1 de enero de 2007.

En caso de elementos patrimoniales que solo parcialmente se hubiesen destinado a la materialización de la reserva a partir de dicha fecha, se considerará beneficio no distribuido la parte proporcional del mismo que corresponda al valor de adquisición que no hubiera supuesto materialización de dicha reserva.

Las asignaciones a reservas se considerarán disminuidas en el importe que eventualmente se hubiese detraído de los fondos propios, ya en el ejercicio al que la reducción de la base imponible se refiere, ya en el que se adoptara el acuerdo de realizar las mencionadas asignaciones.

– Ley 31/2022, Régimen fiscal especial balear

D.A. 70ª. Cuatro, 2. La reducción a que se refiere el número anterior se aplicará a las dotaciones que en cada período impositivo se hagan a la reserva para inversiones hasta el límite del 90 por ciento de la parte de beneficio obtenido en el mismo período que no sea objeto de distribución, en cuanto proceda de establecimientos situados en las Illes Balears.

En ningún caso la aplicación de la reducción podrá determinar que la base imponible sea negativa.

A estos efectos, se considerarán beneficios procedentes de establecimientos en las Illes Balears los derivados de actividades económicas, incluidos los procedentes de la transmisión de los elementos patrimoniales afectos a las mismas.

A estos efectos se considerarán beneficios no distribuidos los destinados a nutrir las reservas, excluida la de carácter legal. No tendrá la consideración de beneficio no distribuido el que derive de la transmisión de elementos patrimoniales cuya adquisición hubiera determinado la materialización de la reserva para inversiones regulada en este apartado, ni el que se derive de los valores representativos de la participación en el capital o fondos propios de otras entidades, así como la cesión a terceros de capitales propios.

Las asignaciones a reservas se considerarán disminuidas en el importe que eventualmente se hubiese detraído de los fondos propios, ya en el ejercicio al que la reducción de la base imponible se refiere, ya en el que se adoptara el acuerdo de realizar las mencionadas asignaciones.

– Código de Comercio

Art. 36. 1. Los elementos del balance son:

a) Activos: bienes, derechos y otros recursos controlados económicamente por la empresa, resultantes de sucesos pasados, de los que es probable que la empresa obtenga beneficios económicos en el futuro.

b) Pasivos: obligaciones actuales surgidas como consecuencia de sucesos pasados, cuya extinción es probable que dé lugar a una disminución de recursos que puedan producir beneficios económicos. A estos efectos, se entienden incluidas las provisiones.

c) Patrimonio neto: constituye la parte residual de los activos de la empresa, una vez deducidos todos sus pasivos. Incluye las aportaciones realizadas, ya sea en el momento de su constitución o en otros posteriores, por sus socios o propietarios, que no tengan la consideración de pasivos, así como los resultados acumulados u otras variaciones que le afecten.

A los efectos de la distribución de beneficios, de la reducción obligatoria de capital social y de la disolución obligatoria por pérdidas de acuerdo con lo dispuesto en la regulación legal de las sociedades anónimas y sociedades de responsabilidad limitada, se considerará patrimonio neto el importe que se califique como tal conforme a los criterios para confeccionar las cuentas anuales, incrementado en el importe del capital social suscrito no exigido, así como en el importe del nominal y de las primas de emisión o asunción del capital social suscrito que esté registrado contablemente como pasivo. También a los citados efectos, los ajustes por cambios de valor originados en operaciones de cobertura de flujos de efectivo pendientes de imputar a la cuenta de pérdidas y ganancias no se considerarán patrimonio neto.

– RDL 1/2010 TRLSC

Artículo 273 Aplicación del resultado

1. La junta general resolverá sobre la aplicación del resultado del ejercicio de acuerdo con el balance aprobado.

2. Una vez cubiertas las atenciones previstas por la ley o los estatutos, sólo podrán repartirse dividendos con cargo al beneficio del ejercicio, o a reservas de libre disposición, si el valor del patrimonio neto no es o, a consecuencia del reparto, no resulta ser inferior al capital social. A estos efectos, los beneficios imputados directamente al patrimonio neto no podrán ser objeto de distribución, directa ni indirecta.

Si existieran pérdidas de ejercicios anteriores que hicieran que ese valor del patrimonio neto de la sociedad fuera inferior a la cifra del capital social, el beneficio se destinará a la compensación de estas pérdidas.

3. Se prohíbe igualmente toda distribución de beneficios a menos que el importe de las reservas disponibles sea, como mínimo, igual al importe de los gastos de investigación y desarrollo que figuren en el activo del balance.

Como se observa en los textos legales, el art. 27 de la Ley 19/1994 y la D.A. 70ª de la Ley 31/2022, que crea el Régimen fiscal especial balear, nada señalan respecto al efecto de la compensación contable de resultados negativos en la dotación RIC/RIB. Es en la normativa mercantil, concretamente el art. 273 del TRLSC, el que obliga a compensar contablemente con el saldo de pérdidas y ganancias los resultados negativos en el caso de que el patrimonio neto de la entidad fuese inferior al capital social.

A la prevalencia de la obligación mercantil de la compensación contable de resultados negativos recurrió la Administración tributaria para rechazar muchas dotaciones RIC cuando el contribuyente no la había efectuado y aplicó los beneficios del ejercicio a la dotación RIC y no a disminuir los resultados negativos. Hay que reconocer que lo hizo con éxito, pues su criterio fue ratificado por los Tribunales económico-administrativos y posteriormente por los Tribunales de Justicia. En la actualidad es un tema pacífico y se acepta la importante restricción que supone el art. 273 TRLSC en la dotación RIC/RIB, pero en el pasado ocasionó gran litigiosidad el hecho de que afectara a la dotación la compensación contable de resultados negativos.

El otro asunto que estudiamos en el capítulo, la compensación fiscal de bases imponibles negativas, ha experimentado una evolución favorable para el contribuyente en los últimos años. No tiene, o no debería tener, más efectos en la contabilidad que el mero reconocimiento de un impuesto diferido con abono al crédito fiscal creado en su día al generarse la base imponible negativa. Esto es, la compensación de bases imponibles negativas no exige la compensación contable de resultados negativos, motivo de que no tiene repercusión conceptual en la dotación RIC/RIB.

Recordemos que la compensación contable de resultados negativos se efectúa mediante el asiento contable que destina todo o parte del beneficio contable del ejercicio a la compensación de los resultados negativos de ejercicios anteriores:

(129) Pérdidas y Ganancias 2024	a	(121) Resultados negativos 2022

Siendo los dígitos entre paréntesis los números de cuentas del PGC.

Además, puede hacerse la compensación contable de resultados negativos contra cuentas de reservas y/o capital social:

(113) Reservas voluntarias	a	(121) Resultados negativos 2022
(100) Capital social		

Ambos asientos no suponen disminución de los fondos propios. El primero afecta al cálculo de la dotación al ser una aplicación del resultado, que si se destina a la compensación no puede destinarse a la RIC/RIB. El segundo asiento no afecta a la dotación RIC/RIB, salvo que la normativa mercantil exija que se compensen los resultados negativos con el saldo de pérdidas y ganancias, en cuyo caso repercute negativamente en la dotación, aunque el contribuyente haya optado compensarlos contra reservas voluntarias.

Sin embargo, la compensación fiscal de bases imponibles negativas se realiza en el ámbito del cálculo de la base imponible del IS, sin que suponga asiento contable alguno, más allá del correspondiente registro contable del consumo del activo fiscal por derechos de compensación con cargo a impuestos diferidos. En consecuencia, no tiene por qué afectar a la dotación RIC/RIB como tal compensación fiscal, aunque sí por los efectos de un mayor o menor impuesto diferido, en tanto que supone un menor o mayor resultado contable. Criterio que sigue la Administración tributaria siempre que se haya contabilizado correctamente el crédito fiscal.

La base principal de este capítulo es el capítulo 7 del *Manual de la RIC 2007-2013* que publiqué en 2012, actualizado por el trabajo de Dorta y Miranda (2015) sobre "La incertidumbre de los activos por impuestos diferidos en la dotación a la Reserva para inversiones en Canarias", dos consultas publicadas en el BOICAC en 2013 y 2014, la resolución del ICAC de 9 de febrero de 2016 sobre la contabilización del impuesto sobre el beneficio, la RTEARC de 30 de abril de 2021 y tres consultas de la Dirección General del Registro y Notariado de 2012, 2016 y 2023.

22.2. La compensación contable de resultados negativos de ejercicios anteriores afecta a la dotación RIC/RIB

La prelación establecida en la normativa mercantil a la hora de aplicar el saldo de pérdidas y ganancias afecta directamente a la dotación RIC/RIB, aunque el art. 27 de la Ley 19/1994 y la D.A. 70ª de la Ley 31/2022, Régimen fiscal especial balear, no contemplen expresamente la casuística. Los Tribunales de Justicia y la Dirección General de Seguridad Jurídica y Fe Pública (antes, DGRN) han confirmado la preferencia del mandato del art. 273 de la norma societaria sobre otras cuestiones mercantiles, entre ellas, el incremento de capital contra reservas o pérdidas y ganancias, o la aplicación del resultado del ejercicio a reservas especiales, como la RIC, en el caso de existir resultados negativos que reduzcan el patrimonio neto por debajo de la cifra del capital social. Y ello tanto para las sociedades anónimas como de responsabilidad limitada.

El art. 273.2 del TRLSC obliga a que el beneficio del ejercicio se destine a la compensación contable de pérdidas si existen resultados negativos de ejercicios anteriores que hagan que el valor del patrimonio neto contable sea inferior a la cifra del capital social. Se evita así que la sociedad dote reservas o realice distribuciones de dividendos a los accionistas cuando la situación sea de déficit de capital. Es una medida lógica para proteger el derecho de los acreedores.

No obstante, cuando los resultados negativos no conlleven que el neto patrimonial sea inferior al capital, los resultados negativos o pérdidas formales, esto es, cubiertas con reservas, no implican que haya obligación legal de sanearlos contablemente con el resultado del ejercicio, por lo que dejan de afectar a la dotación RIC/RIB.

Con los recientes cambios en la legislación mercantil y el PGC 2007, el concepto de patrimonio neto no coincide con el de fondos propios. Buena prueba de ello es que el art. 35.1 del Código de Comercio señala en su último párrafo que *En el patrimonio neto se diferenciarán, al menos, los fondos propios de las restantes partidas que lo integran*, es decir, que los fondos propios son un componente más del patrimonio neto. En el art. 36.1, c) del C.c. se define el patrimonio neto como *la parte residual de los activos de la empresa, una vez deducidos todos sus pasivos. Incluye las aportaciones realizadas, ya sea en el momento de su constitución o en otros posteriores, por sus socios o propietarios, que no tengan la consideración de pasivos, así como los resultados acumulados u otras variaciones que le afecten.* La misma definición figura en el punto 4° de la primera parte del PGC, que desarrolla el marco conceptual de la contabilidad.

A efectos de la distribución de beneficios —que es el primer supuesto que nos ocupa en este capítulo—, de la reducción obligatoria de capital social y de la disolución obligatoria por pérdidas, el artículo 36.1 c) del C.c. considera los elementos que engrosan el patrimonio neto: el importe del capital social suscrito no exigido y el nominal y las primas de emisión de capital social que esté registrado como pasivo (el nominal de las acciones rescatables, por ejemplo). Pero, por otra parte, introduce una importante matización, pues a los efectos de la aplicación del resultado del ejercicio excluye del concepto de patrimonio neto la parte negativa del importe del capital suscrito no exigido y los ajustes por cambios de valor originados en operaciones de cobertura de flujos de efectivo pendientes de imputar a la cuenta de pérdidas y ganancias. Significa que, a la hora de distribuir el resultado del ejercicio, no hay que atender a la cifra del patrimonio neto que luce en el balance y en las cuentas anuales, sino a la que resulta de incrementar el capital suscrito no exigido (que está restando en las cuentas anuales) y sumarle o restarle los ajustes por cambios de valor. Sumarlos cuando están con signo negativo en el balance y restarlos si están con signo positivo.

En el balance de situación que figura en la parte de los modelos normales de cuentas anuales del PGC es donde mejor se aprecian los componentes del patrimonio neto: los fondos propios, los ajustes por cambio de valor, y las subvenciones, donaciones y legados recibidos.

Sobre los conceptos de fondos propios y subvenciones, donaciones y legados recibidos, poco hay que explicar, motivo de que analicemos otros componentes.

En los fondos propios figuran con carácter negativo el importe del capital no exigido (socios por desembolsos no exigidos o por aportaciones dinerarias pendientes), las acciones y participaciones en patrimonio propias (títulos propios adquiridos por la empresa para su enajenación o para reducir el capital social), los resultados negativos de ejercicios anteriores y los dividendos a cuenta. No figuran —siendo una notable diferencia respecto al anterior PGC— las acciones o participaciones contabilizadas como pasivo, porque la normativa contable exige que las acciones rescatables y las acciones sin voto (que confieren el derecho a la obtención de un dividendo mínimo, aunque no se distribuyan dividendos) consten en el pasivo y no en el patrimonio neto.

El componente del patrimonio neto que es nuevo en el PGC 2007 es el de los ajustes por cambio de valor, que recoge el ajuste producido por la valoración a valor razonable de los instrumentos financieros —solo de determinados instrumentos financieros—, ya que la reforma mercantil no llegó a incluir la valoración a valor razonable de los inmuebles ni otros elementos del inmovilizado de las empresas; las operaciones de cobertura (a través de instrumentos financieros, que se denominan instrumentos de cobertura, se pretende cubrir el riesgo de que disminuya el valor de un activo financiero de la empresa o de los flujos de efectivo previstos en un proyecto de inversión); y los ingresos fiscales a distribuir en varios ejercicios (que siguen el concepto de las subvenciones y que recomendamos no utilizar en las cuentas anuales).

Pues bien, con las consideraciones sobre el PGC 2007 pretendemos incidir en que a la hora de distribuir el saldo de pérdidas y ganancias, el patrimonio neto a considerar, de conformidad con el art. 36.1 c) del C. c., es el resultante de sumar a los fondos propios el importe del capital suscrito no exigido, los ajustes por cambios de valor (positivos y negativos) y las subvenciones. Las adiciones y sustracciones tienen su importancia a la hora de priorizar la norma mercantil en la aplicación de resultados, cuestión que es destacable en el reparto de dividendos (solo se pueden repartir si el patrimonio neto no es inferior al capital social) y en la dotación RIC/RIB, cuando existen resultados negativos que obligatoriamente haya que compensar en contabilidad con el saldo de pérdidas y ganancias por el criterio jurisprudencial en relación con la RIC.

Con varios ejemplos pretendo aclarar al lector las cuestiones más sencillas y algunas más complejas.

Ejemplo 22.1

La sociedad X tiene los siguientes componentes de los fondos propios, entre los que se encuentran con signo negativo los resultados negativos de ejercicios anteriores, genera un beneficio del ejercicio de 25: ¿hay que destinarlo a la compensación contable de resultados negativos?

Capital social	100
Reserva legal	20
Reservas Voluntarias	50
Resultados Negativos	- 60
Pérdidas y Ganancias	25

Los Fondos propios antes de la aplicación del saldo de Pérdidas y Ganancias son = 100 + 20 + 50 - 60 = 110.

Como la cifra de los fondos propios (110) es superior al capital social (100), el saldo de Pérdidas y Ganancias del ejercicio (25) no hay que destinarlo a la compensación de resultados negativos.

Ejemplo 22.2

La sociedad Y tiene los componentes del patrimonio neto que se relacionan, entre los que se hallan con signo negativo el capital no exigido a los accionistas y los resultados negativos de ejercicios anteriores. Ha generado en el ejercicio un beneficio de 40, ¿ha de destinarlo a la compensación contable de los resultados negativos?

Patrimonio neto	**145**
A.1. Fondos propios	**115**
Capital escriturado	100
(Capital no exigido)	(25)
Reserva legal	10
Reservas voluntarias	40
(Resultados negativos)	(50)
Resultado del ejercicio	40
A.2. Ajustes por cambios de valor	**10**
Operaciones de cobertura	10
A.3. Subvenciones y donaciones	**20**
Subvenciones concedidas	20

A la hora de aplicar el Resultado del ejercicio (40) hay de tener en cuenta, acorde al art. 36.1.c) del C.c., que el patrimonio neto no es 145, sino el resultante de sumarle a esa cifra el capital no exigido (25) y restarle los ajustes por cambio de valor (10), esto es, 160. Como el patrimonio neto resultante (160) no es inferior al capital social (100) no es necesario compensar contablemente los resultados negativos de ejercicios anteriores con el resultado del ejercicio, que podrá destinarse a la dotación RIC/RIB previa dotación de la reserva legal.

Ejemplo 22.3

La sociedad Z tiene componentes del patrimonio neto entre los que se encuentran con signo negativo los resultados negativos de ejercicios anteriores por 100. Ha generado un beneficio en el ejercicio de 40, ¿ha de destinarlo a la compensación contable de los resultados negativos?

Patrimonio neto	**95**
A.1. Fondos propios	**65**
Capital escriturado	100
(Capital no exigido)	(25)
Reserva legal	10
Reservas voluntarias	40
(Resultados negativos)	(100)
Resultado del ejercicio	40
A.2. Ajustes por cambios de valor	**10**
Operaciones de cobertura	10
A.3. Subvenciones y donaciones	**20**
Subvenciones concedidas	20

A simple vista se observa que el patrimonio neto (95) es inferior al capital social (100), por lo que parecería obligatorio destinar el Resultado del ejercicio (40) a la compensación contable de resultados negativos, sin que pueda dotarse la RIC/RIB. Pero a la cifra del patrimonio neto (95), de conformidad con el art. 36.1.c) C.c., hay que sumarle 25 del capital no exigido y restarle 10 de las operaciones de cobertura. La cifra que obtenemos de patrimonio neto a efectos de la aplicación de resultados es 110, mayor que el capital social (100), por lo que no es obligatoria la compensación contable de los resultados negativos. El resultado puede destinarse a la dotación RIC/RIB previa dotación de la reserva legal.

Ejemplo 22.4

La sociedad T tiene componentes del patrimonio neto que incluyen resultados negativos por importe de - 120, habiendo generado un beneficio en el ejercicio de 40, ¿ha de destinarlo a la compensación contable de los resultados negativos?

Patrimonio neto	**75**
A.1. Fondos propios	**45**
Capital escriturado	100
(Capital no exigido)	(25)
Reserva legal	10
Reservas voluntarias	40
(Resultados negativos)	(120)
Resultado del ejercicio	40

A.2. Ajustes por cambios de valor	**10**
Operaciones de cobertura	10
A.3. Subvenciones y donaciones	**20**
Subvenciones concedidas	20

Según el art. 36.1.c) C.c., el patrimonio neto a efectos de la aplicación del resultado del ejercicio (40) es 75 + 25 del capital no exigido - 10 de los ajustes de valor = 90, cifra inferior al capital social (100), por lo que el resultado del ejercicio ha de destinarse obligatoriamente a la compensación de los resultados negativos de ejercicios anteriores. Al menos en el importe de 10, para que sea igual al capital social. La compensación contable mínima de 10 resta del beneficio para calcular la dotación RIC/RIB.

Ejemplo 22.5

La sociedad S tiene componentes del patrimonio neto que incluyen resultados negativos por importe de - 120. En el pasivo tiene acciones rescatables por 50, habiendo generado un beneficio en el ejercicio de 40, ¿ha de destinarlo a la compensación contable de los resultados negativos?

Patrimonio neto	**75**
A.1. Fondos propios	**45**
Capital escriturado	100
(Capital no exigido)	(25)
Reserva legal	10
Reservas voluntarias	40
(Resultados negativos)	(120)
Resultado del ejercicio	40
A.2. Ajustes por cambios de valor	**10**
Operaciones de cobertura	10
A.3. Subvenciones y donaciones	**20**
Subvenciones concedidas	20
Pasivo no corriente	
Acciones rescatables	50

En este ejemplo con la cifra del patrimonio neto igual al supuesto anterior nos encontramos que en el pasivo no corriente (a largo plazo) existen acciones rescatables por 50. A efectos de la aplicación del resultado del ejercicio, y de conformidad con el art. 36.1.c del C. c., el patrimonio neto es 75 + 25 del capital no exigido - 10 de los ajustes de valor + 50 de las acciones rescatables = 140, por tanto superior al capital social. En consecuencia, no hay obligación de compensar contablemente los resultados negativos. El resultado del ejercicio puede destinarse a la RIC/RIB previa dotación de la reserva legal.

Después de las soluciones aportadas en los cinco ejemplos anteriores, la casuística planteada en relación con los resultados negativos de ejercicios anteriores y la RIC/RIB es doble:

Por un lado, en los casos en que los resultados negativos de ejercicios anteriores estén mitigados formalmente con reservas, no hay obligación de compensarlos contablemente con el saldo de pérdidas y ganancias del ejercicio. La situación hace que las pérdidas sean solo formales, puesto que el neto patrimonial no es inferior al capital social. En esta posibilidad no hay efecto negativo en la dotación RIC/RIB, porque no es obligatorio sanear las "pérdidas formales" (las que están compensadas o mitigadas con reservas). Siempre que el contribuyente no decidiera compensarlas de forma voluntaria no afecta a su cálculo. Si lo hiciera, a pesar de no estar obligado, nos encontramos con que el resultado del ejercicio no se destina a reservas, sino a la compensación de resultados negativos, que afecta negativamente a la dotación RIC/RIB.

Y por otro, que el patrimonio neto sea inferior al capital social por la existencia de resultados negativos. Cuando sucede, por mandato legal del art. 273.2 del TRLSC, hay que destinar una parte del saldo de Pérdidas y Ganancias al saneamiento de las pérdidas, hasta reconstituir la cifra del capital social. Una vez reconstituida, dotaríamos la reserva legal, las reservas estatutarias y posteriormente la RIC/RIB. Aunque económica y contablemente se consiga el mismo efecto de completar la cifra del capital social al dotar reservas en vez de sanear pérdidas, jurídicamente no es lo mismo por la prelación en el TRLSC, que obliga en primera instancia a sanear las pérdidas hasta la reconstitución numérica de la cifra del capital. Sobre esta cuestión y su problemática respecto a la RIC existen varias sentencias del TSJC que manifiestan con claridad que afecta a la dotación.

Los que opinábamos que no tenía por qué afectar la compensación contable obligatoria de resultados negativos nos basábamos en que la Ley 19/1994 señala como límite máximo de la dotación RIC el 90% del beneficio no distribuido, con la única excepción de la dotación obligatoria a la reserva legal, que a efectos RIC se considera como beneficio distribuido. Como sanear pérdidas es precisamente lo contrario a distribuir beneficios, manteníamos que se cumplía la finalidad de la Ley cuando se compensaban contablemente resultados negativos y se dotaba RIC. Los Tribunales de Justicia no nos dieron la razón y la forma de calcular correctamente la dotación RIC podemos ilustrarla con un ejemplo:

Ejemplo 22.6

La sociedad V tiene fondos propios negativos de -10 antes de aplicar el resultado del ejercicio, ¿qué debe hacer con el beneficio del ejercicio obtenido? En las tres columnas voy cumplimentando la solución propuesta:

	(1º)	(2º)	(3º)
Capital social	40	40	40
Reserva legal		8	8
Resultados Negativos	(50)	(8)	(8)
Fondos propios	**(10)**	**40**	**70**
Pérdidas y Ganancias	80	30	0
RIC/RIB			27
Reservas voluntarias			3

Para que el patrimonio neto no sea inferior al capital social, hay que dotar la reserva legal por importe del 10% del beneficio, es decir, por 8 (art. 274 TRLSC) y compensar obligatoriamente resultados negativos por el importe restante de 42 (art. 273.2 TRLSC). Con las dos aplicaciones prioritarias del saldo de pérdidas y ganancias, el patrimonio neto pasa a ser en la segunda columna: 40 de capital social más 8 de la reserva legal menos 8 de los resultados negativos = 40. El nuevo patrimonio neto pasa a ser igual al capital social, motivo de que pueda destinarse el saldo de pérdidas y ganancias restante (80 - 42 de compensación de resultados negativos - 8 de la reserva legal = 30) a la dotación RIC/RIB.

No obstante, hay que atender a que el límite máximo de la dotación RIC/RIB es el 90% del saldo de pérdidas y ganancias menos la dotación a la reserva legal menos la compensación de resultados negativos = 0,9 x (80 - 8 - 42) = 27. Razón de que no pueda dotarse 30, sino como máximo 27 a la RIC/RIB. El resto (3) hay que llevarlo obligatoriamente a reservas voluntarias:

80 Pérdidas y Ganancias 2024	a	Resultados negativos	42
		Reserva legal	8
		RIC/RIB 2024	27
		Reservas voluntarias	3

22.2.1. La interpretación administrativa sobre la compensación de resultados negativos

La doctrina administrativa que señala que para la dotación RIC deben compensarse contablemente los resultados negativos de ejercicios anteriores fue ratificada por el TSJC. Hay que reconocer que existía antes un pronunciamiento del TS en relación con el extinguido FPI y la Ley de Sociedades Anónimas de 1951: había que restar del beneficio la compensación contable de pérdidas. Para poco sirvieron los argumentos que solo una interpretación literal y apartada del contexto en que se situaba podía llegar al absurdo de que las cantidades destinadas a la compensación de pérdidas se considerasen beneficio distribuido, exactamente igual que los dividendos, cuando su concepto significa precisamente lo contrario. De todas formas, desde que conocimos y explicamos el criterio administrativo, pocas han sido las empresas que han compensado contablemente resultados negativos cuando no estaban obligadas a ello, quedando reducida la conflictividad a aquellos casos en que estando obligadas no lo hicieron y dotaron RIC.

El criterio de la Administración tributaria sobre la materia lo resumimos con los argumentos de la **resolución TEARC, Sala de LP, n.º 35/1818/01, de 24 de febrero de 2003**, en que se plantea perfecta y didácticamente la cuestión de la aplicación de resultados y la existencia de pérdidas de ejercicios anteriores. Sobre el fondo de dos sentencias de la AN llega a conclusiones que fueron posteriormente ratificadas por el TSJC:

– Que los beneficios destinados a compensar pérdidas no nutren las reservas de la sociedad y por tanto han de ser restados a la hora de calcular la dotación RIC.

– Que, si la compensación es legalmente obligatoria, hay que restarla de los beneficios para calcular la dotación RIC, aunque no se hubiese hecho contablemente.

En la **RTEARC de 29 de noviembre de 2019, Sala Las Palmas, reclamación n.º 35-01409/2017,** se ratifica el razonamiento anterior. La compensación contable de pérdidas obligatoria por la norma mercantil disminuye la base de dotación RIC, aunque no se haya realizado la compensación de forma efectiva. El patrimonio neto de la entidad se encontraba por debajo del capital social, motivo de que el art. 273 TRLSC impedía la libre distribución del resultado: *si existieran pérdidas de ejercicios anteriores que hicieran que ese valor del patrimonio neto de la sociedad fuera inferior a la cifra del capital social, el beneficio se destinará a la compensación de estas pérdidas...* El contribuyente opuso que existía un error, que había compensado la totalidad de sus "bases imponibles" y que la existencia de resultados negativos en 2011 derivaba de un error contable en 2003; pero el TEARC desestimó la reclamación porque no había probado la existencia del error contable, y de existir, de conformidad con la norma de valoración 22ª del PGC, tendría que corregirse en el año en que se descubre el error (cuando se desarrollan las actuaciones inspectoras) y no en el que decida arbitrariamente el interesado que dotó RIC[125].

El TEAC se ha pronunciado en la materia. La **RTEAC de 3 de abril de 2008** aborda los efectos de la compensación de pérdidas, esta vez con la detracción de reservas voluntarias. Llega a la conclusión de que deben restarse del beneficio del ejercicio para calcular la dotación RIC, pero lo hace en el contexto de la normativa RIC aplicable antes de 2003, que se refería expresamente a la detracción del conjunto de las reservas y no a la detracción de los fondos propios como en la legislación vigente. Por ello entendemos que la compensación contable de resultados negativos con reservas no afecta al cálculo de la dotación RIC a partir de 1 de enero de 2003[126].

El criterio que mantiene la Administración tributaria en la actualidad es el explicado: en la aplicación del resultado del ejercicio prevalece el requisito mercantil de compensar los resultados negativos que hagan que el patrimonio neto sea inferior al capital social, por lo que la eventual dotación RIC que se hubiese realizado, contraviniendo el art. 273 TRLSC, es ilegal.

22.2.2. Los pronunciamientos del TSJC sobre la compensación de resultados negativos

En 2005 se pronunció por primera vez el TSJC sobre el asunto, concretamente en la **STSJC, Sala LP, n.º 390/2005 de 22 de abril,** que afirma:

– Que cuando el art. 27.2 alude al término "reservas" está refiriéndose exclusivamente a las que reciben tal denominación en la legislación mercantil, y no a cualquier beneficio que no sea objeto de distribución. Esto es, que el término "reservas" debe ser entendido en sentido estricto, y

– Que, desde el punto de vista teleológico, para dotar RIC la Ley se refiere a una real y efectiva previsión a tal fin, lo que no se produce cuando los beneficios no distribuidos se destinan a compensar pérdidas de ejercicios anteriores.

Con los dos argumentos, el TSJC concluye que las cantidades que se destinen a compensar las pérdidas de ejercicios anteriores no constituyen reservas y no pueden computarse a la hora de la dotación RIC. En otras palabras, que hay que restar del beneficio del ejercicio la compensación de resultados negativos efectuada.

---

[125] Florido Caño, 2020. *Revista Hacienda Canaria n.º 54, pp. 224-226.*

[126] Miranda Calderín, 2012. *Manual de la RIC 2007-2013*, capítulo 7.

La prioridad de la compensación contable de los resultados negativos sobre la dotación RIC se estudia en la **STSJC, Sala LP, n.º 530/2005 de 15 de julio**, en que se cuestiona si una entidad cuyo patrimonio neto es inferior al capital social podía dotar RIC con los beneficios obtenidos. La conclusión es que no, que prevalece el mandato legal del art. 213.2 del TRLSA (hoy 273.2 TRLSC) y, por tanto, hay que destinar obligatoriamente el beneficio a la compensación de pérdidas y no a la RIC.

Igual razonamiento se repite en la **STSJC, Sala LP, n.º 267/2006 de 24 de marzo,** en que una entidad había considerado como beneficio no distribuido la cantidad que destinó a la compensación de pérdidas. El fallo dijo que había que restar de los beneficios obtenidos la compensación efectuada para calcular la dotación RIC.

La **STSJC, Sala LP, n.º 338/2006, de 18 de marzo,** llega a similar conclusión que las tres sentencias anteriores, compartiendo el razonamiento jurídico empleado y añade uno nuevo, que del literal del art. 27.2 se desprenden dos condiciones: que el límite cuantitativo máximo de la dotación es el 90% del beneficio no repartido, y que dicho beneficio no repartido sea destinado a dotar las reservas, excepto la legal, cuestión que no se cumple cuando se destina a compensar pérdidas.

En los años siguientes no conocemos más sentencias del TSJC sobre la materia hasta la **STSJC de 14 de diciembre de 2020, Sede Las Palmas, recurso 68/2020,** que incide en este asunto y ratifica el criterio expresado en anteriores sentencias, si bien el caso es un tanto peculiar. El contribuyente alegó que los resultados negativos que constaban en el balance en el momento de hacer las aplicaciones del saldo de pérdidas y ganancias a la dotación RIC eran consecuencia de un error. Error que justificaba en que se habían compensado todas las bases imponibles negativas en los años anteriores. Pero una cuestión, añado, es compensar bases imponibles negativas y otra compensar contablemente resultados negativos. Se pueden compensar las bases imponibles negativas en el IS sin compensar los resultados negativos en la contabilidad. Y eso parece ser que hizo la entidad. El TSJC compartió el argumento del TEARC y de la Inspección tributaria de que no podía dotar RIC si la existencia de resultados negativos hacía que el patrimonio neto fuese inferior al capital social, y que si se trataba de un error tendría que haberlo probado:

> *PRIMERO. La cuestión a discernir en el presente procedimiento consiste en determinar si la resolución antes reseñada del TEAR de Canarias en relación con la reclamación efectuada por la mercantil Cabrera y Cabrera S.A. es o no ajustada a derecho, alegando la actora que respecto del primer motivo en que se basa la agencia tributaria para rechazar la dotación a la RIC efectuada por la recurrente, a saber, que en la Juntas Generales Ordinarias celebradas*

en fechas 30 de junio de 2012 y 30 de junio de 2015 se acordó que el resultado se destinara íntegramente a reservas, sin hacer mención a dotación de la RIC, debe rechazarse ya que no existe limitación legal que prohíba incluir en la certificación de la Junta las reservas para inversiones en Canarias con el resto de las reservas. ***Respecto del segundo motivo, referido al patrimonio neto de la sociedad, inferior a la cifra del capital social, circunstancia que al amparo del art. 273 del texto refundido de la ley de sociedades de capital, impediría la libre distribución del resultado, debiendo obligatoriamente destinarse a la compensación de las pérdidas,*** *alegó que la actora compensó la totalidad de sus bases imponibles negativas, como quedó acreditado en sus respectivos impuestos sobre sociedades, por lo que los resultados negativos de ejercicios que figuran en la contabilidad se corresponden con un error contable padecido en el ejercicio 2003, alegando que la administración debió incorporar al expediente administrativo, cosa que no hizo, la documentación acreditativa de lo anterior, es decir, los impuestos de sociedades correspondientes a los ejercicios 2002 y 2003, que obran en su poder.*

SEGUNDO. Debe señalarse, en primer lugar, que, como puso de relieve la administración demandada en su escrito de contestación, el primer motivo en el que se fundamentan las regularizaciones practicadas por la agencia tributaria a la entidad recurrente no puede prosperar en tanto en cuanto la falta de concreción de los acuerdos de las Juntas Generales Ordinarias antes reseñadas en lo que a la distribución de resultados se refiere se puede considerar compensada con lo señalado en la situación fiscal de las Memorias de la entidad, en base a lo que se podría inferir la dotación efectuada por la misma a la Reserva de Inversiones en Canarias. Ello no obstante, en relación con el segundo motivo, debe la Sala compartir el punto de vista de la demandada en orden a que teniendo en cuenta que tanto en las cuentas anuales del ejercicio 2011 como en las del ejercicio 2014 el patrimonio neto de la entidad recurrente es inferior a su capital, la alegación de la actora en lo relativo a que los resultados negativos de ejercicios anteriores, que aparecen en tales cuentas anuales, proceden de un error contable producido en el ejercicio 2003, cuya corrección daría lugar a una diferencia de 463.710,70 euros, es decir, un menor resultado negativo, no aparece suficientemente acreditada, siendo claro que en cuanto a tal extremo la carga de la prueba no puede recaer sobre la administración, como pretende la actora, sino sobre la misma a tenor de lo previsto en el art. 105 de la Ley General Tributaria. Y es que, como señala el acuerdo de liquidación impugnado, el pretendido error contable no sólo no es especificado ni demostrado, sino que el mismo no habría sido corregido durante los años siguientes, más de diez, resultando que únicamente aparece la alegación del error como argumento para combatir la liquidación propuesta por la Inspección de tributos. Y es que si bien la recurrente sostiene que la realidad del error se acredita en virtud de los impuestos de sociedades correspondientes a los ejercicios 2002 y 2003 y que la administración debió haber incluido los mismos en el expediente administrativo, no se comprende que por la actora no se solicitase en su momento la complementación del citado expediente para que se unieran tan vitales documentos, ni se aportase copia de los mismos por la recurrente junto con el escrito de interposición del recurso o el de demanda. Por otra parte, al solicitar prueba en fase judicial, la recurrente se refirió a documental pública consistente en reproducir el expediente administrativo, pero sin solicitar que se librara el oportuno oficio a la agencia tributaria para aportarlos repetidos documentos, siendo obviamente imputable a la propia actora tal deficiencia probatoria [STSJC 14 diciembre 2020].

22.3. La compensación contable de resultados negativos con reservas

El art. 273.2 del TRLSC contempla los requisitos a tener en cuenta en la aplicación del resultado del ejercicio, que estudiamos con detalle en el epígrafe anterior, y el reparto de dividendos con cargo a reservas de libre disposición. Los dos supuestos se rigen por el mismo requisito que el patrimonio neto no sea o, a consecuencia del reparto, no resulte ser inferior al capital social, situaciones que impedirían repartir dividendos y obligan a destinar el beneficio a la compensación de los resultados negativos que hubiera en el balance.

Nada señala el TRLSC respecto a que los resultados negativos tengan que ser compensados con reservas, salvo lo que indica el art. 274 sobre la parte de la reserva legal que exceda del 20% del capital social, que solo puede destinarse a la compensación contable de resultados negativos. Y la omisión tiene su lógica por lo que se denomina "compensación formal de resultados negativos con reservas", esto es, cuando el importe de las pérdidas de ejercicios anteriores se equilibra en el balance con el importe de las reservas que existen e impiden que el patrimonio neto sea inferior al capital social. Es el caso de un capital social de 100, una reserva legal de 20, una reserva voluntaria de 50 y unos resultados negativos de -70. El patrimonio neto es 100 + 20 + 50 - 70 = 100. La reserva voluntaria da cobertura a los resultados negativos, pero ¿qué ocurre si se decide compensar contablemente los resultados negativos con la reserva voluntaria?, ¿afecta esa disposición a la dotación RIC?

Esta es la cuestión nuclear que hemos de resolver en este epígrafe, partiendo siempre de la prevalencia de la norma mercantil sobre la fiscal en la materia.

En la consulta BOICAC n.º 99 de septiembre de 2014 se plantea la cuestión contable de la distribución de beneficios por parte de una sociedad que tiene registrado resultados negativos de ejercicios anteriores y la reserva legal no ha alcanzado el 20% del capital social. La resuelve el ICAC interpretando los artículos 273 y 274 del TRLSC: por tanto, una vez cumplidos con los requisitos señalados en la legislación mercantil antes citada (en particular, dotar la reserva legal hasta que alcance el 20% del capital), será a la junta general a la que corresponda tomar la decisión o no de compensar los resultados negativos de ejercicios anteriores. No obstante, si las pérdidas de ejercicios anteriores hacen que el valor del patrimonio neto de la sociedad sea inferior a la cifra del capital social, el beneficio se destinará a la compensación de las pérdidas de forma obligatoria. Como se observa, incide en el aspecto de que es obligatorio compensar contablemente los resultados negativos cuando hagan que el patrimonio neto sea inferior al capital social, por lo que no aporta luz en la materia.

Tres resoluciones de la Dirección General de los Registros y del Notariado, denominada ahora Dirección General de Seguridad Jurídica y Fe Pública, resuelven litigios planteados a la hora de inscribir ampliaciones de capital social con cargo a reservas cuando existen resultados negativos en el balance. La **resolución DGRN de 15 de marzo de 2012** resuelve sobre una escritura de aumento de capital social con cargo a reservas y modificación parcial de estatutos, cuya inscripción fue denegada por el registrador porque la libre disponibilidad de las reservas viene limitada por la función de cobertura de pérdidas contabilizadas. Si no son plenamente disponibles, no reúnen los requisitos legalmente exigidos por el art. 303 LSC para su capitalización. Lo importante no es el reflejo de la partida de reservas en el balance que sirva de base a la ampliación, sino la efectiva existencia de excedente del activo sobre el capital anterior y el pasivo exigible, según el balance. En síntesis, una ampliación de capital con cargo a reservas necesita una adecuada justificación de la efectiva existencia de los fondos en el patrimonio social. El valor del patrimonio neto contable debe exceder de la cifra de capital social y de la reserva legal hasta entonces constituida en una cantidad al menos igual al importe de la ampliación.

Reconoce la Dirección General que en la anterior Ley de Sociedades de Responsabilidad Limitada y en el actual TRLSC no exista un precepto que proscriba expresamente el aumento de capital con cargo a reservas si en el balance figuran pérdidas, pero es indudable que lo importante no es el mero reflejo de la partida de reservas en el balance que sirva de base a la ampliación, sino la efectiva existencia de excedente del activo sobre el capital y el pasivo exigible, según dicho balance, aunque las vicisitudes económicas de la sociedad, posteriores a aquél, puedan determinar luego la eliminación de esas pérdidas.

La **resolución DGRN de 27 de julio de 2016** desestima el recurso planteado contra la no inscripción de la escritura de aumento de capital social con cargo a reservas, porque del balance que sirve de base al aumento resulta que, deducidas las pérdidas y las reservas negativas no quedan reservas disponibles suficientes para aplicarlas al aumento pretendido. Motivo que impide la libre disponibilidad de las reservas por la función que desempeñan de cobertura de pérdidas contabilizadas. La DGRN concluye con acierto que un requisito esencial para la capitalización de las reservas o beneficios no es que tengan la consideración de recursos propios, sino que sean de libre disposición, dado que la capitalización es una de las formas a través de las que la sociedad ejerce su facultad de libre disposición sobre ellas. Y entiende por disponibilidad de las reservas la libertad para aplicarlas a cualquier fin, entre ellos al reparto a los socios, que tan sólo es posible en tanto no existan perdidas que hayan de enjugarse previamente:

> *El aumento de capital con cargo a reservas es una modalidad de autofinanciación empresarial caracterizada por una simple operación contable, en cuanto implica una transferencia de fondos de una cuenta a otra del pasivo del balance, por lo que como tal no supone alteración patrimonial cuantitativa alguna dado que los recursos propios —suma de capital social y reservas— seguirán siendo los mismos; y otro tanto cabe decir del patrimonio social. Lo que sí supone es una modificación cualitativa de dicho patrimonio, pues los fondos así transferidos pasan del régimen de disponibilidad de que gozaban como reservas a la indisponibilidad a que quedan sujetos como capital. Por tanto, un requisito esencial para la capitalización de las reservas (incluidas las constituidas por prima de asunción) o beneficios no es sólo que tengan la consideración de recursos propios, sino también que sean de libre disposición, dado que la capitalización es una de las formas a través de las que la sociedad ejerce su facultad de libre disposición sobre ellas.*
>
> *Por disponibilidad de las reservas ha de entenderse, por tanto, la libertad para aplicarlas a cualquier fin, entre ellos el de reparto entre los socios. Y esa aplicación de las reservas tan sólo es posible en tanto no existan perdidas que hayan de enjugarse previamente.*
>
> *El artículo 273.2 de la Ley de Sociedades de Capital limita la libertad de la junta general a la hora de aplicar los resultados, en primer lugar el positivo del ejercicio corriente, pero también el reparto de las reservas de libre disposición en tanto el valor del patrimonio neto contable no siga siendo tras el reparto superior al capital social. Es más, resulta de la lógica del sistema que también debería incluirse junto al capital, la reserva legal en el porcentaje legalmente exigido a la hora de computar el posible excedente de patrimonio neto que quede de libre disposición. En definitiva, la libre disponibilidad de las reservas viene limitada por la función que están llamadas a desempeñar: la cobertura de pérdidas contabilizadas. Y si no son plenamente disponibles no reúnen los requisitos legalmente exigidos por el artículo 303 de la Ley de Sociedades de Capital para su capitalización.*
>
> *A pesar de que en nuestra Ley de Sociedades de Capital no exista un precepto como, por ejemplo, el parágrafo 208.2 de la «Aktiengesetz» alemana, que proscriba expresamente el aumento del capital con cargo a reservas si en el balance figuran pérdidas, es indudable que lo importante no es el mero reflejo de la partida de reservas en el balance que sirva de base a la ampliación, sino la efectiva existencia de excedente del activo sobre el capital anterior y el pasivo exigible, según dicho balance, aunque las vicisitudes económicas de la sociedad, posteriores a aquél, puedan determinar luego la eliminación de esas pérdidas* [DGRN 27 julio 2016].

Criterio nuevamente reiterado por la **resolución DGSJFP (antes DGRN) de 28 de febrero de 2023**, que desestima el recurso contra la denegación de la inscripción de la escritura de elevación a público de acuerdos sociales de aumento de capital social con cargo a reservas por la inexistencia de reservas suficientes para llevar a efecto el aumento. Del balance resulta que el excedente de la cifra de patrimonio neto sobre la de capital inscrito no alcanza a dar cobertura al aumento pretendido. Aunque no existe norma que proscriba para las sociedades de responsabilidad limitada el aumento de capital con cargo a reservas si en el balance figuran pérdidas, es indudable que lo importante no es el mero reflejo de la partida de reservas en el balance que sirva de base a la ampliación, sino la efectiva existencia de excedente del activo sobre el capital anterior y el pasivo exigible, según dicho balance.

Con la consulta del ICAC de 2014 y las tres resoluciones de la antigua DGRN se aprecia con claridad que, desde el punto de vista mercantil, las reservas de libre disposición no pueden destinarse a lo que pretenda la junta de socios si están amparando resultados negativos para que el patrimonio neto no sea inferior al capital social. No pueden, por tanto, dedicarse al reparto de dividendos ni a la ampliación de capital en determinadas ocasiones, estén o no señaladas expresamente en el TRLSC.

En la **resolución TEARC, Sala LP, n.º 35/3073/06 de 30 de marzo de 2007,** además del efecto de la compensación fiscal de bases imponibles negativas en la dotación RIC se plantea otra circunstancia: qué ocurre con la compensación contable de resultados negativos con reservas. Concretamente, en qué afecta el hecho de que un ejercicio en que se dota RIC se haya compensado parte de los resultados negativos existentes con reservas voluntarias y no con el saldo de pérdidas y ganancias.

A nuestro entender la solución debe resolverse —a partir de 1 de enero de 2003— de forma positiva para la empresa, ya que los fondos propios no disminuyen cuando se compensan resultados negativos con reservas. Situación diferente ocurría antes de 2003, porque la normativa atendía al nivel de las reservas, no de los fondos propios. Como tampoco se está aplicando el resultado del ejercicio a la compensación contable de resultados negativos, que afecta a la dotación como vimos en el epígrafe 22.2, no veíamos cómo podía afectar negativamente la compensación de resultados negativos con reservas voluntarias a la dotación RIC.

El TEARC, sin embargo, aunque no es el fundamento principal por el que desestima la reclamación, se inclinó por un criterio bien distinto, diciendo que debe precisar que resulta indiferente que contablemente la compensación de las pérdidas se produzca con reservas de libre disposición de ejercicios anteriores, y que la cuantía de los fondos propios no varíe por no existir devolución de aportaciones o reparto de dividendos, puesto que lo que se compensan son bases imponibles negativas y no resultados contables negativos, sin que exista una correlación entre la compensación de los resultados negativos fiscales y contables. Aunque contablemente las reservas utilizadas procedan de beneficios ya sometidos a tributación en ejercicios anteriores a 2004, la compensación fiscal se produce con los beneficios obtenidos en dicho año al incluirlos expresamente el obligado tributario en su autoliquidación, determinando la no tributación en el ejercicio de la compensación fiscal.

Como se observa, la Sala no razona sobre el hecho de que la compensación contable de resultados negativos se realice con reservas voluntarias en vez de con el saldo de pérdidas y ganancias, sino que el elemento trascendental es que se compensen en el ejercicio bases imponibles negativas, por lo queda sin resolver la primera de las cuestiones. A mayor abundamiento, el TEARC intenta justificar que la compensación con reservas afecta a la dotación RIC, aunque no se hubiesen compensado fiscalmente bases imponibles negativas en ese ejercicio, y para ello utiliza el razonamiento de que la cantidad compensada contablemente ha determinado la disposición de unos recursos de libre disposición que podrían haberse destinado en otro caso a las finalidades de la RIC. Trascribimos los párrafos principales del fundamento de la resolución:

> *No obstante, y a mayor abundamiento si la reclamante no hubiese optado por la compensación fiscal de las bases imponibles negativas en el ejercicio 2004 pero en su contabilidad se reflejase la existencia de unos resultados negativos compensados con reservas de ejercicios anteriores, este importe, teniendo en consideración el procedimiento para determinar el límite de la Reserva para Inversiones que tiene como base el beneficio contable, no debería disfrutar del incentivo fiscal y no en este caso porque ya hubiese dejado de tributar sino simplemente porque es una cuantía que contablemente ha determinado la disposición de unos recursos de libre disposición que podrían haberse destinado en otro caso a las finalidades de la Reserva para Inversiones sin generar el derecho a reducción alguna en la base y adicionalmente porque aunque fiscalmente no se haya dejado de pagar sí que se ha generado un crédito por la base imponible a compensar en el futuro por lo que una misma cuantía de nuevo no podría ser idónea para generar un crédito fiscal y para dejar de pagar a través de la dotación de la Reserva para Inversiones (en este caso indirectamente por la utilización de cantidades que podrían haber servido a los fines de la Reserva sin generar derecho a reducción por no ser los beneficios del ejercicio de la dotación)* [TEARC, 30 de marzo de 2007].

En síntesis, que para el TEARC es irrelevante que se haya compensado contablemente la pérdida con reservas voluntarias, en vez de con resultados del ejercicio. Cuestión con la que no estamos de acuerdo, puesto que ni se están disminuyendo los fondos propios de la entidad ni precepto alguno del art. 27 prohíbe esa compensación, ya que la única que afecta a la dotación —según la interpretación de los Tribunales de Justicia— es la que se efectúa con el saldo del resultado del ejercicio. Razonamiento que ni entendíamos ni compartíamos en 2012, y que analizamos nuevamente en 2024 por si le encontramos más sentido.

Mercantilmente, las reservas de libre disposición no pueden destinarse ni al reparto de dividendos ni a la ampliación de capital cuando existen en el balance resultados negativos que hagan que el patrimonio neto sea inferior al capital social o que, como consecuencia del reparto, resulte inferior. Fiscalmente, y en materia RIC, la única limitación la encontramos en el art. 27.2, último párrafo: *las asignaciones a reservas se considerarán disminuidas en el importe que eventualmente se hubiese detraído de los fondos propios, ya en el ejercicio al que la reducción de la base imponible se refiere, ya en el que se adoptara el acuerdo de realizar las mencionadas asignaciones.* El párrafo impide el reparto de dividendos contra reservas de libre disposición en tanto supone una disminución de los fondos propios, pero no afecta al hecho de que dichas reservas se capitalicen, porque su capitalización no supone la detracción de fondos propios. Ni tampoco a la compensación de resultados negativos con reservas de libre disposición por el mismo motivo.

En determinadas circunstancias, podrá suceder que la eventual capitalización no sea posible mercantilmente, pero aun en el caso de contravenirse la norma mercantil o la interpretación que de ella efectúa la antigua DGRN, no estamos ante un hecho que afecte negativamente a la dotación RIC. Tampoco cuando se compensen resultados negativos con reservas voluntarias y otras de libre disposición. Solo incide negativamente en la dotación, circunscribiéndome a la materia específicamente abordada, el reparto de dividendos contra reservas, pues disminuye los fondos propios.

22.4. La compensación fiscal de bases imponibles no ha de influir en el cálculo de la dotación, aunque el TEARC mantuvo en el pasado la postura contraria

Así como la compensación contable de resultados negativos afecta a la dotación RIC, la compensación fiscal de bases imponibles negativas no tiene que afectarle. Mientras que la primera es una aplicación contable voluntaria, y en algunas ocasiones obligatoria, del saldo de pérdidas y ganancias del ejercicio, es decir, del resultado, magnitud que constituye la base de la dotación RIC; la compensación fiscal de bases imponibles, nada tiene que ver con el resultado del ejercicio, sino con la base imponible del ejercicio y el derecho del contribuyente a la compensación de bases imponibles negativas generadas en ejercicios anteriores. El derecho fiscal a la compensación tributaria está al margen de las obligaciones de carácter mercantil, y contablemente se refleja dando de baja un activo generado por el derecho a compensar esa pérdida (cuenta 4745, Crédito por pérdidas a compensar del ejercicio 202X) con cargo a una cuenta de pérdidas y ganancias, concretamente, impuestos diferidos (6301):

(6301) Impuestos diferidos a (4745) Crédito por pérdidas a compensar

El asiento contable, como vemos, no afecta a la cuenta de Resultados negativos de ejercicios anteriores (121), sino exclusivamente al saldo de pérdidas y ganancias vía una mayor imposición sobre el beneficio.

Al tratarse de una cuestión contable específica y de cierta complejidad, hago primero una exposición detallada de los casos que encontramos en la práctica y cómo hay que resolverlos desde el punto de vista contable y la RIC. Para ello partimos de las dos opciones que encontramos en la práctica empresarial: (i) que en el ejercicio en que se genera la base imponible negativa se reconozca contablemente el crédito fiscal, o (ii) que en dicho ejercicio no se reconozca crédito fiscal alguno. Las analizamos por separado, porque, a su vez, la segunda de las alternativas tiene sus propias ramificaciones.

22.4.1. El reconocimiento del crédito fiscal en el ejercicio en que se genera la base imponible negativa

En la ciencia contable, lo habitual es que siempre que los responsables de la entidad entiendan que la empresa puede generar beneficios futuros con los que compensar la base imponible negativa obtenida en un determinado ejercicio, procedan a crear un activo en el balance con abono a la cuenta de impuestos diferidos. El PGC de 2007, al igual que el anterior, parte del presupuesto que para activar el crédito fiscal tiene que haber expectativas de su recuperación en el futuro. El asiento contable es:

(4745) Crédito por pérdidas a compensar del ejercicio 202X

a (6301) Impuesto diferido

El reconocimiento de un activo en el balance mediante este asiento se condiciona al principio de prudencia, que en este caso significa que solo se reconocerá el activo en la medida que resulte probable que la empresa disponga de ganancias fiscales futuras que permitan la compensación de las bases imponibles negativas (norma 13ª, 2.3. Activos por impuesto diferido, de las normas de registro y valoración del PGC, redacción 2010).

En el ejercicio futuro en que se compense la base imponible negativa se extingue el activo, y por tanto, se da de baja con cargo al impuesto diferido que se abonó en su creación:

(6301) Impuesto diferido

a (4745) Crédito por pérdidas a compensar del ejercicio 202X

En el mismo ejercicio, y de conformidad con las normas de registro y valoración del PGC 2007, las pérdidas fiscales compensables de ejercicios anteriores, aplicadas efectivamente en este, dan lugar a un menor importe del impuesto corriente (norma 13° Impuestos sobre beneficios: 1. Activos y pasivos por impuesto corriente). En otras palabras, el impuesto corriente (cuenta 6300) es el resultante de aplicar el tipo de gravamen del IS a la diferencia entre la base imponible del ejercicio y la compensación de bases imponibles negativas:

Impuesto corriente = 0,25 (base imponible previa - compensación de bases imponibles negativas anteriores).

De esta forma, el cargo por impuestos en la cuenta de pérdidas y ganancias por la compensación de bases imponibles negativas se realiza a través del impuesto diferido (que recoge la extinción de un activo), no del impuesto corriente:

Impuesto diferido = 0,25 (compensación de bases imponibles negativas)

Con un ejemplo vemos cómo afectan a la dotación RIC estas circunstancias.

Ejemplo 22.7

La sociedad X obtiene en 2024 un resultado contable negativo de 120 y tiene gastos fiscalmente no deducibles por 10. La base imponible negativa a compensar en futuros ejercicios es de - 120 +10 = - 110.

En 2024, la base imponible negativa genera un activo por importe del tipo impositivo aplicado a la cuantía de dicha base = 0,25 x 110 = 27,5 (o al tipo del 23% si su volumen de negocios en el año anterior fue inferior a 1.000.000 €), que se contabiliza mediante el asiento:

27,5 (4745) Crédito por pérdidas a compensar ejercicio 2024

a (6301) Impuesto diferido 27,5

El resultado contable de 2024 será el que resulta de sumarle al resultado contable negativo antes de impuesto (-120) el impuesto (+27,5) = - 92,5.

Como en 2024 no hay beneficios, sino pérdidas, no puede dotarse RIC.

En 2025, la sociedad obtiene un beneficio de 200, con unos fondos propios de 500 y un capital social de 150. Quiere destinar la cantidad máxima posible a la dotación RIC. Hay gastos no deducibles por 10.

La primera cuestión a solventar es si es obligatorio o no compensar contablemente con el nuevo saldo de pérdidas y ganancias el resultado negativo de -92,5 obtenido en 2024. Como los fondos propios (500) son superiores al capital social (150) no es obligatoria la compensación (art. 273.2 TRLSC).
La segunda es determinar el impuesto sobre beneficios del ejercicio 2025:

BAI	+200
Gastos no deducibles	+10
Compensación base imponible negativa 2024	-110
RIC 2025	-100
BI	0
x 0,25 (impuesto corriente)	0

Para determinar la dotación RIC 2025 hemos cumplido con uno de los preceptos de la normativa RIC: que la dotación no puede dar lugar a una base imponible negativa, por lo que el máximo es 100.
Al consumirse un activo que figuraba en el balance (el crédito fiscal por la base imponible negativa de 2024) hemos de darlo de baja:

27,5 (6301) Impuesto diferido

a (4745) Crédito por pérdidas a compensar 2024 27,5

(Equivalente al 25% de -110)

Por su parte, el impuesto corriente (6300) es cero, cumpliéndose lo que explicamos anteriormente de que la compensación de bases imponibles negativas significa un menor (o un nulo, como en este caso) impuesto corriente.
El impuesto sobre beneficios de 2025 es 27,5 del impuesto diferido más 0 del impuesto directo = 27,5; por lo que el resultado contable es 200 - 27,5 = 172,5.
Y la dotación máxima RIC es el 0,90 (172,5 del resultado contable - 17,25 de la reserva legal) = 139,725, cantidad superior a la que efectivamente dotamos, 100.
Por tanto, la compensación fiscal de bases imponibles negativas solo afecta a la RIC al generar un mayor impuesto sobre el beneficio, con el consiguiente menor resultado del ejercicio.

¿Cómo ha afectado la compensación fiscal de bases imponibles negativas a la dotación RIC en el ejemplo? Sencillamente no le ha afectado ni, en nuestra opinión, tiene porqué afectarle.

No pretendo que el lector no familiarizado con la técnica contable y el cálculo de la imposición sobre beneficios se convierta en un experto con estos ejemplos, pero sí al menos que se aproxime a los conceptos y cálculos que le ayudarán a comprender mejor la materia y su incidencia en la dotación RIC/RIB.

22.4.2. El no reconocimiento del crédito fiscal en el ejercicio en que se genera la base imponible negativa

Puede suceder en la práctica empresarial que la sociedad que genere una base imponible negativa en un ejercicio determinado no proceda al reconocimiento de activo alguno en el balance que recoja el crédito fiscal, y ello por dos motivos principales:

1º. Por aplicación del principio de prudencia, que sigue vigente en la norma 13º, apartado 2.3 de las normas de valoración y registro del vigente PGC.

2º. Por desconocimiento de la norma, lo que supondría un error contable.

En ambos casos, la cuestión práctica es que en el balance no existe un activo con el crédito fiscal por el derecho a la compensación, ni que en ese ejercicio el resultado contable se haya disminuido con el impuesto diferido. Circunstancias que no afectan a la dotación RIC, ya que en ese año se obtuvo un resultado negativo.

Pero, ¿qué sucede en el primer ejercicio en que se obtiene un resultado contable positivo cuando en su momento no se reconoció contablemente el crédito fiscal? Para responder la cuestión hay que tener claro que, con independencia a que se haya reconocido el crédito fiscal en la contabilidad o no, la sociedad tiene derecho a la compensación de las bases imponibles negativas generadas en ejercicios anteriores. Es un derecho fiscal que no está subordinado a su contabilización como activo en el balance.

Partiendo de este argumento, desde el punto de vista contable, nos encontramos con el reconocimiento posterior de un activo por crédito fiscal, que el PGC 2007 lo condiciona a que sea posible su recuperación futura, circunstancia que evidentemente se da en el ejercicio en que se genera beneficio y de forma efectiva va a compensarse la base imponible negativa (año en que la expectativa de recuperación se convierte en realidad), pero también puede efectuarse el reconocimiento del crédito fiscal en un ejercicio anterior, en aquel en que se estime que van a obtenerse beneficios en el futuro. Centrándonos en el primer caso, existen dos formas de contabilizar el activo (el crédito fiscal) que no figura en el balance en el ejercicio en que hacemos uso del derecho fiscal a la compensación de bases imponibles negativas; y las dos formas están precisamente ligadas con los dos motivos principales antes expuestos:

1º. El crédito fiscal no se contabilizó por prudencia

Si el activo con el crédito fiscal no se contabilizó en su momento por aplicación del principio de prudencia, observamos que en el presente ejercicio se ha producido un beneficio no estimado como posible en el pasado, ¿qué hacemos? La solución la facilita la norma 22ª "Cambios en criterios contables, errores y estimaciones contables" de las normas de valoración y registro del PGC, que fue modificada con efectos 1 de enero de 2021. En ella se dice que:

> [se] *calificarán como cambios en estimaciones contables aquellos ajustes en el valor contable de activos o pasivos, o en el importe del consumo futuro de un activo, que sean consecuencia de la obtención de información adicional, de una mayor experiencia o del conocimiento de nuevos hechos. El cambio de estimaciones contables se aplicará de forma prospectiva y su efecto se imputará, según la naturaleza de la operación de que se trate, como ingreso o gasto en la cuenta de pérdidas y ganancias del ejercicio o, cuando proceda, directamente al patrimonio neto. El eventual efecto sobre ejercicios futuros se irá imputando en el transcurso de los mismos.*
>
> *Siempre que se produzcan cambios de criterio contable o subsanación de errores relativos a ejercicios anteriores se deberá incorporar la correspondiente información en la memoria de las cuentas anuales.*

Dada la naturaleza fiscal de la operación, hay que crear en el ejercicio en que se compensa la base imponible negativa el activo por el crédito fiscal (la cuenta 4745) con abono a la cuenta de ajustes positivos en la imposición (638):

(4745) Crédito por pérdidas a compensar del ejercicio

a (638) Ajustes positivos en la imposición sobre beneficios

Y al efectuar la compensación de la base imponible negativa damos de baja el activo que recoge el crédito fiscal con cargo a impuestos diferidos:

(6301) Impuesto diferido

a (4745) Crédito por pérdidas a compensar del ejercicio

De esta forma cumplimos correctamente la normativa contable.

2º. El crédito fiscal no se contabilizó por desconocimiento de la técnica contable

Pero podría suceder la segunda de las circunstancias antes explicada, que en el ejercicio en que se generó la base imponible no se contabilizase el crédito fiscal (la cuenta 4745) por simple desidia o desconocimiento de la norma. En ese caso, encontramos en el ejercicio en que se compensa la base imponible un cambio de criterio a la hora de contabilizar o la subsanación de un error contable. En las dos alternativas, la norma 22ª "Cambios en criterios contables, errores y estimaciones contables" del PGC indica que hay que crear o ajustar el activo del que se trate con abono a una cuenta de reservas:

(4745) Crédito por pérdidas a compensar del ejercicio

a (113) Reservas voluntarias

Y al efectuar la compensación de la base imponible negativa, damos de baja el activo que recoge el crédito fiscal con cargo a impuestos diferidos:

(6301) Impuesto diferido

a (4745) Crédito por pérdidas a compensar del ejercicio

En ambos casos, tanto si se crea el activo con abono a la cuenta de pérdidas y ganancias, como con abono a reservas voluntarias, mencioné que en el ejercicio en que compensamos fiscalmente la base imponible generada —que ahora está reflejada en la contabilidad— hay que dar de baja el Crédito por pérdidas a compensar del ejercicio X (4745) con cargo a la cuenta de impuesto diferido (6301):

(6301) Impuesto diferido

a (4745) Crédito por pérdidas a compensar del ejercicio

Por tanto, la única diferencia entre ambos procedimientos surge en el asiento de reconocimiento del activo, que se hace con abono a una cuenta de ajustes en la imposición (638), esto es, en una cuenta de pérdidas y ganancias, o de reservas voluntarias (113), en una cuenta del patrimonio neto.

22.4.3. ¿Cómo afecta a la dotación RIC/RIB la compensación de bases imponibles negativas?

Al igual que planteamos en el apartado anterior la forma en que afectaba el reconocimiento del crédito fiscal en el ejercicio en que se genera la base imponible negativa, hay que analizar qué ocurre cuando no se reconoció en su momento el crédito fiscal, con la diferenciación entre las alternativas ya planteadas: 1º (no se hizo por aplicación del principio de prudencia) y 2° (no se hizo por desidia o desconocimiento de la norma). En ambas, la diferencia estriba en la forma de reconocimiento del activo en el ejercicio en que se compensa fiscalmente la base imponible:

– En la primera, se crea el activo con abono a una cuenta de pérdidas y ganancias para, a su vez, cargar otra cuenta de pérdidas y ganancias con el consumo o desaparición del activo:

(4745) Crédito por pérdidas a compensar del ejercicio

a (638) Ajustes positivos en la imposición sobre beneficios

(6301) Impuesto diferido

a (4745) Crédito por pérdidas a compensar del ejercicio

Los dos asientos suponen un abono y un cargo por igual importe en la cuenta de resultados, razón de que la cifra final del saldo de pérdidas y ganancias sea la misma. En otras palabras, el reconocimiento del crédito fiscal y su posterior extinción al compensar fiscalmente la base imponible negativa no afectan al resultado del ejercicio, y en consecuencia tampoco a la dotación de RIC/RIB.

– En la segunda alternativa, la que considera que existe un error contable o un cambio de criterio contable, el reconocimiento del crédito se hace con carácter retrospectivo, es decir, ajustando el resultado de los ejercicios pasados, mediante un abono contable en la cuenta de reservas voluntarias, y a continuación se da de baja el activo creado con el crédito fiscal con cargo a una cuenta de pérdidas y ganancias:

(4745) Crédito por pérdidas a compensar del ejercicio

a (113) Reserva voluntaria

(6301) Impuesto diferido

a (4745) Crédito por pérdidas a compensar del ejercicio

Partiendo del resultado del ejercicio —que es la magnitud que sirve de base para la dotación RIC/RIB— vemos que el primer asiento no incrementa el resultado (se utiliza la cuenta de reserva voluntaria en el haber); mientras que en el segundo se disminuye el resultado con el cargo en la cuenta del impuesto diferido. En la segunda alternativa, el resultado del ejercicio disminuye y, en consecuencia, la compensación fiscal de la base imponible baja la dotación RIC/RIB. Conviene tener en cuenta que no le afecta negativamente a la dotación por el mero hecho de la compensación fiscal de la base imponible negativa de ejercicios anteriores, sino por el hecho colateral de la disminución del resultado contable del ejercicio por el cargo en la cuenta de impuesto diferido.

Pongamos un ejemplo con cada una de las alternativas que ayude a seguir familiarizándose con los conceptos explicados:

Ejemplo 22.8

La sociedad Y obtiene en 2023 un resultado contable negativo de 120 y tiene gastos fiscalmente no deducibles por 10. La base imponible negativa a compensar es de -120 +10 = - 110. En 2023 se considera que la base imponible negativa no va a poder compensarse en el futuro, ya que no se espera obtener beneficios. Por ello no se contabiliza el crédito fiscal de 0,25 x 110 = 27,5. El resultado contable del ejercicio sigue siendo -120.

Como en 2023 no hay beneficios, sino pérdidas, no se puede dotar RIC/RIB.

En 2024, la sociedad obtiene un beneficio de 200, tiene fondos propios de 500 y un capital social de 150, queriendo destinar la cantidad máxima posible a la dotación RIC/RIB. Hay gastos no deducibles por 10.

La primera cuestión a solventar es si es obligatorio compensar contablemente con el nuevo saldo de pérdidas y ganancias el resultado negativo de - 120 obtenido en 2023. Como los fondos propios (500) son superiores al capital social (150) no es obligatoria la compensación (art. 273.2 TRLSC).

La segunda cuestión es dar de alta un activo por el crédito fiscal que no se creó en 2023, puesto que en 2024 se obtienen beneficios:

27,5 (4745) Crédito por pérdidas a compensar 2023		
	a	(638) Ajustes positivos en la imposición sobre beneficios (0,25 x 110 = 27,5)

La tercera cuestión es calcular la imposición sobre el beneficio 2024:

BAI	+200
Gastos no deducibles	+10
Compensación base imponible negativa 2008	-110
RIC 2024	-100
BI	0
x 0,25 (impuesto corriente)	0

Para determinar la dotación RIC 2024 hay que cumplir con uno de los preceptos aplicables de la normativa RIC, que no puede dar lugar a una base imponible negativa, por lo que el máximo es 100.

Al consumir un activo que figuraba en el balance (el crédito fiscal por la base imponible negativa de 2023) hemos de darlo de baja:

27,5 (6301) Impuesto diferido

a (4745) Crédito por pérdidas a compensar del ejercicio 27,5 (Equivalente al 25% de -110)

El impuesto corriente (6300) es cero, cumpliéndose lo explicado anteriormente, que la compensación de bases imponibles negativas significa un menor (o un nulo, como en este caso) impuesto corriente.

Con el abono del ajuste positivo en la imposición de 27,5 del primer asiento y el cargo por impuesto diferido de 27,5 del segundo asiento, el saldo final del resultado contable del ejercicio es 200 +27,5 -27,5 = 200, el mismo que teníamos anteriormente. Motivo de que el cálculo de la dotación RIC/RIB no se vea afectado por la compensación fiscal de la base imponible negativa.

La dotación máxima RIC/RIB es 0,90 (200 - 20 de la reserva legal) = 162, cantidad superior a la que efectivamente dotamos (100), por lo que está bien dotada.

En el ejemplo, repetimos, la compensación fiscal de bases imponibles negativas no afecta conceptualmente a la dotación RIC/RIB.

Veamos otro ejemplo con el segundo caso o alternativa explicada.

Ejemplo 22.9

La sociedad Z obtiene en 2023 un resultado contable negativo de - 120 y tiene gastos fiscalmente no deducibles por 10. La base imponible negativa a compensar es de -120 +10 = -110, pero por desconocimiento la empresa no contabiliza el crédito fiscal de 0,25 x 110 = 27,5. El resultado contable del ejercicio sigue siendo -120.

Como en 2023 no hay beneficios, sino pérdidas, no se puede dotar RIC/RIB.

En 2024, la sociedad obtiene un beneficio de 200, tiene unos fondos propios de 500 y un capital social de 150, queriendo destinar la cantidad máxima posible a la dotación RIC/RIB. Hay gastos no deducibles por 10.

La primera cuestión es si es obligatorio o no compensar contablemente con el saldo de pérdidas y ganancias el resultado negativo de - 120 obtenido en 2023. Como los fondos propios son superiores al capital social no es obligatoria la compensación (art. 273.2 TRLSC).

La segunda cuestión es dar de alta un activo por el crédito fiscal que no se creó por desconocimiento (o por error) en 2023:

27,5 (4745) Crédito por pérdidas a compensar del ejercicio

a (103) Reservas voluntarias 27,5
(0,25 x 110 = 27,5)

La tercera cuestión es calcular la imposición sobre el beneficio 2024:

BAI	+200
Gastos no deducibles	+10
Compensación base imponible negativa 2023	-110
RIC 2024	-100
BI	0
x 0,25 (impuesto corriente)	0

Para determinar la dotación RIC 2024 cumplimos uno de los preceptos aplicables, que no puede dar lugar a una base imponible negativa, razón de que el máximo sea 100.
Como estamos consumiendo un activo que figura en el balance (el crédito fiscal por la base imponible negativa de 2023) hay que darlo de baja:

27,5 (6301) Impuesto diferido

a (4745) Crédito por pérdidas a compensar del ejercicio 27,5 (Equivalente al 25% de -110)

El impuesto corriente (6300) es cero, cumpliéndose lo ya dicho que la compensación de bases imponibles negativas significa un menor (o un nulo, como en este caso) impuesto corriente.
El abono a reservas voluntarias de 27,5 por mandato de la norma 22ª del PGC no afecta al resultado del ejercicio, pero sí el cargo por impuesto diferido de 27,5, motivo de que el saldo final del resultado contable del ejercicio sea 200 + 0 - 27,5 = 172,5, inferior al que teníamos anteriormente (200), por lo que el cálculo de la dotación RIC/RIB se ve disminuido por la compensación fiscal de la base imponible negativa.
La dotación máxima RIC/RIB es 0,90 (172,5-17,25 de la reserva legal) = 155,25 cantidad superior a la que efectivamente hemos dotado de 100, pero inferior a la dotación máxima de 162 que calculamos en el ejercicio anterior.
En el ejemplo, la compensación fiscal de bases imponibles negativas afecta a la dotación RIC/RIB, pero exclusivamente por la vía del menor resultado contable del ejercicio que implica la contabilización de un impuesto diferido que no se ve compensado con el ajuste negativo en la imposición, como ocurrió en el ejemplo anterior. En este caso, el ajuste se llevó directamente a reservas voluntarias, de forma que no afecta positivamente al saldo de pérdidas y ganancias.

22.4.4. El TEARC no opina igual y en 2007 resolvió que la compensación fiscal de bases imponibles negativas afectaba a la dotación RIC

A pesar del planteamiento teórico y práctico que realizamos sobre la no afectación de la dotación RIC/RIB por la compensación fiscal de bases imponibles negativas, tres resoluciones TEARC de 2007 sembraron la duda en la RIC en un campo hasta ese año pacífico, el de la compensación fiscal de bases imponibles negativas, que repetimos, no ha de confundirse con la compensación contable de resultados negativos.

En la resolución **TEARC Sala LP n.º 35/3138/05, de 28 de febrero de 2007,** se analiza la compensación fiscal de bases imponibles negativas, entendiendo el Tribunal que el beneficio a destinar a la RIC es *el que resulta una vez que se hayan compensado las bases imponibles negativas que tenga la empresa.* Conclusión para nosotros sorprendente, máxime cuando, en primer lugar, el TEARC explica acertadamente que la base imponible negativa que se compensa, cuando ha sido contabilizada anteriormente como un crédito fiscal, no altera el cálculo contable del impuesto sobre beneficios, teniendo únicamente repercusión en la posición deudora o acreedora de la entidad respecto a Hacienda. Sin embargo, si no ha sido contabilizado anteriormente el crédito, sino que se compensa en ese ejercicio, opera como una diferencia permanente, afectando al cálculo contable del impuesto y por tanto a la dotación RIC.

Con un ejemplo vemos mejor lo que explica el Tribunal, que hasta un punto compartimos y luego nos apartamos de su criterio.

Ejemplo 22.10

Se obtiene un beneficio antes de impuestos de 100.000 y en el ejercicio anterior se generaron pérdidas, sin que por el criterio de prudencia se hubiese contabilizado el crédito impositivo. Como este año va a compensarse la base imponible negativa anteriormente generada —supongamos 50.000— habría que reconocer en primer lugar en la contabilidad el crédito fiscal que se generó el año anterior mediante el asiento contable:

12.500 (4745) Crédito por pérdidas a compensar del ejercicio

a (638) Ajustes positivos en la imposición sobre beneficios (50.000 x 0,25 = 12.500).

El beneficio contable antes de impuestos pasa a ser 100.000 - (-12.500 del ajuste positivo en la imposición) = 112.500, pero para calcular el impuesto sobre beneficios hay que partir del beneficio antes de impuesto, esto es, de 100.000 = (112.500 - 12.500 del ajuste por imposición).

Hasta aquí coincidimos plenamente con el criterio del TEARC.

En segundo lugar, el TEARC afirma una cuestión con la que disentimos: *que teóricamente las futuras bases imponibles positivas deben destinarse a la reposición de lo anteriormente perdido, por lo que es evidente que los únicos beneficios que pueden destinarse a la RIC* ***son los excedentes, una vez compensadas las bases imponibles negativas.*** Y no es que el Tribunal confunda la compensación contable de resultados negativos —que sí afecta a la distribución del beneficio y al cálculo de la dotación RIC/RIB— con la compensación fiscal de bases imponibles negativas —que entendemos que nada tiene que ver con el resultado contable y que, recalcamos, es un derecho que tiene el contribuyente a compensar fiscalmente en el momento que lo estime oportuno las bases imponibles negativas generadas en ejercicios anteriores—, sino que su categórico criterio es que *la compensación fiscal de bases imponibles negativas afecta a la dotación, por lo que la base imponible negativa que se compensa ha de restarse de los beneficios contables para el cálculo de la RIC.*

Entendemos que lo único que hay que restar del beneficio contable, cuando se compensa fiscalmente una base imponible negativa no reconocida contablemente en ejercicios anteriores, es el ajuste contable positivo por el reconocimiento del crédito fiscal compensado, según explicamos en el apartado y ejemplos anteriores, pero nunca la propia compensación fiscal de bases imponibles negativas. Cuestión aparte es que se compensen contablemente los resultados negativos anteriores con el beneficio del ejercicio, en cuyo caso sí afectará negativamente al cálculo de la dotación RIC/RIB, como reiteradamente han señalado los Tribunales en los últimos años.

El principal argumento del TEARC para sostener su criterio es que resulta evidente, partiendo de la finalidad de la RIC, que los únicos beneficios que podrían vincularse al incentivo fiscal son los excedentes una vez compensadas las bases negativas de ejercicios anteriores, ya que fiscalmente la parte objeto de compensación se ha de destinar a la reposición de lo perdido.

Y con ese razonamiento lógicamente discrepamos —con el máximo respeto al criterio de la Sala que en numerosas ocasiones ha innovado con sumo acierto en la aplicación del incentivo—, porque la dotación RIC se basa siempre en el beneficio contable, que se ve alterado, como bien señala el TEARC, por el hecho de que el crédito fiscal generado en años anteriores se haya o no contabilizado, pero no en la base imponible, que podrá compensarse o no en el IS con las bases imponibles negativas generadas, sin que ello signifique una aplicación mercantil o contable del saldo de pérdidas y ganancias, es decir, del resultado contable del ejercicio, que es la única magnitud de la que ha de partirse para la dotación RIC/RIB.

¿Y cómo influye en nuestro criterio en la dotación RIC/RIB la compensación fiscal de bases imponibles negativas en el IS? Como explicamos ampliamente en los apartados anteriores, influye en el cálculo de la imposición del beneficio, al consumirse un activo contable —el crédito fiscal con

Hacienda—, que implica un cargo en la cuenta del impuesto diferido, que disminuye el beneficio contable obtenido en el ejercicio. Al producirse un menor beneficio, la dotación RIC/RIB —que parte siempre del beneficio contable—será también menor. Así es como en nuestra opinión debe afectar la compensación fiscal de bases imponibles negativas al cálculo de la dotación RIC, y no como expone el Tribunal, disminuyendo la compensación fiscal de bases imponibles negativas del resultado del ejercicio, porque se estaría restando, dicho de nuevo con todo respeto, peras con manzanas.

Trascribimos el fundamento tercero de la RTEARC de 28 de febrero de 2007:

> *TERCERO.– La norma de valoración 16 del Plan General de Contabilidad establece que para la contabilización del impuesto sobre sociedades se considerarán las diferencias que puedan existir entre el resultado contable y el resultado fiscal distinguiendo entre diferencias permanentes, es decir las producidas entre la base imponible y el resultado contable antes de impuestos del ejercicio que no revierten en períodos subsiguientes, excluidas las pérdidas compensadas, diferencias temporales siendo éstas las existentes entre la base imponible y el resultado contable antes de impuestos del ejercicio cuyo origen está en los diferentes criterios temporales de imputación empleados para determinar ambas magnitudes y que por lo tanto revierten en períodos subsiguientes y por último las pérdidas compensadas, a efectos de la determinación de la base imponible.*
>
> *Las diferencias temporales y las pérdidas compensadas no modificarán el resultado económico a efectos de calcular el importe del gasto por el impuesto sobre sociedades del ejercicio.*
>
> *La existencia de pérdidas compensables fiscalmente dará origen a un crédito impositivo que representa un menor impuesto a pagar en el futuro.*
>
> *La compensación de bases imponibles negativas con crédito contabilizado no tiene, a efectos de contabilizar el gasto por Impuesto sobre Sociedades, ni la consideración de diferencia temporal ni la de diferencia permanente. Es decir la discrepancia que producen entre el resultado contable y fiscal no se debe ni a las distintas definiciones de ingresos y gastos ni a sus diferentes criterios de imputación temporal, simplemente tiene su origen en la admisibilidad en el ámbito fiscal de la compensación de bases imponibles negativas con las bases imponibles positivas de ejercicios futuros, no produciéndose modificación alguna en el importe contabilizado por Impuesto sobre Sociedades en el ejercicio en el que se produce la compensación teniendo incidencia únicamente en la posición deudor o acreedor de la entidad con la Administración Tributaria siendo la anotación contable equivalente a la reversión de un impuesto anticipado.*
>
> *En cambio si el crédito por compensación de bases imponibles negativas no ha sido contabilizado previamente operará de forma semejante a una diferencia permanente en el momento de determinar el gasto por Impuesto sobre Sociedades del ejercicio en que se produce la compensación como sucede en el presente caso.*
>
> *Por otra parte considera este Tribunal acertadas las operaciones aritméticas efectuadas por los órganos de gestión a efectos de determinar la cuantía máxima de dotación asociada a la Reserva para Inversiones en Canarias. El objetivo del incentivo fiscal es evitar la tributación de la parte del beneficio que se destine a la realización de actividades productivas en el territorio canario. El limite establecido en el apartado dos del artículo 27 de la Ley 191 1994 ha de interpretarse de acuerdo con el artículo 3 del Código Civil, es decir según el sentido propio de sus palabras, en relación con el contexto, los antecedentes históricos y legislativos, y la realidad social del tiempo en que han de ser aplicadas, atendiendo fundamentalmente al espíritu y*

> *finalidad. La base de la que se parte a efectos de determinar el importe máximo de dotación se establece sobre una magnitud homogénea, el beneficio de naturaleza contable que no es sino el punto de partida de la base imponible de una entidad en el Impuesto sobre Sociedades.*
>
> *No obstante la normativa fiscal permitiendo la compensación de bases imponibles negativas pretende evitar que la tributación de la entidad suponga un lastre para el futuro desarrollo de la sociedad en cuestión, ya que teóricamente las futuras bases imponibles positivas, hasta el "pay back" o momento en que se recupere lo invertido "break even", se deberían destinar a la reposición de lo que previamente se ha perdido,* ***por lo que resulta evidente partiendo de la finalidad de la Reserva para Inversiones en Canarias, que los únicos beneficios que podrían vincularse al incentivo fiscal serian los excedentes una vez compensadas las bases negativas de ejercicios anteriores, ya que fiscalmente la parte objeto de compensación se ha de destinar necesariamente a la reposición de lo ya perdido por lo que no podría en ningún caso materializarse en los términos del apartado 4 del articulo 27 de la Ley 19/1994.***
>
> *Así pues entiende este Tribunal que en términos estrictos, y en la medida en que ya se hubiesen contabilizado los créditos derivados de las bases imponibles negativas de ejercicios anteriores, al no tener las bases imponibles negativas la condición de diferencia permanente, como más arriba apuntamos su cuantía no debería aparecer minorando la base de cálculo del gasto por Impuesto sobre Sociedades, mientras que sí que lo debería hacer en la determinación del limite de dotación de la Reserva para Inversiones en Canarias.* ***Z, SL no contabilizó el crédito por compensación de bases imponibles negativas, por lo que en la determinación del gasto contable por Impuesto sobre Sociedades, las bases negativas objeto de compensación tendrían la naturaleza de diferencia permanente, pero su importe se debe computar a efectos de minorar la base para calcular el limite máximo de dotación de Reserva para Inversiones en Canarias.***
>
> *En este mismo sentido se pronunció este Tribunal en Resolución 35/1739101 ".... consiste en determinar si las cantidades que una sociedad destina de su beneficio del ejercicio a la eliminación de perdidas de ejercicios anteriores sirven, a su vez, para dotar la RIC, a lo cual hay que contestar negativamente, pues es obvio que dicha cantidad no puede servir simultáneamente a dos finalidades distintas"* [RTEARC 28 de febrero de 2007. La negrita es nuestra].

El criterio que combatimos se repite en la resolución **TEARC, Sala LP, n.º 35-3073/06 de 30 de marzo 2007**, que estudia dos cuestiones: la compensación fiscal de bases imponibles negativas y la dotación RIC; y la compensación contable de resultados negativos con reservas voluntarias. Analizamos en este apartado solo la primera de las cuestiones. Se trata de una sociedad que compensa fiscalmente la base imponible negativa obtenida en un ejercicio anterior. El TEARC, con la misma interpretación que hizo en la resolución analizada, y con los mismos argumentos, señala que resulta evidente, partiendo de la finalidad de la RIC, que los únicos beneficios que pueden vincularse al incentivo fiscal son *los excedentes una vez compensadas las bases imponibles negativas de ejercicios anteriores*, ya que fiscalmente la parte objeto de compensación se ha de destinar necesariamente a la reposición de lo ya perdido.

En la **RTEARC, Sala LP, n.º 35/2759/05 de 29 de junio de 2007** prosigue el criterio sobre la compensación fiscal de bases imponibles negativas y la dotación RIC. En este caso, la sociedad compensó pérdidas en su autoliquidación del IS del ejercicio 2001 por importe de 32.282 €, cuantía que para la Sala determinó que una cifra equivalente de los beneficios no se sometiera a tributación, estando destinadas esas cantidades teóricamente a la reposición o recuperación de lo previamente perdido, por lo que no ha de entrar dentro de la base que marca el límite máximo de la dotación RIC.

Como vemos en esos años, el criterio del TEARC respecto a que la compensación de bases imponibles negativas de ejercicios anteriores afectaba a la dotación RIC era reiterado.

No obstante, desde 2007 en adelante no he observado resolución TEARC alguna que trate la compensación de bases imponibles negativas, lo que es positivo, pues indica que se ha mitigado la litigiosidad al respecto. Y efectivamente es así, puesto que la Inspección tributaria considera en la actualidad que la compensación de bases imponibles no afecta a la dotación RIC más allá del impacto que tenga en el resultado del ejercicio el impuesto diferido que se abona con la contabilización del crédito fiscal y se carga con su posterior consumo. Sabemos que un mayor resultado contable posibilita una mayor dotación RIC y, al contrario, un menor saldo de pérdidas y ganancias, una menor dotación. Cuestión que de vez en cuando no ve con claridad la Dependencia de Gestión tributaria y regulariza indebidamente las dotaciones RIC al excluir del beneficio contable el efecto del impuesto diferido derivado de créditos fiscales.

Es lo que resuelve la **RTEARC de 30 de abril de 2021, Sala Las Palmas, reclamación 35/01807/2019 y 35/02422/2019,** respecto al crédito fiscal por aplicación de la deducción por inversiones en Canarias (DIC), que guarda similitud conceptual con el crédito fiscal generado por bases imponibles negativas, y con el crédito consumido cuando estas se compensan. El contribuyente alega la correcta contabilización que efectuó del crédito fiscal el año en que generó la DIC, que activó al no poder deducir todo su importe por los límites existentes sobre la cuota. Aporta, en defensa de sus intereses, los trabajos que publicamos en esta materia en 2012 y 2015[127] y el TEARC estimó sus pretensiones, anulando la liquidación practicada por Gestión tributaria que había excluido del beneficio susceptible de la dotación RIC el importe del impuesto diferido contabilizado con cargo al crédito fiscal por importe de las deducciones pendientes de deducir:

---

[127] Dorta y Miranda, 2015. "La incertidumbre de los activos por impuestos diferidos en la dotación RIC".

TERCERO.– Teniendo en cuenta los antecedentes previos, corresponde a este órgano revisor analizar la documentación obrante en el expediente, así como el conjunto de hechos puestos de manifiesto, a los efectos de determinar la procedencia o no de la regularización de la situación tributaria del contribuyente efectuada por el órgano gestor, en relación al ejercicio y tributo analizados, Impuesto sobre Sociedades de 2015, mediante la limitación (minoración) de la dotación a la RIC aplicada por el mismo.

El recálculo administrativo de la dotación máxima al beneficio fiscal analizado, como se extrae de los antecedentes previos, trae causa (cuestión objeto de disputa) del sistema de aplicación de las fórmulas establecidas para calcular dicha RIC máxima, dentro de las cuales, en lo que se refiere a la variable "Deducciones", únicamente se admite, en oposición al planteamiento de la actora, las deducciones efectivamente aplicadas, dejando al margen las deducciones generadas en el ejercicio pendientes de aplicación en ejercicios posteriores.

Asentado lo anterior, y extractados ampliamente los distintos argumentos empleados por los litigantes en defensa de sus posicionamientos contrapuestos, a juicio de esta Sala, esta nueva controversia, una más en relación a la RIC, ha de resolverse en favor de la parte actora, la cual explica razonablemente, mediante una clarificadora motivación, con apoyo en lo dispuesto en el actual Plan General Contable, del año 2007, así como en la Resolución del ICAC de 9 de febrero de 2016, que la contabilización del crédito fiscal asociado a las deducciones generadas pendientes de aplicar (activo abonado contra la cuenta 6301 de impuesto diferido) sí que afecta a la dotación máxima a la RIC.

Dicho crédito fiscal, como bien señala la alegante, supone una elevación del resultado de la cuenta de Pérdidas y Ganancias, aumentándose con ello la base para dotar la RIC. Asimismo se hace constar en las alegaciones presentadas que el efecto producido en el año en que se genera el impuesto diferido negativo (el cual posibilita la referida mayor base de dotación a la RIC), en los años posteriores, en los que se aplican las deducciones pendientes, los cargos producidos en la cuenta 6301 tienen justamente el efecto contrario, minorando el saldo de la cuenta de Pérdidas y Ganancias, lo cual dará lugar a una menor dotación a la RIC.

La argumentación defendida por el contribuyente, que ha de ser acogida por esta Sala, no solo se expone de manera teórica, sino que se lleva a la práctica personalmente, razonándose que si bien en el ejercicio 2015 se generó una mayor base para dotar la Reserva objeto de disputa (gracias a la deducción generada no aplicada), en los ejercicios siguientes (2016 y 2017), a medida que se fue aplicando la deducción pendiente, la base de partida se vio disminuida, lo cual conllevó una menor dotación a la RIC. Sobre esta cuestión nada apunta en contrario la oficina gestora.

En base a lo expuesto hasta este momento, esta Sala ha de concluir, alineándose con la reclamante, que en supuestos como el que aquí se estudia, la contabilización del crédito impositivo por deducciones generadas en el ejercicio pendientes de aplicar (impuesto diferido negativo), teniendo en cuenta la actual normativa contable, eleva el beneficio del ejercicio y, como consecuencia de ello, la RIC máxima que se puede dotar.

Por tanto, la aceptación del planteamiento del sujeto pasivo ha de conllevar la anulación tanto del acuerdo de resolución de recurso de reposición que confirma la liquidación provisional del Impuesto sobre Sociedades del ejercicio 2015, como del acuerdo de resolución de recurso de reposición que confirma el acuerdo sancionador que trae causa de la liquidación referida [RTEARC 30 de abril de 2021].

Conceptualmente, el criterio de la Sala de Las Palmas del TEARC respecto al impuesto diferido generado por motivo del crédito fiscal por deducciones en activos fijos pendientes de aplicar en la cuota es asimilable al que genera el crédito fiscal por bases imponibles negativas: en el momento que se genera el crédito se abona el impuesto diferido, por lo que el resultado del ejercicio se incrementa, y a medida que va consumiéndose el crédito fiscal se carga el impuesto diferido, disminuyendo el saldo de pérdidas y ganancias. Esta es la forma en que afecta la compensación de bases imponibles negativas a la dotación, y no otra. Criterio que comparte en la actualidad la Administración tributaria, siempre que se contabilicen correctamente el crédito fiscal y el impuesto diferido.

22.4.5. El TSJC se pronuncia sobre la compensación fiscal de bases imponibles negativas y la dotación RIC en una compleja sentencia de 2008

En 2008 se pronunció el TSJC sobre la repercusión de la compensación de bases imponibles negativas en la dotación RIC. La **STSJC LP n.º 213 de 14 de marzo de 2008** no sabemos exactamente cómo calificarla por su complejidad, pero da la impresión que se quiso analizar con tanta profundidad los aspectos principales como los colaterales de la materia implicada, de forma que los árboles impidieron ver el bosque. El fondo de la cuestión es si la compensación fiscal de bases imponibles negativas afecta o no a la dotación RIC, asunto que no resuelve del todo, puesto que en principio el magistrado ponente parece compartir el criterio que defendemos —que la compensación fiscal de bases imponibles negativas no afecta a su cálculo—, pero antes de concluir se fija en un hecho contable para él de gran relevancia: que en su día la sociedad no dotó el crédito fiscal por la base imponible negativa generada, sin que tampoco lo hiciera en el momento en que efectivamente revertió la compensación. Y haciendo un esfuerzo notable —casi de malabarista— se introduce por los vericuetos de la ciencia contable para desgranar poco a poco los aspectos mercantiles y fiscales que influyen en la materia, y extraer unas conclusiones finales que no compartimos, o que quizás no entendamos, puesto que en varias ocasiones afirma que la solución a la que llega viene propiciada por "el enredo contable" que cree que efectuó la empresa. Lo que podría significar que, "sin enredos", la compensación fiscal de bases imponibles negativas no afecta a la dotación RIC, tal como opinamos, pero esa conclusión, repetimos, dada la complejidad de la sentencia, no queda suficientemente justificada en el texto.

Debido a la falta de reconocimiento contable del crédito fiscal por parte de la entidad, que no efectuó los asientos contables que explicamos en los apartados anteriores, ni en el año en que se generó la base imponible negativa ni en el año en que efectivamente se compensó, califica el proceder de la empresa como "las argucias contables de algunos profesionales de la ciencia contable", cambiando el criterio que parecía desprenderse de sus primeros fundamentos a favor de que la compensación fiscal de bases imponibles no ha de afectar a la dotación RIC, y pasa a calificar de "impecable" la resolución TEARC recurrida, desestimando el recurso.

Fue una ocasión perdida para saber con claridad el criterio del TSJC respecto a si la compensación fiscal de bases imponibles negativas afecta o no a la dotación RIC. Personalmente sigo opinando como hasta ahora, que la dotación RIC solo se ve afectada por el mayor impuesto diferido que se devenga en el ejercicio de la compensación, que implica un menor resultado del ejercicio, tal como explicamos en los apartados anteriores, pero que como concepto, la compensación de bases imponibles negativas no menoscaba el cálculo de la dotación, que exclusivamente se ve influida, en nuestro criterio, cuando se compensan contablemente resultados negativos o se hubiese estado obligado a dicha compensación contable.

Desmenuzamos poco a poco los argumentos que emplea el TSJC para desestimar el recurso y trascribimos el texto de cada fundamento de la sentencia. En el primero se identifica con notable claridad cuál es el asunto del que se ocupa: la compensación de la base imponible negativa de un ejercicio anterior y su repercusión o no en la dotación RIC:

> *PRIMERO. La entidad actora ha entendido que en este recurso deben dilucidarse dos cuestiones: la primera, si "la compensación de base imponible negativa no tiene que implicar necesariamente una menor dotación, por los beneficios obtenidos, a la Reserva para Inversiones en Canarias. Dicho de otra forma —continúa la demandante—, si la compensación de base imponible negativa ha de tenerse en cuenta, como si fuera una distribución de resultados, en el sistema de ecuaciones para calcular la dotación máxima a la Reserva para Inversiones en Canarias". (...)*

En el fundamento segundo se trascriben los argumentos principales de la demanda, que resumimos en que la entidad no compensa contablemente resultados negativos, que no tiene en el balance, sino bases imponibles negativas en la declaración del IS 2004. Señala que dicha compensación fiscal no puede ser encuadrada en ningún supuesto de distribución de resultados, por ser un concepto que pertenece a la determinación de la base imponible y no del resultado contable. En este sentido, explica que la resolución TEARC recurrida asimila erróneamente la compensación contable de resultados negativos con la compensación de bases imponibles negativas.

Sin embargo, el ponente hace algunas observaciones preliminares, exponiendo primero que es contradictorio afirmar que la sociedad no tiene "partida alguna negativa de ejercicios anteriores pendientes de compensar" y, a renglón seguido, decir que la empresa tiene "un crédito fiscal derivado de la obtención de bases imponibles negativas de ejercicios anteriores pendientes de compensar". Contradicción que, desde el punto de vista contable, no compartimos, porque nada tiene que ver una materia con la otra. Los resultados negativos de ejercicios anteriores han podido ser compensados contablemente con reservas e, incluso, con disminuciones de capital, y por llegar al límite, con el resultado obtenido en los ejercicios posteriores, sin que ello signifique que la entidad haya compensado fiscalmente sus bases imponibles negativas.

En segundo lugar, indica las magnitudes contables y los cálculos realizados por la empresa, manejándose bien el ponente por el laberinto de cifras y señalando cuál es en principio la dotación máxima de la RIC.

Y, en tercer lugar, destaca algunos párrafos de la memoria de las cuentas anuales del ejercicio, en que se incluyen de forma estandarizada los párrafos habituales sobre el cálculo del impuesto:

> *SEGUNDO.– Corolario lógico de lo expuesto es que lo que este Tribunal va a enjuiciar se ciñe a revisar la solución que el Tribunal Económico-Administrativo Regional de Canarias ha adoptado con relación al punto enunciado en primer lugar, respecto al cual, la posición que sostiene la demandante es, exactamente, la que resulta de las siguientes consideraciones —literalmente copiadas de la demanda—: "Tal y como parece desprenderse del contenido del mencionado precepto (se está refiriendo la actora al artículo 27, aps 1 y 2, de la Ley 19/94) para calcular la dotación máxima a dicho incentivo bastará tener en cuanta las cantidades que, del beneficio obtenido, hayan sido objeto de distribución. Según resulta de las propias cuentas anuales de la entidad recurrente, ésta obtuvo en el citado ejercicio 2004 un beneficio de 161.103,41 que fue objeto de la distribución ya comentada sin que, en la citada distribución, se haya destinado cantidad alguna a compensar pérdidas de ejercicios anteriores, dado que, según resulta de las referidas cuentas anuales, la recurrente no tiene partida negativa alguna, de ejercicios anteriores, pendiente de compensar. Otra cosa diferente es que la recurrente tuviera, tal y como aparece recogido en el modelo 201 del Impuesto sobre Sociedades, folio 9 del expediente administrativo y 32 del expediente TEAR, un crédito fiscal por importe de 84.636,71, derivado de la obtención de bases imponibles negativas, de ejercicios anteriores, pendientes de compensar, con bases imponibles positivas, que en ninguna manera pueden identificarse, aunque pudiera darse el caso, con pérdidas contables anteriores pendiente de compensar. El hecho es que, en el caso que nos ocupa y conforme a lo previsto tanto en los artículos 95, 212, 213 y concordantes del Texto Refundido de la Ley de Sociedades Anónimas, como en el articulo 27 de la Ley 19/1994, ya comentado, la compensación de bases imponibles negativas no puede ser encuadrada en ningún supuesto de distribución de resultados o, en este caso, de beneficios, por ser un concepto que pertenece a la esfera de determinación de la base imponible donde, a partir de un resultado, concurren posteriormente determinados ajustes, positivos y negativos, a cuyo resultante se le aplica el correspondiente tipo impositivo conforme dispone el artículo 10.1 y 3 del Texto Refundido de la Ley del Impuesto sobre Sociedades. Por el contrario, la resolución recurrida asimila la compensación de pérdidas, a la compensación de bases imponibles, de hecho, el Tribunal Regional utiliza indistintamente ambos términos en la motivación del fallo. Tampoco existe la incompatibilidad que proclama la resolución recurrida porque, tras compensar esta base imponible negativa, no se llega a un resultado contable neto,*

ni la compensación de este tipo de bases negativas sirven para reparar una pérdida sufrida, ya que, como ha quedado totalmente acreditado en el expediente de origen, además de ser una cuestión pacífica en este pleito, la tan repetida base imponible negativa procede de ajustes extracontables, realizados en ejercicios anteriores al 2004, con criterios estrictamente fiscales, no contables y que, en el presente caso, no tiene correspondencia alguna con una pérdida contable obtenida, en el proceso productivo, por la entidad recurrente.".

Antes de seguir adelante conviene, precisamente ahora, efectuar tres puntualizaciones:

***1.- Es contradictorio afirmar que la sociedad no tiene "partida alguna negativa de ejercicios anteriores pendientes de compensar" y, a renglón seguido, decir que la empresa tiene "un crédito fiscal derivado de la obtención de bases imponibles negativas de ejercicios anteriores pendientes de compensar".** Y a esta conclusión no obsta que la diferencia entre los criterios de imputación contable y fiscal haya permitido a la demandante ajustar extracontablemente la base imponible y obtener una de signo negativo. Dicho con otras palabras: Actualmente, en España, y desde la Ley 61/1978, de 27 de diciembre, del Impuesto sobre Sociedades, no cabe hablar de compensación de pérdidas, sino de compensación de bases imponibles negativas. Es posible, pues, que una entidad haya obtenido un resultado positivo en determinado ejercicio y, no obstante, por efecto de la normativa fiscal vigente, la base imponible del Impuesto sobre Sociedades tenga signo negativo, y sea, en definitiva, susceptible de compensación. De esta manera surge el crédito fiscal (quede constancia, no obstante, de que son varias las concepciones que se manejan en la doctrina científica en punto a precisar la naturaleza jurídico-tributaria de la compensación de bases imponibles; y, dentro de esta diversidad de tendencias, no falta la que considera que el crédito fiscal participa de la esencia propia del beneficio fiscal, tesis que, hemos de admitirlo, esta Sala no alcanza a comprender).*

La explicación de ello está en que el mítico principio de división de ejercicios (seriamente tocado tras la Ley 41/1964, de 11 de junio, de Reforma del Sistema Tributario —art. 25—, que, por vez primera, admitió la compensación de pérdidas de unos ejercicios con los beneficios de los ejercicios siguientes), se desmoronó por obra y gracia de la Ley 61/1978, de 27 de diciembre, del Impuesto sobre Sociedades, cuyo artículo 18 admitió la compensación de las pérdidas de ejercicios anteriores a título de compensación de bases imponibles negativas.

2.- De acuerdo con las cuentas presentadas por la sociedad, la distribución de los resultados contables obtenidos en el 2004 era como sigue: Beneficios (base de reparto): 161.103,41 euros.

Reserva Legal: 52.518, 63.

Reservas Voluntarias: 3.584, 78.

Reserva para Inversiones en Canarias: 25.000, 00.

Dividendos: 80.000, 00.

A efectos fiscales, partiendo del indicado resultado contable, la clasificación fue la siguiente (en euros, obviamente):

A) Diferencias permanentes.– Aumentos: 4.375,44. Disminuciones: 28.743,20. Total de las diferencias permanentes: 24.367.76.

B) Base imponible previa: 136.735,65.

C) Minoraciones practicadas en la base imponible previa.– Dotación a la Ric: 25.000. Compensación base imponible 2003: 84.636,71.

D) Base imponible (resultado fiscal): 27.098,94.

E) Tipo de gravamen aplicable a la base imponible del ejercicio: 0,35.

F) Cuota íntegra: 9.484,63.

G) Deducciones por doble imposición: 9.625,00.

H) Cuota diferencial: 0,00.

Así las cosas, la reducción admisible por dotación a la Reserva para Inversiones en Canarias sería, en principio, el 90% sobre 28.595 (cifra que resulta de restar al importe íntegro de los beneficios la cantidad repartida entre los socios y la asignada a la reserva legal) = 25.726 euros; esta menor cifra originaría un posterior reajuste de la distribución de beneficios, mediante la aplicación de la correspondiente fórmula polinómica, al aumentar el Impuesto sobre Sociedades a pagar y, por tanto, su correspondiente dotación, lo cual influiría a su vez sobre las asignaciones a reservas. No obstante, ésta es una cuestión que examinaremos en su momento.

3.– En las cuentas anuales abreviadas de la recurrente —ejercicio anual terminado al 31 de diciembre de 2004—, bajo el apartado i), cuya rúbrica es "Impuesto sobre Sociedades", puede leerse: "Se calcula (el impuesto, obviamente) en función del resultado del ejercicio considerándose las diferencias existentes entre el resultado contable y el resultado fiscal (base imponible del impuesto) y distinguiendo en estas su carácter de permanentes o temporales a efectos de determinar el Impuesto sobre Sociedades devengado en el ejercicio. Las diferencias entre el Impuesto sobre Sociedades a pagar y el gasto por dicho impuesto, originadas por las diferencias temporales de imputación, se registran como impuestos diferidos o anticipados, según corresponda, en el caso de ser significativas. La Sociedad siguiendo el criterio de prudencia valorativa no registra el crédito a compensar resultante de bases imponibles negativas." [STSJC LP n.º 213 de 14 de marzo de 2008].

En el fundamento tercero, el ponente hace de nuevo un notable esfuerzo intelectual, adentrándose con éxito en la normativa contable y en las interpretaciones del ICAC (Instituto de Contabilidad y Auditoría de Cuentas), resumiendo que "desde el punto de vista contable, las bases imponibles negativas suponen para la empresa un crédito a su favor de carácter impositivo, puesto que pueden compensarse en ejercicios futuros y, por tanto, disminuir la base imponible del ejercicio en que dicha compensación tenga lugar, con la consecuencia de una inferior tributación", y que "en esta materia, la polémica ha gravitado generalmente sobre si, una vez practicada la liquidación del impuesto y obtenida la base negativa, el crédito impositivo que la misma supone debe ser o no contabilizado". Y recalca el principio que rige en la contabilización inicial del crédito fiscal: que vayan a obtenerse beneficios futuros que permitan esa compensación.

Después de este análisis hace otro brillante esfuerzo, esta vez de concreción del problema, aclarando "que lo relevante aquí y ahora es que la sociedad actora no ha contabilizado el referido crédito en el ejercicio 2004, que es el periodo a que se ciñe este recurso contencioso-administrativo y sobre todo es el periodo en que la entidad recurrente le cobró el crédito a la Hacienda Pública. Y es relevante esta conducta porque la entidad demandante, en tal ejercicio, debió, sin duda alguna, haber contabilizado, como un ingreso, este crédito impositivo".

Y hasta aquí hemos de reconocer que compartimos los argumentos esgrimidos y el hilo conductor que sigue el ponente, con una única excepción: que lo que debió haber contabilizado la entidad como ingreso no era el crédito impositivo (la base imponible negativa que va a compensar), sino el efecto impositivo de dicho crédito, es decir, el resultado de aplicar el tipo de gravamen a la base imponible a compensar: si la base imponible negativa es 100, lo que tendría que haber contabilizado como ingreso ese año sería el 30% de 100 = 30.

La teoría expuesta y los ejemplos que pusimos en los apartados anteriores se refieren al PGC de 2007, mientras que en el caso planteado en la sentencia, el PGC vigente era el de 1990. Veamos cómo operaba ese Plan y hagámoslo separando entre las dos alternativas con las que explicamos el PGC de 2007:

a) Contabilizando el crédito en el momento en que se genera la base imponible negativa, y b) contabilizándolo en el ejercicio en que efectivamente se compensa.

En el primer caso, las condiciones para su activación en el PGC de 1990 eran las mismas que en el actual: que se considera que en el futuro iban a generarse beneficios que hicieran posible la compensación; y el asiento por el reconocimiento del crédito fiscal como un activo era prácticamente el mismo:

30 (47445) Crédito por pérdidas a compensar

a (630) Impuesto sobre beneficios 30

En el ejercicio en el que se efectuaba la compensación de la base imponible negativa se daba de baja el activo por el crédito fiscal con cargo al impuesto sobre beneficios:

30 (630) Impuesto sobre beneficios

a (4745) Crédito por pérdidas a compensar 30

En el caso b), observamos una pequeña diferencia en la materia entre el PGC de 1990 y el vigente de 2007: la norma de valoración 16º del antiguo PGC decía que en el momento en que evolucionase la situación económica de la empresa se debería disminuir o incrementar el activo por el crédito a compensar con cargo o abono a la cuenta de ajustes en la imposición, esto es, utilizando una cuenta de pérdidas y ganancias, y no de reservas, cuando se hiciera por un cambio de criterio contable o por un error contable, como sucede en el PGC de 2007.

El asiento para el reconocimiento de un crédito fiscal omitido en el ejercicio en que se generó era en el PGC de 1990:

(47445) Crédito por pérdidas a compensar

a (638) Ajustes positivos en la imposición

Y en el momento de efectuarse la compensación de la base imponible negativa:

30 (630) Impuesto sobre beneficios

a (4745) Crédito por pérdidas a compensar 30

Repetimos que los asientos anteriores se realizan de conformidad al PGC de 1990 no al vigente de 2007.

En el caso que nos ocupa en la sentencia, la entidad tendría que haber activado el crédito por la base imponible negativa que iba a compensar en 2004, pero no lo hizo; y después tendría que haberlo dado de baja contra la cuenta 630; pero tampoco lo hizo, ¿cuáles serían entonces las consecuencias para el resultado de 2004? Ninguna, ya que tendría que haber abonado y cargado la cuenta de impuestos por la misma cantidad, permaneciendo el mismo importe del resultado del ejercicio, que es la magnitud sobre la que se calcula la dotación RIC.

Por tanto, en mi opinión, ni la forma correcta de contabilización del crédito fiscal y su posterior eliminación en el mismo ejercicio, ni la ausencia de contabilización alguna del crédito fiscal tenía repercusión alguna en la dotación RIC 2004.

TERCERO.– La Exposición de Motivos de la Ley 43/1995, de 27 de diciembre, del Impuesto sobre Sociedades, subrayaba que "determinar la base imponible del Impuesto sobre Sociedades a partir del resultado contable, corregido por las excepciones legalmente tipificadas, constituye uno de los objetivos primordiales de la reforma del Impuesto sobre Sociedades, cuya consecución redundará en beneficio de la seguridad jurídica del contribuyente", y señalaba como una de sus manifestaciones el abandono de las categorías de rentas (rendimientos de explotaciones económicas, rendimientos del capital e incrementos y disminuciones de patrimonio), en cuanto que ello "facilita su más perfecto engarce (se refiere al impuesto) con las normas mercantiles de naturaleza contable.".

De ello se deduce que pudieran no sobrar —más bien, al contrario— determinadas consideraciones de índole estrictamente contable. Por ejemplo, las siguientes:

En el marco jurídico aplicable al caso, el registro contable derivado del impuesto sobre sociedades estaba regulado en la norma de valoración decimosexta contenida en la quinta parte del Plan General de Contabilidad, aprobado por Real Decreto 1643/1990, de 20 de diciembre, que posteriormente sería objeto de desarrollo en la Resolución de 9 octubre 1997 del Instituto de Contabilidad y Auditoria de Cuentas (ICAC), modificada por la Resolución de 15 de marzo de 2002. No cabe duda que, como dice la representación de la entidad actora, la técnica a que se sujeta la elaboración del registro contable del impuesto sobre sociedades genera diferencias entre el concepto fiscal —"bases imponibles negativas"— y el contable —"resultados negativos de ejercicios anteriores"—. Sin ir más lejos, el mismísimo gasto que supone el impuesto sobre sociedades provoca una diferencia entre ambas partidas.

Desde el punto de vista contable, las bases imponibles negativas suponen para la empresa un crédito a su favor de carácter impositivo, puesto que pueden compensarse en ejercicios

futuros y, por tanto, disminuir la base imponible del ejercicio en que dicha compensación tenga lugar, con la consecuencia de una inferior tributación.

En esta materia, la polémica ha gravitado generalmente sobre si, una vez practicada la liquidación del impuesto y obtenida la base negativa, el crédito impositivo que la misma supone debe ser o no contabilizado.

Pero, sin embargo, no es éste el problema con el que aquí nos enfrentamos, aunque no sea ello obstáculo para aclarar que, al respecto, el ICAC dispone que los créditos fiscales sólo deben contabilizarse cuando se den las dos circunstancias siguientes: 1.– Que la base imponible negativa se haya producido por un hecho no habitual o ajeno a la gestión y actividad normal de la empresa, y siempre que razonablemente se considere que las causas que la originaron han desaparecido en la actualidad. Y 2.– Que se vayan a obtener en ejercicios futuros beneficios fiscales que permitan su compensación en un plazo no superior al previsto en la legislación fiscal para la compensación de bases imponibles negativas.

Dicho esto, tenemos que aclarar ya que lo relevante aquí y ahora es que la sociedad actora no ha contabilizado el referido crédito en el ejercicio 2004, que es el periodo a que se ciñe este recurso contencioso-administrativo y, sobre todo, es el periodo en que la entidad recurrente le cobró el crédito a la Hacienda Pública. Y es relevante esta conducta porque la entidad demandante, en tal ejercicio, debió, sin duda alguna, haber contabilizado, como un ingreso, este crédito impositivo. *Y no se nos cuestione esta conclusión al socaire del principio de prudencia (cuya aplicación, por cierto, siempre ha predicado el ICAC para las bases imponibles negativa y, en general, para todos los créditos impositivos) ni mediante ninguno de los legendarios enredos a que son proclives algunos de quienes profesan la ciencia contable:* ***Estamos hablando del 2004, del ejercicio en que el crédito fue íntegramente realizado, y es axiomático que, con carácter previo a la contabilización del Impuesto sobre Sociedades del repetido ejercicio, la sociedad recurrente venía obligada a contabilizar o aflorar el crédito impositivo que en ese mismo ejercicio realizaría*** [STSJC LP n.º 213 de 14 de marzo de 2008. La negrita es nuestra].

En el fundamento cuarto es donde nos apartamos de los argumentos del TSJC en la materia, si bien comienza analizando correctamente la normativa RIC para decir que la cuestión debatida no está expresamente contemplada, por lo que es necesaria una visión de conjunto del ordenamiento jurídico. Vuelve a fijar el ponente el problema, que "arranca del crédito fiscal a que antes aludimos; crédito que la sociedad recurrente no contabilizó pero que, sin embargo, hizo valer para reducir la base imponible del impuesto y, de esta manera, pagar menos a la Hacienda Pública", y tras analizar el art. 10.1 de la LIS, que se ocupa de la base imponible, considera que ya se dan las condiciones para adelantar que la impugnación de la resolución del TEARC, que califica como magnífica, no va a prosperar, ***ya que el importe máximo que puede dotarse a la RIC no puede determinarse sin tener presente la compensación de bases negativas. Dicho desde otra perspectiva, la normativa del impuesto sobre sociedades lo que permite es, realmente, la minoración de los beneficios de un ejercicio con pérdidas fiscales de ejercicios anteriores***.

Después de continuar con sus argumentos, adentrándose en el análisis de varias normas, realiza tres afirmaciones que destacamos:

Primera, que únicamente ha de tenerse en cuenta la contabilidad llevada de acuerdo con los criterios indicados, afirmación que compartimos.

Segunda, que "en suma, puesto que el resultado contable debió comprender el crédito fiscal, los beneficios de la sociedad a los efectos de la dotación máxima admisible a la RIC no pueden cuantificarse prescindiendo del importe en que el propio sujeto pasivo cifra la sedicente renta negativa", afirmación que no puedo compartir a la vista de cuánto hemos explicado anteriormente.

Tercera, que no es coherente "resucitar" la partida (de la base imponible negativa) con la exclusiva finalidad de obtener un beneficio. La integración ha producido una disminución de la base imponible positiva y, por consiguiente, de la renta susceptible de gravar, de modo que lo que la actora ha hecho —probablemente de modo involuntario— consiste, simplemente, en una indebida reducción de la carga fiscal legalmente inherente al beneficio real obtenido.

Con esta tercera afirmación es más difícil discernir si la compartimos o no, ya que el planteamiento nos parece impecable, pero creemos que parte de un punto de vista con el que no estamos de acuerdo: si la empresa contabiliza con posterioridad el crédito fiscal al que tiene derecho lo ha de hacer abonando la cuenta (638) Ajustes positivos en la imposición y a su vez cargar la cuenta (630) impuestos sobre beneficios con el consumo del crédito que efectúe —estamos refiriéndonos al PGC de 1990—, por lo que su efecto en el saldo de pérdidas y ganancias es neutro. Sin embargo, si contabiliza todo el crédito fiscal por su importe, supongamos 100, y solo consume una parte en ese ejercicio, 40, efectivamente se produce un incremento en el saldo de pérdidas de ganancias del ejercicio de 100 - 40 = 60. En ese caso, sí puede existir una cierta ventaja a la hora de dotar RIC, pero se compensa con la misma desventaja que se producirá en el ejercicio en que definitivamente se consuma el crédito fiscal.

Cuarta, que en el País vasco la reserva equivalente a la RIC se nutre precisamente de la base imponible, no del resultado contable del ejercicio como sucede en la RIC, figurando así expresamente en la normativa aplicable. Este comentario nos hace conocer más de otros ordenamientos tributarios, pero no sirve para aplicarlo a Canarias, que tampoco es lo que pretende el ponente, sino iluminarnos con otras normativas. Si en la RIC figurase una norma así, está claro que la compensación fiscal de bases imponibles negativas afectaría directamente a la dotación, pero en cambio no se hubiera suscitado toda la polémica sobre los resultados extraordinarios obtenidos por la enajenación de elementos no afectos a actividades económicas.

Quinta, que, en cualquier caso, insiste el TSJC, "la conclusión alcanzada es válida solo si, y en la medida en que, existan esas complicaciones y sombras, como sin duda sucede en el caso respecto a la materia objeto de examen". La afirmación del ponente es la que nos permitía adelantar que el criterio del Tribunal sobre la repercusión de la compensación de bases imponibles negativas no quedaba suficiente claro, porque a la vista de lo dicho, y en el supuesto de que la empresa hubiese contabilizado el crédito fiscal en el ejercicio en que lo generó, la conclusión parece ser otra: la que compartimos de que la compensación fiscal de bases imponibles negativas no afecta a la dotación RIC.

CUARTO.– ***Planteada de esta manera la controversia, la cuestión a dilucidar es si del concepto "beneficios" (si han sido distribuidos o no es cuestión irrelevante en función de lo que aquí se pretende saber), recogido en el artículo 27, apartados 1 y 2, de la Ley 19/1994, ha de excluirse el importe previamente deducido de la base imponible del Impuesto de Sociedades por compensación de bases negativas de ejercicios anteriores, a efectos de calcular el límite máximo de dotación de la Reserva para Inversiones en Canarias.***

A tal fin, el primer paso que debe darse no puede ser otro que el de leer con detenimiento el contenido de los apartados 1 y 2 del artículo 27 de la Ley 19/1994, de 6 de julio, de modificación del Régimen Económico y Fiscal de Canarias. Así, el nº 1 dice: "Las sociedades y demás entidades jurídicas sujetas al Impuesto sobre Sociedades tendrán derecho a la reducción en la base imponible de este impuesto de las cantidades que, con relación a sus establecimientos situados en Canarias, destinen de sus beneficios a la reserva para inversiones de acuerdo con lo dispuesto en el presente artículo.". El ap. 2º, por su parte (redacción vigente a fecha 1 de enero del 2005, de conformidad con lo dispuesto en el art. 10.2 LGT) decía que "La reducción a que se refiere el apartado anterior se aplicará a las dotaciones que en cada período impositivo se hagan a la reserva para inversiones hasta el límite del 90 por 100 de la parte de beneficio obtenido en el mismo período que no sea objeto de distribución, en cuanto proceda de establecimientos situados en Canarias. En ningún caso la aplicación de la reducción podrá determinar que la base imponible sea negativa. A estos efectos se considerarán beneficios no distribuidos los destinados a nutrir las reservas, excluida la de carácter legal. Tampoco tendrá la consideración de beneficio no distribuido el correspondiente a las rentas que se hayan beneficiado de la deducción establecida en el art. 36 ter de la Ley 43/1995, de 27 de diciembre, del Impuesto sobre Sociedades. [...]".

Dado que la solución apropiada al caso no es posible sin la necesaria visión de conjunto del ordenamiento jurídico, cualquier respuesta que nos aventurásemos a suscribir sin otro material que el suministrado por el artículo 27 de la Ley 19/1994, tal respuesta, si resultara ajustada a Derecho, lo sería por una casualidad. De ello deriva la necesidad de completar el texto legal con otros elementos de juicio que, a su vez, deben entenderse como una continuación de los apuntes precedentes.

A tal fin, empecemos por aclarar el tratamiento tributario qué la entidad actora estimó conveniente adoptar al formular la declaración del Impuesto sobre Sociedades correspondiente al periodo impositivo 2004. Resumidamente, el siguiente: En el año 2004 dotó a la Ric 25.000 euros. Esta cifra no supera el 90% de la cantidad resultante de restar al importe de los beneficios obtenidos en el ejercicio -161.103,41 euros la que se obtiene de la suma entre el importe de los dividendos repartidos -80.000 euros- y la cantidad dotada en dicho periodo impositivo a la reserva legal -52.518 euros- (161.103 - 132.518= 28.585 x %90= 25.726). Pero, sin embargo, estos 25.000 euros superan el indicado límite del 90% si al resultado contable del ejercicio 2004 se resta la suma de 84.636 euros, que es, según la memoria del ejercicio, lo que ha hecho la recurrente, a titulo de compensación íntegra del importe de la base negativa correspondiente al ejercicio inmediatamente anterior, comportando ello, según se indicó con anterioridad, que el resultado fiscal de la sociedad en 2004 fuese de 27.098 euros.

El problema, pues, arranca del crédito fiscal a que antes aludimos; crédito que la sociedad recurrente no contabilizó pero que, sin embargo, hizo valer para reducir la base imponible del impuesto y, de esta manera, pagar menos a la Hacienda Pública.

Seguimos avanzando. De acuerdo con el artículo 10.1 de la repetida Ley 43/1995, de 27 de diciembre, del Impuesto sobre Sociedades, "La base imponible estará constituida por el importe de la renta en el período impositivo minorada por la compensación de bases imponibles negativas de ejercicios anteriores", añadiendo el nº 3 que "En el régimen de estimación directa la base imponible se calculará corrigiendo, mediante la aplicación de los preceptos establecidos en la presente Ley, el resultado contable determinado de acuerdo con las normas previstas en el Código de Comercio, en las demás leyes relativas a dicha determinación y en las disposiciones que se dicten en desarrollo de las citadas normas.".

Por su lado, el artículo 23 dispone, en su apartado 1, que "Las bases imponibles negativas que hayan sido objeto de liquidación o autoliquidación podrán ser compensadas con las rentas positivas de los períodos impositivos que concluyan en los quince años inmediatos y sucesivos.".

Pues bien, ahora sí se dan las condiciones precisas para adelantar que la impugnación de la resolución del Tear de Canarias —magnífica— no va a prosperar. En efecto, en la medida en que el artículo 10.1 de la Ley 43/1995, de 27 de diciembre, del Impuesto sobre Sociedades, señala que "la base imponible estará constituida por el importe de la renta en el período impositivo minorada por la compensación de bases imponibles negativas de ejercicios anteriores", hay que considerar, de conformidad con todo lo que después expondremos, que el importe máximo que puede dotarse validamente a la Reserva para Inversiones no puede determinarse sin tener presente la compensación de bases negativas. Dicho desde otra perspectiva, la normativa del impuesto sobre sociedades lo que permite es, realmente, la minoración de los beneficios de un ejercicio con pérdidas fiscales de ejercicios anteriores.

A la solución que la Sala propugna conducen, en mayor o menor medida, los siguientes razonamientos:

1.– Si el Impuesto sobre sociedades cumple el objetivo de gravar los beneficios obtenidos por las personas jurídicas y, de modo legal pero voluntariamente, el sujeto pasivo, en su declaración tributaria, los cifra en una magnitud inferior a la real para reducir su contribución a la Hacienda Pública (explicando, por lo demás, que se trata de un simple ajuste extracontable y sin dejar de recordar que la sociedad no ha tenido pérdidas, aunque sin precisar el motivo del ajuste extracontable, es decir, si obedece a gastos relacionados con los ingresos, o a diferencias de valor provenientes, quizá, de activos no amortizables tras la escisión operada en 2002, etc.), no puede, simultáneamente, hacer valer la suma real de sus beneficios con el propósito de elevar el listón por encima del cual dejan de ser deducibles las cantidades asignadas a la Reserva para Inversiones.

El planteamiento contrario excede de los límites básicos que resultan del art. 31,1 de la Constitución Española, **sobre todo del principio de capacidad. Principalmente, porque la reducción de la base imponible previa no deriva, efectiva y realmente, de gastos determinantes del rendimiento neto de la actividad lucrativa desarrollada por la sociedad.**

2.– Ya señalamos en otro lugar que una de las novedades introducidas en la regulación del impuesto por la Ley 43/1995 afectaba a la forma de determinar la base imponible del tributo.

A partir de esta Ley, se modifica la manera de calcular su cuantía en régimen de estimación directa. A consecuencia de este nuevo sistema, la Ley del Impuesto no establece en su articulado clasificación alguna de rentas ni se recogen definiciones en relación con los ingresos computables, inmovilizado material o inmaterial, precios de adquisición y enajenación, valores mobiliarios, existencias, etc., ya que, con carácter general, se aceptan los conceptos establecidos, a tal efecto, por las normas mercantiles de naturaleza contable. Esta medida, como también indicamos anteriormente, supone una aproximación entre la base imponible y el resultado contable, del cual se parte para hallar aquélla, simplificando su obtención por cuanto se elabora sobre una magnitud conocida por los sujetos pasivos del impuesto. El régimen anterior había originado lo que se conocía como contabilidad fiscal. La normativa fiscal contenía una exhaustiva regulación sobre calificación y valoración de los diversos elementos integrantes del activo y del pasivo, al objeto de determinar el resultado fiscal, el cual constituía la base imponible del impuesto. Este sistema obligó a que la Ley 61/1978 tuviera que ser desarrollada ampliamente por el Real Decreto 2631/1982, de 15 de octubre, por el que se aprobó el Reglamento del Impuesto. Dicho Reglamento constaba de 400 artículos, cuatro disposiciones adicionales, siete transitorias y dos finales. De estos artículos, ¡más de cien se dedicaron a establecer las normas contables que debían regir el impuesto! Precisamente, a terminar con esta complicada situación se orientó la reforma mercantil del año 1989, aprobándose, entre otras normas, la Ley 9/1989, de 25 de julio, de Reforma Parcial y Adaptación de la Legislación Mercantil a las Directivas de la Comunidad Económica Europea en materia de Sociedades, y el Real Decreto Legislativo 1564/1989, de 22 de diciembre, por el que se aprobó el Texto Refundido de la Ley de Sociedades Anónimas.

Y, efectivamente, el resultado de este proceso, plasmado en la Ley del Impuesto de Sociedades de 1995, fue suprimir el complejísimo modelo anterior y reemplazarlo por otro que acepta el resultado contable, tal y como viene definido por las normas mercantiles, ya que, al fin y al cabo, esto está en el fundamento de la función del Impuesto sobre Sociedades, el cual recae sobre el beneficio del que pueden disponer los socios, aceptándose como beneficio el que deriva de la contabilidad llevada de acuerdo con los criterios previstos en las normas mercantiles, tanto primarias como de desarrollo.

Pero subrayamos que únicamente ha de tenerse en cuenta la contabilidad llevada de acuerdo con los criterios indicados. No, pues, la contabilidad resultante de otras pautas ajenas a las legalmente procedentes.

La evolución normativa señalada es de todo punto lógica ya que la medida de la capacidad económica ínsita en el beneficio de una empresa, para utilizarla como criterio de distribución de la carga fiscal en el impuesto de sociedades (como en cualquier impuesto sobre beneficios), no puede ser razonablemente otra que la obtenida mediante la aplicación de las normas mercantiles y contables que fijan el procedimiento para su determinación.

Naturalmente, la tesis que propugnamos no es infalible (muy pocas podrán serlo en el contexto de una ciencia humana, cultural y valorativa, como es la jurídica) pero la juzgamos adecuada si se quiere mantener un tributo coherente con el principio de capacidad económica que consagra el artículo 31 de la Constitución, y con el consiguiente principio de igualdad del mismo artículo 31 y del artículo 14.

Cualquier otra medida del beneficio que no sea la indicada será una medida no verdadera de la "fiel situación económica", del "fiel resultado" de la sociedad obligada tributaria. Es decir, otra magnitud que se llame beneficio conducirá a una desviación del principio constitucional de capacidad económica y del principio constitucional de igualdad. La capacidad y la igualdad dejan de respetarse en la medida en que la medición del beneficio a efectos fiscales se aleja de aquella medición contable y mercantil. Y, obviamente, en función de sus respectivos rangos normativos, no cabe oponer a cuanto decimos que uno de los principios contables, el de prudencia valorativa (principio que, por cierto, no pasa últimamente por su mejor momento, en beneficio del que se ha bautizado con el nombre de "valor razonable"; mudanza que sólo merece elogios, sobre todo si entendemos la prudencia en sentido amplio, es decir, en tanto incluye a la ciencia especulativa, no ya sólo porque, entonces, son partes de ella la dialéctica y la retórica sino porque la primera característica de la acción humana que ha de ser regida por la prudencia, frente a la conducta sujeta a la técnica, es la incertidumbre), no es siempre compatible con el principio de contribuir de acuerdo con la capacidad económica.

Por otro lado, la identidad entre base imponible y resultado contable, con las excepciones normativamente tasadas, es coherente con la proclamación del hecho imponible como la obtención de renta por las entidades jurídicas y con la realidad de esa renta como una magnitud económica y contable inescindible. ***En suma, puesto que el resultado contable debió comprender el crédito fiscal, los beneficios de la sociedad, a los efectos de la dotación máxima admisible a la Ric, no pueden cuantificarse prescindiendo del importe en que el propio sujeto pasivo cifra la sedicente renta negativa.***

3.– Sistemáticamente interpretados, los artículos 4 y 10 de la Ley 43/1995, de 27 de diciembre, del Impuesto sobre Sociedades, establecen una delimitación negativa del hecho imponible a través de la definición de la base imponible, pues si el primero de tales preceptos establece que el hecho imponible lo constituye la obtención de renta por el sujeto pasivo, el segundo, por su lado, no considera renta la parte de ella que haya sido objeto de compensación de bases imponibles negativas de ejercicios anteriores.

4.– La línea de esta sentencia no es ajena a la idea básica que late en la reciente Ley 16/2007, de 4 de julio, de reforma y adaptación de la legislación mercantil en materia contable para su armonización internacional con base en la normativa de la Unión Europea.

En efecto, en la Exposición de Motivos de esta Ley se destaca, entre otras cosas, que "en sintonía con los pronunciamientos internacionales se considera conveniente suprimir el carácter preferente con que el principio de prudencia se enuncia en el art. 38 del Código de Comercio". Y mediante la disposición adicional octava de la Ley, se introducen las modificaciones del Texto Refundido de la Ley del Impuesto sobre Sociedades, aprobado por el Real Decreto Legislativo 4/2004, de 5 de marzo, que se estiman necesarias realizar como consecuencia de la reforma contable. "Ello es consecuencia —se dice igualmente en la EM— de que este Impuesto parte del resultado contable para determinar la base imponible sometida a tributación, por lo que cualquier modificación de dicho resultado afecta a la determinación de esa base impositiva siendo, por tanto, necesaria su adaptación al nuevo marco contable. Las modificaciones en dicho Impuesto —continúa el redactor de la EM— se han realizado persiguiendo que afecten lo menos posible a la cuantía de la base imponible que se deriva de las mismas, en comparación con la regulación anterior, es decir, se pretende que el Impuesto sobre Sociedades tenga una posición neutral en la reforma contable. Una muestra de lo anterior es el nuevo tratamiento fiscal del fondo de comercio, el cual se seguirá depreciando a efectos fiscales aún cuando a efectos contables no se amortice y, por tanto, no se registre ningún gasto por este concepto.".

5.– Si, tradicionalmente, en nuestro sistema impositivo las cuantías de las distintas partidas, positivas o negativas, que componen la renta se han integrado y compensado para el cálculo de la base imponible, y si, además, es conforme a Derecho que la integración en la base tributaria de la renta obtenida por la sociedad actora se haya realizado sumándola algebraicamente con la partida ***negativa (quede claro —no obstante la insuficiencia de la explicación que la demanda ofrece acerca del origen de esta partida— que la procedencia de la compensación no es aquí polémica, como con presteza y cierta insistencia ha subrayado la representación procesal de la empresa), entonces, no es coherente "resucitar" esa partida con la exclusiva finalidad de obtener un beneficio. La integración ha producido una disminución de la base imponible positiva y, por consiguiente, de la renta susceptible de gravar, de modo que lo que la actora ha hecho —probablemente de modo involuntario— consiste, simplemente, en una indebida reducción de la carga fiscal legalmente inherente al beneficio real obtenido.***

6.– A título de simple —aunque valioso— criterio orientativo puede traerse a colación el artículo 41 de la Ley Foral (de Navarra) 24/1996, de 30 de diciembre, del Impuesto sobre Sociedades, rubricado "Reserva especial para inversiones", precepto que, tras formular en su apartado 1 la regla general según la cual "Podrá reducirse la base imponible en el 45 por 100 de las cantidades que, procedentes del beneficio contable obtenido en el ejercicio, se destinen a una Reserva especial para inversiones, en las condiciones y con los requisitos que se señalan en esta Sección.", ***entroniza categóricamente en el apartado 2 la solución que propugnamos al precisar que "Esta reducción tendrá como límite máximo el 40 por 100 de la base imponible una vez minorada, en su caso, en las bases liquidables negativas a que se refiere el artículo anterior."***

7.– Finalmente, aunque con base en los términos literales del artículo 27 de la Ley 19/1994 pueda defenderse una idea opuesta a la de este Tribunal, no puede perderse de vista que de lo que estamos hablando es del impuesto sobre sociedades. Y de la regulación legal de este tributo se desprende, a nuestro juicio claramente, que la solución correcta es la que ahora propugnamos.

Cuando una Ley, como la 19/1994 en su artículo 27, incide en el corazón de otra que, por la relación existente entre ambas, es considerada principal (hablamos, claro es, de la Ley del Impuesto sobre Sociedades), modificándose ésta por aquélla para acomodarla a las particularidades de la tributación en las Islas Canarias, las dificultades que para aplicar la norma excepcional puedan suscitarse, las sombras de que adolezca su texto y, en fin, las dudas interpretativas que puedan albergarse, han de encararse acudiendo a las formulaciones, instituciones y conceptos jurídicos comprendidos en la ley nodriza: La aplicación de métodos y conocimientos conduce, en las Ciencias naturales, a la generación de más conocimiento objetivo en forma de predicciones concretas, cuantitativas y comprobables referidas a hechos observables pasados, presentes y futuros. Con frecuencia, esas predicciones pueden ser formuladas mediante razonamientos y son estructurables en forma de reglas o leyes universales, que dan cuenta del comportamiento de un sistema y predicen cómo actuará dicho sistema en determinadas circunstancias. Pues algo similar ocurre con las Ciencias jurídicas. De ahí la necesidad de que, en el intento de aprehender el sentido correcto de las formulaciones legales aplicables al litigio, estén presentes, en lo que al Derecho positivo concierne, primero, la Ley General Tributaria y, después, la Ley del Impuesto sobre Sociedades, en cuanto normas que encarnan el conjunto normativo expresivo de la íntegra estructura de la especie tributaria rasgueada por la Ley 19/1994, integrada por un haz de disposiciones desprovistas, mírese por donde mire, de principios propios en materia de técnica tributaria.

Por lo demás, al concluir así damos cumplimiento a lo que al respecto previene el artículo 7.1.d) de la Ley General Tributaria.

En cualquier caso, insistimos, la conclusión alcanzada es valida sólo si, y en la medida en que, existan esas complicaciones y sombras, como sin duda sucede en el caso respecto a la materia objeto de examen [STSJC LP n.º 213 de 14 de marzo de 2008. La negrita es nuestra].

Pido disculpas al lector por la complejidad del asunto abordado y por la extensión de los fundamentos transcritos de la STSJC, pero creemos que era necesario aportar alguna luz en situaciones tan farragosas como esta en la que se relacionan directamente la normativa mercantil —especialmente la contable—, la legislación fiscal general sobre la compensación de bases imponibles negativas en el IS, y la siempre conflictiva normativa RIC. Aun así, concluimos con nuestra opinión, que no es otra que la que hemos defendido: la compensación de bases imponibles negativas no tiene porqué afectar al cálculo de la dotación RIC; a la vez que aprovechamos para felicitar al ponente de la compleja sentencia por la profundidad y brillantez con la que ha abordado tanto cuestiones contables como fiscales, aunque algunas de ellas no las compartamos[128].

Volvimos a esta temática en 2015, esa vez junto con el profesor Dorta Velázquez, en el trabajo "La incertidumbre de los activos por impuestos diferidos en la dotación a la Reserva para Inversiones en Canarias". Con mayor aportación académica analizamos precisamente los efectos de la compensación fiscal de bases imponibles tanto en el caso de que se hubiese dotado el crédito fiscal como en el que no, atendiendo a los planteamientos del TEARC y TSJC comentados. La conclusión fue la misma, que la compensación fiscal de bases imponibles negativas no afecta a la dotación RIC más allá de la interacción del impuesto diferido en el saldo contable de pérdidas y ganancias[129].

Trabajo que, por cierto, fue aportado por un contribuyente en sus alegaciones al TEARC en defensa del tratamiento de los créditos fiscales generados por la deducción por inversiones en Canarias (DIC) y su incidencia en la dotación RIC. El TEARC reconoció en resolución de 30 de abril de 2021 que el tratamiento contable que dio el recurrente a los créditos fiscales era el adecuado, en detrimento del que en su día hizo la Dependencia de Gestión tributaria. Reconozco que el crédito fiscal por la aplicación de la DIC no es exactamente el mismo que genera una base imponible negativa, pero desde el punto de vista conceptual sí coinciden en su relación con el resultado del ejercicio y la dotación: el reconocimiento del crédito fiscal implica un mayor saldo de pérdidas y ganancias y su consumo posterior un menor saldo derivado del impuesto diferido.

Afortunadamente, es también el criterio que sigue la Inspección tributaria, siempre que se haya contabilizado correctamente el crédito fiscal derivado de la base imponible negativa y su posterior consumo. Motivo que desde 2012 hasta 2024 no haya observado resolución alguna del TEARC sobre esta materia. Por tanto, la compensación de bases imponibles negativas no afecta a la dotación RIC/RIB más allá de la incidencia del impuesto

---

128 Miranda Calderín, 2012, pp. 281-296.

129 Dorta y Miranda, 2015. "La incertidumbre de los activos por impuestos diferidos en la dotación a la Reserva para Inversiones en Canarias", en Miranda, Dorta y Déniz, 2015. *La encrucijada del REF. Origen y actualidad de sus incentivos fiscales*. Servicio de Publicaciones y Difusión Científica de la ULPGC, pp. 177-222.

diferido que genera la propia existencia de la base imponible negativa y el posterior consumo del crédito fiscal.

22.4.6. Las consultas del ICAC sobre la compensación de bases imponibles negativas aportan más luz a la cuestión

La **consulta n.º 3 del BOICAC 94 de junio de 2013** aportó luz en la materia de la compensación de bases negativas de ejercicios anteriores cuando no se hubiese registrado contablemente el crédito fiscal. Y lo hizo en el sentido que defendimos en 2012. Distingue primero el ICAC entre la compensación de pérdidas contables (resultados negativos) y la compensación fiscal de pérdidas. Respecto a la primera, será la junta, una vez cumplidos los requisitos del art. 273 y 274 del TRLSC, la que deberá aprobar la aplicación del resultado y, en particular, la compensación de resultados negativos; mientras que la compensación de bases imponibles negativas se contabilizará de conformidad con la regla de valoración 13ª del PGC, que supone un menor impuesto corriente en el año de la compensación y la generación de un impuesto diferido negativo si quedan cantidades pendientes de compensar, siempre que sea probable que pueda compensarlas en el futuro:

> *De acuerdo con lo indicado, la empresa deberá contabilizar el gasto por Impuesto sobre sociedades, para lo que partirá del resultado contable y realizará los ajustes que procedan, en su caso, derivados de las diferencias que pudieran existir entre el resultado contable y la base imponible, como por ejemplo, en el caso de que compense las pérdidas fiscales que no tiene registradas, lo que originará un menor impuesto corriente que se registrará en la cuenta 6300. Impuesto sobre beneficios corriente.*
>
> *Adicionalmente, en el supuesto de quedar cuantías pendientes de compensar en ejercicios futuros, y de cumplirse las condiciones para su registro de acuerdo con lo señalado en el apartado 2.3 de la NRV 13ª, se reconocerá el correspondiente activo siempre que resulte probable que la empresa disponga de ganancias fiscales futuras en cuantía suficiente que permitan su aplicación en sintonía con la interpretación de este Instituto publicada en la consulta 10 del BOICAC nº 80, de diciembre de 2009.*
>
> *El registro del crédito fiscal como activo por impuesto diferido se podrá realizar mediante un cargo en la cuenta 4745. Créditos por pérdidas a compensar, con abono a la cuenta 6301. Impuesto diferido.*
>
> *En todo caso cabe recordar que, en aplicación del principio de devengo, el gasto por el impuesto sobre beneficios, tanto corriente como diferido, debe contabilizarse en el propio ejercicio al que se refiere con independencia del momento del pago de la deuda tributaria resultante* [consulta BOICAC junio 2013].

Criterio que se mantiene y amplía en la posterior **resolución del ICAC de 9 de febrero de 2016,** por la que se desarrollan las normas de registro, valoración y elaboración de las cuentas anuales para la contabilización del impuesto sobre beneficios. En los artículos 5 y 6 analiza el reconocimiento de los activos y pasivos por impuesto diferido, que de conformidad con la NRV 13.ª del PGC, se reconocen aplicando el principio de prudencia: *solo se reconocerán activos por impuesto diferido en la medida en que resulte probable que la empresa disponga de ganancias fiscales futuras que permitan la aplicación de estos activos.* Y reproduce el criterio de la consulta BOICAC de diciembre de 2009 que en líneas generales la obtención de un resultado de explotación negativo en un ejercicio no impide el reconocimiento de un activo por impuesto diferido; pero que cuando la empresa muestre un historial de pérdidas continuas, se presumirá, salvo prueba en contrario, que no es probable la obtención de ganancias que permitan compensar las citadas bases.

Para reconocer un activo debe ser probable que la empresa vaya a obtener beneficios fiscales que permitan compensar las bases imponible negativas en un plazo no superior al previsto en la legislación fiscal. Señala el horizonte temporal de diez años, lo que fue una novedad, contados desde la fecha de cierre del ejercicio *en aquellos casos en los que la legislación tributaria permita compensar en plazos superiores, salvo clara evidencia de lo contrario, o de que la entidad tenga pasivos por impuesto diferido (asimilables a estos efectos a las ganancias fiscales) con los que compensar las bases imponibles negativas, a no ser que el plazo de reversión del citado pasivo supere el plazo previsto por la legislación fiscal para compensar dichas bases.* En consecuencia, si la legislación fiscal no estableciese un límite temporal para realizar la citada compensación —que es lo que ocurre en la actualidad— los activos por impuesto diferido con un plazo de recuperación superior a los diez años podrán reconocerse por un importe equivalente a los pasivos por impuesto diferido.

Se refiere además la resolución al caso concreto de que no se contabilizase en su día el crédito fiscal por estimar que no se iba a compensar en diez años. Indica que deberá ser objeto de registro contable en el primer ejercicio en que el plazo de reversión futura no exceda los diez años contados desde la fecha de cierre del ejercicio, o se prevea que puede ser compensado:

> *Artículo 5. Reconocimiento de activos por impuesto diferido.*
>
> ***1. De acuerdo con el principio de prudencia sólo se reconocerán activos por impuesto diferido en la medida en que resulte probable que la empresa disponga de ganancias fiscales futuras que permitan la aplicación de estos activos.*** *En todo caso se considerará que concurre esta circunstancia cuando la legislación fiscal contemple la posibilidad de conversión futura de activos por impuesto diferido en un crédito exigible frente a la Administración tributaria, respecto a los activos susceptibles de conversión.*
>
> *2. Sin perjuicio de lo anterior, no se reconocerá un activo por impuesto diferido cuando la diferencia temporaria deducible haya surgido por el reconocimiento inicial de un activo o pasivo en una transacción que no es una combinación de negocios y además, en la fecha en que*

se realizó la operación, no afectó ni al resultado contable ni a la base imponible del impuesto. Además, tampoco se reconocerán los posteriores cambios en el activo por impuesto diferido que no se haya registrado inicialmente (por ejemplo, a medida que, en su caso, se amortice el inmovilizado).

3. Salvo prueba en contrario, no se considera probable que la empresa disponga de ganancias fiscales futuras en los siguientes supuestos:

a) Cuando se prevea que su recuperación futura se va a producir en un plazo superior a los diez años contados desde la fecha de cierre del ejercicio, al margen de cuál sea la naturaleza del activo por impuesto diferido.

b) En el caso de tratarse de créditos derivados de deducciones y otras ventajas fiscales pendientes de aplicar fiscalmente por insuficiencia de cuota, cuando habiéndose producido la actividad u obtenido el rendimiento que origine el derecho a la deducción o bonificación, existan dudas razonables sobre el cumplimiento de los requisitos para hacerlas efectivas.

4. Adicionalmente, en relación con el derecho a compensar pérdidas fiscales se observarán las siguientes reglas:

a) La obtención de un resultado de explotación negativo en un ejercicio, no impide el reconocimiento de un activo por impuesto diferido. No obstante, cuando la empresa muestre un historial de pérdidas continuas, se presumirá, salvo prueba en contrario, que no es probable la obtención de ganancias que permitan compensar las citadas bases.

b) Para poder reconocer un activo debe ser probable que la empresa vaya a obtener beneficios fiscales que permitan compensar las citadas bases imponible negativas en un plazo no superior al previsto en la legislación fiscal, con el límite máximo de diez años contados desde la fecha de cierre del ejercicio, salvo prueba de que será probable su recuperación en un plazo mayor, en aquellos casos en los que la legislación tributaria permita compensar en plazos superiores o no establezca un límite temporal para poder practicar la compensación.

5. En todo caso, el plan de negocio empleado por la empresa para realizar sus estimaciones sobre las ganancias fiscales futuras deberá ser acorde con la realidad del mercado y las especificidades de la entidad.

6. Por el contrario, será probable que se disponga de ganancias fiscales futuras en cuantía suficiente para poder recuperar los activos por impuesto diferido, siempre que existan diferencias temporarias imponibles en cuantía suficiente, relacionadas con la misma autoridad fiscal, y referidas al mismo sujeto pasivo, cuya reversión se espere:

a) En el mismo ejercicio fiscal en el que se prevea reviertan las diferencias temporarias deducibles; o

b) En ejercicios en los que una pérdida fiscal, surgida por una diferencia temporaria deducible, pueda ser compensada con ganancias anteriores o posteriores.

Al evaluar si la entidad tendrá suficientes ganancias fiscales en ejercicios futuros, se han de excluir las partidas imponibles que procedan de diferencias temporarias deducibles que se esperan en ejercicios futuros.

7. Si el importe en libros del fondo de comercio que surge en una combinación de negocios es menor que su base fiscal, la diferencia dará lugar a un activo por impuesto diferido que se reconocerá como parte de la contabilización de la combinación si se cumplen los requisitos previstos en los párrafos anteriores.

8. En la fecha de cierre de cada ejercicio, la empresa reconsiderará la contabilización de todos los activos por impuesto diferido. Por lo tanto, en ese momento, la empresa dará de baja un activo reconocido con anterioridad si ya no resulta probable su recuperación, o registrará cualquier activo de esta naturaleza no reconocido previamente, siempre que resulte probable que la empresa disponga de ganancias fiscales futuras en cuantía suficiente que permitan su aplicación y se cumplen las demás reglas.

> ***En particular, si un activo por impuesto diferido no fue objeto de registro contable porque se previó su recuperación futura en un plazo superior a los diez años, y no fue posible refutar la presunción que permitiese su reconocimiento, ni concurrían alguna de las circunstancias previstas en el apartado 6, deberá ser objeto de registro contable en el primer ejercicio en que el plazo de reversión futura no exceda los diez años contados desde la fecha de cierre del ejercicio, o se produzca alguna de las situaciones contempladas en el apartado 6*** [Resolución ICAC 9 febrero 2016. La negrita es nuestra].

Con la consulta BOICAC n.º 94 de junio de 2013 y la posterior resolución ICAC de 9 de febrero de 2016 no queda duda alguna de cuál es la correcta contabilización del crédito fiscal por la obtención de una base imponible negativa que se prevé compensar en diez años, y del reconocimiento posterior del crédito fiscal si no se creó al inicio, pero nuevas perspectivas permitan prever su compensación. Su creación con abono a la cuenta de impuestos diferidos y los cargos en esa cuenta a medida que vaya consumiéndose el crédito fiscal influyen en el resultado del ejercicio, que es la única consecuencia que tiene la compensación fiscal de bases imponibles negativas en la dotación RIC/RIB.

22.5. Ficha resumen de la incidencia de la compensación contable de resultados negativos de ejercicios anteriores en la dotación RIC/RIB

1. Desde el punto de vista mercantil, el art. 273.2 del TRLSC obliga a compensar contablemente las pérdidas cuando el patrimonio neto de la entidad es inferior al capital social. La reconstitución obligatoria de la cifra del patrimonio neto con el resultado del ejercicio afecta negativamente a la dotación RIC/RIB.
2. Antes de dotar RIC/RIB con los beneficios del ejercicio hay que compensar contablemente los resultados negativos de ejercicios anteriores cuando hagan que el patrimonio neto sea inferior al capital social.
3. La compensación contable de resultados negativos realizada restará de los beneficios del ejercicio para calcular la dotación RIC/RIB.
4. Si la entidad estuviese obligada a compensar contablemente resultados negativos por imperativo del art. 273.2 del TRLSC y no lo hace, la cifra teórica de la compensación obligatoria resta de los beneficios a la hora de calcular la dotación RIC/RIB.

5.	Cuando existan pérdidas formalmente cubiertas con reservas, que no hagan que el patrimonio neto contable sea inferior al capital social, deja de aplicarse la obligación mercantil de sanearlas, por lo que la compensación contable no efectuada no influye en el cálculo de la dotación.
6.	Si a pesar de no ser obligatoria la compensación contable de resultados negativos, la entidad la efectuase contable y voluntariamente, hay que restarla del resultado del ejercicio a la hora de calcular la dotación RIC/RIB.
7.	Estos criterios han sido ratificados por los Tribunales de Justicia en relación con la RIC, motivo de que entienda que son aplicables a la RIB.
8.	No obstante, la compensación contable de resultados negativos con reservas de libre disposición no afecta al cálculo de la dotación RIC desde el 1 de enero de 2003 ni a la RIB desde su creación.

22.6. Ficha resumen de la compensación fiscal de bases imponibles negativas y su efecto en la dotación RIC/RIB

1.	La compensación fiscal de bases imponibles tiene efectos en la determinación de la base imponible del IS, pero no en el resultado contable del ejercicio, por lo que no afecta negativamente al cálculo de la dotación RIC/RIB más allá del efecto del impuesto diferido en el saldo de pérdidas y ganancias.
2.	La forma en que la compensación fiscal de bases imponibles negativas afecta al resultado del ejercicio es a través del impuesto diferido que se genera en ese ejercicio al dar de baja el crédito fiscal que se consume. El mayor impuesto diferido supone un menor beneficio del ejercicio, hecho que condiciona la dotación RIC/RIB.
3.	El mismo planteamiento supone que el impuesto diferido que se origina al crear en contabilidad el crédito fiscal por la base imponible negativa no compensada incrementa el saldo de pérdidas y ganancias y en consecuencia aumenta la dotación RIC/RIB.

4.	La clave es la correcta contabilización del crédito fiscal con abono a la cuenta de impuestos diferidos y su posterior cargo a medida que va consumiéndose el crédito fiscal.
5.	La normativa contable permite que el crédito fiscal inicialmente no dotado, por no preverse su compensación en los siguientes diez años, se cree posteriormente con abono a impuestos diferidos cuando cambien las perspectivas económicas.
6.	Sin embargo, si el crédito no se contabilizó en su día por un error contable o por desconocimiento del contribuyente, su posterior contabilización se efectúa con abono a reservas voluntarias, lo que no incrementa el resultado del ejercicio y, en consecuencia, la posible dotación RIC/RIB.
7.	El TEARC, en relación con la RIC, manifestó en el pasado que la compensación fiscal de bases imponibles negativas afectaba negativamente al cálculo de la dotación, pero en la actualidad parece aceptar el criterio contable que debe seguirse, que no tiene más consecuencias negativas en la dotación RIC/RIB que el mayor o menor resultado del ejercicio por el efecto de la cuenta de impuestos diferidos.
8.	El TSJC abordó esta casuística en una compleja y extensa sentencia de 2008, en la que parece compartir el criterio de que la compensación fiscal de bases imponibles no afecta a la dotación RIC, pero la omisión del efecto contable de la compensación por parte de la empresa hizo que desestimase la demanda.
9.	Aunque respecto a la RIB aún no hay doctrina administrativa, entiendo que las aportaciones de las Direcciones generales, TEARC y TSJC en la materia le son aplicables.

Capítulo 23

EL REPARTO DE DIVIDENDOS Y LA DOTACIÓN RIC/RIB

La dotación RIC/RIB se calcula sobre la parte del beneficio obtenido en Canarias/Baleares que no sea objeto de distribución. La forma más genérica de distribuir los beneficios es a través de los dividendos, que incide negativamente en el cálculo de la dotación: entre más dividendos se repartan menor será el importe de la dotación. Afecta a su cálculo tanto el dividendo con cargo al resultado del ejercicio como el que se reparte con cargo a reservas, porque reduce el nivel de los fondos propios. Presto también atención a los préstamos a socios que no se devuelven, que la Administración tributaria y los Tribunales de Justicia consideran dividendos vía simulación y en consecuencia afectan a la dotación.

23.1. Normativa vigente

– Ley 19/1994, REF

Art. 27.2. *La reducción a que se refiere el apartado anterior se aplicará a las dotaciones que en cada período impositivo se hagan a la reserva para inversiones hasta el límite del noventa por ciento de* ***la parte de beneficio obtenido en el mismo período que no sea objeto de distribución, en cuanto proceda de establecimientos situados en Canarias****.*

En ningún caso la aplicación de la reducción podrá determinar que la base imponible sea negativa.

A estos efectos, se considerarán beneficios procedentes de establecimientos en Canarias los derivados de actividades económicas, incluidos los procedentes de la transmisión de los elementos patrimoniales afectos a las mismas, así como los derivados de la transmisión de elementos patrimoniales no afectos a actividades económicas, en los términos que reglamentariamente se determinen.

A estos efectos se considerarán beneficios no distribuidos los destinados a nutrir las reservas, excluida la de carácter legal. No tendrá la consideración de beneficio no distribuido el que derive de la transmisión de elementos patrimoniales cuya adquisición hubiera determinado la materialización de la reserva para inversiones dotada con beneficios de periodos impositivos a partir de 1 de enero de 2007.

En caso de elementos patrimoniales que solo parcialmente se hubiesen destinado a la materialización de la reserva a partir de dicha fecha, se considerará beneficio no distribuido la parte proporcional del mismo que corresponda al valor de adquisición que no hubiera supuesto materialización de dicha reserva.

Las asignaciones a reservas se considerarán disminuidas en el importe que eventualmente se hubiese detraído de los fondos propios, ya en el ejercicio al que la reducción de la base imponible se refiere, ya en el que se adoptara el acuerdo de realizar las mencionadas asignaciones [Redacción según la Ley 8/2018, de 5 de noviembre].

– Ley 31/2022, Régimen fiscal especial balear

D.A. 70ª. Cuatro, 2. La reducción a que se refiere el número anterior se aplicará a las dotaciones que en cada período impositivo se hagan a la reserva para inversiones hasta el límite del 90 por ciento de la parte de beneficio obtenido en el mismo período que no sea objeto de distribución, en cuanto proceda de establecimientos situados en las Illes Balears.

En ningún caso la aplicación de la reducción podrá determinar que la base imponible sea negativa.

A estos efectos, se considerarán beneficios procedentes de establecimientos en las Illes Balears los derivados de actividades económicas, incluidos los procedentes de la transmisión de los elementos patrimoniales afectos a las mismas.

A estos efectos se considerarán beneficios no distribuidos los destinados a nutrir las reservas, excluida la de carácter legal. No tendrá la consideración de beneficio no distribuido el que derive de la transmisión de elementos patrimoniales cuya adquisición hubiera determinado la materialización de la reserva para inversiones regulada en este apartado, ni el que se derive de los valores representativos de la participación en el capital o fondos propios de otras entidades, así como la cesión a terceros de capitales propios.

Las asignaciones a reservas se considerarán disminuidas en el importe que eventualmente se hubiese detraído de los fondos propios, ya en el ejercicio al que la reducción de la base imponible se refiere, ya en el que se adoptara el acuerdo de realizar las mencionadas asignaciones.

El art. 27.2 de la Ley 19/1994 no hace referencia expresa a los dividendos como factor limitativo del beneficio susceptible de la dotación RIC, pero se refiere implícitamente a ellos al limitar la dotación al 90% del beneficio del periodo que no sea objeto de distribución. En el ámbito mercantil, el beneficio objeto de distribución por excelencia es el que se destina al reparto de dividendos, el que espera con anhelo cualquier ahorrador que ha invertido en el capital social de una sociedad. Constituye la esencia de la actividad empresarial, cuantos más dividendos reparta una entidad más deseada será su participación por potenciales accionistas. No obstante, el incentivo fiscal de la RIC/RIB exige el sacrificio de ese derecho, total o parcialmente, de forma que solo puede destinarse a la dotación el 90% del beneficio que no sea objeto de distribución, esto es, que no se reparta como dividendos —aunque veremos cómo otras partidas se consideran a efectos de la RIC/RIB como beneficio distribuido, como ocurre con la dotación a la reserva legal, reserva de capitalización, reserva de nivelación de bases imponibles y reserva para acciones propias—. Lo importante ahora es tener presente que los dividendos influyen negativa y lógicamente en el importe de la dotación; y que esta exige dos sacrificios al empresario y al conjunto de accionistas: que se minimice el reparto de dividendos y que se inmovilice el importe de la dotación en las inversiones afectas a su actividad empresarial o a las vías de materialización indirecta existentes (la inversión en el capital social o en préstamos financieros destinados a sociedades que vayan a realizar las inversiones aptas).

Si en un ejercicio determinado se obtiene un beneficio antes de impuesto de 100 y se quiere repartir un dividendo de 40, la dotación máxima RIC/RIB —no existiendo restricciones en cuanto a la cualificación del beneficio empresarial— es el 90% de (100 del beneficio antes de impuestos, menos 40 del dividendo, menos las dotaciones obligatorias a la reserva legal y otras reservas, menos el impuesto sobre el beneficio). Es un concepto en principio fácil de entender, que no ha experimentado cambios en la evolución normativa y que ha ido completándose en cuanto su conceptuación RIC por la jurisprudencia y la doctrina administrativa.

Para impedir el efecto de que se repartan los dividendos con cargo a reservas, en vez de con el resultado del ejercicio, sin que se disminuya la dotación RIC/RIB, un párrafo de cierre en el art. 27.2 vigente y la D.A. 70ª, Cuatro 2 del Régimen fiscal especial balear, establece que *las asignaciones a reservas se considerarán disminuidas en el importe que eventualmente se hubiese detraído de los fondos propios, ya en el ejercicio al que la reducción de la base imponible se refiere, ya en el que se adoptara el acuerdo de realizar las mencionadas asignaciones.* De esta forma se impide tanto el reparto de dividendos contra el saldo de pérdidas y ganancias como contra reservas si se pretende dotar al máximo la RIC/RIB. En uno y otro caso, habrá que detraer en el cálculo de la dotación el dividendo repartido. La práctica empresarial en cuanto a dividendos y la RIC ha puesto sobre la mesa una determinada casuística no prevista inicialmente por el legislador, que ha tenido que ser interpretada en el texto legal y reglamentario con pronunciamientos a todos los niveles administrativos y judiciales, algunos de ellos con cierta notabilidad, que examinamos con detalle por materias.

En la evolución normativa de la Ley 19/1994, el precepto que limita la dotación RIC al beneficio no distribuido ha permanecido casi inalterable en el tiempo, si bien fue objeto de modificación con efectos 1 de enero de 2003, al cambiarse la expresión *se hubiese detraído de las mismas,* refiriéndose a las reservas, por la más apropiada de *se hubiese detraído de los fondos propios.* De forma que no afecta a la dotación una ampliación de capital con cargo a reservas voluntarias, pero sí una disminución de capital social para devolver las aportaciones a los socios. La primera operación afectó a la dotación hasta el 31 de diciembre de 2002 sin lógica alguna, mientras que literalmente la segunda no afectaba a la dotación hasta esa fecha. El cambio legal fue bienvenido. Han sido modificados con posterioridad párrafos del texto vigente, pero no afectan al reparto de dividendos.

La explicación de la existencia del último párrafo del art. 27.2, relativo a la disminución de las reservas, en el sentido de que estas se consideren disminuidas con las detracciones de fondos propios está en consonancia con la base de la dotación, que es la parte del beneficio que no sea objeto de distribución (art. 27.2, primer párrafo) y con la premisa de que a efectos RIC/RIB se consideran beneficios no distribuidos los destinados a nutrir las reservas, excluida la legal (art. 27.2, cuarto párrafo y D.A. 70ª, Cuatro, 2 en Baleares). Si no existiera el precepto que explicamos, una sociedad podría acordar destinar todo el beneficio a reservas, sin repartir beneficio alguno, para a continuación decidir repartir un dividendo con cargo a reservas o a una disminución de capital, o sencillamente aprobar una disminución de capital con devolución de aportaciones. En los tres casos se incumple la voluntad del legislador de que a la sociedad que se acoja al incentivo se le exija el sacrificio de no repartir dividendos total o parcialmente. Por eso se introdujo el precepto, para cerrar las opciones posibles para repartir dividendos desde el punto de vista mercantil y acotarlas en cuanto a la dotación RIC. En la RIB de 2022 el precepto se introdujo tal cual estaba en ese año la RIC.

Desde el punto de vista temporal, el párrafo de la disminución de los fondos propios afecta a la dotación en el ejercicio en que se obtiene el beneficio y además en el ejercicio en el que se acuerde la dotación. Si la RIC/RIB que se pretende dotar es la del ejercicio 2023 es necesario que tanto durante 2023 como en 2024 no se hayan disminuido o se disminuyan los fondos propios. En caso de que así ocurra, los beneficios susceptibles de la dotación tendrán que rebajarse con la reducción de los fondos propios efectuada.

Desde la reforma de 2003 en la RIC manifesté que hubiera sido más lógico que la disminución de fondos propios que afectase negativamente a la dotación en el ejercicio en que se acuerde se acotara temporalmente hasta el momento de celebración de la junta general de socios que aprueba las cuentas anuales y la aplicación del saldo de pérdidas y ganancias. De esta forma, y por seguir con el ejemplo del beneficio de 2023, la dotación de 2023 tendría como base el beneficio generado en ese ejercicio que no se acordara distribuir en la junta de junio de 2024, menos las disminuciones de fondos propios que se hubiesen realizado durante todo 2023 y durante los primeros seis meses de 2024.

Literalmente, el texto legal impide que en 2023 y durante todo 2024 puedan reducirse los fondos propios sin que se afecte negativamente la dotación. Hasta el 30 de junio de 2024 depende del administrador la correcta dotación sobre lo realizado en 2023 y en el primer semestre de 2024, pero a partir de ese momento todo son meras conjeturas. Lo que va a ocurrir en el siguiente semestre es simplemente futuro y se desconoce. A lo que el texto obliga es, por un lado, a que no se acuerde hasta el final del ejercicio 2024 una disminución de los fondos propios; y por otro, a que si se realizara una reducción de los fondos propios sería preceptiva la disminución de la dotación 2023 y su correspondiente regularización voluntaria.

23.2. La incidencia del reparto de dividendos en la dotación RIC/RIB

Hasta este epígrafe conocemos que para dotar correctamente la RIC/ RIB es necesario determinar previamente qué parte del beneficio contable generado es susceptible de la dotación: el que proviene de la actividad económica desarrollada en Canarias/Baleares, excluyendo expresamente los ingresos financieros y las plusvalías en la venta de activos no afectos a dicha actividad; y a continuación, que únicamente el beneficio que en la normativa RIC/RIB se considera no distribuido es el que puede destinarse a la dotación. El concepto de beneficio no distribuido se acota en la normativa mercantil, sin que coincida con la específica que regula el incentivo fiscal. Pero ambas tienen en común que consideran beneficio distribuido el destinado al reparto de dividendos. Dividendos que pueden provenir tanto del reparto del beneficio del ejercicio como de reservas, afectando en este caso a la dotación RIC/RIB vía disminución de los fondos propios introducida como restricción en 2003 en la RIC e incorporada tal cual por el legislador en la RIB.

Después de años en la aplicación de la RIC, la conflictividad se ha centrado en una serie de aspectos, entre los que destaca la concesión de préstamos a socios que no se devuelven en un plazo razonable, y que la doctrina administrativa considera como reparto de dividendos. Han ratificado su planteamiento los Tribunales de Justicia, por lo que es uno de los puntos principales que examinamos en el capítulo.

Además, hay que tener en cuenta que si la premisa para la dotación es que el beneficio se genere en una actividad económica, ¿qué ocurre con el beneficio generado, por ejemplo, con ingresos financieros, que no son susceptibles de la dotación y que se reparten como dividendos?, ¿afectan esos dividendos repartidos con beneficios no RIC/RIB al cálculo de la dotación? O por introducir el contexto territorial, si solo son susceptibles de la dotación los beneficios generados en una actividad económica desarrollada en Canarias/Baleares, ¿qué ocurre con los dividendos repartidos con beneficios generados en la Península o en extranjero, ¿afectan o no a la dotación?

Esta casuística es la que pretendemos resolver, ayudándonos de los pronunciamientos judiciales y la doctrina administrativa y científica.

El dividendo, como beneficio distribuido, afecta directamente al cálculo de la dotación, de forma que entre más dividendos se repartan menor será la RIC/RIB, siempre con el límite del 90% del beneficio no distribuido, pero hay que tener en cuenta: (i) que determinadas operaciones, como los préstamos a socios, pueden interpretarse como repartos simulados de dividendos, motivo de que hay que tener en cuenta sus efectos negativos en la dotación. Adicionalmente hay que atender a la posibilidad de que: (ii) los dividendos que se repartan sean total o parcialmente con beneficios obtenidos fuera de Canarias/Baleares, y (iii) con beneficios no susceptibles de la dotación, esto es, con los beneficios generados al margen de actividades económicas, con plusvalías e ingresos financieros, y en la venta de activos afectos a la RIC/RIB.

Atendemos monográficamente las tres cuestiones principales planteadas, pero antes llamo la atención sobre lo sorprendente que me resulta una de las primeras consultas vinculantes planteadas a la DGT en relación con la dotación RIB y los dividendos. En concreto, el tratamiento diferente que se hace en la RIB respecto a la RIC en la dotación. La DGT CV 2003-2024, de 18 de septiembre, disminuye del beneficio susceptible de la dotación RIB 2023 el dividendo repartido en 2022 contra resultados, que lógicamente se hace efectivo en 2023, cuando con el texto legal no puede llegarse a esa conclusión. Afecta a la dotación 2023 el dividendo repartido en ese año contra reservas de 2022, pero en mi opinión nunca el dividendo repartido con el beneficio de 2022 en 2023. Entiendo que es un error que pronto subsanará en próximas consultas, pero conviene estar atentos a este planteamiento.

23.3. Los préstamos a socios y la posible consideración como dividendos

En relación con los dividendos, a la hora de calcular la dotación no ha existido gran conflictividad, principalmente por la asimilación que existe entre los dividendos y el beneficio distribuido. Solo puede dotarse la RIC/RIB con determinadas modalidades del beneficio no distribuido, siendo una restricción importante la de restar en el cálculo de la dotación los dividendos que se acuerdan repartir. No obstante, sí existe una consideración administrativa que ha elevado la litigiosidad. Me refiero a los préstamos concedidos a los socios que no son objeto de devolución en un plazo razonable y que la Inspección tributaria considera que en realidad suponen un reparto encubierto de dividendos. Recurren para ello a la figura jurídica de la simulación: se han simulado como préstamos repartos de dividendos. Y lo cierto es que su criterio ha sido ratificado posteriormente por los Tribunales de Justicia.

Es una cuestión que se evita a origen no concediendo préstamos a los socios, pero tanta y variada es la casuística empresarial que las entidades recurren muchas veces a este tipo de acuerdos, aún con la voluntad de que el socio devuelva el importe del préstamo en el plazo estipulado, pero en ocasiones no es posible. En esos casos hay que ser conscientes de que la prestación de ayuda financiera a los accionistas o participes en el capital social está o puede estar reñida con la dotación RIC/RIB. Hoy en día los asesores sabemos de ello, pero en el pasado no creímos que el criterio judicial fuese tan exigente, más mediando devoluciones parciales de los préstamos por parte de los prestatarios accionistas. Motivo de que en el *Manual de la RIC 2007-2013* (2012) apenas hiciese referencia a este problema, pero sí en posteriores artículos, dada la cuantía de las actas incoadas motivando la existencia de simulación.

La **SAN de 26 de abril de 2012, Sección 2, recurso 257/2009,** aborda la cuestión del traspaso de fondos a sociedades sin ser objeto de devolución, por lo que la Inspección los consideró como reparto de dividendos. Se trata de una sociedad dedicada al comercio minorista que diariamente y durante dos años traspasa efectivo de sus ventas a la sociedad matriz, sin que le exija la devolución ni exista contrapartida alguna en forma de intereses. Con el beneficio del ejercicio dotó la RIC, sin que considerase que existía reparto de dividendo alguno, mientras que el criterio del órgano de comprobación fue bien distinto, entendiendo que se repartió un dividendo que debía restarse en el cálculo de la dotación efectuada. Recurrió el contribuyente a las diferentes instancias, desestimando sus pretensiones la AN e incluso dando por correcta la sanción. El contribuyente alega una práctica comercial basada en vales de devolución entre las tiendas de ambas entidades, lo que propicia saldos a favor de una, pero la Administración no lo ve así. La AN hace suyos los criterios del TEAC y añade además que es imposible conocer cuál es el beneficio de la entidad que dotó la RIC. Los argumentos empleados para la desestimación copian extensos párrafos de la resolución TEAC, por lo que su lectura es un tanto engorrosa, Concluye que el contribuyente no ha probado que la dotación se hizo con beneficios obtenidos por la entidad:

SEXTO. En el supuesto que se enjuicia, tal y como recoge la resolución del TEAC que se revisa, la Inspección entendió que en el ejercicio 1999 la entidad hoy recurrente había transferido beneficios a otra entidad, MODAS CRISTAL SL, su absorbente en el año 2001, y que al tratarse de beneficios distribuidos por importe superior al de la dotación realizada, no procedía dotar importe alguno a la reserva de Inversiones en Canarias.

El TEAC ratificó dicha conclusión, efectuando los siguientes razonamientos que, por su importancia, procede reproducir:

«La entidad reclamante VECINDARIO CRISTAL MODAS S.L. se extingue como consecuencia de la fusión por absorción, que en escritura pública de fusión de 19 de marzo de 2001 efectúa MODAS CRISTAL, S.L. como sociedad absorbente. Los socios de ambas entidades eran cinco personas físicas unidas por vínculos de parentesco. Cada una de ellas posee el 20 por 100 de MODAS CRISTAL S.L. y el 19 por 100 de VENCINDARIO CRISTAL MODAS, S.L., siendo el 5 por 100 restante de MODAS CRISTAL S.L. Las dos sociedades se dedican a la misma actividad: comercio al por menor de ropa en el mismo municipio.

La reclamante ejerció su actividad exclusivamente en los ejercicios 1998 y 1999 efectuando dotaciones a la RIC en ambos ejercicios, dotaciones que se materializaron a través de la sociedad absorbente MODAS CRISTAL S.L. en ejercicios posteriores.

En primer lugar, para examinar si la argumentación de la Inspección está suficientemente motivada y si la explicación de la entidad sirve o no para justificar la existencia de relaciones comerciales entre ambas entidades en lugar de una simple distribución de beneficios, es preciso relatar detalladamente los hechos que sirven de base a la propuesta.

Tal como se indica en el acuerdo de liquidación la reclamante, a través de la cuenta 4400003 (Deudores), traspasa diariamente una parte del importe de sus ventas a CRISTAL MODAS, S.L., sociedad que en ningún momento pretende regularizar ese trasvase de fondos sino que el saldo de la cuenta va aumentando diaria y significativamente desde el 1/1/1998 al 31/12/1999. En el informe inspector se indica que diariamente se realiza un cargo en la cuenta deudora con abono en caja y las ventas se contabilizan con un cargo en caja y un abono en ventas, por lo que mediante el cargo en la cuenta deudora 4400003 se produce un trasvase de parte del importe de las ventas de VECINDARIO CRISTAL MODAS S.L. a MODAS CRISTAL S.L. El trasvase se hace por un importe que asegure que VECINDARIO CRISTAL MODAS S.L. disponga de liquidez para hacer frente a sus gastos (esencialmente personal y mercancía que vende). El beneficio no traspasado se mantiene en VECINDARIO CRISTAL MODAS, S.L. básicamente, en cuentas de efectivo o en valores de renta fija que ofrezcan una rentabilidad. El más simple análisis patrimonial de VECINDARIO CRISTAL MODAS S.L. pone de manifiesto que es una empresa despatrimonializada en la que su beneficio se materializa, básicamente, en un derecho de crédito, derecho que, por otra parte, no existe el más mínimo indicio de reclamación a la empresa deudora.

La Inspección considera que estas operaciones no pueden justificarse como operaciones comerciales típicas y cuya justificación solo puede basarse en la coincidencia de los partícipes de ambas sociedades y por el mismo porcentaje, siendo indiferente para dichos partícipes la despatrimonialización de una de las sociedades si la inversión se ubica en la otra sociedad que les pertenece en igual proporción.

En resumen, VECINDARIO CRISTAL MODAS S.L. reconoce en la cuenta 4400003 (Deudores) su derecho de crédito frente a MODAS CRISTAL S.L. pero no se ha justificado una operación comercial entre ambas que genere ese derecho de crédito, y no se ha justificado el por qué nunca se salda ese crédito sino que el trasvase de fondos es unidireccional y en toda operación comercial la corriente monetaria es en ambos sentidos.

(...) La Inspección considera que la explicación facilitada carece de justificación pues ninguna sociedad ha contabilizado ningún asiento que corrija esas supuestas devoluciones que alega el Sr. Representante y, además, implicaría, necesariamente que parte del beneficio de VECINDARIO CRISTAL MODAS S.L. sería, en realidad, beneficio de MODAS CRISTAL S.L. por las ventas devueltas en la primera que no se han considerado

gasto en la misma. Además sigue sin explicarse la principal cuestión planteada, que es porqué nunca se regulariza la cuenta deudora que mantiene VECINDARIO CRISTAL MODAS S.L. con CRISTAL MODAS S.L.

Por otro lado MODAS CRISTAL S.L. reconoce en la cuenta 44000009 su relación comercial pero dicha cuenta, en la que se realizan abonos continuos, presenta un saldo acreedor en lugar de deudor.

Por último se pone de manifiesto que, producida la absorción las dotaciones de la sociedad absorbida no están contabilizadas de forma separada, lo que dificulta la transparencia de las obligaciones asumidas y exige el artículo 27 de la Ley 19/1994 ».

Tras estos razonamientos concluye el TEAC en los siguientes términos:

«Considera este Tribunal que existen importantes irregularidades en la forma de actuación de las empresas afectadas y que transforman una forma de operar, hasta cierto punto corriente entre empresas relacionadas (vales de devolución aptos para compras en dos comercios pertenecientes a una misma familia), en una compleja e incorrecta contabilización cuyo objetivo o finalidad última se desconoce pero que imposibilita conocer cuál es el verdadero beneficio obtenido por la entidad, máxime cuando difieren los saldos "recíprocos" existentes entre las dos sociedades implicadas en la operativa descrita y que, al menos contablemente, consta un beneficio distribuido a través de dicha operativa superior a la dotación a la RIC efectuada.

También se pone de manifiesto que existen unas transferencias de ventas de una entidad a otra, puesto que transmiten ingresos de las mismas con cargo a una cuenta acreedora. Por otro lado, las afirmaciones y explicaciones facilitadas por el contribuyente sobre los vales de ventas y defectuosa contabilización no sirven para aclarar las transferencias de fondos que a diario se producen y sabido es que, de conformidad con el artículo 105.1 de la Ley 58/2003, General Tributaria (y en igual sentido art. 114.1 de la Ley 230/1963), quien haga valer su derecho deberá probar los hechos constitutivos del mismo. El contribuyente ha de probar que la dotación efectuada se hizo con los beneficios obtenidos por la entidad y si no prueba realmente el beneficio obtenido por las irregularidades de contabilización y transferencias, debe eliminarse la dotación efectuada.

Lo cierto es que todo este cúmulo de hechos y actuaciones impiden considerar como válida la dotación efectuada puesto que no se ha podido realmente determinar el beneficio que corresponde a la entidad inspeccionada dados los trasvases efectuados. A esto debe añadirse que el importe de los beneficios difiere el reflejado en contabilidad con el consignado en las cuentas depositadas en el Registro Mercantil.

En consecuencia, procede confirmar la liquidación impugnada y eliminar la dotación efectuada a la RIC en el ejercicio inspeccionado».

SÉPTIMO. Las consideraciones efectuadas por el TEAC deben ser ratificadas por la Sala. En efecto, incumbía a la recurrente probar que la dotación efectuada se hizo con beneficios obtenidos por la entidad, cuestión que no ha hecho y sigue sin hacer en el presente recurso jurisdiccional, en el que ante la insuficiencia probatoria declarada por el TEAC, mantiene el mismo estado probatorio que en la anterior vía económico administrativa, habiéndose limitado la parte recurrente a solicitar, en el segundo otrosí de su escrito de demanda, que se tuviera por reproducida "la documental que aparece en el expediente y que debidamente obra referenciada en nuestro escrito de demanda y en los escritos anteriores a ese escrito rector, a los que a estos efectos nos remitimos y damos aquí por reproducidos" (...) [FFDD SEXTO y SÉPTIMO, SAN 26 de abril de 2012].

La **SAN de 3 de mayo de 2012, Sección 2, recurso 188/2009**, incide en la materia. Sociedad constructora que en el año que dota la RIC concede cinco préstamos a los socios, sin que se hubieran devuelto. La AN considera que se trata de un reparto de beneficios, por lo que no era posible la dotación en ese año, sin que la empresa pudiera acreditar la devolución de los préstamos. Incluso ratificó la AN la sanción:

TERCERO. La cuestión de fondo discutida en el presente litigio se ciñe a determinar si la dotación efectuada por la entidad recurrente en el ejercicio 1999 a la reserva para inversiones en Canarias resulta procedente, concluyendo el TEAC, confirmando la regularización practicada por la Inspección, que en el ejercicio 1999, la actora dedujo de dicho concepto el importe de 84.000.000 pts, que había sido detraído por los socios de los fondos de la empresa como préstamos, sin que exista constancia de su devolución y considerando que dicha cantidad responde a la distribución de un dividendo que no resulta integrable en la base para la dotación de la RIC.

El TEAC en aplicación de lo dispuesto en el art. 105 de la LGT 58/2003 confirma la regularización practicada por entender que la interesada no ha probado la devolución de tales préstamos. También rechaza las alegaciones de la parte que afirmaba que los préstamos habían sido devueltos mediante compensación con deudas contraída por la entidad con los receptores de los préstamos, por prestación de servicios de albañilería, ya que a pesar de los contratos aportados, en ningún modo se puede decir que los mismos acreditan la relación de los importes facturados con la compensación del crédito por los préstamos.

Y respecto al ejercicio 2001, la Inspección regularizó la reducción practicada pues entendió que se había incumplido el requisito de dotación de la reserva, al no existir en el libro de actas de la entidad ninguna en donde se refleje la reunión de la Junta general aprobando la constitución de dicho reserva.

El criterio de la actora se funda, por el contrario, en que, conforme a lo previsto en el art. 16.2 de la LGT, si la A. Tributaria consideró que había existido simulación, debió así declararlo, no habiendo cumplido dicho requisito como tampoco los requisitos que, respecto a la simulación se vienen exigiendo por la jurisprudencia.

Respecto del ejercicio 2001, afirma la actora que el acuerdo de liquidación se fundamenta en dos datos, de un lado en la ausencia en el libro de actas de la correspondiente al ejercicio 2001 y de otro, en la no existencia de la dotación a la RIC en la certificación del acta de la Junta General de la entidad en que se aprobaron las cuentas anuales del ejercicio y la distribución de los beneficios.

Aduce la actora que existe un error en tal apreciación por cuanto, en donde por error no figura incluida la citada reserva es en el "certificado de aprobación de las cuentas y distribución de resultados del ejercicio 2001", documento distinto e independiente a las Cuentas Anuales, integradas por la Memoria, Balance y Cuenta de Pérdidas y ganancias, donde, al contrario, sí que figura la dotación a la RIC efectivamente aprobada por la Junta General, bajo la rúbrica de "Reservas especiales".

(...)

QUINTO. Partiendo de tales premisas, ha de indicarse, en primer lugar, que la norma tributaria apuesta por la calificación jurídica de los hechos con arreglo a su verdadera naturaleza jurídica. En efecto, el artículo 28 de la Ley General Tributaria 230/1963, tras señalar, en su apartado primero, que «el hecho imponible es el presupuesto de naturaleza jurídica o económica fijado por la ley para configurar cada tributo y cuya realización origina el nacimiento de la obligación tributaria», consagra el principio de que «el tributo se exigirá con arreglo a la naturaleza jurídica del presupuesto de hecho definido por la ley, cualquiera que sea la forma o denominación que los interesados le hayan dado, y prescindiendo de los defectos que pudieran afectar a su validez».

Y el art. 13 de la actual LGT 58/2003, dispone que "Las obligaciones tributarias se exigirán con arreglo a la naturaleza jurídica del hecho, acto o negocio realizado, cualquiera que sea la forma o denominación que los interesados le hubieran dado, y prescindiendo de los defectos que pudiera afectar a su validez".

La Sala no comparte el criterio de la parte respecto del incumplimiento por parte de la Administración Tributaria de la exigencia de haber declarado la existencia de un negocio simulado así como tampoco que la resolución del TEAC adolezca de una supuesta incongruencia, pues como se ha expuesto ni el TEAR ni el TEAC fundamentan sus resoluciones en la existencia de simulación, sino que, como se ha expuesto el argumento en que se basan ambos tribunales es la falta de acreditación de existencia de los supuestos préstamos.

Por otro lado, la Sala no queda vinculada por los razonamientos que hayan podido desarrollar los tribunales económico- administrativos, sino sólo por la relación fáctica que ha determinado la regularización efectuada, siendo así que el cambio en dicha calificación ninguna inseguridad ni indefensión ha ocasionado a la parte.

En la regularización efectuada se procedió a reducir la dotación a la reserva para inversiones de Canarias, en virtud de los hechos acreditados y no desvirtuados por la actora, consistentes en la falta de acreditación de la devolución del importe de 84.000.000 pts, cantidad que había sido detraída por los socios de los fondos de la empresa, sin que exista constancia de su devolución.

Considera la Sala que, en virtud de las facultades de comprobación que tiene la Inspección, se ha procedido a efectuar una calificación jurídica de los hechos distinta a la efectuada por la actora, al no resultar debidamente acreditada la devolución de las cantidades que habían sido entregadas a los socios en virtud de los supuestos contratos privados de préstamos, lo no presupone necesariamente la concurrencia de simulación en los estrictos términos jurídicos que se definen por el art. 16 de la LGT.

Sin embargo el escrito de demanda formulado por la actora dedica la mayor parte de su fundamentación jurídica a denunciar la improcedencia de la conducta de la Administración y por el contrario, frente a los datos objetivos que se han expuesto, ninguna actividad se ha desplegado por parte de la actora en orden a acreditar la concurrencia de los requisitos exigidos por la norma, por cuanto en su proposición de prueba en el presente recurso, se ha limitado a solicitar la reproducción de los documentos obrantes al expediente, documentos, que ya habían sido analizados en la previa vía de gestión y vía administrativa. En este sentido, procede recordar que la carga de la prueba incumbe en este supuesto a la actora.

A tal efecto, es sumamente sorprendente que se invoquen las reglas sobre la simulación (cuestión no suscitada ni en vía de gestión ni en la revisora), cuando la demandante, en este proceso, no ha adoptado iniciativa alguna encaminada a probar los hechos constitutivos de su pretensión de nulidad de los actos impugnados.

(...)

En el presente supuesto, es la actora quien pretende la aplicación de un beneficio fiscal, alegando que se dan las circunstancias y requisitos exigidos para proceder a dotar las provisiones que deben tener la consideración de reserva para inversiones en Canarias, y cuya concurrencia, ha de estar acreditada por el beneficiario de esta ventaja fiscal, a quien por ello corresponde la carga de la prueba.

En definitiva la actora no ha probado de forma real y efectiva que concurran los requisitos legales para su aplicación conforme exige el artículo 27.2 de la Ley 19/1994, anteriormente transcrito.

Por ello, manteniéndose en el presente procedimiento la situación probatoria acaecida en vía económico-administrativa, se ha de confirmar la regularización practicada por la Inspección, al no haber sido enervada por la recurrente, que en el presente recurso no ha presentado prueba alguna, distinta de la ya aportada en vía administrativa [FFDD. TERCERO Y QUINTO, SAN 3 de mayo 2013].

En la **SAN de 7 de febrero de 2023, Sala 2, recurso 635/2018**, el planteamiento sobre los préstamos y su consideración como dividendos es a gran escala. Primero fue el TEAC en resolución de 7 de junio de 2018 quien desestimó las pretensiones del contribuyente. Y cinco años más tardes, la AN desestima el recurso interpuesto contra la regularización de una millonaria dotación RIC (61,5 millones) efectuada en 2006 por una entidad que vendió parcelas urbanas en Las Teresitas, Santa Cruz de Tenerife. Los motivos fueron varios, destaca que la entidad no había efectuado actividad económica con la promoción de los terrenos, a pesar de que había realizado otra operación de volumen en 2001, y que había simulación en los préstamos otorgados a los socios en 2006, que eran en realidad un reparto de dividendos. Me ocupo de este segundo asunto, en el que a pesar del dictamen aportado como prueba, en el que un perito-auditor informaba de la realidad de los préstamos y su amortización parcial, la AN desestimó el recurso contra el principal y la sanción, imponiendo las costas al contribuyente.

En 2006, la entidad llevó a cabo una importante operación de activos inmobiliarios que le generó una cuantiosa liquidez, dotando RIC, como lo había hecho cinco años antes con el beneficio en la venta de terrenos en la misma zona. El importe de la enajenación lo destinó al pago de los pasivos existentes y a la concesión de dos préstamos de 39 millones de euros a cada una de sus dos entidades socias. A los cuatro años, un socio hizo una devolución importante del préstamo, más de 19 millones de euros, y el otro una devolución menor, pero también significativa, sobre los 10 millones. En 2011 (pasado cinco años) se amortizó parte de los préstamos contra la entrega de dividendos con cargo a reservas de libre disposición. El resto del dinero aún no había sido totalmente devuelto al tiempo de la comprobación administrativa, por lo que la Inspección consideró dos motivos para regularizar la dotación RIC efectuada: que el beneficio no procedía de una actividad económica y que había simulación en los préstamos, pues estimaba que en realidad eran un reparto de dividendos.

En las correspondientes reclamaciones, el contribuyente aportó pruebas con las devoluciones parciales efectuadas por los socios, entre ellas, una pericial firmada por un auditor de cuentas en que se especificaba la evolución de los préstamos y las devoluciones efectuadas por los socios. En el recurso ante la AN se solicitó como prueba el testimonio del perito, que fue admitida, y en sede judicial reafirmó el importe de los reintegros de capital. Para nada le sirvió, puesto que la AN desestimó sus pretensiones, concluyó que existía simulación en los préstamos y ratificó la millonaria sanción. La sentencia fue recurrida en casación, razón de que veremos en un par de años en qué acaba el asunto en el TS:

TERCERO: Realidad de los préstamos concedidos a los socios e Inaplicación del artículo 16 de la LGT.

El contribuyente obtuvo en 2006 un resultado contable de 69.441.643,18 euros. La principal partida determinante de este resultado la constituye el beneficio que resulta de la venta a Desarrollos Urbanos CIC, S. A. en fecha 11 de enero de 2006, de ocho parcelas en el barrio de San Andrés, en el sitio denominado "Las Huertas", término municipal de Santa Cruz de Tenerife, en el polígono de actuación del Plan Parcial "Playa delas Teresitas".

Las parcelas figuraban en existencias en contabilidad por un importe de 14.969.845.30 euros y la venta se efectuó por 92.201.032,40 euros.

El contribuyente contabilizó una RIC por 61.500.000 euros y entregó a sus socios, en concepto de préstamos, 77.531.907,83 euros, que proceden de la venta de las parcelas.

La Administración considera que existe simulación, pues se trataba de un reparto de beneficios y no un préstamo, basando tal circunstancia en las siguientes circunstancias:

Que el dinero salió de la sociedad a los socios en 2006 (77.531.907,83 euros).

Que el dinero no ha vuelto a entrar en la sociedad.

Que el dinero entregado a los socios procede del precio de la venta de las parcelas en 2006 (92.201.032,40euros).

Que dicha venta determina el beneficio contable de la sociedad de 2006 (69.441.643,18 euros).

Que con ese beneficio se dota la RIC que reduce la base imponible del ejercicio 2006 (61.500.000 euros).

Que, por ello, en ese ejercicio 2006 no podía distribuirse el beneficio del propio ejercicio. Tampoco eran disponibles aún las RIC de 2001 (19.052.426,00 euros).

Que la entrega de fondos a los socios procedente del beneficio de 2006 se califica por la sociedad como un préstamo a los mismos, sin intereses y a devolver de una sola vez a los cinco años (enero de 2011), presumiblemente ampliados a otros cinco (enero de 2016), también sin intereses.

Que parte de este préstamo (41.923.725,31 euros) se salda con un reparto de dividendos en el año 2010.

Que en los años siguientes a 2006 Inversiones las Teresitas no ha generado reservas porque ha tenido pérdidas, 2010 incluido.

Que los dividendos repartidos en 2010 (41.923.725,31 euros), son con cargo a reservas voluntarias (45.186.226,81 euros) que se han contabilizado por reclasificación de:

RIC de 2001 (19.052.426,00),

Reservas Voluntarias de 2001 (2,116.935,77),

Reservas voluntarias de 2003 (300.575,68),

Reservas RIC de 2006 por la no materialización en plazo (16.585.943,92),

Reservas voluntarias de 2006 (7.130.345,44 euros).

Que tales Reservas, salvo las de 2003 (300.575,68 euros) y la voluntaria de 2001 (2.116.935,77 euros), no podían repartirse en 2006 (salvo la voluntaria de 2006).

Que después del reparto de 2010, como únicas Reservas quedan en la sociedad: la legal (48.080 euros) y la RIC 2006 (44.914.056,08 euros), ambas indisponibles.

Que a finales de 2015 finaliza el período de mantenimiento de los activos en que se ha materializado la RIC de 2006 y deja de ser indisponible.

Que el resto del importe de la operación calificada como préstamo que no se amortizó en 2010 con el reparto de dividendos (32.037.297,86 euros) aún no se ha devuelto.

Que presumiblemente el vencimiento del plazo de devolución es enero de 2016.

La recurrente aporta informe pericial en el que se afirma que existieron devoluciones de los préstamos, hasta que en 2011 se rebajaron los préstamos por un reparto de dividendos con cargo a reservas de libre disposición, por importe de 20.961.862,65 euros. Ahora bien, la cantidad señalada como devuelta no cubre ni la mitad del préstamo otorgado en 2006, que finalmente quedó cancelado por un reparto de dividendos.

Compartimos con la Administración que la operativa seguida refleja la existencia de un reparto de dividendos en 2006, que finalmente fue reflejado en tal forma en 2011.

Regulación legal

El artículo 16 de la LGT establece:

"1. En los actos o negocios en los que exista simulación, el hecho imponible gravado será el efectivamente realizado por las partes.

2. La existencia de simulación será declarada por la Administración tributaria en el correspondiente acto de liquidación, sin que dicha calificación produzca otros efectos que los exclusivamente tributarios.

3. En la regularización que proceda como consecuencia de la existencia de simulación se exigirán los intereses de demora y, en su caso, la sanción pertinente."

Análisis de las alegaciones de las partes

En primer lugar, debemos señalar que las disquisiciones sobre si la simulación viene referida a la base imponible o al hecho imponible, no son relevantes. La simulación siempre se predica de una operación económica-contractual, que tiene reflejo y consecuencias en el ámbito fiscal. En el presente supuesto es evidente que la calificación de la operación como reparto de dividendos o como préstamos, tiene su reflejo fiscal en cuanto afecta al disfrute de un beneficio fiscal.

En segundo lugar, debemos afirmar que no nos encontramos ante un supuesto de conflicto de leyes del artículo 15 de la LGT, porque la operación real realizada, ha sido revestida de un ropaje jurídico que no es el correspondiente a dicha operación, por lo que no se trata de un conflicto en la aplicación de la Ley, sino de la existencia de una operación real (reparto de dividendos) y otra aparente (préstamo).

Debemos desestimar el recurso en este punto [FD TERCERO, SAN 7 de febrero 2023].

23.4. El dividendo repartido con beneficios obtenidos fuera de Canarias/Baleares

Sobre los dividendos que se reparten con beneficios obtenidos fuera de Canarias/Baleares, hay que tener en cuenta con carácter previo que esos rendimientos no son susceptibles de la dotación por el mero hecho de obtenerse fuera de ambos archipiélagos. Con carácter específico, la doctrina administrativa y los Tribunales de Justicia han admitido determinados supuestos en que el beneficio se generaba fuera del archipiélago canario, pero la actividad se organizaba y dirigía desde él. Dejando al margen esa casuística, que ya examinamos en el capítulo 4, hay que partir del planteamiento de que los dividendos repartidos con beneficios generados fuera de Canarias/Baleares no tienen qué afectar negativamente a la dotación, puesto que no son susceptibles de la RIC/RIB.

Inicialmente, este lógico razonamiento no tuvo acogida por la DGT, que lo rechazó en **consulta DGT n.º 963 de 14 de abril de 2004,** en que una sociedad de la Península quería dotar RIC con los beneficios obtenidos en Canarias, pero a su vez, repartir dividendos con los beneficios generados fuera de ella, preguntando cómo afectaba el reparto a la dotación. La consulta decía en ese punto que la norma no distinguía entre categorías de fondos propios, según que procediesen o no los dividendos de beneficios obtenidos en territorio insular canario, por lo que la limitación había de entenderse en relación con el conjunto de los citados fondos propios, de forma que todos los dividendos debían considerarse a los efectos previstos en el art. 27.2, último párrafo.

Rectificó posteriormente su criterio en la **consulta DGT CV 0155-2006 de 25 de enero,** en que una entidad que tenía varios establecimientos en territorio nacional, uno de ellos en Canarias, preguntaba si debía tener en cuenta a efectos del cálculo de la RIC la totalidad de los dividendos que se distribuían por la entidad o solamente los que procedían de los beneficios obtenidos en Canarias. La DGT contesta que solamente los dividendos que procedan de Canarias.

Desde el punto de vista mercantil, a la hora de repartir dividendos no se especifica de qué beneficios proceden, sino sencillamente se acuerda repartirlos. En trabajos anteriores, a efectos de la dotación, optamos por asignar los dividendos proporcionalmente a través de una simple regla de tres que determinase qué parte de los beneficios obtenidos en Canarias son los que se reparten como dividendos:

Si con un beneficio total de la entidad de 100	→	se reparte un dividendo de 30
Con el beneficio obtenido en Canarias de 60	→	se entiende que se reparte X
	X = 18	

De esta forma, el dividendo que hay que restar del beneficio obtenido en Canarias para hallar la dotación no es el dividendo total de 30, sino solamente 18: RIC = 90% (60 del beneficio contable obtenido en Canarias - 18 del dividendo repartido con los beneficios obtenidos en Canarias - dotación a la RL) = 0,9 (60 - 18 - RL).

Sobre esta casuística no he encontrado pronunciamientos del TS y la AN en el periodo 2011-2024, pero sí en la doctrina administrativa, concretamente dos consultas vinculantes de la DGT de 2018 y 2020.

La **DGT CV 1907-2018, de 28 de junio**, analiza el reparto de dividendos con cargo a beneficios imputables a un establecimiento situado fuera de Canarias, y concluye que no disminuyen la dotación RIC. En 2015, la entidad consultante repartió dividendos con cargo a reservas voluntarias, que no se correspondían con beneficios generados en Canarias, dado que la totalidad del beneficio obtenido en el archipiélago canario se identificaba en contabilidad de forma independiente. El saldo neto de los fondos propios, excluida la RIC, se había incrementado todos los años, por lo que preguntaba si el reparto de dividendos tenía alguna incidencia en el cálculo de la dotación.

Para llegar a una conclusión, la DGT se centra en si los dividendos disminuyen o no los fondos propios, sin prestarle mayor o menor importancia al hecho de que la parte del beneficio que se reparte se haya generado fuera de Canarias. Tiene en cuenta el último párrafo del artículo 27.2 (las asignaciones a reservas se consideran disminuidas en el importe que eventualmente se hubiese detraído de los fondos propios) que, en su discurso, establece una cautela que tiene por objeto evitar que el aumento de fondos propios que se pretende incentivar con el beneficio fiscal, y que ha sido formalizado con la dotación de una reserva indisponible, se contrarreste por la disminución de otras partidas de los fondos propios que compense la creación, o el aumento, de la RIC. No obstante, añade, en la medida en que los fondos propios aumenten en el importe de la RIC dotada, el reparto de dividendos no afectará al incentivo; y a los efectos de calcular el citado aumento, no se computarán los beneficios que no tengan la consideración de no distribuidos en los términos previstos en el artículo 27.2.

La contestación no parece responder expresamente a la consulta, pero si profundizamos en ella da a entender que mientras el reparto de dividendos no disminuya los fondos propios, que es lo que se constata leyendo el texto de la pregunta realizada, no afectará a la dotación RIC el dividendo que se reparta con rentas generadas fuera de Canarias. Sería el caso de que el reparto con rendimientos del exterior fuese igual o inferior al que se destinase a reservas, puesto que en ambas situaciones no disminuye el volumen de los fondos propios. Si ocurriese lo contrario, que el reparto de dividendos con cargo a rendimientos del exterior superase al destinado a reservas, sí disminuirían los fondos propios, y en consecuencia, habría que aplicar la restricción que supone el decremento de los fondos propios y que disminuye o anula la dotación:

> *El último párrafo del apartado 2 artículo 27 trascrito establece una cautela que tiene por objeto evitar que el aumento de fondos propios que se pretende incentivar con el beneficio fiscal, y que ha sido formalizado con la dotación de una reserva indisponible, se contrarreste por la disminución de otras partidas de los fondos propios que compense la creación, o el aumento, de la RIC.*
>
> *En virtud de la citada cautela las asignaciones a reservas se considerarán disminuidas en el importe que eventualmente se hubiese detraído de los fondos propios, ya en el ejercicio al que la reducción de la base imponible se refiere, ya en el que se adoptara el acuerdo de realizar las mencionadas asignaciones.*
>
> *No obstante, en la medida en que los fondos propios aumenten en el importe de la RIC dotada, el reparto de dividendos no afectará al incentivo previsto en el artículo 27 de la Ley 19/1994, de 6 de julio. A los efectos de calcular el citado aumento, no se computarán los beneficios que no tengan la consideración de no distribuidos en los términos previstos en el artículo 27.2* [CV 1907-2018].

No es que sea una consulta ejemplar en su didáctica, pero sí un primer paso en corroborar que no todo reparto de dividendos afecta negativamente a la dotación.

Reincide en el mismo criterio (y con cierto mutismo) la **DGT CV 0295-2022, de 16 de febrero**, que a tenor del tipo de actividad y la temática entendemos que se trata del contribuyente que formuló la consulta de 2018. En esta ocasión, cuestiona si procede considerar que los dividendos a cuenta del resultado de un ejercicio, procedentes íntegramente del beneficio obtenido fuera de Canarias, en aquellos casos en que exista incremento de fondos propios en el sentido de la consulta vinculante n.º V 1907-18, no deben tener incidencia alguna al objeto de calcular la RIC. La respuesta es la misma que en 2018, sin que otra vez preste mayor atención al hecho de que los repartos se hagan con rendimientos del exterior ni de que se trate de dividendos a cuenta del próximo ejercicio. Siempre que no se disminuyan los fondos propios, el reparto de dividendos a cuenta con cargo a beneficios generados fuera de Canarias no afecta a la dotación:

> *En virtud de la citada cautela* [refiriéndose a la disminución de los fondos propios] *las asignaciones a reservas se considerarán disminuidas en el importe que eventualmente se hubiese detraído de los fondos propios, ya en el ejercicio al que la reducción de la base imponible se refiere, ya en el que se adoptara el acuerdo de realizar las mencionadas asignaciones.*
>
> *No obstante, en la medida en que los fondos propios aumenten en el importe de la RIC que se dote, el reparto del dividendo a cuenta del propio ejercicio no afectará al incentivo previsto en el artículo 27 de la Ley 19/1994. A los efectos de calcular el citado aumento, no se computarán los beneficios que no tengan la consideración de no distribuidos en los términos previstos en el artículo 27.2 de dicha Ley* [DGT CV 0295-2022].

Entiendo que lo explicado sobre el dividendo repartido con beneficios obtenidos fuera de Canarias/Baleares y el sentido de las dos consultas vinculantes últimas es plenamente aplicable a la RIB.

23.5. El dividendo que se reparte con beneficios no susceptibles de la dotación

Al igual que ocurre con los beneficios que no se generan en Canarias, a partir de 1 de enero de 2007 se contemplan de forma expresa determinados beneficios que no son susceptibles de la dotación. Han ido evolucionando desde 2007 hasta la actualidad, siendo significativo el cambio que se produjo en 2018. Con la normativa vigente en 2024, quedan fuera de la dotación los rendimientos generados al margen de la actividad económica, los procedentes de establecimientos no situados en Canarias y los ingresos y rendimientos financieros. Han experimentado variación los rendimientos derivados de la enajenación de elementos patrimoniales afectos a la RIC, que antes eran totalmente excluidos, y ahora se excluyen únicamente los derivados de elementos afectos a las dotaciones RIC de 2007 y años posteriores; y las plusvalías obtenidas por la enajenación de elementos no afectos a actividades económicas, que desde 2018 son válidos si dichos elementos han generado rentas en los últimos tres años. Es importante el matiz introducido en 2018: *En caso de elementos patrimoniales que solo parcialmente se hubiesen destinado a la materialización de la reserva a partir de dicha fecha, se considerará beneficio no distribuido la parte proporcional del mismo que corresponda al valor de adquisición que no hubiera supuesto materialización de dicha reserva,* que permite que en elementos parcialmente afectos a la RIC, después de 2007, el rendimiento que se obtenga en su enajenación sea solamente excluible en la proporción que supone la parte afecta. Matiz que no figura inicialmente en el texto de la RIB, pero que ha sido incluido en el Reglamento del Régimen fiscal especial balear de 2024, pues a partir de 2023 comenzará a afectarse parcialmente a la RIB activos que, en caso de enajenarse en el futuro, generarán un rendimiento susceptible de una nueva dotación en la proporción en que estuvieron afectos. Los efectos del Reglamento se retrotraen a 1 de enero de 2023.

Pues bien, ¿qué ocurre cuando se reparte un dividendo con cargo a los rendimientos expresamente excluidos de la dotación en la normativa?

En estas circunstancias, se podría argumentar que el beneficio que se reparte en forma de dividendos es exclusivamente el generado por el beneficio no susceptible de la dotación, de forma que el dividendo no afecte negativamente al cálculo de la dotación, pero lo cierto es que no existe tradición en el ámbito mercantil de que se especifique en el reparto de dividendos qué componentes del beneficio contable son objeto de distribución, sino simplemente que se acuerda el reparto del dividendo con cargo al resultado del ejercicio y/o reservas voluntarias. Sería por tanto forzar demasiado la libertad que establece la normativa mercantil a la hora de repartir dividendos para disfrutar de una mayor dotación RIC/RIB. No obstante, siempre podría dejarse constancia de los cálculos que se han efectuado con la dotación, dejando fuera los rendimientos excluidos por la normativa, y especificar en el acta de la junta de que con esos rendimientos, previamente excluidos de la dotación, se reparte el dividendo. Y por supuesto, debe siempre contemplarse que con el reparto no se disminuyan los fondos propios. Estaríamos en el mismo caso que amparan las consultas vinculantes de 2018 y 2020 sobre resultados generados fuera de Canarias y que se reparten como dividendos, que no afectan negativamente a la dotación, siempre que no rebajen los fondos propios. Con esas precauciones, entiendo que el reparto de un dividendo con cargo a resultados no susceptibles de la dotación, y que no disminuyen los fondos propios, no afectan a la dotación RIC/RIB que se efectúe.

En el extremo opuesto estaría la premisa errónea de considerar que, a efectos del cálculo de la dotación, hay que excluir tanto los beneficios no susceptibles de la dotación como los dividendos que se acuerden repartir. El error viene propiciado porque se están duplicando las exclusiones: por un lado, los beneficios no susceptibles; y por otro, el dividendo que se reparte, que se nutre en una porción de los beneficios no susceptibles de la dotación. Por ello, la solución más ponderada es la de excluir del cálculo de la dotación solamente una parte de los dividendos que se reparten, precisamente los que se reparten con los beneficios susceptibles de la dotación. En otras palabras, establecer la proporción que existe entre el beneficio susceptible y no susceptible de la RIC/RIB y aplicarla a los dividendos, de forma que no exista duplicidad de exclusiones en el cálculo de la dotación.

Un ejemplo ayudará a comprender mejor lo que explico:

Ejemplo 23.1

Una sociedad obtiene un beneficio antes de impuestos de 300.000 €, en los que se incluyen 90.000 € de rendimientos financieros. Se quiere repartir un dividendo del 25%.
RIC = 0,9 (Beneficio del ejercicio - beneficios no RIC - RL - dividendos - impuestos).
Para simplificar al máximo el ejemplo, la reserva legal llega ya al 20% del capital social y el impuesto es cero: RL = 0; I = 0.
El beneficio susceptible de la RIC = 300.000 - 90.000 - RL - I = 210.000
Dividendos a repartir = 0,25 (300.000 - I) = 0,25 x 300.000 = 75.000
Importe de los dividendos a excluir en el cálculo de la dotación = 210.000/300.000 x 75.000 = 52.500.
RIC = 0,9 (300.000 - 90.000 de beneficios no RIC - 52.500 de la parte proporcional del dividendo que se reparte con los beneficios de la explotación).
Con este cálculo se excluye solamente la parte proporcional de los dividendos que se reparten con los beneficios susceptibles de la dotación. Si no se hiciera así, estaríamos excluyendo los 90.000 y además el 25% de los dividendos repartidos con los 90.000 (= 22.500). Por ello no hay que tener en cuenta ese importe en el cálculo de la dotación, sino 75.000 - 22.500 = 52.500.
Dicho de otra forma, establecemos una sencilla regla de tres:
Si a un beneficio de 300.000 le corresponde un dividendo de 75.000
A un beneficio de 210.000 le corresponde X
X = 210.000/300.000 x 75.000 = 52.500.
En consecuencia, la RIC máxima sería = 0,9 (300.000 - 90.000 del beneficio no susceptible - 52.500 del dividendo repartido con los beneficios susceptibles de la dotación) = 141.750.
Si no lo hacemos así, la RIC sería menor: RIC = 0,9 (300.000 - 90.000 - 75.000) = 121.500, y estaríamos perjudicando no solo al empresario, que tendría que pagar más impuestos, sino su capacidad de inversión en Canarias, puesto que el compromiso contraído a través de la RIC es inferior.
Para los que pudieran sentir curiosidad por los cálculos, la diferencia entre la dotación correcta: 141.750, y la incorrecta: 121.500, es 20.250, que se corresponde con el 90% de los 22.500 de los dividendos que no debemos tener en cuenta en el cálculo.

La proporción o prorrateo que hay que hacer con los dividendos cuando existen beneficios no susceptibles de la RIC es compartido por el TEARC, Sala Las Palmas, en **resolución 35/1204/03 de 28 de abril de 2006,** referida a la normativa anterior al 31-12-2006, que se interpreta de igual forma en la actualidad:

SEXTO: El cálculo de la dotación a la RIC debe efectuarse formulando un sistema de ecuaciones ya que el gasto contable que supone el Impuesto sobre Sociedades y el nivel de dotación a la Reserva para Inversiones en Canarias, están interrelacionados.

Por otra parte, al haber existido reparto de dividendos y dotaciones a la reserva legal con cargo al beneficio total de la sociedad, estos lógicamente se han distribuido y dotado contra el resultado que genera dotación a la RIC pero también con cargo a la parte de beneficio que deriva de los rendimientos financieros excluidos, debiendo efectuarse un prorrateo [TEARC 28 de abril de 2006].

23.6. El reparto de dividendos con cargo a reservas: un supuesto claro de disminución de los fondos propios

La disminución de los fondos propios a partir de 2003 tiene trascendencia en el cálculo de la dotación RIC. Hasta ese año, el art. 27 se refería a la disminución del conjunto de las reservas, no de los fondos propios, como magnitud que afectaba a la dotación. Si se disminuyen los fondos propios en el ejercicio en que se genera el beneficio que va a destinarse a la RIC o en el ejercicio en que se aprueba la dotación, la normativa vigente indica que las asignaciones a reservas se consideran disminuidas en el importe que se detrae de los fondos propios. El mismo texto figura en la RIB (D.A. 70ª, Cuatro 2).

Desde 2003 hasta la actualidad no han existido cambios normativos ni pronunciamientos judiciales notables al respecto. Apenas alguna aclaración por parte de la DGT en el sentido que anticipamos.

En el ámbito mercantil y contable, no toda disminución de reservas implica una disminución de fondos propios, pero una de las formas de disminuir los fondos propios es la utilización de reservas disponibles para repartir dividendos. En el primero de los casos podemos citar la disminución de reservas para ampliar el capital social o para compensar los resultados negativos obtenidos en ejercicios precedentes o en el actual. En ambas opciones, las reservas disminuyen, pero no los fondos propios:

Ejemplo 23.2

Una sociedad tiene un capital de 100, reservas de 200 y un resultado del ejercicio de 50, por lo que los fondos propios suman 350.
Si se amplía el capital social con 125 de reservas, la nueva situación de los fondos propios sería: capital 225, reservas 75 y resultado del ejercicio 50; por lo que los fondos propios siguen sumando 350. Las reservas han disminuido, pero los fondos propios siguen siendo los mismos.

Ejemplo 23.3

La sociedad tiene un capital de 100, reservas de 200, resultados negativos de ejercicios anteriores de - 80 y un resultado del ejercicio de 50. Los fondos propios son: 100+200-80+50 = 270.
Si se compensan los resultados negativos de 80 con reservas, las reservas disminuyen, pero no los fondos propios: capital 100, reservas 120, resultados negativos 0, resultado del ejercicio 50, por lo que los fondos propios siguen sumando 270.

La introducción, con efectos 1 de enero de 2003, en el último párrafo del art. 27.2 de la Ley 19/1994 del matiz de que las asignaciones a reservas se considerarán disminuidas en el importe que eventualmente se hubiese detraído de los fondos propios, ya en el ejercicio al que la reducción de la base imponible se refiere, ya en el que se adoptara el acuerdo de realizar las mencionadas asignaciones, ha supuesto evitar con éxito situaciones en las que no se estaba capitalizando la empresa, como la de acordar en junta de socios aplicar todo el beneficio del ejercicio a la dotación RIC para a continuación aprobar un reparto de dividendos con cargo a reservas; o disminuir el capital social con devolución de aportaciones a los socios. En ambos casos el beneficio del ejercicio no se distribuye —cumpliendo así la exigencia de la normativa RIC/RIB—, pero el acuerdo con cualquiera de las dos operaciones expuestas desvirtúa uno de los objetivos de la RIC/RIB: capitalizar las empresas. Por ello consideramos lógico que exista el precepto, que evite que puedan darse esas circunstancias, al margen de mi crítica al poco preciso acotamiento temporal del periodo en que no pueden disminuirse los fondos propios.

En la actualización de este Manual, solo he encontrado una referencia administrativa a la cuestión, señal de que es un asunto que supone poca conflictividad. Muchas empresas habrán errado en el cálculo de la dotación al no detraer la disminución de los fondos propios, pero han reconocido su error en la correspondiente comprobación administrativa.

La **DGT CV 3563-2013, de 11 de diciembre**, es categórica al respecto: la distribución de un dividendo, aunque sea con cargo a reservas de libre disposición generadas en años anteriores, afecta negativamente a la dotación. La razón no es otra que el reparto disminuye los fondos propios de la entidad:

Puesto que la entidad consultante ha distribuido dividendos en el ejercicio 2013, minorando el importe de sus fondos propios, estos dividendos minorarán el importe del beneficio obtenido que no sea objeto de distribución, a efectos del cálculo del límite del 90% establecido en el artículo 27 de la Ley 19/1994, y ello con independencia de que la distribución de dividendos se realice con cargo a reservas de libre disposición generadas en 1994.

23.7. Un matiz sobre el dividendo repartido con cargo a reservas de ejercicios prescritos

En el reparto de dividendos con cargo a reservas surgió cierta polémica en el pasado, pero desde 2003, como disminución de los fondos propios de la entidad que es, afecta negativamente a la dotación RIC, trátese de reservas de ejercicios prescritos o no. En consecuencia, el reparto de dividendos con cargo a cualquier reserva, y con independencia del año en que se generó, afecta negativamente al cálculo de la RIC/RIB, tanto en el año en el que se genera el beneficio como en el que se acuerda la dotación.

Aspecto diferente es que el dividendo que se pague a los socios se haya acordado en años anteriores con cargo a las reservas que existían en ese momento y no se contabilizase como tal. La disminución de los fondos propios ha de entenderse producida con anterioridad, en el ejercicio en que se acordó la distribución del dividendo, no en el año en el que se genera el beneficio susceptible de la RIC/RIB ni en el que se aprueba la dotación. La cuestión no da para mucho, pero se abordó por el TEAC en 2006, año en que la normativa vigente coincidía con la actual, razón de que comentemos la resolución. Se aborda la temática con el matiz de un reparto de dividendos en un ejercicio cuyo derecho a comprobación estaba ya prescrito y que se hizo efectivo en cantidades parciales año tras año. Es la **rcsolución TEAC n.º 844-04 de 16 de marzo de 2006,** en que el guion del contribuyente fue mostrar que el acuerdo del reparto del dividendo se tomó en un año prescrito, de forma que el cambio legal de 2003, con la disminución de los fondos propios en los ejercicios en los que se dotó la RIC, no le afectase. El TEAC entendió que no se probaba suficientemente esa circunstancia y desestimó la reclamación, dando a entender que si hubiese acreditado que el acuerdo se tomó con anterioridad a 2003 habría estimado sus pretensiones.

La desestimación de la reclamación por parte del TEAC fue analizada dos años después en la AN, dando lugar a la **SAN, Sección 7, de 22 de mayo de 2008**, que plantea varios asuntos, entre ellos, el efecto de la disminución de las reservas en el cálculo de la dotación. La sociedad disminuyó reservas en los ejercicios 1995 a 1998 que sirvieron para el pago de dividendos y para el pago de deudas con Hacienda. La Inspección entendió que dicha disminución debía restarse del beneficio para calcular la dotación, mientras que la empresa alegó que tales disminuciones se hicieron con las reservas de 1994. La AN ratificó el criterio administrativo porque no se probó adecuadamente que el acuerdo se tomara en un año prescrito:

> *CUARTO. (...) En otro orden y respecto de la disposición de reservas voluntarias por parte de la recurrente, hemos de manifestar que no se ha acreditado, de forma concluyente que el acuerdo de reparto de dividendos con cargo a reservas fuera adoptado en 1994, año que dicha recurrente considera prescrito. Por todo ello y dado que en su escrito de conclusiones la parte actora abandona cualquier manifestación sobre dichas reservas, procede desestimar también esta alegación* [FD Cuarto, SAN 22 de mayo de 2008].

De nuevo observamos en el fallo que si el contribuyente lo hubiera acreditado correctamente, la AN hubiese estimado sus pretensiones. La clave es probar que la disminución de los fondos propios se ha producido en un año que no es posible comprobar por haber prescrito ese derecho. Otra cuestión es cómo se salva la incorrecta contabilización del acuerdo, que tendría que haber generado un incremento del pasivo (socios acreedores por dividendos) con detrimento de los fondos propios. Mucho me temo que sea otra de las causas de la posible regularización, sin llegar a atender al fondo de la cuestión.

La **resolución TEAC de 3 de abril de 2008** aborda los efectos de la detracción de reservas voluntarias con la normativa aplicable hasta 31 de diciembre de 2002. En esa ocasión para compensar pérdidas de ejercicios anteriores, que debían restarse del beneficio del ejercicio para calcular la dotación RIC, puesto que la Ley, en su redacción anterior a 2003, se refería expresamente a la detracción del conjunto de las reservas, y no a la detracción de los fondos propios como en la legislación actual. El contribuyente intenta justificar su conducta con el hecho de que efectivamente los fondos propios no se afectan con la compensación de pérdidas con reservas, que se incrementan y disminuyen en el mismo importe, pero la literalidad del precepto en años anteriores a 2003 no admitía duda alguna. Antes se tenían en cuentas las reservas y ahora, con mayor apoyatura técnica, los fondos propios. Trascribimos el fundamento cuarto como ejemplo del cambio legal operado a partir de 1 de enero de 2003, para hacer hincapié en que con la normativa vigente hasta el 31 de diciembre de 2002 cualquier disminución de las reservas suponía una merma en el cálculo de la dotación y a partir de esa fecha solo existe la merma cuando se disminuyen los fondos propios:

> *CUARTO.– El segundo motivo por el que la Inspección ha minorado la base para la dotación de la reserva para inversiones en Canarias tiene su origen en la disposición de las reservas voluntarias registrada como consecuencia de disponer de parte de su saldo para amortizar pérdidas de ejercicios anteriores.*

El artículo 27 de la Ley 19/1994 permite la dotación del 90% de la parte del beneficio obtenido en el período que no sea objeto de distribución, considerando beneficios no distribuidos los destinados a nutrir reservas. Se trata con ello de que las empresas no repartan dividendos, sino que destinen el beneficio obtenido a efectuar inversiones que dinamicen la economía canaria, y para conseguir este objetivo el mismo artículo dispone la siguiente cautela: "Las asignaciones a reservas se considerarán disminuidas en el importe que eventualmente se hubiese detraído del conjunto de las mismas, ya en el ejercicio al que la reducción de la base imponible se refiere, ya en el que se adoptara el acuerdo de realizar las mencionadas asignaciones".

No obstante, alega la entidad que la disposición de las reservas voluntarias con destino a la absorción meramente contable de las pérdidas de ejercicios anteriores no supone una verdadera distribución de las mismas al tratarse de simple asiento contable que no afecta a la situación financiera de la entidad ya que en definitiva no modifica el valor de los fondos propios.

Al efecto debe señalarse que el texto aplicable en los ejercicios regularizados se refería expresamente "al conjunto de los mismas" (las reservas) a diferencia del texto aplicable a partir de 2003 por modificación introducida por Ley 53/2002 que resulta ser: "Las asignaciones a reservas se considerarán disminuidas en el importe que eventualmente se hubiese detraído de los fondos propios, ya en el ejercicio al que la reducción de la base imponible se refiere, ya en el que se adoptara el acuerdo de realizar las mencionadas asignaciones."

En definitiva, con la legislación aplicable al caso se habla de detracción de reservas y tras la reforma introducida por la Ley 53/2002 se habla de detracción de fondos propios, sin que ambos conceptos sean asimilables toda vez que las reservas se definen doctrinalmente como "los fondos propios distintos de los aportados por los propietarios a título de capital y distintos de los resultados del ejercicio pendientes de distribuir" en tanto que los fondos propios deben ser cuantificados, a tenor de lo dicho por la Resolución del ICAC de 20-12-1996 "incluyendo, con signo positivo, el capital suscrito, la prima de emisión, reservas por revalorización, otras reservas, los remanentes de ejercicios anteriores, las aportaciones de socios para compensación de pérdidas y el beneficio del ejercicio; y con signo negativo, los resultados negativos de ejercicios anteriores, las pérdidas del ejercicio, los dividendos a cuenta entregados y las acciones o participaciones propias adquiridas en ejecución de un acuerdo de reducción de capital".

En definitiva, lo realizado por reclamante mediante el asiento "50.510.418 (117) Reservas Voluntarias A Compens. Pérdidas Ej. Anter. 50.510.418"

Ha sido una detracción de reservas, por lo que aplicando la norma vigente a los ejercicios que nos ocupan, no cabrá sino confirmar la regularización practicada por la Inspección, aunque dicha detracción de reservas no haya supuesto una detracción de fondos propios [FD CUARTO, resolución TEAC 3 de abril 2008. La negrita es nuestra].

No encontramos más pronunciamientos al respecto, e insisto en que desde 2003, la disminución que afecta al cálculo de la dotación RIC es la de los fondos propios, no la de las reservas, motivo de que la resolución anterior no tenga ya trascendencia. Al coincidir la redacción de la RIB con la actual de la RIC, la disminución de los fondos propios afecta por igual a la RIC/RIB.

23.8. Ficha resumen sobre la incidencia en la RIC/RIB del reparto de dividendos con cargo al resultado del ejercicio y reservas disponibles

1.	El reparto de dividendos con cargo al resultado del ejercicio y el proveniente de reservas de libre disposición afectan negativamente al cálculo de la dotación RIC/RIB. La primera modalidad, por considerarse un beneficio distribuido y la segunda, por disminuir los fondos propios.
2.	La disminución de los fondos propios afecta tanto al ejercicio en que se generan los beneficios susceptibles de la dotación como al siguiente, en que se acuerda la dotación y se crea contablemente. En una interpretación literal es así, pero una interpretación lógica llevaría a acotar el efecto negativo hasta el momento en que se acuerda y crea la dotación.
3.	La Administración tributaria considera que determinados préstamos a socios sin devolución a la sociedad amparan situaciones de simulación, en que en realidad se ha repartido beneficios y, en consecuencia, afectan a la dotación RIC/RIB. Su criterio ha sido ratificado por los Tribunales de Justicia.
4.	Tiene incidencia negativa en la dotación la devolución de aportaciones realizadas por los socios, pues disminuyen los fondos propios. Así lo ha considerado el TEAC en una resolución de 2022 en que el contribuyente defendió sin éxito que se trataba de la devolución de un préstamo mal contabilizado.
5.	En el caso de que se reparta un dividendo con beneficios generados en Canarias/Baleares y en otros territorios, el dividendo a tener en cuenta como factor limitativo de la dotación no es el total repartido, sino el que corresponda proporcionalmente a beneficios obtenidos en Canarias/Baleares.
6.	Lo mismo ocurre con el reparto de dividendos cuando el resultado contiene tanto beneficios susceptibles de la RIC/RIB como no susceptibles (resultados financieros, por ejemplo). El dividendo a excluir en el cálculo de la dotación es el proporcional a los beneficios susceptibles, puesto que los otros han de ser excluidos previamente. Si no se hiciera así, se están duplicando las exclusiones (por una parte el beneficio no susceptible y por otra el dividendo repartido contra dicho beneficio).

7.	Más fácil es entender que el reparto de dividendos con cargo a reservas de ejercicios anteriores afecta negativamente a la dotación RIC/RIB, pues supone una disminución de los fondos propios.
8.	Tratándose de reservas de ejercicios fiscalmente prescritos, los Tribunales han desestimado la reclamación y la demanda interpuestas porque no se había acreditado correctamente que el reparto de dividendos procediera de reservas de un ejercicio prescrito. Es una cuestión discutible, en la que por ahora mi opinión es que afecta negativamente al cálculo de la RIC/RIB.
9.	En 2024, una CV de la DGT en relación con la RIB ha dicho que el reparto de dividendos con el resultado de 2022 afecta a la dotación RIB 2023, justo lo contrario que mantengo en este capítulo. Me parece un criterio sorprendente.

Capítulo 24

LA DISMINUCIÓN DE LOS FONDOS PROPIOS Y LA DOTACIÓN RIC/RIB

El último componente que analizamos para la correcta dotación RIC/RIB es la disminución de los fondos propios, que le afecta negativamente. Nos hemos referido al concepto en capítulos anteriores, pero dada su importancia conviene estudiarlo monográficamente para que el lector tome conciencia de este cajón de sastre o clave de cierre en las restricciones a la dotación. En la RIC afecta desde el 1 de enero de 2003, puesto que hasta ese momento la referencia en el texto legal era el nivel de las reservas, no los fondos propios; mientras que en la RIB se contempla desde su creación en 2022, con vigencia 1 de enero de 2023. Veinte años de diferencia en el marco legal, pero los mismos efectos de la disminución de fondos propios para ambas reservas en la actualidad.

24.1. Legislación vigente

– Ley 19/1994, REF

Art. 27.2. La reducción a que se refiere el apartado anterior se aplicará a las dotaciones que en cada período impositivo se hagan a la reserva para inversiones hasta el límite del noventa por ciento de la parte de beneficio obtenido en el mismo período que no sea objeto de distribución, en cuanto proceda de establecimientos situados en Canarias.

En ningún caso la aplicación de la reducción podrá determinar que la base imponible sea negativa.

A estos efectos, se considerarán beneficios procedentes de establecimientos en Canarias los derivados de actividades económicas, incluidos los procedentes de la transmisión de los elementos patrimoniales afectos a las mismas, así como los derivados de la transmisión de elementos patrimoniales no afectos a actividades económicas, en los términos que reglamentariamente se determinen.

A estos efectos se considerarán beneficios no distribuidos los destinados a nutrir las reservas, excluida la de carácter legal. No tendrá la consideración de beneficio no distribuido el que derive de la transmisión de elementos patrimoniales cuya adquisición hubiera determinado la materialización de la reserva para inversiones dotada con beneficios de periodos impositivos a partir de 1 de enero de 2007.

En caso de elementos patrimoniales que solo parcialmente se hubiesen destinado a la materialización de la reserva a partir de dicha fecha, se considerará beneficio no distribuido la parte proporcional del mismo que corresponda al valor de adquisición que no hubiera supuesto materialización de dicha reserva.

Las asignaciones a reservas se considerarán disminuidas en el importe que eventualmente se hubiese detraído de los fondos propios, ya en el ejercicio al que la reducción de la base imponible se refiere, ya en el que se adoptara el acuerdo de realizar las mencionadas asignaciones.

– Ley 31/2022, Régimen fiscal especial balear

– D. A. 70ª. Cuatro, 2. La reducción a que se refiere el número anterior se aplicará a las dotaciones que en cada período impositivo se hagan a la reserva para inversiones hasta el límite del 90 por ciento de la parte de beneficio obtenido en el mismo período que no sea objeto de distribución, en cuanto proceda de establecimientos situados en las Illes Balears.

En ningún caso la aplicación de la reducción podrá determinar que la base imponible sea negativa.

A estos efectos, se considerarán beneficios procedentes de establecimientos en las Illes Balears los derivados de actividades económicas, incluidos los procedentes de la transmisión de los elementos patrimoniales afectos a las mismas.

A estos efectos se considerarán beneficios no distribuidos los destinados a nutrir las reservas, excluida la de carácter legal. No tendrá la consideración de beneficio no distribuido el que derive de la transmisión de elementos patrimoniales cuya adquisición hubiera determinado la materialización de la reserva para inversiones regulada en este apartado, ni el que se derive de los valores representativos de la participación en el capital o fondos propios de otras entidades, así como la cesión a terceros de capitales propios.

Las asignaciones a reservas se considerarán disminuidas en el importe que eventualmente se hubiese detraído de los fondos propios, ya en el ejercicio al que la reducción de la base imponible se refiere, ya en el que se adoptara el acuerdo de realizar las mencionadas asignaciones.

– RD 710/2024, Reglamento Régimen fiscal especial balear

Artículo 22. Fondos propios.

1. Los eventuales movimientos contables entre las diversas partidas integrantes, de acuerdo con la normativa contable, de los fondos propios, a que hace referencia el último párrafo del número 2 del apartado cuatro de la disposición adicional septuagésima de la Ley 31/2022, de 23 de diciembre, no se considerará en ningún caso detracción de los fondos propios.

2. Sin perjuicio de lo anterior, las dotaciones a la reserva para inversiones en las Illes Balears se entenderán disminuidas en el importe que eventualmente se hubiese detraído de los fondos propios, incluidos los supuestos que traigan causa de la separación de socios o partícipes de la entidad, considerando las detracciones que puedan producirse no solo en el ejercicio al que la reducción de la base imponible se refiera, sino también, en su caso, las posibles detracciones adicionales de fondos propios respecto de dicho ejercicio que puedan producirse en el ejercicio en el que se adopte el acuerdo de realizar las mencionadas dotaciones.

La fórmula de cierre de los requisitos para dotar la RIC/RIB es exactamente igual en el REF y el Régimen fiscal especial balear, pues el legislador trascribió el mismo párrafo de 2003 de la RIC a la RIB de 2022. El reglamento REF nada añade al respecto, pero sí el Reglamento balear, que en el art. 22 hace las matizaciones necesarias para que se incorporen a la normativa la interpretación de los Tribunales de Justicia en relación con la RIC. Por un lado, que los movimientos contables que se efectúen entre cuentas de los fondos propios por imperativo de la norma contable no se consideran en ningún caso detracción de los fondos propios. Y por otro, que las devoluciones de capital a los socios y cualquier otra detracción de los fondos propios afecta negativamente a la dotación RIB del año en que se genera el beneficio y el posterior en que se dota contablemente la RIB. Nada nuevo respecto a lo que venimos aplicando en la RIC, pero sí previsto de forma más ordenada, al incorporarse al texto reglamentario. Una mejora más en la normativa RIB respecto a la RIC, en la que tuvimos que ir adecuándonos paulatinamente a la interpretación judicial.

Al partir ambas reservas de idéntico texto legal, pero con una mejora sustancial en el que reglamenta la RIB, que incorpora el criterio jurisprudencial sobre la disminución de los fondos propios, lógico es que la doctrina administrativa y las resoluciones judiciales en relación con la RIC tengan pleno amparo en la RIB, razón de que analicemos la materia en común.

La normativa RIC marca un antes y después en 2003, cuando la primigenia redacción se modificó para hacer referencia a los fondos propios en vez de al conjunto de las reservas. Se racionalizó así una cuestión que no tenía lógica alguna para dotar RIC, y se perfeccionó en el Régimen fiscal especial balear, concretamente en el Reglamento de 2024.

24.2. El efecto de la disminución de los fondos propios en el cálculo de la dotación RIC/RIB

Al cálculo de la dotación máxima de la RIC/RIB le afecta no solo el volumen de beneficios susceptibles de las reservas obtenido en el ejercicio, sino dos circunstancias más: la distribución del beneficio o resultado del ejercicio que se haga y la disminución que haya podido hacerse (o que se haga) de los fondos propios. Me referí a la primera circunstancia en los capítulos anteriores, al analizar cómo afecta a la dotación los dividendos a repartir, la compensación contable de pérdidas que quiera o deba efectuarse y la dotación de la reserva legal y de acciones propias; por lo que abordamos en este capítulo exclusivamente el efecto de la disminución de los fondos propios. Hay que tener en cuenta que el nivel de los fondos propios interviene decisivamente en el cálculo de la dotación RIC/RIB, de forma que si disminuye afecta de forma negativa a la dotación. Es el caso, por ejemplo, de un reparto de dividendos con cargo a reservas, o de una disminución de capital con reparto de bienes o efectivo a los socios, circunstancias en que del resultado no distribuido del ejercicio hay que restar la disminución de los fondos propios para calcular la dotación máxima RIC/RIB.

La disminución de los fondos propios que afecta a la dotación no es únicamente la que se produce en el ejercicio en que se genera el beneficio destinado a la dotación RIC/RIB, sino la que se efectúa en el ejercicio en que se acuerda formalmente la dotación, esto es, en el primer semestre del ejercicio siguiente. Si el beneficio se obtiene en 2024, cualquier disminución de fondos propios efectuada en 2024 o que se efectué en 2025 afecta negativamente al cálculo de la dotación, si bien precisamos ese segundo matiz.

Hay que tener en cuenta que la disminución que afecta al cálculo de la dotación es la de los fondos propios en su conjunto, no la de uno de sus componentes, como pudiera ser el capital social, las reservas o los resultados negativos de ejercicios anteriores. Así, una disminución del capital social para dotar una reserva específica o para compensar los resultados negativos de ejercicios anteriores no afecta al volumen de los fondos propios. Una disminución de capital de 100 se compensa con un aumento de reservas por 100 o con la desaparición de resultados negativos por -100. Lo mismo sucede cuando se capitalizan reservas: se disminuyen las reservas por 100, pero se incrementa el capital social en 100. El volumen de los fondos propios sigue siendo igual.

No obstante, cuando se disminuye el capital social para devolver parte de las aportaciones efectuadas a los socios, está disminuyéndose el volumen de los fondos propios. Lo mismo sucede con el reparto de dividendos con reservas de una sociedad: se disminuye el volumen de los fondos propios. Veamos varios ejemplos.

Ejemplo 24.1

Sociedad que obtiene un beneficio en 2024 antes de impuestos de 240.000 € y que ha de destinar a la reserva legal 10.000 € quiere repartir un dividendo de 25.000. Procedió a una disminución de capital de 40.000 con restitución de parte de las aportaciones efectuadas en su día por los socios.

La RIC/RIB máxima sin la disminución del capital sería:
RIC/RIB = 0,90 (240.000 - impuestos - 10.000 de la RL - 25.000 de los dividendos)
Pero como ha realizado una disminución de capital de 40.000 €, la dotación RIC es inferior, al tener que restar el decremento:
RIC/RIB = 0,90 (240.000 - impuestos - 10.000 de la RL - 25.000 de los dividendos - 40.000 de la disminución de los fondos propios).

Ejemplo 24.2

Con los mismos datos del ejemplo 24.1, la disminución de capital no se ha efectuado en 2024, pero va a realizarse en 2025 (año en que se toma el acuerdo formal de dotar RIC/RIB 2024).
Para el cálculo de la dotación RIC hay que restar igualmente los 40.000 €.

Ejemplo 24.3

Sociedad que obtiene un beneficio en 2024 antes de impuestos de 240.000 €, tiene que destinar a la reserva legal 10.000 € y quiere repartir un dividendo de 25.000. Procedió a disminuir el capital social en 40.000 para incrementar una determinada reserva estatutaria.
La RIC máxima sería:
RIC = 0,90 (240.000 - impuestos - 10.000 de la RL - 25.000 de los dividendos)
No hay que restar la disminución de capital de 40.000 € porque al incrementar las reservas no se disminuyen los fondos propios.

24.3. La evolución del factor limitativo de la dotación: de disminución de reservas a disminución de fondos propios

El factor limitativo de la disminución de los fondos propios figura en la normativa RIC desde 2003, puesto que la inicial se refería literalmente, hasta el 31 de diciembre de 2002, a la disminución del conjunto de las reservas, que son una parte de los fondos propios. La RIB parte en su creación en 2022 del concepto de disminución de los fondos propios.

Hasta el 31 de diciembre de 2002, la magnitud que influía en el cálculo de la dotación RIC era el conjunto de las reservas, aunque pronto se observó en la aplicación del incentivo que se producía un efecto reductor no deseado por el legislador en el cálculo de la dotación. Era lo que estaba ocurriendo en los primeros años de la RIC, por un lado, con los traspasos de reservas a capital y con la compensación de resultados negativos con reservas, que no implicaban reparto de dividendo alguno ni disminuían el patrimonio empresarial o su solvencia, pero rebajaban el importe de la dotación; y por otro, con las disminuciones de capital, que al no afectar negativamente a las reservas no alteraban, ilógicamente, la dotación. El caso más paradigmático era la disminución de capital con devolución de aportaciones a los socios o para condonar la obligación de realizar las aportaciones pendientes (solo en las sociedades anónimas).

El cambio normativo consistió en sustituir la expresión "conjunto de las mismas", refiriéndose a las reservas, por la de "fondos propios", que entendimos en su día como una aclaración del texto legal, por tanto, con efectos desde el inicio de la aplicación del incentivo, pero así no lo interpretaron los Tribunales económico-administrativos, que consideraron el cambio legal como una novedad aplicable a partir de 1 de enero de 2003 y no antes.

El origen del precepto, tanto con la expresión "disminución del conjunto de las mismas" como con la posterior de "disminución de fondos propios" tiene su lógica, al tratar de evitar que, por un lado, la sociedad destine sus beneficios a la RIC/RIB y por otro, reparta dividendos con cargo a reservas. La precaución que tomó el legislador no solo opera en el año en que se generan los beneficios que al año siguiente se destinan a la dotación RIC, sino también en el ejercicio siguiente, en el que se aprueba la aplicación del saldo de pérdidas y ganancias a la dotación RIC/RIB. Siempre nos pareció una observación correcta y apropiada, que además fomenta la autofinanciación empresarial, pero ha sido interpretada literalmente por la Administración tributaria, sin atender a la finalidad que el legislador pretendía conseguir con el precepto. Como botón de muestra señalo algunos de los restrictivos criterios relacionados con la antigua expresión "disminución de reservas" en consultas vinculantes de la DGT y resoluciones TEARC:

– Toda reducción de cualquier partida de reservas (excepto la legal) que disminuya el importe del conjunto de ellas equivale, a estos efectos, a una distribución del beneficio, alcanzando esa cautela al ejercicio cuya base imponible se redujo y al siguiente.

– La compensación de resultados negativos con reservas o la ampliación del capital social con cargo a reservas de libre disposición afectan negativamente al cálculo de la RIC, ya que ambos traspasos han de ser disminuidos del beneficio.

Desde que el cambio legal sustituyó la expresión "disminución del conjunto de las mismas", refiriéndose a las reservas, por la de "disminución de los fondos propios", se introdujo más cordura en el cálculo de la dotación. A partir de 1 de enero de 2003 hay que atender a los fondos propios de la entidad y no al conjunto de sus reservas. De forma que un traspaso de reservas a capital disminuye, efectivamente, el volumen de las reservas, pero no los fondos propios, motivo de que ya no afecte al cálculo de la RIC/RIB. Lo mismo ocurre con la compensación contable voluntaria de resultados negativos con reservas: el nivel de las reservas disminuye, pero no los fondos propios, razón de que tampoco afecte al cálculo de la dotación RIC/RIB. No ocurre lo mismo con la compensación obligatoria por la normativa mercantil de resultados negativos, que sí afecta a la dotación.

No obstante, el cambio normativo no fue la panacea para el contribuyente, pues se producían nuevas contingencias, como la disminución de capital con reparto a los socios. Antes de 31 de diciembre de 2002 no afectaba a la dotación RIC, pero sí después de 1 de enero de 2003, puesto que merma los fondos propios. Hay que tener en cuenta que en la disminución de capital que se realiza para compensar resultados negativos no hay decremento de los fondos propios, motivo de que no altere el cálculo de la dotación.

La modificación aplicada a partir de 1 de enero de 2003 es la que perdura hasta la actualidad en la RIC/RIB, razón de que la disminución de fondos propios siga afectando al cálculo de su dotación. Ha de disminuirse el beneficio no distribuido con el decremento de fondos propios que se haya realizado tanto en el ejercicio en que se genera el beneficio susceptible de la dotación como en el año que la junta acuerda formalmente la dotación. Si en el ejercicio 2024 se desea dotar la RIC/RIB, para el cálculo de la dotación ha de tenerse en cuenta tanto la disminución de fondos propios que se haya producido en 2024 como la eventual que pueda producirse en 2025. Matizaremos el acotamiento temporal de la restricción en el siguiente epígrafe.

24.4. Una cuestión aún no aclarada: ¿afecta la disminución de los fondos propios a todo el ejercicio en que se toma el acuerdo formal de la dotación o únicamente al período hasta la celebración de la junta?

Abordamos esta cuestión en 2012 en el *Manual de la RIC 2013-2017*, sin que haya observado resoluciones sobre el acotamiento temporal en el año en que se acuerda formalmente la dotación (el siguiente al que se genera el beneficio). La normativa indica que *las asignaciones a reservas se considerarán disminuidas en el importe que eventualmente se hubiese detraído de los fondos propios, ya en el ejercicio al que la reducción de la base imponible se refiere, ya en el que se adoptara el acuerdo de realizar las mencionadas asignaciones.* Con el mandato expreso del legislador parece claro que cualquier disminución de los fondos propios que se produzca en el ejercicio en que se genera el beneficio y en el siguiente, en que se dota contablemente, influye negativamente en el cálculo de la dotación. Si en el ejercicio 2024 se obtiene un beneficio antes de impuestos de 300.000 €, cualquier disminución de fondos propios efectuada en 2024 o que vaya a efectuarse en 2025 afecta de forma negativa al cálculo de la dotación 2024.

Si analizamos el precepto, sobre todo, si estudiamos sus efectos prácticos, vemos cómo el ámbito temporal de la afección no es tan nítido.

La dotación RIC 2024 se calcula en los primeros tres meses de 2025, en función del beneficio generado en el ejercicio, de las muchas restricciones normativas que existen y de la propuesta de aplicación de resultados que se lleve a la junta general de socios para su discusión y aprobación. Datando el proceso, en marzo 2025 calculamos la imposición sobre beneficios de 2024 con la posible dotación, cálculos que tienen su reflejo contable a 31 de diciembre de 2024 y con los que se efectúa a los socios la propuesta de aplicación del resultado del ejercicio con la dotación RIC/RIB. El 30 de junio de 2025 finaliza el plazo para celebrar la junta de socios y aprobación de la propuesta, dotándose formalmente la RIC/RIB tanto en el libro de actas como en el asiento contable de fecha 30 de junio de 2025. Posteriormente, la dotación RIC/RIB se plasma en el impreso del IS de 2024 a presentar antes o el 25 de julio de 2025.

Como se observa, el conocimiento de los hechos que afectan a la dotación se concreta y evalua en tres momentos distintos: en el cálculo de la imposición sobre beneficios, en la propuesta de aplicación de resultados que formulan los administradores, y en la junta general de socios que se celebra dentro del primer semestre. Si en ese tiempo no ha existido una disminución de los fondos propios, la que se efectúe posteriormente al 30 de junio de 2025 no puede afectar, en mi opinión, a la dotación RIC/RIB 2024. Sencillamente, porque se desconocía. Siendo sumamente estrictos, podríamos fijar la fecha máxima en la que influye la disminución de los fondos propios en la presentación del IS de 2024, pues si en el plazo del 30 de junio al 25 de julio de 2025 se hiciera, por los motivos que fuese, una disminución de fondos propios, aún se estaría, teóricamente, a tiempo de reformular las cuentas y presentar el IS con la dotación RIC/RIB corregida. Todo lo que ocurra después de la celebración de la junta (o en el caso más extremo, después de la presentación del IS) forma parte de la incertidumbre que generan los hechos futuribles.

No por ello ha de perjudicarse la Administración tributaria, puesto que si en el período posterior a la celebración de la junta de socios que aprobó la dotación RIC/RIB 2024 se produjera una disminución de fondos propios, esta afectaría a la dotación RIC/RIB, pero a nuestro entender, a la dotación 2025, no a la de 2024.

El acotamiento de períodos sobre los efectos de la disminución de los fondos propios que propugnamos no figura expresamente en el texto legal, pero estimo que es la forma en que racionalmente ha de interpretarse:

(i) La disminución de los fondos propios realizada en el período comprendido entre el 1 de enero de 202X+1 y la fecha de celebración de la junta que acuerda la dotación afecta a la dotación 202X (o para ser más prudentes, de la presentación de la declaración del IS).

(ii) La disminución de fondos propios efectuada después de la celebración de la junta (o de la presentación del IS) hasta el 31 de diciembre de 202X+1 afecta a la dotación 202X+1, no a la de 202X.

(iii) Y, por supuesto, la disminución de fondos propios efectuada en 202X afecta negativamente a la dotación 202X.

Con fechas concretas vemos mejor su efecto. Afecta negativamente a la dotación RIC/RIB 2024 tanto la disminución de fondos propios realizada en 2024 como la efectuada entre el 1 de enero y 30 de junio de 2025. Sin embargo, la disminución de fondos propios realizada desde el 1 de julio de 2025 hasta el 31 de diciembre de 2025 entiendo que afecta a la dotación RIC/RIB 2025, pero no a la de 2024. Por ser más precavidos, el plazo de afección puede ampliarse hasta la presentación del IS.

No conocemos resoluciones ni sentencias al respecto, pero al menos hemos manifestado nuestra opinión con el convencimiento de que racionaliza la interpretación del precepto.

24.4.1. ¿Cuándo se entiende realizada la disminución de los fondos propios?

Otra cuestión de interés en la materia es resolver en qué ejercicio se entiende realizada la disminución de los fondos propios en las operaciones de amortización de acciones y consecuente disminución del capital social.

La SAN de 1 de diciembre de 2011 señala que en las operaciones societarias en que la inscripción es constitutiva, como sucede en la amortización de acciones propias, ha de estarse a la inscripción registral o a la fecha de presentación en el R.M. si luego resulta satisfactoriamente inscrita la operación:

> *Quinto. (…) Procede señalar, en cuanto a la regularización de los ejercicios 1998-99 y 2002-03, acerca de los cuales algo sí se señala en la demanda, que la cuestión decisiva no radica, como pretende la actora, en determinar la fecha de eficacia de una inscripción registral, la de reducción de capital, pues esta misma Sala ha señalado repetidamente, a efectos fiscales, respecto de operaciones societarias en que la inscripción es constitutiva, como la expresada, que ha de estarse a la inscripción registral y, por efecto directo legal suyo, a la fecha de presentación en el Registro, si luego resulta satisfactoriamente inscrita la escritura en que la operación se documenta* [SAN 1 diciembre 2011].

Aplicando este criterio podría suceder que se amortiza parte del capital social y consecuentemente disminuyen los fondos propios en un ejercicio, pero no tiene efectos jurídicos y fiscales hasta que se presente la escritura en el Registro Mercantil. ¿Qué sucedería entonces con la presentación de las cuentas anuales y el cálculo de la dotación RIC cuando la operación se hace entre un año y otro? Mi opinión es que hay que reflejarla en las cuentas anuales del ejercicio 202X y tener en cuenta la disminución de los fondos propios a efectos de la dotación RIC/RIB 202X, aunque se presente la escritura en el año 202X+1 al R.M. Pero de no hacerse así puede argumentarse el criterio de la AN de la fecha de presentación o inscripción en el R. M.

24.5. Las ampliaciones y disminuciones de capital social

La detracción de reservas tenía consecuencias funestas hasta el 31 de diciembre de 2002 para el cálculo de la dotación RIC, mientras que las operaciones de capital un efecto neutro. Sin embargo, la lectura del párrafo del art. 27.2 vigente en la actualidad: *las asignaciones a reservas se considerarán disminuidas en el importe que eventualmente se hubiese detraído de los fondos propios, ya en el ejercicio al que la reducción de la base imponible se refiere, ya en el que se adoptara el acuerdo de realizar las mencionadas asignaciones,* cambió de forma sustancial los efectos de la disminución de capital con devolución de aportaciones a los socios, al decrecer los fondos propios. Fue un cambio al que pronto nos acostumbramos por ser aplicable desde 2003, pero que conviene tenerlo presente.

La disminución de capital y el reparto de la prima de emisión suponen un efecto negativo en el cálculo de la RIC/RIB, tanto en el año en que se dota como en el siguiente, por disminuirse el volumen de los fondos propios. Así lo manifestó la **consulta DGT n.º 2069-2004, de 20 de diciembre**, que analizaba con acierto la cuestión: la entidad consultante se vio obligada a disminuir el capital social y las reservas porque un socio optó por separarse de la sociedad. Dicha disminución afecta al cálculo de la dotación.

Con posterioridad, el TSJC se refirió al cambio legal con efecto de 1 de enero de 2003, siguiendo el estricto criterio de la Administración tributaria y considerándolo una innovación y no una aclaración legal. Así, el traspaso de reservas voluntarias al capital social se consideró en la **sentencia TSJC, Sala de SCT, n.º 100/2006 de 21 de marzo,** como un componente a restar de los beneficios del ejercicio a la hora de dotar RIC. La entidad alegó que la ampliación de capital con cargo a reservas voluntarias no contradecía la finalidad de la norma, al favorecer la autofinanciación, que la Administración hacía una interpretación literal y opuesta a la norma. No lo estimó así el TSJC, pero recordemos, con la normativa vigente hasta 31 de diciembre de 2002.

El criterio se repitió en la **sentencia TSJC, Sala de SCT, n.º 165/2006 de 14 de junio.**

La resolución TEAC de 3 de abril de 2008 estudió los efectos de la detracción de reservas voluntarias en la normativa vigente hasta el 31 de diciembre de 2002. En esa ocasión para compensar pérdidas de ejercicios anteriores, que debían restarse del beneficio del ejercicio para calcular la dotación RIC, pues la Ley se refería expresamente a la detracción del conjunto de las reservas, y no a la de los fondos propios como en la legislación vigente en la actualidad.

La Audiencia Nacional también se pronunció sobre estas cuestiones antes del cambio de 31 de diciembre de 2002. La **sentencia AN, Sección 7, de 22 de mayo de 2008,** analiza el efecto de la disminución de las reservas en el cálculo de la dotación. La sociedad disminuyó sus reservas en los ejercicios 1995 a 1998, que sirvieron para el pago de dividendos y para el pago de deudas con Hacienda. La Inspección entendió que las disminuciones debían restarse del beneficio para calcular la dotación, mientras que la empresa alegó que tales disminuciones se hicieron con las reservas de 1994. La AN ratificó el criterio administrativo porque se no probó adecuadamente que el acuerdo se tomara en un año prescrito. Fue una pena que la AN no entrase en el fondo del asunto, ¿qué hubiese pasado si la entidad acredita que efectivamente el reparto se hizo con reservas de ejercicios prescritos?, ¿no afectaría entonces al cálculo de la dotación?

24.6. La disminución efectiva de los fondos propios en el vigente PGC

En la disminución de los fondos propios y el cálculo de la dotación no existe novedad alguna en la normativa RIC vigente desde 1 de enero de 2003 hasta la actualidad. No obstante, existe un elemento distorsionador en este largo periodo, la publicación del PGC de 2007, que sustituyó al anterior de 1990 y que cambió el concepto de fondos propios.

El literal del art. 27.2 de la Ley 19/1994 REF señala que deberá detraerse de la base de cálculo de la RIC la disminución efectiva de los fondos propios, ya en el ejercicio al que la reducción de la base imponible se refiere, ya en el que se adoptara el acuerdo de realizar las mencionadas asignaciones. El propósito del precepto es el mantenimiento del valor residual perteneciente al capital-propiedad, pero hemos de tener en cuenta que los fondos propios en el PGC vigente es un concepto más restringido que el de patrimonio neto.

En el modelo normal de balance, el patrimonio neto se compone de tres subagrupaciones independientes, que integran los tradicionales fondos propios y otras partidas que, de acuerdo con los criterios del PGC, aparecen en los balances de las empresas, como las partidas que contengan los ajustes por valor razonable imputados directamente al patrimonio neto en espera de su realización en ejercicios futuros. Así mismo, el patrimonio neto incorpora las subvenciones de capital, donaciones y legados que, si bien se trata de ingresos realizados, las normas de valoración imponen su imputación plurianual en la cuenta de resultados, correlacionando el ingreso con la depreciación, enajenación o deterioro del correspondiente activo o, en su caso, la cancelación de un pasivo.

Se introduce, por tanto, un concepto de patrimonio neto con mucha más movilidad como consecuencia de la introducción de los ajustes de valor de instrumentos financieros y la incorporación de las subvenciones de capital. Pero, ¿afectan los nuevos conceptos de patrimonio neto y fondos propios a la cuantificación de la dotación de la RIC? Entendemos que sí y son varios los aspectos que interesa traer a colación y que analizamos en los próximos apartados.

24.6.1. Los gastos de constitución y ampliación de capital

Cualquier gasto que afecte a los instrumentos de patrimonio neto debe imputarse directamente al patrimonio neto, produciendo una disminución de los fondos propios. Por ello, los gastos de constitución y ampliación de capital se imputan directamente al patrimonio neto de la empresa sin pasar por la cuenta de pérdidas y ganancias. Se produce una disminución de los fondos propios que, en nuestra opinión, debe ser detraída de la base de cálculo de la RIC/RIB y considerarse como diferencia permanente negativa en la determinación de la base imponible en virtud del art. 11 TRLIS, que permite la deducibilidad fiscal de los gastos contabilizados en las cuentas de reservas por mandato legal.

Un sencillo ejemplo ayuda a entender mejor el razonamiento.

Ejemplo 24.4

Entidad con un resultado de 1.000.000 de euros amplía el capital con unos gastos de 100.000 euros. De acuerdo al PGC de 2007, dichos gastos implican una disminución de las reservas, por lo que el beneficio antes de impuesto se mantiene en 1.000.000 de euros. Veamos su repercusión en la RIC/RIB, asumiendo que la reserva legal se encuentra totalmente dotada (20% del capital social), un tipo impositivo del 25% y se pretende una dotación RIC/RIB de 700.000.

BAI: 1.000.000
DP (Gastos de ampliación): -100.000
IS = 0,25 (1.000.000 - 100.000 diferencia permanente - 700.000 RIC/RIB) = 50.000
RIC/RIB MÁXIMA = 0,9 x (BAI - DFP - ID)
RIC/RIB MÁXIMA = 0,9 x (1.000.000 - 100.000 - 50.000) = 765.000
BI = 200.000
IS = 200.000 x 0,25 = 50.000
Siendo,
BAI: Beneficio antes de impuestos
RIC/RIB: Reserva para inversiones en Canarias/Baleares
IS: Impuesto corriente
BI: Base imponible
DP: Diferencia permanente
DFP: Disminución de los fondos propios

Si con la vigencia del PGC de 2007 no se restase para hallar la base imponible del IS la disminución de los fondos propios derivada de los gastos de ampliación de capital, contabilizados como una menor reserva, la base imponible sería 300.000, resultante de restar al beneficio antes de impuestos, 1.000.000, la dotación RIC/RIB de 700.000, hecho que distorsiona el cálculo de la imposición sobre beneficios de conformidad a como se hacía con el PGC 1990. La única forma de homologar el cálculo de la dotación en los dos Planes generales es restar de los beneficios los gastos imputados al patrimonio neto, es decir, la disminución de fondos propios habida como consecuencia de dichos gastos, contabilizada con un cargo en las reservas. De esa forma, la dotación RIC/RIB máxima sería igual en ambos PGC, permitiendo la normativa tributaria el ajuste en la base imponible de la disminución de las reservas por los gastos.

24.6.2. Las operaciones con acciones o participaciones propias

El PGC 2007 modificó el tratamiento contable de las operaciones con acciones o participaciones propias. La variación que pueda producirse entre su precio de adquisición y el importe recibido como contraprestación en el momento de la venta se registrará directamente en cuentas de los fondos propios de la empresa, con la finalidad de mostrar el fondo económico de estas operaciones, que constituyen devoluciones o aportaciones al patrimonio neto de los socios o propietarios de la empresa. Desde una perspectiva fiscal, las variaciones de los fondos propios motivadas por las acciones propias no computan en la base imponible, porque su transmisión supone una simple variación del patrimonio neto de la entidad y no integra la base imponible. Sin embargo, consideramos que afectan a la cuantificación de la RIC/RIB: mientras el incremento de los fondos propios motivado por la enajenación de acciones no es apto para la dotación RIC/RIB, la reducción de los fondos propios requiere ser detraída de la base de cálculo de la reserva.

Los desembolsos pendientes de exigir sobre los instrumentos de patrimonio neto también figuran minorando la cifra de capital, si bien entendemos que esta ubicación en el balance no afecta a la dotación RIC/RIB.

La norma de valoración y registro 22ª del PGC señala que, con carácter general, un cambio de criterio contable o la subsanación de un error se deben imputar a una partida de reservas (reservas voluntarias), salvo que afectara a un gasto/ingreso que deba imputarse en los ejercicios previos directamente en otra partida del patrimonio neto (por ejemplo, los ajustes en instrumentos disponibles para la venta o subvenciones de capital). En la descripción de la cuenta de reservas voluntarias se advierte que el ajuste por el efecto acumulado al inicio del ejercicio de las variaciones de los elementos patrimoniales afectados por la aplicación retroactiva del nuevo criterio o la corrección del error, se debe imputar a reservas de libre disposición. Por tanto, un cambio de criterio contable o la subsanación de un error que conlleve una disminución de los fondos propios implican una reducción de la base de cálculo de la RIC/ RIB[130].

24.7. Atención a la devolución de aportaciones realizadas por los socios

En materia de dividendos y préstamos a los socios, que se consideran dividendos por la Administración tributaria, conviene tener en cuenta lo que puede ocurrir con la devolución de aportaciones realizadas en su momento por los socios, que a mi entender no tiene por qué afectar a la dotación. No lo creen así la Inspección tributaria ni los Tribunales económico-administrativos.

En la resolución **TEAC 00-00562-2021, de 22 de septiembre de 2022**, se desestima la pretensión del contribuyente de que la devolución de aportaciones efectuadas a los socios y contempladas "erróneamente" en la cuenta 118 afecte al cálculo de la dotación, pues se trataba de una deuda con los socios. El criterio del TEAC es que afecta, pues existe una disminución de los fondos propios y no se acredita el error que hubo al contabilizar como una aportación y no como un préstamo la entrega que hizo el socio a la entidad[131]. Muchas son las ocasiones en la práctica empresarial en que se contabilizan las necesarias aportaciones de los socios para paliar desfases de tesorería de la entidad o afrontar el pago de inversiones. No se aportan directamente al capital con la esperanza de que la sociedad pueda devolverlas cuanto antes. El día que al fin se devuelven, podemos encontrarnos con el criterio administrativo que explico. La opción de contabilizar la entrega de efectivo como un pasivo exigible no siempre es la más adecuada; pensemos en que los fondos propios sean negativos, se compensen pérdidas o que las entidades financieras exijan robustecer el patrimonio neto para seguir operando con la entidad. En estos casos se utiliza transitoriamente la cuenta de aportaciones socios (118, que engrosa el patrimonio neto), pero ya sabemos qué puede ocurrir en relación con la dotación cuando se cancelen las aportaciones con la devolución de su importe a los socios: que

---

130 Los apartados anteriores han sido extractados de Dorta Velázquez, A. y Miranda Calderín, S., 2011. "La dotación de la RIC a través de herramientas informáticas". *Hacienda canaria n.º 33.*

131 Al no disponer del texto de la resolución, he utilizado el comentario de Florido Caño (2023) en la *Hacienda Canaria n.º 59.*

afecten negativamente a la dotación del ejercicio al implicar una disminución de los fondos propios. Hay que tenerlo en cuenta a la hora de dotar la RIC/RIB y evitar sobresaltos futuros.

24.8. Ficha resumen de la disminución de los fondos propios y la dotación RIC/RIB

1.	La disminución de fondos propios en el ejercicio en que se obtiene el beneficio susceptible de la RIC/RIB y la que se efectúe en el ejercicio siguiente, esto es, en el que se acuerda formalmente la dotación, afectan negativamente al cálculo de la dotación.
2.	La disminución que afecta al cálculo de la dotación es la de los fondos propios en su conjunto, no en uno solo de los componentes de la expresión, como son el capital social, las reservas o los resultados negativos de ejercicios anteriores.
3.	La disminución de capital social para devolver parte de las aportaciones efectuadas a los socios y el reparto de dividendos con cargo a las reservas de una sociedad son dos ejemplos de disminuciones de fondos propios que afectan a la RIC/RIB.
4.	La normativa RIC a partir de 2003 hace referencia a la expresión "disminución de los fondos propios", modificando la anterior de disminución de reservas. La RIB parte en su creación en 2022 del concepto de disminución de los fondos propios.
5.	Aunque la normativa no lo aclara, entendemos que la disminución de los fondos propios en el ejercicio en que se acuerda formalmente la dotación que afecta a la RIC/RIB es la que se produce antes de la celebración de la junta general de socios. Después de esa fecha afectará también negativamente, pero a la dotación del siguiente ejercicio.
6.	Desde el punto de vista mercantil, para determinar el momento de la disminución de los fondos propios en el caso de disminución de capital social ha de estarse a la inscripción registral o a la fecha de presentación en el R.M. si luego resulta satisfactoriamente inscrita. Es el criterio que debe seguirse en el cálculo de la dotación según la AN.

7.	El reparto de dividendos con reservas de ejercicios prescritos no ha sido suficientemente aclarado por los Tribunales de Justicia, que condicionan las controversias surgidas a la acreditación de ese extremo. No obstante, mi opinión es que debe detraerse del resultado del ejercicio para el cálculo de la dotación.
8.	Con el PGC 2007 hay que tener en cuenta que los gastos que afecten a los instrumentos del patrimonio neto (gastos de constitución, de ampliación de capital, etc.) se imputan directamente a una cuenta de reservas y no de pérdidas y ganancias. Por ello producen una disminución de los fondos propios que ha de tenerse en cuenta en la dotación. La norma fiscal permite que dichos gastos se ajusten en la base imponible, disminuyéndola en su importe.
9.	El tratamiento contable de las operaciones con acciones o participaciones propias exige tener en cuenta que la diferencia entre el coste y el precio de venta de acciones se refleja en el patrimonio neto y no en el saldo de pérdidas y ganancias; y que lo mismo ocurre cuando la operación disminuye los fondos propios. El incremento que se produce no es apto para la dotación RIC/RIB, mientras que la reducción de los fondos propios disminuye la base de cálculo de la RIC/RIB.
10.	La contabilización de un cambio de criterio contable y la subsanación de un error que suponga una disminución de los fondos propios implican una reducción de la base de cálculo de la dotación.
11.	La devolución de préstamos realizados por los socios y contabilizados erróneamente como aportaciones de los socios está siendo considerada por la Administración tributaria como disminución de los fondos propios, calificación que afecta negativamente al cálculo de la dotación.
12.	El art. 22 del Reglamento del Régimen fiscal especial balear incorpora la doctrina administrativa ratificada por los Tribunales de Justicia en relación con la RIC y la disminución de fondos propios, lo que supone un avance técnico.

Capítulo 25

EL CÁLCULO DE LA DOTACIÓN RIC/ RIB EN ENTIDADES JURÍDICAS

Con la normativa RIC/RIB vigente en 2024, el cálculo de la dotación sigue dependiendo del beneficio contable y de muchas variables que afectan a su cuantía (el 90% del beneficio no distribuido) y a la calidad del beneficio susceptible de la dotación (principalmente que provenga de la actividad económica desarrollada en Canarias o Baleares). Además, su cálculo se ve condicionado por la aplicación del beneficio que se destine tanto al reparto de dividendos como a las reservas legales y a la compensación de resultados negativos; el correcto cálculo de la imposición sobre el beneficio; la disminución de los fondos propios; y por el hecho de que la base imponible no puede resultar negativa por la dotación RIC/RIB. A su vez, las limitaciones a tener en cuenta no pueden influir por partida doble en el importe de la dotación. Es el caso de la exclusión de beneficios que no procedan del desarrollo de actividad económica, la imposición correspondiente a dichos beneficios, los dividendos que se repartan con ellos y la parte obligatoria que ha de llevarse a la reserva legal. Si se excluyen los primeros de la dotación no pueden duplicarse las exclusiones con la parte que les corresponda a dividendos, reservas legales e impuesto sobre el beneficio. Factores que analizamos en este capítulo para las entidades jurídicas, partiendo del tipo general del impuesto del 25%, los tipos específicos aplicables a ciertas entidades y las tradicionales fórmulas que explicamos en obras anteriores.

25.1 Legislación vigente

– Art. 27 Ley 19/1994

1. Las entidades sujetas al Impuesto sobre Sociedades tendrán derecho a la reducción en la base imponible de las cantidades que, con relación a sus establecimientos situados en Canarias, destinen de sus beneficios a la reserva para inversiones de acuerdo con lo dispuesto en este artículo.

Las entidades que tengan por actividad principal la prestación de servicios financieros o la prestación de servicios a entidades que pertenezcan al mismo grupo de sociedades, en el sentido del apartado 3 del artículo 16 del texto refundido de la Ley del Impuesto sobre Sociedades, únicamente podrán disfrutar de la reducción prevista en el párrafo anterior cuando materialicen los importes destinados a la reserva en las inversiones previstas en las letras A, B y, en su caso, en las condiciones que puedan establecerse reglamentariamente, en el número 1.º de la letra D del apartado 4 de este artículo.

2. La reducción a que se refiere el apartado anterior se aplicará a las dotaciones que en cada período impositivo se hagan a la reserva para inversiones hasta el límite del 90 por 100 de la parte de beneficio obtenido en el mismo período que no sea objeto de distribución, en cuanto proceda de establecimientos situados en Canarias.

En ningún caso la aplicación de la reducción podrá determinar que la base imponible sea negativa.

A estos efectos, se considerarán beneficios procedentes de establecimientos en Canarias los derivados de actividades económicas, incluidos los procedentes de la transmisión de los elementos patrimoniales afectos a las mismas, así como los derivados de la transmisión de elementos patrimoniales no afectos a actividades económicas, en los términos que reglamentariamente se determinen.

A estos efectos se considerarán beneficios no distribuidos los destinados a nutrir las reservas, excluida la de carácter legal. No tendrá la consideración de beneficio no distribuido el que derive de la transmisión de elementos patrimoniales cuya adquisición hubiera determinado la materialización de la reserva para inversiones dotada con beneficios de periodos impositivos a partir de 1 de enero de 2007.

En caso de elementos patrimoniales que solo parcialmente se hubiesen destinado a la materialización de la reserva a partir de dicha fecha, se considerará beneficio no distribuido la parte proporcional del mismo que corresponda al valor de adquisición que no hubiera supuesto materialización de dicha reserva.

Las asignaciones a reservas se considerarán disminuidas en el importe que eventualmente se hubiese detraído de los fondos propios, ya en el ejercicio al que la reducción de la base imponible se refiere, ya en el que se adoptara el acuerdo de realizar las mencionadas asignaciones [redacción Ley 8/2018].

– RD 1758/2007 Reglamento REF

Artículo 5 Determinación del beneficio del establecimiento permanente situado en Canarias

1. Se considerarán beneficios procedentes de establecimientos permanentes situados en Canarias los derivados de las operaciones efectuadas con los medios personales y materiales afectos al mismo que cierren un ciclo mercantil que determine resultados económicos, así como los derivados de la transmisión de elementos patrimoniales no afectos a actividades económicas, siempre que, en este último caso, se trate de elementos del inmovilizado material, inversiones inmobiliarias o activos intangibles que hayan generado rentas al menos un año dentro de los tres anteriores a la fecha de transmisión.

2. No tendrá la consideración de beneficio no distribuido:

a) El destinado a nutrir las reservas de carácter legal.

b) El que derive de la transmisión de elementos patrimoniales cuya adquisición hubiera determinado la materialización de la reserva para inversiones en Canarias.

c) El que derive de los valores representativos de la participación en el capital o fondos propios de otras entidades, así como la cesión a terceros de capitales propios, excepto que se trate de entidades que presten servicios financieros.

– Ley 31/2022 Régimen fiscal especial balear

D. A. 70ª. Cuatro. Reserva para inversiones en las Illes Balears.

1. Los contribuyentes del Impuesto sobre Sociedades y del Impuesto sobre la Renta de no Residentes tendrán derecho a la reducción en la base imponible de las cantidades que, con relación a sus establecimientos situados en las Illes Balears, destinen de sus beneficios a la reserva para inversiones de acuerdo con lo dispuesto en este apartado.

2. La reducción a que se refiere el número anterior se aplicará a las dotaciones que en cada período impositivo se hagan a la reserva para inversiones hasta el límite del 90 por ciento de la parte de beneficio obtenido en el mismo período que no sea objeto de distribución, en cuanto proceda de establecimientos situados en las Illes Balears.

En ningún caso la aplicación de la reducción podrá determinar que la base imponible sea negativa.

A estos efectos, se considerarán beneficios procedentes de establecimientos en las Illes Balears los derivados de actividades económicas, incluidos los procedentes de la transmisión de los elementos patrimoniales afectos a las mismas.

A estos efectos se considerarán beneficios no distribuidos los destinados a nutrir las reservas, excluida la de carácter legal. No tendrá la consideración de beneficio no distribuido el que derive de la transmisión de elementos patrimoniales cuya adquisición hubiera determinado la materialización de la reserva para inversiones regulada en este apartado, ni el que se derive de los valores representativos de la participación en el capital o fondos propios de otras entidades, así como la cesión a terceros de capitales propios.

Las asignaciones a reservas se considerarán disminuidas en el importe que eventualmente se hubiese detraído de los fondos propios, ya en el ejercicio al que la reducción de la base imponible se refiere, ya en el que se adoptara el acuerdo de realizar las mencionadas asignaciones.

– Reglamento Régimen fiscal especial balear, RD 710/2024

Artículo 4. Beneficio atribuible a los establecimientos situados en las Illes Balears.

1. Se considerarán beneficios procedentes de los establecimientos situados en las Illes Balears a que se refieren los apartados 1 y 2 del artículo anterior los derivados de las operaciones efectuadas con los medios personales y materiales afectos al mismo que cierren un ciclo mercantil que determine resultados económicos.

2. No tendrá la consideración de beneficio no distribuido:

a) El destinado a nutrir las reservas de carácter legal.

b) El que derive de la transmisión de elementos patrimoniales cuya adquisición hubiera determinado la materialización de la reserva para inversiones en las Illes Balears.

No obstante, en los casos de transmisión de elementos patrimoniales que solo se hubiesen destinado parcialmente a la materialización de la reserva, se considerará beneficio no distribuido la parte proporcional de dicho beneficio que se corresponda con la parte del valor de adquisición del elemento patrimonial que no hubiera supuesto la materialización de la reserva.

c) El que derive de los valores representativos de la participación en el capital o fondos propios de otras entidades, así como la cesión a terceros de capitales propios.

3. Para la determinación del beneficio no distribuido y para la aplicación del límite porcentual del mismo susceptible de destinarse a la reserva para inversiones en las Illes Balears, a los que se refiere el número 2 del apartado cuatro de la disposición adicional septuagésima de la Ley 31/2022, de 23 de diciembre, se considerará el resultado contable.

– Ley 27/2014 LIS

Artículo 29 El tipo de gravamen

1. El tipo general de gravamen para los contribuyentes de este Impuesto será el 25 por ciento, excepto para las entidades cuyo importe neto de la cifra de negocios del período impositivo inmediato anterior sea inferior a 1 millón de euros que será el 23 por ciento.

A estos efectos, el importe neto de la cifra de negocios se determinará con arreglo a lo dispuesto en los apartados 2 y 3 del artículo 101 de esta ley.

No obstante, las entidades de nueva creación que realicen actividades económicas tributarán, en el primer período impositivo en que la base imponible resulte positiva y en el siguiente, al tipo del 15 por ciento, excepto si, de acuerdo con lo previsto en este artículo, deban tributar a un tipo inferior.

A estos efectos, no se entenderá iniciada una actividad económica:

***a)** Cuando la actividad económica hubiera sido realizada con carácter previo por otras personas o entidades vinculadas en el sentido del artículo 18 de esta ley y transmitida, por cualquier título jurídico, a la entidad de nueva creación.*

***b)** Cuando la actividad económica hubiera sido ejercida, durante el año anterior a la constitución de la entidad, por una persona física que ostente una participación, directa o indirecta, en el capital o en los fondos propios de la entidad de nueva creación superior al 50 por ciento.*

No tendrán la consideración de entidades de nueva creación aquellas que formen parte de un grupo en los términos establecidos en el artículo 42 del Código de Comercio, con independencia de la residencia y de la obligación de formular cuentas anuales consolidadas.

Los tipos de gravamen del 23 por ciento y del 15 por ciento previstos en este apartado no resultarán de aplicación a aquellas entidades que tengan la consideración de entidad patrimonial, en los términos establecidos en el apartado 2 del artículo 5 de esta ley.

(…)

6. Tributarán al tipo del 30 por ciento las entidades de crédito, así como las entidades que se dediquen a la exploración, investigación y explotación de yacimientos y almacenamientos subterráneos de hidrocarburos en los términos establecidos en la Ley 34/1998, de 7 de octubre, del sector de hidrocarburos.

Artículo 30 bis Tributación mínima

1. En el caso de contribuyentes cuyo importe neto de la cifra de negocios sea al menos de 20 millones de euros durante los 12 meses anteriores a la fecha en que se inicie el período impositivo o que tributen en el régimen de consolidación fiscal regulado en el Capítulo VI del Título VII de esta Ley, con independencia de su importe neto de la cifra de negocios, ***la cuota líquida no podrá ser inferior al resultado de aplicar el 15 por ciento a la base imponible, minorada o incrementada, en su caso y según corresponda, por las cantidades derivadas del artículo 105 de esta Ley y minorada en la Reserva por Inversiones regulada en el artículo 27 de la Ley 19/1994****, de 6 de julio, de modificación del Régimen Económico y Fiscal de Canarias. Dicha cuota tendrá el carácter de cuota líquida mínima.*

Lo dispuesto en el párrafo anterior no será de aplicación a los contribuyentes que tributen a los tipos de gravamen previstos en los apartados 3, 4 y 5 del artículo 29 de esta Ley ni a las entidades de la Ley 11/2009, de 26 de octubre, por la que se regulan las Sociedades Anónimas Cotizadas de Inversión en el Mercado Inmobiliario.

A los efectos de determinar la cuota líquida mínima a la que se refiere el primer párrafo de este apartado, el porcentaje señalado en el mismo será el 10 por ciento en las entidades de nueva creación que tributen al tipo del 15 por ciento según lo dispuesto en el apartado 1 del artículo 29 de esta Ley, y el 18 por ciento si se trata de entidades que tributen al tipo de gravamen previsto en el primer párrafo del apartado 6 del artículo 29 de esta Ley. (...) [redacción 1 enero 2022].

En la evolución legislativa destacamos, por un lado, que las normas que rigen el cálculo de la dotación RIC se incorporaron casi con generalidad al Régimen fiscal especial balear tanto en la Ley 31/2022 como en su posterior Reglamento de 2024. No las detallamos porque lo hicimos con exhaustividad en los capítulos precedentes. Y por otro, la evolución de los tipos de gravamen aplicados a las entidades jurídicas en el IS. Básicamente el tipo general del 25%, con la excepción del 23% para las empresas que hayan facturado menos de un millón de euros en el ejercicio anterior, el 15% para las empresas de nueva creación y el tipo del 30% de las sociedades financieras y de hidrocarburos. He omitido de la legislación y del posterior análisis tipos más específicos para determinadas entidades.

La combinación de la casuística propia de la dotación contempladas en el REF y en el Régimen fiscal especial balear con la imposición sobre el beneficio a los tipos antes señalados será la que nos proporcione el cálculo de la dotación.

25.2. Las sociedades a las que se aplica el tipo impositivo general del 25%

El tipo impositivo del 25% es el que se aplica con carácter general a las entidades jurídicas contribuyentes del IS. Como excepciones, también generales, existe el tipo del 23% para aquellas empresas cuyo volumen de negocios fuese inferior a 1.000.000 € el año anterior, y el 15% para aquellas sociedades de nueva creación que realicen actividades económicas en los dos primeros ejercicios en que la base imponible resulte positiva. Excepciones específicas son el tipo del 30% que se aplica a las entidades financieras y de explotación de hidrocarburos y el tipo reducido que disfrutan una serie de sociedades singulares (cooperativas protegidas, SOCIMIS, SICAVS, ZEC, etc.).

Antes de entrar en el cálculo de la dotación máxima para el tipo genérico del 25% he de reseñar que treinta años de experiencia en la aplicación de la reserva me han enseñado que no vale la pena ajustar la dotación al máximo empleando las fórmulas que desarrollo, pues cualquier variación a la hora de su comprobación administrativa dará al traste con la dotación efectuada y posiblemente minimice el cálculo efectuado. Por poner un ejemplo sencillo, pensemos en los gastos no deducibles, que si se consideran en una inspección superiores a los inicialmente previsto en la declaración del IS alterarían la imposición sobre el beneficio al alza y con ello la disminución del beneficio contable y la consiguiente dotación RIC/RIB efectuada. Por ello aconsejo dominar el cálculo de la dotación, pero no para ajustar la cifra al máximo, sino para comprobar que la cantidad que se decide dotar está por debajo del cálculo máximo posible. Siempre hay que dejar un margen de prudencia en el importe de la dotación.

Partiendo de esta importante premisa, para familiarizar al lector con el cálculo de la dotación iré introduciendo variables en las ecuaciones que permiten conocer la dotación máxima legal. La primera que contemplamos es la obligación legal de dotar la reserva legal con el 10% del beneficio contable o que esta haya alcanzado ya el 20% del capital social. Analizamos cada una de las dos posibilidades.

25.2.1. La dotación máxima cuando es obligatorio destinar un 10% del beneficio contable a la reserva legal

La legislación mercantil obliga a destinar el 10% del saldo de pérdidas y ganancias a la reserva legal, hasta que alcance el 20% del capital social. El sistema de ecuaciones que planteamos parte de esa obligación y aunque en la fórmula final resultante no aparezca la dotación a la reserva legal es porque la hemos sustituido por su igualdad en la tercera ecuación: la fórmula resultante siempre considera una dotación del 10% del beneficio contable.

Las ecuaciones básicas a plantear son tres:

RIC/RIB = 0, 9 (BAI + 0, 25 DT - I - RL - DIV - DFP - RN)

I = 0, 25 (BAI + DP - RIC) - Ded

RL = 0, 1 (BAI - I + 0, 25 DT)

Siendo,

RIC/RIB = dotación máxima de la reserva para inversiones en Canarias y de la reserva para inversiones en Baleares

BAI = beneficio antes de impuestos

I = Impuesto sobre el beneficio devengado (impuesto directo +/- impuesto diferido)

RL = dotación obligatoria a la reserva legal

DIV = dividendos

DFP = disminuciones de fondos propios en el ejercicio n o n + 1

RN = compensación contable de resultados negativos con el saldo de Pérdidas y Ganancias.

DP = diferencias permanentes (pueden ser positivas o negativas, normalmente gastos contables que no tienen carácter de gastos fiscalmente deducibles).

DT – diferencias temporarias (pueden ser deducibles: una amortización contable mayor que la fiscal o imponibles: una amortización fiscal mayor que la contable en la libertad de amortización o en la amortización acelerada). Veremos más adelante que las DT no afectan al cálculo de la dotación.

Ded = deducciones de la cuota. Las deducciones por inversiones en activos fijos, que son las que más se aplican en Canarias, tienen un límite máximo del 70% de la cuota del IS a pagar (no del devengado). Este límite, a partir de 2023, ya no es independiente del aplicable a las deducciones de otros ejercicios[132].

---

[132] Una STS de abril 2024 clarificó una serie de cuestiones en relación con la DIC que ha cambiado totalmente el escenario que se aplicaba. Ahora el momento en que se aplica la DIC es cuando entran en funcionamiento las inversiones (antes, cuando estaban a disposición). El límite anual de la deducción se incrementa del 50 al

El BAI y el I son los resultantes de la aplicación del PGC de 2007 y resoluciones ICAC que lo interpretan. Para hallar el impuesto sobre beneficios se parte de los conceptos de impuesto corriente (cuenta 6300) e impuesto diferido (6301), dando lugar la existencia de derechos de deducción que no se aplican en el ejercicio a impuestos diferidos (6301) que incrementan el saldo contable del beneficio:

H. derechos deducciones pendientes	a	(6301) Impuesto diferido

O lo disminuyen cuando se consumen a través del asiento contable correspondiente:

(6301) Impuesto diferido	a	H. derechos de deducción pendientes.

Igual ocurre con la generación del derecho a compensar bases imponibles negativas (que implica un impuesto diferido negativo que incrementa el resultado contable) o cuando se consume el crédito fiscal, que genera un mayor impuesto diferido que disminuye el resultado del ejercicio.

Además, las diferencias temporarias generan un mayor o menor impuesto diferido que afecta al resultado del ejercicio:

(4740) Activos por diferencias temporarias deducibles		
	a	(6301) Impuesto diferido
(6301) Impuesto diferido		
	a	(479) Pasivos por diferencias temporarias imponibles

Sin embargo, como comprobaremos en las soluciones de los ejercicios, el efecto final de las diferencias temporarias es nulo respecto al resultado del ejercicio y la RIC, ya que el importe que se incrementa en el impuesto corriente se disminuye en el impuesto diferido; y en el caso de ser diferencias temporarias negativas ocurre al revés: lo que se disminuye en el impuesto corriente se incrementa en el impuesto diferido.

Desarrollando el sistema de tres ecuaciones con tres incógnitas (RIC, IS y RL) obtenemos la fórmula de la dotación máxima de la RIC a partir de 2014:

70% de la cuota a pagar, pero ya no es independiente el límite del año en curso del límite aplicable a las deducciones generadas y pendiente de años anteriores. Cuestión controvertida, pero que así se recogió en el impreso de la declaración IS 2023, impugnado por la AEADF en octubre de 2024.

$$(1)\ RIC = \frac{0,6075\ BAI - 0,9\ (DIV + DFP + RN) - 0,2025\ DP + 0,81\ Ded}{0,7975}$$

(Con el tipo del 25% aplicable a los años **2014 y siguientes**, teniendo que dotar la reserva legal con el 10%)

Nota: a la hora de aplicar el saldo de Pérdidas y Ganancias hay que cumplir con los parámetros señalados en las fórmulas, esto es, destinar el 10% a la RL, la cantidad prevista a DIV y dotar la RIC con la cantidad resultante de la fórmula. El resto hay que destinarlo exclusivamente a reservas voluntarias. Si se alterase cualquiera de ellos, el cálculo anterior pierde significancia, siendo erróneo.

Ejemplo 25.1

Entidad mercantil que en 2024 generó un beneficio antes de impuesto de 800.000 €, que quiere repartir un dividendo de 150.000 € y que en ese ejercicio ha disminuido el capital con devolución de aportaciones a los socios por importe de 75.000 €. Existen liberalidades por 13.400 € y deducciones por inversiones del ejercicio por 3.500 €.

$$RIC = \frac{0,6075 \times 800.000 - 0,9 \times (150.000 + 75.000) - 0,2025 \times 13.400 + 0,81 \times 3.500}{0,7975}$$

RIC = 335.638,24

Cálculo del impuesto sobre beneficios

BAI	800.000,00
RIC	- 355.638,24
DP	+ 13.400,00
BI	457.761,76
X 0, 25	114.440,44
Ded	- 3.500,00
IS	110.940,44
BC	689.059,56

Asiento contable:

110.940,44 (6300) Impuesto corriente a (4752) HP I de S

Beneficio del ejercicio = 689.059,56 (800.000 - 110.940,44)

Comprobación de la RIC:

RIC = 0,9 (689.059,56 - 150.000 de DIV - 75.000 de DFP - 68.905,96 de RL) = 355.638,24 €.

Aplicación obligatoria del saldo de Pérdidas y Ganancias:

658.824,31 Pérdidas y Ganancias	a	Reserva Legal	68.905,96
		Dividendos	150.000,00
		RIC 2024	355.638,24
		Reserva Voluntaria	84.280,11

Ejemplo 25.2 con diferencias temporarias

Entidad mercantil que en 2024 obtuvo un beneficio antes de impuesto de 800.000 €, quiere repartir un dividendo de 150.000 € y en ese ejercicio ha disminuido el capital con devolución de aportaciones a los socios por importe de 75.000 €. Existen liberalidades por 13.400 €, una diferencia temporaria de 30.000 € y deducciones por inversiones del ejercicio por 3.500 €.

Cálculo del impuesto sobre beneficios

BAI	800.000,00	
RIC	- 355.638,24	
DP	+ 13.400,00	
DT	+ 30.000,00	
BI	487.761,76	
X 0, 25	121.940,44	
– Ded	-3.500	
	118.440,44	impuesto directo
	-7.500,00	impuesto diferido
IS	110.940,44	impuesto sobre beneficio
BC	689.059,56	

– Asientos contables:

7.500 (4740) Activos por diferencias temporarias deducibles	a	(6301) Impuesto diferido 7.500
118.440,44 (6300) Impuesto corriente	a	H. IS a pagar 118.440,44

Como se observa, la DT de 30.000 genera un mayor impuesto corriente de 7.500 que se compensa con el impuesto diferido de -7.500, por lo que el impuesto sobre el beneficio y el saldo del beneficio contable coinciden con los que resultarían de no existir DT. Las diferencias temporales no afectan al cálculo de la dotación.

25.2.2. La dotación máxima cuando no es obligatorio destinar un 10% del beneficio contable a la reserva legal, bien porque haya alcanzado 1/5 del capital social o falte una cantidad inferior al 10% del beneficio contable

Cuando la reserva legal deja de ser una incógnita porque ya ha alcanzado el 20% del capital social o queda para ello una cantidad inferior al 10% del beneficio contable del ejercicio, el cálculo de la dotación RIC/RIB máxima se simplifica bastante, pues eliminamos la tercera de las ecuaciones antes planteadas, quedándonos solo con dos:

– **Ecuaciones básicas:**

RIC/RIB = 0, 9 (BAI - I - RL - DIV - DFP - RN)

I = 0, 25 (BAI + DP- RIC) - Ded

– **Fórmula de la dotación máxima de la RIC:**

$$(2)\ RIC = \frac{0{,}675\ BAI - 0{,}9(RL + DIV + DFP + RN) - 0{,}225\ DP + 0{,}9\ Ded}{0{,}775}$$

(Con el tipo del 25% aplicable a los años 2014 y siguientes, sin tener que dotar la reserva legal con el 10%)

Nota: a la hora de aplicar el saldo de Pérdidas y Ganancias hay que cumplir con los parámetros señalados en las fórmulas, esto es, destinar la cantidad prevista a DIV, dotar la RIC con la cantidad resultante de la fórmula y compensar resultados negativos. Si hay que dotar la RL con alguna cantidad concreta que se introdujo en la fórmula no hay que olvidarse de hacerlo también en la aplicación de P. y G. El resto hay que destinarlo exclusivamente a reservas voluntarias.

Ejemplo 25.3, dejando de ser la reserva legal una incógnita:

Entidad mercantil que en 2024 ha obtenido un beneficio antes de impuesto de 800.000 €, que quiere repartir un dividendo de 150.000 € y que en ese ejercicio ha disminuido el capital con devolución de aportaciones a los socios por importe de 75.000 €. Existen liberalidades por 13.400 €, diferencias temporarias positivas por 30.000 € y deducciones por inversiones del ejercicio por 3.500 €. Se quiere, además, compensar contablemente un resultado negativo de 100.000 €. Para que la RL llegue al 20% del capital social solo faltan 5.000 €.

$$RIC = \frac{0,675 \times 800.000 - 0,9\,(5.000 + 150.000 + 75.000 + 100.000) - 0,225 \times 13.400 + 0,9 \times 3.500}{0,775}$$

RIC = 313.722,58

Cálculo del impuesto sobre beneficio

BAI	800.000,00	
RIC	-313.722,58	
DT	+30.000,00	
DP	+13.400,00	
BI	529.677,42	
x 0,25	132.419,35	
Ded	-3.500,00	
IS	128.919,35	impuesto directo
	-7.500,00	impuesto diferido DT
	121.419,35	impuesto sobre beneficios
BC	678.580,65	

Asientos contables:

128.919,35 (6300) Impuesto corriente	a	(4752) HP I de S
7.500,00 (4740) Activos por diferencias temporarias deducibles		
	a (6301)	Impuesto diferido

Beneficio del ejercicio = 678.580,65 = (800.000 - 128.919,35 + 7.500)

Comprobación: RIC = 0,9 (678.580,65 - 5000 de RL - 150.000 de DIV - 100.000 de RN - 75.000 de DFP) = 313.722,58

Aplicación obligatoria del saldo de Pérdidas y Ganancias:

678.580,65 Pérdidas y Ganancias	a	Reserva Legal	5.000,00
		Dividendos	150.000,00
		Resultados Neg.	100.000,00
		RIC 2024	313.722,58
		Reserva Voluntaria	109.858,07

En la resolución de este ejercicio hemos comprobado otra vez que el efecto de las diferencias temporarias positivas se anula respecto al beneficio del ejercicio, ya que por una parte incrementa el impuesto corriente, pero en la misma cuantía disminuye el impuesto diferido. El efecto, pues, es nulo en el beneficio del ejercicio y por tanto no afecta a la dotación de la RIC. Lo mismo ocurre cuando las diferencias temporarias son negativas: dan un lugar a un menor impuesto corriente, pero en la misma cantidad se incrementa el impuesto diferido.

Por esta razón, en los siguientes planteamientos prescindimos del tratamiento de las diferencias temporarias.

25.3. Las sociedades cuyo volumen de negocios no llega a 1 millón de euros tributan al 23%

Recordemos que el art. 29.1. de la LIS señala un tipo reducido del 23% para las entidades cuyo importe neto de la cifra de negocios del período impositivo inmediato anterior sea inferior a 1 millón de euros. El sistema de tres ecuaciones que hay que plantear para hallar la dotación máxima RIC/RIB es el mismo que expliqué en el epígrafe anterior. Para simplificar los cálculos y dado que se trata de pequeñas empresas, lo lógico es que la dotación obligatoria de la reserva legal deje de ser una incógnita (con un capital social pequeño, el 20% de la reserva legal es fácil cubrir desde el primer ejercicio), razón de que partamos del sistema de dos ecuaciones:

RIC/RIB = 0,9 (BAI - I - RL- DIV - DFP - RN)

I = 0,23 (BAI + DP - RIC) - Ded

$$(3)\ RIC = \frac{0{,}693\ BAI - 0{,}9(RL + DIV + DFP + RN) - 0{,}207\ DP + 0{,}9\ Ded}{0{,}793}$$

(Con el tipo del 23% aplicable a las empresas con facturación inferior a 1 M el año anterior, sin tener que dotar la reserva legal con el 10%).

Hay que tener en cuenta que para acogerse al tipo del 23% es necesario desarrollar actividad económica, por lo que no pueden tributar a este tipo las entidades patrimoniales.

Ejemplo 25.4. Tipo impositivo del 23%

Entidad que genera un beneficio antes de impuestos en 2024 de 200.000 € y que facturó 950.000 € en 2023 desea acogerse a la RIC/RIB máxima y repartir un dividendo de 45.000 €. Le faltan 2.000 € para que la reserva legal alcance el 20% del capital social. Tiene en su contabilidad gastos no deducibles por 10.000 € y ha generado una deducción de 2.500 € por inversiones en 2024.

$$RIC = \frac{0{,}693 \times 200.000 - 0{,}9\ (2000\ RL + 45.000\ DIV) - 0{,}207 \times 10.000 + 0{,}9 \times 2.500}{0{,}793} = 121.664{,}56\ €$$

Cálculo impuesto sobre beneficio

BAI	200.000,00
RIC 2024	-121.664,56
DP	+10.000,00
BI	88.335,44
X 0,23	20.317,15
Ded	-2.500,00
Impuesto	17.817,15
PYG	182.182,85

Comprobación RIC = 0,9 (182.182,85 - 2000 RL - 45.000 DIV) = 121.664,56

Aplicación obligatoria del saldo de Pérdidas y Ganancias:

182.182,85 Pérdidas y Ganancias	a	Reserva Legal	2.000,00
		Dividendos	45.000,00
		RIC 2024	121.664,56
		Reserva Voluntaria	13.518,29

25.4. Las sociedades de nueva creación a las que se aplica el tipo del 15% en los dos primeros años que generen beneficios

El primer consejo que doy a las entidades de nueva creación que pueden tributar en los dos primeros años en que generen beneficios al tipo del 15% es que no doten la RIC/RIB en ese periodo. La razón es sencilla, se comprometen a invertir lo que se ahorran en impuestos multiplicado casi por siete (100/15 =6,66), mientras que una entidad que tribute al 25% se le exige el esfuerzo de multiplicar por cuatro el ahorro fiscal. A pesar de ello, habrá casos en que la inversión sea necesaria hacerla, razón de que en Canarias aconseje acogerla a la deducción por inversiones (DIC) con un ahorro en cuota del 25% de la inversión con el límite del 70% de la cuota. El tipo del 15% del IS combinado con la deducción hace que la tributación sea realmente baja.

Hay que tener en cuenta que para acogerse al tipo del 15% es necesario desarrollar actividad económica, por lo que no pueden tributar a este tipo reducido las entidades patrimoniales.

Para el caso de que el lector tenga interés en dotar la RIC/RIB en estas entidades, partimos de las dos ecuaciones básicas no de las tres, considerando que la dotación obligatoria a la reserva legal no es una incógnita sino un parámetro que podemos calcular con antelación para que se convierta en el 20% del capital social:

RIC = 0,9 (BAI - I - RL- DIV - DFP - RN)

I = 0,15 (BAI + DP - RIC) - Ded

La fórmula resultante es:

$$(4)\ RIC = \frac{0{,}765\ BAI - 0{,}9(RL + DIV + DFP + RN) - 0{,}135\ DP + 0{,}9\ Ded}{0{,}865}$$

(Con el tipo del 15% aplicable a las empresas de nueva creación durante los dos primeros ejercicios en que obtengan beneficios, sin tener que dotar la reserva legal con el 10%).

Ejemplo 25.5. Empresa de nueva creación al tipo del 15%

Entidad de nueva creación que genera un beneficio en 2024 de 125.000 €, con un capital social de 6.000 €. Realizó pequeñas inversiones por importe de 5.000 €. Tiene gastos no deducibles por 7.000 €.

Para solventar que la reserva legal no sea una incógnita, dotándola con 1.200 € llega al 20% del capital social.

$$RIC = \frac{0{,}765 \times 125.000 - 0{,}9\ (1200\ RL) - 0{,}135 \times 7.000 + 0{,}9 \times 1.250}{0{,}865}$$

RIC MÁXIMA = 109.508,67

Cálculo impuesto sobre beneficio

BAI	125.000,00
RIC 2024	-109.508,67
DP	+7.000,00
BI	22.491,33
x 0,15	3.373,70
Ded	-1.250,00
IMP	2.123,70
PYG	122.876,30

Comprobación RIC = 0,9 (122.876,30 - 1.200 RL) = 109.508,67

Aplicación obligatoria del saldo de Pérdidas y Ganancias:

122.876,30 Pérdidas y Ganancias	a	Reserva Legal	1.200,00
		RIC 2024	109.508,67
		Reserva Voluntaria	12.167,63

25.5. El cálculo de la dotación cuando hay beneficios no susceptibles de la dotación RIC/RIB

En las fórmulas y ejemplos anteriores he partido de la base que todos los beneficios generados por la empresa son susceptibles de la dotación, pero en la práctica esa premisa es una utopía, pues siempre existe algún rendimiento excluido por la normativa RIC/RIB. Es el caso de los beneficios generados fuera del territorio canario/balear, los obtenidos al margen de actividad económica, las plusvalías generadas en la venta de activos no afectos a actividades económicas o los más prosaicos resultados financieros.

Si no queremos complicarnos excesivamente con el cálculo de la dotación sería suficiente que en las fórmulas anteriores sustituyésemos la expresión BAI por BAIRIC, siendo:

BAI = beneficio antes de impuesto

BAIRIC = beneficio antes de impuesto susceptible de la RIC/RIB

BE = beneficios excluidos por Ley de la dotación

Con lo que BAIRIC = BAI - BE

En ese caso, la dotación resultante de aplicar las fórmulas no podría exceder nunca del máximo legal permitido del 90% de los beneficios no distribuidos, pero también hay que ser conscientes de que la solución obtenida no sería la dotación máxima posible, ¿por qué? Porque el beneficio no susceptible de la RIC también genera su correspondiente impuesto sobre beneficios y puede destinarse en parte a dividendos o a la reserva legal. Si el impuesto, los dividendos y la reserva legal son excluidos para el cálculo de la RIC y, a su vez, excluimos previamente el beneficio no susceptible de la RIC/RIB del BAI qué duda cabe que estamos duplicando las exclusiones. Esta duplicidad de exclusiones es la que implica que el cálculo de la dotación resultante de las fórmulas no sea el cálculo máximo de la dotación.

En épocas de crisis y en muchas ocasiones no resulta necesario dotar la RIC/RIB con su máximo legal, por lo que podría pensar el lector que para qué va a complicarse con cálculos alternativos que eviten la duplicidad en las exclusiones. Y le doy la razón, pero ¿qué ocurre cuando es la Administración tributaria la que excluye en una comprobación un determinado rendimiento del cálculo de la dotación? En ese caso sí estaría interesado el empresario y sus asesores en minimizar los efectos de la regularización.

De todas formas, desde el punto de vista académico he de dar una solución al hecho de que si se excluye un determinado rendimiento de la dotación RIC/RIB hay que ponderar esa exclusión con su efecto impositivo y su repercusión en los dividendos y en la reserva legal, de manera que se suavicen los efectos de las exclusiones legales. Para ello abordamos soluciones parciales en los próximos apartados, no sin antes explicar el modelo teórico que desarrollo.

25.5.1. Metodología

Para explicar el modelo teórico aplicable y sus premisas, parto de un esquema gráfico que ayude a entender mejor los postulados. Lo haré con una liquidación del impuesto sobre sociedades que divido en tres columnas: la primera, para los beneficios susceptibles de la RIC/RIB y su consecuente liquidación con la dotación RIC/RIB; la segunda, para los beneficios no susceptibles de la RIC/RIB, y la tercera con la suma de las dos columnas anteriores:

	BENEFICIOS RIC/RIB	NO RIC /RIB	TOTAL
BAI	140.000,00	60.000,00	200.000,00
DP y DT	0	0	0
RIC/RIB	- 88.216,65		- 88.216,65
BI	51.783,35	60.000,00	111.783,35
X 0,25	12.945,84	15.000,00	27.945,84
PYG	127.054,16	45.000,00	172.054,16

En la primera columna figura el beneficio susceptible de la RIC/RIB, las diferencias permanentes o temporales que existan, la dotación máxima de la RIC/RIB que he supuesto y el impuesto corriente.

En la segunda columna consignamos el beneficio no susceptible de la RIC/RIB y su correspondiente impuesto corriente, ya que no puede beneficiarse del incentivo de la reserva para inversiones.

Y en la tercera columna sumamos los importes, reflejando el beneficio total sometido a gravamen, las diferencias permanentes y temporales, la dotación de la RIC/RIB, el impuesto corriente y el beneficio final después de impuestos.

Pues bien, para desarrollar el esquema de liquidación partimos de tres premisas:

– La primera, que el impuesto que hay que restar del beneficio para hallar la dotación máxima de la RIC/RIB no es el impuesto corriente total

(27.945,84 € de la tercera columna), sino el resultante de la liquidación de la primera columna (12.945,84 €) ¿Por qué? Porque para el cálculo de la RIC hay que excluir el beneficio no susceptible de la RIC de la segunda columna (60.000 €) y no podemos volver a excluir su imposición (15.000 €). Si lo hacemos así estamos duplicando las exclusiones. Es por ello que el impuesto que se resta del beneficio para el cálculo de la dotación es exclusivamente el impuesto del beneficio RIC (IRIC). No es el impuesto proporcional del beneficio susceptible de la dotación (27.945,84 x 140.000/200.000 = 19.562,09 €), sino el resultante de la liquidación con la dotación RIC (12.945,84 €).

– La segunda, que las aplicaciones obligatorias o voluntarias del beneficio a la reserva legal, dividendos[133] y compensación contable de resultados negativos, más las eventuales disminuciones de fondos propios que se produzcan, afectan al cálculo de la dotación solo en la parte proporcional que corresponda a los beneficios susceptibles de la RIC/RIB. Para simplificar los cálculos, la proporcionalidad la establezco sobre la base del beneficio antes de impuestos. En el esquema anterior, cuando se reparta un dividendo de 20.000 €, el dividendo a excluir para el cálculo de la dotación sería = 20.000 x 140.000/200.000 = 14.000 € (DIVRIC).

La decisión de establecer la proporcionalidad en base al beneficio antes de impuestos es criticable, pero la complicación en el cálculo de la RIC/RIB si la hacemos sobre la base del beneficio después de impuesto (resultante a su vez de la aplicación de la dotación) es alta. No debemos olvidar que la RIC/RIB se basan en la magnitud del BAI, por lo que también parece acertado que la proporcionalidad respecto a la reserva legal, dividendos y otros parámetros se establezca sobre la misma base.

– Y la tercera premisa, que las diferencias permanentes y diferencias temporales que afectan al cálculo de la imposición se consignan en principio en la primera columna, la de beneficios susceptibles de la RIC/RIB, que son los que nutren la dotación. Es el caso más genérico que se nos presenta, pero digo solamente "que en principio", ya que si una diferencia permanente o temporal es perfectamente identificable con el beneficio no RIC, la consignaríamos en la segunda columna. Es el de una gratificación que se abone por la consecución del beneficio excluido de 60.000 € del

133 Respecto a la proporcionalidad de los dividendos cuando existen beneficios no susceptibles de la RIC se ha pronunciado a favor el TEARC en resolución 35/1204/03 de 28 de abril de 2006. Respecto a los impuestos y la reserva legal hay resoluciones del TEARC y del TEAC con este criterio.

esquema anterior: habría que imputarla en la segunda columna y no en la primera. Hay que tener en cuenta que tanto las diferencias permanentes como temporales pueden ser positivas y negativas, motivo de que unas veces influyen, vía imposición sobre el beneficio, negativa o positivamente en la dotación.

Con este modelo desarrollamos las diferentes hipótesis que planteo.

25.5.2. La dotación cuando hay que excluir beneficios de la dotación RIC (ingresos financieros, rendimientos sin actividad económica, plusvalías de activos fijos no afectos, rendimientos obtenidos fuera de Canarias y Baleares, etc.)

Si por imperativo legal hay que excluir algún resultado del saldo de pérdidas y ganancias no solo se detrae su importe para el cálculo de la dotación RIC/RIB, sino también su efecto impositivo. Partimos de la base en este primer supuesto que no es obligatorio dotar la reserva legal ni se reparten dividendos.

No puede utilizarse fórmula alguna de las anteriormente explicadas, pero sí el sistema de ecuaciones que sirvió para obtenerlas, con las siguientes matizaciones:

a) Eliminamos del BAI el beneficio BE no susceptible de la RIC/RIB

b) Solo contemplamos el impuesto correspondiente al beneficio susceptible de la RIC (IRIC)

RIC = 0, 90 (BAI - BE - IRIC)

IRIC = 0, 25 (BAI - BE + DP - RIC) - Ded

Ejemplo 25.6. La dotación cuando hay que excluir rendimientos

Sociedad que obtiene unos beneficios en Canarias de 140.000 € y fuera del territorio canario de 60.000 € quiere dotar el máximo de la RIC, teniendo ya dotada la reserva legal.
El BAI es de 200.000 €, pero el beneficio susceptible de la dotación es de 140.000 €, ya que solo sirven los resultados obtenidos en territorio canario. El beneficio excluido por la normativa es 60.000 €.
El sistema de ecuaciones sería entonces:
RIC = 0,90 (200.000 - 60.000 - IRIC)
IRIC = 0,25 (200.000 - 60.000 - RIC)
Y la solución: RIC = 121.935,48

Para hallar el impuesto y facilitar la comprensión de lo explicado descomponemos la base imponible en tres columnas: en la primera ponemos los beneficios susceptibles de la RIC y el cálculo del impuesto; y en la segunda los beneficios no RIC y el cálculo del impuesto. La tercera es la suma de las anteriores.

	BFOS. RIC	NO RIC	TOTAL
BAI	140.000,00	60.000,00	200.000,00
RIC	-121.935,48		
BI	18.064,52	60.000,00	
X 0,25	4.516,13	15.000,00	19.516,13
B	135.483,87	45.000,00	180.483,87

Comprobación RIC

RIC = 0,90 (135.483,87) = 121.935,48

O lo que es lo mismo, RIC = 0,90 (180.483,87 - 45.000) = 121.935,48

En la segunda comprobación, partimos del beneficio contable total y detraemos el beneficio no susceptible de la RIC neto de impuestos (45.000).

Aplicación del saldo de Pérdidas y Ganancias

180.483,87 Pérdidas y Ganancias	a	RIC	121.935,48
		Reservas Voluntarias	58.548,39

25.5.3. La dotación cuando con parte de los beneficios excluidos se dota la reserva legal

Cuando existen beneficios que han de excluirse del saldo de pérdidas y ganancias para calcular la dotación RIC/RIB y es obligatorio destinar el 10% del beneficio a la reserva legal, hay que disminuir el beneficio con el importe del concepto excluido, pero hay que hacer igual en relación con el impuesto sobre beneficio (IRIC) y con la dotación a la reserva legal (RL-RIC), de forma que se evite duplicar las exclusiones.

No podemos utilizar ninguna de las fórmulas anteriores, pero sí el sistema clásico de ecuaciones, que nos permite hallar la dotación correcta:

RIC = 0, 9 (BAI - BE - IRIC - RLRIC)

IRIC = 0, 25 (BAI - BE + DP - RIC) - Ded

RLRIC = 0, 10 (BAI - BE - IRIC)

Ejemplo 25.7

Sociedad balear que genera unos beneficios de 300.000 € en 2024, en los que están incluidos los resultados extraordinarios obtenidos en la venta de un elemento no afecto a la actividad por importe de 80.000 €. La reserva legal no alcanza aún el 20% del capital social.
El beneficio susceptible de la dotación RIB es 300.000 - 80.000 = 220.000 €, ya que la plusvalía obtenida en la venta de elementos no afectos a la actividad económica no es válida para la RIB. No obstante, no debe excluirse todo el impuesto sobre el beneficio sino el correspondiente a los 220.000 €. Lo mismo sucede respecto a la reserva legal.
BE = 80.000
RIB = 0, 90 (300.000 - 80.000 - IRIB - RLRIB)
IRIB = 0, 25 (300.000 - 80.000 - RIB)
RLRIB = 0, 10 (300.000 - 80.000 - IRIB)
RIB = 167.586,21

	RIC	NO RIC	TOTAL
BAI	220.000,00	80.000,00	300.000,00
RIB	-167.586,21		
BI	52.413,79	80.000,00	
x 0,25	13.103,45	20.000,00	33.103,45
B	206.896,55	60.000,00	266.896,55

Comprobación
RIB = 0, 9 (206.896,55- 20.689, 65 RL) = 167.586,21
O lo que es lo mismo, RIB = 0, 9 (266.896,55 - 60.000 - 20.689,65 RL) = 167.586,21

Aplicación del saldo de Pérdidas y Ganancias

266.896,55 Pérdidas y Ganancias	a	RIC	167.586,21
		RL	26.689,65
		Reservas Voluntarias	72.620,69

Nótese que la aplicación del saldo de Pérdidas y Ganancias hay que hacerla por el total del beneficio contable generado, así como la dotación del 10% de la reserva legal.
Si efectuásemos la comprobación de la RIC solo con los datos de la aplicación del resultado estaríamos incurriendo en un error: RIC = 0,9 (266.896,55 - 80.000 del beneficio excluido - 26.689,65 de la RL) = 144.186,2, ya que estamos detrayendo del beneficio contable para el cálculo de la RIC el importe total del beneficio no susceptible más el impuesto sobre el beneficio y la dotación íntegra del 10% a la reserva legal. Es decir, estamos duplicando las exclusiones. Por ello hay que proceder como se ha explicado.

25.5.4. La dotación cuando con parte de los beneficios excluidos se dota la reserva legal y se reparten dividendos

En el momento de dotar la RIC/RIB nos encontramos en ocasiones con la obligación de excluir por imperativo legal alguno de los componentes del saldo de pérdidas y ganancias (ingresos financieros, rendimientos obtenidos al margen de la actividad económica, rendimientos generados fuera de los dos archipiélagos, etc.). Tal como vimos en los apartados anteriores hay que excluir solo la parte correspondiente a los beneficios susceptibles de la dotación que se destinan a la reserva legal, pero ¿qué ocurre si en ese ejercicio además se reparten dividendos? Que los dividendos hay que detraerlos del saldo de pérdidas y ganancias para el cálculo de la dotación, por lo que la parte proporcional de los dividendos que se repartan con el beneficio no susceptible de la dotación no puede excluirse de nuevo, es decir, no deben excluirse dos veces. Es por lo que hay que detraer del saldo de pérdidas y ganancias antes de impuestos el importe neto de impuestos, la dotación a la reserva legal y los dividendos provenientes del beneficio excluido.

El sistema de ecuaciones que planteamos es el siguiente:

RIC = 0, 9 (BAI - BE - IRIC - RLRIC - DIVRIC)

IRIC = 0, 25 (BAI - BE + DP - RIC) - Ded

RLRIC = 0, 1 (BAI - BE - IRIC)

DIVRIC = α (BAI - BE)

α = DIV/BAI

Siendo:

α el porcentaje de los beneficios totales antes de impuestos que se reparte en forma de dividendos (α = dividendos/beneficio total).

Ejemplo 25.8. Reserva legal y dividendos con beneficios no susceptibles RIC/RIB

Sociedad que obtiene unos beneficios en Canarias en 2024 de 140.000 € y fuera del territorio canario de 60.000 € quiere dotar el máximo de la RIC, sin tener previamente dotada la reserva legal, y repartir un dividendo de 20.000 €.

El beneficio susceptible de la dotación es 140.000 €, ya que solo sirven los resultados obtenidos en territorio canario. Hay que tener en cuenta que el impuesto que se ha de detraer del beneficio para el cálculo de la dotación no puede ser el impuesto total, sino el correspondiente a los 140.000 €, y que igual ocurre con la reserva legal y el dividendo, que no debemos excluir toda la dotación a la RL ni el dividendo de 20.000, sino solo la parte proporcional al beneficio susceptible de la dotación. Si no lo hacemos así, estamos excluyendo doblemente

de la RIC los beneficios obtenidos fuera de Canarias (60.000) y los dividendos repartidos con ese beneficio (6.000). Consideramos que el reparto es proporcional al beneficio total obtenido (20.000/ 200.000 = 10%). Igual con la dotación a la reserva legal.
α = 20.000/200.000 = 0,10
RIC = 0,9 (200.000 - 60.000 - IRIC - RLRIC - DIVRIC)
IRIC = 0,25 (200.000 - 60.000 - RIC)
RLRIC = 0,10 (200.000 - 60.000 - IRIC)
DIVRIC = 0,10 (200.000 - 60.000)
Resolviendo el sistema de ecuaciones obtenemos que:
RIC = 90.846,39

	RIC	NO RIC	TOTAL
BAI	140.000,00	60.000,00	200.000,00
RIC	- 90.846,39		- 90.846,39
BI	49.153,61	60.000,00	109.153,61
X 0,25	12.288,40	15.000,00	27.288,40
B	127.711,60	45.000,00	172.711,60

Comprobación

RIC = 0,9 (127.711,60 - 12.771,16 RL - 14.000 DIV) = 90.846,39
O lo que es igual, RIC = 0,9 (172.711,60 - 45.000 - 12.771,16 - 14.000) = 90.846,39

Aplicación del saldo de Pérdidas y Ganancias

172.711,60 Pérdidas y Ganancias	a	RIC	90.846,39
		RL	17.271,16
		Dividendos	20.000,00
		Reservas Voluntarias	44.594,05

Nótese que la aplicación del saldo de Pérdidas y Ganancias hay que hacerla por el total del beneficio contable generado, así como la dotación del 10% de la reserva legal y el reparto de dividendos acordado.
Si efectuásemos la comprobación de la RIC solo con los datos de la aplicación del saldo de pérdidas y ganancias estaríamos incurriendo en error:
RIC = 0,9 (172.711,60 - 60.000 BE - 20.000 DIV - 17.271,16RL) = 67.896,40, ya que estamos detrayendo del beneficio contable para el cálculo de la RIC el importe del beneficio no susceptible más el impuesto sobre el beneficio, el dividendo total repartido y la dotación íntegra del 10% a la reserva legal. Es decir, estamos duplicando las exclusiones. Por ello hay que proceder como expliqué en el ejemplo.

25.5.5. La dotación cuando con parte de los beneficios excluidos se dota la reserva legal, se reparten dividendos y se compensan contablemente resultados negativos

Sucede a menudo que en el mismo ejercicio en el que hay que excluir algún componente del resultado para el cálculo de la dotación se compensen contablemente resultados negativos de ejercicios anteriores. En ese caso hay que disminuir la compensación contable del resultado del ejercicio, pero sin duplicar las exclusiones, esto es, hay que restar del beneficio el resultado excluido por imperativo legal, pero "neteado" por el efecto del impuesto, del dividendo a repartir, la dotación obligatoria a la reserva legal y, ahora, la compensación proporcional de resultado negativos que se haga con su importe.

Para cambiar de tipo de empresas, elegimos ahora a una pequeña entidad financiera que realiza su actividad en Baleares y que tributa en el IS al 30%. El planteamiento es igual para la RIC en Canarias.

El sistema de ecuaciones que planteamos es:

RIB = 0, 9 (BAI - BE - IRIB - RLRIB - DIVRIB - RNRIB)

IRIB = 0, 3 (BAI - BE + DP - RIB) - Ded

RLRIB = 0, 1 (BAI - BE - IRIB)

DIVRIB = α (BAI - BE)

RNRIB = β (BAI - BE)

α = DIV/BAI

β = RN/BAI

Siendo:

α el porcentaje de los beneficios totales antes de impuestos que se reparte en forma de dividendos.

β el porcentaje de resultados negativos que se compensa contablemente con los beneficios totales obtenidos antes de impuestos.

Ejemplo 25.9. Entidad financiera balear con beneficios no susceptibles de la RIB, reserva legal, dividendos y compensación de resultados negativos

Sociedad de servicios financieros que obtiene unos beneficios en Baleares de 140.000 € y fuera del territorio balear de 60.000 € quiere dotar el máximo de la RIB, sin tener ya dotada la reserva legal, repartir un dividendo de 20.000 € y compensar contablemente resultados negativos por importe de 10.000 €. Tributa en el IS al tipo del 30%.

El beneficio susceptible de la dotación es 140.000 €, pues solo sirven los resultados obtenidos en territorio balear. Hay que tener en cuenta que el impuesto a detraer del beneficio para el cálculo de la dotación no es el impuesto total, sino el correspondiente a los 140.000 €. Igual ocurre con el dividendo, que no debe excluirse todo el dividendo de 20.000, sino únicamente la parte proporcional del beneficio susceptible de la dotación. Si no, estaríamos excluyendo doblemente de la RIB los beneficios obtenidos fuera de Baleares (60.000) y los dividendos repartidos con ese beneficio (6.000). Hemos considerado que el reparto es proporcional al beneficio total obtenido (20.000/ 200.000 = 10%). Lo mismo ocurre con la dotación a la reserva legal. Respecto a la compensación contable de resultados negativos, no debe excluirse los 10.000 € de la compensación, sino solo la parte correspondiente al beneficio susceptible de la RIB. Como la compensación contable de resultados negativos por 10.000 representa un 5% del total del beneficio obtenido (140.000 + 60.000) x 0,05 = 10.000, la cantidad a excluir por ese concepto en el cálculo de la dotación es solo el 5% de 140.000 = 7.000.

El coeficiente α correspondiente a los dividendos es = 20.000/200.000 = 0,10 y el coeficiente β correspondiente a la compensación contable de resultados negativos = 10.000/ 200.000 = 0,05.

α = 0,10

β = 0,05

RIB = 0,9 (200.000 - 60.000 - IRIB - RLRIB - DIVRIB - RNRIB)

IRIB = 0,3 (200.000 - 60.000 - RIB)

RLRIB = 0,10 (200.000 - 60.000 - IRIB)

DIVRIB = 0,10 (200.000 - 60.000)

RNRIB = 0,05 (200.000 - 60.000)

Resolviendo el sistema de ecuaciones obtenemos que:

RIB = 79.894,32

	RIC	NO RIC	TOTAL
BAI	140.000,00	60.000,00	200.000,00
RIC	- 79.894,32		- 79.894,32
BI	60.105,68	60.000,00	120.105,68
X 0,30	18.031,70	18.000,00	36.031,70
B	121.968,30	42.000,00	163.968,30

Comprobación

RIB = 0,9 (121.968,30 - 12.196,83 RLRIB - 14.000 DIVRIB - 7.000 RNRIB) = 79.894,32

o RIC = 0,9 (163.968,30 - 42.000 - 12.196,83 - 14.000 - 7.000) = 79.894,32

Aplicación del saldo de Pérdidas y Ganancias

163.968,30 Pérdidas y Ganancias	a	RIC	79.894,32
		RL	16.396,83
		Dividendos	20.000,00
		Resultados negativos	10.000,00
		Reservas Voluntarias	37.677,15

Nótese que la aplicación del saldo de Pérdidas y Ganancias hay que hacerla por el total del beneficio contable generado, así como la dotación del 10% de la reserva legal, el reparto total de dividendos acordado y la compensación total del resultado negativo aprobada.
Si efectuásemos la comprobación de la RIC solo con los datos de la aplicación del resultado estaríamos incurriendo en error:
RIC = 0, 9 (163.968, 30 - 60.000 BE - 20.000 DIV - 16.396,83 RL - 10.000 RN) = 51.814,32
Ya que estamos detrayendo del beneficio contable para el cálculo de la RIC el importe total del beneficio no susceptible más el impuesto sobre el beneficio total, el dividendo total repartido, la dotación íntegra del 10% a la reserva legal y la compensación del resultado negativo. Es decir, estamos duplicando las exclusiones. Por ello hay que proceder como expliqué en el ejemplo.

25.5.6. La dotación cuando con parte de los beneficios excluidos se dota la reserva legal, se reparten dividendos, se compensan contablemente resultados negativos y se disminuyen los fondos propios

El procedimiento que reiterativamente estoy desarrollando es también aplicable a las situaciones en que haya que excluir determinados beneficios del cálculo de la dotación y a su vez se disminuyan los fondos propios de la empresa. La disminución de fondos propios hay que restarla (ver capítulo 24) de los beneficios del ejercicio a la hora de calcular la dotación, pero teniendo en cuenta que el resultado a excluir ha de ser "neteado" por la imposición, dotación a la reserva legal, reparto de dividendos, compensación de resultados negativos y disminución de los fondos propios. Es decir, hay que prorratear la disminución de los fondos propios entre los rendimientos susceptible de la dotación RIC/RIB y los rendimientos excluidos, de forma que se evite duplicar las eliminaciones del cálculo de la dotación. Exactamente igual que hicimos con los impuestos, reserva legal, dividendos y compensación de resultados negativos:

Si a un beneficio total → le afecta una DFP de tanto

Al beneficio RIC/RIB → le afectará X

Para utilizar el último tipo de empresas que queda me baso en una sociedad de explotación de hidrocarburos en Canarias, que tributa en el IS al tipo del 30%.

El sistema de ecuaciones es el mismo anterior, añadiéndole una última restricción:

RIC = 0, 9 (BAI - BE - IRIC- RLRIC - DIVRIC - RNRIC - DFPRIC)

IRIC = 0, 3 (BAI - BE + DP - RIC) - Ded

RLRIC = 0, 1 (BAI - BE - IRIC)

DIVRIC = α (BAI - BE)

RNRIC = β (BAI - BE)

DFPRIC = γ (BAI - BE)

α = DIV/BAI

β = RN/BAI

γ = DFP/BAI

Siendo:

α el porcentaje de los beneficios totales antes de impuestos que se reparte en forma de dividendos.

β el porcentaje de resultados negativos que se compensa contablemente con los beneficios totales obtenidos antes de impuestos.

γ el porcentaje de la disminución de los fondos propios que afecta al beneficio total obtenido antes de impuestos.

Ejemplo 25.10

Sociedad de explotación de hidrocarburos que obtiene unos beneficios en Canarias de 140.000 € y fuera del territorio canario de 60.000 €, quiere dotar el máximo de la RIC, sin tener ya dotada la reserva legal, repartir un dividendo de 20.000 € y compensar contablemente resultados negativos por importe de 10.000 €. En el ejercicio se ha disminuido el capital social en 15.000 € con devolución de aportaciones a los socios.

El beneficio susceptible de la dotación es 140.000 €, pues solo sirven los resultados obtenidos en territorio canario. Hay que tener en cuenta que el impuesto que se debe detraer del beneficio para el cálculo de la dotación no es el impuesto total, sino el correspondiente a los 140.000 €. Igual ocurre con el dividendo, que no podemos excluir todo el dividendo de 20.000, sino únicamente la parte proporcional del beneficio susceptible de la dotación. Si no lo hacemos así, estaríamos excluyendo doblemente de la RIC los beneficios obtenidos fuera de Canarias (60.000) y los dividendos repartidos con ese beneficio (6.000). Hemos considerado que el reparto es proporcional al beneficio total obtenido (20.000/200.000 = 10%). Lo mismo ocurre con la dotación a la reserva legal. Respecto a la compensación contable de resultados negativos, no se excluye los 10.000 € de la compensación, sino la parte correspondiente al beneficio susceptible de la RIC. Como la compensación contable de resultados negativos por 10.000 representa un 5% del total del beneficio obtenido (140.000 + 60.000) x 0,05 = 10.000, la cantidad que debe excluirse por tal concepto en el cálculo de la dotación es solo el 5% de 140.000 = 7.000. Respecto a la disminución de fondos propios de 15.000 hay que razonar que la proporción respecto al beneficio total es 15.000/200.000 = 0,075; por lo que la disminución que afecta al resultado RIC es exclusivamente de 140.000 x 0,075 = 10.500.

El coeficiente α correspondiente a los dividendos sería 0,10, el coeficiente β correspondiente a la compensación contable de resultados negativos 0,05, y el coeficiente γ correspondiente a la disminución de fondos propios 0,075.

$\alpha = 0{,}10$

$\beta = 0{,}\ 05$

$\gamma = 0{,}075$

RIC = 0, 9 (200.000 - 60.000 - IRIC - RLRIC - DIVRIC- RNRIC - DFPRIC)

IRIC = 0, 3 (200.000 - 60.000 - RIC)

RLRIC = 0, 10 (200.000 - 60.000 - IRIC)

DIVRIC = 0, 10 (200.000 - 60.000)

RNRIC = 0,05 (200.000 - 60.000)

DFPRIC = 0,075 (200.000 - 60.000)

Resolviendo el sistema de ecuaciones obtenemos que RIC = 67.410,83.

	RIC	NO RIC	TOTAL
BAI	140.000,00	60.000,00	200.000,00
RIC	- 67.410,83		- 67.410,83
BI	72.589,17	60.000,00	132.589,17
X 0,30	21.776,75	18.000,00	39.776,75
B	118.223,25	42.000,00	160.223,25

Comprobación

RIC = 0, 9 (118.223, 25 - 11.822,33 RL - 14.000 DIV - 7.000 RN - 10.500 DFP) = 67.410.83

o RIC = 0,9 (160.223,25 - 42.000 - 11.822,33 - 14.000 - 7.000 - 10.500) = 67.410,83

Aplicación del saldo de Pérdidas y Ganancias

160.223,25 Pérdidas y Ganancias	a	RIC	67.410,83
		RL	16.022,33
		Dividendos	20.000,00
		Resultados negativos	10.000,00
		Reservas Voluntarias	46.790,09

Nótese que la aplicación del saldo de Pérdidas y Ganancias hay que hacerla por el total del beneficio contable generado, así como la dotación del 10% de la reserva legal, el reparto total de dividendos acordado y la compensación total del resultado negativo aprobada. La disminución de fondos propios lógicamente no afecta a la distribución del beneficio.

Si efectuamos la comprobación de la RIC solo con los datos de la aplicación de resultados y la disminución de fondos propios estaríamos incurriendo en error: RIC = 0, 9 (160.223, 25 - 60.000 BE - 20.000 DIV - 16.022,33 RL - 10.000 RN - 15.000 DFP) = 35.280,83.

El motivo del error es detraer del beneficio contable para el cálculo de la RIC el importe total del beneficio no susceptible más todo el impuesto sobre el beneficio, el dividendo total repartido, la dotación íntegra del 10% a la reserva legal, la compensación del resultado negativo y la disminución de fondos propios. Es decir, estamos duplicando las exclusiones. Por ello hay que proceder como se explica en el ejemplo.

25.5.7. Los ingresos financieros a excluir para el cálculo de la dotación

A la hora de calcular la dotación RIC/RIB sabemos por mandato legal que hay que excluir los ingresos financieros generados en el ejercicio, pero en la mayoría de las ocasiones sucede que para obtener esos ingresos financieros (sean dividendos o intereses) la empresa ha generado determinados gastos y ha incurrido a su vez en gastos financieros para financiar los activos financieros. No resulta razonable entonces excluir del beneficio solo los ingresos financieros, sino el resultado financiero de la operación, es decir, los ingresos financieros menos los gastos financieros y otros gastos vinculados directamente.

Lo mismo ocurre con las plusvalías generadas en la venta de activos financieros, que se consideran rendimientos no susceptibles de la dotación (excepto para entidades financieras).

No siempre es fácil vincular los gastos con los ingresos financieros, porque en los documentos firmados para obtener la financiación no es frecuente que se detalle o singularice el destino del préstamo o de la póliza de crédito, razón de que muchas veces hay que recurrir al análisis de la estructura patrimonial de la empresa para saber con qué recursos se están financiando determinadas inversiones. En el caso de que la empresa esté sometida a verificación contable es conveniente pedir a los auditores un informe en tal sentido, que ayudará en su momento a probar que determinados gastos financieros están directamente vinculados con los ingresos financieros.

El reconocimiento de que la magnitud a excluir del resultado a la hora de dotar la RIC/RIB es el rendimiento financiero, esto es, los ingresos financieros menos los gastos financieros y otros gastos, ambos vinculados a los ingresos, es ratificado por el TSJC, sujeto a la prueba que acredite convenientemente dicha vinculación.

Ejemplo 25.11. Ingresos financieros no susceptibles de la dotación

Sociedad que obtiene unos beneficios antes de impuestos de 620.000 € tiene entre los componentes del saldo de pérdidas y ganancias intereses generados por un préstamo entre empresas por importe de 40.000 €. Parte del importe del préstamo concedido ha sido obtenido a su vez con un préstamo bancario que ha devengado gastos financieros por 28.000 €.

La cantidad a excluir del beneficio (BE) no es 40.000, sino 40.000 - 28.000 = 12.000, puesto que la RIC/RIB se dota del resultado contable, no solo de los componentes positivos del saldo de pérdidas y ganancias. También detraemos de los 40.000 cualquier tipo de gasto devengado que tuviese relación directa con los intereses generados.

A la hora del cálculo de la RIC/RIB procederíamos acorde a los sistemas de ecuaciones planteados anteriormente para cada una de las circunstancias analizadas.

25.6. La dotación y la tributación mínima en la RIB

La nueva tributación mínima del 15% afecta, por un lado, a los grupos de empresas que facturan más de 750 millones de euros anuales y, por otro, a las entidades que hayan facturado al menos 20 millones de euros anuales en el ejercicio pasado, tal como señala el art. 30 bis de la LIS.

Haciendo exclusión de los grandes grupos de empresas, que deberán adaptar el cálculo de la dotación a la importante restricción de la tributación mínima del 15%, el art. 30 bis excluye expresamente de dicha tributación a las entidades que, con un volumen de facturación el ejercicio anterior de al menos 20 millones de euros, doten la RIC. Esto es, que la cuota tributaria resultante de aplicar en la base imponible la deducción por la dotación RIC puede ser inferior al 15%.

Entiendo que el mismo procedimiento se aplica a la RIB, a pesar de no figurar expresamente en el texto del art. 30 bis —obviamente porque cuando se redactó no se había creado la RIB—, razón de que en las fórmulas anteriores no haya atendido el requisito de la tributación mínima. Sin embargo, respecto a la RIB, la **DGT, CV 2003-2024, de 18 de septiembre,** parece llegar a la conclusión de que le afecta la tributación mínima. Y digo "parece" porque el motivo que da la DGT no guarda relación con el mecanismo de la dotación para reducir el beneficio contable para hallar la base imponible.

Conviene seguir de cerca cómo evoluciona este criterio en las próximas consultas vinculantes, porque de prosperar habría que añadir en las fórmulas anteriores la notable restricción que la cuota tributaria después de la dotación no sea inferior al 15% en las entidades baleares que facturen al menos 20 millones de euros en el ejercicio inmediato anterior.

25.7. Ficha resumen del cálculo de la dotación RIC/RIB en sociedades

1.	Para calcular la dotación máxima RIC/RIB hay que partir del resultado contable, que exige con carácter previo el cálculo de la imposición del beneficio a los diferentes tipos del IS: 25% general, 23% pymes, 15% empresas de nueva creación y 30% entidades financieras y de explotación de hidrocarburos.
2.	No recomiendo aplicar la dotación RIC/RIB máxima que sale de las fórmulas, puesto que cualquier alteración de los datos introducidos que se produzca en una comprobación administrativa daría al traste con la dotación efectuada. Ejemplo de ello es un mayor volumen de gastos fiscalmente deducibles sobre el previsto inicialmente, que rebaja el importe de la dotación.
3.	La formulación es válida tanto para la RIC como para la RIB.
4.	Mayor complejidad se produce cuando hay componentes del resultado contable que se consideran no susceptibles de la dotación, que hay que excluirlos en su cálculo. Pero evitando que se produzcan duplicidades en las exclusiones. Es el caso del beneficio no generado en ambos archipiélagos o de los ingresos financieros, que no pueden llevarse a la dotación, pero sí repartir con ellos dividendos, dotar la reserva legal, compensar resultados negativos, etc. Si se excluyen esos resultados y a su vez se excluyen los dividendos, reserva legal, resultados negativos, qué duda cabe que se están duplicando las exclusiones. En el modelo teórico y en los ejemplos aconsejo cómo evitarlas.
5.	En las fórmulas anteriores no he contemplado la restricción del tipo del 15% de la tributación mínima, aplicable a los grandes grupos de empresas que facturen más de 750 millones de euros y a las entidades con un volumen de facturación de al menos 20 millones. A la dotación RIC no le afecta la tributación mínima de estas segundas entidades, pero la DGT ha dicho que sí a la RIB en una confusa consulta de septiembre de 2024.

Capítulo 26

EL CÁLCULO DE LA DOTACIÓN RIC/RIB EN EMPRESARIOS INDIVIDUALES Y PROFESIONALES

En capítulos anteriores expliqué que las dotaciones RIC/RIB en sociedades operan como una deducción del beneficio contable para hallar la base imponible. No ocurre igual en el IRPF, en el que la dotación RIC/RIB efectuada por empresarios individuales y profesionales genera una deducción en la cuota tributaria, no en la base imponible. Sujeta la deducción a una serie menor de requisitos y complejidades respecto a las entidades, pero que examino con detalle a la vez que desarrollo la casuística práctica con varios ejemplos en este capítulo.

26.1. Legislación vigente

– Ley 19/1994 REF

Art. 27. 15. Los contribuyentes del Impuesto sobre la Renta de las Personas Físicas que determinen sus rendimientos netos mediante el método de estimación directa tendrán derecho a una deducción en la cuota íntegra por los rendimientos netos de explotación que se destinen a la reserva para inversiones, siempre y cuando éstos provengan de actividades económicas realizadas mediante establecimientos situados en Canarias.

La deducción se calculará aplicando el tipo medio de gravamen a las dotaciones anuales a la reserva y tendrá como límite el ochenta por ciento de la parte de la cuota íntegra que proporcionalmente corresponda a la cuantía de los rendimientos netos de explotación que provengan de establecimientos situados en Canarias.

Este beneficio fiscal se aplicará de acuerdo con lo dispuesto en los apartados 3 a 14 de este artículo, en los mismos términos que los exigidos a las sociedades y demás entidades jurídicas.

– Reglamento REF, RD 158/2007

Art. 1.2. Los incentivos fiscales del artículo 27 de la Ley 19/1994, de 6 de julio, serán de aplicación respecto de las rentas obtenidas mediante establecimiento permanente situado en las Islas Canarias por las entidades a que se refiere el apartado anterior y por las personas físicas, contribuyentes del Impuesto sobre la Renta de las Personas Físicas, con domicilio fiscal en Canarias así como por quienes no lo tienen, cuando en ambos casos desarrollen allí actividades económicas mediante establecimiento permanente.

3. Las personas físicas no residentes en territorio español de acuerdo con lo dispuesto en el artículo 9 de la Ley 35/2006, de 28 de noviembre, del Impuesto sobre la Renta de las Personas Físicas y de modificación parcial de las leyes de los Impuestos sobre Sociedades, sobre la Renta de no Residentes y sobre el Patrimonio, podrán disfrutar de la reserva para inversiones en Canarias cuando operen en dicho territorio mediante establecimiento permanente, a través la correspondiente reducción en la base imponible por el Impuesto sobre la Renta de no Residentes, en los términos y condiciones previstos en el artículo 27 de la Ley 19/1994, de 6 de julio.

Artículo 3 Aplicación de la reserva para inversiones por los contribuyentes del Impuesto sobre la Renta de las Personas Físicas

Sin perjuicio del cumplimiento de los requisitos exigidos respecto de los sujetos pasivos del Impuesto sobre Sociedades, los contribuyentes del Impuesto sobre la Renta de las Personas Físicas podrán disfrutar de la reserva para inversiones en Canarias siempre que:

a) Desarrollen actividades económicas, según se definen en el artículo 27 de la Ley 35/2006, de 28 de noviembre.

b) Determinen sus rendimientos netos mediante el método de estimación directa, en cualquiera de sus modalidades.

c) Lleven contabilidad en la forma exigida por el Código de Comercio y su normativa de desarrollo desde el ejercicio en que se han obtenido los beneficios que se destinan a dotar la reserva para inversiones en Canarias hasta aquel en que deban permanecer en funcionamiento los bienes objeto de la materialización de la inversión.

– Ley 31/2022 Régimen fiscal especial balear

D.A. 70ª. Cuatro, 13. *Los contribuyentes del Impuesto sobre la Renta de las Personas Físicas que determinen sus rendimientos netos mediante el método de estimación directa, tendrán derecho a una deducción en la cuota íntegra por los rendimientos netos de explotación que se destinen a la reserva para inversiones, siempre y cuando estos provengan de actividades económicas realizadas mediante establecimientos situados en las Illes Balears.*

Para poder disfrutar de la reserva para inversiones en las Illes Balears, las personas físicas deberán llevar la contabilidad en la forma exigida por el Código de Comercio y su normativa de desarrollo desde el ejercicio en que se han obtenido los beneficios que se destinan a dotar la reserva para inversiones en las Illes Balears hasta aquel en que deban permanecer en funcionamiento los bienes objeto de la materialización de la inversión.

La deducción se calculará aplicando el tipo medio de gravamen a las dotaciones anuales a la reserva y tendrá como límite el 80 por ciento de la parte de la cuota íntegra que proporcionalmente corresponda a la cuantía de los rendimientos netos de explotación que provengan de establecimientos situados en las Illes Balears, siempre que no se superen los límites establecidos en el Ordenamiento comunitario que, en cada caso, resulten de aplicación.

Este beneficio fiscal se aplicará de acuerdo con lo dispuesto en los números 3 a 12 de este apartado, en los mismos términos que los exigidos a las sociedades y demás entidades jurídicas.

– Reglamento Régimen fiscal especial balear, RD 710/2024

Art. 2.3. Sin perjuicio del cumplimiento de los requisitos exigidos respecto de los contribuyentes del Impuesto sobre Sociedades, los contribuyentes del Impuesto sobre la Renta de las Personas Físicas podrán disfrutar de la reserva para inversiones en las Illes Balears siempre que:

a) Desarrollen actividades económicas, de carácter empresarial o profesional, según se definen en el artículo 27 de la Ley 35/2006, de 28 de noviembre, del Impuesto sobre la Renta de las Personas Físicas y de modificación parcial de las leyes de los Impuestos sobre Sociedades, sobre la Renta de no Residentes y sobre el Patrimonio.

b) Determinen sus rendimientos netos mediante el método de estimación directa, en cualquiera de sus modalidades.

c) Lleven contabilidad en la forma exigida por el Código de Comercio y su normativa de desarrollo desde el ejercicio en que se han obtenido los beneficios que se destinan a dotar la reserva para inversiones en las Illes Balears hasta aquel en que deban permanecer en funcionamiento los bienes objeto de la materialización de la inversión.

Art. 4.4. En el caso de contribuyentes del Impuesto sobre la Renta de las Personas Físicas, para la determinación del rendimiento neto de explotación proveniente de establecimientos situados en las Illes Balears y para la aplicación del límite porcentual del mismo susceptible de ser destinado a la reserva para inversiones en las Illes Balears, a los que se refiere el número 13 del apartado cuatro de la disposición adicional septuagésima de la Ley 31/2022, de 23 de diciembre, se considerarán las normas previstas en la legislación de dicho Impuesto para el cálculo del rendimiento neto del conjunto de actividades económicas del contribuyente que se desarrollen en dichos establecimientos.

En la legislación vigente hay que tener en cuenta que, en el ámbito del IRPF de residentes, la RIC/RIB opera como una deducción en la cuota, con el límite máximo del 80% de los beneficios obtenidos en el desarrollo de la actividad económica en los respectivos archipiélagos. Como la cuota en renta de personas físicas es progresiva hay que hallar el tipo medio de gravamen resultante en la declaración en la que se quiere dotar la RIC. Este tipo es el que se aplica al 80% de los rendimientos de la actividad económica para calcular la deducción máxima:

Dotación máxima RIC/RIB = 0,80 resultado económico generado en el archipiélago Deducción máxima RIC = 0,80 resultado económico x tipo medio de gravamen resultante

Sin embargo, los no residentes que tributen en España mediante establecimiento permanente, que también podrán dotar RIC/RIB, generan una deducción del beneficio contable para hallar la base imponible, tal como sucede en el IS para las entidades jurídicas.

26.2. La obligación de llevar contabilidad para que las personas físicas puedan dotar RIC/RIB

A la hora de contabilizar la dotación de la RIC que se ha deducido en el IRPF, hay que dividir la deducción entre el tipo de gravamen resultante en la declaración del IRPF:

$$\text{RIC} = \frac{\text{Deducción IRPF}}{\text{Tipo medio de gravamen}}$$

Hasta 2014 estuvo vigente una reducción para hallar el rendimiento neto de las actividades empresariales en el IRPF, que era aplicable al empresario/profesional por el mantenimiento o incremento de empleo respecto a la plantilla media de 2008. La reducción (disposición adicional 27ª de la LIRPF, texto establecido por Ley 26/2009, de 23 de diciembre) permitía disminuir en un 20% los rendimientos generados en esas actividades a las empresas que facturasen menos de 5.000.000 € y tuviesen menos de 25 empleados, con el límite del 50% de las retribuciones satisfechas en el ejercicio al conjunto de los trabajadores.

Como 2014 está en el periodo que comprende este *Manual* he de analizar, aunque sea brevemente, cómo afectaba la reducción al cálculo de la deducción en el IRPF por la dotación de la RIC.

En primer lugar, el art. 27.15 de la Ley 19/1994 dice que los contribuyentes del IRPF que determinen sus rendimientos en estimación directa tendrán derecho a una deducción por los rendimientos netos que destinen a la RIC, por lo que la base será, en principio, los rendimientos obtenidos antes de aplicar la reducción por mantenimiento de empleo.

En segundo lugar, el art. 27.15 señala que la deducción RIC se calculará aplicando el tipo medio de gravamen a la dotación RIC, que tendrá como límite el 80% de la parte de la cuota íntegra que proporcionalmente corresponda a los rendimientos netos de explotación. Si aplicamos el texto a la reducción por mantenimiento de empleo entendemos que el 80% se ha de calcular sobre los rendimientos empresariales disminuidos por la reducción, ya que la cuota íntegra se ve disminuida por la misma.

Por tanto, la reducción por mantenimiento de empleo en 2009-2014 había de ser disminuida de los rendimientos empresariales para calcular la dotación máxima de la RIC.

Ejemplo 26.1

Ejercicio 2009: empresario individual que obtiene los siguientes rendimientos:

- de capital mobiliario		4.115,37 €
- de capital inmobiliario		324,01
- de actividades empresariales		
Laboratorio	1.122,28	
Farmacia	411.401,13	
Arrendamientos	-17.682,84	
Agricultura	- 4.519,12	390.321,45
Reducción mantenimiento empleo		-61.574,84*
Reducción aportaciones previsión social		-360,60
Base imponible general		328.710,02*
Base imponible del ahorro		4.115,37
Reducción mínimo personal y familiar		-11.016,00
Base liquidable general		317.694,02
Cuota general		131.818,11* (tipo medio del 40,09%)
Cuota del ahorro		40,77 (al tipo del 18%)

Deducción máxima RIC:
(390.321,45 - 61.574,84 - 360,60) x 0,8 x 0,4009 = 105.319,97
Dotación efectuada = 100.000

Deducción RIC aplicada (Correspondiente a una dotación de 100.000 €)	- 40.090
Deducción familia numerosa	-100
Cuota líquida	92.368,88

La deducción de 40.090 se corresponde con una dotación a la RIC de 100.000, esto es: 40.090 dividido entre 0,409, inferior a los rendimientos empresariales netos x 0,80 = (390.321,45 - 61.574,84 - 360,60) x 0,80 = 262.708,80.

* Con el límite aplicado del 50% de las retribuciones anuales.

Para hallar los rendimientos empresariales netos que se someten a gravamen hemos detraído del importe de los rendimientos empresariales la reducción por mantenimiento de empleo y la correspondiente a las aportaciones y contribuciones a mutualidades de previsión social. Solo aplicable hasta 2014, inclusive.

El asiento obligatorio a reflejar en la contabilidad (en este caso de la farmacia) antes de la presentación de la declaración del IRPF:

390.321,45 Pérdidas y Ganancias	a	RIC 100.000,00
	a	Capital* 290.321,45

* También puede utilizarse la cuenta 550, donde se carga el impuesto a pagar.

El asiento hay que contabilizarlo antes de la presentación del IRPF (por el criterio de la Administración tributaria y del TSJC que analizamos en el capítulo 3), siendo aconsejable realizarlo el 30 de abril o el 31 de mayo en vez del 30 de junio, como venía siendo habitual en las empresas individuales.

26.3. Los datos de la RIC/RIB a consignar en la declaración del IRPF

El segundo ejemplo nos sirve para observar el proceso de dotación, las casillas del IRPF 2023 que hubo que rellenar y lo que significa cada una.

Ejemplo 26.2

Economista que ha generado un beneficio en 2023 de 150.000 € en el desarrollo de su actividad y que tiene otros ingresos por rendimiento de trabajo personal y alquiler de inmuebles. La cuota íntegra estatal por la base liquidable general es 66.852,45 € y por la autonómica, 74.567,58 €. El tipo medio de gravamen es 20,98 + 23,41 = 44,39% (casillas 534 y 535). Por la dotación RIC efectuada en 2023 deduce 11.097,50 de la parte estatal y 11.097,50 de la parte autonómica (casillas 556 y 557). En total, 22.195 €, que se corresponden con una dotación de 22.195/0,4439 = 50.000 €.
La dotación está por debajo del máximo legal del 80% de 150.000 = 120.000 €.
En 2021 dotó 80.000 € (casilla 738), que contabilizó en 2022 (casilla 792), por lo que dispondrá de plazo hasta 2025 (2022 + 3 años) para materializar. De esa dotación ha invertido 44.523,07 en 2023 (casilla 740) y le queda pendiente 26.789,50 (casilla 741). La diferencia la materializó en 2022.
En 2022 dotó 50.000 (casilla 742), que contabilizó en 2023 (casilla 794) y está pendiente de materializar por 50.000 (casilla 745).
Finalmente, en 2023 dotó como antes señalé 50.000 € (casilla 745), que se contabilizó en 2024 (casilla 802) y está pendiente de materializar (casilla 749).
Los datos se observan en la página 10 del modelo IRPF 2023.

Agencia Tributaria
Teléfono: 915 548 770 / 901 335 533
sede.agenciatributaria.gob.es

Impuesto sobre la Renta de las Personas Físicas
Ejercicio 2023

Modelo **100**

Concepto	Importe	Casilla
Base imponible del ahorro	0,00	0460
Base liquidable del ahorro [(460)-(506)-(507)]	0,00	0510
Adecuación del impuesto a las circunstancias personales y familiares		
Mínimo contribuyente. Importe estatal	6.700,00	0511
Mínimo contribuyente. Importe autonómico	6.700,00	0512
Mínimo personal y familiar para calcular el gravamen estatal	6.700,00	0519
Mínimo personal y familiar para calcular el gravamen autonómico	6.700,00	0520
Mínimo personal y familiar de la base liquidable general para calcular el gravamen estatal	6.700,00	0521
Mínimo personal y familiar de la base liquidable del ahorro para calcular el gravamen estatal	0,00	0522
Mínimo personal y familiar de la base liquidable general para calcular el gravamen autonómico	6.700,00	0523
Mínimo personal y familiar de la base liquidable del ahorro para calcular el gravamen autonómico	0,00	0524
Cálculo del impuesto y resultado de la declaración		
Cuota estatal correspondiente a la base liquidable general sometida a gravamen	67.488,95	0528
Cuota autonómica correspondiente a la base liquidable general sometida a gravamen	75.170,58	0529
Cuota estatal correspondiente al mínimo personal y familiar de B.L. general	636,50	0530
Cuota autonómica correspondiente al mínimo personal y familiar de la B.L. general	603,00	0531
Cuota estatal correspondiente a la base liquidable general	66.852,45	0532
Cuota autonómica correspondiente a la base liquidable general	74.567,58	0533
Tipo medio estatal	20,98	0534
Tipo medio autonómico	23,41	0535
Cuota estatal correspondiente a la base liquidable del ahorro sometida a gravamen	0,00	0536
Cuota autonómica correspondiente a la base liquidable del ahorro sometida a gravamen	0,00	0537
Cuota estatal correspondiente al mínimo personal y familiar de B.L. del ahorro	0,00	0538
Cuota autonómica correspondiente al mínimo personal y familiar de la B.L. del ahorro	0,00	0539
Cuota estatal correspondiente a la base liquidable del ahorro	0,00	0540
Cuota autonómica correspondiente a la base liquidable del ahorro	0,00	0541
Tipo medio estatal	0,00	0542
Tipo medio autonómico	0,00	0543
Cuota íntegra estatal [(532)+(540)]	66.852,45	0545
Cuota íntegra autonómica [(533)+(541)]	74.567,58	0546
Deducciones		
Por donativos, parte estatal	230,00	0552
Por donativos, parte autonómica	230,00	0553
Por dotaciones a la Reserva para Inversiones en Canarias, parte estatal	11.097,50	0556
Por dotaciones a la Reserva para Inversiones en Canarias, parte autonómica	11.097,50	0557
Imp. con derecho a deduc.: Donativos a entidades reguladas en la Ley 49/2002 de 23 de diciembre	1.000,00	H
Deducción por donativos a entidades reguladas en la Ley 49/2002 con límite 10% de la base liquidable	460,00	0723
Reserva Canarias 2021. Importe de la dotación	80.000,00	0738
Reserva en Canarias 2021. Año de la dotación	2022	0792
Inversiones C y D del art. 27.4 de la Ley 19/1994 del RIC 2021	44.523,07	0740
Inversiones pendientes de materializar de RIC 2021	26.789,50	0741
Reserva Canarias 2022. Importe de la dotación	50.000,00	0742
Reserva en Canarias 2022. Año de la dotación	2023	0794
Inversiones pendientes de materializar de RIC 2022	50.000,00	0745
Reserva Canarias 2023. Importe de la dotación	50.000,00	0746
Reserva en Canarias 2023. Año de la dotación	2024	0802
Inversiones pendientes de materializar de RIC 2023	50.000,00	0749
Deducciones autonómicas de la Comunidad de Canarias		
Por donaciones a entidades sin ánimo de lucro	178,75	0935
Suma de deducciones autonómicas	178,75	0564
Determinación de cuotas líquidas y resultados		
CUOTAS LÍQUIDAS		
Cuota líquida estatal	55.524,95	0570
Cuota líquida autonómica	63.061,33	0571
Cuota líquida estatal incrementada [(570)+(568)+(582)+(572)+(573)+(574)+(576)]	55.524,95	0585
Cuota líquida autonómica incrementada [(571)+(569)+(583)+(577)+(578)+(579)+(581)]	63.061,33	0586

La autenticidad de este documento puede ser comprobada mediante el Código Seguro de Verificación [illegible] en https://sede.agenciatributaria.gob.es

10

Ejemplo 26.3

Asesor fiscal que en 2024 recibe una retribución de 120.000 € como administrador de una sociedad, alquileres netos por 10.000 € y generó un beneficio en su actividad profesional de 40.000 €. En caso que quiera dotar RIC/RIB 2024 podrá hacerlo por el máximo de 40.000 x 0,8 = 32.000 €, que deberá contabilizar la dotación en 2025 para disponer de plazo de materialización hasta 31 de diciembre de 2028.
La deducción que podrá practicar de la cuota en la declaración IRPF 2024 es el tipo medio de gravamen que le resulte sumando el tipo estatal y autonómico. Imaginemos, el 43%. La deducción será 0,43 x 32.000 € = 13.760 €, y deberá consignarla en la casilla correspondiente junto al importe de la dotación, el año en que efectuó el asiento y lo que le queda pendiente de materializar de dotaciones pasadas.
Hay que ser conscientes que si contabiliza la dotación en diciembre de 2024 tendrá de plazo para invertir hasta 31 de diciembre de 2027, por lo que perderá un año según el criterio del TS.

Como se observa en los tres ejemplos, el cálculo de la dotación RIC/RIB en personas físicas es más sencillo que en sociedades, teniendo como límite el 80% de los rendimientos generados en la actividad económica que desarrollen en Canarias o Baleares.

A pesar de su aparente sencillez, conviene tener presente que hay que dotar la RIC/RIB contra el saldo de pérdidas y ganancias de la actividad, llevando el resto a capital o a la cuenta corriente 550 del empresario; que la reserva pasa a ser indisponible mientras termina el plazo de materialización y mantenimiento de las inversiones, y que hay que rellenar las casillas correspondientes en la declaración IRPF.

Capítulo 27

CONSIDERACIONES METODOLÓGICAS PARA LA DOTACIÓN RIC/RIB Y SU CÁLCULO A TRAVÉS DE HERRAMIENTAS INFORMÁTICAS

A la vista de la complejidad de ciertas operaciones resueltas en el capítulo 25 para el cálculo de la dotación RIC/RIB y los cambios que supuso el PGC de 2007 en la determinación del impuesto sobre el beneficio nos planteamos en 2009 si era posible resolver la casuística que afectaba a la dotación RIC con herramientas informáticas, ya que las fórmulas que había diseñado en 1994 y que he ido adaptando con el paso del tiempo no permitían resolver todas las circunstancias. Requerimos la ayuda precisa en esta materia y nos convencimos de que era posible, por lo que con el profesor José Andrés Dorta Velázquez redactamos a finales de 2009 el artículo titulado "La dotación de la RIC a través de herramientas informáticas de optimización de acuerdo al nuevo régimen contable y fiscal" que no pudo publicarse en las ediciones de la *revista Hacienda Canaria* de 2010, pero salió a la luz en el primer número de 2011. En ese artículo se explica pormenorizadamente, entre otras materias, cómo afectan las restricciones de la nueva normativa RIC y el PGC de 2007 a la dotación y la utilización de la herramienta *Solver* para resolver su cálculo.

La claridad de las explicaciones a través de los sucesivos cuadros que se muestran en el artículo es mérito indudable del Dr. Dorta Velázquez, con quién ya compartimos la redacción de un primer libro sobre la RIC en 2003, así como otros trabajos de investigación y la docencia en el Departamento de Economía financiera y Contabilidad de la Facultad de Ciencias Económicas de la ULPGC y posteriormente en la Cátedra de Régimen Económico y Fiscal de Canarias de la ULPGC.

Partes de ese artículo, con algunas matizaciones, las reproduje en el *Manual de la RIC 2007-2013*, concretamente la que afecta al nuevo enfoque del PGC 2007 en el cálculo del efecto impositivo y las restricciones de la nueva normativa aplicable a partir de 1 de enero de 2007 en la dotación RIC[134],

---

134 Dorta Velázquez, A. y Miranda Calderín, S. (2011). "La dotación de la RIC a través de herramientas informáticas de optimización de acuerdo al nuevo régimen contable y fiscal". *Revista Hacienda Canaria n.º 33.*

y son las que trascribo en este capítulo doce años más tarde. La solución que ofrecemos en él a partir de la herramienta *Solver* muestra claramente que la aplicación resuelve casi todos los problemas que podamos plantearnos en la dotación, aunque tengo que reconocer que su amplitud puede abrumar al lector. Por ello no trascribimos todas las fichas confeccionadas y las copias de las pantallas *Solver*, sino que remitimos al lector a consultar dicho artículo.

Ofrecemos, no obstante, las explicaciones pertinentes para utilizar la herramienta *Solver* en los modelos más sencillos que calculan la dotación sobre la base de la proporcionalidad de los beneficios RIC y no RIC en el cálculo de la imposición, reserva legal, dividendos, compensación contable de resultados negativos y disminuciones de fondos propios; que pueden ayudar a quienes decidan resolver el cálculo de la dotación con esta herramienta informática.

Los casos en que intervienen las deducciones por inversiones en activos fijos generadas tanto en el ejercicio que se liquida como en años anteriores los planteamos directamente con el modelo publicado en el artículo referido, aunque he de advertir que con la STS de abril de 2024 existen cambios notables en cuanto al momento del cómputo de la deducción y su límite respecto a la cuota (ahora del 70%, pero sin ser independientes el del ejercicio que se liquida y el correspondiente a las generadas en años anteriores).

27.1. El enfoque del PGC 2007 en el cálculo del efecto impositivo

En los sistemas contables actuales existe un consenso en considerar la cuota líquida del impuesto sobre sociedades como un gasto corriente que debe imputarse en la cuenta de resultados a los efectos de determinar la riqueza atribuible a los titulares de instrumentos de patrimonio neto. Sin embargo, en los últimos años hemos asistido a un cambio de orientación respecto a los impuestos diferidos. Mientras el PGC de 1990 determinaba el efecto impositivo a partir de las denominadas diferencias temporales (diferencias entre el resultado contable antes de impuestos y la base imponible que se producen en el período), el PGC de 2007 se centra en las denominadas diferencias temporarias (diferencias resultantes de una distinta valoración contable y fiscal de los activos y pasivos que se manifiestan a la fecha de cierre del balance). Como se señala en el preámbulo del PGC de 2007, e*l cambio se justifica en la búsqueda de coherencia con un Marco Conceptual cuyo camino lógico deductivo conduce a unas normas de registro y valoración que* *otorgan preferencia al enfoque de activos y pasivos frente al de ingresos y gastos, debiendo resaltarse que este enfoque es el aceptado internacionalmente con carácter general.*

El cambio del registro del efecto impositivo por el método de la cuenta de resultados al enfoque basado en el balance ha requerido una modificación de los términos contables, sin que ello afecte al procedimiento de liquidación del impuesto, en virtud del cual la base imponible sigue nutriéndose del resultado contable con las excepciones que reglamentariamente se establezcan.

Lo cierto es que el nuevo enfoque del método del efecto impositivo basado en el balance no supone un cambio radical en la valoración de los créditos y pasivos fiscales en relación con el sistema vigente en el PGC de 1990, especialmente por el acercamiento que se había producido en las diversas resoluciones emitidas por el ICAC. La utilidad más importante del método del balance es dar cobertura teórica al reconocimiento de impuestos diferidos derivados de las combinaciones de negocios, así como en aquellos gastos e ingresos que imputándose directamente al patrimonio neto son deducibles o computables en períodos posteriores (por ejemplo, subvenciones de capital o ajustes por valoración de los activos disponibles para la venta).

Sintéticamente el método se sustenta en los siguientes criterios:

– Las diferencias temporarias imponibles dan lugar a cantidades gravables al determinar la base imponible de periodos futuros (pasivos) y las diferencias temporarias deducibles dan lugar a cantidades deducibles al determinar la base imponible de periodos futuros (activos).

– Los activos y pasivos por impuestos diferidos de cada ejercicio se valoran aplicando el tipo impositivo a las diferencias temporarias deducibles y a las diferencias temporarias imponibles, respectivamente. El tipo impositivo que se aplica es el esperado en el momento de la recuperación o pago de tales activos y pasivos, de acuerdo con la normativa fiscal vigente o a punto de aprobarse en la fecha del balance.

– Los activos y pasivos por impuestos diferidos se contabilizan de forma consistente con las transacciones que los originan. Por tanto, su contrapartida puede ser la cuenta de resultados, el neto patrimonial o el fondo de comercio.

– El gasto total del ejercicio por el impuesto sobre beneficios es la suma del impuesto a pagar (impuesto corriente) y la alteración producida en los saldos de los activos por impuestos anticipados y pérdidas a compensar y de los pasivos por impuestos diferidos (impuesto diferido), siempre, claro está, que estos saldos se hayan reconocido con cargo o abono a la cuenta de resultados.

– Las deducciones y otras ventajas fiscales en la cuota del impuesto, excluidas las retenciones y pagos a cuenta, así como las pérdidas fiscales compensables de ejercicios anteriores y aplicadas efectivamente en este, darán lugar a un menor importe del impuesto corriente. No obstante, aquellas deducciones y otras ventajas fiscales en la cuota del impuesto que tengan una naturaleza económica asimilable a las subvenciones, se podrán registrar de acuerdo con lo dispuesto en la norma relativa a subvenciones, donaciones y legados recibidos.

– En virtud del principio de prudencia solo se reconocerán activos por impuesto diferido (diferencias temporarias deducibles; pérdidas fiscales a compensar en ejercicios posteriores; deducciones y otras ventajas fiscales pendientes de aplicar fiscalmente) en la medida en que resulte probable que la empresa disponga de ganancias fiscales futuras que permitan asegurar una razonable aplicación (reversión) de estos activos.

En nuestra opinión, la adaptación del método del efecto basado en el balance no implica, en sí mismo, un cambio radical en la determinación de la dotación de la RIC por varias razones:

a) Todas las diferencias temporales concebidas bajo el PGC de 1990 constituyen diferencias temporarias en el PGC de 2007, siendo las que, junto a las diferencias permanentes, tienen repercusión en la cuantificación de la RIC/RIB. En otras palabras, las diferencias temporarias que no son temporales no afectan al resultado del ejercicio y, por tanto, tampoco a la RIC/RIB (como se puso de manifiesto en los ejemplos del capítulo 25).

b) El sometimiento de los activos por impuestos diferidos al principio de prudencia ya se encontraba contemplado en el PGC de 1990, aunque también es cierto que su aplicación no se ha generalizado en la práctica profesional, especialmente por la aplicación restrictiva del principio de prudencia en el registro de los créditos fiscales de bases imponibles y deducciones sobre cuota pendientes de aplicar. La nueva concepción del principio de prudencia se posiciona en pie de igualdad con el resto de principios contables y los activos por impuestos diferidos deben ser registrados cuando racionalmente se espera su reversión futura. En este sentido, la cuantificación de la RIC/RIB deberá considerar el registro inicial de los créditos fiscales, así como los posibles ajustes sobre los mismos en ejercicios posteriores.

c) La periodificación de las diferencias permanentes y deducciones asimilables a las subvenciones de capital estaba presente en el PGC de 1990 y constituye una alternativa compleja que no ha sido seguida en la actividad profesional, máxime cuando tal opción implica una mayor carga tributaria[135]. Ahora bien, el literal del PGC de 2007 no clarifica suficientemente si las diferencias permanentes asimilables, desde una perspectiva económica a las subvenciones, deben ser periodificadas o, por el contrario, constituye una opción contable como establecía el PGC de 1990. El PGC 2007 incorpora las cuentas para su registro y seguimiento contable (*1370. Ingresos fiscales por diferencias permanentes a distribuir en varios ejercicios; 1371. Ingresos fiscales por deducciones y bonificaciones a distribuir en varios ejercicios; 834. Ingresos fiscales por diferencias permanentes; 835. Ingresos fiscales por deducciones y bonificaciones*), indicando que tales cuentas de patrimonio neto recogen las ventajas fiscales materializadas en diferencias permanentes y deducciones y bonificaciones que, por tener una naturaleza económica asimilable a las subvenciones, son objeto de imputación a la cuenta de pérdidas y ganancias en varios ejercicios. Señala, además, que las diferencias permanentes se materializan, con carácter general, en ingresos que no se incorporan en la determinación de la base imponible del impuesto sobre beneficios y que no revierten en periodos futuros. Tal es el caso de la RIC/RIB.

27.2. La base de determinación de la RIC/RIB

El artículo 5 del Reglamento REF señala que la RIC debe nutrirse exclusivamente de los beneficios procedentes de establecimientos permanentes situados en Canarias, esto es, los beneficios resultantes de operaciones efectuadas con los medios personales y materiales afectos al mismo que cierren un ciclo mercantil que determine resultados económicos. Igual indica el art. 4 del Reglamento de 2024 del Régimen fiscal especial balear. Esta delimitación del resultado, tal como lo venían interpretando los Tribunales, no es solo geográfica, sino que exige que el resultado susceptible de la dotación provenga de una actividad económica, precisión que no existía en la normativa RIC aplicable hasta el 31 de diciembre de 2006.

Así mismo, la base de determinación de la RIC/RIB debe detraer los siguientes componentes del resultado del ejercicio:

---

135 Véase al respecto, Bona Sánchez, C. y Dorta Velázquez, J. A. (2004): "La RIC como ingreso plurianual", *Hacienda Canaria, n.º 9, pp. 101-122.*

a) Los resultados excluidos señalados en las letras b), c), d) y e) del apartado 2 del artículo 5 del Reglamento), y en el art. 4 del Reglamento del Régimen fiscal especial balear.

b) La aplicación del resultado cuyo destino sea nutrir reservas legales de acuerdo a la letra a) del apartado 2 del artículo 5 del Reglamento REF y art. 4 del Reglamento balear.

c) La distribución de beneficios en forma de dividendos.

d) La disminución efectiva de los fondos propios, ya en el ejercicio al que la reducción de la base imponible se refiere, ya en el que se adoptara el acuerdo de realizar las mencionadas asignaciones (apartado 2 de la nueva redacción del artículo 27).

e) La compensación contable de resultados negativos.

Por tanto, ambas reservas se nutren del beneficio no distribuido que se genere en la actividad económica que desarrollen los contribuyentes en los archipiélagos canario o balear.

27.2.1. La exclusión de determinados resultados

El artículo 27.2 Ley REF y el artículo 5 del Reglamento REF, así como la Ley 43/2022 y el Reglamento 2024 del Régimen fiscal especial balear clarifican los resultados excluidos:

– No forman parte de la base de cálculo de la RIC los resultados que deriven de la transmisión de elementos patrimoniales cuya adquisición hubiera determinado la materialización de la RIC que se hubiera dotado con beneficios de períodos impositivos iniciados a partir de 1 de enero de 2007. De esta forma, el legislador incide en el grado de permanencia de los activos en los que se haya materializado la RIC, incluso por encima del plazo mínimo de mantenimiento (en términos generales, cinco años). Dada la claridad del literal, no se excluyen de la dotación los beneficios originados por activos que se hayan materializado con dotaciones RIC de beneficios previos a 2007. También señala la norma que, en el caso de mejoras introducidas en elementos patrimoniales, no formará parte del beneficio que se puede destinar a la RIC la parte proporcional del mismo que corresponda al valor de adquisición que hubiera supuesto la materialización de dicha reserva. La normativa RIB excluye igualmente las plusvalías de bienes afectos a la RIB 2023 y siguientes.

– Las exclusiones más significativas se concretan, por una parte, en el resultado procedente de los valores representativos de la participación en el capital o fondos propios de otras entidades, así como de la cesión a terceros de capitales propios, excepto que se trate de entidades que presten servicios financieros; y, por otra, del beneficio procedente de elementos patrimoniales no afectos a la realización de actividades económicas. Con la excepción en la RIC (no sirve el mismo criterio para la RIB) de los activos no afectos que hayan generado rentas en uno de los últimos tres años.

Si bien la norma clarifica el contenido de la base de determinación de la RIC, señala una cuestión que puede dificultar el cálculo de dicha excepción. Si se excluyen determinados resultados, ¿cómo debe computarse la dotación a la reserva legal o el reparto de dividendos en la base de cálculo de la RIC/RIB, esto es, deben computarse en su totalidad o deben hacer referencia a la proporción de beneficio que nutre la RIC/RIB?, ¿para calcular la RIC debe restarse del beneficio contable todo el impuesto sobre el beneficio resultante o solo el correspondiente a los beneficios susceptibles de la dotación? En estos supuestos, ¿cuáles serían los criterios de reparto de dichas magnitudes? Sobre estas cuestiones resolvimos muchas dudas en el capítulo 25, pero por su importancia reincido en ellas.

El problema adquiere una mayor dimensión dado que la RIC también debe considerarse como exención en la liquidación del impuesto y, por tanto, se encuentra afectada por todos los elementos que afectan al impuesto devengado (diferencias permanentes, temporarias, bases imponibles y deducciones).

Respecto a las dos cuestiones anteriores, una resolución del TEAC de 27 de septiembre de 2007 plantea un interesante sistema de ecuaciones diseñado por el propio actuario que recoge una de las matizaciones que venimos explicando desde hace años: que si hay que excluir ciertos ingresos para el cálculo de la dotación (por ejemplo, los ingresos financieros) también hay que contemplar el menor efecto impositivo del impuesto sobre beneficios y la menor reserva legal que se derivan de dicha exclusión.

A título ilustrativo, si una entidad obtiene un beneficio de 100 y excluye 20 de acuerdo a la normativa reguladora de este incentivo —que bien podemos denominar beneficios no RIC/RIB—, la cuantificación de la dotación no debe detraer de la base de cálculo el gasto por impuesto de 100, sino el que corresponda a 100 menos los resultados excluidos, esto es, debe determinarse sobre 80 (100 - 20). E igual consideración debe realizarse respecto a la dotación obligatoria a la reserva legal, pues no debe restarse en el cálculo de la dotación de la RIC/RIB el 10% de 100 menos el correspondiente gasto por el impuesto sobre sociedades, sino la parte proporcional que corresponda sin tener en cuenta el beneficio excluido, esto es, el 10% de 100 menos los beneficios no RIC/RIB y menos el gasto por impuesto sobre sociedades.

Sin embargo, la referida resolución TEAC no contempla un tercer supuesto de indudable interés como es el reparto de dividendos en el supuesto de exclusión de determinados resultados. Al respecto, consideramos que el cálculo de la dotación debe partir de la premisa de que los beneficios excluidos de la RIC también se destinan a los dividendos, por lo que no pueden ser excluidos dos veces. Para ello excluimos solo la proporción de los dividendos que se reparten con los beneficios susceptibles de la RIC.

En todo caso, la resolución del TEAR recurrida ante el TEAC ya reconocía que para calcular la dotación RIC no hay que restar del beneficio toda la reserva legal o todo el impuesto sobre beneficios, sino solo la parte correspondiente a los beneficios susceptibles de la dotación. Esta correspondencia la estima proporcional, lo que constituye un criterio racional, si bien no único, indicando que al menos una parte proporcional del impuesto sobre beneficios y de la dotación a la reserva legal se nutre con los beneficios excluidos de la RIC y, por tanto, no afectan negativamente a la dotación de dicha exención.

Esta última forma de proceder es la que santifica el TEAC en la resolución señalada, si bien también hacemos extensible el criterio a los dividendos, tal como comparte el TEARC[136]. Aconsejamos pues que se opte por la proporcionalidad ya admitida por el TEAC respecto al impuesto sobre beneficios y la reserva legal, y por el TEARC respecto a las tres variables.

27.2.2. La disminución efectiva de los fondos propios

Como explicamos con todo detalle en el capítulo 24, el art. 27.2 Ley REF, la D.A. 70ª. Cuatro,2 de la Ley 31/2022 y el art. 22 del Reglamento de 2024, los dos últimos del Régimen fiscal especial balear, señalan que deberá detraerse de la base de cálculo de la RIC/RIB la disminución efectiva de los fondos propios, ya en el ejercicio al que la reducción de la base imponible se refiere, ya en el que se adopta el acuerdo de realizar las mencionadas asignaciones. El propósito del precepto es el mantenimiento del valor residual perteneciente al capital-propiedad, teniendo en consideración que, en virtud del PGC, los fondos propios es un concepto más restringido respecto al patrimonio neto.

---

136 El TEARC se ha pronunciado a favor de la proporcionalidad en los dividendos cuando existen beneficios no susceptibles de la dotación en la resolución 35/1204/03 de 28 de abril de 2006.

En el modelo normal de balance, el patrimonio neto está compuesto por tres subagrupaciones independientes, integrando no solo los tradicionales fondos propios, sino también otras partidas que, de acuerdo con los nuevos criterios, pueden aparecer en los balances de las empresas. Fundamentalmente las partidas que contengan los ajustes por valor razonable imputados directamente al patrimonio neto en espera a su realización en ejercicios futuros. Así mismo, el patrimonio neto incorpora las subvenciones de capital, donaciones y legados que, si bien se trata de ingresos realizados, las normas de valoración imponen su imputación plurianual en la cuenta de resultados correlacionando el ingreso con la depreciación, enajenación o deterioro del correspondiente activo o, en su caso, la cancelación de un pasivo.

Se introduce, por tanto, un concepto de patrimonio neto con mucha más movilidad como consecuencia de la introducción de los ajustes de valor de instrumentos financieros y la incorporación de las subvenciones de capital. Pero, ¿afectan los nuevos conceptos de patrimonio neto y fondos propios a la cuantificación de la dotación de la RIC/RIB? Son varios los aspectos que interesa traer a colación al respecto:

a) Cualquier gasto que afecte a los instrumentos de patrimonio neto debe imputarse directamente al patrimonio neto, produciendo una disminución de los fondos propios. Así, por las razones ya apuntadas, los gastos de constitución y ampliación de capital se imputan directamente al patrimonio neto de la empresa sin pasar por la cuenta de pérdidas y ganancias. Se produce, por tanto, una disminución de los fondos propios que, en nuestra opinión, debe ser detraída de la base de cálculo de la RIC/RIB, considerando que además debe computarse como diferencia permanente negativa en la determinación de la base imponible.

Un sencillo ejemplo puede ayudar a explicar mejor la idea.

Ejemplo 27.1

Supongamos que una entidad financiera con un resultado de 1.000 u. m. amplía el capital con unos gastos de 100 u. m. En el PGC de 1990 existía la opción contable de imputarlos directamente a gasto o, en su caso, activarlos para su ulterior saneamiento en un plazo máximo de cinco años. A los efectos aquí pretendidos, asumamos que se imputan en la cuenta de resultados en el momento de su devengo, resultando un beneficio antes de impuestos de 900 u. m. De acuerdo al PGC de 2007, dichos gastos implican una disminución de las reservas, por lo que el beneficio antes de impuesto se mantiene en 1.000 u. m. Veamos su repercusión en la RIC/RIB, asumiendo que la reserva legal se encuentra totalmente dotada (20% del capital social) y un tipo impositivo del 30%:

PGC de 1990
BAI = 900
RIC = 0, 9 X (BAI - ID) = 0, 9 x (900 - 36, 99) = 776, 71
BI = 123, 29
ID = 123,29 x 0,3 = 36,99

PGC de 2007
BAI: 1000
DP (Gastos de ampliación): -100
RIC = 0,9 x (BAI - DFP - ID)
RIC = 0,9 x (1.000 - 100 - 36,99) = 776,71
BI = 123,29
ID = 123,29 x 0,3 = 36,99
Siendo,
BAI: Beneficio antes de impuestos
RIC: Reserva para inversiones en Canarias
ID: Impuesto devengado
BI: Base imponible
DP: Diferencia permanente
DFP: Disminución de los fondos propios
Si no se resta la disminución de los fondos propios derivada de los gastos de ampliación de capital, computada como una menor reserva, la base imponible sería 0, resultante de restar al beneficio antes de impuestos (1.000), la diferencia permanente negativa (100) y la RIC (0,90 x 1000 = 900), lo que distorsiona el cálculo de la imposición sobre beneficios.

b) En el PGC 2007 también se modifica el tratamiento contable de las operaciones con acciones o participaciones propias. La variación que se pueda producir entre su precio de adquisición y el importe recibido como contraprestación en el momento de la venta, se registrará directamente en los fondos propios de la empresa, con la finalidad de mostrar el fondo económico de estas operaciones, que constituyen devoluciones o aportaciones al patrimonio neto de los socios o propietarios de la empresa. Desde una perspectiva fiscal, las variaciones de los fondos propios motivadas por las acciones propias no computan en la base imponible, porque su transmisión supone una simple variación del patrimonio neto de la entidad y, por lo mismo, no integra la base imponible. Sin embargo, consideramos que sí afectan a la cuantificación de la RIC/RIB: mientras el incremento de los fondos propios motivado por la enajenación de acciones no es apto para la dotación de la RIC/RIB, una reducción de los fondos propios requiere ser detraída de la base de cálculo de dicha reserva.

c) Los desembolsos pendientes de exigir sobre los instrumentos de patrimonio neto también figuran minorando la cifra de capital, si bien entendemos que esta ubicación en el balance no debe afectar a la dotación RIC/RIB.

d) La norma de valoración y registro 22ª del PGC señala que, con carácter general, un cambio de criterio contable o la subsanación de un error deben imputarse a una partida de reservas (reservas voluntarias), salvo que afectara a un gasto o un ingreso que se deba imputar en los ejercicios previos directamente en otra partida del patrimonio neto (por ejemplo, ajustes en instrumentos disponibles para la venta o subvenciones de capital). En la descripción de la cuenta de reservas voluntarias se advierte que, el ajuste por el efecto acumulado calculado al inicio del ejercicio, de las variaciones de los elementos patrimoniales afectados por la aplicación retroactiva del nuevo criterio o la corrección del error, se debe imputar a reservas de libre disposición. Por tanto, un cambio de criterio contable o la subsanación de un error que conlleve una disminución de los fondos propios implican una reducción de la base de cálculo de la RIC.

27.3. La incidencia de las diferencias permanentes en el cálculo de la RIC

El concepto de diferencia permanente no figura en la norma de valoración 13º del impuesto sobre beneficios del PGC 2007. En ella solo se definen las diferencias temporarias, haciendo remisión expresa al cálculo de la imposición de acuerdo con las normas fiscales. Sin embargo, aunque el PGC 2007 no se refiera a las diferencias permanentes, sigue implícitamente recurriendo a ellas a la hora de calcular la base imponible, por lo que hemos de acudir a ese concepto o a cualquier otro que se le asimile para calcular la imposición.

Por tanto, respecto al PGC 1990 no existe novedad alguna en el tratamiento de las diferencias permanentes en el PGC 2007, sirviendo tanto las positivas y negativas para aumentar o disminuir, respectivamente, el impuesto sobre el beneficio.

Las diferencias permanentes positivas incrementan la imposición sobre el beneficio, disminuyendo el resultado del ejercicio y en consecuencia la base de la dotación RIC/RIB. Por su parte, las diferencias permanentes negativas disminuyen la imposición sobre el beneficio e incrementan el resultado del ejercicio y la base de la dotación RIC/RIB.

En el capítulo 25 puse varios ejemplos con el tratamiento de las diferencias permanentes a la hora de calcular la dotación RIC/RIB.

27.4. La nula incidencia de las diferencias temporarias en el cálculo de la RIC

Otra de las cuestiones que remarqué en el capítulo 25 fue el efecto nulo en la dotación RIC/RIB de las denominadas diferencias temporarias, que sustituyen a las diferencias temporales del PGC 1990. Su definición la encontramos en el punto 2.1 de la regla valoración 13ª Impuestos sobre beneficios del PGC 2007: *las diferencias temporarias son aquellas derivadas de la diferente valoración, contable y fiscal, atribuida a los activos, pasivos y determinados instrumentos del patrimonio de la empresa, en la medida en que tengan incidencia en la carga fiscal futura.*

Continúa la norma de valoración explicando que normalmente se producen las diferencias temporarias por la existencia de diferencias temporales entre la base imponible y el resultado contable antes de impuestos, cuyo origen se encuentra en los diferentes criterios temporales de imputación empleados para determinar ambas magnitudes y que, por tanto, revierten en periodos subsiguientes.

Como vemos, en el PGC 2007 el concepto de diferencias temporarias comprende el de diferencias temporales del PGC 1990, pero el PGC vigente lo amplía con una nueva casuística: la de los ingresos y gastos registrados directamente en el patrimonio neto que no se computan en la base imponible, situación que se da tanto en el tratamiento de las subvenciones como en el registro a valor razonable de ciertos activos. Las diferencias temporarias se clasifican en: diferencias temporarias imponibles, que dan lugar a cantidades gravables al determinar la base imponible de periodos futuros (constituyen pasivos fiscales) y diferencias temporarias deducibles, que dan lugar a cantidades deducibles al determinar la base imponible de periodos futuros (activos o créditos fiscales).

Los activos y pasivos por impuestos diferidos de cada ejercicio generados por las diferencias temporarias se valoran aplicando el tipo impositivo a las diferencias temporarias deducibles y a las diferencias temporarias imponibles, respectivamente. El tipo impositivo que se aplica es el esperado en el momento de la recuperación o pago de tales activos y pasivos, de acuerdo con la normativa fiscal vigente.

Por último, ha de tenerse en cuenta que en el PGC 2007 el gasto total del ejercicio por el impuesto sobre beneficios es la suma del impuesto a pagar (impuesto corriente) y la alteración producida en los saldos de los activos por impuestos anticipados y pérdidas a compensar y de los pasivos por impuestos diferidos (impuesto diferido), siempre, claro está, que estos saldos se hayan reconocido con cargo o abono a la cuenta de resultados.

En otras palabras, que las diferencias temporarias se tienen en cuenta para calcular el impuesto sobre el beneficio.

Respecto a la incidencia de las diferencias temporarias en el cálculo de la dotación de la RIC/RIB, las diferencias temporarias se tienen en cuenta en el cálculo de la imposición sobre el beneficio, situación que no se producía en el PGC 1990, en el que las diferencias temporales no afectaban al cálculo de la imposición, sino que se contabilizaban directamente en el activo como un impuesto anticipado (cuenta 4740 Impuesto sobre beneficio anticipado) o un impuesto diferido (cuenta 479 Impuesto sobre beneficios diferidos). En el cálculo de la imposición sobre el beneficio en el PGC 2007, y para que sirva de referencia que no olvidemos, el tratamiento de las diferencias temporarias se asimila al de las diferencias permanentes, cuando en el PGC 1990 recibían un tratamiento completamente diferente.

Ejemplo 27.2

Se produce una diferencia entre las amortizaciones contables y fiscalmente deducibles cuando la empresa amortiza en 5 años (20%) y Hacienda permite un coeficiente máximo del 15% de amortización, originando en el PGC 2007 un registro contable del activo que se produce (pongamos de 150) con abono a la cuenta de impuesto diferido:

150 (4740) Activos por diferencias temporarias deducibles

a (6301) Impuesto diferido 150

Cuando en el PGC 1990 se registraba un activo y un pasivo por el mismo importe, sin afectar a la imposición:

150 (4740) Impuestos anticipados

a (4752) H.P. acreedora por IS 150

En caso contrario, que la empresa se acoja a un régimen fiscal de amortización acelerada o a la libertad de amortización, es decir, que pueda deducir fiscalmente mayor cantidad que la amortización reflejada en contabilidad, se produce una diferencia temporaria imponible, que tiene también incidencia directa en el cálculo de la imposición y que ocasiona el registro de un pasivo fiscal.

Después de resaltar lo que indica el PGC 2007 respecto a las diferencias temporarias, estamos ya en condiciones de explicar su incidencia en el cálculo de la dotación RIC/RIB. Hemos llegado a la conclusión de que las diferencias temporarias no afectan al cálculo de la RIC/RIB. Afirmación que puede parecer extraña a cuánto hemos venido explicando, pero no lo es, ya que la existencia de diferencias temporarias deducibles supone un mayor impuesto corriente (se va a pagar más en la cuota de ese ejercicio), pero a su vez genera un impuesto diferido negativo por el mismo importe (se va a pagar menos en el ejercicio que la diferencia temporaria revierte). Al final, el mayor impuesto corriente se compensa con el impuesto diferido acreedor por el mismo importe, permaneciendo inalterable la imposición sobre el beneficio y el resultado contable del ejercicio; y, al contrario, la existencia de diferencias temporarias imponibles disminuye el impuesto corriente, pero aumenta el impuesto diferido, permaneciendo igual la imposición sobre beneficio, el resultado del ejercicio y la base de la dotación RIC/RIB.

Lo mismo ocurrirá en el ejercicio futuro en que los activos por diferencias temporarias deducibles o los pasivos por diferencias temporarias imponibles se consuman: se producirá un mayor o menor impuesto corriente que se compensa con el menor o mayor impuesto diferido.

Si bien en la dotación RIC/RIB las diferencias temporarias no tienen efecto alguno, sí lo tienen a la hora de aplicar las deducciones por inversiones en activos fijos, ya que su límite actual del 70% (y el conjunto del 70%) se calculan sobre el impuesto corriente. Magnitud sobre la que sí repercuten las diferencias temporarias.

Desarrollamos dos ejemplos con la nula incidencia de las diferencias temporarias deducibles e imponibles en el cálculo de la RIC/RIB:

Ejemplos 27.3 y 27.4

Entidad financiera que obtiene un beneficio antes de impuesto de 800.000 € quiere repartir un dividendo de 150.000 €. En ese ejercicio ha disminuido el capital con devolución de aportaciones a los socios por importe de 75.000 €, existen liberalidades por 13.400 €, diferencias temporarias deducibles por 30.000 € y deducciones por inversiones del ejercicio por 3.500 €. Las diferencias temporarias se producen por amortizar contablemente 30.000 € más que el importe que admite Hacienda y se contabilizan por su efecto impositivo:

9.000	(4740) Activos por diferencias temporarias deducibles		
	a	(6301) Impuesto diferido	9.000

Como explicamos en el capítulo 25, las restricciones introducidas sobre las diferencias temporales en las ecuaciones se anulan, pudiendo utilizar para el cálculo de la dotación la fórmula convencional:

$$RIC = \frac{0,567 \times 800.000 - 0,9 \times 150.000 - 0,9 \times 75.000 - 0,243 \times 13.400 + 0,81 \times 3.500}{0,757}$$

RIC = 331.147,68

Cálculo del impuesto sobre beneficios

BAI	800.000,00	
RIC	- 331.147,68	
DT	+ 30.000,00	genera un impuesto diferido de 9.000
DP	+ 13.400,00	
BI	512.252,32	
X 0, 30	153.675,69	tipo IS entidades financieras
Ded	- 3.500,00	
IS	150.175,69	
B	658.824,31	(800.000 - 150.175,69 + 9.000 impuesto diferido)

Si comparamos el resultado del ejercicio con el que saldría sin la existencia de diferencias temporales, vemos que es exactamente el mismo:

Cálculo del impuesto sobre beneficios sin diferencias temporales

BAI	800.000,00	
RIC	- 331.147,68	
DP	+13.400,00	
BI	482.252,32	
X 0, 30	144.675,69	
Ded	- 3.500,00	
IS	141.175,69	
B	658.824,31	(800.000 - 141.175, 69)

Lo único que ha cambiado en una u otra liquidación es el impuesto corriente, que es mayor con la existencia de diferencias temporales positivas, pero no la imposición sobre el beneficio ni el resultado final por el efecto del impuesto diferido. Por ello, el cálculo de la dotación es exactamente el mismo con o sin diferencias temporales.

Donde sí tienen efectos las diferencias temporales es en el tratamiento de las deducciones, que al aumentar o disminuir el impuesto corriente, condicionan el límite del 70% de la cuota de las deducciones (STS abril 2024).

Comprobación de la RIC en ambos casos:

RIC = 0,9 (658.824,31 - 150.000 de DIV - 75.000 de DFP - 65.882,43 de RL) = 331.147,69

Aplicación obligatoria del saldo de Pérdidas y Ganancias:

658.824,31 Pérdidas y Ganancias	a	Reserva Legal	65.882,43
		Dividendos	150.000,00
		RIC	331.147,69
		Reserva Voluntaria	111.794,19

27.5. La especial incidencia de las deducciones en el cálculo de la RIC después de la STS 605/2024 de 10 de abril

Si bien el PGC 1990 no obligaba a registrar el activo que generaba el derecho a deducir una determinada cantidad de la cuota del impuesto como consecuencia de la aplicación de la deducción por inversiones en activos fijos nuevos, sí lo preceptuaba el ICAC. Cuando la deducción generada era aplicada en su totalidad en el ejercicio determinaba una menor imposición sobre el beneficio, pero sí solo se aplicaba una parte y el resto quedaba pendiente para los ejercicios posteriores se reconocía el crédito fiscal con abono a la cuenta de impuestos.

Esa práctica no era mayoritaria entre las empresas con el PGC 1990, razón por la que aconsejamos en el último año de aplicación de ese PGC (año 2007) el reconocimiento de todos los créditos fiscales en el Activo con abono a la cuenta de ajustes en la imposición (pérdidas y ganancias). Al año siguiente volvimos a insistir en que las empresas que no tuviesen reconocidos esos créditos en 2008, así deberían hacerlo, pero abonando las cuentas de reservas en la mayoría de los casos.

Con el PGC 2007 el reconocimiento del crédito fiscal por el derecho a las deducciones no consumidas en el ejercicio es una obligación, abonándose la cuenta de impuesto diferido, que implica un incremento del saldo de pérdidas y ganancias del ejercicio:

(4742.07) Derechos por deducciones	a	(6301) Impuesto diferido

(Por el importe de las deducciones no consumidas)

La deducción por inversiones en activos fijos nuevos en Canarias (DIC) se aplica en el archipiélago a pesar de que en 1978 se suprimió a nivel estatal. No se aplica en Baleares. Era pacífico que el sistema al que sustituía era el derivado de la D.A. 12ª de la Ley 1995. Así lo predicaba la DGT y lo habíamos asumido la gran mayoría de los asesores. El régimen alternativo era el previsto en el art. 26 de la Ley del IS de 1978. Las diferencias entre una vía y otra son sutiles, quizás la principal, que por la Ley de 1995 la DIC se devengaba por la puesta a disposición de los activos (a medida que se iba certificando la construcción de un edificio) y por el art. 26 cuando el activo estaba en condiciones de entrar en funcionamiento. Los asesores estábamos aplicando el primer criterio, pero en una comprobación a una empresa determinada, le interesaba a esta aplicar el segundo criterio, el del art. 26 de la Ley IS de 1978, el de la entrada en funcionamiento. Se admitió la casación en el TS, quien en STS de 10 de abril de 2024 sentó el criterio que el régimen vigente a sustituir era el art. 26 de la Ley de 1978 y no la D.A. 12ª de la Ley 1995. Las consecuencias inmediatas fueron que había que adaptar la DIC al ejercicio 2023, puesto que la STS se había publicado antes del plazo de presentación del IS 2023. No solo respecto a la entrada en funcionamiento de los activos, sino también al límite sobre la cuota. De conformidad con la D.A. 12ª, el límite era el 50% de la cuota del impuesto del ejercicio en que se aplicaba la DIC, que actuaba de forma independiente al límite conjunto acumulado por deducciones generadas en años anteriores y no aplicadas. La de cada año con el límite específico del 50%, y la suma de las correspondientes a varios años con el límite conjunto del 70%. Esta situación permitía aplicar el límite del 50% del ejercicio más el límite independiente del 70% de las deducciones acumuladas anteriores, llegando a anular la cuota, a que sea cero.

No es ahora así (2023 y siguientes), ya que el límite en vez del 50 es el 70%, pero no se aplica de forma independiente el de las deducciones devengadas en el ejercicio y el de las deducciones devengadas en años anteriores. Un solo límite del 70% de la cuota[137].

En los siguientes ejercicios combinanamos situaciones antes de 2023 y posteriores para aplicar con solvencia la DIC en conjunto con la RIC.

Ejemplo 27.5

En 2024 se realizó una inversión de 120.000 € en un activo fijo nuevo, que da derecho a una deducción al 25% de 30.000 €. El beneficio antes de impuestos es 70.000 €, sin que existan diferencias permanentes o temporales.

DAFN (o DIC) = 120.000 x 0,25 = 30.000

Liquidación del impuesto:

BI	70.000	
Cuota x 0,25	17.500	
- DIC 2024	- 12.250	Con el nuevo límite del 70% de la cuota del impuesto
Cuota a pagar	5.250	

Asientos contables:

5.250 (6300) Impuesto corriente	a	(4752) H. a. I. de S. 5.250
17.750 (4742.10) Derechos por deducciones	a	(6301) Impuesto diferido 17.750

(Por el reconocimiento de las deducciones pendientes de aplicar: 30.000 - 12.250)

137 Que ha sido cuestionado en un recurso interpuesto por la AEDAF contra la declaración del IS de 2023, que introdujo el límite del 70% para las deducciones en la forma explicada.

El saldo de Pérdidas y Ganancias es 70.000 - 5.250 + 17.750 = 79.000 €, por lo que la base para calcular la RIC es mayor que el beneficio antes de impuestos. Cuestión que no ha de sorprendernos, ya que son las reglas de juego para la determinación de la dotación máxima, que se efectúa sobre el beneficio contable susceptible de la RIC.
Sin embargo, en el ejercicio en que se consuman las deducciones pendientes de aplicar se producirá la situación contraria, esto es, que dicho consumo significará un mayor impuesto diferido que disminuye el saldo de Pérdidas y Ganancias. En ese ejercicio, la base para el cálculo de la dotación de la RIC será menor.

Ejemplo 27.6

En 2025 la misma entidad genera un beneficio antes de impuestos de 100.000 € y unas diferencias permanentes de 10.000.

BAI	100.000	
DP	+10.000	
BI	110.000	
X 0,25	27.500	
DAFN 2010	-17.750	DIC pendiente de 2024, dentro del límite del 70%
Cuota a pagar	9.750	impuesto corriente

Asientos contables:

9.750 (6300) Impuesto corriente	a	(4752) H. a. I. de S.	9.750
17.750 (6301) Impuesto diferido	a	(4742.10) Dchos. por deducciones	17.750

El saldo final de pérdidas y ganancias es 100.000 - 9.750 - 17.750 = 72.500; por lo que la base para dotar la RIC es menor en 2025, a pesar de existir un beneficio antes de impuesto mayor.

De lo que no hay duda alguna es que en el cómputo global del plazo de quince años en que puede aplicarse la deducción, el efecto positivo para la RIC que se genera el año en que se realiza la inversión se compensa con el efecto negativo del consumo de las deducciones en cada uno de los siguientes ejercicios. Así lo explicamos desde los cursos y conferencias que impartimos en 2007 y 2008 sobre la contabilización del impuesto sobre el beneficio cuando comenzó a aplicarse el PGC 2007[138].

Tras las explicaciones, tres son los hechos que queremos destacar sobre la incidencia de la deducción por inversiones en el cálculo de la RIC:

---

138 Cursos Escuela de Negocios DAR, AEDAF, Asesores Fiscales de Canarias y Colegio de Titulares Mercantiles, impartidos en Las Palmas de Gran Canaria y Santa Cruz de Tenerife.

– Primero: que la deducción no aplicada en el ejercicio y reconocida como crédito fiscal supone un mayor beneficio, por tanto, una mayor base para dotar la RIC.

– Segundo: que el consumo de la deducción pendiente supone un mayor impuesto diferido, por tanto, un menor saldo de pérdidas y ganancias y, en consecuencia, una menor base para dotar la RIC.

En el planteamiento de las ecuaciones que determinan las fórmulas de la RIC del capítulo 25 hemos de diferenciar entre las deducciones generadas y aplicadas en el ejercicio (Ded) y las deducciones generadas en ejercicios anteriores y aplicadas en el que se liquida (Ded. anteriores). De esta forma las ecuaciones serían:

RIC = 0,90 (BAI - Ded. anteriores-I-RL-DIV-DFP-RN)

I = 0,25 (BAI+DP-RIC) - Ded. anteriores - Ded

Resolviendo el sistema de ecuaciones vemos que el efecto de las deducciones anteriores se anula, por lo que en la fórmula (1) del capítulo 25 solo ha de tenerse en cuenta las deducciones generadas y aplicadas en el ejercicio (Ded).

– Tercero: que la existencia de deducciones pendientes de aplicar de ejercicios anteriores condiciona la dotación RIC en una adecuada planificación fiscal, puesto que si se dota una RIC grande, la cuota del impuesto se minimiza, impidiendo aplicar las deducciones pendientes (que tienen el límite individual del 70% de la cuota para la deducción del año y de las anteriores pendientes de deducir). Es por ello que en muchas ocasiones será más factible aplicar las deducciones cuyo derecho va a expirar (a los quince años se pierde el derecho a deducir) dotando una menor RIC.

Como vemos es una incidencia importante que obliga a seguir profundizando en esta materia en el siguiente apartado.

27.5.1. La incidencia de las deducciones no contabilizadas en el cálculo de la RIC

En el apartado y ejemplos anteriores partimos de la base de que el crédito fiscal por el derecho a practicar las deducciones estaba registrado en la contabilidad, pero ¿qué ocurre cuando no ha sido contabilizado? Es decir, que en el año en que se generó el derecho a deducir su importe no se contabilizó como un activo, sino que se dejó pendiente para disminuir en su día la cuota del impuesto devengado.

La norma de valoración 22ª del PGC 2007 se refiere a los cambios de criterios contables, errores y estimaciones contables, estableciendo una importante diferencia entre dos situaciones que son aplicables a la materia que explicamos.

– Primera: que no se contabilizó el importe de la deducción generada por desconocimiento de la norma contable (esto es, por error) y que en el ejercicio que liquidamos se vaya a deducir de la cuota. En este caso, la norma 22ª obliga a registrar el cambio de criterio en relación con la deducción o la subsanación del error cometido con la activación de su importe con abono a una cuenta de reservas:

(4742.07) Derechos por deducciones a (113) Reservas voluntarias

– Segunda: que no se contabilizó en su día el importe de la deducción por estimar que no iba a poder aplicarse en el futuro. En este caso, si en el ejercicio que se liquida se puede practicar la deducción hay que reconocer antes el correspondiente activo con abono a una cuenta de pérdidas y ganancias:

(4742.07) Derechos por deducciones a (638) Ajustes positivos en la imposición

Igual ocurre si en un ejercicio anterior se estima que la empresa en el futuro podrá aplicar estas deducciones, momento en el que la nueva estimación contable (basada posiblemente en la posibilidad de generar beneficios cuando se estimaban pérdidas) se registrará el activo con abono a la cuenta 638.

La segunda de las dos opciones que planteamos de la norma de valoración 22ª tiene un efecto inmediato en la cuenta de pérdidas y ganancias del ejercicio y por tanto en la base de cálculo de la dotación RIC:

En el ejercicio en que se reconoce el activo con el derecho a las deducciones se produce un ajuste positivo en la imposición que disminuye el impuesto sobre el beneficio e incrementa el resultado del ejercicio.

Y en el mismo ejercicio en que se consuma todo el crédito generado al aplicar la totalidad de la deducción pendiente se produce un mayo impuesto diferido:

(6301) Impuesto diferido a (4742.10) Derechos por deducciones

Con lo que se compensa el efecto del ajuste positivo en la imposición con el impuesto diferido.

Finalmente, si en el ejercicio en que se realiza la liquidación se consume solo una parte del crédito de la deducción, el importe del ajuste positivo en la imposición (638) será superior al consumo del crédito reflejado en el impuesto diferido (6301), por lo que el resultado contable se incrementará y por tanto la base de la dotación RIC.

Por ello la importancia de atender adecuadamente a la situación que se nos presenta en el ejercicio con las deducciones para contemplar su efecto en la RIC.

En el siguiente epígrafe planteamos varios ejercicios con la aplicación de las deducciones generadas en el ejercicio o pendientes de años anteriores y su incidencia en el cálculo de la dotación RIC, resolviéndolos a través de herramientas informáticas.

27.6. La determinación de la RIC/RIB a través de herramientas de optimización

Las fórmulas de la RIC/RIB explicadas en el capítulo 25 no alcanzan la generalidad deseada si no consideran, a su vez, el conjunto de restricciones legales y operativas que afectan a su cuantificación. No cabe duda que la inclusión de restricciones supone un grado de complejidad mayor en la determinación del incentivo fiscal, si bien tal dificultad puede ser resuelta de forma satisfactoria a través de herramientas de optimización, evitando los métodos de prueba y error que se sustentan en la intuición.

No es nuestro objetivo indicar los aspectos metodológicos de tales herramientas, sino resaltar su potencialidad frente al uso de fórmulas que han venido proponiéndose en la doctrina. A título ilustrativo, la aplicación *Solver* incluida en la aplicación *Microsoft Excel* permite determinar el valor máximo o mínimo de la RIC/RIB, incluso un valor predeterminado, considerando la interrelación de esta magnitud con otras variables no predeterminadas y respetando las diferentes restricciones que afectan al incentivo fiscal.

Una vez que estamos en una hoja de *Excel* y hayamos consignados los datos que luego explicamos debemos picar en "Datos" en la primera fila de la pantalla (donde están Archivo, Inicio, Insertar, Diseño de página. Fórmulas, Datos, ...). A la derecha de la fila inmediatamente inferior aparece "Solver". Picando en ese apartado se nos despliega el cuadro de "Parámetros de Solver":

Imagen 11.1

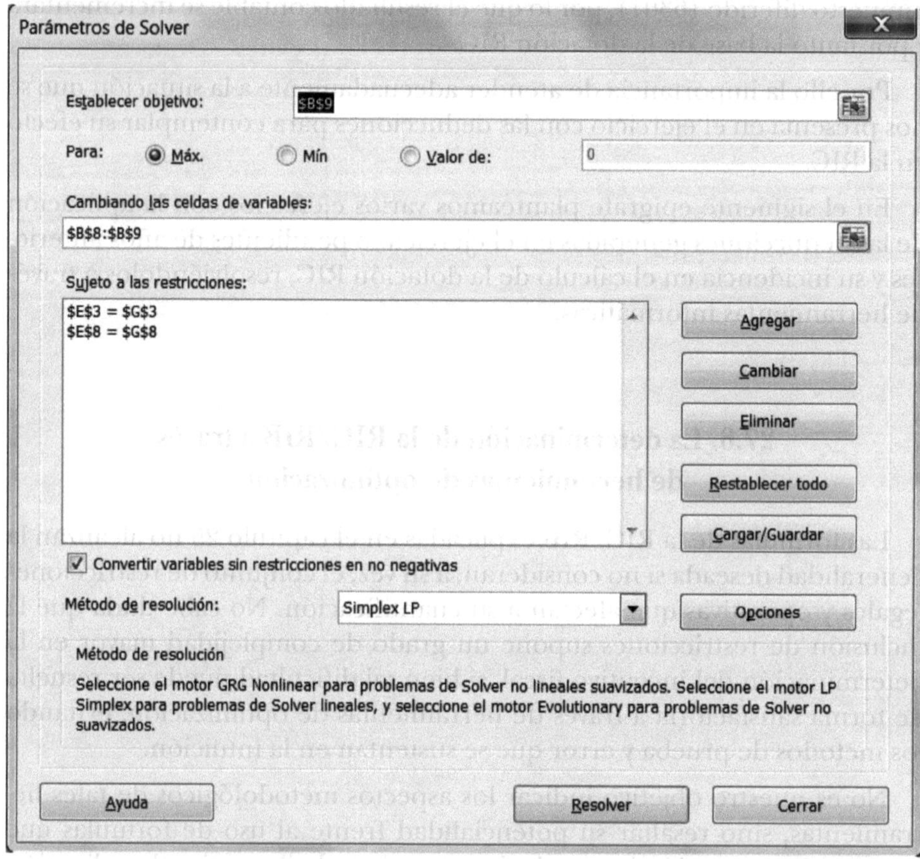

Para explicar la resolución del sistema de ecuaciones a través del programa vamos a partir de uno de los ejercicios del capítulo anterior.

27.6.1. Resolución de un ejercicio con Solver

Uno de los ejercicios que resolvimos en el capítulo 25 lo trascribimos de nuevo con las explicaciones y la solución a la que llegamos. Vamos a resolverlo ahora con esta herramienta informática, explicando cómo hacerlo.

Ejemplo 27.7

Sociedad financiera que obtiene unos beneficios en Canarias de 140.000 € y fuera del territorio canario de 60.000 € quiere dotar el máximo de la RIC, teniendo ya dotada la reserva legal.

El BAI es 200.000 €, pero el beneficio susceptible de la dotación es 140.000 €, ya que solo sirven los resultados obtenidos en territorio canario. El BE sería entonces 60.000.
El sistema de ecuaciones es:
RIC = 0,90 (200.000 - 60.000 - IRIC)
IRIC = 0,30 (200.000 - 60.000 - RIC)
Y la solución:
RIC = 120.821,92
Para hallar el impuesto y facilitar la comprensión de lo que explicamos descomponemos la base imponible en tres columnas: en la primera ponemos los beneficios susceptibles de la RIC y el cálculo del impuesto; y en la segunda, los beneficios no RIC y el cálculo del impuesto. La tercera es la suma de las anteriores.

	RIC	NO RIC	TOTAL
BAI	140.000,00	60.000,00	200.000,00
RIC	-120.821,92		
BI	19.178,08	60.000,00	
X 0,30	5.753,42	18.000,00	23.753,42
B	134.246,58	42.000,00	176.246,58

Para resolver el mismo ejercicio a través de *Solver*, introducimos los siguientes conceptos en una hoja de *Excel*:

Imagen 11.2

	A	B	C	D	E	F	G
1							
2	BAI	200000	RIC	0	=	126000	RIC=0,9*(BAI-BE-Iric)
3	BE	60000	Iric	0	=	42000	Iric=0,30*(BAI-BE-RIC+DP)
4	RL	0					
5	Ded	0					
6	DP	0					
7	Iric	0					
8	**RIC**	**0**					

En la columna A consignamos los parámetros e incógnitas que tenemos. En este caso, tanto la RIC como el I son las incógnitas (en oscuro).

En la columna B señalamos los valores de los parámetros, y en los de las variables (RIC e I) indicamos 0.

En la columna C señalamos nuevamente las incógnitas RIC e IRIC para igualarlas posteriormente por filas con su ubicación en la tabla y con la fórmula que vamos a aplicar.

En la columna G reflejamos las restricciones que ha de cumplir cada de una de las incógnitas (las fórmulas que hemos explicado en el capítulo 25).

En la columna D ponemos un = en la celda D2 y picamos en la celda de la RIC en la columna de datos, B8. Como B8 es 0 nos aparece 0 en la celda D2. Lo mismo hacemos con la celda D3. Ponemos un = y picamos en la celda B7. Nos refleja otro 0.

En la columna E señalamos si se trata de una igualdad = o de los signos menor < o mayor >, < = o > =.

En la columna F, en la casilla F2 ponemos (con el =) la fórmula que tenemos al lado =0,9*(B2-B3-B7), que nos dará el valor de 126.000. Hacemos lo mismo en la casilla F3 = 0,3*(B2-B3-B8+B6), que nos dará 4.200.

Una vez reflejados todos los datos en la hoja de *Excel*, picamos en Datos y se nos despliega un nuevo menú en el que en la fila inferior a la derecha está "Solver". Picamos en "Solver" y se nos despliega un cuadro de "Parámetros de Solver" que hemos de rellenar:

Imagen 11.3

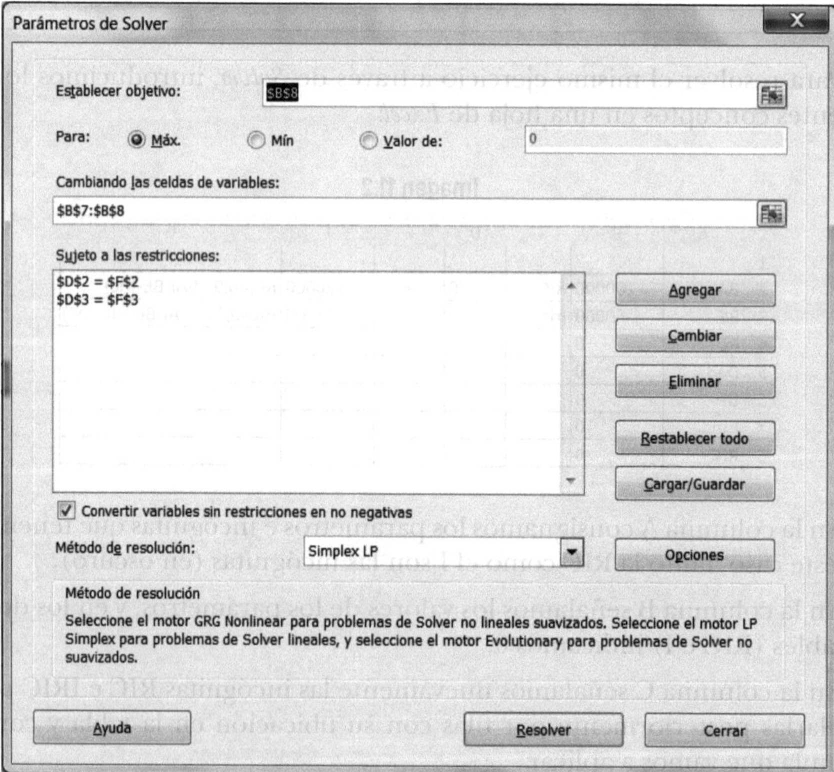

- Establecer objetivo: señalamos la casilla de la RIC picando en B8 en el cuadro de Excel. Nos aparece $B$8.
- En la fila de abajo “Para”: picamos en Máx.
- Situamos el puntero en la fila “Cambiando las celdas variables” y lo arrastramos en las casillas de las incógnitas: B7 y B8.
- Situamos el puntero en el cuadro “Sujeto a las restricciones”, picamos en “Agregar” y sale un nuevo cuadro de “Agregar restricción”. Ponemos el puntero en “Referencia de celda” y picamos en la celda D2 de la hoja de Excel: se refleja $D$2. En la celda de al lado picamos en la flecha y consignamos =. Pasamos el puntero a “Restricción” y picamos en la celda F2 de la hoja de Excel. Aparece la expresión =$F$2. Con el cuadro pequeño relleno picamos en “Agregar”.

Imagen 11.4

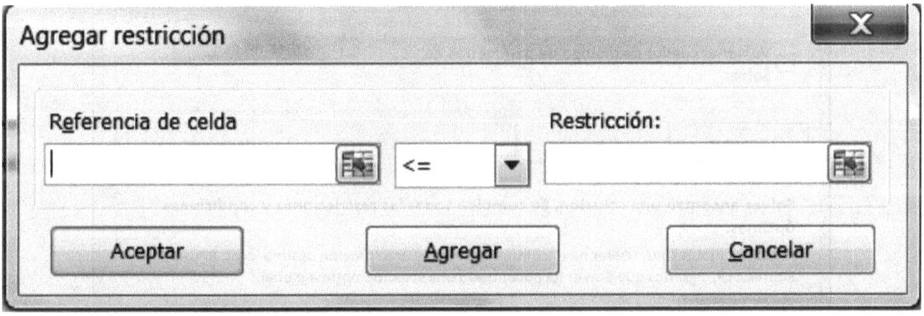

Imagen 11.5

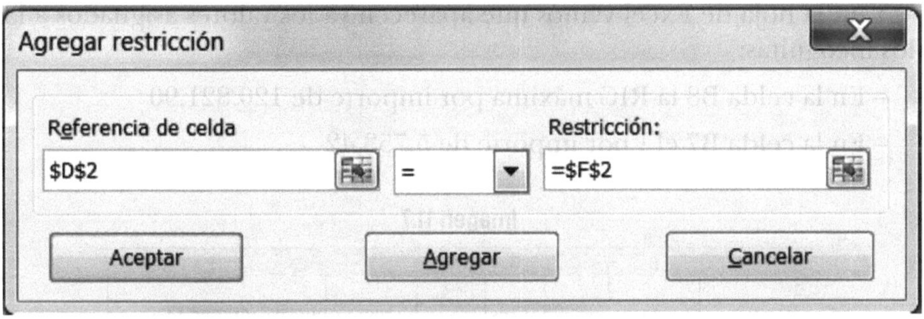

- Se vuelve a desplegar un nuevo cuadro como el anterior, en el que introducimos en “Referencia de celda” la celda D3 de la hoja de Excel. Nos señala $D$3. Consignamos el signo de = en la celda de al lado y pasamos a “Restricción”. Picamos en la celda F3 de la hoja de Excel y nos refleja =$F$3. Como esta es la última restricción, le damos a Aceptar (no Agregar).

Sale el cuadro grande de “Parámetros de Solver”, eligiendo en Método de resolución el de “Simplex LP”. Ya tenemos todos los datos consignados, por lo que picamos en “Resolver”.

Se despliega un nuevo cuadro de “Resultados de Solver”

Imagen 11.6

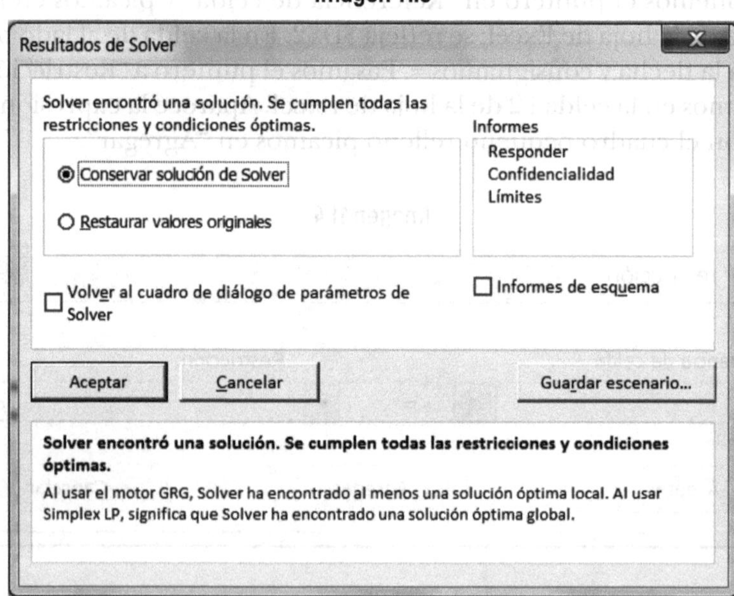

Y en la hoja de Excel vemos que aparecen ya los valores asignados a las dos incógnitas:

– En la celda B8 la RIC máxima por importe de 120.821,90

– En la celda B7 el I por importe de 5.753,42

Imagen 11.7

	A	B	C	D	E	F	G
1							
2	BAI	200000	RIC	1E+05	=	120821,9	RIC=0,9*(BAI-BE-Iric)
3	BE	60000	Iric	5753	=	5753,425	Iric=0,30*(BAI-BE-RIC+DP)
4	RL	0					
5	Ded	0					
6	DP	0					
7	Iric	5753,425					
8	**RIC**	**120821,9**					

Hemos resuelto el sistema de ecuaciones con el programa *Solver* y comprobamos que los resultados coinciden con la solución manual que dimos en el ejercicio 27.7.

Falta aún decidir si queremos que la solución se incorpore a la hoja de *Excel* original o no. Si queremos que se incorpore, las celdas originales quedarán modificadas por la solución dada a las dos incógnitas. Para ello hacemos clic en la opción "Conservar solución Solver".

Si no queremos que se incorpore a la hoja de Excel haremos clic en "Restaurar valores originales" y a la derecha del cuadro, en "Informes", picamos en "Responder" y "Aceptar". Se nos despliega un "Informe de respuesta" en que se consignan las soluciones dadas a la celda objetivo y a las celdas variables: RIC 120.821,90 y 5.753,42. Este Informe queda grabado en una de las pestañas de la hoja *Excel*.

Imagen 11.8

Microsoft Excel 14.0 Informe de respuestas
Hoja de cálculo: [SOLVER EJERCICIO 15.xlsx]DATOS FINALES
Informe creado: 06/06/2011 19:43:18
Resultado: Solver encontró una solución. Se cumplen todas las restricciones y condiciones óptimas.
Motor de Solver
Motor: Simplex LP
Tiempo de la solución: 0 segundos.
Iteraciones: 2 Subproblemas: 0
Opciones de Solver
Tiempo máximo Ilimitado, Iteraciones Ilimitado, Precision 0,000001
Máximo de subproblemas Ilimitado, Máximo de soluciones de enteros Ilimitado, Tolerancia de enteros 1%, Asumir no negativo

Celda objetivo (Máx.)

Celda	Nombre	Valor original	Valor final
$B$8	RIC	0	120821,9178

Celdas de variables

Celda	Nombre	Valor original	Valor final	Entero
$B$7	I	0	5753,424657	Continuar
$B$8	RIC	0	120821,9178	Continuar

Restricciones

Celda	Nombre	Valor de la celda	Fórmula	Estado	Demora
$D$2	RIC	120821,9178	$D$2=$F$2	Vinculante	0
$D$3	I	5753,424657	$D$3=$F$3	Vinculante	0

¿Complicado? Sí, muy complicado, pero una vez que se desarrollen varios ejercicios nos acostumbramos a la herramienta. Reconozco que en la práctica profesional no utilizo esta herramienta, pero siempre habrá algún compañero encantado en adentrarse en sus vericuetos.

27.6.2. Resolución de un ejercicio más complejo con Solver[139]

Después de ver cómo funciona la herramienta informática y comprobar que la solución coincide con la que ofrecemos a través de la solución convencional del sistema de ecuaciones, resolvamos otro ejemplo más complejo:

Ejemplo 27.8

Sociedad que explota hidrocarburos obtiene en 2024 unos beneficios en Canarias de 140.000 € y fuera del territorio canario de 60.000 €. Quiere dotar el máximo de la RIC, sin tener ya dotada la reserva legal, repartir un dividendo de 20.000 € y compensar contablemente resultados negativos por importe de 10.000 €.

El beneficio susceptible de la dotación es 140.000 €, ya que solo sirven los resultados obtenidos en territorio canario. Hemos de tener en cuenta que el impuesto que se ha de detraer del beneficio para el cálculo de la dotación no es el impuesto total, sino el correspondiente a los 140.000 €, y que igual ocurre con el dividendo, que no se debe excluir todo el dividendo de 20.000, sino únicamente la parte proporcional del beneficio susceptible de la dotación. De no hacerse así, estaríamos excluyendo doblemente de la RIC los beneficios obtenidos fuera de Canarias (60.000) y los dividendos repartidos con ese beneficio (6.000). Consideramos que el reparto es proporcional al beneficio total obtenido (20.000/ 200.000 = 10%). Lo mismo ocurre con la dotación a la reserva legal. Respecto a la compensación contable de resultados negativos, no debe excluirse los 10.000 € de la compensación, sino solo la parte correspondiente al beneficio susceptible de la RIC que se compensa. Como la compensación contable de resultados negativos por 10.000 representa un 5% del total del beneficio obtenido (140.000 + 60.000) x 0,05 = 10.000, la cantidad que debemos excluir por ese concepto en el cálculo de la dotación es solo el 5% de 140.000 = 7.000.

El coeficiente α correspondiente a los dividendos es = 20.000/200.000 = 0,10 y el coeficiente β correspondiente a la compensación contable de resultados negativos = 10.000/ 200.000 = 0,05.

α = 0, 10

β = 0, 05

RIC = 0, 9 (200.000 - 60.000 - IRIC - RLRIC - DIVRIC - RNRIC)

IRIC = 0, 3 (200.000 - 60.000 - RIC)

RLRIC = 0,10 (200.000 - 60.000 - IRIC)

DIVRIC = 0, 10 (200.000 - 60.000)

RNRIC = 0,05 (200.000 - 60.000)

Resolviendo el sistema de ecuaciones obtenemos que:

RIC = 79.894,32

139 Al igual que la anterior, la solución *Solver* propuesta ha sido redactada por el Dr. Dorta Velázquez.

	RIC	NO RIC	TOTAL
BAI	140.000,00	60.000,00	200.000,00
RIC	- 79.894,32		- 79.894,32
BI	60.105,68	60.000,00	120.105,68
X 0,30	18.031,70	18.000,00	36.031,70
B	121.968,30	42.000,00	163.968,30

Para resolver este ejercicio a través de *Solver*, introducimos los siguientes conceptos en la hoja de *Excel*:

Imagen 11.9

	A	B	C	D	E	F	G
1	DP	0					
2	Ded	0					
3	BAI	200000	RIC	0	=	126000	RIC=0,9(BAI-BE-Iric-RLric-DIVric-RNric)
4	BE	60000	I	0	=	42000	Iric=0,3(BAI-BE-RIC+DP)-Ded
5	DIV	20000	RL	0	=	14000	RLric=0,1(BAI-BE-Iric)
6	RN	10000	DIV	0	=	0	DIVric=α(BAI-BE)
7	α	0	RN	0	=	0	RNric=β (BAI – BE)
8	β	0	α	0	=	0,1	α= (DIV/BAI)
9	Iric	0	β	0	=	0,05	β=(RN/BAI)
10	Rlric	0					
11	DIVric	0					
12	Rnric	0					
13	RIC	0					

- En la columna A todos los parámetros y variables.
- En la columna B los valores de cada parámetro, y en cada variable ponemos 0.
- En la columna C reflejamos en filas cada una de las variables.
- En la columna G las restricciones de cada una de las variables según el modelo teórico que planteamos en el capítulo 25 (copiamos cada una de las ecuaciones planteadas).
- En la columna D picamos en la casilla D3, ponemos = y picamos en la celda B13. Nos aparece el valor de esa celda: 0. Hacemos lo mismo con cada una de las variables, igualando las celdas de la columna D con sus respectivas en la columna B.

- En la columna E ponemos el signo de cada una de las restricciones. En este caso, como son igualdades el de =.
- Por último, en la columna F ponemos las fórmulas en cada una de las casillas. La F3 de la RIC sería =0,9*(B3-B4-B9-B10-B11-B12), dando un resultado de 126.000; la de I (F4) sería = 0,3*(B3-B4-B13+B1)-B2, dando como resultado 42.000. Hacemos lo mismo con cada una de las celdas de esa columna.

Una vez completada la hoja de *Excel* con todos los datos picamos en "Datos" y "Solver", estableciendo en el nuevo cuadro desplegado como celda objetivo la de la RIC, es decir la B13. Picando en ella en la hoja de *Excel* el cuadro abierto nos señala $B$13.

Imagen 11.10

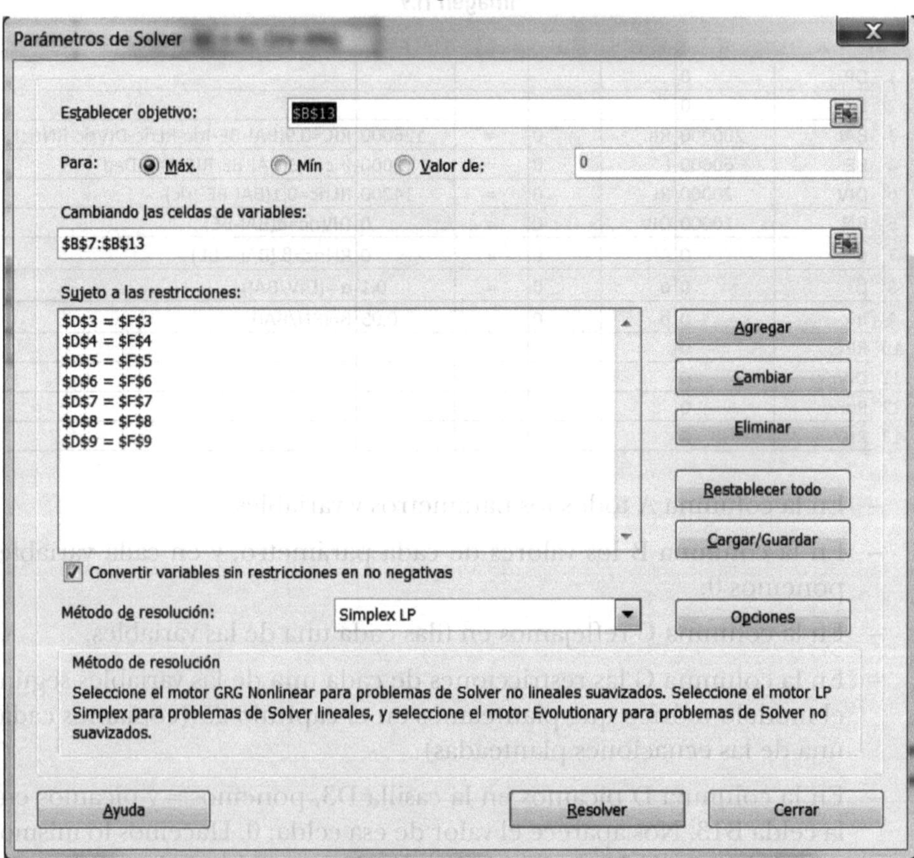

Hacemos clic en “Máx” y pasamos a la fila “Cambiando las celdas de variables”. Ponemos el puntero en ella y pasando a la hoja de *Excel* lo arrastramos en las celdas del valor de todas las variables: desde B7 a B13. En el cuadro de *Solver* nos figurará: $B$7:$B$13.

Picamos en el cuadro de “Sujeto a las restricciones” y agregamos una por una las restricciones de las columnas D y F de la hoja de *Excel*. Para ello picamos en “Agregar” y nos aparece un nuevo cuadro en que ponemos el puntero en “Referencia de celda” y picamos en la celda D3 de la hoja de *Excel*. Ponemos = en la celda central y pasamos a “Restricción”. Picamos en la celda F3 de la hoja.

Imagen 11.11

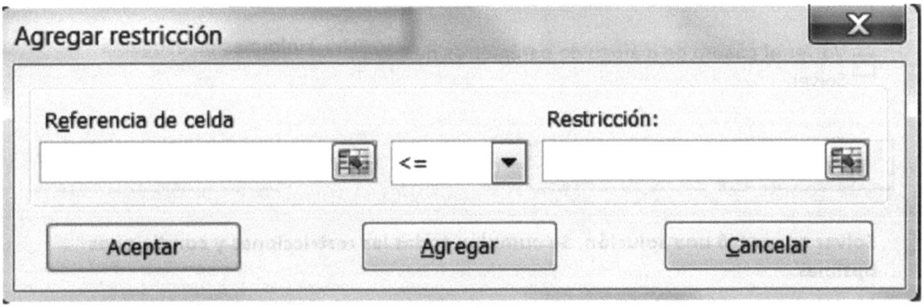

En el cuadro pequeño de *Solver* nos figurarán estos datos: $D$3 = =$F$3

Imagen 11.12

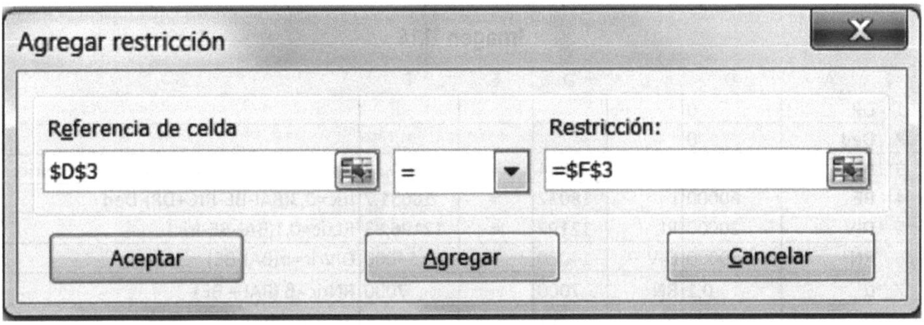

Picamos en “Agregar” y así continuamos con cada una de las restricciones. En la última picamos en “Aceptar” (en vez de Agregar).

En “Método de resolución” consignamos “Simplex LP”.

Están ya todos los datos dentro del sistema y picamos en "Resolver". Aparece este cuadro:

Imagen 11.13

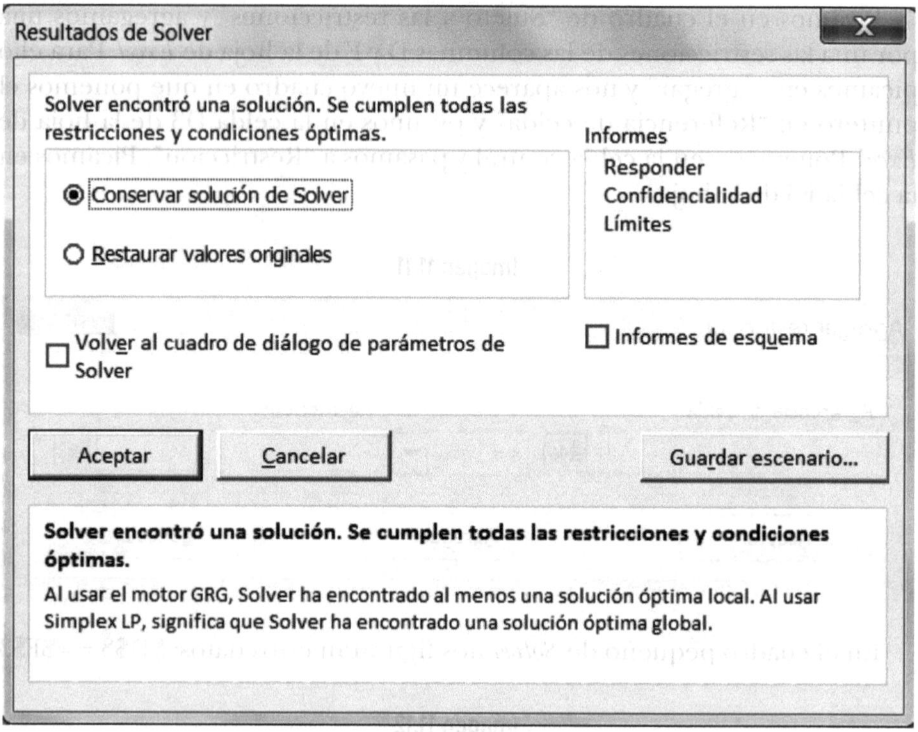

Resultados de Solver

Solver encontró una solución. Se cumplen todas las restricciones y condiciones óptimas.

Informes
Responder
Confidencialidad
Límites

◉ Conservar solución de Solver

○ Restaurar valores originales

☐ Volver al cuadro de diálogo de parámetros de Solver

☐ Informes de esquema

Aceptar | Cancelar | Guardar escenario...

Solver encontró una solución. Se cumplen todas las restricciones y condiciones óptimas.

Al usar el motor GRG, Solver ha encontrado al menos una solución óptima local. Al usar Simplex LP, significa que Solver ha encontrado una solución óptima global.

Imagen 11.14

	A	B	C	D	E	F	G
1	DP	0					
2	Ded	0					
3	BAI	200000	RIC	79894	=	79894,32	RIC=0,9(BAI-BE-Iric-RLric-DIVric-RNric)
4	BE	60000	I	18032	=	18031,7	Iric=0,3(BAI-BE-RIC+DP)-Ded
5	DIV	20000	RL	12197	=	12196,83	RLric=0,1(BAI-BE-Iric)
6	RN	10000	DIV	14000	=	14000	DIVric=α(BAI-BE)
7	α	0,1	RN	7000	=	7000	RNric=β (BAI – BE)
8	β	0,05	α	0,1	=	0,1	α= (DIV/BAI)
9	Iric	18031,7	β	0,05	=	0,05	β=(RN/BAI)
10	Rlric	12196,83					
11	DIVric	14000					
12	Rnric	7000					
13	RIC	79894,32					

La solución que nos da al problema planteado es la siguiente:

– RIC = 79.894,32

– IRIC = 18.031,70

– RLRIC = 12.196,83

– DIVRIC = 14.000

– RNRIC = 7.000

Que coincide con la solución manual que ofrecimos en el capítulo 25 y en el ejemplo 27.8.

Si no queremos consignar las soluciones en la tabla de *Excel* original pedimos el Informe a *Solver*.

Imagen 11.15

Microsoft Excel 14.0 Informe de respuestas
Hoja de cálculo: [SOLVER EJERCICIO 18.xlsx]DATOS FINALES
Informe creado: 06/06/2011 20:12:27
Resultado: Solver encontró una solución. Se cumplen todas las restricciones y condiciones óptimas.
Motor de Solver
Motor: Simplex LP
Tiempo de la solución: 0,015 segundos.
Iteraciones: 7 Subproblemas: 0
Opciones de Solver
Tiempo máximo Ilimitado, Iteraciones Ilimitado, Precision 0,000001, Usar escala automática
Máximo de subproblemas Ilimitado, Máximo de soluciones de enteros Ilimitado, Tolerancia de enteros 1%, Asumir no negativo

Celda objetivo (Máx.)

Celda	Nombre	Valor original	Valor final
$B$13	13 RIC	0	79894,3197

Celdas de variables

Celda	Nombre	Valor original	Valor final	Entero
$B$7	7 α	0	0,1	Continuar
$B$8	8 β	0	0,05	Continuar
$B$9	9 I	0	18031,7041	Continuar
$B$10	10 RL RIC	0	12196,8296	Continuar
$B$11	11 DIVRIC	0	14000	Continuar
$B$12	12 RNRIC	0	7000	Continuar
$B$13	13 RIC	0	79894,3197	Continuar

Restricciones

Celda	Nombre	Valor de la celda	Fórmula	Estado	Demora
$D$3	RIC	79894,31968	$D$3=$F$3	Vinculante	0
$D$4	I	18031,70409	$D$4=$F$4	Vinculante	0
$D$5	RL	12196,82959	$D$5=$F$5	Vinculante	0
$D$6	DIV	14000	$D$6=$F$6	Vinculante	0
$D$7	RN	7000	$D$7=$F$7	Vinculante	0
$D$8	α	0,1	$D$8=$F$8	Vinculante	0
$D$9	β	0,05	$D$9=$F$9	Vinculante	0

Ofrecemos a continuación, con la colaboración del profesor Dorta Velázquez, varios ejercicios en que planteamos y explicamos la forma en que afectan las deducciones al cálculo de la dotación RIC y cuál es la planificación fiscal que aconsejamos.

Ejemplo 27.9 con deducciones de ejercicios previos que han sido registradas como crédito fiscal en la contabilidad

Entidad financiera que en 2022 (aplicaremos los límites anteriores a la STS de abril de 2024) presta servicios financieros que ha obtenido un beneficio antes de impuestos de 800.000 €, que quiere repartir un dividendo de 150.000 € y que en ese ejercicio ha disminuido el capital con devolución de aportaciones a los socios por importe de 75.000 €. Existen liberalidades por 13.400 € y deducciones pendientes de aplicar de ejercicios anteriores por 3.500 €. En ejercicios previos se registró el crédito impositivo. Tipo impositivo 30%.

Como explicamos en el apartado anterior si no se hubiese registrado con antelación el crédito fiscal por el importe de las deducciones habría que hacerlo en este ejercicio en que va a consumirse, generando su registro un ajuste positivo en la imposición (cuenta 638) que incrementa el resultado contable y por tanto la base de la dotación. También podría suceder que de tratarse de un error o un cambio de criterio contable habría que registrar el crédito fiscal con abono directo a reservas.

No detallamos los cálculos efectuados a través del modelo al que hacemos referencia, sino la solución que obtenemos y su registro contable:

RESULTADO CONTABLE ANTES DE IMPUESTOS	**800.000,00**
(+/-) Diferencias permanentes	13.400,00
(-) Reserva para Inversiones en Canarias	327.402,64
BASE IMPONIBLE	**485.997,36**
CUOTA ÍNTEGRA	**145.799,21**
(-) Bonificaciones	0,00
(-) Deducciones	3.500,00
Deducciones del ejercicio (con el límite independiente del 50% de 2022)	0,00
Deducciones de ejercicios anteriores (con el límite del 50%) Año n-1	3.500,00
Total deducciones de años anteriores	3.500,00
Limite conjunto a tener en cuenta (70% de 2022)	3.500,00
CUOTA LÍQUIDA	**142.299,21**
(-) Retenciones y pagos a cuenta	180.000,00
CUOTA DIFERENCIAL	**-37.700,79**

Registro contable del impuesto devengado: (mejor quitar los cuadros de los asientos contables que siguen, que no puedo quitarlos)

142.299,21	6300	Impuesto corriente				
37.700,79	4740	Hacienda Pública, deudor por devolución de impuestos				
			a	Hacienda Pública retenciones y pagos a cuenta	473	180.000,00

Registro del crédito impositivo:

3.500,00	6301	Impuesto diferido	a	Derechos por deducciones y bonificaciones pendientes de aplicar	4742	3.500,00

Comprobación de la RIC:
Beneficio contable = 800.000 - 142.299,21 - 3.500 = 654.200,79
RIC = 0,9 (654.200,79 - 65.420,08 - 150.000,00 - 75.000,00) = 327.402,64

654.200,79	129	Resultado del ejercicio	a	Reserva legal	65.420,08
			a	Reserva para Inversiones en Canarias	327.402,64
			a	Dividendos	150.000,00
			a	Resultados Negativos de Ejercicios anteriores	0,00
			a	Otras reservas	111.378,07

Conclusión: los créditos impositivos registrados en ejercicios previos y que se consumen en el ejercicio afectan a la RIC de dos formas diferentes:
Por una parte: minoran la dotación RIC máxima, pues suponen el registro de un gasto contable que afecta al beneficio y por tanto a la base de la dotación, y por otra: Incrementa la base de la dotación vía un menor impuesto corriente que genera un mayor beneficio contable.

Ejemplo 27.10 con deducciones generadas en ejercicios previos que han sido registradas contablemente (con los límites individuales anteriores a 2023 del 50 y 70%)

Entidad de servicios financieros que obtuvo en 2022 un beneficio antes de impuesto de 800.000 €, quiere repartir un dividendo de 150.000 €. En ese ejercicio ha disminuido el capital con devolución de aportaciones a los socios por importe de 75.000 €. Existen liberalidades por 13.400 € y deducciones pendientes de aplicar por 30.000 € de 2021 y 40.000 de 2020. En ejercicios previos se ha registrado el crédito impositivo. Tipo impositivo 30%.

Antes de la resolución recordamos al lector que las deducciones generadas en años anteriores tenían antes de la STS de abril 2024 un límite individual del 50% de la cuota del impuesto a pagar y un límite conjunto del 70% de la misma cuota para las deducciones devengadas en ejercicios anteriores. Una correcta planificación fiscal prima el consumo de las deducciones más antiguas para evitar que al decimoquinto año de su generación se pierda el derecho.

RESULTADO CONTABLE ANTES DE IMPUESTOS	**800.000,00**
(+/-) Diferencias permanentes	13.400,00
(-) Reserva para Inversiones en Canarias	327.402,64
(+/-) Diferencias temporarias	
Con origen en el ejercicio	0,00
Con origen en ejercicios anteriores	0,00
(-) Compensación de pérdidas fiscales de ejercicios anteriores.	0,00
BASE IMPONIBLE	**485.997,36**
CUOTA ÍNTEGRA	**145.799,21**
(-) Bonificaciones	0,00
(-) Deducciones	70.000,00
Deducciones del ejercicio (con el límite del 50%)	0,00
Deducciones de ejercicios anteriores (con el límite del 50%) Año n-1	30.000,00
Deducciones de ejercicios anteriores (con el límite del 50%) Año n-2	40.000,00
Deducciones de ejercicios anteriores (con el límite del 50%) Año n-3	0,00
Deducciones de ejercicios anteriores (con el límite del 50%) Año n-4	0,00
Deducciones de ejercicios anteriores (con el límite del 50%) Año n-1	0,00
Total deducciones de años anteriores	70.000,00
Limite conjunto (70%)	70.000,00
CUOTA LÍQUIDA	**75.799,21**
(-) Retenciones y pagos a cuenta	180.000,00
CUOTA DIFERENCIAL	**-104.200,79**

En este caso comprobamos que a nivel individual tanto la deducción practicada de 2020 como de 2021 son inferiores al límite del 50% de la cuota íntegra de 145.799,21, es decir de 72.899,60; y que la suma de ambas, 70.000, es inferior al 70% de 145.799,21.
La dotación máxima de la RIC resultante es 327.402,64.

Impuesto devengado:

75.799,21	6300	Impuesto corriente				
104.200,79	4740	Hacienda pública, deudor por devolución de impuestos	a			
				Hacienda pública retenciones y pagos a cuenta	473	180.000,00

Registro del crédito impositivo:

70.000,00	6301	Impuesto diferido	a	Derechos por deducciones y bonificaciones pendientes de aplicar	4742	70.000,00

Comprobación de la dotación:

Beneficio = 800.000 - 75.799,21 impuesto corriente - 70.000,00 impuesto diferido = 654.200,79

RIC = 0,9 (654.200,79 - 65.420,08 de la RL -150.000,00 del dividendo - 75.000,00 de la DFP) = 327.402,64

654.200,79	129	Resultado del ejercicio	a	Reserva legal	65.420,08
			a	Reserva para Inversiones en Canarias 2022	327.402,64
			a	Dividendos	150.000,00
			a	Resultados Negativos de Ejercicios anteriores	0,00
			a	Otras reservas	111.378,07

Conclusión: en el supuesto establecido, la aplicación de la RIC máxima es totalmente compatible con la utilización máxima de las deducciones acorde a las restricciones establecidas hasta 2022, si bien esta opción no siempre es posible. En el supuesto que operen los límites (50% o 70%) nos encontramos con una opción fiscal, en que la correcta planificación fiscal utilizaría el máximo las deducciones de años anteriores tomando en primer lugar aquéllas que tengan mayor antigüedad (o, en otras palabras, menos años para poder ser aplicadas). Recordamos que la situación cambió por la STS de abril de 2024 respecto a los límites y el momento del devengo de la DIC, siendo aplicable la modificación a los ejercicios 2023 y siguientes.

Ejemplo 27.11 con deducciones generadas en el ejercicio que se liquida (con el nuevo límite del 70% por la STS de abril 2024)

Entidad financiera que obtiene en 2023 un beneficio antes de impuesto de 800.000 €, quiere repartir un dividendo de 150.000 € y en ese ejercicio ha disminuido el capital con devolución de aportaciones a los socios por importe de 75.000 €. Existen liberalidades por 13.400 € y deducciones generadas por inversiones en el ejercicio por 90.000 € y 80.000 € acumuladas de años anteriores. Tipo impositivo 30%.

Antes de entrar en la solución, recordamos que las inversiones efectuadas en el ejercicio pueden afectarse a la RIC de años anteriores, a la RIC del año en curso como anticipada y, en el caso de no haberse dotado o de así interesar en una adecuada planificación fiscal, a la deducción por inversiones en activos fijos nuevos. De optar por la deducción hay que tener en cuenta que el suelo hay que excluirlo del coste de adquisición en la mayoría de las situaciones, y es posible aplicar también la deducción en activos usados. El límite de la deducción aplicable es el 70% de la cuota, tanto para las devengadas en el ejercicio como las acumuladas de años anteriores.

En 2023 hemos de planificar primeramente si interesa más dotar la RIC máxima y así minimizar el impuesto u optar por aplicar la deducción generada. El efecto positivo de la primera opción es obviamente la minimización de la imposición, pero a cambio hay un compromiso de inversión futura mayor. La segunda opción conlleva un mayor pago de impuestos, pero un menor compromiso de inversión.

Opción 1. Dotación de la RIC máxima y registro del crédito impositivo del importe de las deducciones pendientes de aplicar. Minimiza el impuesto (cuota líquida), pero incrementa el compromiso de reinversión:

RESULTADO CONTABLE ANTES DE IMPUESTOS	**800.000,00**
(+/-) Diferencias permanentes	13.400,00
(-) Reserva para Inversiones en Canarias	423.703,83
(+/-) Diferencias temporarias	
Con origen en el ejercicio	0,00
Con origen en ejercicios anteriores	0,00
(-) Compensación de pérdidas fiscales de ejercicios anteriores.	0,00
BASE IMPONIBLE	**389.696,17**
CUOTA ÍNTEGRA	**116.908,85**
(-) Bonificaciones	0,00
(-) Deducciones	81.836,20
Deducciones del ejercicio (con el límite del 70%)	81.836,20
Deducciones de ejercicios anteriores (con el límite del 70%) Año n-1	0,00
Deducciones de ejercicios anteriores (con el límite del 70%) Año n-2	0,00
Deducciones de ejercicios anteriores (con el límite del 70%) Año n-3	0,00
Deducciones de ejercicios anteriores (con el límite del 70%) Año n-4	0,00
Deducciones de ejercicios anteriores (con el límite del 70%) Año n-5	0,00
Total deducciones de años anteriores	0,00
Limite conjunto para todas las deducciones (70%)	0,00
CUOTA LÍQUIDA	**35.072,65**
(-) Retenciones y pagos a cuenta	180.000,00
CUOTA DIFERENCIAL	**-144.927,35**

Impuesto devengado:

35.072,65	6300	Impuesto corriente				
144.927,35	4740	Hacienda pública, deudor por devolución de impuestos				
			a	Hacienda pública retenciones y pagos a cuenta	473	180.000,00

Registro del crédito impositivo de las deducciones no aplicadas, equivalentes a 90.000 - 81.836,20= 8.163,80:

8.163,80	4742	Derechos por deducciones y bonificaciones pendientes de aplicar	a	Impuesto diferido	6301	8.163,80

Comprobación dotación RIC:
Beneficio = 800.000 - 35.072,65 + 8.163,80 = 773.091,15
RIC = 0,9 (773.091,15 - 77.309,11 - 150.000,00 - 75.000,00) = 423.703,83
Aplicación del resultado:

773.091,15	Resultado del ejercicio	a	Reserva legal	77.309,11
		a	Reserva para Inversiones en Canarias	423.703,83
		a	Dividendos	150.000,00
		a	Resultados Negativos de Ejercicios anteriores	0,00
		a	Otras reservas	122.078,20

Conclusión: los créditos impositivos registrados en el ejercicio corriente aumentan la RIC máxima, pues suponen el registro de un ingreso contable, que al afectar al beneficio también afectan a las reservas (RIC y RL). Ahora bien, esta opción minimiza el impuesto, pero no permite aplicar el máximo de las deducciones: de 90.000 de 2024 solo pudimos aplicar 81.836,20 y nada de los 80.000 acumuladas de años anteriores. Si hubiese alguna deducción pendiente de agotar el plazo, aplicaríamos esa y no la del ejercicio actual.

Opción 2. Dotamos la RIC en una menor cuantía respecto a la máxima y aplicamos la totalidad de las deducciones.

Entendemos que esta segunda opción supone una planificación fiscal más correcta que la anterior. Aunque resulta una menor cuota a devolver, también es menor el compromiso de inversión que se asume. La dotación se disminuye de 423.703,83 € a 213.400 € (a la mitad):

RESULTADO CONTABLE ANTES DE IMPUESTOS	**800.000,00**
(+/-) Diferencias permanentes	13.400,00
(-) Reserva para Inversiones en Canarias	213.400,00
(+/-) Diferencias temporarias	
Con origen en el ejercicio	0,00
Con origen en ejercicios anteriores	0,00
(-) Compensación de pérdidas fiscales de ejercicios anteriores.	0,00
BASE IMPONIBLE	**600.000**
CUOTA ÍNTEGRA	**180.000**
(-) Bonificaciones	0,00
(-) Deducciones	90.000,00
Deducciones del ejercicio (con el límite del 70%)	90.000,00
Deducciones de ejercicios anteriores (con el límite del 50%) Año n-1	0,00
Deducciones de ejercicios anteriores (con el límite del 50%) Año n-2	0,00
Deducciones de ejercicios anteriores (con el límite del 50%) Año n-3	0,00
Deducciones de ejercicios anteriores (con el límite del 50%) Año n-4	0,00
Deducciones de ejercicios anteriores (con el límite del 50%) Año n-5	36.000
Total deducciones de años anteriores	0,00
Limite conjunto (70% de 180.000 = 90.000 + 36.000)	126.000
CUOTA LÍQUIDA	**54.000,00**
(-) Retenciones y pagos a cuenta	180.000,00
CUOTA DIFERENCIAL	**-126.000,00**

La preferencia en este caso ha sido consumir lo máximo posible de las deducciones.

Impuesto devengado:

54.000 (6300) Impuesto corriente

126.000 (4740) Hacienda deudora devolución 2024

a Hacienda retenciones 180.000

Impuesto diferido:

36.000 (6301) Impuesto diferido a Hacienda deducciones pendientes 36.000

Comprobación RIC:
Beneficio = 800.000 - 54.000 - 36.000 = 710.000
RIC máxima = 0,9 (710.000 - 71.000,00 RL - 150.000,00 DIV - 75.000,00 DFP) = 372.600.
La dotación RIC efectuada de 213.400,00 solo representa el 57,27% de la máxima posible, pero las deducciones agotan el límite del 70% de la cuota.

Aplicación del resultado:

710.000 Resultado del ejercicio	a	Reserva legal	71.000,00
		RIC 2024	213.400,00
		Dividendos	150.000,00
		Reservas voluntarias	275.600,00

Conclusión: la aplicación de las deducciones generadas en el ejercicio que se liquida y las acumuladas de años anteriores no exige dotar una RIC máxima. Esta solución favorece la planificación fiscal a medio y largo plazo, reduciendo notablemente el importe de las inversiones a efectuar y las contingencias que puedan derivarse de no poder efectuarlas, amén de consumir los plazos máximos para la aplicación de las deducciones sobre cuota (15 años).

Ejemplo 27.12 con deducciones generadas y pendientes de aplicación de ejercicios anteriores (con el límite actual del 70% de la cuota)

Entidad mercantil que en 2024 ha obtenido un beneficio antes de impuesto de 800.000 € quiere repartir un dividendo de 150.000 €. En ese ejercicio ha disminuido el capital con devolución de aportaciones a los socios por importe de 75.000 €, existen liberalidades por 13.400 € y deducciones pendientes de aplicar por 80.000 € del ejercicio 2020, 90.000 de 2021 y 60.000 de 2022). En ejercicios previos se ha registrado el crédito impositivo. Tipo impositivo 25%.
El límite del 70% de la cuota de la deducción generada en el ejercicio que se liquida ya no es independiente del límite de las deducciones de ejercicios anteriores a raíz de la STS de abril 2024 (también aplicable a 2023). Ello impide que la cuota del impuesto sea cero si el importe de las deducciones es alto.
Aplicando la preferencia que pregonamos del consumo máximo de las deducciones para reducir el compromiso de la inversión asumido con la RIC vemos que la dotación ha de ser muy inferior a la máxima posible para que las deducciones cumplan con el límite del 70% de la cuota. Probemos con 300.000 €
En este caso, la restricción añadida ha sido que la cuota íntegra permita la aplicación de todas las deducciones:

RESULTADO CONTABLE ANTES DE IMPUESTOS	**800.000,00**
(+/-) Diferencias permanentes	13.400,00
(-) Reserva para Inversiones en Canarias	-300.000,00
(+/-) Diferencias temporarias	
Con origen en el ejercicio	0,00
Con origen en ejercicios anteriores	0,00
(-) Compensación de pérdidas fiscales de ejercicios anteriores.	0,00
BASE IMPONIBLE	**513.400**
CUOTA ÍNTEGRA	**128.350**
(-) Bonificaciones	0,00
Deducciones de ejercicios anteriores (con el límite del 50%) Año n-1	0,00
Deducciones de ejercicios anteriores (con el límite del 50%) Año n-2	0,00
Deducciones de ejercicios anteriores (con el límite del 50%) Año n-3	0,00
Deducciones de ejercicios anteriores (con el límite del 50%) Año n-4	89.845
Deducciones de ejercicios anteriores (con el límite del 50%) Año n-1	0,00
Total deducciones de años anteriores	89.845
Limite conjunto (70%)	89.845
CUOTA LÍQUIDA	**38.505**
(-) Retenciones y pagos a cuenta	180.000,00
CUOTA DIFERENCIAL	**-141.495**

Impuesto devengado y crédito fiscal:

38.505 (6300) Impuesto corriente			
141.496 (4740) H. devolución 2024	a	Hacienda retenciones	180.000

Registro del crédito impositivo:

89.845 (6301) Impuesto diferido	a	474 Hacienda deducciones 2020	89.845

Beneficio contable = 800.000 - 38.505 impuesto directo - 89.845 impuesto diferido = 671.650

Comprobación RIC:

0,9 (671.650 - 150.000 dividendos - 75.000 DFP) = 401.985

La RIC dotada de 300.000 solo supone el 74,6% de la RIC máxima, pero se ha priorizado aprovechar las máximas deducciones posibles.

Aplicación del resultado:

671.650,00 (129) Resultado del ejercicio	a	Reserva legal	67.165,00
		RIC 2024	300.000,00
		Dividendos	150.000,00
		Reservas voluntarias	154.485,00

Conclusión: una adecuada planificación fiscal debe optar por aplicar en primer lugar las deducciones pendientes acorde a los plazos y límites establecidos, y en segundo lugar comprometerse a invertir mediante la dotación RIC en una proporción lógica, no por el máximo legal posible.

La incidencia de las deducciones en la dotación RIC comprobada en la práctica en la resolución de los ejercicios es que los créditos impositivos afectan a la RIC, en tanto que suponen ingresos derivados de la aplicación del método impositivo. El registro de un activo (el crédito impositivo) por definición conlleva la aplicación de un ingreso probable acorde con las pautas establecidas en el marco conceptual del PGC. Cualquier activo e ingreso se fundamenta sobre los atributos de fiabilidad y probabilidad, conceptualizando el propio contenido del resultado del ejercicio. A título meramente ilustrativo, cuando realizamos la venta a un cliente, registramos el activo y el correspondiente ingreso porque creemos que es probable que el cliente nos aporte una entrada de recursos en el futuro. Lo mismo cabe señalar de los créditos impositivos por deducciones. Cuando se registra el crédito fiscal se está asumiendo que es probable que Hacienda nos aporte una menor salida de recursos en el futuro, en justa correspondencia con la definición de activo e ingresos (probabilidad de entrada de mayores recursos en el futuro o de menores salidas de recursos en el futuro), generando una menor imposición; y cuando se consume finalmente el crédito fiscal estamos volviendo a la situación original mediante el reconocimiento de una mayor imposición.

Repito mi comentario de que en el ejercicio profesional no recurro a más herramientas informáticas que la indispensable hoja de cálculo y la calculadora para determinar la dotación RIC. Eso sí, también a buenas dosis de lógica y a la metodología que he pretendido explicar a base de la teoría y los numerosos ejemplos expuestos a lo largo de los capítulos 25, 26 y 27. Reitero mi agradecimiento al profesor José Andrés Dorta Velázquez por el acceso a la herramienta *Solver* y la colaboración en los ejemplos.

Capítulo 28

EL REQUISITO DE CREACIÓN CONTABLE E INDISPONIBILIDAD DE LA RESERVA DURANTE EL PLAZO DE MATERIALIZACIÓN Y MANTENIMIENTO DE LAS INVERSIONES RIC/RIB

El acuerdo de la dotación RIC/RIB ha de reflejarse contablemente mediante la creación de una reserva voluntaria especial en el pasivo del balance, de la que no podrá disponerse durante el tiempo en el que se realiza la inversión (cuatro años) y hayan de permanecer en funcionamiento las inversiones objeto de materialización (cinco o diez años si se ha afectado suelo). La creación de la reserva especial se hace en el momento en que la junta de socios aprueba la aplicación del resultado y la dotación RIC/RIB, normalmente antes del 30 de junio, incorporándose a la contabilidad mediante el asiento de aplicación del resultado; de forma que la contabilidad señale con rigor y claridad que antes de la autoliquidación del impuesto se decidió efectuar la dotación y se creó la reserva especial en el neto patrimonial de la entidad.

La indisponibilidad de la reserva es interpretable tanto como requisito sustancial como formal, por lo que sigue siendo materia conflictiva. En la creación de la RIB en 2022 no aprovechó el legislador para corregir el déficit de técnica legislativa en esta materia en la RIC, motivo de que ambas reservas se rigen por la misma normativa que adolece de rigor jurídico en algunos artículos.

28.1. Legislación vigente

– Ley 19/1994, REF

Art. 27.3. La reserva para inversiones deberá figurar en los balances con absoluta separación y título apropiado y será indisponible en tanto que los bienes en que se materializó deban permanecer en la empresa.

Art. 27.16. La disposición de la reserva para inversiones con anterioridad a la finalización del plazo de mantenimiento de la inversión o para inversiones diferentes a las previstas en el apartado 4 de este artículo, así como el incumplimiento de cualquier otro de los requisitos establecidos en este artículo, salvo los contenidos en sus apartados 3 y 13, dará lugar a que el contribuyente proceda a la integración, en la base imponible del Impuesto sobre Sociedades o del Impuesto sobre la Renta de no Residentes o en la cuota íntegra del Impuesto sobre la Renta de las Personas Físicas del ejercicio en que ocurrieran estas circunstancias, de las cantidades que en su día dieron lugar a la reducción de aquélla o a la deducción de ésta, sin perjuicio de las sanciones que resulten procedentes.

Art. 27.17. Constituyen infracciones tributarias graves los siguientes supuestos:

a) La falta de contabilización de la reserva para inversiones en los términos previstos en el apartado 3 de este artículo, que será sancionada con multa pecuniaria proporcional del 2 por ciento de la dotación que debiera haberse efectuado. (…)

– Ley 31/2022, Régimen fiscal especial balear

D. A. 70ª. Cuatro, 3. *La reserva para inversiones deberá figurar en los balances con absoluta separación y título apropiado y será indisponible en tanto que los bienes en que se materializó deban permanecer en la empresa.*

14. La disposición de la reserva para inversiones con anterioridad a la finalización del plazo de mantenimiento de la inversión o para inversiones diferentes a las previstas en el número 4 de este apartado, así como el incumplimiento de cualquier otro de los requisitos establecidos en este apartado, salvo los contenidos en sus números 3 y 12, dará lugar a que el contribuyente proceda a la integración, en la base imponible del Impuesto sobre Sociedades o del Impuesto sobre la Renta de no Residentes o en la cuota íntegra del Impuesto sobre la Renta de las Personas Físicas del ejercicio en que ocurrieran estas circunstancias, de las cantidades que en su día dieron lugar a la reducción de aquella o a la deducción de esta, sin perjuicio de las sanciones que resulten procedentes.

En el caso del incumplimiento de la obligación del ejercicio de la opción de compra prevista en los contratos de arrendamiento financiero, la integración en la base imponible tendrá lugar en el ejercicio en el que contractualmente estuviera previsto que esta debiera haberse ejercitado.

Se liquidarán intereses de demora en los términos previstos en la Ley 58/2003, de 17 de diciembre, General Tributaria, y en su normativa de desarrollo.

15. Constituyen infracciones tributarias graves los siguientes supuestos:

a) La falta de contabilización de la reserva para inversiones en los términos previstos en el número 3 de este apartado, que será sancionada con multa pecuniaria proporcional del 2 por ciento de la dotación que debiera haberse efectuado. (…)

El contribuyente que se acoge a los beneficios de este incentivo ha de cumplir los múltiples requisitos exigibles a las fases de dotación, materialización y mantenimiento de las inversiones más los que considerábamos como formales hasta que los Tribunales de Justicia los elevaron a sustanciales. Si se incumplían, se perdía el beneficio disfrutado. El legislador intentó poner coto a las regularizaciones efectuadas por la Administración tributaria con la reforma de la RIC a partir de 1 de enero de 2007, pero el déficit habitual en la técnica legislativa hizo que quedaran algunas cuestiones poco definidas y susceptibles de interpretación. Además, hay que partir de la base de que la dotación se efectúa siempre y exclusivamente con los rendimientos generados en la actividad económica desarrollada en Canarias/Baleares, lo que exige su determinación por medio de la contabilidad que cumpla la normativa aplicable y sea veraz. La ausencia de contabilidad o la llevanza de contabilidad que no recoja la realidad empresarial, al menos en el año que se dota la reserva, es causa de pérdida del incentivo, motivo de que sea un requisito sustancial a tener muy en cuenta.

En personas físicas, la autoliquidación del IRPF con la deducción de la cuota correspondiente a la dotación RIC/RIB se efectúa normalmente en los meses de abril, mayo y junio, por lo que llevamos muchos años aconsejando que el asiento de la dotación RIC se efectué con anterioridad, en abril o mayo, pero siempre antes de la declaración IRPF, para que así quede acreditado que la decisión de dotar se tomó antes de la presentación del impuesto.

Pues bien, la problemática relativa al asiento contable de la dotación RIC y al mantenimiento de la reserva en los fondos propios de la entidad o de la persona física fue calificada en su día por los Tribunales de Justicia como requisito sustancial del incentivo fiscal, cuyo incumplimiento ocasionaba la pérdida total del beneficio disfrutado, aunque se hubiese invertido correctamente la dotación y cumplido la finalidad del incentivo: fomentar la inversión y la creación de puestos de trabajo en Canarias. Afortunadamente, el manifiesto desequilibrio entre las formalidades y el fin último de la RIC fue corregido en parte por el legislador en la normativa aplicable a partir de 1 de enero de 2007, de forma que el incumplimiento de algunos requisitos formales dejó de suponer la pérdida del beneficio disfrutado, para pasar a sancionarse con el 2% de la dotación.

La indisponibilidad de la RIC/RIB una vez dotada puede interpretarse como que dejó de ser un requisito sustancial, pero también lo contrario. Me refiero al art. 27.16 de la Ley 19/1994, que primero señala que la indisponibilidad de la reserva y el incumplimiento del resto de requisitos de la normativa implica la regularización del beneficio fiscal disfrutado, y luego establece como salvedad los requisitos del art. 3, entre los que se encuentra la indisponibilidad de la RIC durante el plazo de mantenimiento de las inversiones, que no supone la regularización del incentivo, sino la sanción de un 2% de la dotación. A esta materia me referí en profundidad en 2012, pero lo curioso es que doce años después siga la misma controversia sin apreciarse avance alguno. La Administración tributaria continúa con su criterio de que prevalece el inciso inicial del art. 27.16 a la salvedad del párrafo siguiente, esto es, que si la reserva deja de ser indisponible se pierde el beneficio fiscal disfrutado.

En este capítulo analizo en primer lugar la dotación contable de la RIC/RIB como presupuesto necesario para aplicar ambas reservas; en segundo lugar, los aspectos formales relacionados con la dotación que se consideraron sustanciales por los Tribunales de Justicia y que su incumplimiento supuso la pérdida del beneficio disfrutado con la dotación RIC entre 1994 y 2006; en tercer lugar, cómo el legislador intervino en diciembre de 2006 para considerar que algunos de los requisitos eran formales y no implicaban la regularización de la RIC, sino una sanción del 2% de la dotación, entre ellos la contabilización de la dotación; y finalmente, que sigue siendo controvertida la disposición de la reserva o indisponibilidad antes de la finalización del plazo de mantenimiento de las inversiones.

28.2. La creación de la RIC/RIB mediante el asiento contable de la aplicación del beneficio es en la actualidad un mero requisito formal

La junta general de socios que aprueba las cuentas anuales y la aplicación del resultado del ejercicio es la que decide formalmente sobre la dotación RIC/RIB. Con anterioridad, los administradores de la entidad han calculado la imposición sobre beneficios para tener preparadas en marzo las cuentas anuales del ejercicio finalizado y poder legalizar telemáticamente los libros de contabilidad en el Registro Mercantil. En el cálculo de la imposición sobre el beneficio han tenido que decidir si dotan o no la RIC/RIB, componente básico para minimizarla. Si los administradores deciden minimizar la imposición dotando RIC/RIB, la junta general de socios es la que aprueba o no dicha propuesta un par de meses más tardes, normalmente en junio, dentro del plazo mercantil de seis meses del cierre del ejercicio. Si no lo hace, la RIC/RIB no ha llegado nunca a dotarse y los administradores tendrán que reformular las cuentas anuales con el cálculo de la nueva imposición sobre beneficios y corregir los libros de contabilidad previamente legalizados. No obstante, si la junta ratifica la propuesta de los administradores, la dotación RIC/RIB se habrá acordado con las formalidades exigidas. En otras palabras, la entidad habrá decidido dotar RIC/RIB en ese momento.

Pero aún no puede afirmarse que la dotación RIC/RIB haya nacido jurídicamente, puesto que para ello la normativa exige el cumplimiento de dos nuevos requisitos:

– La aplicación formal de parte del saldo de pérdidas y ganancias del ejercicio a la dotación RIC/RIB (reservas que forman parte del patrimonio neto), que ha de figurar necesariamente en el acuerdo de la junta que adopte la decisión y en la certificación del acta que firmen los administradores. Firmas que eran legitimadas notarialmente hasta 2011 para depositar la certificación en el Registro Mercantil junto a las cuentas anuales. A partir de ese año, la Ley 25/2011 eliminó que en la presentación de las cuentas anuales ajustadas al PGC fuera necesaria la legitimación notarial de la firma de los administradores. Pero con ello se perdía una de las formas clásicas de acreditar el momento de la dotación, cuestión decisiva en el proceso RIC/RIB, motivo de que aconsejase y siga aconsejando continuar legitimando las firmas para dejar constancia de la fecha de la certificación.

No se requiere formalidad más allá que la que señala la legislación mercantil, basta con que se haga constar en el libro de actas y en la posterior certificación que el saldo de pérdidas y ganancias del ejercicio (el resultado del ejercicio) se aplica (o se destina) a la reserva legal, RIC/RIB, reservas voluntarias, dividendos, etc. En fin, a los conceptos que acordase la junta de socios, pero especificando claramente en el libro de actas y en la certificación la parte que se ha destinado a la dotación RIC/RIB.

– La contabilización del acuerdo de dotación, o lo que es lo mismo, la contabilización de la aplicación de resultados acordada con la dotación RIC/RIB. En otras palabras, la normativa del incentivo fiscal exige que se cree en contabilidad una reserva especial, la reserva para inversiones en Canarias/Baleares, y el momento de su contabilización ha de ser precisamente en el mes en el que se aprueba la aplicación del resultado, normalmente en junio, y siempre antes de que se autoliquide el IS con la dotación, que suele hacerse en julio. Si por cualquier circunstancia el impuesto se autoliquida con anterioridad al momento en que la junta de socios decide la dotación RIC/RIB tendremos un importante conflicto con la Administración tributaria.

Actuando dentro de la normalidad, la contabilidad reflejaría en junio de 2024, por poner un ejemplo, la aplicación del resultado del ejercicio 2023 aprobado por la junta general mediante el asiento contable:

(129) Resultado del ejercicio	a	(112) Reserva legal
		(114) RIC/RIB 2023
		(113) Reserva voluntaria
		(...)

El número de la cuenta de la RIC/RIB no tiene por qué ser uno en específico, sino cualquiera que tenga cierta lógica dentro del subgrupo 11 de Reservas, como la cuenta 114 de reservas especiales o las cuentas 117 y 118 que están libres de concepto en el cuadro de cuentas del PGC 2007. En cualquier caso, conviene detallar con claridad el título de Reserva para inversiones en Canarias/Baleares, o simplemente los acrónimos RIC/RIB, con el año que se beneficia de la dotación, para así cumplir la exigencia del art. 27.3 de que la reserva debe figurar en los balances con absoluta separación y título apropiado.

He observado en artículos digitales que algunos profesionales de Baleares se inclinan por utilizar el acrónimo RIIB (reserva para inversiones en las Islas Baleares), pero me he inclinado por el más sencillo de RIB. No obstante, aceptaré encantado el que decidan los compañeros baleares.

Aconsejo, además, que la dotación de cada año figure en una subcuenta determinada, de forma que, si la 114 es Reserva para inversiones en Canarias, cada año se utilice una subcuenta de cada una de las dotaciones anuales efectuadas:

– 114.00001 RIC 2022/RIB 2022

– 114.00002 RIC 2023/RIB 2023

– 114.00003 RIC 2024/RIB 2024

– (…)

La falta de la adecuada contabilidad que refleje la imagen fiel de la empresa, la incorrecta aplicación del resultado del ejercicio a la dotación RIC correspondiente, y la no creación en la contabilidad de la reserva específica en cuentas de neto patrimonial tuvieron desastrosos resultados para el contribuyente hasta el 31 de diciembre de 2006, porque dichas circunstancias eran calificadas por la Administración tributaria y los Tribunales de Justicia como incumplimientos de requisitos sustanciales del incentivo fiscal, ocasionando la pérdida de los beneficios disfrutados, aunque se hubiese invertido correctamente la dotación.

A partir de 1 de enero de 2007, las incorrecciones en la aplicación del resultado y el hecho que no figuren correctamente las dotaciones en el balance, con algún matiz, no implican la pérdida del incentivo, sino la imposición de sanciones. Esto es, los requisitos exigibles en esta materia han pasado de sustanciales a meramente formales.

Criterio que comparte la DGT en **CV 0364/2014, de 13 de febrero**, en que una persona física manifiesta que ha realizado inversiones en 2011, pero no dotó RIC ese año, y pregunta si podrían considerarse como materialización de la dotación RIC 2011 o de los siguientes años. La DGT trascribe varios apartados del art. 27 y señala que el incumplimiento de cualquiera de los requisitos de la normativa implica la integración en la base imponible (o en la cuota en el IRPF, precisamos) del beneficio disfrutado, afirmando que esas normas no rigen para los incumplimientos consistentes en la falta de contabilización de la RIC, la no presentación del plan de inversiones y los relativos a la información que debe constar en la memoria. En relación con estas irregularidades se ha establecido una serie de infracciones tributarias en el artículo 27 apartados 16 y 17.

Sobre la cuestión planteada, ofrece al contribuyente la solución de rectificar su autoliquidación del IRPF de 2011 para incluir la dotación RIC —que a mi entender no es una opción válida, pues incumple con el momento de la dotación, esto es, la obligación de que se haya creado la dotación en la contabilidad antes de presentar el IRPF, otro de los requisitos sustanciales de la RIC cuyo incumplimiento implica la pérdida de la dotación. No en balde, añade la DGT tras su propuesta, que *conforme a lo anterior, corresponde al interesado decidir instar la rectificación de la autoliquidación, siendo los correspondientes órganos de la Agencia Estatal de Administración Tributaria los que determinen si procede o no la misma.*— Si no optase por la rectificación, la alternativa de afectar la inversión a las dotaciones de los siguientes tres años la veo más factible después de que el TS tomase el criterio de que la no comunicación de la inversión anticipada no supone la pérdida del incentivo. Trascribo parte de la extensa consulta:

> *La RIC es un beneficio fiscal, regulado en el artículo 27 de la Ley 19/994, que tiene por objeto compensar los costes adicionales que se derivan de la lejanía y dispersión del archipiélago canario, promoviendo actividades generadoras de empleo y acrecentando la competitividad, interior y exterior, de las empresas canarias.*
>
> *De acuerdo con una interpretación de la norma acorde con su espíritu ha de señalarse que sólo serán aptas para la materialización de la RIC las inversiones que se realicen a partir del momento en que se obtengan los beneficios que quedarán libres de tributación, quedando excluidas aquellas otras que se efectúen anteriormente.*
>
> *No obstante lo anterior, como excepción a la regla general, la norma permite efectuar inversiones anticipadas, con arreglo al apartado 11 del artículo 27 de la Ley 19/1994 según el cual:*
>
> *"Los sujetos pasivos a que se refiere este artículo podrán llevar a cabo inversiones anticipadas, que se considerarán como materialización de la reserva para inversiones que se dote con cargo a beneficios obtenidos en el período impositivo en el que se realiza la inversión o en los tres posteriores, siempre que se cumplan los restantes requisitos exigidos en el mismo.*
>
> *Las citadas dotaciones habrán de realizarse con cargo a beneficios obtenidos hasta el 31 de diciembre de 2013.*
>
> *La citada materialización y su sistema de financiación se comunicarán conjuntamente con la declaración del Impuesto sobre Sociedades, el Impuesto sobre la Renta de no Residentes o el Impuesto sobre la Renta de las Personas Físicas del período impositivo en que se realicen las inversiones anticipadas".*
>
> *El incumplimiento de cualquiera de los requisitos para gozar del régimen implica la integración en la base imponible del ejercicio en que tenga lugar el incumplimiento de las cantidades*

que redujeron la base en su día, con liquidación de intereses de demora y la imposición de las sanciones que resultaran procedentes.

Ahora bien, estas normas no rigen para los incumplimientos consistentes en la falta de contabilización de la RIC, la no presentación del plan de inversiones y los relativos a la información que deba constar en la memoria. En relación con estos, se han establecido una serie de infracciones tributarias. Así lo establece la Ley 19/1994 en su artículo 27 apartados 16 y 17:

"La disposición de la reserva para inversiones con anterioridad a la finalización del plazo de mantenimiento de la inversión o para inversiones diferentes a las previstas en el apartado 4 de este artículo, así como el incumplimiento de cualquier otro de los requisitos establecidos en este artículo, salvo los contenidos en sus apartados 3, 10 y 13, dará lugar a que el sujeto pasivo proceda a la integración, en la base imponible del Impuesto sobre Sociedades o del Impuesto sobre la Renta de no Residentes o en la cuota íntegra del Impuesto sobre la Renta de las Personas Físicas del ejercicio en que ocurrieran estas circunstancias, de las cantidades que en su día dieron lugar a la reducción de aquélla o a la deducción de ésta, sin perjuicio de las sanciones que resulten procedentes. (…)."

"17. Constituyen infracciones tributarias graves los siguientes supuestos:

a) La falta de contabilización de la reserva para inversiones en los términos previstos en el apartado 3 de este artículo, que será sancionada con multa pecuniaria proporcional del 2 por ciento de la dotación que debiera haberse efectuado.

b) No hacer constar en la memoria de las cuentas anuales la información a que se refiere el apartado 13 de este artículo, que será sancionada con multa pecuniaria proporcional del 2 por ciento del importe de las dotaciones a la reserva para inversiones que debieran haberse incluido.

c) Incluir datos falsos, incompletos o inexactos en la memoria de las cuentas anuales a que se refiere el apartado 13 de este artículo, que será sancionada con multa pecuniaria fija de 500 euros por cada dato omitido, falso o inexacto, con un mínimo de 5.000 euros.

Constituyen infracciones tributarias leves los siguientes supuestos:

a) No comunicar los datos o comunicar datos falsos, incompletos o inexactos a que se refiere la letra D del apartado 4 de este artículo, que será sancionada con multa pecuniaria fija de 150 euros por cada dato omitido, falso o inexacto, con un mínimo de 500 euros.

b) La no presentación del plan de inversión a que se refiere el apartado 10 de este artículo, que será sancionada con multa pecuniaria proporcional del 2 por ciento del importe de la dotación efectuada a la reserva para inversiones a cuya materialización debería haberse referido.

c) La omisión, falseamiento o inexactitud de los datos que deben contenerse en el plan de inversión a que se refiere el apartado 10 de este artículo se sancionará con multa pecuniaria fija de 150 euros por cada dato omitido, falso o inexacto, con un mínimo de 500 euros."

Dicho lo anterior, teniendo en cuenta que el consultante adquirió unos elementos patrimoniales aptos para la materialización de dicha reserva y que el Régimen Económico de Canarias permite efectuar inversiones anticipadas a efectos de la materialización de la RIC, se va a analizar la posibilidad de que los elementos patrimoniales aptos para materializar la RIC que el consultante adquirió en el año 2011 puedan considerarse como materialización de la reserva para inversiones que se dote con cargo a beneficios obtenidos en el período impositivo 2011 mediante una rectificación de su autoliquidación del Impuesto sobre la Renta de las Personas Físicas del período impositivo 2011 para incluir la dotación a la reserva para inversiones en Canarias en dicha autoliquidación.

En primer lugar, las autoliquidaciones, están reguladas en el artículo 120 de la Ley 58/2003, de 17de diciembre, General Tributaria, (BOE de 18 de diciembre), en adelante LGT, el cual establece:

"1. Las autoliquidaciones son declaraciones en las que los obligados tributarios, además de comunicar a la Administración los datos necesarios para la liquidación del tributo y otros de contenido informativo, realizan por sí mismos las operaciones de calificación y cuantificación necesarias para determinar e ingresar el importe de la deuda tributaria o, en su caso, determinar la cantidad que resulte a devolver o a compensar.

2. Las autoliquidaciones presentadas por los obligados tributarios podrán ser objeto de verificación y comprobación por la Administración, que practicará, en su caso, la liquidación que proceda.

3. Cuando un obligado tributario considere que una autoliquidación ha perjudicado de cualquier modo sus intereses legítimos, podrá instar la rectificación de dicha autoliquidación de acuerdo con el procedimiento que se regule reglamentariamente.

Cuando la rectificación de una autoliquidación origine una devolución derivada de la normativa del tributo y hubieran transcurrido seis meses sin que se hubiera ordenado el pago por causa imputable a la Administración tributaria, ésta abonará el interés de demora del artículo 26 de esta ley sobre el importe de la devolución que proceda, sin necesidad de que el obligado lo solicite. A estos efectos, el plazo de seis meses comenzará a contarse a partir de la finalización del plazo para la presentación de la autoliquidación o, si éste hubiese concluido, a partir de la presentación de la solicitud de rectificación.

Cuando la rectificación de una autoliquidación origine la devolución de un ingreso indebido, la Administración tributaria abonará el interés de demora en los términos señalados en el apartado 2del artículo 32 de esta ley.".

Por tanto procederá la rectificación cuando se den los supuestos del referido artículo 120.3 transcrito.

Dicho lo anterior hay que tener en cuenta que los elementos fácticos del supuesto concreto deberán ser valorados, en su caso, por el correspondiente órgano gestor competente de la Administración tributaria, en el seno del procedimiento de rectificación de la autoliquidación del periodo 2011 que pueda ser eventualmente instado, de acuerdo con lo preceptuado por el artículo 120.3 de la LGT anteriormente transcrito y desarrollado por los artículos 126 a 129 del Reglamento General de las actuaciones y los procedimientos de gestión e inspección tributaria y de desarrollo de las normas comunes de los procedimientos de aplicación de los tributos, aprobado por el Real Decreto 1065/2007, de 27 de julio, (BOE de 5 de septiembre), en adelante RGAT.

Asimismo, es necesario destacar que el artículo 127.1, párrafo primero del RGAT señala que:

"1. En la tramitación del expediente se comprobarán las circunstancias que determinan la procedencia de la rectificación. Cuando junto con la rectificación se solicite la devolución de un ingreso efectuado, indebido o no, se comprobarán las siguientes circunstancias:".

Esta actividad comprobadora queda aun más concretada en el artículo 127.2 del mismo Reglamento, que establece que:

"A efectos de lo previsto en el apartado anterior, la Administración podrá examinar la documentación presentada y contrastarla con los datos y antecedentes que obren en su poder. También podrá realizar requerimientos al propio obligado en relación con la rectificación de su autoliquidación, incluidos los que se refieran a la justificación documental de operaciones financieras que tengan incidencia en la rectificación solicitada. Asimismo, podrá efectuar requerimientos a terceros para que aporten la información que se encuentren obligados a suministrar con carácter general o para que la ratifiquen mediante la presentación de los correspondientes justificantes.".

Conforme a lo anterior, corresponde al interesado decidir instar la rectificación de la autoliquidación, siendo los correspondientes órganos de la Agencia Estatal de Administración Tributaria los que determinen si procede o no la misma.

En el supuesto de el consultante no inste la rectificación referida o de no proceder la misma, respecto de la cuestión relativa a si el importe no deducido en ejercicios anteriores por falta de dotación de la RIC podría también reducir, en su caso, la base imponible de ejercicios futuros, hay que señalar que la respuesta debe ser afirmativa. En efecto, el artículo 27.11 de la Ley 19/1994 establece la posibilidad de llevar a cabo inversiones anticipadas que se considerarán como materialización de la reserva para inversiones que se dote con cargo a beneficios obtenidos en el período impositivo en el que se realiza la inversión o en los tres posteriores, siempre que se realice la dotación a la RIC en una declaración cuyo período reglamentario de declaración no haya finalizado y siempre que se cumplan los restantes requisitos exigidos en el mencionado artículo 27 de la Ley 19/1994, precisándose que las citadas dotaciones habrán de realizarse con cargo a beneficios obtenidos hasta el 31 de diciembre de 2013 [DGT, CV 364/2014. La negrita es nuestra].

A pesar de la importante reforma normativa de 2006 en la materia analizada, conviene repasar el criterio de los Tribunales económico-administrativos y de Justicia con la legislación vigente hasta dicha modificación; y continuar su estudio con la aplicable a partir de 1 de enero de 2007. Labor que hacemos en los próximos tres apartados.

28.2.1. Los Tribunales económico-administrativos ratificaron el criterio de la Inspección tributaria de que los requisitos de creación de la reserva y su mantenimiento eran esenciales hasta el 31 de diciembre de 2006

En obras anteriores, Miranda Calderín (2005, 2007 y 2012), destacamos que el criterio de la Inspección tributaria de que los requisitos de contabilización de la dotación RIC y su obligatoria permanencia en balances hasta que finalizara el plazo de mantenimiento de las inversiones eran sustanciales y no formales fue rápidamente ratificado por el TEARC y posteriormente por el TEAC. No voy a insistir en ello, pero sí analizar dos resoluciones TEAR de 2011 y 2012 que por sus fechas no incluí en el *Manual de la RIC 2007-2013* publicado en 2012, que abordan estas cuestiones en dos casos muy específicos, pero representativos de la complejidad a la que puede llegarse con la dotación RIC.

La resolución **TEAR de 30 de septiembre de 2011, Sala de Las Palmas, reclamación 35/03662/2009**, incide en la importancia de la información suministrada por el propio contribuyente en la declaración IRPF. Es un caso curioso en que se consigna una deducción en la cuota de 50.000 € y a su vez una dotación RIC de 50.000 €, lo que conceptualmente no es posible, puesto que la deducción es la resultante de aplicar el tipo medio a la dotación, que correspondería al importe de 112.674 €; ahora bien, ¿cuál de los dos conceptos debe prevalecer? Se añade la dificultad de que el año de la dotación 2001 estaba prescrito, por lo que la Inspección comprobó la dotación RIC en la fase de materialización, en 2005, regularizando la diferencia entre 112.674 € de la teórica dotación y los 50.000 € invertidos. Señala la resolución que los datos consignados por el contribuyente eran contradictorios, estando prescrito el año de la dotación, por lo que le otorga prevalencia a la deducción practicada (que equivale a 112.674 € de dotación). Al comentar la resolución, Florido Caño (2012) recalca la importancia de la contabilidad, que en la RIC deviene fundamental. Es esencial que la voluntad de la dotación se exteriorice de alguna forma para perfeccionar el acuerdo al que se llega, por eso, todo aquel que quiera acogerse a la dotación debe llevar contabilidad, a pesar de que los profesionales no están obligados por la normativa[140].

La resolución **TEAR de 26 de enero de 2012, Sala Santa Cruz de Tenerife, reclamación 38/03231/2008**, desestima las pretensiones de un profesional que dotó RIC en 2000, 2001 y 2002, y que en 2003 cesó en la actividad como persona física, traspasándola a una sociedad sin acogerse al régimen especial de reestructuraciones empresariales (FEAC). Al comenzar la inspección, los ejercicios 2000 a 2002 estaban prescritos, motivo de que el órgano revisor regularizase en el primer año no prescrito (2003) el hecho de que la RIC no figurase en el balance y que el contribuyente se había dado de baja en la actividad, dejando de llevar contabilidad. Resuelve el TEAR que la Administración tiene la facultad de verificar y liquidar el cumplimiento de los requisitos de mantenimiento de la dotación en un año posterior y no prescrito, aunque constatase que el incumplimiento provenía de años anteriores. Es un requisito continuado, la reserva debe figurar en los balances de los sucesivos ejercicios mientras los bienes afectos deban permanecer en funcionamiento. Incluso confirmó la sanción[141].

28.2.2. El criterio de los Tribunales de Justicia sobre la creación de la RIC mediante el correspondiente asiento contable y su mantenimiento en balances con la normativa vigente hasta el 31 de diciembre de 2006

El TSJC, concretamente la Sala de SCT, fue la primera que ratificó el criterio administrativo de que tanto la falta de aplicación formal del resultado con la dotación RIC como la no creación de una cuenta específica en la contabilidad se consideraban incumplimientos de un requisito sustancial

---

140 Florido Caño, 2012. *Revista Hacienda Canarias n.º 36.*

141 Florido Caño, 2012. *Revista Hacienda Canaria n.º 36.*

del incentivo fiscal, ocasionado la pérdida de los beneficios disfrutados y siendo el comportamiento sancionable.

Las primeras sentencias sobre esta materia se produjeron en 2004 respecto al IRPF (sentencias TSJC, Sala SCT, n.º 845 de 26 de octubre de 2004 y n.º 864 de 29 de octubre de 2004)[142]. Posteriormente, la Sala de LP ratificó el criterio restrictivo en la STSJC, Sala LP, n.º 127 de 18 de febrero de 2005[143], por lo que partimos de los pronunciamientos de 2007 a 2010, referidos casi todos a la normativa vigente hasta el 31 de diciembre de 2006, pero que siguen siendo aplicables en la actualidad, salvo respecto a los funestos efectos del incumplimiento del requisito sustancial. Por su parte, la AN se ha referido a estas cuestiones en sentencias posteriores de 2008 y 2009, con un criterio muy parecido al TSJC.

En la **STSJC, Sala SCT, n.º 364-2008 de 9 de diciembre,** se analizan los efectos en el IRPF de practicar en la cuota la deducción RIC sin haber constituido contablemente la reserva en el pasivo. Llega el Tribunal a la conclusión de que se perdían los beneficios disfrutados al faltar la dotación RIC con los beneficios obtenidos en el periodo impositivo: *advertida en la contabilidad de aquéllos la falta de dotación de la reserva para inversiones que fue deducida en dicho ejercicio, determinó ello la pérdida del beneficio fiscal previsto en el art. 27 de la Ley 19/1994, al faltar el primero de los presupuestos para obtenerlo, y, en consecuencia, la regularización de la reserva deducida en la declaración de 1997 mediante el incremento de la base imponible del IRPF del ejercicio 1998 en la cuantía correspondiente.* Además, dio por correcta la sanción impuesta, al no hacer el contribuyente una interpretación razonable del texto legal. En la sentencia se detallan los pasos que según el TSJC había que dar para dotar, materializar y mantener correctamente la RIC, a los que añadía la indisponibilidad de la reserva hasta que no terminara el plazo de cinco años de mantenimiento de las inversiones.

La **STSJC, Sala de SCT, n.º 47-2009 de 5 de febrero,** llega a la misma conclusión, tanto sobre la falta de constitución en el pasivo de la cuenta de la reserva como la falta de dotación, que determinan el incumplimiento de un requisito sustancial, la pérdida de los beneficios disfrutados y la sanción aplicable, puesto que el requisito *viene previsto legalmente de forma clara y sencilla.*

---

142 Analizadas en Miranda Calderín, 2005.

143 Analizadas en Miranda Calderín, 2007.

La Sala de LP del TSJC se pronunció sobre la falta de contabilización de la dotación RIC en la **STSJC, Sala LP, n.º 374-2009 de 9 de julio,** en que la entidad llevó el resultado contable a remanente, pero no a la RIC. Concluyó que existía el incumplimiento de un requisito sustancial que ocasionaba la pérdida de los beneficios fiscales disfrutados. Una de las alegaciones efectuadas por el contribuyente fue que había prescrito el derecho a comprobar la contabilización de la dotación RIC en el año en que debió crearse, pero el TSJC no opinó igual, ya que la necesidad de que la reserva figurase en los balances durante todo el tiempo en que las inversiones habían de estar en funcionamiento (5 años) permitía la regularización de la RIC por incumplimiento del requisito sustancial en cualquiera de esos años.

La AN llegó con la normativa vigente hasta el 31 de diciembre de 2006 a parecidas conclusiones respecto a la correcta contabilización de la dotación RIC en 2008 y 2009 al analizar las resoluciones del TEAC recurridas por los contribuyentes.

En la **SAN, Sección 4, de 11 de junio de 2008,** se analiza la deducción de la cuota practicada por una persona física que se acogió a la RIC, pero que efectuó la dotación contable con cargo a la cuenta de capital y no contra los beneficios generados en el ejercicio (podría entenderse de su lectura que el empresario llevó el beneficio al capital en vez de a la RIC). Sea de una u otra forma, lo que se planteó ante la AN era si el error de contabilización o el incumplimiento de un requisito formal, como lo tildaba el recurrente, conllevaba la pérdida del beneficio disfrutado. La AN concluyó claramente que sí, que era el incumplimiento de un requisito sustancial, puesto que la aplicación del incentivo exigía conocer a través de la contabilidad que los beneficios del ejercicio se habían destinado a la RIC, desestimando la demanda. Al menos, anuló la sanción aplicada por el TEAC, al entender que el contribuyente había realizado una interpretación razonable de la norma y no había existido ocultación documental alguna.

La **sentencia AN, Sección 2, de 5 de febrero de 2009,** estudió los efectos de una dotación contable defectuosa en una entidad mercantil que destinó la totalidad del saldo de pérdidas y ganancias a reservas voluntarias, sin cantidad alguna a la RIC. Años después se dio cuenta del error contable y cargó la cuenta de reservas voluntarias con abono a la RIC. Reconocía la propia sociedad que incumplió el requisito de contabilización correcta de la reserva, ya que las dotaciones correspondientes a los ejercicios 1996 y 1997 no se contabilizaron en cuentas especificas hasta el ejercicio 1999, en que tales incumplimientos quedaron subsanados, pero entendía que no podía negarse la aplicación del incentivo fiscal por el incumplimiento de requisitos formales cuando se demostraba que realmente se habían efectuado las inversiones. La sentencia, sin embargo concluyó lo contrario, destacando en sus argumentos dos aspectos principales: (i) que al no concurrir los requisitos que resultaban exigibles por la normativa, no podía admitirse la deducción practicada en la autoliquidación, sin que cupiera oponer que habiéndose acreditado los objetivos de la RIC, es decir, la autofinanciación de las empresas, la realización de inversiones y la creación de empleo, se negara el disfrute de beneficios fiscales por el mero incumplimiento de unos requisitos formales, y (ii) que ese razonamiento venía avalado por el Tribunal Constitucional y el TS, que indican que en toda interpretación de las normas relativas a beneficios tributarios, sean exenciones o bonificaciones, debe prevalecer en todo caso una interpretación lógica y restrictiva.

En la sentencia hay otro aspecto reseñable, puesto que tanto los Tribunales económico-administrativos como el TSJC habían interpretado que el acuerdo sobre la dotación RIC debía ser tomado por la junta general de socios, a pesar de no figurar en el texto legal. La AN, al contrario, reconoce que el requisito no figura expresamente en la normativa RIC, cuestión que era importante para la resolución de muchas demandas, puesto que la Administración exige el acuerdo formal de la junta de socios. El párrafo en cuestión dice así: *debe hacerse hincapié no en el hecho de que la dotación haya sido o no aprobada por la Junta general de accionistas, que en efecto no lo fue, pero que no es requisito que se encuentre expresamente exigido según el texto literal del precepto vigente, sino en que, en efecto se haya realizado dicha dotación de forma efectiva.* No obstante, recordamos que ese no fue el criterio que prevaleció en el TS años después, como expliqué en el capítulo 3, por lo que el comentario de la AN sobre que no figuraba en la normativa la obligación de que se aprobara en junta, quedó solo en eso, en un mero comentario.

Parecidas circunstancias se repitieron en la **SAN, Sección 7, de 9 de marzo de 2009,** en que una entidad mercantil materializó correctamente la dotación RIC, pero ni la acordó en junta general de socios ni la dotó contablemente. Llevó todo el beneficio a reservas voluntarias y reserva legal, pero no a la RIC. Alegó el contribuyente que el fondo debía prevalecer sobre las formas, puesto que invirtió y creó empleo, pero la AN dijo que no, que era indispensable cumplir primero los requisitos formales. Si las circunstancias eran casi las mismas, los razonamientos también coincidieron. La ponente (de la Sección 7) hizo suyos los de la SAN de 5 de febrero de 2009 (de la Sección 2) y copió literalmente el apoyo que encontró en el art. 23.3 de la LGT y en la jurisprudencia del TS y del TC. Es decir, que en esta materia ambas secciones de la AN compartían el duro criterio de que el incumplimiento del requisito de dotar contablemente la RIC ocasionaba la pérdida de los beneficios disfrutados con el incentivo. Además, consideró procedente la sanción, al entender que concurría culpa o al menos negligencia cuando se omitió voluntariamente el cumplimiento de los requisitos formales exigidos, sin que pudiera afirmarse que su actuación había estado presidida por la razonable interpretación de las normas jurídicas.

Después de tantos varapalos de la AN al contribuyente respecto al cumplimiento de las obligaciones formales, elevadas con insistencia de formales a sustanciales por parte de los Tribunales de Justicia, encontramos por fin una sentencia favorable, la **SAN, Sección 2, de 28 de mayo de 2009,** que analiza el hecho de que una entidad llevase el saldo de Pérdidas y Ganancias a una cuenta de remanentes, no a la RIC, pero hizo constar en una subcuenta la expresión "RVA 19/94, distribución resultado", que permaneció de forma separada en los balances. La Inspección y el TEAC habían rechazado la dotación por no figurar en una cuenta de reservas, sino de remanentes, pero la AN consideró que debía ser estimada la demanda por dos razones: (i) porque, de una parte, se estableció la cuenta de forma separada en el balance y así figura en las cuentas anuales de 1998 y en la declaración del impuesto de 1997; y por otra, (ii) que el título era adecuado, porque la cuenta de remanente estaba constituida por los beneficios no repartidos ni aplicados específicamente a ninguna otra cuenta tras la distribución de resultados, es decir, se trataba de una cuenta que formaba parte de los fondos propios de la sociedad y que era perfectamente adecuada o proporcionada a la finalidad de la Ley 19/1994. Creo que el hecho que permitió a la empresa que su demanda fuese estimada fue la creación de la subcuenta dentro de la cuenta de remanentes con la mención específica a la Ley 19/1994, porque si no, mucho me temo que el resultado hubiese sido el mismo de la resolución TEAC recurrida.

Tres años más tarde, el criterio de la AN seguía siendo inflexible respecto a lo que había catalogado como requisito sustancial. La **SAN de 20 de junio de 2012, Sección 4, recurso 324/2011**, resuelve una serie de irregularidades contables de una persona física que dota RIC en 1998 contra una provisión (no contra el saldo de pérdidas y ganancias, como sería correcto) y posteriormente, en 1999, la llevó a la cuenta del titular de la explotación, por lo que no figura en los balances durante todo el periodo de permanencia de las inversiones. Ambos requisitos los incumple en años anteriores a 2007, por lo que la AN concluyó que el contribuyente perdía la deducción disfrutada cuando dotó RIC, si bien al menos anuló la sanción:

> *SÉPTIMO. Antes de entrar a examinar el motivo de fondo, sustentado en la existencia de error en el asiento contable, ha de significarse que la regularización que da origen a este litigio trae su causa de la constitución de la reserva de inversiones en Canarias o RIC que se regula*

en el artículo 27 de la Ley 19/1994, de 6 de julio, de modificación del Régimen Económico y Fiscal de Canarias.

Como señalábamos en nuestra sentencia de 9 de febrero de 2011, tal reserva constituye una medida de fomento por la cual, acudiendo a la técnica de los incentivos o beneficios fiscales, se pretende fomentar el ahorro, la inversión empresarial productiva, la creación de infraestructuras públicas y «compensar los costes adicionales que se derivan de la lejanía y dispersión del archipiélago canario, promoviendo actividades generadoras de empleo y acrecentando la competitividad, interior y exterior, de las empresas canarias» como ha señalado la Dirección General de Tributos (Consulta nº V1696/2009).

Para obtener tal beneficio se requiere el estricto cumplimiento de los requisitos del artículo 27 según la redacción al tiempo de los ejercicios regularizados: primero, que se dote tal reserva con cargo a los beneficios no distribuidos que provengan de actividades empresariales realizadas mediante establecimientos situados en Canarias; segundo, que con las cantidades con las que se dota la reserva se materialicen algunas de las inversiones del apartado 4; tercero, que esas inversiones se efectúen en el plazo máximo de tres años contados desde la fecha del devengo del impuesto correspondiente al ejercicio en que se ha dotado la reserva; cuarto, que a efectos contables la reserva figure en los balances con absoluta separación y título apropiado; y quinto, que no se disponga de los bienes afectos a la reserva mientras permanezcan en la empresa.

Como toda medida de fomento el rigor preside la exigencia de su cumplimiento aun cuando no se trata de un desembolso directo a favor del administrado, a lo que se añade el rigor que concurre en la apreciación de las exigencias de todo beneficio fiscal, lo que se plasma en la concurrencia de las causas de tal pérdida y al ser una medida de fomento de carácter fiscal, las consecuencias del incumplimiento caen en la lógica tributaria: se regulariza el ejercicio en que haya incumplimiento integrando las cantidades deducidas en la cuota íntegra correspondiente y sobre la cuota resultante se aplica el interés de demora en la forma prevista en el artículo 27.

OCTAVO Tras rechazar la afirmación de la actora de no haberse probado que el interesado aportara la contabilidad de 1999 —cuestión ya abordada— y cuya estimación, hubiera conllevado el éxito de la pretensión anulatoria, centra el recurrente su oposición en cuanto al fondo argumentando respecto a los dos asientos contables, que aparecen recogidos en el antecedente primero de la resolución impugnada transcrito en el fundamento primero de esta sentencia.

El primero de los asientos contables recoge:

Reserva RIC 1997 (cta. 11300004) 26.526,780

Ezequiel (cta. NUM003) 26.526.780

Indica la recurrente que se ha extraído la conclusión de haberse realizado una "disposición de la partida Reserva RIC 1997 que refleja el compromiso de reinversión que motiva la deducción en cuota aplicada", a lo que opone que esto es una suposición no una prueba.

Rechazamos tal postura ya que el asiento incuestionablemente supone una disposición en el año 1999 de la partida Reserva RIC de 1997 por el importe señalado de 26.526.780 pts., que refleja el compromiso de reinversión que motiva la deducción en cuota, y esto constituye un incumplimiento frontal de lo dispuesto en el punto 3 del artículo 27 de la Ley 19/1994 que establece que la reserva para inversiones deberá figurar en los balances con absoluta separación y título apropiado y será indisponible en tanto que los bienes en que se materializó deban permanecer en la empresa, sin que pueda prosperar la tesis de un error por premuras en practicar el asiento, como se razona en el fundamento décimo de esta sentencia.

NOVENO La respuesta al segundo asiento, que la Sala hace suya, viene dada en el mismo fundamento quinto de la resolución del TEAC, en argumentación que la Sala comparte:

(...) La segunda magnitud se refiere a la contabilización de la reserva correspondiente al incentivo fiscal aplicado en 1998, que se considera incorrecta en su totalidad, y no solo de cuantía insuficiente, como afirma el contribuyente.

El obligado tributario había practicado en su declaración del IRPF correspondiente al ejercicio 1998 una deducción en concepto de RIC por importe de 35.474.128 ptas., lo que exige, tal y como se desprende del artículo 27 de la ley 19/1994, que se asuma la carga de la llevanza de contabilidad impuesta en el mismo.

Esto es, se podrá disfrutar del beneficio fiscal siempre que se dote una reserva, que figure en los balances con absoluta separación y título apropiado, que refleje el compromiso reinversor asumido, reserva que ha de dotarse con cargo a los rendimientos netos de explotación del ejercicio en el que se aplica el incentivo, y que ha de estar dotada al tiempo de presentar la correspondiente declaración aplicando el referido beneficio fiscal.

Esta reserva, necesaria para consolidar el incentivo aplicado sobre los beneficios del ejercicio 1998, la deberemos encontrar en la contabilidad del ejercicio 1999, en un asiento que refleje la aplicación del beneficio del anterior de 1998. En los libros contables del ejercicio 1999 aparecen los siguientes apuntes contables fechados también el 1 de enero de 1999:

Previsión al fondo RIC 1998 (cta. 11400005) - 35.474.128

Reserva especial RIC 98 (cta 11300005). Traspaso a Reservas 35.474.128

Pérdidas y Ganancias (cta. 12900000) 48.969.070

Capital (cta. 10200000). Traspaso b° 1998 48.969.070

Afirma el acuerdo de liquidación, acertadamente a juicio de este Tribunal, que esa contabilización supone que en el momento de presentar la declaración correspondiente a 1998 el obligado tributario no cumplía el requisito legal de dotación contable de la RIC con cargo a los beneficios del ejercicio, ya que, como se observa, los beneficios se descargan en la cuenta de capital mientras que la reserva se dota con cargo a la cuenta "Previsión al fondo del RIC 1998 (cta. 11400005)".

En el acta incoada por la Inspección, (página 266 y siguientes del expediente administrativo, apartado c) de la página n° 4 del acta), se indica, en relación con la cuenta con cargo a la que se dota la reserva, "Previsión al fondo ROC 1998 (cta. 11400005)": "Igualmente, aparece en la página número 7 del LIBRO MAYOR 1999, la cuenta (144000005) de Previsión al Fondo RIC 98, sin que se justifique su origen o procedencia, teniendo en cuenta que en el Asiento de cierre (Libro Diario, página número 116) del ejercicio 1998, no consta dicha cuenta, ni el importe de la posible previsión, desconociéndose, por tanto el origen de la misma".

Por lo tanto, el contribuyente no ha acreditado que en la fecha en la que aplica el incentivo al ejercicio 1998, junio de 1999, esté dotada la reserva en los términos exigidos por el artículo 27.3 de la Ley 19/1994, ya que, con independencia de su importe insuficiente (que acepta el contribuyente) la reserva no se dota como aplicación del beneficio de ejercicio 1998, que se envía íntegro a la cuenta "Capital (cta 10200000)", sino con abono a una cuenta de origen no explicado. Sobre este punto no aportó el contribuyente explicación alguna a la inspección, ni tampoco al TEAR, por lo que ha de compartirse el juicio del Inspector Jefe.

DÉCIMO Como vemos el valor probatorio de los libros de contabilidad avala la postura de la Administración, atendida la carencia de prueba para contrarrestarla, y en concreto los limitados medios de prueba solicitados en este contencioso, no pudiendo admitirse la argumentación de la actora fundada en incorrecciones contables motivada por la premura en presentar la contabilidad de 1999, ya que conforme a la resolución impugnada la contabilidad fue solicitada por la Inspección en el mes de junio de 2000, y los asientos contables fechados el 1 de enero de 1999, mientras que la reserva como reparto de beneficios de 1998 es en junio de 1999, cuando se aplica el incentivo fiscal en la autoliquidación de 1998, con estos datos la justificación basada en errores motivados por razones de urgencia queda desvirtuada [SAN 20 junio 2012].

Por fin, en 2012, comenzó el TS a pronunciarse sobre los aspectos contables de la dotación y ¿cómo lo hizo?, pues ratificando el criterio administrativo de que eran requisitos sustanciales, cuyo incumplimiento suponía la drástica pérdida del beneficio disfrutado con la dotación RIC (me refiero a la normativa vigente hasta el 31 de diciembre de 2006).

La **STS de 6 de febrero de 2012, Sección 2, recurso 4557/2008**, examina el doble rechazo de la Inspección a una dotación RIC efectuada por una persona física que la había creado contra la cuenta de capital y no contra pérdidas y ganancias; y que el contribuyente había contabilizado con fecha 30 de junio, presentando el IRPF solo días antes. Como se observa, dos pecados veniales, que sin embargo consideró el TS mortales, santificando así la corriente administrativa que había elevado meros requisitos formales a sustanciales. Los recurrentes alegaron, con razón, que se trataba de una mera infracción formal y que se cumplieron todos los requisitos materiales, resultando por ello desproporcionado negar la aplicación de la deducción en la cuota íntegra del IRPF. Ni caso. Tuvo que ser el legislador quien en diciembre de 2006 cortase de plano con un cambio normativo lo que estaba sucediendo en los Tribunales de Justicia. Aun así, quedó sin resolver adecuadamente la cuestión del momento de la dotación, que sigue tantos años después exactamente igual, tal como expuse en el capítulo 3, y la indisponibilidad de la reserva hasta que finalice el plazo de mantenimiento de las inversiones, que suponen la regularización del incentivo fiscal. Trascribo el fundamento de derecho segundo:

> *SEGUNDO. En el único motivo de casación, los recurrentes denuncian que la sentencia de instancia vulnera el artículo 28.2 del Código de Comercio, la parte cuarta del Plan General de Contabilidad de 1990 y la jurisprudencia de esta Sala relativa al fondo de previsión para inversiones, al negar el incentivo fiscal concernido por un mero incumplimiento formal de índole contable.*
>
> *Las alegaciones de las partes en pro y en contra de dicha tesis han sido sintetizadas en los antecedentes de hecho segundo y tercero, por lo que sin más preámbulos abordamos la resolución del motivo.*
>
> *Es menester comenzar recordando el contenido del artículo 27 de la Ley 19/1994, de 6 de julio, de modificación del régimen económico y fiscal de Canarias, en su redacción aplicable ratione temporis, ciñéndolo, como es lógico, a lo que en este recurso importa:*
>
> *«1. Las sociedades y demás entidades jurídicas sujetas al Impuesto sobre Sociedades tendrán derecho a la reducción en la base imponible de este impuesto de las cantidades que, con relación a sus establecimientos situados en Canarias, destinen de sus beneficios a la reserva para inversiones de acuerdo con lo dispuesto en el presente artículo.* [...]
>
> *3. La reserva para inversiones deberá figurar en los balances con absoluta separación y título apropiado y será indisponible en tanto que los bienes en que se materializó deban permanecer en la empresa.* [...]
>
> *8. La disposición de la reserva para inversiones con anterioridad al plazo de mantenimiento de la inversión o para inversiones diferentes a las previstas, así como el incumplimiento de cual-*

quier otro de los requisitos establecidos en este artículo dará lugar a la integración en la base imponible del ejercicio en que ocurrieran estas circunstancias de las cantidades que en su día dieron lugar a la reducción de la misma.

Sobre la parte de cuota derivada de lo previsto en el párrafo anterior se girará el interés de demora correspondiente calculado desde el último día del plazo de ingreso voluntario de la liquidación en la que se realizó la correspondiente reducción de la base imponible.

9. Los sujetos pasivos del Impuesto sobre la Renta de las Personas Físicas que determinen sus rendimientos netos mediante el método de estimación directa, tendrán derecho a una deducción en la cuota íntegra por los rendimientos netos de explotación que se destinen a la reserva para inversiones, siempre y cuando éstos provengan de actividades empresariales realizadas mediante establecimientos situados en Canarias.

La deducción se calculará aplicando el tipo medio de gravamen a las dotaciones anuales a la reserva y tendrá como límite el 80 por 100 de la parte de la cuota íntegra que proporcionalmente corresponda a la cuantía de los rendimientos netos de explotación que provengan de establecimientos situados en Canarias.

Este beneficio fiscal se aplicará de acuerdo a lo dispuesto en los apartados 3 a 8 de este artículo, en los mismos términos que los exigidos a las sociedades y demás entidades jurídicas».

Hemos de aclarar a continuación que la sentencia de instancia considera zanjado el debate sobre el ejercicio al que había de imputarse la dotación a la reserva para inversiones en Canarias contabilizada el 30 de junio de 1997, era en ese ejercicio 1997, «como así lo ha declarado la resolución del TEAR de Canarias, Sala de Santa Cruz de Tenerife, de fecha 29 de octubre de 2002, cuyo pronunciamiento ha resultado firme, no constando impugnación alguna de contrario» (FJ 4°).

Ninguna incidencia tiene, por tanto, en su ratio decidendi el momento de contabilización de la reserva para inversiones en Canarias dotada, aspecto en el que los recurrentes centran la mayor parte de su alegato.

La auténtica base de la decisión judicial recurrida es que «la mencionada reserva para inversiones en cuantía de 54.731.662 ptas. se recogió en la cuenta de capital, no obstante, las alegaciones de la recurrente en sentido contrario, resultado que dicha anotación contable en dicha cuenta no responde a la finalidad implícita en el art. 27.3 de dicha ley 19/94 cuando indica: "la reserva para inversiones deberá figurar en los balances con absoluta separación y título apropiado y será indisponible en tanto que los bienes en que se materializó deban permanecer en la empresa", toda vez que conforme al criterio de la Inspección, recogido en el Informe ampliatorio, se trata de acreditar que dicha reserva proviene de los rendimientos netos de dicho ejercicio conforme a lo indicado en el apartado 9° de dicho art. 27, al objeto de su inversión en Canarias, y no con otra procedencia, lo que explica que figure en la cuenta de pérdidas y resultados; criterio este que acepta la Sala en línea con lo indicado en la STS de 20 de marzo de 1998 y el art. 36.1 del Decreto 3359/67 de 26 de diciembre precedente del precepto ahora examinado, sin que la actora hay aportado, prueba pericial contable de contrario que desvirtúe lo expuesto, como hecho constitutivo de su pretensión que le es exigible, conforme a lo dispuesto en los art. 114 de la LGT 230/1963 de 28 de diciembre y 217.2 de la LEC 1/2000 de 7 de enero de aplicación al caso» (FJ 4°, último párrafo).

Sobre este particular los recurrentes se limitan a aducir, en síntesis, que se trata de una mera infracción formal y que se cumplieron todos los requisitos materiales, resultando por ello desproporcionado negar la aplicación de la deducción en la cuota íntegra del impuesto sobre la renta de las personas físicas.

Pues bien, el apartado 8 del artículo 27 de la Ley 19/1994 vinculaba, como se ha visto, la pérdida del beneficio fiscal ligado a la dotación de la reserva para inversiones en Canarias — fuera éste la reducción en la base imponible del impuesto sobre sociedades, para sociedades y demás entidades jurídicas (apartado 1), o fuera la deducción en la cuota íntegra del impuesto sobre la renta de las personas físicas, para los sujetos pasivos de este último tributo (apartado 9)— al incumplimiento de cualquiera de los requisitos previstos en el precepto legal. Es indiscutible, además, que el beneficio fiscal del apartado 9, para los sujetos pasivos del impuesto sobre la renta de las personas físicas, se aplicaba, de acuerdo con lo dispuesto en los apartados 3 a 8, en los mismos términos que los exigidos a las sociedades y demás entidades jurídicas, porque así lo ordenaba de forma explícita su último inciso.

Dicho lo cual, ha de destacarse en qué consistió el incumplimiento que se produjo en el caso enjuiciado: la dotación a la reserva para inversiones en Canarias fue contabilizada el 30 de junio de 1997 con cargo a la cuenta de capital, en vez de hacerse con cargo a la cuenta de pérdidas y ganancias. No es éste, como sostienen los recurrentes, un simple incumplimiento formal, porque el apartado 9 del artículo 27 de la Ley 19/1994 exigía destinar a la reserva para inversiones los rendimientos netos de explotación del ejercicio provenientes de actividades empresariales realizadas mediante establecimientos situados en Canarias, y la contabilización de dicha reserva con cargo a la cuenta de capital no permite confirmar que los fondos con los que se dotó tuvieran dicho origen, «sin que la actora haya aportado prueba pericial contable de contrario que desvirtúe lo expuesto», tal y como afirma la Sala de instancia en el fundamento de derecho cuarto, in fine, de la sentencia recurrida.

Estas reflexiones nos llevan a rechazar el único motivo de casación articulado por los recurrentes [FD SEGUNDO, STS 6 febrero 2012].

En el mismo sentido que la sentencia anterior, la **STS de 21 de mayo de 2012, Sección 2, recurso 3600/2008,** resuelve sobre la incorrecta dotación RIC porque se llevó el beneficio a reservas voluntarias y no a una cuenta específica con la reserva. El TS concluyó que ya se había pronunciado al respecto en varias sentencias anteriores, considerando que se trata del incumplimiento de un requisito sustancial que implica la regularización:

SEGUNDO. En el primer motivo del recurso se denuncia la infracción del art. 27.3 de la ley 19/1994, de 6 de Julio, de modificación del Régimen Económico y Fiscal de Canarias, respecto al requisito de lucir la reserva para inversiones en Canarias en la contabilidad.

Contrariamente a lo resuelto en la instancia defiende su derecho al disfrute del beneficio fiscal, dando cuatro argumentos que contribuyen a mantener la interpretación del art. 27.3 de la ley 19/1994 en un sentido radicalmente distinto al que postula la Audiencia Nacional para negar el derecho a la aplicación de la Reserva por Inversiones en Canarias.

Así, señala en primer lugar que, para el disfrute del incentivo de la reserva, la normativa exige que los beneficios se patrimonialicen, reservándose, de forma que puedan acometerse las inversiones en los plazos señalados a tal efecto. Recuerda que constituyó reservas voluntarias con los beneficios de los años 1998 y 1999, como de hecho hizo al adquirir una nave industrial.

En segundo lugar, afirma que la Administración tenía noticia de dicha intención, porque se le entrega la declaración de que mantenía las reservas para proceder a la inversión correspondiente.

Agrega, en tercer lugar, que la denominación de "voluntarias" en las subcuentas de reservas, cuando no hay otro tipo de reservas disponibles, debe reputarse como idónea para considerar salvaguardado el requisito formal previsto en el art. 27.3 de la ley 19/1994.

Finalmente, en cuarto lugar, indica que no es frecuente que la Administración impida tan precipitadamente que un contribuyente se acoja al régimen de la reserva por inversiones en

Canarias, pues recién presentada la autoliquidación de 1999, en Julio de 2000, se incoa un procedimiento de gestión, al que le sigue un procedimiento inspector que deniega el beneficio.

Íntimamente relacionado con el anterior se encuentra el segundo motivo, en el que se invoca la vulneración de lo dispuesto por la Jurisprudencia del Tribunal Supremo que establece que los requisitos formales no pueden condicionar el disfrute de un beneficio fiscal, siempre que esté suficientemente acreditada la finalidad económica del beneficio. Cita al efecto, las sentencias de 26 de Abril, 10 de Mayo y 13 de Junio de 1967, y 29 de Mayo de 1968, dictadas con motivo de las Previsiones por Inversión, reguladas por el Texto Refundido del Impuesto sobre la Renta de Sociedades y demás entidades jurídicas y a pesar de que el legislador exigía que no existieran alteraciones sustanciales de la contabilidad.

TERCERO.– Esta Sala ha tenido ocasión de pronunciarse sobre la trascendencia del incumplimiento del requisito formal a que se refería el art. 27.3 de la ley 19/94, de 27 de Julio, de Modificación del Régimen Económico y Fiscal de Canarias, en cuanto señalaba que "la reserva para inversiones deberá figurar en los balances con absoluta separación y titulo apropiado y será indisponible en tanto que los bienes en que se materializó deban permanecer en la empresa" manteniendo que no se trata de un requisito meramente formal sino sustancial, al cumplir la función de ahorro vinculada al beneficio, que permitirá posteriormente materializar en alguna de las inversiones recogidas en la norma.

Así, en la dictada en fecha 7 de Julio de 2011, recurso de casación para la unificación de doctrina 235/2007, constituida la Sala en Tribunal de Instancia, tratándose de un obligado tributario que carecía de la contabilidad exigida, consideró aplicable lo previsto en el apartado 8 del art. 27 de la ley 19/94 cuya dicción era la siguiente:

"La disposición de la reserva para inversiones con anterioridad al plazo de mantenimiento de la inversión o para inversiones diferentes a las previstas así como el incumplimiento de cualquier otro de los requisitos establecidos en este artículo dará lugar a la integración en la base imponible del ejercicio en que ocurrieran estas circunstancias de las cantidades que en su día dieron lugar a la reducción de la misma. Sobre la parte de la cuota derivada de lo previsto en el párrafo anterior se girará el interés de demora correspondiente calculado desde el último día del plazo de ingreso voluntario en la que se realizó la correspondiente base imponible".

En la misma línea, se sitúa la sentencia de 6 de Febrero de 2012, casación 4557/20087, que considera no suficiente su contabilización con cargo a la cuenta de capital, al no permitir confirmar que la reserva proviene de los rendimientos netos derivados del ejercicio de actividades empresariales realizadas mediante establecimientos situados en Canarias, conforme establece el apartado 9 del art. 27 de la ley 19/94, sin que la actora hubiese aportado prueba pericial contable de contrario que desvirtuase lo expuesto.

En el presente caso, en el ejercicio 1998 se aplicó el resultado contable, 81.359.910 pts, a reservas voluntarias, anotándose en el libro Diario de contabilidad del ejercicio 1999, legalizado en el Registro Mercantil el 20-3-2000, en Junio de 1999, la distribución del beneficio con destino a la cuenta "Reservas Voluntarias 98" por su importe total; procediéndose de igual forma en el ejercicio de 1999, al anotarse en el libro Diario, en Junio de 2000, la distribución del beneficio con destino a la cuenta "Reservas voluntarias 99", por un importe de 67.592.640, coincidente con el resultado contable, pero sin que se adoptase acuerdo formal de la Junta en el que se reflejase la intención de acogerse al beneficio fiscal, no obstante lo cual el sujeto pasivo en la declaración del Impuesto del ejercicio 1998 se aplicó una reducción en la base imponible de 78.668.619 pts por dicho concepto, y en la de 1999 por importe de 65.356.751 pts, siendo ésta modificada por los órganos de gestión tributaria a 58.753.284 pts.

Con independencia de lo anterior, no cabe desconocer que en el procedimiento de comprobación el propio contribuyente manifestó, por medio de su representante, que había existido un error en la confección del Impuesto sobre Sociedades de los ejercicios 1998 y 1999, al ser su voluntad no acogerse a la reserva por Inversiones en Canarias sino al disfrute de la bonificación, por lo que las actuaciones se centraron a partir de entonces sobre si la recurrente tenía o no derecho a la bonificación, que era el beneficio al que se había acogido previamente en la declaración complementaria presentada en relación al ejercicio 1999, por lo que toda la fundamentación aducida ahora en el motivo en defensa de la aplicación de la reducción de la base imponible no resulta pertinente en el caso.

Por todo lo expuesto, procede desestimar los dos primeros motivos [FD SEGUNDO Y TERCERO, STS 21 mayo 2012].

La **STS de 10 de diciembre de 2012, Sección 2, recurso 793/2011,** aborda una vez más la obligatoria permanencia de la RIC en los balances hasta que finalice el periodo de mantenimiento de las inversiones afectas, relacionando su incumplimiento con la prescripción. Se trata de personas físicas que dotaron RIC de 2000 a 2002 y que en 2003 aportaron los bienes afectos y las reservas a una sociedad, pero sin acogerse al régimen especial de fusiones. En 2008 tuvieron una inspección, regularizándoles las dotaciones de 2000 a 2002 porque las reservas RIC no estaban en sus balances. Consideraron los contribuyentes que se trataba de ejercicios ya prescritos, pero el TS concluyó que no, que no se han comprobado ejercicios prescritos, sino constatado que la RIC no estaba en los balances, al haberla traspasado a una sociedad, pero sin acogerse al régimen especial de fusiones:

TERCERO. (...) El 1 de enero 2003 los dos comuneros aportaron su actividad a la sociedad «Finca Puntagorda, S.L», cesando en su ejercicio como personas físicas. En el balance de comprobación presentado por el obligado para el cierre del ejercicio 2002, figuraba la cuenta de reservas especiales por importe de 349.186,05 euros, cantidad inferior a la suma de las dotaciones que derivaban de las deducciones practicadas en los ejercicios 2000, 2001 y 2002; además se comprobó que no figuraba recogida en balance la dotación correspondiente al ejercicio 2002 por el importe de 180.000 euros.

Pues bien, la Administración se limitó a utilizar los datos que el propio sujeto pasivo incluyó en sus autoliquidaciones, sin comprobar ni revisar ejercicios prescritos, como afirma aquél. En el periodo impositivo del año 2002, la Inspección comprobó que en la cuenta de las reservas especiales, donde se incluye la de inversiones en Canarias, constaba una cantidad inferior al importe de las dotaciones que derivaban de las deducciones practicadas en los ejercicios anteriores. Por lo tanto, no llevó a cabo comprobación de ejercicios prescritos, al contrario, partió sin modificación o regularización alguna de los datos que el sujeto pasivo había declarado en los ejercicios 2000 y 2001.

La actuación inspectora puso de manifiesto que el sujeto pasivo dispuso de las dotaciones, incumpliendo los requisitos de mantenimiento a los que nos hemos referido. Y no sólo eso, el contribuyente también infringió la obligación de mantenimiento y contabilización en el balance. Nada dice el recurrente sobre esta cuestión, que fue la que justificó la regularización al amparo de lo dispuesto en el artículo 27.8 de la Ley 19/1994, determinando en el ejercicio comprobado «la integración en la base imponible [...] de las cantidades que en su día dieron lugar a la reducción de la misma».

Con lo dicho, procede desestimar este último motivo de casación y, con él, la totalidad de las quejas invocadas [FD TERCERO, STS 10 diciembre 2012. La negrita es nuestra].

En el análisis de las sentencias anteriores se aprecia con claridad cuál era el criterio de los Tribunales de Justicia respecto al requisito de que figurase en los balances una cuenta específica de reservas que refleje el compromiso de inversión del incentivo fiscal, y que sea indisponible mientras no finalice el plazo de mantenimiento de las inversiones afectas. Reserva que debe tener título adecuado —Reserva para inversiones en Canarias 2023 o RIC 2024...— y que ha de dotarse con cargo al resultado del ejercicio que se destina formalmente a ella. Durante la vigencia de la normativa en el periodo 1994-2006, inclusive, las dotaciones RIC efectuadas en cada año estuvieron sometidas a los dos requisitos que se consideraron sustanciales, ocasionando su incumplimiento la regularización del incentivo y la pérdida del beneficio disfrutado. Cuestión distinta es lo que sucede con las dotaciones 2007 y años siguientes, como vemos en los próximos epígrafes[144].

28.3. A partir de 1 de enero de 2007 la creación de la RIC en contabilidad pasó a ser un requisito formal

En los apartados anteriores hice varias referencias a la normativa vigente a partir de 1 de enero de 2007 y a la importancia del cambio que experimentó en los requisitos sustanciales y la contabilidad, puesto que determinadas obligaciones contables que antes de esa fecha se consideraban requisitos sustanciales pasaron a ser meros requisitos formales, como el que ahora nos ocupa de la creación de la RIC en la contabilidad a través del asiento correspondiente a la aplicación del resultado del ejercicio. Nos detenemos ahora en la redacción vigente del art. 27 y explico con detenimiento sus efectos en los requisitos contables del incentivo.

El art. 27.3 de la Ley 19/1994 señala categóricamente que la RIC *deberá figurar en los balances con absoluta separación y título apropiado y será indisponible en tanto que los bienes en que se materializó deban permanecer en la empresa.* Es la redacción que estaba antes de la reforma estructural de diciembre de 2006, pero hasta esa fecha el párrafo enmarcaba dos de los principales requisitos sustantivos del incentivo según la Administración tributaria y los Tribunales de Justicia: que se crease en contabilidad una reserva especial con el compromiso de la dotación RIC, y que se mantuviese en el balance

---

144 Los textos de los fundamentos de derecho principales de las sentencias analizadas figuran en Miranda Calderín, 2012. *Manual de la RIC 2007-2013*, de donde se ha extractado la redacción de la primera parte del apartado.

durante todo el plazo que señala la Ley. Me ocupo en este epígrafe del primer requisito: que se cree en contabilidad una reserva especial con el compromiso de inversión.

Lo que sucedió con este requisito con la normativa aplicable hasta el 31 de diciembre de 2006 ya lo concreté en epígrafes anteriores: que, al interpretarse como un requisito sustancial, supuso la regularización del incentivo por parte de la Administración tributaria. Muestra de ello son las sentencias del TSJC y AN desde 2004 a 2009, inclusive, que analizamos y trascribimos en Miranda Calderín (2012).

En el cambio normativo de diciembre de 2006 fue deseo expreso del legislador que no sucediera lo mismo y que el incumplimiento del requisito de figurar la dotación RIC en los balances con absoluta separación y título apropiado (art. 27.3) fuese una de las pocas salvedades a la pérdida del incentivo, acreedor únicamente de una sanción del 2% del importe dotado. La salvedad se establece en el art. 27.16, que hace referencia precisamente al art. 27.3. Desde el 1 de enero de 2007 es pacífico que el contribuyente no pierde el beneficio disfrutado con la dotación porque no figure la RIC en los balances con título apropiado y absoluta separación.

La mejor muestra de que el asunto es pacífico en la actualidad es que no he encontrado resolución alguna del TEAR ni pronunciamientos de los Tribunales de Justicia al respecto. Al coincidir la literalidad del precepto con el criterio de la Administración tributaria, no ha generado conflictividad alguna o una conflictividad mínima. La DGT lo compartió en la **CV 0364/2014, de 13 de febrero**, en que trascribe varios apartados del art. 27 y señala que el incumplimiento de cualquiera de los requisitos de la normativa implica la integración en la base imponible (o en la cuota del IRPF, precisamos) del beneficio disfrutado, pero que esas normas no rigen para el incumplimiento consistente en la falta de contabilización de la RIC, la no presentación del plan de inversiones y los relativos a la información que deba constar en la memoria, para los que se ha establecido una serie de infracciones tributarias en el artículo 27 apartados 16 y 17.

Con ello, los casos que examinamos en las sentencias de los Tribunales de Justicia, incluido el TS, respecto a la falta de contabilización de la dotación RIC, contabilización inapropiada, dotar la RIC contra reservas o capital social, en vez de con el saldo de pérdidas y ganancias, llevarla a cuenta de remanentes y no de reservas o cualquier otra circunstancia —excepto su disposición antes de finalizar el plazo de mantenimiento de las inversiones— se considera un requisito formal, cuyo incumplimiento implica una sanción del 2% del importe con el que se dotó la RIC.

28.4. La indisponibilidad de la reserva hasta que finalice el plazo de mantenimiento de las inversiones

Más conflictivo es el segundo de los requisitos del art. 27.3, que obliga a la indisponibilidad de la RIC hasta que finalice el plazo de mantenimiento de las inversiones. Plazo mínimo de cinco años que se alarga hasta diez en los casos que el activo afecto contenga suelo.

El vigente art. 27.16 señala que la disposición de la RIC *con anterioridad a la finalización del plazo de mantenimiento de la inversión o para inversiones diferentes a las previstas en el apartado 4 de este artículo, así como el incumplimiento de cualquier otro de los requisitos establecidos en el artículo dará lugar a la regularización del incentivo.* Pero, a continuación, establece una importante salvedad, al excluir de la pérdida del incentivo el incumplimiento de los requisitos contenidos en los apartados 3 y 13[145], que pasaron a constituir una infracción grave o leve, que se salda con la correspondiente sanción.

Interesa destacar ahora el art. 27.3, que es el que señala que la *RIC deberá figurar en los balances con absoluta separación y título apropiado...*; motivo de que su incumplimiento constituya una de las salvedades a las que se refiere el art. 27.16, que no implica la regularización del incentivo y la pérdida del beneficio disfrutado, sino una infracción tributaria. Es por ello, que en la normativa RIC a partir de 2007, el hecho de que no figure la reserva en los balances o que no se cree en la contabilidad mediante el asiento correspondiente a la aplicación del resultado del ejercicio, dejó de ser un requisito sustancial para pasar a formal.

El art. 27.17, a) considera expresamente la falta de contabilización de la RIC como una infracción grave, siendo sancionada con una multa del 2% de la dotación, pero sin suponer la pérdida de la dotación. Una dotación de 100.000 € mal contabilizada supone desde 2007 una infracción grave que puede sancionarse con 2.000 €, pero antes de 2007 implicaba la pérdida del incentivo (el 35% de 100.000 € = 35.000 €), la liquidación de intereses de demora sobre ese importe y una sanción del 50%.

Es precisamente la combinación de la salvedad que señala el art. 27.16 a la hora de regularizar el incentivo fiscal por el hecho de que la RIC tenga que figurar en los balances; y el reconocimiento expreso de su incumplimiento como infracción grave en el art. 27.17, la que permite que este

---

145 En redacciones anteriores también figuraba el apartado 10, dedicado a los planes de inversión, que fue suprimido, y por tanto ya no figura en la salvedad del apartado 16.

requisito deje de ser sustancial, y en consecuencia, no suponga la pérdida del incentivo, puesto que pasó a considerarse un requisito formal.

Sin embargo, hay que ser conscientes que algunos de los aspectos de la reforma de 2006 aún siguen siendo contradictorios e interpretables. Como ejemplo, la materia que ahora explico. El art. 27.16 indica que, con carácter general, el incumplimiento de los requisitos RIC dará lugar a la pérdida del incentivo, pero no los señalados en el art. 27.3: *La RIC deberá figurar en los balances con absoluta separación y título apropiado y será indisponible en tanto que los bienes en que se materializó deban permanecer en la empresa*; mientras que el art. 27.17 sanciona con multa del 2% de la dotación la falta de contabilización de la dotación RIC, pero nada dice sobre la indisponibilidad de la reserva.

A la omisión en el régimen sancionador hay que añadir la relevancia de que el art. 27.16 comienza señalando con contundencia que "la disposición de la reserva para inversiones con anterioridad a la finalización del plazo de mantenimiento de la inversión" ... supone la integración de la reducción en su día realizada ¿Qué ocurre cuando se traspasa contablemente la RIC a reservas voluntarias o a capital antes de que finalice el plazo de mantenimiento de las inversiones? Antes de la reforma de 2006 suponía la regularización del beneficio fiscal ¿y después? Nos encontramos con el habitual y penoso déficit en la técnica legislativa a la hora de redactar el precepto, con **la evidente contradicción** entre el expreso señalamiento en el mismo párrafo que la disposición de la reserva con anterioridad al plazo de mantenimiento supone la pérdida del incentivo (art. 27.16) y la salvedad a la regularización introducida a continuación, que incluye que la RIC será indisponible en tanto que los bienes en que se materializó deban permanecer en la empresa, (art. 27.3):

> *Art. 27.16. La disposición de la reserva para inversiones con anterioridad a la finalización del plazo de mantenimiento de la inversión o para inversiones diferentes a las previstas en el apartado 4 de este artículo, así como el incumplimiento de cualquier otro de los requisitos establecidos en este artículo, salvo los contenidos en sus apartados 3 y 13, dará lugar a que el contribuyente proceda a la integración.*

En síntesis, ¿qué párrafo hay que aplicar? El expreso que indica que la RIC es indisponible hasta que finalice el plazo de mantenimiento de las inversiones o la salvedad a los requisitos del art. 27.3. En mi opinión ha de prevalecer el criterio del primer párrafo que sienta que la RIC es indisponible hasta que no finalice el plazo de mantenimiento, siendo un error que el legislador haya establecido la salvedad genérica a los requisitos del art. 27.3, que incluyen dicha indisponibilidad. Lo que no tiene mucho sentido es que sea el contribuyente el que como siempre tenga que pagar los platos rotos de la falta de precisión a la hora de legislar, motivo de que opine que la desaparición de la RIC no puede entrañar *per se* la pérdida del incentivo.

El criterio que sostenemos desde obras anteriores, Miranda Calderín (2012), es que el mantenimiento de la reserva en el balance durante todo el plazo de materialización y de permanencia en funcionamiento de las inversiones no es, después de 1 de enero de 2007, un requisito sustancial, sino formal. Pero he de advertir desde ahora que no coincide con el de la Administración tributaria y parte de la doctrina científica. Lo curioso es que desde 2009 no he observado pronunciamiento alguno de los Tribunales económico-administrativos y de Justicia sobre esta materia, a pesar de que la Inspección tributaria regulariza con todo rigor el incumplimiento del requisito de mantener la reserva en el balance hasta que finalice el plazo de mantenimiento de las inversiones, esto es, liquidando el beneficio en su día disfrutado por el contribuyente con la dotación.

Mi entendimiento deriva de dos hechos o circunstancias:

– Primera: que la reforma de diciembre de 2006 intentó establecer reglas más precisas dirigidas a ofrecer mayor seguridad jurídica en la aplicación del incentivo fiscal, tal como figura en la exposición de motivos del RDL 12/2006, de 29 de diciembre, por el que se modifica la Ley 19/1994, a la vez que estableció por primera vez un régimen sancionador específico.

– Segunda: que la salvedad que establece el art. 27.16 deja fuera de la regularización de la RIC y de la pérdida de los beneficios disfrutados el incumplimiento de los requisitos señalados en el art. 27.3 que, textualmente, indica que *la reserva para inversiones deberá figurar en los balances con absoluta separación y título apropiado y será indisponible en tanto que los bienes en que se materializó deban permanecer en la empresa.*

Bien es cierto, que el art. 27.17 contempla como infracción tributaria grave la falta de contabilización de la reserva en los términos previstos en el apartado 3 que, como vimos, exige que figure en los balances; pero nada dice sobre el otro requisito del art. 27.3, que la reserva sea indisponible mientras los bienes en que se materializó deban de permanecer en funcionamiento en la empresa.

Por ello no es una cuestión pacífica, que deberán matizar en un sentido u otro los Tribunales de Justicia. Lo hizo, esporádicamente, la AN en la **SAN de 9 de diciembre de 2009, Sección 4, recurso 22/2008**, que estudia el incumplimiento de requisitos sustanciales en la normativa anterior, concretamente el hecho de no figurar en los balances las dotaciones RIC durante el plazo de materialización y mantenimiento. El argumento de la demanda fue que como la RIC ya no figuraba en el balance de un ejercicio prescrito no podía comprobarse, pero la AN entendió que, aunque ese ejercicio efectivamente estaba prescrito, no lo estaban los siguientes, en que la RIC tenía que permanecer en los balances. Subsidiariamente, solicitó el contribuyente que de no estimarse el argumento principal se aplicase el régimen sancionador más favorable de la normativa RIC aplicable a partir de 1 de enero de 2007. Es en ese contexto en el que se pronuncia la AN sobre la desaparición o indisponibilidad de la RIC en la nueva normativa, **recalcando que efectivamente ya no supone la regularización y pérdida del beneficio disfrutado, sino solo una infracción grave sancionada con el 2% de la dotación.** Seguimos el hilo de la sentencia a través de varios fundamentos de Derecho, que culminan en la afirmación que interesa destacar: que a partir de 1 de enero de 2007 la no permanencia en los balances de la reserva no supone la regularización del incentivo sino una sanción:

QUINTO. El presente litigio surge porque el actor incumplió sus deberes contables respecto del mantenimiento de la RIC pues, como acaba de decirse, el artículo 27.3 Ley 19/94 exige que las cuentas RIC figuren en los balances con absoluta separación y título apropiado. En concreto se le regularizó el ejercicio 1998 porque en su contabilidad no mantuvo en el balance las cuentas RIC, previamente generadas y dotadas por él, en los dos meses anteriores al cese definitivo como empresario individual (enero y febrero de 1998). A estos efectos, el actor alegó que a raíz de su cese y de la transmisión de las ramas de actividad, una de esas entidades —FSM, SL— es la que asumió el cumplimiento de las exigencias de la Ley 19/94. Sin embargo la Administración, tras analizar la documentación contable presentada en un primer momento (septiembre de 2003), advierte que en la contabilidad de FSM, SL tampoco figuran en su balance las cuentas RIC, luego desaparecieron tanto en la contabilidad del recurrente como de FSM, SL.

SEXTO. En un segundo momento —noviembre de 2004— el demandante presentó otros documentos contables de los que se deduciría que durante todo 1998 llevó la contabilidad como empresario individual y allí figuran contabilizadas las reservas, lo que le permite invocar lo sostenido por ciertas consultas tributarias según las cuales cuando la sucesión no es universal, las reservas RIC permanecen en el empresario aportante. Sin embargo para la Administración no es creíble esa segunda contabilidad y da más crédito a la primera pues «se presentó en ausencia de preocupación» por regularización fiscal alguna. Esto es así porque considera que, a partir de febrero, había cesado como empresario individual y como la sucesión lo fue a título universal, no tiene lógica que mantuviese esa contabilidad por lo que concluye que la segunda que presentó se elaboró para sostener la tesis de que las cuentas RIC se mantuvieron en su contabilidad como persona física a lo largo de todo 1998, ajustando sus alegatos a los criterios de esas consultas. (…)

VIGÉSIMO PRIMERO. Sin embargo del Informe de Inspección lo que se deduce no es eso, sino que esas irregularidades se aprecian en el ejercicio 1998 y por las razones ya expuestas. En efecto, aun cuanto según la Inspección, ni respecto del ejercicio 1997 ni del 1998, los libros presentados por el actor aparecen diligenciados, lo relevante es que en donde ha detectado las irregularidades contables es en el ejercicio 1998: mientras que en 1997, a partir de marzo, no aparecen en los balances trimestrales las cuentas RIC, luego se aportaron balances de movimientos de sumas y saldos de esas cuentas separadas; a su vez en el Diario General de 1997 figuran las cuentas RIC (ejercicios 1994 a 1997) y es en el ejercicio 1998 —en cuanto a su contabilidad como empresario individual— cuando desaparecen esas cuentas al no figurar en el balance de comprobación del primer trimestre y el diario de enero y febrero y lleva su importe a la cuenta de fondos propios; además en el Libro diario la cuenta RIC de 1997 presenta un importe de 337.750.824 pesetas y en febrero saldo 0; tampoco aparece el aporte a rama de actividad todo lo cual se plasma en un desajuste en los asientos de finalización del ejercicio 1997 e inicio 1998.Precisamente ese desajuste de la contabilidad en el ejercicio 1998 inicialmente presentado es lo que le llevó a finales de 2004 a presentar una segunda contabilidad con la que intentaba justificar que había transmitido a FSM, SL el cumplimiento de sus obligaciones fiscales y que había tenido su reflejo contable. (…)

VIGÉSIMO TERCERO. A partir del 1 de enero de 2007, tras la reforma del artículo 27 Ley 19/194 por el RD- Ley 12/2006, de 29 de diciembre, el nuevo apartado 16 del artículo 27 prevé que el incumplimiento de lo prevenido en el apartado 3 —caso de autos— ya no lleva a la integración que ha dado lugar a la regularización recurrida. La consecuencia es que será sancionable como infracción tributaria grave con multa del 2% de la dotación que debiera haberse efectuado [apartado 17.a)]. No cabe duda de que las consecuencias en términos cuantitativos le serían más favorables, pero de esa norma se deduce, primero, que tanto el antiguo apartado 8 como el actual 16, no tienen naturaleza sancionadora, lo que confirma el propio legislador como intérprete auténtico con el inciso final del apartado 16 y el nuevo apartado 17: si a partir del 1 de enero de 2007 deja de ser objeto de regularización para ser infracción tributaria es que antes esa regularización en sí no lo era; y, segundo, consecuencia de lo anterior es que los efectos retroactivos sólo se prevén para las normas tributaria de contenido sancionador (cf. artículo 4.3 LDGC y actual artículo 10.2.2° Ley 58/2003 [SAN 9 diciembre 2009].

La SAN fue recurrida en casación al TS, quien estimó una de las pretensiones del contribuyente, que el ejercicio en que se produjo el incumplimiento del requisito de mantenimiento estaba prescrito, anulando la liquidación; pero nada señaló sobre los efectos del incumplimiento en la normativa vigente a partir de 1 de enero de 2007.

Hay que ser conscientes que una única sentencia de la AN, manteniendo el criterio comentado de que con la normativa vigente a partir de 1 de enero de 2007 ya no es motivo de regularización del incentivo el hecho de no mantener la reserva en los balances durante el plazo de mantenimiento de las inversiones, no es suficiente para contrarrestar el criterio contrario que mantiene la Administración tributaria.

También existen otras cualificadas opiniones que comparten el criterio administrativo. Entre las que destacamos la del profesor Sánchez Blázquez (2008) que, a pesar de referirse a esta cuestión como un supuesto dudoso, se inclina finalmente por considerar que es un requisito sustancial, dada la claridad y contundencia del primer inciso del art. 27.16, que comienza señalando que la disposición de la reserva para inversiones con anterioridad a la finalización del plazo de mantenimiento de la inversión dará lugar a que el sujeto pasivo proceda a la integración en la base imponible del IS; y ello a pesar de la salvedad que el mismo apartado 16 hace respecto al apartado 3. La califica, el hoy catedrático de Derecho Financiero, como un defecto normativo, ya que la salvedad tendría que haberse hecho solo sobre uno de los dos supuestos del apartado 3, concretamente el que indica que la RIC figure en los balances con absoluta separación y título apropiado, y no sobre el otro, que es objeto ahora de análisis. Añade aún un criterio más: que mientras que la falta de contabilización de la RIC supone una infracción grave expresamente señalada en el art. 27.17, la falta de mantenimiento de la reserva no figura entre los supuestos de infracción[146].

A la misma conclusión llega Pérez Santana (2007) por otros derroteros, porque inicialmente señala las salvedades del art. 27.16 en tres grupos, estando formado el primero por el apartado 3: *necesidad de que la RIC conste en el balance y sea indisponible,* reconociendo primero que "según la nueva redacción del artículo, el incumplimiento de cualquiera de estos tres apartados no supondrá la pérdida de la RIC, con independencia de que constituyan infracciones, graves o leves, sancionables según lo previsto en el apartado 17". No obstante, matiza su criterio al señalar los casos de infracciones graves y leves, añadiendo que, *por tanto, a la vista de lo dicho,* se sanciona con la pérdida del beneficio fiscal los incumplimientos referidos a la materialización, ... *y asimismo la disposición de la cuenta de RIC con anterioridad a la finalización del plazo de mantenimiento de las inversiones, conlleva la pérdida del beneficio fiscal*[147].

Pérez Santana (2010) parece volver tres años más tarde a su primera idea de que la disposición de la RIC antes de la finalización del plazo al que aludimos no implica la regularización del incentivo. Opina posteriormente que la sanción pecuniaria del 2% solo se produciría en el caso de que existiendo el acuerdo de distribución de resultados en el que aparezca dotada la RIC, la reserva no se haga constar en el balance *o se haga desaparecer del mismo en algún momento durante el periodo en el que ha de mantenerse*[148]. Criterio con el que coincidimos, y que quizás haya sido el que desde 2007 mantenía la autora, aunque se confundiera en las conclusiones de su artículo de ese año.

---

146 Sánchez Blázquez, 2008. *Pérdida y regularización de la Reserva para Inversiones en Canarias.* Editorial Aranzadi, páginas 50-55.

147 Pérez Santana, M. "La nueva Reserva para Inversiones en Canarias". *Hacienda canaria, n.º 19, febrero 2007,* páginas 54 y 55.

148 Pérez Santana, 2010. "La incidencia de los incumplimientos formales en la aplicación de la RIC". En *La reserva para inversiones en Canarias. Examen crítico y expectativas de su modificación normativa,* página 126. Tirant lo Blanch.

Respetando, por supuesto, las dos acreditadas opiniones, y ante las dudas que genera la interpretación de los preceptos, expreso mi punto de vista. Parto, primero, de que el art. 27.16 excluye de la regularización de la RIC el incumplimiento de los requisitos del 27.3, en que se señala tanto que la RIC ha de figurar en los balances como que tenga que permanecer indisponible durante todo el plazo en que las inversiones hayan de estar en funcionamiento. En segundo lugar, que el art. 27.17, al señalar las infracciones tributarias graves, se refiere a la falta de contabilización de la RIC en los términos previstos en el 27.3, y ese apartado contempla tanto la contabilización inicial de la reserva como su mantenimiento en balance e indisponibilidad. Y, en tercer lugar, añado el hecho de que la propia exposición de motivos del RDL 12/2006 explica que la norma intenta establecer reglas más precisas dirigidas a ofrecer mayor seguridad jurídica en la aplicación del incentivo fiscal. Con esos tres puntos, entiendo que los constantes fallos en la técnica legislativa no tienen por qué perjudicar al contribuyente. Y es precisamente lo que ocurre aplicando el criterio administrativo.

Por tanto, hasta que el TS no siente criterio en la materia, soy de la opinión de que no se ha de regularizar el incentivo por motivo de que la reserva no permanezca en los balances hasta la finalización del plazo de permanencia de las inversiones. Cuestión diferente es que el contribuyente disponga de los fondos RIC para repartir dividendos, en cuyo caso coincido con el planteamiento actual de la Administración tributaria de pérdida del incentivo.

Finalmente se me ocurre un último argumento para reforzar que el incumplimiento de este requisito no puede suponer la regularización del incentivo fiscal: que si la falta de contabilización de la RIC en los términos previstos en el apartado 3 —fijándonos solamente en el requisito de que la RIC figure en el balance, y no en que se mantenga en los balances— se considera una infracción grave; la falta de mantenimiento de la RIC en los balances, que exige previamente figurar en los balances, no puede tener un trato peor e implicar la regularización del incentivo y la pérdida del beneficio disfrutado. Recalcamos que para que pueda disponerse de la RIC antes de que termine el plazo al que obliga la Ley es necesario que primeramente figure en el balance en el año que se dote y que en los sucesivos ejercicios se mantenga en el balance. Después de estos reiterados cumplimientos de los requisitos del art. 27.3 ¿cómo puede ser que la disposición de la RIC en un año posterior implique la pérdida del beneficio? No tiene lógica alguna. Con un simple ejemplo intento aclarar las ideas:

En 2023, una entidad dota RIC, pero no crea la reserva en la contabilidad y, por tanto, no figura en el balance, lo que le impide que en todos los demás años se mantenga la RIC en el balance. Su incumplimiento está tipificado como infracción grave y se impondrá al contribuyente una sanción del 2% de la dotación.

En el mismo 2023, otra sociedad dota RIC y la contabiliza perfectamente. Figura la reserva en su balance, tanto en el ejercicio de la dotación como en los cuatro años del plazo de materialización. Invierte correctamente en 2024 y mantiene la RIC en los balances durante 2025, 2026 y 2027, pero en 2028 se ve obligado a incrementar la cifra del capital social, por lo que dispone de la RIC e incumple su normativa, ¿cómo en este caso va a pretenderse que la entidad devuelva todo el beneficio disfrutado y satisfaga los intereses de demora durante tantos años? Como máximo se le tendrá que sancionar como en el caso anterior, con un 2% de la dotación[149].

Estoy de acuerdo, no obstante, en que la disposición de la reserva para repartir dividendos supone la pérdida del incentivo, pero tendrán que ser los Tribunales de Justicia los que confirmen dicha regularización. Por ahora, y que conozca, la SAN de 9 de diciembre de 2009 es la única que dice algo al respecto, en el sentido de que a partir de 1 de enero de 2007, el no mantenimiento de la reserva en balances no supone la pérdida del incentivo, sino una sanción del 2%. A pesar de ello, hay que tener muy en cuenta que el criterio actual de la Inspección tributaria es que supone la regularización y pérdida de la dotación RIC.

28.5. La contabilización de las inversiones afectas a la RIC

Por no ser una cuestión relacionada con la dotación sino con la materialización RIC, que no estudiamos en este Tomo I, hago una breve referencia a la contabilización de los activos afectos a la RIC, que no figura como requisito en el art. 27 de la Ley 19/1994, pero que guarda lógica con la veracidad de la contabilidad y con las opciones de comprobación por parte de la Administración. Mi consejo de siempre es que las inversiones afectas a la RIC han de ser contabilizadas como activos, sin ser necesario que luzcan identificadas como afectas en los balances, pero que estén contabilizadas. La falta de contabilización de los bienes afectos a la RIC no ha ocasionado tanta litigiosidad como en la dotación, pero cuando ha generado conflicto

149 Al no encontrar nuevos pronunciamientos judiciales sobre esta materia, gran parte de este epígrafe coincide con lo que redactamos en 2012 en *el Manual de la RIC 2007-2013*.

se ha resuelto con la pérdida del incentivo en los Tribunales de Justicia, sirva como ejemplo la SAN de 2 de marzo de 2009, Sección 7.

28.6. La dotación contable de la RIB y su indisponibilidad

Así como el legislador al crear el Régimen fiscal especial de *Illes Balears* mejoró técnicamente algunos aspectos que generaban incertidumbre en la redacción de la normativa RIC, no lo hizo en relación con la indisponibilidad de la RIB. Los textos que la regulan son los mismos que en la RIC. Por un lado, la D. A. 70ª. Cuatro, 3, apartado en el que figura que la RIB deberá figurar en los balances con absoluta separación y título apropiado y será indisponible en tanto que los bienes en que se materializó deban permanecer en la empresa; y por otro, el apartado 14: la disposición de la RIB con anterioridad a la finalización del plazo de mantenimiento de la inversión así como el incumplimiento de cualquier otro de los requisitos establecidos en este apartado, salvo los contenidos en sus números 3 y 12, dará lugar a que el contribuyente proceda a la integración, en la base imponible del Impuesto sobre Sociedades.

Hay que ser conscientes que el número 3 dice lo que dice (... será indisponible la RIB en tanto que los bienes deban permanecer en la empresa), pero está dentro de la salvedad que excepciona de la regularización del incentivo, enmarcada en el número 14 (salvo los requisitos del número 3). Esto es, igual embrollo que en la RIC, de forma que en ambas reservas ha de interpretarse qué ocurre cuando se dispone de ellas antes del plazo señalado. La Inspección tributaria en Canarias opina que supone la pérdida del incentivo disfrutado, a pesar de la SAN de 9 de diciembre de 2009, mientras que ya expresé mi opinión contraria en el epígrafe 28.4: debido al evidente fallo en la redacción del texto legal no tiene que ser el contribuyente el perjudicado, siempre que no se disponga de la reserva para repartir dividendos o incrementar el capital social.

Por tanto, en el Régimen fiscal especial balear, la incorrecta creación de la RIB en los balances, al igual que ocurre en la RIC desde 2007, no supone la regularización y pérdida de la reserva, sino una sanción del 2% de su importe; mientras que existe incertidumbre sobre el efecto de la disposición de la RIB antes de que finalicen los plazos de materialización y mantenimiento de las inversiones. La confusión que siembra la lectura de los apartados 3 y 14 de la D. A. 70ª. Cuatro de la Ley 31/2022 obliga a interpretarlos. Con la homónima normativa del REF, la Inspección tributaria en Canarias considera que la RIC es indisponible y, en consecuencia, su disponibilidad implica la pérdida del incentivo. Veremos con el tiempo cómo se decanta la Inspección en Baleares, a la espera de que el TS exprese su criterio al respecto.

28.7. Ficha resumen sobre los requisitos de creación e indisponibilidad de la RIC/RIB

1.	Los Tribunales de Justicia exigen que la empresa que quiera dotar la RIC lleve contabilidad ordenada, que cumpla los requisitos mercantiles. La contabilidad ha de mostrar la imagen fiel del patrimonio de la empresa, sin que sirva la mera llevanza de contabilidad que no refleje los verdaderos activos o pasivos de la entidad, o que sea incapaz de determinar el resultado que se obtiene en el ejercicio. En síntesis, que la llevanza de contabilidad en regla es un requisito sustancial a la hora de la dotación RIC en un ejercicio determinado y su incumplimiento ocasiona la regularización del incentivo y la pérdida de los beneficios disfrutados.
2.	No puede cuestionarse que con la importante reforma de la normativa llevada a cabo en 2006 y vigente a partir de 1 de enero de 2007 muchos de los requisitos contables de la RIC pasaron de sustanciales a formales, no determinando así la pérdida del beneficio disfrutado, sino una sanción. Mi opinión es que dicho cambio no afecta a la obligación de llevar contabilidad al menos en el año en que se generan los beneficios que se destinan a la RIC, que sigue siendo un requisito sustancial.
3.	Hasta el 31 de diciembre de 2006 el requisito de que se creara una reserva especial RIC con la aplicación del resultado del ejercicio y que figurase en el balance de la empresa eran requisitos sustanciales. Su incumplimiento ocasionaba la regularización del incentivo y la pérdida de los beneficios disfrutados.
4.	A partir de 1 de enero de 2007, es decir, para las dotaciones RIC 2007 y siguientes, el requisito de crear la reserva especial con el asiento de aplicación del resultado del ejercicio y que dicha reserva figure en el balance pasó a ser, por deseo expreso del legislador, un requisito formal, cuyo incumplimiento puede implicar una infracción grave para la empresa, sancionada con multa del 2% de la dotación, pero no la regularización del incentivo y la pérdida del beneficio disfrutado. Igual regulación tiene la RIB desde su creación en 2022.

5.	Ni las dos leyes ni los dos reglamentos REF y Régimen fiscal especial balear señalan expresamente que las inversiones afectas a la materialización RIC/RIB han de figurar en el balance, pero hay que ser conscientes de dos hechos: a) que si no figuran las inversiones RIC/RIB en el activo, la contabilidad no expresa la imagen fiel del patrimonio de la empresa; y b) que hay que probar de cualquier otra forma que se han efectuado esas inversiones. Hasta la actualidad no es un tema que haya ocasionado gran conflictividad tributaria ni que se haya considerado como un requisito sustancial, pero la AN se ha referido ocasionalmente a la obligada contabilización de las inversiones RIC en el activo del balance, concluyendo que de no figurar habría que regularizar el incentivo con la pérdida de los beneficios disfrutados.
6.	Algunos de los aspectos de la reforma de 2006 aún siguen siendo interpretables. Como paradigma señalo que el art. 27.16 indica que el incumplimiento de los requisitos RIC dará lugar a la pérdida del incentivo, pero no los señalados en el art. 27.3, que incluye precisamente que la RIC deba figurar en los balances con absoluta separación y título apropiado y será indisponible en tanto que los bienes en que se materializó deban permanecer en la empresa. El art. 27.17 sanciona con multa del 2% de la dotación la falta de contabilización de la dotación RIC, pero nada dice sobre la indisponibilidad de la reserva, lo que refuerza la posible interpretación de que la salvedad del 27.16 no se aplica en los dos aspectos del 27.3, sino solamente en uno, el que la reserva figure en los balances.
7.	Exactamente igual ocurre en la RIB. Los apartados 3 y 14 de la D. A. 70ª. Cuatro de la Ley 31/2022 se contradicen entre sí, pudiéndose interpretar tanto que la disposición de la RIB antes de los plazos de materialización y mantenimiento de las inversiones supone la pérdida del incentivo como solo una sanción del 2%.
8.	La Inspección tributaria en Canarias sigue el criterio de que la disposición de la RIC antes de finalizar dichos plazos supone la regularización y pérdida del incentivo. No sabemos qué criterio seguirá la Inspección tributaria en Baleares, pero mucho me temo que hasta que no se pronuncie el TS compartirá el de la pérdida del incentivo.

9. No es la interpretación que sostengo, sino que han de prevalecer el párrafo inicial del art. 27.16 RIC (apartado 14 de la D. A. 70ª. Cuatro de la RIB) y la salvedad del art. 27.3 (apartado 3 de la D. A. 70ª. Cuatro). Puede ser, efectivamente, que el legislador se equivocase en la redacción, pero en qué precepto, ¿en el párrafo inicial o en la salvedad? Con la normativa RIB podía haberse resuelto el error en 2022, pero el legislador no lo hizo. Ante la duda, no tiene que ser el contribuyente el perjudicado, por lo que en mi opinión la desaparición de la RIC/RIB en los balances no puede suponer la pérdida del incentivo. No obstante, el criterio de la Inspección tributaria es el contrario: que la disposición de la RIC antes de plazo supone la pérdida del incentivo.

10. Otra cuestión diferente es que la desaparición de la RIC/RIB del balance obedezca a un reparto de dividendos o a una ampliación del capital, en cuyo caso, y pendiente de lo que en su día dictamine el TS, parece que se incumple un requisito sustancial, que supondría la pérdida del incentivo.

Capítulo 29

EL REQUISITO DE LA COMUNICACIÓN DE LAS INVERSIONES ANTICIPADAS Y SU SISTEMA DE FINANCIACIÓN ¿ES SUSTANCIAL O FORMAL? LA POLÉMICA CONTINÚA

La posibilidad de invertir anticipadamente en activos afectos a la actividad económica, esto es, antes de efectuar la dotación RIC, no figuraba en la normativa primigenia del incentivo, sino que la opción se introdujo en 2003, sujeta a una serie de requisitos, entre otros, el de comunicar las inversiones anticipadas a la AEAT junto a la forma en que se financiaban. La inexistencia de comunicación supuso la pérdida del incentivo por falta de materialización válida, aspecto que enmendó una sentencia del TS de 2021, calificando el requisito de formal. Aun así, la Inspección tributaria continúa regularizando la RIC por falta de materialización si el contribuyente no presentó el plan de inversiones anticipadas. El párrafo actual que regula las inversiones anticipadas RIC es el mismo en la RIB, por lo que la problemática que genera es común, como estudiamos en este capítulo.

29.1. Legislación vigente

– Ley 19/1994, REF

Art. 27.11. Los contribuyentes a que se refiere este artículo podrán llevar a cabo inversiones anticipadas, que se considerarán como materialización de la reserva para inversiones que se dote con cargo a beneficios obtenidos en el período impositivo en el que se realiza la inversión o en los tres posteriores, siempre que se cumplan los restantes requisitos exigidos en el mismo.

Las citadas dotaciones habrán de realizarse con cargo a beneficios obtenidos dentro del período de vigencia del Reglamento (UE) 651/2014 de la Comisión de 17 de junio de 2014 por el que se declaran determinadas categorías de ayudas compatibles con el mercado interior en aplicación de los artículos 107 y 108 del Tratado, o de la norma que lo sustituya.

La materialización y su sistema de financiación se comunicarán conjuntamente con la declaración del Impuesto sobre Sociedades, el Impuesto sobre la Renta de no Residentes o el Impuesto sobre la Renta de las Personas Físicas del período impositivo en que se realicen las inversiones anticipadas [redacción dada por la disp. Final primera del RD-ley 8/2023, de 27 de diciembre].

Art. 27.16. La disposición de la reserva para inversiones con anterioridad a la finalización del plazo de mantenimiento de la inversión o para inversiones diferentes a las previstas en el apartado 4 de este artículo, así como el incumplimiento de cualquier otro de los requisitos establecidos en este artículo, salvo los contenidos en sus apartados 3 y 13, dará lugar a que el contribuyente proceda a la integración, en la base imponible del Impuesto sobre Sociedades o del Impuesto sobre la Renta de no Residentes o en la cuota íntegra del Impuesto sobre la Renta de las Personas Físicas del ejercicio en que ocurrieran estas circunstancias, de las cantidades que en su día dieron lugar a la reducción de aquélla o a la deducción de ésta, sin perjuicio de las sanciones que resulten procedentes.

En el caso del incumplimiento de la obligación del ejercicio de la opción de compra prevista en los contratos de arrendamiento financiero, la integración en la base imponible tendrá lugar en el ejercicio en el que contractualmente estuviera previsto que ésta debiera haberse ejercitado.

Se liquidarán intereses de demora en los términos previstos en la Ley 58/2003 y en su normativa de desarrollo [redacción artículo único RD-ley 15/2014].

Art. 27. 17. Constituyen infracciones tributarias graves los siguientes supuestos:

a) La falta de contabilización de la reserva para inversiones en los términos previstos en el apartado 3 de este artículo, que será sancionada con multa pecuniaria proporcional del 2 por ciento de la dotación que debiera haberse efectuado.

b) No hacer constar en la memoria de las cuentas anuales la información a que se refiere el apartado 13 de este artículo, que será sancionada con multa pecuniaria proporcional del 2 por ciento del importe de las dotaciones a la reserva para inversiones que debieran haberse incluido.

c) Incluir datos falsos, incompletos o inexactos en la memoria de las cuentas anuales a que se refiere el apartado 13 de este artículo, que será sancionada con multa pecuniaria fija de 100 euros por cada dato omitido, falso o inexacto, con un mínimo de 1.000 euros.

Constituye infracción tributaria leve la falta de comunicación de los datos o la comunicación de datos falsos, incompletos o inexactos a que se refiere la letra D del apartado 4 de este artículo, que será sancionada con multa pecuniaria fija de 100 euros por cada dato omitido, falso o inexacto, con un mínimo de 500 euros [redacción artículo único RD-ley 15/2014].

– Ley 31/2022, Régimen fiscal especial balear

– D.A. 70ª. Cuatro 10. *Los contribuyentes a que se refiere este apartado podrán llevar a cabo inversiones anticipadas, que se considerarán como materialización de la reserva para inversiones que se dote con cargo a beneficios obtenidos en el período impositivo en el que se realiza la inversión o en los tres posteriores, siempre que se cumplan los restantes requisitos exigidos en el mismo.*

La materialización y su sistema de financiación se comunicarán conjuntamente con la declaración del Impuesto sobre Sociedades, el Impuesto sobre la Renta de no Residentes o el

Impuesto sobre la Renta de las Personas Físicas del período impositivo en que se realicen las inversiones anticipadas.

La reforma de 2006 continuó con la opción de la materialización anticipada en la RIC a partir de 1 de enero de 2007, pero el "prelegislador" cometió varios errores en su redacción, uno de ellos no puntualizar si la falta de comunicación de las inversiones anticipadas era un requisito sustancial o formal.

La reforma de 2014 actualizó y prorrogó el año que servía de límite temporal para esta opción. La posterior de 2023 modificó el art. 27.11 y el cambio consistió en que la alternativa de realizar inversiones anticipadas de futuras dotaciones RIC de los siguientes tres años no tuviese ya un horizonte limitado a las respectivas directrices de ayudas regionales europeas (DAR), sino que siguiera vigente mientras lo estuviera el Reglamento europeo de exenciones.

Durante todos estos años existió siempre el conflicto de la pérdida del incentivo si no se había presentado la comunicación de la inversión anticipada. Se refirió al asunto la STS de 10 de mayo de 2021, calificando el requisito como formal, pero aun así continúan puntos de confusión en la materia, que analizamos con detenimiento en el capítulo.

La normativa RIB de 2022 incorpora la misma imprecisión de la RIC, en el sentido de que no especifica si la comunicación de la inversión anticipada es un requisito formal o sustancial, por lo que le afecta por igual la STS de mayo de 2021.

29.2. La casuística derivada de las inversiones anticipadas y su comunicación

Los planes de inversiones, entre ellos los de las inversiones anticipadas, esto es, las realizadas en el año en que se dota la RIC o en los tres años anteriores, desaparecieron de la normativa RIC por el RD-ley 15/2014, de 19 de diciembre, que derogó el art. 27.10, que contemplaba los planes de inversión; pero no por ello dejó de ser obligatoria la comunicación sobre la materialización anticipada y su sistema de financiación, al que se refiere el art. 27.11: *(…) La materialización y su sistema de financiación se comunicarán conjuntamente con la declaración del Impuesto sobre Sociedades, el Impuesto sobre la Renta de no Residentes o el Impuesto sobre la Renta de las Personas Físicas del período impositivo en que se realicen las inversiones anticipadas.* La desaparición de los planes de inversión a partir de 1 de enero de 2015 hizo que muchos contribuyentes y sus asesores se relajaran en el cumplimiento de los requisitos, sin percatarse de que seguía siendo obligatoria la presentación de la comunicación de las inversiones anticipadas. Así se los recordó la Inspección tributaria y la Dependencia de Gestión tributaria, que comenzaron a regularizar dotaciones RIC por la simple falta de la comunicación.

Hay que partir de la base de que las inversiones realizadas en el mismo ejercicio en el que se dota RIC se consideran desde 1 de enero de 2007 "inversiones anticipadas". Opción que se incorporó en 2022 al Régimen fiscal especial balear y, por tanto, a la RIB. Las inversiones efectuadas en 2024 se consideran anticipadas de la dotación RIC/RIB 2024 que se aprobará en la junta del primer semestre de 2025, y no como inversiones o materialización normal del ejercicio 2024, tal como sucedía en la normativa RIC vigente hasta el 31 de diciembre de 2006. Además, las inversiones anticipadas realizadas en un determinado año pueden servir para materializar las futuras dotaciones de los siguientes tres ejercicios (en el ejemplo, de 2025, 2026 y 2027), pero la normativa exige como mínimo que se comunique a la Administración tributaria la inversión anticipada y la forma en que se ha financiado.

Además, hay que tener en cuenta de que se trata de una alternativa ventajosa que el legislador concedió al contribuyente, que facilita que una inversión cuantiosa se financie en parte no solo con la dotación RIC/RIB de ese año, sino con las posibles dotaciones que se realicen en los tres siguientes años o ejercicios. Por ello, parece lógico que la normativa exija la comunicación a la Administración tributaria de la inversión anticipada.

El requisito, más adelante veremos si sustancial o formal, no se contempla expresamente como causa de regularización en el art. 27.16 de la Ley 19/1994 ni en la D.A. 70ª. Cuatro, 10 del Régimen fiscal especial balear, pero qué duda cabe que se encuentra dentro de la frase de cierre del primer párrafo del apartado 16 de la RIC y su equivalente balear: ***así como el incumplimiento de cualquier otro de los requisitos establecidos en este artículo,*** *salvo los contenidos en sus apartados 3 y 13, dará lugar a que el contribuyente proceda a la integración, en la base imponible del Impuesto sobre Sociedades o del Impuesto sobre la Renta de no Residentes o en la cuota íntegra del Impuesto sobre la Renta de las Personas Físicas del ejercicio en que ocurrieran estas circunstancias, de las cantidades que en su día dieron lugar a la reducción de aquélla o a la deducción de ésta, sin perjuicio de las sanciones que resulten procedentes.*

Por su parte, el art. 27.17 de la Ley 19/1994 indica las infracciones tributarias graves, sin que señale como tal la falta de comunicación de las inversiones anticipadas ni tampoco como infracción leve, por lo que podría ser uno de los supuestos que conlleva la pérdida del incentivo, aunque desde que la Administración tributaria comenzó a aplicar ese criterio opiné que me parecía excesivo castigo para el contribuyente que hubiera dinamizado la economía canaria con su inversión, que se le regularizara el beneficio fiscal disfrutado tan solo por no comunicar la inversión anticipada. El segundo argumento que esgrimía en el pasado era que la falta de comunicación de datos o la comunicación de datos falsos, incompletos o inexactos en la modalidad de materialización indirecta se considera en el art. 27.17, último párrafo, como infracción leve; y el tercero, de mayor calado, que la Administración tributaria podía controlar las inversiones anticipadas a través de la información proporcionada en la memoria de las cuentas anuales y en las casillas de la propia declaración del IS o del IRPF en que se informa de las inversiones anticipadas. De haberse hecho constar en la memoria la información relativa a las inversiones anticipadas y en las casillas de las declaraciones de los impuestos, ¿qué perjuicio o quebranto experimenta la Administración tributaria por la ausencia de la comunicación?

En mi opinión, ninguno. Pero podría pasar que tampoco el contribuyente fuese diligente con la información en la memoria o en las casillas de las inversiones anticipadas de los impuestos, en cuyo caso peor defensa jurídica tendría la no presentación de la preceptiva comunicación. Sin necesidad de recurrir a ese extremo, lo cierto es que la Administración tributaria comenzó a incoar actas con la regularización de la dotación RIC del contribuyente que había realizado una inversión anticipada sin comunicación. El motivo, no realizar una inversión válida, pues la anticipada no la consideraba como tal si no existía comunicación. El criterio lo hizo suyo el TEARC y el TEAC, hasta que llegó un caso al TSJC. La STSJC de 2019 concluyó que la falta de comunicación no era un requisito sustancial y, por tanto, no significaba la pérdida del incentivo. Fue recurrida por la Abogacía del Estado en casación al TS, quien en 2021 corroboró el fallo del TSJC y sentó doctrina en la materia de las inversiones anticipadas y la falta de comunicación.

En fin, que la derogación de los planes de inversión en 2015 en la RIC hizo que muchos contribuyentes se olvidaran de la comunicación que afectaba, y sigue afectando, a las inversiones anticipadas realizadas en el año de la dotación, declarando solamente las que iban a dedicar a las dotaciones de los próximos tres años, o sencillamente, no comunicando absolutamente nada a la Administración tributaria. Para mí, constituía en 2012 la comisión de una infracción tributaria leve, sancionada con un mínimo de 500 euros, incluida en el entonces vigente art. 27.17 c: *Constituyen infracciones tributarias leves...c) La omisión, falseamiento o inexactitud de los datos que deben contenerse en el plan de inversión a que se refiere el apartado 10 de este artículo, se sancionará con multa pecuniaria fija de 150 euros por cada dato omitido, falso o inexacto, con un mínimo de 500 euros).*

En 2012, la Inspección tributaria ya planteaba que la exclusión de la información sobre las inversiones anticipadas en el plan de inversión podría tener consecuencias adversas para el contribuyente, como sería que las inversiones anticipadas no fuesen válidas como materialización. Planteamiento al que nos negamos rotundamente, ya que si bien es cierto que la obligación de reflejar la información sobre las inversiones anticipadas en el plan de inversiones derivaba del art. 27.11 (no del art. 27.10, que expresamente es el que figura en las salvedades a la pérdida del beneficio fiscal), el propio formulario, que para dar cumplimiento al apartado 10 del art. 27 de la Ley y al art. 33 del Reglamento, figuraba en la página Web de la AEAT incluía la información sobre las inversiones anticipadas realizadas en el propio ejercicio, ¿cómo se sancionaría dicho incumplimiento? Como señalaba el art. 27.17.c) al referirse a la omisión de un dato, con una sanción mínima de 500 euros, pero nunca con la pérdida de la inversión como materialización de la RIC[150].

Lo mismo opinaba Sánchez Blázquez (2008), quien llegó a la conclusión de que parecía excesivo sancionar con la imposibilidad de admitir como inversiones anticipadas de una determinada dotación solo por no comunicarlas juntamente con la autoliquidación. No creía que el incumplimiento estuviese tipificado como infracción leve por el art. 27.17.c), sino que el tipo infractor encajaba perfectamente en el art. 199 de la LGT[151]. Tampoco Pérez Santana (2007) se refería a la omisión de la información sobre las inversiones anticipadas en el plan de inversión como el incumplimiento de un requisito sustancial.

Por tanto, en 2012 recordaba al lector que la normativa aplicable a partir de 2007 exigía que las inversiones anticipadas efectuadas en el año cuya imposición sobre el beneficio se minimizaba con la dotación RIC se comunicasen a la Administración tributaria a través del formulario del plan de inversión a presentar por vía telemática, y en el caso de que la información se omitiera, daría lugar como máximo a la imposición de una sanción por infracción leve, con un mínimo de 500 euros, o al régimen sancionador de las infracciones tipificables en el art. 199 de la LGT, pero nunca a la pérdi-

---

150 Miranda Calderín 2012, pp. 1143-44.

151 Sánchez Blázquez 2008, pp. 65-71.

da de la inversión anticipada como materialización válida para la dotación RIC. Tampoco había que preocuparse de la información sobre el sistema de financiación de las inversiones anticipadas, tan señalado en el precepto legal (antiguo art. 27.11, tercer párrafo, como continuador del mismo requisito que establecía la anterior normativa), puesto que había sido omitida en el Reglamento (el art. 33.1.e no la contemplaba) y en los formularios de la AEAT, por lo que no había lugar material para informar sobre la financiación. No se trataba, pues, de una información que omitiera el contribuyente, sino de una información que tanto el Reglamento como el formulario habían omitido, excediéndose o no del mandato legal, pero cuyos efectos no podían afectar negativamente a quien aplicase la RIC[152].

Sin embargo, la situación cambió sustancialmente a partir de 1 de enero de 2015 con la derogación de los planes de inversión y la modificación del art. 27, apartados 16 y 17. El primer apartado parecía incluir entre los requisitos sustanciales de la RIC la comunicación de las inversiones anticipadas (dentro del cajón de sastre de cualquier otro incumplimiento, entre los que está la falta de comunicación), mientras que el segundo eliminaba de la consideración de infracción leve los incumplimientos en la información sobre los planes de inversión. La Inspección tributaria comenzó a regularizar las dotaciones RIC por considerar que las materializadas en inversiones anticipadas sin ser comunicadas a la AEAT no eran válidas. Criterio que fue ratificado, como comentamos, por el TEARC y el TEAC, hasta que el TSJC puso cierta cordura en la materia, y el TS ratificó su criterio en 2021.

A partir de esos años, el TEAR se aparta de su criterio y comienza a adoptar el de que la falta de presentación de la comunicación del sistema de financiación no impide la consideración de la inversión como materialización anticipada. La **RTEARC de 27 de enero de 2022, Sala Las Palmas, n.º 35/0997/2018,** hace suyo el criterio del TS en esta materia. Es una persona física la que materializa indirectamente en 2012 con cargo a la dotación del propio año. La Inspección considera que al tratarse de una inversión anticipada es necesario presentar la comunicación informando del sistema de financiación de la inversión, que no se había efectuado, por lo que no puede considerarse válida. El TEARC invoca la STS de 2021 y tiene en cuenta que la Inspección no puso en duda la validez material de la inversión y que el contribuyente declaró la inversión anticipada en 2013 (la sociedad en que había materializado invirtió en un barco en 2013). Estima la pretensión del contribuyente de que el incumplimiento de la

---

152 Miranda Calderín 2012, pp. 1143-44.

comunicación no da lugar a la pérdida del beneficio fiscal. No obstante, Florido Caño (2022) al analizar la resolución, comenta que dos resoluciones TEARC de 31 de agosto de 2022, Sala de Las Palmas, concluyen que no pueden considerarse inversiones anticipadas aquellas que se invocan en el curso de un procedimiento inspector sin haber sido identificadas como anticipadas en modo alguno, ni con la comunicación ni en la memoria ni en las casillas informativas de las autoliquidaciones[153]. En consecuencia, añado, puede que la STS de 2021 no sea la panacea para que el incumplimiento de la comunicación prevista en el art. 27.11 deje de afectar negativamente a la regularización RIC, sino que la Administración exija al menos que en la memoria de las cuentas anuales o en las casillas del impuesto se haya consignado el carácter de inversión anticipada de futuras dotaciones RIC.

Dos resoluciones **TEARC de 31 de agosto de 2022, Sala Las Palmas, reclamación 35/03498/2021 y 35/00012/2022**, tienen en cuenta la STS de 10 de mayo de 2021 que establece el criterio de que el deber de comunicar la inversión anticipada es un requisito formal, que no implica de forma automática la pérdida del incentivo. No obstante, desestima la pretensión del contribuyente porque el incumplimiento en cuanto a la inversión anticipada era total: ni se informó en la comunicación ni se cumplimentaron las casillas previstas en la autoliquidación del impuesto ni se realizó mención alguna en la memoria de las cuentas anuales. Las graves omisiones determinan para el TEARC la regularización del incentivo[154].

29.3. La STSJC de 2019 sobre la falta de comunicación de las inversiones anticipadas y la posterior de 2023

El criterio administrativo de que la falta de comunicación de las inversiones anticipadas y la forma en que se financian implica la regularización de la dotación por no considerarse válida la inversión anticipada fue ratificado por la resolución TEARC, Sala de Las Palmas, de 29 de junio de 2018. La resolución fue recurrida al TSJC, quien se pronunció sobre los efectos de la falta de comunicación después de 1 de enero de 2007, en la **STSJC de 22 de julio de 2019, Sede Las Palmas de Gran Canaria, recurso 359/2018.** En la sentencia se estima la pretensión del contribuyente de que

[153] Florido Caño, 2022. *Revista Hacienda Canaria, n.º 58.*

[154] Florido Caño, 2023. *Revista Hacienda Canaria, n.º 59.*

una inversión contrastada como cierta por la propia Inspección no podía considerarse como no válida para la RIC por el mero hecho de no haberse presentado la comunicación prevista en el art. 27.11.

La motivación del fallo se basa en dos argumentos principales. El primero, que si bien es cierto que el art. 27.11 precisa que hay que presentar la comunicación con las inversiones anticipadas, la propia Administración tributaria reconoce la aptitud de la inversión para materializar la RIC. Y el segundo, que la inversión se efectuó en 2007, año en que entró en vigor la modificación legislativa que afectó entre otros preceptos al art. 27.11. Hasta 2006, la falta de comunicación suponía la regularización de la dotación, pero no a partir de 1 de enero de 2007, puesto que el fin de la reforma fue reforzar los mecanismos de control con un régimen sancionador específico, sin la pérdida del beneficio. Concluye que después de la reforma de 2006 ya no se establece la pérdida del incentivo por el incumplimiento de requisitos como el plan de inversiones, los datos que han de figurar en la memoria o las cuentas a mantener en los balances, a los que asimila tácitamente la comunicación de las inversiones anticipadas.

No entra la sentencia en las necesarias consideraciones sobre el texto del art. 27.16, que en 2007 recogía que el incumplimiento de cualquier otro de los requisitos establecidos en el artículo, salvo los contenidos en sus apartados 3, 10 y 13, dará lugar a que el sujeto pasivo proceda a la integración de las cantidades que en su día redujo en la base imponible. La comunicación está prevista en el apartado 11, por lo que en principio queda excluida de la salvedad que establece el art. 27.16 a la pérdida del incentivo.

Es precisamente este aspecto el que más recalca Sánchez Blázquez (2019) en las conclusiones a su completo análisis de la sentencia. El incumplimiento que se produjo por una sociedad en 2007 de la obligación de comunicar las inversiones anticipadas y su sistema de financiación conjuntamente con la declaración del IS, de acuerdo a las circunstancias concurrentes en el caso, no impide que dichas inversiones anticipadas sean materializaciones válidas de la RIC y, por tanto, no se produce en un supuesto como este la pérdida del beneficio fiscal en relación con las mismas. En su cualificada opinión, se trata de una conclusión correcta, y entiende adecuados dos de los argumentos empleados: el cambio normativo producido desde el originario apartado 10 del artículo 27 vigente a partir de 1 de enero de 2003 hasta el apartado 11 de dicho precepto que le sucedió con efectos desde 1 de enero de 2007, y que fue aplicable al supuesto sometido a la consideración del TSJC. Modificación que hizo desaparecer las consecuencias de los incumplimientos de los requisitos de la regulación específica sobre las inversiones anticipadas; y las circunstancias en que la obligación formal vulnerada en un principio, fue finalmente cumplida, aunque de forma extemporánea. No obstante, echa en falta en la sentencia que afronte el principal problema que suscita la normativa, que no puede ser obviado para resolver de forma convincente y completa la cuestión que se planteaba: el hecho que no se mencione el apartado 11 en el apartado 16 del artículo 27, al prever los requisitos que no producen la pérdida del beneficio fiscal de la RIC. El apartado 11 es el que regula la obligación formal de comunicar conjuntamente con la declaración del impuesto las inversiones anticipadas y su sistema de financiación. Aunque de esta falta de claridad, según su parecer, adolece la propia normativa, con lo que esta puede ser la causante última de aquella. La solución, desde su perspectiva, pasa por realizar una interpretación finalista de la norma que haga prevalecer la idea general que inspira el nuevo modelo en relación con los incumplimientos formales de la RIC, conforme al cual, las irregularidades formales producidas no impiden el disfrute del beneficio fiscal sino solo determinadas consecuencias sancionadoras[155]. Trascribo el fundamento de derecho segundo de la STSJC:

> *SEGUNDO. En cuanto al fondo del asunto, estimamos los argumentos del recurrente.*
>
> *Es necesario destacar que estamos de acuerdo con la resolución impugnada, en que es necesario, de conformidad con lo dispuesto en el artículo 27.11 de la Ley 19/1994 preciso para poder acogerse a la posibilidad de materializar la RIC a través de inversiones anticipadas, el cumplimiento de las obligaciones formales contenidas en el mismo como es la comunicación en que se informe, en la declaración del impuesto, a la Administración Tributaria de las inversiones anticipadas realizadas y su sistema de financiación. Exigencia, que debe ser objeto de una interpretación rigurosa, dados los beneficios que se obtienen en la RIC.*
>
> ***Sin embargo, en este caso la administración reconoce la aptitud de la inversión realizada para materializar anticipadamente la RIC, pero opone el incumplimiento del deber de comunicar la inversión en las cuentas anuales, en la declaración del IS 2007 y en el sistema de financiación.***
>
> ***Es por ello que debemos tener en cuenta las circunstancias del caso:***
>
> ***1.- Es pacífico que se realizó correctamente la inversión o materialización anticipada.***
>
> ***2.- La inversión se materializó en el ejercicio 2007, en el que entró en vigor una modificación legislativa que consideramos importante, a los efectos de tomar una decisión.***
>
> *La redacción vigente del precepto hasta el 31 de diciembre de 2006, sí que establecía como sanción la pérdida del beneficio fiscal, en caso de incumplimiento de la obligación de realizar la comunicación:*
>
> *«27. 10. Los sujetos pasivos a que se refiere este artículo podrán llevar a cabo inversiones anticipadas de futuras dotaciones a la reserva para inversiones, siempre que cumplan los restantes requisitos exigidos en el mismo y las citadas dotaciones se realicen con cargo a beneficios obtenidos hasta el 31 de diciembre de 2006.*

---

[155] Sánchez Blázquez, 2019. *Revista Hacienda Canaria n.º 51, pp. 327-342.*

Se comunicará la citada materialización y su sistema de financiación conjuntamente con la declaración del Impuesto sobre Sociedades, el Impuesto sobre la Renta de no Residentes o el Impuesto sobre la Renta de las Personas Físicas del período impositivo en que se realicen las inversiones anticipadas.

El incumplimiento de cualquiera de los requisitos previstos en este apartado ocasionará la pérdida del beneficio fiscal y será de aplicación lo previsto en el apartado 8 de este artículo».

A partir del 31 de diciembre de 2006, en virtud del Real Decreto-ley 12/2006, de 29 de diciembre, que modificó la Ley 19/1994, de 6 de julio, de Modificación del Régimen Económico y Fiscal de Canarias, y el Real Decreto-ley 2/2000, de 23 de junio se modificó la redacción del anterior artículo 27.10 la redacción del precepto renumerado fue la siguiente:

«27.11. Los sujetos pasivos a que se refiere este artículo podrán llevar a cabo inversiones anticipadas, que se considerarán como materialización de la reserva para inversiones que se dote con cargo a beneficios obtenidos en el período impositivo en el que se realiza la inversión o en los tres posteriores, siempre que se cumplan los restantes requisitos exigidos en el mismo.

Las citadas dotaciones habrán de realizarse con cargo a beneficios obtenidos hasta el 31 de diciembre de 2013.

La citada materialización y su sistema de financiación se comunicarán conjuntamente con la declaración del Impuesto sobre Sociedades, el Impuesto sobre la Renta de no Residentes o el Impuesto sobre la Renta de las Personas Físicas del período impositivo en que se realicen las inversiones anticipadas.»

Las consecuencias del incumplimiento en el artículo:

«27. 16. La disposición de la reserva para inversiones con anterioridad a la finalización del plazo de mantenimiento de la inversión o para inversiones diferentes a las previstas en el apartado 4 de este artículo, así como el incumplimiento de cualquier otro de los requisitos establecidos en este artículo, salvo los contenidos en sus apartados 3, 10 y 13, dará lugar a que el sujeto pasivo proceda a la integración, en la base imponible del Impuesto sobre Sociedades o del Impuesto sobre la Renta de no Residentes o en la cuota íntegra del Impuesto sobre la Renta de las Personas Físicas del ejercicio en que ocurrieran estas circunstancias, de las cantidades que en su día dieron lugar a la reducción de aquélla o a la deducción de ésta, sin perjuicio de las sanciones que resulten procedentes»

La conclusión a la que llegamos es que El Real Decreto-ley 12/2006, de 29 de diciembre, por el que se modifican la Ley 19/1994, de 6 de julio, de Modificación del Régimen Económico y Fiscal de Canarias, y el Real Decreto ley 2/2000, de 23 de junio que modificó la redacción del anterior artículo 27.10 ya no establece la pérdida del beneficio fiscal e inmediata integración en la base imponible por el hecho de no haber realizado el plan de inversiones (26.10) o no incluirlo en la memoria de cuentas anuales (26.13) o en el balance(26.3). *Todas estas acciones tienen vinculación inmediata y directa con las declaraciones del Impuesto de Sociedades, a las que están ineludiblemente ligadas, en tanto, si no están en el balance o en las cuentas anuales tampoco estarán en la declaración del IS.*

El fin de la reforma según su exposición de motivos fue reforzar los mecanismos de control de la aplicación de estas ventajas fiscales, entre los que destacan la obligación de presentar un plan de inversiones, la inclusión de determinada información relevante a estos efectos en la memoria de las cuentas anuales y el establecimiento de un régimen sancionador específico. Es por ello que se imponen sanciones por los citados incumplimientos pero no la pérdida del beneficio. Consecuencia que es extremadamente gravosa, cuando en el caso, lo que consta es un incumplimiento formal, puesto que, se acepta por la administración que la materialización y dotación se realizó correctamente.

La invocada consulta vinculante de la DGT V0933/2010, de 12 de mayo de 2010, decidió en relación a la falta de presentación de un plan de inversiones que se había cometido una infracción tributaria leve que será sancionada con multa pecuniaria proporcional del 2 por ciento del importe de la dotación efectuada a la reserva para inversiones a cuya materialización pero no la integración en la base imponible de las cantidades que redujeron la base.

Se aceptan, por tanto, las conclusiones del demandante. Añadiendo a los argumentos expuesto, que las citadas obligaciones fueron finalmente cumplidas si bien de forma extemporánea [STSJC 22 de julio 2019. La negrita es nuestra].

Sin embargo, en la **STSJC de 8 de junio de 2023, Sede Las Palmas de Gran Canaria, recurso 548/2022,** el TSJC incorpora dos aspectos de la STS de 10 de mayo de 2021 que analizamos con detenimiento en el próximo epígrafe. Uno de ellos es que el incumplimiento respecto a la comunicación de la inversión anticipada puede ser parcial o total, entendiendo por total cuando tampoco se informa de ella en la memoria de las cuentas anuales; y el otro, el efecto sustantivo en tanto en cuanto la falta de información impide a la Administración conocer y comprobar la sustantividad del derecho. Tratándose de una obligación de documentación prevista para un régimen especial dentro de la RIC, en el cual se admiten excepcionalmente inversiones anticipadas de futuras dotaciones, hay que ser particularmente riguroso. En síntesis, que si no se presentó la comunicación de la inversión anticipada y además no se informó de ella en la memoria de las cuentas anuales, procede la regularización de la RIC:

SEGUNDO. Debe señalarse, en primer lugar, que, como puso de relieve la administración demandada en su escrito de contestación, de lo que se trata fundamentalmente en el presente litigio es de decidir si resulta o no aplicable al caso de la mercantil Zumos Gran Canaria S.L. la doctrina contenida en la sentencia del Tribunal Supremo de fecha 10 de mayo de 2021 en el sentido de que el art. 27,10 de la ley 19/94 no puede ser interpretado de manera que en todo caso la inobservancia del deber de comunicar la materialización de la inversión y su sistema de financiación en la declaración del impuesto del periodo en que se realice la inversión anticipada debe conllevar, de manera automática, la pérdida del beneficio fiscal aplicado, añadiendo que para establecer la relevancia sustantiva del incumplimiento formal ha de atenderse, motivadamente, a las consecuencias que representa para la administración liquidadora la falta de conocimiento acerca de la realización de la inversión, debiendo valorarse igualmente si se trata de una vulneración total, parcial o tardía, considerando la demandada que dicha sentencia no puede aplicarse, sin más, a todo incumplimiento de un requisito formal con ocasión de la aplicación de los beneficios fiscales regulados en la RIC, como pretende la actora, sino que el propio Tribunal Supremo considera que hay casos en que el incumplimiento formal tiene un efecto sustantivo en tanto en cuanto tal falta impide a la administración conocer y comprobar la sustantividad del derecho, como acontece en el presente caso, compartiendo la Sala el punto de vista de la demandada en orden a que tratándose de una obligación de documentación prevista para un régimen especial dentro de la RIC, en el cual se admiten excepcionalmente inversiones anticipadas de futuras dotaciones, hay que ser particularmente riguroso con el cumplimiento de las exigencias legales. Por otra parte, si bien la reseñada sentencia relaja el rigor de las consecuencias asociadas al incumplimiento de los requisitos formales, la misma tiene en cuenta la naturaleza del incumplimiento, es decir, si el mismo ha sido total, parcial o tardío, resultando que en el caso que nos ocupa tal incumplimiento, como reconoce la propia actora, fue total ya que no comunicó la existencia de inversión anticipada, no comunicó tampoco su sistema de financiación, y no realizó mención alguna en la memoria, omisiones de suficiente entidad como para determinar que estamos en presencia de un incumplimiento sustancial de los requisitos exigidos por la ley, siendo de tener en cuenta que en el caso de las inversiones anticipadas se permite adquirir el activo antes de la dotación contable, por tanto antes de la congelación del beneficio, lo que es causa de que la ley exija una serie de obligaciones de información que permitan revisar si se ha cumplido con el límite de acumulación de ayudas de Estado impuestas por la Unión Europea al no constar información de las inversiones realizadas, o que impidan circunstancias como la de esquivar el control de la administración sobre tales inversiones anticipadas, con la posible consecuencia de que exista prescripción del periodo de mantenimiento cuando la agencia tributaria entre a comprobar la inversión anticipada [STSJC de 8 de junio 2023].

Con esta STSJC el criterio del Tribunal es muy diferente al de julio de 2019, puesto que si no se realizó la comunicación con la inversión anticipada y además no se informó de ella en la memoria de las cuentas anuales, procede la regularización y pérdida de la reserva, tal como mantiene en la actualidad la Inspección tributaria.

29.4. La STS de 10 de mayo de 2021 ratifica el criterio del TSJC sobre los efectos de la falta de comunicación de las inversiones anticipadas

A partir de 2003, la normativa contempló la posibilidad de realizar inversiones anticipadas afectas a la RIC, que no era posible hasta ese año. El art. 27.10 de la Ley 19/1994 recogió hasta 31 de diciembre de 2006 tres cuestiones principales:

– Que los sujetos pasivos a que se refiere el artículo podrán llevar a cabo inversiones anticipadas de futuras dotaciones a la RIC, siempre que cumplan los restantes requisitos exigidos y las citadas dotaciones se realicen con cargo a beneficios obtenidos hasta el 31 de diciembre de 2005 (horizonte temporal que fue ampliándose cada cierto tiempo y que en 2024 se estableció en función de la vigencia de la normativa europea).

– Se comunicará la citada materialización y su sistema de financiación conjuntamente con la declaración del IS, el Impuesto sobre la Renta de no Residentes o el IRPF del período impositivo en que se realicen las inversiones anticipadas.

– El incumplimiento de cualquiera de los requisitos previstos en este apartado ocasionará la pérdida del beneficio fiscal y será de aplicación lo previsto en el art. 27.8.

Del tenor literal de los tres párrafos, en la primera etapa (2003-2006, inclusive) se ampliaban las opciones de materialización con el supuesto de las inversiones anticipadas, entendiendo por estas las realizadas antes de dotar RIC, pero sujetas a un requisito que entendimos formal, pero que pronto interpretó la Administración tributaria como sustancial: la comunicación de la inversión anticipada y la forma en que se financiaba. Han sido muchos los contribuyentes que perdieron sus inversiones anticipadas RIC por el mero hecho de no presentar la comunicación.

La segunda etapa comenzó el 1 de enero de 2007. Las inversiones anticipadas se regularon más extensamente y se consideraron por tales las efectuadas en el mismo año que la dotación (una inversión realizada en 2021 que se afecta a la materialización RIC 2021 se considera anticipada), mientras que en la etapa anterior se consideraban inversiones corrientes del año. Nacieron así los planes de inversiones, la obligación de consignar las inversiones anticipadas en la memoria de las cuentas anuales y los efectos de los incumplimientos, incluyendo la falta de comunicación. No obstante, se hizo como suele hacerse: sin la debida y adecuada técnica legislativa a la hora de redactar los preceptos en cada uno de los apartados del art. 27:

> *– 10. Los sujetos pasivos deberán presentar un plan de inversiones para la materialización de la reserva que se deberá adjuntar a la declaración (...) Asimismo, se referirá a las inversiones anticipadas que se hubieran realizado con anterioridad a la dotación.*
>
> *– 11. (...) podrán llevar a cabo inversiones anticipadas (en el mismo año en que se dote y en los tres posteriores) siempre que se comunique la citada materialización y su sistema de financiación conjuntamente con la declaración del IS en que se realicen.*
>
> *– 13 c) (...) se ha de consignar en la memoria de las cuentas anuales el importe y la fecha de las inversiones anticipadas.*
>
> *– 16. La disposición de la RIC con anterioridad a la finalización del plazo de mantenimiento de la inversión o para inversiones diferentes a las previstas, así como el incumplimiento de cualquier otro de los requisitos establecidos en este artículo, salvo los contenidos en sus apartados 3 (figurar en los balances y ser indisponible), 10 (planes de inversión, que incluyen las anticipadas) y 13 (memoria de las cuentas anuales) dará lugar a su regularización.*
>
> *– 17. La falta de contabilización de la RIC, no hacer constar en la memoria los datos RIC y la no presentación de los planes de inversión pasan a sancionarse con un 2% de la dotación.*

Los nuevos preceptos fueron interpretados de forma diferente por los asesores y gran parte de la doctrina científica; y por la Administración tributaria. Los primeros opinamos que la falta de la comunicación había de asimilarse a la no presentación de los planes de inversión, sin que supusiera la pérdida de la RIC, sino una sanción del 2%; mientras que la segunda seguía el criterio de que la omisión suponía la pérdida del incentivo, al estar incluida la comunicación genéricamente en la expresión «el incumplimiento de cualquier otro requisito». Criterio que aún endureció más al afirmar que la presentación de los planes de inversión (con las inversiones anticipadas, que se derogaron en 2015) no era suficiente, sino que había que comunicar en escrito aparte la inversión anticipada realizada. De hecho, implicaba la pérdida del incentivo ¡la mera no comunicación del sistema de financiación de la inversión anticipada! El duro criterio se generalizó en la Inspección a partir de la publicación en la revista *Hacienda Canaria* de la opinión personal y cualificada de un alto cargo de la Inspección[156].

En 2015 se produjo un segundo cambio en este asunto, ya que desaparecieron los planes de inversión del art. 27.10, pero subsistió en el apartado 11 la obligación de comunicar las inversiones anticipadas y su sistema de financiación. Tampoco quedó satisfactoriamente resuelto el régimen sancionador de los incumplimientos en la materia, puesto que del art. 27.16 (regularización de la RIC) desapareció la mención a los planes de inversión del apartado 10. Se dieron todos los mimbres para que el caos llegara, puesto que con la desaparición de los planes de inversión de la normativa especial RIC muchas empresas dejaron de cumplir con la presentación del escrito comunicando la realización de la inversión anticipada y su sistema de financiación.

En ese año 2015 se había sumado al restrictivo criterio administrativo el del TEAR de Canarias, que sintetizamos:

- El incumplimiento del deber de comunicar la inversión anticipada y su sistema de financiación supone la pérdida de la RIC porque no está expresamente excluido en las tres excepciones del apartado 16 (figurar en los balances, planes de inversión y memoria) y ser un requisito de la RIC.
- Incluso en los casos en que el contribuyente presentó los planes de inversión con las inversiones anticipadas, pero sin la comunicación.
- Es suficiente con la no presentación del escrito con el sistema de financiación (que entendemos tributariamente sin mayor incidencia y efectos) para que se regularice la RIC.

Así las cosas, se pronunció en 2019 el **TSJC en sentencia de 22 de julio de 2019**, objeto de análisis en el epígrafe anterior, sobre las inversiones anticipadas en una escueta y contundente resolución de la Sede de Las Palmas de Gran Canaria, Sección primera, en el recurso contra la resolución TEARC de 29 de junio de 2018. La resolución había desestimado las pretensiones del contribuyente sobre la dotación RIC 2007 invertida anticipadamente, y que fue objeto de regularización por la Inspección en el IS 2011. Coincidió el TSJC con el TEARC en que es necesario el cumplimien-

156 Florido Caño (2014). Revista *Hacienda Canaria* n.º 41.

to de las obligaciones formales en las inversiones anticipadas, exigencia que debe ser rigurosa al tratarse de un incentivo tan beneficioso como la RIC.

En el análisis del caso, el TSJC afirma que en el periodo 2003-2006, o lo que es lo mismo, en la legislación vigente hasta 31 de diciembre de 2006, sí se establecía la pérdida de la RIC por la falta de comunicación de las inversiones anticipadas; pero no a partir de 1 de enero de 2007, pues la reforma, en vez de la pérdida del beneficio fiscal, impuso sanciones para muchos incumplimientos, entre ellos, la no comunicación de las inversiones.

La Abogacía del Estado opuso el criterio de que el incumplimiento del deber de comunicar la inversión en las cuentas anuales y en la declaración del IS 2007 más el sistema de financiación, suponían la pérdida del incentivo, a pesar de reconocer la aptitud de la inversión. Sin embargo, con cuatro argumentos principales estimó el TSJC las pretensiones del contribuyente en el sentido de que la falta de comunicación de las inversiones anticipadas no implica la pérdida de la RIC:

- La falta de la comunicación es un incumplimiento formal.
- Incluso esa obligación fue cumplida por el contribuyente, si bien extemporáneamente, puesto que la presentó después de la declaración del IS 2007.
- Es pacífico que se realizó correctamente la inversión anticipada.
- La CV DGT 933/2010 consideró que la falta de presentación de un plan de inversiones es sancionada con un 2% de la dotación, no con la pérdida del beneficio.

La STSJC rompía con rotundidad el criterio de la Inspección tributaria, TEARC y TEAC sobre que el incumplimiento del requisito de las inversiones anticipadas, concretamente, la falta de comunicación de las inversiones a la AEAT dentro del plazo legal de presentación del IS, suponía la pérdida del incentivo fiscal; razón de que la Abogacía del Estado interpusiese recurso de casación al TS. El motivo principal era que no se había analizado en sentencias anteriores el carácter del incumplimiento por la falta de comunicación de las inversiones anticipadas.

Para facilitar la admisión del recurso, alegó que la doctrina afectaba a un número muy importante de situaciones: se tramitaban multitud de expedientes relacionados con la cuestión controvertida y con gran incidencia cuantitativa (casi 7.000.000 € solo en Las Palmas). La Administración tributaria había detectado 2.400 liquidaciones en 2017 y 2018 en las que se realizaron inversiones anticipadas sin comunicación. La Abogacía del

Estado reconocía finalmente la gran conflictividad existente en la RIC y que la reiteración del criterio de la STSJC sería gravemente dañosa para los intereses generales, por lo que pidió que el incumplimiento conllevase automáticamente la pérdida del beneficio.

El ATS de 28 de mayo de 2020 admitió el recurso de casación, reconociendo que hasta el 31 de diciembre de 2006 se establecía la pérdida del beneficio fiscal por la falta de comunicación de las inversiones anticipadas, pero que la nueva normativa no incluye una previsión expresa al respecto, por lo que debía interpretarse el precepto. El objeto del pronunciamiento fue:

> *Determinar si, de acuerdo con lo dispuesto en el artículo 27 de la Ley 19/1994, que modifica el régimen económico de Canarias, en la redacción dada por el Real Decreto-ley 12/2006, de 29 de diciembre, aplicable ratione temporis, que regula la RIC, el incumplimiento de la obligación de comunicación de la materialización de la inversión y su sistema de financiación en la declaración del impuesto del periodo en que se realice la inversión anticipada debe conllevar, de manera automática, la pérdida del beneficio fiscal aplicado o si, por el contrario, tal exigencia constituye un requisito formal para cuya inobservancia no está prevista tal consecuencia.*

El fondo de la cuestión se debatió en la **STS de 10 de mayo de 2021, Sección 2, recurso 651/2021**, que confirma que el aspecto fundamental es que se realice la inversión anticipada, con independencia de que se hayan cumplido o no todos los requisitos formales. En otras palabras, que la comunicación de la inversión anticipada y su sistema de financiación no es un requisito sustancial a partir de 1 de enero de 2007, calificando de interpretación formal y rigurosa la que hacía la Abogacía del Estado.

La defensa alegó que la STSJC se basó en dos motivos: el principal, que la normativa vigente no contempla la pérdida del incentivo, y el secundario, que se había presentado extemporáneamente la comunicación (motivo que no había sido recurrido por la Abogacía).

A partir de la STS, se consolida la doctrina jurisprudencial que:

- El deber de comunicar la materialización de la inversión y su sistema de financiación en el periodo en que se realice la inversión anticipada no conlleva de manera automática la pérdida de la RIC.
- Tal exigencia constituye un requisito formal cuya inobservancia no prevé la pérdida del incentivo (a partir de 1 de enero de 2007).
- Para establecer la relevancia sustancial del incumplimiento formal han de motivarse las consecuencias que representa para la Administración la falta de conocimiento acerca de la inversión anticipada, y si se trata de una vulneración total, parcial o tardía.

– Tales aseveraciones son sin perjuicio del régimen sancionador establecido en la normativa[157].

Destaco de las conclusiones de la STS la motivación que ha de efectuar la Administración tributaria sobre que la falta de comunicación le haya impedido realizar sus funciones de comprobación, lo que es un matiz importante. En aquellos casos en que las inversiones anticipadas consten en la memoria de las cuentas anuales y/o en las casillas correspondientes del IS o IRPF, entiendo que la Inspección puede acceder a la información por vías alternativas a la comunicación. Incluso, sin esa información, tendrá que acreditar los impedimentos que le supuso la falta de comunicación, a la vista de que al final evidentemente ha podido detectar la inversión anticipada. No obstante, no descarto que en determinadas circunstancias la Inspección pueda acreditar que efectivamente la no presentación de la comunicación por el contribuyente le haya afectado decididamente en su plan de trabajo.

La primera conclusión que extraigo de tan importante sentencia es que supone un alivio para el REF que el fondo, realizar una inversión en Canarias, esté por encima de las formas (escrito de comunicación de las inversiones anticipadas y su sistema de financiación), pero que no queda cubierto el cien por cien de los casos que puedan plantearse, pues el Alto Tribunal deja las puertas abiertas a que la Administración tributaria pruebe que la falta de la comunicación le haya supuesto un verdadero quebranto en el procedimiento comprobador. Ha de motivar suficientemente este extremo, que en mi opinión no lo conseguirá si incide de nuevo en los aspectos formales de que no figura la inversión en las cuentas anuales o en las casillas del IS —conducta acreedora de la sanción correspondiente, pero no de la pérdida del incentivo—; pero sí en los casos en que exista duda sustancial sobre a qué incentivos fiscales se ha afectado la inversión anticipada (RIC o DIC) o de la forma en que se ha financiado si se sospecha que ha sido ilícitamente (dinero no declarado).

La segunda es que el TS en 2021, tal como hizo el TSJC en 2019, valoró positivamente el hecho de que se hubiera presentado, aunque extemporáneamente, la preceptiva comunicación con la inversión anticipada y su forma de financiación. En cada caso habrá que ponderar si se presenta o no por quien la haya omitido, aunque el riesgo ya no sea la pérdida del

157 Miranda Calderín, 2022. "Crónica de la RIC 2021". *Revista Hacienda Canaria n.º 57.*

incentivo sino la sanción del 2%. Trascribo los principales fundamentos de derecho de la STS:

> *SEGUNDO. Consideraciones jurídicas necesarias.*
>
> *1. De los razonamientos de la sentencia de instancia en los que se fundamenta la estimación del recurso y el reconocimiento del derecho a la reserva para inversión, en su modalidad anticipada, cabe extraer las siguientes consideraciones:*
>
> *1) Consta a la Sala sentenciadora, y en realidad no ha sido un hecho controvertido en el proceso que, pese al incumplimiento formal del deber de comunicación, se observó el requisito material de la inversión anticipada.*
>
> *2) Esa inversión se produjo en 2007, dentro del plazo legalmente previsto.*
>
> *3) Como indica la sentencia de instancia, reproducida en la parte pertinente, las obligaciones formales litigiosas fueron cumplidas, si bien de forma extemporánea.*
>
> *2. La tesis que sustenta el recurso de casación formulado por el Abogado del Estado se funda en una interpretación formal y literal de la ley, que lleva consigo su aplicación muy rigurosa. Esta, en el artículo aplicado al caso, el 27.11 de la Ley 19/1994 —según la redacción dada en el Real Decreto-ley 12/2006, de 29 de diciembre—, no prevé la pérdida del derecho material:*
>
> *"11. Los sujetos pasivos a que se refiere este artículo podrán llevar a cabo inversiones anticipadas, que se considerarán como materialización de la reserva para inversiones que se dote con cargo a beneficios obtenidos en el período impositivo en el que se realiza la inversión o en los tres posteriores, siempre que se cumplan los restantes requisitos exigidos en el mismo. Las citadas dotaciones habrán de realizarse con cargo a beneficios obtenidos hasta el 31 de diciembre de 2013. La citada materialización y su sistema de financiación se comunicarán conjuntamente con la declaración del Impuesto sobre Sociedades, el Impuesto sobre la Renta de no Residentes o el Impuesto sobre la Renta de las Personas Físicas del período impositivo en que se realicen las inversiones anticipadas".*
>
> *En cambio, la regulación precedente, enmendada por el apartado transcrito, sí preveía como consecuencia explícita la pérdida del beneficio fiscal.*
>
> *"10. Los sujetos pasivos a que se refiere este artículo podrán llevar a cabo inversiones anticipadas de futuras dotaciones a la reserva para inversiones, siempre que cumplan los restantes requisitos exigidos en el mismo y las citadas dotaciones se realicen con cargo a beneficios obtenidos hasta el 31 de diciembre de 2006. Se comunicará la citada materialización y su sistema de financiación conjuntamente con la declaración del Impuesto sobre Sociedades, el Impuesto sobre la Renta de no Residentes o el Impuesto sobre la Renta de las Personas Físicas del período impositivo en que se realicen las inversiones anticipadas. El incumplimiento de cualquiera de los requisitos previstos en este apartado ocasionará la pérdida del beneficio fiscal y será de aplicación lo previsto en el apartado 8 de este artículo".*
>
> *3. Hay que señalar que, en la expresada reforma legal, a la vez que parecen flexibilizarse los efectos de la inobservancia de los preceptivos requisitos formales, a un tiempo, se establece un régimen sancionador propio, en el art. 27.17 de la Ley 19/1994:*
>
> *"17. Constituyen infracciones tributarias graves los siguientes supuestos:*
>
> *[...] Constituyen infracciones tributarias leves los siguientes supuestos:*
>
> *... b) La no presentación del plan de inversión a que se refiere el apartado 10 de este artículo, que será sancionada con multa pecuniaria proporcional del 2 por ciento del importe de la dotación efectuada a la reserva para inversiones a cuya materialización debería haberse referido".*
>
> *4. La tesis del Abogado del Estado, que constituye la base de su recurso de casación, pese a su rigor jurídico, no es posible compartirla, en la medida en que se fundamenta en la introducción del régimen sancionador específico que, además, en este caso concreto no ha sido aplicado. Sin embargo, relativiza la supresión expresa, en la redacción del art. 27.11 —a virtud*

de la que le confiere el 27.10 introducido en 2006— de la consecuencia sustantiva de pérdida del derecho a la inversión efectuada.

Por tanto, desde el punto de vista de la relevancia de las infracciones formales (en este caso, hay que repetir, hubo un cumplimiento tardío), importa considerar que en la norma anterior a la introducida en el Real Decreto-Ley 12/2006, se preveía de modo expreso que el incumplimiento de cualquiera de los requisitos que habían de comunicarse con la autoliquidación del IS o del IRPF, según los casos —materialización, sistema de financiación—, acarreaba automáticamente la pérdida de beneficio, efecto que no contiene, de modo explícito, la citada reforma, que la suprime del texto nuevo. La consecuencia, en su caso, es de orden sancionador, pero no determina la pérdida del derecho.

5. Así lo muestra, de un modo explícito y concluyente, la respuesta a la consulta vinculante DGT V0933/2010, de 12 de mayo de 2010, que declara que "...la falta de presentación de un plan de inversiones que se había cometido una infracción tributaria leve que será sancionada con multa pecuniaria proporcional del 2 por ciento del importe de la dotación efectuada a la reserva para inversiones a cuya materialización, pero no la integración en la base imponible de las cantidades que redujeron la base".

Si bien es cierto que las contestaciones a las consultas de la DGT no son vinculantes para los Tribunales de Justicia (STS de 1 de julio de 2000), no lo es menos que debe prevalecer al caso la reiterada doctrina del Tribunal Supremo sobre los actos propios de reconocimiento de derechos o situaciones favorables por la DGT, basados también en el principio de confianza legítima:

"...Es cierto que, como hemos dicho reiteradamente, las resoluciones de la DGT en que se da respuesta a consultas vinculantes despliegan tal efecto únicamente para la Administración, no para los Tribunales de justicia, y en ciertos términos y condiciones. Pero aun siendo ello así, si el criterio adoptado en ellas es favorable o beneficioso para el contribuyente, como aquí sucede, puede constituir un acto propio de opinión jurídica administrativa que, por su procedencia, autoridad y significación legal obliga a la propia Administración a seguir tal criterio frente a los contribuyentes, en favor de éstos" (de todas las muy numerosas sentencias de esta Sala sobre el concepto de ajuar doméstico, dictadas en 2019 y 2020).

Frente a ello, no puede imperar el criterio establecido en la resolución que se menciona en el escrito de interposición, la contestación a la consulta vinculante de la Dirección General de Tributos V1832-05, de 20 de septiembre, que se reconoce —dicha consulta— adoptada bajo la vigencia de la normativa anterior a 2007, lo que a juicio de la Administración "...en nada cambia la consideración como requisito sustancial de dicha comunicación en la normativa vigente y aplicable al presente caso a partir de 2007", aseveración que no podemos compartir, dada la sustancial diferencia, precisamente en ese punto, entre ambas sucesivas versiones de la norma.

6. La jurisprudencia de este Tribunal Supremo, en general, en la materia que nos ocupa en este recurso —la Reserva para Inversiones en Canarias, en siglas RIC—, ha confirmado diversas sentencias, en la casación común anterior y en el recurso de casación para la unificación de doctrina, en que se asociaba al incumplimiento de los requisitos formales —normalmente, la consignación separada en el balance— la pérdida del beneficio fiscal de la materialización de la RIC. ***No obstante, esa doctrina se basa en que el incumplimiento formal, en realidad, tiene generalmente un efecto sustantivo, un porqué no limitado al mero ámbito adjetivo o probatorio, sino que su falta impide a la Administración conocer y comprobar la sustantividad del Derecho.***

Alguna sentencia, contrario sensu, parece sugerir que, si se tratara de un requisito formal, pero el cumplimiento estuviera acreditado, la solución sería diferente. Así, la STS de 6 de febrero de 2012, recaída en el recurso de casación nº 4557/2008, declara:

"... ha de destacarse en qué consistió el incumplimiento que se produjo en el caso enjuiciado: la dotación a la reserva para inversiones en Canarias fue contabilizada el 30 de junio de

1997 con cargo a la cuenta de capital, en vez de hacerse con cargo a la cuenta de pérdidas y ganancias. No es éste, como sostienen los recurrentes, un simple incumplimiento formal, porque el apartado 9 del artículo 27 de la Ley 19/1994 exigía destinar a la reserva para inversiones los rendimientos netos de explotación del ejercicio provenientes de actividades empresariales realizadas mediante establecimientos situados en Canarias, y la contabilización de dicha reserva con cargo a la cuenta de capital no permite confirmar que los fondos con los que se dotó tuvieran dicho origen, "sin que la actora haya aportado prueba pericial contable de contrario que desvirtúe lo expuesto", tal y como afirma la Sala de instancia en el fundamento de derecho cuarto, in fine, de la sentencia recurrida…".

Por su parte, la sentencia de 6 de marzo de 2014, pronunciada en el recurso de casación nº 6439/2011, va más allá y desestima el recurso del Abogado del Estado, con esta argumentación:

"… 7. Frente a la invocada doctrina jurisprudencial sobre la interpretación restrictiva de las normas sobre beneficios fiscales, el artículo 3.2 de la Ley General Tributaria dispone que la aplicación del sistema tributario "se basará en los principios de proporcionalidad, eficacia y limitación de costes indirectos derivados del cumplimiento de obligaciones formales". No parece —como dice la sentencia recurrida— que resulte conforme con tales principios (sobre todo con el de proporcionalidad) declarar la pérdida de un beneficio fiscal por la falta de constatación en la Memoria de una entidad absorbente del disfrutado por las absorbidas cuando, como se ha constatado, aquella sociedad cumple escrupulosamente los requisitos legales que configuran el beneficio (incluidos los de carácter contable), expresa mediante actos constatados su voluntad de reconocerlo y asumir las cargas u obligaciones derivadas del mismo".

Es el criterio reiterado de este Tribunal Supremo, además, en el ámbito de los impuestos especiales. Así, la sentencia de 27 de febrero de 2018, dictada en el recurso de casación nº 914/2017, afirma:

"[…] A) El mero incumplimiento formal de las condiciones reglamentarias establecidas para justificar la finalidad a la que la ley anuda la exención o el sometimiento de las entregas de gasóleo a un tipo reducido en el impuesto sobre hidrocarburos no puede acarrear la automática pérdida de la ventaja fiscal cuando, no obstante tal incumplimiento, se acredita suficientemente que los productos sometidos al mismo han sido destinados a los fines que la justifican. Consecuentemente, no le cabe a la Administración tributaria negar al sujeto pasivo el sometimiento a un tipo reducido (en su caso la exención) y exigirle el pago al tipo ordinario sin poner en cuestión que el producto haya sido destinado a los fines que justifican la aplicación del beneficio fiscal, con el exclusivo fundamento de que ha incumplido alguna o algunas de dichas obligaciones formales".

En el mismo sentido, la sentencia de 10 de septiembre de 2020, recurso de casación nº 784/2017:

"…aplicación del principio de prevalencia del fondo sobre la forma y, en general, sobre la improcedencia de que los requisitos formales —la matriculación, precisamente en España, o la solicitud plazo— impidan o dificulten el derecho de fondo —la exención—".

También, finalmente, la sentencia de 30 de septiembre de 2020, en el recurso de casación nº 3528/2019, en relación con los impuestos especiales que gravan el alcohol y respecto de la solicitud de devolución del tributo por uso de alcohol para la elaboración de productos alimenticios, en que se había producido la ausencia de memoria exigida por el art. 54 del Reglamento de los Impuestos Especiales y denegación del beneficio fiscal en relación con un determinado producto alimenticio, se afirma que "…[l]a normativa nacional no es contraria a la europea. Principio de proporcionalidad, conforme a lo dispuesto en la jurisprudencia del Tribunal Supremo y del TJUE, del requisito de la memoria previa: el mero hecho del incumplimiento de los requisitos formales no determina ineluctablemente la pérdida de la ventaja".

TERCERO. Doctrina jurisprudencial que se forma al respecto.

De tales razonamientos, aun reconociendo la dificultad para establecer una doctrina de alcance general en materia tan dependiente de las circunstancias del caso, cabe establecer la siguiente doctrina:

1) El artículo 27.10 de la Ley 19/1994, que modifica el régimen económico de Canarias, en la redacción dada por el Real Decreto-ley 12/2006, de 29 de diciembre, aplicable ratione temporis, al caso debatido, que regula la reserva para inversiones en Canarias, no puede ser interpretado en el sentido de que, en todo caso, la inobservancia del deber de comunicar la materialización de la inversión y su sistema de financiación en la declaración del impuesto del periodo en que se realice la inversión anticipada debe conllevar, de manera automática, la pérdida del beneficio fiscal aplicado.

2) Por el contrario, tal exigencia constituye un requisito formal para cuya inobservancia no está prevista, de modo indefectible, tal consecuencia.

3) Para establecer la relevancia sustantiva del incumplimiento formal ha de atenderse, motivadamente, a las consecuencias que representa para la Administración liquidadora la falta de conocimiento acerca de la realización de la inversión, en este caso anticipada. También se ha de valorar si se trata de una vulneración total o parcial o tardía.

4) Tales aseveraciones lo son sin perjuicio de la aplicación, en su caso, del régimen sancionador establecido en el mencionado Real Decreto-Ley 12/2006.

CUARTO. Aplicación al asunto de la mencionada doctrina.

Lo anteriormente razonado, establecido, por su interés casacional, como doctrina, nos lleva a la necesidad de declarar no haber lugar al recurso de casación planteado por la Administración del Estado, dado el acierto de la sentencia impugnada al interpretar los preceptos que la Administración menciona como infringidos en su recurso de casación, y al anular los actos administrativos de liquidación y revisión sometidos a su enjuiciamiento, por su disconformidad con el ordenamiento jurídico [STS 10 de mayo 2021. La negrita es nuestra].

Sobre lo que supone el criterio de la STS 2021 en relación con el carácter meramente formal de la falta de comunicación de las inversiones anticipadas es importante la crítica que efectúa Florido Caño (2022) a la situación jurídica que implica. Lo primero que destaca es que el incumplimiento del requisito formal de la comunicación no afecta a la consolidación del ahorro tributario, sino a la aptitud de la inversión anticipada, por lo que se pregunta cuáles son las consecuencias de su incumplimiento. Para contestar esa cuestión parte de la base de que el TS concluye que el incumplimiento no debe llevar consigo, de forma automática, la pérdida del incentivo (que el autor matiza y considera que debe ser la ineptitud de la inversión anticipada para materializar la RIC). No obstante, el TS indica que la no presentación podría traer consigo la regularización (en su criterio, la ineptitud de la inversión anticipada) si la Administración tributaria motiva la relevancia sustantiva del incumplimiento formal. Al respecto, señala Florido Caño tres supuestos en los que sería posible motivarla:

– En los casos en que una misma inversión pueda suponer materialización de dos dotaciones RIC.

– En los casos carentes de racionalidad económica, entendiendo como tales aquellos en que se califican como inversiones anticipadas cuando aún existen dotaciones anteriores pendientes de materializar.

– En los casos en que el incentivo no se desenvuelva en los cauces adecuados, esto es, cuando no se haya exteriorizado de forma alguna el compromiso de retener beneficios futuros con los que dotar RIC y materializarla en la inversión anticipada. Por ello es importante o determinante que, si el contribuyente no ha presentado la comunicación, al menos haya reflejado la inversión anticipada en la memoria o en la declaración del impuesto.

Las otras dos cuestiones que plantea son: (i) si a la vista de la STS comentada es posible presentar la comunicación sobre la inversión anticipada a posteriori. Su opinión es que no, que solo serviría la comunicación extemporánea si se presenta dentro del plazo de la declaración del impuesto del año en que se efectúa. Es consciente de que el TS admite un incumplimiento tardío del requisito formal, pero no afirma que cualquier cumplimiento tardío esté exento de consecuencias; y (ii) si tiene relevancia el hecho de que se comunique o no el sistema de financiación, sobre el que señala que fue el legislador quien quiso que se informara al respecto[158].

Con mi opinión, los comentarios de Florido Caño (2022) a la STS de 10 de mayo de 2021, las dos posteriores resoluciones TEARC de 31 de agosto de 2022 y la STSJC de 8 de junio de 2023, lo único que queda suficientemente claro es que la conflictividad sobre las inversiones anticipadas que no hayan sido comunicadas, o al menos que consten en la memoria de las cuentas anuales y en las casillas de las declaraciones de los impuestos, sigue presente.

29.5. Las inversiones anticipadas y la RIB

Con ocasión de la creación de la RIB en el Régimen fiscal especial balear en 2022 y su posterior Reglamento de 2024, el legislador podría haber aprovechado para clarificar la cuestión de cómo afecta la falta de comunicación de las inversiones anticipadas y su financiación a la RIB, pero no lo hizo. Conocía ya la STS de 2021, que concluyó que el requisito se considera formal y no sustancial en la RIC, siempre que la falta de la comunicación no afecte negativamente las labores de comprobación. Con el pronuncia-

158 Florido Caño, 2022. *Revista Hacienda Canaria n.º 58, pp. 343-365.*

miento, como expliqué en el epígrafe anterior, no queda lo suficientemente claro cuál es el efecto definitivo de la no presentación. Ni se sabrá a corto plazo, pues la Inspección tributaria continúa regularizando dotaciones RIC por no haberse presentado la comunicación de las inversiones anticipadas junto al hecho de no figurar en la memoria de las cuentas anuales. Ha perdido por tanto el legislador una oportunidad de solucionar este aspecto en la RIB, sencillamente consignando los requisitos del apartado 10 entre los que su incumplimiento no supone la pérdida del incentivo. Y puede interpretarse que sencillamente no desee que sea así, a pesar de la STS de 2021, por lo que al menos están a tiempo los empresarios y asesores fiscales de las *Illes Balears* de presentar la comunicación de las inversiones anticipadas, aunque sea la de 2024 si desconocían lo que redacto.

En el actual estado de la cuestión hay que ser consecuentes con la obligación de presentar la comunicación de las inversiones anticipadas y su financiación junto a la declaración anual del impuesto, y de consignar la precisa información en la memoria de las cuentas anuales. De no haberse hecho así en 2023, siempre podrá invocarse la STS de 2021 en relación con la RIC, pero con peor o nula defensa jurídica si se omitió tanto la comunicación como la información en la memoria.

En la Ley 31/2022 se trascribe la normativa RIC, y en el Reglamento, pese a que, en la exposición de motivos se señala que se regulan cuestiones relativas a las inversiones anticipadas, solo figuran cuestiones menores sobre dichas inversiones, que no subsanan la controversia existente. Entiendo por tanto que las resoluciones y los pronunciamientos judiciales en esta materia relacionados con la RIC afectan de lleno a la RIB.

29.6. Ficha resumen sobre los efectos de la falta de comunicación de las inversiones anticipadas en la RIC/RIB

1. Es posible realizar inversiones que sirvan para la dotación RIC/RIB del año en que se efectúan y en los tres siguientes. Este tipo de inversiones se califican de anticipadas y se crearon en 2003 en la normativa RIC para facilitar la labor del empresario, para que pudiese acometer grandes inversiones y las financiara en parte con dotaciones futuras. La normativa RIB permite las inversiones anticipadas en los mismos términos que la RIC.

2.	En 2007, las inversiones realizadas en el mismo ejercicio de la dotación RIC pasaron a considerarse inversiones anticipadas. Hasta ese año eran inversiones corrientes.
3.	Desde 2003 es preceptivo en la RIC que las inversiones anticipadas y su sistema de financiación se comuniquen a la Administración tributaria conjuntamente con la autoliquidación del impuesto.
4.	En 2015 se derogaron los planes de inversión en la RIC, entre ellos los que contenían inversiones anticipadas, por lo que dejó de ser obligatorio la presentación de los planes de inversión que se contemplaban en el art. 27.10. Ello hizo que muchos empresarios y asesores fiscales dejaran de presentar la comunicación de las inversiones anticipadas, obligación que sin embargo siguió vigente.
5.	La Administración tributaria comenzó a incoar actas en que regularizaba la dotación RIC que había sido materializada en una inversión anticipada si esta no había sido comunicada conjuntamente con la autoliquidación del impuesto.
6.	En algunos casos, el contribuyente redactó en la memoria de las cuentas anuales que había realizado una inversión anticipada y además lo hizo constar en las casillas correspondientes a la RIC en los impresos de la declaración del impuesto.
7.	En otros, a la ausencia de comunicación había que añadir la falta total de información en la memoria o en las casillas de la declaración del impuesto.
8.	La Inspección tributaria regularizó la dotación RIC del contribuyente aún en los casos en que hizo constar en la memoria y en las casillas de la declaración la inversión anticipada, con el motivo de que no había informado sobre el sistema de financiación.
9.	El TEAR de Canarias ratificó el duro criterio administrativo durante muchos años.
10.	En 2019, el TSJC puso coto a las actuaciones administrativas y concluyó que la falta de comunicación de las inversiones anticipadas y su sistema de financiación suponía el incumplimiento de un requisito formal, pero no la regularización del incentivo. Sin embargo, en 2024 considera lo contrario, al no haber informado el contribuyente de la inversión anticipada ni siquiera en la memoria.

11. La Abogacía del Estado recurrió en casación al TS, quién ratificó en 2021 el criterio del TSJC de que la falta de la comunicación supone el incumplimiento de un requisito formal, no sustancial. Pero añadió que la Administración podía acreditar que la falta de comunicación le había supuesto un importante menoscabo en sus labores de comprobación, en cuyo caso el contribuyente podría perder el incentivo disfrutado.
12. Después de la STS de 2021, la Inspección tributaria ha continuado regularizando la dotación RIC materializada en inversiones anticipadas cuando, además de la falta de comunicación del contribuyente, no la había reflejado en la memoria y/o en las casillas de la autoliquidación del impuesto.
13. El restrictivo criterio ha sido ratificado por dos resoluciones de 2022 del TEARC, Sala Las Palmas, por lo que sigue siendo en la actualidad un tema debatido y conflictivo.
14. En mi opinión, la Administración tributaria ha de motivar debidamente que la falta de comunicación y la inexistencia de información en la memoria y en la declaración le han ocasionado un quebranto en sus labores de comprobación de las inversiones anticipadas. De hacerlo con coherencia y rigor, mucho me temo que el procedimiento finalice con la pérdida del incentivo. El debate jurídico se planteará sobre las manifestaciones de la Inspección, que al ser interpretables tendrán que ser valoradas por los Tribunales de Justicia, con lo que vuelta a empezar. Así de complicada es la RIC, más por la falta de precisión del legislador.
15. Respecto a la RIB, la cuestión se desarrolla en los mismos términos, perdiendo el legislador la oportunidad de resolverla en 2022 con la creación del Régimen fiscal especial balear, año en que ya se conocía la STS de 2021, y en el posterior Reglamento de 2024. No lo hizo, dando a entender, que comparte el criterio administrativo que se está aplicando en relación con la RIC.

Capítulo 30

LA PRESCRIPCIÓN DE LA FACULTAD DE LA ADMINISTRACIÓN DE REGULARIZAR LA DOTACIÓN RIC/RIB

El estudio que abordo en este capítulo tiene como objetivo llamar la atención sobre que la dotación RIC/RIB es prácticamente "imprescriptible", y responder a la cuestión de cuándo prescribe el derecho a comprobar la dotación RIC/RIB 2024. Anticipo desde ahora que el derecho a comprobarlas y regularizarlas se ha extendido por la jurisprudencia hasta la culminación de las tres fases del incentivo fiscal. En la práctica significa que la dotación RIC/RIB 2024 hay que materializarla antes de 31 de diciembre de 2028 y mantener las inversiones en funcionamiento hasta el 31 de diciembre de 2033 (si hay suelo, hasta el 31 de diciembre de 2038). El ejercicio 2033 se declara hasta el 25 de julio de 2034, prescribiendo el derecho a liquidar por parte de la Administración tributaria cuatro años más tarde: ¡el 25 de julio de 2038! Es la fecha en que prescribe la dotación RIC/RIB 2024, pero cuando se materializa en suelo es cinco años más tarde, el 25 de julio de 2043. Me imagino que ahora el lector coincidirá conmigo en que, en la práctica, la dotación es "imprescriptible".

30.1. Legislación vigente

– Ley 58/2003, General Tributaria

Artículo 66 Plazos de prescripción

Prescribirán a los cuatro años los siguientes derechos:

a) El derecho de la Administración para determinar la deuda tributaria mediante la oportuna liquidación.

b) El derecho de la Administración para exigir el pago de las deudas tributarias liquidadas y autoliquidadas.

c) El derecho a solicitar las devoluciones derivadas de la normativa de cada tributo, las devoluciones de ingresos indebidos y el reembolso del coste de las garantías.

d) El derecho a obtener las devoluciones derivadas de la normativa de cada tributo, las devoluciones de ingresos indebidos y el reembolso del coste de las garantías.

Artículo 66 bis Derecho a comprobar e investigar

1. La prescripción de derechos establecida en el artículo 66 de esta Ley no afectará al derecho de la Administración para realizar comprobaciones e investigaciones conforme al artículo 115 de esta Ley, salvo lo dispuesto en el apartado siguiente. (…)

3. Salvo que la normativa propia de cada tributo establezca otra cosa, la limitación del derecho a comprobar a que se refiere el apartado anterior no afectará a la obligación de aportación de las liquidaciones o autoliquidaciones en que se incluyeron las bases, cuotas o deducciones y la contabilidad con ocasión de procedimientos de comprobación e investigación de ejercicios no prescritos en los que se produjeron las compensaciones o aplicaciones señaladas en dicho apartado.

Artículo 67 Cómputo de los plazos de prescripción

1. El plazo de prescripción comenzará a contarse en los distintos casos a los que se refiere el artículo 66 de esta Ley conforme a las siguientes reglas:

En el caso a), desde el día siguiente a aquel en que finalice el plazo reglamentario para presentar la correspondiente declaración o autoliquidación.

En los tributos de cobro periódico por recibo, cuando para determinar la deuda tributaria mediante la oportuna liquidación no sea necesaria la presentación de declaración o autoliquidación, el plazo de prescripción comenzará el día de devengo del tributo.

En el caso b), desde el día siguiente a aquel en que finalice el plazo de pago en período voluntario, sin perjuicio de lo dispuesto en el apartado 2 de este artículo.

En el caso c), desde el día siguiente a aquel en que finalice el plazo para solicitar la correspondiente devolución derivada de la normativa de cada tributo o, en defecto de plazo, desde el día siguiente a aquel en que dicha devolución pudo solicitarse; desde el día siguiente a aquel en que se realizó el ingreso indebido o desde el día siguiente a la finalización del plazo para presentar la autoliquidación si el ingreso indebido se realizó dentro de dicho plazo; o desde el día siguiente a aquel en que adquiera firmeza la sentencia o resolución administrativa que declare total o parcialmente improcedente el acto impugnado.

En el supuesto de tributos que graven una misma operación y que sean incompatibles entre sí, el plazo de prescripción para solicitar la devolución del ingreso indebido del tributo improcedente comenzará a contarse desde la resolución del órgano específicamente previsto para dirimir cuál es el tributo procedente.

En el caso d), desde el día siguiente a aquel en que finalicen los plazos establecidos para efectuar las devoluciones derivadas de la normativa de cada tributo o desde el día siguiente a la fecha de notificación del acuerdo donde se reconozca el derecho a percibir la devolución o el reembolso del coste de las garantías. (…)

Artículo 68 Interrupción de los plazos de prescripción (…)

Artículo 69 Extensión y efectos de la prescripción

1. La prescripción ganada aprovecha por igual a todos los obligados al pago de la deuda tributaria salvo lo dispuesto en el apartado 8 del artículo anterior.

2. La prescripción se aplicará de oficio, incluso en los casos en que se haya pagado la deuda tributaria, sin necesidad de que la invoque o excepcione el obligado tributario.

3. La prescripción ganada extingue la deuda tributaria.

Artículo 70 Efectos de la prescripción en relación con las obligaciones formales

1. Salvo lo dispuesto en los apartados siguientes, las obligaciones formales vinculadas a otras obligaciones tributarias del propio obligado sólo podrán exigirse mientras no haya expirado el plazo de prescripción del derecho para determinar estas últimas.

2. A efectos del cumplimiento de las obligaciones tributarias de otras personas o entidades, las obligaciones de conservación y suministro de información previstas en los párrafos d), e) y f) del apartado 2 del artículo 29 de esta ley deberán cumplirse en el plazo previsto en la normativa mercantil o en el plazo de exigencia de sus propias obligaciones formales al que se refiere el apartado anterior, si este último fuese superior.

3. La obligación de justificar la procedencia de los datos que tengan su origen en operaciones realizadas en períodos impositivos prescritos se mantendrá durante el plazo de prescripción del derecho para determinar las deudas tributarias afectadas por la operación correspondiente y, en todo caso, en los supuestos a que se refiere el artículo 66.bis.2 y 3 de esta Ley.

La Ley General Tributaria (LGT) regula con carácter general la figura jurídica de la prescripción del derecho a comprobar, investigar y liquidar por parte de la Administración tributaria, sin que la normativa REF y el Régimen fiscal especial balear maticen cuestión alguna respecto a la RIC/ RIB.

La singularidad en los dos incentivos fiscales es la existencia de las tres fases en que se consolidan las reservas: dotación, materialización y mantenimiento de las inversiones, que alargan considerablemente el momento inicial para computar la prescripción.

En 2015, el TS sentó el criterio que el derecho de la Administración tributaria a comprobar la dotación RIC es prácticamente imprescriptible. Luego realizaré las matizaciones pertinentes, pero conviene quedarse de inicio con la desagradable sensación de la "imprescriptibilidad". Por supuesto, redacto recurriendo a la hipérbole para llamar la atención del lector en una materia en que los asesores fiscales sufrimos un duro varapalo cuando el TS sentó doctrina en 2015.

Ese año, el instituto jurídico de la prescripción experimentó un profundo cambio en la LGT. La Ley 34/2015, de 21 de septiembre, de modificación parcial de la Ley 58/2003, LGT, eliminó el periodo de interrupción injustificada del procedimiento administrativo de seis meses —que sirvió en el pasado para ganar la prescripción de la dotación RIC y que analizamos en varios pronunciamientos judiciales, previsto en el antiguo art. 150.5 LGT— y amplió el plazo de prescripción de cuatro a diez años en determinadas materias. A partir de 2015 (artículos 66 a 70 LGT vigentes en 2024), prescribe a los cuatro años el derecho de la Administración a determinar la deuda tributaria mediante la oportuna liquidación, derecho que afecta a la dotación RIC/RIB en iguales términos que antes de 2015. La ampliación de cuatro a diez años de la prescripción en la comprobación de bases imponibles o cuotas compensadas, pendientes de compensación y deducciones aplicadas o pendientes de aplicación, no afecta a la dotación RIC/RIB.

El plazo de prescripción de la dotación es el mismo que antes de 2015: se computa desde el día siguiente a aquel en que finalice el plazo reglamentario para presentar la correspondiente declaración o autoliquidación con el incentivo fiscal. Significa que la dotación RIC/RIB 2024 que se presenta en la declaración del IS el 25 de julio de 2025 prescribirá, en principio, el 26 de julio de 2029. Y digo en principio porque en realidad esa fecha de prescripción solo afecta a la dotación, a su cálculo y a los elementos que la integran, pero no a las posteriores fases del incentivo, como explico con detalle más adelante.

El plazo de prescripción se interrumpe por cualquier acción de la Administración tributaria realizada con conocimiento formal del obligado tributario, conducente a la actuación en todos o parte de los elementos de la obligación tributaria que proceda, aunque se dirija a una obligación tributaria distinta. Ello supone que un simple requerimiento para comprobar las retenciones practicadas interrumpe el IS de un año y con él la dotación RIC/RIB efectuada ese ejercicio.

Con esta breve referencia a la prescripción del derecho de la Administración a determinar la deuda tributaria mediante la oportuna liquidación vemos que respecto a la dotación RIC no hay cambios significativos, pero sí afecta el cambio normativo de 2015 a la causa que permitió declarar prescritas algunas dotaciones RIC: la interrupción injustificada durante más de seis meses del procedimiento administrativo, que ya no figura como tal en el actual art. 150 LGT.

Entrando en materia específica RIC/RIB, el incentivo consta de tres fases que inicialmente estaban muy diferenciadas, pero que poco a poco han ido confundiéndose, como explicamos en el epígrafe de la mutación de la materialización a la dotación de los requisitos establecidos en la actividad de arrendamiento de inmuebles del capítulo 7. La primera fase es la dotación, o compromiso de invertir, en aras a disfrutar de un considerable ahorro fiscal. La segunda fase es la de materialización en el plazo de cuatro años en creación de empleo y los activos aptos en la normativa: afectos a actividades económicas desarrolladas en Canarias/Baleares o que protejan o mejoren el medio ambiente. Y la tercera es la permanencia en funcionamiento de dichos activos durante al menos cinco años, mediando suelo, diez años.

30.2. La posición de la doctrina científica sobre la prescripción RIC antes de 2015

Antes de la STS de 16 de marzo de 2015, los estudiosos de la RIC manteníamos una posición un tanto ecléctica respecto a cuándo prescribía el derecho de la Administración tributaria a comprobar y regularizar la dotación RIC. Y es que la reiteración del criterio administrativo y las resoluciones del TEAR de Canarias permitían entrever que se ampliaría hasta el total cumplimiento de los requisitos en las tres fases del incentivo: dotación, materialización y mantenimiento de las inversiones en funcionamiento.

Reconozco que en el primer libro de la RIC que publicamos, Miranda y Dorta (2003), no abordaba la prescripción del derecho a comprobar la reserva por parte de la Administración. Sí lo hice, con brevedad, en Miranda Calderín (2005: 450-453), obra en que analicé cada uno de los supuestos que implicaban la regularización del incentivo y el año en que entendía que procedía hacerla. Y ya, con mayor extensión, en Miranda Calderín (2012), manual en que dediqué el capítulo 30 a la prescripción de la RIC, del que resumo ahora las conclusiones principales a las que llegué en 2011, cuando terminé su redacción, alejadas en muchos aspectos del criterio que sentaría cuatro años más tarde la STS de 16 de marzo de 2015. En diez puntos resumía mi opinión:

1º. La comprobación parcial por parte de la Administración tributaria de la RIC interrumpe la prescripción de todo el IS o del IRPF de ese ejercicio.

2º. La dotación de la RIC prescribe al cuarto año de la presentación del impuesto con la dotación. A partir de ese momento no se pueden comprobar ni los componentes del saldo de pérdidas y ganancias que se destinaron a la RIC, ni su cálculo, ni los requisitos sustantivos de la dotación.

3º. ¿Qué ocurre cuando la dotación era improcedente y sin embargo ha prescrito el derecho a su comprobación?, ¿puede la Administración comprobar la materialización de una dotación incorrecta? No eran cuestiones que estuviesen resueltas en 2011, ya que mientras el TSJC mantenía el criterio de que no podía hacerlo, la AN sostenía lo contrario. *Entendía entonces que era una cuestión de prueba: si se demostraba con claridad que la dotación era improcedente no tenía sentido comprobar la materialización, pero nos encontrábamos ante un extraño caso de inversión de la prueba: era el contribuyente el que había de acreditar lo contrario que venía manteniendo.* Reconozco que ese criterio redactado en 2011 dejó de ser correcto cuatro años más tarde.

4º. La prescripción del incumplimiento del plazo de materialización se produce al cuarto año del ejercicio siguiente a la finalización del plazo.

5º. La prescripción del incumplimiento por materializar en un activo no válido se produce al cuarto año del ejercicio siguiente al que se efectuó la inversión.

6º. La prescripción del plazo de funcionamiento se produce al cuarto año de la presentación del IS del quinto año en que han de estar en funcionamiento los activos.

7º. La prescripción del incumplimiento por la interrupción del plazo de funcionamiento se produce al cuarto año de la presentación del IS del ejercicio en que se interrumpe dicho plazo.

8º. Entendíamos, y así también lo hacía el TEARC, que en una incorrecta materialización en un activo determinado en un ejercicio prescrito la Administración no podía entrar en la comprobación del periodo de permanencia en funcionamiento de dicho activo.

9º. El derecho de la Administración a sancionar el incumplimiento de los requisitos formales de la RIC prescribe a los cuatro años de la presentación del IS correspondiente al ejercicio en que se produjo, y

10º. Sin embargo, en los requisitos formales sigue habiendo aspectos conflictivos como el no mantenimiento de la RIC en los balances, en que la AN dice que, aunque haya prescrito el primer año en que se incumplió con dicha obligación, la Administración puede sancionar por no mantener la reserva en los siguientes ejercicios no prescritos[159].

Muchas de las conclusiones anteriores no son válidas en la actualidad o merecen matizaciones importantes, pero como se aprecia de su lectura, la prescripción en la dotación RIC era una cuestión por definir, en la que el TEARC llevaba la delantera y el TSJC y la AN rectificaban o ratificaban su criterio. Ya se había puesto de manifiesto que la comprobación parcial del incentivo interrumpía la prescripción en general del IS y del IRPF, y que en cada fase del incentivo: dotación, materialización y mantenimiento, el derecho de la Administración prescribía una vez pasados los cuatros años desde el ejercicio en que se presentó la liquidación en que el contribuyente debería haber regularizado voluntariamente la RIC. Las dudas surgían cuando una dotación improcedente había ya prescrito: ¿se podía regulari-

159 Miranda Calderín, 2012. *Manual de la Reserva para inversiones en Canarias 2007-2013, p. 939.*

zar en la fase posterior de materialización? Asunto en que el TSJC y la AN opinaban de forma diferente. Y en torno a si una materialización indebida prescribía a los cuatro años de su adquisición o a los cuatro años del fin del plazo de materialización. Entendía en 2012, como el TEARC, que una incorrecta materialización en un año prescrito no podía comprobarse en el plazo de mantenimiento. Y, por supuesto, nada decía sobre que una inversión no realizada podía regularizarse tanto en la fase de materialización como en la posterior de cinco años de mantenimiento. Toda una ficción jurídica que sería consagrada por la STS de 16 de marzo de 2015 y que daba al traste con mis conclusiones de 2012.

Sánchez Blázquez (2008) en su libro *Pérdida y regularización de la Reserva para Inversiones en Canarias,* apenas dedica unos párrafos al momento en que se incumplen los requisitos RIC en relación con la facultad de comprobación por parte de la Administración tributaria. Distingue entre los requisitos que debieron haberse cumplido en el momento de la presentación de la autoliquidación, en que el objeto de la comprobación será el periodo impositivo en que se reduce la base imponible con la RIC; y los requisitos que han de cumplirse con posterioridad a que se presente la autoliquidación, en que el periodo impositivo será aquel en que se produzca el incumplimiento. Constata, sin embargo, que en los primeros años de la RIC se atendía al primer incumplimiento que debía ser regularizado por el contribuyente y hasta ese año podía llegar la Administración si no estaba prescrito, sin poder pasar a las siguientes fases. Práctica que pronto cambió y fue ratificada por el TEARC[160].

Izquierdo Pérez (2010), abogada del Estado, hace una referencia clara a la prescripción del derecho a comprobar la RIC a la vista de las tesis que mantenía la Administración y los Tribunales económico-administrativos en ese año. Distingue tres fases en el cumplimiento de los requisitos aplicables al incentivo: dotación, materialización y mantenimiento de las inversiones; y plantea cómo se computa el plazo de prescripción del derecho de la Administración a comprobar el cumplimiento de cada uno de los requisitos de cada fase. Una de las opciones era considerar la RIC como una exención provisional, de suerte que el plazo de prescripción comienza a contar cuando finaliza el plazo para cumplir la totalidad de los requisitos. La opción contraria sería considerar que el plazo comienza a computar desde que la entidad cumple o incumple cada uno de los requisitos: la dotación

---

160 Sánchez Blázquez, 2008. *Perdida y regularización de la Reserva para Inversiones en Canarias, pp. 79-81.*

se comprobará desde el momento en que se produce, la materialización desde el momento en que se adquieren los activos, aunque sea antes del plazo de cuatro años, y el mantenimiento, cuando se incumple.

La postura intermedia fue la que adoptó el TEARC, considerando que cada uno de los requisitos tiene momentos temporales diferentes e independientes, que son susceptibles de ser comprobados de forma separada. La dotación deberá comprobarse dentro de los cuatro años siguientes a la presentación de la declaración con la RIC; la materialización, desde que finalizan los cuatro años del plazo para hacerlo; y la fase de mantenimiento, desde la presentación de la declaración del año en que finaliza. La controversia en esta postura intermedia se suscita cuando el contribuyente alega que nunca llegó a materializar y por tanto la falta de materialización debió comprobarse en los cuatro años siguientes, o cuando el activo dejó de permanecer en el patrimonio del contribuyente antes del plazo de los cinco años de mantenimiento, en que el plazo de la prescripción comienza a partir desde el momento en que salió del patrimonio (o dejó de estar en funcionamiento). *En definitiva, el criterio finalmente adoptado por el TEARC es entender que el plazo de prescripción empieza a computarse desde que finaliza el plazo reglamentario para presentar la declaración en que debió regularizarse por parte del contribuyente el beneficio fiscal inicialmente practicado y por tanto desde que se produce el incumplimiento de cada uno de los requisitos y ello por considerar que no existe ninguna norma o principio general del derecho que en el caso concreto de este beneficio fiscal nos permita apartarnos de tal conclusión*[161].

El criterio de Florido Caño (2013-2015) fue siempre que la Administración podía regularizar la dotación en los casos de materialización en ejercicios prescritos en cualquiera de los años incursos en el periodo de mantenimiento. Sirva para mostrar su opinión los comentarios que hizo a varias resoluciones TEARC:

Respecto a la resolución **TEARC de 28 de noviembre de 2012, n.º 35/01435/2010**, que concluye que es posible regularizar por incumplimiento del requisito de mantenimiento en casos de déficit de materialización previa, pese a que el derecho a liquidar el ejercicio en que vencía el plazo de materialización estuviese prescrito, comenta que ante los pronunciamientos vacilantes anteriores, el TEARC decidió reunirse en pleno

---

161 Izquierdo Pérez, S., 2010. "La prescripción del derecho a comprobar los requisitos de la Reserva para Inversiones en Canarias". En Varona Gómez-Acedo (2010). *La reserva para inversiones en Canarias. Examen crítico y expectativas de su modificación normativa*, pp. 205-208.

al objeto de unificar el criterio de si era posible regularizar por incumplimiento del mantenimiento en los casos de déficit de materialización en ejercicios prescritos. La Sala de Las Palmas entendía hasta ese día que solo se podía regularizar en la fase de mantenimiento cuando existía una materialización previa válida y no en los casos de déficit de materialización en años prescritos: no podía exigirse el mantenimiento de algo que no había existido. La Sala de Santa Cruz de Tenerife mantenía la postura contraria, que se podía regularizar la dotación en la fase de mantenimiento a pesar de que el contribuyente no hubiese materializado y el ejercicio del plazo de materialización estuviera prescrito. El TEAC avaló ese criterio en resolución de 13 de abril de 2011. Finalmente, el TEARC unifica criterio en 2012, en el sentido de la Sala de Santa Cruz y TEAC. La pregunta a la que da respuesta es: ¿existe o no la posibilidad de regularizar el adecuado mantenimiento que hubiera debido realizarse sobre una inversión cuando esta ni siquiera ha llegado a existir? La respuesta ya la conocemos, sí, siendo dos los fundamentos: que quien debió regularizar el incumplimiento por la no materialización era el propio contribuyente, y que la prescripción de la facultad a regularizar ese año conlleva a tener por realizada la materialización y su regularización si no hay bienes en la fase de mantenimiento. El comentario a esta resolución de Florido Caño permite conocer que su opinión es la misma que el Pleno, aunque parezca una paradoja obligar a mantener unas inversiones que nunca existieron. Afirma con rotundidad que *sí se puede, y se debe, regularizar por falta de mantenimiento en los supuestos de déficit de materialización previa en un ejercicio prescrito, pues otra cosa supondría una burla y una quiebra de la equidad más elemental y del deber de contribuir que sienta el artículo 31 de la Constitución.* Y lo hace dentro de la conceptuación de la RIC como un compromiso que se despliega a lo largo del tiempo por etapas sucesivas (dotar/materializar/mantener). Si se incumple uno de los requisitos, el sujeto pasivo debe regularizar espontáneamente el incentivo; si no lo hace, asume en firme el cumplimiento del compromiso siguiente[162].

Mantuvo igual criterio al comentar las resoluciones TEARC de 31 de enero y 29 de mayo de 2013 de la Sala de Las Palmas, y la de 21 de diciembre de 2012 de la Sala de Santa Cruz, que ratificaron el que mantuvo el pleno del TEARC en resolución de 28 de noviembre de 2012, a pesar de que cuando lo redactaba era ya consciente de que la Sala de Santa Cruz del TSJC había publicado dos sentencias con el criterio opuesto, que no se

162 Florido Caño, 2013. *Revista Hacienda Canaria n.º 38, pp. 231-244.*

podía regularizar por falta de mantenimiento en caso de déficit de materialización previa en un ejercicio prescrito, aunque esperaba que el TSJC reconsiderase su postura[163]. No lo hizo el TSJC, pero el TS anuló su razonamiento en 2015.

La resolución **TEARC de 31 de octubre de 2014, Sala de Las Palmas, n.º 35/05649/2012**, concluye que los requisitos para la materialización y mantenimiento son concatenados e independientes, pudiéndose regularizar la dotación en el primer ejercicio en que se constate el incumplimiento dentro del plazo de materialización. La novedad es que lo hace en el contexto de la materialización indirecta (inversión en el capital social de entidades que a su vez van a realizar las inversiones aptas para la RIC). La participada invierte, pero en bienes no afectos a actividad económica. En la comprobación administrativa, el derecho a comprobar la materialización de quien dotó RIC estaba prescrito, motivo de que la Inspección regularizase por falta de afectación en el periodo de mantenimiento. El TEARC compartió el argumento de la Inspección: se trata de requisitos independientes y si la Inspección comprueba que dentro del periodo de mantenimiento las inversiones carecen de afectación empresarial podrá regularizar el incentivo pese a que la falta de afectación hubiera existido también al fin del plazo de materialización en un ejercicio prescrito. El mismo criterio sirve tanto para la materialización directa como la indirecta.

En el comentario a esta resolución, Florido Caño (2015) dice que quien materializa indirectamente debe cumplir el requisito de suscripción dentro del plazo de materialización y después el de mantenimiento de las participaciones en su patrimonio, pero siempre disponiendo de un centro de actividad en Canarias. Si el plazo de materialización está prescrito y la inversión no fue válida, por ejemplo, por adquisición derivativa de las participaciones en vez de suscripción, por no contar con un centro de actividad económica o simplemente porque no invirtió, es exigible el cumplimiento en la fase de mantenimiento[164].

En la resolución **TEARC de 18 de diciembre de 2014, n.º 35/05654/2012**, la Inspección observó el incumplimiento del periodo de mantenimiento y un déficit anterior en la materialización, y el Tribunal ratificó el criterio. De los asuntos que destacan en la resolución, el que interesa reseñar es el que recoge el criterio del TEAC y del TS de que los requisitos asociados a la RIC son concatenados y sucesivos, con sustantividad propia, de forma

---

[163] Florido Caño, 2013. *Revista Hacienda Canaria n.º 39, pp. 216-219.*

[164] Florido Caño, 2015. *Revista Hacienda Canaria n.º 42, pp. 298-302.*

que es posible regularizar por ausencia en el patrimonio de las inversiones correlativas a la dotación RIC, pese a que se constate el incumplimiento de la obligación de materialización en un ejercicio prescrito. Para Florido Caño es *muy relevante que el Tribunal se vuelva a pronunciar expresa y rotundamente acerca de que el requisito de mantenimiento de las inversiones es continuado en el tiempo, por lo que es posible regularizar en el primer ejercicio no prescrito en que se constante su incumplimiento.* Añade que es la idea que venía defendiendo: la previsión legal de que hay que regularizar en el ejercicio del incumplimiento no significa que solo se pueda regularizar en un único año, pues se incumple igual y con la misma intensidad en el año que se constate que no figuran en el patrimonio las inversiones comprometidas correlativas a la dotación de una RIC previamente dotada[165].

En todos los comentarios de Florido Caño, en su posición de Jefe de la Inspección de la AEAT en Santa Cruz de Tenerife, pero también de estudioso y experto de la RIC, se reconoce sin ambages el criterio que posteriormente sentó la STS de 16 de marzo de 2015, por lo que en este asunto hay que apreciar sus razonamientos.

30.3. La jurisprudencia del TS en relación con la prescripción de la dotación RIC

Soy consciente de que pocas novedades puede aportar en la actualidad el TS en materia RIC, aunque seguirán surgiendo sorpresas en materias tales como las gestiones que ha de realizar un comunero en la comunidad que le atribuye los rendimientos, en la indisponibilidad de la reserva, en los préstamos a socios que son catalogados como reparto de dividendos y en la comunicación de las inversiones anticipadas.

Repasando las sentencias TS desde 2012, las que tienen mayor relevancia son las relativas a la prescripción, que no es en sí misma una materia RIC, pero que afecta a litigios importantes planteados en la esfera de este incentivo en relación con el art. 150.5 LGT y sobre la dotación RIC en concreto. Además, observo algunos pronunciamientos sobre el control de las ayudas de Estado, concretamente de las ayudas regionales a la inversión, que retrotraen los efectos de los límites de las ayudas en la combinación RIC/subvenciones. Me ocupo ahora de las relativas a la prescripción del derecho a regularizar la dotación. Son cinco sentencias las que analizamos

---

165 Florido Caño, 2015. *Revista Hacienda Canaria n.º 43, pp. 259-261.*

en este epígrafe: la STS de 28 de junio de 2012, la STS de 10 de diciembre de 2012, la STS de 19 de febrero de 2013 y, sobre todo la STS de 16 de marzo de 2015, que llega a lo que denominé "la práctica imprescriptibilidad" de la RIC, y la posterior STS de 30 de marzo 2017, que la ratifica.

La hipérbole de la "imprescriptibilidad" la he empleado en varias ocasiones para referirme a que de una forma u otra el derecho a la comprobación y regularización del incentivo se alarga de tal forma en el tiempo que en la práctica no prescribe. Y como paradigma de ello he analizado en trabajos anteriores el criterio administrativo que a través de una ficción legal hacía mantener en funcionamiento las inversiones que en realidad ni siquiera se habían ejecutado: en el año "n" se dota RIC que hay que invertir como máximo en el año "n+4". En ese año no se invierte, por lo que hay que regularizar el incentivo en la liquidación de ese año, que se presenta en julio del año "n+5", pero ¿qué ocurre si no se regularizó voluntariamente? Mi opinión antes de 2015 es que existía un periodo de comprobación de cuatro años y si la Administración tributaria no había regularizado la RIC en esos cuatros años había prescrito su derecho. Coincidía con la Sala de Las Palmas del TEARC hasta que cambió de criterio en noviembre de 2012. A partir de ese momento, se producía la ficción jurídica comentada: si no se había realizado la inversión, el derecho a la comprobación de la RIC no finalizaba al cuarto año de la "no inversión", sino al cuarto año de la terminación del periodo de mantenimiento de cinco años de lo "no invertido". Criterio, extraño, al que se oponía el TSJC, Sala de Santa Cruz de Tenerife, que no admitía como válida la ficción legal. Pues bien, la Administración General del Estado recurrió la STSJC de 15 de marzo de 2013 en casación al TS para la unificación de doctrina, y el TS concluyó, en **STS de 16 de marzo de 2015 (n.º recurso 2598/2013)**, que efectivamente es válida la ficción legal de que la inversión no realizada hay que mantenerla cinco años, motivo de que el derecho a la comprobación administrativa finalice una vez transcurrido el periodo de prescripción de cuatro años a partir de la terminación del plazo de mantenimiento de cinco años. Y ello sin que obste el hecho de que se haya realizado una inversión no apta para el incentivo o sencillamente que no se haya realizado inversión alguna.

La STS de 16 de marzo de 2015 tiene como antecedente directo la **STS de 10 de diciembre de 2012, Sección 2, recurso 793/2011**, con el mismo ponente, Joaquín Huelin Martínez de Velasco, que sobre la prescripción y las distintas fases que tiene la RIC, dotación, materialización y mantenimiento, determinó que hasta el transcurso de esos plazos no puede conocerse si es procedente la consolidación del beneficio o no; es decir, no podrá hasta entonces darse inicio al plazo de prescripción de cuatro años para liquidar, porque la deducción está sujeta a condiciones que deben cumplirse en un determinado periodo de tiempo. La cita a la STS de 2012 es del propio ponente de 2015, y en el fundamento de derecho octavo hace referencia al plazo de materialización de tres años a partir de la dotación. Hasta que no concluya no empezarán a contarse los cuatros años de prescripción:

> *OCTAVO. La regularización ha afectado a las deducciones practicadas en los ejercicios 2000 a 2002, conforme puede observarse en el acta y en la liquidación, donde se detallan las cantidades deducidas (total durante los tres ejercicios: 219.064,61 €). En suma, se ha procedido conforme dispone el artículo 27.8 de la Ley 19/1994, puesto que "el incumplimiento de cualquier otro de los requisitos establecidos en este artículo, dará lugar a la integración en la base imponible del ejercicio en que ocurrieran estas circunstancias de las cantidades que en su día dieron lugar a la reducción de la misma".*
>
> *Es cierto que las actuaciones se referían a los ejercicios 2002 y 2003, conforme establece el acuerdo de inicio, y que la comprobación venía ceñida a la comprobación de los beneficios fiscales. Ahora bien, en ese supuesto se ha de considerar que una vez efectuada la dotación de la RIC, en el ejercicio en el que se aplica el beneficio fiscal (en este caso 2000, 2001 y 2002, puesto que al tratarse de una persona física la deducción y dotación se producen en el mismo ejercicio, a diferencia de lo que sucede en el IS), la inversión debe materializarse "en el plazo de 3 años contados desde la fecha del devengo del impuesto correspondiente al ejercicio en que se ha dotado la misma, en la realización de alguna de las siguientes inversiones:...".*
>
> ***Quiere ello decir que hasta el transcurso de esos plazos no puede determinarse si es procedente la consolidación del beneficio o no; es decir, no podrá hasta entonces darse inicio al plazo de prescripción de cuatro años para liquidar, porque la deducción está sujeta a unas condiciones que deben cumplirse en un determinado periodo de tiempo. Por ello, cuando las actuaciones de comprobación se inician el día 14 de mayo de 2007, el plazo de prescripción de los ejercicios 2000, 2001 y 2002 (que se iniciaba el 31 diciembre de cada ejercicio - artículo 64 a) LGT 1963 y 27 Ley 19/1994-) no había concluido, puesto que el mismo no podría iniciarse hasta que transcurriese el plazo de 3 años previsto para materializar la reserva.***
>
> *(En este mismo sentido nos hemos pronunciado en Sentencia de 23 de diciembre de 2009 - SAN, Sala de lo contencioso- administrativo, Sección 4ª, de 23/12/09, recurso 49/2009)* [FD OCTAVO, STS 10 diciembre 2012. La negrita es nuestra].

Resulta paradójico que un año después y dos antes de 2015, la **STS de 19 de febrero de 2013, Sección 2, recurso 444/2010**, hiciera una lectura diferente de la prescripción en la dotación RIC. Se trataba de una aportación *in natura* de un negocio de agricultura a una sociedad, en la que desaparecieron las reservas RIC de los balances del empresario individual en 1997. La Inspección regularizó en 1998, primer año que no había prescrito, pero el TS dijo que tenía que haberlo hecho en 1997, cuando se produjo el incumplimiento, que al estar prescrito anuló la liquidación. El motivo fue que el art. 27.8 de la Ley REF era claro cuando señalaba que el incumplimiento de los requisitos establecidos dará lugar a que el sujeto pasivo proceda a la integración en la base imponible o en la cuota (si se trata del IRPF) del ejercicio en que se produjo el incumplimiento:

TERCERO. En el segundo motivo de casación aduce el sujeto pasivo del impuesto que se ha producido infracción del artículo 27.8 de la Ley 19/1994, en relación con los artículos 64.a) y 66.1.a) de la ley 230/1963, de 28 de diciembre, al imputar la regularización al ejercicio siguiente (1998) a aquél en el que tuvo lugar el incumplimiento del requisito formal (1997) que ya se encontraba prescrito. De esta forma, la Inspección únicamente hubiera debido regularizar la base imponible del IRPF integrando en ella sólo las cantidades (187.620.582 pesetas) que en el ejercicio 1997 dieron lugar a la reducción de la misma.

El Tribunal de instancia en relación con esta cuestión razonó que:

«"Por último se plantea si los ejercicios 1994 a 1997 deben excluirse de la regularización pues los incumplimientos contables exigibles al amparo del artículo 27.3 Ley 19/94 —la reserva para inversiones debe figurar en los balances con absoluta separación y título apropiado— se produjeron ya en 1997, luego su regularización debió hacerse en el IRPF de 1997 y no en el ejercicio 1998. Como acaba de decirse, según el artículo 27.8 la regularización se efectúa mediante la integración en la cuota del ejercicio "en que ocurrieran" esos incumplimientos y éstos —dice la demanda— ya ocurrieron en el de 1997. La consecuencia es que como el ejercicio 1997 estaba prescrito y en él ya hubo irregularidades contables, es lo que explicaría que la Inspección se centrase en el de 1998 y en el que también hubo irregularidades contables, todo con el objetivo de que la actuación inspectora quedase dentro del plazo de cuatro años al iniciarse tales actuaciones el 23 de mayo de 2003.

[...] *Sin embargo del Informe de Inspección lo que se deduce no es eso, sino que esas irregularidades se aprecian en el ejercicio 1998 y por las razones ya expuestas. En efecto, aun cuanto según la Inspección, ni respecto del ejercicio 1997 ni del 1998, los libros presentados por el actor aparecen diligenciados, lo relevante es que en donde ha detectado las irregularidades contables es en el ejercicio 1998: mientras que en 1997, a partir de marzo, no aparecen en los balances trimestrales las cuentas RIC, luego se aportaron balances de movimientos de sumas y saldos de esas cuentas separadas; a su vez en el Diario General de 1997 figuran las cuentas RIC (ejercicios 1994 a 1997) y es en el ejercicio 1998 —en cuanto a su contabilidad como empresario individual— cuando desaparecen esas cuentas al no figurar en el balance de comprobación del primer trimestre y el diario de enero y febrero y lleva su importe a la cuenta de fondos propios; además en el Libro diario la cuenta RIC de 1997 presenta un importe de 337.750.824 pesetas y en febrero saldo 0; tampoco aparece el aporte a rama de actividad todo lo cual se plasma en un desajuste en los asientos de finalización del ejercicio 1997 e inicio 1998. Precisamente ese desajuste de la contabilidad en el ejercicio 1998 inicialmente presentado es lo que le llevó a finales de 2004 a presentar una segunda contabilidad con la que intentaba justificar que había transmitido a FSM, SL el cumplimiento de sus obligaciones fiscales y que había tenido su reflejo contable".»*

El motivo debe estimarse, pues el artículo 27.8 de la Ley 19/1994, es claro cuando señala que el incumplimiento de los requisitos establecidos "dará lugar a que el sujeto pasivo proceda a la integración, en la base imponible del Impuesto sobre Sociedades o del Impuesto sobre la Renta de no Residentes o en la cuota íntegra del Impuesto sobre la Renta de las Personas Físicas del ejercicio en que ocurrieron estas circunstancias, de las cantidades que en su día dieron lugar a la reducción de la misma".

Conforme se deduce de la documentación obrante en el expediente —acuerdo de liquidación pág. 16 diligencia de 21 de noviembre de 2003, acuerdo de imposición de sanción (pág. 13)—, la propia Administración reconoce que ya en el ejercicio 1997 se produjo el incumplimiento de los deberes contables del RIC dotado en los ejercicios anteriores (1994,1995 y 1996). Luego es al ejercicio en que se produjo dicho incumplimiento al que debe aplicarse la integración de la base imponible, y si dicho ejercicio estaba prescrito, no puede extenderse la regularización a un ejercicio posterior (1998), aunque sea en ese ejercicio posterior en el que se descubren los incumplimientos, ya que no es el descubrimiento del defecto el determinan-

> ***te de la fecha de la regularización, sino el de su efectiva producción, como claramente lo dice el mencionado precepto*** [FD TERCERO, STS 19 febrero 2013].

Aplicando el criterio de la STS de 2013, el incumplimiento en el plazo de materialización tendría que regularizarse dentro de los cuatro años de prescripción a partir de la finalización del plazo de cuatro años de materialización, sin trasladarse el incumplimiento a la siguiente fase de mantenimiento de las inversiones.

Criterio que cambió radicalmente con la **STS de 16 de marzo de 2015**. Estoy de acuerdo con el ponente de esta nueva sentencia en que, con anterioridad, recibía mejor trato quien no invertía que quien invertía:

> *Carece de toda lógica que se puede consolidar por prescripción la RIC dotada cuando la inversión ni siquiera se materializó y que no quepa hacerlo cuando sí lo fue, expirando el plazo de materialización al mismo tiempo en ambos casos, con el argumento de que en el segundo supuesto la inversión materializada no ha sido mantenida después durante el tiempo legalmente exigido. A este inaceptable resultado exegético conduce, precisamente, la doctrina sentada por la sentencia recurrida, en la que partiendo de la ficción de la "estanqueidad" de las dos fases temporales que cabe apreciar para el mantenimiento del beneficio fiscal, cuando examina la posibilidad de que la Administración tributaria compruebe el cumplimiento de los requisitos legalmente previstos a tal efecto, se acepta, por efecto de la prescripción, no sólo que la RIC dotada se materializó en plazo, aun cuando no se hizo, sino que además se mantuvo la inversión durante cinco años, a sabiendas de que ni siquiera existió (F.D. TERCERO, STS 16 marzo 2015).*

Muchas críticas se han hecho sobre este novedoso criterio, pero mucho me temo que el TS seguirá aplicándolo tal cual[166]. Sánchez Blázquez (2016) echa de menos en la STS de 16 de marzo de 2015 una referencia a la STS de 19 de febrero de 2013, puesto que era un precedente jurisprudencial en la materia, a tener en cuenta o combatirlo para separarse del criterio que señaló: *luego es al ejercicio en que se produjo dicho incumplimiento al que debe aplicarse la integración de la base imponible, y si dicho ejercicio estaba prescrito, no puede extenderse la regularización a un ejercicio posterior* (STS 19 febrero 2013)[167].

Desgranamos ahora el texto de los fundamentos de derecho más relevantes de la importante **STS de 16 de marzo de 2015**, **Sección 2, recurso 2598/2013**. La dotación RIC 1997 no fue materializada a 31 de diciembre de 2001 y cuando la Inspección inició las labores de comprobación, 2001

---

[166] Miranda Calderín, 2016. "Crónica de la RIC 2015". *Revista Hacienda Canaria n.º 44 y Técnica Tributaria n.º 112.*

[167] Sánchez Blázquez, 2016. *Revista Hacienda Canaria n.º 44, pp. 344-346.*

estaba prescrito. Constató que en 2002 no había ningún activo afecto a la RIC 1997, por lo que el contribuyente incumplía el requisito de mantenimiento, y si bien no podía comprobar la materialización sí podía regularizar el no mantenimiento en 2002, ejercicio que no estaba prescrito. El criterio fue avalado por el TEARC, pero no por la STSJC de 15 de marzo de 2013, Sala de Santa Cruz de Tenerife. Sirve de sentencia de contraste en la casación la **STSJC de 27 de diciembre de 2012, Sala de Las Palmas**, que concluyó que la Administración podía regularizar la RIC en un año en que hubiese prescrito la materialización, siempre que no estuviese prescrita la posterior fase de mantenimiento. Se apoyaba en una SAN de 3 de noviembre de 2010.

Las diferencias entre los casos juzgados en ambas sentencias no fueron cruciales ni para la Abogacía del Estado ni para el TS. En uno de ellos, no se materializó la inversión en el plazo de cuatro años, y en el otro sí se invirtió, pero en bienes no aptos. Avanza la STS que la doctrina correcta es la de la sentencia de contraste, esto es, la que reconoce el derecho de la Administración a regularizar una incorrecta o inexistente inversión en la fase posterior de mantenimiento. El contribuyente que se acoge al incentivo ha de cumplir las tres fases de dotación, materialización y mantenimiento, y cualquier incumplimiento que realice supondrá la pérdida del mismo. El beneficio no se consolida hasta que se cumplan todos los requisitos de materialización en cuatro años y el posterior mantenimiento durante cinco años. Así lo había expresado el TS en sentencias de 28 de junio y 10 de diciembre de 2012.

Por ello, el cómputo del plazo de prescripción del derecho de la Administración a determinar la deuda tributaria debe iniciarse el día siguiente a aquel en que finaliza el plazo reglamentario para presentar la autoliquidación (artículo 67.1, segundo párrafo de LGT) del IS del ejercicio en que se cumple el quinto año para el mantenimiento de la inversión realizada dentro de los tres años siguientes a aquel en el que se practicó la dotación, pues solo en dicho momento se consolida definitivamente el beneficio fiscal en cuestión.

Añade dos motivos más de peso, que carece de toda lógica que se pueda consolidar por prescripción la RIC dotada cuando la inversión ni siquiera se materializó y que no quepa hacerlo cuando sí lo fue, expirando el plazo de materialización al mismo tiempo en ambos casos; y que con esta doctrina no se autoriza a liquidar un ejercicio respecto del que ha prescrito el derecho de la Administración a liquidar el tributo, tan sólo se autoriza a la Administración, porque así lo ha querido el legislador, a comprobar, al tiempo de liquidar un ejercicio no prescrito, si el sujeto pasivo satisfizo todos los requisitos a los que quedaba condicionada la efectividad de un beneficio fiscal aplicado en el ejercicio prescrito, obteniendo las consecuencias pertinentes para liquidar el que no lo estaba.

Concluye, que nadie discute, ni siquiera la compañía recurrida, que no llegó a materializar la dotación 1997, materialización que debería haber realizado en 2001, respecto al cual el derecho de la Administración a fijar la deuda tributaria ya había prescrito al iniciarse las actuaciones inspectoras. Sin embargo, en 2002, la Administración comprobó que no había cumplido con la condición prevista en el artículo 27.4 de la Ley 19/1994, por lo que puso en marcha la previsión contenida en el apartado 8 del mismo precepto, sin que se haya con ello desconocido el artículo 66.1.a) de la Ley General Tributaria de 2003, en relación con el 67.1, segundo párrafo, de la misma.

Trascribo el texto principal de los fundamentos de derecho:

> *PRIMERO.– A) La sentencia objeto de este recurso de casación estimó el recurso contencioso administrativo instado por Cruchan, S.L., contra la resolución aprobada por el Tribunal Económico-Administrativo Regional de Canarias el 30 de marzo de 2011, que había declarado ajustadas a derecho la liquidación del impuesto sobre sociedades del ejercicio 2002 en cuantía de 53.044,39 euros (45.770,20 en concepto de cuota y 7.274,19 de intereses de demora) y la sanción de 21.064,96 euros, infligida por la conducta desarrollada en dicho periodo impositivo en relación con el mismo tributo.*
>
> *Los hechos que se encuentran en la base de este pronunciamiento jurisdiccional y los razonamientos que los sustentan son, en resumen, los siguientes:*
>
> *1º) La mencionada compañía dotó en el ejercicio 1997 la RIC por un importe de 146.646,95 euros, por lo que el plazo para la materialización de la dotación concluía en el año 2001 (artículo 27.4 de la Ley 19/1994).*
>
> *La dotación no llegó a materializarse en el plazo indicado.*
>
> *2º) En la fecha en la que se iniciaron las actuaciones inspectoras (20 de noviembre de 2006), el derecho de la Administración a liquidar ambos ejercicios (1997 y 2001) se encontraba prescrito.*
>
> *3º) Al comprobar el ejercicio 2002 (no prescrito) la Inspección constató que en dicho periodo no había ningún activo fijo o financiero que permitiesen afirmar que se mantuvieron por el plazo exigido (artículo 27.5 de la Ley 19/1994) las inversiones en que se habría materializado la RIC dotada en 1997.*
>
> *4º) La Inspección consideró que, si bien no podía comprobar la materialización de la dotación por estar prescrito su derecho a liquidar el ejercicio 2001, si podía constatar la falta de mantenimiento de la inversión al regularizar el ejercicio 2002, no prescrito.*
>
> *5º) El anterior criterio, avalado por el Tribunal Económico-Administrativo Regional de Canarias, ha sido rechazado por la sentencia impugnada, conforme a la que la inobservancia de la condición de materializar la inversión en el plazo de tres años (artículo 27.4) debe tener repercusión en dicho ejercicio, en virtud de lo dispuesto en el apartado 8 del mismo precepto y en ningún caso en el año 2002. Dado que la actividad inspectora arrancó en noviembre de 2006, la facultad de la Administración ya se encontraba prescrita por transcurso del plazo fijado para ello en el artículo 66 de la Ley 58/2003, de 17 de diciembre, General Tributaria (BOE de 18 de*

diciembre), «quedando vedado acudir a una ficción para prorrogar el plazo y poder imputar el incumplimiento del deber de mantenimiento de la inversión al año no prescrito» (FJ 4°, in fine).

B) La sentencia de contraste, pronunciada el 27 de diciembre de 2012 por la Sala con sede en Las Palmas de Gran Canaria del propio Tribunal Superior de Justicia de Canarias, en el recurso 220/11, se basa en la siguiente secuencia fáctica y argumental:

1°) La compañía allí demandante absorbió a otra sociedad que en 1995 había hecho una dotación a la RIC, que debió materializar en 1999.

2°) La dotación efectivamente se materializó en dos locales, identificados con los números 1 y 2, de un edificio sito en la calle Valls de Torre en Arrecife (Lanzarote).

3°) En relación con el local número 1 se procedió a la regularización del RIC por incumplimiento de los plazos de materialización de la dotación (artículo 27.4) y de mantenimiento de las inversiones (artículo 27.5).

El Tribunal Superior de Justicia razonó que «aunque la Administración por prescripción no puedan comprobar si se han cumplido los plazos para la inversión, sí que debe comprobar el mantenimiento de la inversión».

Para llegar a este desenlace, expresamente se apoyó en la sentencia dictada el 3 de noviembre de 2010, en el recurso 230/09 por la Sala de lo Contencioso-Administrativo de la Audiencia Nacional, resolución judicial en la que se señala que, hasta que nos transcurra el plazo de tres años que dispone el artículo 27.4 para materializar la dotación mediante la realización de alguna de las inversiones que relaciona, no puede determinarse si es procedente la consolidación del beneficio, concluyendo que hasta ese momento no se inicia el plazo de prescripción de cuatro años para liquidar, «porque la deducción está sujeta a unas condiciones que deben cumplirse en un determinado periodo de tiempo» (FJ 8°).

SEGUNDO. La comparación entrambos pronunciamientos jurisdiccionales evidencia que se dan las identidades requeridas por el artículo 96.1 de la Ley de esta jurisdicción. La sentencia aportada como término de comparación, por remisión a la pronunciada por un órgano jurisdiccional distinto [la Audiencia Nacional en el recurso 230/09, sentencia de 3 de noviembre de 2010]*, concluye que el plazo de prescripción del derecho a liquidar un determinado ejercicio del impuesto sobre sociedades, en el que un sujeto pasivo se ha acogido al beneficio fiscal regulado en el artículo 27 de la Ley 19/1994, no se inicia cuando se presenta la autoliquidación correspondiente al mismo, sino una vez expirado el plazo de tres años que el apartado 4 de dicho precepto dispone para materializar la dotación en inversiones.*

Por su parte, la sentencia aquí impugnada, también con remisión a un pronunciamiento anterior de la misma Sala sentenciadora, razona que, con ocasión de regularizar un ejercicio no prescrito, no cabe comprobar si se materializó la dotación a la RIC en uno anterior que sí lo estaba, añadiendo que, por lo dispuesto en el artículo 27.8 de la Ley 19/1994, las consecuencias del incumplimiento de algunos de los requisitos de la RIC deberán tener reflejo en el ejercicio en el que se produce el mismo, mediante la integración en la base imponible de las cantidades que en su día dieron lugar a su reducción. Por usar las palabras del precedente en que se apoya [la sentencia de 20 de noviembre de 2012 (recurso 383/09)]*, puede inspeccionarse el mantenimiento en ejercicios no prescritos de la inversión en que se materializó la dotación durante el plazo de cinco años a que se refiere el artículo 27.5, pero con ocasión de esta tarea no es posible comprobar el ejercicio en que se realizó la materialización si estaba prescrito y, por ello, constatar su realidad o su corrección.*

La situación de los sujetos pasivos era la misma, así como el fundamento de su pretensión de anulación, sustentada en la prescripción del derecho de la Administración a liquidar el ejercicio correspondiente del impuesto sobre sociedades: entidades que habían dotado a la RIC y que, al comprobarse ejercicios no prescritos, veían como la Inspección regularizaba otros que consideraba ya prescritos mediante el análisis de si la dotación hecha en su día había sido materializada en el plazo de tres años.

Lleva razón el abogado del Estado cuando expresa que las diferencias fácticas entrambos supuestos resultan irrelevantes a los efectos de este recurso de casación para la unificación de doctrina. En el caso abordado por la sentencia recurrida no se materializó la inversión en el plazo indicado, mientras que en la de contraste sí que tuvo lugar, pero estando en discusión si eran hábiles los bienes en que se realizó, a la luz del repetido artículo 27.4 de la Ley 19/1994. Este dato diferencial no rompe la igualdad sustancial entre los dos casos a los efectos de las doctrinas confrontadas y de despejar la incógnita que se encuentra en la base de las mismas: ¿con ocasión de comprobar ejercicios no prescritos cabe investigar si se materializó la dotación o lo fue en inversiones admitidas por la norma aun cuando ya estuviera prescrito el ejercicio en que expiraba el plazo para realizarlas?

TERCERO. Sentado lo anterior, hemos de avanzar que, a juicio de esta Sala, la doctrina correcta se encuentra en la sentencia de contraste, constatación que ha de conducir a la estimación del presente recurso de casación para la unificación de doctrina.

En efecto, la RIC constituye un específico beneficio fiscal que se estructura temporalmente en distintas fases, en cada una de las cuales el sujeto pasivo que aspira a acogerse al mismo ha de cumplir con ciertas cargas y condiciones. Tiene que dotar la reserva en un ejercicio (artículo 27, apartados 1 y 2), dotación que debe materializar en determinadas inversiones, realizándolas en el plazo de tres años desde la fecha del devengo del impuesto correspondiente al periodo en que practicó la dotación (artículo 27.4). Ha de mantener la inversión durante otros cinco años, a cuyo efecto la reserva deberá figurar en los balances con absoluta separación y título apropiado, siendo indisponible en tanto que los bienes en que se materializó tengan que permanecer en la empresa (artículo 27, apartado 5, en relación con el 3). La inobservancia de cualesquiera de las anteriores obligaciones, en particular, la disposición de la reserva con anterioridad al plazo de mantenimiento de la inversión o para inversiones diferentes de las previstas en la norma, dará lugar a la integración en la base imponible del ejercicio en que se diera el incumplimiento de las cantidades que en su día justificaron la reducción de la misma (artículo 27.8), reducción que tiene lugar en el ejercicio de la dotación (artículo 27, apartados 1 y 2).

***Esta estructura de la RIC supone que el beneficio, que se refleja en la reducción de la base imponible del ejercicio en que se practica la dotación, no se consolida hasta que se cumplan todos los requisitos a que queda supeditada su operatividad**: la materialización de la inversión en el plazo de tres años desde la dotación y en bienes aptos para ello conforme a lo dispuesto en el artículo 27.4, así como el posterior mantenimiento de la inversión durante cinco años, en virtud de lo dispuesto en el apartado 5 del mismo precepto. En otras palabras, la ventaja fiscal que se reconoce al sujeto pasivo del impuesto sobre sociedades está sometida a los indicados requisitos, como conditio sine que non. Por ello, si se incumple alguno de ellos, el legislador ha querido que en el ejercicio que se constate la inobservancia se incremente la base imponible en la suma en que fue reducida en el periodo impositivo en que indebidamente se aplicó la dotación, habida cuenta del posterior desarrollo de los acontecimientos.*

Ya hemos dicho [sentencia de 10 de diciembre de 2012 (casación 793/11, FJ 3º), recordando la de 28 de junio de 2012 (casación 2037/10, FJ 3º), en la que nos remitimos a lo dicho en la de 7 de julio de 2011 (casación para la unificación de doctrina 235/07, FJ 4º)] *que del artículo 27 de la Ley 19/1994 se desprende que, para la consolidación del beneficio fiscal, resulta necesario que el sujeto pasivo cumpla los requisitos de constitución de la reserva mediante dotación, mantenimiento y materialización de la misma y permanencia de la inversión, además de figurar en los balances con absoluta separación y título apropiado.*

Así las cosas y tratándose de la liquidación de ejercicios en los que se ha aplicado la RIC, el cómputo del plazo de prescripción del derecho de la Administración a determinar la deuda tributaria debe iniciarse el día siguiente a aquel en que finaliza el plazo reglamentario para presentar la autoliquidación (artículo 67.1, segundo párrafo de la misma Ley) del impuesto

> ***sobre sociedades del ejercicio en que se cumple el quinto año para el mantenimiento de la inversión realizada dentro de los tres años siguientes a aquel en el que se practicó la dotación, pues sólo en dicho momento se consolidada definitivamente el beneficio fiscal en cuestión.***
>
> ***Carece de toda lógica que se puede consolidar por prescripción la RIC dotada cuando la inversión ni siquiera se materializó y que no quepa hacerlo cuando sí lo fue****, expirando el plazo de materialización al mismo tiempo en ambos casos, con el argumento de que en el segundo supuesto la inversión materializada no ha sido mantenida después durante el tiempo legalmente exigido. A este inaceptable resultado exegético conduce, precisamente, la doctrina sentada por la sentencia recurrida, en la que partiendo de la ficción de la "estanqueidad" de las dos fases temporales que cabe apreciar para el mantenimiento del beneficio fiscal, cuando examina la posibilidad de que la Administración tributaria compruebe el cumplimiento de los requisitos legalmente previstos a tal efecto, se acepta, por efecto de la prescripción, no sólo que la RIC dotada se materializó en plazo, aun cuando no se hizo, sino que además se mantuvo la inversión durante cinco años, a sabiendas de que ni siquiera existió.*
>
> *Lleva pues toda la razón la Audiencia Nacional, a la que se remite la sentencia de contraste, cuando afirma que hasta el transcurso de los mencionados plazos (aun cuando aluda solamente al de tres años) no puede determinarse si es procedente o no el beneficio.*
>
> ***Con esta doctrina no se autoriza a liquidar un ejercicio respecto del que ha prescrito el derecho de la Administración a liquidar el tributo con ocasión de la inspección de uno respecto del que tal derecho no se ha extinguido. Tan sólo se autoriza a la Administración, porque así lo ha querido el legislador, a comprobar, al tiempo de liquidar un ejercicio no prescrito, si el sujeto pasivo satisfizo todos los requisitos a los que quedaba condicionada la efectividad de un beneficio fiscal aplicado en el ejercicio prescrito, obteniendo las consecuencias pertinentes para liquidar el que no lo estaba (véase el artículo 27.8).***
>
> *Con el alcance expresado se ha de abordar la prescripción del derecho de la Administración a liquidar el impuesto sobre sociedades en relación con la investigación del cumplimiento por los beneficiarios de la RIC de las distintas obligaciones y condiciones a que el artículo 27 de la Ley 19/1994 somete este beneficio fiscal.*
>
> *CUARTO. Por tanto, no resulta ajustada a derecho la doctrina conforme a la que se resuelve en la sentencia impugnada, siendo la correcta la que se contiene en la aportada como término de comparación.*
>
> *Procede, en consecuencia, casar la sentencia de instancia y resolver el debate planteado con arreglo a la doctrina ajustada a derecho (artículo 98.2 de la Ley de esta jurisdicción).*
>
> *Nadie discute, ni siquiera la compañía recurrida, que no llegó a materializar la dotación que realizó en el ejercicio 1997, materialización que debería haber realizado en el ejercicio 2001, respecto del que el derecho de la Administración a fijar la deuda tributaria ya había prescrito cuando se iniciaron las actuaciones inspectoras (20 de noviembre de 2006). Sin embargo, en el ejercicio 2002, la Administración comprobó que no había cumplido con la condición prevista en el artículo 27.4 de la Ley 19/1994, por lo que puso en marcha la previsión contenida en el apartado 8 del mismo precepto, sin que, por lo razonado en el anterior fundamento de derecho, se haya con ello desconocido el artículo 66.1.a) de la Ley General Tributaria de 2003, en relación con el 67.1, segundo párrafo, de la misma.*
>
> *En consecuencia, el recurso contencioso-administrativo instado por Cruchan, S.L., debe ser desestimado y confirmados los actos administrativos impugnados* [STS 16 de marzo de 2015. La negrita es nuestra].

Sobre esta STS, Sánchez Blázquez (2016) opina que en el ámbito de la prescripción RIC no se estaba ese año en presencia de una auténtica jurisprudencia, al haber una única STS defendiendo un determinado criterio, aunque hubiese sido dictada en un recurso de casación para unificación de doctrina, que contrastaba con el criterio mantenido en la STS de 19 de febrero de 2013[168].

Posteriormente, se falló la **STS de 30 de marzo de 2017, Sección 2, recurso 352/2016,** que ratificó el criterio de la STS de 16 de marzo de 2015 en el sentido de que no comienza el periodo de prescripción hasta que haya pasado el plazo de cinco años en que las inversiones han de estar en funcionamiento, aún en el caso de que no se haya invertido. He expresado mi oposición a la práctica imprescriptibilidad del derecho de la Administración tributaria a comprobar la dotación, pero hay que ser conscientes de que así lo ha señalado reiteradamente el Alto Tribunal y, por tanto, hay que aplicar su criterio. Una y otra vez se alega con insistencia por los contribuyentes la prescripción en casos en los que ya ha expresado su criterio el TS y por tanto existe jurisprudencia consolidada que hay que seguir. El paradigma del conflicto es tener que esperar cinco años para que comience la prescripción en los casos en los que no se ha realizado inversión alguna, pero así, con rotundidad, lo ha interpretado y ratificado con redundancia el TS. La STS de 30 de marzo de 2017 reitera el criterio expresado en la STS de 16 de marzo de 2015, que es el núcleo de este capítulo:

> *SEGUNDO. (...)* ***Así las cosas y tratándose de la liquidación de ejercicios en los que se ha aplicado la RIC, el cómputo del plazo de prescripción del derecho de la Administración a determinar la deuda tributaria debe iniciarse el día siguiente a aquel en que finaliza el plazo reglamentario para presentar la autoliquidación (artículo 67.1, segundo párrafo de la misma Ley) del impuesto sobre sociedades del ejercicio en que se cumple el quinto año para el mantenimiento de la inversión realizada dentro de los tres años siguientes a aquel en el que se practicó la dotación, pues sólo en dicho momento se consolidada definitivamente el beneficio fiscal en cuestión.***
>
> ***Carece de toda lógica que se puede consolidar por prescripción la RIC dotada cuando la inversión ni siquiera se materializó y que no quepa hacerlo cuando sí lo fue****, expirando el plazo de materialización al mismo tiempo en ambos casos, con el argumento de que en el segundo supuesto la inversión materializada no ha sido mantenida después durante el tiempo legalmente exigido. A este inaceptable resultado exegético conduce, precisamente, la doctrina sentada por la sentencia recurrida, en la que partiendo de la ficción de la "estanqueidad" de las dos fases temporales que cabe apreciar para el mantenimiento del beneficio fiscal, cuando examina la posibilidad de que la Administración tributaria compruebe el cumplimiento de los requisitos legalmente previstos a tal efecto, se acepta, por efecto de la prescripción, no sólo que la RIC dotada se materializó en plazo, aun cuando no se hizo, sino que además se mantuvo la inversión durante cinco años, a sabiendas de que ni siquiera existió.*
>
> *Lleva pues toda la razón* [...] cuando [se] *afirma que hasta el transcurso de los mencionados plazos (aun cuando aluda solamente al de tres años) no puede determinarse si es procedente o no el beneficio.*

---

[168] Sánchez Blázquez, 2016. *Revista Hacienda Canaria n.º 44, pp. 346-7.*

Con esta doctrina no se autoriza a liquidar un ejercicio respecto del que ha prescrito el derecho de la Administración a liquidar el tributo con ocasión de la inspección de uno respecto del que tal derecho no se ha extinguido. Tan sólo se autoriza a la Administración, porque así lo ha querido el legislador, a comprobar, al tiempo de liquidar un ejercicio no prescrito, si el sujeto pasivo satisfizo todos los requisitos a los que quedaba condicionada la efectividad de un beneficio fiscal aplicado en el ejercicio prescrito, obteniendo las consecuencias pertinentes para liquidar el que no lo estaba (véase el artículo 27.8).

Con el alcance expresado se ha de abordar la prescripción del derecho de la Administración a liquidar el impuesto sobre sociedades en relación con la investigación del cumplimiento por los beneficiarios de la RIC de las distintas obligaciones y condiciones a que el artículo 27 de la Ley 19/1994 somete este beneficio fiscal" [STS 30 de marzo 2017. La negrita es nuestra].

Resumiendo, el criterio ratificado por el TS sobre la prescripción de la dotación RIC es que comienza a contarse una vez cumplidas las tres fases del incentivo: dotación, materialización y mantenimiento; con independencia de que determinados aspectos sobre cada una de las fases vayan prescribiendo individualmente a los cuatros años de haber presentado la declaración del impuesto con la dotación o haber presentado la declaración correspondiente del impuesto una vez finalizado el plazo de materialización. Pero ello no obsta a que la dotación no prescriba hasta que haya terminado el ciclo completo de dotación/materialización/mantenimiento y los cuatros años de prescripción. Especial incidencia tiene el hecho de que la inversión no realizada pueda regularizarse en la fase de cinco años de mantenimiento, motivo de que no prescriba la dotación RIC hasta que hayan pasado los cuatro años de prescripción a partir de la declaración del impuesto correspondiente al quinto año de mantenimiento.

30.4. Los Tribunales de Justicia y la prescripción del derecho a comprobar la dotación RIC en situaciones específicas

¿Qué ocurre cuando la dotación es improcedente y ha prescrito el derecho a su comprobación?, ¿podría en ese caso la Administración tributaria comprobar la materialización de una dotación improcedente que esté prescrita? Estas cuestiones tienen respuesta a partir de la STS de 16 de marzo de 2015, como vimos en el epígrafe anterior, pero qué opinaban los Tribunales de Justicia antes de ese pronunciamiento. Es lo que voy a analizar en el epígrafe.

El TSJC decía en la **STSJC de 24 de noviembre de 2006, Sala Las Palmas, recurso 686/2004,** que no podía comprobarse la materialización en el marco de la normativa aplicable hasta el 31 de diciembre de 2006, pero entendemos que el mismo criterio era también válido con la normativa posterior: si la empresa no tenía derecho a la dotación y había prescrito la posibilidad de la Administración tributaria de comprobarla hay que dar por zanjada la dotación, precisamente por estar prescrita, sin que pueda regularizarse la materialización efectuada. Se trataba de una entidad que no realizaba actividad económica alguna el año que dotó la RIC, por lo que la dotación era improcedente. Si la Inspección afirmaba, correctamente, que la sociedad no podía dotar la RIC ya prescrita, no podía al mismo tiempo aducir que se había incumplido la obligación de materializar dicha dotación:

> *CUARTO. Sin embargo existe un aspecto del recurso que sí debe prosperar y es el referido a la incorrecta materialización de la reserva del período 1976/1997 y por la cual se incrementa la cuota del ejercicio del período 2000/2001 por pérdida del beneficio al no haberse materializado la reserva en el plazo de cuatro años.*
>
> *Resulta evidente que si la Inspección correctamente afirma que la sociedad no podría dotar la RIC y procede a regularizar las bases imponibles de los ejercicios no prescritos, no puede al propio tiempo aducir que se ha incumplido la obligación de materializar la inversión de un período (1996/1997) en el que había prescrito la acción para determinar la deuda, consecuentemente la parte del acto recurrido que incrementa la cuota del período 2000/2001 en 4.487,75 € por intereses de demora por pérdida del beneficio fiscal, debe ser anulada* [STSJC, 24 noviembre 2006].

Tres años después, se pronunció de forma diferente la **SAN de 25 de mayo de 2009, Sección 7, recurso 34/2008,** en que la entidad había realizado la dotación improcedente en un año prescrito. En el resto de los años no prescritos la Inspección tributaria rechazó la dotación efectuada y regularizó la RIC, pero aun reconociendo que en el primer año no podía dotarla, dejó fuera la cuestión (precisamente porque estaba prescrito el ejercicio), y se limita a comprobar la materialización realizada. Al estar mal efectuada, incoó la correspondiente acta tributaria. La AN da por correcta la actuación de la Inspección, pero a nuestro entender sin profundizar en el fondo de la cuestión: si con una dotación incorrecta, pero prescrita, la Administración puede o no comprobar la materialización:

> *Como motivo de regularización se expone por el actuario lo siguiente:*
>
> *El sujeto pasivo efectuó sucesivas dotaciones a la Reserva para Inversiones en Canarias por determinados importes en los ejercicios 1995 a 1999.*
>
> *Desde la constitución de la Sociedad recurrente que tuvo lugar en fecha 14 de diciembre de 1994, haciendo constar en la declaración censal de solicitud del NIF en la casilla de actividad económica principal SIN ACTIVIDAD.*
>
> *Ha prescrito el derecho de la Administración a revisar la dotación a la Reserva para Inversiones en Canarias del ejercicio 1995. No ha prescrito en cambio el derecho a comprobar la materialización de dicha dotación cuyo plazo abarca desde el mismo año 1995 hasta el 31 de diciembre de 1999. Por la Inspección no se consideran aptos por no estar a disposición de la entidad y en funcionamiento en los plazos legalmente establecidos, todos aquellos gastos realizados para inversiones previas a la construcción de un hotel, tales como gastos de constitución, importe de proyectos, trámites administrativos para la obtención de licencias etc.* [SAN de 25 de mayo de 2009].

Sorprendentemente, la AN no abordó la cuestión de si era posible comprobar la materialización RIC si no se habían dado los presupuestos exigidos para su dotación, sino que en el fundamento quinto se limita a decir que los gastos incurridos por la empresa no son propios de la actividad económica de la sociedad, por lo que, al no ser aptos como materialización, procede la regularización efectuada por la Administración. Es decir, no considera el hecho de que dotar RIC sin actividad económica alguna es ilegal, sino que la circunstancia de estar prescrita la dotación era la que hacía posible que se comprobase la materialización:

> *QUINTO. Los gastos realizados y justificados por la parte actora desde el año 1995 causados por la constitución de la sociedad por un proyecto de construcción, y otros varios, debe decirse que no son propios de la actividad económica de la sociedad y que en todo caso, son gastos que no se reflejan de forma real en la ejecución de las obras pertinentes, pues fuera de los gastos de constitución, los demás no han generado la riqueza ni la actividad empresarial necesaria para obtener tales beneficios, puesto que prefirió la empresa sacrificar su actividad indiciaria vendiendo el solar, a cambio de obtener grandes beneficios con la venta del mismo* [SAN de 25 de mayo de 2009].

Como vemos, no era cuestión pacífica en 2009 si la Administración tributaria tenía derecho o no a comprobar la materialización de una dotación incorrecta prescrita. Incluso para el contribuyente era una cuestión difícil de admitir, pues durante un periodo de tiempo (durante el que la dotación no esté prescrita) tendrá que esforzarse en probar que la dotación es correcta; mientras que terminado dicho período tendría que esforzarse en la prueba contraria, esto es, que la dotación era incorrecta, para que así la pretensión de la prescripción pudiera operar.

Y quizás la solución correcta, escribía en 2012, dependiese únicamente de la prueba que mejor demostrase si la dotación era correcta o no, aunque el derecho a su comprobación estuviese prescrito para la Administración. Si el contribuyente podía probar que efectivamente la dotación no procedía, quizá la Administración no tuviese ya el derecho a comprobar su materialización. Los dos pronunciamientos dispares sobre esta cuestión del TSJC y la AN complicaban más su análisis[169]. Y lo cierto fue que el razonamiento al que llegaba personalmente en 2012 no era el adecuado a la vista de la STS de 2015.

La **SAN de 9 de diciembre de 2009, Sección 4, recurso 22/2008**, plantea otra cuestión relacionada con la prescripción, concretamente si al producirse el incumplimiento formal de la RIC de figurar en el pasivo del

---

169 Miranda Calderín, S. (2012). *Manual de la RIC 2007-2013, pp. 928-930.*

balance en 1997 (año que estaba prescrito), puede regularizarse por la Inspección en 1998, año en que tampoco figuraba la RIC en los balances. El planteamiento lógico del demandante era que debería regularizarse tal circunstancia en el año en el que se producía (1997, que estaba prescrito). La AN dijo que no, que también la Administración tributaria podía hacerlo en 1998, porque volvía a producirse el mismo incumplimiento y ese ejercicio no estaba prescrito. En esos años —recordemos— se perdía el beneficio total disfrutado con la dotación, pero en la normativa vigente en la actualidad se sanciona con el 2% de la dotación:

> *VIGÉSIMO. Por último se plantea si los ejercicios 1994 a 1997 deben excluirse de la regularización pues los incumplimientos contables exigibles al amparo del artículo 27.3 Ley 19/94 —la reserva para inversiones debe figurar en los balances con absoluta separación y título apropiado— se produjeron ya en 1997, luego su regularización debió hacerse en el IRPF de 1997 y no en el ejercicio 1998.Como acaba de decirse, según el artículo 27.8 la regularización se efectúa mediante la integración en la cuota del ejercicio "en que ocurrieran" esos incumplimientos y éstos —dice la demanda— ya ocurrieron en el de 1997. La consecuencia es que como el ejercicio 1997 estaba prescrito y en él ya hubo irregularidades contables, es lo que explicaría que la Inspección se centrase en el de 1998 y en el que también hubo irregularidades contables, todo con el objetivo de que la actuación inspectora quedase dentro del plazo de cuatro años al iniciarse tales actuaciones el 23 de mayo de 2003.*
>
> *VIGÉSIMO PRIMERO. Sin embargo del Informe de Inspección lo que se deduce no es eso, sino que esas irregularidades se aprecian en el ejercicio 1998 y por las razones ya expuestas. En efecto, aun cuanto según la Inspección, ni respecto del ejercicio 1997 ni del 1998, los libros presentados por el actor aparecen diligenciados, lo relevante es que en donde ha detectado las irregularidades contables es en el ejercicio 1998: mientras que en 1997, a partir de marzo, no aparecen en los balances trimestrales las cuentas RIC, luego se aportaron balances de movimientos de sumas y saldos de esas cuentas separadas; a su vez en el Diario General de 1997 figuran las cuentas RIC (ejercicios 1994 a 1997) y es en el ejercicio 1998 —en cuanto a su contabilidad como empresario individual— cuando desaparecen esas cuentas al no figurar en el balance de comprobación del primer trimestre y el diario de enero y febrero y lleva su importe a la cuenta de fondos propios; además en el Libro diario la cuenta RIC de 1997 presenta un importe de 337.750.824 pesetas y en febrero saldo 0; tampoco aparece el aporte a rama de actividad todo lo cual se plasma en un desajuste en los asientos de finalización del ejercicio 1997 e inicio 1998.Precisamente ese desajuste de la contabilidad en el ejercicio 1998 inicialmente presentado es lo que le llevó a finales de 2004 a presentar una segunda contabilidad con la que intentaba justificar que había transmitido a FSM, SL el cumplimiento de sus obligaciones fiscales y que había tenido su reflejo contable.*
>
> *VIGÉSIMO TERCERO. A partir del 1 de enero de 2007, tras la reforma del artículo 27 Ley 19/194 por el RD- Ley 12/2006, de 29 de diciembre, el nuevo apartado 16 del artículo 27 prevé que el incumplimiento de lo prevenido en el apartado 3 —caso de autos— ya no lleva a la integración que ha dado lugar a la regularización recurrida. La consecuencia es que será sancionable como infracción tributaria grave con multa del 2% de la dotación que debiera haberse efectuado* [apartado 17.a)]. No cabe duda de que las consecuencias en términos cuantitativos le serían más favorables, pero de esa norma se deduce, primero, que tanto el antiguo apartado 8 como el actual 16, no tienen naturaleza sancionadora, lo que confirma el propio legislador como intérprete auténtico con el inciso final del apartado 16 y el nuevo apartado 17: si a partir del 1 de enero de 2007 deja de ser objeto de regularización para ser infracción tribu-

taria es que antes esa regularización en sí no lo era; y, segundo, consecuencia de lo anterior es que los efectos retroactivos sólo se prevén para las normas tributaria de contenido sancionador (cf. artículo 4.3 LDGC y actual artículo 10.2.2º Ley 58/2003 [SAN 9 diciembre 2009][170].

En **la SAN 10 de mayo de 2013, Sección 2, recurso 216/2010,** se analizan dos cuestiones relacionadas en general con la prescripción y en particular con la dotación RIC. La primera de ellas es el efecto del art. 150.2 LGT cuando la Inspección tributaria interrumpía sus actuaciones durante más de seis meses; y la segunda, aquellos casos en que existen actuaciones parciales de la Administración que pueden interrumpir la prescripción del IS en su globalidad. En el caso concreto se trataba de un requerimiento de la Dependencia de Gestión tributaria sobre retenciones, que finalizó con una liquidación por tal concepto. Nos interesa conocer cómo afectan las dos cuestiones a la prescripción de la dotación RIC.

Sobre la primera cuestión del art. 150 LGT, hay que tener presente que, a partir del cambio normativo de 2015 en la LGT, la inactividad durante más de seis meses de la Inspección deja de interrumpir la prescripción porque dicha contingencia desapareció del artículo. En la actualidad no existe. Sí continúa vigente la interrupción de la prescripción por cualquier procedimiento abierto, aunque no tenga nada que ver con la dotación, aunque sí con algún aspecto del IS, como es el caso de las retenciones.

Durante el procedimiento inspector hubo un periodo de paralización injustificada de más de seis meses por parte de la Inspección, resultando para el contribuyente de aplicación el art. 150.2 LGT vigente en aquel entonces, motivo de que se produjese la ausencia del efecto interruptivo de la prescripción de las actuaciones, lo que determinaba el final del derecho a liquidar 2001. Al mismo tiempo concurría un expediente en que se había solicitado al contribuyente que aportara certificados de retenciones e ingresos a cuenta soportados, que finalizó con una liquidación provisional en 2003.

Las posturas de las partes sobre el alcance interruptivo de tales actuaciones de comprobación eran contrapuestas. Para el recurrente, tal efecto no se había producido por no tratarse de alegaciones en una reclamación económico-administrativa. La Administración, por el contrario, defendía que las actuaciones efectuadas en relación con el mismo tributo y ejercicio interrumpen la prescripción del derecho a liquidar la totalidad de los elementos del hecho imponible investigado, también en relación con

170 Miranda Calderín, S. (2012). *Manual de la RIC 2007-2013, pp. 937-938.*

aquellos conceptos no incluidos en el requerimiento y en la liquidación provisional subsiguiente.

La AN, apoyándose en la jurisprudencia del TS, concretamente en la STS de 6 de noviembre de 2008 y la STS de 4 de enero de 2011, concluyó que las actuaciones parciales interrumpen la prescripción en relación con la totalidad de los elementos del hecho imponible investigado.

Quedó pues sin contestación el efecto de los seis meses de paralización injustificada del procedimiento interruptor, que sí era causa de la ausencia del efecto interruptivo de la prescripción en el pasado, como así lo manifiesta la SAN en varias sentencias, pero que en la actualidad no es aplicable, al desaparecer del texto legal del art. 150 LGT por la reforma operada en 2015.

Trascribimos el fundamento jurídico segundo:

> *SEGUNDO. Para el análisis de la prescripción (motivo de nulidad que se aduce en la demanda en primer lugar) debe partirse de un dato incontrovertido (asumido en su integridad por ambas partes): las actuaciones inspectoras estuvieron interrumpidas durante más de seis meses, sin que tal paralización resulte imputable al interesado. Como el propio TEAC reconoce, tal período de paralización injustificada sería el comprendido entre el 14 de junio de 2006 (fecha de la firma del acta de disconformidad) y el 3 de marzo de 2007 (fecha de notificación al interesado del acuerdo de liquidación).*
>
> *A criterio de la parte actora, resulta entonces de aplicación el artículo 150.2 de la Ley General Tributaria, esto es, la ausencia de efecto interruptivo de la prescripción de tales actuaciones, lo que determina, dada la fecha en que se notifica el acuerdo de liquidación (3 de marzo de 2007), la prescripción del derecho a liquidar el ejercicio 2001, por haber transcurrido el plazo de cuatro años desde la fecha de presentación de la declaración del impuesto (25 de julio de 2002).*
>
> *La discrepancia entre las partes surge, sin embargo, por la existencia de determinados actos (anteriores a la fecha de inicio del procedimiento de comprobación que nos ocupa), a los que las partes atribuyen diversa eficacia (interruptiva de la prescripción, según la Administración; irrelevante desde tal perspectiva, según la parte actora).*
>
> *Y es que, según consta en autos, con fecha 26 de marzo de 2003 se dirigió a la sociedad recurrente un requerimiento "en relación con el impuesto sobre sociedades del ejercicio 2001" en el que se interesaba del contribuyente "la aportación de los certificados de retenciones e ingresos a cuenta soportados y, en su caso, de los pagos a cuenta efectuados por la transmisión o reembolso de participaciones en instituciones de inversión colectiva".*
>
> *Dicho requerimiento fue contestado por el sujeto pasivo mediante escrito de 22 de abril de 2003, que dio lugar a una liquidación provisional de 12 de junio de 2003, en la que se corregían los errores en los que, al parecer, había incurrido el demandante respecto de las retenciones e ingresos a cuenta soportados, liquidación respecto de la que la sociedad interesó su nulidad por escrito de 4 de julio de 2003.*
>
> *Las posturas de las partes sobre el eventual alcance interruptivo de tales actuaciones de comprobación parcial son claras. Para el recurrente, tal efecto no se habría producido "por no tratarse de alegaciones en una reclamación económico-administrativa". El representante de la Administración, por el contrario, defiende que las actuaciones descritas, efectuadas por la Administración en relación con el mismo tributo y ejercicio, interrumpen la prescripción*

del derecho de la Administración a liquidar la totalidad de los elementos del hecho imponible investigado, también —por tanto— en relación con aquellos conceptos no incluidos en aquel requerimiento y en la liquidación provisional subsiguiente.

La Ley General Tributaria de 1963 disponía en su artículo 66 que el plazo de prescripción se interrumpe por cualquier acción de la Administración Tributaria, realizada con conocimiento formal del obligado tributario, conducente al reconocimiento, regulación, inspección, aseguramiento, comprobación, liquidación y recaudación "del impuesto devengado por cada hecho imponible". En parecidos términos se pronuncia el artículo 68.1.a) de la Nueva Ley 58/2003 en cuanto mantiene la exigencia del conocimiento formal del obligado tributario de cualesquiera actuaciones de aquella naturaleza respecto, ahora, "de todos o parte de los elementos de la obligación tributaria".

Pues bien, el recurso debe ser desestimado en este punto ante la reciente doctrina de la Sala Tercera del Tribunal Supremo, que mantiene que las actuaciones parciales interrumpen la prescripción en relación con la totalidad de los elementos del hecho imponible investigado, doctrina que ha sido expresada en las sentencias de 6 de noviembre de 2008 (recurso de casación núm. 1012/2006) ó 4 de enero de 2011 (recurso de casación para la unificación de doctrina núm. 168/2007), doctrina plenamente aplicable al caso de autos (aunque no se trate, propiamente, de una "comprobación parcial"), en la medida en que el requerimiento efectuado por la Inspección en marzo de 2003 y las actuaciones subsiguientes, incluida la liquidación provisional y la contestación formulada el 4 de julio de 2003, se enmarcan en el ejercicio por la Administración de actividades conducentes al reconocimiento, regulación o inspección del impuesto sobre sociedades del ejercicio 2001. En la primera de dichas sentencias se declara lo siguiente:

"Pues bien, no siendo el dato que acabamos de señalar determinante, es evidente que la tesis de la entidad demandante no puede ser estimada a la luz de la literalidad de los artículos 64 y 66, ambos de la Ley General Tributaria, y de la propia finalidad del instituto de la prescripción. En efecto, como es sabido, de acuerdo con el artículo 3 de la Ley 61/1978, constituye el hecho imponible del Impuesto sobre Sociedades "la obtención de la renta por el sujeto pasivo"; por su parte, el artículo 64 de la Ley General Tributaria disponía que prescribía a los cinco años "[e]l derecho de la Administración para determinar la deuda tributaria mediante la oportuna liquidación"; y el artículo 66 señalaba que los plazos de prescripción interrumpían "[p]*or cualquier acción administrativa, realizada con conocimiento formal del sujeto pasivo, conducente al reconocimiento, regulación, inspección, aseguramiento, comprobación, liquidación y recaudación del impuesto devengado por cada hecho imponible". Como puede apreciarse, del examen conjunto de los citados preceptos se infiere que, conforme a la normativa vigente en el momento de autos, cualquier actuación administrativa que tenga por objeto la comprobación, aunque sea parcial, de una obligación tributaria (en este caso, el hecho imponible del Impuesto sobre Sociedades del ejercicio 1993) interrumpe la prescripción respecto de todos los elementos de la obligación tributaria, y no únicamente en relación con aquellos que han sido objeto de investigación y, por ende, plasmados en el acta previa.*

La misma conclusión se extrae, como hemos adelantado, del análisis del instituto de la prescripción.

Efectivamente, no debe olvidarse que, en el ámbito que nos ocupa, la prescripción no es más que la consecuencia del transcurso del plazo establecido en la Ley sin que la Administración realice las actuaciones de comprobación dirigidas a la liquidación de la deuda tributaria, inactividad de la Administración, connatural a la prescripción, que equivale materialmente a una verdadera renuncia del poder público a investigar y regularizar la obligación tributaria de que se trate. Pues bien, en la medida en que el ordenamiento jurídico permitía la posibilidad, en determinados supuestos, de realizar comprobaciones parciales (artículo 11 RGIT) e incoar actas previas (artículo 50 RGIT) —dando lugar a liquidaciones de carácter provisional, a cuen-

ta de las definitivas que posteriormente se pudieran practicar—, siempre que tales actuaciones parciales cumplieran con los requisitos establecidos en la norma, ante la inexistencia de previsión en contra en el citado artículo 66 LGT o en cualquier otro precepto, tales actuaciones debían entenderse como la expresión de la voluntad inequívoca de la Administración tributaria de comprobar la totalidad de la deuda tributaria —o, si se prefiere, de no renunciar a la determinación de todos los elementos de la obligación tributaria—, y, por consiguiente, producían el efecto de interrumpir la prescripción, en relación con el mismo impuesto y ejercicio, respecto de los aspectos comprobados y los no comprobados".

La aplicación al caso de la doctrina jurisprudencial expuesta determina la desestimación de este primer motivo del recurso, lo que obliga a entender que los actos derivados del requerimiento de la Administración (encaminado a la constatación de determinadas magnitudes del hecho imponible del impuesto sobre sociedades del ejercicio que nos ocupa) han interrumpido la prescripción del derecho de la Administración a liquidar la totalidad de los elementos del hecho imponible de dicho impuesto y ejercicio.

Por eso, si el dies a quo del plazo prescriptorio debe situarse en el 4 de julio de 2003 (escrito del actor dirigido a la Administración Tributaria en relación con la liquidación provisional relativa a las retenciones e ingresos a cuenta soportados) y el dies ad quem en el 3 de marzo de 2007 (fecha de notificación del acuerdo de liquidación objeto de este proceso), es evidente que no se ha producido el transcurso del plazo de cuatro años que resulta de aplicación [FD SEGUNDO, SAN 10 mayo 2013].

La **SAN de 1 de junio de 2017, sección 2, recurso 39/2014**, trata la prescripción cuando no se ha materializado, esto es, cuando no se han realizado inversiones. El razonamiento del contribuyente era que tenía que haber materializado en el plazo de cuatro años, pero no lo hizo, habiendo prescrito el cuarto ejercicio cuando pasaron los cuatros años del plazo de prescripción contados a partir de la presentación del IS. Se opuso la Abogacía del Estado, ya que implicaría un trato más beneficioso para quien incumplió totalmente que para quien cumplió en parte, invirtiendo, pero no manteniendo la inversión cinco años.

La Sala anticipa que la razón la tiene la Abogacía porque la postura que defiende el contribuyente no es compatible con el espíritu de la norma, porque esta no beneficia a quienes la incumplen, sino a los que cumplieran sucesivamente con los requisitos en cada una de las fases de dotación, materialización y mantenimiento, realizando de manera efectiva una inversión productiva. Concluye, con contundencia, que no puede gozar de este beneficio fiscal quien, incumpliendo absolutamente los requisitos exigidos legalmente, no procede a efectuar la materialización de la inversión y luego alega que no se le puede obligar a mantener una inversión no realizada. No es posible permitir el disfrute de un beneficio fiscal ligado a la realización de inversiones productivas en Canarias cuando se constata que dicha inversión es absolutamente inexistente. Y que, en tales supuestos, no es atendible el argumento de que, habiendo prescrito el derecho de la Administración a determinar la deuda respecto de la fase de materialización, tal prescripción debe extenderse y alcanzar en sus efectos también a la fase posterior de mantenimiento:

CUARTO. Sobre las consecuencias del incumplimiento del requisito de materialización de la RIC.

El primer motivo de impugnación de la liquidación practicada a que alude la parte actora en relación con la RIC se refiere a la prescripción del derecho de la Administración para regularizar en el IS de 2004 las dotaciones a la RIC de 1998 y 1999, por incumplimiento de la obligación de permanencia de una inversión presunta.

En esencia, defiende la actora que aunque las dotaciones a la RIC de los indicados ejercicios no fueron materializadas en el plazo de tres años, el incumplimiento se produjo realmente en los ejercicios 2002 y 2003 y la regularización no se produjo por tal motivo, sino por el incumplimiento de la obligación de mantener en funcionamiento durante cinco años las inversiones en que se debieron materializar las dotaciones.

Por tanto, señala, la prescripción se habría producido el 25 de julio de 2007 y de 2008, respectivamente, dado que las actuaciones inspectoras se iniciaron en 2009, pues la Administración tenía cuatro años desde aquellas fechas para comprobar y, en su caso, regularizar las materializaciones de 1998 y 1999.

En definitiva, afirma la demanda, "si el derecho de la Administración a comprobar la materialización en plazo de las dotaciones de 1998 y 1999 estaba prescrito, el derecho de ésta a comprobar el mantenimiento de la inversión también estará prescrito".

A ello opone la Abogacía del Estado el tenor del artículo 27.8 de la Ley 19/1994, señalando que la tesis mantenida por la actora implicaría un trato más beneficioso para quien incumplió totalmente que para quien cumplió en parte (esto es, para quien invirtió pero no mantuvo la inversión), lo que conduce a una interpretación absurda de la norma.

Al respecto, la Sala no tiene duda alguna de que la razón asiste a la demandada. La interpretación que defiende la actora no es compatible con el espíritu de la norma, pues ésta no fue aprobada con la finalidad de beneficiar fiscalmente a quienes la incumplen, sino con la de que pudieran gozar del beneficio fiscal quienes cumplieran, sucesivamente, todos los requisitos establecidos en cada una de las fases previstas en la ley (dotación, materialización y permanencia), realizando de manera efectiva una inversión productiva en el archipiélago canario. De ahí la consecuencia prevista en el artículo 27.8 de la Ley 19/1994, que al efecto establece:

"La disposición de la reserva para inversiones con anterioridad al plazo de mantenimiento de la inversión o para inversiones diferentes a las previstas, así como el incumplimiento de cualquier otro de los requisitos establecidos en este artículo dará lugar a la integración en la base imponible del ejercicio en que ocurrieran estas circunstancias de las cantidades que en su día dieron lugar a la reducción de la misma".

Por tanto, no puede gozar de este beneficio fiscal quien, incumpliendo absolutamente los requisitos exigidos legalmente, no procede a efectuar la materialización de la inversión y luego alega que no se le puede obligar a mantener una inversión no realizada, pues con tal proceder "(...) no cabe entender ni cumplida la finalidad que el establecimiento del beneficio fiscal tiene, según reza la exposición de motivos de su norma reguladora, ni los requisitos de materialización establecidos en la referida norma, que habiliten a la recurrente a disfrutar del beneficio fiscal... "(STS de 22 de marzo de 2012, RC 2998/2008).

El requisito de materialización en el plazo establecido puede y debe ser interpretado de manera flexible, poniendo en relación la finalidad de la norma con las circunstancias concurrentes en el caso concreto, tal como se deduce de la referida sentencia del Tribunal Supremo (que permite excepcionar el plazo cuando las inversiones iniciadas durante el periodo de materialización no hayan podido finalizarse en dicho tiempo por causas ajenas al sujeto pasivo, pero finalmente supongan una inversión productiva en el archipiélago canario).

Pero, lo que no es posible es permitir el disfrute de un beneficio fiscal ligado a la realización de inversiones productivas en Canarias cuando se constata que dicha inversión es absolutamente inexistente (es decir, en aquellos casos en que lo que resulta acreditado no es, propiamente, una materialización de la inversión no concluida en plazo, sino que aparece con toda evidencia que en dicho plazo no se ha llevado a cabo materialización alguna de la inversión).

En tales supuestos, no es atendible el argumento consistente en que, habiendo prescrito el derecho de la Administración a determinar la deuda respecto de la fase de materialización, tal prescripción debe extenderse y alcanzar en sus efectos también a la fase posterior de mantenimiento, pues esta interpretación ni se ajusta al espíritu y finalidad de la norma ni —a juicio de esta Sala— se ajusta al tenor literal del apartado 8 del artículo 27 antes citado, que impide disfrutar del beneficio fiscal en caso de "incumplimiento de cualquier otro de los requisitos establecidos en este artículo", entre los que cabe entender comprendidos los de materialización y permanencia previstos en los apartados 4 y 5, respectivamente, del mismo precepto.

Adicionalmente y ante la invocación por la actora del principio de seguridad jurídica en apoyo de su tesis, debemos señalar - con cita de la indicada STS de 22 de marzo de 2012, RC 2998/2008 - que "en cualquier caso, no cabría entender que la seguridad jurídica o la confianza legítima puedan amparar situaciones de ventaja económica que comporten un enriquecimiento que se estima injusto o que aquellas deban mantenerse de modo irreversible".

Por tanto, este motivo de impugnación debe ser rechazado [FD CUARTO, SAN 1 junio 2017].

La **STSJC de 4 de diciembre de 2023, Sala de Santa Cruz de Tenerife, recurso 172/2022**, estima las pretensiones del contribuyente, sociedad mercantil, en relación con la prescripción. La entidad había materializado la RIC de 2005 y 2006 en viviendas para alquilar antes del 31 de diciembre de 2006 y entendía que los activos debían de permanecer en funcionamiento cinco años, hasta el 31 de diciembre de 2011, ejercicio que se declara en julio de 2012, prescribiendo el derecho de la Administración a comprobarlo en julio de 2016. Como las actuaciones comenzaron el 1 de diciembre de 2016, el derecho había prescrito. La Inspección y el TEARC, en resolución de 30 de marzo de 2022 de la Sala de Santa Cruz, compartían el criterio (al menos es lo que entiendo, pues en la STSJC no figura con claridad) de que las dotaciones RIC 2005 y 2006 había que materializarlas hasta 2009 y 2010 y mantenerlas en funcionamiento hasta 2014 y 2015, ejercicios que se presentan en julio de 2015 y 2016, respectivamente, razón de que el derecho a comprobarlas no prescribiese hasta el 26 de julio de 2019 y 2020.

La controversia a resolver se centra en determinar si el *dies a quo* para el plazo de mantenimiento ha de computarse desde el momento en que se produce la materialización (2006, como defiende la recurrente) y que prescribe después de pasar los cinco años de funcionamiento y los cuatro de prescripción (26 de julio de 2016) o desde la finalización del periodo de permanencia del activo materializado, contado a partir de la terminación del plazo de materialización (2009 y 2010, como ratifica el TEARC), derecho que prescribiría el 26 de julio de 2019 y 2020.

SEGUNDO. (...) Esta estructura de la RIC supone que el beneficio, que se refleja en la reducción de la base imponible del ejercicio en que se practica la dotación, no se consolida hasta que se cumplan todos los requisitos a que queda supeditada su operatividad: la materialización de la inversión en el plazo de tres años desde la dotación y en bienes aptos para ello conforme a lo dispuesto en el artículo 27.4, así como el posterior mantenimiento de la inversión durante cinco años, en virtud de lo dispuesto en el apartado 5 del mismo precepto. En otras palabras, la ventaja fiscal que se reconoce al sujeto pasivo del impuesto sobre sociedades está sometida a los indicados requisitos, como conditio sine que non. Por ello, si se incumple alguno de ellos, el legislador ha querido que en el ejercicio que se constate la inobservancia se incremente la base imponible en la suma en que fue reducida en el periodo impositivo en que indebidamente se aplicó la dotación, habida cuenta del posterior desarrollo de los acontecimientos.

Ya hemos dicho [sentencia de 10 de diciembre de 2012 (casación 793/11, FJ 3º), recordando la de 28 de junio de 2012 (casación 2037/10, FJ 3º), en la que nos remitimos a lo dicho en la de 7 de julio de 2011 (casación para la unificación de doctrina 235/07, FJ 4º)] *que del artículo 27 de la Ley 19/1994 se desprende que, para la consolidación del beneficio fiscal, resulta necesario que el sujeto pasivo cumpla los requisitos de constitución de la reserva mediante dotación, mantenimiento y materialización de la misma y permanencia de la inversión, además de figurar en los balances con absoluta separación y título apropiado. »".*

Este criterio ha sido reiterado por la Sala Tercera en Sentencia 551/2017 de 30 Mar. 2017, Rec. 352/2016.

A la vista de la Doctrina expuesta y reiterada por esta Sala, procede la estimación del primer argumento de oposición planteado por la actora, respecto a la prescripción de la potestad de la Administración Tributaria para comprobar la regularidad de la RIC dotada en los ejercicios 2005 y 2006.

La resolución del TEARC ya recoge y enfatiza sobre el criterio de la Agencia Tributaria respecto de la prescripción alegada. Así en su FD Tercero expone lo siguiente; "TERCERO.– Considera este Tribunal, que antes de entrar a resolver la alegación vertida por el interesado relativa a la prescripción del derecho de la Administración tributaria a comprobar la Reserva para Inversiones en Canarias (en adelante RIC), argumento que niega la Inspección, en base, en resumen, a que "Llegadas las fechas de verificación, las inversiones inmobiliarias destinadas a materializar cada una de las RIC no se encuentran afectas a una actividad económica (nos remitimos al análisis ut supra de la actividad de arrendamiento) incumpliendo, por tanto, el requisito de materialización. (...), el beneficio del incentivo fiscal no puede verse amparado por la seguridad jurídica de que materializó válidamente la reserva pues lo hizo en activos que nunca se llegaron a afectar a una actividad económica debiendo situar el cómputo inicial del periodo de mantenimiento desde el día siguiente al fin del plazo de materialización (...).", se hace necesario el análisis de la citada actividad económica de arrendamiento de inmuebles desarrollada por la entidad. Ello es así, para poder determinar si la inversión realizada es apta o no a efectos del mencionado beneficio fiscal, lo que repercutirá en el "dies a quo" del periodo de mantenimiento y así, en la posible prescripción que postula el reclamante".

Tal y como se pronunció esta Sala en Sentencia de 28/06/2021, Rec: 2/2020, que aunque referida a un supuesto sujeto a IRPF, los criterios en cuanto al inicio del cómputo de la prescripción resultan plenamente trasladables. En aquella resolución no pronunciamos en los siguientes términos;

"Conforme a dicha doctrina y aplicándolo al IRPF y plazo de materialización, el inicio del cómputo del plazo de prescripción se produce una vez transcurrido cuatro años a contar desde la finalización del periodo de 5 años de mantenimiento de la inversión realizada dentro de los tres años siguientes a aquel en el que se practicó la dotación, es decir efectuada la dotación en los ejercicios 2009 y 2010 el plazo de materialización, tres años, finalizó el 31-12-2012 y 31-12-2013 respectivamente, iniciándose el plazo de 5 años de mantenimiento de la misma

que finalizaron el 31-12-2017 y 31-12-2018, respectivamente, momento en el que se inició el plazo de prescripción del derecho de la administración a determinar la deuda tributaria".

Así las cosas, en el caso concreto, constando la fecha de materialización de la RIC para los ejercicios 2005 y 2006 en el mes de noviembre de 2006, el inicio del cómputo de los cinco años (mantenimiento) se produce el día 1 de enero de 2007 y finaliza el día 31 de diciembre de 2011. El inmediato cómputo del plazo de cuatro años para la prescripción, se inicia entonces el día 1 de enero de 2012, finalizando por lo tanto a las 00.00 horas del día 1 de enero de 2016.

Se estima el recurso. No cabe acoger el planteamiento de la Administración respecto del cómputo del plazo prescripción, pues el análisis para determinar la concurrencia de los requisitos por parte de los obligados tributarios, y su adecuación a la figura tributaria en cuestión, puede llevarse a cabo, pero dentro del lapso de tiempo establecido para ello, teniendo como límite la prescripción. Una vez producida, decae por lo tanto la potestad de la Administración para comprobar y rectificar, una vez constatada la materialización. Acceder a dicho planteamiento sería desnaturalizar la institución de la prescripción, permitiendo a la Administración en cualquier momento la comprobación de los requisitos [FD SEGUNDO, STSJC 4 diciembre 2023].

El criterio administrativo sobre la ausencia de materialización o la materialización en un bien no apto es que el *dies a quo* para determinar la prescripción comienza a contar después de pasar los cinco años de mantenimiento a partir de los cuatro años de materialización, ejercicio que se declara en julio del año 10° y que prescribe el 26 de julio del año 14°. Si se dotó la RIC en 2020, el derecho a regularizarla y liquidar por parte de la Administración no prescribe hasta el 26 de julio de 2034. No obstante, el TSJC en la sentencia comentada, y para el caso de que se haya materializado (correcta o incorrectamente), concluye que la prescripción comienza a contar una vez pasado los cincos años de mantenimiento a partir del ejercicio en que se declara la materialización. Si se dotó RIC en 2020 y se invirtió en 2021, el plazo de mantenimiento se cuenta a partir de 2022, hasta 2027, que se declara en julio de 2028, mes sobre el que se aplica los cuatro años de prescripción, 26 de julio de 2032.

Por tanto, aún no sabemos con certeza cuándo prescribe la dotación RIC materializada en un posible bien no apto.

30.5. El criterio administrativo sobre la prescripción de la dotación RIC

Con las consultas vinculantes de la DGT y los comentarios de Florido Caño a varias resoluciones del TEARC en la materia comprobamos cómo fue evolucionando el criterio del Tribunal respecto a la prescripción de la dotación RIC. Su mérito es que las posturas que mantenían en cuestiones principales fueron ratificadas por el TS en 2015 y 2017.

La **DGT CV 2958-2013, de 13 de octubre,** trató la cuestión concreta de si debía materializarse la dotación efectuada con un beneficio no apto para la RIC. Después de señalar la obligación de regularizar que tiene el contribuyente que incumple la normativa, concretamente la indicada en el art. 27.16 de la Ley REF, y los artículos vigentes en la LGT sobre la prescripción vigentes ese año (que fueron modificados en parte en 2015), concluye que la dotación RIC con cargo a beneficios no aptos conlleva la obligación a cargo del consultante de regularizar su situación tributaria con la presentación de una autoliquidación complementaria. Ha de integrar en la cuota del ejercicio de la dotación las cantidades que se dedujeron de la cuota íntegra en su día, con liquidación de intereses de demora y la imposición de las sanciones que resultaran procedentes, siempre y cuando dicho ejercicio no esté prescrito con arreglo a lo previsto en el artículo 66 de la LGT. Y si no lo hizo, en caso de que hubiese prescrito el derecho de la Administración para determinar la deuda tributaria, la dotación será válida a efectos fiscales. No obstante, para la consolidación del beneficio fiscal se requerirá el cumplimiento de los requisitos de materializar y mantener en el patrimonio del consultante las inversiones realizadas, de manera que el incumplimiento de alguno de los requisitos establecidos en el artículo 27 de la Ley 19/1994 que resulten de aplicación al caso planteado hará nacer en ese momento la obligación de regularización prevista en la normativa reguladora de la RIC. Es decir, que de la fase de dotación se pasa a la materialización y posterior mantenimiento en funcionamiento de las inversiones. Criterio que posteriormente sería ratificado por la STS de 16 de marzo de 2015.

> *Ahora bien, estas normas no rigen para los incumplimientos consistentes en la falta de contabilización de la RIC, la no presentación del plan de inversiones y los relativos a la información que deba constar en la memoria. En relación con estos, se han establecido una serie de infracciones tributarias. Así lo establece la Ley 19/1994 en su artículo 27 apartados 16 y 17:*
>
> *"La disposición de la reserva para inversiones con anterioridad a la finalización del plazo de mantenimiento de la inversión o para inversiones diferentes a las previstas en el apartado 4 de este artículo, así como el incumplimiento de cualquier otro de los requisitos establecidos en este artículo, salvo los contenidos en sus apartados 3, 10 y 13, dará lugar a que el sujeto pasivo proceda a la integración, en la base imponible del Impuesto sobre Sociedades o del Impuesto sobre la Renta de no Residentes o en la cuota íntegra del Impuesto sobre la Renta de las Personas Físicas del ejercicio en que ocurrieran estas circunstancias, de las cantidades que en su día dieron lugar a la reducción de aquélla o a la deducción de ésta, sin perjuicio de las sanciones que resulten procedentes.(…)."*
>
> *De acuerdo con lo anteriormente expuesto, la dotación de la reserva para inversiones en Canarias con cargo a beneficios no aptos para la práctica de misma conlleva la obligación a cargo del consultante de regularizar su situación tributaria mediante la presentación de una autoliquidación complementaria en los términos del artículo 122 de la Ley 58/2003, de 17 de diciembre, General Tributaria (BOE del día 18) —en adelante LGT—, integrando en la cuota*

íntegra del ejercicio en que realizó la mencionada dotación de las cantidades que se dedujeron de la cuota íntegra en su día, con liquidación de intereses de demora y la imposición de las sanciones que resultaran procedentes, siempre y cuando dicho ejercicio no esté prescrito con arreglo a lo previsto en el artículo 66 de la LGT.

Al respecto, el artículo 66.a) de la LGT, señala que:

"Prescribirán a los cuatro años los siguientes derechos:

a) El derecho de la Administración para determinar la deuda tributaria mediante la oportuna liquidación.".

Asimismo, el artículo 67.1 de la LGT determina que:

"1. El plazo de prescripción comenzará a contarse en los distintos casos a los que se refiere el artículo anterior conforme a las siguientes reglas:

En el caso a), desde el día siguiente a aquel en que finalice el plazo reglamentario para presentar la correspondiente declaración o autoliquidación.

(...).".

No obstante lo anterior, deben tenerse en cuenta los apartados 1 y 5 del artículo 68 de la LGT que disponen, respectivamente, que:

"1. El plazo de prescripción del derecho a que se refiere el párrafo a del artículo 66 de esta Ley se interrumpe:

a) Por cualquier acción de la Administración tributaria, realizada con conocimiento formal del obligado tributario, conducente al reconocimiento, regularización, comprobación, inspección, aseguramiento y liquidación de todos o parte de los elementos de la obligación tributaria.

b) Por la interposición de reclamaciones o recursos de cualquier clase, por las actuaciones realizadas con conocimiento formal del obligado tributario en el curso de dichas reclamaciones o recursos, por la remisión del tanto de culpa a la jurisdicción penal o por la presentación de denuncia ante el Ministerio Fiscal, así como por la recepción de la comunicación de un órgano jurisdiccional en la que se ordene la paralización del procedimiento administrativo en curso.

c) Por cualquier actuación fehaciente del obligado tributario conducente a la liquidación o autoliquidación de la deuda tributaria

5. Producida la interrupción, se iniciará de nuevo el cómputo del plazo de prescripción, salvo lo establecido en el apartado siguiente.".

En consecuencia, si en el caso planteado hubiese prescrito el derecho de la Administración para determinar la deuda tributaria, el consultante no podrá regularizar su situación tributaria en relación con la dotación a la RIC objeto de consulta y por lo tanto dicha dotación será válida a efectos fiscales. No obstante, para la consolidación de dicho beneficio fiscal se requerirá el cumplimiento de los requisitos establecidos en el artículo 27 de la Ley 19/1994 que resulten de aplicación al caso planteado, entre los que se encuentran la obligación de materializar las cantidades dotadas en algún elemento patrimonial apto para RIC y la de mantener en el patrimonio del consultante las inversiones realizadas para materializar la RIC, de manera que el incumplimiento de alguno de los requisitos establecidos en el artículo 27 de la Ley 19/1994 que resulten de aplicación al caso planteado hará nacer en ese momento la obligación de regularización prevista en la normativa reguladora de la RIC [DGT CV2958-2013].

La posición del TEARC y del TEAC en esos años ya la sintetizamos en el epígrafe 30.2, dedicado a la doctrina científica, que preferimos repetir ahora en parte para facilitar la labor del lector.

La resolución **TEARC de 28 de noviembre de 2012, Sala de Las Palmas, n.º 35/01435/2010**, concluye que era posible regularizar por incumplimiento del requisito de mantenimiento en casos de déficit de materialización previa, pese a que el derecho a liquidar el ejercicio en que vencía el plazo de materialización estuviese prescrito. Antes de esa conclusión hubo pronunciamientos vacilantes que motivaron que el TEARC decidiera reunirse en pleno al objeto de unificar el criterio de si era posible regularizar por incumplimiento del mantenimiento en los casos de déficit de materialización en ejercicios prescritos. La Sala de Las Palmas entendía hasta ese día que solo se podía regularizar en la fase de mantenimiento cuando existía una materialización previa válida y no en los casos de déficit de materialización en años prescritos: no se podía exigir el mantenimiento de algo que no había existido. La Sala de Santa Cruz de Tenerife mantenía la postura contraria, que se podía regularizar la dotación en la fase de mantenimiento, a pesar de que el contribuyente no hubiese materializado y el ejercicio del plazo de materialización estuviera prescrito.

El TEAC, por su parte, había avalado ese criterio en **RTEAC de 13 de abril de 2011**. El TEARC unificó postura el **28 de noviembre de 2012**, en el sentido que mantenían la Sala de Santa Cruz y el TEAC. La pregunta a la que dio respuesta era: ¿existe o no la posibilidad de regularizar el adecuado mantenimiento que hubiera debido realizarse sobre una inversión cuando esta ni siquiera había llegado a existir? La respuesta ya la conocemos, sí, siendo su fundamento que quien debió regularizar el incumplimiento por la no materialización era el propio contribuyente, y la prescripción de la facultad a regularizar ese año conlleva a tener por realizada la materialización y la regularización si no hay bienes en la fase de mantenimiento.

Las **resoluciones TEARC de 31 de enero y 29 de mayo de 2013 de la Sala de Las Palmas, y la de 21 de diciembre de 2012 de la Sala de Santa Cruz**, ratificaron el criterio que mantuvo el pleno del TEARC en resolución de 28 de noviembre de 2012, a pesar de que cuando la redactaban eran ya conscientes de que la Sala de Santa Cruz del TSJC había publicado dos sentencias con el criterio opuesto, que no se podía regularizar por falta de mantenimiento en caso de déficit de materialización previa en un ejercicio prescrito.

La resolución **TEARC de 31 de octubre de 2014, Sala de Las Palmas, n.º 35/05649/2012**, concluye que los requisitos para la materialización y mantenimiento son concatenados e independientes, pudiéndose regularizar la dotación en el primer ejercicio en que se constate el incumplimiento dentro del plazo de materialización. La novedad del pronunciamiento es que se hizo en el contexto de la materialización indirecta (inversión en el capital social de entidades que a su vez van a realizar las inversiones aptas para la RIC). La participada invierte, pero en bienes no afectos a una actividad económica; en la comprobación administrativa el plazo de materialización de quien dotó RIC estaba prescrito, motivo de que la Inspección regularizase por falta de afectación en el periodo de mantenimiento. El TEARC comparte el argumento: se trata de requisitos independientes y si la Inspección comprueba que dentro del periodo de mantenimiento las inversiones carecen de afectación empresarial podrá regularizar el incentivo pese a que la falta de afectación pudiera haber existido también al fin del plazo de materialización en un ejercicio prescrito. El mismo criterio sirve tanto para la materialización directa como la indirecta.

Después de 2015 ya no tiene mayor interés examinar las resoluciones TEARC y TEAC respecto a esta casuística, pues la **STS de 16 de marzo de 2015,** tantas veces invocada, ratificó el criterio administrativo expresado de que ante déficits de materialización en años prescritos es posible la regularización administrativa de la dotación en la fase posterior de mantenimiento de las inversiones durante cinco años o diez años, mediando suelo.

Faltaría por concretar qué ocurre cuando en vez de déficit de materialización, esta se produce en un bien no apto para la RIC en cualquiera de las fases de materialización y mantenimiento de las inversiones. La RTEARC de 30 de marzo de 2022 ratifica el criterio que mantuvo en resoluciones anteriores de que el plazo de la prescripción comienza a partir de los cuatros años contados desde el cuarto año del plazo de materialización y los posteriores cinco años de mantenimiento, pero la STSJC de 4 de diciembre de 2023 la anuló, porque debía computarse a partir del año en que se declara la materialización efectuada. No es por tanto una cuestión pacífica.

30.6. ¿Cuándo prescribe el derecho a comprobar la dotación RIC materializada anticipadamente?

Otro de los interrogantes que quedan por resolver en la prescripción de la dotación RIC es cuándo comienza el plazo para aplicarla en las inversiones anticipadas. El criterio administrativo, por ahora, es que hay que esperar a la finalización del plazo de materialización de cuatro años, sin que empiece a computarse en el año en que efectivamente se realizó la inversión. La STSJC de 4 de diciembre de 2023 determina, sin embargo, el comienzo a partir del año de la materialización, sin tener que esperar a la terminación de los cuatro del plazo de la segunda fase de la RIC.

Por tanto, aún se complica más la determinación del *dies a quo* en las opciones de inversión anticipada, esto es, cuando el contribuyente invierte en el mismo año que genera el beneficio que lleva a la dotación o en los tres anteriores con cargo a dotaciones futuras con los resultados de la explotación.

La dotación de un determinado ejercicio debe materializarse en el plazo máximo de cuatro años, motivo de que a partir de la declaración del cuarto (en julio del quinto) comienza a contarse el plazo de prescripción de cuatro años, salvo que la dotación la haya materializado antes del cuarto año, en cuyo caso, empieza a computarse a partir del siguiente ejercicio. Cuando la haya invertido anticipadamente, entiendo que el *dies a quo* se computa a partir del año siguiente a la materialización anticipada. Teniendo siempre muy en cuenta que la Administración tributaria podrá comprobar la misma dotación en los cinco años de obligado mantenimiento de la inversión.

No obstante, si no es pacífico el criterio de cuándo comienza a computarse la materialización efectuada a posteriori, menos lo es el asunto que comento de las inversiones anticipadas.

30.7. La importancia del art. 27.16 de la Ley 19/1994 en la prescripción

En la redacción del capítulo hago múltiples referencias al texto actual del art. 27.16, que en el pasado ocupó ordinales más bajos en la Ley 19/1994. Tanto la Administración tributaria como los Tribunales de Justicia motivan las regularizaciones efectuadas y sus posteriores pronunciamientos sobre la base de que la disposición de la reserva para inversiones con anterioridad a la finalización del plazo de mantenimiento de la inversión o para inversiones diferentes a las previstas en el apartado 4 del artículo, así como el incumplimiento de cualquier otro de los requisitos establecidos, salvo los contenidos en sus apartados 3 (*La reserva para inversiones deberá figurar en los balances con absoluta separación y título apropiado y será indisponible en tanto que los bienes en que se materializó deban permanecer en la empresa*) y 13 (hacer constar en la memoria las dotaciones, materializaciones, inversiones anticipadas y cualquier otro beneficio fiscal o subvenciones) dará lugar a que el contribuyente proceda a la integración, en la base imponible del IS o del IRNR o en la cuota íntegra del IRPF del ejercicio en que ocurrieran esas circunstancias, de las cantidades que en su día dieron lugar a la reducción de aquélla o a la deducción de esta, sin perjuicio de las sanciones que resulten procedentes.

El mismo texto figura en la D.A. 70ª. Cuatro, 14 del Régimen fiscal especial balear, por lo que la prescripción de la RIB opera en iguales términos y casuística que en la RIC.

Se parte, por tanto, de la voluntaria regularización que ha de efectuar el contribuyente que incumple cualquiera de los requisitos exigibles a la dotación, materialización y mantenimiento de las inversiones. De no hacerlo así es cuando la Administración tiene el derecho a regularizar y liquidar la dotación incorrecta en cualquiera de las tres fases. En este incentivo, la prescripción de los cuatro años opera una vez que hayan culminado las tres fases a las que se ha obligado el contribuyente cuando decidió disfrutar del ahorro impositivo que le proporciona la dotación RIC/RIB.

30.8. Algunos casos sobre la prescripción de la dotación RIC/RIB

Después de analizar la evolución de la compleja casuística aplicable a la prescripción del derecho a liquidar por parte de la Administración tributaria la dotación RIC/RIB es conveniente centrar las ideas para que el lector aprecie con claridad los diferentes matices expuestos y extraiga un *modus operandi* en la materia. Nada mejor que ir refrescando la materia con diferentes y sencillos casos en que razone la forma de resolverlos.

– Sobre la dotación

Caso 1: se dota la RIC/RIB con beneficios de 2023. Se ha de presentar la declaración IS antes de 25 de julio de 2024, por lo que la acción de comprobar quién la ha dotado, con qué beneficios y por qué importe, prescribirá el 25 de julio de 2028.

Caso 2: se dota la RIC/RIB en 2024 con los beneficios generados en la actividad económica y con 100.000 € de intereses recibidos. La parte de la dotación efectuada con intereses no es correcta, por lo que la Administración tributaria podrá regularizar el exceso de la dotación hasta el 25 de julio de 2029. A partir de ese día habrá prescrito su derecho a regularizar la fase de dotación, pero podrá comprobar la correcta materialización y mantenimiento de las inversiones por el importe total de la dotación efectuada en 2024, aunque fuese incorrecta.

Caso 3: la entidad no realizó actividad económica alguna en 2024 y aun así dotó la RIC/RIB por importe de 200.000 €. Hasta el 25 de julio de 2029, inclusive, la Administración podrá regularizar el beneficio fiscal disfrutado (el 25% de 200.000 = 50.000 €) y exigir los correspondientes intereses de demora desde el 25 de julio de 2025 hasta la fecha de regularización. Si no lo hace, habrá perdido su derecho por prescripción. No obstante, podrá comprobar la correcta materialización y mantenimiento, levantando acta si los bienes no están afectos a actividad económica en los cuatro años de materialización o en los cinco de mantenimiento.

Caso 4: la empresa no contabiliza la dotación RIC/RIB del ejercicio 2023. Como el momento de la contabilización es cuando la junta aprueba la aplicación del resultado, esto es, en junio de 2024, la infracción se produciría en el ejercicio 2024, que se presenta en julio de 2025, por lo que la acción de comprobación del aspecto formal prescribe el 25 de julio de 2029. Estamos refiriéndonos, solamente, al derecho a imponer una sanción del 2% de la dotación, no a la regularización de la RIC/RIB, ya que en la nueva normativa RIC y en la RIB, el hecho de no hacer constar en los balances las reservas se considera una infracción grave, sancionándose de la forma indicada.

Caso 5: la dotación de la RIC/RIB de 2023, que se presentó en la liquidación IS de julio de 2024 y se materializó en 2024, se traspasa a reservas voluntarias en febrero de 2026. Como la RIC/RIB ha de permanecer en la contabilidad hasta el 31 de diciembre de 2029 (2024 más cinco años del periodo de permanencia obligatorio de la materialización) está incumpliéndose la normativa según el criterio administrativo. La infracción se produce en 2026, ejercicio que se declara en julio de 2027, por lo que el derecho a regularizar/sancionar por parte de la Administración prescribe el 25 de julio de 2031.

– Sobre la materialización y mantenimiento de las inversiones

Caso 6: la dotación RIC/RIB de 2023 no se materializó antes de 31 de diciembre de 2027, por lo que tendrá que ser regularizada voluntariamente por el contribuyente en el IS de 2027, que se presenta antes del 25 de julio de 2028. La prescripción del derecho de la Administración a comprobar la materialización se alcanza el 25 de julio de 2032. Sin embargo, podrá regularizar y liquidar la dotación RIC 2023 en la fase de mantenimiento de cinco años, que finaliza el 31 de diciembre de 2032, se presenta la declaración al año siguiente y no prescribe hasta el 25 de julio de 2037.

Caso 7: la dotación de 2023 se invirtió en 2027, y en febrero de 2028 se enajena el activo fijo en que se materializó. Como no han transcurrido los cinco años de permanencia en funcionamiento (finalizan en 2032), en 2028 se produce el incumplimiento, que debe ser regularizado voluntariamente en la declaración del IS de 2028 a presentar en julio de 2029. Si no se hizo, el derecho de la Administración a la comprobación finaliza el 25 de julio de 2037 (el año en que vence el plazo de cinco años, 2032, que se declara el 25 de julio de 2033 más los cuatro años de prescripción).

Caso 8: la dotación de 2023 se invirtió en 2025, y en marzo de 2026 la empresa queda inactiva. Como no han transcurrido los cinco años de permanencia en funcionamiento de las inversiones, en la declaración del IS de 2026, a presentar en julio de 2027, tendrá el contribuyente que regularizar la RIC/RIB. Si no lo hace, el derecho de la Administración prescribirá el 26 de julio de 2035 (2025 más cinco años de mantenimiento = 2030, cuya declaración se presenta el 25 de julio de 2031, más los cuatro años de prescripción).

Caso 9: cuando no hay incumplimiento en el periodo de permanencia de los activos afectos, es decir, que se materializa en plazo y correctamente, y además permanece el bien en funcionamiento los preceptivos cinco años, la Administración tributaria podrá comprobar las circunstancias inherentes a la permanencia en funcionamiento hasta que transcurran cuatro años desde el ejercicio siguiente al que finaliza el periodo de permanencia.

Caso 10: la dotación RIC/RIB 2024 se materializó en 2025 y el activo continúa en la actualidad en funcionamiento. El periodo de permanencia de cinco años finaliza en 2030 y un eventual incumplimiento podría ser regularizado en el IS de ese ejercicio, que se presenta en julio de 2031, por lo que la Administración podrá comprobarlo hasta el 25 de julio de 2035.

Caso 11: la dotación RIC/RIB de 2023 no se materializó, por lo que tendrá que ser regularizada voluntariamente al final de los cuatros años, esto es, en la base imponible de 2027, que se presenta antes del 25 de julio de 2028. Si así no lo hace el contribuyente, podría parecer que el derecho de la Administración prescribe el 26 de julio de 2032, pero no es así, puesto que también puede regularizar la dotación en la fase de mantenimiento de la inversión que no hizo el contribuyente, que finaliza el 31 de diciembre de 2032. La declaración de ese año se presenta el 25 de julio de 2033, por lo que hasta el 26 de julio de 2037 no habrá prescrito el derecho a regularizar la dotación.

Caso 12: la dotación RIC 2022 se materializó incorrectamente en 2023. Si es una materialización incorrecta podría regularizarla el contribuyente en la liquidación de ese ejercicio, que se presenta en julio de 2024, o al final del plazo de materialización. Como al contribuyente le queda plazo para invertir en otras alternativas hasta el 31 de diciembre de 2026, ejercicio que se declara el 25 de julio de 2027, el derecho a regularizar la RIC por parte de la Administración no finaliza el 26 de julio de 2031, sino que puede regularizar la dotación durante todo el plazo de mantenimiento, que termina el 31 de diciembre de 2031, ejercicio que se declara el 25 de julio de 2032. La prescripción llegará el 26 de julio de 2036. Este es el criterio que mantiene la Inspección y el TEARC, pero que no comparte el TSJC.

Caso 13: la dotación RIC 2021 se materializó en 2023. Si fuese una materialización incorrecta, habría que regularizarla voluntariamente al final de los cuatro años, en el ejercicio 2025, que se liquida en julio de 2026. Si así no se hace, la prescripción se ganaría después de finalizar el periodo de mantenimiento de cinco años contados a partir de 2023 (en 2028) y pasar los cuatro años de prescripción: el 26 de julio de 2033 (2023 + 5 años de mantenimiento = 2028, que se presenta el 25 de julio de 2029 más los cuatro años de prescripción = 25 de julio de 2034). Este es el criterio de la STSJC de 4 de diciembre de 2023, que anuló la resolución TEARC de 30 de marzo de 2022.

Caso 14: en octubre de 2024 la Administración está comprobando la permanencia en funcionamiento de la materialización efectuada en 2019 de la dotación RIC 2017 y verifica que la inversión no fue válida en su momento. El derecho a regularizar la fase de materialización está prescrito (prescribió el 25 de julio de 2024), pero no el de comprobar la fase de permanencia en funcionamiento, que termina el 31 de diciembre de 2024 y prescribe el 25 julio de 2029. En esta opción entendemos que la empresa que ha mantenido la inversión en funcionamiento no puede estar en peor condición, respecto a la prescripción, de la que no llegó nunca a materializar o materializó incorrectamente.

Caso 15: en 2021 se realiza una inversión anticipada de futuras dotaciones que se afecta finalmente a la dotación RIC 2023. El periodo de cuatro años de prescripción de la materialización podría contarse a partir de 2027 (último año de materialización) o a partir de 2021 (año de la materialización anticipada), siendo en la actualidad una cuestión no resuelta. Todo ello sin menoscabo de que la Administración pueda comprobar la dotación en cualquiera de los cinco años de mantenimiento de la inversión. En mi opinión deberían computarse los cuatro años de prescripción a partir del año siguiente a la inversión anticipada (2022).

30.9. Ficha resumen sobre la prescripción de la= dotación RIC/RIB

1.	La STS de 16 de marzo de 2015 ratificó el criterio administrativo de que el derecho de la Administración a comprobar y liquidar la dotación RIC finaliza después de los cuatro años de prescripción contados a partir de la culminación de las tres fases de dotación, materialización y mantenimiento. La dotación 2024 prescribe el 25 de julio de 2038 y si se ha materializado en suelo, el 25 de julio de 2043.
2.	La comprobación parcial por parte de la Administración tributaria de la RIC/RIB interrumpe la prescripción de todo el IS o IRPF de ese ejercicio.
3.	Una simple liquidación de retenciones por parte de Gestión tributaria interrumpe la prescripción del IS o IRPF y con ella la correspondiente a la dotación RIC/RIB. Hay que esperar cuatro años más para que prescriba.
4.	La dotación RIC/RIB prescribe al cuarto año de la presentación del impuesto con la dotación (la de 2024 el 25 de julio de 2029). A partir de ese momento no pueden comprobarse ni los componentes del saldo de pérdidas y ganancias que se destinaron a la RIC/RIB ni su cálculo ni los requisitos sustantivos de la dotación. No obstante, la dotación puede ser regularizada por la Administración en las posteriores fases de materialización y mantenimiento de las inversiones si se incumplen los requisitos.
5.	¿Qué ocurre cuando la dotación era improcedente y ha prescrito el derecho a su comprobación?, ¿puede la Administración comprobar la materialización de una dotación incorrecta? Son las dos cuestiones que resolvió la STS de 16 de marzo de 2015, en el sentido de que efectivamente puede comprobar la materialización y el mantenimiento de una dotación no válida, por ejemplo, por no realizar el contribuyente actividad económica alguna o por haberla dotado con rendimientos financieros.
6.	La prescripción del incumplimiento del plazo de materialización se produce después de los cuatro años de prescripción contados a partir de la declaración del impuesto correspondiente al último año (4°) de dicho plazo. Pero si el ejercicio está prescrito, la Administración puede regularizar la dotación en cualquiera de los cinco años de obligada permanencia en funcionamiento de las inversiones.

7.	La prescripción del incumplimiento por materializar en un activo no válido no es una cuestión resuelta. Mientras que para la Administración y el TEARC se produce a partir de los cuatro años de terminación del plazo de materialización más los cinco años de mantenimiento, a los que se suman el año siguiente en que se declara el impuesto y los cuatros años de prescripción; para el TSJC se produce a partir de los cinco años de mantenimiento contados desde el año siguiente en que se materializó más el de declaración y los cuatro años de prescripción. La diferencia entre ambas posturas está en el periodo que transcurre desde la materialización efectuada al final del plazo de cuatro años de dicha fase. Es una cuestión no resuelta en 2024.
8.	La prescripción del plazo de mantenimiento se produce al cuarto año de la presentación del IS del quinto año en que han de estar en funcionamiento los activos.
9.	La prescripción del incumplimiento del plazo de mantenimiento de las inversiones se produce al cuarto año de la presentación del IS del ejercicio en que se interrumpe dicho plazo.
10.	La incorrecta materialización en un activo determinado en un ejercicio prescrito no es óbice para que la Administración pueda comprobar el periodo de permanencia en funcionamiento de dicho activo y regularizar la dotación RIC/RIB.
11.	El derecho de la Administración a sancionar el incumplimiento de los requisitos formales de la RIC/RIB prescribe a los cuatro años de la presentación del IS correspondiente al ejercicio en que se produjo la infracción.
12.	En las inversiones anticipadas no está claro cuándo deben comenzar a computarse los cuatro años de prescripción. Me inclino que sea a partir del año siguiente a la materialización, pero no es cuestión pacífica.
13.	Respecto a los requisitos sustanciales, es fundamental tener en cuenta que el no mantenimiento de la RIC/RIB en los balances supone la pérdida de la dotación. La Administración considera que, aunque haya prescrito el primer año en que se incumplió dicha obligación, puede regularizarla por no mantener la reserva en los siguientes ejercicios no prescritos. La AN ratificó este criterio.

14. El muy extenso plazo de prescripción del derecho a comprobar y regularizar la RIC/RIB y la inseguridad jurídica son dos elementos a tener en cuenta a la hora de acogerse a estos incentivos.

Capítulo 31

SÍNTESIS DE LOS PRESUPUESTOS Y REQUISITOS A TENER EN CUENTA PARA LA CORRECTA DOTACIÓN RIC/RIB

En este capítulo sintetizo los principales presupuestos y requisitos a tener en cuenta a la hora de dotar RIC/RIB. Presupuestos como la necesaria realización de actividad económica por el establecimiento situado en Canarias/Baleares, los beneficios susceptibles de la dotación y la contabilidad veraz. Requisitos sustanciales que, si se incumplen, ocasionan la regularización y pérdida de los dos incentivos. Y formales, sancionables como infracciones graves o simples. Cada uno de los presupuestos y requisitos han sido objeto de extenso análisis en cuanto a la dotación en los capítulos precedentes, por lo que atiendo ahora principalmente a su esencia e incluyo un cuadro final como recordatorio de los aspectos que conviene siempre tener presentes.

31.1. Legislación vigente

– Ley 19/1994 REF

Art. 27.3. La reserva para inversiones deberá figurar en los balances con absoluta separación y título apropiado y será indisponible en tanto que los bienes en que se materializó deban permanecer en la empresa.

Art. 27.16. La disposición de la reserva para inversiones con anterioridad a la finalización del plazo de mantenimiento de la inversión o para inversiones diferentes a las previstas en el apartado 4 de este artículo, así como el incumplimiento de cualquier otro de los requisitos establecidos en este artículo, salvo los contenidos en sus apartados 3 y 13, dará lugar a que el contribuyente proceda a la integración, en la base imponible del Impuesto sobre Sociedades o del Impuesto sobre la Renta de no Residentes o en la cuota íntegra del Impuesto sobre la Renta de las Personas Físicas del ejercicio en que ocurrieran estas circunstancias, de las cantidades que en su día dieron lugar a la reducción de aquélla o a la deducción de ésta, sin perjuicio de las sanciones que resulten procedentes.

Art. 27.17. Constituyen infracciones tributarias graves los siguientes supuestos:

a) La falta de contabilización de la reserva para inversiones en los términos previstos en el apartado 3 de este artículo, que será sancionada con multa pecuniaria proporcional del 2 por ciento de la dotación que debiera haberse efectuado.

b) No hacer constar en la memoria de las cuentas anuales la información a que se refiere el apartado 13 de este artículo, que será sancionada con multa pecuniaria proporcional del 2 por ciento del importe de las dotaciones a la reserva para inversiones que debieran haberse incluido.

c) Incluir datos falsos, incompletos o inexactos en la memoria de las cuentas anuales a que se refiere el apartado 13 de este artículo, que será sancionada con multa pecuniaria fija de 100 euros por cada dato omitido, falso o inexacto, con un mínimo de 1.000 euros.

Constituye infracción tributaria leve la falta de comunicación de los datos o la comunicación de datos falsos, incompletos o inexactos a que se refiere la letra D del apartado 4 de este artículo, que será sancionada con multa pecuniaria fija de 100 euros por cada dato omitido, falso o inexacto, con un mínimo de 500 euros.

– Ley 31/2022, Régimen fiscal especial balear

– D. A. 70ª. Cuatro

3. La reserva para inversiones deberá figurar en los balances con absoluta separación y título apropiado y será indisponible en tanto que los bienes en que se materializó deban permanecer en la empresa.

14. La disposición de la reserva para inversiones con anterioridad a la finalización del plazo de mantenimiento de la inversión o para inversiones diferentes a las previstas en el número 4 de este apartado, así como el incumplimiento de cualquier otro de los requisitos establecidos en este apartado, salvo los contenidos en sus números 3 y 12, dará lugar a que el contribuyente proceda a la integración, en la base imponible del Impuesto sobre Sociedades o del Impuesto sobre la Renta de no Residentes o en la cuota íntegra del Impuesto sobre la Renta de las Personas Físicas del ejercicio en que ocurrieran estas circunstancias, de las cantidades que en su día dieron lugar a la reducción de aquella o a la deducción de esta, sin perjuicio de las sanciones que resulten procedentes.

En el caso del incumplimiento de la obligación del ejercicio de la opción de compra prevista en los contratos de arrendamiento financiero, la integración en la base imponible tendrá lugar en el ejercicio en el que contractualmente estuviera previsto que esta debiera haberse ejercitado.

Se liquidarán intereses de demora en los términos previstos en la Ley 58/2003, de 17 de diciembre, General Tributaria, y en su normativa de desarrollo.

15. Constituyen infracciones tributarias graves los siguientes supuestos:

a) La falta de contabilización de la reserva para inversiones en los términos previstos en el número 3 de este apartado, que será sancionada con multa pecuniaria proporcional del 2 por ciento de la dotación que debiera haberse efectuado.

b) No hacer constar en la memoria de las cuentas anuales la información a que se refiere el número 12 de este apartado, que será sancionada con multa pecuniaria proporcional del 2 por ciento del importe de las dotaciones a la reserva para inversiones que debieran haberse incluido.

c) Incluir datos falsos, incompletos o inexactos en la memoria de las cuentas anuales a que se refiere el número 12 de este apartado, que será sancionada con multa pecuniaria fija de 100 euros por cada dato omitido, falso o inexacto, con un mínimo de 1.000 euros.

A la hora de la comprobación administrativa del cumplimiento de las obligaciones RIC, siempre han existido controversias en la aplicación de los requisitos que en su día calificamos como sustantivos o sustanciales, por un lado, y meramente formales, por otro. El incumplimiento de los primeros entraña la regularización RIC/RIB y la consecuente pérdida del beneficio fiscal disfrutado, con la liquidación adicional de intereses de demora e incluso la apertura del procedimiento sancionador en situaciones específicas; mientras que la vulneración de los segundos se entiende como mera infracción tributaria grave o leve, que ocasiona en su caso una sanción.

No obstante, actuaciones concretas en que el contribuyente ha realizado correctamente la dotación e invertido adecuadamente en bienes afectos a actividades económicas desarrolladas en Canarias, han terminado y continúan culminando en la actualidad, con la pérdida del incentivo por cuestiones que en principio no parecen tan graves como una defectuosa contabilización o la eliminación de la reserva antes de la finalización del plazo de mantenimiento de las inversiones. Lo cierto es que en su día, los Tribunales de Justicia y el TS en concreto, ratificaron el duro criterio administrativo, motivándolo en lo que se ha convertido en una especie de mantra: en los grandes beneficios fiscales que el empresario/profesional obtiene con el incentivo, al que debe exigírsele el máximo rigor en el cumplimiento de las obligaciones que señala la normativa y ser siempre objeto de una interpretación restrictiva[171], sin tener en cuenta para nada

---

[171] Con carácter general a los beneficios fiscales, no solo a la RIC, se pronuncia el TS en sentencia de 5 de mayo de 2011, recurso 4938/2009, señalando que: *En este sentido, el Tribunal Constitucional tiene declarado que «el derecho a la exención o a la bonificación tributarias, que tiene su causa en normas con rango de Ley, es un elemento de la relación jurídica obligacional que liga a la Administración y al contribuyente», doctrina que, de manera reiterada, se viene manteniendo también por el Tribunal Supremo en numerosas sentencias (por todas, la de 25 de abril de 1995) al decir que «el disfrute de un beneficio fiscal tiene carácter debilitado y subordinado al interés general por cuanto que quiebra el equilibrio de la justicia distributiva inherente al reparto de la carga tributaria», lo cual constituye «una situación privilegiada (STS de 23 de enero de 1995), de manera que, conforme a tal doctrina, todas las normas reguladoras de exenciones y, en general, de beneficios tributarios han de ser objeto de una interpretación restrictiva, como, por lo demás, exigido venía por el artículo 24.1 —y hoy, igualmente, por el artículo 23.3, tras la reforma por Ley 25/1995, de 20 de julio— de la Ley General Tributaria».*

las graves carencias técnicas que tiene el texto legal primigenio y las sucesivas reformas.

Cansado de tanta inseguridad y controversia jurídica, el legislador suavizó notablemente las reglas de juego en un cambio normativo aplicado a las dotaciones RIC 2007 y siguientes. Cuestiones que con anterioridad ocasionaban la pérdida del beneficio se consideraron a partir de ese año como infracciones susceptibles de la sanción del 2% del importe de la dotación RIC, o como infracciones graves o leves, con sanciones pecuniarias mínimas de 1.000 o 500 euros. El deseo del legislador era claro, evitar que el contribuyente que realizase la dotación y efectuara las inversiones sufriese un importante menoscabo en su economía con la regularización total del incentivo fiscal y que a cambio se le sancionara el incumplimiento como mera infracción tributaria.

No todos los incumplimientos quedaron excluidos de la regularización plena de la RIC en 2007, sino que algunos supuestos continuaron como auténticos requisitos sustanciales, cuyo incumplimiento conlleva en la actualidad la temida regularización, la liquidación de intereses de demora y la posible aplicación de sanciones; mientras que con el paso del tiempo han aparecido nuevas cuestiones en que la Administración tributaria interpreta —en mi opinión incorrectamente, pero contando con la ratificación del TEARC en determinadas materias— que ha de aplicarse el mismo rigor de los incumplimientos extremos y, con sorpresa, está regularizando las dotaciones efectuadas. Es el caso del vía crucis de las inversiones anticipadas sin la comunicación expresa a la AEAT (a pesar de la STS de 2021 que concluyó que la falta de comunicación supone el incumplimiento de un requisito formal, pero abrió las puertas a que en determinados casos la Inspección pruebe su sustancialidad, asunto al que nos hemos referido con extensión en el capítulo 29, o la prueba inadecuada de que el bien usado adquirido estuviese o no afecto en el pasado al incentivo.

Por ello es conveniente condensar en un capítulo los requisitos que estimo que hay que tener en cuenta en las tres fases de dotación, materialización y mantenimiento de las inversiones, y dejar constancia de lo que ocurre con otros condicionantes mercantiles y tributarios que pueden afectar al régimen RIC/RIB. En Miranda Calderín (2019) publiqué un capítulo de libro con esta materia, que es el que sirve de base para este capítulo y que actualizo hasta 2024[172]. Abordo la labor en nueve epígrafes,

---

172 Miranda Calderín, 2019. "El incumplimiento de los requisitos sustanciales y formales de la RIC en 2018" en Miranda, Dorta y Déniz (coordinadores). *La actua-*

comenzando primero con el análisis de los requisitos consolidados por los Tribunales de Justicia como sustanciales, que implican la regularización de la RIC/RIB y la liquidación de intereses de demora; continuando con los incumplimientos que se regularizan con un 2% del importe de la dotación; los que se califican como infracción tributaria leve; los que no tienen un encuadre claro en un sitio u otro y siguen por tanto ocasionando importante litigiosidad, como las inversiones anticipadas sin la comunicación a la AEAT y la materialización en bienes usados en los que se desconoce si fueron afectados o no al incentivo en el pasado; y los que tienen un componente más mercantil y tributario que relacionado directamente con la RIC, como el cumplimiento de los plazos mercantiles, el depósito de cuentas y la presentación en plazo de los impuestos. Termino con el régimen aplicable al incumplimiento en la intensidad de las ayudas de Estado y los requisitos de los modelos 282 y 283 de control de ayudas de Estado.

En síntesis, señalo y analizo brevemente en este capítulo-resumen los requisitos sustanciales y formales a tener en cuenta en la aplicación de la RIC/RIB, qué supone su incumplimiento, las causas que originan la regularización de la RIC/RIB por incorrecta materialización o inaplicación del mantenimiento a la luz de los últimos cambios normativos, incluyendo la última actualización notable del REF por la Ley 8/2018, de 5 de noviembre, y el Régimen fiscal especial balear de 2002, reglamentado en 2024. Para facilitar la comprensión del lector, un cuadro final recoge las situaciones explicadas y el efecto de su incumplimiento.

31.2. Los requisitos sustanciales en la etapa de dotación que implican la pérdida del beneficio fiscal disfrutado

Con carácter general, el art. 27.16 de la Ley REF y la D.A. 70ª. Cuatro, 14 del Régimen fiscal especial balear señalan los supuestos que implican la regularización de la dotación RIC/RIB, refiriéndose específicamente a algunos casos, mientras que a otros alude genéricamente como *al incumplimiento de cualquier otro de los requisitos*. No obstante, la normativa establece dos o tres excepciones o salvedades a la regla general, motivo que desde el punto vista metodológico considere más esclarecedor matizar individual-

lización del REF. La ultraperificidad atlántica: medidas económicas y fiscales, capítulo 6, pp. 231-270.

mente los requisitos que se consideran sustanciales en cada una de las tres etapas o procesos que delimita la normativa RIC/RIB: dotación, materialización y mantenimiento.

La regularización RIC/RIB puede ser voluntaria u ocasionada por la Administración tributaria. En ambas situaciones existe una importante diferencia entre las entidades jurídicas y las personas físicas, puesto que, en las primeras, la regularización se efectúa como un incremento en la base imponible, mientras que en personas físicas implica una adición en la cuota por la pérdida de la deducción en su día practicada como consecuencia de la dotación RIC/RIB. En las dos situaciones se liquidarán los correspondientes intereses de demora sobre el importe del ahorro fiscal en su día disfrutado, calculados hasta el día de la regularización.

Por dotación RIC/RIB se entiende el proceso jurídico-contable en que una entidad, profesional o empresario persona física manifiesta su voluntad de dotar la reserva especial con los beneficios generados en la actividad económica realizada exclusivamente en Canarias/Baleares. Los beneficios obtenidos en Canarias, susceptibles de la RIC; los generados en las *Illes Balears*, de la RIB, idea que sintetizo en los dos acrónimos separados por una barra: RIC/RIB.

Específicamente, con los beneficios o resultados no distribuidos, entendiendo como distribuidos los dividendos, la dotación de la reserva legal, la reserva de capitalización, la compensación contable de resultados negativos y cualquier otra reserva obligatoria por imperativo legal o estatutario.

Por ende, existe una serie de supuestos que implican *per se* la regularización total o parcial de la RIC/RIB. El término total lo utilizo para determinar que la dotación entera debe ser regularizada, voluntariamente por el contribuyente o por la Administración tributaria, por el incumplimiento legal; mientras que en otros lances, la regularización será parcial, afectando a una parte de la dotación, pero no a su totalidad. Es el caso, por poner varios ejemplos, que no se haya tenido en cuenta en la dotación la aplicación de parte del beneficio contable a la reserva legal, que una parte del beneficio se haya generado fuera de Canarias/Baleares, se obtuviese el beneficio con ingresos financieros y/o en el desarrollo de actividades que no se consideren económicas (como suele suceder en el arrendamiento de inmuebles). Voy matizando estas cuestiones y otras en cada uno de los apartados-supuestos específicos que desarrollo en este epígrafe.

31.2.1. El momento de la dotación (interpretación jurisprudencial)

Analizamos *in extenso* en el capítulo 3 que la dotación RIC/RIB ha de ser acordada por la junta de socios de la entidad o por el empresario/profesional individual antes de la presentación de la declaración del IS o del IRPF. Si no fuese así, la interpretación jurisprudencial vigente y el criterio administrativo es que se pierde el beneficio fiscal disfrutado, incluso en caso de que se hubiese invertido correctamente. En ese sentido concluye la STS de 6 de febrero de 2012, recurso casación 4557/2008, para una persona física que presentó el IRPF con la dotación RIC días antes de contabilizarla, ocasionando así la pérdida total del incentivo. El TS compartió el criterio administrativo porque entiende que el "momento correcto" de la dotación es un requisito sustancial. Llegó a la misma conclusión la STS de 8 de abril de 2015, recurso de casación 1076/2012, en que una sociedad rectificó sus resultados y presentó una declaración complementaria con dotación RIC, que el TS rechazó porque no acreditó que la junta aprobase la dotación antes de la declaración complementaria.

Para evitar tan excesivo castigo, el legislador modificó en 2003 la normativa RIC en el sentido de que se entendía dotada correctamente la reserva si se presentaba en plazo la correspondiente declaración del impuesto con la dotación efectuada, pero el precepto fue eliminado del art. 27 en la reforma de 2007, puesto que los Tribunales estaban interpretando que esa norma constituía una presunción *iuris tantum,* de forma que si la Administración tributaria demostraba que no se había tomado la decisión antes de presentar la declaración del impuesto, la dotación no era válida. Aun así, en el caso específico de personas físicas se sigue entendiendo en la actualidad como probada la voluntad previa de dotar cuando se presenta la declaración del IRPF con la dotación dentro del plazo legal[173].

Si no puede acreditarse que la dotación se hizo antes de la presentación del impuesto (en personas físicas, aconsejo dotar contablemente la RIC/

---

173 A pesar de su eliminación, Pérez Santana, M. (2010) opina que el criterio de que se entendía probada la dotación si se presentaba en plazo la declaración continúa aplicándose sobre la base de la doctrina administrativa del TEAR. Entiende que efectivamente debe haber una dotación previa a la declaración del IS y si no la hay procede la pérdida del beneficio y no la aplicación de la sanción pecuniaria del 2%, que solo procedería en los casos en que tomado el acuerdo no se haga constar la RIC en la contabilidad. Blanco (2014) opina, sin embargo, que debe ser así, que se entienda probada la dotación, pero que el art. 108 de La Ley General Tributaria, al regular las presunciones tributarias, dificulta esa interpretación.

RIB uno o dos meses antes de que se presente la declaración del IRPF, puesto que no hay otra forma más sencilla de hacerlo). Además, hay que probar que la dotación se efectuó dentro del plazo que establece la normativa mercantil para la aplicación del resultado del ejercicio. Si no se hace así, se corre el riesgo de que la dotación sea rechazada en una comprobación administrativa y se regularice íntegramente el beneficio disfrutado con la siguiente liquidación de intereses de demora. Me refiero en este supuesto a una regularización total de la dotación en su día realizada. Así lo ha manifestado el TS en sentencias de 16 de septiembre de 2015, recurso 2194/2014; 8 de abril de 2015, recurso 1076/2012, y 9 de marzo de 2012, recurso 5630/2008, todas ellas citadas en la SAN de 6 de octubre de 2016, recurso 588/2013, que concluye con la exigencia del acuerdo previo de la dotación, a pesar de que se presentase en plazo la declaración IS. En la materia existió innovación jurisprudencial en la STS de 10 de julio de 2017, recurso de casación 1728/2016, sobre una declaración complementaria del IS con una mayor dotación RIC. La conclusión del Alto Tribunal tiene repercusión, pues centra el debate no tanto en que la declaración sea o no extemporánea, y en consecuencia haya que acreditar que efectivamente la junta tomó el nuevo acuerdo antes de efectuar la dotación, sino en probar que se produjo un error en la redacción de las primeras cuentas anuales, que hubo de ser subsanado en la formulación de las segundas con un mayor beneficio y una mayor dotación RIC. El TS entiende que la existencia del error no ha sido combatida, motivo de que la nueva dotación RIC en una declaración complementaria sea correcta, por más que las nuevas cuentas anuales se hayan depositado fuera de plazo en el Registro Mercantil.

Pero ese novedoso matiz del TS en 2017 no debe hacer olvidar la imperiosa necesidad de acreditar que por los órganos adecuados y dentro del plazo mercantil se manifestó la voluntad de aplicar parte del beneficio generado a la reserva, siempre antes de la presentación del IS. De no hacerlo, y con la salvedad de las personas físicas si han presentado en plazo la declaración del IRPF con la dotación, se corre el importante riesgo de ver regularizado el incentivo disfrutado.

31.2.2. La dotación RIC/RIB con los beneficios generados fuera de Canarias/Baleares

Dejando a salvo actuaciones singulares en que los beneficios se obtienen fuera de Canarias/Baleares, pero se consideran generados en los archipiélagos al realizarse la gestión de la actividad económica en sus territorios (ver la CV DGT de 25 de abril de 2001 en lo relativo a las operaciones triangulares, servicios de intermediación y actividades pesqueras de altura), los beneficios susceptibles de destinar a la RIC/RIB son exclusivamente los generados en Canarias/Baleares. Para casos extremos o de mera apariencia de que los servicios se prestan en el archipiélago, la SAN de 12 de febrero 2016, recurso 489/2012, ha sido contundente en un asunto específico: la gestión hotelera de una serie de establecimientos turísticos situados en Canarias que en realidad se realizaba en Barcelona, razón de que los ingresos obtenidos por la gestión procedían de fuera y no eran susceptibles de la RIC.

Si se dotase la reserva con beneficios exclusivamente generados fuera de Canarias/Baleares, la regularización RIC/RIB será total; mientras que, si solo una parte del beneficio se ha generado fuera, la regularización que señala la Ley será parcial, en la parte proporcional de la dotación efectuada con el beneficio exterior.

31.2.3. La dotación RIC/RIB con beneficios no procedentes de actividad económica

El TS en 2011 (entre otras, la STS de 7 de julio de 2011, recurso de casación 3140/2009, y 21 de noviembre, recurso de casación 4897/2009), puso fin a la controversia generada en el pasado sobre la interpretación del precepto legal, que no especificaba que los beneficios susceptibles de la dotación debían siempre provenir de actividad económica[174]. El restrictivo criterio administrativo sobre el origen del beneficio susceptible de la dotación fue incorporado a la Ley en 2007, de forma que cuando en la cuenta de pérdidas y ganancias se mezclan resultados (ingresos menos gastos) de índole diversa, únicamente pueden destinarse a la RIC/RIB los generados en actividades económicas. Quedan así excluidos los rendimientos empresariales que conforme a la interpretación jurisprudencial no se consideran rendimientos de actividad económica. Los que más controversias han ocasionado son los rendimientos de bienes inmuebles, ingresos financieros

---

174 Véase Miranda Calderín (2012), donde se analizan las STS de 5 de mayo, 7 de julio, 14 de julio, 15 de julio, 3 de noviembre y 21 de noviembre de 2011. En todas ellas se pone de manifiesto que los beneficios susceptibles de la RIC son exclusivamente los provenientes del desarrollo de actividades económicas o las plusvalías de bienes afectos a dichas actividades. Fue en 2011 cuando se terminó con esta controversia tributaria, pero ya desde 2007 el legislador introdujo ese requisito en la Ley. El criterio ha sido ratificado por el TS en numerosas sentencias posteriores.

y plusvalías obtenidas en la enajenación de elementos patrimoniales no afectos a actividad económica, acciones y participaciones. Respecto a las últimas, las sentencias del TS de 16 de febrero de 2012, recuso de casación 3479/2011; 19 de noviembre de 2012, recurso de casación 818/2008, y 28 de enero de 2013, recurso de casación 1097/2011, entre otras, confirmaron su exclusión, incluso en el caso de que las acciones estuviesen ligadas a una explotación económica. El cambio legal introducido a través del R.D.L. 15/2014 en la RIC parecía que por fin admitía las plusvalías obtenidas en su venta como beneficio RIC, pero el Reglamento continuó señalando que no. Cierta mejoría se experimentó a partir de enero de 2015 en el tratamiento fiscal de la venta de elementos patrimoniales no afectos a actividades económicas, cuyos beneficios pueden destinarse desde esa fecha a la RIC (no a la RIB), cumpliendo la obligación reglamentaria de que hayan generado ingresos en los últimos tres años. En caso de incumplimiento del precepto, la regularización será total o parcial en función de que todos los beneficios destinados a la RIC/RIB o solo una parte se haya generado fuera de la actividad económica.

La normativa aplicable a la RIB desde 2022 es esencialmente la misma, por lo que le son válidas las matizaciones efectuadas, excepto la opción de destinar las plusvalías generadas en la enajenación de bienes no afectos.

31.2.4. La dotación RIC/RIB con beneficios que se consideran "distribuidos"

No solo el beneficio susceptible de la RIC/RIB ha de generarse en Canarias/Baleares y en el desarrollo de actividad económica, sino que adicionalmente la norma exige que forme parte del beneficio no distribuido. Las dos leyes que las regulan señalan como beneficios distribuidos los destinados a reservas obligatorias (como la reserva legal), de índole fiscal (la reserva de capitalización) o meramente contable (la compensación de resultados negativos de ejercicios anteriores, en este caso por criterio de la jurisprudencia) y, por supuesto, el reparto de dividendos y el incremento del capital social con los beneficios. El reparto de dividendos afecta al beneficio generado tanto en el ejercicio cuya base imponible se disminuye con la dotación (2024 si es el año en que se genera el beneficio, como también en el ejercicio siguiente (2025, en el que se aplica el beneficio del año anterior), si bien hemos matizado algunos aspectos a tener en cuenta en el capítulo 23.

En relación con los beneficios no distribuidos, el TS ha confirmado el criterio administrativo. Respecto a la reserva legal, la STS de 28 de marzo de 2014, recurso de casación 395/2012, ha sido clara y tajante en el mismo sentido.

Hay un supuesto especial, el de los beneficios generados en la enajenación de elementos afectos a la RIC/RIB con anterioridad, que tampoco pueden destinarse a la reserva (ver matizaciones en el próximo apartado 31.2.6). Si en el cálculo de la dotación RIC/RIB no se ha tenido en cuenta la exclusión de los resultados distribuidos, la regularización será total o parcial en las mismas circunstancias que señalamos en los dos apartados anteriores.

31.2.5. La dotación que excede del 90% del beneficio no distribuido

Sin ser los límites cualitativos señalados, existe un límite cuantitativo, el 90% de los beneficios no distribuidos una vez calculada la imposición sobre el beneficio. No siempre es fácil establecer el límite y muchas veces los profesionales del asesoramiento olvidamos restar al beneficio partidas excluidas, como los dividendos, reserva legal, etc. o sencillamente el beneficio que no se considera obtenido en Canarias/Baleares o procedente de una actividad económica. En estos casos procede la regularización parcial RIC/RIB en el importe que exceda del 90% del beneficio no distribuido. Conviene recordar que la reserva de capitalización hay siempre que restarla del beneficio para determinar el límite RIC/RIB.

31.2.6. La dotación RIC/RIB con el beneficio generado en la enajenación de un bien afecto a las reservas

Con carácter general, los beneficios obtenidos en la enajenación de un bien afecto a la RIC/RIB no son susceptibles de la dotación. El art. 27.2 de la Ley REF matiza que no se considera beneficio no distribuido el que derive de la transmisión de elementos patrimoniales afectos a la reserva, pero no siempre fue así, puesto que el art. 5.2, c) del Reglamento REF especificó en 2007 que no formaba parte del beneficio que se podía destinar a la reserva el que derivase de la transmisión de activos cuya adquisición hubiera determinado la materialización RIC dotada con beneficios de 2007 y años posteriores. Sin embargo, la mención a 2007 fue eliminada del Reglamento en la reforma de 2015.

La reforma 2018 de la Ley 19/1994 REF incorporó de nuevo la mención reglamentaria a 2007 al art. 27.2 de la Ley, no al Reglamento, al señalar que tratándose de activos usados y suelo no podrán haberse beneficiado anteriormente del régimen previsto en este artículo, por dotaciones que se hubieran realizado con beneficios de periodos impositivos iniciados a partir de 1 de enero de 2007. Por tanto, los beneficios generados por la enajenación de bienes afectos a las dotaciones RIC 1994-2006 son susceptibles de la dotación, mientras que las plusvalías generadas por la transmisión de bienes afectos a la RIC 2007 y años siguientes no lo son. Es una aclaración importante que hizo la Ley 8/2018, de 5 de noviembre, y que como tal ha de remontar sus efectos a 2007.

Respecto a la RIB, la normativa establece que no se puede dotar la reserva con la plusvalía obtenida en la enajenación de elementos afectos a dotaciones anteriores. Como la primera dotación fue la de 2023, tanto las plusvalías de las inversiones afectas a la dotación 2023 como a las sucesivas dotaciones no son susceptibles de la RIB.

31.2.7. La dotación RIC/RIB con la plusvalía de un bien no afecto a una actividad económica

Una de las pocas diferencias que he encontrado en la dotación de ambas reservas es la opción que existe en la RIC de que las plusvalías obtenidas en la transmisión de bienes no afectos a actividades económicas, pero que hayan generado rentas en los últimos tres años sean susceptibles de la dotación. No ocurre igual en la RIB, puesto que su texto solo contempla las plusvalías de bienes afectos a actividades económicas.

En el caso específico de la RIC, hay que acreditar que el activo que se enajena y que no está ya afecto a la actividad económica en Canarias haya generado rentas al menos en uno de los tres últimos años.

31.2.8. La dotación RIC/RIB con el beneficio contable

El beneficio contable es el que delimita la dotación RIC/RIB. Me refiero, en cualquier caso, al beneficio contable después de impuestos, que una vez determinado será objeto de importantes limitaciones como las analizadas respecto al beneficio distribuido, proveniente de una actividad económica, generado en Canarias/Baleares, ... etc. La exigencia está claramente expuesta en el art. 27.1 de la Ley 19/1994 y en la D.A. 70ª. Cuatro, 1 del Régimen fiscal especial balear: las entidades sujetas (contribuyentes) al IS tendrán derecho a la reducción en la base imponible de las cantidades que, en relación a sus establecimientos situados en Canarias/Baleares, destinen de sus beneficios a la reserva para inversiones. La RIB hace referencia expresa al beneficio contable. Sin embargo, la práctica empresarial muestra situaciones límites en que la noción beneficio no siempre coincide con la normativa contable. En esos casos he aconsejado no dotar la reserva con "los beneficios límites". Uno de ellos era el de las permutas contables en los anteriores planes generales de contabilidad, que no producían beneficio contable, sino que el bien que se recibía en la permuta se contabilizaba por el valor neto contable del bien transmitido. En esa situación límite, la STS de 20 de diciembre de 2016, recurso de casación 264/2016, señala innovadoramente que es posible dotar RIC con el beneficio de la permuta, aunque el PGC vigente en esa época no reconociese beneficio alguno[175]. Es una excepción a la regla general que el beneficio contable es la magnitud que sirve para delimitar inicialmente el beneficio susceptible de la RIC/RIB.

31.2.9. La dotación efectuada por una entidad que no puede disfrutar del incentivo

No todas las entidades que realizan su actividad económica en Canarias/Baleares pueden acogerse al incentivo fiscal, sino que hay limitaciones como las aplicables a las sociedades civiles, comunidades de bienes y miembros de comunidades o heredades de aguas[176]. En los primeros casos, serán las empresas partícipes o los comuneros los que tengan derecho a dotar la reserva y no los entes singulares, mientras que en el caso específico de las heredades y comunidades de aguas ocurre al revés, que es la heredad la que puede dotar RIC, pero no los herederos o comuneros. No obstante, la reforma 2018 del REF contempla un cambio importante, puesto que la renta de los comuneros tendrá la consideración de rendimientos de la actividad económica cuando derive de la transmisión a terceros del agua alumbrada —antes se consideraba rendimiento de capital mobiliario—. Con la nueva redacción, vigente a partir de noviembre de 2018, los "herederos" podrán por primera vez dotar RIC, pero exclusivamente con la parte proporcional de esos rendimientos, no con los que obtengan por la cesión temporal a terceros del agua que les corresponda (nueva disposición adicional tercera de la Ley 19/1994 dada por la Ley 8/2018).

---

175 Para profundizar en este caso véase Miranda (2018) "Crónica de la RIC 2017". *Revistas Hacienda Canaria n.º 48 y Técnica Tributaria n.º 120.*

176 Las Agrupaciones de interés económico (AIE) sí pueden dotar la RIC, pero no sus asociados. Criterio avalado con la STS de 10 de diciembre de 2012, recurso de casación 1254/2011.

En el caso de que sociedades civiles y comunidades de bienes hayan dotado RIC/RIB tendrán que regularizar sus cuentas y atribuir a sus miembros o comuneros el beneficio íntegro, sin la dotación efectuada. El perjuicio en las posibles liquidaciones administrativas lo tendrán los partícipes o comuneros, puesto que dichos entes no son sujetos pasivos de los impuestos directos, con independencia de la posible aplicación de sanciones que pueda derivarse del expediente de comprobación.

31.2.10. La dotación efectuada por sociedades de profesionales

Sigue siendo tema polémico la aplicación de incentivos fiscales a las sociedades profesionales que no cuentan con infraestructura determinada, de forma que es el socio profesional el que realiza directamente la actividad, como si de una persona física y no de una sociedad se tratase (médico, asesor fiscal, ingeniero, etc.), pero bajo el paraguas de una entidad mercantil. Sobre la problemática en general de las sociedades profesionales anticipé en 2012 cuáles podrían ser las dificultades interpretativas, pero no mucho se ha avanzado en esta cuestión, incrementándose notablemente la litigiosidad. Esta casuística la he analizado con detalle en el capítulo 15.

31.2.11. La dotación RIC/RIB sin llevar contabilidad

Para determinar el resultado económico generado por la empresa en Canarias/Baleares hay que partir de una contabilidad conforme con el Código de Comercio. En la Ley REF y la del Régimen fiscal especial balear no figura este requisito expresamente para las entidades jurídicas, pero tanto la doctrina administrativa como la científica coinciden en que la única forma de determinar los beneficios es a través de la contabilidad. En personas físicas sí señalan las leyes anteriores que deben determinar sus rendimientos en estimación directa, régimen que exige la llevanza de contabilidad (art. 27.15 REF y D.A. 70ª. Cuatro, 13 del Régimen fiscal especial balear). Por lo que, si no se lleva contabilidad, tanto las entidades jurídicas como las personas físicas (art. 3 c del Reglamento REF y art. 2.3 Reglamento balear de 2024) no pueden dotar RIC/RIB, y de hacerlo perderían los beneficios fiscales disfrutados. Ni tan siquiera es suficiente con llevar una contabilidad cualquiera, sino que es necesario que exprese la imagen fiel de la empresa. Si no lo hace, estamos ante el mismo supuesto de no llevar contabilidad. En esa coyuntura, la regularización del incentivo fiscal será total. El TS ha confirmado el criterio en varias sentencias, entre ellas la STS de 27 de abril de 2012, recurso 3357/2009, y la STS de 6 de noviembre de 2014, recurso de casación 3265/2012, en la que concluye: *Nada alega, menos aún combate, sobre un dato que se antoja esencial a los efectos perseguidos por la recurrente, cual es la falta de contabilidad en el que se reflejara las operaciones relativas a su actividad económica. Lo cual es suficiente para no atender a otras consideraciones.*

La normativa ha suavizado el efecto de los incumplimientos en materia contable, pero los novedosos cambios a partir de 2007 en la RIC no afectan, en mi opinión, al hecho de que no se lleve contabilidad o que no refleje la imagen fiel de la empresa. Alguna STS, como la STS de 27 de abril de 2012, recurso 3357/2009, dice lo contrario, ya que limita temporalmente los nocivos efectos de no llevar contabilidad hasta el 31 de diciembre de 2006, porque entiende que a partir de esa fecha pasa a ser un mero requisito formal que únicamente supone la imposición de una sanción del 2% de la dotación[177]. Sobre la contabilidad como presupuesto básico para la dotación RIC/RIB redactamos el capítulo 5 de esta obra.

31.2.12. La dotación que no tenga en cuenta la disminución de fondos propios

En cuanto a la dotación RIC/RIB he de referirme a una regla de cierre, a la detracción de los fondos propios, de manera que si por las circunstancias que fueran se disminuyesen los fondos propios (por ejemplo, por una disminución de capital con reparto a los socios), la sustracción restará en el cálculo de la RIC/RIB. De no haberse tenido en cuenta, la regularización será parcial o total en función de su cuantía. Por ello conviene asegurarse del cumplimiento de todos los requisitos exigibles a la dotación y confirmar a la hora de dotar RIC/RIB que los fondos propios no han disminuido por razón diferente a las pérdidas contables.

---

[177] La Sentencia dice que *En definitiva, es requisito sustancial para acogerse a los beneficios de la RIC el llevar una contabilidad en regla conforme a los requisitos exigidos legalmente, en los términos que hemos tenido ocasión de señalar, por lo que su incumplimiento supone la pérdida de los beneficios de la RIC, y ello hasta el 31 de diciembre de 2006, que cambia la legislación mediante Real Decreto Ley 12/2006 y pasa a ser un mero requisito formal que no va a suponer, cumplido el resto de requisitos no excepcionados por el propio artº 27, más que la imposición de una sanción conforme al nuevo régimen sancionador que respecto de la materia innova el citado texto legal* [FD tercero, párrafo final].

31.2.13. La disposición de la reserva con anterioridad al plazo de mantenimiento

La reserva que se constituye con la dotación RIC/RIB es indisponible durante todo el plazo de materialización y mantenimiento. Por poner el caso más extremo: si en 2024 se dota RIC/RIB que se invierte en 2028 en los restringidos casos aptos en suelo, ¡la reserva es indisponible hasta el 31 de diciembre de 2038! Si antes de esa lejana fecha se dispone de la RIC/RIB para repartir dividendos, dotar la reserva legal, cualquier otra reserva obligatoria o sencillamente se lleva al capital social, se está incumpliendo la normativa y procede su regularización con la pérdida del beneficio fiscal disfrutado.

A partir de 2007 puede interpretarse que la disposición de la RIC antes del plazo legal pasó a ser una infracción sancionada con el 2% de la dotación, pero existe un conflicto en la propia redacción del art. 27.16 de la Ley REF: ***la disposición de la reserva para inversiones con anterioridad a la finalización del plazo de mantenimiento*** *de la inversión…, así como el incumplimiento de cualquier otro de los requisitos establecidos en este artículo, salvo los contenidos en sus apartados 3 y 13, darán lugar… a la integración, en la base imponible…* La remisión del texto al apartado 3 es tajante, y en ese apartado se señala que la reserva *será indisponible en tanto que los bienes en que se materializó deban permanecer en la empresa* quedando, por tanto, excluida en principio la regularización. Es decir, con la defectuosa redacción vigente desde 2007, la exclusión del requisito señalado en el apartado 3 hace que la disposición de la reserva antes del plazo no ocasione su regularización, sino la imposición de una sanción del 2% de la dotación, pero a su vez el primer párrafo que trascribimos en negrita del apartado 16 considera como causa de pérdida del incentivo precisamente la disposición de la reserva antes de la finalización del plazo de mantenimiento. El párrafo introductorio del precepto, exceptuado en el propio apartado 16 como primera causa de regularización, es la que hace posible para la Administración decantarse en la actualidad por la pérdida del incentivo en el caso de disponibilidad de la reserva antes del plazo señalado[178]. Una vez más, estamos ante un evidente

---

[178] En este sentido Sánchez Blázquez (2008: 50-54) se plantea la hipótesis de que el error del legislador está en la inclusión del primer párrafo del art. 27.16, *en cuyo caso, una interpretación sistemática y teleológica del precepto podría llevar a la conclusión de que tampoco determinaría la obligación de regularizar la disposición de la reserva con anterioridad al fin del plazo de mantenimiento…* Pérez Santana (2007) llega a la misma conclusión de que la disponibilidad de la reserva antes del plazo de mantenimien-

error de redacción del prelegislador, que en materia RIC nunca ha estado muy afortunado a la hora de redactar sus preceptos.

En mi opinión, no hay que confundir estos casos de disposición radical de la reserva (aplicándola a dividendos o capital social) con el traspaso de la RIC/RIB a reservas voluntarias o de otra índole no condicionadas a un fin específico, que no hayan sido objeto de reparto durante todo el plazo de mantenimiento, que tendrá otras consecuencias que analizamos más adelante, pero no la regularización total de la reserva por dejar de ser indisponible.

31.3. Los requisitos sustanciales en el proceso de materialización

Una vez dotada la RIC/RIB, con las precauciones detalladas en el epígrafe anterior, el contribuyente, sea entidad jurídica o persona física, dispone del plazo de cuatro años para invertir su importe. Al hecho de invertir se denomina en la normativa materializar. La Ley señala tres años, pero ha imperado la interpretación de que se cuentan a partir del momento en que se realiza la dotación (al año siguiente del que generó el beneficio susceptible de la reserva), razón de que en la práctica, el plazo de materialización es de cuatro años a partir del ejercicio en que se generan los beneficios: el resultado de 2023 se aplica a la dotación RIC/RIB en junio de 2024 y ha de invertirse antes de 31 de diciembre de 2027 (tres años desde el momento de la dotación, cuatro desde el cierre del ejercicio que generó los beneficios).

Las cuestiones que ocasionan la regularización total o parcial de la dotación en este segundo proceso de la RIC/RIB denominado materialización están principalmente relacionadas con la no inversión, el incumplimiento del plazo, la inversión en activos no aptos en la normativa, la entrada en funcionamiento y el importe de la inversión, pero analizamos también algún caso más específico.

Sobre el plazo tuvimos que aprender a base de fallos judiciales que en el mismo término de cuatro años las inversiones debían entrar en funcionamiento, siendo hoy una cuestión pacífica e incorporada a la normativa (art. 27.7 REF y D.A. 70ª. Cuatro, 7 del Régimen fiscal especial balear), que

---

to supone la pérdida del incentivo. También Blanco Jesús (2014:99) asume tal planteamiento.

no obstante genera controversias en asuntos singulares como el arrendamiento de inmuebles cuando no han llegado a alquilarse en dicho plazo.

31.3.1. La transitoria polémica sobre el plazo de las personas físicas

La polémica suscitada con el plazo de materialización de las personas físicas fue convenientemente resuelta por el TEAC en 2018, después de que la Administración tributaria cambiase su tradicional criterio de los cuatros años sobre la base de dos sentencias del TS que parecían fijar el plazo de tres años. La **RTEAC 0283/2015 de 8 de febrero de 2018** se ocupó principalmente de la prescripción del derecho de regularizar la RIC ante la pretensión del contribuyente de que se le aplicase el criterio administrativo vigente en ese momento de que el plazo de materialización en personas físicas se había reducido de cuatro a tres años y, en consecuencia, el derecho de la Administración estaba prescrito al iniciar la inspección. Resuelve el TEAC que el plazo para materializar sigue siendo cuatro años, a pesar de las dos sentencias TS que parecían señalar tres años y del posicionamiento de la Inspección tributaria. Era el contribuyente el que defendía que el plazo era tres años y el TEAC el que concluyó que no, que era cuatro años, y por tanto no existía prescripción.

El argumento principal del TEAC se basó en una resolución anterior, que entiendo que es la de 8 de junio de 2017, y en la RTEAR de noviembre de 2017, cuyos razonamientos hizo suyos: (i) que las afirmaciones de las dos sentencias del TS sobre el plazo de tres años no debían ser sacadas del contexto en que se habían realizado y (ii) que las conclusiones del TEAR que compartía eran: 1º) que las sentencias TS no constituían jurisprudencia reiterada, 2º) que de la STS de 2012 se colige que las personas físicas pueden dotar RIC al final del ejercicio, pero no están obligados a ello. Si lo hacen, el plazo será de tres años a partir de ese momento, y si la dotan en el ejercicio siguiente se cuenta el plazo a partir de ese ejercicio, por lo que disponen de cuatro años para materializar, y 3º) que en la STS de 2014 la referencia al plazo de materialización no forma parte de la *ratio decidendi*, tratándose más bien de una afirmación incidental.

Tanto el TEAR como el TEAC introdujeron un nuevo elemento en el proceso dotación-materialización RIC. Desde hace muchos años explico que el momento de efectuar la dotación contable de la RIC en personas físicas es después del cierre del ejercicio y antes de la autoliquidación IRPF. Después del cierre, porque solo entonces se conoce el beneficio empresarial o profesional, y antes de la presentación del IRPF, para dar cumplimiento a la interpretación jurisprudencial de que la dotación RIC tiene que estar aprobada antes de la presentación del impuesto con la correspondiente deducción en cuota por el incentivo fiscal. Con ese parecer se contabilizaron la gran mayoría de las dotaciones RIC en personas físicas. No obstante, el TEAR indicó con buen juicio que la STS de 2012 señala que pueden dotarla al cierre del ejercicio contable, al 31 de diciembre, pero no que estén obligadas a ello. A partir de ese razonamiento, si las personas físicas han efectuado la dotación al cierre del ejercicio dispondrán de los tres años que señala la Ley a contar desde ese momento, y si lo hacen en el ejercicio siguiente aplicarán los tres años a partir de ese posterior ejercicio[179].

El criterio que impera en la RIC es el que entiendo que opera en la RIB.

31.3.2. La materialización no efectuada o que no entró en funcionamiento dentro de plazo

Si en el plazo legal de cuatro años no se ha invertido se entiende incumplido el requisito de materialización, por lo que procede regularizar la dotación efectuada cuatro años antes. Se ajusta por igual la no inversión (cuando nunca hubo voluntad de invertir o no se invirtió) que el simple retraso de un día en efectuarla o en su entrada en funcionamiento (por poner un caso extremo), sin que la normativa establezca excepciones, salvo en los casos de las denominadas inversiones complejas.

31.3.3 La materialización en bienes no aptos de la RIC/RIB

El contribuyente realiza efectivamente la inversión, pero en bienes no permitidos por la normativa. Existe incumplimiento que ocasiona la regularización total o parcial de la dotación efectuada y materializada en los bienes excluidos. Es el caso, por señalar las interdicciones más notables, de los bienes situados fuera de Canarias/Baleares, el suelo (salvo las singularidades permitidas en actividades industriales, rehabilitación turística, zonas comerciales objeto de rehabilitación y actividades socio-sanitarias), los inmuebles destinados al arrendamiento (salvo los industriales, turísticos y V.P.O. explotadas por la propia promotora), los bienes no afectos a actividad económica (salvo que contribuyan a la mejora y protección del

---

179 Miranda Calderín, 2019. "Crónica de la RIC 2018". *Revista Hacienda Canaria n.º 50 y Técnica Tributaria n.º 126.*

medio ambiente en el territorio canario) y los vehículos destinados a uso particular o mixto (con algunas singularidades).

31.3.4. La materialización en bienes usados afectos con anterioridad a la RIC

He individualizado este caso de las situaciones anteriores porque sigue siendo un asunto polémico. Desde su creación en 1994, la Ley REF señalaba la exigencia de que los bienes usados no podían haberse afectado con anterioridad al incentivo o a cualquier otro incentivo a las inversiones para que sirviesen como materialización. Si un bien había estado afecto a la dotación RIC 1994 o años siguientes, no era susceptible de volver a afectarse a la RIC posterior cuando se transmitiese. Posteriormente, las directrices comunitarias que regulaban las ayudas de Estado introdujeron la prohibición de que un mismo bien fuera susceptible de recibir ayudas de Estado suplementarias, aunque cambiase de dueño, que es también aplicable a la RIC/RIB.

En 2007 se produjo un tímido avance en el tratamiento de los bienes usados afectos a la RIC, pero en cuanto a que el beneficio generado en su enajenación fuese susceptible de nueva dotación, no en el ámbito de la materialización. En consecuencia, con la reforma REF 2007 la aptitud de los bienes usados como afectos a la reserva siguió dependiendo de que con anterioridad no hubiesen estado afectos, pero al menos quedó atrás la prueba de que generasen una mejora tecnológica.

En un intento de solventar la restricción y ampliar las capacidades de los bienes usados (piénsese en los inmuebles a rehabilitar y el efecto dinamizador de la economía que supone) el legislador, en la reforma REF 2018, incluyó un nuevo texto en el art. 27.12 de la Ley 19/1994: *Tratándose de activos usados y de suelo, estos no podrán haberse beneficiado anteriormente del régimen previsto en este artículo, por dotaciones que se hubieran realizado con beneficios de periodos impositivos iniciados a partir de 1 de enero de 2007*. Es decir, se consideran aptos para la materialización tanto los bienes usados que nunca estuvieron afectos a la RIC como los que lo estuvieron en el periodo 1994-2006, quedando la prohibición circunscrita únicamente a los afectos a dotaciones 2007 y siguientes.

Tratándose de una aclaración legal, el nuevo precepto de 2018 se aplicó desde 2007.

Volviendo a la generalidad, si se comprueba que el bien usado en que se materializa la reserva ha estado anteriormente afecto a la RIC 2007 y siguientes, procederá la regularización de la dotación en ese importe.

Lo mismo ocurre en la RIB, que el bien usado en que se materializa es apto siempre que no se haya afectado anteriormente a la reserva de 2023, 2024 y siguientes o a otros incentivos a la inversión: *Tratándose de activos usados y de suelo, estos no podrán haberse beneficiado anteriormente del régimen previsto en este apartado, ni de las deducciones para incentivar la realización de determinadas actividades reguladas en el capítulo IV del título VI de la Ley 27/2014, de 27 de noviembre, del Impuesto sobre Sociedades* [D.A. 70ª.Cuatro, 11].

31.3.5. La inclusión en el importe de la materialización de impuestos e intereses o su precio por encima del valor de mercado

Los impuestos indirectos que gravan las compraventas están expresamente excluidos de la materialización, así como los intereses de su financiación. En la inversión afecta a la RIC/RIB rige un requisito final, que su precio de adquisición no sea superior al valor del mercado. Cuando se incumplan estas circunstancias, procederá la exclusión de la materialización y la regularización parcial de la dotación en su día efectuada. El límite del valor de mercado se aplica, sobre todo, en la inversión en inmuebles adquiridos a terceros o edificados por la propia empresa y en la adquisición de activos usados, motivo de que sea conveniente pedir una tasación del inmueble o del bien usado que se adquiere, para acreditar que su precio no supera el de mercado.

31.3.6. La no disminución del importe de la inversión de las subvenciones recibidas

En algunas ocasiones, las inversiones afectas a la RIC/RIB generan el derecho a algún tipo de subvención. La RIC/RIB y las subvenciones en el mismo bien son compatibles, pero siempre que se disminuya el importe de las segundas del coste de las inversiones. Si así no se hace, procede la regularización de la dotación efectuada en el importe de la subvención concedida o la devolución de la subvención (que resulta más gravoso).

31.3.7. La materialización efectuada por entidades financieras y sociedades que presten servicios intragrupo

Este tipo de entidades estuvieron excluidas de las dotaciones RIC hasta que se les permitió acogerse a la reserva en 2007, pero limitando sus posibilidades de inversión a la denominada "inversión inicial". En el caso de materializar en otros supuestos (inversiones de sustitución), procederá la regularización de la dotación por incorrecta materialización. La cuestión solo afecta a la RIC, puesto que en la RIB no se establece limitación alguna en las inversiones, siempre que estén afectas a actividades económicas o protejan y mejoren el medio ambiente.

31.3.8. El no ejercicio de la opción de compra en los arrendamientos financieros

Las inversiones afectas a la RIC/RIB pueden financiarse a través de contratos de arrendamiento financiero, pero siempre y cuando se ejerza la opción de compra que permita el cumplimiento de los cinco años del plazo de mantenimiento. De no ser así, el art. 27, apartados 9 y 16 de la Ley REF y la D.A. 70ª. Cuatro, apartados 9 y 14 del Régimen fiscal especial balear señalan que supondrá la regularización de la dotación en el año en que estaba previsto el ejercicio de la opción. Es un asunto susceptible de incluir tanto en el proceso de materialización como de mantenimiento, por lo que he preferido incluirlo en ambos para mayor claridad.

31.4. Los requisitos sustanciales en el proceso de mantenimiento de las inversiones

La mayoría de las inversiones en que se materializa la RIC/RIB ha de permanecer cinco años en funcionamiento en la actividad económica de la propia entidad o persona física que la dotó. Si se trata de suelo (en los pocos casos que es posible), el plazo se amplía a diez años. No obstante, la Ley permite la sustitución de un bien por otro, con ciertos matices, y siempre y cuando el valor neto contable del bien a sustituir se reinvierta en otro activo que complete el plazo de mantenimiento (art. 27.8 Ley REF y y D.A. 70ª. Cuatro, 8 del Régimen fiscal especial balear).

31.4.1. Alternativas a la no permanencia en el mismo contribuyente que dotó RIC/RIB

Dos son las únicas alternativas que permite la normativa que regula las reservas para inversiones al hecho de que los bienes RIC/RIB no permanezcan el plazo de mantenimiento de 5/10 años en la misma persona que las dotó.

– En personas físicas, la sucesión *mortis causa* de la actividad, subrogándose los herederos en las obligaciones contraídas con la RIC/RIB (art. 19 Reglamento REF 2007 y art. 20 del Reglamento 2024 del Régimen fiscal especial balear)[180]; y el régimen especial de fusiones con la aportación *in natura* de una rama de actividad con los bienes afectos a la RIC/RIB a una entidad que se subrogue en los compromisos tributarios asumidos.

– Y en entidades jurídicas es precisamente el régimen especial de fusiones la única alternativa posible[181]. La STS de 6 de marzo de 2014, recurso de casación 6439/2011, resuelve el recurso interpuesto por la Abogacía del Estado para regularizar la RIC en un caso de fusión en que la reserva quedaba absorbida por la reserva de fusión, pero sin informar de ello en la memoria. El TS estimó que no procedía su regularización porque se podía comprobar la intención de subrogarse en el incentivo por otros medios. La STS de 10 de marzo de 2016, recurso casación 3528/2014, considera que es correcto el traspaso de la RIC en una aportación *in natura*, a pesar de la enconada oposición de la Abogacía del Estado. En la actualidad, este asunto se ha pacificado bastante, siempre que se cumpla escrupulosamente el régimen FEAC.

Los principales problemas que existen en la etapa de mantenimiento de las inversiones están relacionados con el cese de la actividad de quien la dotó (jubilación del empresario individual, traslado de la empresa fuera de Canarias o inactividad de la empresa) o por considerarse que la actividad que desarrollan no es económica (lo que ha ocurrido con frecuencia en la actividad de arrendamiento de inmuebles). En estos supuestos procede la regularización del beneficio fiscal disfrutado, con la correspondiente liquidación de intereses de demora. Es necesario la permanencia de un establecimiento en Canarias que desarrolle actividad económica durante todo el plazo de mantenimiento, incluso en la materialización indirecta, como ha confirmado el **TEAC en resolución de 22 de febrero de 2024.** Matices que son también de aplicación en la RIB.

---

180 El cambio legal con esa posibilidad se efectuó en 2007, pero el TSJC (Sala de Santa Cruz de Tenerife) en sentencia de 2 de julio de 2013 reconoció que era también aplicable a situaciones anteriores a ese año, ya que era una aclaración reglamentaria que la Ley 19/1994 no había puntualizado.

181 La SAN de 23 de mayo de 2013, recurso 151/2010, confirma que sin la aplicación del régimen especial de reestructuraciones empresariales es imposible subrogarse en los derechos y obligaciones contraídos con la RIC. De rechazarse la aplicación de ese régimen existe incumplimiento de la normativa RIC y procede por tanto su regularización.

31.4.2. El plazo de mantenimiento se cuenta a partir de la entrada en funcionamiento del bien

Aunque he señalado que el plazo de materialización coincide con el plazo de entrada en funcionamiento (cuatro años), puede suceder que se realice una inversión con carácter previo a su entrada en funcionamiento. Ha de tenerse en cuenta que el plazo de los cinco/diez años de mantenimiento comenzará a contarse a partir del momento de la entrada en funcionamiento, no de su inversión. De no cumplirse esa circunstancia, procederá la regularización RIC/RIB dotada muchos años antes, con los correspondientes intereses de demora.

31.4.3. La venta o arrendamiento del bien durante el plazo de mantenimiento

La normativa RIC/RIB señala con claridad (en los apartados 8 de las leyes que las regulan) que, durante el plazo de mantenimiento los bienes afectos no pueden enajenarse, arrendarse o cederse su uso a terceros. La interdicción de la venta suele tenerse casi siempre en cuenta, pero no ocurre lo mismo cuando un bien que se explota directamente (una retroexcavadora o una nave industrial, por ejemplo) pasa a arrendarse o cederse su uso a un tercero. Tanto en la venta como en los otros dos casos se produce el incumplimiento de la normativa y por tanto la regularización de la dotación RIC/RIB por el importe del coste de dicho bien.

31.4.4. La pérdida del bien afecto a la RIC/RIB en los casos en que su vida útil sea inferior al plazo de mantenimiento

Sucede en la práctica empresarial que un bien puede perderse por las circunstancias que sean (un accidente, por ejemplo) o que sencillamente no sea económicamente rentable por obsolescencia tecnológica y deje de estar en funcionamiento. En ambas circunstancias se incumple la normativa, procediendo la regularización de la dotación RIC/RIB, excepto que en los seis meses posteriores se adquiera un nuevo bien por el valor neto contable que tiene el que se da de baja y se complete el plazo de cinco / diez años de mantenimiento.

La excepción la introdujo la reforma REF 2018 en el art. 27.8. Cuando la permanencia de los bienes afectos fuera inferior a dicho período, no se considerará incumplido este requisito cuando se proceda a la adquisición de otro elemento patrimonial que lo sustituya por su valor neto contable, con anterioridad o en el plazo de 6 meses desde su baja en el balance, que reúna los requisitos exigidos para la aplicación de la reducción prevista en este artículo y que permanezca en funcionamiento durante el tiempo necesario para completar dicho período. Igual regulación figura en la D.A. 70ª. Cuatro, 8 del Régimen fiscal especial balear.

De no cumplirse el apropiado tratamiento de la excepción, procedería la regularización de la dotación RIC/RIB por el incumplimiento del plazo de mantenimiento.

31.4.5. La jubilación del empresario/profesional individual

En los casos de jubilación de profesionales o empresarios individuales suele suceder que no se complete el plazo de mantenimiento de los bienes afectos a la RIC. La Administración tributaria y los Tribunales de Justicia entienden que se produce el incumplimiento del plazo y procede la regularización de los beneficios fiscales disfrutados con la reserva. Un notario fue en casación al TS con este tema, alegando que tuvo que jubilarse forzosamente, pero el Alto Tribunal, en STS de 12 de febrero de 2018, recurso 5236/2017, no admitió el recurso de casación al tratarse de un supuesto muy concreto sin trascendencia a un gran número de situaciones. En consecuencia, son las sentencias de la AN y del TSJC las que marcan la pauta en esta materia, que consideran que efectivamente hay incumplimiento en la jubilación que impide completar el plazo de mantenimiento. En esta singularidad, es la jurisprudencia menor y no la normativa la que aporta luz en esta cuestión, que entiendo aplicable a la RIB.

31.5. Los requisitos cuyo incumplimiento se sanciona con el 2% de la dotación

Una vez analizados los múltiples casos que ocasionan la regularización parcial o total de la RIC/RIB en los tres procesos de dotación, materialización y mantenimiento de las inversiones, bajamos un escalón en la gravedad del incumplimiento de los requisitos para situarnos en un nuevo estatus jurídico configurado a partir de 2007. El art. 27.3 de la Ley 19/1994 indica que la RIC deberá figurar en los balances con absoluta separación y título apropiado y será indisponible en tanto que los bienes en que se materializó deban permanecer en la empresa. El texto legal comprende una cuestión que por su importancia y gravedad analizamos en el apartado *31.2.13* y con mayor extensión en el capítulo 28 —la indisposición de la reserva— y otra con menores consecuencias jurídicas en su incumplimiento: la falta de contabilización de la RIC/RIB. También estudiamos en este epígrafe el incumplimiento del precepto del art. 27.13 que especifica la información de la reserva que debe figurar en la memoria de las cuentas anuales. Y lo hacemos tanto en la RIC como en la RIB.

31.5.1. La falta de contabilización de la RIC/RIB

Sobre la indisponibilidad de la reserva ya señalamos en el apartado *31.2.13* que de producirse antes de finalizar el plazo de mantenimiento supone la regularización RIC/RIB y la pérdida del beneficio disfrutado. Lo mismo dije respecto a no llevar contabilidad para determinar el rendimiento de la actividad económica en Canarias/Baleares, pero nos ocupamos ahora solo de la contabilización de la dotación RIC/RIB. Antes de 2007, su incumplimiento ocasionaba la pérdida del incentivo, pero a partir de ese año constituye una infracción grave señalada expresamente en el art. 27.17, que implica una sanción del 2% de la dotación efectuada. El mismo precepto se incorporó en 2022 a la D.A. 70ª. Cuatro.15 del Régimen fiscal especial balear.

Es el caso de que se acuerde dotar la reserva por la junta de socios y se aplique correctamente el resultado del ejercicio, pero sin dotar la reserva expresamente en la contabilidad, sino llevándola a remanentes o a reservas voluntarias. La dotación RIC/RIB como tal no está correctamente contabilizada, motivo de que se sancione al contribuyente con el 2% del importe de la dotación. Adicionalmente, habrá que comprobar que la reserva voluntaria o los remanentes en los que figure de forma incorrecta la dotación no hayan sido objeto de reparto o capitalización durante el plazo de materialización y mantenimiento, pues se estaría en el caso más grave de disponer de la RIC/RIB con su preceptiva regularización.

En mi opinión, procede la sanción del 2% en los casos en que la RIC/RIB no se haya contabilizado, pero siempre y cuando el beneficio defectuosamente distribuido en la contabilidad, pero dentro del neto patrimonial, no hubiese sido objeto de reparto o capitalización durante los plazos en que sea indisponible. Si así no fuese, estaríamos ante la pérdida del beneficio disfrutado por disponibilidad de la reserva antes de dichos plazos.

31.5.2. La no constancia en la memoria de la información RIC/RIB

El otro supuesto que se sanciona con el 2% de la dotación es no hacer constar en la memoria la información RIC/RIB señalada en el art. 27.13 de la Ley REF, que antes de 2007 suponía la pérdida del incentivo, y en la D.A. 70ª. Cuatro, 12 del Régimen fiscal especial balear. Se penaliza en el apartado 17 del art. 27 del REF y en el 15 de la D.A. 70ª el hecho de que no figure la información prevista, no que sea incorrecta, que como veremos se sanciona de forma menos onerosa. No obstante, siempre existe el sutil límite de determinar si la información que se facilita en la memoria cumple sustancialmente o no con el requisito legal. Si no lo hiciera podríamos estar ante la sanción del 2%, es el caso, por poner un ejemplo, de una amplia información RIC/RIB consignada en la memoria, pero que nada tiene que ver con la realidad de la empresa.

31.6. Requisitos formales cuyo incumplimiento se sanciona con multa pecuniaria

Finaliza el régimen sancionador aplicable a la RIC/RIB en el art. 27.17 de la Ley REF y en la D.A. 70ª, 15 c) del Régimen balear con dos supuestos diferentes, en que el legislador suaviza los efectos del incumplimiento. Desde 2007 hasta 2015 las sanciones referidas en la Ley que regula la RIC eran mayores: 500 euros por dato omitido con un mínimo de 5.000 euros, pero en la actualidad son más bajas, quedando redactadas como vemos en los dos siguientes apartados.

31.6.1. Los datos falsos, incompletos o inexactos en la memoria

El tratamiento que da la normativa del REF a los datos falsos, incompletos o inexactos en la memoria es igual a la más reciente regulación del Régimen fiscal especial balear, razón por la que podemos analizarlos en conjunto.

El art. 27.17 de la Ley 19/1994 señala en las letras a) y b) los dos supuestos que sanciona con el 2% de la dotación que analizamos en los apartados *31.5.1* y *31.5.2*, mientras que en la letra c) señala una sanción pecuniaria de 100 € por cada dato omitido, falso o inexacto, con un mínimo de 1.000 euros. Lo mismo indica la D. A. 70ª. Cuatro, 15 del Régimen balear.

El primer supuesto tipifica como infracción grave el hecho de incluir datos falsos, incompletos o inexactos en la información RIC/RIB que hay que consignar en la memoria de las cuentas anuales. Desde hace muchos años he destacado la incongruencia de tratar por igual los datos falsos y los incompletos o inexactos, pero así sigue luciendo en la actualidad en el precepto legal (art. 27.17, c y D.A. 70ª. Cuatro,15, c). La sanción es 100 euros por dato omitido, falso o inexacto, con un mínimo de 1.000 euros.

31.6.2. La falta de comunicación de datos o los datos falsos, incompletos o inexactos en la materialización indirecta

El segundo supuesto tipificado en el art. 27. 17, c) segundo párrafo de la Ley REF es el aplicable al incumplimiento de los requisitos formales a tener en cuenta en las comunicaciones de la denominada materialización indirecta, esto es, la inversión en títulos del capital social de una sociedad que vaya a realizar las inversiones aptas para la RIC. Está regulada en el art. 27.4.D, y las obligaciones formales previstas en los artículos 30 y 31 del Reglamento. En el caso de producirse incumplimientos, el legislador establece que se produce una infracción leve, sancionada con multa de 100 euros por dato omitido, con un mínimo de 500 euros.

La misma redacción encontramos en la D. A. 70ª. Cuatro, 15 c) segundo párrafo del Régimen fiscal especial balear, por lo que el tratamiento es igual en la RIC y RIB.

El art. 27.16 de la Ley 19/1994 señala tres salvedades respecto a las consecuencias del incumplimiento de requisitos señalados en la normativa a la hora de regularizar el incentivo fiscal de la RIC. Las tres excepciones que no implican por tanto la pérdida del beneficio disfrutado son las de los apartados 3 (que la reserva figure en los balances y se mantenga en ellos), 10 (los planes de inversión, ya omitidos) y 13 (la información en la memoria); pero se olvida una vez más el legislador que otro apartado, concretamente el 4, señala determinados requisitos de información, como son que la entidad emisora, en las diferentes modalidades de la materialización indirecta, tenga que comunicar determinada información a sus participadas para que, a su vez, puedan cumplimentar las obligaciones que les señala la Ley; y la obligación de las participadas de comunicar a la entidad emisora el importe de la dotación que se materializa en sus títulos y la fecha en que termina su plazo de materialización, para que así pueda realizar en plazo y forma las inversiones necesarias.

Esta exclusión de las salvedades del art. 27.16 podría suponer que esa comunicación, en doble sentido: sociedad emisora-participada-emisora, fuese un requisito sustancial de la RIC, pero no tendría sentido alguno por su escasa importancia relativa, tratándose de uno más de los muchos defectos de técnica legislativa que apreciamos en la normativa RIC. El asunto no ofrece discusión alguna cuando es la propia Ley, en el art. 27.17, la que tipifica con claridad la falta de comunicación como infracción tributaria leve: *a) No comunicar los datos o comunicar datos falsos, incompletos o inexactos a que se refiere la letra D del apartado 4 de este artículo, que será sancionada con multa pecuniaria fija de 150 euros por cada dato omitido, falso o inexacto, con un mínimo de 500 euros.*

Para ello hay que interpretar que la comunicación se refiere tanto a la que ha de suministrar la entidad emisora a sus participadas, como la que ha de efectuar la participada a la emisora, lo que creemos que es así, puesto que la comunicación de datos del art. 27.4 D comprende una y otra. Sánchez Blázquez (2008) opina que esta comunicación en dos sentidos es solo un requisito formal.

La misma observación entiendo que es válida para la RIB: *Constituye infracción tributaria leve la falta de comunicación de los datos o la comunicación de datos falsos, incompletos o inexactos a que se refiere la letra C del número 4 de este apartado, que será sancionada con multa pecuniaria fija de 100 euros por cada dato omitido, falso o inexacto, con un mínimo de 500 euros* [D.A. 70ª. cuatro, 15 c], ya que tampoco hace mención alguna a las comunicaciones que debe enviar la sociedad participada.

31.7. Requisitos en los que ni el ordenamiento jurídico ni la jurisprudencia establecen con claridad los efectos del incumplimiento

Me refiero en este epígrafe a tres cuestiones que durante años han generado alta litigiosidad. Dos siguen en la actualidad sin ser suficientemente clarificadas en el ordenamiento jurídico, pero la tercera entiendo que está ya resuelta. La primera es la problemática sobre la comunicación de las inversiones anticipadas, a pesar de los avances que supuso la STS de 2021; la segunda, la prueba de que las inversiones usadas no estuvieron afectas a la reserva; y la tercera, la liquidación de intereses de demora en la regularización del incentivo en el caso específico de que existan bases imponibles pendientes de compensación o una base imponible negativa del ejercicio.

31.7.1. La comunicación sobre las inversiones anticipadas

La información que hay que comunicar a la AEAT en cumplimiento del tercer apartado del art. 27.11 de la Ley 19/1994: *La materialización y su sistema de financiación se comunicarán conjuntamente con la declaración del Impuesto sobre Sociedades, el Impuesto sobre la Renta de no residentes o el Impuesto sobre la Renta de las personas físicas del periodo impositivo en que se realicen las inversiones anticipadas,* y en la D.A. 70ª. Cuatro, 10 del Régimen fiscal especial balear*: Los contribuyentes a que se refiere este apartado podrán llevar a cabo inversiones anticipadas, que se considerarán como materialización de la reserva para inversiones que se dote con cargo a beneficios obtenidos en el período impositivo en el que se realiza la inversión o en los tres posteriores, siempre que se cumplan los restantes requisitos exigidos en el mismo. La materialización y su sistema de financiación se comunicarán conjuntamente con la declaración del Impuesto sobre Sociedades, el Impuesto sobre la Renta de no Residentes o el Impuesto sobre la Renta de las Personas Físicas del período impositivo en que se realicen las inversiones anticipadas;* es objeto de controversia en la RIC y puede serlo en la RIB.

La Inspección tributaria y el TEARC interpretan en relación con la RIC que su incumplimiento no supone una infracción leve o grave, sino la regularización del beneficio fiscal disfrutado con la dotación (por ser incorrecta la materialización en la inversión anticipada no comunicada). Es decir, las mismas funestas consecuencias de las situaciones extremas o más graves como la de no invertir la dotación. Y todo ello a pesar de la STS de 10 de mayo de 2021, que sentó criterio en cuanto a que la falta de comunicación no suponía el incumplimiento de un requisito sustancial, sino formal, sin que suponga la pérdida del incentivo, salvo que la Administración tributaria acredite que la falta de comunicación fue sustancial en sus labores inspectoras. En la actualidad, la Inspección tributaria incoa actas que suponen la regularización de la RIC en los casos en que el contribuyente no efectuó la comunicación ni reflejó la inversión anticipada en la memoria de las cuentas anuales ni en las casillas correspondientes a la autoliquidación del impuesto del ejercicio en que realizó la inversión anticipada.

Veremos qué opina la Inspección tributaria y el TEAR balear, pero mucho me temo que aplicarán el estricto criterio que aplican en Canarias.

Me he referido *in extenso* a este requisito en el capítulo 29, motivo de que no sea necesario ahondar más en la materia, pero sí tenerla en cuenta, por lo que insisto en ello en este apartado.

31.7.2. El régimen aplicable a las inversiones usadas y la difícil prueba de que no han estado afectas a la RIC/RIB

Las inversiones iniciales afectas a la RIC deben ser, en principio, activos fijos nuevos, pero el penúltimo párrafo del art. 27.4, A de la Ley 19/1994 señala la posibilidad de que sean usados en el caso de que el contribuyente sea una entidad de reducida dimensión (actual art. 101 de la LIS, que haya facturado menos de 10 millones de euros en el ejercicio anterior). Por el cajón de sastre del art. 27.4, C, las empresas que superan la cifra pueden también materializar en activos usados, pero en ambos casos el 27.12 especifica que *estos no podrán haberse beneficiado anteriormente del régimen previsto en este artículo, ni de las deducciones para incentivar la realización de determinadas actividades…, y con la deducción por inversiones regulada en el artículo 94 de la Ley 20/1991.* En consecuencia, todas las empresas pueden materializar en activos usados en Canarias, pero con la importante restricción de que no hayan estado afectos a la reserva con anterioridad. La prueba de ello es un importante hándicap para el contribuyente como explico a continuación.

Desde la creación de la RIC en 1994 existió la posibilidad de materializar en activos usados, condicionada a dos requisitos: i) que los activos fijos usados no podían haberse beneficiado anteriormente de la reserva, obligación que sigue vigente, y ii) que se acreditase además una mejora tecnológica para la empresa, inciso que fue suprimido a partir de 2007.

En la reforma REF 2018, el texto de la Ley, concretamente el art. 27.12, acota sustancialmente a qué RIC no han podido afectarse los activos usados, limitando la restricción a las dotaciones efectuadas a partir de 2007, esto es, considerando válido el hecho de que pudieran haberse afectado anteriormente a las dotaciones 1994-2006, sin necesidad de acreditar su no afección en ese largo periodo. La labor del contribuyente se facilita bastante con el cambio legal, pero era necesario acotar su entrada en vigor, cuestión que se subsanó al considerarse que era una aclaración legal, que surtía efectos desde el origen; no una innovación legal, que se aplicaría a partir de 2018. En la actualidad, nos encontramos con dos periodos bien diferenciados en la materialización en activos usados: (i) desde 1994 hasta 2006, en que era necesario acreditar que las inversiones usadas no han estado afectas a la reserva y que a partir de 2007 se permite su afectación en ese periodo sin ocasionar la pérdida del incentivo, y (ii) a partir de 2007, inclusive, en que los activos usados no han podido ser afectados a la RIC a partir de ese año.

La otra cuestión, no menos importante, es la problemática de probar su no afectación. Si difícil es hacerlo a partir de 2007 no digamos desde

1994, que era prácticamente imposible. Cuando el bien se transmite usado por primera vez es fácil preguntarle al vendedor si lo ha afectado o no a la reserva, pero cuando se haya transmitido más veces, el vendedor solo acreditará la no afectación en el periodo en que lo tuvo. El ejemplo más clarificador de esta compleja circunstancia es cuando se adquiere un inmueble a una entidad financiera que a su vez lo obtuvo de un deudor hipotecario. El banco se limitará a acreditar que no lo ha afectado a la RIC, pero esa manifestación no será suficiente si no se acredita qué ocurrió en el pasado, y ¡a ver quién contacta con una persona o entidad a quien le han quitado su propiedad! En ese lance podría responderse de forma muy simple: ¡que no se afecte el bien a la RIC!, pero hay situaciones en que es la sociedad en general quien se perjudica, como en la adquisición de inmuebles usados para su rehabilitación. Por no conocerse qué ocurrió en el pasado lejano y tener que inclinarse por la no afectación a la reserva, muchas opciones de este tipo simplemente quedan descartadas por los potenciales inversores, cuando lo más fácil es que la AEAT, con sus impresionantes medios informáticos, tuviese una relación de inmuebles afectos a la RIC y ofreciera la información sobre la afectación o no al contribuyente que la solicitase.

La Ley no establece cómo hay que demostrar la no afectación, motivo de que pueda hacerse con cualquier prueba conforme a derecho, pero hay que ser consecuente que la que se antoja como más útil y sencilla: la acreditación del extremo por el vendedor, no es suficiente, puesto que de existir anteriores transmisiones queda sin validez. Solo cobraría eficacia jurídica la manifestación del vendedor de que no lo afectó a la RIC, pero no lo que ocurrió antes de adquirirla. Y no siempre es fácil averiguar qué sucedió en la etapa anterior. Respecto a las entidades, la información que ofrecen las cuentas anuales no está disponible en el Registro Mercantil sino un limitado número de años, y acceder a la declaración del IS de una entidad con la que no se ha tenido relación accionarial se me antoja imposible. No digamos rastrear estas opciones en el caso de empresarios individuales. Más fácil resulta acreditar su no afección a la RIC en el caso de personas físicas que no ejerzan actividades económicas o que no determinen sus rendimientos en estimación directa, donde la no afectación es más evidente.

En síntesis, que el legislador ha de buscar una solución eficiente para que se acredite la no afectación de los bienes usados, sobre todo de inmuebles, debiendo colaborar en esa información la AEAT.

Los activos usados tampoco han podido afectarse a cualquiera de las deducciones por inversiones existentes en el pasado, con el gran inconveniente que el cambio legal de 2018 respecto a la RIC (que solo excluye las inversiones afectas a la RIC a partir de 2007) no menciona nada respecto a la DIC (deducción por inversiones en Canarias), razón de que ¡haya que acreditar que el activo usado no se afectó a dichas deducciones desde 1994! Misión casi imposible.

La problemática por ahora es menor en la RIB, puesto que se dotó por primera vez en 2023, de forma que, si se enajenase un bien afecto, el comprador podrá demandar la información correspondiente al comprador para conocer si es apto o no para la RIB. Conviene recordar que en el Régimen fiscal especial balear también es posible materializar en activos que no sean nuevos, siempre que se afecten a la actividad económica y no se hayan afectados en el pasado a la RIB.

31.7.3. La correspondiente liquidación de intereses de demora en la regularización RIC/RIB

La normativa RIC vigente a partir de 2007 delimita que en caso de regularización de la reserva *se liquidarán intereses de demora en los términos previstos en la Ley 58/2003,* Ley General Tributaria, terminando así con la específica regularización vigente hasta el 31 de diciembre de 2006: *sobre la parte de cuota derivada de lo previsto en el párrafo anterior se girará el interés de demora correspondiente (…).* Mi opinión sobre la liquidación de intereses de demora a partir de enero de 2007 es que procede realizarla a pesar de que el incremento de la base imponible por la regularización RIC se compense con bases imponibles negativas de otros años o con resultados negativos del ejercicio. Con anterioridad a la reforma normativa de 2006 no era así, sin que se liquidasen dichos intereses cuando el incremento de la base imponible se compensaba con pérdidas fiscales. Sin embargo, el TSJC en varias sentencias, entre ellas la de la Sala de Las Palmas de Gran Canaria de 7 de febrero de 2017, recurso 392/2015, sigue manteniendo ese criterio con la normativa vigente a partir de 1 de enero de 2007, por lo que la Abogacía del Estado recurrió en casación al TS, pero sin éxito, porque en el ATS de 4 de octubre de 2017, recurso 3492/2017, el Alto Tribunal no lo admitió por tratarse de un supuesto muy concreto y no general. Por tanto, seguimos sin tener plena seguridad en cuanto a la procedencia de la liquidación de intereses de demora en la regularización RIC que no genere cuota tributaria, obteniendo pronunciamientos diferentes los recursos planteados ante el TSJC respecto a los que se resuelvan en el TEAC y AN.

Por su parte, la RIB está regulada en los mismos términos que la RIC actual en la D.A. 70ª. Cuatro,14: *Se liquidarán intereses de demora en los términos previstos en la Ley 58/2003, de 17 de diciembre, General Tributaria, y en su normativa de desarrollo*. Razón de que el planteamiento expuesto en relación con la RIC sea válido en la RIB.

31.8. El incumplimiento de los requisitos en materia de control de las ayudas de Estado mediante el modelo 282/283

Me referiré brevemente al control de las ayudas de Estado que representan los incentivos fiscales del REF y del Régimen fiscal especial balear y su control respectivo a través de los modelos 282 y 283 (recientemente aprobado en septiembre de 2024 por la orden HAC/1031/2024 de 25 de septiembre). La materia la desarrollé en profundidad en el artículo "Crónica de la RIC 2015. Su control como ayuda de Estado", publicado en 2016 en las revistas *Hacienda Canaria y Técnica Tributaria*, y es objeto de análisis en los dos siguientes capítulos[182]. Desde 2015, el ahorro fiscal disfrutado con las ayudas de Estado (en concreto, con la RIC) no puede exceder de determinados límites[183], debiéndose controlar por el propio contribuyente en el modelo 282, que hay que presentar conjuntamente con la declaración del IS/IRPF del ejercicio en que se han generado las ayudas. Los límites de las ayudas, concretamente las ayudas de funcionamiento, se han incrementado en 2017 hasta el 30% del volumen de negocio de los contribuyentes (antes 10% para las empresas comerciales y de servicios, y 17,5% para las empresas industriales), razón de que sean prácticamente anecdóticos los casos en que la intensidad en la aplicación de los incentivos fiscales del REF supere el límite. No obstante, conviene siempre tener en cuenta la obligación de declarar en el modelo 282 las ayudas iniciales y de funcionamiento recibidas, porque su incumplimiento ocasiona la imposición de sanciones tributarias.

La disposición adicional cuarta del R.D.L. 15/2014 es la que establece lo que ocurre si se superan los límites de ayudas. Por un lado, hay que devolver el exceso, y por otro, existe una infracción cuya sanción consistirá en una multa pecuniaria proporcional del 20% del exceso. Pero no quedan

---

182 Miranda (2016). "Crónica de la RIC 2015". *Revistas Hacienda Canaria y Técnica Tributaria.*

183 Las ayudas regionales a la inversión (inversión inicial) se limitan en función del importe de la inversión (35% con carácter general en Canarias, 45% para las empresas medianas y 55% para las empresas pequeñas), mientras que las ayudas al funcionamiento de las empresas lo hacen en función del 30% del volumen de negocios de la empresa que las obtiene.

ahí las consecuencias de calcular mal los límites y sobrepasarlos, sino que la no presentación en plazo del modelo 282 y su presentación de forma incompleta, inexacta o con datos falsos dará lugar a la sanción de 20 euros por cada dato o conjunto de datos que hubiera debido incluirse, con un mínimo de 300 euros y un máximo de 20.000 euros[184]. Si la presentación no se hiciera por medios telemáticos o fuera de plazo sin requerimiento previo de la Administración, las sanciones serán la mitad.

La novedad que introdujo la reforma 2018 del REF en la materia es que dejó de ser sancionable el hecho de sobrepasar los límites de ayuda establecidos. Incluso, si atendemos a la omisión en la nueva redacción del artículo, las infracciones que afectan al modelo 282 quedan al margen del procedimiento sancionador especial[185]. Veremos cómo actuará el órgano revisor cuando empiece a comprobar estas situaciones.

Los límites de las ayudas recibidas se han incorporado a la normativa RIC a partir de 2007, pero su incumplimiento incluso se regulariza en periodos anteriores, como lo señala la STS de 29 de junio de 2015, recurso de casación 233/2014, en que una sociedad había recibido subvenciones en un proyecto hotelero afecto a la RIC, superando el límite del 40% de las ayudas a las inversiones iniciales. El TS confirmó la pérdida de la subvención que superaba el límite conjunto del 40%.

– Respecto a la RIB, la orden de Hacienda de 25 de septiembre de 2024 ha aprobado el modelo 283 de declaración de las ayudas recibidas, pero sin que aún esté disponible (se anuncia para el 2 de noviembre de 2024) el modelo telemático en la web de la AEAT. A la denominada «Declaración informativa anual de ayudas recibidas en el marco del Régimen fiscal especial de las Illes Balears» están obligados a presentarla los contribuyentes del IRPF, del IS o del IRNR que hayan sido beneficiarios de ayudas obtenidas en virtud de todos los incentivos aplicables en el marco del Régimen fiscal especial balear.

El plazo de presentación coincide con el de la declaración de los impuestos cada año. Excepcionalmente, para los períodos impositivos iniciados a partir de 1 de enero de 2023 y que concluyan antes de 1 de enero de 2025, si la presente orden ministerial no hubiera entrado en vigor en la fecha en que finalice el plazo de presentación de la declaración informa-

---

184 Régimen sancionador que curiosamente fue suprimido por el art. 3 de la Ley 8/2018, aplicándose por defecto la LGT.

185 Con independencia de que se apliquen las sanciones que correspondan por la LGT.

tiva, esta deberá presentarse dentro de los 25 días naturales siguientes a la fecha de entrada en vigor de dicha orden ministerial. La entrada en vigor de la orden se señala el 1 de noviembre de 2024, por lo que el plazo del modelo 283 de 2023 vencerá el 25 de noviembre de 2024, siempre que esté operativo el modelo en la web de la AEAT.

31.9. Requisitos mercantiles y tributarios que pueden afectar a la dotación

Analizamos finalmente dos cuestiones a tener en cuenta en el ámbito de la dotación RIC/RIB. No se señalan como requisitos sustanciales o formales en las normativas de los incentivos, pero pueden tener relación con la correcta dotación en determinadas circunstancias, sobre todo, cuando haya que acreditarse algún hecho vinculado al momento de la dotación.

31.9.1. La legalización de los libros de contabilidad, libros de actas y el depósito en plazo de las cuentas anuales en el Registro Mercantil no son requisitos sustanciales ni formales del incentivo

Analizamos en capítulos anteriores que para dotar RIC/RIB es necesario llevar contabilidad que represente la imagen del patrimonio de la empresa. Sin una contabilidad que determine correctamente el beneficio de la empresa y exprese su imagen fiel, no hay dotación que valga. Es un requisito sustancial del incentivo o, si queremos matizar aún más, un presupuesto previo que ha de darse en la empresa si quiere aplicarlo. No ocurre, sin embargo, con los aspectos derivados de la legislación mercantil consistentes en la legalización en el Registro Mercantil de los libros de contabilidad, libro de actas y depósito de cuentas anuales. Obligaciones mercantiles que en sí mismas no constituyen un requisito ni tan siquiera formal del incentivo fiscal RIC/RIB, por mucho que en los primeros años de la aplicación de la RIC así lo pretendiera la Administración tributaria. No solo en la actualidad, sino desde hace muchos años, incluso con la normativa vigente hasta el 31 de diciembre de 2006, las obligaciones mercantiles dejaron de considerarse por la Administración como requisitos formales o sustanciales de la RIC[186], criterio que se proyecta a la RIB.

[186] Véase Miranda Calderín, 2005. *La planificación fiscal de la RIC*, páginas 407 y ss.

No por ello hay que quedarse con la sensación de que para poco o nada sirve el cumplimiento de los requisitos mercantiles en relación con la RIC/RIB, ya que cobra su auténtico valor como medio de prueba de que se tomó la decisión de dotar las reservas y, en su caso, de que se tomase el acuerdo antes de la presentación de la autoliquidación del impuesto, sobre todo, en los casos en que la autoliquidación se haya efectuado fuera del plazo señalado en la legislación vigente del IS o del IRPF.

31.9.2. La presentación en plazo de la autoliquidación del impuesto con la dotación RIC/RIB

En la normativa vigente hasta el 31 de diciembre de 2006, el art. 27.8, primer párrafo, establecía la presunción *iuris tantum* de que se entendía dotada la RIC en tiempo y forma si se presentaba la autoliquidación del impuesto dentro del plazo legal. Sin embargo, la presunción desapareció en la normativa vigente a partir de 1 de enero de 2007. Los efectos de su omisión no suponían una merma de las garantías del contribuyente, puesto que, con anterioridad a su redacción en diciembre de 2002, los Tribunales de Justicia venían aplicando la misma teoría. Es por ello que, aunque haya desaparecido el párrafo del art. 27 —estuvo vigente en 2003, 2004, 2005 y 2006—, los efectos siguen siendo los mismos que si continuase la anterior redacción RIC.

La presentación en plazo del impuesto con la dotación RIC/RIB no es en principio un requisito sustancial o formal de estos incentivos, puesto que precepto alguno en las leyes que los regulan lo señala expresamente, pero combinada la presentación en plazo con otros factores, puede ser decisiva para acreditar que se tomó la decisión de dotar RIC/RIB; o al contrario, para rechazar la dotación efectuada cuando concurren dos hechos significativos: la presentación fuera de plazo del impuesto y el depósito extemporáneo de las cuentas anuales en el Registro Mercantil con la aplicación del resultado a la dotación RIC/RIB. De esta forma actúa desde 2010 la Inspección de los tributos y la Dependencia de Gestión Tributaria en relación con la RIC, criterio que entiendo extrapolable a la RIB.

La dotación RIC/RIB y la presentación fuera de plazo del impuesto con la dotación son válidas siempre que pueda probarse que la decisión de dotarlas se tomó antes de la presentación de la autoliquidación, aunque se haya efectuado fuera de plazo. Si la firma del administrador en la certificación de la aprobación de cuentas y aplicación del saldo de pérdidas y ganancias a la dotación RIC/RIB fue legitimada notarialmente antes de la presentación del impuesto, es una prueba de que la decisión se tomó antes de la autoliquidación, aunque se haya efectuado fuera de plazo. Lo mismo ocurre con la presentación dentro del plazo legal de las cuentas anuales en el Registro Mercantil para su depósito con la dotación RIC/RIB en la certificación, y cuando las cuentas se depositan en un plazo prudencial en el R. M., aunque sea fuera de plazo, tal como señala el TSJC en varias sentencias analizadas en el capítulo 3. En estas circunstancias y alguna más —por ejemplo, cuando en la junta de socios es un notario el que levanta el acta en que consta la decisión de dotar RIC/RIB y la junta se celebra antes de la presentación del impuesto— la presentación fuera de plazo del impuesto no tiene porqué invalidar la aplicación del incentivo.

No obstante, hay que tener en cuenta el caso contrario, que por mucho que se presente el impuesto con la dotación RIC/RIB dentro de plazo no tiene porqué considerarse dotada en tiempo y forma. Habrá que demostrar siempre que se tomó la decisión con anterioridad a la autoliquidación del impuesto y que se tomaron las formalidades previstas en la legislación mercantil.

Mi opinión es que la presentación en plazo del impuesto con la dotación RIC/RIB no es un requisito sustancial, que invalida la aplicación del incentivo, ni un requisito formal, calificado como infracción grave o leve por la propia normativa RIC/RIB, sino un mero elemento que puede servir de prueba para acreditar que se tomó la decisión de dotar RIC/RIB antes de la autoliquidación. Criterio que venía siendo aplicado por el TSJC antes de la redacción del art. 27.8, primer párrafo, en diciembre de 2002.

No he encontrado resoluciones ni consultas vinculantes que traten esta materia desde 2011 hasta 2024.

A modo de resumen, las cuestiones planteadas en los epígrafes anteriores se reflejan en la ficha resumen.

31.10. Ficha resumen de los efectos del incumplimiento de los requisitos sustanciales y formales de la RIC/RIB

MATERIA	Pérdida total o parcial del incentivo	Sanción
DOTACIÓN		
1. No acordar la dotación antes de presentar las declaraciones del IS/IRPF (criterio jurisprudencial)	X	
2. La dotación de la RIC/RIB con beneficios generados fuera de Canarias/Baleares (art. 27.1 Ley 19/1994 y D.A. 70ª.Cuatro,1 Régimen balear)	X	
3. La dotación de la RIC/RIB con beneficios no procedentes de actividad económica (art. 27.2 Ley REF y D.A. 70ª. Cuatro,2 Régimen balear)	X	
4. La dotación de la RIC con beneficios que se consideran "distribuidos" (art. 27.2 Ley REF y D.A. 70ª. Cuatro,2 Régimen balear)	X	
5. La dotación que excede del 90% del beneficio no distribuido (art. 27.2 Ley REF y D.A. 70ª. Cuatro,2 Régimen balear)	X	
6. La dotación con el beneficio generado en la enajenación de un bien afecto a la RIC 2007 y años siguientes. RIB a partir de 2023 (art. 27.2 Ley REF y D.A. 70ª. Cuatro,2 Régimen balear)	X	
7. La dotación de la RIC sin partir del beneficio contable (art. 27.1 Ley REF; criterio jurisprudencial y D.A. 70ª. Cuatro,1 Régimen balear)	X	
8. La dotación efectuada por una entidad que no puede disfrutar del incentivo (art. 27.1 Ley REF y D.A. 70ª. Cuatro,1 Régimen balear)	X	
9. La dotación efectuada por sociedades de profesionales en determinados casos (doctrina administrativa)	X	
10. La dotación RIC/RIB sin llevar contabilidad (art. 27.1, 27.15 Ley y art. 3 del Reglamento REF; y D.A. 70ª. Cuatro,13 Régimen balear)	X	
11. La dotación que no tenga en cuenta la disminución de los fondos propios (art. 27.2 Ley REF y D.A. 70ª. Cuatro,2 Régimen balear)	X	

MATERIA	Pérdida total o parcial del incentivo	Sanción
12. La disposición de la reserva con anterioridad al plazo de mantenimiento (art. 27.3 y 27.16 Ley REF y D.A. 70ª. Cuatro,3 Régimen balear)	X	
MATERIALIZACIÓN		
1. La materialización no efectuada o que no entró en funcionamiento dentro del plazo legal (art. 27.4 Ley REF y D.A. 70ª. Cuatro,4 y 7 Régimen balear)	X	
2. La materialización en bienes no susceptibles de la RIC/RIB (art. 27.4,5 y 6 Ley REF y D.A. 70ª. Cuatro, 4 y 5 Régimen balear)	X	
3. La materialización en bienes usados afectos con anterioridad a la RIC/RIB (art. 27.4.A y 27.12; y D.A. 70ª. Cuatro,11 Régimen balear)	X	
4. La inclusión en el importe de la materialización de impuestos e intereses o su precio por encima del valor de mercado (art. 27.6 REF y D.A. 70ª. Cuatro,6 Régimen balear)	X	
5. La no disminución del importe de la inversión de las subvenciones recibidas (art. 27.6 REF y D.A. 70ª. Cuatro,6 Régimen balear)	X	
6. La materialización no prevista en la normativa efectuada por entidades financieras y sociedades que presten servicios intragrupo (art. 27.1 Ley y arts. 2 y 6 del Reglamento REF. No se aplica a la RIB.)	X	
7. El no ejercicio de la opción de compra en los contratos de arrendamiento financiero (art. 27.9 y 27.16 REF y D.A. 70ª. Cuatro, 9 Régimen balear)	X	
MANTENIMIENTO		
1. El plazo de mantenimiento se cuenta a partir de la entrada en funcionamiento del bien (art. 27.7 Ley REF y REF y D.A. 70ª. Cuatro,7 Régimen balear). Si no se computa así supone la regularización.	X	
2. La venta o el arrendamiento del bien durante el plazo de cinco años (art. 27.8 Ley REF y D.A. 70ª. Cuatro,8 Régimen balear)	X	

MATERIA	Pérdida total o parcial del incentivo	Sanción
3. La pérdida del bien o los casos en que su vida útil sea inferior al plazo (art. 27.8 Ley REF y D.A. 70ª. Cuatro,8 Régimen balear)	X (salvo sustitución)	
4. La jubilación del empresario/profesional individual antes del plazo de mantenimiento (art. 27.8 Ley REF y criterio jurisprudencial)	X	
FORMALIDADES		
1. La falta de contabilización de la reserva	-	2% de la dotación
2. La no constancia en la memoria de las cuentas anuales de la información RIC/RIB	-	2% de la dotación
3. Los datos RIC/RIB falsos, incompletos o inexactos en la memoria	-	100 euros por dato. Mínimo 1.000 euros
4. La falta de comunicación de datos o los datos falsos, incompletos o inexactos en la materialización indirecta	-	100 euros por dato. Mínimo 500 euros
OTROS CASOS PENDIENTES DE ACLARACIÓN LEGAL		
1. La no comunicación de las inversiones anticipadas (art. 27.11 Ley REF y REF y D.A. 70ª. Cuatro,10 Régimen balear)	¿?	¿?
2. El régimen aplicable a las inversiones usadas y la prueba de que no han estado afectas a la RIC/RIB (art. 27.4, A y C Ley REF y D.A. 70ª. Cuatro,11 Régimen balear) y a la deducción por inversiones	¿?	¿?
3. La correspondiente liquidación de intereses de demora (art. 27.16 Ley REF y D.A. 70ª. Cuatro,14 Régimen balear)	-	¿?
EL CONTROL DE AYUDAS Y EL MODELO 282/283		
1. La superación de los límites de las ayudas (disp. adicional cuarta RDL 15/2014)	Devolución del exceso	Multa del 20% del exceso*
2. La no presentación del modelo 282/283 o su presentación incorrecta		Sanción de 20 euros por dato, con mínimo de 300*
3. La presentación fuera de plazo sin requerimiento o su no presentación telemática		50% de la sanción anterior*

* Régimen sancionador derogado en el REF por el art. 3 de la Ley 8/2018. Vigente en el Régimen fiscal balear. En su defecto se ha de aplicar la LGT.

Fuente: elaboración propia a partir del texto del capítulo y la normativa. La expresión ¿? significa que no está suficientemente claro cuál es el efecto del incumplimiento o el alcance de la prueba.

En 2007 existió un punto de inflexión en el tratamiento de algunos aspectos formales de la RIC que estaban ocasionando la pérdida del ahorro disfrutado por la aplicación del incentivo, pero aun así hay múltiples casos en que el incumplimiento de la normativa específica continúa suponiendo la regularización del beneficio fiscal. Son los que denominamos requisitos sustanciales y que podemos encontrarlos en la Ley 19/1994, en los tres procesos de dotación, materialización y mantenimiento de las inversiones, o recurriendo a la interpretación jurisprudencial.

Es en el proceso de dotación donde se ocasionan más incumplimientos en los requisitos sustanciales de la reserva, algunos de ellos ni tan siquiera señalados expresamente en la normativa, como el momento en que ha de decidirse la dotación, que ha sido objeto de interpretación jurisprudencial en el sentido de que ha de ser previo a la presentación de la declaración del impuesto, o la indisponibilidad de la reserva hasta que finalice el plazo de mantenimiento, materia en la que el legislador se contradice en la redacción del art. 27.16. En este proceso he destacado doce casuísticas diferentes, que se incrementarán con seguridad con el paso del tiempo, a medida que la Administración tributaria siga innovando en sus planteamientos de comprobación. Le sigue en importancia el proceso de materialización, en el que he señalado siete aspectos concretos en que el incumplimiento de la norma ocasiona la pérdida del incentivo, si bien en ese proceso han existido menos sorpresas interpretativas (salvo en el caso de las inversiones en activos usados e inversiones anticipadas). Menos son los casos, cuatro, destacados en el proceso final de mantenimiento de las inversiones, en que incidimos en las funestas consecuencias de la jubilación del empresario que dotó la RIC antes de la finalización del plazo de mantenimiento.

Después de treinta años de aplicación continuada de la RIC sigue existiendo focos puntuales de conflicto en cuestiones en que el legislador no ha actuado eficientemente y que los Tribunales de Justicia aplican el criterio de que los beneficios que se obtienen con la aplicación de la reserva son tan intensos que se le debe exigir al contribuyente el más estricto cumplimiento de sus obligaciones. Entre esas materias está la falta de comunicación de las inversiones anticipadas y su forma de financiación, y la prueba diabólica de que los activos usados adquiridos no hayan estado anteriormente afectos a la reserva (ni a la DIC), retrotrayéndose sus efectos a 1994, pero con la importante modificación de la reforma del REF 2018, que limita esa interdicción a las dotaciones RIC 2007 y siguientes. Nada dice sobre la deducción por inversiones en Canarias (DIC) en el periodo 1994/2006.

A los requisitos sustanciales y formales de la reserva se ha añadido con posterioridad el régimen de control y el sancionador aplicable a las ayudas de Estado, de conformidad con las directrices comunitarias. El primero pretende lograr que las ayudas que reciban determinadas inversiones (iniciales) o contribuyentes (ayudas de funcionamiento) no superen la intensidad que señala la normativa. En el caso de hacerlo se sancionará a sus beneficiarios con el 20% del exceso de la ayuda disfrutada. El segundo se aplica a determinados supuestos comprendidos en el modelo 282 de declaración de ayudas recibidas, cuyo incumplimiento o presentación incorrecta ocasiona sanciones menores, salvo su acumulación. Régimen sancionador que extrañamente fue derogado por el art. 3 de la Ley 8/2018 en relación con la RIC, pero que figura tal como estaba antes en el REF en el Régimen fiscal especial balear. En su defecto se aplica la LGT.

Capítulo 32

EL CONTROL DE LA INTENSIDAD DE LA RIC COMO AYUDA DE ESTADO

El Título V del Reglamento del REF, en la versión vigente redactada por el RD 1022/2015, se dedica al "Control de los incentivos y límites de la acumulación de ayudas derivados de la aplicación del Derecho de la Unión Europea", que transpone al ordenamiento interno los preceptos de las directrices comunitarias y del Reglamento europeo de Exención en materia de ayudas de Estado. Y lo hace en un reglamento de desarrollo de la Ley 19/1994, que regula los incentivos del REF, en una norma estrictamente tributaria, mezclando así conceptos relacionados con el control de ayudas, que provienen de la normativa europea, con especificaciones sobre la aplicación de los incentivos fiscales. Analizamos en este capítulo cómo y cuándo se declaran las ayudas recibidas, la cuantificación de la intensidad y el régimen sancionador por no hacerlo correctamente. Como las ayudas de Estado que se aplican en el REF difieren de las *ayudas de minimis* que sustentan el Régimen fiscal especial balear, el estudio de cada régimen lo hago por separado en este (RIC) y en el siguiente capítulo (RIB).

32.1. Legislación vigente

– Ley 19/1994 REF

Art. 27.7. Se entenderá producida la materialización, incluso en los casos de la adquisición mediante arrendamiento financiero, en el momento en que los activos entren en funcionamiento.

Art. 27.18. Reglamentariamente se determinará la información que deban suministrar los sujetos pasivos que practiquen la reducción prevista en este artículo junto con la declaración por el Impuesto sobre Sociedades, del Impuesto sobre la Renta de las Personas Físicas o del Impuesto sobre la Renta de no Residentes, con el objeto de verificar que el importe de las ayudas y beneficios obtenidos en relación con una misma inversión no excede de los límites establecidos en el apartado 14 de este artículo.

Reglamentariamente se determinarán los plazos y condiciones para que el sujeto pasivo notifique las inversiones efectuadas con cargo a la reserva regulada en este artículo para la adquisición de elementos de transporte marítimo o aéreo y las realizadas, en el sector de la transformación y comercialización de productos agrícolas, cuando, en este último caso, su importe sea superior a veinticinco millones de euros o el correspondiente a la cuota por los

Impuestos que se hubieran devengado, cuando no hubieran sido de aplicación las medidas fiscales reguladas en esta Ley, supere los doce millones de euros.

– Reglamento 1758/2007, Reglamento REF

TÍTULO V. Control de los incentivos y límites de la acumulación de ayudas derivados de la aplicación del Derecho de la Unión Europea

Artículo 36 Ayudas de Estado

A los efectos del seguimiento y control de la acumulación de ayudas establecido en el Reglamento (UE) n.º 651/2014 de la Comisión de 17 de junio de 2014 por el que se declaran determinadas categorías de ayudas compatibles con el mercado interior en aplicación de los artículos 107 y 108 del Tratado (DO L 187, de 26.6.2014), y en la disposición adicional cuarta del Real Decreto-ley 15/2014, de 19 de diciembre, de modificación del Régimen Económico y Fiscal de Canarias, tienen la consideración de:

1. "Ayudas regionales al funcionamiento" los siguientes incentivos y regímenes:

(...) d) La reserva para inversiones en Canarias, en la parte regulada en el apartado 4, letras B bis, C y D, del artículo 27 de la Ley 19/1994, de 6 de julio. (...)

2. "Ayudas regionales a la inversión" los siguientes incentivos y regímenes:

(...) c) La reserva para inversiones en Canarias, en la parte regulada en el apartado 4, letras A y B, del artículo 27 de la Ley 19/1994, de 6 de julio. (...)

3. "Ayudas a las PYME":

La deducción por inversiones en territorios de África Occidental y por gastos de publicidad y propaganda regulada en el artículo 27.bis de la Ley 19/1994, de 6 de julio.

4. "Ayudas para obras audiovisuales":

La deducción por inversiones en producciones cinematográficas y series audiovisuales realizadas en Canarias regulada en la disposición adicional decimocuarta de la Ley 19/1994, de 6 de julio.

Artículo 37 Cómputo de las ayudas a efectos de su acumulación

*Las ayudas obtenidas por un beneficiario en virtud de todos los incentivos aplicables en el marco del Régimen Económico y Fiscal de Canarias, así como de aquellos otros, cualquiera que sea su naturaleza, que tengan la consideración de ayudas de Estado se incluirán en la declaración informativa a que se refiere la disposición adicional cuarta del Real Decreto-ley 15/2014, de 19 de diciembre, computándose en el ejercicio en el que se generan, **excepto en el caso de la reserva para inversiones en Canarias en el que se computarán en el ejercicio en el cual se realizan las inversiones en las que se materializa dicha reserva**. En particular:*

1. Ayudas regionales de funcionamiento. Se acumulan tomando en consideración el periodo impositivo del Impuesto sobre Sociedades o del Impuesto sobre la Renta de las Personas Físicas, según los beneficiarios de aquellos sean contribuyentes de uno u otro impuesto y se computarán conforme a los siguientes criterios:

(...) d) Reserva para inversiones en Canarias. Se computará el resultado de multiplicar el tipo impositivo del Impuesto sobre Sociedades correspondiente al tipo de entidad beneficiaria por el importe de las inversiones realizadas conforme a las letras B bis, C y D, del apartado 4 del artículo 27 de la Ley 19/1994, de 6 de julio. Para los contribuyentes del Impuesto sobre la Renta de las Personas Físicas se computará la parte proporcional de la deducción aplicada en el periodo impositivo correspondiente a las inversiones realizadas.

Si la inversión se ha financiado con dotaciones realizadas en varios ejercicios, deberán corregirse los resultados por un coeficiente de actualización tomando como base el tipo de referencia aplicable a España publicado en el "Diario Oficial de la Unión Europea" que esté vigente a fecha de 31 de diciembre del primer ejercicio en que se dotó la reserva. Cuando el período impositivo no coincida con el año natural, se empleará el tipo de referencia vigente el último día del primer ejercicio.

Cuando las citadas inversiones se lleven a cabo de manera anticipada y las mismas tengan la consideración de materialización de la reserva para inversiones que se dote en ese ejercicio o en los tres posteriores, se computará la reducción de la cuota íntegra consignada en el Impuesto sobre Sociedades o en el Impuesto sobre la Renta de las Personas Físicas del periodo impositivo en el que efectivamente se dote la reserva. (...)

2. Las ayudas regionales a la inversión. Se acumulan las ayudas correspondientes a un mismo proyecto de inversión, sin que resulte procedente su división artificial, y las correspondientes a distintos proyectos de inversión pero relativas a los mismos costes subvencionables. Las ayudas se computarán conforme a los siguientes criterios: (...)

c) Reserva para inversiones en Canarias. Se computará el resultado de multiplicar el tipo impositivo del Impuesto sobre Sociedades correspondiente al tipo de entidad beneficiaria, por el importe de las inversiones realizadas conforme a las letras A y B del apartado 4 del artículo 27 de la Ley 19/1994, de 6 de julio. Para los contribuyentes del Impuesto sobre la Renta de las Personas Físicas se computa la parte proporcional de la deducción aplicada correspondiente a las inversiones realizadas.

Cuando la inversión se haya financiado con dotaciones realizadas en varios ejercicios o en los casos en los que las citadas inversiones se realicen de manera anticipada se aplican los criterios indicados en el apartado 1.d) de este artículo.

Artículo 38 Límites de la acumulación de las ayudas

1. La acumulación de las ayudas obtenidas en virtud de todos los incentivos aplicables en el marco del Régimen Económico y Fiscal de Canarias, así como de aquellos, cualquiera que sea su naturaleza, que tengan la consideración de ayudas de Estado, no podrá exceder de los siguientes límites:

a) Ayudas regionales al funcionamiento. Son de aplicación los límites establecidos en la disposición adicional segunda del Real Decreto-ley 15/2014, de 19 de diciembre.

En aquellos casos en los que un beneficiario realice actividades en sectores con diferentes límites de acumulación de ayudas, el cómputo de los mismos se realizará de forma separada según correspondan al sector industrial, definido en la citada disposición adicional segunda, o al resto de los sectores. Cuando las ayudas no puedan imputarse íntegramente a un sector determinado, se computará en cada sector la parte proporcional de la ayuda correspondiente al volumen de negocios que represente cada actividad sobre el volumen de negocios anual del beneficiario.

A estos efectos se entenderá por volumen de negocios el importe de la venta de productos y de la prestación de servicios u otros ingresos correspondientes a las actividades ordinarias de la empresa, deducidas las bonificaciones y demás reducciones sobre las ventas así como el Impuesto General Indirecto Canario, y otros impuestos directamente relacionados con el volumen de negocios que deban ser objeto de repercusión.

b) Ayudas regionales a la inversión. Son de aplicación los límites establecidos en las Directrices sobre las ayudas estatales de finalidad regional para 2014-2020 (DO de 23.7.2013), el Reglamento (UE) n.º 651/2014, y el resto del Ordenamiento comunitario aplicable, en su caso, en materia de ayudas estatales. (…)

2. Si con motivo de las actuaciones de comprobación, inspección o control, se verifica que se han superado los límites de acumulación de ayudas por un mismo beneficiario, el órgano competente procederá a exigir el reintegro por el importe total del exceso, conforme al procedimiento que corresponda en atención a las ayudas de su ámbito de competencias y hasta el límite de las citadas ayudas. Si el exceso supera el importe exigible dentro de su ámbito competencial, se dará traslado al órgano competente de las demás ayudas para que procedan a la exigencia de la cuantía restante.

En los casos de ayudas de naturaleza tributaria, en el procedimiento de reintegro se seguirá el orden establecido en los apartados 1 y 2 del artículo 36 de este Reglamento.

Artículo 38 bis Competencias de control

El seguimiento y control de la acumulación de las ayudas obtenidas en virtud de los incentivos aplicables en el marco del Régimen Económico y Fiscal de Canarias, así como de aquellos otros, cualquiera que sea su naturaleza, que tengan la consideración de ayudas de Estado se realizará, en el ámbito de la Administración del Estado, por la Agencia Estatal de Administración Tributaria en cuanto a las materias propias de su competencia, sin perjuicio de las atribuidas a la Intervención General de la Administración del Estado, que se regirá por su normativa específica, a cuyo efecto resultará de aplicación lo dispuesto en el artículo 95.1.l) de la Ley 58/2003, de 17 de diciembre, General Tributaria, y de las que correspondan a otros órganos u organismos del Estado y a otras Administraciones Públicas.

Conforme a lo establecido en la disposición adicional segunda del Real Decreto-ley 12/2006, de 29 de diciembre, por el que se modifican la Ley 19/1994, de 6 de julio, de Modificación del Régimen Económico y Fiscal de Canarias, y el Real Decreto-ley 2/2000, de 23 de junio, la Agencia Estatal de Administración Tributaria remitirá a la Intervención General de la Administración del Estado la información necesaria sobre las ayudas de Estado derivadas de la aplicación de la citada Ley, para su incorporación a la Base de Datos Nacional de Subvenciones regulada en el artículo 20 de la Ley 38/2003, de 17 de noviembre, General de Subvenciones [redacción 2015].

– Real Decreto ley 15/2014

Disposición adicional segunda. Adecuación de los incentivos aplicables en el marco del Régimen Económico y Fiscal de Canarias al ordenamiento comunitario

1. La regulación y aplicación de los incentivos aplicables en el marco del Régimen Económico y Fiscal de Canarias se ajustará a lo establecido en el ordenamiento comunitario.

En particular, se observará lo preceptuado en el Reglamento (UE) No 651/2014 de la Comisión, de 17 de junio de 2014, por el que se declaran determinadas categorías de ayudas compatibles con el mercado interior en aplicación de los artículos 107 y 108 del Tratado.

2. La aplicación de los beneficios fiscales que tengan la consideración de ayudas regionales al funcionamiento establecidos en el Libro II y en el artículo 94 de la Ley 20/1991, en la Ley de la Comunidad Autónoma de Canarias 4/2014, de 26 de junio, por la que se modifica la regulación del arbitrio sobre importaciones y entregas de mercancías en las Islas Canarias, en los artículos 26 y 27 y en el Título V de la Ley 19/1994, y en la disposición adicional duodécima de la Ley 43/1995, de 27 de diciembre, del Impuesto sobre Sociedades, así como las ayudas al transporte de mercancías comprendidas en el ámbito del Real Decreto 362/2009, de 20 de marzo, sobre compensación al transporte marítimo y aéreo de mercancías no incluidas en el anexo I del Tratado Constitutivo de la Comunidad Europea, con origen o destino en las Islas Canarias, y de la Orden de 31 de julio de 2009 del Consejero de Obras Públicas y Transportes del Gobierno de Canarias, por la que se aprueban las bases de vigencia indefinida para la concesión de subvenciones al transporte interinsular de mercancías no incluidas en el anexo I del Tratado Constitutivo de la Comunidad Europea, estarán sujetas al límite que establezca en cada momento el Reglamento (UE) Nº 651/2014 de la Comisión, de 17 de junio de 2014, por el que se declaran determinadas categorías de ayudas compatibles con el mercado interior en aplicación de los artículos 107 y 108 del Tratado.

Dicho límite operará sobre el volumen de negocios anual del beneficiario obtenido en las Islas Canarias [redacción por la Ley 8/2018].

En la evolución legislativa se aprecia, en primer lugar, que la Ley REF solo hace una remisión a las disposiciones reglamentarias, por lo que para el control de las ayudas hubo que esperar a que el legislador incorporara al ordenamiento interno las directrices comunitarias para el período 2014-2020. Lo hizo en 2015, al tiempo que se publicaba la orden con el modelo 282 de declaración de las ayudas. No obstante, la falta de claridad y deficiente regulación de muchos aspectos han generado conflictividad. Discrepancias que han sido parcialmente resueltas en algunas materias por el TS. En caso de controversia entre la normativa europea sobre el control de ayudas y la normativa interna y su interpretación jurisprudencial, ¿qué criterio hay que seguir? La respuesta rápida es la aplicación de la normativa superior, la de la UE en materia de ayuda de Estado, pero ello provoca evidentes fricciones. A título ilustrativo, en la normativa europea transpuesta (art. 37 primer párrafo del Reglamento REF) se señala que en el caso de la RIC se incluirá la ayuda que representa en la declaración informativa (modelo 282) en el año en que se realizan las inversiones; y, al contrario, la interpretación jurisprudencial, hoy incluida en el art. 27 de la Ley del REF, dice que se entiende materializada la RIC en el año en que las inversiones entran en funcionamiento. Se trata de una discrepancia normativa con consecuencias de gran relevancia en la práctica y gestión del incentivo fiscal. Además, hubo que cambiar en 2018 el texto de la disposición adicional segunda del RD ley 15/2014, que regula el control de las ayudas, para solucionar problemas en la interpretación de la normativa europea.

Con posterioridad, la UE publicó las directrices comunitarias de ayudas de Estado para 2022-2027, que fijan los nuevos límites en función del Mapa territorial de ayudas aprobado por la Comisión para España. Es resaltable que los límites de las ayudas de funcionamiento se unificaron e incrementaron al 30% del volumen de negocios de las empresas en el año en que las disfrutan.

En Miranda y Dorta (2016) "El control de ayudas en el REF desde una perspectiva crítica y aplicada" abordamos en profundidad el estado de la cuestión hasta aquel año[187], que es la base principal de este capítulo, que aprovecho para actualizar hasta 2024.

32.2. La delimitación de los umbrales de acumulación a partir de 2015

Con la normativa aplicable a las dotaciones RIC efectuadas hasta 31 de diciembre de 2014, las principales cuestiones que afectaban al incentivo giraban en torno a qué beneficios eran susceptibles de la dotación, cuáles eran los límites sobre el beneficio no distribuido, en qué inversiones podía materializarse, la entrada en funcionamiento como facto necesario para la materialización, el mantenimiento de la inversiones en funcionamiento al menos cinco años y el riguroso cumplimiento de requisitos inicialmente formales, que fueron convirtiéndose en sustanciales: creación de la reserva, mantenimiento en balances, reflejo en la memoria de las cuentas anuales, aprobación de su dotación, etc.

A partir de 1 de enero de 2015 se unió una cuestión adicional, puesto que el ahorro fiscal disfrutado no puede exceder de determinados umbrales de acumulación de ayudas. Una obligación compleja y relevante, en tanto que su extralimitación supone el reintegro del exceso disfrutado más

---

187 Miranda y Dorta, 2016. En *Los retos del REF. Control de ayudas, creación de empleo y financiación autonómica*. Colección Cátedra del REF. ULPGC.

los correspondientes intereses de demora y, además, la imposición de una sanción del 20%[188].

En la normativa vigente en el periodo 2007-2014 se había puesto el acento en el control de las ayudas a la inversión inicial, en tanto que en la RIC se había establecido un límite que no podía rebasarse conjuntamente con las subvenciones y otros tipos de ayudas relacionadas con un mismo proyecto de inversión. Durante dicho periodo han sido escasas las comprobaciones en esta materia y tampoco existieron requerimientos formales de divulgación de información.

Con el nuevo marco normativo a partir de 2015 se produce un cambio profundo en tanto que la dotación RIC debe ajustarse a un mecanismo de adecuación global que supone el control de acumulación de ayudas de la reserva, tanto si manifiesta sus efectos concretos en la categoría de ayudas regionales a la inversión inicial como al funcionamiento. No solo supone controlar a título individual, no sobrepasar determinados umbrales, sino la obligación de que los beneficiarios informen de dichas ayudas a la Administración tributaria.

Por las razones expuestas es necesario, en primer lugar, delimitar los criterios sobre los que se aplican los umbrales de acumulación de ayudas, considerando que reciben un diferente tratamiento según que la RIC se materialice en inversión inicial o en las distintas opciones de ayudas al funcionamiento (inversiones de sustitución, materialización indirecta en el capital social de otra entidad que vaya a invertir, materialización en bonos, creación de empleo no ligada a una inversión inicial, etc.).

32.3. El control de la ayuda RIC a las inversiones iniciales y de sustitución

El concepto de inversión inicial se aplicó a los incentivos fiscales del REF en general, y a la RIC en particular en la reforma de 2006, de forma que desde el periodo 2007-2013 hay que distinguir entre lo que es inversión inicial y una simple inversión de sustitución. Sin ánimo de ser exhaustivo, la inversión inicial ha de estar vinculada a la creación de un establecimiento mercantil, a su ampliación y al ofrecimiento al mercado de un

---

188 Al menos era ese el régimen sancionador hasta que fue suprimido por el art. 3 de la Ley 8/2018.

nuevo servicio o producto. El concepto fue remodelado por el Reglamento europeo de Exención e incorporado en el REF para el periodo 2015-2020 a través del art. 27.4.A de la Ley del REF (redacción del R.D.L. 15/2014) y los nuevos artículos 6 y 36.2 del Reglamento del REF (versión dada por el RD 1022/2015, de 13 de noviembre).

El nuevo art. 27.4.A de la Ley REF vincula la existencia de una inversión inicial a la creación y ampliación de un establecimiento, la diversificación de la actividad de un establecimiento para la elaboración de nuevos productos y la transformación sustancial en el proceso de producción de un establecimiento; mientras que el vigente art. 6 del Reglamento del REF contempla, por un lado, el concepto clásico de inversión inicial: creación de un nuevo establecimiento, la ampliación de la capacidad de un establecimiento existente —incorporando así el criterio contable y administrativo de que no era suficiente el mero incremento de su valor, sino que era necesario aumentar su capacidad productiva— y la diversificación de la producción con productos nuevos, al que añade la transformación fundamental del proceso global de producción de un establecimiento existente; y por otro, *la adquisición de activos pertenecientes a un establecimiento que ha cerrado o que habría cerrado si no hubiera sido adquirido y que es comprado por un inversor no vinculado al vendedor*. En el capítulo se analiza el tradicional concepto de inversión inicial, sin abordar la casuística aplicable a la adquisición de activos de empresas en crisis.

La nueva redacción del art. 36.2 del Reglamento REF distingue entre inversión inicial y ayudas regionales al funcionamiento en todos y cada uno de los incentivos del REF. En relación con la RIC, señala que la materialización prevista en el art. 27.4, letras B bis, C y D de la Ley del REF, es decir, la creación de empleo no ligada a una inversión inicial, las inversiones de sustitución y aquellas que no cumplan los requisitos de las inversiones iniciales, los supuestos de materialización indirecta en el capital social de entidades que vayan a realizar inversiones, y en otros instrumentos financieros (los populares bonos RIC y otras alternativas) se consideran **ayuda regional de funcionamiento**. Por su parte, las opciones de materialización previstas en el art. 27.4 A y B (inversiones iniciales y creación de empleo ligada a una inversión inicial) se consideran **ayuda regional a la inversión**, junto a otros incentivos regionales concedidos por las Administraciones públicas o mediante fondos públicos para la realización de una inversión inicial.

Sigue considerándose ayuda al funcionamiento las opciones de materialización indirecta previstas en el art. 27.4.D de la Ley REF, incluso en el supuesto en que la sociedad participada realice una inversión inicial. Al respecto, conviene recordar que la normativa aplicable a partir de 1 de enero de 2015 permite que la inversión que realice dicha sociedad pueda ser una inversión de sustitución, opción que expresamente no permitía la normativa 2007-2014. En consecuencia, ya no es necesario que las sociedades participadas, a través de la suscripción de acciones y participaciones en las que se materializa la RIC, tengan que realizar exclusivamente inversiones iniciales. De hecho, la dotación RIC materializada a través de este mecanismo será considerada siempre como ayuda al funcionamiento, con independencia de que la inversión realizada por la empresa participada reúna todos los atributos de la definición de inversión inicial.

32.4. Los límites a la acumulación de ayudas derivados de la normativa europea: ayudas a la inversión y ayudas de funcionamiento

Una vez delimitado qué tipo de ayudas recibe la inversión que se realiza, la dotación RIC puede ser considerada ayuda regional a la inversión o ayuda regional al funcionamiento de las empresas, aplicándose a ambos tipos una normativa diferente para establecer el umbral máximo de intensidad dentro del que han de estar comprendidas las ayudas.

El umbral de intensidad (o límite máximo) de las ayudas regionales a la inversión inicial se establece en función del importe de la inversión, mientras que en las ayudas al funcionamiento de las empresas se fija en función del volumen de negocios. Dos casuísticas completamente diferentes que comparten una misma incertidumbre o inconveniente, dado que en el momento de la dotación RIC no se sabe a ciencia cierta qué tipo de inversión va a realizarse en el periodo de materialización.

El marco normativo establecido en el RD 1022/2015, que modifica el Reglamento del REF, se ha ajustado a la nueva estrategia de modernización del control de las ayudas establecidas por la Comisión europea, pero no se realizó un esfuerzo por singularizar su aplicación en un incentivo tan especializado como la RIC. En este sentido, los contribuyentes que deseen optar por esta reserva fiscal deben sopesar distintas variables de difícil concreción: en primer lugar, la dotación de cada ejercicio debe realizarse considerando si las futuras materializaciones se concretarán en inversiones de sustitución o en inversión inicial; en segundo lugar, deberá valorarse el periodo en que se materializarán las dotaciones dado que la ayuda fiscal se computa en la fecha de entrada en funcionamiento de la inversión; en tercer lugar, se deberá prever que la ayuda obtenida en el futuro no sobrepase los límites establecidos que, en el caso de las ayudas al funcionamiento, requiere estimar la senda del volumen de negocios de dichos ejercicios.

Se impone, por tanto, un fuerte ejercicio de planificación y control de la actividad empresarial, que exige la adecuada coordinación entre las áreas funcionales de la empresa. Así mismo, la planificación fiscal no puede desgajarse de la estrategia general de la empresa y de sus condicionantes internos y externos.

32.4.1. El límite de ayudas para el pasado periodo 2015-2020

Llegados a este punto conviene repasar primero los límites a las ayudas regionales a la inversión en el periodo inmediato anterior, esto es, 2015-2020. Los criterios establecidos en las ayudas regionales para las inversiones iniciales para el periodo 2015-2020 eran prácticamente los mismos que hasta 2014, si bien la intensidad de las ayudas sufrió un descenso del 5%. El mapa de ayudas regionales 2014-2020 de España, aprobado por la Decisión de la Comisión Europea el 21 de mayo de 2014, estableció, de conformidad con los puntos 172 c), 173 y 177 de las DAR 2014-2020, una intensidad máxima de ayuda en porcentaje del denominado «Equivalente de Subvención Bruto» que se concreta en un 35% para el caso de Canarias. El punto 13 de dicha Decisión señala que el porcentaje puede incrementarse en diez puntos porcentuales para las medianas empresas y en veinte puntos para las pequeñas empresas, siempre que los proyectos de inversión no superen los 50 millones euros:

Cuadro 32.1. Límites a las ayudas regionales a la inversión inicial (2015-2020)

Canarias:	35%
Suplemento empresas medianas: +10% adicional	45%
Suplemento Empresas Pequeñas: +20% adicional	55%

Los grandes proyectos de inversión quedan fuera de los límites recogidos en el cuadro 32.1, en los que el importe máximo de la ayuda viene determinado por la fórmula del punto 20 c) de las DAR 2014-2020 y 20 del art. 2 del vigente Reglamento UE 651/2014, que no son objeto de nuestro análisis, y que se concretan en el siguiente límite:

> *Importe máximo de la ayuda = R × (A + 0,50 × B + 0 × C)*
>
> *Siendo R la intensidad máxima de ayuda aplicable en la zona en cuestión, establecida en un mapa de ayudas regionales aprobado y que esté en vigor en la fecha de concesión de la ayuda, excluida la intensidad de ayuda incrementada para las PYME, A los 50 millones EUR 50 iniciales de los costes subvencionables, B la parte de los costes subvencionables comprendidos entre 50 y 100 millones EUR, y C la parte de los costes subvencionables por encima de 100 millones EUR* [sic].

Es necesario realizar varias precisiones sobre los límites a las ayudas a la inversión inicial. En primer lugar, en el ámbito de la UE, y de conformidad con el art. 2 del anexo de la Recomendación de la Comisión de 6 de mayo de 2003 (L 124/36 del Diario Oficial de la UE de 20-5-2013), las pequeñas empresas son las que ocupan a menos de 50 personas y cuyo volumen de negocios anual o cuyo balance general anual no supera los 10 millones de euros. Por su parte, las medianas empresas son las que ocupan a menos de 250 personas y cuyo volumen de negocios anual no excede de 50 millones de euros o cuyo balance general no supera los 43 millones de euros.

Así mismo, el punto 20 f de las DAR 2014-2020 actualiza el concepto de «Equivalente de Subvención Bruto» (ESB) *como el valor actualizado de la ayuda expresado en porcentaje del valor actualizado de los costes subvencionables, calculado en el momento de la concesión de la ayuda en función del tipo de referencia aplicable en esa fecha*; mientras que el art. 2.22 del Reglamento de Exención es mucho más claro: *el importe de la ayuda si se ha proporcionado en forma de subvención al beneficiario, antes de cualquier deducción fiscal o de otras cargas.* Por ello, el límite se aplica sobre el ESB, sin considerar el efecto impositivo de las subvenciones o ayudas que lastran una parte de las mismas.

En relación con las pymes, el punto 87 de las DAR indica que en el caso de recibir ayudas pueden utilizar las intensidades máximas incrementadas con el 10 o el 20%, siempre que la inversión no esté relacionada con un gran proyecto de inversión.

En síntesis, para el periodo 2015-2020, tratándose de una inversión inicial, la intensidad de las ayudas para los grandes proyectos de inversión (más de 50 millones de euros) no podrá superar el límite que marca una determinada fórmula; mientras que para el resto de inversiones, las ayudas no podían superar en Canarias el 35%, 45% o 55% del importe de la inversión inicial, según se tratase de grandes, medianas (hasta 50 millones de volumen de negocio) o pequeñas empresas (hasta 10 millones).

32.4.2. El límite de las ayudas a la inversión inicial en 2022-2027

Las terceras y vigentes directrices comunitarias que regulan las ayudas de Estado en la UE son las del periodo 2022/2027, publicadas por la Comunicación 2021/C 153/01. Cuando se publicaron, con evidente retraso por los efectos de la pandemia, las DAR 2022/2027 preveían una revisión de las ayudas estatales al año siguiente, en 2023. Se produjo el correspondiente examen, que sirvió para que los estados miembros propusiesen un nuevo mapa regional de ayudas. El de España fue aprobado por la Comisión europea con la inclusión de nuevas regiones como destinatarias de ayudas de Estado y nuevos coeficientes en la intensidad de las ayudas. Afectó positivamente a Canarias con el incremento de la intensidad de las ayudas a las inversiones regionales, al encuadrarse la región en el nivel del 65% de la media del PIB de la UE, cuando antes estaba en el 75%, hecho que supuso un aumento del 10% en los límites de intensidad a las grandes empresas, medianas y pequeñas hasta llegar al 60, 70 y 80%, respectivamente. Quedan fuera de estos tipos las inversiones superiores a 50 millones de euros, que tienen su propio límite en función de la fórmula recogida en las directrices.

Cuadro 32.2. Límites a las ayudas regionales a la inversión inicial (2022-2027)

Canarias: grandes empresas	60%
Suplemento empresas medianas: +10% adicional	70%
Suplemento Empresas Pequeñas: +20% adicional	80%

Al notable incremento porcentual de los límites respecto al periodo anterior ha influido decisivamente el punto 180 de las directrices 2022-2027, que incrementa la intensidad en las regiones ultraperiféricas en 20 puntos:

180. Las intensidades de ayuda establecidas en el punto 179 podrán incrementarse hasta 20 puntos porcentuales en regiones ultraperiféricas con un PIB per cápita inferior o igual al 75% de la media de la EU-27 o hasta 10 puntos porcentuales en otras regiones ultraperiféricas.

Para los grandes proyectos de inversión (más de 50 millones de euros), el límite se calcula en las nuevas directrices 2022-2027 con una fórmula parecida a las directrices 2014-2020, en la que solo observo el cambio en el coeficiente que multiplica a la parte de los costes subvencionables que supera los 100 millones (C), que antes era 0 y ahora 0,34, razón de que la intensidad se incremente:

3) «importe ajustado de la ayuda»: importe de ayuda máximo que se puede autorizar para un gran proyecto de inversión calculado con arreglo a la fórmula siguiente:

3.1. importe ajustado de la ayuda = $R \times (A + 0,50 \times B + 0,34 \times C)$

3.2. donde: R es la intensidad máxima de ayuda aplicable en la zona en cuestión, excluido el incremento de la intensidad de ayuda para las pymes, A es la parte de los costes subvencionables igual a 50 millones EUR, B es la parte de los costes subvencionables comprendidos entre 50 y 100 millones EUR, y C la parte de los costes subvencionables que supera los 100 millones EUR.

32.4.3. El límite de las ayudas regionales de funcionamiento en 2014-2021

El punto 20 q) de las DAR 2014-2020 define como ayuda de funcionamiento a la relacionada con gastos de diversa índole: *Ayuda para reducir los gastos corrientes de una empresa que no están relacionados con una inversión inicial; esto incluye categorías de costes como costes de personal, materiales, servicios contratados, comunicaciones, energía, mantenimiento, alquileres, administración, etc., pero excluye los gastos de amortización y los costes de financiación si se incluyeron en los costes subvencionables cuando se concedió la ayuda a la inversión regional.*

La definición es más formal que operativa, dado que no solo hace referencia a las ayudas destinadas a sufragar gastos, sino también engloba cualquier inversión que no pueda clasificarse como ayuda a la inversión inicial, erigiéndose esta última como elemento conceptual de primer orden.

A su vez, el art. 15 del Reglamento europeo de Exención delimita los costes que compensan: a) los de transporte de mercancías y b) los adicionales de funcionamiento en los que se incurre en las regiones ultraperiféricas, siempre que no superen el 15% del valor añadido bruto generado anualmente por el beneficiario en la región ultraperiférica, el 25% de los costes laborales y el 10% del volumen de negocios anual obtenido en la región ultraperiférica. En cualquier caso, la ayuda no superará el 100% de los costes subvencionables.

Esos límites, sintetizados, son los que se incorporaron a la disposición adicional segunda del R.D.L. 15/2014: *Adecuación de los incentivos aplicables en el marco del Régimen Económico y Fiscal de Canarias al ordenamiento comunitario,* señalando un límite conjunto del 17,5% del volumen de negocios anual para las empresas industriales (epígrafes 1-4 del IAE) o del 10% para el resto de empresas susceptible de obtener ayudas de Estado, y se regula su aplicación en el RD 1022/2015 que modificó el Reglamento del REF (atención a la observación que hago más adelante al incremento del límite al 30%).

La cifra de 17,5% para las empresas industriales no aparece en el art. 15.2.b) del Reglamento de Exención, sino que resultó de la negociación con la Comisión, e incluía la acumulación de las ayudas al transporte de mercancías (art. 15.2.a) con el resto de ayudas de funcionamiento del art. 15.2.b), ambos del Reglamento de Exención.

Un posterior cambio en el Reglamento de exención comunitario y las negociaciones entabladas desde el Gobierno de Canarias hicieron posible que en junio de 2017 se publicara el incremento del límite de las ayudas de Estado al funcionamiento del 10 y 17,5 al 30% publicado en junio de 2017, y su efecto retroactivo a 1 de enero de 2015. Dada la importancia del cambio y el hecho de ser el tipo vigente en la actualidad, lo analizamos con profundidad en el apartado siguiente.

Cuadro 32.3. Límites a las ayudas regionales al funcionamiento (2014-2021)

Empresas industriales. Sobre el volumen de ingresos	17,5%
Resto de empresas. Sobre el volumen de ingresos	10%
Tipo aplicable con carácter general y efecto retroactivo a 2015	**30%**

32.4.4. El límite actual del 30% de las ayudas regionales de funcionamiento en 2022-2027[189]

El cambio legal más importante de 2017 en materia REF fue el incremento del límite de las ayudas de Estado al funcionamiento del 10 y 17,5 al 30% publicado en junio de 2017, con efecto retroactivo a 1 de enero de 2015.

Analizamos en este apartado el cambio legal, sus fundamentos y los dos principales problemas que ocasionó: a) la aplicación alternativa o acumulada de los umbrales señalados en el art. 15 del Reglamento de exención, y b) el efecto retroactivo de la norma.

Conviene recordar que en el Reglamento (UE) de exención por categorías sólo figura el límite del 10% y no del 17,5%, pero con posterioridad a su publicación se llegó a un acuerdo con la Comisión europea para que fuese posible la aplicación conjunta de las ayudas al transporte de mercancías y los incentivos del REF en las empresas industriales de Canarias como región ultraperiférica, elevándose el límite para estas del 10 al 17,5% en el ordenamiento interno.

La aplicación práctica de los límites de ayudas de Estado puso de manifiesto ciertas contradicciones no previstas inicialmente, como la exención del AIEM a los productos fabricados en Canarias, que hasta junio de 2017 hacía que las empresas agrícolas y avícolas, entre otras, no pudiesen aplicar ninguna otra ayuda (como la RIC o la DIC) al coincidir la exención del AIEM con el 10% del volumen de negocios (el límite de las ayudas se alcan-

---

189 Redactado originariamente en Miranda Calderín, 2018. "Crónica de la RIC 2017". *Revistas Técnica Tributaria n.º 120* y *Hacienda Canaria n.º 48.*

zaba en muchos casos con la mera exención del AIEM). La situación quiso corregirse a través de una reforma del Reglamento europeo que tenía previsto incrementar el límite de las ayudas de Estado al funcionamiento del 10 al 20%, negociando la Consejería de Economía, Industria, Comercio y Conocimiento del Gobierno de Canarias con la Comisión europea su incremento hasta el 30%. En una brillante gestión, la Consejería logró que se aprobase el nuevo límite, surgiendo entonces discrepancias jurídicas en su interpretación, que felizmente se corrigieron en los meses de diciembre de 2017 y enero de 2018.

A) La aplicación alternativa o acumulada de los umbrales señalados en el art. 15 del Reglamento de exención

El incremento de los tipos aplicables hasta el 30% se consiguió a través de la nueva redacción del art. 15.4 del Reglamento de exención por categorías dada por el Reglamento (UE) 1087/2017 de 14 de junio (Diario oficial de la UE de 20 de junio):

> *4. En las regiones ultraperiféricas, los regímenes de ayudas de funcionamiento compensarán los costes adicionales de funcionamiento incurridos en ellas como efecto directo de una o varias de las desventajas permanentes contempladas en el artículo 349 del Tratado, cuando los beneficiarios desarrollen su actividad económica en una región ultraperiférica,* ***siempre que el importe anual de las ayudas por beneficiario en el marco de todos los regímenes de ayudas de funcionamiento no sea superior a ninguno de los siguientes porcentajes:***
>
> *a) al 35% del valor añadido bruto generado anualmente por el beneficiario en la región ultraperiférica en cuestión;*
>
> *b) al 40% de los costes laborales anuales en que incurra el beneficiario en la región ultraperiférica en cuestión;*
>
> *c) al 30% del volumen de negocios anual del beneficiario obtenido en la región ultraperiférica en cuestión.*

En el texto se observa con claridad el objetivo de la reforma: el incremento del límite del 10 al 30%, pero también dos cuestiones que merecen ser destacadas. Una primera, concretada en una incorrecta doble negación en el texto, al señalar que el importe de las ayudas *no sea superior a ninguno de los siguientes porcentajes*. Dos negaciones seguidas en la misma frase tienen el efecto de afirmar, por lo que de forma sesgada podría interpretarse que las ayudas podrían ser superiores a los tres porcentajes referidos, pero no era ese el objetivo que se buscaba en la reforma, sino una simple ampliación de los límites que restringían las ayudas.

Y una segunda, aún más problemática en su aplicación: que con la aplicación literal del nuevo texto había que cumplir no solo una de las tres referencias reglamentarias, sino las tres a la vez. Cuestión que entiendo como no deseada en el cambio legal, ya que la Comisión europea solo pretendió incrementar el porcentaje del 10 al 30% del volumen de negocios y ayudar así a las empresas de las regiones ultraperiféricas, no perjudicarlas con nuevas restricciones. Si comparamos la redacción anterior al cambio, el art. 15. 3, b) del Reglamento de exención por categorías (UE) 651/2014 vigente hasta junio 2017 señalaba que:

> *b) los costes adicionales de funcionamiento, distintos de los costes de transporte, incurridos en las regiones ultraperiféricas como efecto directo de una o varias de las desventajas permanentes a que se refiere el artículo 349 del Tratado, con arreglo a las condiciones siguientes:*
>
> *i) que los beneficiarios tengan su actividad económica en una región ultraperiférica,*
>
> *ii) que el importe anual de las ayudas por beneficiario en el marco de los regímenes de ayudas de funcionamiento no sea superior:*
>
> *– al 15% del valor añadido bruto generado anualmente por el beneficiario en la región ultraperiférica en cuestión,* ***o***
>
> *– al 25% de los costes laborales anuales en que incurra el beneficiario en la región ultraperiférica en cuestión,* ***o***
>
> *– al 10% del volumen de negocios anual del beneficiario obtenido en la región ultraperiférica en cuestión.*

Como se observa en el párrafo trascrito, cada uno de los porcentajes venía precedido de una "o", por lo que era suficiente cumplir con solo uno de ellos. ¿Con cuál?, con el que fijase cada estado miembro, y España eligió en su ordenamiento interno el 10% del volumen de negocios.

Sin embargo, con la nueva redacción (antes de la corrección de enero 2018) del Reglamento (UE) de Exención por categorías ya señalamos que una interpretación literal del texto obligaba al cumplimiento no de uno de los porcentajes, sino de los tres a la vez, ¿qué había ocurrido, qué pautas había que seguir de cara al cierre del ejercicio 2017 y el control de ayudas que representan los incentivos del REF?

El Comité científico de la Cátedra del REF de la ULPGC que dirijo fue consciente en julio de 2017 de que la nueva redacción podía perjudicar más que beneficiar a las empresas canarias, motivo de que transmitiera por escrito a la Consejería de Economía, Industria, Comercio y Conocimiento del Gobierno de Canarias su preocupación. Tras su análisis y consultas pertinentes con los altos funcionarios de la Comisión europea, sus responsables nos remitieron con prontitud su punto de vista técnico y político:

1º. No se trataba ni tan siquiera de un error de redacción, sino de un simple error en la traducción al español del precepto reglamentario. En otras traducciones de la norma modificada se observa que sigue existiendo la opción de elegir el porcentaje de referencia entre los tres señalados, opción que correspondía a cada estado miembro. Así, por ejemplo, en la traducción al inglés se indica con claridad que la ayuda no debe exceder *(does not exceed one of the following percentages)* uno de los tres porcentajes siguientes:

> *4. In outermost regions, the operating aid schemes shall compensate for the additional operating costs incurred in those regions as a direct result of one or several of the permanent handicaps referred to in Article 349 of the Treaty, where the beneficiaries have their economic activity in an outermost region provided that the annual aid amount per beneficiary under all operating aid schemes implemented under this Regulation* ***does not exceed one of the following percentages:***
>
> *(a) 35% of the gross value added annually created by the beneficiary in the outermost region concerned;*
>
> *(b) 40% of the annual labour costs incurred by the beneficiary in the outermost region concerned;*
>
> *c) 30% of the annual turnover of the beneficiary realised in the outermost region concerned.*

2º. Existía una consulta de diciembre 2016 publicada en la página web *DG COMP* el 17 de mayo de 2017 que especificaba con total claridad que el importe de las ayudas **no sea superior a uno de los siguientes porcentajes.** Es decir, añado, que la aplicación de los porcentajes era alternativa y no había de cumplirse acumuladamente.

3º. En la guía práctica del GBER[190], el punto 89 recoge cómo debe aplicarse el art. 15 e indica que las ayudas no deben exceder a la cantidad resultante de aplicar uno de los tres métodos alternativos:

> *89. How are the thresholds in Article 15 to be applied?*
>
> *When the aid per beneficiary under all operating aid schemes does not exceed the amount* ***resulting from one of the alternative methods*** *to determine the additional operational costs (other than transports costs) referred to in Article 15(2)(b)ii of the GBER, the aid can be considered justified in terms of contributing to regional development and proportionate to the handicaps that undertakings face in the outermost regions.*

4º. En la misma guía práctica, el punto 90 contestaba a la pregunta de si las regiones afectadas por las ayudas pueden elegir uno de los tres criterios alternativos, incluso el que fuese más favorable para los beneficiarios. La respuesta es categórica al afirmar que cada región puede escoger el criterio que le sea más beneficioso, respetándolo los estados miembros. Como es conocido, España eligió en su momento el porcentaje sobre el volumen de negocios.

> *90. Can the regions covered by the measure choose to apply only one of the criteria or any criterion of Article 15(2)(b)ii, which ever would be the most favourable to the beneficiary?*

---

190 General Block Exemption Regulation (GBER).

> *The regions covered by the measure **may apply only one of these criteria**. They may apply any criterion of Article 15(2)(b)ii, which is most favourable to the beneficiary. In any case, Member States shall ensure that the applicable threshold is respected*[191].

El guion de los cuatro puntos tratados permite, sin mayor esfuerzo intelectual, interpretar razonablemente la norma reglamentaria en el sentido de que en materia de ayudas de Estado solo hay que cumplir con uno de los porcentajes antes especificados: el del volumen de negocios señalado por el reino de España.

Pero añado que más clara y concluyente aún es la nueva redacción de la disposición adicional segunda del RD ley 15/2014 de modificación del REF (dada por la disposición final vigésima séptima de la Ley de PP.GG. del Estado para 2017), que señala que las ayudas estarán sujetas al límite que establezca en cada momento el Reglamento (UE) 651/2014 **y que dicho límite operará sobre el volumen de negocios anual del beneficiario obtenido en las Islas Canarias:**

> *Con efectos desde el día 1 de enero de 2015, se da una nueva redacción al apartado 2 de la Disposición adicional segunda del Real Decreto-Ley 15/2014, de 19 de diciembre, de modificación del Régimen Económico y Fiscal de Canarias, que queda redactado del modo siguiente:*
>
> *«2. La aplicación de los beneficios fiscales que tengan la consideración de ayudas regionales al funcionamiento establecidos en el Libro II y en el artículo 94 de la Ley 20/1991, en la Ley de la Comunidad Autónoma de Canarias 4/2014, de 26 de junio, por la que se modifica la regulación del arbitrio sobre importaciones y entregas de mercancías en las Islas Canarias, en los artículos 26 y 27 y en el Título V de la Ley 19/1994, y en la disposición adicional duodécima de la Ley 43/1995, de 27 de diciembre, del Impuesto sobre Sociedades, así como las ayudas al transporte de mercancías comprendidas en el ámbito del Real Decreto 362/2009, de 20 de marzo, sobre compensación al transporte marítimo y aéreo de mercancías no incluidas en el anexo I del Tratado Constitutivo de la Comunidad Europea, con origen o destino en las Islas Canarias, y de la Orden de 31 de julio de 2009 del Consejero de Obras Públicas y Transportes del Gobierno de Canarias, por la que se aprueban las bases de vigencia indefinida para la concesión de subvenciones al transporte interinsular de mercancías no incluidas en el anexo I del Tratado Constitutivo de la Comunidad Europea, estarán sujetas al límite que establezca en cada momento el Reglamento (UE) N° 651/2014 de la Comisión, de 17 de junio de 2014, por el que se declaran determinadas categorías de ayudas compatibles con el mercado interior en aplicación de los artículos 107 y 108 del Tratado.*
>
> ***Dicho límite operará sobre el volumen de negocios anual del beneficiario obtenido en las Islas Canarias.***

191 Material facilitado por Ildefonso Socorro Umpierrez, viceconsejero de Economía y Comercio del Gobierno de Canarias en 2017.

Con los argumentos anteriores podría interpretarse que el error padecido en la traducción al español del nuevo art. 15.4 del Reglamento de Exención por categorías era ya una cuestión superada, pero todos sabemos de la litigiosidad que existe en materia REF y las constantes innovaciones interpretativas de la Administración tributaria a la hora de restringir el efecto de los incentivos del REF y las ayudas de Estado en general, por lo que insistimos en su día en que el tema debía cerrarse con la oportuna aclaración/corrección legal. En ese sentido, la Cátedra REF estuvo a la espera de que se publicase el Reglamento europeo de corrección con la definitiva redacción/interpretación del cambio legal (inicialmente iba a ser antes del 31 de diciembre de 2017, pero definitivamente se publicó en el Diario Oficial de la Unión Europea de 31 de enero de 2018). Mientras eso sucedía, altos técnicos del Gobierno de Canarias procedieron el 18 de diciembre de 2017 a realizar una consulta en la herramienta comunitaria *"eState aid WIKI"*. La pronta respuesta al día siguiente no tiene carácter vinculante, pero es bastante significativa de lo que al respecto piensan los funcionarios de la Comisión europea. Aportaba mayor seguridad jurídica en el asunto que hemos explicado a la espera de que se publicase la definitiva corrección reglamentaria.

La consulta aborda directamente el uso alternativo de los tres porcentajes señalados en el nuevo art. 15.4 del Reglamento de Exención y las dos interpretaciones principales que pueden hacerse a raíz de la desafortunada traducción al español. El texto dice así:

> *El artículo 15 del Reglamento (UE) nº 651/2014 de 17 de junio de 2014, "Reglamento General de Exención por Categorías" (RGEC), ha sido recientemente modificado por el Reglamento (UE) 2017/1084 para aclarar y simplificar el procedimiento de compensación a las empresas por los costes adicionales en los que incurren cuando operan en las regiones ultraperiféricas de la UE, habida cuenta de los retos específicos a los que se enfrentan, como por ejemplo su lejanía y su dependencia de la comercialización de un número de productos limitado.*
>
> *Desde el Gobierno de Canarias consideramos que esta modificación, reflejada en el nuevo artículo 15.4 del RGEC por el Reglamento 2017/1084 debe ser incorporada a la Guía práctica de aplicación del RGEC publicada en la web de la DG Competencia.*
>
> *En concreto, ante las dudas suscitadas entre los operadores y las autoridades fiscales, solicitamos la aclaración urgente de las dos siguientes cuestiones:*
>
> *1.– La actual Guía práctica de aplicación señala (preguntas 89 y 90) que los tres criterios mencionados en el artículo 15 son de uso "alternativo" y que sólo se puede usar "uno de ellos". No obstante, la actual redacción del artículo 15.4 del RGEC señala que el importe anual de las ayudas no puede ser superior a "ninguno" de los tres porcentajes (35% del VAB/40% de los costes laborales anuales/30% del volumen de negocios anual)* ***¿Debemos entender que los tres criterios siguen siendo alternativos y que sólo se puede aplicar uno de ellos, a elección del Estado miembro (tal y como parece que se recoge en la corrección efectuada por la DG COMP que será publicada muy próximamente)? ¿O hay que entender que se ha producido***

> ***un cambio y que a partir de ahora hay que aplicar los tres criterios de manera acumulativa, respetando los tres porcentajes?** (...)*

La respuesta de los responsables fue contundente y clarificadora del criterio defendido: ¡los tres porcentajes que señala el art. 15.4 han de ser entendidos alternativamente!, por lo que es suficiente que las ayudas recibidas respeten al menos uno de los tres techos mencionados en ese artículo:

> *1. Indeed, the three criteria of article 15§4 of the 2014/2017 GBER are to be understood alternatively. This means that it is sufficient that the total amount of operating aid received by an individual company should respect at least one of the three ceilings mentioned in article 15§4.*

Finalmente, el Diario Oficial de la Unión Europea de 31 de enero de 2018 publicó en la página 53 la "Corrección de errores del Reglamento (UE) 2017/1084 de la Comisión, de 14 de junio de 2017, por el que se modifica el Reglamento (UE) n.º 651/2014 en lo relativo a las ayudas a (...), así como los regímenes de ayudas de funcionamiento de finalidad para las regiones ultraperiféricas, y por el que se modifica el Reglamento (UE) n.º 702/2014 en lo relativo al cálculo de los costes subvencionables". El título es tan largo como la corrección en sí misma, que indica con firmeza que el apartado 4 del artículo 15 del Reglamento de Exención debe decir que el importe anual de las ayudas no sea superior a alguno de los tres porcentajes que señala. Corrigiendo así la anterior redacción que negaba doblemente en la misma frase y señalaba que el importe anual no debía ser superior a ninguno de los tres porcentajes:

> *1) En el artículo 1, punto 11), en la parte introductoria del apartado 4 del artículo 15 sustituido,*
> ***donde dice:** «En las regiones ultraperiféricas, los regímenes de ayudas de funcionamiento compensarán los costes adicionales de funcionamiento incurridos en ellas como efecto directo de una o varias de las desventajas permanentes contempladas en el artículo 349 del Tratado, cuando los beneficiarios desarrollen su actividad económica en una región ultraperiférica, siempre que el importe anual de las ayudas por beneficiario en el marco de todos los regímenes de ayudas de funcionamiento **no sea superior a ninguno de los siguientes porcentajes:**»,*
> ***debe decir:** «En las regiones ultraperiféricas, los regímenes de ayudas de funcionamiento compensarán los costes adicionales de funcionamiento incurridos en ellas como efecto directo de una o varias de las desventajas permanentes contempladas en el artículo 349 del Tratado, cuando los beneficiarios desarrollen su actividad económica en una región ultraperiférica, siempre que el importe anual de las ayudas por beneficiario en el marco de todos los regímenes de ayudas de funcionamiento aplicados de conformidad con el presente Reglamento **no sea superior a alguno de los siguientes porcentajes:**».*

Entendía que existían previamente argumentos jurídicos suficientes para aplicar en 2017 el nuevo límite del 30% sobre el volumen de negocios, sin tener en cuenta los otros dos porcentajes, pero la corrección de errores publicada en el Diario Oficial de la UE el 31 de enero de 2018 evita de forma enérgica que una vez más la inseguridad jurídica reine en la interpretación del REF. La perseverancia y eficacia que han tenido las partes implicadas en la resolución de esta problemática sirven como modelo a seguir en la casuística que vaya generando en Canarias la aplicación del régimen de ayudas de Estado. Mis felicitaciones de nuevo, siete años después, a la labor desarrollada en 2017 por la Consejería de Economía y Comercio del Gobierno de Canarias, a los altos funcionarios europeos que facilitaron la corrección legal y al Comité científico de la Cátedra del REF por plantear con prontitud y claridad el problema interpretativo que los textos europeos generaban. Ha sido una fructífera y exitosa colaboración que permite aplicar el nuevo límite del 30% sobre el volumen de negocios a las empresas que reciben en Canarias ayudas de funcionamiento.

B) El efecto retroactivo a 2015 del nuevo art. 15.4 del Reglamento de exención

La otra cuestión que quedaba por analizar es el efecto retroactivo de la norma, concretamente del nuevo art. 15.4 del Reglamento europeo de exención por categorías, que se señala en el ordenamiento interno en la disposición final vigésima séptima de la Ley de PP.GG. del Estado para 2017:

> *Con efectos desde el día 1 de enero de 2015, se da una nueva redacción al apartado 2 de la Disposición adicional segunda del Real Decreto-Ley 15/2014, de 19 de diciembre, de modificación del Régimen Económico y Fiscal de Canarias, que queda redactado del modo siguiente: (...)*

El párrafo de la norma indica que con efectos desde 1 de enero de 2015 se da nueva redacción a la disposición adicional segunda del RD ley 15/2014 de modificación del REF. La disposición es la que ahora expresa, en una redacción técnicamente desafortunada, que las ayudas de Estado estarán sujetas al límite que establezca en cada momento el Reglamento (UE) 651/2014 (...) y que dicho límite operará sobre el volumen de negocios anual del beneficiario obtenido en las Islas Canarias.

Insisto una vez más en que la técnica legislativa empleada en su redacción no era la mejor, ¿por qué no se señaló directamente en el párrafo del BOE que el nuevo tipo del límite de las ayudas de funcionamiento era del 30%? La respuesta la ofrece de nuevo la Consejería de Economía, Industria, Comercio y Conocimiento del Gobierno de Canarias: porque en el momento de pactarse con Madrid la redacción en la Ley de PP.GG. del Estado aún no se había publicado el Reglamento 1087/2017 de 14 de junio (Diario oficial de la UE de 20 de junio). Se conocía, desde luego, que el nuevo límite sobre el volumen de negocios se iba a incrementar del 10 al 30%, pero a la fecha de redactarse la Ley de presupuestos generales aún no se había publicado el incremento del porcentaje, motivo de que se pusiera en la disposición adicional segunda que las ayudas estaban sujetas *al límite que establezca en cada momento el Reglamento europeo.* El Reglamento europeo se publicó el 20 de junio y la Ley de PP.GG. del Estado el 27 de junio, pero la redacción estaba prevista con antelación al 20 de junio.

Por tanto, no hay que aplicar la literalidad de la redacción actual de la disposición adicional segunda del R.D.L. 15/2014, que llevaría a dividir y aplicar los límites de las ayudas antes y después de la publicación en el BOE el 27 de junio, sino su sentido, que era y es, sencillamente, que se aplicara el nuevo límite del 30% que iba a establecer la modificación del Reglamento europeo.

La redacción de los nuevos artículos 58.1 y 58.3 bis del Reglamento de Exención por categorías tampoco es lo cualificada que debería ser para clarificar la retroactividad de la norma:

> *Nuevo art. 58.1 RGEC: «1. El presente Reglamento será aplicable a las ayudas individuales concedidas antes de la entrada en vigor de las respectivas disposiciones del presente Reglamento, si la ayuda cumple todas las condiciones en él establecidas, a excepción del artículo 9.».*
>
> *Nuevo art. 58.3 bis RGEC: 3bis.Toda ayuda individual concedida entre el 1 de julio de 2014 y el 9 de julio de 2017 de conformidad con las disposiciones del presente Reglamento, que sea aplicable en el momento de concesión de la ayuda, será compatible con el mercado interior y quedará exenta de la obligación de notificación del art. 108, apartado 3 del Tratado.*
>
> *Toda ayuda individual concedida antes del 1 de julio de 2014 de conformidad con las disposiciones del presente Reglamento (...) que sea aplicable antes o después del 10 de julio de 2017 será compatible con el mercado interior y quedará exenta de la obligación de notificación del art. 108, apartado 3 del Tratado.*

Por lo que podría plantearse de nuevo el conflicto, esta vez en la interpretación de la retroactividad del porcentaje del 30% sobre el volumen de negocios. Afortunadamente, la engorrosa redacción del art. 58.3 ha sido matizada por la Dirección General de Competencia de la UE después del cambio reglamentario que nos afecta, en el sentido de que puede aplicarse tanto retroactivamente como a partir de la fecha de la concesión, pudiendo elegir cada estado miembro el momento oportuno. Y es incuestionable que España eligió en la Ley de PP.GG. del Estado para 2017 aplicarlo de forma retroactiva al 1 de enero de 2015. El criterio de la D.G. de Competencia europea dice así:

> ***La primera frase*** *del nuevo Artículo 58(3a) recoge las medidas de ayuda concedidas entre la entrada en vigor del Reglamento General de Exención por Categorías (RGEC) de 2014 y la*

entrada en vigor de las enmiendas introducidas en 2017, que cumplen con el RGEC de 2014 antes de su modificación. ***La segunda frase*** *del nuevo Artículo 58(3a) recoge las medidas de ayuda otorgadas antes de la entrada en vigor del nuevo RGEC y dice que tanto el RGEC de 2014 antes de su modificación como el RGEC de 2014 posterior a la enmienda de 2017 pueden aplicarse a estas medidas.*

El principio es que todas las normas pueden aplicarse de manera retroactiva y existe la posibilidad de aplicar retroactivamente la nueva norma o bien de aplicar la norma en vigor en la fecha de concesión, de manera que los Estados miembro siempre pueden escoger la más favorable.

Aún más concluyente que el texto anterior es la carta de la Comisaria Vestager a la ministra de Ultramar de 7 de marzo de 2016, que señala que todas las nuevas disposiciones del Reglamento de Exención por categorías tendrán carácter retroactivo:

> *Quiero asegurarle que todas las nuevas disposiciones del RGEC tendrán carácter retroactivo, teniendo en cuenta que el art. 58,1 del RGEC ya indica que se aplica a las ayudas individuales concedidas antes de su entrada en vigor*[192]*.*

Finalmente, la consulta efectuada por los representantes del Gobierno de Canarias en diciembre de 2017, a través de las instancias correspondientes en el sistema *"e-State Aid Wiki"* sobre el nuevo art. 15.4 del Reglamento de Exención es clara y concisa respecto a la retroactividad:

> *El artículo 15 del Reglamento (UE) nº 651/2014 de 17 de junio de 2014, "Reglamento General de Exención por Categorías" (RGEC), ha sido recientemente modificado por el Reglamento (UE) 2017/1084 para aclarar y simplificar el procedimiento de compensación a las empresas por los costes adicionales en los que incurren cuando operan en las regiones ultraperiféricas de la UE, habida cuenta de los retos específicos a los que se enfrentan, como por ejemplo su lejanía y su dependencia de la comercialización de un número de productos limitado.*
>
> *Desde el Gobierno de Canarias consideramos que esta modificación, reflejada en el nuevo artículo 15.4 del RGEC por el Reglamento 2017/1084 debe ser incorporada a la Guía práctica de aplicación del RGEC publicada en la web de la DG Competencia.*
>
> *En concreto, ante las dudas suscitadas entre los operadores y las autoridades fiscales, solicitamos la aclaración urgente de las dos siguientes cuestiones:*
>
> *1 (...)*
>
> *2.- En el caso de Canarias, los incentivos fiscales que se acogen al RGEC empezaron a aplicarse el 1 de enero de 2015. ¿Se pueden aplicar los nuevos porcentajes a las ayudas concedidas desde esa fecha? Dicho de otra manera ¿los nuevos porcentajes contenidos en el artículo 15.4 tienen carácter retroactivo?*

---

192 Material facilitado por Ildefonso Socorro Umpierrez, viceconsejero de Economía y Comercio del Gobierno de Canarias en 2017.

Ante tal pregunta, límpida y escueta, cabía esperar una respuesta con los mismos calificativos, y efectivamente se produjo al día siguiente. El 19 de diciembre, los responsables del *"e-State Aid Wiki"* respondieron con claridad que los nuevos porcentajes del art. 15.4 pueden ser aplicados retroactivamente:

> *2. On the basis of article 58§1 of the 2014/2017 GBER, the new percentages of article 15§4 of the 2014/2017 GBER, as well as all other conditions of the GBER* **can indeed be applied retroactively.**

Los responsables europeos no consideraron necesario añadir esta cuestión en la "Corrección de errores del Reglamento" publicada en el Diario Oficial de la UE de 31 de enero de 2018, ya que entendieron que estaba suficientemente aclarada y matizada con anterioridad.

Con todo ello, el nuevo límite del 30% de las ayudas de Estado se aplica pacíficamente con efecto retroactivo desde el 1 de enero de 2015 sobre el volumen de negocio de la entidad beneficiaria. Habrá quien pueda cuestionar esos dos aspectos a la hora de la comprobación de los límites, pero tendrá que combatir los razonamientos jurídicos anteriores y hacer caso omiso de la corrección reglamentaria publicada.

32.5. El volumen de negocios

El volumen de negocios puede ser apropiado para incentivos o ayudas que se devenguen en sincronía con dicha magnitud, pero no se ajusta a la RIC por el hecho de que el legislador ha considerado que la ayuda debe computar en el año en el que se invierte (art. 37 Reglamento REF) y no en el periodo en el que se dota. Esta opción no se establecía en las DAR 2014-2020 ni la encuentro en las DAR 2022-2027, por lo que pudo ser objeto de una interpretación más ajustada y flexible a los elementos que han venido definiendo el incentivo fiscal.

El volumen de negocios constituye una magnitud que, en términos generales, es fácil de concretar. A estos efectos se entenderá por volumen de negocios el importe de la venta de productos y de la prestación de servicios u otros ingresos correspondientes a las actividades ordinarias de la empresa, deducidas las bonificaciones y demás reducciones sobre las ventas, así como el IVA/IGIC y otros impuestos directamente relacionados con el volumen de negocios que deban ser objeto de repercusión.

Ahora bien, en el caso de la RIC, es necesario clarificar si se está haciendo referencia al volumen de negocios devengado en el periodo en el que se dota la reserva o al observado en el periodo en el que se materializa. Así mismo, también es necesario precisar, como así ocurre en otros incentivos fiscales, si el volumen de negocios debe elevarse al año en el supuesto que la entidad solo estuviera operativa una parte del periodo.

De las diversas alternativas establecidas en el art. 15 del Reglamento UE 651/2014 para las regiones ultraperiféricas (15% del valor añadido bruto generado; 25% de los costes laborales; 10% del volumen de negocios, porcentajes posteriormente ampliados), el legislador optó por el volumen de negocios mediante su incorporación en la disposición adicional segunda del R.D.L. 15/2014: *Adecuación de los incentivos aplicables en el marco del Régimen Económico y Fiscal de Canarias al ordenamiento comunitario,* elevando el límite conjunto al 17,5% del volumen de negocios anual para las empresas industriales (epígrafes 1-4 del IAE). Límite que en la actualidad es único para todo tipo de empresas y del 30%.

El art. 38.1 a) del Reglamento REF precisa que en aquellos casos en que un beneficiario realice actividades en sectores con diferentes límites de acumulación de ayudas, el cómputo de los mismos se realizará de forma separada según correspondan al sector industrial, definido en la citada disposición adicional segunda, o al resto de los sectores. Así pues, se exigía concretar el volumen de negocios para cada sector, dado que una misma persona jurídica podía albergar actividades industriales y de otra naturaleza. Esta segmentación del volumen de negocios no siempre resultará perfecta y, por ello, el Reglamento señala que cuando no puedan imputarse íntegramente a un sector determinado, se computará en cada sector la parte proporcional de la ayuda correspondiente al volumen de negocios que represente cada actividad sobre el volumen de negocios anual del beneficiario. Afortunadamente, desde 2017, con efecto retroactivo a 2015, la existencia de un único límite del 30% para todo tipo de empresas hace que no sea necesaria la distinción en la actualidad.

El Reglamento REF es coherente con el hecho frecuente de que una misma empresa realice actividades de producción, junto a otras de servicios y comercialización. Como los límites sobre el volumen de negocios eran diferentes, había que aplicarlos de forma separada para las actividades de producción (aplicando el 17,5% sobre el volumen de negocios) y el resto de actividades (aplicando el límite del 10%). En la actualidad, el límite es único y del 30%, por lo que no se aplica por separado.

El hecho de que el texto reglamentario indique que el cómputo de los límites se realizará de "forma separada", tenía también una segunda interpretación: que se separasen las ayudas en función de las inversiones y que estas tuviesen su límite independiente. Así, las inversiones "industriales" generaban una "ayuda industrial", que tenía el límite "industrial" del 17,5%, mientras que las inversiones afectas a otras actividades generaban ayudas con el límite del 10% del volumen de negocios de esas actividades. Los pasos que aconsejábamos seguir para el periodo 2014-2020 (luego limitado exclusivamente a 2014 por el efecto retroactivo del nuevo límite) para computar las ayudas por separado eran:

1°. Delimitar las ayudas al funcionamiento del ejercicio

2°. Diferenciarlas entre actividades industriales y el resto de actividades

3°. Dividir el volumen de negocios entre dichos grupos de actividades

4°. Aplicar a las primeras el límite del 17,5% de su volumen de negocio

5°. Aplicar a las segundas el límite del 10%

Pero, insisto, que desde 2015 ya no es necesaria dicha separación ni la forma de operar señalada.

Por otra parte, el Reglamento no se pronuncia sobre la posibilidad de elevar el límite de ayudas al funcionamiento cuando las empresas operan durante parte del periodo, lo que imposibilita su aplicación y limita las potencialidades de la RIC como instrumento que se dirige a favorecer el desarrollo económico y social del archipiélago. Dicha restricción no encuentra respaldo si se considera que, para delimitar el régimen especial de las pymes, la normativa del IS prevé la elevación al año del volumen de negocios obtenido en periodos inferiores. Al respecto, debe considerarse que, en la aplicación del régimen especial de las pymes, el volumen de negocios que se tiene en cuenta es el del año anterior, mientras que para el control de ayudas es el del propio ejercicio en el que se genera la ayuda.

No existen razones de técnica tributaria que impidan al legislador aplicar el mismo criterio, máxime cuando puede producir efectos no controlables por parte del sujeto pasivo. Así, se limita de forma sensible a las empresas que se constituyan y comiencen a operar en el transcurso de un ejercicio. Dichas empresas se verán abocadas a restringir las ayudas de funcionamiento a un volumen de negocios que, por lo general, será reducido. Aunque serán precisamente estas empresas las que tengan mayores posibilidades de realizar inversiones que se cataloguen como iniciales, no debe obviarse que existen otras ayudas que, por su naturaleza, son netamente ayudas de funcionamiento (transporte de mercancías y AIEM).

Igualmente se limita a aquellos establecimientos que vean disminuido ostensiblemente el volumen de negocios (una promotora inmobiliaria después de facturar una promoción). Este tipo de entidades puede perder gran parte de las ayudas al funcionamiento generadas, salvo que puedan ser consideradas como inversiones iniciales.

Ejemplo 32.1

En 2013 una empresa dotó RIC con 100.000 €. En 2014 decidió cambiar de actividad, invirtiendo en un activo de sustitución con precio de adquisición de 100.000 €. El volumen de negocios de 2013 fue 400.000 €, y en 2014, con el cambio de actividad, solo generó ingresos por 25.000 € en el mes de diciembre.

La ayuda se computa en el año en el que se realiza la inversión, 2014, por importe de 30.000 € (0,30 del tipo impositivo ese año x 100.000) que debe ser comparado con el 10% del volumen de negocios de 2014 (0,10 x 25.000 = 2.500 €), razón por la que tendrá que devolver la diferencia de 27.500 € (30.000 - 2.500), equivalente a una dotación de 91.667 € (27.500/0,30). Fuera de toda lógica.

Si se considerara el volumen de negocios de 2013, el límite de acumulación de ayudas sería 40.000 (400.000 x 0,10), siendo claramente superior la ayuda al funcionamiento realizada en 2014. Sin embargo, esta posibilidad no está contemplada en la legislación actual.

Si se permitiera que el límite se elevase al periodo anual de acuerdo con la facturación generada en dicho periodo (en nuestro caso está referida al mes de diciembre; 25.000 x 12 = 300.000 €), la cuantía de la ayuda de funcionamiento quedaría por debajo del umbral establecido. La alternativa actualmente tampoco puede aplicarse, si bien es técnicamente viable y puede ser recogida por el legislador o por interpretación de la DGT.

He utilizado 2014 para la inversión como último año con el límite del 10%, puesto que en 2015 se aplicó retroactivamente el incremento del 10 al 30% en el volumen de negocio. Hasta la fecha, la elevación al año del volumen de negocio no es posible.

32.6. El control de la acumulación de ayudas y la obligación de informar

El art. 36 del Reglamento REF distingue entre ayudas regionales al funcionamiento y ayudas regionales a la inversión, especificando cuándo un incentivo o determinado régimen se considera de un tipo u otro de ayudas. En su enumeración hemos de concretar los incentivos fiscales que se ven afectados por el control de ayudas: el régimen especial de las empresas productoras (art. 26 de la Ley REF que supone la bonificación del 50% a los beneficios generados en actividades productivas), la deducción por inversiones en Canarias (DIC), la Zona Especial Canaria (ZEC), la RIC, las exenciones del AIEM, las ayudas al transporte de mercancías, y los incentivos a la inversión del art. 25 (determinadas exenciones en el ITP e IGIC). A este primer catálogo de los incentivos REF más conocidos hay que añadir las ayudas a las pymes, concretadas en la deducción por inversiones en África Occidental y el 15% de los gastos de publicidad y propaganda en el extranjero, previstas en el art. 27 bis de la Ley REF, y la deducción por inversiones en producciones cinematográficas regulada en la disposición adicional 14ª de la misma ley.

Esta es la relación nominal de ayudas de Estado a tener en cuenta a efectos del control de ayudas y su declaración en el modelo 282, pero la duda surge en el inciso establecido en art. 36. 2, c) del Reglamento REF que recoge: *d) Otros incentivos regionales concedidos por las Administraciones Públicas o mediante fondos públicos para la realización de* ***una inversión inicial*** *de conformidad con el artículo 6 de este Reglamento.*

Aplicando la literalidad del precepto transcrito, a efectos del seguimiento y control de la acumulación de ayudas, hay que tener en cuenta:

- en las ayudas regionales al funcionamiento, exclusivamente los incentivos antes señalados, y
- en las ayudas regionales a la inversión, aparte del art. 25, DIC y RIC, los "otros incentivos regionales" concedidos a la inversión inicial.

Por ende, en las ayudas al funcionamiento, en principio, no hay que tener en cuenta las posibles ayudas que se reciban por "otros incentivos regionales", puesto que solo afectan a las inversiones iniciales. Al no especificarse en el Reglamento más ayudas objeto de control, es razonable interpretar que tampoco hay que declarar cualquier otra ayuda generada que no haya sido expresamente señalada en el art. 36.

Sin embargo, el art. 37 del Reglamento REF amplía el marco previamente diseñado, incluyendo cualesquiera otras que tengan la consideración de ayudas de Estado: *Las ayudas obtenidas por un beneficiario en virtud de todos los incentivos aplicables en el marco del Régimen Económico y Fiscal de Canarias,* ***así como de aquellos otros, cualquiera que sea su naturaleza, que tengan la consideración de ayudas de Estado se incluirán en la declaración informativa***, generando de nuevo la duda si tanto en el control de las ayudas al funcionamiento como a la inversión hay que incluir las otras ayudas que se reciban.

La publicación del **modelo 282** (declaración informativa anual de ayudas recibidas en el marco del REF) incide en el mismo sentido, ampliando las ayudas objeto de declaración. Lo hace, en primer lugar, en el propio título de la Orden HAP 296/2016, de 2 de marzo, que señala, aparte de las ayudas recibidas en el marco del REF, *otras ayudas de estado derivadas de la aplicación del Derecho de la Unión Europea.* En segundo lugar, en el art. 2, que indica los obligados a presentar el modelo 282, haciendo referencia a los contribuyentes que hayan sido beneficiarios de ayudas del REF, *así como de aquellos otros, cualquiera que sea su naturaleza, que tengan la consideración de ayudas de Estado.* En tercer lugar, en el art. 3, que acota el objeto de la información a consignar, restringida a la prevista en el art. 36 del Reglamento del REF, en los términos marcados en el art. 37. Y, en cuarto lugar, en el modelo 282 se incluye un apartado *5. Otros incentivos,* que vuelve a distorsionar el *numerus clausus* del art. 36, pareciendo convertirlo en *numerus apertus,* de muy difícil concreción por parte del contribuyente.

En otras palabras, que el art. 36 del Reglamento REF y el art. 3 de la Orden ministerial que aprueba el modelo 282, parecen decantarse por un *numerus clausus* de ayudas objeto de control y, por ello, de declaración en dicho modelo; mientras que el art. 37 del Reglamento, y el título, art. 2 y casilla 5 del modelo 282, parecen señalar un *numerus apertus* de ayudas a declarar. Ahondando en esta materia, el art. 38.1, al puntualizar los límites de la acumulación de las ayudas, vuelve a recalcar que se aplicarán a los incentivos en el marco del REF y a "cualesquiera otros": *La acumulación de las ayudas obtenidas en virtud de todos los incentivos aplicables en el marco del Régimen Económico y Fiscal de Canarias, así como de aquellos, cualquiera que sea su naturaleza, que tengan la consideración de ayudas de Estado, no podrá exceder de los siguientes límites.*

Es la primera duda que hay que aclarar en la materia del control de ayudas, debido al gran número de incentivos de todo tipo que reciben las empresas canarias, unas veces en exclusividad, y otras compartidos con empresas de ámbito nacional que no están expresamente incluidos en el art. 36. Por tanto, es necesario reducir estas incertidumbres a los efectos de favorecer un correcto cumplimiento de la declaración informativa.

32.7. El momento en que se computan las ayudas

El control de la acumulación de ayudas y su correlativa declaración informativa necesita precisar en qué periodo las ayudas surten sus efectos. Para una mejor compresión, en los siguientes apartados se aborda esta problemática según las ayudas regionales sean de funcionamiento o de inversión inicial.

32.7.1. El momento en que se computan las ayudas al funcionamiento

El art. 37 del Reglamento REF indica con claridad meridiana cuándo se computan las ayudas obtenidas por el beneficiario de incentivos aplicados en el marco del REF. La regla general es en el año o ejercicio en que se generan, y la regla especial es la que opera en el caso de la RIC: el año en que se realizan las inversiones. Sin embargo, después de años de permanentes conflictos tributarios, el TS ha concluido que se entiende materializada la RIC en el año en que las inversiones entran en funcionamiento. Por consiguiente, existe una evidente contradicción entre el primer párrafo del art. 37 del Reglamento REF y el art. 27.7 de la Ley REF que señala el año en que entren en funcionamiento las inversiones: *Se entenderá producida la materialización, incluso en los casos de la adquisición mediante arrendamiento financiero, en el momento en que los activos entren en funcionamiento.*

En la práctica profesional, el criterio que aplico es el de informar de la ayuda en el año en que las inversiones entran en funcionamiento.

La regla general se aplica en el régimen especial de las empresas productoras de bienes corporales (véase Dorta Velázquez, 2015), en el régimen especial de las entidades ZEC (véase Sánchez Blázquez, 2015) y en el Arbitrio sobre Importaciones y Entregas de Mercancías (AIEM). En estos incentivos, se computa la ayuda en el ejercicio en que se produce efectivamente el ahorro fiscal; en el que se aplica la bonificación del 50%; se logra el diferencial del tipo de gravamen reducido en la ZEC o en el que efectivamente se efectúa la exención del AIEM a la producción.

Esta problemática adquiere mayor interés y complejidad en la DIC y RIC, aunque solo haré referencia a la RIC en esta obra, remitiendo al lector interesado en la DIC a Miranda y Dorta (2016).

32.7.2. El cómputo de la RIC como ayuda al funcionamiento

Insisto en que antes comenté que la regla especial del art. 37 del Reglamento REF indica que la ayuda RIC *se computará en el ejercicio en el cual se realizan las inversiones*; y que después de años de permanentes conflictos tributarios, el TS concluyó que se entiende materializada en el año en que las inversiones entran en funcionamiento. Por consiguiente, existe una evidente contradicción entre el primer párrafo del art. 37 del Reglamento REF y el art. 27.7 de la Ley REF que señala el año en que entren en funcionamiento las inversiones: *Se entenderá producida la materialización, incluso en los casos de la adquisición mediante arrendamiento financiero, en el momento en que los activos entren en funcionamiento.*

En el caso de ayudas sobre inversiones de sustitución, cuyo límite se establece en la actualidad en función del porcentaje del 30% del volumen de negocios, no es lo mismo que las inversiones se realicen en sucesivos años, y vaya computándose el ahorro fiscal que producen año por año, a que tengan que acumularse en el año en que entran en funcionamiento. El ejemplo más claro es la construcción de un edificio que no pueda ser catalogada como ayuda a la inversión inicial (en tanto que no suponga la creación de un nuevo establecimiento o la ampliación de la capacidad de un establecimiento existente), cuyo proyecto exige una inversión plurianual en dos o tres años hasta su puesta en funcionamiento. No es lo mismo computar la ayuda año por año, a medida que se construye el edificio, que computarla globalmente en el año en que entra en funcionamiento. El límite de ayudas se amplía o se restringe si se aplica en función del volumen de negocios de tres años diferentes o si se aplica solo en función del volumen del año 3, tal y como se ilustra en el siguiente ejemplo.

Ejemplo 32.2

Una empresa comercial en 2014 comienza a renovar su establecimiento con un plan a dos años, abriéndolo finalmente al público en el tercer año. Partimos de la hipótesis de que no realiza una inversión inicial. En 2014 factura 300.000 € e invierte 100.000 €, en 2015 factura 350.000 e invierte 100.000 €, y en 2016 invierte 100.000 € y factura con la apertura al público 500.000 €. La inversión está afecta a la RIC.

Solución A si atendemos a la literalidad del art. 37 Reglamento: cuando se realizan las inversiones.
En 2014 se declara en el modelo 282 un ahorro RIC de (100.000 x 0,30) = 30.000 €, que se compara con el 10% de 300.000 = 30.000. Se cumple el límite del control de ayudas.
En 2015 se declara en el modelo 282 un ahorro RIC de (100.000 x 0,25) = 25.000 €, que se compara con el 30% de 350.000 = 105.000. Se cumple el límite del control de ayudas.
En 2016 se declara en el modelo 282 un ahorro RIC de (100.000 x 0,25) = 25.000 €, que se compara con el 30% de 500.000 = 150.000. Se cumple el límite del control de ayudas en todos y cada uno de los años.

Solución B si atendemos a la literalidad del art. 27.7 de la Ley REF y la jurisprudencia del TS: se materializa la RIC en el año en que entran las inversiones en funcionamiento.
En 2014 no se declara nada en el modelo 282 porque la inversión no ha entrado en funcionamiento.
En 2015 no se declara nada en el modelo 282 porque la inversión no ha entrado en funcionamiento.
En 2016 se declara la ayuda de las inversiones que entran en funcionamiento (300.000 x 0,25 = 75.000) y se compara con el límite de 30% de 500.000 = 150.000, que es superior a la ayuda.

Hago la observación de que, si el límite no se hubiese incrementado en 2015 del 10 al 30%, en 2016 sería 10% de 500.000 = 50.000, inferior a la ayuda de 75.000 disfrutada, por lo que incumpliría la normativa, teniendo que devolver dotaciones RIC.

Más lógica y consecuente parece la solución A, aunque su aplicación requiere un cambio legislativo o que la DGT clarifique su bondad a los efectos de evitar distorsiones en su aplicación. No se ha hecho, pero al menos el incremento del 10 al 30% del límite sobre el volumen de negocios hace que no se experimenten grandes distorsiones en la actualidad, aunque en casos específicos, puede haberlas.

32.7.3. El momento en que se computan las ayudas regionales a la inversión

El concepto de ayudas regionales a la inversión inicial (art. 36.2 del Reglamento REF) engloba tres de los incentivos fiscales del REF: los incentivos a la inversión del art. 25 de la Ley REF, la DIC cuando la inversión que se efectúa es inicial y la RIC regulada exclusivamente en el art. 27.4.A (inversiones iniciales) y B (creación de empleo ligada a una inversión inicial), que comparten noción con los otros incentivos regionales concedidos a una inversión inicial.

Este nuevo tipo de ayudas está ligado a una inversión, normalmente de mayor importe que las anteriores, y relacionada con la creación y ampliación de un establecimiento, la diversificación de la producción y la adquisición de activos en empresas en crisis (art. 6.b, b del RREF). Se acumulan estas ayudas por proyectos de inversión, sin que sea posible su división artificial (art. 37.2 RREF) y se computan de esta forma:

- La RIC en inversiones iniciales, al igual que la RIC en ayudas de funcionamiento: aplicando el tipo impositivo del IS a las inversiones realizadas por entidades o la deducción aplicada en la cuota del IRPF por las inversiones. Con la misma singularidad de las ayudas al funcionamiento de que en el caso de inversiones anticipadas se computa la ayuda en el año en que se dota la RIC.

Los límites que se aplican en la actualidad son los señalados del 60, 70 y 80% para las grandes, medianas y pequeñas empresas, sobre el importe del proyecto de inversión, obviándose el porcentaje del 30% sobre el volumen de negocios que está referido exclusivamente a las ayudas regionales al funcionamiento.

Con el momento en que se computa la ayuda regional a la inversión en la RIC ocurre lo mismo que explicamos para las ayudas al funcionamiento, que existe una evidente contradicción entre el art. 27.7 de la Ley 19/1994 y el art. 37 del Reglamento. Si nos guiamos, como parece lógico por la Ley, es el año o ejercicio en que entra en funcionamiento la inversión afecta a la RIC. Los siguientes ejemplos permiten ilustrar la aplicación práctica de estos incentivos a la inversión inicial.

Ejemplo 32.3

En 2023 una empresa dotó RIC por 100.000 €, que invierte en inversión inicial en 2024, concediéndosele una subvención de 12.000 € por la inversión. En 2024 la empresa facturó solo 50.000 € y generó el beneficio con la venta de un bien afecto a su actividad económica.

Al ser una pequeña empresa, el límite sobre la inversión es 80.000 € (80% de 100.000), que debe ser comparado con la suma del ahorro RIC, que se eleva a 25.000 € (25% de 100.000) más la subvención concedida de 12.000 €. Así pues, el total de 37.000 € de las ayudas es inferior al generoso límite de 80.000 €.

Si se calificara la inversión de sustitución y la ayuda de funcionamiento, el límite sería 15.000 € (30% de 50.000), aplicable tanto a la subvención (12.000) como al ahorro de la RIC (el resto de 3.000), que equivale a una dotación RIC de 12.000. En tal supuesto habría que reintegrar el beneficio disfrutado en 2023 por el exceso de dotación de (100.000-12.000) = 88.000 €.

32.8. Consideraciones sobre la relación entre dotaciones e inversiones

Una vez examinadas las cuestiones generales que afectan a la declaración de la RIC como ayuda de Estado, analizamos una serie de supuestos específicos que se resuelven de forma diferente.

32.8.1. Las inversiones afectas a dotaciones anteriores a 2015 no hay que declararlas

La disposición transitoria primera del Reglamento del REF se ocupa del régimen transitorio aplicable a las dotaciones RIC efectuadas con anterioridad a 1 de enero de 2015, señalando que: *A los efectos de lo dispuesto en el título V de este Reglamento, las dotaciones a la reserva para inversiones en Canarias efectuadas con anterioridad a 1 de enero de 2015 se regirán por la normativa aplicable a dicha reserva el 31 de diciembre de 2014.*

Dicho precepto supone, tal y como vienen interpretando los responsables de la Inspección tributaria, que las inversiones realizadas en 2015 y afectadas a las dotaciones RIC de años anteriores no son objeto del nuevo control de ayudas de Estado y, por consiguiente, no han de ser declaradas en el modelo 282 del ejercicio fiscal de 2015.

32.8.2. Las inversiones anticipadas afectas a futuras dotaciones

El art. 37 del Reglamento REF indica el cómputo de las ayudas a efectos de su acumulación. La regla general es que se incluyen en la declaración informativa del modelo 282 todas las ayudas de Estado relacionadas con el REF que se hayan generado en el año, pero con una importante excepción: en la RIC se computará la ayuda de Estado *en el ejercicio en el cual se realizan las inversiones en las que se materializa dicha reserva.* En la regla específica del 37. 1, d) vuelve a señalarse que en el caso de la RIC se computará como ayuda el resultado de multiplicar el tipo del IS *por el importe de las inversiones realizadas.*

De manera que la dotación RIC del año n no hay que declararla como ayuda de Estado en el año n, sino en el año en que se realicen las inversiones. Es la regla general, sin embargo, hay un caso en que la dotación RIC del año n ha de ser declarada en el modelo 282 de ese año: cuando se invierta anticipadamente en el mismo año n. La inversión de la RIC en el mismo año en que se dota se considera inversión anticipada, y tiene que ser objeto de declaración en el modelo 282 de ese año.

Ejemplo 32.4

En 2024 se dota RIC con 100.000 euros que se piensa invertir en 2027 y 2028. En el modelo 282 de 2024 no hay que declarar nada. Se hará en 2027 y 2028 si se realizan las inversiones previstas y entran en funcionamiento.

Ejemplo 32.5

En 2024 se dota RIC con 100.000 euros que se invierten en el mismo año en una ampliación de la planta productiva que se califica como inversión inicial. En el modelo 282 de 2024 hay que declarar en la casilla (17) 25.000 euros (100.000 por el tipo del 25% del IS) por la inversión anticipada efectuada en 2024.

Ejemplo 32.6

En 2024 una empresa de servicios dota RIC con 100.000 euros, parte de la cual se invierte en 2024 en una inversión de sustitución por importe de 40.000 euros. En el modelo 282 de 2024 hay que declarar en la casilla (08) 10.000 euros (40.000 por el 25% del IS). El resto de la ayuda se declara cuando se invierta y entre en funcionamiento los 60.000 euros restantes.

32.8.3. Las inversiones anticipadas de futuras dotaciones

En el apartado anterior se analizó qué sucedía con la materialización anticipada en el mismo año en que se efectúa la dotación, pero ¿qué ocurre si la inversión anticipada no se afecta a la dotación RIC de ese año sino a futuras dotaciones? La respuesta esta vez la ofrece el art. 37.1,d), tercer párrafo, del Reglamento REF, que señala que *Cuando las citadas inversiones se lleven a cabo de manera anticipada y las mismas tengan la consideración de materialización de la reserva para inversiones que se dote en ese ejercicio o en los tres posteriores, se computará la reducción de la cuota íntegra consignada en el Impuesto sobre Sociedades o en el Impuesto sobre la Renta de las Personas Físicas* ***del periodo impositivo en el que efectivamente se dote la reserva.***

De modo que la regla general, que establece que la RIC como ayuda de Estado se computa en el año en que se realiza la inversión, quiebra en el caso de inversiones anticipadas de dotaciones de varios ejercicios, en que, con carácter lógico, se aplica otro criterio, computándose en los años en que va dotándose RIC. Si no fuera así, se acumularía en un solo ejercicio (año en el que se efectúa toda la inversión anticipada) una ayuda muy importante, con consecuencias negativas para el contribuyente si supera el límite del 30% sobre el volumen de negocio si es una ayuda al funcionamiento o del porcentaje de la inversión si es inicial.

Ejemplo 32.7

En 2024 una sociedad que factura 800.000 € realiza una inversión de sustitución por importe de 400.000 €, que quiere afectar a las dotaciones RIC de los próximos tres años.
(Si se computase la ayuda en el momento de la inversión, tendríamos que comparar un hipotético ahorro fiscal de 400.000 x 0,25 = 100.000 €, con el 30% de la facturación en 2024 (240.000 €). Con el límite actual del 30% se cumple la normativa, pero con el límite anterior del 10% se incumpliría).
Sin embargo, lo correcto es que cuando en 2025 dote RIC, por ejemplo, con 150.000 €, la ayuda de funcionamiento (al tratarse de una inversión de sustitución) se compute en 2025 por 37.500 € (150.000 x 0,25) y hay que compararla con el límite del 30% de la facturación de ese año. Lo mismo sucedería con las dotaciones que se efectúen en 2026 y 2027.

32.8.4. Las inversiones complejas y el control de ayudas

Cuando una empresa realiza una inversión compleja, entendiendo por ella la que supera el plazo normal de materialización por ser materialmente difícil realizarla antes, lo lógico es que nos encontremos ante un proyecto de inversión inicial, ¿qué sucede con el control de ayudas si está afecta a la RIC? El art. 27.14 de la Ley REF señala que *Para computar el importe correspondiente a una misma inversión, se considerará integrado en un proyecto único el conjunto de activos adquiridos en un plazo de tres años que se integren en una unidad autónoma determinante de una explotación económica, es decir, un conjunto capaz de funcionar por sus propios medios*; en consecuencia, hay un primer factor a tener en cuenta: los tres años en que se acumulan las inversiones de un proyecto único, pero ¿qué sucede si la inversión compleja se realiza en un plazo superior?, ¿hay que acumular cada tres años o al final del proyecto de inversión? Nada dice al respecto ni la Ley ni el Reglamento REF.

No es lo mismo determinar el umbral máximo de ayudas a recibir sobre el importe total del proyecto que sobre el importe del proyecto ejecutado en tres años. En función del tamaño de la empresa, el límite se señala en un 60, 70 y 80% del proyecto, pero ¿cómo operan los tres años? En segundo lugar, ¿en qué momento realizamos el cómputo? De conformidad con el primer párrafo del art. 37 del Reglamento REF, como regla general se declara la ayuda en el ejercicio en que se realizan las inversiones en que se materializa la RIC, pero entendemos que operará la regla específica del plazo de tres años. En tercer lugar, ¿cómo se acumulan las ayudas correspondientes a ese proyecto? Según el art. 37.2 del Reglamento no corresponderá la división artificial del proyecto, por lo que nos cuestionamos si a efectos del control de ayudas la acumulación en tres años y no en toda la duración del proyecto ¿es una división artificial? En cuarto lugar, para determinar el importe de la ayuda, ¿sumamos el ahorro fiscal que han supuesto las dotaciones RIC de esos tres años? En la acumulación hay que tener en cuenta si se ha recibido alguna subvención al proyecto, que hay que computarla junto a la ayuda RIC para saber si está dentro de los límites de los porcentajes señalados. En quinto lugar, comparamos la suma del ahorro RIC y las subvenciones recibidas con el umbral máximo que señala el Reglamento: si está por debajo, todo correcto, si está por encima, hay que disminuir las dotaciones RIC de alguno o algunos años, y/o devolver toda o parte de la subvención.

Además de este proceso, surge otra duda importante, ¿en qué momento hay que declarar y computar la ayuda: ¿en el año en que se van realizando las inversiones, en el tercer año del cómputo o en el año en que entran en funcionamiento? Sabemos que se entiende materializada la dotación RIC en el año en que entran en funcionamiento las inversiones (art. 27.7 de la Ley REF), no en el que se realizan las inversiones, razón por la que en el caso de un proyecto de inversión complejo, las inversiones van a entrar en funcionamiento el año 4, 5 o 6, aunque las inversiones se hayan ido realizando durante los años 1 al 6, por lo que nos cuestionamos nuevamente: ¿cuándo hay que declararlas, en el momento de su realización o en el de su entrada en funcionamiento?

Tanta complejidad y tantas dudas surgen si queremos compatibilizar el régimen de la RIC con su control como ayuda de Estado, que es casi imposible cumplir toda la normativa al mismo tiempo. Por ello entendemos que las normas del control específico de las ayudas deben ser independientes a las de la aplicación del incentivo. En otras palabras, y circunscribiéndonos a las inversiones complejas, no se puede esperar a su acumulación en el año en que entren en funcionamiento las inversiones, sino que debería declararse en el año en que se realicen las inversiones, con una acumulación máxima del plazo de 3 años señalado en el art. 27.14 de la Ley 19/1994. El legislador o la DGT deberían aclarar estas cuestiones.

32.9. La materialización indirecta de la RIC y el control de ayudas

Igual complejidad que en la materia anterior se observa en el control del régimen denominado materialización indirecta, en el que una entidad materializa su dotación RIC en el capital social de otra entidad que va a realizar inversiones. Una novedad de la reforma 2015-2020 fue que las sociedades participadas pueden invertir tanto en inversión inicial como en inversiones de sustitución, porque hasta 2014 solo podían hacerlo en inversión inicial. Sin embargo, cuestión bien diferente es cómo se considera este tipo de ayuda de Estado. La Ley REF, en la versión dada por el R.D.L. 15/2014, nada determina, pero sí lo hace el Reglamento REF, señalando en el art. 36.1, d) que la parte de la RIC materializada en el art. 27.4.D (de la Ley del REF) **se considera ayuda regional al funcionamiento**. Recordemos que este tipo de ayudas tiene un límite del 30% sobre el volumen de negocios. En una inversión de sustitución no existe mayor problema, pues tanto para la entidad que suscribe títulos como para la participada se recibe una ayuda al funcionamiento, pero qué ocurre cuando la participada realiza una inversión inicial: que, en todo caso, la empresa que dotó la RIC recibe una ayuda al funcionamiento.

El mandato reglamentario puede suponer una cortapisa importante para el empresariado, dado que muchos proyectos de inversión se ejecutan a través de nuevas sociedades participadas, que son las que lograrán un mayor volumen de negocio por las inversiones realizadas, pero no la empresa matriz que facilitó los fondos. Se acumulan dotaciones RIC cuantiosas que han de declararse en el año en que entra en funcionamiento la inversión, teniendo como límite el 30% del volumen de negocios de la matriz, que no tiene por qué haberse incrementado. Si bien puede evitarse el problema realizando directamente la inversión por quien haya dotado la RIC, pero no es la forma más lógica ni la más habitual con la que se opera en la práctica empresarial, ni facilita la necesaria cooperación para desarrollar proyectos entre diferentes partícipes.

Ejemplo 32.8

En 2024 una mediana empresa dotó RIC con 250.000 € que invierte en 2025 suscribiendo títulos en la sociedad Z que, a su vez, invierte el importe en la adquisición de maquinaria en 2025. La inversión permite incrementar y diversificar el proceso productivo. En 2025, la empresa matriz facturó 100.000 € (el beneficio lo generó con la venta de un activo afecto a la actividad).

Aunque la inversión efectuada por la sociedad participada se considere inicial, la ayuda que recibe la empresa matriz por la materialización indirecta se entiende como ayuda al funcionamiento. Tiene como límite el 30% de 100.000 = 30.000, cuando el ahorro generado por la RIC en 2024 es 250.000 x 0,25 = 62.500 €. Como es superior al límite, hay que reintegrar la diferencia de 32.500 €, equivalente a una dotación RIC de 130.000 € (32.500/0,25), lo que supondría la merma de más del 50% de la RIC dotada en 2024.

Sin embargo, si se considerase una ayuda inicial —que la normativa no lo permite—, el límite sería 175.000 € (70% sobre 250.000) y la ayuda se computaría por el ahorro, que equivale a 62.500 € (250.000 x 0,25). Permitiría el desarrollo de un proyecto que, a luz de los datos ofrecidos, tiene menos probabilidades de llevarse a cabo por la consideración de la materialización indirecta como ayuda regional al funcionamiento.

32.9.1. La materialización indirecta y el momento de computar las ayudas

Otra de las cuestiones que surgen en relación con la materialización indirecta de la RIC y el momento a computar la ayuda de Estado viene derivada del desembolso en efectivo del importe de la suscripción. ¿Ha de entenderse que el momento es el año en que se desembolsa el pago de la suscripción o el año en que entra en funcionamiento la inversión efectuada por la sociedad participada? Como en casos anteriores, existe una clara discrepancia entre distintos preceptos de la Ley REF y el Reglamento REF. En el caso de instrumentos financieros (las acciones o participaciones suscritas y desembolsadas), el art. 27.6 final de la Ley REF considera producida la materialización en el importe desembolsado por la suscripción, dando a entender que se materializa la RIC en el año en el que se efectúa el desembolso de los títulos; pero a continuación, el 27.7 estima producida la materialización en el momento en que los activos entren en funcionamiento, sin distinguir entre la materialización directa e indirecta. Precisamente, ese precepto se incorporó a la Ley después de que el TS confirmase la teoría administrativa de que solo se realizaba la materialización cuando las inversiones entraban en funcionamiento. Por dicha razón, tras muchos años de conflictividad, es en la actualidad una cuestión aceptada por los beneficiarios. Cabe concluir que no admite otra interpretación, ni tan siquiera en el caso de la materialización indirecta.

El art. 20 del Reglamento incide en esta cuestión, contraviniendo el art. 27.6 de la Ley, pero apoyando el art. 27.7, pues señala que, en los casos de materialización indirecta, se considera que se produce la materialización cuando la entidad emisora de los títulos ponga en funcionamiento las inversiones. De manera que la ayuda obtenida por la dotación RIC, materializada en el capital social de una sociedad que va a realizar inversiones, hay que computarla en el ejercicio en el que las inversiones entren en funcionamiento, y no en el año en el que se realizó el desembolso de la suscripción. Reiterar que, en cualquier caso, este tipo de incentivo se considera ayuda al funcionamiento de las empresas y no ayuda regional a la inversión.

32.10. El modelo 282 de declaración de las ayudas del REF

Las ayudas REF recibidas, incluida la RIC, hay que declararlas anualmente en el modelo 282.

Desde su primera versión de 2015 hasta la actualidad han existido varios modelos de declaración del 282: "Declaración informativa anual de ayudas recibidas en el marco del Régimen Económico y Fiscal de Canarias y otras ayudas de Estado, derivadas de la aplicación del Derecho de la Unión Europea", pero analizamos directamente el último, publicado en junio de 2024 para el ejercicio 2023 y que es el vigente en la actualidad. Por razones obvias, solo examinamos las ayudas relacionadas con la RIC.

La presentación del modelo 282 se efectúa por medios telemáticos en el mes de julio siguiente al cierre del ejercicio. En julio de 2024 hubo de presentarse la declaración de ayudas de 2023, que afecta tanto al IRPF como al IS, así como al Impuesto sobre la Renta de no residentes, tengan o no establecimiento permanente en Canarias.

El ejercicio que hay que consignar en la correspondiente casilla es el año que se declara en el IRPF o IS, 2023, en el caso de la declaración presentada en julio de 2024.

Una vez presentado el modelo, puede ser objeto de declaración complementaria o sustitutiva, haciendo en ambos casos mención al número de justificante de la declaración anterior.

Sobre los datos específicos a las ayudas, hay que consignar los siguientes:

– 1º. El volumen de negocios anual obtenido en Canarias durante el ejercicio que se declara (2023).

– 2º. En relación con la RIC hay que concretar previamente si la ayuda que se recibe es al funcionamiento o a la inversión inicial.

– 2º.1. En el primer caso, hay que rellenar la casilla 04 del apartado 1. Ayudas regionales al funcionamiento. Su título ayuda para conocer que se trata de la materialización en el art. 24 B. bis (creación de empleo desligada a una inversión inicial); art. 24 C (inversiones de sustitución y las que mejoren o protejan el medio ambiente) y art. 24 D (materialización indirecta en el capital de sociedades que vaya a realizar las inversiones aptas).

La cantidad a consignar es el 25% (o el tipo impositivo del IS aplicable) de la inversión que entró en funcionamiento en ese año (cuestión en la que hay discrepancias entre el texto legal y reglamentario). Para inversiones anticipadas debe consultarse lo que expliqué en epígrafes anteriores.

Y la cantidad declarada no puede ser superior al 30% del volumen de negocios en ese ejercicio. Es el primer cálculo que realizará el sistema informático de la AEAT.

– 2º.2. En el segundo caso, cuando la inversión realizada es inicial (art. 27.4 A) y la creación de empleo relacionada con una inversión inicial (art. 27.4 B), hay que rellenar la casilla 10 del apartado 2. Ayudas regionales a la inversión.

La cantidad a consignar es el ahorro disfrutado (el 25% o tipo impositivo IS aplicable sobre la inversión o el importe materializado en creación de empleo).

Y esa cantidad no podrá superar los límites del 60, 70 y 80% de la inversión según se trate de grandes empresas, medianas o pequeñas.

Modelo redactado por el art. tercero de la Orden HAC/646/2024, de 25 de junio, que se utilizó por primera vez para las declaraciones informativas de 2023 presentadas a partir de 1 de julio de 2024

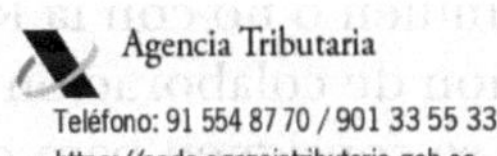

Teléfono: 91 554 87 70 / 901 33 55 33
https://sede.agenciatributaria.gob.es

Declaración informativa anual de ayudas recibidas en el marco del Régimen Económico y Fiscal de Canarias y otras ayudas de Estado, derivadas de la aplicación del Derecho de la Unión Europea.
(IRPF.IS.IRNR)

Modelo **282**

Identificación

NIF

Apellidos y nombre, razón social

Indique si es contribuyente por:

- ☐ Impuesto sobre la Renta de las Personas Físicas
- ☐ Impuesto sobre Sociedades
- ☐ Impuesto sobre la Renta de no Residentes con Establecimiento Permanente
- ☐ Impuesto sobre la Renta de no Residentes sin Establecimiento Permanente

Ejercicio

Ejercicio ....

Declaración complementaria ..... ☐
Declaración sustitutiva .... ☐
Nº de justificante de la declaración anterior

Volumen de negocios

Volumen de negocios anual del beneficiario obtenido en las Islas Canarias

Ayudas percibidas

1. Ayudas regionales al funcionamiento.

Concepto	Casilla	
Régimen especial de empresas productoras de bienes corporales (art. 26 de la Ley 19/1994)	01	
Deducción por inversiones no iniciales en Canarias (art. 94 Ley 20/1991, DA 13ª y DA 14ª Ley 19/1994)	02	
Incentivos de la Zona Especial Canaria (arts. 43 a 46 Ley 19/1994)	03	
Reserva para inversiones en Canarias (RIC), en la parte regulada en el art. 27.4.B.bis, C y D Ley 19/1994	04	
Exenciones de entregas interiores del Arbitrio sobre Importaciones y Entregas de Mercancías en las Islas Canarias (art. 2.4 de la Ley de la Comunidad Autónoma de Canarias 4/2014)	05	
Ayudas al transporte de mercancías (RD 147/2019, de 15 de marzo; normativa autonómica derivada de la DA segunda del Real Decreto-ley 15/2014, de 19 de diciembre)	06	
Importe total de las ayudas regionales al funcionamiento [01+02+03+04+05+06]	**07**	

2. Ayudas regionales a la inversión.

Concepto	Casilla	
Incentivos a la inversión (art. 25 Ley 19/1994)	08	
Deducción por inversiones iniciales en Canarias (art. 94 Ley 20/1991 y DA 13ª Ley 19/1994)	09	
Reserva para inversiones en Canarias (RIC), en la parte regulada en el art. 27.4.A y B Ley 19/1994	10	
Otros incentivos regionales concedidos por las Administraciones Públicas o mediante fondos públicos para la realización de una inversión inicial	11	
Importe total de las ayudas regionales a la inversión [08+09+10+11]	**12**	

3. Ayudas a las PYME (art. 27.bis Ley 19/1994)

Concepto	Casilla	
Deducción por inversiones en territorios de África Occidental	13	
Deducción por gastos de propaganda y publicidad	14	
Total ayudas a las PYME [13+14]	**15**	

Concepto	Casilla	
4. Otros incentivos	**16**	

3°. Aunque no sea una cuestión que esté expresamente regulada, conviene rellenar la casilla 16 del apartado de Otros incentivos, en el caso de otras ayudas o subvenciones que se hayan concedido a quien suscribe la declaración, con independencia de que acumulen o no con la RIC. En mi opinión hay que consignarlas por la obligación de colaboración y después se verá si acumulan o no, pues basta que no se consignen para que pueda interpretarse como un dato o conjunto de datos no consignados.

32.11. Las vicisitudes del régimen sancionador sobre el control de ayudas

El régimen sancionador correspondiente al control de las ayudas de Estado previstas en el REF constaba en la disposición adicional cuarta del RD ley 15/2014 de modificación del REF.

La infracción más relevante era la superación de los límites de acumulación, que se sancionaba con multa pecuniaria del 20% del exceso. Es el caso de un contribuyente que haya ahorrado impuestos por la dotación RIC de 1.000.000, 250.000 € del IS, y que haya recibido una subvención por la inversión de 100.000 €. El total de ayudas asciende a 250.000 + 100.000 = 350.000 €. Si la intensidad máxima fuese, por ejemplo, 300.000. El exceso entre 350.000 y 300.000 = 50.000 sería la base de la sanción del 20% = 10.000 €. Aparte habría que reintegrar el exceso de 50.000 € y los correspondientes intereses de demora.

Las siguientes infracciones podemos considerarlas leves: la primera era la no presentación en plazo del modelo correspondiente (282); la segunda, la presentación incompleta, inexacta o con datos falsos de la declaración; y la tercera, la presentación por medios distintos a los telemáticos. Las tres infracciones se sancionaban con una multa de 20 € por cada dato o conjunto de datos que tendrían que haberse declarado, con un mínimo de 300 € y un máximo de 20.000 €. En el caso de que se presentase extemporáneamente, sin requerimiento de la Administración tributaria, la sanción y los límites mínimo y máximo se reducen a la mitad:

> *La superación de los límites de acumulación de ayudas constituirá una infracción, cuya sanción consistirá en una multa pecuniaria proporcional del 20 por ciento del exceso.*
>
> *El reintegro del exceso de la ayuda y la imposición de la citada sanción se efectuarán con arreglo a los procedimientos correspondientes en función de la naturaleza de la ayuda.*
>
> *También constituirá una infracción la no presentación en plazo y la presentación de forma incompleta, inexacta o con datos falsos de la mencionada declaración informativa, así como*

> *su presentación por medios distintos a los electrónicos, informáticos y telemáticos en aquellos supuestos en que hubiera obligación de hacerlo por dichos medios.*
>
> *La sanción consistirá en una multa pecuniaria fija de 20 euros por cada dato o conjunto de datos que hubiera debido incluirse en la declaración, con un mínimo de 300 euros y un máximo de 20.000 euros.*
>
> *Si la declaración se presenta fuera de plazo sin requerimiento previo de la Administración tributaria, o se presentara por medios distintos a los electrónicos, informáticos y telemáticos en aquellos supuestos en que hubiera obligación de hacerlo por dichos medios, la sanción y los límites mínimo y máximo serán la mitad de los previstos en el párrafo anterior.*
>
> *Reglamentariamente se dictarán las normas necesarias para el desarrollo y aplicación de lo establecido en esta disposición adicional, y, en particular, las de atribución de la competencia para la realización del control al que la misma se refiere* [Disposición adicional cuarta del RD ley 15/2014, vigente hasta 2018].

En el texto llama la atención que se sancione igual la presentación inexacta o la omisión de un dato que los datos falsos, y la referencia al conjunto de datos, concepto indeterminado que a ver cómo se interpreta cuando la AEAT compruebe la declaración de las ayudas consignadas en el modelo 282.

Pero quizá lo más sorprendente es que me haya referido en pasado al régimen sancionador, puesto que la Ley 8/2018, por la que se modifica la Ley 19/1994 REF, afectó a la D.A. cuarta del RD 15/2014, suprimiendo las infracciones y sanciones antes comentadas. Sí hace una simple llamada a una futura reglamentación, pero no conozco que se haya regulado desde 2018 a 2024:

> *El reintegro del exceso de la ayuda y la imposición de la citada sanción se efectuarán con arreglo a los procedimientos correspondientes en función de la naturaleza de la ayuda.*
>
> *Reglamentariamente se dictarán las normas necesarias para el desarrollo y aplicación de lo establecido en esta disposición adicional, y, en particular, las de atribución de la competencia para la realización del control al que la misma se refiere.*

Hoy por hoy he de reconocer que si me preguntan por las infracciones y sanciones correspondientes al control de las ayudas, sencillamente no tengo respuesta. Lo que denota cierta dejación en este campo por parte de las autoridades españolas, que podría ocasionar algún tipo de perjuicio por parte de los estamentos de la UE en un campo tan sensible como el de las ayudas de Estado en España, especialmente en Canarias.

32.12. Ficha resumen del control de los límites de la ayuda RIC

1.	El control de ayudas de Estado irrumpe en 2015 en el contexto del REF por transposición del Reglamento europeo de Exención, observándose diversas materias de índole técnico que precisan ser reguladas y/o clarificadas.
2.	El régimen transitorio impide que el control de ayudas se aplique a las inversiones afectas a dotaciones RIC efectuadas en años anteriores a 2015. Son por tanto, las ayudas disfrutadas a partir de 1 de enero de 2015 las susceptibles de control.
3.	La ayuda que representa la RIC se cuantifica en el IS por el ahorro impositivo experimentado en el año de la dotación (importe dotación por el tipo impositivo que se aplicó). En el IRPF, por la deducción que generó la dotación (importe por el tipo medio de gravamen).
4.	Los límites actuales sobre las ayudas a la inversión inicial del 60, 70 y 80% para las grandes empresas, medianas y pequeñas son los más altos en Canarias desde que se reguló el control de las ayudas.
5.	Estos límites no se aplican a proyectos de inversión superiores a 50 millones de euros, que tienen su propia fórmula para determinar la intensidad máxima de ayudas que pueden recibir.
6.	El incremento del límite de las ayudas al funcionamiento de las empresas del 10 y 17,5% (empresas industriales) al genérico y actual del 30% ha sido un hito importante en la intensidad de las ayudas, que se aplica retroactivamente desde 2015. La elevación del porcentaje resuelve muchos casos que en la práctica impedían la dotación RIC.
7.	El volumen de negocios como magnitud sobre la que medir la acumulación de ayudas regionales al funcionamiento es preferible al resto de opciones establecidas en las DAR (valor añadido o costes laborales), pero exige una sincronía entre la generación de ventas y la aplicación de las ayudas que no siempre se da en la práctica.

8.	Desde una perspectiva técnica, son diversas las dudas que persisten por la débil precisión de las normas. Es necesario que se clarifique si los contribuyentes deben adoptar los mismos criterios en la aplicación de los incentivos REF respecto a los establecidos en el control de las ayudas. Sirva como ilustración la materialización de la RIC que, en virtud del REF, se entiende realizada cuando las inversiones entren en funcionamiento, mientras que las disposiciones reglamentarias sobre el control de ayudas señalan que se computará la ayuda cuando se realicen las inversiones.
9.	Existen dudas sobre el alcance del control de ayudas, esto es, sobre qué incentivos y ayudas han de aplicarse. Los preceptos reglamentarios acotan lógicamente cada uno de los incentivos fiscales del REF, pero añaden una categoría genérica (otras ayudas e incentivos) que genera incertidumbre.
10.	La Orden para la declaración informativa (modelo 282) no aporta claridad al respecto y simplemente se limita a añadir un apartado final bajo el título de "Otros incentivos", en el que se recoge cualquier otro incentivo, independientemente de su naturaleza, siempre que tenga la consideración de ayuda de Estado.
11.	Las normas tampoco logran la precisión necesaria en los aspectos temporales, esto es, el momento en que debe declararse la RIC como ayuda regional al funcionamiento y a la inversión inicial. La existencia de una regla general (momento en el que se generan) se complementa con reglas específicas para el caso de inversiones anticipadas de futuras dotaciones. Se ha hecho un escaso esfuerzo de adaptación del control de ayudas a las especialidades de los incentivos fiscales.
12.	Los regímenes aplicables a las inversiones complejas y la materialización indirecta no han sido debidamente tratados en la norma, lo que contrasta con la relevancia que tienen dichas opciones de materialización de la RIC en la realidad empresarial. No existe precepto alguno que regule el control de ayudas para las inversiones complejas, y no se han sopesado las consecuencias negativas que supone la materialización indirecta en tanto que se concibe como ayuda al funcionamiento, incluso cuando la entidad participada realice inversiones que tengan la calificación de iniciales.

13. El cambio operado en 2018 en la disposición adicional cuarta del RD ley 15/2014 ha suprimido el régimen sancionador específico aplicable a las infracciones cometidas en esta materia y al exceso de ayudas sobre su intensidad máxima. Es una cuestión por resolver, pero mientras se reglamente hay que aplicar el régimen sancionador general de la LGT. Paradójicamente, el régimen sancionador eliminado en el REF es el que se aplica en el Régimen fiscal especial balear en 2022.

14. Los puntos anteriores ponen de manifiesto la necesidad de una aclaración legal de toda la normativa que regula el control de ayudas en el marco del REF que, entre otros aspectos, permita una mejor coordinación con la normativa de aplicación de los incentivos REF.

Capítulo 33

EL CONTROL DE LA INTENSIDAD DE LA RIB COMO AYUDA DE ESTADO

En el último capítulo de esta obra explico el preceptivo control de las ayudas de Estado en el marco del Régimen fiscal especial balear. No lo hago con la amplitud que lo desarrollé en el REF, pero sí analizando las cuestiones principales a tener en cuenta en el modelo 283 recientemente aprobado en septiembre de 2024. Las ayudas del Régimen fiscal especial se catalogan de ayudas de *minimis* y tienen una intensidad máxima en 2024 de 300.000 € en tres años.

33.1. Legislación vigente

– Ley 31/2022 Régimen fiscal especial balear

D.A. 70ª.Cuatro, 16. *Reglamentariamente se determinará la información que deban suministrar los contribuyentes que practiquen la reducción prevista en este apartado junto con la declaración por el Impuesto sobre Sociedades, del Impuesto sobre la Renta de las Personas Físicas o del Impuesto sobre la Renta de no Residentes, con el objeto de verificar que el importe de las ayudas y beneficios obtenidos en relación con una misma inversión no excede de los límites establecidos en el Ordenamiento comunitario que, en cada caso, resulten de aplicación.*

D.A. 70ª. Seis. *Adecuación de la reserva para inversiones y del régimen especial para empresas industriales, agrícolas, ganaderas y pesqueras al Derecho de la Unión Europea y control y seguimiento de su aplicación.*

1. La regulación y aplicación de los beneficios fiscales previstos en este régimen se ajustará a lo establecido en el Derecho de la Unión Europea.

Los beneficios fiscales solo resultarán de aplicación para los contribuyentes que desarrollen su actividad en los ámbitos regulados en los Reglamentos (UE) 360/2012 de la Comisión, de 25 de abril de 2012, relativo a la aplicación de los artículos 107 y 108 del Tratado de Funcionamiento de la Unión Europea ***a las ayudas de minimis*** *concedidas a empresas que prestan servicios de interés económico general; 1407/2013 de la Comisión, de 18 de diciembre de 2013, relativo a la aplicación de los artículos 107 y 108 del Tratado de Funcionamiento de la Unión Europea a las ayudas de minimis; 1408/2013 de la Comisión, de 18 de diciembre de 2013, relativo a la aplicación de los artículos 107 y 108 del Tratado de Funcionamiento de la Unión Europea a las ayudas de minimis en el sector agrícola, y 717/2014 de la Comisión, de 27 de junio de 2014, relativo a la aplicación de los artículos 107 y 108 del Tratado de Funcionamiento de la Unión Europea a las ayudas de minimis en el sector de la pesca* *y de la acuicultura, así como los Reglamentos que les sucedan; Reglamentos que habrán de observarse en todos sus términos.*

2. Estos beneficios fiscales, conjuntamente con cualquier otra ayuda percibida al amparo de la normativa que resulte de aplicación, no podrán superar los importes que, para su respectivo ámbito de aplicación, establecen los Reglamentos citados en el número 1 anterior ***a lo largo de un periodo de tres años.***

A efectos del cálculo de los límites establecidos por los Reglamentos a que se refiere el número 1 anterior, el cómputo del beneficio fiscal se determinará reglamentariamente.

3. Los beneficios fiscales, conjuntamente con cualquier otra ayuda percibida al amparo de la normativa que resulte de aplicación, cualquiera que sea su naturaleza, dentro de los límites establecidos en los Reglamentos indicados en el número 1 anterior, será objeto de un sistema de seguimiento y control.

A estos efectos, los beneficiarios deberán presentar una declaración informativa relativa a las distintas medidas o regímenes de ayudas percibidas. Esta declaración incluirá información detallada de los aludidos incentivos, que serán objeto de comprobación.

4. La superación de los límites de acumulación de ayudas constituirá una infracción, además de poder ser causa de incompatibilidad con el Derecho de la Unión Europea, cuya sanción consistirá en una multa pecuniaria proporcional del 20 por ciento del exceso.

El reintegro de la ayuda incompatible, junto con la exigencia del correspondiente interés de demora y la imposición de la citada sanción se efectuarán con arreglo a los procedimientos correspondientes en función de la naturaleza y percepción de la ayuda.

5. También constituirá una infracción la no presentación en plazo y la presentación de forma incompleta, inexacta o con datos falsos *de la mencionada declaración informativa, así como su presentación por medios distintos a los electrónicos, informáticos y telemáticos en aquellos supuestos en que hubiera obligación de hacerlo por dichos medios.*

La sanción consistirá en una multa pecuniaria fija de 20 euros por cada dato o conjunto de datos que hubiera debido incluirse en la declaración, con un mínimo de 300 euros y un máximo de 20.000 euros.

Si la declaración se presenta fuera de plazo sin requerimiento previo de la Administración tributaria, o se presentara por medios distintos a los electrónicos, informáticos y telemáticos en aquellos supuestos en que hubiera obligación de hacerlo por dichos medios, la sanción y los límites mínimo y máximo serán la mitad de los previstos en el párrafo anterior.

Reglamentariamente se dictarán las normas necesarias para el desarrollo y aplicación de lo establecido en este apartado y, en particular, las de atribución de la competencia para la realización del control al que el mismo se refiere.

– RD 710/2024. Reglamento Régimen fiscal especial balear

TÍTULO III. Control de los incentivos, de su eficacia y límites de la acumulación de las ayudas derivadas de la aplicación del Derecho de la Unión Europea

Artículo 29. Acumulación de ayudas.

1. El régimen fiscal especial de las Illes Balears deberá respetar en todo caso los límites cuantitativos establecidos en la normativa de la Unión Europea relativa a las ayudas de minimis, en los términos establecidos en el número 1 del apartado seis de la disposición adicional septuagésima de la Ley 31/2022, de 23 de diciembre.

2. El régimen fiscal especial de las Illes Balears será acumulable con otras ayudas de minimis y con las ayudas estatales compatibles con el mercado interior de acuerdo con lo dispuesto en el artículo 2 del Reglamento (UE) 360/2012 de la Comisión, de 25 de abril de 2012, y en el artículo 5 del Reglamento (UE) 2023/2832 de la Comisión, de 13 de diciembre de 2023, relativos a la aplicación de los artículos 107 y 108 del Tratado de Funcionamiento de la Unión Europea a las ayudas de minimis concedidas a empresas que prestan servicios de interés económico general, así como en el artículo 5 de los Reglamentos (UE) 1407/2013 de la Comisión, de 18 de diciembre de 2013, y (UE) 2023/2831 de la Comisión, de 13 de diciembre de 2023, relativos a la aplicación de los artículos 107 y 108 del Tratado de Funcionamiento de la Unión Europea a las ayudas de minimis; (UE) 1408/2013 de la Comisión, de 18 de diciembre de 2013, relativo a la aplicación de los artículos 107 y 108 del Tratado de Funcionamiento de la Unión Europea a las ayudas de minimis en el sector agrícola, y (UE) 717/2014 de la Comisión, de 27 de junio de 2014, relativo a la aplicación de los artículos 107 y 108 del Tratado de Funcionamiento de la Unión Europea a las ayudas de minimis en el sector de la pesca y de la acuicultura, así como los Reglamentos que les sucedan.

Artículo 30. Cómputo de las ayudas a efectos de su acumulación.

1. Las ayudas obtenidas por un beneficiario en virtud de todos los incentivos aplicables en el marco del Régimen Especial de las Illes Balears, así como de aquellos otros, cualquiera que sea su naturaleza, que tengan la consideración de ayudas de Estado se incluirán en la declaración informativa a que se refiere el número 3 del apartado seis de la disposición adicional septuagésima de la Ley 31/2022, de 23 de diciembre, computándose en el ejercicio en el que se perciban.

A efectos de determinar las ayudas obtenidas por un beneficiario se estará a lo dispuesto en los Reglamentos a que se refiere el apartado 2 del artículo anterior. (...)

3. En relación con la reserva para inversiones en las Illes Balears, se computará el resultado de multiplicar el tipo impositivo del Impuesto sobre Sociedades o del Impuesto sobre la Renta de no Residentes correspondiente al tipo de la persona o entidad beneficiaria, por el importe de la reducción practicada conforme al número 1 del apartado cuatro de la disposición adicional septuagésima de la Ley 31/2022, de 23 de diciembre; y, para los contribuyentes del Impuesto sobre la Renta de las Personas Físicas, se computará la parte proporcional de la deducción aplicada correspondiente a las inversiones realizadas.

Artículo 31. Competencias de control y seguimiento.

1. El seguimiento y control de la acumulación de las ayudas obtenidas en virtud de los incentivos aplicables en el marco del Régimen Especial de las Illes Balears, así como de aquellos otros, cualquiera que sea su naturaleza, que tengan la consideración de ayudas de Estado se realizará, en el ámbito de la Administración del Estado, por la Agencia Estatal de Administración Tributaria en cuanto a las materias propias de su competencia, sin perjuicio de las atribuidas a la Intervención General de la Administración del Estado, que se regirá por su normativa específica, a cuyo efecto resultará de aplicación lo dispuesto en el artículo 95.1.l) de la Ley 58/2003, de 17 de diciembre, General Tributaria, y de las que correspondan a otros órganos u organismos del Estado y a otras Administraciones Públicas.

2. La Agencia Estatal de Administración Tributaria tendrá competencias para regularizar las ayudas obtenidas en cuantía superior a la debida por aplicación de las disposiciones vigentes.

3. De acuerdo con lo dispuesto en el apartado siete de la disposición adicional septuagésima de la Ley 31/2022, de 23 de diciembre, los objetivos económicos perseguidos mediante la aplicación del Régimen fiscal especial de las Illes Balears consisten en paliar la incidencia del hecho insular en los objetivos de crecimiento económico, mejora del empleo y la competitividad de la economía de la Comunidad Autónoma de las Illes Balears, en línea con lo dispuesto en el Real Decreto-ley 4/2019, de 22 de febrero, del Régimen Especial de las Illes Balears, del que forma parte el Régimen fiscal especial de las Illes Balears.

4. El seguimiento de la eficacia del Régimen fiscal especial de las Illes Balears deberá realizarse por la comisión de intercambio y análisis de datos estadísticos prevista en el artículo 3.2 del Real Decreto-ley 4/2019, de 22 de febrero, del Régimen Especial de las Illes Balears, bajo la coordinación superior de la Comisión Mixta de Economía y Hacienda entre el Estado y la Comunidad Autónoma de las Illes Balears.

Artículo 32. Obligaciones de información en materia de ayudas.

1. Se habilita a la persona titular del Ministerio de Hacienda para que apruebe la declaración informativa que deberán presentar los beneficiarios de las medidas o regímenes de ayuda percibidas o utilizadas, a que se refieren el número 3 del apartado seis y el número 3 del apartado siete de la disposición adicional septuagésima de la Ley 31/2022, de 23 de diciembre.

La declaración informativa se presentará en el modelo de declaración que se apruebe por la persona titular del Ministerio de Hacienda. En todo caso, la declaración se presentará por medios telemáticos.

La presentación de la declaración informativa deberá realizarse en el plazo establecido para la presentación de la correspondiente autoliquidación del Impuesto sobre la Renta de las Personas Físicas, del Impuesto sobre Sociedades o del Impuesto sobre la Renta de no Residentes, por los artículos 96 de la Ley 35/2006, de 28 de noviembre, del Impuesto sobre la Renta de las Personas Físicas, y de modificación parcial de las leyes de los Impuestos sobre Sociedades, sobre la Renta de no Residentes y sobre el Patrimonio, 124 de la Ley 27/2014, de 27 de noviembre, del Impuesto sobre Sociedades, y 21 y 28 del texto refundido de la Ley del Impuesto sobre la Renta de no Residentes, aprobado por Real Decreto Legislativo 5/2004, de 5 de marzo, en relación con la información a que se refiere el número 3, del apartado seis y el número 3 del apartado siete de la disposición adicional septuagésima de la Ley 31/2022, de 23 de diciembre, correspondiente al año natural inmediato anterior.

No obstante, los contribuyentes del Impuesto sobre la Renta de no Residentes que obtengan rentas sin establecimiento permanente que tengan la consideración de ayudas recibidas en el marco del Régimen fiscal especial de las Illes Balears y otras ayudas de Estado derivadas de la aplicación del Derecho de la Unión Europea, deberán presentar una única declaración informativa en relación con la información a que se refieren el número 3 del apartado seis y el número 3 del apartado siete, ambos de la disposición adicional septuagésima de la Ley 31/2022, de 23 de diciembre, correspondiente al año natural inmediato anterior, en el mismo plazo establecido para los contribuyentes del Impuesto sobre la Renta de las Personas Físicas en el párrafo anterior.

2. La declaración informativa única a que se refiere el apartado anterior habrá de contener información relativa a los siguientes extremos:

a) Identificación. NIF y apellidos y nombre, o razón social del declarante.

b) Ejercicio al que se refiere la declaración.

c) Indicación de si es contribuyente por el Impuesto sobre Sociedades, Impuesto sobre la Renta de las Personas Físicas o Impuesto sobre la Renta de no Residentes con o sin establecimiento permanente.

d) Si se trata de una declaración complementaria o sustitutiva de otra anterior. Número de justificante de esta última.

e) Volumen de negocios anual del beneficio obtenido en las Illes Balears.

f) Ayuda percibida y/o utilizada en concepto de reserva para inversiones en las Illes Balears.

g) Ayuda percibida y/o utilizada en concepto de régimen especial para empresas industriales, agrícolas, ganaderas y pesqueras en las Illes Balears.

h) Otras ayudas percibidas y/o utilizadas.

33.2. El control de la RIB como ayuda de *minimis*

Durante todo el *Manual* he insistido en que los tipos de ayudas de Estado susceptibles de recibirse en Baleares y Canarias son diferentes. La distinción fundamental —como recalqué en el capítulo 1— entre el régimen especial atlántico y mediterráneo deriva del hecho geográfico de no ser las *Illes Balears* región ultraperiférica. Las RUP (regiones ultraperiféricas) europeas reciben ayudas al funcionamiento de las empresas, pero no otras regiones, aunque si se dan circunstancias determinadas, como su insularidad y fragmentación, el TFUE prevé que se apliquen ayudas de Estado específicas, las denominadas *ayudas de minimis.*

Determinadas ayudas de Estado que regula el TFUE no han de ser notificadas previamente a la UE para que las autorice. Para ello, el Reglamento General de Exención por Categorías desarrolla los artículos 107 y 108 del TFUE, que admiten las ayudas de Estado para las empresas europeas en especiales circunstancias. El nombre del Reglamento obedece al hecho de que determinadas ayudas no han de notificarse previamente a la UE, están “exentas de ello”. Y entre ellas figuran aquellas a las que se aplica la regla de *minimis*, esto es, aquellas ayudas de Estado que por su baja intensidad no distorsionan el mercado y pueden disfrutarse sin notificación previa.

Es el régimen de ayudas que se aplica en 2023 en Baleares, tanto a la RIB como la bonificación a las empresas industriales, agrícolas, ganaderas y pesqueras, que se modula la última entre el 10 y el 25% de la cuota tributaria, dependiendo de si la entidad incrementa o no la plantilla de trabajadores.

La regla de *minimis* implica una intensidad de la ayuda relativamente baja. Hasta 2023 era 200.000 € en un período de 3 años, pero en la última revisión de las DAR (directrices de ayudas regionales) 2021/2027 efectuada en 2023 se amplió a 300.000 € en un periodo de 3 años.

La realidad jurídica de que las ayudas de Estado en Canarias y Baleares vayan por cauces jurídicos distintos explica el motivo de que en las *Illes Balears* no se distinga entre inversiones iniciales y de sustitución en el texto de la RIB y que solo se mencionen elementos patrimoniales del inmovilizado. Se concreta la inversión en la adquisición de elementos patrimoniales del inmovilizado material e intangible, esto es, que estén afectos a una actividad económica, los que contribuyan a la mejora y protección del medio ambiente y los gastos de I+D+i.

El Reglamento del Régimen especial balear aprobado en julio de 2024, Real Decreto 710/2024, de 23 de julio, tampoco hace distinción alguna entre inversiones iniciales (aquellas susceptibles de recibir ayudas a la inversión) e inversiones de sustitución (las que solo pueden recibir ayudas de funcionamiento), pero ya conocemos a qué obedece, a que las ayudas incluidas dentro de la regla de *minimis*, como la RIB, tienen una intensidad máxima específica de 300.000 € en tres años, sin que se les aplique otros límites más amplios como ocurre con las ayudas recibidas en las regiones ultraperiféricas. Cualquier inversión afecta a una actividad empresarial o que mejore/proteja el medio ambiente, que cumpla los requisitos de la D.A. 70ª, es susceptible de afectarse a la RIB y, por tanto, de consolidar el beneficio de la dotación RIB. Hay que cumplir con exquisitez los múltiples requisitos del texto legal y reglamentario y comprobar que la ayuda fiscal recibida, junto a otras ayudas y subvenciones, no superen el límite de 300.000 € en tres años.

El límite, comparado con el de Canarias, es escaso, pero en realidad no lo es tanto para las pymes, sí para las grandes empresas. Para el control de las ayudas hay que enfrentar el ahorro fiscal disfrutado por la dotación RIB con la intensidad máxima de la ayuda. Un ejemplo ayudará a familiarizarlos con los cálculos a seguir.

Ejemplo 33.1

Pyme balear que factura 1.500.000 € en 2024 y genera un beneficio antes de impuestos de 400.000 €, pretende realizar una inversión de 250.000 € en 2026. Sin la alternativa de la RIB, el IS es el 25% de 400.000 = 100.000 €. Si decide dotar la RIB con 250.000, la base imponible se reduce a 400.000 - 250.000 = 150.000, y el IS disminuye hasta el 25% de 150.000 = 37.500. La ayuda de *minimis* que recibe es 100.000 - 37.500 = 62.500 € (el ahorro fiscal). El importe de la ayuda no puede superar 300.000 € en tres años (por simplificar, 100.000 € anuales), por lo que cumple sobradamente con la intensidad en el primer año. Si bien hay que tener en cuenta que el límite comprende otras ayudas y subvenciones recibidas.

Si se trata de una inversión cuantiosa realizada por una gran empresa en Baleares, por ejemplo, un hotel, el límite de las ayudas es muy pequeño, puesto que llega como máximo a 300.000 € repartido en tres años.

Ejemplo 33.2

Gran empresa invierte en tres años en un hotel en *Illes Balears* por importe de 10.000.000 € sin el coste del suelo. Ha generado beneficios en los tres años susceptibles de la dotación RIB para financiar el proyecto, pero no podrá dotar RIB por el importe máximo del 90% del beneficio no distribuido porque la intensidad de la ayuda supera con mucho los 300.000 € en tres años:

Dotaciones teóricas en tres años: 10.000.000 €, que representan un ahorro fiscal en el IS en ese plazo de 10.000.000 x 0,25 = 2.500.000 €, que ha de compararse con la intensidad máxima de 300.000 €, que se corresponde con dotaciones en los tres años de 300.000/0,25 =1.200.000 €.

Por tanto, las dotaciones máximas que podrá efectuar la empresa en tres años son por importe conjunto de 1.200.000 y no 10.000.000 €.

33.3. El límite de las ayudas en *Illes Balears*

La normativa europea que regula las ayudas de Estado, como las que recibe Baleares, parte del TFUE de 26 de octubre de 2012, que en los artículos 107, 108 y 109 regula las ayudas otorgadas por los estados compatibles con el mercado interior. Entre ellas, el TFUE considera compatibles tanto las ayudas destinadas a favorecer el desarrollo económico de regiones en que el nivel de vida sea muy bajo o regiones ultraperiféricas, como las destinadas a facilitar el desarrollo de determinadas actividades (ambos casos no aplicables a Baleares) y a otras regiones económicas, como es en la actualidad el régimen de las *Illes Balears*, siempre que no alteren el interés común.

La UE adecua el tipo de ayudas de Estado temporalmente a través de las denominadas directrices sobre las ayudas estatales de finalidad regional (DAR), siendo las vigentes la 2021/C 153/01, de 29 de abril de 2021, para el periodo 2022/2027.

Sobre la base del art. 107 TFUE, las DAR 2022/2027 consideran compatibles con el mercado interior las ayudas estatales de finalidad regional concedidas a regiones con un PIB muy bajo, regiones ultraperiféricas y aquellas ayudas destinadas a facilitar el desarrollo de determinadas regiones. Respecto a regiones y actividades específicas, la Comisión europea es consciente que con las ayudas anteriores no se compensan los obstáculos existentes, por lo que contempla la concesión de ayudas regionales de funcionamiento. En el ámbito temporal, y derivado de la pandemia del Covid-19, las DAR previeron una evaluación intermedia de los mapas de ayudas regionales en 2023.

Los mapas de ayudas regionales están publicados en el Anexo I de las DAR 2022/2027 y cada estado ha incluido como "zona a" o "zona c" las que en 2021 consideraba que debían recibir ayudas estatales compatibles con el mercado interior. España incluye como "zona a" (las que pueden recibir las máximas ayudas) no solo a Canarias como región ultraperiférica, sino también a Ceuta, Melilla y ciertas regiones de Castilla-La Mancha, Cuenca, Extremadura y Andalucía. Baleares no estaba ese año entre las regiones a proteger. No obstante, el nuevo mapa español de ayudas regionales 2022-2027 aprobado por la Comisión incluye nuevas zonas denominadas "c". Su objetivo, hacer frente a las disparidades regionales, entre las que se incluye a Baleares, con una intensidad máxima de las ayudas regionales a la inversión del 15% de su importe para las grandes empresas, 25% para las medianas y 35% para las pequeñas. Los porcentajes se calculan sobre el coste de las inversiones iniciales y agrupan tanto incentivos fiscales como subvenciones y cualquier otro tipo de ayudas.

Estas ayudas se regulan en la normativa europea como *ayudas de minimis*, esto es, aquellas que con una cuantía pequeña prestan los estados miembros a las empresas y que no han de ser notificadas previamente a la Comisión. Estaban reguladas en el Reglamento de la Comisión de Exención por categorías, Reglamento (UE) 1407/2013, de 18 de diciembre, hasta la publicación del nuevo Reglamento (UE) 2831/2023, de 13 de diciembre (Diario Oficial UE de 15-12-2023). En él se regulan las ayudas previstas en los artículos 107 y 108 del TFUE y las *ayudas de minimis*.

Las innovaciones más importantes que incorpora el Reglamento europeo de diciembre de 2023 de Exención por categorías son: (i) el importe de las ayudas de minimis que una empresa puede recibir en un periodo de tres años, que de 200.000 € se incrementa hasta 300.000 €. Aumento del 50% del que se benefician las empresas baleares que se acojan al régimen especial a partir de 1 de enero de 2024. Debe tenerse en cuenta que el límite no solo afecta a las ayudas recibidas en forma de incentivos fiscales, como la RIB y la bonificación a la producción en Baleares, sino al conjunto de ayudas concedidas: préstamos en condiciones preferentes, garantías, subvenciones e incentivos fiscales; y (ii) el concepto de **"única empresa"** al que se aplica el límite de la ayuda de *minimis*, que considera a todas las del entorno en que una pueda decidir por las demás (art. 2.2). Es destacable la relevancia del futuro registro central que controle el importe de las ayudas de *minimis* a partir de 1 de enero de 2026.

Las empresas que realicen su actividad en Baleares pueden disfrutar de las ayudas regionales a la inversión que se concedan a las inversiones iniciales, con una intensidad máxima, en principio, en las ayudas regionales a la inversión (aplicables solo a las inversiones iniciales) del 15% para las grandes empresas, 25% para las medianas y 35% para las pequeñas. Aparte de esa modalidad, las inversiones que no se consideran iniciales, sino de sustitución, son también susceptibles de generar ayudas. La gran diferencia respecto a Canarias es que ambas categorías de inversiones solo podrán disfrutar del concepto de ayudas de *minimis*, con un límite en su intensidad máxima de 300.000 € en tres años (200.000 era el límite en 2023).

La cuestión que cabe plantear es para qué sirven los límites del 15, 25 y 35% previstos para Baleares en el mapa regional de ayudas aprobado por la Comisión europea en 2023. Y mi respuesta, como indiqué en el capítulo 1, es que serán útiles para el futuro inmediato, pero no para el presente. A pesar de figurar las *Illes Balears* en las zonas "c" no determinadas en el mapa de ayudas, imperó en el legislador —posiblemente para que la UE las permitiera— la realidad del concepto de ayudas de *minimis*, de forma que en la redacción de la disposición adicional 70ª de la Ley de PP.GG. del Estado para 2023, que dio sustancia al Régimen fiscal especial balear, y en concreto a la RIB, no se especifica si las inversiones son iniciales, susceptibles de recibir ayudas regionales a la inversión, o de sustitución, receptoras de ayudas de funcionamiento, como sucede en el REF canario; sino que optó por darle el mismo tratamiento a todas las inversiones que se realizaran en el archipiélago balear y se afectasen a la actividad económica (o mejorasen o protegiesen el medio ambiente). La falta de especificación en el Régimen fiscal especial hace que las ayudas de Estado que se reciban en las *Illes Balears* estén comprendidas dentro del concepto de ayudas de *minimis* y, en consecuencia, con una intensidad máxima de 300.000 € en tres años para una misma empresa o conjunto de empresas que opere como grupo.

33.4. El modelo 283 y su presentación por primera vez en noviembre de 2024

En las fechas que redactaba este Manual se publicó la Orden HAC/1031/2024, de 25 de septiembre, que aprueba el modelo 283, aunque ya existía un borrador[193]. El criterio que ratifica la Orden del modelo 283 de declaración de ayudas publicado por la AEAT es el de no distinguir entre el tipo de inversión realizada (inversión inicial o de sustitución como ocurre en el modelo 282 del REF de Canarias) y que todas las ayudas recibidas quedan dentro del límite de los 300.000 € por empresa en el periodo de tres años de las ayudas de *minimis*. Me imagino que el Gobierno balear irá solicitando al Gobierno de la Nación el incremento del límite, que gestionará con la Comisión europea. La cifra del límite que por ahora pretende alcanzar es 500.000 € en los tres años.

El modelo se denomina "Declaración informativa anual de ayudas recibidas en el marco del Régimen Fiscal especial de las Illes Balears", que está disponible exclusivamente en formato electrónico y su presentación se realizará por vía telemática. Están obligados a presentarla los contribuyentes del IS, IRPF e IRNR que hayan sido beneficiarios de ayudas en el marco del Régimen Fiscal Especial. El plazo de presentación coincide con el correspondiente a los tres impuestos (25 de julio o 30 de junio).

Dada la tardanza en su publicación, la Orden prevé que la declaración correspondiente a 2023 y 2024 se presente dentro de los 25 días naturales siguientes a la fecha de su entrada en vigor, que es el 1 de noviembre de 2024. El modelo 283 de 2023 habrá que presentarlo antes del 26 de noviembre de 2024, mientras que el de 2024 en junio (personas físicas) o julio de 2025 (contribuyentes del IS).

Hay que prestar especial atención a varios aspectos al rellenar la declaración:

193 El documento se sometió al trámite de audiencia e información pública desde el 28 de junio de 2024, aprobándose por la Orden HAC/1031/2024 de 25 de septiembre.

1°. Que el importe de la ayuda recibida a través de la RIB se establece en el ahorro que experimenta el contribuyente que dota dichas reservas, como regla general el 25% del tipo del IS sobre la cuantía de la dotación. En personas físicas es la deducción practicada al tipo medio de gravamen sobre la dotación.

2°. Que se declara la ayuda en el año en que se han realizado las inversiones. Sin que se sepa si es cuando han entrado en funcionamiento como señaló el TS en relación con la RIC y la materialización: se entiende materializada la reserva cuando entran en funcionamiento las inversiones.

3°. Que como ayuda de *minimis*, el límite es 300.000 € por empresa en el periodo de tres años. Al tipo del 25% del IS, una entidad balear puede dotar una RIB máxima en el periodo 2024-2025-2026 de 1.200.000 €, lo que equivale a 400.000 € anuales.

4°. El límite de 300.000 € afecta a la RIB y a cualquier otra ayuda que haya recibido la empresa en el marco del Régimen fiscal especial.

Si el contribuyente o su asesor al realizar los cálculos comprueba que se ha excedido del límite tendrá que regularizar parte de la RIB dotada o directamente disminuirla si aún está a tiempo de hacerlo. Por eso no ha de confiarse el lector de la extrema sencillez del modelo 283, que reproducimos a continuación, sino tener en cuenta qué supone consignar en el documento una cifra superior a la intensidad máxima que admite la RIB, y que se comprobará por la AEAT dentro de los próximos diez años.

Los documentos a reflejar en el modelo 283 correspondiente a la RIB 2023 y sucesivas son:

- Los datos de identificación del contribuyente, marcando la X en la modalidad de contribuyente que sea.
- En el ejercicio, el primer año es 2023. En las sucesivas presentaciones anuales se consignará 2024, 2025, etc.
- En el caso que se presente una nueva declaración con algún dato adicional omitido en la primera, se consignará la X en "declaración complementaria". Si se quiere anular la presentada en su momento por otra posterior, se marcará la casilla de declaración sustitutiva.
- Ha de consignarse el volumen de negocios anual del beneficiario en el año que se declara (para comprobar si es pequeña, mediana o gran empresa).
- Finalmente, hay que reflejar en las casillas 01 el importe de las ayudas percibidas en concepto de la RIB (el 25% del tipo general del IS o el que corresponda sobre la inversión efectuada).

– Es significativo, que también ha de consignarse si ha aplicado el régimen especial para empresas industriales, agrícolas, … (02); y cualquier otra ayuda o subvención percibida (03). La totalidad de las ayudas disfrutadas tendrá como intensidad máxima el importe de 300.000 € en el periodo conjunto de tres años.

Modelo 283 de la AEAT aprobado en septiembre y disponible en noviembre 2024

MINISTERIO DE HACIENDA

Agencia Tributaria
Teléfono: 91 554 87 70 / 901 33 55 33
https://sede.agenciatributaria.gob.es

Declaración informativa anual de ayudas recibidas en el marco del Régimen Fiscal Especial de las Illes Balears.

Modelo **283**

Identificación

NIF

Apellidos y nombre, razón social

Indique si es contribuyente por:

- ☐ Impuesto sobre la Renta de las Personas Físicas
- ☐ Impuesto sobre Sociedades
- ☐ Impuesto sobre la Renta de no Residentes con Establecimiento Permanente
- ☐ Impuesto sobre la Renta de no Residentes sin Establecimiento Permanente

Ejercicio

Ejercicio ....

Declaración complementaria ..... ☐

Declaración sustitutiva .... ☐

Nº de justificante de la declaración anterior

Número de justificante:

Persona con la que relacionarse

Apellidos y nombre

Teléfono

Volumen de negocios

Volumen de negocios anual del beneficiario obtenido en las Illes Balears

Ayudas percibidas y/o utilizadas

1. Ayuda percibida y/o utilizada en concepto de reserva para inversiones en las Illes Balears 01
2. Ayuda percibida y/o utilizada en concepto de régimen especial para empresas industriales, agrícolas, ganaderas y pesqueras en las Illes Balears 02
3. Otras ayudas percibidas y/o utilizadas 03

33.5. El régimen sancionador

El antecedente directo del régimen sancionador que se aplicará en el control de las ayudas del Régimen fiscal especial balear es el que figuraba en la disposición cuarta del RD ley 15/2014 de modificación del REF canario. Y hablo en futuro y en pasado por dos circunstancias concretas.

En futuro, porque la prescripción del derecho a que la Administración tributaria compruebe la intensidad de las ayudas y el cumplimiento de las obligaciones de información es nada menos que de 10 años, motivo de que las ayudas disfrutadas en 2023 comenzarán a revisarse poco antes de que prescriban: en 2030 o 2031. Sirva de ejemplo que las declaraciones del modelo 282 en Canarias presentadas por primera vez en 2016 no han sido objeto aún de un plan de comprobación. Y en pasado, porque el régimen sancionador previsto para Canarias en la disposición adicional del RD ley 15/2024 fue suprimido por la Ley 8/2018 de Modificación del REF, quizás sin tener en cuenta los efectos en la UE de que no exista un régimen sancionador específico para las ayudas de Estado en Canarias.

Está previsto el régimen sancionador en la D.A. 70ª. Seis, 4 y 5 de la Ley 31/2022 de Presupuestos Generales del Estado 2023. La infracción más relevante es la superación de los límites de acumulación, que se sanciona con multa pecuniaria del 20% del exceso de la ayuda. Es el caso de un contribuyente que haya ahorrado 250.000 € por la dotación RIB 2024 de 1.000.000, y que haya recibido una subvención por la inversión afecta de 100.000 €, cuando la intensidad máxima en tres años a las ayudas de *minimis* es 300.000. El exceso entre 350.000 y 300.000 = 50.000 será la base de la sanción del 20% = 10.000 €, que se liquidará aparte del reintegro del exceso de ayudas por 50.000 € y los correspondientes intereses de demora.

Las siguientes infracciones podemos considerarlas leves: la primera es la no presentación en plazo del modelo correspondiente (283); la segunda, la presentación incompleta, inexacta o con datos falsos de la declaración; y la tercera, la presentación por medios distintos a los telemáticos. Las tres infracciones se sancionan con una multa de 20 € por cada dato o conjunto de datos que hubiera debido incluirse, con un mínimo de 300 € y un máximo de 20.000 €. En el caso de que se presentase extemporáneamente, sin requerimiento de la Administración tributaria, la sanción y los límites mínimo y máximo se reducen a la mitad:

> *4. La superación de los límites de acumulación de ayudas constituirá una infracción, además de poder ser causa de incompatibilidad con el Derecho de la Unión Europea, cuya sanción consistirá en una multa pecuniaria proporcional del 20 por ciento del exceso.*
>
> *El reintegro de la ayuda incompatible, junto con la exigencia del correspondiente interés de demora y la imposición de la citada sanción se efectuarán con arreglo a los procedimientos correspondientes en función de la naturaleza y percepción de la ayuda.*
>
> *5. También constituirá una infracción la no presentación en plazo y la presentación de forma incompleta, inexacta o con datos falsos de la mencionada declaración informativa, así como su presentación por medios distintos a los electrónicos, informáticos y telemáticos en aquellos supuestos en que hubiera obligación de hacerlo por dichos medios.*

La sanción consistirá en una multa pecuniaria fija de 20 euros por cada dato o conjunto de datos que hubiera debido incluirse en la declaración, con un mínimo de 300 euros y un máximo de 20.000 euros.

Si la declaración se presenta fuera de plazo sin requerimiento previo de la Administración tributaria, o se presentara por medios distintos a los electrónicos, informáticos y telemáticos en aquellos supuestos en que hubiera obligación de hacerlo por dichos medios, la sanción y los límites mínimo y máximo serán la mitad de los previstos en el párrafo anterior [D.A. 70ª. Seis, 4 y 5 de la Ley 31/2022].

En el texto legal llama la atención que se sancione igual la presentación inexacta o la omisión de un dato que consignar datos falsos; y la referencia al conjunto de datos, concepto indeterminado que a ver cómo se interpreta cuando la AEAT compruebe la declaración de las ayudas consignadas en el modelo 283.

33.6. Ficha resumen del control de la RIB como ayuda de Estado

1.	La normativa europea prescribe el obligado control de las ayudas de Estado que reciben los contribuyentes de los estados miembros.
2.	Las ayudas que perciben las empresas por el Régimen fiscal especial balear se consideran *ayudas de minimis* y como tales están exentas de notificación previa.
3.	El límite de las ayudas de *minimis* en 2023 era de 200.000 € por empresa y periodo de tres años. Para 2024 se incrementó a 300.000 €.
4.	La ayuda se computa por el ahorro fiscal que representa la dotación RIB, normalmente el 25% del tipo del IS sobre el importe dotado.
5.	El límite de 300.000 € posibilita dotar 1.200.000 € durante tres años (300.000/0,25 = 1.200.000), lo que representa una media de 400.000 € de dotación RIB anual.
6.	Este límite es aceptable para las pequeñas empresas, pero se queda corto para las medianas y grandes empresas.

7.	El límite de 300.000 € en tres años afecta tanto a la RIB como a cualquier otra ayuda del marco del Régimen especial que haya recibido la empresa, entendiendo por esta a la "única empresa", concepto que se aplica en el límite de la ayuda de minimis y que considera a todas las empresas del entorno en que una pueda decidir por las demás (grupo de empresas).
8.	Las ayudas se han de declarar en el modelo 283 en el año en que se realizan las inversiones y entran en funcionamiento. El plazo es el mismo que el de la declaración del IS o IRPF.
9.	La Orden que aprobó el modelo 283 en septiembre de 2024 entra en vigor el 1 de noviembre de 2024. Los contribuyentes dispondrán de 25 días naturales para declarar las ayudas de 2023, hasta el 26 de noviembre de 2024.
10.	El régimen sancionador consiste en una sanción del 20% del exceso de ayudas recibidas sobre su intensidad máxima, y en sanciones de 20 € por cada dato inexacto, omitido o falso, con un mínimo de 300 € y un máximo de 20.000 € por año.
11.	Por supuesto, aparte habrá que reintegrar el exceso de ayuda recibido y los correspondientes intereses de demora.
12.	Las infracciones no prescriben hasta los 10 años y es la AEAT la encargada del seguimiento del control de las ayudas.

BIBLIOGRAFÍA

Alarcón García, E. (2012). "Las patrimoniales sí pueden ser pyme y aplicar el tipo de gravamen reducido".http://www.fiscalblog.es/impuesto-sobre-sociedades/la-dgt-as-sociedades-de-mera-tenencia-de-bienes-no-son-pyme/. 7 de febrero.

Alarcón García, E. (2014). "Aportaciones de rama de actividad inseguras". Iuris & Lex. El Economista. www.FiscalBlog.es. 10 de octubre.

Argente Álvarez, J. (2017). "Problemática de la tributación de las sociedades profesionales". *Revista Carta Tributaria n.º 33, pp. 1-24.*

Benavente Cuesta, (2013). *Presunciones tributarias. Claves para su correcta aplicación.* Lex Nova-Thomson Reuters, *pp. 1-302.*

Blanco Jesús, J. (2014). "Acreditación de la dotación y mantenimiento en balance de la reserva para inversiones en Canarias". *En El régimen económico y fiscal de Canarias. Problemas actuales y soluciones.* Tirant Lo Blanch, Valencia, pp. 63-104.

Bona Sánchez, C. y Dorta Velázquez, J. A. (2004): "La RIC como ingreso plurianual". *Hacienda Canaria, n.º 9, pp. 101-122.*

Cenicero, A.M. (2014). "Comentarios sobre la consideración del alquiler de inmuebles como actividad económica". http://www.duransindreu.com/alquiler-de-inmuebles-como-actividad-economica/. 18 de marzo.

Centro de Estudios Financieros, CEF (2013). http://www.fiscal-impuestos.com/persona-local-requisitos-imprescindibles-calificar-actividad-arrendamiento-viviendas-actividad-economica.html. 25 de octubre.

Clavijo Hernández, F. (1991). "Régimen transitorio del FPI", *Revista Técnica Tributaria n.º 15, pp. 57-69.*

Clavijo Hernández, F. (1993). "El Régimen transitorio del Fondo de Previsión de Inversiones", *Revista Técnica Tributaria n.º 22, pp. 37-48.*

Clavijo Hernández, F. (1995). "La reforma de los aspectos económicos del ref". *Noticias de la Unión Europea n.º 130, pp. 7-10.*

Cordón Ezquerro *et alii.* (2009). *El Impuesto sobre la Renta de las Personas Físicas.* Editorial Civitas Thomson Reuters. Capítulo 10, redactado por Javier Galán Ruíz, p. 374, y Capítulo 13, redactado por Dolores Dizy Menéndez, pp. 494-496.

Directorio Central de Empresas (DIRCE). Cita de Muñoz Delgado (2016) sobre las Comunidades de bienes.

Dorta Velázquez, J.A. (2015): "La bonificación por la producción de bienes corporales del Régimen Económico y Fiscal de Canarias", *Revista Crónica Tributaria, Instituto de Estudios Fiscales, vol. 156, pp. 49-74.*

Dorta Velázquez, J.A. y Miranda Calderín, S. (2011). "La dotación de la RIC a través de herramientas informáticas". *Hacienda Canaria n.º 33, pp. 43-92.*

Dorta Velázquez, J.A. y Miranda Calderín, S. (2015). "La incertidumbre de los activos por impuestos diferidos en la dotación a la Reserva para Inversiones en Canarias", en Miranda, Dorta y Déniz, 2015. *La encrucijada del REF. Origen y actualidad de sus incentivos fiscales*. Colección Cátedra Ref. Servicio de Publicaciones y Difusión Científica de la ULPGC, pp. 179-222.

Durán-Sindreu Buxadé, A. (2019). Ponencia en las Jornadas de Estudio de la AEDAF celebradas en Gijón en septiembre.

Florido Caño, R. (2011). "Resumen de resoluciones de los Tribunales Económicos Administrativos que afectan al Régimen Económico y Fiscal de Canarias en el ámbito de la imposición directa". *Revista Hacienda Canaria n.º 34, pp. 219-240.*

(En las siguientes referencias del mismo autor y revista, el título del artículo es el mismo).

Florido Caño, R. (2011). *Revista Hacienda Canaria n.º 35, pp. 169-192.*

Florido Caño, R. (2012). *Revista Hacienda Canaria n.º 36, pp. 162-243.*

Florido Caño, R. (2012). *Revista Hacienda Canaria n.º 37, pp. 250-273.*

Florido Caño, R. (2013). *Revista Hacienda Canaria n.º 38, pp. 230-255.*

Florido Caño, R. (2013). *Revista Hacienda Canaria, n.º 39, 197-222.*

Florido Caño, R. (2014). *Revista Hacienda Canaria n.º 40, pp. 205-221.*

Florido Caño, R. (2014). *Revista Hacienda Canaria n.º 41, pp. 183-224.*

Florido Caño, R. (2015). *Revista Hacienda Canaria, n.º 43, pp. 251-276.*

Florido Caño, R. (2017). *Revista Hacienda Canaria n.º 47, pp. 167-183.*

Florido Caño, R. (2018). *Revista Hacienda Canaria n.º 48, pp. 245-298.*

Florido Caño, R. (2019). *Revista Hacienda Canaria n.º 50, pp. 261-291.*

Florido Caño, R. (2019). *Revista Hacienda Canaria n.º 51, pp. 231-261.*

Florido Caño, R. (2020). *Revista Hacienda Canaria n.º 52, pp. 253-309.*

Florido Caño, R. (2020). *Revista Hacienda Canaria n.º 54, pp. 197-255.*

Florido Caño, R. (2022). *Revista Hacienda Canaria n.º 58, pp. 307-386.*

Florido Caño, R. (2023). *Revista Hacienda Canaria n.º 59, pp. 293-341.*

Florido Caño, R. (2023). *Revista Hacienda Canaria n.º 60, pp. 191-242.*

Florido Caño, R. (2024). *Revista Hacienda Canaria n.º 62, en imprenta.*

García Diez, C. (2018). "Sociedades civiles profesionales, ¿tributan en el impuesto sobre sociedades o los socios a través del régimen de atribución de rentas del irpf? *Revista Contabilidad y Tributación, CEF. n.º. 424, pp. 69-96.*

García Gómez de Zamora, R. (2015). "Las nuevas reservas de capitalización y nivelación y la compensación de bases imponibles negativas en la nueva Ley del Impuesto sobre Sociedades. *Carta Tributaria Monografías, abril 2015, pp. 2-14.*

García R, (2014). "Arrendamiento de inmuebles como actividad económica en la Reforma Fiscal". http://aurisconsultors.com/index.php?option=com_easyblog&view=entry&id=39&Itemid=341. 29 de Julio.

Génova Galván, A. (1983). "El Régimen Económico-Fiscal canario ante la Constitución de 1978: Análisis jurídico de la Disposición Adicional tercera". *Revista de Estudios de la Vida Local, n.º 218, pp. 261-276.*

Génova Galván, A. (2023). "la institución del Régimen Económico y Fiscal de Canarias en la Constitución". *Revista Nueva Fiscalidad, n.º 1, pp. 89-122.*

Izquierdo Pérez, S. (2010). "La prescripción del derecho a comprobar los requisitos de la Reserva para Inversiones en Canarias". En Varona Gómez-Acedo (2010). *La reserva para inversiones en Canarias. Examen crítico y expectativas de su modificación normativa, pp. 205-208.*

Labatut Serer, G. (2015). "Bienvenida la reserva de capitalización para el ejercicio 2015". Web: gregorio-labatut.blogspot.com, enero 2015.

Labatut Serer, G. (2015). "Nace una nueva diferencia temporaria en 2015. La reserva de nivelación". Web: gregorio-labatut.blogspot.com.

López Tejera, D. (2003). "Análisis y Argumentos: Sentencia del Tribunal Constitucional n.º 16/2003 de 30 de enero". Opiniones de varios autores. *Hacienda canaria, n.º 4, volumen 2, junio 2003, pp. 5-129.*

Luján Mascareño, O. y Sánchez Blázquez, V. (2019). "Modificaciones de la Regulación de la Reserva para Inversiones en Canarias en el art. 27 de la Ley 19/1994". En Miranda, Dorta y Déniz. *La actualización del REF.* Colección Cátedra del REF n.º 5. ULPGC, pp. 147-198.

Llamas Rodríguez. (2013). "Alquiler de inmuebles: ¿actividad económica o rentas de capital inmobiliario?". Tribuna Fiscal: http://www.ineaf.es/tribuna/alquiler-de-inmuebles-actividad-economica-o-rentas-de-capital-inmobiliario/. 19 de marzo.

Malvárez Pascual, L. y Martín Zamora, P. (2015). "Las nuevas reducciones de la base imponible en el Impuesto sobre Sociedades: las reservas de capitalización y nivelación". *Revista Contabilidad y Tributación. CEF. n.º 383, febrero 2015, pp. 109-162.*

Marcos Sánchez, 2003. "Las sociedades patrimoniales en la Ley 46/2002, de modificación del IRPF. *Revista Temas Tributarios de Actualidad,* AEDAF.

Martín Jiménez, A. J. (2001): "El concepto de ayuda de Estado y las normas tributarias: problemas de delimitación del ámbito de aplicación del art. 87.1 TCE". *Noticias de la Unión Europea, núm. 196, pp. 81 y 116.*

Martín Queralt *et alii.* (2012). *Manual de derecho tributario, parte especial.* Editorial Thomson Reuter Aranzadi, 9ª edición. Capítulo II, páginas 98 y 115.

Martínez Sánchez, A. L. (2015). "Ejemplo práctico contable sobre la Reserva de Nivelación". Web: ineaf.es.

Miranda Calderín, S. (2002). "La Reserva para inversiones en Canarias en el año 2001". *Revista Técnica Tributaria, n.º 56.*

Miranda Calderín, S. (2003). "Nueve años de aplicación de la Reserva para inversiones en Canarias: 1994-2002". *Revista Hacienda Canaria, n.º 3, pp. 5-55.*

Miranda Calderín, S. (2004). "Crónica de la RIC 2003". *Hacienda Canaria n.º 7, pp. 107-129.*

Miranda Calderín, S. (2005). *La planificación fiscal de la RIC.* Dar, Escuela de Negocios. Las Palmas de Gran Canaria.

Miranda Calderín, S. (2007). La Reserva para Inversiones en Canarias. Análisis doctrinal 2005-2006. Comentarios sobre la nueva RIC 2007-2013. Dar Escuela de Negocios y Hacienda Canaria. Las Palmas de Gran Canaria.

Miranda Calderín, S. (2009). "Crónica de la RIC en 2008". *Hacienda Canaria n.º 26, febrero, pp. 197-230 y Técnica Tributaria, enero-marzo 2009.*

Miranda Calderín, S. (2012). *Manual de la Reserva para Inversiones en Canarias 2007-2013*. Tirant Lo Blanch, Tratados, Valencia.

Miranda Calderín, S. (2012). "Crónica de la RIC 2011". *Revistas Hacienda Canaria* n.° 36, pp. 32-64 *y Técnica Tributaria,* n.° 98.

Miranda Calderín, S. (2014). "Crónica de la RIC 2013". *Hacienda Canaria n.° 40, marzo, pp. 5-40 y Técnica Tributaria n.° 106, octubre.*

Miranda Calderín, S. (2015). *La actividad de arrendamiento de inmuebles como paradigma de la inseguridad jurídica en el ordenamiento tributario español.* Tirant Lo Blanch, Valencia.

Miranda Calderín, S. (2015). "Crónica de la RIC 2014. La nueva RIC 2015-2020". *Revista Hacienda Canaria, n.° 42, pp. 55-83 y Revista Técnica Tributaria n.° 108,* enero-marzo 2015.

Miranda Calderín, S. (2016). "Crónica de la RIC 2015. Su control como ayuda de estado". *Revistas Hacienda Canaria* n.° 44, pp. 51-91 *y Técnica Tributaria,* n.° 112.

Miranda Calderín, S. (2017). "Crónica de la RIC 2016". *Revistas Técnica Tributaria n.° 116 y Hacienda Canaria n.° 46, pp. 5-36.*

Miranda Calderín, S. (2018). "Crónica de la RIC 2017". *Hacienda Canaria n.° 48, pp. 101-133 y Técnica Tributaria n.° 120.*

Miranda Calderín, S. (2018). "El fin de la controversia sobre el plazo de la materialización en personas físicas". *Revista Hacienda Canaria, n.° 48, pp. 355-369.*

Miranda Calderín, S. (2019). "El incumplimiento de los requisitos sustanciales y formales de la RIC en 2018" en Miranda, Dorta y Déniz (coordinadores). En *La actualización del REF. La ultraperificidad atlántica: medidas económicas y fiscales,* capítulo 6, Colección cátedra del ref. ULPGC, pp. 231-270.

Miranda Calderín, S. (2019). "Crónica de la RIC 2018". *Revista Técnica tributaria n.° 126.*

Miranda Calderín, S. (2021). "Crónica de la RIC 2020". *Revista Hacienda Canaria n.° 55, pp. 93-138 y Técnica Tributaria n.° 133.*

Miranda Calderín, S. (2022). "Crónica de la RIC 2021". *Revista Hacienda Canaria n.° 57, pp. 121-153.*

Miranda Calderín, S. (2022). "Las ayudas Covid-19 y la dotación RIC 2021". *Revista Hacienda Canaria n.° 57, pp. 65-87.*

Miranda Calderín, S. (2023). "Crónica de la RIC 2022". *Revista Hacienda Canaria n.° 59, pp. 79-112.*

Miranda Calderín, S. (2024). "Crónica de la RIC 2023". *Revista Hacienda Canaria n.° 61, pp. 97-140.*

Miranda Calderín, S. y Dorta Velázquez, J.A. (2015). "La interacción de las reservas de capitalización y nivelación de bases imponibles con la reserva para inversiones en Canarias". En Miranda, Dorta y Déniz, coordinadores, 2015. *La Encrucijada del REF. Origen y actualidad de sus incentivos fiscales.* Colección Cátedra del REF. ULPGC, pp. 223-281.

Miranda Calderín, S. y Dorta Velázquez, J.A. (2016). "El control de ayudas en el REF desde una perspectiva crítica y aplicada". En *Los retos del REF. Control de ayudas, creación de empleo y financiación autonómica.* Colección Cátedra del REF. ULPGC, pp. 83-135.

Monzón Sánchez, J. (2024). "El Reglamento de desarrollo del Régimen fiscal especial de las Illes Balears". Documentos-grupo de Expertos, sección Impuesto sobre Sociedades, 28 de octubre de 2024. AEDAF, pp. 1-10.

Nicolaides, P. (2016): Critical Analysis of Developments in State Aid 2015, Lexxion, Berlin, p. 304.

Orozco Muñoz, M. (1997). El Régimen Fiscal de Canarias. Su conformación por el bloque de constitucionalidad. Marcial Pons, Madrid.

Pérez Gardey, J. Mª. (2018). "El arrendamiento de inmuebles como actividad económica". *Carta Tributaria. Revista de Opinión n.º 40. La Ley, pp. 15-22.*

Pérez Royo *et alii.* (2010). *Curso de Derecho Tributario, parte especial.* Editorial Tecnos, 4ª edición. Capítulo III, redactado por Florián García Berro, páginas 146 y 176.

Pérez Pombo. (2013). "Por dónde sopla el viento en relación con el arrendamiento como actividad económica". Fiscalblog:

http://www.eleconomista.es/blogs/fiscalblog/?p=1573. 30 de junio.

Pérez Santana, M. (2007). "La nueva Reserva para inversiones en Canarias". *Revista Hacienda Canaria, n.º 19, pp. 33-59.*

Pérez Santana, M. (2010). "La incidencia de los incumplimientos formales en la aplicación de la RIC" en *La reserva de inversiones en Canarias.* Tirant monografías, n.º 725. Valencia, pp. 91-128.

Piña Garrido, L. (2013): "Recuperación de ayudas de Estado consistentes en medidas fiscales contrarias a Derecho Comunitario (I)", *Revista Crónica Tributaria, Instituto de Estudios Fiscales, núm. 148, pp. 171-194.*

Rendé Pérez, (2013). "¿Cuándo puede calificarse de económica la actividad de arrendamiento inmuebles?".http://www.garrigues.com/es/publicaciones/articulos/Paginas/Cuando-puede-calificarse-de-economica-la-actividad-de-arrendamiento-de-inmuebles.aspx, 29 de septiembre.

Rodríguez Miguez, J.A. (2014): "El control europeo de las ayudas públicas: Visión general y la prohibición general de las ayudas (la noción de ayuda de Estado)" en Beneyto Perez, J. M. (Dir.) *Tratado de Derecho de la Competencia: Unión Europea y España,* S.A. BOSCH, pp. 1-87 (versión provisional). Consultado el 15/07/2016 en:

https://www.academia.edu/9348587/El_control_europeo_de_las_ayudas_p%C3%BAblicas_Visi%C3%B3n_general_y_la_prohibici%C3%B3n_general_en_curso

Romero Pi, J. (1992). "Discrepancias en relación a la contestación de la Dirección General de Tributos de 11 de marzo de 1992 sobre el FPI", publicado en El Día de Santa Cruz de Tenerife, 27 y 28 de agosto de 1992.

Sala Buchaca, N. (2001). "El arrendamiento de inmuebles como actividad económica". Actas del XXIV Congreso de la Asociación Española de Asesores Fiscales. AEDAF. La Coruña.

Secretaría de Estado de Hacienda (2000). Informe de la Comisión para el análisis de la aplicación de la Reserva para inversiones en Canarias. Ministerio de Economía y Hacienda, diciembre.

Segarra Bargues, 2013. "El arrendamiento de bienes inmuebles en el IRPF ¿Rendimientos de capital o de actividad económica?". Economía 3:

http://www.economia3.com/2013/10/20/11845-el-arrendamiento-de-bienes-inmuebles-en-el-irpf-rendimiento-de-capital-o-de-actividad-economica/.20 de octubre.

Sánchez Blázquez, V.M. (2008). *Pérdida y regularización de la Reserva para Inversiones en Canarias*. Hacienda Canaria-Thomson-Aranzadi. Navarra.

Sánchez Blázquez, V.M. (2016). "La recepción por el Tribunal Superior de Justicia de Canarias de uno de los criterios del Tribunal Supremo sobre la prescripción en la reserva para inversiones en canarias". *Revista Hacienda Canaria n.º 44, pp. 335-347.*

Sánchez Blázquez, V.M. (2019). "Consecuencias del incumplimiento de la obligación de comunicar las inversiones anticipadas y de su sistema de financiación en relación con la Reserva para inversiones en Canarias (comentario a la STSJC de 22 de julio de 2019). *Revista Hacienda Canaria n.º 51, pp. 327-342.*

Sánchez Blázquez, V.M. (2015): "Principales novedades en la regulación de la Zona Especial Canaria por el Real Decreto-Ley 15/2014, de 19 de diciembre", en Miranda Calderín, S.; Dorta Velázquez, J.A. y Déniz Mayor, J.J. (Coord.) La Encrucijada del REF, origen y actualidad de sus incentivos fiscales, Colección Cátedra del REF, Servicio de Publicaciones y Difusión Científica Universidad de Las Palmas de Gran Canaria, pp. 75-94.

Socorro Quevedo, I. (2016): "Los incentivos fiscales del REF y las ayudas de estado". *Hacienda Canaria, núm. 44, pp. 351-375.*

Yanes Herreros, A. y Clavijo Hernández, F. (1979). "Análisis de la Disposición Adicional Tercera de la Constitución". *Rumbos, números 3 y 4.* Tenerife, pp. 3-12.